Matthias Uhl

GRU

Matthias Uhl

GRU

Die unbekannte Geschichte des sowjetisch-russischen
Militärgeheimdienstes von 1918 bis heute

wbg Theiss ist ein Imprint der Verlag Herder GmbH

© Verlag Herder GmbH, Freiburg im Breisgau 2024
Alle Rechte vorbehalten
www.herder.de

Umschlaggestaltung: Agentur Hißmann & Heilmann, Hamburg
Lektorat: Ute Maack
Satz: Daniel Förster
Herstellung: GGP Media GmbH, Pößneck

Printed in Germany

ISBN Print: 978-3-534-61012-9
ISBN E-Book (EPUB): 978-3-534-61038-9
ISBN E-Book (PDF): 978-3-534-61042-6

Inhalt

Einleitung 11
Entstehung und Entwicklung bis zum Ende des Zarenreiches 12
Sowjetunion 14
Die russische Föderation, Putins Herrschaft 18
Die Forschungslage 22

**I. DIE ORGANISATIONSGESCHICHTE DER
RUSSISCHEN MILITÄRAUFKLÄRUNG** 33

1. Vom Zarenadler zur Roten Fahne – der Militärgeheimdienst des russischen Zarenreiches bis 1917 34
Die Anfänge bis zur Gründung des militärischen
Geheimdienstes 34
Napoleons Feldzug gegen Russland 1812 38
Russisch-Türkischer Krieg 1877–1878 46
Russisch-Japanischer Krieg 1904/1905 49
Die Reformen seit 1906 54
Erster Weltkrieg 59

**2. Zwischen Weltrevolution und »Sozialismus in einem
Land« – die militärische Aufklärung in den 1920er- und
1930er-Jahren** 63
Konkurrenz zwischen Tscheka und GRU, Bildung der INO 65
GRU-Tätigkeit in Deutschland 68
Aufbau der Residenturen im Ausland und die Komintern .. 71
Aufgabenprofilierung seit Mitte der 1920er-Jahre –
Aufbau von Spionagenetzen 74
Die Krise Anfang der 1930er-Jahre –
Enttarnungen von Agentennetzen 77
Reorganisation 80
Willi Lehmann – einziger Sowjet-Agent in der Gestapo ... 87

Quellen im Auswärtigen Amt, »Salon«-Spionage
und »Honigfallen« 90
Erste »ethnische Säuberungen« und Stalins Misstrauen
gegen die GRU 92

3. **Die »Säuberungen« Stalins in der GRU** 96
Verstärkte Überwachung der GRU durch den NKWD 97
Die erste Verhaftungswelle 99
Zerschlagung personeller Netzwerke 102
Austausch der alten Führungsgarde 106
Die Bilanz 109
Die verhängnisvollen Auswirkungen der »Säuberungen« für
die GRU 114

4. **Die GRU im Zweiten Weltkrieg** 119
Der Angriff der Wehrmacht im Juni 1941 – Probleme des
Kriegseinsatzes der GRU 122
Agenten melden deutschen Angriff auf Moskau 129
Vergebliche Warnungen: Stalin sitzt dem deutschen
Täuschungsmanöver »Kreml« auf 134
Die Wehrmacht rückt auf Stalingrad vor 138
Die »Rote Kapelle« fliegt auf 142
Erneute GRU-Umbildung August 1942 – Abhängigkeit
vom NKWD 144
Erfolge der Funkaufklärung – die Schlacht um Stalingrad .. 144
Die Papierflut: Lageberichte und ihre Analyse 147
Reorganisation der Truppenaufklärung der Roten Armee .. 148
Die GRU und das Unternehmen »Zitadelle« 152
Die Gegenoffensive »Kutusow« 154
Funkspiele mit enttarnten Doppelagenten 155
Fehlschlüsse zur Sommeroffensive der Roten Armee –
eine Desinformationskampagne der GRU? 156
Operation »Bagration« 162
Verhandlungen über einen Separatfrieden und Churchills
»Operation Unthinkable« 164

5. **Die GRU im Kalten Krieg** 166
Radikale Umbildung der Nachrichtendienste – die Schaffung
einer Superbehörde, das Komitee für Information 167

Schwerpunkt USA 169
Westeuropa und die Bundesrepublik im Fokus 172
Die Nachrichtendienste unter Chruschtschow –
vom Rohbericht zur Analyse 175
Berlin-Krise 1958 181
Aufrüstung und Rüstungswettlauf 184
»Rüstungswirtschaftliche Maßnahmen der BRD« 189
Aufrüstung der US Air Force – kosmische Waffen,
Atomraketen, Abwehrsysteme 191
Die sowjetische »Raketenlücke« 193
Der Mauerbau 196
Die Kuba-Krise 201
Die GRU in den 1960er-Jahren unter Pjotr Iwaschutin ... 206
GRU-Offizier Nikolaj D. Tschernow im Dienst des FBI ... 209
Die 1970er- und 1980er-Jahre: die GRU verstärkt die
Wirtschafts- und Rüstungsspionage 211
Die GRU-Struktur der 1970- und 1980er-Jahre 215
Die selbstständigen Direktionen und Abteilungen 222
Die Militärdiplomatische Akademie 226
Spannungen zwischen GRU und KGB 228
Die GRU unter Wladen M. Michajlow bis zum Ende
der Sowjetunion 230

6. **Handlanger der Macht – die GRU unter Putin** **234**
Die Ära Fjodor I. Ladygin – mit Geschick durch
die postsowjetische Krisenzeit 234
Karger Sold und Nebeneinkünfte. Die Affäre
»Sowinformsputnik« 1995 237
Walentin W. Korabel'nikow übernimmt die GRU 239
Verteidigungsminister Iwanow reorganisiert die GRU –
Die neue Zentrale 242
Zwiespältige Bilanz der Ära Korabel'nikow – gewaltsames
Vorgehen und Fehlschläge in den postsowjetischen Staaten 246
Igor' D. Sergun tritt an – »grüne Männchen«
und »nicht lineare Kriege« 249
Igor' W. Korobow: Cyberattacken, Putschversuch, Giftmorde 254
Igor' O. Kostjukow – Ausbau der Speznas-Einsatzkräfte
und »militärische Spezialoperation« 256

II. DIE ARBEITSGEBIETE DES DIENSTES 267

7. HUMINT – von Agenten und Residenten 268
Die Anwerbung der Quelle »Murat« 269
»Murats« Beginn der Lieferungen 274
Der erste große Coup – der »Atomic Strike Plan« Nr. 110/59   277
»Murats« neuer Führungsoffizier, die Pannen häufen sich .. 281
Der »Atomic Strike Plan« Nr. 200/61 283
Ljubimow und »Luisa« treten auf den Plan 287
Flut der Geheimdokumente 293
Ljubimow bleibt Führungsoffizier – die Dokumentenflut
hält an 304
Ljubimow kehrt nach Moskau zurück – System der toten
Briefkästen 316
Die GRU trennt sich von »Murat« 320

8. SIGINT – die Fernmeldeaufklärung des russischen Militärgeheimdienstes 324
Funkaufklärung und Funksicherheit in der Zarenarmee –
unterschätzt und versäumt 324
Funkaufklärung nach dem Ersten Weltkrieg 327
Bildung der OSNAZ-Funkabteilungen 1937 328
Funkaufklärung im Zweiten Weltkrieg 330
Funkaufkärung, das Unternehmen »Zitadelle«
und die sowjetische Gegenoffensive 333
Die Operation »Bagration« – tiefgestaffelte Funkaufklärung   336
Das riskante System des Agentenfunk 338
Die Aufwertung der Funkaufklärung nach 1945 342
Die Beobachtung von AUTOVON 347
OSNAZ-Truppen in Deutschland 351
Funkaufklärung der sowjetischen Marine 353
Satellitenaufklärung – SIGINT aus dem All 358
Abhörstationen der GRU im Ausland 361
Internetspionage 363

9. TECHINT – die Atom- und Technikspionage des militärischen Nachrichtendienstes der UdSSR 365
Die 1920er-Jahre: Wostwag, KPD und andere als Beschaffer   365
Das militärtechnische Büro 369

1945: Das Atomwaffenprogramm der Alliierten und die deutschen Bemühungen um Kernwaffen	370
Rüstungstechnologische Aufholjagd, die 1950er- und 1960er-Jahre	377
Raketendiebstahl in Neuburg. Eine »Sidewinder«-Rakete verschwindet	394
Nach dem Ende des Kalten Krieges	399

10. IMINT – die Bild-Aufklärung der GRU **402**

11. »Speznas« – die russischen Spezialeinheiten für den Einsatz an der »unsichtbaren« Front **427**

Das Flottenbauprogramm und Kampfschwimmereinheiten	429
Das Ausbildungszentrum für Spezialtruppen und Shukows Entlassung	432
1957 bis 1968 – Neustrukturierung der Speznas-Kompanien	434
Einsätze außerhalb der Sowjetunion – Tschechoslowakei, Angola, Afghanistan	440
Einsatzpläne in Europa	450
Ausbau der Kampfschwimmereinheiten seit 1970 bis zu ihrer Reorganisation 1992	453
Erneuter Aufbau unter Putin seit 2014 – Syrien und Ukraine	456

III. TOD DEM »VERRÄTER« – ÜBERLÄUFER UND DOPPELAGENTEN **461**

12. Tod dem Verräter – die Ermordung von Überläufern des Militärgeheimdienstes der Roten Armee in den 1920er- und 1930er-Jahren **462**

Der Fall Andrej Smirnow	466
Wladimir S. Nesterowitsch	467
Witold Szturm de Sztrem	470
Julius Trossin	471
Ignaz Reiss	472
Walter Kriwitzki	476

13. Der Fluch der drei »P« – die Fälle der GRU-Offiziere Popow, Pen'kowskij, Poljakow und deren Spionage für die CIA **483**

Pjotr Popow – der erste GRU-Offizier im Sold der CIA ... 483

Der Spion der die Welt rettete? Oberst Oleg W. Pen'kowskij
im Dienst von CIA und MI6 495
GRU-General Dmitrij F. Poljakow – das »Kronjuwel« der
CIA im sowjetischen Militärnachrichtendienst 516

14. Giftanschlag aus Rache? – Die versuchte Ermordung von GRU-Oberst Sergej W. Skripal 533

Die mutmaßlichen Attentäter 535
Skripals Werdegang 540
Enttarnte Doppelagenten: Anatolij Filatow 544
Gennadij A. Smetanin und Wladimir Wasil'ew 547
Skripals Zusammenarbeit mit dem MI6 551
Die Enttarnung 555
Agentenaustausch und Beratertätigkeit Skripals 555
Der Anschlag und seine Botschaft 557

AUCH IN ZUKUNFT EFFEKTIV, AGGRESSIV UND SKRUPELLOS 561

Anmerkungen 571

Quellen- und Literaturverzeichnis 642
Ungedruckte Quellen 642
Gedruckte Quellen 645
Literatur 648

Personenregister 679

Abbildungsnachweis 751

Einleitung

Die Glawnoje raswedywatelnoje uprawlenije (GRU), auf Deutsch Hauptverwaltung für Aufklärung – also der russische Militärgeheimdienst –, ist der wohl geheimste Nachrichtendienst Russlands. Die Behörde, die sich im Selbstverständnis einer über 200-jährigen Tradition sieht, kann auf eine lange Geschichte zurückblicken. Erste institutionelle Vorläufer des bis 1917 auch als Raswedka bezeichneten militärischen Geheimdienstes bildeten sich 1810 unter Kriegsminister Michael Barclay de Tolly heraus, dem späteren Bezwinger Napoleons, als dort die sogenannte Expedition für geheime Angelegenheiten eingerichtet wurde. Gleichzeitig begannen an den diplomatischen Vertretungen Russlands Militärattachés – damals noch als Militäragenten bezeichnet – mit der strategischen Auslandsaufklärung. 1812 entstand dann aus der Expedition für geheime Angelegenheiten die für den militärischen Nachrichtendienst zuständige Sonderkanzlei beim Kriegsministerium. Das neu geschaffene Amt verfügte mit vier Beamten nur über einen ausgesprochen kleinen Mitarbeiterstab, um geheime Aufgaben zu lösen. Die Beschaffung von nachrichtendienstlichem Material fiel deshalb im Wesentlichen den Militäragenten zu, die damals in Spanien, Frankreich, Österreich, Preußen, Bayern und Sachsen operierten. Mit der Bildung des Sonderbüros beim Kriegsministerium stand dem russischen Militär erstmals eine Organisation zur Verfügung, die systematisch den Nachrichtendienst gegen ausländische Streitkräfte betrieb. Deshalb gilt das Jahr 1812 bis heute als die Geburtsstunde des russischen Militärgeheimdienstes.[1]

Einleitung

Entstehung und Entwicklung bis zum Ende des Zarenreiches

Nach dem Ende der Napoleonischen Kriege löste Zar Aleksandr I. die Sonderkanzlei allerdings wieder auf, ihre Aufgaben übernahm ab 1815 die 1. Abteilung des russischen Generalstabes. Die Funktion der Militäragenten wurde abgeschafft. 1836 erfolgte eine Reorganisation des Kriegsministeriums, dort kam es zur Einrichtung eines Generalstabsdepartements, das aus drei Abteilungen bestand, von denen die zweite (militärwissenschaftliche) Abteilung nun nachrichtendienstliche Aufgaben erfüllen sollte. Ein Vorhaben, das jedoch nur unter großen Schwierigkeiten umgesetzt werden konnte. Erst die russische Niederlage im Krimkrieg 1856 führte zu einem Umdenken. Zar Aleksandr II. bestätigte damals eine Instruktion über die Tätigkeit der nun wieder eingeführten Militäragenten.[2] 1867 übernahm dann das Militärstatistische Komitee beim Generalstab die nachrichtendienstlichen Aufgaben der 2. Abteilung des Generalstabsdepartments. Diese neue Struktur sollte sich beständiger als ihre Vorläufer erweisen, denn bis zum Anfang des 20. Jahrhunderts beaufsichtigte das genannte Komitee den militärischen Nachrichtendienst der Zarenarmee. Allerdings existierte noch immer keine klare Trennung zwischen den Bereichen Beschaffung und Auswertung. Ferner besaß das Referat keinen Zugriff auf die Truppenaufklärung bei den Militärbezirken.[3]

Die bittere Schlappe im Russisch-Japanischen Krieg von 1904/1905 führte zu umfangreichen Reformen in den Streitkräften des Zaren, die auch den militärischen Nachrichtendienst betrafen. Im April 1906 erfolgte endlich eine Aufteilung der Militäraufklärung in eine Beschaffungsabteilung und mehrere Auswertungsreferate. Die Nachrichtenbeschaffung lag nun beim Referat V (Aufklärung) bei der 1. Oberquartiermeisterverwaltung des Generalquartiermeisters. Die Auswertung der klandestinen Informationen erfolgte in den Referaten der 2. und 3. Oberquartiermeisterverwaltung des Generalstabes. Für die Beschaffung von Geheimmaterial sorgten zudem die Dependancen des Nachrichtendienstes in den Militärbezirken des Zarenreiches. Neben den

Spionagenetzwerken des militärischen Nachrichtendienstes blieben auch die Militäragenten weiterhin eine wichtige Quelle für die Beschaffung von nachrichtendienstlichen Informationen.[4]

Der Beginn des Ersten Weltkrieges stellte die russische Militäraufklärung vor neue Herausforderungen, denen sie nur bedingt gerecht werden konnte. Bereits die Schlacht bei Tannenberg im Sommer 1914 zeigte, dass die Raswedka keine zuverlässigen Angaben zu den strategischen Plänen der Deutschen liefern konnte.[5] An der galizischen Front hingegen gelang es den russischen Streitkräften aufgrund ihrer personellen und materiellen Überlegenheit, bis Ende 1914 den größten Teil Galiziens und der Bukowina einzunehmen und den österreichisch-ungarischen Truppen hier eine schwere Niederlage zuzufügen.[6]

Das Fehlen einer zentralisierten Führung der Militäraufklärung erschwerte im Krieg den weiteren Nachrichtendienst des Zarenheeres. Zudem fehlte jegliche Koordination durch vorgesetzte Stellen. Insgesamt blähten sich die Agentennetze immer mehr auf. Im Herbst 1917 spionierten 46 Spionagenetzwerke mit mehr als 1000 Agenten für die Raswedka. Für deren Unterhalt musste die Militäraufklärung mit mehr als 1,5 Millionen Rubel jährlich beträchtliche Summen aufwenden.

Der Blick auf den russischen Militärnachrichtendienst während des Ersten Weltkrieges zeigt die für diese Zeit typischen Widersprüche. Zwar gelangen ihm zwischen 1914 und 1917 schrittweise Verbesserungen auf taktischer und operativer Ebene, doch verlief dieser Prozess viel zu langsam, um sich auf die Geschehnisse an den Fronten auszuwirken. Es erwies sich als bittere Ironie des Krieges, dass der Militärgeheimdienst zu einem Zeitpunkt begann, operativ nachrichtendienstlich verwertbare Informationen zu gewinnen, als Kampfkraft und Moral der Zarenarmee spürbar sanken und deren Untergang nicht mehr aufzuhalten war.[7] Die Revolutionen vom Frühjahr und Herbst 1917 führten schließlich zum Zusammenbruch des russischen Imperiums – und seiner Raswedka.

Sowjetunion

Doch wie sich bald zeigen sollte, brauchten auch die neuen Herrscher im Russischen Reich, die Bolschewiki, einen militärischen Nachrichtendienst, wenn sie sich weiter an der Macht halten und ihren Einfluss im Ausland ausbauen wollten. Der neu zu schaffende militärische Geheimdienst sollte jedoch nicht mehr dem Staat, sondern nunmehr der kommunistischen Partei treu ergeben sein. Die GRU selbst wurde 1918 als Registraturverwaltung der Roten Armee gegründet. Ihre Aufgabe lässt sich kurz und knapp mit Militärspionage beschreiben. Die spätere Hauptverwaltung für Aufklärung versuchte also vornehmlich an Informationen mit militärischer Bedeutung zu gelangen. Zu diesem Zweck hatten ihre Agenten im Ausland Truppenverbände jeder Art zu beobachten und Angaben über deren Struktur, Organisation und Bewaffnung zu sammeln. Weiterhin sollten Informationen über Stationierungsorte, rüstungswirtschaftliche Kapazitäten und zur politischen Stimmung in den Streitkräften beschafft werden. Haupteinsatzort war zunächst Europa, wobei sich die Nachrichtenbeschaffung neben Polen vor allem auf Deutschland konzentrierte. Allein zwischen Dezember 1918 und Januar 1920 investierte die GRU in die dortige Spionage mehr als sechs Millionen Rubel, 284 Agenten spionierten zwischen Rhein und Weichsel für den Nachrichtendienst der Roten Armee.[8] Aktiv waren ihre Agenten jedoch auch in Vorderasien und in Fernost. 1922 wurde die GRU dem 1. Stellvertreter des Stabschefs der Roten Armee unterstellt und 1926 zur 4. Verwaltung des Stabes erweitert. Unter der Leitung ihres Chefs Jan K. Bersin gelang es, eine straff organisierte und hoch qualifizierte Spionageorganisation zu schaffen, die 1934 in Statistische Informationsverwaltung der Roten Armee umbenannt wurde.[9]

Bei ihren Spionagenetzen wollte die GRU sicherstellen, dass diese auch unter Kriegsbedingungen arbeiten konnten. Zu diesem Zweck wurden in den betreffenden Ländern illegale Residenturen eingerichtet, d. h. ihre Mitarbeiter waren nicht durch einen Diplomatenstatus geschützt und sie besaßen auch keine Tarnung als Angehörige einer sowjetischen Auslands- oder Außenhandelsorganisation. Um ihre Tätigkeit im Kriegsfall sicherzustellen, verfügten die illegalen Residenturen über eigene Ressourcen sowie unabhängige Funk- und Kurierverbindungen zur Moskauer Zentrale.[10]

Daneben wurde in den 1930er-Jahren die Zahl der Militärattachés beträchtlich erhöht. Sie führten für die GRU die »offizielle« Militärspionage durch. Die Zahl der in den Einsatzländern tätigen Agenten hing von der Größe der Botschaft und der strategischen Bedeutung der Region ab. In wichtigen Ländern gab es neben dem Militärattaché auch noch Marine- und Luftwaffenattachés. Unterstützt wurden sie bei ihrer Arbeit von inoffiziellen Mitarbeitern der GRU, die getarnt in den verschiedensten sowjetischen Auslandsbehörden und -organisationen arbeiteten. Auch sie sammelten, wie die Attachés, offene Informationen über die Streitkräfte der betreffenden Staaten, versuchten aber auch geheime Quellen abzuschöpfen und führten eigene Agentennetze.[11]

Als günstig für die Anwerbung von sowjetischen Geheimdienstquellen stellte sich die politische Situation der UdSSR dar. Die Ideale des Kommunismus, die Ideen des proletarischen Internationalismus und der Solidarität mit dem einzigen sozialistischen Land der Welt erwiesen sich als guter Nährboden für die Anwerbung von Agenten. Um an dringend benötigte Quellen zu gelangen, nutzte der Militärgeheimdienst auch kompromittierendes Material und finanzielles Interesse. Dadurch vermochte es die GRU, bis Mitte der 1930er-Jahre wirksame Spionagenetze aufzubauen, die in der Lage waren, die sowjetische Partei- und Staatsführung mit den geheimen Informationen zu versorgen, die Einfluss auf wichtige Entscheidungsprozesse in Fragen der Außen- und Militärpolitik ausübten.[12]

Von den Massenrepressalien des sowjetischen Diktators Josef W. Stalin in den Jahren 1937 bis 1938 blieb freilich auch die GRU nicht verschont. Das gesamte Ausmaß dieses blutigen Aderlasses verdeutlicht ein Schreiben von GRU-Chef Iwan I. Proskurow vom 25. Mai 1940, der darauf verwies, dass das NKWD innerhalb der letzten zwei Jahre mehr als 200 Mitarbeiter der Militäraufklärung verhaftet hatte und die gesamte Führung des Nachrichtendienstes bis zur Ebene Abteilungsleiter ausgetauscht worden war.[13]

Die Informationsnetze der GRU brachen damit Ende der 1930er-Jahre fast völlig zusammen. Die für Kriegszeiten vorbereiteten Spionagegruppen waren in ihrer Wirksamkeit nachhaltig gestört worden. Ihr Neuaufbau, durchgeführt von schlecht ausgebildeten Geheimagenten, die oft nicht einmal die Sprache des Einsatzlandes beherrschten, erforderte viel Zeit. Zeit, die nach Ausbruch des Zweiten Weltkrieges nicht mehr zur Verfügung stand. Zudem waren zahlreiche Geheimdienstangehörige demotiviert, verängstigt und nicht mehr in der Lage, selbstständig verantwortliche Entscheidungen zu treffen.[14] Bis Anfang 1941 gelang dennoch zumindest die organisatorische Wiederherstellung des Auslandsnetzes der GRU. Zu diesem Zeitpunkt verfügte der Militärgeheimdienst der Roten Armee über rund 1000 Mitarbeiter, von denen die Hälfte im illegalen Einsatz stand.[15] Für die GRU sollten die Folgen der Säuberungen eine denkbar schlechte Voraussetzung sein, um in den Zweiten Weltkrieg einzutreten. So ist es nicht verwunderlich, dass das Deutsche Reich die Militäraufklärung der Roten Armee zunächst an die Grenzen ihrer Möglichkeiten brachte. Dennoch konnte der Dienst im weiteren Kriegsverlauf spektakuläre Erfolge erzielen.

Als besonders verhängnisvoll erwies sich allerdings, dass Stalin nahezu ausschließlich die Rohinformationen der GRU-Quellen interessierten. Von einer zusammenfassenden Analyse der Lage durch den Geheimdienst der Roten Armee hielt der Diktator im Allgemeinen herzlich wenig, betrachtete er sich doch selbst als uneingeschränkte Autorität auf dem Gebiet der Spionage. Damit ist ein Grundproblem des sowjetischen Militärnachrichtendienstes unter Stalin genannt, das sich auch durch die zahlreichen Reorganisationen nicht beheben ließ: das Fehlen von Strukturen, die sich mit einer qualifizierten Auswertung der gesammelten Informationen befassten. In der Militärspionage gab es bis zum Beginn des Zweiten Weltkrieges keine eigenständige Abteilung zur Bearbeitung und Analyse der eintreffenden Agentenmeldungen. Bei der GRU wurde eine solche Struktureinheit erst im Verlauf des

Zweiten Weltkrieges aufgebaut. Deren Effektivität und Qualität erwies sich allerdings als gering. Mit viel zu wenigen Mitarbeitern ausgestattet, konnte sie die eintreffende Informationsflut nur selten sinnvoll auswerten und entsprechende strategische Rückschlüsse ziehen.[16]

Der Beginn des Kalten Krieges veranlasste Stalin im Mai 1947 zu einer radikalen Umbildung der bisherigen sowjetischen Nachrichtendienststrukturen. Ein Komitee für Information (KI) sollte unter der Leitung von Außenminister Wjatscheslaw M. Molotow zukünftig die Einsätze der zahlreichen Auslandsnachrichtendienste koordinieren und für eine integrierte sowie kompetente Analyse der aus den verschiedenen Quellen beschafften Spionageinformationen sorgen.[17]

Gleichwohl zeigte sich rasch, dass die neu geschaffene Superbehörde die in sie gesetzten hohen Erwartungen nicht erfüllen konnte. Infolgedessen und aufgrund des ständigen Kompetenzgerangels zwischen den Führungsebenen des Komitees für Information gelang es der Militärführung bereits Ende 1948, die Hauptverwaltung für Aufklärung wieder aus dem KI herauszulösen. Die zeigte dann erneut die Fähigkeit, die sowjetische Führung mit erstklassigen Geheiminformationen zu versorgen. Doch Stalin und sein innerster Führungszirkel bevorzugten weiterhin von der GRU beschaffte Originaldokumente als Grundlage für ihre Politikentscheidungen, die jedoch nur allzu selten mit dem tatsächlichen Lagebild korrelierten. Geheimdienstliche Empfehlungen und Prognosen, die auf einer umfassenden Analyse des eingegangenen Nachrichtenmaterials beruhten, waren in der Sowjetunion bis zum Tod Stalins 1953 nicht sonderlich gefragt.[18]

Unter Nikita S. Chruschtschow und seinen Nachfolgern zeigte sich hingegen alsbald eine völlig neue Arbeitsweise der Auslandsgeheimdienste. Zunächst wurde der ohnehin begrenzte Zugang der Nachrichtendienstchefs zu den wichtigsten politischen Entscheidungsgremien noch stärker eingeschränkt als unter seinem Amtsvorgänger. Infolgedessen reichte es nach Stalins Tod nicht mehr aus, die Informationen der einzelnen Agenten und Quellen zusammenzustellen und ohne umfassende Analyse den politischen Entscheidungsträgern vorzulegen.

Vielmehr kam es für die Führung der Nachrichtendienste unter dem neuen Parteichef darauf an, stärker als bisher gründliche Lageberichte zur jeweiligen politischen, ökonomischen, militärischen oder rüstungswirtschaftlichen Situation zu erstellen. Diese sollten der sowjetischen Führung als Entscheidungshilfe für die Lösung wichtiger politischer Fragen dienen.

Die von der GRU für die sowjetische Führung unter Chruschtschow beschafften Informationen machten vor allem während der Berlin-Krise (1958–1961) und der Kuba-Krise (1962) die politischen und militärischen Maßnahmen des Westens für die Entscheidungsträger im Kreml in einem hohen Maße transparent. Sie gewährten Einblick in fast alle wichtigen Entscheidungen der Westmächte bis hinauf zu den höchsten Regierungsebenen. Für die sowjetische Politik besaßen diese Spionageerkenntnisse einen hohen Wert. Chruschtschow war dadurch klar, wie weit er mit seinem Bluff im Machtpoker mit den USA gehen konnte. Sie ließen ihn bei Höhepunkten der Krise vor abenteuerlichen Entscheidungen zurückschrecken und die Lage realistisch bewerten.[19]

In den nachfolgenden Jahrzehnten blähte sich der Apparat des Militärgeheimdienstes immer weiter auf, was dessen Leistungsfähigkeit jedoch nicht unbedingt steigerte. Ende 1990 musste die GRU bekennen, dass die überwiegende Mehrzahl aller durch die Agenten gelieferten Dokumente aus offenen Quellen stammt. Nur ein verschwindend geringer Teil besaß zumindest den Vermerk »geheim«.[20] Als am 26. Dezember 1991 die rote Fahne auf dem Kreml eingeholt wurde, neigte sich unabänderlich eine Ära zu Ende, die über 73 Jahre die Geschicke des militärischen Nachrichtendienstes bestimmt hatte.

Die Russische Föderation, Putins Herrschaft

Den Zerfall der Sowjetunion überlebte die GRU trotz empfindlicher personeller und finanzieller Einschnitte weitgehend unbeschadet. Es gelang ihr Ende der 1990er-Jahre sogar hinsichtlich der Zahl ihrer Mitarbeiter endlich mit dem Konkurrenten, dem politischen Auslandsnachrichtendienst SWR gleichzuziehen – beide Dienste verfügten damals jeweils über rund 11.000 Planstellen.[21] Gleichzeitig konnte die GRU nach dem Machtantritt von Präsident Wladimir W. Putin den Versuch des SWR abwehren, weite Teile der Militärspionage zu übernehmen. Wohl auch aus diesem Grund fand der Militärnachrichtendienst schneller zu seiner »gewohnten« Angriffslust als sein ziviler Gegenspieler zurück. Damit gehörten aggressives, bewaffnetes und gewaltsames Vorgehen wieder zu den »Kernkompetenzen« der GRU. Die Fehlschläge während des georgischen Feldzugs von 2008 machten jedoch deutlich, dass die Militäraufklärung auch beträchtliche Schwächen aufwies. Diese Misserfolge nutzten Kritiker der GRU innerhalb des Militärs, aber auch des SWR. Der politische Auslandsnachrichtendienst argumentierte, der Geheimdienst der russischen Streitkräfte könne sich besser auf seine taktischen Aufklärungsoperationen konzentrieren, wenn er dem SWR die strategische Aufklärung endlich vollkommen überlassen würde. Der Vorschlag stellte eine direkte Einmischung in die Kernkompetenzen der Militäraufklärung dar und zeigt, wie sehr die damalige Position der GRU innerhalb des Systems der russischen Sicherheitsdienste geschwächt war.[22] Erstmals stand sogar ihre weitere Existenz auf dem Spiel.

Dieses Szenario trat jedoch nicht ein. Präsident Dmitrij A. Medwedew ernannte 2009 Generalleutnant Aleksandr W. Schljachturow zum neuen GRU-Chef. Der jüngere und weitgehend unbekannte Geheimdienstoffizier sollte den Dienst endlich für substanzielle Reformen öffnen. Der General wurde seiner Aufgabe gerecht, bis zu seiner Verabschiedung Ende 2011 hatte er der Behörde schmerzhafte Einschnitte verordnet. Sein Nachfolger Generalmajor Igor' D. Sergun machte diese allerdings wieder weitgehend rückgängig. Hierzu trug vor allem der von der politischen Führung als erfolgreich angesehene Einsatz der sogenannten »Grünen Männchen« – in Russland auch als »Höfliche Menschen« bekannt – bei der völkerrechtswidrigen Besetzung der Krim bei. Hinter dem verharmlosenden Begriff verbargen sich in Wirklichkeit Elitesoldaten der GRU, die seit Anfang März

Einleitung

2014 auf der Halbinsel ukrainische Verwaltungsgebäude, Polizeieinrichtungen und Kasernen besetzten. Die GRU-Führung hatte offensichtlich ihre Lehren aus dem Krieg in Georgien gezogen und legte nun Wert auf den Einsatz von hochmobilen, leichten, allzeit einsatzbereiten Brigaden, an deren Spitze die Sondertruppen der Militäraufklärung standen.[23] Damit festigte der militärische Nachrichtendienst seine Position als entscheidendes Instrument der russischen Führung für die Durchsetzung ihres Konzepts der »nicht linearen Kriege«.[24] Gleichfalls als Erfolg dürften die GRU und die russische Militärführung die nachfolgenden Einsätze des Nachrichtendienstes im Donbass und in Syrien gedeutet haben. In den folgenden Jahren weitete der Dienst zudem seine Attacken in Westeuropa und den USA aus. Die spektakulärste Operation der GRU im Ausland traf 2018 jedoch einen ehemaligen Offizier des Dienstes, der in den 1990er-Jahren für Großbritannien spioniert hatte. Nachfolgend wegen Hochverrats zu dreizehn Jahren Zwangsarbeitslager verurteilt, kam der ehemalige Oberst 2010 im Rahmen eines Agentenaustausches auf freien Fuß und lebte seither in England. Am 4. März 2018 fiel Sergej W. Skripal, so der Name des Doppelagenten der GRU, in der englischen Kleinstadt Salisbury zusammen mit seiner Tochter einem Mordanschlag mit dem Nervengift Nowitschok zum Opfer, den beide nur knapp überlebten.[25] Was zunächst nach einer makellosen Geheimaktion aussah, hinter der die Öffentlichkeit russische Nachrichtendienste vermutete, entpuppte sich bald als eine Anhäufung von peinlichen Pannen der GRU.

In der Öffentlichkeit stellt sich die Militäraufklärung in ihrer Rolle als Auslandsnachrichtendienst gerne deutlich robuster dar als die Konkurrenz vom SWR. Während Letzterer auf die weitgehend »geräuschlose« Arbeit seiner als Botschaftsmitarbeiter getarnten oder als »Illegale« operierenden Agenten setzt, geht der Militärgeheimdienst mit deutlich mehr Risiko wie auch Gewaltbereitschaft zu Werke. Bei der GRU ist man offenbar weniger um die Außendarstellung besorgt als der SWR, der sich gerne als intellektuell geprägter Analyse- und Beschaffungsdienst inszeniert und der deshalb weitgehend auf jegliche

James-Bond-Attitüde verzichtet.[26] Beim Nachrichtendienst der russischen Streitkräfte kommen die Erfahrung und das Gefühl hinzu, von der Konkurrenz in der eigenen Weiterexistenz bedroht zu sein. Folglich muss der Militärgeheimdienst aggressiver vorgehen, um seine Rolle im »Konzert« der russischen Geheimdienste weiterspielen zu können. Hieraus resultiert sein Auftreten als risikobereiter und waghalsiger Akteur an allen Brennpunkten der Außenpolitik Putins.

Der Angriff gegen die Ukraine zeigte jedoch deutlich die Grenzen der GRU. Ihr gelang es in den ersten Tagen der Invasion nicht, das mit zahlreichen finanziellen Mitteln aufgebaute Agentennetz des Militärgeheimdienstes in der Ukraine zu aktivieren, um die russischen Truppen merklich zu unterstützen. Im Gegenteil, diese stießen auf den erbitterten Widerstand der ukrainischen Verteidiger. Die gefürchteten Cyberattacken des militärischen Nachrichtendienstes liefen weitgehend ins Leere und vermochten es nicht, kritische Elemente der Infrastruktur des ukrainischen Staates und seiner Armee langfristig lahmzulegen. Doch auch auf den Gebieten ihrer militärischen Kernkompetenzen musste die GRU empfindliche Niederlagen hinnehmen. Zu Beginn der russischen Aggression schlugen nicht wenige Angriffe der Spezialtruppen des Militärgeheimdienstes auf strategisch wichtige Objekte fehl. Danach fanden die Elitekrieger in zahlreichen Fällen als gewöhnliche Sturminfanterie Verwendung, was zu hohen blutigen Verlusten führte. An der Frontlinie gebunden, stehen die Aufklärungsspezialisten nicht für die Aufgaben zur Verfügung, für die sie gedacht und ausgebildet sind: das Ausfindigmachen von Zielen mit hoher Priorität im Hinterland des Gegners. Diese Rolle wäre umso wichtiger, als es die russischen Luftstreitkräfte bislang nicht vermögen, die Lufthoheit vollständig an sich zu reißen. Die dadurch fehlende Luftaufklärung macht die russischen Truppen weitgehend blind dafür, was hinter dem Frontgebiet geschieht. Hinsichtlich der Diversionseinsätze gelangen nicht der GRU, sondern ihrem Gegenüber – der ukrainischen Militäraufklärung HUR – spektakuläre Erfolge. Der russische Militärgeheimdienst vermochte es hingegen weder, Schlüsselobjekte der kritischen Infrastruktur beispielsweise auf dem

Gebiet des Transportwesens auszuschalten, noch konnten in großer Zahl operativ-taktisch wichtige Waffen der Ukrainer, wie beispielsweise die zielgenauen Raketenwerfer vom Typ HIMARS, durch Angriffe von Kommandokräften außer Gefecht gesetzt werden.

Gleichwohl ist Putin weiter auf seinen militärischen Nachrichtendienst angewiesen, verfügt doch nur er innerhalb des russischen Geheimdienstsystems über die gesamte Palette an nachrichtendienstlichen Fähigkeiten. Die GRU kann sowohl auf Agenten und Spione (HUMINT), die Aufklärungsdaten von Satelliten, Drohnen und Flugzeugen (IMINT/GEOINT), die technische Erfassung und wissenschaftliche Auswertung der Signaturen von Waffentests (MASINT), die Sammlung und Analyse von elektronischen Signalen zur nachrichtendienstlichen Auswertung (SIGINT), die sich in die Bereiche Fernmeldeaufklärung (COMINT), also das Abhören von Funksprüchen, Telefonaten, E-Mails, Messenger usw. sowie in die elektronische Aufklärung (ELINT) von Radarwellen und Strahlungsquellen gliedert. Hinzu kommen die Auswertung von offenen Quellen (OSINT) sowie die Technikspionage (TECHINT) in den Bereichen Bewaffnung und Ausrüstung. Eine immer wichtiger werdende Rolle spielt weiterhin die CYBINT, die nachrichtendienstliche Informationen aus dem Cyberspace gewinnt. Zudem verfügt die GRU mit ihren Speznas-Brigaden über hochgerüstete und umfassend ausgebildete Spezialkräfte, die gleichfalls für die Erfüllung geheimdienstlicher Aufgaben bereitstehen. Es ist zu erwarten, dass auch im weiteren 21. Jahrhundert der russische Militärgeheimdienst eine gefährliche Waffe der politischen und militärischen Führung Russlands sein wird, die immer dann zum Einsatz kommt, wenn außenpolitische Interessen mit Gewalt und klandestinen Instrumenten durchgesetzt werden sollen.

Die Forschungslage

Dass wir in Deutschland bislang kaum etwas über die GRU wissen, ist zweifelsohne dem Umstand geschuldet, dass sich das Interesse von

Öffentlichkeit und Wissenschaft bis heute nahezu ausschließlich auf das Komitee für Staatssicherheit der UdSSR (KGB) und den daraus hervorgegangenen heutigen Auslandsnachrichtendienst der Russischen Föderation (SWR) sowie den Föderalen Sicherheitsdienst (FSB) konzentriert. Während über das KGB und seine führenden Mitarbeiter Hunderte, wenn nicht gar Tausende Bücher existieren, sind Veröffentlichungen zur GRU und ihrer Geschichte vergleichsweise rar. Nach dem Ende des Zweiten Weltkrieges ist in deutscher Sprache bislang nur eine Monografie erschienen, die sich ausschließlich mit dem Wachsen und Werden der Hauptverwaltung Aufklärung beschäftigt. Es dürfte kein Zufall sein, dass ihr Autor – Viktor Suworow – selbst aus der GRU stammt. Der ehemalige Offizier des sowjetischen Militärgeheimdienstes, der in Wirklichkeit den Namen Wladimir B. Resun trägt, lief im Sommer 1978 in Genf, wo er an der dortigen Residentur als Spion eingesetzt war, zusammen mit seiner Familie zu den Briten über.[27] Der MI6 – der Auslandsnachrichtendienst des Vereinigten Königreichs – schaffte ihn dann nach London, wo er 1984 eine umfangreiche Abhandlung über die GRU veröffentlichte[28], die ein Jahr später auch ins Deutsche übersetzt wurde.[29] Natürlich ist das Buch von Resun keine Darstellung der GRU im historischen Sinne, sondern die Beschreibung eines damals weitgehend unbekannten sowjetischen Nachrichtendienstes durch einen Insider und Überläufer. Vor Resun hatte bereits der noch aus der Raswedka stammende Geheimdienstoffizier Walter Kriwitzki 1939 seine Erlebnisse beim Militärgeheimdienst der Roten Armee veröffentlicht.[30] Der setzte sich, um Stalins Häschern zu entgehen, 1938 in die Vereinigten Staaten ab, wo er dennoch 1941 höchstwahrscheinlich einem Mordkommando des sowjetischen Geheimdienstes NKWD zum Opfer fiel. Damit sind die zwei deutschen Veröffentlichungen genannt, die ausschließlich die GRU zum Thema haben.

Im Gegensatz zu Russland, England und den Vereinigten Staaten stand in Deutschland die Beschäftigung mit Themen zur Geschichte der Nachrichtendienste lange im Schatten der historischen Forschung und wurde gerne Journalisten, ehemaligen Agenten und Sachbuchautoren überlassen. Erst zum Beginn des neuen Jahrtausends brach Wolfgang Krieger, Professor für Neuere Geschichte in Marburg, eine Lanze für die Geschichte der Nachrichtendienste in Deutschland und holte das Thema buchstäblich aus der »Schmuddelecke« der hiesigen Historiografie.[31] Gleichwohl sind deutsche Untersuchungen zum Militärgeheimdienst Russlands bis heute Mangelware, was natürlich auch damit zu tun hat, dass der Zugang zu Quellen über dessen Tätigkeit überaus schwierig ist.

In Russland verfügt der FSB über ein umfangreiches Archiv, und hier ist gelegentlich für Historiker zumindest ein ausgewählter Aktenzugang zu bestimmten Einzelthemen möglich. Der SWR hat immerhin ein Pressebüro und stellt in Einzelfällen Dokumente aus seinem Archiv zur Verfügung. Die GRU allerdings besitzt weder eine offizielle Pressestelle noch ein zugängliches Archiv. Was den Zeitraum bis 1941 betrifft, so wurde ein Großteil der Unterlagen des Nachrichtendienstes der Roten Armee an das Russische Staatliche Militärarchiv abgegeben, wo sie immerhin in Teilen einsehbar sind und Eingang in Dokumentenpublikationen gefunden haben.[32] Wesentlich schwieriger ist allerdings der Zugang zu Unterlagen des Militärgeheimdienstes, die nach dem Beginn des deutschen Angriffs auf die Sowjetunion im Sommer 1941 datieren. In einigen russischen Veröffentlichungen wird zwar ein Archiv Nr. 2 des Verteidigungsministeriums der Russischen Föderation erwähnt,[33] in dem angeblich die Dokumente der GRU aufbewahrt werden, doch ist bislang nirgends eine offizielle Bestätigung zu finden, dass ein derartiges Archiv auch tatsächlich existiert. Gegenwärtig kennen wir immerhin den Archivbestand, in dem die Unterlagen des militärischen Nachrichtendienstes gesammelt werden. Es handelt sich um den Bestand Nummer 23 im Zentralarchiv des Verteidigungsministeriums der Russischen Föderation, das sich in dem Moskauer Vorort Podolsk befindet. Da dieser in den größten Teilen immer noch streng geheim ist, existieren weder Übersichten zu den dort gelagerten Akten noch entsprechende Findhilfsmittel. Aus ihm sind bislang allenfalls einzelne Dokumente veröffentlicht.[34] Wie groß die Geheimhaltungsmanie der GRU tatsächlich ist, mag vielleicht der Umstand illustrieren, dass selbst bei internen Veröffentlichungen des militärischen Nachrichtendienstes auf die genaue Benennung von archivalischen Fundstellen verzichtet wird.[35]

Gleichwohl musste selbst eine verschwiegene sowjetische Behörde wie die GRU mit zahlreichen Partei- und Regierungsstellen interagieren. Sie hat deshalb ungewollt in nicht wenigen nun zugänglichen russischen Archiven ihre Spuren hinterlassen. Zu diesen Unterlagen gehören beispielsweise Berichte und Analysen zu beschafften Geheimdokumenten, die an die zuständigen Abteilungen des Zentralkomitees der Kommunistischen Partei gingen und heute im Russischen Staatsarchiv für sozialpolitische Geschichte bzw. Russischen Staatsarchiv für Zeitgeschichte zu finden sind. Berichte über die Technikspionage und die Zusammenarbeit mit staatlichen Stellen bei der Entwicklung von Aufklärungsflugzeugen oder -satelliten finden sich hingegen in den Akten des Russischen Staatsarchivs für Wirtschaft. Für das Buch erwies es sich zudem als ausgesprochener Glücksfall, dass der Historiker Michail E. Boltunow einige freigegebene Dokumente aus dem Archiv der GRU zur Tätigkeit des Agenten »Murat« und seines Führungsoffiziers Wiktor A. Ljubimow während der Hochphase des Kalten Krieges zur Verfügung stellte.

Den gleichwohl kaum vorhandenen Archivzugang versucht die GRU, die natürlich auf die Zeichnung eines positiven und erfolgreichen Selbstbildes in der Öffentlichkeit bedacht ist, durch den Einsatz von Historikern aus den eigenen Reihen abzufedern. Diese können für ihre Veröffentlichungen auf Dokumente des Dienstes zurückgreifen, wobei jedoch dessen unabhängige Überprüfung nur in den seltensten Fällen möglich ist. Zu den bekanntesten GRU-Historikern dürfte Oberst Wladimir I. Bojko gezählt haben, der bis zu seinem Tod 2017 zumeist unter dem Pseudonym Wladimir Lota zahlreiche historische Arbeiten zur Geschichte des sowjetischen Militärgeheimdienstes vorgelegt hat. Die wohl wichtigste ist der unter seiner Leitung

Einleitung

zum 200-jährigen Jubiläum des Militärgeheimdienstes 2012 erschienene 550-seitige Prachtband *Die Militäraufklärung Russlands*.³⁶ Zu den Historikern und Journalisten mit einem privilegierten Zugang zu Aktenmaterial gehört auch der bereits erwähnte Boltunow, der gleichfalls zahlreiche seiner Publikationen der Thematik des Militärgeheimdienstes widmet, wobei er überwiegend einzelne seiner Bereiche – wie den Einsatz von Agenten, die Fernmeldeaufklärung oder die Speznas-Truppen beschrieb.³⁷ Genügen Veröffentlichungen zur Geschichte des militärischen Nachrichtendienstes der sowjetischen Streitkräfte bis 1945 noch im Allgemeinen den wissenschaftlichen Mindeststandards, so sieht dies für die Zeit danach bereits vollkommen anders aus. Hier müssen die Arbeiten in der Regel ohne entsprechende Belegstellen auskommen, was ihren Wert leider einschränkt.

Das Ende der Sowjetunion und der sich damit ergebende begrenzte Archivzugang für die Zeit bis 1941 löste ab der Jahrtausendwende in Russland eine wahre Flut von Büchern über die GRU aus. Aus der schieren Masse ist vor allem das zweibändige Werk von Aleksandr I. Kolpakidi und Dmitrij P. Prochorow *Das Imperium der GRU* hervorzuheben, das bis heute als Standardwerk gelten muss.³⁸ Einen guten Überblick gibt gleichfalls die von Kolpakidi 2004 herausgegebene *Enzyklopädie der Militäraufklärung Russlands*.³⁹ Für Recherchen zum Personal der GRU erweisen sich die Veröffentlichungen *Enzyklopädie der Militäraufklärung. 1918–1945* sowie *Die GRU. Angelegenheiten und Menschen* als unverzichtbar.⁴⁰ Die Geschichte des Marinenachrichtendienstes wird in dem 2008 erschienenen Band *Marineaufklärung. Geschichte und Gegenwart* umfassend behandelt.⁴¹ Angaben zu dessen wichtigsten Mitarbeitern finden sich in dem Nachschlagewerk *Die Marineaufklärung der UdSSR, 1918–1960*.⁴² Der Nachteil all dieser Veröffentlichungen liegt darin, dass sie ausschließlich in russischer Sprache publiziert wurden und damit für die Masse der westlichen Geheimdiensthistoriker wegen mangelnder Sprachkenntnis nicht gelesen werden können. Das führt dazu, dass selbst in wichtigen Werken zu westlichen Geheimdiensten, wie beispielsweise der CIA, Namen

Die Forschungslage

historisch bedeutender Doppelagenten wie Pjotr S. Popow oder Oleg W. Pen'kowskij allenfalls kurz erwähnt werden.[43]

Im englischen Sprachraum kennen die Historiker weniger Berührungsängste zum Thema der Geschichte der Nachrichtendienste, doch auch hier ist ein gewisses Defizit hinsichtlich des russischen bzw. sowjetischen Militärgeheimdienstes spürbar. So wirft der in Princeton lehrende Historiker Jonathan Haslam in seinem anregenden und lesenswerten Buch zur Geschichte der sowjetischen Geheimdienste *Near and Distant Neighbors* zwar immer wieder Schlaglichter auf die GRU, deren Agenten und Überläufer, doch bleiben diese stets im Schatten des übermächtigen KGB.[44] Damit folgt er im Wesentlichen bereits dem immer noch als Klassiker geltenden Werk von David J. Dallin über die sowjetische Spionage, das 1955 erstmals veröffentlicht wurde.[45] Auch bei anderen neueren englischsprachigen Veröffentlichungen über die Geheimdienste der Sowjetunion und Russlands kommt die GRU zumeist nur am Rande vor.[46] Einzelne Publikationen widmen sich allenfalls Führungsoffizieren der CIA, die Quellen im sowjetischen Militärgeheimdienst anleiteten, oder aber den Doppelagenten selbst, die aus der GRU stammten.[47] Gelegentlich werden aber auch spezielle Einzelthemen, wie beispielsweise die Rolle der Raswedka während des Russisch-Japanischen Krieges von 1904/05 untersucht.[48] Eine Überblicksdarstellung zur Geschichte der GRU bleibt bislang auch im englischen Sprachraum ein Desiderat.

Heute verfügt die GRU über die größte Zahl von Nachrichtendienstmitarbeitern in Russland, ihre Residenten und Agenten sind auf der ganzen Welt aktiv. Der Militärgeheimdienst besitzt in Gestalt der Militärattachés nicht nur weltweit sogenannte »legale Residenturen«, seine Mitarbeiter sind auch als Vertreter von Botschaften und Handelsvertretungen getarnt. Eine Sonderrolle spielen die bereits erwähnten illegalen Agenten, die ohne jede diplomatische Abdeckung arbeiten und damit besonders gefährlich, aber auch gefährdet sind. Anders als zahlreiche andere Nachrichtendienste kann die GRU für ihre Einsätze zu jeder Zeit auf ihr unterstehende militärische Strukturen wie

Spezial- oder Funkaufklärungseinheiten zugreifen und damit ganz erhebliche Ressourcen mobilisieren, um Spionageaufträge der russischen Regierung zu erfüllen.

Hier wird erstmals die Geschichte der GRU von ihrer Gründung bis heute erzählt. Dabei kann – ein Novum – zumindest zum Teil auf Dokumente zurückgegriffen werden, die aus dem Dienst selbst stammen. Sie geben uns neue Einsichten zu dramatischen Schlüsselereignissen des 20. Jahrhunderts – dem Zweiten Weltkrieg, dem Mauerbau und der Kuba-Krise, als die Welt nur einen Schritt vor dem Ausbruch eines Nuklearkrieges stand. Aber auch die Rolle des Militärgeheimdienstes im heutigen Russland wird untersucht.

Hierfür ist das vorliegende Buch in drei große Abschnitte unterteilt. Der erste Teil widmet sich der Geschichte der russischen Militäraufklärung. Zunächst werden deren Entstehung im Zarenreich und deren Tätigkeit bis zum Ausbruch der Oktoberrevolution 1917 beleuchtet. Im Anschluss betrachten wir den Wandel zum militärischen Nachrichtendienst der Roten Armee im Spannungsfeld von Weltrevolution und dem später von Stalin geforderten Aufbau des Sozialismus in einem Land. Dass der Geheimdienst selbst zum Opfer der blutigen Säuberungen des sowjetischen Diktators wurde, wird nachfolgend gezeigt. Hunderte seiner Offiziere und Mitarbeiter endeten vor den Erschießungskommandos der Geheimpolizei NKWD oder mussten jahrelang in den Lagern des berüchtigten GULag vor sich hinvegetieren. Als 1939 der Zweite Weltkrieg ausbrach, wurde es erforderlich, den Militärgeheimdienst vollkommen neu aufzubauen. Obgleich dies gelang, misstraute Stalin seinem Nachrichtendienst zutiefst, als ihn dieser seit Ende 1940 immer wieder vor einem drohenden deutschen Angriff auf die Sowjetunion warnte. Der Diktator wurde folglich im Sommer 1941 vom Unternehmen »Barbarossa« überrascht und die Rote Armee musste schwere Niederlagen hinnehmen. Doch Stalin zeigte sich – wie im vierten Kapitel des ersten Teils deutlich wird – lernfähig und begann, den Meldungen der GRU und deren Analysen Vertrauen zu schenken. Das half, im Winter 1941 vor

Moskau die Kriegswende einzuleiten. Ohne die Agenten des Militärgeheimdienstes und den von ihnen gesammelten Informationen hätten auch die Schlachten von Stalingrad und Kursk anders verlaufen können. Zugleich gelang es dem Militärgeheimdienst der Roten Armee im Kriegsverlauf immer besser, die strategischen Absichten Hitlers und der Wehrmachtsführung zu prognostizieren. Damit leistete die GRU einen wichtigen Beitrag zum Sieg der Alliierten über das Deutsche Reich. Im nachfolgenden Kalten Krieg musste der militärische Nachrichtendienst seine Tätigkeit an die neuen Bedürfnisse der politischen Führung der Sowjetunion anpassen. Dass es ihm in entscheidenden Phasen der Ost-West-Konfrontation gelang, die Aggressivität der sowjetischen Entscheidungsträger zu zügeln und damit den nuklearen Overkill zu verhindern, zeigt das Kapitel zur Geschichte der GRU zwischen 1945 und 1991. Obgleich die Sowjetunion am Ende des Kalten Krieges unterging, gelang es dem Militärnachrichtendienst, sich weitgehend unbeschadet ins neue Russland zu retten. Ohne Zögern stellte er sich, nicht selten in der eigenen Existenz bedroht, in den Dienst der neuen Machthaber und sicherte damit sein Überleben. Durch die kompromiss- und widerspruchslose Ausführung der Befehle der politischen und militärischen Führung Russlands ist er zum unverzichtbaren Element der Struktur der Sicherheits- und Geheimdienste unter Präsident Putin geworden. Dass dieser Prozess jedoch mit einer Einbuße an Professionalität und politisch nötiger Resilienz sowie dem Abbau von Fähigkeiten einherging, zeigt das abschließende Kapitel der Darstellung zur Geschichte des Militärgeheimdienstes.

Im zweiten Teil werden dann die wichtigsten Tätigkeitsfelder der GRU beleuchtet. Dazu gehören der Agenteneinsatz (HUMINT), der seit jeher innerhalb des Dienstes einen hohen Stellenwert besitzt. Nicht weniger wichtig ist die Funk- und Fernmeldeaufklärung, die es ermöglicht, aus zahlreichen Puzzlesteinen ein Lagebild der aktuellen militärstrategischen Situation zu erstellen und die Kapazitäten der jeweiligen Gegenseite zu bestimmen. Gerade im Kalten Krieg, aber auch unter den Bedingungen der zunehmenden Isolation Russlands, spielte und spielt die Technikspionage eine wichtige Rolle bei der Tätigkeit des militärischen Nachrichtendienstes. Oft ist dies die einzige Möglichkeit, um an dringend benötigtes wissenschaftliches und technisches Know-how zu kommen. Unerlässlich für einen Nachrichtendienst mit dem Einsatzspektrum der GRU ist gleichfalls eine umfangreiche Aufklärung aus der Luft, die hierfür auf Flugzeuge und vor allem auf Satelliten zurückgreifen kann, die es ermöglichen, jeden Punkt auf der Erde zur Beobachtung ins Visier zu nehmen. Da sich die GRU als militärischer Geheimdienst versteht, darf natürlich auch die Einsatzkomponente der Spezialeinheiten nicht fehlen. Dort als Speznas-Truppe bezeichnet, zieht sich die Spur dieser Soldaten für klandestine Einsätze über die Tschechoslowakei, Afghanistan, Tschetschenien und Georgien bis heute in die Ukraine.

Ein dritter Teil ist schließlich den Angehörigen der GRU gewidmet, die sich entschieden, dem Dienst den Rücken zu kehren. Diese Entscheidung war zumeist mit einem Seitenwechsel bzw. dem Einsatz als Doppelagent verbunden. Dass ein Überlaufen zum vermeintlichen Gegner bis heute mit dem Tod bestraft werden kann, zeigen die Schicksale von Ignaz S. Reiss, Walter G. Kriwitzki, Pjotr S. Popow, Oleg W. Pen'kowskij, Dmitrij F. Poljakow und nicht zuletzt von Sergej W. Skripal.

Das vorliegende Buch wirft folglich den Blick auf einen Geheimdienst, der das Schicksal der Sowjetunion und Russlands wesentlich mitbestimmt hat und immer noch mitbestimmt. Es zeigt ein mächtiges und weltweit agierendes Geheimdienstimperium, das skrupellos die Interessen einer politischen Führung durchsetzt, die diese nach Gutdünken formuliert. Dabei wird der GRU, weil jegliche demokratische Kontrolle des Dienstes durch Behörden und Parlament fehlt, im Wesentlichen freie Hand bei der Wahl der hierfür nötigen Mittel gelassen. Dies führt in nicht wenigen Fällen dazu, dass der militärische Nachrichtendienst nicht vor dem Einsatz von Gewalt zurückschreckt. Im eigenen Selbstverständnis ist diese heute mehr denn je ein probates Mittel zur Durchsetzung der zu erreichenden Ziele. Es ist gegenwärtig davon auszugehen, dass der russische Militärgeheimdienst noch auf lange Zeit die Konfrontation Russlands mit den westlichen Gesellschaften und ihren Nachrichtendiensten mitbestimmen wird.

An dieser Stelle möchte ich mich noch bei all denen bedanken, ohne die dieses Buch nicht entstanden wäre. An erster Stelle ist hier Wladimir N. Chaustow zu nennen, der leider das Erscheinen des Buches nicht mehr erleben durfte. Er war einer der wichtigsten und profundesten Kenner der sowjetischen Geheimdienste und stand ständig mit Rat und Tat zu Seite. Wladimir W. Sacharow begleitete die Entstehung des Manuskriptes mit unverzichtbaren Kommentaren und Hinweisen, hierfür gebührt ihm außerordentlicher Dank. Auch er konnte diese Publikation nicht mehr in seinen Händen halten. Die weiteren russischen Kollegen wissen um ihre Unterstützung und Hilfe, auch bei Ihnen möchte ich mich noch einmal ausdrücklich bedanken. Mein Dank gilt auch Wolfgang Krieger, der das Projekt nachhaltig unterstützte, wie auch zahlreichen anderen deutschen Kollegen.

Ganz besonderer Dank gilt der Wissenschaftlichen Buchgesellschaft und dann – in Nachfolge – dem Herder Verlag, die dieses Projekt in ihr Programm aufnahmen und mit großem Einsatz und unerschütterlicher Geduld unterstützten. Herr Clemens Heucke und mein Lektor Herr Daniel Zimmermann seien hier gesondert genannt. Natürlich gebührt auch der Familie mein Dank, musste sie doch viele Stunden auf Mann und Papa verzichten.

Abschließend noch ein Hinweis zur Schreibweise der russischen Namen. Sie wurden, bis auf wenige Ausnahmen, die – wie Trotzki, Jeschow oder Skripal in den allgemeinen Sprachgebrauch eingeflossen sind – allesamt nach dem Duden transkribiert. Im Literaturverzeichnis wurde dann zur besseren Wiederauffindung der russischen Titel die wissenschaftlichere Transliteration verwendet.

I.

Die Organisationsgeschichte der russischen Militäraufklärung

1. Vom Zarenadler zur Roten Fahne – der Militärgeheimdienst des russischen Zarenreiches bis 1917

Spionage wird gerne als die zweitälteste Profession der Welt bezeichnet, auch in Russland kann der Einsatz von Agenten zur Gewinnung von geheimen Informationen auf eine lange Tradition zurückblicken. Institutionell verankerte Zar Iwan Grosny – in Europa auch als Iwan der Schreckliche bekannt – den Nachrichtendienst innerhalb der russischen Bürokratie erstmals 1549 mit der Bildung des sogenannten Gesandtenamtes (*Posolskij Prikaz*). Zu dessen Aufgaben gehörte neben der Pflege der auswärtigen Beziehungen des Zarenreiches auch die Sammlung von Informationen über die benachbarten Länder und deren Streitkräfte. 1654 richtete Zar Aleksej I. schließlich das Amt für geheime Angelegenheiten ein, das sich nunmehr mit nachrichtendienstlichen Fragen beschäftigte. Da die Behörde nach dem Tod des Zaren 1676 wieder aufgelöst wurde, übernahm erneut das Gesandtenamt die Funktion der Sammlung von strategisch wichtigen Informationen in den Bereichen Militärpolitik und Heerwesen.[1]

Die Anfänge bis zur Gründung des militärischen Geheimdienstes

Unter Zar Peter I. kam es 1702 im Heer zur Einführung von Quartiermeisterrängen, zu deren Aufgaben fortan auch die taktische militärische Aufklärung zählte. Die Quartiermeister organisierten bei den Armeen, Korps, Divisionen und Regimentern neben der Versorgung und Unterbringung der Truppen sowie der Anlage von Befestigungen auch die Erkundung des Geländes und des Gegners. Hierbei unterstanden sie dem Generalquartiermeister, der als Gehilfe des Oberkommandierenden in operativen Fragen fungierte. Ein Erlass des Zaren aus dem Jahre 1716 regelte dann erstmals die rechtlichen Grundlagen für die Tätigkeit der militärischen Aufklärung. Die 1763 erfolgte Bildung des Generalstabes führte zur Reorganisation des Quartiermeisterwesens. Mit der 1802 von Aleksandr I. vollzogenen Schaffung des Kriegsministeriums ging die Zuständigkeit für die Sammlung von nachrichtendienstlichen Erkenntnissen nunmehr auf diese neue Behörde über. 1810 unterrichtete Kriegsminister Michael Barclay de Tolly den russischen Zaren über die Notwendigkeit, die Bemühungen zur Gewinnung von Informationen über die französische Armee zu verstärken. Das Kriegsministerium schlug die Schaffung einer speziellen Abteilung vor, die diese Aufgabe übernehmen sollte. Da Aleksandr I. der Empfehlung von Barclay de Tolly zustimmte, kam es zur Einrichtung einer sogenannten Expedition für geheime Angelegenheiten. Die Behörde sollte sowohl strategische Geheiminformationen beschaffen, indem sie im Ausland vertrauliche Dokumente erbeutete, als auch operativ-taktische Aufklärung betreiben, wofür sie die Streitkräfte Napoleons an den russischen Grenzen beobachtete. Schließlich hatte sie auch noch Funktionen der Spionageabwehr wahrzunehmen, also feindliche Agenten zu enttarnen und zu neutralisieren. Ihre Mitarbeiter erhielten zudem den Auftrag, Anweisungen und Bitten des Kriegsministers an die Befehlshaber der russischen Armeen und die Leiter der diplomatischen Vertretungen im Ausland zu übermitteln. An den Gesandtschaften wirkten alsbald neben den Botschaftern im Generalsrang im Auftrag der Expedition für geheime Angelegenheiten ausgewählte Offiziere der russischen Armee als sogenannte Militäragenten. Zu den Entsandten gehörten u. a. Major Victor von Prendel ein Österreicher in russischen Diensten, der am sächsischen Hof in Dresden spionierte. Der aus einem finnischen Adelsgeschlecht stammende Leutnant Paul Grabbe kundschaftete die französischen Absichten in München aus, während Leutnant Pawel I. Brosin in Madrid wirkte. In der französischen Hauptstadt übernahm Oberst Aleksandr I. Tschernyschow die Funktion des Militäragenten. In Wien agierte auf diesem Posten der in russischen Diensten stehende Niederländer Oberst Diederik Jacob van Tuyll van Serooskerken, während in Berlin Oberstleutnant Robert E. Rennie diese Funktion wahrnahm. Bei diesen Generalstabsoffizieren handelte es sich um erfahrene Soldaten, die über exzellente Fremdsprachenkenntnisse verfügten und mit militärischen Angelegenheiten bestens vertraut waren.²

Um die Sammlung von militärischen Nachrichten zu intensivieren, wandte sich Barclay de Tolly persönlich an die in Westeuropa tätigen russischen Gesandten. Am 26. August 1810 übermittelte er beispielsweise in einem Brief an den russischen Botschafter in Preußen, Graf Christoph Heinrich von Lieven, eine detaillierte Liste der zu beschaffenden Informationen. Der Kriegsminister wünschte u. a. Angaben »über die Zahl der Truppen, namentlich jeder Macht, über ihren Aufbau, ihre Ausbildung und Bewaffnung sowie ihre Disposition in den Quartieren, über den Zustand der Festungen, die Fähigkeiten und Tugenden der besten Generäle sowie die Disposition des Truppengeistes«.³ Der Kriegsminister forderte zudem Botschafter und Agenten auf, »Karten und militärische Werke, die im Lande veröffentlicht wurden, zu kaufen«, und versprach: »Ich werde es nicht versäumen, den erforderlichen Betrag rechtzeitig zu schicken.«⁴

Als besonders begabter Militäragent erwies sich der damals 25-jährige Oberst Tschernyschow. Dem jungen Adligen gelang es rasch, intensive Kontakte zur französischen Aristokratie zu knüpfen. Napoleon lud Tschernyschow mehrmals zur Jagd ein, und auch die Königin von Neapel, Napoleons Schwester, sah den russischen Offizier gerne als Gast in ihrem Haus. In Paris ging sogar das Gerücht um, Tschernyschow habe eine Affäre mit der Lieblingsschwester Napoleons, Pauline Borghese. Seine Tarnung als Playboy ermöglichte es dem russischen Offizier, unerkannt Informationen über Napoleons Pläne zur Invasion des Zarenreiches und den Zustand der französischen Armee zu sammeln. Anfang April 1811 sandte der Oberst Aleksandr I. eine Depesche, in der er mitteilte, dass »Napoleon bereits beschlossen hat, gegen Russland in den Krieg zu ziehen, aber wegen des unbefriedigenden

Zustands seiner Angelegenheiten in Spanien und Portugal spielt er noch auf Zeit«. Beeindruckt von den Leistungen seines Agenten hinterließ der russische Kaiser auf dem Bericht die Notiz: »Warum habe ich nicht mehr Minister wie diesen jungen Mann.«

Wenig später sollte es Tschernyschow sogar gelingen, die streng geheime *ordre de bataille* der französischen Armee – eine Gliederungsübersicht ihrer Truppen – zu beschaffen. Dieses Dokument wurde alle fünfzehn Tage im Kriegsministerium in einem Exemplar erstellt und war nur für Napoleon bestimmt. Eine Quelle des Militäragenten in Paris kopierte dieses Dokument für den russischen Oberst, der den französischen Informanten hierfür großzügig entlohnte. Als weiterer wichtiger Agent Tschernyschows fungierte Fürst Charles-Maurice de Talleyrand, der ehemalige französische Außenminister. Gegen ein beträchtliches Entgelt informierte Talleyrand die Russen nicht nur über den Zustand der französischen Armee, sondern gab auch Napoleons militärische Pläne gegenüber dem Zarenreich weiter. Im Dezember 1810 berichtete Oberst Tschernyschow an Aleksandr I., dass »Anna Iwanowna« – so einer der Decknamen Talleyrands im Schriftverkehr mit dem Zaren – mitgeteilt habe, der französische Imperator werde mit seinem Angriff auf Russland im April 1812 beginnen. Anfang 1812 musste der Militäragent allerdings Paris verlassen, da die französische Polizei seine Spionagetätigkeit aufgedeckt hatte.[5]

Insgesamt erwiesen sich die nachrichtendienstlichen Bemühungen von Barclay de Tolly jedoch als nicht besonders effektiv. Kurz vor dem Feldzug Napoleons gegen Russland wurde immer deutlicher, dass die Militärführung des Zarenreiches genauere Kenntnisse über die Pläne des französischen Kaisers und seiner Generäle benötigte und hierfür der Einsatz einer größeren Zahl von Agenten erforderlich war. Deshalb kam es am 27. Januar 1812 zur Einrichtung der sogenannten Sonderkanzlei des Kriegsministeriums. Zu deren Leiter ernannte Aleksandr I. Oberst Aleksej W. Woejkow, einen Berufsoffizier, der seit 1810 als Flügeladjutant des Zaren diente. Das neu geschaffene Amt verfügte mit seinem Leiter, drei Expeditoren und einem Dolmetscher nur über einen ausgesprochen kleinen Mitarbeiterstab, um geheime Aufgaben zu lösen. Die Beschaffung von nachrichtendienstlichem Material fiel im Wesentlichen den mittlerweile sieben Militäragenten zu, die u. a. in Spanien, Frankreich, Österreich, Preußen, Bayern und Sachsen agierten. Die »Zentrale« in Sankt Petersburg wiederum wertete die Informationen über die Armeen der Nachbarstaaten aus und legte nach deren Analyse dem Kriegsminister entsprechende Empfehlungen vor. Mit der Bildung des Sonderbüros beim Kriegsministerium stand dem russischen Militär nun erstmals eine Organisation zur Verfügung, die systematisch den Nachrichtendienst gegen ausländische Streitkräfte betrieb. Deshalb gilt das Jahr 1812 bis heute als die Geburtsstunde des russischen Militärgeheimdienstes.[6]

Napoleons Feldzug gegen Russland 1812

Seit 1810 begann Napoleon, sich auf einen Krieg gegen Russland vorzubereiten. Hierfür wurden deshalb in verschiedenen Bereichen entsprechende Vorbereitungen getroffen: Die französische Grande Armée erfuhr eine merkliche Verstärkung, zugleich entsandte der französische Imperator Geheimagenten nach Russland, um dort die für seine Planung nötigen militärischen und politischen Informationen zu erhalten. Allerdings gelang es der russischen Spionageabwehr, zahlreiche dieser Zuträger zu enttarnen, zwischen 1810 und 1812 nahm sie 39 zivile und militärische Personen fest, die Frankreich mit der Sammlung von Geheimdienstinformationen im Zarenreich beauftragt hatte.[7]

Während sich die russisch-französischen Beziehungen rasch weiter verschlechterten, löste Mitte März 1812 Oberst Arsenij A. Sakrewskij, ein schlachtenerprobter Stabsoffizier, den bisherigen Direktor der Sonderkanzlei Woejkow ab, der das Kommando über eine Infanterie-Brigade erhielt. Sakrewskij beauftragte unmittelbar nach seiner Ernennung Oberstleutnant Pjotr A. Tschujkewitsch, den einzigen Offizier, der seit 1810 durchgehend in der Geheimen Expedition und dann in der Sonderkanzlei gedient hatte, mit der Abfassung eines

Strategiepapiers für den bevorstehenden Krieg mit Napoleon, das detaillierte Empfehlungen für die künftige Kriegführung des russischen Oberkommandos enthalten sollte. Tschujkewitsch führte den Auftrag aus und verfasste eine Denkschrift mit dem Titel »Patriotische Gedanken, oder politische und militärische Überlegungen zum bevorstehenden Krieg zwischen Russland und Frankreich«. In dem Papier analysierte der Offizier die von den Militäragenten erhaltenen nachrichtendienstlichen Informationen und entwickelte daraus entsprechende Vorschläge für das militärische Vorgehen gegen die französischen Truppen. Tschujkewitsch kam schließlich zu dem Schluss, dass die Zarenarmee »genau das Gegenteil von dem tun und unternehmen muss, was der Feind wünscht«. Dementsprechend schlug der Oberstleutnant vor, eine allgemeine Schlacht zunächst zu vermeiden, was es erlauben würde, die Kampfkraft der russischen Streitkräfte weitgehend zu erhalten. Der Kampf sollte Napoleon erst dann aufgezwungen werden, wenn sich die eigenen Truppen in einer hierfür günstigen Lage befänden. Zudem regte der Offizier einen umfassenden Partisanenkrieg gegen die französischen Eindringlinge an: »Das Ausweichen vor einer Entscheidungsschlacht; ein Guerillakrieg durch bewegliche Abteilungen, vor allem im Rücken der gegnerischen Operationslinien, die Behinderung der Versorgung und die Entschlossenheit, den Krieg fortzusetzen: Das sind neue Maßnahmen gegen Napoleon, die die Franzosen ermatten werden und sich als unerträglich für ihre Verbündeten erweisen«. Um Napoleon in noch größere Schwierigkeiten zu bringen, schlug er zudem vor, in Deutschland einen bewaffneten Aufstand gegen die französische Fremdherrschaft auszulösen.[8]

Mit seiner Analyse legte Tschujkewitsch überzeugend die Notwendigkeit eines Rückzugs der russischen Armee dar, bis das Kräftegleichgewicht zwischen beiden Heeren hergestellt sein würde. Zudem müsse der Rückzug der russischen Armee von einem aktiven Partisanenkrieg begleitet werden. Kriegsminister Barclay de Tolly setzte wenig später die Vorschläge des Nachrichtendienstoffiziers im Krieg gegen Napoleon tatsächlich um.[9]

Berichte über die Annäherung der Grande Armée an die russischen Grenzen gingen nunmehr regelmäßig bei der Sonderkanzlei sowie den Befehlshabern der 1. und 2. westlichen Armee ein. Hierzu gehörten auch Meldungen über die Konzentration der Hauptkräfte Napoleons im Raum Elbing, Torun und Danzig. Auch das Datum, an dem die französischen Truppen und ihre Verbündeten die Grenze zum Russischen Reich überschreiten würden, der 24. Juni 1812, wurde von den russischen Agenten korrekt ermittelt. Tatsächlich begann die rund 475.000 Mann starke Grande Armée an diesem Tag damit, den Grenzfluss Memel zu überqueren. Gleichwohl gelang es dem russischen Militärgeheimdienst nicht, die genauen Orte der Flussüberquerung auszumachen, sodass der französische Einmarsch zu einer gewissen Desorganisation der Führung der russischen Streitkräfte und ihrer nachrichtendienstlichen Aktivitäten führte.[10]

Mitte August 1812, nach der Schlacht von Smolensk, übernahm Generalfeldmarschall Michail I. Kutusow den Oberbefehl über die russischen Armeen. Bei Borodino mussten seine Truppen eine empfindliche Niederlage hinnehmen, doch blieb Napoleon der Erfolg einer Entscheidungsschlacht mit der Vernichtung des Gegners versagt. Zwar konnten die französischen Streitkräfte und Napoleon noch Moskau besetzen, doch da die Russen entsprechende Friedensverhandlungen verweigerten, sah sich der französische Imperator Ende Oktober 1812 aufgrund von Nachschubschwierigkeiten gezwungen, den Rückzug anzutreten. Damit konnte die russische Seite weiter die Strategie umsetzen, die die Offiziere der Sonderkanzlei des Kriegsministeriums Anfang des Jahres ausgearbeitet hatten.

Besondere Bedeutung sollte nun der von Tschujkewitsch angeregte Partisanenkrieg erlangen. Zumeist aus Kosaken bestehende Aufklärungs- und Sabotageeinheiten der russischen Armee – in der Regel 50 bis 500 Mann stark – überfielen hinter den feindlichen Linien französische Garnisonen sowie Versorgungskolonnen, zerstörten deren Transportmittel und jagten sowohl versprengte Einheiten als auch die Kuriere, die die Verbindung zwischen Napoleon und seinen Truppen sicherstellten.¹¹ Vor allem die letztgenannten Operationen ermöglichten es, in den Besitz von Schlüsselunterlagen zu gelangen, die den russischen Militärnachrichtendienst in die Lage versetzten, die Geheimkorrespondenz zwischen der französischen Generalität zu dechiffrieren und deren Pläne aufzudecken. So erbeutete während der Schlacht von Tarutino am 18. Oktober 1812 eine Partisanenabteilung unter Oberst Nikolaj D. Kudaschew eine Depesche des französischen Generalstabschefs Marschall Louis-Alexandre Berthier. Das wenig später entschlüsselte Schreiben enthielt die Weisung, das gesamte schwere Gerät der Grande Armée über die Straße von Moshajsk abzutransportieren. Diese Information ermöglichte es Kutusow, mit seinen Hauptkräften den Franzosen den Weg nach Kaluga zu blockieren, über den sie sich nach Süden zurückziehen wollten. Die französische Streitmacht sah sich nunmehr gezwungen, über die bereits im Sommer geplünderte und verwüstete Straße von Smolensk nach Westen zu marschieren. Der Rückzug gipfelte schließlich in einer wilden Flucht, die Ende November 1812 ihren tragischen Höhepunkt beim verlustreichen Übergang über die Beresina fand und zur Vernichtung der Grande Armée führte.¹² Der Vaterländische Krieg von 1812 endete so mit einer vollständigen Niederlage der französischen Armee. Der russische Militärgeheimdienst hatte einen entscheidenden Anteil an diesem Sieg. Tschujkewitsch selbst übernahm Anfang 1813 dessen Führung.

Gut zwei Jahre später wurde mit dem Ende der Napoleonischen Kriege die Sonderkanzlei des Kriegsministeriums allerdings aufgelöst und ihre Funktionen an die 1. Abteilung der Verwaltung des Generalquartiermeisters beim Hauptstab übergeben. Diese befasste sich allerdings zunehmend – da eigene Agenten fehlten – mit der Auswertung von Informationen, die zumeist aus dem Außenministerium sowie anderen Quellen stammten. Gleichwohl gab es auch Versuche des Kriegsministeriums, eigene Offiziere ins Ausland zu kommandieren, die jedoch kaum von Erfolg gekrönt waren und eher die Ausnahme denn die Regel darstellten. Es gelang jedoch immerhin, einen Leutnant nach Bayern und einen Oberst nach Paris zu entsenden, aber auch im usbekischen Chiwa und Buchara zogen russische Offiziere, getarnt als Diplomaten, entsprechende Erkundigungen ein. Obgleich die Weisung bestand, dass die russischen Geschäftsträger militärische Informationen zu beschaffen hatten, riefen derartige Instruktionen bei den Beamten des Außenministeriums und dessen oberster Führung keine Begeisterung hervor. 1832 versuchte der damalige russische Außenminister Karl Robert von Nesselrode sogar, den lästigen Auftrag an das Finanzministerium weiterzureichen, indem er auf die Auslastung seiner Mitarbeiter mit politischen Fragen und deren unzureichende militärische sowie rüstungstechnische Kenntnisse verwies. Eine 1836 erfolgte Reorganisation des Kriegsministeriums besserte die Lage nicht. Zwar existierte dort nun ein aus drei Abteilungen bestehendes Generalstabsdepartement, von denen die zweite (militärwissenschaftliche) Abteilung nachrichtendienstliche Aufgaben erfüllen sollte, doch beschränkten sich diese wie bereits zuvor auf die Auswertung der vom Außenministerium übermittelten Informationen.[13]

Erst die empfindliche russische Niederlage im von 1853 bis 1856 dauernden Krimkrieg – Russland verlor während der Kämpfe mehr als 522.000 Mann und häufte Kriegsschulden in Höhe von 800 Millionen Goldrubeln an – führte zu einem Umdenken. Nur wenige Monate nach dem im März 1856 erfolgten Pariser Friedensschluss bestätigte Zar Aleksandr II. eine Instruktion über die Tätigkeit der nun wieder eingeführten Militäragenten. Die Agenten, deren Funktion mit heutigen Militärattachés vergleichbar war, erhielten den Auftrag: 1. genaue Informationen über die Zahl, die Zusammensetzung und Dislokation von Land- wie Seestreitkräften des Gastlandes zu sammeln, 2. die Möglichkeiten der jeweiligen Regierung zur Verstärkung der Streitkräfte sowie zu deren Versorgung mit Waffen und Munition zu untersuchen, 3. Angaben zu Truppenbewegungen zu machen, 4. über den aktuellen Zustand von Festungen und Befestigungsanlagen zu berichten, 5. die Entwicklung und Produktion neuer Waffen zu beobachten, 6. das Kriegsministerium über Manöver und

Übungen zu unterrichten, 7. die Moral der Truppen und die intellektuellen Fähigkeiten des Offizierskorps zu bewerten. Ferner hatten sie Informationen über die militärischen Ausbildungseinrichtungen, den Generalstab sowie die Fähigkeit zu sammeln, Truppentransporte per Eisenbahn durchzuführen. Die Militäragenten sollten zudem wichtige militärwissenschaftliche Veröffentlichungen und Kartenwerke beschaffen und diese nach Sankt Petersburg bringen lassen. All diese Aufgaben waren unter strengster Konspiration durchzuführen, sodass bei den »örtlichen Regierungen gegen den Agenten nicht der geringste Verdacht entstand«. Bereits im Sommer 1856 agierten daraufhin in London, Paris, Wien, Konstantinopel und Turin russische Generalstabsoffiziere als Militäragenten des Zaren.[14]

Dessen besondere Aufmerksamkeit erregte der Militäragent in der britischen Hauptstadt, Oberst Nikolaj P. Ignat'ew. Der brillante Offizier hatte zuvor Russland auf dem Pariser Kongress vertreten, der den Krimkrieg beendete. Nach seinem Aufenthalt in Großbritannien schlug er Aleksandr II. in einem Strategiepapier über Zentralasien vor, hier die russischen Positionen auszubauen, um die Engländer in dieser Region zu schwächen. Der Offizier regte deshalb an, Expeditionen in die zentralasiatischen Steppen auszusenden und diese für den Handel und militärischen Nachrichtendienst zu erforschen und zu kartieren. Durch den Ausbau der Beziehungen zu Russland könne man die Khanate Kokand, Buchara und Chiwa zu Pufferstaaten gegen eine weitere englische Expansion ausbauen. Da der Plan die Zustimmung des Zaren fand, nahm eine von Ignat'ew geleitete russische Delegation ab 1857 Gespräche mit Chiwa und Buchara auf, die im Sommer 1858 zum Abschluss entsprechender Wirtschaftsverträge führten. Da die offiziell dem Außenministerium unterstehende Abordnung insgeheim auch für das Kriegsministerium arbeitete, sammelte sie zudem zahlreiche topografische, statistische und nachrichtendienstliche Informationen über strategisch wichtige Verkehrswege in der Region, die bei der nachfolgenden Einrichtung von Stützpunkten und Protektoraten in den Khanaten eine große Hilfe waren. Von dort aus erfolgte dann seit dem Ende der 1860er-Jahre die weitere Expansion des russischen Reiches bis hin zur Grenze Afghanistans.[15]

Gleichzeitig kam es zur Einrichtung des Instituts von Flottenagenten, die praktisch die Aufgaben von Marineattachés erfüllten. Als erster Flottenagent in London wie auch Paris fungierte seit 1856 Generaladjutant Vizeadmiral Ewfimij W. Putjatin, der diese Aufgabe mit kurzer Unterbrechung bis 1861 wahrnahm. Sein Nachfolger wurde Konteradmiral Grigorij I. Butakow, der zwischen 1860 und 1862 auch den Posten des Flottenagenten in Italien innehatte. Von 1863 bis 1867 wirkte der Admiral dann in Personalunion als Marineattaché in Italien, Großbritannien und Frankreich. Seit 1872 existierte auch an der russischen Botschaft in Wien die Stelle eines Flottenagenten, dessen Funktionen zunächst für neun Jahre Konteradmiral Iwan A. Schestakow wahrnahm, der gleichzeitig auch als Marineattaché in Italien wirkte. Weil sowohl die Militär- wie auch die Flottenagenten persönlich vom Zaren ernannt wurden, unterstanden sie zunächst weder dem Kriegs- noch dem Flottenministerium. Die Generalstabsoffiziere waren jedoch an die russischen Botschaften im Ausland angebunden, damit gehörten sie zum diplomatischen Korps und genossen dessen Privilegien und Immunität, was vor der strafrechtlichen sowie zivilrechtlichen Verfolgung bei der Spionage im Gastland schützte.[16]

1863 übertrug Aleksandr II. schließlich versuchsweise den militärischen Nachrichtendienst auf die neugebildete Hauptverwaltung des Generalstabes. Hier sollten die 2. (asiatische) und die 3. (militärwissenschaftliche) Abteilung, die dem Vizedirektor unterstanden, Aufgaben der Militäraufklärung wahrnehmen. Letztere hatte militärische und wehrtechnische Informationen im Ausland zu beschaffen sowie die Militäragenten und militärwissenschaftlichen Delegationen anzuleiten, die für die Nachrichtensammlung in die Nachbarstaaten Russlands entsandt wurden. Hierfür verfügte die 3. Abteilung über vierzehn Offiziersplanstellen. Ähnliche Funktionen übernahmen die acht Generalstabsoffiziere der 2. Verwaltung, die sich jedoch bei der Informationsbeschaffung auf Länder konzentrierten, die in Asien an das

Zarenreich grenzten. Da sich diese Struktur offenbar bewährte, erfolgte im Zuge der 1865 vollzogen Reorganisation des Generalstabes im Wesentlichen nur eine Umbenennung der für den Nachrichtendienst verantwortlichen Abteilungen. Aus der 3. Abteilung wurde nun die 7. militärwissenschaftliche Abteilung des Generalstabes, die fortan unter Führung von Oberst Fjodor A. Fel'dman stehen sollte. Die 2. Abteilung firmierte jetzt als »Asiatischer Teil« des Generalstabes. Für den Militärnachrichtendienst spionierten nunmehr sechs Militäragenten – in Paris bis 1876 Flügeladjutant Oberst Fürst Peter zu Sayn und Wittgenstein, in Wien bis 1871 der Deutschbalte Generalmajor Baron Theodor von Tornau, in Berlin bis 1866 Generaladjutant Graf Nikolaj W. Adlerberg, in Florenz bis 1868 Generalmajor Wsewolod G. Gasfort, in London bis 1871 Generalmajor Nikolaj A. Nowizkij und in Konstantinopel bis 1870 Oberst Wiktor A. Frankini.[17]

Im Zuge der zahlreichen Armeereformen von Zar Aleksandr II. erfolgte Anfang 1867 die Unterstellung der 7. Abteilung unter das neu gebildete Beratende Komitee, das fortan die statistische und topografische Tätigkeit des Generalstabes beaufsichtigen sollte. Drei Monate später wechselte die neue Behörde ihren Namen und wurde nunmehr als Militärstatistisches Komitee beim Generalstab bezeichnet, während die Militärführung die 7. Abteilung zu einer Kanzlei des Komitees umbildete. Die neue Struktur sollte sich beständiger als ihre Vorläufer erweisen, denn bis 1903 beaufsichtigte die Kanzlei des Militärstatistischen Komitees den Nachrichtendienst der Zarenarmee. Als erster Leiter des neu organisierten Militärgeheimdienstes fungierte Generalmajor Nikolaj N. Obrutschew. Der 1830 geborene Offizier, der sich für militärwissenschaftliche Studien begeisterte, trat 1848 in die russischen Streitkräfte ein und wurde bereits vier Jahre später zur weiteren Ausbildung an die Zar-Nikolaj-Akademie des Generalstabes kommandiert, wo er dann ab 1857 als Professor für Militärstatistik wirkte. 1866 zum Generalmajor befördert, übernahm der Offizier ein Jahr später die Führung des Militärstatistischen Komitees. In dieser Funktion arbeitete er 1876 den strategischen Plan für den ein Jahr später beginnenden Russisch-Osmanischen Krieg aus, der im März 1878 mit dem Frieden von San Stefan endete und den russischen Einfluss auf dem Balkan erheblich vergrößerte, da das Osmanische Reich die Unabhängigkeit Bulgariens, Montenegros, Rumäniens und Serbiens anerkennen musste. 1881 übernahm der inzwischen zum Generalleutnant beförderte Obrutschew dann das Kommando über den Generalstab des russischen Heeres.[18]

Russisch-Türkischer Krieg 1877-1878

Der Russisch-Türkische Krieg von 1877 bis 1878 stellte auch die erste große Bewährungsprobe des Militärstatistischen Komitees dar. Als wichtigster Agent der Zarenarmee wirkte hier Oberst Pjotr D. Parensow. Noch vor Beginn der Kampfhandlungen unternahm der Kavallerieoffizier und Sonderbeauftragte im Hauptquartier der Donauarmee, als wohlhabender Handelsreisender Paul Paulson getarnt, mehrere ausgedehnte Reisen nach Rumänien und Bulgarien, um dort Standorte der türkischen Truppen, ihre Befestigungen und Versorgungslager sowie deren Stimmung vor Ort aufzuklären. Ende Dezember 1876 meldete er folgendes über deren Zustand an das Hauptquartier der Donauarmee: »Die Mehrheit der türkischen Soldaten, die sich in den genannten Gebieten aufhalten, gehören dem Nizama [stehendes Heer] oder Redif [Landwehr; d. V.] an und haben dieses Jahr an militärischen Operationen in Niš oder Montenegro teilgenommen. Sie sehen sehr schlecht aus und fast alle sind krank. Ihre Pferde bewegen sich kaum.«[19]

Bei seinen Operationen konnte der Offizier auf ein großes Netz von Vertrauenspersonen zurückgreifen, das vor allem aus russischen Kaufleuten bestand und ihn mit zahlreichen Nachrichten versorgte. Wenig später ließ er sich vorübergehend in Bukarest nieder und baute dort als Resident des Militärgeheimdienstes sein Netz an Zuträgern so weit aus, dass wichtige Garnisonen der Türken an der Donau nunmehr unter ständiger Überwachung standen, wobei Parensow strategisch wichtige Festungsanlagen auch selbst aufklärte. Auch nach dem

Beginn der Kampfhandlungen Ende April 1877 setzte der Oberst seine Aufklärungstätigkeit weiter fort. Jetzt sondierte der Agent den besten Ort für ein Forcieren der Donau durch die russischen Truppen. Dank seiner Informationen konnten die Einheiten des Zaren den Fluss bei Swischtow am 15. Juni 1877 bei geringen eignen Verlusten überwinden und legten damit den Grundstein für den erfolgreichen Feldzug der russischen Streitkräfte. Der Einsatz des Spions hatte das Leben von Hunderten Soldaten gerettet. Nach dem Krieg bewertete der Chef des russischen Generalstabes die Arbeit des militärischen Nachrichtendienstes als ausgesprochen erfolgreich: »Die Daten über die türkische Armee waren noch nie so gründlich und detailliert, wie vor dem letzten Krieg [...] und diese Arbeit wurde den ganzen Winter über so erfolgreich durchgeführt, dass bei Kriegsbeginn die Position der Türken fast Bataillon für Bataillon bekannt war.«[20]

Gleichwohl deckte der Krieg trotz des positiven Urteils zahlreiche Schwächen des Militärgeheimdienstes auf. So erwiesen sich die Kommunikationswege als zu umständlich und zeitraubend, sodass ein Teil der gesammelten Informationen bereits nicht mehr aktuell war, als sie beim Hauptquartier der Armee eintrafen. Zudem hatte Parensow selbst kaum Kenntnisse über die Balkanregion und entsprechend schwer fiel ihm die Anwerbung von zuverlässigen Quellen, die zudem durch einen Mangel an Finanzen beeinträchtigt wurde. Darüber hinaus beklagte Obrutschew die unzureichende Personalausstattung seines Amtes, die es unmöglich mache, »alle über jeden Staat gesammelte Informationen rasch regelmäßig zu aktualisieren«.[21]

Infolgedessen kam es Ende 1879 zur personellen Erweiterung des Militärstatistischen Komitees, das jetzt vierzehn Beamte beschäftigte. Sechs Jahre später erhöhte sich dann die Zahl der Mitarbeiter der »Asiatischen Abteilung« von zwei auf fünf. Ende des 19. Jahrhunderts lag die Hauptlast der Beschaffung von nachrichtendienstlichen Informationen für das Komitee bereits bei den Militäragenten, die mittlerweile in achtzehn Staaten akkreditiert waren. Für die Beschaffung von Informationen über ausländische Flotten sorgten weiterhin zehn

Marineagenten. Als nachteilig erwies sich allerdings, dass nicht wenige der Militär- und Marineattachés überaus lange auf ihren Posten verweilten. So übte Generalleutnant Nikolaj S. Jermolow die Funktion des Militäragenten in London für über 25 Jahre aus, was 1911 dazu führte, dass ihn der in Großbritannien anwesende russische Marineattaché wie folgt charakterisierte: »Der Militäragent General N. S. Jermolow ist auf seinem Posten unbeweglich und faul [...]. Er bringt mir mit seinen geringen Kenntnissen und seiner Schwerfälligkeit keinen Nutzen«.[22] Die langen Dienstzeiten der militärischen Attachés hatten ihre Ursache in der unzureichenden Finanzierung der Auslandsposten durch das Kriegsministerium. Deshalb mussten die entsprechenden Kandidaten über ausreichende eigene Geldmittel verfügen. Folglich erfolgte die Besetzung der Attachéstellen zumeist nicht mit dem für diese Aufgabe geeigneten Generalstabsoffizier, sondern mit einem Kandidaten des russischen Adels, der ausreichende finanzielle Mittel besaß und auf entsprechende Beziehungen und Protektion zurückgreifen konnte.[23]

Mit Beginn des 20. Jahrhunderts setzte in Russland eine umfassende Reorganisation des militärischen Nachrichtendienstes ein, denn die Arbeit der Aufklärung wurde als höchst mangelhaft eingeschätzt. Ihr Führungskorps erwies sich als überaltert, die Auswertung arbeitete dilettantisch und es fehlten ausgebildete Agenten und V-Leute. Ende Juli 1900 kam es zur Eingliederung des Militärstatistischen Komitees in die neu gebildete statistische Abteilung des Generalstabes.[24] 1903 wurde dann das Militärstatistische Komitee aufgelöst und seine Funktionen auf das Referat VII (Militärstatistik ausländischer Staaten) bei der 1. (Militärstatistischen) Abteilung der Verwaltung des 2. Generalquartiermeisters des Generalstabes übertragen. Zum Referat VII gehörten ein Referatsleiter, acht höhere Offiziere sowie die gleiche Anzahl Sachbearbeiter. Innerhalb der neuen Behörde bildete sich ein aus zwei Offizieren bestehender Sonderbereich, der für Fragen der Nachrichtenbeschaffung verantwortlich zeichnete. Allerdings existierte noch immer keine klare Trennung zwischen den Bereichen Beschaffung und

Auswertung. Ferner besaß das Referat keinen Zugriff auf die Truppenaufklärung in den Militärbezirken. Zum Chef des militärischen Nachrichtendienstes ernannte das Kriegsministerium 1901 Generalmajor Witalij P. Zelebrowskij, der den Dienst bis 1905 führte.[25]

Die russischen Seestreitkräfte bemühten sich gleichfalls um einen Ausbau der nachrichtendienstlichen Strukturen der Flotte. Bis 1885 lag die praktische Leitung des Auslandsnachrichtendienstes bei der Kanzlei des Marineministers, die jedoch keine eigenständige nachrichtendienstliche Behörde darstellte. Als im gleichen Jahr der Hauptseestab gebildet wurde, übernahm nunmehr die ihm unterstehende Seekriegsabteilung »die Sammlung von Nachrichten über den Zustand der ausländischen Seekriegsflotten und Kommandos«. Die Abteilung übernahm zudem die Führung der Flottenagenten und der in das Ausland zu nachrichtendienstlichen Erkundigungen entsandten Marineoffiziere.[26]

Russisch-Japanischer Krieg 1904/1905

Im Russisch-Japanischen Krieg von 1904 bis 1905 musste der militärische Nachrichtendienst des Zaren eine schwere Niederlage hinnehmen. 1895 hatte der damalige russische Militäragent in China und Japan, Oberst Konstantin I. Wogak, die Streitkräfte Japans als »stark und gut organisiert« eingeschätzt, die Soldaten selbst seien »exzellent ausgebildet«.[27] Sein Nachfolger, Oberst Gleb M. Wannowskij, zeigte sich wesentlich überheblicher und bescheinigte 1902 der japanischen Armee zwar »nicht eine asiatische Horde zu sein«, doch hätten die Einheiten »noch nicht das Niveau einer regulären europäischen Armee erreicht« und es würden wohl noch »Jahrzehnte oder gar Hunderte Jahre vergehen, bevor die Streitkräfte Japans die moralischen Prinzipien der europäischen Truppen übernehmen und mit den schwächsten von ihnen unter gleichwertigen Bedingungen konkurrieren können«.[28]

Für fast alle russischen Militäragenten in Fernost galt, dass sie die Sprache des Gastlandes nicht beherrschten und deshalb auf die Hilfe von Dolmetschern angewiesen waren, was die Erledigung sensibler Aufträge, wie beispielsweise die Anwerbung von Agenten, entsprechend erschwerte. Häufige Dienst- und Beobachtungsreisen, die Erstellung entsprechender Berichte, deren notwendige Verschlüsselung, da sie über öffentliche Telegrafenämter abgeschickt werden mussten, sowie zahlreiche weitere Aufgaben sorgten dafür, dass die Militärattachés nicht selten über Arbeitsüberlastung und fehlende Unterstützung durch das Kriegsministerium klagten. Hinzu kam eine intensive Überwachung durch die japanischen Behörden, was die Beschaffung nachrichtendienstlicher Informationen entsprechend erschwerte.

Gleichwohl erwiesen sich die Meldungen des Marinenachrichtendienstes über die japanische Flotte als weitgehend zutreffend, was jedoch kaum für die Kenntnisse über die Landstreitkräfte des Inselreiches behauptet werden kann. Zwar wussten die russischen Militäragenten, dass die japanische Streitmacht aus dreizehn Divisionen bestand, doch wie diese in Fernost eingesetzt werden sollten und wie hoch überhaupt die Kriegsstärke der Truppen des Tenno sein würde, blieb eine Frage von ständigen Spekulationen und Mutmaßungen, weil verlässliche Quellen fehlten. Zudem erwies es sich als leichter, japanische Kriegsschiffe zu zählen, als das japanische Heer mit den beschränkten zur Verfügung stehenden Mitteln zu überwachen. Aufgrund der Angaben seiner Militäragenten ging der russische Generalstab davon aus, dass die Japaner in der umstrittenen Mandschurei im Konfliktfall maximal auf 120.000 bis 160.000 Mann zurückgreifen könnten. Tatsächlich verfügten sie dort bereits im April 1904 über 204.000 Mann, bis zum Ende des Krieges stieg diese Zahl auf mehr als 442.000 Soldaten. Das bedeutete, dass sich die Russen statt 150 angenommenen japanischen Bataillonen nunmehr 250 gegenüber sahen.[29]

Die Agenten des militärischen Nachrichtendienstes unterschätzten jedoch nicht nur die Truppenstärke der japanischen Streitkräfte, sondern vor allem auch deren Kampfkraft. Dies war nicht nur einer Mischung aus Desinteresse und Verachtung geschuldet, sondern lag auch am abschätzigen Blick der russischen Generalstabsoffiziere auf ihre östlichen Nachbarn. Sie sahen in den Japanern nicht selten »feige Asiaten«, die modernen europäischen Streitkräften in keiner Weise gewachsen seien. So äußerte kurz vor Kriegsbeginn der Generalquartiermeister des russischen Heeres, Generalmajor Jakow G. Schilinskij: »Die japanische Armee ist zweifelsohne noch sehr weit vom Idealzustand entfernt und lässt sich in keiner Weise mit den wichtigsten europäischen Armeen, insbesondere mit der unseren, vergleichen.«[30]

Als entsprechend groß erwies sich die Überraschung, als es der japanischen Marine Anfang Februar 1904 gelang, die russische Pazifikflottille in Port Arthur zu blockieren. Zwei Monate später überschritten die Truppen des Tenno gegen heftigen russischen Widerstand dann erfolgreich den Yalu-Fluss an der Grenze zwischen Korea und China und fügten der Armee des Zaren eine erste empfindliche Niederlage bei. Es folgte die Belagerung der Hafenfestung Port Arthur, Anfang 1905 musste sich deren Besatzung, nachdem ein russischer Entsatz-Versuch scheiterte, mit knapp 20.000 Mann den Japanern ergeben. Wenig später demoralisierte die Niederlage in der Schlacht von Mukden die Streitkräfte des Zaren zusehends. Am 27. Mai 1905 vernichtete Admiral Tōgō Heihachirō das aus der Ostsee nach Fernost entsandte Zweite Pazifische Geschwader der russischen Flotte, das bis dahin mehr als 18.000 Seemeilen zurückgelegt hatte, nahe der Insel Tsushima fast vollständig. In der Schlacht fielen 5000 russische Seeleute, 21 Kriegsschiffe der Russen sanken, 6000 Matrosen und Offiziere ergaben sich am 28. Mai 1905 mit sieben Schiffen den japanischen Flottenkräften, weitere sechs Schiffe wurden interniert, nur drei russischen Kriegsschiffen glückte der Durchbruch nach Wladiwostok. Die japanischen Verluste erwiesen sich mit 116 Toten und 583 Verwundeten sowie drei versenkten Torpedobooten als überaus gering. Nach der schweren Niederlage und unter dem Druck der schwierigen inneren Verhältnisse sah sich Zar Nikolaus II. gezwungen, Friedensverhandlungen mit den Japanern aufzunehmen, die diesen nunmehr die Vormachtstellung in Korea und der südlichen Mandschurei garantierten.[31]

In den ersten Monaten des Krieges hinkte der russische militärische Nachrichtendienst den Ereignissen an der Front hinterher. Es mangelte sowohl an Schnelligkeit als auch an erfahrenen Geheimdienstoffizieren. Als die nachrichtendienstlichen Erkenntnisse bei der Truppenführung eintrafen, erwiesen sie sich nicht selten als von der Lageentwicklung überholt, zu schnell änderte sich die Situation an den Fronten. Häufig lieferten die Nachrichtendienstoffiziere Erkenntnisse über angebliche Schwächen des Gegners, wohl auch, um bei vorgesetzten Stellen für Zuversicht zu sorgen.[32] Anfang September 1904 verbreitete beispielsweise der russische Militäragent in Schanghai, Staatsrat Aleksandr I. Pawlow, Zweckoptimismus, indem er meldete, dass »bei den unteren Schichten der Bevölkerung das Bewusstsein wächst, dass Japan am Ende besiegt wird« und die japanische Seite sich angeblich um Friedensgespräche bemühe.[33]

Im Bereich der strategischen Aufklärung konnte der russische Militärgeheimdienst durchaus auf entsprechende Ergebnisse verweisen. Sein in den europäischen und asiatischen Hauptstädten organisiertes Spionagenetz versorgte den Generalstab mit wertvollen nachrichtendienstlichen Informationen. So informierte der russische Militäragent in Berlin, Oberst Wadim N. Schebeko, Sankt Petersburg über japanische Bestellungen beim deutschen Rüstungsgiganten Krupp. Am 7. Dezember 1904 meldete er seinen Vorgesetzten sogar das Auslaufen des Dampfers »Sambas« aus Hamburg nach Fernost. An Bord des Schiffes befanden sich u. a. 326 Feldgeschütze und 93 Gebirgshaubitzen für die japanische Armee. Sieben Tage später erhielt der russische Hilfskreuzer »Ural« in Dakar den Befehl, die »Sambas« im Atlantik aufzubringen und zu versenken. Das Unternehmen scheiterte, da der Frachtdampfer statt um Afrika herum den Weg über den Suezkanal nahm; die »Ural« selbst ging am 27. Mai 1905 in der Seeschlacht von Tsushima unter. Insgesamt fingen russische Kreuzer, auch aufgrund der Informationen des Nachrichtendienstes während des Krieges fünfzig Passagier- und Handelsschiffe ab, von denen sie wegen Waffenlieferungen an Japan fünf versenkten und vier in chinesischen Häfen internierten.³⁴ Ihren Teil zur Informationsgewinnung trug auch die Funkaufklärung bei, da es dem militärischen Nachrichtendienst teilweise gelang, den diplomatischen Schriftwechsel zwischen Tokio und seinen europäischen Botschaften abzufangen und zu entziffern. Allein zwischen April 1904 und Mai 1905 konnten Offiziere des Militärgeheimdienstes mehr als 350 geheime Depeschen der Japaner dechiffrieren und so wertvolle Informationen über deren Absichten beschaffen.³⁵

Gelangten der Agentur- und Funkaufklärung noch gewisse Erfolge, so erwies sich die russische Truppenaufklärung als wenig effektiv. Die hierfür vorgesehenen Kosaken- und Dragonerschwadronen der zaristischen Kavallerie liefen nicht nur immer wieder den zahlreichen japanischen Patrouillen in die Arme. Versuche, diese an den Flanken zu umgehen, scheiterten an fehlenden aktuellen Karten und optischen Hilfsmitteln, sodass sich die Aufklärungstrupps der Kavallerie immer wieder in den bewaldeten Hügeln der Mandschurei hoffnungslos verirrten und die Führung der russischen Streitkräfte in Fernost zeitweise keine genauen Vorstellungen über die Bewegungen der Japaner hatte.³⁶ Erst gegen Ende des Krieges verbesserte sich die Qualität der Truppenaufklärung. Für zusätzliche Informationen über den Gegner sorgten nun neben dem Einsatz von zahlreichen V-Leuten entlang der Frontlinie auch die systematischen Befragungen von Kriegsgefangenen.³⁷

Der russische Marinenachrichtendienst griff während des Krieges mit Japan zumeist auf die Ergebnisse seiner Funkaufklärung zurück, die versuchte, mit ihren spärlichen Mitteln die Flottenbewegungen der japanischen Seestreitkräfte aufzuklären. Während dies vor Port Arthur in gewisser Weise gelang, lief das 2. Pazifikgeschwader im Mai 1905 direkt vor die Kanonenrohre der japanischen Flotte, weil sein Befehlshaber, Admiral Sinowij P. Roshestwenskij, auf den Einsatz seiner Kreuzer für die Aufklärung weitgehend verzichtete. Zwar gelang es der Funkaufklärung am Vorabend der Schlacht von Tsushima, Meldungen der japanischen Kreuzer abzufangen, doch konnten diese nicht entschlüsselt oder wenigstens richtig interpretiert werden. Damit nahm eine der schwersten Niederlagen der russischen Flotte ihren Lauf und entschied schließlich auch den Krieg mit den Japanern.[38]

Die Reformen seit 1906

Die bittere Schlappe von 1905 führte zu umfangreichen Reformen in den Streitkräften des Zaren, die auch den militärischen Nachrichtendienst betrafen. Im April 1906 erfolgte erstmals eine Aufteilung der Militäraufklärung in eine Beschaffungsabteilung und mehrere Auswertungsreferate. Die Nachrichtenbeschaffung lag nun beim Referat V (Aufklärung) bei der 1. Oberquartiermeisterverwaltung des Generalquartiermeisters der Hauptverwaltung des Generalstabes. Die Leitung des Referats hatte bis 1907 Oberst Michail A. Adabasch inne, der danach als Militäragent nach Brüssel und Haag wechselte. Seine Nachfolge trat der später zum General beförderte Nikolaj A. Monkewitz an, in deutschen Veröffentlichungen zumeist mit den ähnlich klingenden Nachnamen Monkjewitsch aufgeführt. Monkewitz leitete den militärischen Nachrichtendienst dann bis zum Ausbruch des Ersten Weltkrieges. Im Referat V, das über zwei weitere Planstellen verfügte, verantwortete der finnische Offizier Oscar Paul Enckell als Sachbearbeiter die Informationsgewinnung im Osten, während für den Agenteneinsatz im Westen der Stabsoffizier Pawel F. Rjabikow verantwortlich war. Enckell diente bis Anfang 1914 als enger Vertrauter von Monkewitz beim Militärnachrichtendienst, dann wurde er auf den Posten des Militäragenten in Italien versetzt, den er bis 1917 innehatte. Rjabikow lehrte ab 1910 an der Zar-Nikolaj-Akademie des Generalstabes, nach Kriegsausbruch fand er Verwendung bei der Truppenaufklärung, bis er von Ende 1917 bis April 1918 selbst die Führung der Militäraufklärung übernahm. Die Auswertung der beschafften klandestinen Informationen und Dokumente erfolgte in den Referaten der 2. und 3. Oberquartiermeisterverwaltung des Generalstabes. Die 2. Oberquartiermeisterabteilung analysierte im Referat II Angaben zur Armee des

Deutschen Reiches, das Referat III bearbeitete die Streitkräfte Österreich-Ungarns, während das Referat IV Material zu Rumänien bewertete. Mit der schwedischen Armee beschäftigte sich das Referat V, im Referat VI wurden die Spionageinformationen zu den lateinischen Staaten Europas, also Frankreich, Italien, Spanien und Portugal analysiert. Die nachrichtendienstliche Auswertung von Angaben zu den asiatischen Staaten lag in der Zuständigkeit der 3. Oberquartiermeisterverwaltung, hier beobachtete das Referat I den Raum Turkestan, das Referat II die Gebiete des Osmanischen Reiches und Persiens, das Referat IV den Fernen Osten.[39]

Für die Beschaffung von Geheimmaterial sorgten zudem die Dependancen des Nachrichtendienstes bei den Militärbezirken. Die hier eingerichteten Aufklärungsabteilungen hatten zumeist Informationen aus den ihn angrenzenden Gebieten zu sammeln. So war beispielsweise der Militärbezirk Sankt Petersburg für Ostpreußen zuständig, während der Militärbezirk Warschau Agenten in Österreich-Ungarn und Rumänien führte.[40]

Neben den Spionagenetzwerken des militärischen Nachrichtendienstes des Zarenreiches blieben auch die Militäragenten weiterhin eine wichtige Quelle für die Beschaffung von geheimen Informationen. In Berlin agierte in dieser Funktion seit 1906 Oberst Aleksandr A. Michel'son, der Anfang 1911 jedoch bei einem Agententreff von der deutschen Spionageabwehr überrascht wurde. Man erklärte ihn zur *persona non grata* und der Offizier musste das Kaiserreich unverzüglich verlassen. Zu seinem Nachfolger bestimmte das russische Kriegsministerium Oberst Pawel A. Basarow, doch auch der neue Militärattaché musste im April 1914 gezwungenermaßen aus Deutschland abreisen, da er bei einem Treffen von Spionen ertappt worden war. Oberst Dmitrij I. Gurko agierte als Militäragent in der Schweiz und führte von hier aus den Agenten Gustav Wölkerling, einen Unteroffizier und Schreiber in der strategisch bedeutsamen Festung Thorn, der dem Russen zunächst Baupläne und Fotografien der dortigen Befestigungsanlagen, später aber auch streng geheime

Mobilmachungsunterlagen übergab. In Österreich leitete seit 1905 der Militäragent Oberst Mitrofan K. Martschenko mehrere Agentenringe, die ihn mit wichtigen Informationen aus den österreichischen Streitkräften versorgten.[41]

Als bedeutsamste Quelle Martschenkos erwies sich der Oberst im Generalstab und stellvertretende Chef des Nachrichtendienstes des österreich-ungarischen Heeres Alfred Redl. Lange Zeit wurde angenommen, die Russen hätten den Stabsoffizier wegen seiner homosexuellen Neigungen erpresst und zur Spionage für ihren Militärgeheimdienst gezwungen. Russische Akten zeigen jedoch, dass der damalige österreichische Hauptmann bereits 1900 während eines längeren Aufenthalts in Kasan in das Visier der russischen Militäraufklärung geriet. Die charakterisierte den K.-u.-k.-Offizier als »gerissene Persönlichkeit, zugleich zurückgezogen, konzentriert und fleißig. Im Geist kleinlich, das ganze Äußere ist süß. Seine Sprache ist sanft, weich und unterwürfig. Berechnete, langsame Bewegungen. Liebt es, Spaß zu haben ...«[42].

Als Redl bald nach seiner Kommandierung in das Russische Reich zur Kundschaftsgruppe des Evidenzbüros – also dem österreichischen Militärgeheimdienst – wechselte, begann der Chef der Residentur des Nachrichtendienstes der Zarenarmee in Warschau, Oberst Nikolaj S. Batjuschin, mit dessen Anwerbung. Für eine Zusammenarbeit mit den Russen bot ihm Batjuschin das zehnfache Jahresgehalt eines Stabsoffiziers an, ein Angebot, das Redl, der ein Leben in Luxus liebte, nicht ausschlagen konnte. Folgt man den russischen Veröffentlichungen zu dem Fall, so lieferte der Generalstabsoffizier spätestens seit 1903 Geheimmaterial nach Warschau. 1907 übernahm dann Militäragent Martschenko die Führung des Agenten, der drei- bis viermal im Jahr umfangreiche Dokumente an seine Auftraggeber übergab und dafür beträchtliche Summen kassierte. Schätzungen gehen davon aus, dass er von der russischen Militäraufklärung bis zu eine Million Kronen als Agentenlohn erhielt. Die nutzte er für den Erwerb von zwei Automobilen, die Beschäftigung von zwei Chauffeuren und drei Dienern sowie für seinen ausschweifenden Lebensstil.

Im Frühjahr 1913 fand die Agentengeschichte ihr jähes Ende. Die deutsche Spionageabwehr war durch eine zurückgeschickte Postgeldsendung auf die Spur des Agenten gekommen und informierte ihre österreichischen Kollegen. Die verhafteten den Oberst am 24. Mai 1913. Nachdem er seine Spionagetätigkeit für den militärischen Nachrichtendienst des Zarenreiches gestanden hatte, wurde ihm, wohl um den Fall zu vertuschen, die Möglichkeit des Freitodes gewährt. Redl schoss sich wenig später in einem Wiener Hotelzimmer in den Mund.[43] Die Verschleierung des Geheimnisverrats schlug jedoch fehl, womit der Spionagefall »Redl«, der größtes öffentliches Aufsehen erregte, seinen Lauf nahm. Redl hatte sich als wertvolle Investition der russischen Militäraufklärung erwiesen. Er lieferte an seine Auftraggeber nicht nur die strategischen Aufmarschpläne Österreich-Ungarns gegen Russland, sondern auch zahlreiche weitere Geheimdokumente. Dazu zählten Unterlagen zur Sicherung der Eisenbahnverbindungen, Gliederungsübersichten des K.-u.-k.-Heeres, Mobilmachungsanweisungen, Material zur Gegenspionage, Verzeichnisse von Deckadressen, Spionagekorrespondenz mit fremden Nachrichtendiensten sowie Fotografien und Pläne von strategisch wichtigen Festungsanlagen. Gerade der streng geheime österreichische Aufmarschplan sollte seinen neuen Besitzern jedoch einen Bärendienst erweisen: »Blind vertrauend auf den bei Oberst Redl eingekauften Plan des Aufmarsches der Österreichischen Armee verrechnete sich der Kaiserliche Generalstab völlig. Ausgestattet mit reichem Informationsmaterial über die Beratungen des Österreichischen Generalstabes unter der Leitung seines Chefs Conrad von Hötzendorf, dachte er, über das Material zu verfügen, das für die Erreichung des strategischen Erfolgs hinreichend wäre.« Allerdings: »Die österreichischen Hauptkräfte entgingen dem Schlag.« Redls Informationen erwiesen sich für die militärische Führung des russischen Heeres damit »eher hinderlich als hilfreich«.[44]

Der spektakuläre Fall des österreichischen Obersten sollte nicht darüber hinwegtäuschen, dass sich die Spionage des russischen Militärgeheimdienstes vor dem Ersten Weltkrieg als Massengeschäft erwies.

Neben Redl und Wölkerling, der Anfang 1912 von der deutschen Spionageabwehr verhaftet worden war, spionierten noch weitere deutsche und österreichische Militärs für die Behörde von General Monkewitz. Dabei handelte es sich zumeist um Angehörige des Unteroffizierskorps, die als Schreiber uneingeschränkten Zugang zu Geheimakten hatten. Mit einem Jahresetat von mehr als dreizehn Millionen Rubel konnte sich der Nachrichtendienst der Zarenarmee ein umfangreiches Heer von Zuträgern und Quellen halten, dessen Größe zu Beginn des Ersten Weltkrieges auf rund 5000 Personen geschätzt wurde. Sie sorgten für einen ständigen Strom von nachrichtendienstlichem Material nach Russland. Allein Militärattaché Basarow sandte 1913 aus Berlin 11 Berichte zur militärpolitischen Lage, 24 Meldungen zu Truppenverstärkungen des kaiserlichen Heeres, 4 Ausarbeitungen über die deutschen Streitkräfte, 10 Informationen über die Neubesetzung von hohen Kommandostellen, einschließlich der Charakterisierung der entsprechenden Offiziere, 28 Meldungen zu militärtechnischen Problemen, 6 zu Finanzfragen, 5 zum deutschen Verkehrswesen, 8 zur Ausbildung der Truppe sowie 108 Exemplare von Büchern und Karten nach Sankt Petersburg. Hinzu kamen 73 Schriftwechsel zu verschiedenen Erfindungen und 50 Briefe zur Erfüllung verschiedener Spionageaufträge.

Gleichwohl blieben die Geheimdokumente nicht selten bereits in den Leitstellen der Aufklärung bei den Militärbezirken hängen und erreichten nicht die Petersburger Zentrale des Geheimdienstes. Dort kamen die Nachrichtendienstoffiziere allerdings ohnehin kaum mit der Auswertung der eintreffenden Meldungen nach. Oft blieben wichtige Dokumente, die ganze Aktenordner füllten, ungelesen oder wurden nur nachlässig ausgewertet. Nicht selten fehlte ein kritischer Blick auf die vorliegenden Dokumente der Agenten, sodass Spielmaterial gegnerischer Dienste Eingang in die Bewertungen und Analysen der Militäraufklärung der Zarenarmee fand. Nicht immer erkannten die Geheimdienstanalysten den Wert einzelner Unterlagen, die von den Spionen beschafft worden waren. Hierzu zählte beispielsweise ein Bericht des deutschen Generalstabes über ein Kriegsspiel aus dem Jahr 1905. Der belegte, dass die Deutschen für den Fall eines russischen Angriffes keine passive Verteidigung planten, sondern offensiv gegen den Südflügel der angreifenden russischen Armeen vorgehen wollten. Genau dieses Szenario ereignete sich neun Jahre später in der Schlacht bei Tannenberg. Offenbar hatte die russische Militärführung das erbeutete Dokument gar nicht zur Kenntnis genommen. Zwar konnten sich die Geheimdienstoffiziere des Zaren vor dem Ausbruch des Ersten Weltkrieges an der Überfülle des beschafften gegnerischen Nachrichtenmaterials berauschen, doch seine Auswertung blieb wie bisher mangelhaft.[45]

Erster Weltkrieg

Der Beginn des Ersten Weltkrieges stellte die russische Militäraufklärung vor neue Herausforderungen, denen sie nur bedingt gerecht werden konnte. Zeigte bereits die Schlacht bei Tannenberg, dass die russische Militäraufklärung keine zuverlässigen Angaben zu den strategischen Plänen der Deutschen vorlegen konnte, so wog das Versagen der taktischen Aufklärung noch schwerer. Die 2. Armee von General Aleksandr W. Samsonow etwa zog ohne Feindaufklärung gegen die in Ostpreußen stehenden deutschen Truppen, da der Oberbefehlshaber – anders als die Deutschen – die ihm zur Verfügung stehenden Flugzeuge nicht für die Luftaufklärung nutzte und seine Kavallerie zurückhielt, statt diese für Aufklärungszwecke einzusetzen. Folglich bemerkte Samsonow kaum, wie ihn die deutschen Einheiten einkreisten und seine Armee schließlich vernichteten. Das Ergebnis waren 30.000 gefallene russische Soldaten und 95.000 Gefangene, während die Deutschen knapp 3500 Mann verloren und 6800 Verletzte zu beklagen hatten.[46] An der galizischen Front, wo die Russen den Truppen Österreich-Ungarns gegenüberstanden, zeigte sich, dass die von Redl übergebenen Mobilmachungs- und Aufmarschpläne die ersten Ereignisse des Krieges nicht »überlebt« hatten und sich als veraltet erwiesen. Gleichwohl konnten die russischen Streitkräfte aufgrund ihrer personellen und materiellen Überlegenheit bis Ende 1914 den größten Teil

Galiziens und der Bukowina einnehmen und den K.-u.-k.-Truppen eine schwere Niederlage zufügen.⁴⁷

Im weiteren Kriegsverlauf erschwerte das Fehlen einer zentralisierten Führung der Militäraufklärung den Nachrichtendienst des Zarenheeres. Es zeigte sich, dass die Aufklärungsabteilungen der Fronten, Armeen und Militärbezirke zunehmend unabhängig voneinander agierten. Zugleich sahen sich die Außenstellen nicht gewillt, ihre Agenten und Spione an die Hauptverwaltung des Generalstabes abzugeben, was dazu führte, dass niemand mehr überblickte, wer tatsächlich noch für den russischen militärischen Nachrichtendienst arbeitete: »Seit Anfang an betreiben die Stäbe der Armeen und Fronten völlig unabhängig voneinander den Nachrichtendienst im Ausland und entsenden ihre Agenten in verschiedene Städte in neutralen Ländern, ohne das Hauptquartier oder sich gegenseitig zu informieren. In Bukarest, Stockholm und Kopenhagen gibt es daher eine große Anzahl von Agenten, die unabhängig und ohne jegliche Verbindung arbeiten. Diese Agenten versuchen, sich gegenseitig in den Augen ihrer jeweiligen Vorgesetzten zu diskreditieren, und arbeiten manchmal für mehrere Stäbe gleichzeitig, was häufig zu unerwünschten Konsequenzen führt.«⁴⁸

Insgesamt blähten sich die Netze des russischen Militärnachrichtendienstes während des Krieges immer mehr auf. Im Herbst 1917 verfügte die Behörde über 46 selbstständige Spionagenetzwerke mit mehr als 1000 Agenten, Spionen und Kurieren. In Deutschland bestanden auf dem Papier 67 Residenturen, in Österreich-Ungarn 21, in den von den Mittelmächten besetzten Staaten weitere sechs und in neutralen Ländern nochmals neun. Für deren Unterhalt musste die Militäraufklärung mit rund 1,5 Millionen Rubel jährlich beträchtliche Summen aufwenden, was mehr als dem Zwanzigfachen der entsprechenden Ausgaben während der Vorkriegszeit entsprach.

Die Berichte der neunzehn russischen Militär- und neun Marineattachés in den Staaten der Entente und in neutralen Ländern trugen gleichfalls nicht dazu bei, dass existierende Lagebild für die militärische

Führung der Zarenarmee zutreffend abzubilden. Nicht selten enthielten deren Meldungen wenig brauchbares Material, das infolge der immer noch unzureichenden Auswertung bei den russischen Stäben für zusätzliche Verwirrung sorgen musste. Lediglich der nach Frankreich und in die Schweiz kommandierte Oberst Pawel A. Ignat'ew konnte verwertbare Nachrichten über sein Netz von jeweils zwanzig Agenten in Italien und der Schweiz beibringen. Der fähige Nachrichtendienstoffizier fungierte schließlich ab 1916 in Paris als russischer Vertreter des Alliierten Nachrichtendienstbüros (*Bureau central interallié*), das die geheimdienstlichen Aktivitäten der Entente bündeln sollte. Er konnte zwar noch Anfang 1917 über die Fahrt Lenins im plombierten Waggon von der Schweiz nach Petrograd berichten, dann beendeten die Wirren der Revolution in Russland nicht nur seine Tätigkeit in Frankreich, sondern auch die Arbeit der bisherigen Militäraufklärung des Zarenreiches.

Der Blick auf den russischen Militärnachrichtendienst während des Ersten Weltkrieges zeigt die für diese Zeit typischen Widersprüche. Zwar gelangen ihm zwischen 1914 und 1917 schrittweise Verbesserungen auf taktischer und operativer Ebene, doch verlief dieser Prozess viel zu langsam, um sich wirklich auf die Geschehnisse an den Fronten auszuwirken. Die vor 1914 gewonnenen Informationen zu den militärischen Planungen der Mittelmächte konnten für die Operationen der eigenen Truppen kaum genutzt werden, weiterhin führten schlechte Planung, mangelnde Funkdisziplin und operative Fehler der Führung dazu, dass die russische Armee 1914 und 1915 erhebliche Niederlagen erlitt. Im Bereich des militärischen Nachrichtendienstes erfolgten ab 1916 eine stärkere Zentralisierung sowie eine verbesserte Auswertung der gesammelten Informationen. Die im Sommer dieses Jahres gestartete Offensive von General Aleksej A. Brussilow an der Südwestfront konnte nunmehr durch eine wirkungsvolle Mischung aus verbesserter Luftaufklärung, agentengestützter und taktischer Aufklärung sowie durch den einfallsreichen Einsatz von Tarnung und Täuschung merklich unterstützt werden. Im Verlauf des Jahres

1917 gelang es dann endlich, alle Quellen der russischen Auslandsaufklärung direkt dem Generalstab zu unterstellen, was für die Zukunft positive Ergebnisse versprach. Es erwies sich jedoch als bittere Ironie des Krieges, dass der Militärgeheimdienst zu einem Zeitpunkt begann, operativ nachrichtendienstlich verwertbare Informationen zu gewinnen, als Kampfkraft und Moral der Zarenarmee spürbar sanken und deren Untergang nicht mehr aufzuhalten war.

Doch wie sich bald zeigen sollte, brauchten auch die neuen Herrscher im Russischen Reich, die Bolschewiki, einen militärischen Nachrichtendienst, wenn sie sich weiter an der Macht halten und ihren Einfluss im Ausland ausbauen wollten. Der neu zu schaffende militärische Geheimdienst sollte jedoch nicht mehr dem Staat, sondern nunmehr der kommunistischen Partei treu ergeben sein.[49]

2. Zwischen Weltrevolution und »Sozialismus in einem Land« – die militärische Aufklärung in den 1920er- und 1930er-Jahren

Die Bildung des Sowjetstaates und der ihm nachfolgenden Union der Sozialistischen Sowjetrepubliken vollzog sich in Konfrontation zu ihren europäischen Nachbarstaaten. Weithin umringt von Ländern, die ein kapitalistisches Gesellschaftssystem favorisierten, fürchtete die sowjetrussische Regierung nach dem Ende des blutigen Bürgerkrieges – in dem die sogenannten Roten und Weißen erbittert um die Macht im Land kämpften und der mehr als acht Millionen Menschen das Leben kostete – eine erneute Intervention des Auslands, um die hier praktizierte Staatsform zu vernichten. Deshalb legte die Führung der Sowjetunion großen Wert darauf, möglichst zahlreiche Informationen über die politischen und militärischen Pläne der sie umgebenden europäischen Staaten zu erhalten. Zugleich wollte das Land seinen Einfluss auf die arbeitende Klasse in diesen Staaten ausweiten, um einen möglichen militärischen Angriff auf die UdSSR zu erschweren. Infolgedessen widmete die sowjetische Führung dem Aufbau ihrer Geheimdienste große Aufmerksamkeit.[50]

Für Spionage gegen das Ausland standen im Wesentlichen zwei Organisationen zur Verfügung – die Auslandsabteilung der politischen Geheimpolizei Tscheka und die Verwaltung für Aufklärung der Roten Armee. Die Agentengruppen der Spionagenetze der Verwaltung für Aufklärung des Hauptstabes der sowjetrussischen Streitkräfte, der späteren Hauptverwaltung für Aufklärung, versuchten dabei vornehmlich Informationen mit militärischer Bedeutung zu erhalten. In der Roten Armee wurde der militärische Nachrichtendienst offiziell am 5. November 1918 geschaffen, als der Stab des Feldhauptquartiers des Revolutionären Militärrates der Republik durch einen entsprechenden Geheimbefehl bestätigt wurde. Eine der Verwaltungen des Hauptquartiers, die Registrierungsverwaltung, wurde zum ersten zentralen Organ der Agenturaufklärung der Roten Armee, entsandte also Spione zum Sammeln von nachrichtendienstlichen Informationen ins Ausland. Die Verwaltung selbst verfügte zunächst über zwei Abteilungen. Die Abteilung Agenturaufklärung mit 39 Mitarbeitern und die Abteilung Spionageabwehr mit 157 Planstellen. An der Spitze der neuen Behörde stand zunächst Semjon I. Aralow, ein ehemaliger Offizier der Zarenarmee, der jedoch bereits im Sommer 1919 in den diplomatischen Dienst wechselte. Zu diesem Zeitpunkt hatte die Agenturabteilung 89 registrierte Agenten sowie 50 Quellen in ihren Dienst, von denen allerdings 50 Prozent in naher Zukunft aussortiert werden sollten, da sie sich als wenig brauchbar erwiesen hatten. Von den Agenten lieferten nur zehn wirklich gute Spionageergebnisse. Dies hatte sicherlich auch mit dem Bildungsstand der meisten Quellen zu tun, zwei Drittel von ihnen verfügten lediglich über eine elementare Schulbildung, die Hälfte war zuvor als Arbeiter beschäftigt gewesen und neunzig Prozent der Agenten hatten bislang weder im Bereich Nachrichtendienst gearbeitet noch waren sie bei der illegalen Parteiarbeit eingesetzt worden. Die Ergebnisse entsprachen deshalb zumeist den dürftigen Voraussetzungen. So sollten zwei altgediente Parteifunktionäre in Polen und im Baltikum jeweils ein großes Spionagenetz der GRU aufziehen. Trotz des Einsatzes von mehr als 150.000 Rubel konnte kein einziger Agent für dieses Vorhaben angeworben werden.[51]

Das hinderte die Registraturverwaltung des Feldstabes des Revolutionären Kriegsrates jedoch nicht daran, weiter große Pläne, beispielsweise für die Errichtung von Agenturen in Deutschland, zu schmieden. Diese hatten dort die zahlreichen existierenden militärischen Formationen zu beobachten und Angaben über deren Struktur, Organisation und Bewaffnung zu sammeln. Weiterhin sollten Informationen über Stationierungsorte, rüstungswirtschaftliche Kapazitäten und zur politischen Stimmung des Offizierskorps zusammengetragen werden. Für die Umsetzung dieser Vorschläge waren trotz des russischen Bürgerkrieges umfangreiche Mittel vorhanden. Allein zwischen Dezember 1918 und Januar 1920 wurden von der Roten Armee u. a. in die Aufklärungsarbeit gegen Deutschland rund sechs Millionen Rubel investiert, mehr als 284 Agenten spionierten zwischen Rhein und neuer deutscher Ostgrenze für die Sowjets.[52]

Konkurrenz zwischen Tscheka und GRU, Bildung der INO

Nach dem Ende des Bürgerkriegs beschloss die sowjetische Führung, die Funktionen des militärischen Nachrichtendienstes zu erweitern, um nicht nur die Aufgaben der nachrichtendienstlichen Unterstützung militärischer Operationen zu bewältigen, sondern auch, um wichtige strategische Informationen in einem komplexen außenpolitischen Umfeld zu erhalten. Im April 1921 wurde deshalb die Registraturverwaltung beim Feldhauptstab des Revolutionären Militärrates zur Aufklärungsverwaltung des Stabes der Roten Armee reorganisiert. Die Hauptaufgaben des Militärgeheimdienstes legte die Führung der Streitkräfte wie folgt fest: »a) Organisation selbstständiger tiefer strategischer Agenturaufklärung im Ausland; b) je nach den Umständen der internationalen Lage Organisation aktiver Aufklärung hinter den feindlichen Linien; c) Durchführung der nötigen Aufklärung auf politischem, wirtschaftlichem und diplomatischem Gebiet; d) Erfassung, Überwachung und Auswertung aller Arten von ausländischer Presse, militärischer und militärstatistischer Literatur; e) Auswertung, Analyse und Veröffentlichung des von allen Arten der Aufklärung gewonnenen Materials, mit entsprechenden Zusammenfassungen, Beschreibungen und Übersichten; das Ziehen von Schlussfolgerungen über mögliche strategische Annahmen und Pläne der ausländischen Staaten in Hinsicht auf die Vorbereitung eines möglichen Krieges; f) das Einbauen von Bevollmächtigten der Aufklärungsverwaltung in die zentralen Organe der Behörden, die über Auslandsagenturen verfügen, damit die Aufklärungsverwaltung die benötigten Informationen durch diese Dienststellen erhält; g) Leitung der Tätigkeit der Aufklärungsorgane bei den Fronten und Militärbezirken.«[53]

Um diesen Aufgaben nachzukommen, gliederte sich die Aufklärungsverwaltung des Stabes der Roten Armee, die zu diesem Zeitpunkt über 275 Mitarbeiter verfügte, in zunächst vier Abteilungen: 1. Abteilung für Frontaufklärung, 2. Abteilung für Agenturaufklärung, 3. Informations- und Statistikabteilung, 4. Funkaufklärung. Ende 1921 wurde allerdings die Funkaufklärung aus dem Militärgeheimdienst ausgegliedert und den Nachrichtentruppen unterstellt.[54]

Fast gleichzeitig, am 20. Dezember 1920, war innerhalb der Allrussischen Außerordentlichen Kommission zur Bekämpfung der Konterrevolution und Sabotage (Tscheka) eine selbstständige Auslandsabteilung (INO) als Mittel der außenpolitischen und wirtschaftlichen Aufklärung des noch jungen Sowjetstaates gegründet worden. Im Gegensatz zum militärischen Nachrichtendienst lagen die Prioritäten der geheimdienstlichen Arbeit der Staatssicherheitsorgane bei der Aufdeckung aggressiver Pläne ausländischer Staaten und der Ermittlung der wirtschaftlichen Möglichkeiten potenzieller Angreifer. Das heißt, mit der INO wurde ein Nachrichtendienst geschaffen, der zunächst in erster Linie auf die Enttarnung klandestiner außenpolitischer Operationen ausländischer Staaten gegen die Sowjetunion ausgerichtet war.[55]

Mit der Bildung der INO erwuchs der Militäraufklärung der Roten Armee nicht nur ein Konkurrent. Vielmehr gelang es der Tscheka, nun auch direkten Einfluss auf die GRU auszuüben. Die Geheimpolizei setzte durch, dass sowohl die Militärabwehr als auch die allgemeine Spionageabwehr der Tscheka die Absicherung des Apparats des militärischen Nachrichtendienstes vor dem Eindringen von Spionen feindlicher Geheimdienste übernahm. Wollte die Aufklärungsverwaltung also Personal oder Agenten ins Ausland entsenden, so mussten sich diese einer gründlichen Überprüfung durch die zuständigen

Stellen der Tscheka unterziehen. Deren Mitarbeiter übernahmen auch die Untersuchung bei Fehlschlägen von Operationen bzw. Verratsfällen des Nachrichtendienstes der Roten Armee, und die Ergebnisse der Nachforschungen gingen in Form schriftlicher Berichte an die oberste politische Führung des Landes. Folglich existierte ein gewisses Missverhältnis bei den Befugnissen und Rechten der beiden Aufklärungsdienste, was immer wieder für Reibungen und Spannungen zwischen den Diensten sorgte.[56]

Diese Maßnahmen führten auch zu einer Verschärfung des Konkurrenzverhältnisses zwischen den beiden Nachrichtendiensten. Der ehemalige Resident der INO der 1923 in Vereinigte Staatliche Verwaltung (OGPU) umbenannten Tscheka in der Türkei Grigorij S. Agabekow, der 1930 nach Frankreich geflohen war und dort 1937 von einem Spezialkommando des ab 1934 als Nachfolgeorganisation der OGPU firmierenden Volkskommissariats für innere Angelegenheiten (NKWD) liquidiert wurde, beschrieb das Verhältnis zwischen INO und GRU wie folgt: »Die Beziehungen der IV. Verwaltung [GRU; d. V.] zur OGPU sind ziemlich angespannt, weil OGPU keine Gelegenheit auslässt, das Spionagegeschäft zu monopolisieren, da sie der Überzeugung ist, dafür besser qualifiziert zu sein als die IV. Verwaltung. In der Tat gibt es also eine chronische Fehde zwischen ihnen. In regelmäßigen Abständen bittet die OGPU das Zentralkomitee darum, die Aufklärungsverwaltung abzuschaffen und deren Funktionen der OGPU zu übertragen, was einen großen Prestigezuwachs bedeuten würde. Doch mit einem Augenzwinkern legt das ZK diese Empfehlungen in der Aktenablage ab und spielt weiterhin den einen Dienst gegen den anderen aus«.[57]

Die Konkurrenz zwischen GRU und INO zeigte sich besonders bei der militärisch-technischen Aufklärung. Die Rivalität wirkte sich aber auch auf das Verhältnis zwischen den Residenten der beiden Dienste vor Ort in den Einsatzländern aus. Eigentlich hätten diese zusammenarbeiten sollen, doch das war von der OGPU-Führung nicht gewünscht. Hierzu nochmals Agabekow: »Ich verrate ihnen ein Geheimnis. Moskau möchte nicht, dass sie sich zu nahestehen; jeder sollte eher mehr oder weniger der Zensor des anderen sein. Als ich nach Afghanistan geschickt wurde, sagte ich zu meinem Chef: ›Wollen Sie mir nicht einen Hinweis für meine Beziehung mit dem Militärattaché geben?‹ Doch der schnauzte mich nur an ›Nein. Passen Sie auf ihn auf!‹«[58]

Beide Nachrichtendienste besaßen bereits seit ihrer Gründung beträchtliche Fähigkeiten zum Abhören verschlüsselter Funkkorrespondenz. Die GRU erhielt ihre geheimen Informationen also nicht nur von Agenten und Informanten. Der Dienst verfügte seit 1931 ebenfalls wieder über umfangreiche Mittel zur Funkaufklärung, die für die damalige Zeit auf hohem technischen Niveau standen. Aber auch die Abhör- und Dechiffrierspezialisten des NKWD gelangten so z. B. in den Besitz von zahlreichen diplomatischen Telegrammen der ausländischen Botschaften in Moskau.[59] Dafür spricht, dass es der INO des NKWD in den 1930er-Jahren gelang, Stalin umfangreiche Geheimdokumente der Botschaften Japans, Großbritanniens, der USA, Polens, Deutschlands und Ungarns vorzulegen.[60] Abhöranlagen existierten offenbar auch in der sowjetischen Vertretung in Berlin. Für die funktechnische Aufklärung von Truppenbewegungen an den Grenzen der UdSSR verfügte die GRU ferner über sechzehn Sonderfunkabteilungen (OSNAS), die jeweils einen Raum von tausend Kilometern Durchmesser funkelektronisch überwachten. Daneben unterstanden dem Generalstab weitere sechs Funkabteilungen und -regimenter, die eine Aufklärungsreichweite von mehr als tausend Kilometern besaßen. Allerdings musste die Militäraufklärung die abgefangenen Depeschen zur Auswertung der OGPU überlassen.[61]

GRU-Tätigkeit in Deutschland

Seit der Gründung des militärischen Nachrichtendienstes der Roten Armee betrachtete dessen Führung Deutschland als ein besonders wichtiges Zentrum seiner geheimdienstlichen Tätigkeit im Ausland. Dieser Umstand wurde durch viele Faktoren bestimmt, unter denen zunächst der starke Einfluss der Deutschen Kommunistischen Partei (KPD) auf die internationale Arbeiterbewegung hervorzuheben ist, zudem verfügten die deutschen Kommunisten über einen weitverzweigten eigenen Militärapparat, der sich auch für Spionage- und Diversionszwecke nutzen ließ. Ein weiterer wichtiger Faktor für die umfangreiche Tätigkeit der GRU in der Weimarer Republik lag in der geheimen Zusammenarbeit zwischen Reichswehr und Roter Armee.[62] Hinzu kam Deutschlands geografische Lage in der Mitte Europas, die es möglich machte, das Land als Drehscheibe für Operationen des Militärnachrichtendienstes der Sowjetunion gegen andere Staaten West- und Mitteleuropas zu nutzen. Deshalb richtete die GRU bereits 1921 bei der Vertretung der Russischen Sozialistischen Föderativen Sowjetrepublik in der deutschen Hauptstadt eine Residentur ein, die als das Berliner Zentrum bekannt wurde.[63]

Als einer der ersten dort arbeitenden Residenten fungierte der Baltendeutsche Werner G. Rakow, der auch als Karl Felix Wolf bekannt war. Im Dezember 1918 reiste er zusammen mit Karl Radek und Ernst Reuter nach Berlin, um dort die KPD-Gründung zu »überwachen«. Dann arbeitete er von Mai 1919 bis November 1920 in Hamburg als Bezirkssekretär der KPD und hielt dort deren Zusammenschluss mit der Unabhängigen Sozialdemokratischen Partei Deutschlands (Linke) im Auge. Damit gehörte er zum inneren Führungszirkel der deutschen Kommunisten, ohne jedoch in den offiziellen Parteigremien aufzutauchen. Anfang 1921 ging Rakow nach Berlin, um von dort aus Moskau besser über die Vorgänge in Deutschland informieren zu können. 1922 übernahm er dann die Leitung der Berliner Residentur der GRU und wurde nun auch offizieller Mitarbeiter des Militärnachrichtendienstes der Roten Armee. Dieser schickte ihn wenig später als Diplomaten getarnt nach Österreich, wo er ebenfalls eine Geheimdienstfiliale aufbaute. 1923 kehrte er nach Deutschland zurück, um als führender Funktionär des militärischen Apparates der KPD den »Deutschen Oktober« mit zu organisieren. Hierfür übernahm er im neu geschaffenen Revolutionären Kriegsrat die Abteilung Politische Aufklärung.

Nach dem Scheitern des Aufstandsversuches, der in Hamburg blutig niedergeworfen wurde, versetzte die GRU-Führung Rakow zunächst nach Paris, ein Jahr später trat er dann seinen neuen Posten als Resident des Geheimdienstes in den USA an. Allerdings zeigt eine interne Einschätzung von 1926, dass die GRU trotz einiger kleiner Erfolge von Rakow für ihren desillusionierten Spion keine Verwendung mehr fand: »wichtiger politischer Arbeiter mit einer angemessenen Dienstzeit als Agent. Seinen persönlichen Qualitäten entsprechend kann er gut arbeiten, zeigt aber derzeit wenig Initiative. Seine Tätigkeit entwickelt sich schwach, strebt danach, zurück nach Europa zu kommen, hofft, dass die jetzigen Bedingungen seine Rückkehr zur Parteiarbeit in Deutschland ermöglichen. Er zeigt Nervosität und entwickelt Anzeichen von Unbeherrschtheit. Muss unbedingt ausgetauscht werden.«[64] 1927 kehrte der Geheimdienstmitarbeiter schließlich in die sowjetische Hauptstadt zurück und schloss sich dort der Fraktion um den Stalin-Widersacher Leo Trotzki an. Nach dessen endgültiger Niederlage im Machtkampf mit dem künftigen sowjetischen Diktator erfolgte Rakows Ausschluss aus der Partei der Bolschewiki, der er seit 1917 angehört hatte. Nach dem Aufenthalt an verschiedenen Verbannungsorten in der Sowjetunion geriet er 1935 endgültig in die Mühlen des NKWD, der ihn im Sommer 1936 verhaftete. Drei Monate später wurde der Berufsrevolutionär und ehemalige GRU-Agent durch ein Militärtribunal zum Tode verurteilt und sofort hingerichtet.[65]

Bis Mitte der 1920er-Jahre verfügten GRU und INO im Ausland über gemeinsame Residenturen, allerdings führten die zunehmende Spezialisierung der jeweiligen Dienste, die immer unabhängiger werdenden Zentren in Moskau sowie die nachrichtendienstliche Spezifität der zu erfüllenden Aufgaben dazu, dass die Eigenständigkeit des Auslands- wie auch des militärischen Nachrichtendienstes gestärkt wurde, was schließlich in die Trennung der Residenturen mündete. Das Berliner Zentrum der GRU, das seit seiner Gründung auch die Spionagetätigkeit des Militärgeheimdienstes in Deutschland, Österreich, Bulgarien, Frankreich, Polen und Italien koordiniert hatte und bei dem inzwischen mehr als hundert Agenten des Nachrichtendienstes arbeiteten, wurde 1924 verkleinert. Frankreich, Italien, Polen und die Balkanstaaten erhielten jetzt selbstständige Residenturen, und das Berliner Zentrum wurde damit zu einer »gewöhnlichen« Außenstelle herabgestuft, die gleichwohl immer noch Spionageoperationen in den deutschen Nachbarstaaten ausführte.[66] Ende 1924 hatte die GRU in dreizehn ausländischen Staaten entsprechende Residenturen des Dienstes eingerichtet, von denen allerdings nur die Vertretungen in Japan, Großbritannien, Frankreich und Polen auf illegaler Grundlage agierten, in allen anderen Fällen erfolgte der Einsatz des Personals des Militärnachrichtendienstes über eine entsprechende diplomatische Absicherung und erwies sich folglich als überaus verwundbar.[67]

Aufbau der Residenturen im Ausland und die Komintern

Die katastrophalen wirtschaftlichen Folgen des Ersten Weltkrieges und des Bürgerkrieges für die sowjetrussische Wirtschaft führten in den Jahren 1921 bis 1925 zu einem starken Rückgang der Finanzierung der sowjetischen Geheimdienste. Plante die GRU 1925, für die Aufklärungsarbeit im Ausland 1,35 Millionen Rubel einzusetzen, so bewilligte der Volkskommissar für Finanzen lediglich 1,15 Millionen Rubel. Zudem kürzte das Finanzministerium auch die Ausgaben für die Militärattachés der Roten Armee. GRU-Chef Jan K. Bersin sah sich deshalb gezwungen, mit einer Verringerung des Agentennetzes zu drohen, falls die Kürzungen nicht zurückgenommen würden.[68] Erst in der zweiten Hälfte der 1920er-Jahre stabilisierte sich die Situation wieder. Für 1931 stellte der Staat dann der GRU rund eine Million Dollar für deren Operationen im Ausland zur Verfügung.[69] 1936 verfügte der Militärnachrichtendienst schließlich über ein Budget von 2,5 Millionen Goldrubel, von denen zwei Millionen für den Agenteneinsatz, 400.000 für den Unterhalt der Militärattachés sowie 100.000 für Dienstreisen ins Ausland ausgegeben werden sollten.[70]

Trotz der zunehmenden Finanzierung blieb die Zahl der bei beiden Nachrichtendiensten beschäftigten offiziellen Mitarbeiter relativ gering. Zum Beispiel arbeiteten 1929 bei der INO der OGPU nur insgesamt 122 Personen, von denen 62 an den Residenturen im Ausland eingesetzt waren. Der Aufklärungsverwaltung der Roten Armee gehörten zum gleichen Zeitpunkt 110 Offiziere und Zivilangestellte an.[71] Von diesen waren 1925 insgesamt 59 in der Auswertungsabteilung der GRU beschäftigt, von denen aber nur 30 das eintreffende Agentenmaterial analysierten, bei den restlichen 29 handelte es sich entweder um Führungs- oder Dienstleistungspersonal. Durch die Hände der Auswerter gingen zwischen dem 1. Oktober 1924 und dem 30. September 1925 insgesamt 9851 Agentenberichte, die zusammen mehr als 84.000 Blatt umfassten. Hinzu kam die Auswertung von 3703 Büchern und Zeitschriften sowie 1986 Geheimberichten aus dem Außenministerium und der OGPU. Weiterhin analysierte die Informationsstatistische Abteilung, so die genaue Bezeichnung der Auswertung im Militärnachrichtendienst, 140 internationale Tageszeitungen und 247 Zeitschriften aus 24 Ländern. Auf der Grundlage des erhaltenen Materials erstellte die Abteilung 10.000 Bewertungen der Agenteninformationen und leitete 3156 neue Aufgabenstellungen zur Beschaffung weiterer Geheimunterlagen an die Residenturen im Ausland weiter. Von den insgesamt 11.837 bei der GRU eingegangenen Spionageberichten widmeten sich 4679 ausländischen Landstreitkräften, 4177 politischen und wirtschaftlichen Fragen, 1022 untersuchten Probleme bei den Luftstreitkräften im Ausland, 964 behandelten das Thema Flotten anderer Staaten und 995 militärtechnische Sachverhalte.

Relativ diametral standen diesem Nachrichtenaufkommen die von der Auswertungsabteilung vergebenen Spionageaufträge entgegen. Fast 42 Prozent betrafen Fragen zu ausländischer Militärtechnik, 25 Prozent die Landstreitkräfte angenommener Feindstaaten, jeweils 12 Prozent deren Luftwaffen und Marinen. Politischen und wirtschaftlichen Themen galten nur etwas mehr als acht Prozent der Beschaffungsaufträge, die die GRU an ihre Residenturen vergab. Hinsichtlich der geografischen Verteilung der Agentenberichte dürfte kaum überraschen, dass fast jeder fünfte aus Polen stammte, knapp zehn Prozent hatten Spione der GRU in China verfasst, an dritter Stelle lag schließlich mit fast sieben Prozent Deutschland. Jeweils rund fünf Prozent der Geheimunterlagen kamen aus Finnland, Estland, Rumänien, der Türkei sowie Japan, je ca. drei Prozent aus Litauen, Frankreich, Italien, Großbritannien und Persien. Die Vereinigten Staaten lagen mit weniger als zwei Prozent damals noch nicht wirklich im Interesse des Nachrichtendienstes der Roten Armee.[72] Zwischen dem 1. Oktober 1925 und dem 30. September 1926 gingen dann beim Militärgeheimdienst der Roten Armee bereits mehr als 16.000 Agentenberichte ein, die rund 250.000 Blatt Informationen enthielten.[73]

Sowohl die GRU als auch die INO konnten in den 1920er-Jahren ihren geringen Personalbestand mithilfe der internationalen kommunistischen Bewegung kompensieren. Als besonders ergiebig in dieser Hinsicht erwiesen sich die kommunistischen Parteien im Ausland sowie vor allem die Kommunistische Internationale, kurz Komintern, die eine umfangreiche Rekrutierungsbasis für die GRU, aber auch die INO boten. Die Vorbereitung des Komintern-Personals auf die Agenten- und Spionageeinsätze im Ausland, einschließlich der Beschaffung der nötigen Dokumente, Spezialtechnik, der Organisation des Funkverkehrs und der hierfür nötigen Verschlüsselung, lag damals in den Händen von Michail A. Trilisser, dem Sekretär des Exekutivkomitees der Komintern (EKKI). Hierbei spielte seine Erfahrung eine Rolle, die er zwischen 1922 und 1929 als Leiter der Auslandsabteilung der OGPU gesammelt hatte. Die Ausbildung der als sogenannte »Illegale« eingesetzten Spione erfolgte unter der Leitung ehemaliger Geheimdienstoffiziere durch die Abteilung Internationale Verbindungen der Komintern, die ab 1935 als Verbindungsdienst des EKKI firmierte.[74]

Aufgabenprofilierung seit Mitte der 1920er-Jahre – Aufbau von Spionagenetzen

Ab 1925 gab es erstmals Einschränkungen in der Verwendung von Mitgliedern ausländischer kommunistischer Parteien für nachrichtendienstliche Tätigkeiten. Dabei handelte es sich in erster Linie um sogenannte »aktive Maßnahmen«, also Diversion, Mordanschläge und Sabotage. Eine Reihe von erfolglosen Umsturzaktionen in Deutschland und Bulgarien, wo die Verbindung zwischen der GRU und der Komintern aufgedeckt wurde, beeinflusste die internationale Situation für die Sowjetunion äußerst negativ. Deshalb beschloss das Politbüro des Zentralkomitees der Bolschewiki am 25. Februar 1925, als es über die Aufklärungsverwaltung der Roten Armee beriet, »dass es in keinem Land unsere aktiven Kampfgruppen geben soll, die kriegerische Akte durchführen und von uns direkt Mittel, Anweisungen und Führung erhalten«. Alle derartigen Tätigkeiten sollten nun auf die kommunistischen Parteien vor Ort verlagert werden. Diese hatten zugleich »entschlossen auf nachrichtendienstliche und andere Arbeiten zugunsten der Militärbehörden der UdSSR zu verzichten«. Die GRU sollte gleichfalls alle ihr unterstehenden Diversions- und Aufstandsgruppen auflösen und sich fortan auf die »Beobachtung und Untersuchung von Militärobjekten« konzentrieren.[75]

Ab dem Ende der 1920er-Jahre bestand eine der Hauptaufgaben der Militäraufklärung, die seit 1926 offiziell die Bezeichnung IV. Verwaltung des Stabes der Roten Armee trug, im Aufbau von umfassenden Spionagenetzen in den Nachbar- und potenziellen Feindstaaten. Dabei sollte unbedingt sichergestellt werden, dass diese auch unter Kriegsbedingungen arbeitsfähig blieben. Deshalb richtete der Nachrichtendienst der Roten Armee in den betreffenden Ländern sogenannte »illegale« Residenturen ein. Deren Mitarbeiter und Agenten verfügten folglich weder über einen Diplomatenstatus, der sie vor Verhaftungen schützte, noch besaßen sie eine Tarnung als Mitarbeiter von sowjetischen Auslands- oder Außenhandelsorganisationen. Um die Tätigkeit dieser Vertretungen im Ernstfall sicherzustellen, verfügten die illegalen Residenturen über autonome und von den Sowjetbotschaften unabhängige Quellen der technischen und finanziellen Sicherstellung sowie über eigenständige Funk- und Kurierverbindungen zur Moskauer GRU-Zentrale. Leiter dieser illegalen Spionagenetze konnten Offiziere des Militärnachrichtendienstes, ausnahmslos durch gefälschte Papiere als ausländische Staatsangehörige getarnt, oder aber auch Ausländer sein, die mit dem gesellschaftlichen und politischen System in der Sowjetunion sympathisierten. Zu den bekanntesten von ihnen zählten später die Spionageringe von Ilse Stöbe (Netz »Alta« in Deutschland), Leopold Trepper (Netz »Otto« in Belgien) und Richard Sorge (Netz »Ramsay« in Japan).[76] Mit der Zunahme der Residenturen nahm auch die Zahl der Spione im Sold der GRU zu: Besaß die Militäraufklärung 1922 insgesamt 237 Agenten, darunter 131 sogenannte Quellenagenten – dabei handelte es sich um Personen, die Zugang zu geheimen Unterlagen hatten –, zählte 1930 allein die Berliner GRU-Vertretung mindestens 250 Personen, die für sie Spionage- und Kurieraufträge ausführten.[77]

Einer der wichtigsten Agenten der Berliner Residentur trug die Decknamen »Diplomat« bzw. »401«. Hinter dieser Kennung verbarg sich der ehemalige Rittmeister der Zarenarmee Wladimir F. Petrow. Der 1896 im sibirischen Irkutsk geborene Offizier, der Englisch, Französisch, Deutsch und Japanisch sprach, emigrierte nach dem Bürgerkrieg, wo er unter Admiral Aleksandr W. Koltschak gegen die Bolschewiki gekämpft hatte, nach Deutschland. Hier fand er eine Anstellung an der japanischen Botschaft in Berlin. 1923 warb ihn dort die GRU für eine Zusammenarbeit an. Lieferte er zunächst vor allem diplomatische Unterlagen an seine Auftraggeber in Moskau, so verpflichtete Agent »401« in den 1930er-Jahren »unter falscher Flagge« mehrere hochrangige deutsche Beamte und Offiziere, denen er vorspielte, dass deren Geheiminformationen dem japanischen Nachrichtendienst übergeben würden. Auf diesem Weg gelang es ihm, vom Chef des Marinenachrichtendienstes im Oberkommando der Marine, Kapitän zur See Theodor Arps, zahlreiches Material zum Aufklärungswesen der deutschen Flotte sowie zum nachrichtendienstlichen Kenntnisstand der Kriegsmarine über die Rote Armee zu erhalten. Allein zwischen 1924 und 1931 übergab Petrow insgesamt 2291 Agentenmeldungen an die GRU, von denen die Auswertungsabteilung 85 Prozent als »wertvoll« bzw. »überaus wertvoll« einstufte. 1935 legte der Militärnachrichtendienst den Kontakt zu »Diplomat« vorübergehend auf Eis, danach gelang es der GRU allerdings nicht mehr, die Verbindung zu dem wertvollen Agenten wiederherzustellen, obwohl noch in den 1940er- und 1950er-Jahren entsprechende Versuche erfolgten.[78]

Der militärische Nachrichtendienst der Roten Armee gliederte sich seit 1926 nunmehr in fünf Abteilungen. Während die 1. Abteilung für die Truppenaufklärung zuständig zeigte, oblag der 2. Abteilung die sogenannte Agenturaufklärung. Deren Mitarbeiter beschafften für die Rote Armee und die politische Führung der Sowjetunion Geheiminformationen im Ausland. Die 3. Abteilung des Militärgeheimdienstes wertete die eintreffenden Agenteninformationen sowie offen zugängliche ausländische Quellen aus und verfügte hierfür über sechs sogenannte Sektoren. Der Sektor A bewertete Geheiminformationen zu den Landstreitkräften der Staaten Europas, der Sektor B analysierte Geheimberichte zu ausländischer Militärtechnik, der Sektor C beschäftigte sich mit fremden Luftstreitkräften, während der Sektor D für die Beobachtung fremder Marinen verantwortlich zeichnete. Dem Sektor E oblag die Analyse der militärpolitischen Situation im Baltikum, auf dem Balkan, im restlichen Europa sowie in den Vereinigten Staaten und in Fernost. Der Sektor F wiederum überwachte die neusten Entwicklungen der Rüstungsindustrie im Ausland. Die 4. Abteilung beaufsichtigte schließlich die »legale« Spionage der Militärattachés der Roten Armee und übte die Kontrolle über deren Apparat aus. Für die Erledigung dieser Aufgaben beschäftigte die GRU 1926 insgesamt 131 offizielle Mitarbeiter sowie 431 Agenten, darunter 298 Quellenagenten, die direkten Zugang zu Geheimmaterial hatten. Jährlich wurden allerdings fünf bis zehn Prozent der Spione im Sold der GRU durch die Spionageabwehr der ausgeforschten Staaten enttarnt. In den Jahren 1924/25 traf dieses Schicksal 33 der 134 vorhandenen Zuträger, 1925/26 »nur« 27 von 418 Quellen. Der 5. Abteilung unterstand schließlich die Funkaufklärung des Militärnachrichtendienstes.[79]

Der Apparat der Militärattachés existierte seit 1920, als erstmals Vertreter der Roten Armee für Litauen, Lettland und Persien ernannt wurden. Zwischen 1921 und 1922 erfolgte dann die Einrichtung von entsprechenden Vertretungen in Finnland, der Türkei, China und Polen. Im Allgemeinen arbeiteten an den jeweiligen Botschaften nur der Militärattaché, dessen Gehilfe und ein Sekretär. Bis 1926 erweiterte sich das Netz um Vertretungen in Frankreich, Deutschland, Großbritannien, Italien, Afghanistan und Japan. 1929 musste die Sowjetunion allerdings ihre Militärattachés aus Großbritannien und China abziehen, da beide Staaten ihre diplomatischen Beziehungen zur UdSSR abbrachen.[80]

Im Frühjahr 1927 zeigte sich der Stabschef der Roten Armee, Armeekommandeur Michail N. Tuchatschewskij, mit der Arbeit der GRU weitgehend zufrieden und lobte vor allem deren militärpolitische und wirtschaftliche Spionage, Mängel sah er jedoch in Fragen der operativen und taktischen Aufklärung sowie der Vermittlung des Wissens des Militärgeheimdienstes über die Streitkräfte der angenommenen Gegner. Gleichzeitig erschien ihm die Auswertung offener Quellen aus dem Ausland mangelhaft. Zudem wünschte der Chefplaner der Roten Armee, von der GRU besser über die geografischen, verkehrstechnischen und wirtschaftlichen Gegebenheiten auf den künftigen Kriegsschauplätzen informiert zu werden.[81]

Die Krise Anfang der 1930er-Jahre – Enttarnungen von Agentennetzen

Anfang der 1930er-Jahre geriet der militärische Nachrichtendienst der Sowjetunion in eine Krise. In der zweiten Hälfte des Jahres 1933 und Anfang 1934 flogen mehrere Agentennetze der Aufklärungsverwaltung beim Stab der Roten Armee auf. Im Sommer 1933 traf es zunächst GRU-Residenturen in Lettland und Deutschland. Zunächst wurde die lettische Vertretung samt ihren Agenten und Kurieren ausgehoben. Da über Letztere auch die Kommunikationslinien zu den GRU-Residenturen in Berlin und Hamburg liefen, kam es wenig später zu einem großen Ausfall der Verbindungen des Militärgeheimdienstes auf den Linien Hamburg – Amerika – Lettland – Frankreich – Rumänien – Estland – England. Gleichzeitig gelang es der deutschen Spionageabwehr, den Anwerber des Nachrichtendienstes der Roten Armee, Julius Trossin, festzunehmen. Trossin, Mitglied der KPD, kannte alle illegalen GRU-Residenturen in den oben genannten Ländern und verriet der Gestapo zudem die ihm bekannten Verbindungswege, Kontakte und Personen, die für die GRU Kurierdienste übernommen hatten. Wenig später drehte die deutsche Geheimpolizei den enttarnten Agenten des sowjetischen Militärgeheimdienstes um und schickte ihn in die UdSSR zurück, wo er jedoch rasch von der OGPU verhaftet und nachfolgend als deutscher Spion verurteilt und hingerichtet wurde. Die Festnahmen der Agenten der Aufklärungsverwaltung beim Stab der Roten Armee zeigten, dass die Verknüpfung der Verbindungs- und Kommunikationslinien einer Reihe von Residenturen über nur einen Punkt im Falle der Verhaftung eines einzelnen Verbindungsoffiziers zum Ausfall von ganzen Agentennetzen in mehreren Ländern gleichzeitig führen konnte. Dieses Faktum sollte sich auch in den nachfolgenden Monaten bestätigen.[82]

Im Oktober 1933 verhaftete die finnische Spionageabwehr die GRU-Residentin Maria Schul-Tilton sowie ihre zwei Gehilfen und rund dreißig Agenten des ihr unterstehenden Netzwerkes. Eine nachfolgende Untersuchung des Vorfalls ergab, dass die Enttarnung der Residentur darauf zurückzuführen war, dass die GRU-Vertreter vor Ort elementare Anforderungen der Geheimhaltung und Konspiration ignoriert hatten. So traf sich der in Finnland amtierende sowjetische Militärattaché Aleksandr A. Jakowlew mehrmals zusammen mit seinen Gehilfen in der Wohnung der neuen Residentin und wechselte zudem nicht

Kuriere aus, die sich verdächtig gemacht hatten. Als Anfang Oktober 1933 im Netz von Schul-Tilton erste Verhaftungen erfolgten, versäumten es die zuständigen GRU-Offiziere, ihre gefährdeten Agenten außer Landes zu bringen, obwohl dafür noch entsprechend Zeit vorhanden gewesen wäre, folglich wurde das gesamte Spionagenetz des Militärgeheimdienstes der Roten Armee in Finnland aufgerollt. Schul-Tilton, die für ihre langjährige Spionagetätigkeit für die GRU noch 1933 mit dem Rotbannerorden ausgezeichnet worden war, verurteilten die Finnen zu einer achtjährigen Haftstrafe, sie verstarb 1938 im Gefängnis.

Im Dezember 1933 verhaftete die französische Spionageabwehr den Pariser GRU-Residenten Benjamin Berkowitsch zusammen mit seiner Frau, seinen Assistenten Schwarz sowie die Funkerin und Agentenführerin Lidija Stahl. Die 1885 in Rostow am Don geborene Stahl, die geschiedene Frau eines russischen Barons, floh 1917 nach Finnland, wo sie Otto Kuusinen und den US-Journalisten John Reed kennenlernte. 1921 wurde sie dort von der GRU angeworben und eröffnete nachfolgend 1923 in Paris ein Fotostudio, hier kopierte sie für den Militärnachrichtendienst geheime Unterlagen. 1928 wechselte die Agentin, die fließend sechs Sprachen beherrschte, nach New York und arbeitete dort bis 1931 für den illegalen GRU-Residenten in den USA, Alfred Tilton, der diese Funktion bereits von 1922 bis 1926 in Frankreich ausgeübt hatte. 1931 kehrte sie nach Paris zurück, wo sie sich an der Sorbonne-Universität für einen Studienkurs zur »chinesischen Zivilisation« einschrieb, und übernahm dort gleichzeitig die Führung einer wertvollen Quelle, die für die Chiffrierabteilung des französischen Marineministeriums arbeitete. Bei dem Spion handelte es sich um Louis Pierre Martin, mit dem die GRU-Agentin eine Liebesbeziehung unterhielt.

Zum Agentenring von Berkowitsch gehörten ferner ein französischer Oberst, ein Chemiker sowie ein Ingenieur des Kriegsministeriums. Auf deren Spur kam die französische Spionageabwehr über eine Aussage der in Finnland verhafteten Ingrid Boström, die zum Agentennetz von Schul-Tilton gehört hatte und eine enge Freundin von Stahl war. Der Pariser Polizei gelang es, fast das gesamte GRU-Netzwerk in

Frankreich zu zerschlagen. Sie verhaftete rund 200 Personen und erhob gegen 29 von ihnen Anklage. Die GRU-Agentin Stahl wurde zu fünf Jahren Haft verurteilt, die später auf vier Jahre reduziert wurden, während das Gericht ihren Geliebten Louis Martin freisprach. Nach ihrer Freilassung wurde sie von der französischen Polizei erneut verhaftet, weil sie Frankreich nicht wie gefordert verlassen hatte. In den 1940er-Jahren verliert sich die Spur der Spionin. Im Februar 1934 flogen schließlich noch zehn Agenten im rumänischen Bessarabien auf. Die harten Schläge gegen die GRU führten dazu, dass die Konkurrenz von der OGPU forderte, den militärischen Nachrichtendienst unter ihre Kontrolle zu nehmen, da seine Arbeit im Ausland »eindeutig nicht normal« sei.[83]

Reorganisation

Infolge der zahlreichen Schlappen auf der Linie der militärischen Aufklärung wurde schließlich auch Stalin mit der Arbeit der GRU unzufrieden. Aus diesem Grund fand am 25. Mai 1934 eine Sitzung des Politbüros des Zentralkomitees der Bolschewiki statt, auf der konkrete Beschlüsse zur Verbesserung der Arbeit des Militärgeheimdienstes der Roten Armee diskutiert und verabschiedet wurden. Bemerkenswert dabei war: Das gesamte Material für die Vorbereitung der Sitzung des Politbüros über die mangelhafte Arbeit des Nachrichtendienstes der Roten Armee hatte die Leitung der OGPU auf Grundlage einer von der Spionageabwehr durchgeführten Untersuchung ausgearbeitet.

Zunächst stellten Stalin, die Parteiführung und die OGPU die bereits erwähnten ernsten Mängel in der Arbeit der GRU fest: »Es muss klar werden, dass das System des Aufbaus des Agentennetzes der IV. Verwaltung, das auf dem Prinzip beruht, Agenten, die ein bestimmtes Land betreuen, zu großen Residenturen zusammenzufassen, sowie die Verbindungslinien mit einer Reihe von Auslandsvertretungen an einem Punkt zu konzentrieren, falsch ist und im Falle des Ausfalls eines einzelnen Agenten zur Enttarnung aller Residenturen führt.«[84]

Zudem habe die Praxis, enttarnte Agenten in anderen Ländern einzusetzen, die grundlegendsten Regeln der Konspiration verletzt und dazu geführt, dass gleichzeitig in einer ganzen Reihe von Ländern Spionageringe des Militärgeheimdienstes aufgedeckt wurden. Die Schuld hierfür suchte die Parteiführung in der »wenig sorgfältigen Auswahl der Agenturmitarbeiter und deren unzureichender Ausbildung«. Zudem ließ das Politbüro festhalten: »Die Überprüfung der von der IV. Verwaltung zur Arbeit ins Ausland entsandten Mitarbeiter seitens der OGPU war unzureichend.« Weiterhin wies die Parteiführung auf die Notwendigkeit hin, die Zusammenarbeit des militärischen Nachrichtendienstes mit dem Auslandsgeheimdienst und der Spionageabwehr der OGPU zu verstärken. Gleichzeitig enthielt der Beschluss des Politbüros zur weiteren Arbeit der GRU einige beunruhigende Hinweise für die zukünftige Tätigkeit der Nachrichtendienstler. Stalins beginnende Kampagne des Misstrauens gegenüber Angehörigen anderer Staaten drückte sich deutlich in der Bestimmung aus, dass bei Anwerbungen nunmehr »nicht nur auf die soziale Herkunft, sondern auch auf die Nationalität zu achten ist, da nationale Gefühle eine Quelle von Verrat und Eidbruch sein können«.[85]

Bei der Spionage sollte sich die Militäraufklärung künftig stärker auf Polen, Deutschland, Finnland, Rumänien, England, Japan, Mandschuko und China konzentrieren. Die Streitkräfte der anderen Staaten sollten hingegen legal durch die Militärattachés beobachtet werden. Die bisherigen Agentennetze waren zahlenmäßig zu verkleinern und sollten künftig in voneinander unabhängigen Gruppen arbeiten. Innerhalb der Spionageringe hatte die GRU die Arbeit so zu organisieren, dass keine Quelle eine andere kennen konnte. Zudem musste für jede Agentengruppe unter maximaler Beachtung der Konspiration eine eigenständige Verbindungslinie zur Moskauer Geheimdienstzentrale organisiert werden.[86]

In Übereinstimmung mit den Beschlüssen des Politbüros stand der Militärgeheimdienst ferner vor personellen Veränderungen. Um die Effektivität der GRU-Agenten zu verbessern, ernannte Stalin den bisherigen Leiter der INO der OGPU, Artur Ch. Artusow, unter Beibehaltung seines bisherigen Postens zum stellvertretenden Chef der Aufklärungsverwaltung der Roten Armee. Der Beschluss des Politbüros hielt fest, dass dieser künftig zwei Drittel seiner Arbeitszeit den Belangen der militärischen Aufklärung zur Verfügung stellen sollte. Der schweizerische Italiener erhielt weiterhin die Erlaubnis, mehr als zwanzig Geheimdienstoffiziere der INO zur IV. Verwaltung der Roten Armee zu versetzen. Seine bisherigen engsten Mitarbeiter, Otto O. Steinbrück und Fjodor Ja. Karin, die zusammen mit Artusow ihren Dienst in der Spionageabwehr begonnen hatten und dann in den Auslandnachrichtendienst der OGPU wechselten, ernannte er zu Leitern der 1. und 2. Abteilung, die für die Spionageaufklärung im Westen bzw. Osten verantwortlich waren.[87]

Der Wechsel von Mitarbeitern der INO in den militärischen Nachrichtendienst wirkte sich zunächst positiv auf die Qualität der Agententätigkeit aus. Für Offiziere der politischen Auslandsaufklärung hatte es nie Einschränkungen in der Führung von Agenten gegeben, wenn die Residenten der INO als Mitarbeiter von sowjetischen Botschafts- und Handelsvertretungen getarnt waren. Zur gleichen Zeit galten für Angehörige der Militäraufklärung, die über eine Tarnung als Diplomaten verfügten, zwischen 1931 und 1936 erhebliche Beschränkungen beim Einsatz von Spionen. Am 5. August 1931 verabschiedete das Politbüro des Zentralkomitees der Bolschewki die Weisung, dass die Militärattachés künftig als Vertreter des Revolutionären Militärrates der Sowjetunion und nicht der Aufklärungsverwaltung der Roten Armee anzusehen waren, was deren Tätigkeit für die GRU ganz erheblich einschränkte. Diese Entscheidung hatte ihren Ursprung in der Verhaftung des Majors aus dem Generalstab der polnischen Armee, Piotr Demkowski, der geheime Informationen an Brigadekommandeur Wasilij G. Bogowoj, den Militärattaché an der sowjetischen Botschaft in Polen, weitergab, weshalb der Offizier der Roten Armee 1931 gezwungen war, sofort in die Sowjetunion zurückzukehren. Erst im März 1936 beschloss das Politbüro auf Vorschlag von Verteidigungsminister Kliment E. Woroschilow die Aufhebung der Beschränkungen für Militärattachés, die Durchführung von Spionage mittels des Einsatzes von Agenten betreffend.[88]

Während sich die Qualität der nachrichtendienstlichen Arbeit selbst verbesserte, hatte der Eintritt von Offizieren der Auslandsabteilung der OGPU in den militärischen Nachrichtendienst allerdings auch negative Auswirkungen. Artusow, der nun für die Reorganisation der Aufklärungsverwaltung der Roten Armee verantwortlich war, kopierte im Wesentlichen die Struktur der INO. Verfügte die GRU bis dahin über getrennte selbstständige Abteilungen, die Informationen auf der einen Seite beschafften bzw. auf der anderen auswerteten, so konzentrierte Artusow nunmehr die operative Arbeit, die Analyse der gewonnenen Informationen und deren Weitergabe an die militärische Führung sowie die Rüstungsindustrie in einer einzigen Abteilung. Das Wesen dieser Veränderungen beschrieb der damalige stellvertretende Leiter des militärischen Nachrichtendienstes, Aleksandr M. Nikonow, treffend, als er feststellte, dass unter dem Vorwand, Missstände zu beseitigen, Agententätigkeit und Auswertungstätigkeit in denselben Abteilungen, Einheiten und Köpfen vermischt würden. In Wirklichkeit würden beide Seiten der nachrichtendienstlichen Arbeit aber darunter leiden.[89]

Obwohl keine ernsthaften Konflikte zwischen ehemaligen Angehörigen der INO der OGPU, die zur Verstärkung der Agententätigkeit in den Nachrichtendienst der Roten Armee versetzt worden waren, und den Offizieren der GRU existierten, kam es gelegentlich zu Meinungsverschiedenheiten und Streitigkeiten. In den ersten Märztagen 1935 verhaftete die schwedische Polizei in Kopenhagen vier GRU-Angehörige und fünf als Kuriere wirkende Ausländer unter dem Vorwurf der nachrichtendienstlichen Tätigkeit. Dies stellte den ersten großen Fehlschlag der Militäraufklärung seit den Beschlüssen des Politbüros vom Mai 1934 zur Verbesserung der Arbeit der GRU dar. Artusow musste sich deshalb gegenüber der Parteispitze zu dem peinlichen Zwischenfall erklären. Auf seinem Bericht, in dem er die Gründe für das Scheitern der Operation beschrieb, vermerkte Woroschilow: »Gen. Stalin. Aus diesem (nicht ganz verständlichen und naiven) Bericht geht hervor, dass unsere Auslandsaufklärung immer noch auf allen vier Beinen humpelt; auch Gen. Artusow hat uns bislang wenig im Sinne einer Verbesserung dieser ernsten Angelegenheit gegeben. In den nächsten Tagen werde ich über die Maßnahmen berichten, die ergriffen werden, um die Wiederholung von Fällen wie dem in Kopenhagen zu verhindern.«[90]

Während der nachfolgenden Diskussion im Politbüro über die Gründe des Scheiterns der GRU-Operation in Schweden verlas der neue GRU-Chef, Korpskommandeur Semjon P. Urizkij, ein Schreiben von Artusow an die illegale Residentur in Kopenhagen. Dieses enthielt so detaillierte Anweisungen, dass die schwedische Spionageabwehr, hätte sie den Brief abgefangen, umfangreiche Informationen über die dortigen Aktivitäten des sowjetischen Geheimdienstes erhalten hätte. Es handelte sich dabei um den Versuch des GRU-Chefs, einen Teil der Verantwortung für das Versagen der Militäraufklärung auf die Mitarbeiter abzuwälzen, die von der INO gekommen waren und die eigentlich für eine Verbesserung der Qualität der Arbeit des militärischen Geheimdienstes sorgen sollten. Artusow wiederum erklärte, er müsse so detaillierte Anweisungen nach Kopenhagen schicken, weil die GRU-Mitarbeiter an der dortigen Residentur nur unzureichend ausgebildet seien.

In einigen Fällen verfolgten die zum militärischen Auslandsnachrichtendienst versetzten ehemaligen INO-Offiziere eigenständige Vorstellungen der operativen Arbeit, was nicht besonders zum gegenseitigen Verständnis mit den angestammten GRU-Mitarbeitern beitrug. Zum Beispiel lehnte es Steinbrück als Chef der für Westeuropa zuständigen 1. Abteilung der GRU ab, einem von dem Leiter der 3. Abteilung (militärtechnische Spionage) Oskar A. Stigga ausgewählten Kandidaten, der bereits zuvor in Deutschland illegal gearbeitet hatte, als Residenten dorthin zu entsenden. Als GRU-Chef Urizkij um Nennung der Gründe für diese Entscheidung bat, verwies Steinbrück darauf, dass er über kompromittierendes Material von einer geheimen Quelle der INO verfüge, die er nicht nennen dürfe.[91] In den 1930er-Jahren erhöhte sich die Zahl der sowjetischen Militärattachés beträchtlich. Sie übernahmen für die GRU die »offizielle« Militärspionage. Die Zahl der dort tätigen Agenten hing im Wesentlichen von der Größe der jeweiligen Botschaft ab. In wichtigen Ländern gab es nunmehr neben einem Militärattaché auch noch Marine- und Luftwaffenattachés. Unterstützt wurden diese bei ihrer Arbeit von inoffiziellen Mitarbeitern der GRU in den verschiedensten sowjetischen Auslandsbehörden und -organisationen. Auch sie sammelten, wie die Attachés, offene Informationen über die Streitkräfte der betreffenden Staaten, versuchten aber auch geheime Quellen abzuschöpfen und führten eigene Agentennetze.[92]

1925 sandte beispielsweise der sowjetische Militärattaché in Berlin, Sergej W. Petrenko-Lunew, einen umfassenden Geheimbericht über die funktechnische Ausstattung der Reichswehr nach Moskau. Als Grundlage für die Ausarbeitung diente eine offizielle Anfrage an entsprechende Kommandostellen der Reichswehr. Daraufhin erfolgte eine gemeinsame Besichtigung der Technik mit dem Chef des Heereswaffenamtes, General Ludwig Wurtzbacher, und dessen Stabschef, Major Edwin Senftleben, zu der später ein weiterer Nachrichtenspezialist hinzugezogen wurde. Er legte Petronko-Lunew dar, dass die Reichswehr gegenwärtig ohne Wissen der Siegermächte von Versailles ihre veralteten Löschfunkensender gegen moderne und leistungsfähige Hochfrequenzgeräte austausche. Die Teile für die neuen Geräte würden von den Firmen Telefunken und Lorenz hergestellt und in einer Werkstatt der Reichswehr in Tempelhof zusammengebaut. Diese könne ebenso wie die neuen Geräte besichtigt werden. Insgesamt sollte die Reichswehr bis 1926 etwa 120 Funkstationen mit einer Leistung von 200 Watt und mehrere Hundert Funkanlagen mit einer Leistung von 20 Watt erhalten.[93]

Zugleich agierten auch in der Reichswehr selbst zahlreiche Informanten der GRU. Einer von ihnen trug die Tarnnummer 37. Dabei handelte es sich sehr wahrscheinlich um einen höheren Reserveoffizier aus Berlin, der zu Beginn der 1930er-Jahre vom stellvertretenden Militärattaché der UdSSR in Deutschland, Lew A. Schnitman, geführt wurde. Anfang 1933 lieferte die Quelle interne Informationen aus dem Innenleben der Reichswehr, z. B. zu Fragen der Reorganisation und Wiederbewaffnung sowie zum Verhältnis der Militärs zu den Nationalsozialisten. Im Oktober 1933 wurde der GRU-Informant von der Reichswehr reaktiviert und zusammen mit 600 weiteren ehemaligen Offizieren in den aktiven Dienst übernommen. Unklar war zum damaligen Zeitpunkt allerdings, ob die Quelle in Berlin bleiben könne oder in die Provinz versetzt würde. Letzteres hätte nach Einschätzung der GRU seinen gegenwärtigen Wert beträchtlich gemindert.[94]

Als zentrales Problem für den sowjetischen Militärgeheimdienst, aber auch für die INO, erwies sich bei der Organisation der nachrichtendienstlichen Arbeit die Sicherstellung einer stabilen konspirativen Verbindung der Moskauer Zentrale mit ihren Residenturen. Einer der leitenden Funktionäre des politischen Auslandsnachrichtendienstes, Hauptmann der Staatssicherheit Ernst Ja. Furman, wies in einem Memorandum an NKWD-Chef Genrich G. Jagoda im Januar 1937 darauf hin, dass seit Langem über die Schaffung selbstständiger Kommunikationswege illegaler Residenturen in die Sowjetunion gesprochen werde. Tatsächlich würden die Verbindungen dieser Geheimdienststützpunkte jedoch immer noch über die sowjetischen Botschaften, Konsulate und Handelsvertretungen laufen. Im Falle eines Krieges müssten die Residenturen deshalb ohne Verbindung nach Moskau bleiben, warnte der Geheimdienstoffizier eindringlich. Dass die Befürchtungen Furmans zutrafen, bestätigte nach dem Krieg der ehemalige Chef der für militärische Spionageabwehr zuständigen Abwehrabteilung III, Generalleutnant Franz Eccard von Bentivegni, gegenüber seinen Verhöroffizieren aus dem NKWD: »Im Hinblick auf die sowjetische Geheimdienstarbeit im Ausland wurde festgestellt, dass sie in der Regel auf offiziellen diplomatischen Vertretungen basiert, wir sorgten daher für eine engmaschige Überwachung jeden Mitarbeiters der sowjetischen Botschaft und Konsulate.«[95]

Bedingt durch die weitgehende politische Isolation der Sowjetunion musste die Militäraufklärung der Roten Armee zumeist auf sich allein gestellt arbeiten. Mitte der 1930er-Jahre kam es allerdings kurzzeitig zu einer Kooperation zwischen dem sowjetischen und dem tschechoslowakischen Militärgeheimdienst. 1936 schlug Artusow in Prag der Führung des militärischen Nachrichtendienstes der Tschechoslowakei vor, gemeinsam gegen das Deutsche Reich zu spionieren. Im Rahmen der Operation musste dann aber festgestellt werden, dass es bei der GRU nicht mehr genügend Personen gab, die fließend Deutsch sprachen und das Land entsprechend kannten, was die Möglichkeiten des sowjetischen Militärnachrichtendienstes stark einschränkte. In diesem Zusammenhang ist anzumerken, dass die fließende Beherrschung einer Fremdsprache einer ganzen Reihe von wichtigen Mitarbeitern der illegalen GRU-Residenturen im Ausland ungeahnte Karrierechancen eröffnet hatte, wobei zahlreiche dieser Agenten aus Gebieten der vormaligen österreichisch-ungarischen Monarchie sowie Polen und dem Baltikum stammten. Zu ihnen gehörten bekannte Spioninnen und Spione wie Rachel Dübendorfer, Wikentij Ilinitsch, Walter Kriwitzki, Sándor Radó, Ignaz Reiss, Mirra Sachnowskaja, Stefan Shbikowskij, Marija Skokowskaja, Leopold Trepper und viele andere. Während der stalinistischen Säuberungen 1937–1938 geriet allerdings die Mehrheit der GRU-Mitarbeiter ausländischer Nationalität in das Vernichtungsräderwerk des NKWD und wurde nachfolgend erschossen.[96]

Willi Lehmann – einziger Sowjet-Agent in der Gestapo

Während der Militärgeheimdienst der Roten Armee bis zur Machtergreifung Hitlers in zahlreiche Bereiche der deutschen Politik, des Militärs und der Wirtschaft eindringen konnte, ist bislang kein GRU-Agent bekannt, der den Dienst mit Interna aus der Geheimen Staatspolizei oder dem Sicherheitsdienst der SS versorgte. Dieses Kunststück wiederum war den Konkurrenten von der INO gelungen, die mit

Willi Lehmann eine der wichtigsten Informationsquellen für den politischen Auslandsnachrichtendienst der UdSSR anwerben konnten. Nach den Erinnerungen von Generalleutnant Pawel A. Sudoplatow, Chef der Aufklärungs- und Sabotageabteilung des NKWD während des Großen Vaterländischen Krieges, »versorgte [er] uns mit wertvollen Informationen über die Methoden der deutschen Gegenspionage zur Aufdeckung von Dissidenten und polnischen Agenten. [...] Lehmann war der einzige Gestapo-Offizier der mit uns zusammenarbeitete.«[97] Der Genannte wurde 1929 von einem deutschen Informanten der INO mit dem Decknamen »A/70« zur Zusammenarbeit mit dem sowjetischen Geheimdienst angeworben. Hinter dieser Chiffre verbarg sich der ehemalige Angehörige der Spionageabwehr der Berliner Polizei, Ernst Kuhr, der 1927 aus dem Dienst entlassen worden war. Er rekrutierte Lehmann für den sowjetischen Auslandsnachrichtendienst, von dem er zunächst den Decknamen »A/201« erhielt, der dann in den 1930er-Jahren in »Breitenbach« umgewandelt wurde.

Seit dem Frühjahr 1930 oblag Lehmann bei der Berliner Polizeidirektion die Spionageabwehr der sowjetischen Botschaft. Im Februar 1934 wechselte er dann zur neugebildeten Gestapo, wo er bei der Abteilung III F zunächst im Außendienst eingesetzt wurde. Im Mai 1937 trat Lehmann schließlich, wohl im Auftrag seiner sowjetischen Führungsoffiziere, in die NSDAP ein.[98] Ab Ende der 1930er-Jahre arbeitete der sowjetische Spion »Breitenbach« dann im Rang eines Kriminalinspektors – vergleichbar mit dem Dienstrang eines Oberleutnants – bei der für allgemeine Abwehraufgaben zuständigen Gestapo-Abteilung IV E 1, die damals der spätere Chef des Auslandsnachrichtendienstes des SD, Walter Schellenberg, führte. Lehmann verdankte der sowjetische Geheimdienst das Scheitern zahlreicher Operationen von Abwehr und Gestapo, die gegen Spionageunternehmen der UdSSR in Deutschland gerichtet waren. So konnte Lehmann 1934 die drohende Verhaftung des illegalen INO-Residenten Arnold Deutsch verhindern, der daraufhin nach Großbritannien auswich und dort eine der erfolgreichsten sowjetischen Geheimdienstgruppen schuf, die später als die »Cambridge Five« bekannt werden sollte.[99]

1935 erhielt »Breitenbach«, da nunmehr für die Absicherung der deutschen Rüstungsindustrie gegen ausländische Wirtschaftsspionage zuständig, Zugang zu Informationen über das streng geheime deutsche Raketenbauprogramm. Ende des Jahres nahm er sogar an einem Triebwerkstest für die von dem jungen Ingenieur Wernher von Braun projektierte A-3 Rakete teil. Lehmanns sechsseitiger Bericht hierüber ging sofort nach Moskau, wo er Stalin und Woroschilow vorgelegt wurde, wenig später erhielt auch der Generalstabschef der Roten Armee, Marschall Tuchatschewskij, Einsicht in das Dokument. Der veranlasste, dass die INO der GRU wohl oder übel eine Kopie des Berichtes übergeben musste. Der Militärgeheimdienst der Roten Armee erstellte daraus einen umfangreichen Fragekatalog, den die INO dann an »Breitenbach« übergab, da der politische Auslandsnachrichtendienst der GRU aus Gründen des Quellenschutzes jeden Zugang zu ihrem wertvollen Agenten verweigerte.

Im Mai 1936 lieferte Lehmann schließlich die entsprechenden Antworten auf die Fragen des militärischen Nachrichtendienstes, wobei er u. a. Details über Wernher von Braun und dessen Arbeiten preisgab, aber auch über die Einrichtung von fünf geheimen Testgeländen für die neuen Raketen der Wehrmacht informierte. Dies war einer der wenigen Momente, bei dem beide Auslandsnachrichtendienste auf Weisung der höchsten Führung ihre Eifersüchteleien wenigstens für kurze Zeit beilegten[100]. Bittere Ironie der Geschichte ist jedoch, wie später noch gezeigt wird, dass 1942 eine gemeinsame Spionageoperation von GRU und NKWD »Breitenbach« als sowjetischen Agenten enttarnte und SS-Chef Heinrich Himmler den »Verräter« Lehmann heimlich ohne Prozess erschießen ließ. Um den für den Reichsführer-SS und obersten Gestapo-Chef peinlichen Vorfall zu vertuschen, teilte das Befehlsblatt der Sicherheitspolizei Anfang 1943 vielmehr mit »Willi Lehmann, Kriminalinspektor, Staatspolizeileistelle Berlin« habe »im Dezember 1942« sein Leben »für Führer und Reich« gegeben.[101]

Quellen im Auswärtigen Amt, »Salon«-Spionage und »Honigfallen«

Hatte die GRU bei der Anwerbung von Agenten aus Gestapo und SS keinen durchschlagenden Erfolg, so gelang es ihr allerdings, im Auswärtigen Amt wertvolle Quellen zu führen. Zur wichtigsten gehörte ohne Zweifel der Jurist und Journalist Gerhard Kegel, der Anfang der 1930er-Jahre von Rudolf Herrnstadt und Ilse Stöbe für den Militärnachrichtendienst der Roten Armee angeworben wurde. Kegel, eigentlich Mitglied der KPD, trat daraufhin 1934 in die NSDAP ein und nahm ab 1935 eine Tätigkeit als Hilfswissenschaftler an der handelspolitischen Abteilung der deutschen Botschaft in Warschau auf. Von 1939 bis 1941 fungierte er dann als stellvertretender Leiter der handelspolitischen Abteilung der Botschaft des Deutschen Reiches in Moskau und konnte hier unter dem Decknamen »XWZ« seinen zweiten Dienstherren mit zahlreichen Interna aus der deutschen Mission in der Sowjetunion versorgen.[102] Als nicht weniger wichtig erwies sich Rudolf von Scheliha, seit Anfang der 1920er-Jahre Mitarbeiter des Auswärtigen Amtes. Ab 1932 an der deutschen Vertretung in Warschau arbeitend, wurde er dort 1937 unter dem Decknamen »Arier« gleichfalls von Herrnstadt und Stöbe für die GRU gewonnen. 1939 wechselte Scheliha dann nach Berlin, wo er die Leitung der Informationsabteilung des Auswärtigen Amtes übernahm. In dieser Funktion beschaffte er der Moskauer GRU-Zentrale zahlreiche äußerst wertvolle Dokumente und Informationen, für die er vom sowjetischen Militärgeheimdienst bis Mitte 1941 insgesamt 30.000 Dollar erhielt.[103]

Der sowjetische Militärgeheimdienst nutzte allerdings auch die Möglichkeiten der sogenannten »Salon«-Spionage, mit der versucht wurde, hochrangige Politiker, Beamte, Militärs und gesellschaftliche Würdenträger abzuschöpfen. Die INO setzte hierfür 1935 in Berlin u. a. Martha Dodd, die Tochter des US-amerikanischen Botschafters in Deutschland William Edward Dodd, ein, die eine männliche »Honigfalle« für den sowjetischen Geheimdienst angeworben hatte.¹⁰⁴ Die GRU wiederum nutzte für diese Zwecke neben anderen Agenten die österreichische Aristokratin Ruth von Mayenburg. Die 1907 in Böhmen geborene Tochter eines Bergwerkdirektors nahm 1929 ein Architekturstudium an der Technischen Hochschule in Dresden auf, ging aber bereits ein Jahr später nach Wien. Im gleichen Jahr machte sie auch Bekanntschaft mit General Kurt von Hammerstein-Equord, der wenig später zum Chef der Heeresleitung der Reichswehr ernannt wurde. 1934 beteiligte sie sich am Aufstand des Schutzbundes in Wien, musste aber nach dessen blutiger Niederschlagung nach Moskau fliehen, wo die junge Frau von der Militäraufklärung der Roten Armee angeworben wurde. Von 1934 bis 1938 spionierte die Agentin unter dem Decknamen »Lena« für die GRU und stieg in kürzester Zeit angeblich bis zum Rang eines Obersten auf. Im Rahmen ihrer nachrichtendienstlichen Tätigkeit schöpfte Mayenburg auch die Töchter Marie-Luise und Helga des Generals von Hammerstein-Equord ab, der zwar im Herbst 1933 aus Abneigung gegenüber den Nationalsozialisten seinen Abschied aus der Reichswehr genommen hatte, aber immer noch über zahlreiche Verbindungen zur Führungsspitze des deutschen Militärs verfügte. Seine Tochter Helga stand bereits seit Längerem in Kontakt mit der Komintern und hatte dieser u. a. im Februar 1933 eine Mitschrift der Rede Hitlers übergeben, die dieser kurz nach seinem Machtantritt im Hause des Generals vor den Spitzen der Reichswehr gehalten hatte. Die Rede gelangte bis auf Stalins Schreibtisch. Im Zuge der stalinistischen Säuberungen wechselte Mayenburg 1938 von der GRU zur Komintern, nach deren Auflösung im Frühjahr 1943 setzte sie die Politische Hauptverwaltung der Roten Armee zur Propaganda unter österreichischen Kriegsgefangenen ein. 1945 kehrte die ehemalige GRU-Agentin in die Alpenrepublik zurück, wo sie zunächst den Vorsitz der Österreichisch-Sowjetischen Gesellschaft übernahm, 1966 brach sie schließlich mit ihrer kommunistischen Vergangenheit.¹⁰⁵

Für die Sowjetunion erwies es sich allerdings nicht nur als wichtig, die Pläne ausländischer Staaten für eine neue mögliche Intervention gegen den ersten sozialistischen Staat der Welt aufzudecken. Einen wesentlichen Platz in der Tätigkeit des militärischen Auslandsnachrichtendienstes nahm zudem die Desinformation gegnerischer Geheimdienste über den Zustand der Roten Armee ein. Dabei sollte die Stärke der sowjetischen Streitkräfte gegenüber möglichen Feinden übertrieben werden, um einen Eindruck von militärischer Macht zu erwecken, die nicht der Realität entsprach.[106]

In den 1920er- und 1930er-Jahren erhielt der militärische Nachrichtendienst ferner zahlreiche wertvolle Informationen über mögliche bewaffnete Operationen von europäischen Staaten gegen die Sowjetunion und studierte zudem die wichtigsten Schauplätze künftiger Konflikte, um damit Grundlagen für die langfristigen strategischen militärischen Planungen des Hauptstabes der Roten Armee bereitzustellen.[107]

Begünstigend für die Anwerbung von sowjetischen Geheimdienstquellen wirkte die politische Situation der UdSSR. Die Ideale des Kommunismus, die Ideen des proletarischen Internationalismus und der Solidarität mit dem einzigen sozialistischen Land der Welt erwiesen sich als günstiger Nährboden für die Gewinnung von potenziellen Agenten. Um an dringend benötigte Quellen zu gelangen, wurden aber auch kompromittierendes Material sowie finanzielles Interesse ausgenutzt. Dadurch vermochte es die GRU bis zum Beginn der stalinistischen Säuberungen wirksame Spionagenetze aufzubauen, die in der Lage waren, die sowjetische Partei- und Staatsführung mit den Informationen zu versorgen, die für wichtige Entscheidungsprozesse in Fragen der Außen- und Militärpolitik unabdingbar waren.[108]

Erste »ethnische Säuberungen« und Stalins Misstrauen gegen die GRU

Ende 1936 änderte sich der Zustand der Militäraufklärung der Roten Armee, der trotz gelegentlicher Krisenerscheinungen bislang als weitgehend stabil galt, radikal. Führungsoffiziere der GRU und sowjetische Militärattachés in verschiedenen Staaten gerieten zunehmend in das Räderwerk der »ethnischen« Säuberungen Stalins. Als Erstes traf dieser schwere Schlag Personen polnischer Nationalität, ihnen folgten wenig später Letten, Ungarn, Österreicher und Deutsche. Als prominentes Beispiel ist hier der bereits erwähnte Leiter der für Westeuropa zuständigen Abteilung des militärischen Nachrichtendienstes Otto Steinbrück zu nennen. Von der Nationalität her Deutscher, hatte er im Ersten Weltkrieg als Hauptmann bei der österreichisch-ungarischen K.-u.-k.-Armee gekämpft. 1917 geriet er in russische Kriegsgefangenschaft, 1918 wurde er Mitglied der Kommunistischen Partei Ungarn und diente während der ungarischen Räterepublik in Budapest als militärischer Berater von Bela Kun. 1920 bis 1921 arbeitete er illegal für die sowjetrussische Regierung in Deutschland, dann erfolgte seine Ausweisung nach Moskau. Dort trat er in die Tscheka ein und wurde in deren Auslandsnachrichtendienst eingesetzt. Zwischen 1923 und 1925 führte er die INO-Residentur in Schweden, dann erfolgte seine Abberufung und zusammen mit Artusow übernahm er schließlich die Führung der Spionageabwehr des Tscheka-Nachfolgers OGPU. 1931 wechselten beide erneut zum politischen Auslandsnachrichtendienst, wo Steinbrück die 3. Abteilung übernahm, die für Spionage in den Vereinigten Staaten und Westeuropa zuständig war. 1934 ging er dann zusammen mit Artusow zur GRU, aus der er Anfang 1937 auf Weisung von Verteidigungsminister Woroschilow entlassen wurde. Nur wenig später folgten dann seine Verhaftung, Aburteilung und Hinrichtung.[109]

GRU-Chef Bersin, einen der vielen Letten in der Militäraufklärung, verhaftete die Geheimpolizei unter dem Vorwand, dass er ein Freund des verfemten Trotzkis sei und dessen Bücher in seiner Bibliothek habe, die er unter seinen Bekannten verteilen würde. Der langjährige Chef des Nachrichtendienstes der Roten Armee, der die Spionagebehörde zwischen 1924 und 1935 sowie von Juni bis August 1937 geleitet hatte, wurde am 27. November 1937 vom NKWD im Rahmen der Operation gegen ein angebliches »Lettisches nationales Zentrum« wegen »trotzkistischer antisowjetischer Terrortätigkeit«

verhaftet und sechs Monate später bei Moskau von einem Erschießungskommando hingerichtet.[110]

Bis zur Mitte der 1930er-Jahre gelang es der GRU, die wichtigsten politischen Ereignisse im Ausland durch ihre Quellen und deren Spionage mitzuverfolgen. So berichteten die Agenten des Dienstes u. a. über den Dawes- wie auch den Young-Plan, mit dem die wirtschaftlichen Lasten Deutschlands durch die Reparationszahlungen verringert werden sollten, sowie über die Unstimmigkeiten zwischen Frankreich und Großbritannien in dieser Frage. Der bis 1922 amtierende britische Premierminister Großbritanniens David Lloyd George ging davon aus, dass, wenn Frankreich seine harte Position gegenüber dem Deutschen Reich fortsetze, dort eine kommunistische Revolution drohe, die ganz Europa sozial erschüttern könne. England selbst hingegen war in der Zwischenkriegszeit bestrebt, das Machtgleichgewicht in Europa zu erhalten. Die von England betriebene »balance of power policy« zielte darauf ab, die Position Frankreichs auf dem europäischen Kontinent zu schwächen und Deutschland wiederum zu unterstützen. Indem London gegenüber Berlin gewisse Zugeständnisse machte, wollte es Deutschland innerhalb des kapitalistischen Gesellschaftssystems halten und sah in ihm zugleich einen Verbündeten im Kampf gegen das Eindringen des kommunistischen Einflusses nach Europa. Nachdem Hitler in Deutschland die Macht ergriffen hatte, rückten für die sowjetische Führung die Beziehungen zwischen Deutschland und Polen in den Vordergrund. Einen deutschen Vorstoß über das Territorium Polens, das Moskau als Sprungbrett für einen Angriff gegen die UdSSR ansah, betrachtete die Rote Armee als mögliche Option für einen zukünftigen Krieg.[111] Ausführlich informierte die GRU zudem die sowjetische Führung über die wichtigsten Ereignisse und Entwicklungen während des Spanischen Bürgerkrieges, bei dem die UdSSR die republikanischen Truppen durch Militärberater und Kampftechnik der Roten Armee unterstützte.[112]

Insgesamt beschaffte der sowjetische Militärgeheimdienst bis zum Ausbruch des Zweiten Weltkrieges, wie gezeigt, eine ungeheure Menge von Geheimmaterial. Ein Teil dieser Agentenmeldungen gelangte sogar bis auf den Schreibtisch Stalins, der die wichtigsten von ihnen in seinem Privatarchiv ablegen ließ.[113] Was der GRU jedoch weitgehend fehlte, war ein effektiver Auswertedienst, der umfassende Analysen der militärischen, wirtschaftlichen und sicherheitspolitischen Situation der Sowjetunion durchführen konnte und das Agentenmaterial so zusammenfasste, dass hieraus entsprechende taktische und strategische Empfehlungen und Schlussfolgerungen für die Staats- und Militärführung möglich gewesen wären. Dieses Problem wurde zusätzlich durch das Faktum verschärft, dass Stalin nach »ungefilterten« Informationen verlangte und der Diktator es vorzog, selbst eigene Schlüsse zu ziehen. Es lag in der Natur der damaligen politischen Macht der Sowjetunion, dass strategische Entscheidungen von einem extrem engen Kreis, oder besser gesagt von lediglich einer Person getroffen wurden. Daher darf der Einfluss der GRU auf die politischen und militärischen Geschicke der UdSSR nicht überschätzt werden, denn Stalin erhielt auch über andere Kanäle Geheiminformationen und blieb gegenüber den nachrichtendienstlichen Erkenntnissen seines Militärgeheimdienstes nicht selten skeptisch. So versah er beispielsweise einen Geheimdienstbericht aus Berlin mit der Randbemerkung: »Viel Unsinn, aber trotzdem interessant.«[114] Auf dem Höhepunkt der stalinistischen Säuberungen sollte das Misstrauen des Diktators gegenüber dem Nachrichtendienst der Roten Armee schließlich in tödliche Gewalt umschlagen, die zur physischen Vernichtung und Auslöschung der ersten Generation der GRU-Offiziere führte.

3. Die »Säuberungen« Stalins in der GRU

Anfang 1937, kurz vor dem Beginn der Säuberungen in der sowjetischen Militärspionage, gliederte sich die GRU in insgesamt dreizehn Abteilungen. Die 1. Abteilung zeichnete dabei für den Agenteneinsatz im Westen verantwortlich, während die 2. Abteilung des Dienstes die Spionageeinsätze in Fernost koordinierte. Der 3. Abteilung unterstand die Nachrichtenbeschaffung zu Militärtechnik im Ausland, die 4. Abteilung klärte ausländische Seestreitkräfte auf, die 5. Abteilung leitete die Aufklärungsdienste bei den Militärbezirken und den Flotten, während die 6. Abteilung Funkspionage betrieb. Die Mitarbeiter der 7. Abteilung waren für die Dechiffrierung abgefangener Funknachrichten verantwortlich, während die 8. Abteilung als zuständige Zensurstelle versuchte, möglichst wenig brauchbare Informationen über die Rote Armee in die Presse gelangen zu lassen. Die 9. Abteilung erfüllte die verschiedensten »Sonderaufträge« im Ausland, das heißt, sie organisierte Attentate auf politische Gegner Stalins und der Sowjetregierung. Die 10. Abteilung entwickelte die für die Agenten nötige Spezialtechnik, also Geheimtinten, Nachrichtencontainer, Miniaturfotoapparate usw. Die 11. Abteilung kontrollierte die Arbeit der sowjetischen Militärattachés im Ausland und versuchte so, auf legalem Weg nachrichtendienstlich verwertbare Informationen zu beschaffen. Die für die Behörde nötigen Verwaltungsaufgaben lagen in den Händen der 12. Abteilung, die 13. Abteilung stellte schließlich die Funkverbindungen zu den Agenten im Auslandseinsatz sicher. Ferner verfügte die Militäraufklärung noch über sieben eigenständige Referate, zwei Ausbildungseinrichtungen und ein eigenes Forschungsinstitut. Der militärische Nachrichtendienst der Sowjetunion zählte zu diesem

Zeitpunkt 403 Mitarbeiter, von denen 234 Militärs und 169 Zivilangestellte waren.[115]

Verstärkte Überwachung der GRU durch den NKWD

Bereits Mitte der 1930er-Jahre hatte sich gezeigt, dass die sowjetische Führung unter Stalin mit der Arbeit des militärischen Nachrichtendienstes höchst unzufrieden war. Zwischen 1930 und 1934 flogen mehrere Agenten der Militärspionage im Auslandseinsatz auf, sodass sich der sowjetische Diktator am 29. März 1934 gezwungen sah, das Politbüro der kommunistischen Partei über die Unzulänglichkeiten beim Dienst zu informieren.[116] Gleichzeitig traf die politische Führung der UdSSR die Entscheidung, die Überwachung der GRU durch ihren Konkurrenten, den politischen Geheimdienst NKWD, zu verstärken. Im Mai 1934 wurden deshalb auf Stalins Anweisung hin 25 NKWD-Offiziere zum Militärnachrichtendienst abkommandiert. Die Aufgabe der Geheimpolizisten, an deren Spitze der bisherige Chef der politischen Auslandsspionage Artusow stand, sollte die effektivere Überwachung und Ausrichtung der GRU sein.[117] Der 1891 bei Twer geborene Sohn eines nach Russland emigrierten italienischen Schweizers und dessen Ehefrau aus dem Baltikum war 1917 nach dem Abschluss seiner Ausbildung zum Ingenieur in die kommunistische Partei der Sowjetunion eingetreten. Seit 1919 fungierte er als Mitarbeiter der berüchtigten Tscheka, von 1922 bis 1927 leitete der Geheimpolizist dort die Spionageabwehr beim Militär. Zwischen 1927 und 1931 fungierte Artusow als stellvertretender Leiter der Geheimen Operativverwaltung der OGPU. 1931 wurde er schließlich zum Leiter der politischen Auslandsspionage INO ernannt. Nur drei Jahre später wechselte er dann auf Befehl der Parteiführung zum militärischen Nachrichtendienst. Stalin persönlich hatte dem Schweizer aufgetragen, innerhalb der Militärspionage »seine Augen und Ohren« zu sein.[118]

Bereits einen Monat nach seinem Wechsel zur GRU teilte Artusow dienstbeflissen seinem obersten Dienstherren Folgendes mit: »Die

Misserfolge der IV. Verwaltung, die es in den letzten zwei Jahren in Rumänien, Italien, Lettland, Deutschland und Frankreich gegeben hat, führten der gesamten Arbeit unserer militärischen Aufklärung sehr ernsten Schaden zu und deckten erhebliche Mängel sowohl in der Organisation wie auch bei der operativen Führung der Aufklärung auf. Gegenwärtig hat 1.) die illegale Agenturaufklärung der IV. Verwaltung in folgenden Ländern faktisch aufgehört zu existieren: England, Rumänien, Lettland, USA, Frankreich, Finnland, Estland, Italien; 2.) die illegale Agenturaufklärung existiert noch in Deutschland, Polen, zum Teil in China und der Mandschurei.« Als Gründe für die Fehlschläge benannte der Geheimpolizist:»1. Die Fluktuation der eingesetzten Agenten, deren mangelhafte Auswahl, die teilweise Konzentration auf überstürzt ausgebildete Spione, die unter den ausländischen Kommunisten angeworben wurden, sowie die unzureichende Fachausbildung der Kader und deren Betreuung. 2. Die (überaus schnelle) Beförderung von Spionen in den etatmäßigen Mitarbeiterbestand der Militäraufklärung, nicht selten ohne deren ausreichende politische Überprüfung und die notwendige praktische Bewährungszeit. 3. Die falsche Organisation des Zentralapparates und der Führung der Agenturaufklärung [...] Die fehlende persönliche Verantwortung durch die Aufteilung des Zentralapparates in eine für die Beschaffung verantwortliche Abteilung, sowie in eine gesonderte Abteilung für die Auswertung.«[119]

Ironie der Geschichte: Artusow, inzwischen 1. Stellvertretender Chef der GRU, und seine Mitstreiter aus dem NKWD gehörten zu den ersten Opfern der politischen Säuberungen Stalins in der Militäraufklärung. Am 11. Januar 1937 enthob ein Beschluss des Politbüros den stellvertretenden GRU-Chef seines Amtes und versetzte ihn nunmehr in die Reserve des NKWD. Der Kremlchef hatte sich mit der Arbeit seines Handlangers höchst unzufrieden gezeigt und löste ihn deshalb kurzerhand ab.[120]

Artusow, der sein weiteres Schicksal offenbar mehr als erahnte, versuchte sich in einem Schreiben an den Chef des NKWD, Nikolaj I.

Jeschow, noch in Selbstkritik: »Ich habe verstanden, wie tief ich von mir enttäuscht sein sollte und wie sehr ich Stalin empört habe, der mich in die Aufklärungsverwaltung entsandte, um deren Arbeit wieder herzustellen. Besonders schwer ist die Erkenntnis, dass ich ihn vor den Militärs verriet, obwohl er hoffte, dass ich die Augen Stalins in der Aufklärung sein werde.«[121] Diese Selbstkasteiung konnte gleichwohl nicht verhindern, dass der Geheimdienstoffizier schließlich am 13. Mai 1937 verhaftet wurde. Im nachfolgenden Geheimprozess wurde er der angeblichen Spionage für mehrere imperialistische Nachrichtendienste für schuldig befunden und nach einem kurzen Gerichtsprozess, der mit einem Todesurteil endete, am 21. August 1937 in den Kellern der Lubjanka durch einen plötzlichen Nahschuss in den Hinterkopf, die damals übliche Todesstrafe für vermeintliche Verräter, hingerichtet.

Die erste Verhaftungswelle

Die Festnahme Artusows bildete den Auftakt für eine regelrechte Verhaftungswelle in der GRU, deren Opfer die mit der Säuberung beauftragten Offiziere der Geheimpolizei zielgerichtet heraussuchten. Regie führten dabei nicht etwa die Untersuchungsführer des NKWD, sondern Stalin persönlich, der sich immer wieder direkt in die Repressionsmaßnahmen seines Geheimdienstes einmischte.[122] Am 21. Mai 1937 ließ es sich der sowjetische Diktator zudem nicht nehmen, persönlich auf einer Parteiversammlung der GRU zu erscheinen und dort zu verkünden, dass »die Aufklärungsverwaltung mit ihrem Apparat in die Hände der Deutschen gefallen sei«. Zudem erklärte er den anwesenden Geheimdienstoffizieren, »dass wir aus Sicht des Nachrichtendienstes keine Freunde haben können, es gibt lediglich direkte Feinde und mögliche Feinde«.[123]

Man kann sich vorstellen, dass diese Äußerungen Stalins den anwesenden Nachrichtendienstlern das Blut in den Adern gefrieren ließ. Zu genau wusste jeder Sowjetbürger, dass es nun nicht mehr lange dauern würde, bis in den frühen Morgenstunden der berüchtigte »schwarze Rabe« – ein grün gestrichenes Auto des Geheimdienstes, speziell für den Gefangentransport – vorfahren würde. Nur wenige Tage später, am 2. Juni 1937, wiederholte Stalin vor dem Militärrat des Volkskommissariats für Verteidigung seine Drohung: »Unsere Aufklärung auf der militärischen Linie ist schlecht und schwach, sie [die Aufklärung, d. V.] ist von Spionage durchsetzt. [...] Die Aufklärung – das ist das Gebiet, wo wir erstmals seit 20 Jahren eine schwerste Niederlage erlitten haben. Und deshalb besteht die Aufgabe darin, die Aufklärung wieder auf die Füße zu stellen. Das sind unsere Augen und unsere Ohren.«[124] Diese Äußerung stellte für das NKWD das offizielle Signal zum Losschlagen dar. Zusätzlich verabschiedete das Politbüro der Kommunistischen Partei am 1. Juli 1937 folgenden Beschluss: »Gen. Jeschow anzuweisen, die Tätigkeit der Aufklärungsverwaltung unter allgemeine Beobachtung zu stellen, den Zustand ihrer Arbeit zu untersuchen und in Abstimmung mit den Volkskommissaren nicht aufschiebbare operative Maßnahmen durchzuführen. Ferner soll er die Unzulänglichkeiten bei der Aufklärungsverwaltung aufdecken und in zwei Wochen dem ZK seine Vorschläge zur Verbesserung der Arbeit der Aufklärungsverwaltung und deren Stärkung mit neuen Kadern unterbreiten.«[125]

Ende Juli 1937 teilte der Parteisekretär der GRU auf einer Mitgliederversammlung der Kommunisten der Militäraufklärung mit, dass bereits zwanzig Mitarbeiter der Militärspionage von der Geheimpolizei als Volksfeinde verhaftet wurden und sie deshalb auch aus der Partei ausgeschlossen werden müssten. Diese ersten Massenverhaftungen waren jedoch nur der Auftakt für immer weitere Verfolgungen. Zwischen August und Oktober 1937 inhaftierte der NKWD mindestens weitere 38 GRU-Angehörige, unter ihnen zahlreiche Abteilungs- und Referatsleiter. Im November und Dezember erreichte die Verhaftungswelle schließlich ihren traurigen Höhepunkt. Bis zum Jahresende wurden weitere 62 Mitarbeiter der Militärspionage von ihren Posten entfernt.[126]

Verhaftungen in der GRU zwischen 1935 und 1939

Monat	1935	1936	1937	1938	1939
Januar	–	–	3	27	–
Februar	–	1	2	12	–
März	1	–	–	13	1
April	–	–	3	12	1
Mai	–	–	19	3	1
Juni	1	1	15	4	3
Juli	1	–	12	5	1
August	–	1	11	2	–
September	–	–	14	5	–
Oktober	–	–	13	3	1
November	–	1	17	4	–
Dezember	–	–	45	1	–

Mehr als achtzig Prozent der bis zu diesem Zeitpunkt Verhafteten waren keine Russen, sondern Letten, Juden (in der Sowjetunion galten die Juden als eigenständige nationale Gruppe), Esten, Deutsche, Litauer und Ukrainer. Dieses Vorgehen bedeutet, dass sich der Schwerpunkt der Säuberungen zunächst vor allem gegen die Angehörigen der nicht russischen Nationalitäten richtete. Der hohe Anteil der kleineren Nationalitäten innerhalb der sowjetischen Verwaltung vor dem Beginn der Großen Säuberungen, insbesondere auch im Bereich des militärischen Nachrichtendienstes, resultierte aus der liberalen Nationalitätenpolitik der Bolschewiki in den 1920er-Jahren. Mit diesem Vorgehen wollten die neuen Machthaber die Diskriminierungspolitik der Zarenzeit überwinden. Die gezielte Ausgrenzung bestimmter ethnischer Gruppen im Russischen Reich – was für Juden unter anderem einen Numerus clausus an Gymnasien und Hochschulen, Beschränkungen bei der Berufswahl, ihre zwangsweise Niederlassung in sogenannten »Ansiedlungsrayons«, den Entzug ihrer Rechte in der Selbstverwaltung sowie ihre gezielte Ausweisung aus größeren Metropolen wie Moskau und Sankt Petersburg bedeutete – fand damit ein vorläufiges Ende.

Die überdurchschnittliche Verstädterung der kleineren Nationalitäten – Anfang der 1930er-Jahre lebten beispielsweise 82,4 Prozent der jüdischen Bevölkerung in urbanen Siedlungsräumen – erleichterten ihre Kooptation in die neue kommunistische Führungsschicht. Sie galten den Kommunisten zudem als Volksgruppen, die loyal zum neuen Regime standen. Überdies prädestinierte sie ihre Sozialstruktur und ihr zumeist hoher Bildungsgrad – so hatten 1939 von jeweils 1000 Angehörigen der Volksgruppen 103 Juden, 25 Polen und 21 Letten eine Hochschulausbildung, wohingegen dieses Verhältnis bei den Russen lediglich bei 1000 zu 6 lag – geradezu für einen Aufstieg im neu zu bildenden sowjetischen Behördenapparat. Dieses emanzipativ und integrativ angelegte nationalitätenpolitische Modell der Bolschewiki fand allerdings spätestens mit dem Beginn der Stalinistischen Säuberungen 1934 sein Ende und schlug in eine repressive Nationalitätenpolitik um, deren Ziel die Liquidierung der Eliten ethnischer Minderheiten zugunsten der russischen Titularnation wurde.[127]

Zerschlagung personeller Netzwerke

Zugleich zeigte sich, dass die Verhaftungen in der Militärspionage darauf ausgerichtet waren, die in der GRU seit Langem entstandenen personellen Netzwerke zu zerschlagen. Diese Gefolgschaften feudalen Zuschnitts, die sich als Seilschaften auf ihrem Weg nach oben gegenseitig absicherten, wirkten während der Säuberungen wie Katalysatoren. Trug doch jede Verhaftung die Züge einer Kettenreaktion, die von oben nach unten und von unten nach oben verlief. Geriet einer aus der Seilschaft in das Räderwerk des NKWD, folgten ihm über kurz oder lang die anderen Mitglieder des Netzwerkes, mit dem er verbunden war, in die Folterzellen der Geheimpolizei.[128]

Am 28. November 1937 verhaftete die Geheimpolizei schließlich Bersin, der als Leiter der GRU amtierte. Der 1889 geborene Berufsrevolutionär gehörte seit 1905 der kommunistischen Partei an und arbeitete nach dem Oktoberputsch von 1917 zunächst beim Volkskommissariat für Inneres der Russischen Sozialistischen Föderativen Sowjetrepublik. Von März bis Mai 1919 fungierte er in der Lettischen Sowjetrepublik als stellvertretender Volkskommissar für Inneres. Nach deren Zusammenbruch ging er zur Tscheka, wo er im Bereich der militärischen Spionageabwehr tätig war. Ende 1920 wechselte Bersin im persönlichen Auftrag des Chefs der Tscheka, Feliks E. Dsherschinskij, zur Militärspionage. Hier stieg er innerhalb eines Jahres bis zu deren stellvertretendem Chef auf, im April 1924 übernahm er dann die Leitung des militärischen Nachrichtendienstes der Sowjetunion. Von 1935 bis 1937 erfüllte der Lette schließlich Sonderaufträge der Partei im Fernen Osten und im Spanischen Bürgerkrieg, wo er als Chefmilitärberater der republikanischen Truppen und damit faktisch als deren Oberbefehlshaber agierte. Im Frühsommer 1937 kehrte er schließlich auf seinen Posten als Chef der Militäraufklärung zurück, um kurz darauf verhaftet zu werden.

Nur einen Tag nach Bersins Festnahme inhaftierte das NKWD seinen ebenfalls lettischen Stellvertreter, den Divisionskommandeur Oskar Stigga. Bis zum 3. Dezember 1937 landeten weitere 23 Letten aus der Militäraufklärung, darunter zwei Abteilungsleiter, vier stellvertretende Abteilungsleiter, vier Referatsleiter, zwei Militärattachés sowie zwei Residenten in den Gefängniszellen des Geheimdienstes. Damit war das lettische Netzwerk, das seit Gründung der GRU deren Entwicklung maßgeblich mitbestimmt hatte, vollkommen zerschlagen. Jetzt konnten neue Interessengruppen die vakante Herrschaft in der Militäraufklärung übernehmen.[129]

Die Massenverhaftungen setzten sich bis zum Spätherbst 1938 fort, doch auch im Verlaufe des Jahres 1939 erfolgten immer wieder einzelne Festnahmen von Mitarbeitern des Militärgeheimdienstes. Anfang 1940 unterrichtete schließlich der neu ernannte GRU-Chef Iwan I. Proskurow das ZK der Kommunistischen Partei über das ungeheuerliche Ausmaß der Säuberungen Stalins in der Militärspionage: »Innerhalb der letzten zwei Jahre wurden die Agenturverwaltungen und die

Aufklärungsorgane periodisch von fremden und feindlichen Elementen gesäubert. Während dieser Jahre verhafteten die Organe des NKWD mehr als 200 Personen, die gesamte Führung bis hinunter zu den Abteilungsleitern wurde ausgewechselt. Während meiner Dienstzeit entfernte man allein aus dem Zentralapparat und den ihm unterstellten Einheiten 365 Personen aus verschiedenen politischen Gründen und wirtschaftlichen Erwägungen. Neu angestellt wurden 326 Personen, von denen die absolute Mehrheit keine Spionageausbildung besitzt.«[130]

Während zu den GRU-Mitarbeitern, die die Militärspionage per Abkommandierung verließen, bislang kaum Informationen vorliegen, konnte einen Großteil der mehr als 300 Angehörigen der Militäraufklärung identifiziert werden, die von den gewaltsamen Säuberungen im geheimen Nachrichtendienst der Roten Armee betroffen waren.[131] Dabei zeigt sich, dass zwischen 1933 und 1941 mindestens 303 Mitarbeiter der Militärspionage Opfer der stalinistischen Verfolgungen wurden. Von ihnen verhaftete das NKWD 263 Personen. Es überrascht kaum, dass Militärgerichte und Sondertribunale gegen 222 der Inhaftierten Todesurteile aussprachen, die sofort nach der Aburteilung vollstreckt wurden. Da eine Vielzahl der Nachrichtendienstoffiziere der sowjetischen Streitkräfte während ihrer Geheimdienstkarriere immer wieder im Ausland zu Agenteneinsätzen eingesetzt worden waren, erwies es sich für die Geheimpolizei als Leichtes, diese Personen der Zusammenarbeit mit fremden Nachrichtendiensten zu beschuldigen. Eine solche Anklage bedeutete im System Stalins fast immer den sicheren Tod. Der Rest der Verhafteten aus der Militäraufklärung wurde zu langjährigen Haftstrafen verurteilt. Sieben der 41 Inhaftierten überlebten die unmenschlichen Lebensbedingungen in den Lagern des GULag nicht. Weitere 40 Angehörige der sowjetischen Militäraufklärung überstanden die Säuberungen ohne Verhaftung, sie wurden jedoch nach gründlicher politischer Überprüfung aus den Reihen der GRU und der Roten Armee entlassen.

Während es in der Führungsspitze von Roter Armee und NKWD kein weibliches Personal gab, fielen den Säuberungen in der sowjetischen

Die »Säuberungen« Stalins in der GRU

Militärspionage auch Frauen zum Opfer. Unter den 303 vom Großen Terror betroffenen GRU-Angehörigen befanden sich insgesamt achtzehn Frauen. Von ihnen waren sechs Jüdinnen, fünf Russinnen, jeweils zwei Lettinnen und Estinnen sowie je eine Finnin, Österreicherin und Polin. Obwohl nicht in ausgesprochenen Leitungspositionen tätig, so nahmen sie doch zum Teil recht hochrangige Posten ein. Neben der Chefreferentin des Pressebüros der GRU befanden sich unter ihnen eine Residentin, sechs Auslandsagentinnen und die Gehilfin des Chefs der GRU-Bibliothek. Insgesamt fünfzehn von ihnen verhaftete das NKWD im Zuge der Säuberungen. Acht, darunter die Polin und langjährige GRU-Residentin in Krakau, Sof'ja Salesskaja, verurteilten Sondergerichte des Geheimdienstes zum Tod durch Erschießen. Der Rest verbüßte zum Teil langjährige Haftstrafen. Prominenteste unter diesen Inhaftierten dürfte die Finnin Aino Kuusinen, Ehefrau des Sekretärs des Exekutivkomitees der Kommunistischen Internationale Otto Kuusinen, gewesen sein. Das NKWD hatte die Auslandsagentin der GRU Ende 1937 aus Japan abberufen und am 1. Januar 1938 wegen angeblicher konterrevolutionärer Tätigkeit verhaftet. Ihre Freilassung und Rehabilitierung erfolgten erst mehr als zwei Jahre nach dem Tod Stalins, im Oktober 1955.[132]

Folgendes springt bei der Untersuchung der Opfer der stalinistischen Säuberungen in der Militäraufklärung der Roten Armee sofort ins Auge: Die absolute Mehrzahl der Repressionsopfer, siebzig Prozent, gehörten nicht der russischen Nationalität an. Die Russen stellten mit dreißig Prozent allerdings den größten Anteil unter den Opfern der stalinistischen Säuberungen. Es folgen Letten und Juden, die in der GRU jeweils zwanzig Prozent der vom Großen Terror Betroffenen ausmachten. Deutsche und Ukrainer folgen mit je fünf Prozent, Weißrussen waren vier Prozent der Säuberungsopfer, Polen und Esten je drei Prozent. GRU-Angehörige aus vierzehn weiteren Nationen gerieten ebenfalls in das Räderwerk der stalinistischen Verfolgungen, hier lag der jeweilige Anteil an der Gesamtopferzahl jedoch bei einem Prozent und darunter.

Diese Zahlen machen nochmals eindrücklich deutlich, dass es Ziel der Säuberungen in der Militäraufklärung war, die ursprüngliche, zum

Großteil aus Letten und Juden bestehende Leitung der GRU auszulöschen und durch neue Kader, vor allem russischer Nationalität, zu ersetzen. Allein lettischer Nation waren unter den verhafteten Führungskräften: GRU-Chef Bersin, sieben Abteilungsleiter, sieben stellvertretende Abteilungsleiter, acht Referatsleiter, ein stellvertretender Referatsleiter, vier Militärattachés sowie drei Residenten. Im Rahmen der Säuberungen in der Militäraufklärung wurden zudem aus folgenden Leitungspositionen Juden verhaftet und hingerichtet: die GRU-Chefs Semjon Urizkij und Semjon G. Gendin, der stellvertretende GRU-Chef Michail K. Aleksandrowskij, sechs Abteilungsleiter, vier stellvertretende Abteilungsleiter, fünf Referatsleiter, vier Militärattachés sowie zehn Residenten.

Austausch der alten Führungsgarde

Anfang Januar 1937 hatte sich die Leitung der Moskauer Zentrale der sowjetischen Militäraufklärung von der Ebene der Abteilungsleiter aufwärts noch aus sechs Juden, sechs Russen, drei Letten, zwei Deutschen sowie jeweils einem Schweizer, Komi und Polen zusammengesetzt. Nach Abschluss der Säuberungen Anfang 1940 bestand diese Führungsspitze jetzt aus vierzehn Russen, vier Ukrainern, einem Osseten und einem Juden. Hatten 1937 noch Personen mit Herkunft aus Geistlichkeit und Kleinbürgertum der GRU-Führung angehört, so entstammten die neuen Leitungskader jetzt bis auf eine Ausnahme ausschließlich der Arbeiter- und Bauernschaft. Zugleich zeigte sich eine deutliche Verjüngung des Personals. Bis auf den Chef der Kaderverwaltung, der die Säuberungen überlebte, war keiner der neuen Führungskräfte älter als 41 Jahre alt. Lediglich einer von ihnen hatte bereits länger als fünf Jahre in der GRU gedient, die große Mehrzahl der neuen Leitungskader war sogar erst während der Säuberungen, zumeist nach Abschluss ihres Studiums an der Frunse-Militärakademie, zur Militärspionage versetzt worden.

Bestätigt wird die These der Auswechselung der Führungsebene der GRU auch durch die Tatsache, dass mehr als fünfzig Prozent der Opfer der Säuberungen in der Militärspionage Funktionen ab Referatsleiter aufwärts ausübten. Insgesamt verhaftete das NKWD zwischen 1935 und 1939: 38 Referatsleiter, 23 Militärattachés, 19 Residenten, 17 stellvertretende Abteilungsleiter bzw. stellvertretende Chefs der Aufklärungsverwaltungen (RU) der Militärbezirke, 33 Abteilungsleiter bzw. Chefs der Aufklärungsverwaltungen (RU) der Militärbezirke, einen Gehilfen des GRU-Chefs, 4 stellvertretende GRU-Chefs und 4 Leiter der Militärspionage.[133]

Dienststellung der Opfer der stalinistischen Säuberungen in der GRU 1933–1941

Dienststellung	Gesamtzahl der Repressierten	davon verhaftet	davon hingerichtet	aus GRU und Armee entlassen
GRU-Chef	4	4	4	–
stellv. GRU-Chef	4	4	4	–
Gehilfe Chef-GRU	1	1	1	–
Abteilungsleiter	21	20	19	1
Leiter Aufklärungsverwaltung Militärbezirk	18	13	10	5
stellv. Abteilungsleiter	15	14	13	1
stellv. Leiter Aufklärungsverwaltung Militärbezirk	5	3	2	2
Resident	21	19	13	2
Militärattaché	24	23	20	1
Gehilfe Militärattaché	5	4	4	1
Referatsleiter	45	38	33	7
Auslandsagenten	23	20	10	3

Stalins Ziel der physischen Vernichtung der Spitzenkader wird durch das Faktum belegt, dass weder die verhafteten GRU-Chefs noch ihre Stellvertreter dem Erschießungskommando der Geheimpolizei entgingen. Auch die in der Moskauer GRU-Zentrale verhafteten Abteilungsleiter bzw. ihre Stellvertreter wurden bis auf eine Ausnahme hingerichtet. Dass der sowjetische Diktator persönlich die von Geheimdienstchef Jeschow vorgelegten Erschießungslisten mit den Namen der früheren GRU-Chefs abzeichnete – am 26. Juli unterschrieb er beispielsweise eine Liste mit 22 Namen, unter denen sich auch der von Bersin fand –, belegt nochmals eindeutig, dass es hier keine »Eigenmächtigkeiten« oder »Grenzüberschreitungen« der Geheimpolizei gab, sondern sich die Säuberungen in der GRU als sorgfältig orchestrierte Operationen erwiesen, die den Willen des sowjetischen Diktators ausführen sollten. Mit seiner Unterschrift hatte Stalin für die Verhafteten faktisch das Todesurteil ausgesprochen, die nachfolgenden »Gerichtsprozesse« erwiesen sich bestenfalls als Farce. Alle erforderlichen Dokumente waren bereits im Vorfeld der Sitzungen ausgefertigt worden. Während der »Anhörungen« der mit drei Richtern besetzten »Troikas«, die kaum fünf bis zehn Minuten dauerten, schafften es die Juristen, dem Angeklagten seine Rechte zu erläutern, ihn mit der Anklageschrift bekannt zu machen, ihm seinen Anteil an den »Verbrechen« zu erläutern, die Entgegnungen des Angeklagten und dessen letztes Wort zu hören und schließlich noch das bereits feststehende Urteil auszusprechen.[134]

Da die Führungsspitze des Militärgeheimdienstes durch die brutalen und blutigen Säuberungen ausgelöscht werden sollte, erwiesen sich die Dienstgrade der Militärs die im Bereich der Auslandsaufklärung der Roten Armee in die Mühlen des stalinistischen Terrorapparates gerieten, als entsprechend hoch. Mehr als siebzig Prozent von ihnen hatten im Verlauf ihrer Karriere zumindest den Rang eines Majors erreicht. Unter den GRU-Offizieren, die den Säuberungen zum Opfer fielen, waren insgesamt 56 Majore bzw. Bataillonskommissare, 91 Oberste bzw. Regimentskommissare, 34 Brigadekommandeure bzw. Brigadekommissare, 15 Divisionskommandeure bzw. Divisionskommissare, 13 Korpskommandeure und Korpskommissare sowie 2 Armeekommandeure II. Ranges und ein Marschall. Interessant erscheint dabei, dass aus der Militärspionage, trotz ihres verschwindend geringen Anteils an der Personalgesamtstärke der Roten Armee, die 1938 rund 1,5 Millionen Mann betrug, sechs Prozent aller Divisionskommandeure und acht Prozent aller Brigadekommandeure kamen, die Opfer der stalinistischen Säuberungen wurden. Bei den zwischen 1937 und 1938 verhafteten Obersten der Roten Armee entstammte jeder Zwölfte den Reihen der GRU.[135]

Die Bilanz

An dieser Stelle sei deshalb kurz auf den Gesamtumfang der Säuberungen Stalins in der Roten Armee verwiesen. Dem Terror des Geheimdienstes fielen mehr als 10.000 Offiziere der sowjetischen Streitkräfte zum Opfer. Allein zwischen 1937 und 1938 verhaftete die Geheimpolizei 3 von 5 Marschällen, 14 Armeekommandeure, 84 Korpskommandeure, 144 Divisionskommandeure, 245 Brigadekommandeure und 817 Regimentskommandeure sowie Offiziere in gleichgestellten Diensträngen. Weitere 15 Armeekommissare, 31 Korpskommissare, 85 Divisionskommissare, 145 Brigadekommissare sowie 163 Regimentskommissare ließ das NKWD ebenfalls inhaftieren. Der Großteil der Verhafteten wurde auf Geheiß Stalins hingerichtet. Das Gros des Offizierskorps der Roten Armee hatte damit faktisch aufgehört zu existieren. Der Terror gegen die Führungsspitze der Streitkräfte glich einem Blutrausch, wie der Osteuropahistoriker Jörg Baberowski treffend feststellte. Die Streitkräfte zerstörten sich faktisch selbst. Keine Woche verging ohne neue Anschuldigungen und Verhaftungen. Die festgenommenen Offiziere wurden von den Geheimdienstoffizieren in den Kellern der Gefängnisse brutal gefoltert, um falsche Geständnisse und die Namen von vermeintlichen Mitverschwörern sprichwörtlich aus ihnen herauszuprügeln. Die Fantasie der als Inquisitoren fungierenden Geheimpolizisten kannte dabei kaum Grenzen. Sie brachen ihren Opfern die Knochen, schlugen ihnen, wie beispielsweise dem späteren Marschall Konstanty K. Rokossowski, die Zähne aus, spukten oder urinierten in den Mund der Gequälten oder verrichteten ihre Notdurft auf ihnen. Wer sich weigerte, die vorgefertigten Aussagen zu unterschreiben, wurde, wie beispielsweise der Oberbefehlshaber der Truppen in Fernost, Marschall Wasilij K. Bljucher, von den Schergen des NKWD während der Verhöre totgeschlagen. Die Zerstörung der Roten Armee durch Stalin war gleichwohl kein Selbstzweck. Sie erwies sich als ein Mittel des Diktators, um mit Terror vermeintliche oder wirkliche »Abweichler« zu bestrafen und Furcht unter allen Rängen der Streitkräfte zu verbreiten.[136]

Unter der Folter beschuldigte beispielsweise der stellvertretende Leiter der 10. Abteilung der GRU, Ernst K. Perkon, seinen Chef Bersin, zusammen mit ihm geplant zu haben, die sowjetische Führungsspitze mit Stalin, Molotow, Jeschow und Woroschilow zu erschießen. Mit weiteren Verschwörern hätten die beiden deshalb die Fahrstrecken der sowjetischen Partei- und Staatsführung ausspioniert und hierfür in einem der Kremltürme einen entsprechenden Beobachtungspunkt eingerichtet. Ferner beschuldigte die Geheimpolizei die Gruppe, Terroranschläge gegen den Diktator und seine Entourage auf dem Roten Platz, in Theatern und an anderen Orten geplant zu haben. Weitere verhaftete GRU-Angehörige zeichneten das Bild einer groß angelegten lettisch-faschistischen Verschwörung gegen Stalin. Bersin selbst gab zu, ein deutscher Agent zu sein und während seiner Zeit in Spanien an den Nachrichtendienst der Wehrmacht die Kriegspläne der republikanischen Streitkräfte verraten zu haben.[137] Den falschen Geständnissen, die das NKWD aus den GRU-Mitarbeitern herausgeprügelte, dürfte der Diktator wohl nur selten Glauben geschenkt haben. Hatte er doch zumeist selbst angeordnet, was von den Verhafteten zugegeben und gestanden werden musste.[138]

Im Zusammenhang mit den Führungsposten der Mitarbeiter des Militärgeheimdienstes lagen sowohl das Diensteintrittsalter in die GRU wie auch das Lebensalter der Opfer der Säuberungen vergleichsweise hoch. Mehr als 57 Prozent von ihnen dienten bereits zehn Jahre und länger in der Militärspionage. Jeder Fünfte von den Repressalien erfasste GRU-Mitarbeiter war zwischen 1928 und 1932 in die Militärspionage eingetreten. Nur 17 Prozent der Opfer der Säuberungen hatten weniger als fünf Jahre der Aufklärungsverwaltung des Stabes der Roten Arbeiter- und Bauernarmee angehört. Dementsprechend waren mehr als die Hälfte der im Rahmen der Säuberungen entfernten GRU-Angehörigen bereits älter als vierzig Jahre gewesen und hatte damit wesentliche Teile ihrer Sozialisation noch unter den Bedingungen der Zarenherrschaft erfahren. Hinzukam, dass die älteren GRU-Mitarbeiter zu einem nicht unerheblichen Teil vor ihrer Militärkarriere im Zarenreich als Angestellte oder Beamte gearbeitet hatten. Lediglich fünf der Opfer aus der Militäraufklärung waren so jung, dass sie nur über sehr frühe Kindheitserinnerungen an diese Zeit verfügten.

Über die soziale Herkunft der Opfer Stalins in der Militärspionage lassen sich im Moment leider nur sehr ungenaue Angaben machen. Immerhin gelang es, bei 165 GRU-Mitarbeitern, die in das Räderwerk des Großen Terrors gerieten, diese Herkunft zu ermitteln: 55 entstammten dem Bauerntum, 50 der Arbeiterschaft, 38 kamen aus Angestelltenfamilien, jeweils 4 aus dem zaristischen Militär und Adel, 2 aus der Intelligenz und einer aus der Geistlichkeit. Wesentlich bessere Informationen liegen hingegen zum Bildungsstand der Säuberungsopfer aus der Militärspionage vor. Hier fällt auf, dass im Gegensatz zur Führungsspitze des NKWD – wo nur ein verschwindend geringer Teil über eine höhere Bildung verfügte – der Anteil von GRU-Offizieren mit Hochschulausbildung mit mehr als 65 Prozent vergleichsweise hoch lag. Dies ist vor allem damit zu begründen, dass die absolute Mehrzahl der Angehörigen des Nachrichtendienstes der Roten Armee im Verlauf ihrer Karriere zum Stabsoffizier eine Ausbildung an einer der Militärakademien der Roten Armee erhalten hatte. Im Gegensatz hierzu existierten im NKWD keine gleichgearteten Strukturen, da eine Hochschulausbildung für Offiziere des Geheimdienstes bis 1930 völlig fehlte. Folglich besaßen 1936 lediglich 14,5 Prozent der Führungskader des NKWD einen Hochschulabschluss, gleichzeitig hatte jeder Dritte aus der Spitze der Geheimpolizei lediglich eine Grundschule besucht und diese oft nicht einmal erfolgreich beendet. Bei der GRU verfügten immerhin 25 Prozent der Opfer der Repressionen Stalins über einen Mittelschulabschluss und nur fünf Prozent hatten lediglich eine Grundschule besucht.

Trotz dieser Professionalisierung und der fast hundertprozentigen Mitgliedschaft der Verhafteten in der Kommunistischen Partei erschienen Stalin die Angehörigen der ersten Generation der sowjetischen Militärspionage verdächtig. Auf ihre unbedingte Loyalität glaubte der Partei- und Staatschef nicht setzen zu können. Deshalb ließ er fast die gesamte GRU-Führung und zahlreiche Mitarbeiter der Militäraufklärung als »Spione« und »Volksfeinde« verhaften, aburteilen und zum Großteil erschießen. Vor allem den zuerst aufgeführten Anklagepunkt verwendeten die Untersuchungsrichter des NKWD besonders gerne, hatten doch 230 der 263 verhafteten GRU-Angehörigen während ihrer Karriere im Nachrichtendienst der Roten Armee im zumeist westlichen Ausland als Agent, Agentenführer oder Resident gearbeitet.

Gerade aus diesem Grund wurden die Verhafteten beschuldigt, im Sold eines ausländischen Nachrichtendienstes zu stehen und militärische Geheimnisse zu verraten. Nur zu gern verwiesen die Ermittler der Geheimpolizei dabei auf die sogenannte »deutsche Spur«, denn im Rahmen der Zusammenarbeit von Reichswehr und Roter Armee hatten nicht wenige Angehörige der sowjetischen Streitkräfte und damit auch der Militäraufklärung zahlreiche Kontakte zu Militärs und Behörden in Deutschland gehabt. Selbst Stalin griff dieses Motiv in seinen Reden vor Kommandeuren der Roten Armee immer wieder auf, in denen er versuchte, die Säuberungen als politische Notwendigkeit darzustellen: »Man kann sich natürlich die Frage stellen, wie kann es sein, dass Leute, die gestern noch Kommunisten waren, plötzlich zu den schärfsten Waffen in den Händen der deutschen Spionage wurden? Also, weil sie rekrutiert wurden. Heute verlangt man von ihnen – gib uns Informationen. Wenn du sie nicht gibst, wir haben deine Unterschrift, dass du angeworben bist, wir werden sie veröffentlichen. Aus Angst vor der Enttarnung geben sie die Information. Morgen fordern sie: Nein, das ist wenig, los mehr und du bekommst Geld, unterschreib hier. Danach fordern sie – fangt mit Verschwörung, Schädlingstätigkeit an. Zuerst Schädlingstätigkeit, Diversion, zeigen sie uns, dass sie auf unserer Seite handeln. Wenn sie nicht handeln, enttarnen wir sie, morgen schon übergeben wir die Information den Agenten der Sowjetmacht und bei euch werden die Köpfe rollen. [...] Ich denke, dass diese Leute Marionetten und Puppen in den Händen der Reichswehr sind. Die Reichswehr will, dass es bei uns eine Verschwörung gibt und diese Herren haben sich der Verschwörung angenommen. Die Reichswehr will, dass diese Herren ihr systematisch militärische Geheimnisse zukommen lassen und diese Herren übergaben ihnen militärische Geheimnisse. Die Reichswehr will, dass die jetzige Regierung gestürzt, zerschlagen wird, und sie haben sich der Sache angenommen, aber ohne Erfolg. Die Reichswehr will, dass im Falle eines Krieges alles bereit gewesen wäre, dass die Armee zur Schädlingsarbeit übergeht, damit die Armee ihre Verteidigungsbereitschaft verlöre, dass will die Reichswehr, und sie haben diese Sache vorbereitet.«[139]

An die Stelle der Säuberungsopfer traten junge und karrierebewusste Kader, denen sich nun unerwartete Aufstiegschancen eröffneten. Sie entstammten zumeist der russischen Titularnation, waren kaum älter als 35 Jahre und hatten zum Großteil gerade erst ihre Ausbildung an einer der Militärakademien beendet. Damit sind die Säuberungen in der GRU als Bestandteil der Kaderrevolution im sowjetischen Geheim- und Nachrichtendienst anzusehen, die der Historiker Gerd Koenen auch als »Blutaustausch« charakterisierte.[140] Wie bei der Geheimpolizei drängten junge und aufstrebende Parteikader die altgedienten »Militäraufklärer der ersten Stunde« aus ihren Positionen. Die GRU der 1920er- und 1930er-Jahre wurde im Zuge der Säuberungen weitgehend ausgelöscht, jedoch gleichzeitig auch wieder neu konstituiert. Die frischen Kader sorgten im Sinne Stalins für eine weitere Professionalisierung der sowjetischen Nachrichtendienste. Dies erklärt zumindest zum Teil, warum trotz des gewaltigen personellen Aderlasses, seit 1940 die sowjetischen Agentennetze in Europa, den USA und Asien zumindest auf dem Papier wieder fast reibungslos arbeiteten.

Zudem hatte sich Stalin durch die Auslöschung der alten revolutionären Eliten, die vor allem »verdächtigen nationalen Gruppen entstammten«, und deren Austausch durch »frische« Kader eine neue Gefolgschaft herangezogen und dieser einmalige Karrierechancen verschafft. Diese neue Führungsgeneration verknüpfte ihren eigenen persönlichen Aufstieg auf das Engste mit Stalin und seinem System. An den gerade geräumten Schreibtischen der Verhafteten und Erschossenen nahmen die »Männer des Jahres 1938« Platz, die für eine ganze Generation von Profiteuren des Großen Terrors standen. Stalin hatte den Grundstein für ihre Karriere gelegt, deshalb banden sie ihr persönliches Schicksal unbedingt an das des Diktators und erfüllten loyal, widerspruchs- und bedingungslos dessen Befehle und Anweisungen, um das stalinistische Regime auch weiter mit Einsatz aller geheimpolizeilichen und nachrichtendienstlichen Mittel am Leben zu erhalten. Diese »neuen« Kader trugen bis weit in die 1980er-Jahre maßgeblich zur Konservierung des sowjetischen Systems in der ihnen vertrauten Form bei und verhinderten lange Zeit erfolgreich alle Versuche einer neuen »Kaderrevolution«.

Die verhängnisvollen Auswirkungen der »Säuberungen« für die GRU

Insgesamt erwiesen sich die Massenrepressalien Stalins in den Jahren 1937 bis 1938 – bei denen mehr als 1,5 Millionen Menschen verhaftet und rund die Hälfte der in das Räderwerk des Terrors Gefallenen erschossen wurde, während die anderen über viele Jahre in den Lagern des GULag schwerste Zwangsarbeit verrichten mussten – als schwerer Rückschlag für die Aufklärungsdienste der Roten Armee. Allein die Militäraufklärung verlor durch die Repressionen der stalinistischen Säuberungen zwischen 1936 und 1940 insgesamt 863 ihrer Mitarbeiter.[141] Da die Aufklärungsverwaltung 1939 über insgesamt 445 Planstellen einschließlich Pförtner und Reinigungskräfte verfügte, bedeutete dies in der Praxis, dass das Personal insgesamt zweimal komplett ausgetauscht worden war.[142] Hierdurch brachen beim militärischen Nachrichtendienst, aber auch in der Roten Armee insgesamt, nicht nur die bisherigen Führungs- und Kommandostrukturen weitgehend zusammen. Auch die Disziplin, der Einsatzwille, die Entscheidungsfreiheit und die Effizienz waren schwer in Mitleidenschaft gezogen worden, weil die in die frei gewordenen Stellen nachrückenden Offiziere sich nur zu oft vor Verantwortung fürchteten und nicht selten aus Unerfahrenheit fatale Fehler begingen. Noch schwerer wirkte sich allerdings die Säuberung auf die Autorität der Kommandeure und des militärischen Führungspersonals aus. Jederzeit bestand die Gefahr, von Untergebenen denunziert und dann verhaftet zu werden. Zudem stellte sich den Soldaten und Unterstellten die Frage, warum man einem Vorgesetzten gehorchen solle, dessen Leben offenbar an einem seidenen Faden hing und der sein Amt nur bis zur nächsten Inhaftierung innehaben würde. Zugleich fürchteten nicht wenige, zusammen mit dem Verhafteten in den Strudel der Säuberungen gerissen zu werden.

Als Folge des Großen Terrors fielen die bisherigen Informations- und Agentennetze der GRU Ende der 1930er-Jahre fast völlig aus. Gerade die für Kriegszeiten vorbereiteten Spionagegruppen waren dabei in ihrer Wirksamkeit nachhaltig gestört worden, denn die Agentenführer lagen entweder tot in den Massengräbern des NKWD oder verrotteten langsam in den Kerkern des GULag. Ihr Neuaufbau, durchgeführt von schlecht ausgebildeten Geheimagenten, die oft nicht einmal die Sprache des Einsatzlandes beherrschten, erforderte neben erheblichen materiellen Anstrengungen vor allem viel Zeit. Zeit, die nach Ausbruch des Zweiten Weltkrieges nicht mehr zur Verfügung stand. Zudem waren zahlreiche Geheimdienstangehörige demotiviert, verängstigt und nicht in der Lage, selbstständig verantwortliche

Entscheidungen zu treffen.[143] Für die GRU sollten dies denkbar schlechte Voraussetzungen sein, um in den Zweiten Weltkrieg einzutreten. Einen Konflikt, in dem das Deutsche Reich die Militäraufklärung der Roten Armee zunächst an die Grenzen ihrer Möglichkeiten brachte, der Dienst dann aber auch spektakuläre Erfolge erzielen konnte.

Als verhängnisvoll erwies sich weiterhin, dass Stalin vor allem die Rohinformationen der Quellen des militärischen Nachrichtendienstes der Roten Armee interessierten. Von einer zusammenfassenden Analyse oder gar einer umfassenden Lageeinschätzung durch den Geheimdienst der Roten Armee hielt der Diktator, wie erwähnt, im Allgemeinen herzlich wenig. Damit ist ein wesentliches Grundproblem der sowjetischen Nachrichtendienste unter Stalin genannt, das sich auch durch die zahlreichen Reorganisationen nicht beheben ließ: das Fehlen von Strukturen, die sich mit einer qualifizierten Auswertung der gesammelten Informationen befassten. Weder im politischen Nachrichtendienst noch in der Militärspionage gab es zu Beginn des Zweiten Weltkrieges eigenständige Abteilungen zur Bearbeitung und Analyse der eintreffenden Agentenmeldungen. Die GRU verfügte über eine solche Struktureinheit erst im Verlaufe des Krieges. Die Effektivität und Qualität der Auswertungsgruppen waren allerdings gering. Mit viel zu wenigen Mitarbeitern ausgestattet, konnten sie die eintreffende Informationsflut nur zu selten sinnvoll auswerten und entsprechende strategische Rückschlüsse ziehen.[144]

Verstärkt wurde diese offensichtliche Schwäche der sowjetischen Auslandsnachrichtendienste noch durch die Besonderheiten des stalinistischen Machtsystems. So entschied beispielsweise NKWD-Chef Lawrentij P. Berija darüber, welche Berichte direkt an Stalin gingen. Zugleich legte er auch fest, welche Politbüromitglieder Zugang zu den entsprechenden Geheimdienstinformationen erhalten sollten. Deren Zahl ging selten über mehr als vier hinaus. Hierzu gehörten zumeist neben dem Generalissimus der Außenminister und Vorsitzende des Rates der Volkskommissare Molotow, der Sekretär des

Zentralkomitees der Kommunistischen Partei Georgij M. Malenkow und der stellvertretende Vorsitzende des Rates der Volkskommissare, Anastas I. Mikojan. Für die nur mangelhafte Auswertung der Agenteninformationen kam erschwerend hinzu, dass Stalin, der, wie erwähnt, stets nach Originalberichten der Quellen verlangte und sich die zusammenfassenden Analysen persönlich vorbehielt,[145] dabei nicht immer die notwendige Distanz zur Sache und analytische Klarheit besaß. Das belegt seine handschriftliche Bemerkung auf einer Information des Agenten »Starschina« (dt. Stabsfeldwebel). Unter diesem Decknamen hatte der für den politischen Auslandsnachrichtendienst der Sowjetunion arbeitende Oberleutnant im Führungsstab der Luftwaffe Harro Schulze-Boysen Mitte Juni 1941 seine Führungsoffiziere vor dem kurz bevorstehenden deutschen Angriff auf die UdSSR gewarnt: »Genosse Merkulow. Ihre ›Quelle‹ aus dem Stab der deutschen Luftwaffe soll sich zu seiner gef[ickten] Mutter scheren. Das ist keine ›Quelle‹, sondern ein Desinformator. J. St.«[146]

Dementsprechend mangelte es der durch die stalinistischen Repressalien verunsicherten militärischen Auslandsaufklärung in ihren Berichten an die politische Führung an der für einen Nachrichtendienst erforderlichen Objektivität, klaren Bewertung und Durchsetzungsvermögen. Vielen Meldungen fehlten prinzipielle Analysen und Schlussfolgerungen. Zudem waren die leitenden Mitarbeiter der GRU aufgrund der während der politischen Säuberungen gemachten negativen Erfahrungen nicht gewillt, Stalin die Brisanz ihrer Informationen kompromisslos klarzumachen und auf entsprechende Befehle und Erlasse des Politbüros zu drängen.[147]

Unter anderem darf deshalb der Einfluss des militärischen Geheimdienstes auf die sowjetische Partei- und Staatsführung unter Stalin nicht überschätzt werden. Personell gering ausgestattet, hatte er zumeist selten einen direkten und ständigen Zugang zum unmittelbaren Machtzentrum. Die wenigen Informationen des militärischen Auslandsnachrichtendienstes, die bis hierhin vordrangen, widersprachen sich zudem nicht selten. Dieses Faktum ist zum einen durch die erwähnte Praxis der unkommentierten Weiterleitung von Rohinformationen als auch durch die Verschiedenheit der einzelnen Quellen zu erklären. Zudem waren die Informanten nicht selten selbst Fehlinformationen aufgesessen. Da die Auswertung und Analyse der eintreffenden Nachrichten aus den bereits erwähnten Gründen nur unzureichend durchgeführt werden konnten, wurden diese dann nicht selten unkommentiert an die Partei- und Staatsführung weitergegeben.[148] Insgesamt muss man deshalb zu dem Schluss kommen, dass es dem Nachrichtendienst der Roten Armee unter Stalin bis zum Zweiten Weltkrieg durchaus gelang, zahlreiche wertvolle Informationen zu gewinnen. Da für die nachrichtendienstliche Analyse und Auswertung dieser Mitteilungen jedoch kaum entsprechende Strukturen innerhalb des Geheimdienstes vorhanden waren und solches auch durch die Führung nicht gefordert wurde, fehlte das für einen Nachrichtendienst eigentlich unverzichtbare Element der Informationsverarbeitung. Dadurch zeigte sich die GRU nur selten in der Lage, strategische Schlussfolgerungen zu ziehen und diese auch in entsprechende militärische oder gar politische Konzeptionen einfließen zu lassen. Deshalb konnten die sowjetischen Nachrichtendienste unter Stalin die selbst definierte Hauptaufgabe der strategischen Aufklärung, »die Beschaffung und *die Analyse* von Informationen zur politischen und militärischen Lage des wahrscheinlichen oder tatsächlichen Gegners, zu seinem ökonomischen Potenzial, der Kampfkraft seiner Streitkräfte und den Absichten seiner Führung«[149], nur zu fünfzig Prozent realisieren.

4. Die GRU im Zweiten Weltkrieg

Nach dem Beginn des Zweiten Weltkrieges standen dem Volkskommissariat für Verteidigung der UdSSR für die militärische Nachrichtengewinnung die Aufklärungsverwaltung beim Generalstab der Roten Armee sowie die 1. Verwaltung des Volkskommissariats für die Seekriegsflotte zur Verfügung. Allerdings operierte nur die Aufklärungsverwaltung tatsächlich auch im Ausland. Hierfür verfügte sie über vier sogenannte Agenturabteilungen, die sich geografisch und thematisch gliederten: 1. Europa, 2. Balkan, 3. Fernost, 4. Militärtechnik. Die 5. Abteilung des Militärnachrichtendienstes zeichnete für Sabotageaktionen verantwortlich, die 6. Abteilung fälschte Pässe und Dokumente, der 7. Abteilung unterstand die Aufklärung im Grenzgebiet, die 8. Abteilung führte die Funkaufklärung durch und sorgte gleichzeitig für die Nachrichtenverbindungen mit den Agenten, die 9. Abteilung verschlüsselte den Funkverkehr, während die 10. Abteilung abgefangene Funknachrichten dechiffrierte. Den Einsatz der Militärattachés steuerte die Abteilung für Außenbeziehungen, ferner sorgte eine Zensurabteilung dafür, dass keine militärischen Geheimnisse in Publikationen über die Rote Armee veröffentlicht wurden.[150] Zum Auslandsnetz der GRU gehörten damals mehr als 100 Residenturen, die in 32 Staaten ihre Standorte hatten. Der offizielle Apparat des sowjetischen Militärnachrichtendienstes bestand aus insgesamt 759 Mitarbeiterinnen und Mitarbeitern.[151] Im Juni 1941 konnte die GRU im Ausland mehr als 900 offizielle Mitarbeiter und Agenten einsetzen. Rund 300 von ihnen kamen dabei an legalen Residenturen des Militärgeheimdienstes zum Einsatz, während weitere 600 ohne diplomatische Tarnung und Immunität als sogenannte Illegale oder Informationsquellen für den Nachrichtendienst der Roten Armee Geheimmaterial beschafften.[152]

Der sowjetische Marinegeheimdienst unterstand als 1. Verwaltung dem Volkskommissariat der Seekriegsflotte und verfügte über vier Abteilungen für die Beschaffung von Geheiminformationen: 1. Abteilung: Strategische Aufklärung, 2. Abteilung: Agenturaufklärung, 3. Abteilung: Truppenaufklärung, 4. Abteilung: Funkaufklärung. Das Rückgrat der strategischen Aufklärung der sowjetischen Kriegsmarine bildeten die in Deutschland, Großbritannien, den USA, Japan, Italien, Frankreich, Schweden, der Türkei, Griechenland und anderen Staaten eingesetzten Marineattachés, die nicht nur legale Aufklärung betrieben, sondern auch eigene Quellen oder Spionageringe führten. Die Agenturaufklärung verfügte bei den einzelnen Flotten der Seestreitkräfte über zehn- bis fünfzehnköpfige Gruppen von speziell ausgebildeten Offizieren, die im Ausland entsprechende Agenten führten. Allerdings verlor die Abteilung für Agenturaufklärung bereits unmittelbar nach dem Beginn des deutschen Angriffs die Verbindung zu ihren Quellen, da diese für den Ernstfall offenbar nicht entsprechend ausgerüstet und vorbereitet waren. Die Abteilung für Truppenaufklärung konnte für die Beobachtung gegnerischer Seestreitkräfte auf acht Regimenter mit Aufklärungsflugzeugen sowie fünfzehn selbstständige Staffeln zurückgreifen, die zusammen über mehr als 600 Flugzeuge verfügten. Der Wert dieser auf dem Papier beeindruckenden Zahl war jedoch durch die unzureichende Ausbildung der Piloten und die mangelhaften Flugleistungen der zur Verfügung stehenden Technik erheblich eingeschränkt, sodass gerade in der ersten Kriegshälfte die Leistungen der Luftaufklärung der Marine als außerordentlich gering eingeschätzt werden müssen.

Für die Beobachtung feindlicher Schiffsbewegungen auf See standen dem Marinenachrichtendienst der Roten Armee zudem zahlreiche Schiffe und Einheiten der Funkaufklärung zur Verfügung. Ferner verfügte er über eine entsprechende Auswertungsabteilung, zwei Abteilungen für Verschlüsselung sowie Dechiffrierung und gleichfalls eine Zensurabteilung. Insgesamt beschäftigte die Feindaufklärung der Marine 1941 über 200 Mitarbeiter, darunter 84 Zivilangestellte.[153] An der Spitze des Dienstes stand bei Kriegsausbruch Konteradmiral Nikolaj I. Suikow, der jedoch bereits im September 1941 von Kapitän zur See Michail A. Woronzow abgelöst wurde. Woronzow hatte sich seine ersten »Sporen« bei der Marineaufklärung zwischen 1939 und 1941 als Marineattaché an der sowjetischen Botschaft in Berlin erworben und führte die Behörde bis unmittelbar vor Ende des Krieges, um dann ein kurzes Gastspiel als Chef der Flottenschule in Baku zu geben. 1946 wechselte er zur GRU, wo der Marineoffizier die für strategische Seeaufklärung zuständige 3. Verwaltung übernahm. In dieser Funktion blieb er bis 1950, als die Flottenaufklärung erneut aus der GRU ausgegliedert und dem Hauptstab der Seestreitkräfte unterstellt wurde. Bis 1952 leitete Woronzow hier noch den Marinenachrichtendienst, dann wurde der inzwischen zum Vizeadmiral beförderte Geheimdienstoffizier auf einen Lehrposten an der Woroschilow-Militärakademie abgeschoben. Von 1957 bis 1959 fungierte er als stellvertretender Leiter der Militärpolitischen Akademie, wo das Gros der GRU-Offiziere seine Ausbildung erhielt. Letztendlich wurde er in die Führungsreserve der Marineaufklärung versetzt und im April 1964 schließlich in die Reserve entlassen.[154]

Am 20. Juni 1941 meldete GRU-Agent Richard Sorge der Führung des Militärgeheimdienstes aus Tokio, dass der deutsche Angriff auf die Sowjetunion unmittelbar bevorstehe. Zudem denke der Generalstab der japanischen Streitkräfte darüber nach, welche Position er im Falle einer Offensive der Wehrmacht im Osten einnehmen werde.[155] Ebenfalls am Freitag, dem 20. Juni 1941, traf bei der Moskauer Zentrale des Nachrichtendienstes der Roten Armee die Warnung des Agenten »Kosta« aus Sofia ein, im ehemaligen Polen ständen hundert Divisionen der Wehrmacht bereit, um am 21. oder 22. Juni die UdSSR anzugreifen. Unterstützt würden diese Kräfte von vierzig deutschen Verbänden in Rumänien, sechs in Finnland, sieben in der Slowakei und zehn in Ungarn. In Bulgarien selbst würden sich gegenwärtig rund 10.000 deutsche Soldaten befinden.[156] Nur wenige Tage zuvor hatte der sowjetische Militärattaché in Berlin, Wasilij I.

Tupikow, unter dem Decknamen »Arnold« Moskau davon in Kenntnis gesetzt, dass nach Informationen aus dem Auswärtigen Amt zwischen dem 22. und 25. Juni mit dem Überschreiten der Demarkationslinie durch deutsche Truppen gerechnet werden müsse. Finnland und Rumänien ständen zudem bereit, auf der Seite der Deutschen gegen die Sowjetunion zu kämpfen. Als Grund für den Krieg gab die Quelle der GRU die deutsche Furcht vor einem sowjetisch-amerikanischen Bündnis gegen Hitler an.[157]

Stalin schlug jedoch alle Warnungen seiner Militäraufklärung, aber auch des politischen Auslandsnachrichtendienstes, in den Wind und weigerte sich schlichtweg, deren Berichten Glauben zu schenken. Vielmehr verwies er auf Widersprüche in den einzelnen Meldungen und verließ sich auf sein politisches Gespür, das ihm sagte, dass ein Angriff auf die Sowjetunion für Hitler keinen Sinn mache, solange Großbritannien nicht besiegt sei. Zudem, so die Ansicht des Diktators, würde die Wehrmacht jetzt nicht losschlagen, da deren Panzer-, Flieger- und Artillerieverbände noch weit in Ostpreußen ständen. Am Abend des 21. Juni 1941 ließ er sich deshalb auch relativ früh zu seiner Datscha in Kunzewo bei Moskau fahren. Hier rief ihn Generalstabschef Marschall Georgij K. Shukow in den frühen Morgenstunden des Sonntags an und teilte ihm mit, die Wehrmacht habe mit ihren Truppen die Grenze der UdSSR überschritten und deutsche Flugzeuge bombardierten bereits erste sowjetische Städte. Am anderen Ende der Leitung war nur der schwere Atem des Diktators zu hören.[158]

Der Angriff der Wehrmacht im Juni 1941 – Probleme des Kriegseinsatzes der GRU

Mit Kriegsbeginn stand die GRU nun vor folgenden Aufgaben: Im militärisch-politischen Bereich musste in Erfahrung gebracht werden, wie die Regierungen Japans und der Türkei zum deutschen Angriff gegen die Sowjetunion standen und ob sie möglicherweise in den Krieg eingreifen würden. Die Politik der USA und Großbritanniens war daraufhin zu prüfen, ob die Aussicht bestand, möglichst rasch eine gemeinsame Koalition gegen Hitler zu bilden. Hinsichtlich der Regierungen Bulgariens, des Irans und Schwedens stellte sich die Frage, ob diese Staaten tatsächlich im weiteren Verlauf des Konflikts neutral bleiben würden. Auf militärischem Gebiet mussten dringend Informationen über die weiteren Kriegspläne der Wehrmacht gegen die Rote Armee beschafft werden. Eiligst benötigt wurden zudem Angaben zur Stärke und Zusammensetzung der Wehrmacht sowie über den Zustand der Streitkräfte ihrer ungarischen, rumänischen, italienischen und finnischen Verbündeten. Auf rüstungswirtschaftlichem Gebiet hatte eine Analyse der Lage der deutschen Wirtschaft und ihrer Produktionskapazitäten für die Herstellung von Waffen und militärischer Ausrüstungen zu erfolgen, zudem waren die wichtigsten Standorte der Rüstungsindustrie zu ermitteln. Im Bereich der Militärtechnik stand die GRU vor der Aufgabe, Angaben über in der Entwicklung befindliche Waffen der deutschen Truppen zu beschaffen und zu ermitteln, wann deren Serienproduktion beginnen würde und folglich mit deren Auftauchen an der deutsch-sowjetischen Front zu rechnen wäre.[159]

In den ersten Tagen des Krieges befand sich die Führung des militärischen Nachrichtendienstes der Roten Armee allerdings in einer schwierigen Lage. Mit dem Beginn des deutschen Angriffs auf die Sowjetunion am 22. Juni 1941 stellten die GRU-Residenturen in Deutschland, Rumänien, Ungarn, Italien und Finnland ihre Tätigkeit ein, da Sicherheitskräfte die als Diplomaten getarnten Agenten sowie das gesamte sowjetische Botschaftspersonal in diesen Staaten internierten und nachfolgend auswiesen. In Berlin brach folglich das »Arnold«-Netz von Militärattaché Tupikow zusammen, in der ungarischen Hauptstadt Budapest verloren die Agenten des »Mars«-Netzwerkes von Militärattaché Nikolaj G. Ljachterew ihre Verbindungen nach Moskau, das gleiche Schicksal ereilte die GRU-Agentenringe in Rumänien, Finnland und Italien. Als besonders fatal erwies sich für den Militärgeheimdienst, dass seine besten Quellen in Deutschland

»Alta« und »Arier« zwar weiterhin Geheiminformationen für die GRU beschaffen konnten, sich jedoch nicht in der Lage sahen, diese auch an deren Zentrale in der sowjetischen Hauptstadt zu übermitteln, da die Führung des militärischen Nachrichtendienstes in fahrlässiger Weise auf die Einrichtung einer auch unter Kriegsbedingungen funktionierenden Kommunikation ihrer Agenten mit illegal operierenden Residenten verzichtet hatte.[160]

Infolge des raschen deutschen Vormarsches in der Sowjetunion zeigte sich die Führung der GRU weiterhin nicht in der Lage, ihre vorgesehenen Mobilmachungspläne vollständig umzusetzen und die Tätigkeit ihrer Auslandsresidenturen auf die nun existierenden Kriegsbedingungen umzustellen: Das schnelle Vordringen der Wehrmacht hatte die entsprechenden Pläne des Militärnachrichtendienstes der Roten Armee zu Makulatur werden lassen. Darüber hinaus nahm durch die verstärkt einsetzende Tätigkeit der deutschen Spionageabwehr in Belgien, Bulgarien, den Niederlanden, Griechenland, Dänemark, Frankreich, Norwegen und Schweden der Verfolgungsdruck auf die Agenten der GRU im restlichen Europa zu, was dafür sorgte, dass es zunehmend schwierig wurde, von der militärischen Führung der Roten Armee dringend benötigte Geheiminformationen zu beschaffen und diese auch nach Moskau zu übermitteln.[161] Bis Ende 1941 verlor die Auslandsaufklärung der Roten Armee den Kontakt zu ihren Agenten in insgesamt elf europäischen Staaten.[162]

Von diesem Problem zeigte sich aber auch der politische Nachrichtendienst des NKWD getroffen, sodass im Herbst 1941 in Moskau ein Befehl zur Zusammenarbeit zwischen der Geheimpolizei und der Militäraufklärung unterzeichnet wurde. Er verpflichtete den illegalen GRU-Residenten in Belgien, Anatolij M. Gurewitsch, der unter dem Decknamen »Kent« operierte, nach Berlin zu reisen, um dort die abgerissene Verbindung mit den Agentengruppen der INO und des Militärnachrichtendienstes wiederherzustellen.[163]

Zugleich bemühte sich die GRU im Auftrag Stalins, in Kontakt zu Geheimdiensten von Gegnern Hitlers sowie möglicher neuer Verbündeter zu kommen. Aus diesem Grund erhielt der Chef der Militäraufklärung General Filipp I. Golikow am 5. Juli 1941 den Befehl, zunächst nach London und später nach Washington zu reisen, um dort über mögliche militärische Hilfen für die Sowjetunion zu verhandeln. Nur einen Tag später reiste er zusammen mit anderen hochrangigen GRU-Offizieren in die britische Hauptstadt. Im Rahmen der Gespräche bot Golikow seinen neuen Partnern auch den Austausch von Geheimdienstinformationen über die Wehrmacht an. Am 17. Juli 1941 erstattete der GRU-Chef Stalin auf dessen Datscha bei Moskau persönlich Bericht über die Ergebnisse seiner Mission in Großbritannien und erhielt die Weisung, sich so rasch wie möglich in die Vereinigten Staaten zu begeben, um dort ebenfalls Möglichkeiten der Unterstützung der Roten Armee zu sondieren. Später sollten dann der amerikanische Geheimdienst OSS und die GRU sogar gemeinsam geheime Operationen im Deutschen Reich durchführen.[164]

An der Front versuchte sich die GRU unterdessen vom Schock der deutschen Angriffswelle zu erholen und der militärischen Führung der Roten Armee verlässliche Aufklärungsangaben zur Stärke der Wehrmacht und ihren weiteren Operationen zu übermitteln. Da hierfür, wie gezeigt, der Kontakt zu den Auslandsagenten fehlte, sah sich die GRU-Führung gezwungen, auf klassische Mittel der Militäraufklärung zurückzugreifen und für ihre Zwecke verstärkt Aufklärungs- und Diversionstrupps in das Hinterland der deutsch-sowjetischen Front zu entsenden. Allein die in der Ukraine operierende Südwestfront setzte zwischen dem 22. Juni und dem 1. August 1941 knapp 4000 Mann im Rücken der Wehrmacht ab. Da für den Kontakt mit den Agenten jedoch die nötigen Funkgeräte und Kurierflugzeuge fehlten, wurde das Gros der Spione für Diversionsaufträge und den Aufbau von Partisanengruppen eingesetzt. Lediglich 41 Agenten standen hingegen für die Überwachung der Marschwege der deutschen Truppen im Einsatz.

Zumindest die Sabotageaktionen zeigten einigen Erfolg. So gelangen die Sprengung mehrerer Eisenbahnbrücken, Anschläge auf Züge und Truppentransporte und die Gründung von ersten größeren

Partisaneneinheiten. Gleichwohl erwiesen sich die GRU-Unternehmungen bislang allenfalls als Nadelstiche, die nicht in der Lage waren, den deutschen Vormarsch merklich aufzuhalten. Mithilfe seiner Funkaufklärung konnte der Militärgeheimdienst der Front allerdings die Stärke und Zusammensetzung der deutschen Truppen im Süden der Sowjetunion aufdecken und das Kommando seiner Heeresgruppe über die wichtigsten Angriffsrichtungen der Deutschen informieren sowie einige Funkcodes der Invasoren dechiffrieren. Für den Funkverkehr mit den eigenen Agenten im Hinterland der Wehrmacht standen allerdings auch dort nur 29 Funkstationen zur Verfügung, von denen jedoch lediglich eine, die bereits vor dem Kriegsausbruch installiert worden war, arbeitete. Alle anderen Funkagenten hatten ihre Sendetätigkeit zumeist wegen technischer Probleme einstellen müssen; von den Funkgeräten, mit denen die Aufklärungsabteilung der Front ihre Fallschirmagenten ausgerüstet hatte, nahm kein einziges den Sendebetrieb nach dem Absetzen der Spione mit ihrer Gegenstelle auf.[165]

An der in Weißrussland eingesetzten Westfront, die sich der Heeresgruppe Mitte der Wehrmacht gegenübersah, stand die Sache kaum besser. Auch hier machte sich das Fehlen der entsprechenden Funkgeräte für die Agenten deutlich bemerkbar. Nur acht Aufklärungsgruppen mit insgesamt vierzig Spionen konnte die Aufklärungsabteilung der Front zwischen dem 10. Juli und dem 4. August 1941 mit entsprechenden Sendern ausstatten. Die Masse der Quellen – insgesamt 349 der 489 eingesetzten Agenten – mussten als sogenannte Marschspione ihre Informationen im westlichen Hinterland der Kampflinie sammeln und sich dann zumeist zu Fuß zu den Truppen der Roten Armee durchschlagen. Entsprechend hoch lagen die Verluste. Nur rund einem Drittel der Marschagenten gelang es, ihre Aufgaben zu erfüllen und zu ihren Führungsoffizieren zurückzukehren. Gleichzeitig setzte die Westfront in dieser Zeit 17 Partisanengruppen mit 469 Mann im Rücken der Wehrmacht ab, zudem operierten hier 29 kleinere Diversionsgruppen, die 255 Soldaten umfassten.

Zu einer der Gruppen bestand Funkverbindung, drei weitere wurden über Verbindungsflugzeuge versorgt, während der Rest der Einsatz- und Partisanengruppen über Kuriere mit dem Aufklärungsstab der Front kommunizierte, die sich zu den zurückgehenden Truppen der Roten Armee durchschlagen mussten. Bislang erwies sich der Ertrag dieser Aufklärungsmissionen als begrenzt, da es an zuverlässigen Nachrichtenverbindungen sowie einer stabilen Versorgung der Gruppen mangelte. Zudem blieb deren Aufklärungsreichweite zu gering, um deutsche Reserven und Truppentransporte im weiteren Hinterland auszumachen.[166]

Noch schwieriger war die Lage beim Marinenachrichtendienst. Da entsprechend ausgebildetes Personal und einsatzbereite Technik, aber auch erprobte Instruktionen fehlten, scheiterten bis Ende 1941 zahlreiche Versuche, eigene Agenten hinter der feindlichen Front mit U-Booten oder Flugzeugen abzusetzen. So erwiesen sich die zum Anlanden an die Küste genutzten Schlauchboote als zu klein und liefen rasch mit Wasser voll, was entweder zum Verlust der gesamten Ausrüstung oder gar der eingesetzten Spezialkräfte führte. Für den Abwurf von Versorgungsgütern für ihre Agenten per Flugzeug verfügte die Marine nicht über entsprechende Container, sodass die abgesetzte Ausrüstung bei der Landung nicht selten zerstört wurde oder sich über ein großes Territorium verteilte und damit den Einsatzraum der Spione demaskierte. Ernste Mängel zeigten sich zudem bei der Befragung von Kriegsgefangenen. Hier stand selten die Gewinnung von dringend benötigten Nachrichten über den Gegner im Vordergrund, sondern vielmehr die Anwerbung der Gefangenen für eigene Spionageunternehmen.[167]

Insgesamt zeigte sich, dass die militärische Frontaufklärung der GRU in ihrem damaligen Zustand nicht in der Lage war, die von der Front geforderten Aufgaben zu erfüllen. Am 24. September 1941 schrieb Golikow deshalb einen Brandbrief an Stalin und Generalstabschef Boris M. Schaposchnikow. Zunächst beklagte er, dass alle Führungsebenen der Roten Armee den Fragen der Truppenaufklärung seit langer Zeit nicht genügend Aufmerksamkeit geschenkt hätten. Zudem würde sich im Verteidigungsministerium und im Generalstab niemand zuständig fühlen und deshalb fehle den Aufklärungseinheiten an der Front jede Unterstützung und Anleitung. Um diesen Missstand zu beheben, schlug der GRU-Chef vor, der Aufklärungsverwaltung beim Generalstab die Truppenaufklärung zu unterstellen. Hierfür sei eine entsprechende Abteilung bei der GRU zu schaffen. Bei den Einheiten, Truppenteilen und Verbänden der Roten Armee müsse dringend das entsprechende Personal bereitgestellt und ausgebildet werden. Um die nötigen Soldaten für die Aufstellung von Aufklärungseinheiten zu gewinnen, sollten diese den Sold des nächsthöheren Dienstgrades erhalten, Soldaten also als Gefreite usw. entlohnt werden. Ferner war ein umfangreiches System von Belobigungen und Auszeichnungen bei der Durchführung von Aufklärungsmissionen einzuführen, um das Prestige der hierfür bei der Truppe eingesetzten Soldaten zu erhöhen. Wer beispielsweise Beutedokumente aus dem Stab eines Bataillons der Wehrmacht beschaffte, konnte mit dem Orden des Roten Sterns rechnen, wer Unterlagen der Führungsebenen Division oder Korps erbeutete, sollte den Leninorden verliehen bekommen. Bei besonders wichtigen Aufklärungserfolgen konnte der Betreffende sogar den Titel eines Helden der Sowjetunion erlangen.[168] Die Orden brachten ihren Trägern in der Sowjetunion nicht nur monatliche Zuschläge beim Sold, sondern räumten ihnen auch eine ganze Reihe weiterer Vergünstigungen bei der Zuteilung von knappen Gütern oder Dienstleistungen ein, auf die »normale« Sowjetbürger so gut wie keine Ansprüche hatten.

Gleichzeitig sorgten die schweren Verluste an der Front in den ersten Monaten des Krieges allerdings dafür, dass die GRU-Zentrale in Moskau zahlreiches Personal an die Aufklärungsabteilungen bei den Armeen und Fronten abgeben musste, was die Tätigkeit der Zentrale des Militärnachrichtendienstes entsprechend einschränkte. Hierzu trug auch bei, dass Mitte Oktober 1941 das Hauptquartier der GRU wegen der Bedrohung Moskaus durch die Wehrmacht in das 800

Kilometer östlich gelegene Kuibyschew, heute wieder Samara, verlegt wurde. In der sowjetischen Hauptstadt blieb lediglich eine kleine Gruppe von GRU-Mitarbeitern unter der Führung von Generalmajor Alexej P. Panfilow zurück.[169] Zu diesem Zeitpunkt hatte die Militäraufklärung bereits Kenntnis darüber, dass nach der Vernichtung der sowjetischen Truppen in der Ukraine Moskau das nächste Ziel des deutschen Angriffs sein werde. Dazu trugen neben Agentenmeldungen aus dem Ausland auch die Verhöre deutscher Kriegsgefangener – insbesondere abgeschossener Piloten – bei, die der sowjetischen Militäraufklärung zahlreiche Informationen über den Aufbau und die Struktur der Luftwaffe, aber auch über die künftigen Stoßrichtungen der Wehrmacht an der Ostfront lieferten. So berichtete der am 29. Juni 1941 bei Murmansk nach einem Flaktreffer notgelandete und später von Soldaten der Roten Armee gefangen genommene Hauptmann Alfred von Lojewski, Kommandeur der 14. Staffel des Jagdgeschwaders 77, zahlreiche Details über die Struktur der im Norden der Sowjetunion eingesetzten Luftflotte 5 sowie über deren Auftrag.[170] Im Rahmen der Verhöre zeigte sich zudem, dass die sowjetischen Befragungsoffiziere der Militäraufklärung zumeist gute Kenntnisse zur Struktur der Wehrmacht hatten und sofort bemerkten, wenn der Gefangene unkorrekte Aussagen machte.[171]

Agenten melden deutschen Angriff auf Moskau

Als besonders bedeutend für die GRU erwiesen sich allerdings die Aussagen eines im Spätsommer 1941 bei Moskau abgeschossenen Piloten eines Fernaufklärers, der Luftbilder der sowjetischen Hauptstadt für die Heeresgruppe Mitte beschaffen sollte. Er lieferte dem Militärnachrichtendienst nicht nur Informationen über die bei der Heeresgruppe eingesetzte »Gruppe Stumme«, sondern auch über die Panzerarmeen der Generale Heinz Guderian und Erich Hoepner, wobei Letztere erst kurz zuvor für das Unternehmen »Taifun«, also den deutschen Angriff auf Moskau, von der Heeresgruppe Nord zur Heeresgruppe Mitte kommandiert worden war. Ziel der deutschen Führung sei es, so der Gefangene gegenüber seinen Vernehmern, »Moskau von seinen wichtigsten Verbindungslinien mit Leningrad und dem Raum Brjansk abzuschneiden« und die Stadt dann großräumig einzukesseln.[172] Diese Angaben wurden auch von anderen Quellen der Frontaufklärung bestätigt. Ein wenig später abgeschossener Pilot nannte dann auch mit dem 1. Oktober 1941 den korrekten Angriffstermin für die Operation und berichtete von über tausend Panzern, die die Wehrmacht im Raum Smolensk für den Angriff bereitgestellt habe. Dass die sowjetische Hauptstadt das Ziel der nächsten großen Offensive der Wehrmacht werden sollte, ging gleichfalls aus erbeuteten Unterlagen hochrangiger Stäbe der deutschen Truppen hervor. Die Funkaufklärung der Westfront der Roten Armee bestätigte am 14. September 1941 zudem die Informationen der Kriegsgefangenen, dass die Panzerarmee von General Hoepner aus dem Raum Leningrad in den Mittelabschnitt der deutsch-sowjetischen Front verlegt wurde. Gleichfalls konnte sie wenig später melden, dass sich die deutsche Angriffsgruppierung aus drei Armeen und drei Panzerarmeen zusammensetzte, und damit dem Generalstab der Roten Armee brauchbares Feindnachrichtenmaterial für die Planung der Schlacht um Moskau übermitteln.[173]

Es dürfte ein launiger Zufall der Geschichte gewesen sein, dass gleichfalls am 14. September 1941 in der Moskauer GRU-Zentrale zwei verschlüsselte Telegramme des Agenten »Inson« – seit Juni 1941 der neue Deckname von Richard Sorge – eingingen, die aber erst am Mittag des nächsten Tages entschlüsselt werden konnten. Die an den Chef der Aufklärungsverwaltung der Roten Armee gerichteten Schreiben sollten – so zumindest die offizielle Lesart der Geschichte der GRU – den weiteren Verlauf des Zweiten Weltkrieges entscheidend verändern. Enthielten die Depeschen doch nichts weniger als die Nachricht, dass Japan, trotz seiner zahlreichen in Fernost stationierten Truppen, vorerst nicht in den Krieg gegen die Sowjetunion eingreifen werde.[174]

Die GRU im Zweiten Weltkrieg

Telegramm vom 14. Sept. 1941 mit entschlüsselter Meldung Richard Sorges, dass Japan die Sowjetunion nicht angreifen werde

Stalin hatte den Meldungen Sorges vor dem deutschen Angriff auf die Sowjetunion keinen Glauben geschenkt und hielt den Topspion der Militäraufklärung der Roten Armee für »ein Arschloch, das in Japan ein paar kleine Fabriken und Puffs betreibt und es sich gut gehen lässt«[175]. Doch anders als im Sommer 1941 konnten diesmal die Agentenmeldungen der Militäraufklärung aus zuverlässigen Quellen bestätigt werden. Dem NKWD – das bereits in den 1920er-Jahren immer wieder durch Agenten japanische Verschlüsselungsunterlagen beschafft hatte – gelang spätestens seit 1939 ein umfangreicher Einbruch in die diplomatischen Codes des japanischen Kaiserreichs, der es Moskau erlaubte, den Funkverkehr zwischen Tokio und seinen Botschaften im Ausland mitzulesen.[176] Bestätigung fanden die Informationen Sorges aber auch durch Erkenntnisse des sowjetischen Marineattachés in der japanischen Hauptstadt, Kapitän zur See Michail D. Kulikow, sowie dessen illegalen Residenten, Fregattenkapitän Pawel L. Miroschnikow.[177] Ähnliche Informationen lieferten zudem der unter dem Decknamen »Dora« in der Schweiz operierende Sándor Radó – illegaler Resident des dort arbeitenden Netzwerkes der GRU – sowie der Chefresident des Militärnachrichtendienstes in den USA, Oberst Lew A. Sergejew, der als »Moris« zwischen Juli und Oktober 1941 sechsmal die GRU-Zentrale darüber informierte, dass Japan vorerst keine Absicht habe, die Sowjetunion im Fernen Osten anzugreifen.[178]

Gerade aufgrund dieser Informationen entschloss sich der Generalstab der Roten Armee Anfang Oktober 1941, seine in Fernost stehenden Elitedivisionen durch neu aufgestellte, schlecht ausgebildete und bewaffnete Verbände abzulösen und die sibirischen Kampftruppen in den Raum Moskau zu verlegen. Über die Hälfte der bis dahin an der sowjetisch-japanischen Demarkationslinie stehenden Einheiten der Roten Armee, insgesamt zwanzig Divisionen, zwei Brigaden sowie mehr als tausend Panzer und tausend Flugzeuge, wurden nun gegen die ausgelaugten deutschen Truppen vor Moskau geworfen.[179] Die wintererfahrenen Sibirier trafen auf eine übermüdete, demoralisierte und ohne Versorgung sowie Winterausrüstung dastehende Truppe, die in der

Eis- und Schneewüste vor der sowjetischen Hauptstadt nun neben den ungezähmten Naturgewalten den harten Schlägen der von allen Seiten anstürmenden Rotarmisten ausgesetzt war. Hinzu kamen das Versagen der deutschen Truppenführung und ihres militärischen Nachrichtendienstes, der glaubte, die Rote Armee würde über keine nennenswerten Reserven mehr verfügen. Der sowjetische Angriff brachte die Ostfront in ihrem Zentrum ins Wanken und hätte fast zum völligen Zusammenbruch der Heeresgruppe Mitte geführt. Doch die sowjetische Führung verzettelte ihre Kräfte in zahlreichen Einzelaktionen und verfolgte das unrealistische Ziel der Einschließung der Heeresgruppe Mitte. Nur unter Aufbietung aller Kräfte gelang es der Wehrmacht im Februar 1942, die Front wieder zu stabilisieren und aus dem unübersichtlichen Gemenge verschiedener Kampfgruppen, die sich oft vom Gegner umringt sahen, wieder eine zusammenhängende Gefechtslinie zu formieren. Gleichwohl erwiesen sich die deutschen Verluste als so hoch, dass für den Sommer 1942 nur noch eine weiträumige Offensive im Süden der Sowjetunion geplant wurde, während die Heeresgruppen Nord und Mitte ihre Stellungen im Wesentlichen halten sollten.[180]

Nach der schmerzhaften deutschen Niederlage vor Moskau überschätzte die sowjetische Militäraufklärung allerdings ganz erheblich die Verluste der deutschen Truppen an der Ostfront. Der Militärnachrichtendienst der Roten Armee ging Ende 1941 davon aus, dass die Wehrmacht zwischen Juni und November 1941 nicht weniger als 4,5 Millionen Mann an der Ostfront verloren habe, am 1. März 1942 wurde diese Zahl sogar auf 6,5 Millionen Soldaten geschätzt. Die tatsächliche Zahl der Verluste lag jedoch um das fünf- bis sechsfache niedriger. Bis Ende März 1942 verlor die Wehrmacht an der Ostfront rund eine Million Gefallene, Verwundete, Vermisste und Gefangene, hinzu kamen 562.000 »Abgänge« durch Krankheiten und Erfrierungen. Bedingt durch die optimistischen Berichte der GRU glaubten Stalin und sein Generalstab Anfang Januar 1942 mit der Fortsetzung der Angriffe die Wehrmacht entscheidend schlagen zu können:[181] »Unsere Aufgabe ist es, den Deutschen keine Atempause zu gönnen, sie ohne

Unterbrechung nach Westen zu treiben, sie zu zwingen, ihre Reserven vor dem Frühjahr aufzubrauchen, wenn wir dann selbst über große neue Reserven verfügen und die Deutschen keine mehr haben, ist die vollständige Zerschlagung von Hitlers Streitkräften im Jahr 1942 sichergestellt.«[182]

Zwar gelangen der Roten Armee daraufhin im Frühjahr 1942 nicht unbeträchtliche Geländegewinne – doch waren diese mit schweren Verlusten erkauft worden und erreichten nicht das eigentliche Hauptziel der Operationen, die Zerschlagung der operativen Gruppierungen der Wehrmacht – die deutsche Kriegsmaschine im Osten blieb weiter intakt und rüstete sich nunmehr zu einer neuen Offensive.[183]

Vergebliche Warnungen: Stalin sitzt dem deutschen Täuschungsmanöver »Kreml« auf

Obgleich die Rote Armee den »Taifun« der Wehrmacht auf Moskau abwehren konnte und auch die GRU daran einen entscheidenden Anteil gehabt hatte, wandte sich Anfang 1942 der amtierende Politkommissar der Aufklärungsverwaltung, Generalmajor Iwan I. Il'itschjow, an das Staatliche Verteidigungskomitee, die oberste politische Führungsinstanz der Sowjetunion während des Krieges, um sich darüber zu beklagen, »dass die Organisationsstruktur des Militärnachrichtendienstes nicht den Anforderungen des Krieges entspricht und sich als Bremse bei der Aufklärungsarbeit erweist«. Weiterhin sei der GRU-Chef Golikow keine Stütze für den Dienst, da er sich seit Kriegsbeginn nahezu ständig auf Auslandsreisen befände und ab November 1941 schließlich mit der Führung der 10. Armee beauftragt sei. Der Generalstab wiederum leite die Arbeit des Nachrichtendienstes der Roten Armee nicht entsprechend an. Aus diesem Grund müsse die Struktur und Organisation der militärischen Aufklärung dringend geändert werden.[184]

Mitte Februar 1942 wurde folglich die bisherige Aufklärungsverwaltung beim Generalstab der Roten Armee zur Hauptverwaltung Aufklärung umgebildet. Zu deren Chef ernannte Stalin den bisherigen kommissarischen Leiter der Aufklärungsverwaltung, Generalmajor Alexej P. Panfilow, der allerdings schon kurze Zeit später von Il'itschjow abgelöst wurde. Die GRU gliederte sich zunächst in zwei Verwaltungen, von denen die 1. für die Spionage mittels Agenten im Ausland und in den von den Deutschen besetzten Gebieten verantwortlich zeichnete. Sie bestand aus insgesamt acht Abteilungen mit folgenden Arbeitsschwerpunkten: 1. Abteilung (Deutschland), 2. Abteilung (Europa), 3. Abteilung (Ferner Osten), 4. Abteilung (Naher Osten), 5. Abteilung (Diversion), 6. Abteilung (militärische Aufklärung auf den Ebenen Front, Armee und Militärbezirk), 7. Abteilung (operative Technik), 8. Abteilung (Nachrichtenverbindungen zu den Agenten/ Funkaufklärung). Die Auswertung des eingehenden Spionagematerials erfolgte in den sieben Abteilungen der 2. Verwaltung: 1. Abteilung (Deutschland), 2. Abteilung (Europa), 3. Abteilung (Ferner Osten), 4. Abteilung (Naher Osten), 5. Abteilung (Publikationswesen), 6. Abteilung (Information für die Streitkräfte), 7. Abteilung (Dechiffrierung). Darüber hinaus arbeiteten in der GRU noch folgende selbstständige Abteilungen: Politische Abteilung, Abteilung für Außenbeziehungen, Abteilung für nachrichtentechnische Spezialverbindungen, Abteilung für Sonderaufgaben, Kaderabteilung, Finanzabteilung und die Abteilung materiell-technische Sicherstellung.[185] Die Leitung der für Deutschland zuständigen Auswertungsabteilung übernahm Oberst Wasilij E. Chlopow, der seit Sommer 1940 bis zum 22. Juni 1941 als Gehilfe des sowjetischen Militärattachés in Berlin gewirkt hatte. Im Herbst 1942 übernahm der Offizier dann die Führung der 2. Verwaltung. Ab Ende 1943 fungierte der inzwischen zum Generalmajor beförderte Chlopow schließlich als Stellvertretender Chef der GRU.[186]

Nur einen Monat später erfolgte auch die Reorganisation des Nachrichtendienstes der Seestreitkräfte. Im Gegensatz zur GRU wurde dieser nun aus der Unterstellung des Marineministeriums herausgelöst und seine Führung übernahm der Hauptstab der Flotten. Drei Abteilungen zeichneten für die Agentenaufklärung in den geografischen Räumen Nord-West, Süd und Fernost verantwortlich, während die

4. Abteilung jeweils ein aktuelles Lagebild erstellen sollte. Die 5. Abteilung übernahm die Funkaufklärung, die 6. und 7. Abteilung stellten die Verschlüsselung des eigenen Funkverkehrs bzw. Dechiffrierung abgefangener Nachrichten sicher. Die 8. Abteilung beaufsichtigte die im Ausland eingesetzten Marineattachés, die 9. Abteilung fungierte als Zensurbehörde, während die 10. Abteilung das Personal des Dienstes betreute und neue Kader auswählte. Der Stellenplan des Marinenachrichtendienstes war inzwischen auf 274 Dienstposten angewachsen. Auf 118 von ihnen arbeiteten Zivilisten.[187]

Im Frühjahr 1942 ging Stalin davon aus, dass Hitler erneut versuchen würde, die sowjetische Hauptstadt einzunehmen. Allerdings hatte die GRU bereits Mitte Dezember 1941 erstmals die Vermutung geäußert, dass sich der Schwerpunkt der künftigen Operationen der Wehrmacht nach Süden verlagern werde und daher der Kaukasus als das nächste Ziel Hitlers zu erwarten sei. Dafür sprächen auch entsprechende Agentenmeldungen.[188] Im Frühjahr 1942 wurden die Warnungen schließlich noch konkreter. Zahlreiche Quellen des Dienstes aus der Schweiz, Großbritannien, Schweden und den USA berichteten über den Plan der Wehrmacht, im Süden auf der Linie Rostow – Maikop bis nach Baku vorzustoßen. Ein entsprechendes Schreiben der GRU ging daraufhin am 18. März 1942 dem Staatlichen Verteidigungskomitee zu.[189] Nur fünf Tage später bestätigte auch das NKWD die Befürchtungen des Militärgeheimdienstes. Geheimdienstchef Berija meldete gleichfalls dem Staatlichen Verteidigungskomitee, dass der Gehilfe des japanischen Militärattachés in Sofia – den eine Quelle des politischen Auslandsnachrichtendienstes der Sowjetunion abschöpfte – über seinen deutschen Kollegen in Erfahrung gebracht habe, »dass der Hauptschlag wohl im südlichen Bereich der Front geführt werde und die Aufgabe habe, über Rostow nach Stalingrad und dann zum Nordkaukasus vorzudringen, von dort aus solle dann in Richtung Kaspisches Meer vorgestoßen werden«[190]. Bereits vierzig Tage vor dem geplanten Angriff der Heeresgruppe Süd in Richtung Stalingrad unterrichtete auch der Gehilfe des sowjetischen Marineattachés für Luftwaffenfragen in London, Oberst Konstantin S. Stukalow, den Generalstab in Moskau über den bevorstehenden Vorstoß der Wehrmacht zum Kaukasus.[191] Gleichwohl wies Stalin die Meldungen seiner Nachrichtendienste erneut zurück, da er weiter davon ausging, dass die Deutschen nochmals auf Moskau vorstoßen würden. Der sowjetische Diktator war offenbar einem Täuschungsmanöver des Nachrichtendienstes der Wehrmacht – dem Amt Ausland/Abwehr im OKW – aufgesessen, das ab Mai 1942 den Decknamen »Kreml« erhielt und der Roten Armee vorgaukelte, die Heeresgruppe Mitte wolle »das Gebiet um Moskau, unter enger Einschließung der Stadt, fest in die Hand [...] nehmen und damit dem Gegner die Ausnutzung dieses operativen Raumes [...] verwehren«[192]. Als Tag für den Beginn des Angriffes auf die sowjetische Hauptstadt wurde der 23. Juni 1942 genannt.[193] Folglich lehnten es Stalin und die oberste Führung der Roten Armee ab, sich auf die Prognosen der eigenen Nachrichtendienste zu verlassen, und favorisierten deshalb eine Verstärkung des Zentrums der deutsch-sowjetischen Front unter entsprechender Vernachlässigung der eigenen Kräfte im Süden. Selbst als am 19. Juni 1942 ein Verbindungsflugzeug des Typs Fieseler Storch im Niemandsland der Front mit dem 1. Generalstabsoffizier der 23. Panzerdivision Major Joachim Reichel bei einem Aufklärungsflug in der Nähe von Woltschansk notlanden musste und die gesamten Aufmarschpläne der Wehrmacht für das Unternehmen »Blau«, die Offensive auf Stalingrad und den Kaukasus, in die Hände der Roten Armee gerieten, witterte der sowjetische Diktator eine Falle und befahl, die Unterlagen zu ignorieren.[194]

Obgleich Stalin die deutschen Originalpläne für den Angriff im Süden auf seinen Schreibtisch hatte und die wichtigsten Quellen der GRU »Dora«, »Moris«, »Eduard« – hinter Letzterem verbarg sich der sowjetische Militärattaché bei den Exilregierungen Jugoslawiens, Polens und der Tschechoslowakei in London, Oberst Aleksandr F. Sisow – und »Brion«, der Codename des sowjetischen Militärattachés und GRU-Residenten in Großbritannien, Generalmajor Iwan A.

Skljarow, seit dem Frühjahr 1942 fast pausenlos vor der Offensive auf Stalingrad gewarnt hatten, beschimpfte Stalin erneut seinen militärischen Nachrichtendienst, weil dieser keine Indizien für die »wahren« Absichten Hitlers – den Angriff auf Moskau – vorlegen könne.[195] Wie schon im Sommer 1941 nahm deshalb das Unglück seinen Lauf. Selbst der sowjetische Generalstabschef Armeegeneral Aleksandr M. Wasilewskij hielt enttäuscht fest: »Unsere nachrichtendienstlichen Informationen über die Vorbereitungen für einen größeren feindlichen Angriff im Süden wurden nicht berücksichtigt. Für die südwestliche Richtung wurden weniger Kräfte bereitgestellt als für die westliche.«[196]

Als Folge der Fehleinschätzungen Stalins brachen die sowjetischen Verteidigungslinien im Süden rasch zusammen, als die deutsche Offensive am 28. Juni 1942 begann. Die Anfangserfolge der Operation »Blau«, der gelungene Vorstoß auf Woronesch und die Einnahme eines Großteils der Stadt sowie das rasche Vordringen zum Don ließen die deutsche Führung zunächst an ein Gelingen ihres Angriffsplanes glauben. Stalin hingegen gelang es nicht, die sowjetische Verteidigung am Don zu stabilisieren. Indem der sowjetische Diktator seinen dort stehenden Verbänden den strategischen Rückzug verweigerte, opferte er hier seine Truppen weitgehend. Zwar vermochte es die Wehrmacht nicht, wie noch 1941, in großen Kesselschlachten Hunderttausende sowjetischer Soldaten gefangen zu nehmen, doch die neun sowjetischen Armeen, die während der Schlacht um den Don der deutschen Umklammerung entkamen, stellten nur noch einen Schatten ihrer selbst dar. Die Rote Armee verlor innerhalb eines Monats zwischen Woronesch und dem damaligen Woroschilowgrad – heute Luhansk – mehr als 370.000 Mann oder fast ein Drittel der dort stehenden Truppen.

Die Wehrmacht rückt auf Stalingrad vor

Hitler änderte schließlich, beflügelt von den Anfangserfolgen der Wehrmacht und im Glauben, dass sich die sowjetische Front im Süden in Auflösung befinde, seine bisherigen strategischen Planungen. Mit der Weisung Nr. 45 drängte er am 23. Juli 1942 auf die gleichzeitige Besetzung Stalingrads und des Kaukasus. Hierfür spaltete er die bisherige Heeresgruppe Süd in die Heeresgruppen A und B auf. Während die Heeresgruppe A zunächst Rostow und dann den Kaukasus sowie Baku in Besitz nehmen sollte, erhielt die Heeresgruppe B den Auftrag, Stalingrad zu erobern. Damit zersplitterte der deutsche Diktator nicht nur seine ohnehin schwachen Angriffskräfte. Zugleich verschärfte er das ständig vorhandene Problem des Nachschubs, da die ohnehin nur unzureichende Logistik der Wehrmacht nun zwei Offensivrichtungen zu versorgen hatte.

Entsprechend verzögerte sich der deutsche Vormarsch. Zwar gelang es der Heeresgruppe B im August, den großen Donbogen einzunehmen und bis zur Wolga vorzustoßen. Dies forderte jedoch durch den sich ständig verstärkenden sowjetischen Widerstand starke Verluste, die nicht mehr ersetzt werden konnten. Auch im Kaukasus lief sich die deutsche Offensive zunehmend fest. Weshalb Hitler jetzt umso mehr auf eine Einnahme Stalingrads drängte.[197]

Operativ war die Aufspaltung in zwei Teiloffensiven ein vermutlich feldzugsentscheidender Fehler. Die eingesetzten Kräfte erwiesen sich als viel zu schwach, um alle Ziele gleichzeitig und ohne klare Schwerpunktbildung erreichen zu können. Der Versuch der 6. Armee unter der Führung von General Friedrich Paulus, Stalingrad aus der Bewegung heraus einzunehmen, scheiterte am erbitterten Widerstand der 62. Armee unter Generalleutnant Wasilij I. Tschujkow. Dem sowjetischen Armeekommandeur, der seine Truppen energisch, brutal und effizient führte, gelang dies indessen nur, weil er auf einen ständigen Zustrom von Reserven für seine sich rasch verbrauchenden Kräfte setzen konnte. Die Disziplin und der Kampfeswille der Soldaten der Roten Armee wurden aber nicht nur durch die eiserne Befehlsgewalt von General Tschujkow aufrechterhalten. Vor allem die Sperreinheiten des NKWD sorgten dafür, dass Stalins Befehl »Kein Schritt zurück« vom 28. Juli 1942 konsequent durchgesetzt wurde. Allein vom 13. bis zum

15. September 1942 fingen die Absperrtruppen der Geheimpolizei in Stalingrad 1218 Soldaten auf, die durch die harten Kämpfe von ihren Einheiten versprengt worden waren und sich zur Wolga zurückziehen wollten. 21 von ihnen wurden sofort standrechtlich erschossen. Um den Abschreckungseffekt noch zu steigern, fanden die Hinrichtungen vor versammelter Mannschaft statt.

Nachdem der Plan der 6. Armee zur raschen Besetzung der Stadt gescheitert war, musste eine systematische Eroberung Stalingrads Stadtteil für Stadtteil, Straße um Straße, Haus für Haus, zuweilen sogar Etage für Etage erfolgen. In mühseligen und frustrierenden Angriffen kämpften sich die Einheiten von Paulus' bis zum Herbst 1942 schließlich zur Geschützfabrik »Barrikadnaja« und zum Stahlwerk »Roter Oktober« vor, deren endgültige Einnahme allerdings scheiterte. Anfang November 1942 hatte die 6. Armee neunzig Prozent der Stadt eingenommen und die 62. Armee auf einen schmalen Streifen entlang der Wolga zusammengedrängt. Doch damit erschöpfte sich die Angriffskraft von Paulus' Armee, denn die Verluste der Häuserkämpfe waren enorm. Allein zwischen dem 21. August und dem 17. Oktober 1942 verlor die 6. Armee rund 40.000 Mann. Auch die Verluste an Material und Kampftechnik konnten nur ungenügend ersetzt werden. So verfügte die 14. Panzerdivision der Wehrmacht am 31. Oktober 1942 nur noch über elf Panzer, was im Allgemeinen der Stärke einer Panzerkompanie entsprach. Aber auch die Verluste der 62. Armee erreichten das Ausmaß der Blutmühle von Verdun, mit der die Schlacht an der Wolga immer wieder verglichen wird. Die Verteidiger der Stadt hatten im Durchschnitt pro Tag etwa 300–500 gefallene Soldaten zu beklagen. Nicht wenige Kämpfer sahen sich vor die ausweglose Wahl Tod oder Gefangenschaft gestellt. Besonders drastisch schilderte ein Rotarmist in einem Brief an die Heimat die Ankunft eines Transportes mit 4000 Mann Verstärkung, der sofort zum Einsatz kam. Nur fünfzehn bis zwanzig Mann überlebten ihr erstes Gefecht: »Die Zeit, die nötig war, um diese Division zu zerstören, betrug nicht einmal 15 Minuten«.[198] Insgesamt verlor die Rote Armee im Zuge der

Abwehr der Operation »Blau« an den Fronten in Stalingrad und im Kaukasus mehr als 520.000 Soldaten – sie wurden getötet oder vermisst oder gerieten in Kriegsgefangenschaft –, weitere 502.000 Rotarmisten wurden während der Kämpfe verwundet.[199]

Als im Oktober 1942 der Druck auf Tschujkows Truppen in Stalingrad immer weiter zunahm, befahl Stalin zwei Offensiven im Raum Kotluban, nördlich der umkämpften Stadt, die jedoch außer hohen Verlusten für die Rote Armee keine operativen Ergebnisse lieferten und den Verteidigern der Wolgastadt kaum spürbare Entlastung brachten. Als fatal erwies sich allerdings die Langzeitwirkung der von den Deutschen im Norden Stalingrads abgewehrten Offensiven der Roten Armee. Das Oberkommando der Wehrmacht wiegte sich – bedingt durch die eigenen Abwehrerfolge – derart in Sicherheit, dass es weite Teile des Raumes zwischen Don und Wolga und damit der Achillesferse der 6. Armee schließlich den Verbündeten zur Sicherung überließ. Genau hier erfolgte dann aber im November 1942 die Stalingrader Offensive der Roten Armee, denen die rumänischen und italienischen Truppen nichts entgegenzustellen hatten und die zur vernichtenden Niederlage der Wehrmacht bei Stalingrad und damit zu einer der entscheidenden Wenden im Zweiten Weltkrieg führte.

Bereits im Sommer 1942 konnte die GRU erneut einen entscheidenden Beitrag im Kampf gegen das Deutsche Reich leisten, wobei abermals Japan eine Schlüsselrolle spielte. Hier hatte die japanische Spionageabwehr zwar im Oktober 1941 den GRU-Agenten Richard Sorge verhaften können, doch verfügte der Militärnachrichtendienst inzwischen über andere Agenten, die den Verlust mehr als ersetzen. Noch vor dem Beginn des deutschen Angriffs ließ Stalin, da er aufgrund von Informationen der Militäraufklärung erneut davon ausgehen konnte, dass Japan die Sowjetunion nicht angreifen werde, elf Divisionen aus dem Fernen Osten in den Raum Stalingrad verlegen.[200] Die Quelle für diese wichtige Information trug den Decknamen »Dolly«. Hinter dem Pseudonym verbarg sich der britische Offizier James MacGibbon, ein Kommunist, der als Leutnant beim militärischen Nachrichtendienst diente und dort Zugang zu dem im Bletchley Park entzifferten Funkverkehr von Deutschen und Japanern hatte. Die gleiche Quelle, die bereits 1940 von der Militäraufklärung angeworben worden war, übermittelte am 19. August 1942 einen Bericht über den Frontbesuch des japanischen Botschafters Oshima Hiroshi, der ihn über Hitlers Hauptquartier in Winniza, nach Odessa, Nikolajew, Simferopol, Sewastopol, Mariupol, Stalino, Rostow am Don, Taganrog, Dnjepropetrowsk und Kiew geführt hatte. Überall hatte er von den deutschen Kommandobehörden umfassende Auskunft über die weiteren Pläne und den Kräfteeinsatz des Unternehmens »Blau« bekommen, sollte doch Japan nun endlich zum Eintritt in den Krieg gegen die Sowjetunion bewegt werden. Damit verfügte die GRU nahezu über das gleiche Lagebild wie die höchsten deutschen Kommandostellen und leitete es unverzüglich an Stalin weiter. Diesmal zeigte sich der sowjetische Diktator von den Leistungen seines Militärnachrichtendienstes beeindruckt und befahl eine unverzügliche Verstärkung der sowjetischen Kräfte im Kaukasus und an der Stalingrader Front.[201]

Die »Rote Kapelle« fliegt auf

In Deutschland und Westeuropa verlor die GRU zu dieser Zeit jedoch endgültig ihr weitverzweigtes Agentennetz, das die Gestapo als »Rote Kapelle« bezeichnete. Bereits Ende 1941 konnte die Abwehr einen Teil der Brüsseler GRU-Residentur festnehmen. Am 30. Juni 1942 gelang der Gestapo schließlich die Verhaftung von Johann Wenzel, dem Cheffunker der Agentennetze von Trepper und Gurewitsch, der unter der Folter die Verschlüsselung des Nachrichtenverkehrs mit der Moskauer Geheimdienstzentrale preisgab. Aufgrund der entschlüsselten Informationen gelangte die Gestapo an die Adressen der Quellen des GRU- und NKWD-Netzwerkes in Deutschland, da der Militärgeheimdienst diese im Herbst 1941 an Gurewitsch gefunkt hatte. »Kent« sollte umgehend in Berlin Kontakt zu Ilse Stöbe und Harro Schulze-

Boysen herstellen. Diese abgefangenen Funksendungen konnte die Gestapo nach der Festnahme von Wenzel endlich dechiffrieren. Bis Mitte September 1942 erfolgten dann die Verhaftungen von Harro Schulze-Boysen, Oberleutnant und NKWD-Agent »Starschina« im Reichsluftfahrtministerium, von Arvid Harnack, Oberregierungsrat im Reichswirtschaftsministerium und unter dem Deckname »Korse« vom sowjetischen Geheimdienst als Quelle geführt, von Adam Kuckhoff, Schriftsteller und gleichfalls unter dem Decknamen »Starik« Quelle des NKWD, sowie von Stöbe und weiteren Zuträgern.[202]

Im August 1942 setzte das NKWD – in Unkenntnis der bereits laufenden Fahndungen der Gestapo – in Zusammenarbeit mit der GRU schließlich die Infiltrationsagenten »Franz« (Albrecht Hößler) und »Beck« (Robert Barth) im Rücken der Front ab.[203] Mit neuen Funkgeräten ausgerüstet, sollten sie die Berichte von »Alta«, »Arier«, »Korse« sowie von »Breitenbach« nach Moskau weiterleiten. Als Heimaturlauber getarnt, schlugen sich beide nach Berlin durch, wo sie mit den bislang nicht verhafteten Mitgliedern der Gruppe um Schulze-Boysen in Kontakt traten. Weil die Organisation bereits von der Gestapo unterwandert war, nahm die Geheimpolizei im September beide Agenten fest. Der Funkspielexperte des Reichssicherheitsamtes Thomas Ampletzer setzte dann »Beck« auf die Gegenstelle in Moskau an. Dieser funkte am 14. Oktober 1942 sein vereinbartes Signal, baute allerdings, so die russische Version, in seinen Funkspruch ein verabredetes Zeichen ein, dass er sich in Haft befände. Der sowjetische GRU-Funker bemerkte dieses Fehlersignal jedoch nicht. Die Moskauer Zentrale übergab »Beck«, da sie glaubte, dass die Operation wie geplant anlaufe, die Erkennungszeichen weiterer GRU- und NKWD-Agenten. Die Dechiffrierspezialisten der Gestapo gelangten so an deren Adressen, die Spione tappten anschließend einer nach dem anderen in die ihnen gestellten Fallen. Zu den bekanntesten von ihnen gehörten Rudolf von Scheliha, Willi Lehmann und Hansheinrich Kummerow, die bis Anfang Dezember 1942 verhaftet und nachfolgend hingerichtet wurden.[204]

Erneute GRU-Umbildung August 1942 – Abhängigkeit vom NKWD

Im August 1942 erfolgten in der Struktur der Militäraufklärung erneute Veränderungen. Aus Teilen der 1. Verwaltung wurde zusätzlich eine 3. Verwaltung gebildet, die nunmehr ausschließlich für Spionageoperationen in den besetzten Gebieten der Sowjetunion zuständig war. Ende Oktober 1942 beschlossen Stalin und die Führung der Roten Armee dann die Ausgliederung der militärischen Frontaufklärung aus der GRU. Diese war jetzt allein für die sogenannte Agenturaufklärung von Streitkräften im Ausland sowie in den besetzten Gebieten der Sowjetunion zuständig. Zugleich wurde die GRU aus der Befehlsgewalt des Generalstabes herausgelöst und direkt dem Volkskommissariat für Verteidigung unterstellt. Die Truppenaufklärung firmierte nun als Verwaltung Militäraufklärung des Generalstabes der Roten Armee, der auch die Aufklärungsabteilungen der Fronten und Armeen unterstellt wurden. Der neu geschaffenen Verwaltung verbot der Diktator zugleich, nachrichtendienstliche Erkenntnisse durch den Einsatz von Agenten zu beschaffen. Ungleich schwerer wog für die GRU allerdings die Weisung des Diktators, den Dechiffrierdienst des militärischen Nachrichtendienstes an die Konkurrenten vom NKWD abzutreten. Damit verfügte der Militärgeheimdienst nicht mehr über eigene Strukturen, um abgefangene Funk- und Fernmeldeinformationen des Gegners selbst auszuwerten, und musste sich damit im Bereich der sogenannten SIGINT vollständig in die Abhängigkeit des politischen Geheimdienstes der Sowjetunion begeben. Im November 1942 tauschten schließlich die 2. Verwaltung und die 3. Verwaltung ihre Nummern, zugleich wurden die Abteilungen Außenbeziehungen und Sonderaufgaben aus der GRU ausgegliedert.[205]

Erfolge der Funkaufklärung – die Schlacht um Stalingrad

Währenddessen traten bei Stalingrad die sowjetischen Truppen zu einer groß angelegten Offensive an, die die Wehrmacht völlig überraschte und mit der Einschließung sowie Kapitulation der 6. Armee unter Generalfeldmarschall Friedrich Paulus in der Wolgastadt endete. Eine Schlüsselrolle spielten in dieser Phase vor allem die Agentennachrichten von Radó, der zwischen November 1942 und März 1943 rund 750 Funkmeldungen an die Moskauer GRU-Zentrale übermittelte. Auf deren Grundlage zeigte sich der sowjetische Generalstab in der Lage, die verzweifelten deutschen Versuche, Paulus und seine Truppen zu entsetzen, abzuwehren.[206]

Die Funkaufklärung der GRU trug gleichfalls zum Sieg der Roten Armee bei, der den weiteren Ausgang des Krieges entscheidend beeinflussen sollte. Im Herbst 1942 konnte sie die zur Flankendeckung am Don eingesetzten rumänischen und italienischen Verbände lokalisieren und damit eine der Achillesfersen der deutschen Planungen ausmachen. Im November ermittelte sie genau, welche deutschen Truppen in Stalingrad in der Falle saßen. Stalin erhielt von der GRU folgende Meldung: »Im Kessel befinden sich Teile der 4. und 6. deutschen Armee unter dem Kommando des Generals der Panzertruppe Paulus. Zu ihrem Bestand gehören das XI., VIII., LI. Korps sowie zwei Panzerkorps mit insgesamt 22 Divisionen, davon 15 Infanteriedivisionen, 3 Panzerdivisionen und 3 motorisierte Divisionen«[207]. Im Dezember ortete sie schließlich die Verbände des XXXXVIII. und des LVII. Panzerkorps am Tschir bzw. bei Kotelnikowo, die im Rahmen des Unternehmens »Wintergewitter« zur eingeschlossenen 6. Armee vorstoßen sollten. Durch die rasche Heranführung der sowjetischen 2. Garde-Panzerarmee konnte der Vorstoß der deutschen Panzer 48 Kilometer vor Stalingrad gestoppt werden.

Die deutschen Truppen an der Wolga waren damit der Vernichtung preisgegeben, bis zur Kapitulation kamen 60.000 Wehrmachtsoldaten im Kessel um. Ende Januar 1943 gingen rund 100.000 Mann in sowjetische Gefangenschaft. Gezeichnet von Entkräftung, Hunger und Krankheit sollten nach Kriegsende nur 6000 von ihnen nach Deutschland zurückkehren können.[208]

Noch auf dem Höhepunkt der Schlacht legte die GRU einen Bericht über die bisherige Arbeit ihrer Funkaufklärung vor. Am 29. November 1942 übermittelte GRU-Chef Il'itschjow das entsprechende Schreiben an Stalin. Seinem Dechiffrierdienst war der Einbruch in die wichtigsten Verschlüsselungscodes der Wehrmacht, der Polizei und des Auswärtigen Amtes gelungen. Ferner konnten 75 Codes des Amtes Ausland/Abwehr sowie 200 Schlüssel hierzu »geknackt« werden, was es der GRU ermöglichte, mehr als 50.000 verschlüsselte deutsche Fernschreiben mitzulesen. Durch deren Auswertung vermochte es die Militäraufklärung der Roten Armee, die Dislokation von 100 Divisionsstäben der Wehrmacht sowie die Nummerierung von mehr als 200 selbstständigen Bataillonen und Abteilungen zu ermitteln. Ferner konnten so wertvolle Angaben zur Kampfkraft und Stärke des Ostheeres, seiner Verluste und zur Tätigkeit der Partisanen im Hinterland der deutsch-sowjetischen Front gewonnen werden. Zudem gelang die Enttarnung von 100 deutschen Agenten in der Sowjetunion und 500 Rotarmisten, die nach ihrer Gefangenschaft die Seiten gewechselt hatten und nun Aufträge der deutschen Militäraufklärung erfüllten. Gleichzeitig konnte die GRU feststellen, dass die Wehrmacht Kenntnisse zu mehr als 200 Divisionen der Roten Armee und über die Verlagerung wichtiger sowjetischer Rüstungswerke hinter den Ural besaß. Weiterhin informierte Il'itschjow den sowjetischen Diktator darüber, dass eine wissenschaftliche Gruppe der III. Verwaltung der GRU an der Konstruktion einer Maschine zur Entschlüsselung von Fernschreiben arbeitete, die mit der Chiffriermaschine »Enigma« codiert worden waren.[209]

Bereits im Zuge der Schlacht um Moskau hatte die Rote Armee im Dezember 1941 mehrere »Enigma«-Schlüsselmaschinen in ihren Besitz bringen können. Zusammen mit den Codiergeräten waren zudem einige Chiffrierspezialisten der Wehrmacht in sowjetische Kriegsgefangenschaft geraten. Mit ihrer Hilfe konstruierten Spezialisten der GRU dann im Laufe des Jahres 1942 Geräte zur Entschlüsselung von Schriftwechsel, der über die »Enigma« geführt worden war. Als die Deutschen jedoch ab Anfang 1943 eine zusätzliche vierte Walze für die Verschlüsselung ihrer Funk- und Fernschreibsprüche nutzten, gerieten die sowjetischen Bemühungen zur Entschlüsselung der »Enigma« in eine Sackgasse. Ohne die entsprechende elektronische Rechentechnik, die in der Sowjetunion während des Krieges nicht vorhanden war, erwies es sich als unmöglich, weiter in den deutschen Schlüssel einzubrechen.[210]

Die Papierflut: Lageberichte und ihre Analyse

Trotz aller Dechiffriererfolge und wichtiger Agentenmeldungen sollte nicht vergessen werden, dass es sich bei der GRU in erster Linie um eine militärische Behörde handelte, die vor allem eines produzierte: Papier, und das in unvorstellbaren Mengen. Entsprechend den Weisungen des Generalstabes und der Führung des Militärnachrichtendienstes hatte jede Aufklärungsabteilung einer Front (Heeresgruppe) täglich gegen 20:00 Uhr eine Meldung nach Moskau zu senden, die neue Erkenntnisse der Feindaufklärung über den Gegner enthalten sollte. Bis um 03:00 Uhr des Folgetages war die GRU-Zentrale zudem über Veränderungen bei den Einheiten und Verbänden der Wehrmacht entlang der entsprechenden Frontabschnitte zu informieren. Hinzu kamen sogenannte »Dekadenberichte«, die jeweils am 9., 19. und 29. jedes Monats nach Moskau geschickt werden mussten. Zudem forderte der Chef des Militärnachrichtendienstes jeden Monat einen zusammenfassenden Bericht über die Arbeit der einzelnen Aufklärungsabteilungen bei den Fronten an. Allein diese Meldungen summierten sich über das Jahr hinweg auf mehr als 780 Schreiben. Wenn man davon ausgeht, dass die Rote Armee 1942 an insgesamt 17 Fronten aktiv war, schickten diese allein zwischen dem 1. Januar und dem 31. Dezember 1942 mehr als 13.000 verschiedene Rapporte an das GRU-Hauptquartier. Diese waren natürlich nicht mehr als die Spitze des Eisberges, denn hinzu kamen zahllose Protokolle der Befragungen von Kriegsgefangenen, abgefangene Funksprüche, Meldungen über erbeutete neue Technik der Wehrmacht und natürlich die Berichte der Agenten im Ausland. Allein der bereits erwähnte »Brion« sandte 1942 insgesamt 1344 Meldungen von London aus nach Moskau.

All diese Quellen mussten natürlich analysiert werden, um den politischen und militärischen Führungsinstanzen ein möglichst korrektes Lagebild für die Entscheidungsfindung geben zu können. Jeden Tag fertigte die GRU deshalb nach dem Mittag einen Aufklärungsbericht über die militärische Lage an den Fronten an. Dieser ging an Stalin, den Generalstabschef sowie den Leiter der operativen Verwaltung des Generalstabes der Roten Armee. Mindestens einmal in der Woche war diesem Bericht eine Lagekarte beizufügen, die die an der Front eingesetzten Gruppierungen der Wehrmacht zeigte. Jeden 7., 15., 22. und 30. eines Monats stellte der Militärnachrichtendienst Stalin, den Mitgliedern des Staatlichen Verteidigungskomitees sowie dem Generalstabschef eine Übersicht der an der deutsch-sowjetischen Front eingesetzten Kräfte der Wehrmacht zu, die alle dort befindlichen deutschen Divisionen, Brigaden, Regimenter und Bataillone sowie die entsprechenden Einheiten der Verbündeten aufführte. Gingen in der GRU wichtige Meldungen von Spitzenagenten ein, fertigte deren Leitung hieraus entsprechende Sondermitteilungen an, die unverzüglich an einen ausgewählten Kreis der sowjetischen Führung übermittelt wurden, zu dem Stalin, Berija, Shukow, Schaposchnikow, Wasilewskij, aber auch gelegentlich Außenminister Molotow sowie Malenkow, als Stellvertretender Vorsitzender des Ministerrats, gehörten.[211]

Reorganisation der Truppenaufklärung der Roten Armee

Obgleich die GRU mit für den Sieg bei Stalingrad gesorgt hatte, entschied sich Stalin am 19. April 1943 dafür, die Truppenaufklärung der Roten Armee erneut zu reorganisieren und ihr wieder den selbstständigen Einsatz von Agenten auf den Führungsebenen Generalstab und Front innerhalb der von den Deutschen besetzten Gebiete der Sowjetunion zu gestatten. Hierfür ließ er beim Generalstab der Roten Armee die Verwaltung Truppenaufklärung zur Aufklärungsverwaltung reorganisieren. Die den Fronten unterstehenden Armeen und deren Verbände durften hingegen auch weiterhin keine Spione für

Die GRU im Zweiten Weltkrieg

Aufklärungszwecke einsetzen. Die GRU selbst hatte sich fortan auf den Agenteneinsatz im Ausland zu beschränken. Zugleich wurde ihre 2. Verwaltung, die bisher die Truppenaufklärung organisatorisch betreute, aufgelöst und deren Mitarbeiter in die Aufklärungsverwaltung beim Generalstab der Roten Armee versetzt. Auch die bisher von der 2. GRU-Verwaltung geführten Agenten wechselten somit zur Aufklärungsverwaltung. Diese sollte zukünftig über neun selbstständige Abteilungen verfügen: 1. Abteilung (Truppenaufklärung), 2. Abteilung (Agenturaufklärung), 3. Abteilung (Führung der Agentenaufklärung an den Fronten), 4. Abteilung (operative Informationen), 5. Abteilung (Funkaufklärung), 6. Abteilung (Funkverbindungen zu den Agenten), 7. Abteilung (Personal), 8. Abteilung (Chiffrierdienst), Verwaltungsabteilung. Hinzu kamen eigenständige Referate für Desinformation, Agentenausrüstung und Finanzen sowie eine Untersuchungsabteilung für die Verhöre von Kriegsgefangenen, eine Flugzeugstaffel, eine Funkstelle und eine Schule für die Ausbildung von Spionen zum Einsatz im Hinterland der deutsch-sowjetischen Front.

Die an den Fronten zu bildenden Aufklärungsabteilungen wiesen im Wesentlichen die gleiche Organisation wie die der Aufklärungsverwaltung auf, verfügten jedoch über deutlich weniger Personal als diese. Als wesentlich schlanker erwies sich die Organisation der Truppenaufklärung bei den Armeen. Deren Aufklärungsabteilung verfügte über ein Referat Truppenaufklärung sowie über ein Informationsreferat. Ferner stand für die Befragung von Kriegsgefangenen eine Untersuchungseinheit bereit, den Aktenverkehr erledigte die Schriftabteilung. Auf der Ebene des Korps beschäftigten sich nur noch drei Offiziere mit Fragen der Feindaufklärung: der Aufklärungschef beim Stab des Korps und dessen Gehilfen für Truppenaufklärung bzw. Information, die von zwei Dolmetschern unterstützt wurden. Bei den Divisionen gab es gleichfalls einen Aufklärungschef, dem ein Gehilfe und ein Dolmetscher beigegeben waren. Für gewaltsame Aufklärungsunternehmen stand ihm zudem eine Aufklärungskompanie zur Verfügung. In den Regimentern war der Gehilfe des Stabschefs für Aufklärung für die Bearbeitung von Informationen über den Gegner verantwortlich. Er konnte bei seiner Arbeit auf einen Dolmetscher sowie einen Zug Infanterie und einen Zug Kavallerie zurückgreifen.

Um die zahlreichen klandestin beschafften Erkenntnisse besser auswerten zu können, war beim Stabschef der Roten Armee eine besondere Offiziersgruppe unter dem Kommando des ehemaligen GRU-Chefs Golikow einzurichten, die alle Informationen aus der GRU, dem NKWD, dem Volkskommissariat der Kriegsmarine, der Spionageabwehr »Smersch« sowie von den Partisanenstäben auszuwerten und zu analysieren hatte. Zum Chef der Aufklärungsverwaltung beim Generalstab der Roten Armee ernannte Stalin Generalleutnant Fjodor F. Kusnezow. Der Offizier hatte zuvor seine Karriere in der Politischen Hauptverwaltung der Roten Armee gemacht und zwischen 1942 und 1943 als Politkommissar im Militärrat der Woronescher Front gedient. Nun sollte der bisher mit nachrichtendienstlichen Fragen nicht vertraute General die Leitung der Aufklärungsverwaltung beim Generalstab übernehmen.[212]

Der Grund hierfür lag offenbar darin, dass Stalin mit den bisherigen Ergebnissen der Truppenaufklärung der Roten Armee nicht zufrieden sein konnte: »Die Erfahrungen der Gefechtstätigkeit der Truppe haben gezeigt, dass die Kommandeure der Einheiten und Verbände der militärischen Aufklärung nicht die gebührende Aufmerksamkeit schenken. Die Befehlshaber der Fronten und Armeen erkundigen sich bei ihren Divisions- und Regimentskommandeuren kaum über den Zustand der Truppenaufklärung und bemühen sich nicht um die Verbesserung der Aufklärungskenntnisse der allgemeinen Befehlshaber. Die Aufklärungseinheiten werden sehr oft nicht entsprechend ihrem Zweck eingesetzt. Ferner werden die Aufklärungstruppen in der Regel nicht mit den nötigen materiellen Mitteln ausgestattet, ihre Kommandeure und Kämpfer kommen bei der Versorgung sowie bei den Auszeichnungen zu kurz, sodass für die besten Kämpfer kein Anreiz besteht, sich im Bereich der Aufklärung bewähren zu wollen. Die Ausbildung der Aufklärer ist nicht wirklich organisiert, ihre Einheiten sind personell unterbesetzt. Die Aufklärungsorgane der Spezialtruppen führen ihre Arbeit ohne Abstimmung durch und halten es nicht für nötig, alle Informationen, die sie erhalten, sofort an die Aufklärungsabteilungen der Fronten und Armeen zu melden. Diese wiederum haben keine Möglichkeiten zur Luftaufklärung. Die in den Luftstreitkräften vorhandenen Aufklärungsregimenter führen in der Regel nur eine begrenzte Aufklärung zugunsten der eigenen Luftwaffe durch und sind zudem mit in operativ-taktischer Hinsicht unerfahrenen Piloten und Beobachtern besetzt, sodass die Ergebnisse der Luftaufklärung über den Feind von geringem Wert sind. Die Gefechtstätigkeit der Aufklärungseinheiten und -organe ist nach wie vor auf einem niedrigen Niveau und versorgt die Truppen nicht ausreichend mit den notwendigen Informationen über den Gegner. Es mangelt weiterhin an Initiative und Einfallsreichtum bei der Anwendung der verschiedenen Formen und Methoden der militärischen Aufklärung. Die Beschaffung und Analyse aller nachrichtendienstlichen Informationen ist ungenügend, insbesondere die Verhöre von Kriegsgefangenen und die Auswertung von Beutedokumenten sind unzureichend organisiert.«[213]

Um die Arbeit der Truppenaufklärung zu verbessern, ordnete Stalin deshalb nachfolgend an, dieser endlich die nötige Aufmerksamkeit zu widmen und die hierfür vorgesehenen Einheiten bis zum 10. Mai 1943 vollständig aufzufüllen. Ferner befahl er deren verbesserte Ausstattung mit Waffen und Gerät, aber auch eine Erhöhung der bislang geltenden Verpflegungsnormen. Zur Erhöhung des Ausbildungsstandes der bei der Aufklärung eingesetzten Offiziere veranlasste er die Einrichtung einer entsprechenden Fakultät an der Spezialhochschule der Roten Armee.[214]

Die nachfolgenden Ereignisse sprechen in der Tat dafür, dass das Ziel der Reorganisationsmaßnahmen erreicht wurde und die Militäraufklärung zunehmend besser arbeitete. Die Qualität der Funkaufklärung, der Luftaufklärung, aber auch die der zahlreichen Spionagenetze steigerte sich, was es der GRU schließlich ermöglichte, ein immer klareres Bild der deutschen Kräftedispositionen und der künftigen operativen Ziele der Wehrmacht zu zeichnen.[215] Dies bestätigte eindrucksvoll die Panzerschlacht bei Kursk.

Die GRU und das Unternehmen »Zitadelle«

Nach der Niederlage von Stalingrad sah sich die Wehrmacht gezwungen, wie es Hitler im Februar 1943 bei einer Besprechung ausdrückte, »keine großen Operationen« mehr durchzuführen, sondern nur noch »kleine Haken« zu schlagen. Als Ziel bot sich der Wehrmachtsführung der Frontvorsprung bei Kursk an, der 120 Kilometer tief in die deutsche Hauptkampflinie hineinragte. Hier sollten mit einer Zangenoperation die dort stehenden Truppen der Roten Armee durch einen Stoß der rechten Flanke der Heeresgruppe Mitte aus dem Raum Orjol und einen Angriff der Heeresgruppe Süd aus der Gegend von Charkow nach Norden eingekesselt und vernichtet werden. Hitler, der lieber eine Offensive südlich von Charkow unternommen hätte, gab schließlich dem Drängen seiner Militärs nach.[216]

Doch noch bevor General Erich von Manstein seinen Operationsplan für das Unternehmen »Zitadelle« – so die Tarnbezeichnung für die geplante Offensive im Kursker Bogen – vollständig ausgearbeitet hatte, lagen in der Moskauer GRU-Zentrale erste Nachrichten über den beabsichtigten Angriff der Wehrmacht in diesem Raum vor. Bereits am 18. März 1943 informierte »Dora« darüber, dass sich die Deutschen bei ihren Operationen demnächst auf den Raum »Charkow und Kursk« konzentrieren würden. Auch andere Quellen bestätigten diese Absichten der Wehrmacht. Folglich berichtete der Militärgeheimdienst Ende März 1943 in seinem Bericht an das Hauptquartier der Roten Armee »über die Pläne der deutschen Führung für das Frühjahr und den Sommer 1943«, dass die Masse der Panzerdivisionen der Wehrmacht südlich der Linie Orjol-Brjansk konzentriert sei, sodass von einem Angriff der rechten Flanke der Heeresgruppe Mitte sowie der Heeresgruppe Süd auszugehen sei.[217] Obgleich diese Meldungen richtig und für die weitere Planung der Schlacht wichtig waren, saßen die sowjetischen GRU-Quellen im Ausland nicht selten auch Halbwahrheiten auf. So berichtete Radó am 3. April 1943 nach Moskau, dass Hitler dem Oberkommando des Heeres den Befehl gegeben habe, »Zitadelle« trotz Bedenken auszuführen, obwohl es ja in Wirklichkeit genau umgekehrt gewesen war.[218] Da die GRU jedoch gleichzeitig auf zahlreiche weitere Meldungen ihrer Agenten zurückgreifen konnte, die zum erheblichen Teil auf der westalliierten Auswertung abgefangener deutscher Funksprüche und Fernschreiben im Rahmen der Operation »Ultra« und deren geheimer Weitergabe an Agenten der GRU beruhten, konnte die Analyse der Agentenmeldungen so durchgeführt werden, dass sich das Lagebild einer bevorstehenden deutschen Operation im Raum Kursk immer mehr verdichtete.[219] Gewarnt durch die umfangreichen Meldungen ihres Nachrichtendienstes begann die Rote Armee mit der Anlage eines tief gestaffelten Verteidigungssystems im Kursker Bogen und der umfangreichen Verstärkung der hier eingesetzten Truppen. Begünstigt wurde dieses Vorhaben durch die mehrmalige Verschiebung des ursprünglich für Ende April 1943 vorgesehenen Angriffstermins, den Hitler schließlich auf den 5. Juli festlegte.[220]

Gleichzeitig vermochte es die sowjetische Truppenaufklärung, zahlreiche Informationen zum beabsichtigten deutschen Angriff beizusteuern. Die Luftaufklärung fotografierte Flugplätze der Luftwaffe im Operationsgebiet und beschaffte zudem Angaben zu den wichtigsten künftigen Stoßrichtungen der erwarteten deutschen Offensive. Die Funkaufklärung wiederum konnte zahlreiche Panzerdivisionen der deutschen Angriffsgruppierungen in ihren Bereitstellungsräumen ausmachen und so die Angaben der GRU-Agenten über die Verlegung von Verbänden und neuen deutschen Panzertypen verifizieren. An der Front selbst unternahmen zahlreiche Stoßtrupps Aufklärungsraids bis weit ins Hinterland der deutschen Front. Dort agierten zudem bereits einzelne Agentengruppen, die den Aufklärungsabteilungen der Fronten unterstanden. Bei insgesamt 2600 Raids und 1500 Hinterhalten an der Zentral- sowie der Woronescher Front nahmen die Spezialaufklärer der Roten Armee mehr als 185 Soldaten und Offiziere der Wehrmacht gefangen, deren Befragungen zahlreiche zusätzliche Informationen über das Unternehmen »Zitadelle« erbrachten.[221] Inzwischen hatte allerdings auch der deutsche Militärgeheimdienst – die Abwehr – die beträchtliche sowjetische Kräftekonzentration im Raum Kursk bemerkt und musste feststellen, dass das ursprünglich angestrebte Überraschungsmoment verloren war. Gleichwohl drängten die Nachrichtendienstoffiziere der Wehrmacht auf die Durchführung von »Zitadelle«, da man hoffte, durch einen Angriff der zunehmenden Übermacht der Roten Armee am besten entgegenwirken zu können.[222]

Die Gegenoffensive »Kutusow«

Da jedes Überraschungsmoment fehlte und sich die russischen Verteidiger den deutschen Angreifern weit überlegen zeigten, musste »Zitadelle« nach wenigen Tagen scheitern. Mit der mythischen Panzerschlacht bei Prochorowka hatte die Schlacht am 12. Juli 1943 ihren Höhepunkt erreicht. Am gleichen Tag startete die Rote Armee ihre Gegenoffensive »Kutusow« im Frontbogen von Orjol gegen die Heeresgruppe Mitte, was schließlich zum Abbruch des letzten großen deutschen Angriffsunternehmens an der Ostfront führte. Da zudem am 10. Juli 1943 die Westalliierten auf Sizilien gelandet waren und sich nun in Europa ein Zweifrontenkrieg für das Deutsche Reich entwickelte, bestand nach Kursk keinerlei Aussicht mehr auf einen deutschen Sieg an der Ostfront. Strategisch war der Krieg zu diesem Zeitpunkt bereits eindeutig verloren. Die Wehrmacht hatte während der Kämpfe rund 30.000 Tote und 120.000 Verwundete zu beklagen. Ferner büßten ihre Panzerverbände, die die Elite des Heeres darstellten, mit 1500 Panzern mehr als die Hälfte der für das Unternehmen bereitgestellten Kampfwagen ein, was zum großen Teil auf die gut ausgebauten Stellungssysteme der Verteidiger zurückzuführen war. Trotz der wertvollen Erkenntnisse des Militärnachrichtendienstes der Roten

Armee, der den Angriff rechtzeitig aufklären konnte, mussten auch die sowjetischen Truppen einen hohen Blutzoll zahlen. Bei der Verteidigung des Kursker Bogens fielen 70.000 Angehörige der Roten Armee, weitere 183.000 Gefallene kosteten die nachfolgenden Offensiven, mit denen die Wehrmacht aus Belgorod und Orjol vertrieben wurde. Zum Vergleich: Das waren fast so viele Soldaten, wie Großbritannien im gesamten Zweiten Weltkrieg verlor.[223]

Funkspiele mit enttarnten Doppelagenten

Nach dem Sieg bei Kursk musste die GRU gleichwohl empfindliche Niederlagen hinnehmen. Im Oktober 1943 rollte die Schweizer Spionageabwehr das Agentennetz von »Dora« auf. Radó selbst konnte sich allerdings der bevorstehenden Verhaftung entziehen und untertauchen.[224] Seit dem Frühjahr 1943 führte zudem das Reichssicherheitshauptamt ein umfangreiches Funkspiel mit dem im November 1942 verhafteten Trepper, der als »Otto« von Brüssel aus ein umfangreiches Agentennetzwerk geführt hatte. Zwar gelang ihm im September 1943 die Flucht aus dem Gewahrsam der Gestapo, doch konnte er Moskau bis vor Kriegsende nicht über das Doppelspiel in Kenntnis setzen. Im Herbst 1943 beendete die deutsche Seite schließlich die Funkspiele zwischen Moskau und Brüssel sowie zwischen Marseille und Paris, da die GRU-Zentrale auf immer konkretere Informationen der angeblichen Agenten drängte, was den operativen Wert der Gegenspionageoperation schließlich aufhob.[225]

Aber auch mit der Frontaufklärung der Roten Armee liefen nach der Festnahme von Agenten der Aufklärungsverwaltung beim Generalstab der Roten Armee entsprechende Funkspiele, wobei jede Seite versuchte, die vom Gegner angeworbenen Doppelagenten erneut zu überwerben und für die eigene Spionageabwehr einzusetzen. Für die bei diesen Unternehmen eingesetzten Nachrichtendienstoffiziere endeten derartige Operationen nicht selten mit dem Tod vor einem Erschießungskommando. So nahm im Frühjahr 1943 der Abwehrtrupp

304 den sowjetischen Hauptmann Fjodor Butikow und seine Ehefrau fest. Beide hatten angeblich von der Aufklärungsverwaltung der Südfront den Auftrag erhalten, in der Ukraine mehrere Residenturen aufzubauen. Nach sechsmonatiger Ausbildung an einer Spezialschule in Moskau wurden sie per Fallschirm im Einsatzgebiet abgesetzt. Bei seiner Verhaftung durch die Deutschen gab der Offizier an, 1938 im Zuge der stalinistischen Säuberungen verhaftet worden zu sein, und bot sich sofort als vermeintlicher Gegner des Sowjetsystems an, für den Nachrichtendienst der Wehrmacht zu arbeiten. Das sich daraufhin entwickelnde Funkspiel führte dazu, dass die sowjetische Seite zunächst eine weitere Agentin hinter die deutschen Frontlinien schickte, die von der Abwehr festgesetzt wurde. Zur gleichen Zeit schickte diese Butikow zurück zu seinen Auftraggebern, um als deutscher Doppelagent gegen die Aufklärungsverwaltung zu arbeiten. Da der Funkkontakt mit ihm jedoch bald nach dem Beginn der Operation abbrach, nahmen die Deutschen an, der Offizier habe seinerseits den Auftrag gehabt, die Arbeit des Abwehrtrupps auszukundschaften. Im Herbst 1943 kehrte Butikow jedoch zur Überraschung der Deutschen zu ihnen zurück. Nach entsprechenden Verhören wurde nun sein neuer Spionageauftrag für die sowjetische Seite enttarnt und der Offizier nach zahlreichen weiteren Befragungen schließlich an den SD überstellt, der ihn mit hoher Wahrscheinlichkeit hinrichten ließ. Seine angebliche Ehefrau, die als Funkerin bei dem Gegenspionageunternehmen eingesetzt worden war, hatten die Deutschen bereits am 5. September 1943 in Stalino erschossen.[226]

Fehlschlüsse zur Sommeroffensive der Roten Armee – eine Desinformationskampagne der GRU?

1944 änderte sich der Schwerpunkt der Tätigkeit der GRU. Bislang hatte der militärische Nachrichtendienst der Roten Armee herausfinden müssen, an welchen Abschnitten der Front die Wehrmacht ihre künftigen Offensiven plane. 1944 konnte die Wehrmacht jedoch nicht mehr zum Angriff übergehen und lauerte vielmehr darauf, an welcher Stelle die lang erwartete Sommeroffensive der Roten Armee ihren Anfang nehmen würde. Die GRU wiederum versuchte, genau dies zu verhindern. Das Vorhaben glückte, denn die deutsche Feindaufklärung unter General Reinhard Gehlen, dem Chef der OKH-Abteilung Fremde Heere Ost, nahm seit dem Frühjahr 1944 an, dass sich der Hauptstoß der sowjetischen Sommeroffensive gegen die Heeresgruppe Süd richten werde. Als weiteren möglichen Ansatzpunkt für einen Großangriff der Roten Armee betrachteten die Nachrichtendienstoffiziere um Gehlen die Nahtstelle zwischen den Heeresgruppen Süd und Mitte, da es durch einen tiefen Vorstoß in das Generalgouvernement möglich werde, der Heeresgruppe Mitte in die Flanke zu fallen.[227] Eine derartige Operation, so Gehlen Mitte März 1944 bei einem Vortrag für den Generalstabschef des Heeres Generaloberst Kurt Zeitzler, sei in einigen Wochen als sicher anzunehmen. Zeitzler war von den Ausführungen seines Nachrichtendienstchefs so überzeugt, dass er wenige Tage später Hitler die von Gehlen prognostizierte Lageentwicklung für die Ostfront vortrug. Damit aber legte sich die Wehrmachtsführung weitgehend auf eine Variante der Kampfhandlungen im Osten fest, die sich dann im Sommer 1944 als fatal erweisen sollte.[228]

Ziel der sowjetischen Sommeroffensive – so Gehlen damals – dürfte es sein, »durch Vorstoß auf den Balkan, in das Generalgouvernement und die Baltischen Staaten noch im Jahre 1944 die Voraussetzungen für einen Einbruch nach Mitteleuropa, insbesondere in die östlichen Grenzgebiete des Reiches zu schaffen, um damit möglichst frühzeitig für den weiteren Kriegsverlauf entscheidende Auswirkungen auf politischem und wirtschaftlichem Gebiet zu erzielen«.[229] Mit dieser strategischen Einschätzung lag Gehlen zwar richtig, doch schätzte er falsch ein, mit welchem Kräfteeinsatz die Rote Armee dieses Ziel erreichen wollte, da er davon ausging, dass der Hauptstoß der sowjetischen Streitkräfte im Bereich der 1. und 2. Ukrainischen Front erfolgen werde.

Eine der wichtigsten Grundlagen für diese Lageeinschätzung von Fremde Heere Ost war offensichtlich die Information einer bewährten

Quelle, die kurz zuvor folgendes gemeldet hatte: »Der jetzige Hauptstoß ist auf dem linken Flügel der 1. Ukrainischen Front des Marschall Shukow. Der Stoß erfolgt in Richtung Tschernowitz – Stanislau – Drogobitsch in der Absicht, im Süden die Stadt Lemberg zu umgehen. Die angreifenden Truppen sollen nach dem Übergang über den Dnjestr bis zu den Karpaten und den Fluss San vorstoßen. Auf diesen Abschnitt ziehen die Russen große Mengen ihrer Reserven.«[230] Diese Information stammte wohl mit hoher Wahrscheinlichkeit vom Agentenring »Max«, der von Richard Kauder geleitet wurde. Allein im März 1944 machten die Agentenmeldungen Kauders knapp sechzig Prozent aller Abwehrmeldungen aus, die von Gehlens Leuten der OKH-Abteilung Fremde Heere Ost für die Erstellung der täglichen Lageanalysen der Ostfront verwendet wurden. Die Quelle für diese Fehlinformation, die Kauder zur Übermittlung an die Abwehr genutzt hatte, war wohl der Agent Alexis Shenshin, der von einem seiner Kuriere die Nachricht erhalten hatte, die sowjetischen Truppen würden für den Mai 1944 eine Offensive an der rumänischen Front planen, aus der dann zusammen mit einer für den Juni 1944 gegen die Heeresgruppe Nord geplanten Angriffsoperation eine weiträumig angelegte Zangenbewegung entstehen solle. Im Bereich der Heeresgruppe Mitte werde sich die Rote Armee hingegen weitgehend passiv verhalten.

Bei Shenshin handelte es sich um einen 1891 in Moskau geborenen Exilrussen, der nach dem Bürgerkrieg 1920 von den Briten nach Ägypten evakuiert worden war. 1921 siedelte er nach Belgrad über, wo er seit 1924 eine Professur an der dortigen Universität innehatte. 1939 schloss sich Shenshin der »Russischen Nationalunion der Kriegsveteranen« des ehemaligen Zarengenerals Anton W. Turkul an, der Kontakte zur deutschen Abwehr unterhielt. Im gleichen Jahr nahm der Professor den Lehrstuhl am Forstwissenschaftlichen Institut der Universität Istanbul an, weshalb Turkul ihn bat, in der Türkei für seine Organisation als Ansprechpartner der Deutschen tätig zu sein. Im März 1940 traf Shenshin hier angeblich mit einem ersten Kurier aus der Sowjetunion zusammen, der ihm dort gesammelte

Geheimnachrichten übergab. Bis Ende August 1944 folgten jeweils im Abstand von mehreren Wochen weitere zwanzig Treffen mit verschiedenen Kurieren. Seit Sommer 1943 übermittelte Shenshin seine von den Kurieren aus der Sowjetunion erhaltenen Berichte an einen Exilrussen mit dem Namen Willi Götz, der sie über eine deutsche Dienststelle in Budapest angeblich an General Turkul weiterleiten würde. Shenshin teilte Götz – wohl um seine Glaubwürdigkeit zu erhöhen – zudem mit, dass er in Kontakt mit einer Gruppe oppositioneller Offiziere der Roten Armee stehe.[231]

Auf Grundlage der vorhandenen Informationen dürfte nicht auszuschließen sein, dass Shenshin einer Desinformationsoperation der GRU aufgesessen war. Zum einen scheint es unwahrscheinlich, dass zwischen März 1940 und August 1944, von der sowjetischen Geheimpolizei unbemerkt, insgesamt 21 Kuriere den Exilrussen in Istanbul treffen konnten, ohne dass dieser Umstand den zahlreichen dort tätigen Agenten und Informanten des NKWD oder des Nachrichtendienstes der Roten Armee aufgefallen wäre. Weiterhin spricht der Verweis auf eine mögliche oppositionelle Gruppe von sowjetischen Militärs gleichfalls für die Handschrift des Geheimdienstes der Roten Armee. Ob Gehlen und seine Auswerter in der OKH-Abteilung Fremde Heere Ost hier allerdings tatsächlich einer gezielten Desinformation der GRU aufgesessen waren, müssen weitere Forschungen klären, die jedoch erst möglich sind, wenn der Militärgeheimdienst zumindest teilweise seine Archive öffnet.

Auf jeden Fall steht fest, dass Gehlen, bedingt durch fehlende Informationen der bislang immer so zuverlässigen Funkaufklärung – die Rote Armee hatte ihren Funkverkehr auf Weisung der GRU seit Anfang Mai 1944 weitgehend eingestellt – und die immer schwieriger werdende Luftaufklärung weiterhin annahm, die sowjetische Militärführung werde sich zwischen einer Ostsee- und einer Balkanoperation entscheiden. Aus den eingehenden Agenteninformationen ergab sich weiterhin die Annahme, dass der Schwerpunkt der künftigen Operationen im Süden liegen werde. So hatten Gehlens Analysten Anfang

Mai 1944 in der Nord- und Südukraine mehr als 6500 sowjetische Panzer gezählt, während im Abschnitt der Heeresgruppe Mitte lediglich 848 erfasst worden waren. Bei der Heeresgruppe Nord wiederum zählte der deutsche militärische Geheimdienst immerhin mehr als 1800 Panzer.[232] Für die militärische Führung der Wehrmacht erwiesen sich die Lagebeurteilungen von Fremde Heere Ost als überaus gefährlich, drangen die deutschen Geheimdienstoffiziere doch darauf, dass die »Feindlage vor der Ostfront [...] zu einem sehr großen eigenen Kräftebedarf im Süden« führe, »der eine sofortige Bereitstellung entsprechender deutscher Reserven erforderlich erscheinen« lasse.[233] Diese Schlussfolgerung war geeignet, die Kampfführung des Ostheeres der Wehrmacht im Sommer 1944 erheblich zu schwächen, zwang sie doch, die ohnehin knappen Reserven an einem falschen Ort zu konzentrieren. Während sich Ende Mai/Anfang Juni 1944 vor der Front der Heeresgruppe Mitte die Hinweise der deutschen Truppenaufklärung verdichteten, dass der sogenannte »weißrussische Balkon« das Ziel des sowjetischen Angriffsunternehmens sein werde und dieser Frontabschnitt keinesfalls ein Nebenkriegsschauplatz war, schauten die Auswerteoffiziere der OKH-Abteilung Fremde Heere Ost weiter wie gebannt nach Süden, weil sie dort den Schwerpunkt der Angriffsbemühungen der Roten Armee erwarteten. Erneut stammten die Spionageinformationen für die Lagebeurteilungen Gehlens – wie konnte es anders sein – aus dem Agentenring um Richard Kauder. Erst vierzehn Tage vor Beginn der Angriffsoperation »Bagration« tauchten in den täglichen Feindlagebeurteilungen Gehlens Anzeichen dafür auf, dass auch mit Angriffen gegen die Heeresgruppe Mitte zu rechnen sei.[234]

Obgleich kriegsgefangene Offiziere und Soldaten der Roten Armee bei Befragungen durch die deutschen Abwehroffiziere seit Mitte Mai 1944 eindeutige Hinweise auf bevorstehende Angriffsoperationen im Zentrum der deutsch-sowjetischen Front und damit verbundene Truppenverstärkungen gegeben hatten, nahmen die Gehlen-Offiziere bis kurz vor dem Beginn der sowjetischen Offensive am

22. Juni 1944 an, es würde sich hierbei um Täuschungs- und Ablenkungsmanöver des sowjetischen Militärgeheimdienstes handeln. Für eine genauere Beurteilung des tatsächlichen Kräfteverhältnisses fehlten konkrete Erkenntnisse, die über eine taktische Aufklärung des Gefechtsfeldes hinausgingen, die GRU hatte den deutschen Militärnachrichtendienst faktisch blind gemacht.[235]

Dank der Fehleinschätzungen der OKH-Abteilung Fremde Heere Ost hatte die Heeresgruppe Mitte zu diesem Zeitpunkt fast ihre gesamten beweglichen und gepanzerten Truppen an andere Frontbereiche abgegeben und verließ sich unter ihrem Oberbefehlshaber Generalfeldmarschall Ernst Busch auf das von Hitler vorgeschlagene Verteidigungskonzept der »Festen Plätze«. Diese sollten als »Wellenbrecher« an Schlüsselstellungen zurückgeschlagene Einheiten der Wehrmacht aufnehmen und so lange gehalten werden, bis eine deutsche Offensive die Rote Armee wieder zurückschlagen würde.

Selbst als zwischen dem 16. und 21. Juni 1944 die Ic-Abteilung der Heeresgruppe Mitte und die Nachrichtendienstoffiziere der ihr unterstellten Armeen und Korps zahlreiche Hinweise auf die Vorbereitung des kurz bevorstehenden sowjetischen Angriffs meldeten, zeigten sich Gehlen und seine Offiziere nicht gewillt, ihre bisherigen Einschätzungen der Operationsabsichten der Roten Armee aufzugeben. Als der FHO-Chef einen Tag vor Beginn von »Bagration« in der »Kurzen Beurteilung der Feindlage« in Bezug auf die Heeresgruppe Mitte endlich vermelden ließ, dass »rege Aufklärungstätigkeit und örtliche Vor-Angriffe [...] in Verbindung mit Funkaufklärungsergebnissen« bestätigen, »dass der Gegner vor der Front der Heeresgruppe angriffsbereit ist«, war es bereits zu spät. Zwar hatten die Ic-Abteilungen der im Angriffsabschnitt befindlichen deutschen Armeen den Schwerpunkt der sowjetischen Offensive durchaus richtig vorhergesehen, sodass eine taktische Überraschung nicht gelang, doch hatte die ausgedünnte Heeresgruppe Mitte der kraftvollen Angriffsoperation der Roten Armee, die die deutsche Front binnen weniger Tage zerschmetterte, nichts entgegenzusetzen.[236]

Operation »Bagration«

Damit nahm die Katastrophe bei der Heeresgruppe Mitte ihren Lauf und sie sollte sich zur größten Niederlage in der deutschen Militärgeschichte ausweiten. Am 29. Juni 1944 ließ Hitler, der die Heeresgruppe nur noch als »Loch« bezeichnete, deren Oberbefehlshaber Busch durch Feldmarschall Walter Model ablösen, der jedoch gleichzeitig sein Kommando über die Heeresgruppe Nordukraine behielt. Dieser unterlief die ständigen Weisungen des deutschen Diktators zum starren Halten der Front und setzte vielmehr auf eine bewegliche Kampfführung, die versuchte, die vorgepreschten gepanzerten Angriffsspitzen der Roten Armee immer wieder mit Flankenangriffen zu attackieren. Gleichwohl gelang es Model erst vor Warschau und nach einem Einbruch in Ostpreußen im August 1944, den sowjetischen Angriff zum Stehen zu bringen. Innerhalb von nur etwas mehr als vier Wochen hatte die Heeresgruppe Mitte, so der Militärhistoriker Rolf-Dieter Müller, »praktisch den gesamten Raum verloren, den sie 1941 in drei Monaten erobert und seitdem gehalten hatte«.[237]

Im Rahmen der Operation »Bagration« klärten GRU und Aufklärungsverwaltung die Heeresgruppe Mitte umfassend auf und lieferten dem sowjetischen Generalstab umfangreiches Material über die im Mittelabschnitt der Front eingesetzten Truppen der Wehrmacht. Im deutschen Hinterland operierten rund 240 Agentengruppen der Militäraufklärung, die jede Bewegung der deutschen Einheiten in einer Tiefe von bis zu 400 Kilometern überwachten.[238] Zur Truppenaufklärung setzte die Rote Armee zudem im großen Maßstab GRU-Einheiten für die Funküberwachung ein. Auch im Verlauf der Operation hielt der umfangreiche Einsatz der Kräfte der Militäraufklärung weiter an. Insgesamt führten die Aufklärungskräfte der vier bei der sowjetischen Offensive eingesetzten Fronten weit über 54.000 einzelne Unternehmen durch, die mit der Beschaffung von nachrichtendienstlichen Erkenntnissen und der Feindaufklärung im Zusammenhang standen.[239] Weitere Informationen stammten von GRU-Agenten aus

dem Ausland, so lieferte auf dem Höhepunkt von »Bagration« Oberst Sisow täglich fünf bis sechs Berichte mit Angaben verbündeter alliierter Nachrichtendienste über die Wehrmacht.[240]
Nach der schweren Niederlage in Weißrussland, die die deutschen Streitkräfte knapp 400.000 Tote, Verletzte, Vermisste und Gefangene kostete, stand die Rote Armee nunmehr an der Weichsel und stieß in den nächsten Monaten immer tiefer in das Deutsche Reich vor. Bedingt durch die umfassende Überlegenheit der Roten Armee und den Kampf an der seit Sommer 1944 von den Westalliierten gebildeten zweiten Front in Europa hatten die Deutschen diesem Ansturm nichts mehr entgegenzusetzen. Damit entfiel die Notwendigkeit, die Absichten der Wehrmacht aufzuklären, weitgehend und der sowjetische Militärgeheimdienst konnte sich nunmehr auf die Technikspionage und die »Überwachung« der westlichen Verbündeten der Sowjetunion konzentrieren, denn gegenüber den Amerikanern und Briten war Stalin stets misstrauisch geblieben.

An der Front setzte die Aufklärung weiterhin per Fallschirm abgesetzte Agentengruppen ein, die im Frühjahr 1945 bis weit in den mitteldeutschen Raum hinein operierten. Teilweise erfolgte deren Einsatz sogar auf Territorien, die eigentlich für eine Besetzung durch die Westalliierten vorgesehen waren. Mitte März 1945 sprangen Agenten der GRU u. a. bei Chemnitz und Dresden ab. Wenige Tage später setzte ein Flugzeug dann einen Spion der Aufklärungsverwaltung beim Generalstab im Raum Gießen ab. Am 6. April 1945 landete schließlich ein Aufklärer der GRU im Raum Sangerhausen. Eventuell hatte dieser den Auftrag, sich zu einem Gebiet in Thüringen durchzuschlagen, von dem der Militärnachrichtendienst auf der Grundlage von kurz zuvor eingetroffenen Geheimberichten annahm, dass die Deutschen hier mögliche atomare Sprengsätze testeten.[241]

Auch sonst berichtete die GRU jetzt der sowjetischen Führung zunehmend über die viel beschworenen »Wunderwaffen« Hitlers. Bereits am 30. Juli 1944 hatte beispielsweise GRU-Chef Il'itschjow in einer Sondermeldung Stalin über das seit Kurzem im Einsatz befindliche

Flügelgeschoss V-1 und die kurz vor ihrer militärischen Verwendung stehende Rakete V-2 informiert. Der Diktator ließ das Schreiben mit der handschriftlichen Bemerkung »Gen. Fedotow. Wie ist dieses Material« sofort an die Konkurrenz vom Volkskommissariat für Staatssicherheit weiterleiten.[242]

Verhandlungen über einen Separatfrieden und Churchills »Operation Unthinkable«

Noch mehr interessierten Stalin allerdings Berichte seines Militärgeheimdienstes über ein mögliches Zusammengehen seiner westalliierten Verbündeten mit den Deutschen. Schon Ende Juni 1944 hatte die GRU Stalin und Molotow in einem Geheimdossier über Versuche der Deutschen unterrichtet, sich mit Vertretern der USA auf einen Separatfrieden zu verständigen. Am 21. Februar 1945 sandte Il'itschjow dann eine Sondermeldung »Über Verbindungen des englischen Nachrichtendiensts zu faschistischen Elementen« in Italien. Knapp einen Monat später setzte der GRU-Chef Stalin dann darüber in Kenntnis, dass der deutsche Außenminister Joachim von Ribbentrop versuche, über deutsche Diplomaten in Irland in Kontakt mit amerikanischen und britischen Vertretern zu kommen. Zudem drohe er den westalliierten Partnern für den Fall des Scheiterns einer Verständigung mit einem deutschen Separatfrieden mit der Sowjetunion. Am 19. März 1945 berichtete dann der GRU-Resident in Washington über ein Treffen zwischen einem deutschen Diplomaten und einem Vertreter des US-Finanzministeriums nach Moskau, bei dem der Deutsche den Amerikanern einen massenhaften Gefangenaustausch und die Errichtung von demilitarisierten Zonen versprochen habe. Wenig später kabelte er an die GRU-Zentrale die Meldung, Deutschland sei gegenüber dem Westen zum Friedensschluss bereit, wenn es in den Grenzen von 1939 weiter existieren könne, und schlage zudem ein Bündnis gegen die Sowjetunion vor. Nach weiteren alarmierenden Berichten informierte der Militärgeheimdienst kurze Zeit später in einem Sonderbericht die sowjetische Führungsspitze »über Versuche der Deutschen, mit England und den USA einen Separatfrieden abzuschließen«. Besonders alarmiert zeigte sich der Nachrichtendienst der Roten Armee über die Verhandlungen von Allen Dulles, Agent des US-Geheimdienstes OSS, mit dem höchsten SS- und Polizeiführer in Italien, SS-Obergruppenführer Karl Wolff, über eine Teilkapitulation der deutschen Truppen in Oberitalien. Als Stalin von seinem Nachrichtendienst über die Geheimverhandlungen erfuhr, drängte er darauf, den GRU-General Aleksej P. Kislenko, als Vertreter der Sowjetunion an den Unterhandlungen teilnehmen zu lassen. In dessen Gegenwart wurde schließlich am 2. Mai 1945 die Teilkapitulation der Wehrmacht in Italien unterzeichnet.[243]

Kurz zuvor hatte Il'itschjow den Chef des Generalstabes der Roten Armee über Spannungen mit den Vertretern der Westalliierten in Moskau in Kenntnis gesetzt. Amerikaner und Engländer zeigten sich zunehmend von den Schwierigkeiten gereizt, die die sowjetischen Streitkräfte bei der Zusammenarbeit mit den Verbündeten machten. Insbesondere sprachen sie die schlechte Behandlung von befreiten Kriegsgefangenen und verletzten US-Piloten an. Dieses Verhalten führe dazu, »dass man seine Politik gegenüber den Russen ändern müsse«.[244]

Zum endgültigen Bruch mit den westlichen Verbündeten führte allerdings der vom britischen Premier Winston Churchill zwei Wochen nach Kriegsende in Auftrag gegebene Plan mit dem Decknamen »Operation Unthinkable«, der eine militärische Vertreibung der Roten Armee aus Mitteleuropa und die Wiederherstellung eines unabhängigen polnischen Staates zum Ziel hatte. Noch in der Planungsphase lieferte der bereits bekannte Agent »Dolly« erste Details zu den Überlegungen Churchills. Nach weiteren Berichten des Spions entschloss sich die GRU-Führung schließlich, Stalin über die britischen Überlegungen zu einem bewaffneten Konflikt mit der Sowjetunion zu informieren.[245] Damit schritt der sowjetische Militärnachrichtendienst faktisch ohne Pause vom Zweiten Weltkrieg zum Kalten Krieg, der seine Geschichte für die nächsten 45 Jahre maßgeblich bestimmen sollte.

5. Die GRU im Kalten Krieg

Unmittelbar nach dem Ende des Zweiten Weltkrieges verfügte die Sowjetunion über mindestens sechs Organisationen, die für das Sammeln von Geheimdienstinformationen im Ausland verantwortlich waren – die Erste Hauptverwaltung (PGU) des Ministeriums für Staatssicherheit (MGB), die Hauptverwaltung für Aufklärung (GRU) des Ministeriums der Streitkräfte, die Aufklärungsverwaltung der Seekriegsflotte sowie nachrichtendienstliche Strukturen beim Zentralkomitee der Kommunistischen Partei, im Außenministerium und im Ministerium für Außenhandel. Jeder der einzelnen Geheimdienste besaß eigene Beobachtungsschwerpunkte. So sammelte der Marinenachrichtendienst unter Konteradmiral Aleksander M. Rumjanzew vorwiegend Material über die Seekriegsflotten anderer Staaten und neue Entwicklungen auf dem Gebiet des Kriegsschiffbaus, während die Abteilung für internationale Information beim ZK der WPK(b) für den illegalen Einsatz kommunistischer Parteikader im Ausland zuständig war.[246]

Eine wesentliche Bedeutung für die Auslandspionage kam jedoch nur zwei Organisationen zu. Die Agenten der Hauptverwaltung für Aufklärung versuchten in erster Linie, militärisch relevante Informationen zu beschaffen. So beobachtete die GRU die Streitkräfte fremder Staaten und sammelte Angaben über deren Struktur, Organisation und Bewaffnung. Weiterhin sollten Erkenntnisse über vorhandene Operationspläne, Stationierungsorte, rüstungswirtschaftliche Kapazitäten sowie zur politischen Stimmung unter den Offizieren und Mannschaften beschafft werden.[247]

Die GRU im Kalten Krieg

Radikale Umbildung der Nachrichtendienste – die Schaffung einer Superbehörde, das Komitee für Information

Trotz des siegreich beendeten Krieges dachte Stalin nicht daran, seinen militärischen Nachrichtendienst wieder zu verkleinern. Im Gegenteil, das Personal der GRU sollte erweitert und zudem besser qualifiziert werden. Hierfür bildete die Sonderfakultät für höhere akademische Kurse der Roten Armee ab sofort jährlich 200 Offiziere in Fragen der strategischen Aufklärung aus. Die Dauer der Ausbildungsgänge war auf ein bis zwei Jahre ausgelegt. Zugleich wurde der GRU das Recht zugestanden, bei den Militärakademien der Roten Armee die besten Absolventen auszuwählen. Weiterhin erging am 30. Juni 1945 die Weisung, am Militärinstitut für Fremdsprachen eine Sonderfakultät der GRU in drei Kursen für insgesamt 450 Offiziere einzurichten.[248] Zwei Tage später gab das Volkskommissariat für Verteidigung den Befehl aus, unter den Politoffizieren der Streitkräfte 120 Kandidaten für die GRU auszuwählen, die über entsprechende Fremdsprachenkenntnisse verfügten. Dass einer der zukünftigen Aufklärungsschwerpunkte in Großbritannien und den USA liegen würde, ging aus der Forderung hervor, dass dreißig von ihnen die englische Sprache fließend beherrschen sollten. Als zukünftige Einsatzgebiete galten zudem Frankreich – fünfzehn Kandidaten, Deutschland – zehn Kandidaten, Spanien, Türkei, Polen, Finnland – jeweils fünf Kandidaten. Für den Fernen Osten benötigte die GRU fünfzehn zusätzliche Spezialisten, die Chinesisch sprachen, sowie die gleiche Anzahl von Offizieren, die sich auf Japanisch verständigen konnten.[249]

Sowohl der Erfolg des koordinierten Geheimdienstvorgehens von GRU und politischer Auslandsaufklärung bei der Beschaffung von Unterlagen über das amerikanische Atombombenprojekt als auch der dringende Bedarf nach verbesserter Auswertung der beschafften Nachrichten veranlassten Stalin im Mai 1947 zu einer radikalen Umbildung der bisherigen sowjetischen Nachrichtendienststrukturen. Die bisher eigenständig arbeitenden Spionagedienste von

Staatssicherheit, Armee, Außen- und Außenwirtschaftsministerium sowie der Partei wurden ab sofort direkt dem Ministerrat der UdSSR unterstellt. Ein hier angesiedeltes Komitee für Information (KI) sollte unter der Leitung von Außenminister Molotow zukünftig die Einsätze der zahlreichen Auslandsnachrichtendienste koordinieren und für eine integrierte sowie kompetente Analyse der aus den verschiedenen Quellen beschafften Spionageinformationen sorgen.[250] Die bisherige Militäraufklärung bildete die 6. Verwaltung des Komitees für Information. Dessen restliche Verwaltungen teilten sich wie folgt auf: Die 1. Verwaltung des KI spionierte in Großbritannien und den USA, die 2. Verwaltung in Europa, die 3. Verwaltung im Nahen und Fernen Osten. Der 4. Verwaltung unterstand der Bereich der illegalen Aufklärung, während die 5. Verwaltung für die Informationsauswertung sowie Desinformationskampagnen verantwortlich zeichnete. Der 7. Verwaltung oblagen Fragen der Verschlüsselung und Dechiffrierung. Ferner verfügte das KI über eine ganze Reihe von selbstständigen Abteilungen. Die 1. Abteilung übernahm die Spionageabwehr im Ausland, während die 2. Abteilung dort russische und sowjetische Emigranten überwachte. Ferner existierten eine Abteilung für operative Technik, eine Nachrichtenabteilung, Kader-, Verwaltungs- sowie Finanzabteilung.[251]

Gleichwohl zeigte sich relativ rasch, dass die neu geschaffene Superbehörde die in sie gesetzten hohen Erwartungen nicht erfüllen konnte. Zum einen wirkte sich die Trennung des militärischen wie auch des politischen Nachrichtendienstes von ihren bisherigen Ministerien, auf deren Ressourcen sie bei Operationen und Einsätzen bislang immer wieder hatten zurückgreifen können, negativ auf die Nachrichtengewinnung im Ausland aus, da die nun fehlenden Strukturen durch den Ministerrat der UdSSR nur ungenügend ersetzt werden konnten. Zum anderen wurde sichtbar, dass die unterschiedlichen nachrichtendienstlichen Einsatzphilosophien und Geheimdienstmentalitäten der jeweiligen Mitarbeiter von Militärnachrichtendienst und politischer Auslandsspionage nur schwer in einer Behörde zu integrieren waren. So zeigten sich die an den Militärhochschulen ausgebildeten GRU-Mitarbeiter vor allem auf die widerspruchslose Ausführung von Anweisungen getrimmt. Selbst zweifelhafte Aufträge quittierten sie gehorsam mit einem »zu Befehl«. Demgegenüber versuchten die Mitarbeiter der politischen Auslandsspionage des Ministeriums für Staatssicherheit, ihre unmittelbare Führung über Probleme beim Einsatz vor Ort zu orientieren, und scheuten nicht davor zurück, auch den Vorgaben widersprechende Bewertungen an ihre Vorgesetzten zu melden.[252] Infolge dieser Probleme und des ständigen Kompetenzgerangels zwischen den Führungsebenen des Komitees für Information gelang es der Militärführung bereits Ende 1948, die Hauptverwaltung für Aufklärung wieder aus dem Komitee für Information herauszulösen. Sie firmierte nun offiziell als Aufklärungskorps beim Generalstab der Sowjetarmee.[253]

Schwerpunkt USA

Nach 1945 lag der Schwerpunkt der geheimdienstlichen Nachrichtenbeschaffung zunächst vor allem in den USA. Hier wurden von rund 100 sowjetischen Nachrichtendienstoffizieren und 590 US-Quellen vor allem Informationen über künftige strategische Planungen und militärtechnische Entwicklungen sowie zur Außen- und Innenpolitik der Vereinigten Staaten gesammelt. Von besonderem Interesse für die sowjetische Führung waren vor allem Dokumente aus den Führungsstäben der US-Streitkräfte. So legte das KI Stalin im Sommer 1950 eine Kopie des strategischen Langzeitplans der Vereinigten Stabschefs der USA mit dem Decknamen »Dropshot« vor. Dieser sah für den angenommenen Fall einer durch die Sowjetunion im Jahr 1957 ausgelösten kriegerischen Auseinandersetzung vor, die UdSSR am Ende der einsetzenden Kampfhandlungen zur Kapitulation zu zwingen. Hierfür sollten in einer ersten Etappe 200 sowjetische Städte mit 300 Atombomben angegriffen werden, danach würden, so die entsprechenden US-Planungen, 160 Divisionen der Vereinigten Staaten und ihrer

Verbündeten zum Vorstoß auf den Ostblock und die Sowjetunion antreten, deren Territorium anschließend zu besetzen war. Doch auch andere strategische Studien der US-Militärs landeten auf dem Schreibtisch des sowjetischen Diktators, der daraufhin seine militärischen Aufrüstungsprogramme noch mehr beschleunigte.[254] Gleichzeitig ließen diese Dokumente jedoch auch die gegenwärtige militärische Schwäche der Vereinigten Staaten erkennen, die nach Ende des Zweiten Weltkrieges ihre Truppen im großen Umfang demobilisiert hatten.[255] Ein aktives militärisches Engagement der USA zur Lösung außenpolitischer Krisensituationen schien also in den Augen der sowjetischen Führung ein wenig realistisches Szenario zu sein. Gerade derartige Geheimdienstinformationen dürften die Entscheidungen des Kremls begünstigt haben, im Sommer 1948 die Berlin-Blockade vom Zaun zu brechen und Mitte 1950 Nordkorea bei der Invasion gegen den Süden der Halbinsel zu unterstützen.[256]

Den überlegenen strategischen und nuklear bewaffneten Kräften der Amerikaner gedachte Moskau zunächst durch Diversion und Sabotage zu begegnen. Die am 7. September 1950 erfolgte Bildung des beim Ministerium für Staatssicherheit angesiedelten Büros Nr. 1 dürfte folglich im Zusammenhang mit den amerikanischen Planungen für den Fall eines militärischen Konfliktes mit der Sowjetunion gestanden haben. Auftrag der für verdeckte Operationen zuständigen Geheimdiensttruppe: die »Diversion von wichtigen militärstrategischen Objekten und Infrastruktur auf dem Territorium der [...] Hauptaggressoren«[257] – in den USA und England. In das Visier der von Sudoplatow geführten Einheit – dieser hatte bereits das NKWD-Kommando zur Ermordung Trotzkis geleitet – gerieten aber auch wichtige Militärbasen der US-Amerikaner in Westeuropa und Nordafrika. Auf den Ziellisten fanden sich ferner Einsatzflugplätze des Strategischen Bomberkommandos der US Air Force, auf denen Nuklearwaffen stationiert waren, Munitions- und Ausrüstungsdepots für die im Konfliktfall geplanten Verstärkungen der US-Truppen in Europa sowie Kommunikationszentren und Treibstofflager.

Unterstützt werden sollten die Agenten des Büros Nr. 1 durch den sowjetischen Militärgeheimdienst, denn auch die GRU und der Marinenachrichtendienst stellten ab 1951 erste Einheiten für Sabotage- und Diversionseinsätze im Hinterland des Gegners auf. Bereits 1952 standen deshalb insgesamt 46 Spezialkompanien mit knapp 5500 Mann für entsprechende Aktionen im rückwärtigen Gebiet der NATO bereit. Der Plan, Einsatzgruppen aus Geheimdienstleuten zum Angriff gegen zentrale westliche Militärobjekte einzusetzen, ist allerdings vor allem als Eingeständnis der eigenen Schwäche durch die sowjetische Führung zu werten. Er erwies sich als der wenig taugliche Versuch, das bestehende Ungleichgewicht der strategischen Kräfte mit Mitteln der Nachrichtendienste wenigstens teilweise zu durchbrechen.[258] Die CIA zeigte sich über eventuelle sowjetische Sabotageaktionen zwar beunruhigt, maß ihnen jedoch keine entscheidende Bedeutung bei. Zudem war es der Spionageabwehr der USA seit Mitte 1946 im Rahmen der Operation »Venona« gelungen, in die Codes der sowjetischen Auslandsnachrichtendienste einzubrechen. Am 4. März 1949 verhaftete das FBI mit Judith Coplon erstmals eine durch das entschlüsselte Venona-Material aufgeflogene sowjetische Agentin. Weitere 205 sowjetische Quellen und ihre Führungsoffiziere wurden bis in die 1950er-Jahre in den USA enttarnt, ausgewiesen, zum Teil verurteilt oder zu Doppelagenten umgedreht.[259]

Diese Verluste sowie mehrere hochkarätige Überläufer beeinträchtigten die sowjetischen Spionageaktivitäten in den USA nachhaltig. Nach Einschätzung des KI hatten die sowjetischen Nachrichtendienste ab März 1951 ihre Quellen im US-Außenministerium, im Nachrichtendienst, in der Spionageabwehr sowie in anderen wichtigen Regierungseinrichtungen, die maßgeblichen Einfluss auf die Außen- und Innenpolitik der USA ausübten, weitestgehend verloren. Sie konnten erst ab der Mitte der 1950er-Jahre nach und nach durch neue Zuträger ersetzt werden.[260] Zudem fiel der US-Gegenspionage auf, dass die GRU beim Einsatz ihrer Agenten in den Vereinigten Staaten zumeist auf veraltete Spionagetechniken setzte, die dem Niveau der nachrichtendienstlichen Auseinandersetzungen im Kalten Krieg hinterherhinkten.

Westeuropa und die Bundesrepublik im Fokus

Die Erfolge der amerikanischen Spionageabwehr, aber auch die 1949 erfolgte Bildung der NATO sorgten schließlich dafür, dass Westeuropa und vor allem die Bundesrepublik immer stärker in das Visier der sowjetischen Auslandsnachrichtendienste gerieten. Im November 1952 wurde dieser Kurswechsel auch noch einmal von Stalin persönlich bestätigt, als der vor einer Runde der höchsten Geheimdienstvertreter des Landes erklärte: »Unser Hauptfeind ist Amerika. Allerdings muss man den grundlegenden Schwerpunkt nicht auf Amerika selbst legen. Illegale Residenturen müssen vor allem in den angrenzenden Staaten geschaffen werden. Die wichtigste Basis, wo wir über unsere Leute verfügen müssen, ist Westdeutschland.«[261]

Gerade in Deutschland konnten die sowjetischen Nachrichtendienste auf eine außerordentlich breite Informationsbasis zurückgreifen. Seit dem Frühjahr 1945 hatten alle in Deutschland tätigen sowjetischen Geheimdienste hier eigenständige Agentennetze aufgebaut, die sowohl in der sowjetischen Besatzungszone (SBZ) als auch in den Westzonen operierten. Bereits zum 1. Januar 1946 verfügte man auf dem Territorium des ehemaligen Deutschen Reiches über mindestens 2304 nachrichtendienstliche Quellen. Die Zuträgernetze wurden auch im Verlauf des Jahres 1946 weiter zügig ausgebaut.[262] Bei der Anwerbung der Spione schreckte der sowjetische Geheimdienst auch nicht vor Gewalt zurück. Wer die Mitarbeit verweigerte oder nur ungenügende Resultate lieferte, konnte inhaftiert und zu langjährigen Gefängnisstrafen verurteilt werden.[263]

Die sowjetischen Nachrichtendienste in Deutschland sollten zunächst vor allem Material über die Dislozierung westalliierter Truppen und ihrer Verbündeten beschaffen sowie Informationen aus Politik, Wissenschaft und Wirtschaft in den Westzonen sammeln.[264] Ab Sommer 1946 gerieten zunehmend die alliierten Streitkräfte selbst ins Visier. In den sich ständig verschlechternden Beziehungen zwischen den ehemaligen Verbündeten sah die sowjetische Führung eine mögliche

Kriegsgefahr, deshalb sollten so viele Informationen wie möglich über Stärke und Bewaffnung der in Westdeutschland stationierten Truppen gewonnen werden. Hierfür griff die GRU vor allem auf den Einsatz von Reiseagenten zurück. Die auf Grundlage ihrer Informationen erstellten Berichte dürften das Misstrauen Stalins gegenüber den ehemaligen Verbündeten weiter verstärkt haben und bedienten seine ständigen Bedrohungsängste: »Die Amerikaner konzentrieren an der Demarkationslinie Geschütze, Panzer und Munition, weiterhin bauen sie Flugplätze. Seit März [1946] wird die Bewachung der Demarkationslinie verstärkt.«[265]

Während der Berlin-Blockade sollten sich »geschönte« Geheimdienstbulletins von GRU und KI als verhängnisvoll für die Taktik der sowjetischen Führung erweisen. So berichtete der Resident des KI in Berlin kurz nach dem Beginn der Abriegelung der Stadt an den Oberkommandierenden der Gruppe der sowjetischen Besatzungsstreitkräfte, »die Stimmung der Amerikaner ist nicht mehr kriegerisch, sondern niedergeschlagen«, zudem diene die Luftbrücke vermutlich dazu, »Dokumente und anderes Eigentum der amerikanischen Verwaltung« aus Berlin abzutransportieren.[266] Auch in den nachfolgenden Wochen und Monaten berichteten die Geheimdienste immer wieder nach Moskau, »dass die Westmächte der Sowjetunion nachgeben müssen«. Gelang es den Nachrichtendiensten, Material aus Originalquellen zu beschaffen, das den Willen der Westalliierten belegte, Westberlin nicht aufzugeben, so nahm die Führungsspitze des Kremls diese Papiere zwar zur Kenntnis, glaubte aber gleichwohl immer noch an die Möglichkeit, ihre Ziele mit einer Absperrung der Stadt erreichen zu können. Deshalb erscheint es kaum verwunderlich, dass Stalin die Blockade Westberlins bis zum Frühjahr 1949 fortsetzen ließ. Demgegenüber hatten die aus Paris und London eintreffenden Berichte seiner Nachrichtendienste dem sowjetischen Diktator bereits spätestens seit Herbst 1948 darüber informiert, dass der Westen seine Besatzungszonen in Berlin nicht verlassen werde. Wie schon 1941 zeigte sich der sowjetische Diktator aber nicht gewillt, Lageeinschätzungen seiner Geheimdienste zur Kenntnis zu nehmen, wenn diese seiner eigenen Beurteilung der Situation widersprachen.[267] Wie angedeutet, gelang es der GRU und dem KI, gerade aus britischen und französischen Quellen wichtiges Geheimmaterial zu beschaffen. Dies betraf nicht nur Angaben zur Position Londons bei der Potsdamer Konferenz und zur Haltung Frankreichs und Großbritanniens in der Berlin-Krise. Zwischen 1949 und 1953 lieferten sowjetische Agenten darüber hinaus umfangreiches Material zur Gründung der NATO und deren ersten sicherheitspolitischen Schritten, zur deutschen Wiederbewaffnung sowie zum Koreakonflikt.[268] Erneut zeigte sich die Fähigkeit der Nachrichtendienste, die sowjetische Führung mit erstklassigen Geheiminformationen zu versorgen, die Grundlage für weitreichende politische Entscheidungen hätten sein können. Doch Stalin und der innere Führungszirkel bevorzugten nach wie vor durch Nachrichtendienste beschaffte Originaldokumente aus den »Aggressorenstaaten« als Grundlage für ihre Politikentscheidungen, die jedoch nur allzu selten mit dem tatsächlichen Lagebild korrelierten. Geheimdienstliche Empfehlungen und Prognosen, die auf einer umfassenden Analyse des Nachrichtenmaterials beruhten, waren in der UdSSR auch nach 1945 bis zum Tod des Kremlherrschers nicht sonderlich gefragt, womit der Einfluss der Geheimdienste auf die Gestaltung der sowjetischen Militär- und Außenpolitik insgesamt gering bleiben musste.[269]

Nach dem Ableben Stalins Anfang März 1953 setzte sich im internen Machtkampf seiner Nachfolger der bis dahin weitgehend unterschätzte Nikita S. Chruschtschow durch. Unter dem neuen Kremlchef zeigte sich alsbald eine völlig neue Arbeitsweise der sowjetischen Auslandsgeheimdienste. Zunächst wurde der ohnehin begrenzte Zugang der Nachrichtendienstchefs zu den wichtigsten politischen Entscheidungsgremien noch stärker eingeschränkt als unter seinem Amtsvorgänger. Hatte beispielsweise GRU-Chef Semjon P. Urizkij im Jahr 1937 Stalin sechsmal persönlich Bericht erstattet und sein Amtsnachfolger Generalleutnant Iwan I. Il'itschjow zwischen 1942 und 1945 dreizehnmal dem Generalissimus im persönlichen Gespräch berichtet, so zitierte Chruschtschow den zwischen 1958 und 1963 amtierenden Chef der Militäraufklärung, Armeegeneral Iwan A. Serow, nur ein einziges Mal – am 31. Dezember 1959 – zu sich. Der Leiter der Auslandsspionage des KGB, Generalleutnant Aleksandr M. Sacharowskij, wurde sogar nie zum Rapport einbestellt.[270]

Die Nachrichtendienste unter Chruschtschow – vom Rohbericht zur Analyse

Während unter Stalin die Chefs der politischen und militärischen Nachrichtendienste noch direkten Zugang zum Generalsekretär der kommunistischen Partei und damit zur obersten Entscheidungsinstanz der Sowjetunion hatten, bestand unter Chruschtschow diese unmittelbare Verbindung nicht mehr. Damit war den Nachrichtendiensten auch die Möglichkeit genommen, unmittelbar persönlichen Einfluss auf die politische Entscheidungsfindung der höchsten Führungsebene auszuüben. Infolgedessen reichte es nach Stalins Tod nicht mehr aus, die Informationen der einzelnen Agenten und Quellen zusammenzustellen und ohne umfassende Analyse den politischen Entscheidungsträgern vorzulegen. Vielmehr kam es für die Führung der Nachrichtendienste unter dem neuen Parteichef darauf an, stärker als bisher gründliche Lageberichte zur jeweiligen politischen, ökonomischen, militärischen oder rüstungswirtschaftlichen Situation zu erstellen. Diese sollten der sowjetischen Führung als Entscheidungshilfe für die Lösung wichtiger politischer Fragen dienen.

Um diese Aufgabe besser bewerkstelligen zu können, ließ Chruschtschow den politischen Auslandsnachrichtendienst umstrukturieren. Bereits unmittelbar nach Stalins Tod wurde die wenige Monate zuvor geschaffene Hauptverwaltung für Aufklärung des Ministeriums für Staatssicherheit der UdSSR, die die Aufgaben von Auslandsspionage und Spionageabwehr erstmals vereinigt hatte, wieder aufgelöst.[271] Nachdem im März 1954 das Komitee für Staatssicherheit (KGB) gegründet worden war, wechselte der politische Auslandsnachrichtendienst als Erste Hauptverwaltung (PGU) zur neuen Geheimdienstorganisation. Diese, nun formell beim Ministerrat der UdSSR angegliedert, konnte fortan noch besser durch die Parteiführung überwacht werden, denn die unmittelbare Führung und Kontrolle des neuen Geheimdienstes oblagen nicht der sowjetischen Regierung, sondern dem Zentralkomitee der KPdSU.[272]

Die seit 1949 als »Aufklärungskorps des Generalstabes« bezeichnete GRU erhielt am 23. April 1953 den Status der 2. Verwaltung des Generalstabes der Streitkräfte der UdSSR. Ihr unterstanden zu diesem Zeitpunkt 687 Militärs und 209 Zivilbeschäftigte, von denen 86 Soldaten und Offiziere sowie drei Zivilisten bei der Verwaltung für strategische Aufklärung dienten, die sich aus der englisch-amerikanischen Abteilung (23 Offiziere), der europäischen Abteilung (28 Offiziere) und der östlichen Abteilung (25 Offiziere) zusammensetzte. Zum militärischen Nachrichtendienst gehörte erstmals eine Verwaltung für Information der Land- und Luftstreitkräfte, die nunmehr für die Auswertung und Analyse der eintreffenden Geheimdienstberichte zuständig war. Hier arbeiteten unmittelbar nach Stalins Tod 85 Militärs. Ihr unterstanden gleichfalls eine englisch-amerikanische (28 Offiziere), eine europäische (25 Offiziere) und eine östliche Abteilung (15 Offiziere) sowie die Abteilung Luftstreitkräfte mit 14 Planstellen. Zudem existierten eine ganze Reihe weiterer selbstständiger Abteilungen. Hierzu gehörten: die Abteilung für strategische Marineaufklärung (24 Offiziere und ein Zivilangestellter), die Spezialabteilung (48 Offiziere und 4 Zivilangestellte), die Abteilung für Information der Marine (33 Offiziere und 7 Zivilangestellte), die militär-technische Abteilung (20 Offiziere), die Abteilung Rüstungsindustrie und Kriegsschauplätze (40 Offiziere), die Abteilung für Funk und funktechnische Aufklärung (31 Offiziere und 7 Zivilangestellte), die Abteilung für operative Agenturaufklärung (17 Offiziere und 2 Zivilangestellte), die Kaderabteilung (40 Offiziere und Soldaten sowie 22 Angestellte), die Abteilung für Außenbeziehungen (10 Offiziere und 3 Zivilangestellte), die aus 20

Offizieren und 3 Angestellten bestehende Finanzabteilung, die Chiffrierabteilung, zu der 77 Offiziere und Soldaten sowie 10 Zivilangestellte gehörten sowie die Abteilung für operative Agententechnik, in der 17 Offiziere und 5 Angestellte beschäftigt waren. Für die ideologische Überwachung und Schulung der GRU sorgte die aus 9 Offizieren und 4 Zivilangestellten bestehende Politabteilung. Für nicht näher bezeichnete Spezialaufgaben stand ferner eine Sondergruppe von 17 Offizieren und einem Zivilisten bereit. Das selbstständige Referat Dokumentenbearbeitung beschäftigte 31 Militärs und 45 Zivilangestellte, das Referat Funkverbindungen 7 Offiziere und 2 Angestellte, beim Archivreferat arbeiteten 15 Militärs sowie 6 Zivilisten. Zum militärischen Nachrichtendienst gehörten damals zudem ein Redaktions- und Publikationsreferat mit 7 Offizieren und 54 Zivilangestellten und das Verwaltungs- und Wirtschaftsreferat, bei dem 19 Militärs und sechzehn Zivilisten beschäftigt waren.[273] Nur wenige Monate später, im Oktober 1953, wurde die 2. Verwaltung des Generalstabes der Sowjetarmee schließlich offiziell zur 2. Hauptverwaltung (Aufklärung) des Generalstabes erweitert.[274]

Bereits kurz nach Stalins Tod hatte sich ZK-Mitglied Malenkow über das »niedrige Niveau« der Auslandsaufklärung beklagt.[275] Am 30. Juni 1954 erließ deshalb die Parteiführung den Beschluss über »Maßnahmen zur Verbesserung der Aufklärungsarbeit der Organe der Staatssicherheit im Ausland«. Als wichtigste Aufgabe der sowjetischen Nachrichtendienste galt ab sofort: Die Verstärkung der Aufklärungsarbeit gegen die USA und England als Hauptgegner sowie gegen »die von ihnen zum Kampf gegen die Sowjetunion genutzten Länder, in erster Linie Westdeutschland, Frankreich, Österreich, Türkei, Iran, Pakistan und Japan«.[276] Hierfür sollte die PGU die »aggressiven Pläne der USA und der NATO sowie anderer, der UdSSR feindlich gesinnter Staaten, die auf die Vorbereitung und Entfesselung eines neuen Krieges gerichtet sind« aufdecken, »zuverlässige, hauptsächlich in Form von Dokumenten, Aufklärungsinformationen über die außenpolitischen Pläne und praktischen Maßnahmen der USA und

Englands, die Differenzen zwischen ihnen und den anderen kapitalistischen Staaten« beschaffen und die »innenpolitische und wirtschaftliche Lage der führenden kapitalistischen Staaten, ihre Handels- und Wirtschaftspolitik, die Tätigkeit internationaler Organisationen und auch die Pläne der USA und Englands zur Nutzung dieser Organisationen gegen die UdSSR« beleuchten.[277] Es ist davon auszugehen, dass eine ähnliche Aufgabenstellung auch für die GRU galt, wobei hier der Schwerpunkt bei der Beschaffung von Geheiminformationen aus dem militärischen Bereich lag.

Gleichzeitig wird das Bemühen der sowjetischen Nachrichtendienste um eine verbesserte Analyse der gewonnenen Geheiminformationen deutlich. Was unter Chruschtschow weitgehend fehlt, ist der für Stalin so typische »Rohbericht«, in dem Agentenmeldungen auf der Basis von Quelleninformationen unkommentiert weitergegeben oder der übersetzte Text beschaffter Geheimdokumente zitiert wurde. An seine Stelle traten zusammenfassende Analysen, die versuchten, das beschaffte Spionagematerial differenziert auszuwerten.

Ein gutes Beispiel für diesen beginnenden neuen Berichtstyp unter Chruschtschow sind die am 31. Dezember 1954 verfassten GRU-Memoranden zur »Verteidigung eines britischen Armeekorps unter der Anwendung von Atomwaffen« sowie zum »Allgemeinen Plan der Verteidigung des amerikanischen Kontinents (S019)«. Während das erstgenannte Dokument eine kurz gefasste Darstellung der englischen Konzeption für den Einsatz eines Armeekorps in der Verteidigung unter den Bedingungen eines Nuklearkrieges referierte, war die zweite Ausarbeitung des militärischen Nachrichtendienstes der Sowjetarmee deutlich analytischer angelegt.[278]

Mit nachdrücklicher Konsequenz verwies die Militärspionage darauf, dass nach Ansicht der amerikanischen Streitkräfte »die Sowjetunion noch nicht über eine ausreichende Anzahl von Fernbombern verfügt, die fähig sind, Atomschläge gegen die wichtigsten Objekte auf dem amerikanischen Kontinent zu führen«.[279] Damit ergab sich für Chruschtschow folgende Schlussfolgerung: der weitere Ausbau der strategischen Fernfliegerkräfte und die Entwicklung sowjetischer Interkontinentalraketen, um den amerikanischen Kontinent endlich in die Reichweite der eigenen Atomwaffen zu bringen.[280] In den folgenden Jahren berichtete der Militärgeheimdienst dann beispielsweise über rüstungstechnische Entwicklungen in den Vereinigten Staaten wie die Umrüstung von US-Kreuzern des Typs »Baltimore« mit Raketenlenkwaffen des Typs »Terrier« für die Flugabwehr.[281] Ende Oktober 1958 übermittelte GRU-Chef Generaloberst Michail A. Schalin einen Bericht über das amerikanische Experimentalflugzeug X-15, eine raketengetriebene Maschine, die kurz vor ihrem Erstflug stand und eine Geschwindigkeit von über sechs Mach erreichen sollte, an Verteidigungsminister Rodion J. Malinowskij. Der ließ das Papier unverzüglich an Chruschtschow weiterleiten, da er um dessen Begeisterung für Raketenprojekte aller Art wusste.[282] Doch auch über politische und militärische Krisensituationen unterrichtete der Nachrichtendienst der Sowjetarmee die militärischen und politischen Entscheidungsträger im Kreml. Mitte Januar 1958 informierte Schalin Malinowskij über Versuche der USA, auf die Situation in Syrien einzuwirken und die engen Beziehungen des Landes zur Sowjetunion zu unterminieren.[283] Ende September des Jahres setzte der Verteidigungsminister dann Parteichef Chruschtschow auf der Grundlage von GRU-Informationen über die Verschärfungen der Spannungen zwischen China und Taiwan in Kenntnis, als die chinesische Volksarmee die Quemoy-Inseln beschoss und ein bewaffneter Konflikt im Seegebiet der Formosastraße drohte. Die USA erhöhten daraufhin massiv ihre militärische Präsenz im chinesischen Meer und unterstützten Taiwan durch die Lieferung von modernen Kampfflugzeugen und Flugabwehrraketen. Der umfangreiche Truppenaufmarsch und seine Kenntnis darüber trugen dazu bei, dass Chruschtschow eine direkte Unterstützung Chinas in dieser Auseinandersetzung vermied und die Krise Anfang Oktober 1958 beigelegt werden konnte.[284]

Insgesamt erscheint die Tätigkeit der sowjetischen Nachrichtendienste in den 1950er-Jahren beeindruckend. Allein von den zahlreichen Berichten der 800 im »kapitalistischen Ausland« tätigen PGU-Offiziere legte die Führungsspitze des Nachrichtendienstes zwischen März 1954 und Juli 1957 exakt 2508 persönlich Chruschtschow vor. Weitere 2316 Ageninformationen erhielt der Ministerrat, hier waren zunächst Malenkow und nach dessen Entmachtung Nikolaj A. Bulganin die Empfänger. Die restlichen Mitglieder des Präsidiums des Zentralkomitees der Kommunistischen Partei schienen hingegen von dieser exklusiven Informationsquelle »weitgehend ausgeschlossen gewesen zu sein. Nur 293 Geheimdienstinformationen aus kapitalistischen Staaten zu politischen, wirtschaftlichen und militärischen Fragen« wurden auf Anweisung des Zentralkomitees an besagten Personenkreis verteilt. Zudem vermochte das KGB, den diplomatischen Postverkehr umfangreich zu überwachen. Im genannten Zeitraum übermittelte der Geheimdienst in 2057 sogenannten »blauen Mappen« mehr als 64.500 Telegramme mit »diplomatischem Schriftverkehr kapitalistischer Staaten« an das Zentralkomitee und den Ministerrat.[285] Nach Selbsteinschätzung des KGB gelang es auf Grundlage dieser Informationsbasis immerhin, »das Zentralkomitee und die sowjetische Regierung rechtzeitig über einige wichtige Pläne und Absichten der Spitzen der kapitalistischen Mächte zu internationalen Fragen« in Kenntnis zu setzen.[286] Für die GRU liegen ähnliche zusammenfassende Angaben aufgrund der strikten Geheimhaltungspolitik des militärischen Nachrichtendienstes nicht vor. Gleichwohl kann aufgrund von überlieferten Aktensplittern angenommen werden, dass auch die Militäraufklärung die politische und militärische Führungsspitze der Sowjetunion entsprechend umfangreich und umfassend informierte.

Damit ist davon auszugehen, dass unter Chruschtschow eine weitere Professionalisierung der sowjetischen Auslandsnachrichtendienste erfolgte, auch wenn diese nicht mehr unmittelbar in wichtige Entscheidungsprozesse der Partei- und Staatsführung eingebunden waren. Ihre Lageanalysen und Berichte veranlassten die Kremlführung jedoch gelegentlich, sich bei zentralen Entscheidungen nicht allein auf politische oder ideologische Vorgaben zu stützen, sondern für die eigene Strategie auch Geheimdienstinformationen zu berücksichtigen und mit zur Grundlage bestimmter politischer Entscheidungen zu machen. Diese Verhaltensweise hatte allerdings Grenzen, denn nicht immer vertraute die Kremlführung ihren Geheimdienstanalytikern. Als 1958 das KI des Außenministeriums endgültig aufgelöst wurde, wechselten drei seiner Mitarbeiter mit Walentin M. Falin an der Spitze zum ZK und bildeten dort die Abteilung für Information. Dieses Analysezentrum sollte für die Parteispitze unabhängige und unvoreingenommene Expertisen auf der Grundlage verschiedener Geheiminformationen erstellen. Als Anfang 1959 die Experten Chruschtschow wissen ließen, dass seine Idee, Westberlin in eine »demilitarisierte freie Stadt« umzuwandeln, nicht umzusetzen sei und ein entsprechender Versuch zum Krieg führen könnte, löste der Parteichef die neu geschaffene Informationsabteilung kurz entschlossen wieder auf und versetzte ihre Mitarbeiter zurück in das Außenministerium.[287] Wie auch Stalin zeigte sich Chruschtschow nicht immer fähig, reale, seinen Absichten jedoch zuwiderlaufende Lagebeurteilungen zur Kenntnis zu nehmen und in entsprechendes politisches Handeln umzusetzen.

Berlin-Krise 1958

Die GRU hatte den sowjetischen Parteichef bereits Mitte November 1958 gleichfalls vor dem Versuch gewarnt, den Status Westberlins einseitig zu verändern und leichtfertig einen Konflikt mit dem Westen zu riskieren. Zwar würden England und Frankreich bei »entschlossenen Handlungen der Regierungen der UdSSR und DDR in einen Abzug ihrer Streitkräfte aus Westberlin einwilligen, die USA aber dagegen Widerstand leisten«.[288] Offenbar löste dieses Dossier beim sowjetischen Parteichef erhebliche Verstimmung aus, sodass sich der Militärgeheimdienst gezwungen sah, seine Lageeinschätzung zu ändern. Zwei Tage bevor Chruschtschow mit seinem Ultimatum vom 27. November 1958 die Berlin-Krise auslöste, versicherte ihm der militärische Nachrichtendienst nunmehr, dass nach seinen Erkenntnissen

»das State Department angeblich zu verstehen [gibt], dass die westlichen Staaten mit der neuen Situation leben könnten, unter der Bedingung, dass die Übertragung der Rechte der Sowjetunion auf die Regierung der DDR auf flexible Art und Weise vonstattengehen würde, ohne Prestigeverlust für die USA«.[289] Auch die Berliner Bevölkerung – so die GRU in einem weiteren Geheimdienstbericht – würde Chruschtschows Plan für die Umwandlung der Stadt in eine neutrale Einheit »im Großen und Ganzen« befürworten. Diese beiden Dossiers dürften bei dem sowjetischen Staats- und Parteichef zu Beginn des Konfliktes um die geteilte Stadt die Illusion gestärkt haben, dass es ohne größere Probleme gelingen könnte, die Westmächte zu einer Veränderung des Status quo in Berlin zu bewegen.[290]

Bereits kurz nach diesen Berichten ließ der sowjetische Staats- und Parteichef die bisherige Führung des Militärgeheimdienstes auswechseln und bestimmte den bisherigen KGB-Chef Serow zum neuen Leiter der GRU, seinen Vorgänger Schalin schob Chruschtschow in die Gruppe der Generalinspekteure des Verteidigungsministeriums ab.[291] Die Gründe für diese »Degradierung« des bisherigen Chefs der Geheimpolizei, der formal zur »Stärkung der Führung« zum Militärgeheimdienst versetzt worden war, sind vielfältig. Zum einen sind sie darin begründet, dass es Serow nicht verstand, seine Position als Geheimdienstchef im Intrigenspiel des Sekretariats des ZK zu behaupten. Zudem hatte er mit ZK-Sekretär Nikolaj G. Ignatow einfach auf den falschen Verbündeten gesetzt. Zum anderen wurde dem bisherigen KGB-Chef – wie bereits auch dem 1957 abgelösten Verteidigungsminister Shukow – unterstellt, nicht vollkommen loyal zur Partei zu stehen. Ferner war Chruschtschow bemüht, das KGB zu reformieren, sein Personal zu verringern und ein anderes Image für die Geheimpolizei aufzubauen. Da kam es ihm gerade recht, einen Mann in die zweite Reihe zurückzunehmen, der an zahlreichen stalinistischen Verbrechen beteiligt gewesen war. Nicht unerwähnt sollte allerdings bleiben, dass Serow entgegen der Anweisung des ZK in seinem Safe immer noch Ermittlungsakten gegen hochrangige Parteimitglieder lagerte.

An seine Stelle als KGB-Chef trat Aleksandr N. Schelepin, ein Mann, von dem man später sagte, dass er mehr Zeit bei Chruschtschow als in der Lubjanka verbrachte. Zugleich bemühte sich Schelepin eifrig, am Stuhl seines Vorgängers zu sägen, da er ihn immer noch als Konkurrenten fürchtete.[292]

Iwan Serow, der im Dezember 1958 zur GRU wechselte

Serow, der seiner KGB-Karriere offenbar nur wenig nachtrauerte, ging rasch daran, den Militärnachrichtendienst nach seinen Vorstellungen zu verändern und zu einer professionelleren Arbeitsweise zu zwingen. Jedenfalls äußerten Geheimdienstmitarbeiter auf internen Parteiversammlungen, »dass wir uns jetzt wirklich richtig mit unserer Arbeit beschäftigen und nicht aus ausländischen Zeitungen Boulevardnachrichten abtippen«.[293] So verstärkte die GRU die Agententätigkeit und versuchte gleichzeitig, ihre konspirative Arbeit zu verbessern. Der Grund hierfür lag vor allem im Verratsfall Pjotr S. Popow, über den im Teil III ausführlich zu berichten sein wird. Der bei der Gruppe der sowjetischen Streitkräfte (GSSD) in Deutschland tätige GRU-Oberstleutnant hatte zwischen 1953 und 1959 mehr als 650 Mitarbeiter des Militärnachrichtendienstes für die CIA identifiziert und Hunderte Hinweise auf weitere Quellen des Geheimdienstes gegeben. Der Doppelagent hatte damit große Lücken in den Militärgeheimdienst gerissen. Offenbar blieben die Bemühungen Serows nicht ohne Erfolg, denn Anfang 1960 konnte er der Parteispitze berichten, dass es gelungen sei »Dokumente und Material zu beschaffen, die einen hohen Wert für die Verteidigung des Landes besaßen und worüber dem ZK der KPdSU Bericht erstattet wurde«.[294]

Aufrüstung und Rüstungswettlauf

Am 30. September 1959 legte die GRU beispielsweise der sowjetischen Führungsspitze die Informationsmitteilung Nr. 119 vor, die detaillierte Angaben zu den Militärausgaben der NATO zwischen 1949 und 1959 enthielt. Hintergrund für dieses Memorandum waren offensichtlich die verstärkten militärischen Aufrüstungsbestrebungen des nordatlantischen Militärbündnisses infolge von Chruschtschows Drohungen gegen den Fortbestand der alliierten Präsenz in Westberlin. Ziel des militärischen Nachrichtendienstes dürfte es gewesen sein, den sowjetischen Staatschef davon zu überzeugen, die eigenen Rüstungsbestrebungen zu forcieren, wollte die UdSSR im selbstprovozierten Konflikt um Berlin keine Niederlage erleiden. Denn Chruschtschow hatte gerade in der ersten Phase der zweiten Berlin-Krise die militärstrategische und sicherheitspolitische Komponente der Auseinandersetzung unterschätzt und darauf vertraut, dass seine ständigen Drohungen hinsichtlich des Einsatzes von – tatsächlich aber kaum vorhandenen – Atomraketen entsprechende Wirkung zeigen würden. Demgegenüber fürchtete das sowjetische Militär ein Zurückbleiben des Landes im Rüstungswettlauf des Kalten Krieges und nutzte das entsprechende Dossier wahrscheinlich auch, um durch den Hinweis auf die verstärkte Rüstung der NATO Chruschtschows Maßnahmen zur Truppenreduzierung innerhalb der Sowjetarmee zu stoppen und eine Steigerung der eigenen Verteidigungsausgaben zu befördern.

Vor allem wurde von den Nachrichtendienstoffizieren darauf hingewiesen, dass die USA 45 Prozent ihres Militärbudgets für die Beschaffung von Waffen und Militärtechnik ausgaben, während in der Sowjetunion lediglich 40 Prozent des Verteidigungshaushaltes in den Erwerb neuer Rüstungsgüter flossen.[295] Mehr als drei Viertel dieses Betrages investierten die amerikanischen Streitkräfte in die Ausrüstung mit Atomsprengköpfen und Offensivbewaffnung. So stiegen nach Informationen des Militärgeheimdienstes zwischen 1950/51 und 1958/59 die Aufwendungen für die Produktion von Nuklearwaffen um das dreifache, für den Bau von Kampfschiffen um das 4,4-fache und für die Fertigung von gelenkten Raketengeschossen sogar um das 160-fache.[296]

Da der gerade von seiner relativ erfolgreichen USA-Reise zurückgekehrte Chruschtschow nach einer politischen Verständigung mit den Vereinigten Staaten und der weiteren Verringerung der eigenen Streitkräfte strebte, blieb der GRU-Bericht Nr. 119 zunächst ohne unmittelbare politische Folgen. Im Gegenteil, Anfang 1960 verkündete der sowjetische Partei- und Staatschef neue Abrüstungsvorschläge und stellte die Entlassung von weiteren 1,2 Millionen Soldaten und Offizieren der Sowjetarmee in Aussicht.[297] Ohne Auswirkungen scheint das Dokument jedoch nicht geblieben zu sein. Im Zuge der erneut zunehmenden Spannungen zwischen den USA und der Sowjetunion verzichtete die Kremlführung im Mai 1960 auf die angestrebte umfangreiche Verschrottung bzw. die Einstellung der Fertigung von modernen Kriegswaffen. Statt wie geplant auf den Bau von Interkontinentalbombern, Panzern und anderer Rüstungstechnik im Wert von zunächst 1,6 und später sogar 2,1 Milliarden Rubeln zu verzichten[298], gaben die Generäle des Verteidigungsministeriums jetzt lediglich ihr Einverständnis für die Verschrottung von veralteten Handfeuerwaffen und Artilleriegeschützen, die z. T. noch aus der Zeit weit vor dem Zweiten Weltkrieg stammten.[299]

Gerade in der Bundesrepublik verfügte die GRU über hochrangige Quellen. Eine von ihnen war bis zu seinem Tod im Frühjahr 1960 Edgar Feuchtinger. Den ehemaligen Wehrmachtsgeneral hatten Angehörige des sowjetischen Militärgeheimdienstes 1953 in Krefeld angeworben. Seine Mitarbeit erfolgte jedoch nicht freiwillig. Feuchtinger wurde von der Militäraufklärung der Sowjetarmee ein kompromittierendes Papier aus den letzten Kriegstagen präsentiert, das seine verheimlichte Degradierung zum Soldaten wegen Fahnenflucht belegte. Der Ex-General beschaffte für die GRU vor allem Akten aus dem Bundesministerium der Verteidigung, zu denen er über ehemalige Generalskollegen Zugang erhielt, aber auch geheime NATO-Unterlagen. Im Januar 1960 erlitt er während eines Treffens mit seinem Führungsoffizier in Berlin einen Schlaganfall und verstarb kurz darauf. Bis zu diesem Zeitpunkt hatte Feuchtinger mehr als tausend Seiten streng geheime Dokumente nach Moskau geliefert.[300]

Der nachrichtendienstliche Alltag war allerdings weniger durch Topspione als vielmehr von unspektakulären geheimdienstlichen Routinegeschäften geprägt, zu denen vor allem Order-of-Battle-Aufklärung, also die Nachrichtengewinnung über Umfang, Dislokation, Gliederung und Bewegungen der NATO-Streitkräfte in Europa gehörte. Hierfür benötigten die sowjetischen Nachrichtendienste und ihre Verbündeten eine Vielzahl von Agenten, weil ihnen technische Mittel wie Satelliten und Luftaufklärung nur unzureichend zur Verfügung standen. Die Agenten lieferten durch die Beobachtung ihres denkbar kleinen Spionageausschnitts im NATO-Militärbetrieb, zu dem beispielsweise die Überwachung der Belegungsstärke von Kasernen und von Infrastruktur sowie die Kontrolle von Aktivitäten auf Truppenübungsplätzen zählten, kaum Informationen, die für sich allein genommen spektakulär waren. Erst durch die Arbeit der Auswertungsstellen wurden die so gewonnenen Mosaiksteine geordnet und wie ein Puzzle zusammengesetzt, sodass sich im Allgemeinen ein zutreffendes Lagebild ergab, mit dem die sowjetische Seite zu jeder Zeit auf sich verändernde militärische Situationen in Westeuropa reagieren konnte.[301]

Beispielsweise übermittelte die Leitung des Verteidigungsministeriums nach dem Mauerbau am 13. August 1961 bis zum Januar 1962 der ZK-Führung auf der Grundlage der Ageninformationen täglich einen militärischen Lagebericht zur Situation in Westeuropa und Westberlin. Während der bedrohlichen Panzerkonfrontationen am Checkpoint Charlie im Oktober 1961 meldeten die Standortüberwacher der GRU nicht nur die exakte Anzahl der in der Luft im Einsatz befindlichen sowie in Europa stationierten Atombomber des Strategic Air Command der US-Luftstreitkräfte (SAC), sondern auch die genaue Zahl der im Nordmeer operierenden bzw. im schottischen Marinestützpunkt Holy Loch stationierten Atom-Raketen-U-Boote der US Navy.[302] Dies dürfte mit dazu beigetragen haben, dass sich Chruschtschow dafür entschied, die Konfrontation am Checkpoint mit dem Rückzug seiner Panzer beizulegen.

Welchen Umfang die Spionageaktivitäten hatten, wird durch wenige Zahlen deutlich. Allein 1959 wurden in der Bundesrepublik 2802 »feindliche Agenten« verhaftet, von denen etwa 30 Prozent auf militärische Ziele angesetzt waren. In den ersten zehn Monaten des Jahres 1960 nahm die US-Militärabwehr insgesamt 2136 Agenten fest, von denen 348 auf Einrichtungen der amerikanischen Streitkräfte in Europa, vor allem aber in der Bundesrepublik, angesetzt gewesen waren. Bis zum November 1960 wuchs die Zahl festgenommener Spione, die Einrichtungen der US-Streitkräfte in Europa ausspionierten, auf 390. Von ihnen arbeiteten 266 für das Ministerium für Staatssicherheit der DDR, immerhin 66 für sowjetische Nachrichtendienste. Weitere 58 lieferten den anderen Geheimdiensten des Warschauer Paktes Informationen. Knapp 60 Prozent der Spionageangriffe galten der Order-of-Battle-Aufklärung, wobei Einheiten und deren Bewaffnung von 31 Prozent der Agenten ausgeforscht wurden. Kasernen und militärische Anlagen überwachten 14 Prozent, weitere 13 Prozent der Spione kundschafteten mit Nuklearwaffen und Raketen bewaffnete Truppen und deren Standorte aus. Knapp 20 Prozent der weiteren Aufklärungsaktivitäten richteten sich gegen die US-Spionageabwehr, weitere 10 Prozent versuchten, gezielt Personal der US Army auszuforschen, Manöver und Alarme verfolgten 5 Prozent der festgenommenen Agenten. Dass Westberlin damals wichtigster Brennpunkt der östlichen Geheimdienstaktivitäten war, wird durch das Faktum belegt, dass knapp ein Drittel der Spione in den Westsektoren der geteilten Stadt verhaftet wurden. Aber auch Baden-Württemberg, Bayern, Hessen und Rheinland-Pfalz lagen entsprechend der Dislokation der US-Truppen im Visier der sowjetischen Geheimdienste. Hingegen waren US-Anlagen in Frankreich und Italien nur von untergeordnetem Interesse. Gegen sie richteten sich lediglich sieben bzw. drei Prozent der östlichen Spionageangriffe. Vor diesem Hintergrund kann es kaum verwundern, dass die US-Truppen in Europa im Verlauf der Berlin-Krise die sowjetischen Spionageangriffe »als wichtigste momentane Gefahr« einschätzten.[303]

Geführt wurden diese sowjetischen Quellen zumeist aus der DDR, wo die GRU über zahlreiche Residenturen verfügte. Westliche Nachrichtendienste gingen davon aus, dass der sowjetische Militärgeheimdienst in Ostdeutschland auf über 400 bis 600 Offiziere zurückgreifen konnte. Rund 250 von ihnen waren im Stab der GSSD in Wünsdorf stationiert, weitere Stützpunkte existierten in Erfurt, Schwerin, Leipzig und Magdeburg. Auch die Nachrichtendiensteinheiten der einzelnen GSSD-Armeen bekamen im Rahmen der sowjetischen Order-of-Battle-Aufklärung entsprechende Spionageziele zugewiesen. So »bearbeitete« die Aufklärungsabteilung der bei Berlin stationierten 20. Gardearmee beispielsweise alliierte Einrichtungen in Westberlin und beobachtete darüber hinaus die dortige Polizei. Zudem konnte die Militäraufklärung die sowjetischen Verbindungsmissionen in Frankfurt/Main, Bünde/ Westfalen und Baden-Baden für ihre Spionageaktivitäten nutzen.[304] Dem KGB wiederum gelang die Beschaffung von Unterlagen aus dem französischen und britischen Außenministerium. Ferner hörten dessen Spezialeinheiten die amerikanische Botschaft in Moskau ab. Aus den USA fand schließlich ein Papier für die Arbeitsgruppe der Vier Mächte über den »Modus Vivendi« für Berlin den Weg nach Moskau. Beide Dienste beschafften zudem alliierte Geheimdokumente über die Planungen einer erneuten Luftbrücke für den Fall einer Blockade Westberlins.[305] Da die für Mitte Mai 1960 geplante Vier-Mächte-Gipfelkonferenz in Paris jedoch u. a. durch den Abschuss einer U-2 der CIA über Swerdlowsk am 1. Mai 1960 scheiterte, konnte Chruschtschow das GRU- und KGB-Wissen über die westlichen Verhandlungspositionen nicht ausnutzen.[306] Dennoch ging die Sammlung von nachrichtendienstlichem Material auch nach der gescheiterten Pariser Gipfelkonferenz weiter. Bis zum Ende des Jahres 1960 fing allein die Funkaufklärung des KGB mehr als 209.000 diplomatische Telegramme von Botschaften aus 51 Staaten ab und entschlüsselte diese. 133.200 dieser Informationen wurden vom Geheimdienst zur weiteren Verwendung an das ZK der KPdSU, hier vor allem an die Internationale Abteilung, weitergeleitet. Zudem erstellte die Auswertungsabteilung des Geheimdienstes für ZK und Ministerrat 1960 insgesamt 4144 Einzelberichte sowie 68 Wochen- und Monatsberichte. Mehr als 4300 der vom KGB beschafften Dokumente gingen in Kopie an Außenminister Andrej A. Gromyko, weitere 3470 wurden Verteidigungsminister Malinowski und dem Chef seines Generalstabes übergeben.[307]

»Rüstungswirtschaftliche Maßnahmen der BRD«

Hinsichtlich des Militärgeheimdienstes gibt es aus dem Jahr 1960 bislang kaum zugängliche GRU-Berichte. Mit dem Datum 1961 nimmt allerdings die Zahl der jetzt in Archiven einsehbaren Informationen des militärischen Nachrichtendienstes an die sowjetische Führung spürbar zu. Im April 1961 lieferte die GRU beispielsweise eine Zusammenstellung der »rüstungswirtschaftlichen Maßnahmen der BRD 1960« an das Zentralkomitee. Dem insgesamt neunzehn Seiten langen Bericht hatte die GRU-Führung eine zweieinhalbseitige Zusammenfassung vorangestellt, welche die Kernpunkte des Geheimdienstdossiers knapp zusammenfasste.[308]

Zunächst stellten die Analysten fest, dass die Rüstungsmaßnahmen der Bundesregierung auf »den weiteren Ausbau der Streitkräfte, die Erhöhung der Produktion von Rüstungsgütern, die Entwicklung neuer Waffen, die Schaffung der Grundlagen für eine Atomindustrie und die Vorbereitung der Wirtschaft des Landes auf den Kriegsfall« gerichtet seien. 1960 hätte die Bundesrepublik insgesamt 11,79 Milliarden DM für Verteidigungszwecke ausgegeben, 1961 sollten hierfür bereits 15 Milliarden DM aufgewendet werden.[309] Ein Großteil dieses Geldes wurde in die Beschaffung schwerer Kampftechnik investiert, die überwiegend im Ausland, vor allem in den USA, angekauft wurde. Allein 1960 bestellte die Bundeswehr, nach Informationen der GRU, 557 strahlgetriebene Jäger und Jagdbomber, je 24 Flügelgeschosse der Typen »Matador« und »Mace«, 100 Kurzstreckenraketen »Sergeant«, 312 Kurzstreckenraketen »Honest John« sowie 300 Flugabwehrraketen »Nike«. Die Boden-Boden-Fernlenkwaffen sowie ein Teil der Flugabwehrraketen waren hierbei zum Einsatz von Nuklearsprengköpfen ausgerüstet. Hinzu kamen 23.460 Panzerabwehrlenkraketen der Typen SS-10 und SS-11 sowie 751 amerikanische M48-Panzer und zahlreiches weiteres Kriegsgerät.[310] Zugleich sei die Bundesrepublik – so der Militärgeheimdienst – dazu übergegangen, in ihren 75 Rüstungsbetrieben mit ca. 75.000 Beschäftigten die eigene Waffenfertigung weiter auszubauen. 1960 stellte der bundesdeutsche Verteidigungssektor nach Erkenntnissen des Militärnachrichtendienstes der Sowjetarmee 288 Kampfflugzeuge, 345 gepanzerte Transporter, 10.000 Militärfahrzeuge, 26.000 automatische Gewehre und 27 kleinere Kriegsschiffe her.

Einen weiteren Schwerpunkt legte der GRU-Bericht auf die erfolgreiche Rüstungskooperation der Bundesrepublik mit anderen NATO-Partnern. Als Beispiele wurden hier die Gemeinschaftsprogramme zur Fertigung der Flugabwehr-Rakete »Hawk« und der Luft-Luft-Rakete »Sidewinder« sowie zur Entwicklung von Kampf- und Transportflugzeugen wie der »Breguet Atlantik« und der C-160 »Transall« genannt. Insgesamt kam der Geheimdienstbericht zu dem Schluss, dass es die Bestrebungen der Bundesregierung, gerade auch hinsichtlich der Kooperation mit weiteren NATO-Staaten, ermöglichten, die Bundeswehr mit modernen Waffen auszurüsten, und der bestehende Vorsprung anderer Staaten bei der Entwicklung neuer Rüstungstechnik aufgeholt werden konnte.[311]

Aufrüstung der US Air Force – kosmische Waffen, Atomraketen, Abwehrsysteme

Durch diesen Bericht wurde für die sowjetische Seite deutlich, dass sich die Rüstungsspirale des Kalten Krieges immer weiterdrehte. Chruschtschow war von der noch Anfang 1960 angestrebten allgemeinen Abrüstung weiter entfernt als je zuvor. Dass sich die Rüstungsbemühungen des Westens nicht nur auf die Bundesrepublik beschränkten und gerade nach dem Amtsantritt von US-Präsident John F. Kennedy weiter an Tempo gewannen, zeigten der Kremlführung weitere Informationen des militärischen Nachrichtendienstes. Am 5. Juni 1961 legte die GRU der sowjetischen Führungsspitze zunächst einen Bericht zur Restrukturierung der Forschungs- und Entwicklungszentren der US Air Force vor. Ziel dieser Maßnahmen, so der militärische Nachrichtendienst, sollte eine Steigerung des Tempos bei der Entwicklung und dem Bau von kosmischen Waffen, strategischen Raketen, Raketenabwehrsystemen und elektronischen Führungssystemen für die Luftstreitkräfte sein. Zur besseren Koordinierung dieser Arbeiten schuf die Air Force ein neues Kommando für die Entwicklung von entsprechenden Waffensystemen. Es hatte seinen Dienstsitz auf der Andrews-Airbase und wurde von General Bernard A. Schriever – einem Spezialisten für Raketenentwicklung – geleitet, dessen Biografie dem Schreiben beigefügt war.[312]

Die Reorganisationen im Bereich der Waffenentwicklungen der US Air Force und die Ernennung von Schriever deuteten nach Ansicht der GRU darauf hin, »dass der Schwerpunkt in der Tätigkeit des neuen Kommandos auf der Entwicklung von Raketen und kosmischen Waffen liegen wird«.[313] Offenbar unzufrieden wegen der Probleme bei der eigenen Raketenentwicklung und aus Befürchtung, dass sich der bereits bestehende technologische Vorsprung der USA in diesem Bereich noch weiter vergrößern werde, erhielt der Leiter der Rüstungskommission beim Zentralkomitee Dmitrij F. Ustinow auf Weisung von Verteidigungsminister Malinowskij umgehend eine Kopie des Schreibens zugestellt. Dieser setzte seine Stellvertreter Georgij A. Titow und Georgij N. Paschkow vom Inhalt des GRU-Schreibens in Kenntnis und verlangte, unverzüglich über nötige Schritte vorzutragen.[314] Anfang 1962 legte die sowjetische Raketenindustrie schließlich dem Zentralkomitee mehrere Auskunftsschreiben mit Vergleichsdaten zur Entwicklung sowjetischer und amerikanischer Interkontinentalraketen vor, aus denen klar eine partielle Überlegenheit der Amerikaner hervorging. Zugleich umriss das Staatskomitee für Verteidigungsindustrie – in der Sowjetunion zuständig für Fernlenkwaffen – insgesamt neun Projektentwürfe für neue Typen schwerer und überschwerer Interkontinentalraketen, die nukleare Gefechtsköpfe von einer Sprengkraft von bis zu 200 Megatonnen TNT Richtung USA befördern sollten, um den amerikanischen Vorsprung aufzuholen.[315]

Am 22. und 23. Juni 1961 übermittelte die GRU dem ZK der KPdSU erneut zwei umfangreiche Schreiben in alarmierendem Ton, die zum einen über den weiteren Ausbau des Arsenals an taktischen und operativ-taktischen Atomraketen der US Army und zum anderen über Kennedys Pläne zur weiteren Verstärkung der US-Streitkräfte informierten. Der erste Bericht gab der sowjetischen Führungsriege einen detaillierten Überblick über die Ausstattung der US-Landstreitkräfte mit taktischen Nuklearraketen. Zugleich wurde vom militärischen Nachrichtendienst auf zukünftige Entwicklungen der US Army in diesem Bereich aufmerksam gemacht.[316] Doch auch bereits zum jetzigen Zeitpunkt seien die US-Streitkräfte durch ihre Ausstattung mit den unterschiedlichsten Typen von taktischen Nuklearwaffen in der Lage, die notwendigen atomaren Feueraufgaben ihrer in Europa stationierten Truppen auf der gesamten Breite und Tiefe von Frontoperationen zu gewährleisten. Damit erwiesen sich die Atomraketen als wichtigste Schlagkraft der Landstreitkräfte. Zugleich erhöhten sich durch die umfangreiche Ausstattung mit taktischen Nuklearwaffen die Operationsmöglichkeiten der US-Landstreitkräfte beträchtlich, da sie jetzt in der Lage seien, mit weniger Kräften auf einer zwei bis dreimal so großen Fronttiefe bzw. -breite als bisher zu handeln und damit das Gebiet ihres Verteidigungsbereiches erheblich zu vergrößern.

Die sowjetische »Raketenlücke«

Gleichzeitig machte der GRU-Bericht der Kremlführung deutlich, wie sehr sich binnen kurzer Zeit das atomare Kräfteverhältnis in Europa geändert hatte. Verfügte 1958 eine auf dem Kontinent stationierte US-Feldarmee mit ihren zwölf Divisionen über sechs Batterien taktischer Kurzstreckenraketen und 21 Batterien nuklearfähiger Geschütze, so standen 1960 der gleichen Gruppierung bereits eine Abteilung Mittelstreckenraketen »Redstone«, 21 Batterien taktischer Kurzstreckenraketen und 19 Batterien Atomgeschütze zur Verfügung. Hinzu kam jetzt noch pro Division eine Batterie taktischer Atomraketen des Typs »Honest John«. Obgleich die Masse der vorhandenen Raketen nur eine Reichweite von bis zu 40 Kilometern hatte und lediglich die »Corporal« über 130 Kilometer bzw. die »Redstone« bis zu 320 Kilometer verschossen werden konnten, erwiesen sich die Folgen für die sowjetische Strategie als enorm, setzten sie die NATO-Streitkräfte doch in die Lage, die Panzerarmadas der Sowjetarmee in strahlende Schrottwracks zu verwandeln. Die bisherige konventionelle

Überlegenheit der Landstreitkräfte der UdSSR konnte so wirkungsvoll gebrochen werden. Oder wie es der Befehlshaber der Northern Army Group, General Sir James Cassels, auf einer Besprechung mit dem Oberbefehlshaber der NATO-Truppen in Europa (SACEUR), General Lauris Norstad, Ende 1961 ausdrückte: »Wenn Sie mir den Auftrag geben, unter Ausnutzung der WESER[-Linie] mit nuklearen Waffen zu verteidigen, dann bin ich zuversichtlich, diesen Auftrag erfüllen zu können.«[317] In Zukunft, so die GRU, würden sich die Gefechtsmöglichkeiten des Westens noch weiter erhöhen, da die Amerikaner mit hohem Tempo und Aufwand an der Modernisierung und Weiterentwicklung von atomaren Kurz- und Mittelstreckenraketen arbeiteten.[318]

Die Sowjetunion selbst versuchte, der neu entstandenen Lage durch die zunehmende Ausstattung ihrer eigenen Landstreitkräfte mit taktischen Kernwaffen zu begegnen.[319] Es scheint auf der Hand zu liegen, dass die GRU die Kremlführung auf die möglichen Konsequenzen eines damals für wahrscheinlich gehaltenen bewaffneten Konflikts um Berlin aufmerksam machen wollte. Das geheime Papier sollte den Entscheidungsträgern im Moskauer Politbüro wohl verdeutlichen, dass die immer wieder propagierte Überlegenheit der sowjetischen Streitkräfte in der Realität nicht existierte und eine militärische Konfrontation um die geteilte Stadt mit den Westmächten und der sie unterstützenden NATO für die UdSSR mit erheblichen Risiken verbunden war. Die Sowjetunion würde auf einen gerüsteten und gut vorbereiteten Gegner treffen.

Dies zeigte auch das zweite GRU-Schreiben, das einen Tag später an das Zentralkomitee ging. Mit seinem Titel »Analyse der Planungsänderungen des Aufbaus der amerikanischen Streitkräfte und des Verteidigungsbudgets der USA für 1961/62« untersuchte es die Vorschläge von US-Präsident Kennedy zum weiteren Ausbau der US-Streitkräfte, die dieser dem Kongress am 28. März bzw. am 25. Mai 1961 unterbreitet hatte. Für besonders wichtig erachteten die Analysten des Militärgeheimdienstes dessen Ankündigung, die Verteidigungsausgaben der Vereinigten Staaten um 3,771 Milliarden Dollar zu erhöhen. Zugleich informierten sie darüber, dass Kennedy befohlen habe, die US-Streitkräfte um 25.000 Mann zu vergrößern, sodass bis zum 30. Juni 1962 ihre Mannschaftsstärke bei 2,518 Millionen Mann liegen sollte. Besonders alarmiert zeigte sich die GRU allerdings von der Nachricht, dass Kennedy auf den weiteren raschen Ausbau der strategischen Streitkräfte der USA drängte. So sollten bis Ende 1964 jeweils zwölf Geschwader aufgestellt werden, die mit Interkontinentalraketen der Typen »Atlas« und »Titan« ausgerüstet waren. Zugleich schlug der US-Präsident vor, das »Minuteman«-Projekt erheblich zu beschleunigen und bis Anfang 1965 ebenfalls zwölf mit diesem Flugkörper ausgerüstete Geschwader aufzustellen. Die feststoffgetriebene »Minuteman« erwies sich als leichte, relativ kostengünstige und treffgenaue Atomrakete mit interkontinentaler Reichweite, die zudem aus verbunkerten Anlagen heraus gestartet werden konnte. Vor eine noch schwierigere strategische Herausforderung stellte die Sowjetarmee der rasche Ausbau der Flotte von Atomraketen-U-Booten der US Navy. Bis Ende 1964 wollte Kennedy insgesamt 29 Atom-U-Boote der mit jeweils 16 Polaris-Raketen ausgestatteten »George Washington«-Klasse in Dienst stellen, die der USA erstmals eine wirkliche Zweitschlagskapazität verliehen und gegen die die sowjetischen Streitkräfte damals keine wirksamen Abwehrmittel besaßen.[320]

Auf Grundlage dieser und weiterer Papiere seiner Nachrichtendienste reifte beim sowjetischen Parteichef die Erkenntnis, dass sein bisheriges strategisches Konzept für eine militärpolitische Auseinandersetzung mit den Vereinigten Staaten gescheitert war. Ursprünglich hatte sich Chruschtschow davon überzeugt gezeigt, die USA Mitte der 1960er-Jahre mit 150 bis 200 Interkontinentalraketen in Schach halten zu können.[321] Doch diese Annahme wurde rasch von der Wirklichkeit überholt. Zunächst sorgten die amerikanischen Spionageflüge der U-2 und der ab August 1960 erfolgte Einsatz von Aufklärungssatelliten für die Lokalisierung der streng geheimen sowjetischen Abschussbasen, die – da zum Großteil nicht verbunkert – damit für

Überraschungsangriffe der Amerikaner äußerst verwundbar wurden. Entsprechende Pläne für Präventivschläge diskutierte die US-Administration im Sommer 1961 durchaus. Mit ihrem »Minuteman«-Programm zeigten sich die USA erstmals dank der hohen Treffsicherheit der Raketen in der Lage, die relativ wenigen und zudem großenteils ungeschützten sowjetischen Abschussrampen für Atomraketen sowie die Langstreckenbomberbasen der Sowjetarmee mit einem massiven Erstschlag auszuschalten. Die UdSSR sah sich nunmehr einer eigenen »Raketenlücke« gegenüber.[322]

Für Chruschtschow wurde auf der Grundlage der Berichte seines militärischen Nachrichtendienstes zunehmend deutlich, dass sich das strategische Gleichgewicht rasch zuungunsten der Sowjetunion entwickelte. Für eine Lösung der schwelenden Krise um Berlin in seinem Sinne blieb immer weniger Zeit, sodass er sich im Juli 1961 dazu entschloss, sein politisches und militärisches Dilemma durch eine Abriegelung des Westteils der Stadt zu regeln.[323]

Der Mauerbau

Begünstigend für die Durchführung des Mauerbaus am 13. August 1961 war dabei die genaue Kenntnis der Planungen der Westalliierten für den Fall eines bewaffneten Konfliktes um Berlin sowie der vorgesehenen politischen und wirtschaftlichen Maßnahmen des Westens für den Krisenfall. Eine wichtige Rolle spielte hierbei erneut die GRU, aber auch das KGB. Beiden Diensten gelang es im Laufe des ersten Halbjahres 1961, verschiedene Schlüsseldokumente des streng geheimen westalliierten Planungsstabes für Berlin, »Live Oak« – der verschiedene Szenarien für die Sicherung des Zugangs der Westalliierten zu ihren Sektoren in der geteilten Stadt ausarbeitete – zu beschaffen und auf den Tisch der politischen Führung in Moskau zu legen. Dies betraf vor allem alliierte Planungen zur Durchführung einer Luftbrücke, sollte der Landweg nach Berlin durch die Sowjetunion und die DDR erneut unterbrochen werden.[324] Die genaue Kenntnis des alliierten Vorgehens für diesen Fall, das unter anderem bewaffneten Begleitschutz für die Lufttransporte und die Zerstörung von Flugabwehrstellungen auf dem Gebiet der DDR einschloss, bewog Chruschtschow dazu, von seinen ursprünglichen Plänen einer Luftblockade Berlins – für deren Umsetzung bereits Spezialtruppen aufgestellt wurden – Abstand zu nehmen, da hierdurch eine unbeabsichtigte militärische Eskalation des Konfliktes bis hin zu einem Kernwaffenkrieg nicht ausgeschlossen werden konnte.[325] Zu dieser Entscheidung hatte gleichfalls die sowjetische Kenntnis der operativen Pläne der US-Luftstreitkräfte in Europa Nr. 129/60 und Nr. 156/60 beigetragen, die Informationen dazu enthielten, mit welchen Kräften und Mitteln die US Air Forces in Europa den militärischen Schutz der Luftbrücke bzw. den Durchbruch westalliierter Verbände entlang der Autobahn Helmstedt – Berlin unterstützen wollten.[326] Doch auch außerhalb der Bundesrepublik zeigte sich die GRU entsprechend aktiv. Im Juli 1961 richtete sie nach Informationen des Bundesnachrichtendienstes beispielsweise eine Residentur in Bologna ein, um von dort aus die Standorte der US-Streitkräfte in Italien besser überwachen zu können. Hierfür verfügte sie über entsprechende weitere Stützpunkte, die u. a. in Modena und der Region Emilia lagen. Als Kuriere setzte der sowjetische Militärgeheimdienst Mitglieder der kommunistischen Partei Italiens ein.[327]

Für die besonders kritische Phase kurz vor und während des Mauerbaus sollten sich zwei Geheimdienstberichte als besonders wertvoll erweisen. Zunächst hatte KGB-Chef Schelepin Staats- und Parteichef Chruschtschow am 20. Juli 1961 über die neuesten Erkenntnisse des politischen Auslandsnachrichtendienstes zu den Plänen und Maßnahmen der Westmächte hinsichtlich des geplanten separaten Friedensvertrages der UdSSR mit der DDR informiert. Zugleich versteckte Schelepin in seinem Schreiben an Chruschtschow den Hinweis, dass die NATO im Fall eines bewaffneten Konfliktes mit dem Warschauer Pakt um Berlin gezwungen sein werde, Nuklearwaffen einzusetzen, da sie den konventionellen Kräften des östlichen Militärpaktes unterlegen war. Als nicht weniger wichtig für Chruschtschow erwies sich die

Information, dass im US State Department sein Berlin-Spiel offensichtlich endgültig durchschaut wurde. Das amerikanische Außenministerium ging nunmehr davon aus, »dass die Politik der UdSSR hinsichtlich der Berlinfrage ein bedeutendes Bluff-Element« enthalte und die »Sowjetunion kaum das Risiko des Ausbruchs eines Atomkrieges um Westberlin eingehen werde«.[328] Deshalb, so die Amerikaner, müsse die Politik des Westens hart sein und die Sowjetunion auf allen Kanälen über die möglichen Folgen eines bewaffneten Konfliktes um Berlin gewarnt werden. Ziel dieser Maßnahmen sei es, der UdSSR bewusst zu machen, dass die Berlin-Krise eine »reale Bedrohung der Sicherheit der Sowjetunion« darstelle. Darüber hinaus sollten die westlichen Streitkräfte demonstrativ auf Kriegsstärke gebracht und der UdSSR über inoffizielle Kanäle die erarbeiteten Notfallpläne für den Fall der Sperrung des Zugangs nach Westberlin »zugespielt« werden. Eine besondere Desinformationsmaßnahme sah Washington in der Konfrontation der sowjetischen Regierung mit Informationen zu einer vermeintlichen Übergabe von nuklearen Vollmachten an die Bundesrepublik.[329]

Chruschtschow jedoch hatte die Zeichen der Zeit bereits erkannt und drängte auf die rasche Durchführung des Mauerbaus. Fünf Tage nach dem Erhalt des KGB-Dokumentes trafen sich in Ostberlin die Stabschefs von Nationaler Volksarmee und GSSD, um die militärischen Details der Schließung der Sektorengrenze zu besprechen. Am 27. Juli 1961 lag schließlich eine genaue Karte der zu treffenden Sperrmaßnahmen vor und am 1. August 1961 begannen Polizeieinheiten damit, das notwendige Baumaterial für die Schließung der Grenze nach Berlin zu transportieren.[330]

Auch nach dem Mauerbau hielt der Strom von geheimen Unterlagen aus dem Westen nach Moskau weiter ungehindert an. Am 25. August 1961 informierte Verteidigungsminister Malinowskij auf der Grundlage von GRU-Erkenntnissen Chruschtschow über die wichtigsten Ergebnisse der Konferenz der westalliierten Außenminister, die vom 5. bis 7. August 1961 in Paris stattgefunden hatte. Die Angaben über das Treffen erwiesen sich als höchst interessant, gaben sie der sowjetischen Führung doch Einblick in streng vertrauliche Abstimmungsmechanismen zwischen den Westalliierten und der Bundesrepublik Deutschland. Den Informationen seines militärischen Geheimdienstes konnte Chruschtschow entnehmen, dass sich die Bundesrepublik vehement gegen Gespräche mit der UdSSR über den Status quo von Berlin stemmte. Demgegenüber setzte sich US-Außenminister Dean Rusk für Verhandlungen mit Moskau ein: »Jeder weiß, dass die Sowjetunion die Ostzone niemals freigeben wird. Deshalb ist eine Lösung der Berlinfrage im Rahmen der Lösung des gesamtdeutschen Problems, wie das Bonn empfiehlt (was natürlich im Interesse des Westens wäre), gegenwärtig nicht realistisch. Gleichzeitig sei jedoch in Washington der Eindruck entstanden, dass die UdSSR bereit sei, Gespräche über die Wahrung der Rechte der Westmächte in Berlin zu führen, wenn die Westmächte durch Gespräche mit der DDR deren faktische Existenz anerkennen würden«.[331] Zugleich machte Rusk in Paris deutlich, dass, wenn der Westen seine Entschlossenheit entschieden genug zeigen würde, Berlin mit militärischen Mitteln zu verteidigen, eine diplomatische Lösung möglich sei. Gleichwohl wurde im Laufe der Diskussion klar, dass die gegenwärtige militärische Lage der NATO im Konfliktfall den Einsatz von Atomwaffen erfordern würde. Der Westen stände beim Ausbruch einer militärischen Auseinandersetzung vor der Wahl »Alles oder nichts!«. Deutlich wurden für die sowjetische Führung zudem abermals die umfangreichen militärischen Vorbereitungen des Westens, die im Zuge der Zuspitzung des Konflikts um Berlin durchgeführt wurden. Dazu gehörten neben der Einberufung von Reservisten auch die geplante Unterstellung von Atomraketen-U-Booten der »Washington«-Klasse unter den Alliierten Oberbefehlshaber in Europa (SACEUR). Ziel dieser Maßnahmen sollte nach Ansicht der Analysten der GRU sein, »nachdrücklich die militärische Bereitschaft des Westens zu Kampfhandlungen zu unterstreichen«.[332] Dies sei zudem eine unabdingbare Voraussetzung für Verhandlungen mit der UdSSR, der klargemacht werden müsse, dass im Fall des

Scheiterns der Gespräche ihre Drohungen auf militärischen Widerstand treffen würden. Chruschtschow war aufgrund dieser Informationen bewusst, dass jede zusätzliche Verschärfung der Krise in Berlin die unkalkulierbare Gefahr eines militärischen Konfliktes mit den Westmächten barg. Deshalb wies er nach Schließung der Grenzen in Berlin seine Militärs an, die Lage zunächst nicht durch weitere Schritte zu verschärfen. Der sowjetische Generalstab war darum bemüht, die brisante Situation nach der Grenzschließung nicht durch zusätzliche Provokationen in der Stadt aufzuschaukeln.[333]

Bestärkt wurde die Zurückhaltung Chruschtschows und seines Militärs durch weitere Geheimdienstinformationen der GRU, die aus dem NATO-Hauptquartier bei Paris stammten. Hier führte Korvettenkapitän Wiktor A. Ljubimow – als Vertreter des Ministeriums der Handelsflotte der UdSSR getarnt – eine Quelle mit dem Decknamen »Murat«.[334] Wer sich dahinter verbarg, ist im II. Teil des Buches zu erfahren. Fest steht, dass der Agent im Rang eines Obersten Moskau mit hochbrisanten Informationen versorgte. Dazu gehörten zunächst Erkenntnisse über die Verlegung von US-Einheiten nach Berlin und die Panzerkonfrontation am Checkpoint Charlie. Als weitaus wichtiger für die GRU erwiesen sich jedoch die NATO-Dokumente, die »Murat« an seine Auftraggeber in Moskau lieferte. Bereits 1958/59 hatte er dem militärischen Nachrichtendienst der Sowjetarmee den »Joint Atomic Plan Nr. 81/58« und den »SACEUR Atomic Strike Plan Nr. 110/59« übergeben. Diese streng geheimen Schlüsseldokumente der NATO gaben der sowjetischen Militärführung Aufschluss über die nuklearen Zielplanungen des westlichen Militärbündnisses im Kriegsfall und Informationen darüber, welche militärischen, politischen und wirtschaftlichen Ziele des Warschauer Paktes mit welchen Kernwaffen vernichtet werden sollten.[335]

Für den sowjetischen Staatschef wurde auf der Grundlage der GRU-Informationen klar, dass bei einem Konflikt mit dem Westen von der Sowjetunion nicht viel übrig bleiben würde. Dafür sorgte u. a.

auch der Einblick in den 171 Seiten umfassenden »Atomic Strike Plan 200/61« des SACEUR vom 10. Januar 1962, der bereits am 15. März 1962 auf dem Schreibtisch des Leiters der Informationsverwaltung des sowjetischen Militärgeheimdienstes, Generalleutnant Nikolaj A. Korenewskij, lag.[336] Gut zwei Monate später folgte dann eine 414-seitige Liste von Zielen für Atomschläge der NATO auf dem zentraleuropäischen Kriegsschauplatz, die der Stab der NATO-Luftstreitkräfte in Europa am 9. Januar 1962 herausgegeben hatte.[337] Vor diesem Hintergrund wird deutlich, dass sich der sowjetische Parteichef ernste Sorgen um das strategische Kräfteverhältnis gegenüber den USA und der NATO machen musste. Genau diese Sorge ließ Chruschtschow zur Stationierung sowjetischer Mittelstreckenraketen auf Kuba schreiten, die sich daran anschließende Krise sollte ihm schließlich sein Amt kosten.

Die Kuba-Krise

In Südamerika und Nordamerika verfügte der sowjetische Militärgeheimdienst über starke Positionen. Deshalb konnte die GRU nicht nur von der CIA geplante Attentate auf den kubanischen Revolutionsführer Fidel Castro verhindern, sondern spielte auch eine Schlüsselrolle in der Beilegung der Kuba-Krise, die die Welt damals an den Abgrund eines Nuklearkrieges brachte.[338] Das Zentralkomitee der Kommunistischen Partei wurde von der Militärspionage aber auch über das Scheitern der Invasion in der Schweinebucht im April 1961 sowie über die für das Unternehmen bereitgestellten amerikanischen Kräfte informiert. Diese kamen dann allerdings nach der missglückten Anlandung der Exilkubaner zum Sturz Castros nicht mehr zum Einsatz.[339]

Zugleich hatte es der sowjetische Militärgeheimdienst zu dieser Zeit vermocht, einen geheimen Kanal zwischen den politischen Führungen der Sowjetunion und der USA aufzubauen. Im Mittelpunkt dieser Verbindung stand GRU-Oberst Georgij N. Bol'schakow, der in Washington offiziell als stellvertretender Chefredakteur der Zeitschrift *Soviet Life* akkreditiert worden war. Der damals 40-jährige Geheimdienstoffizier, 1922 in Moskau geboren, hatte nach dem Schulabschluss ein Studium an der Militärfakultät des Moskauer Instituts für Fremdsprachen aufgenommen. Nach dem Beginn des deutschen Angriffs auf die UdSSR im Sommer 1941 wurde er zunächst in Karelien als Übersetzer im Stab eines Regimentes eingesetzt, dann folgte eine Verwendung als Gehilfe des Aufklärungschefs einer Schützendivision an der Nordwestfront. 1943 delegierte die Militärführung den aussichtsreichen jungen Offizier zur weiteren Ausbildung an die Höhere Aufklärungsschule beim Generalstab der Roten Armee, zwischen 1946 und 1950 folgte dann ein Studium an der neugegründeten Militärdiplomatischen Akademie, die nunmehr die Anwärter für eine Laufbahn als Geheimdienstoffizier bei der GRU ausbildete. Dem schloss sich 1951 ein erster Einsatz in New York an, wo er, als Mitarbeiter der sowjetischen Nachrichtenagentur TASS getarnt, für den sowjetischen Militärgeheimdienst spionierte. Bereits damals lernte er den für die *New York Daily News* arbeitenden US-Journalisten Frank Holeman kennen. 1955 kehrte Bol'schakow nach Moskau zurück, wo ihn Verteidigungsminister Shukow als seinen Offizier für Sonderaufgaben einsetzte. In dieser Funktion kam er schließlich auch mit dem Schwiegersohn von Parteichef Chruschtschow Aleksej I. Adshubej in Kontakt, der damals zugleich Chefredakteur der Zeitung *Komsomolskaja Prawda* war. Nach der Entmachtung Shukows 1957 wurde der Offizier erneut zum militärischen Nachrichtendienst abkommandiert, wo er allerdings keinen leichten Stand hatte. Viele seiner »Kollegen« sahen in ihm einen gefährlichen Konkurrenten um höhere Dienstposten, andere neideten ihm seine engen Beziehungen zur Führung des Verteidigungsministeriums und darüber hinaus. 1958 ergab sich endlich erneut die Gelegenheit, in den USA zu arbeiten, diesmal unter der Tarnung eines Mitarbeiters des »Sovinformbüros«, das ab 1961 dann als Nachrichtenagentur »Nowosti« firmierte[340].

Holeman, inzwischen zum Chef des renommierten »National Press Club« aufgestiegen, unterhielt erneut enge Beziehungen zu Bolschakow. Im Frühjahr 1961 stellte er den GRU-Agenten mit dem Decknamen »Mark« dem Pressesekretär von Robert F. Kennedy, Justizminister und jüngerer Bruder des US-Präsidenten John F. Kennedy, vor. Am 9. Mai 1961 traf sich dann trotz eines Verbotes seiner GRU-Vorgesetzten der sowjetische Nachrichtendienstoffizier mit dem Bruder des US-Präsidenten vor dem Washingtoner Büro des Justizministers. Der schlug ihm bei einem anschließenden gemeinsamen Spaziergang die Einrichtung eines geheimen diplomatischen Kanals zwischen Moskau und der US-Regierung vor und regte einen künftigen Interessenausgleich der beiden Supermächte an.[341] Zwar erhielt die GRU am 16. Mai 1961 vom Zentralkomitee die Genehmigung, die Treffen von Bol'schakow und Robert Kennedy vorerst fortzusetzen, doch verstanden sich Chruschtschow und der US-Präsident beim wenig später erfolgten Gipfeltreffen in Wien nicht sonderlich, sodass die Führungsspitzen beider Supermächte zunächst weiter aneinander vorbeiredeten. Auf dem Höhepunkt der Berlin-Krise im Oktober 1961 bewährte sich der geheime Kanal allerdings erstmals. Als die Panzerkonfrontation am Checkpoint Charlie zu eskalieren drohte, übermittelte der GRU-Agent einen Vorschlag Chruschtschows an die Kennedy-Brüder, der schließlich zum Rückzug beider Seiten führte.[342]

Auch im Verlauf des Jahres 1962 setzten sich die Kontakte zwischen Bol'schakow und Robert Kennedy weiter fort, beide trafen sich zwischen Frühjahr 1961 und Herbst 1962 insgesamt rund fünfzig Mal. Während der Kuba-Krise im Herbst 1962 versiegte jedoch der geheime Kanal zwischen Moskau und Washington. Im Sommer hatte Chruschtschow den GRU-Obersten, der sich gerade auf Urlaub in der Sowjetunion befand, nach Pizunda an der abchasischen Schwarzmeerküste kommen lassen, wo der Parteichef seine Sommerfrische verbrachte. Er ließ sich von dem Geheimdienstoffizier über dessen Treffen mit Robert Kennedy unterrichten und wies ihn danach an, dem US-Justizminister mitzuteilen, dass die Sowjetunion auf Kuba keine Offensivwaffen stationieren würde. Der Militär hatte keinen Grund, seinem Oberbefehlshaber nicht zu glauben und zeigte sich entsprechend überrascht, als ihm Robert Kennedy am 23. Oktober 1962 Luftaufnahmen der sowjetischen Mittelstreckenwaffen auf der karibischen Insel präsentierte. Gut zwei Wochen zuvor hatte der Geheimdienstoffizier dem US-Justizminister noch versichert, dass Chruschtschow vor der »Haustür« der USA keine Atomraketen aufstellen würde, doch der sowjetische Parteichef benutzte Bolschakow offenbar dafür, die amerikanische Führung über seine tatsächlichen Absichten zu täuschen. Damit schien das Ende des heißen Drahtes der GRU zwischen Moskau und Washington besiegelt.[343]

Am 24. Oktober trafen sich jedoch Bol'schakow und der US-Journalist Charles Bartlett. Letzterer überbrachte einen Lösungsvorschlag des US-Präsidenten für die angespannte Situation. Die Vereinigten Staaten würden ihre »Jupiter«-Mittelstreckenraketen aus der Türkei abziehen, die dort seit 1961 stationiert waren, wenn die Sowjetunion wiederum ihre Fernlenkwaffen auf Kuba in die Sowjetunion abtransportiere. Damit war der Weg für die Beilegung der Raketenkrise vorgezeichnet. Am späten Nachmittag des 27. Oktober 1962 stimmte Chruschtschow dem amerikanischen Vorschlag zu, musste jedoch garantieren, ihn vertraulich zu behandeln. Da die sowjetischen Raketen nun scheinbar ohne amerikanische Gegenleistung Kuba verließen, erschien er den Zeitgenossen als Verlierer in der gefährlichsten nuklearen Konfrontation der Geschichte. Dass die USA jedoch nun garantierten, dass die Insel sowjetisches Einflussgebiet blieb und die Amerikaner ihre Atomraketen aus der Türkei abzogen, erfuhr die Öffentlichkeit erst nach dem Ende des Kalten Krieges.[344]

Über die angespannte Situation rund um Kuba informierten die sowjetische Führung auch andere Quellen der GRU. Für Chruschtschow zeichnete sich immer mehr ab, dass sich die UdSSR und die USA auf eine äußerst gefährliche Konfrontation zubewegten. So unterrichtete der Militärgeheimdienst in den frühen Morgenstunden des 26. Oktober 1962 die Führung der Sowjetarmee über Telefongespräche zwischen dem Pentagon und dem US-Luftverteidigungskommando NORAD, in denen über das Vorhandensein von nuklearen

Gefechtsköpfen für die sowjetischen Raketen auf der Insel spekuliert wurde. Dass diese gerade aus dem zentralen Atomsprengkopflager in Bejucal zu den 500 Kilometer entfernten Raketenstellungen bei Sitiecito und Calabazar de Sagua transportiert wurden, um die Startzeit der Fernlenkwaffen auf zwei Stunden zu verringern, war den US-Geheimdiensten allerdings entgangen.[345] Am Morgen des 27. Oktober 1962 meldete der Chefresident der GRU in den USA und sowjetischer Militärattaché in Washington Generalleutnant Wladimir A. Dubowik schließlich nach Moskau, dass in Kürze mit einer Landung von US-Truppen zu rechnen sei. Alle Zeichen, die der Militärgeheimdienst vor Ort beobachtete, würden darauf hinweisen. Diese Depesche dürfte endgültig dafür gesorgt haben, dass sich Chruschtschow für eine Verständigung mit Kennedy entschloss und diese Entscheidung sogar – um keine Zeit zu verlieren – über den sowjetischen Rundfunk verkünden ließ.[346]

Hier kann festgehalten werden, dass auf der Grundlage der Informationen der GRU die politischen und militärischen Maßnahmen des Westens während der Berlin- und Kuba-Krise für die sowjetische Führung in einem hohen Maße transparent waren. Die Meldungen seines militärischen Nachrichtendienstes, aber auch die des KGB, gewährten Chruschtschow Einblick in fast alle wichtigen Entscheidungen der Westmächte bis hinauf zu den höchsten Regierungsebenen. Dem sowjetischen Staats- und Parteichef war dadurch klar, wie weit er mit seinem Bluff beim Poker um Berlin und Kuba gehen konnte. Dies führte während der Berlin-Krise zum Rückzug der Panzer vom Checkpoint Charlie wie auch später in der Kuba-Krise zum Abzug der sowjetischen Raketen von der Insel.[347] Dass Chruschtschow trotz der umfassenden Geheimdienstinformationen in seiner Politik Fehlern und Fehleinschätzungen unterlag, ist freilich unbestritten, zu sehr bestimmten ideologische Leitmotive dessen politisches Handeln. Nicht immer konnten sich deshalb seine Geheimdienstoffiziere mit ihren analytischen Situationsberichten gegen die Selbstannahmen des Kremlchefs durchsetzen.

Zugleich ist anzumerken, dass der sowjetische Militärnachrichtendienst in dieser Zeit neben beträchtlichen Erfolgen auch empfindliche Rückschläge hinzunehmen hatte. Der wohl bekannteste dürfte der Fall Oleg W. Pen'kowskij sein, dessen Fall in Teil III dieses Buches ausführlich geschildert wird. Der GRU-Oberst lieferte seit 1960 seine intimen Kenntnisse über den sowjetischen Militärnachrichtendienst und die Streitkräfte der UdSSR als sogenannter Selbstanbieter an die CIA und den MI6. Seine Verhaftung löste ein politisches Erdbeben aus. GRU-Chef Serow wurde Anfang 1963 seines Postens enthoben und vom Armeegeneral zum Generalmajor degradiert, sein Orden »Held der Sowjetunion« aberkannt.

Die GRU in den 1960er-Jahren unter Pjotr Iwaschutin

Nach der Abberufung von Serow trat als neuer GRU-Chef Generaloberst Pjotr I. Iwaschutin an dessen Stelle. Wie sein Vorgänger kam er nicht aus der militärischen Aufklärung, sondern von der Konkurrenz des KGB. Der 1909 in Brest-Litowsk geborene Geheimdienstoffizier, Sohn eines Eisenbahners, trat nach dem Abschluss der Schule 1930 in die kommunistische Partei ein und ging ein Jahr später zur Roten Armee, wo er eine Pilotenausbildung absolvierte. 1937 übernahm er das Kommando über einen schweren Bomber des Typs TB-3, noch im gleichen Jahr schickten ihn seine Vorgesetzten zur weiteren Qualifizierung auf die Shukowskij-Akademie der Luftstreitkräfte. Von hier wurde er jedoch im dritten Studienjahr zum Geheimdienst NKWD abkommandiert. Dieser setzte ihn als Offizier für Spionageabwehr beim 23. Schützenkorps ein, bis 1943 stieg er zum Abwehroffizier einer Armee auf. Mit der im Frühjahr 1943 erfolgten Bildung der Geheimpolizei »Smersch« – übersetzt »Tod den Spionen«, die sich nunmehr um Gegenspionageaktivitäten kümmerte, übernahm Iwaschutin die Stelle des Spionageabwehrchefs der 3. Ukrainischen Front. Diese Position behielt er auch nach Kriegsende bei, die in Bulgarien und Rumänien stationierten Truppen der Roten Armee trugen allerdings jetzt die Bezeichnung »Südgruppe der Truppen«. Nach deren Auflösung 1947 ging der inzwischen zum Generalleutnant beförderte Offizier in die sowjetische Besatzungszone in Deutschland, wo er zum Chef der Spionageabwehr bei der Gruppe der sowjetischen Besatzungstruppen ernannt wurde. Ab 1949 unterstanden ihm in dieser Funktion die Truppen des Militärbezirkes Leningrad, zwei Jahre später wechselte er dann nach Moskau, wo er die stellvertretende Leitung der für die militärische Gegenspionage verantwortlichen 3. Hauptverwaltung des Ministeriums für Staatssicherheit übernahm. Mit der 1954 erfolgten Bildung des KGB leitete er dort zunächst die für die Sicherung der Wirtschaft zuständige 5. Verwaltung. Bereits drei Monate später ernannte ihn KGB-Chef Serow zu einem seiner Stellvertreter, 1956 war er bereits zum 1. Stellvertreter aufgerückt. Am 14. März 1963 berief ihn das Zentralkomitee der KPdSU schließlich zum neuen Leiter des militärischen Nachrichtendienstes der Sowjetarmee.[348] Die Parteiführung kontrollierte die GRU vor allem über die Vergabe von Devisen, da sich auch der neue GRU-Chef jede operative Ausgabe, die die Summe von 2000 Dollar überstieg, vom Zentralkomitee bestätigen lassen musste.[349]

Auch unter dem neuen GRU-Chef gelangten weitere Informationen über die Atomwaffen der NATO nach Moskau, darunter der »Joint Atomic Plan Nr. 200/63« und das »Nuclear Weapons Employment Handbook«, wobei Letzteres Angaben zur Effektivität der einzelnen Kernwaffen-Typen der NATO enthielt.[350] Zwischen dem 20. Februar 1963 und dem 30. Januar 1964 lieferte der ebenfalls von Ljubimow geführte Agent »Hektor/Guron« – unter diesem Decknamen verbarg sich Joseph G. Helmich, Warrant Officer bei der 275. Nachrichtenkompanie in Paris – zudem ungefähr weitere 200 Dokumente über die Stationierung und Lagerung von US-Kernwaffen in Europa an die GRU. Weiterhin übergab der Spion umfassende technische Berichte zu den Raketensystemen »Pershing« und »Nike«. In einem Schreiben an Chruschtschow im Frühjahr 1964 bewertete Verteidigungsminister Malinowski den Wert des Geheimdienstmaterials wie folgt: »Die innerhalb weniger als in einem Jahr gesammelten Informationen erlaubten es, einige besonders wichtige Angaben zu Fragen der Vorbereitung der Streitkräfte der USA und der NATO zum Einsatz von Atomraketen auf dem europäischen Kriegsschauplatz zugänglich zu machen und zu bestätigen.«[351] 1968 veröffentlichte die GRU dann Teile der geheimen Informationen zu den »Pershing«-Raketen in einer Broschüre für die Truppenaufklärung.[352]

Im April 1964 erreichten die Moskauer GRU-Zentrale aus der Pariser Residentur u. a. eine fünfseitige streng geheime Einschätzung des Oberbefehlshabers der NATO-Truppen in Europa zum aktuellen Zustand der Landstreitkräfte des Bündnisses für 1963, eine 161 Seiten umfassende Direktive des Oberkommandos der Alliierten Streitkräfte in Europa (SHAPE) zur künftigen Führungsstruktur der NATO-Truppen sowie ein streng geheimes Memorandum von SHAPE über die zukünftige materiell-technische Sicherstellung bei der NATO in den Jahren von 1966 bis 1970, das zwölfseitige Protokoll einer Besprechung von SHAPE mit der Central Army Group über die Probleme bei der Verteidigung Süddeutschlands und ein Bericht, der über Ergebnisse des NATO-Großmanövers »Green Lion« informierte. Alle diese Schriftstücke besaßen die höchste Geheimhaltungsstufe des westlichen Militärbündnisses »Cosmic Top Secret«, da ein Bekanntwerden dieser Informationen der NATO einen außergewöhnlich schweren Schaden zufügen würde.[353]

Neben militärischen Themenstellungen bearbeitete der sowjetische Militärnachrichtendienst auch weiterhin Fragen der Rüstungsindustrie des Westens. Im Sommer 1966 übermittelte GRU-Chef Iwaschutin der Staatlichen Planungskommission der UdSSR beispielsweise eine Studie zum Zustand und zu den Entwicklungsperspektiven der westeuropäischen Rüstungskooperation.[354]

In Frankreich spionierte für die GRU zu dieser Zeit ein Agentenring unter der Leitung von Serge Fabiew, einem in Jugoslawien geborenen Sohn russischer Emigranten, die später nach Frankreich auswanderten. Der Staatenlose, der erst 1967 die französische Staatsbürgerschaft erhielt, wurde Anfang der 1960er-Jahre von dem Offizier des sowjetischen Militärnachrichtendienstes Iwan Kudrjawzew angeworben. Der Inhaber einer gut situierten Firma fungierte alsbald als Leiter eines Spionagenetzwerkes zu dem der Luftfahrtingenieur Marc Lefebvre (Deckname »Max«), der ehemalige Kontrolleur im Generalsekretariat für Zivilluftfahrt Roger Laval (Deckname »Rex«) sowie der bei Fiat-France beschäftigte Redakteur Giovanni Ferrero (Deckname »Jean«) gehörten. Mit seinem Führungsoffizier kommunizierte Fabiew, der den Decknamen »Fuko« erhalten hatte, über Geheimtinte, Mikropunkte sowie einen in sein Autoradio eingebauten Spezialsender, der Kontakt zur sowjetischen Militärmission in Longchamp herstellte. Ferner bestand eine Funkverbindung zur GRU-Zentrale in Moskau, die jedoch von der französischen Spionageabwehr DST abgehört werden konnte.[355] Der Spionagering versorgte den Militärgeheimdienst der Sowjetarmee mit Geheimdokumenten zu Feuerleitrechnern für ballistische Raketen, mit Angaben zum integrierten Luftverteidigungssystem der NATO NADGE sowie mit Material zur Entwicklung des französischen Überschallflugzeuges Concorde, das bei der Konstruktion des sowjetischen Gegenentwurfes Tu-144 Verwendung fand. 1977 konnte die Gruppe, die angeblich bereits vor vier Jahren von der GRU »abgeschaltet« worden war, von der französischen Spionageabwehr verhaftet werden. Ihre Mitglieder wurden zu langjährigen Haftstrafen verurteilt. Angeblich soll der GRU-General und CIA-Doppelagent Dmitrij F. Poljakow die französischen Agenten des militärischen Nachrichtendienstes der Sowjetarmee verraten haben.[356]

GRU-Offizier Nikolaj D. Tschernow im Dienst des FBI

Andere Quellen gehen jedoch davon aus, dass die Franzosen vom GRU-Offizier Nikolaj D. Tschernow an die Amerikaner denunziert worden waren. Der Techniker und Fotoexperte arbeitete Anfang der 1960er-Jahre an der New Yorker GRU-Residentur. Nach russischen Angaben erpresste ihn das FBI zur Mitarbeit, weil er eine Summe in Höhe von 200 Dollar unterschlagen habe. Tschernow meinte später, dass Poljakow, der damals bereits für das FBI arbeitete, für seine Anwerbung durch die Amerikaner gesorgt habe. Das FBI wiederum verlautete, dass es sich bei dem GRU-Mitarbeiter um einen Selbstanbieter gehandelt habe. Unter dem Decknamen »Nicknack« lieferte er der US-Spionageabwehr fortan Kopien der Geheimdokumente, die er von den Minox-Filmen der sowjetischen Agenten in seinem Fotolabor in der GRU-Vertretung entwickelte. Dadurch konnte das FBI u. a. die GRU-Quelle mit dem Decknamen »Drone« enttarnen, wobei es sich um den amerikanischen Oberstleutnant William H. Whalen handelte. Später bestätigte Poljakow die Spionage Whalens für den Nachrichtendienst der Sowjetarmee. Auch die 1965 erfolgte Enttarnung des britischen GRU-Spions Frank Bossard, der seit 1961 für den sowjetischen militärischen Nachrichtendienst arbeitete und ihm Geheimmaterial zu Raketen- sowie Radarentwicklungen im englischen Königreich verkaufte, soll auf das Konto von »Nicknack« gehen.

Als Tschernow Ende 1963 nach Moskau zurückkehrte, verpflichtete er sich, weiter für das FBI zu spionieren. Fünf Jahre arbeitete er noch in der Moskauer GRU-Zentrale, wo er weiterhin Agentenmeldungen abfotografierte, dann versetzte man ihn zur Internationalen Abteilung des Zentralkomitees. 1972 nutzte der Doppelagent dann eine Reise in die USA, um in New York dem FBI über 3000 Blatt zu übergeben, die er in der Moskauer GRU-Zentrale kopiert hatte. Diesmal fiel dem Maulwurf neben dem Spionagering von Fabiew auch der schweizerische Brigadier und Chef des Bundesamts für Luftschutztruppen Jean-Louis Jeanmarie zum Opfer. Der Offizier hatte von 1961 bis zu seiner Pensionierung 1975 streng geheime Informationen zur Landesverteidigung der Schweiz an die GRU übergeben. Nach seiner Verhaftung 1976 wurde er ein Jahr später wegen Landesverrats zu achtzehn Jahren Haft verurteilt. In Großbritannien konnte aufgrund der Angaben von Tschernow erneut ein Agent der GRU verhaftet werden. Diesmal handelte es sich um den Oberleutnant der Royal

Navy David Bingham, der auf der Fregatte »Rothesay« diente und seit 1970 für den militärischen Nachrichtendienst arbeitete. Seine Frau hatte dessen Dienste den Sowjets offeriert und der Offizier übergab ihnen Geheimdokumente aus der Marinebasis in Portsmouth, wo er stationiert war. Der MI5 verhaftete den Spion 1972, ein Gericht verurteilte ihn zu 21 Jahren Haft. Der zwischenzeitlich schwer alkoholabhängige Tschernow selbst geriet erst nach der Verhaftung Poljakows in das Visier des KGB. Die sowjetische Spionageabwehr hatte jedoch keine Beweise für dessen Zusammenarbeit mit den Amerikanern, sodass er erst 1990 festgenommen wurde. Im September 1991 verurteilte ihn das Militärkollegium des Obersten Gerichts der UdSSR zu acht Jahren Gefängnis. Bereits fünf Monate später existierte die Sowjetunion nicht mehr und der erste russische Präsident Boris N. Jelzin begnadigte den US-Maulwurf in der GRU und veranlasste dessen Freilassung.[357] Während die GRU in den USA und in Westeuropa vergleichsweise gut aufgestellt war, beklagte der neue Generalsekretär der KPdSU, Leonid I. Breschnew, im Mai 1966, dass die Militäraufklärung unter ihrem neuen Chef Iwaschutin in Fernost und Afrika »schlecht« arbeiten würde.[358]

Die 1970er- und 1980er-Jahre: die GRU verstärkt die Wirtschafts- und Rüstungsspionage

Im Herbst 1971 versetzte die britische Spionageabwehr zudem mit der Operation »Foot« – der Ausweisung von 105 unter diplomatischer Tarnung in Großbritannien arbeitenden KGB- und GRU-Offizieren – der sowjetischen Militäraufklärung im Vereinigten Königreich einen harten Schlag, von dem sie sich nur schwer erholen konnte. Angeblich musste nun für sowjetische Geheimdienstoperationen in Großbritannien zumeist auf die nachrichtendienstlichen Ressourcen der verbündeten Staaten des Warschauer Paktes zurückgegriffen werden. Da es immer schwieriger wurde, politische und militärische Entscheidungszentren des Westens mit Agenten zu infiltrieren, verstärkte der Militärgeheimdienst der Sowjetarmee seine Bemühungen in den Bereich der Wirtschafts- und Rüstungsspionage. Anfang der 1980er-Jahre ging das Pentagon davon aus, dass rund siebzig Prozent der vom Warschauer Pakt eingesetzten Waffensysteme in unterschiedlichem Ausmaß auf illegal im Westen besorgter Technologie basierten.[359]

Ende der 1970er-, Anfang der 1980er-Jahre beschafften in der Bundesrepublik Werner Bruchhausen und Richard Müller für die GRU sensible Computertechnik und Mikrochips, die der sowjetische Rüstungskomplex dringend benötigte. Die Agentengruppe wurde dabei vom Offizier des sowjetischen Militärnachrichtendienstes Wiktor N. Kedrow angeleitet. Der Geheimdienstmitarbeiter, auf Rechentechnik spezialisiert, hatte von 1964 bis 1968, als Angehöriger der sowjetischen Handelsmission getarnt, in London gewirkt, 1971 tauchte er in Kopenhagen auf, wo er 1974 nach einem Tipp vom MI5 von den dänischen Sicherheitsbehörden ausgewiesen wurde. Seit Ende der 1970er-Jahre fungierte der Agent dann als Führungsoffizier der Gruppe um Bruchhausen.[360] Um der sowjetischen Spionage durch die GRU in der Bundesrepublik zumindest etwas Einhalt zu gebieten, enttarnte beispielsweise die Illustrierte *Quick* 1983 im Auftrag des Bundesamtes für Verfassungsschutz den Luftwaffenattaché an der sowjetischen Botschaft in Bonn Oberst Wiktor Martschenko als Offizier des militärischen Nachrichtendienstes der Sowjetarmee. Bereits Ende 1970 hatte nach einem Artikel in der *Quick* der Erste Sekretär an der Botschaft der Sowjetunion in Berlin Pjotr F. Borowinskij seinen Posten räumen müssen, da der Oberst dort als legaler GRU-Resident fungierte. Er leitete eine rund zwanzigköpfige Agentengruppe, die Infrarot- und Elektronikausrüstung des Panzers »Leopard«, sowie Karten von NATO-Manövern und andere geheime militärische Unterlagen für den sowjetischen Militärnachrichtendienst beschaffte.[361]

Die zunehmenden Schwierigkeiten beim Einsatz von Agenten führten in den 1970er- und 1980er-Jahren zu einem beträchtlichen Ausbau der Struktureinheiten der GRU, die für die technische Nachrichtenbeschaffung verantwortlich zeichneten. Dies ging einher mit einer umfassenden Erweiterung der personellen Kapazitäten des Dienstes. Verfügte die GRU-Zentrale im Frühjahr 1953 über 687 militärische und 209 zivile Planstellen, von denen 89 bei der strategischen Aufklärung angesiedelt waren, so stieg die Zahl der bei der Militäraufklärung eingesetzten Soldaten und Offiziere nach Informationen des Nachrichtendienstes der US-Streitkräfte bis zur Mitte der 1970er-Jahre auf rund 60.500 Mann an.[362] Der personelle Ausbau hatte auch dafür gesorgt, dass der Dienst 1968 seinen bisherigen Amtssitz im Gebäude des Generalstabes am Arbat sowie am Gogolewskij-Boulevard 6 räumte und eine neue Unterkunft an der Choroschewskoe Chaussee 76, im Nordwesten Moskaus in der Nähe der Metrostation »Poleshaewskaja«, bezog, die von den Mitarbeitern bald als »Aquarium« bzw. »Glashaus« bezeichnet wurde.

GRU-Chef Iwaschutin (1. von links) inspiziert Anfang der 1980er Jahre einen Luftaufklärer des Typs SU-24 MR

Hier residierte auch GRU-Chef Iwaschutin, der Mitte der 1970er-Jahre bereits über zwei erste sowie sechs weitere Stellvertreter verfügte. Sein Verhältnis zur Staats- und Parteiführung schien nicht besonders eng gewesen zu sein. Zwischen 1966 und 1968 war er jährlich als Mitglied einer größeren Militärdelegation bei Breschnew. Lediglich auf dem Höhepunkt des Jom-Kippur-Krieges, zu Beginn der israelischen Gegenoffensive, ließ sich der Generalsekretär zweimal vom GRU-Chef per Telefon über die aktuelle militärische Lage in Kenntnis setzen. Letztmalig traf er Iwaschutin persönlich 1974, acht Jahre vor seinem Tod.[363]

Als 1. Stellvertreter des GRU Chefs fungierte zwischen 1978 und 1985 Generaloberst Jakow I. Sidorow. Unter der Leitung von Generaloberst Anatolij G. Pawlow stand der Apparat der strategischen Aufklärung, also alle Organisationseinheiten, die im Ausland Geheiminformationen beschafften. Der ehemalige Londoner Resident der GRU verfügte über entsprechende Einsatzerfahrung und fungierte gleichfalls als 1. Stellvertreter Iwaschutins. Die Position des Leiters der Informationsdienste und des gleichzeitigen Stellvertreters des GRU-Chefs hatte von 1979 bis 1989 Generalleutnant Georgij A. Michajlow inne. Er diente seit 1967 beim militärischen Nachrichtendienst und leitete dort zunächst die 7. Verwaltung, die Material zur NATO analysierte. Zwischen 1976 und 1979 bekleidete er den Posten des sowjetischen Militärattachés in Washington, danach koordinierte der General bis zu seiner Entlassung das gesamte Auswertungs- und Analysewesen der GRU. Der einflussreichen Politabteilung des Militärgeheimdienstes, die jede Entscheidung des GRU-Chefs gegenzuzeichnen hatte, stand von 1967 bis 1986 Generalleutnant Grigorij I. Dolin vor. Er konnte auf eine langjährige Karriere bei der GRU zurückblicken und hatte vor seiner Ernennung zum obersten Politoffizier des Geheimdienstes der Sowjetarmee als Agent und Militärattaché im Iran das Handwerkszeug für entsprechende Spionageeinsätze erworben. Der kaum weniger einflussreichen Kaderverwaltung stand zwischen 1974 und 1986 Generalleutnant Sergej I. Isotow vor. Der Offizier diente seit 1970 in der GRU und hatte sich zuvor seine »Sporen« bei der Militärabteilung des Zentralkomitees der KPdSU verdient, wo er für den Sektor Landstreitkräfte und Raketentruppen verantwortlich gewesen war. Sowohl Dolin als auch Isotow wurden nach dem Auffliegen des hochrangigen Doppelagenten Poljakow, der zwischen 1961 und seiner Verhaftung 1986 den sowjetischen Militärgeheimdienst für die CIA ausspioniert hatte, von ihren Posten entfernt. Beide hatten wiederholt dafür gesorgt, dass Generalmajor Poljakow – trotz Sicherheitsbedenken – immer wieder hochrangige Posten im Ausland antreten durfte, die dieser dann zur Informationsübermittlung an den US-Geheimdienst nutzte. Für derartige »Gefälligkeiten« revanchierte sich der Doppelagent bei den GRU-Stellvertretern regelmäßig mit teuren und aufwendigen Geschenken.

Den Nachrichtendienst bei der Flotte leitete von 1975 bis 1987 GRU-Stellvertreter Vizeadmiral Wladimir N. Waschtschenko. Dieser hatte nahezu seine gesamte Dienstzeit bei der Marineaufklärung verbracht und für diese u. a. zwei Auslandseinsätze in den USA und Japan absolviert. Die technischen Aufklärungsmittel des Militärgeheimdienstes unterstanden von 1974 bis 1986 Generalleutnant Pjotr T. Kostin. Der General begann seine Karriere bei der Funkaufklärung der Roten Armee und war nach dem Ende des Zweiten Weltkrieges von der GRU übernommen worden. Hier leitete er seit Mitte der 1950er-Jahre die funktechnische Nachrichtenbeschaffung, 1961 übernahm er dann bei der GRU die neu geschaffene Satellitenaufklärung.[364]

Die GRU-Struktur der 1970er- und 1980er-Jahre

Mitte der 1970er-Jahre umfasste die GRU bereits achtzehn Verwaltungen, von denen zwölf über Nummern verfügten, während sechs weitere von ihnen ohne Nummerierung existierten. Die Verwaltungen, die sich mit der Sammlung und der Auswertung von nachrichtendienstlichem Material beschäftigten, gliederten sich zudem noch in verschiedene Direktionen, die zumeist geografischen Vorgaben folgten. Die anderen Verwaltungen wiederum verfügten über Abteilungen. Sowohl die Abteilungen als auch die Direktionen untergliederten sich nochmals in Sektoren. Neben den Verwaltungen existierten zudem eigenständige Abteilungen und Direktionen. Einer Verwaltung stand zumeist ein Generalleutnant vor, während eine Abteilung bzw. eine Direktion in der Regel von einem Generalmajor geleitet wurde. Die einzelnen Organisationseinheiten gliederten sich in Abteilungen, die sich mit der Nachrichtenbeschaffung befassten, sowie in solche, die dann die entsprechenden Geheiminformationen auswerteten, während andere notwendige Hilfsfunktionen erfüllten.

Der 1. Verwaltung – bis 1963 als 3. Verwaltung bezeichnet – unterstand die Agenturaufklärung in Westeuropa, sie gliederte sich in sechs Direktionen. Die Direktion Nr. 1 betreute Frankreich und die Beneluxstaaten, die Direktion Nr. 2 war für die Bearbeitung Griechenlands verantwortlich, während die Agenten der Direktion Nr. 3 in der Schweiz operierten. In Österreich und der Bundesrepublik waren die Spione der Direktion Nr. 5 eingesetzt. Zudem existierten noch die Direktionen Nr. 4 und Nr. 6. Zwischen 1974 und 1985 leitete Generalleutnant Boris N. Dubowitsch die 1. Verwaltung. Der Offizier hatte während des Zweiten Weltkrieges bei der Funkaufklärung gedient, von 1948 bis 1954 wurde er als Gehilfe des sowjetischen Militärattachés in Helsinki eingesetzt, danach erfolgte seine Verwendung in der Moskauer GRU-Zentrale. Seit 1957 in der DDR tätig, wechselte der Geheimdienstoffizier 1967 als Resident des militärischen Nachrichtendienstes nach Paris. Nach seinem dreijährigen Einsatz in der französischen Hauptstadt übernahm er zunächst die stellvertretende Leitung der 1. Verwaltung, ab 1974 fungierte er dann für mehr als elf Jahre als deren Chef. Die für die Bundesrepublik und Österreich zuständige Direktion Nr. 5 führte zwischen 1967 und 1971 Oberst Aleksej I. Elagin. Der Offizier hatte 1956 die Militärdiplomatische Akademie abgeschlossen und diente im Anschluss bis 1961 bei der GRU-Residentur in Wien. Danach folgte ein Einsatz in der Moskauer

Zentrale und von 1963 bis 1967 leitete er die Residentur des sowjetischen Militärgeheimdienstes in der österreichischen Hauptstadt, wobei er dort offiziell als 1. Botschaftssekretär fungierte. Nachdem er die Führung der Direktion Nr. 5 abgegeben hatte, erfolgte zwischen 1971 und 1976 seine Verwendung als GRU-Resident in Bonn, wobei er jetzt als Botschaftsrat getarnt war. Nach seiner Rückkehr in die Sowjetunion übernahm er bis zu seiner Pensionierung 1987 die Leitung des Zentralen wissenschaftlichen Forschungsinstituts Nr. 18, das für die GRU Geräte und Mittel zur Funkaufklärung und geheimen Nachrichtenübermittlung entwickelt.[365]

Die 2. Verwaltung der GRU klärte im Fernen Osten und Südostasien die militärische und politische Situation auf. Hierzu verfügte sie über mindestens fünf Direktionen die für die Regionen Indien, Japan, China sowie Südostasien zuständig waren. In den USA, Kanada, Großbritannien sowie den Dominions, aber auch in Südamerika, arbeiteten die Nachrichtendienstoffiziere und Agenten der 3. Verwaltung, die sich in vier Direktionen unterteilte. Zwischen 1976 und 1981 leitete Generalleutnant Leonid A. Gul'jew diese wichtige GRU-Verwaltung. Er diente seit den 1950er-Jahren bei der GRU und hatte zuvor bereits mehrere Einsätze in den Vereinigten Staaten absolviert, so fungierte er zwischen 1961 bis 1966 als Mitarbeiter der New Yorker Residentur des Militärgeheimdienstes, wobei er offiziell als 1. Sekretär der Ständigen Vertretung der UdSSR bei den Vereinten Nationen akkreditiert war, danach arbeitete der Geheimdienstoffizier von 1968 bis 1973 an der GRU-Residentur in Brasilien. Nach seinem Einsatz als Chef der 3. Verwaltung berief ihn die Führung des militärischen Nachrichtendienstes zum Leiter der GRU-Vertretung in Washington. Die 4. Verwaltung betreute Spionageeinsätze in Afrika und dem Nahen Osten, die Verwaltung verfügte über mindestens vier Direktionen, von denen Direktion Nr. 1 für die Türkei und die Direktion Nr. 4 für den Iran verantwortlich waren. Zwischen 1975 und 1986 führte Generalleutnant Boris N. Wilkow die 4. Verwaltung. Der Geheimdienstoffizier diente seit 1945 bei der GRU, von 1970 bis 1974 setzte ihn der militärische Nachrichtendienst als seinen Residenten in Paris ein. Nach seiner Tätigkeit als Leiter der 4. Verwaltung übernahm Wilkow bis zu seiner 1988 erfolgten Versetzung in die Reserve die Führung der 1. Verwaltung. Der 1978 nach Großbritannien übergelaufene GRU-Offizier Wladimir B. Resun, der später als Autor unter dem Pseudonym Viktor Suworow Bekanntheit erlangen sollte, schätzte, dass in jeder der vier Verwaltungen für die Spionage im Ausland 300 Offiziere in der Moskauer Zentrale arbeiteten, jeweils weitere 300 Geheimdienstmitarbeiter waren in den Regionen eingesetzt, in denen die Verwaltungen ihre Geheiminformationen sammelten.[366]

Die 5. Verwaltung leitete die sogenannte operativ-taktische Aufklärung, also den militärischen Nachrichtendienst in den Militärbezirken, bei den Flotten, den Gruppen der Truppen und den Armeen. In den Stäben der Militärbezirke und der Gruppen der Truppen organisierte die dortige 2. Verwaltung die Zusammenarbeit mit der GRU. Diese verfügte über fünf Abteilungen, von denen die 1. Abteilung die Arbeit der Aufklärungseinheiten der unterstellten Armeen kontrollierte. Die 2. Abteilung setzte Agenten im zukünftigen Handlungsbereich der Militärbezirke bzw. Gruppen der Truppen ein. Die 3. Abteilung hatte für den Einsatz von Aufklärungs- und Diversionseinheiten im Hinterland des angenommenen Gegners zu sorgen, während die 4. Abteilung die gesammelten nachrichtendienstlichen Informationen auswertete.[367] Die 5. Abteilung war schließlich für die Funkaufklärung verantwortlich. Ferner unterstanden der 5. Verwaltung der GRU die sogenannten Speznas-Einheiten, die für besondere Kommando- und Agenteneinsätze im Hinterland des angenommenen Gegners ausgebildet waren. Die Führung der Ende der 1970er-Jahre vorhandenen sechzehn Speznas-Brigaden der GRU oblag der 3. Direktion der 5. Verwaltung. Für fast 25 Jahre, von 1963 bis 1987 befehligte Generalleutnant Konstantin N. Tkatschenko die operativ-taktische Aufklärung der GRU. Der 1918 geborene Offizier diente seit dem Zweiten Weltkrieg bei den Aufklärungseinheiten der Roten Armee. Von 1947 bis 1950 erfolgte ein Fernstudium an der Frunse-Militärakademie, danach wurde er bis 1954 als stellvertretender Stabschef der Aufklärungsabteilung des Militärbezirkes Odessa eingesetzt. Nach seinem Abschluss an der Woroschilow-Militärakademie diente er von 1956 bis 1961 als stellvertretender Chef der Aufklärungsverwaltung beim Stab der Gruppe der sowjetischen Truppen in Deutschland. Von 1961 bis 1963 übernahm er die Leitung der Aufklärungsverwaltung der GSSD, unmittelbar danach trat der inzwischen zum Generalmajor beförderte Offizier in Moskau seinen Posten als Chef der 5. GRU-Verwaltung an, die er bis zu seiner Versetzung in den Ruhestand, der im Juli 1987 erfolgte, beaufsichtigte.[368] Der Marinenachrichtendienst, der gleichfalls der 5. Verwaltung der GRU unterstand, beobachtete während des Kalten Krieges ständig rund 3000 militärische Objekte, die sich in mehr als dreißig Staaten befanden. Zudem überwachten seine schwimmenden und fliegenden Aufklärungseinheiten die Bewegungen von Seestreitkräften der NATO sowie anderer Staaten auf den Weltmeeren.[369] 1975 übernahm die direkte Führung des Nachrichtendienstes der sowjetischen Marine die Verwaltung Aufklärung beim Hauptstab der Seekriegsflotte. Sie verfügte über drei Abteilungen. Die 1. Abteilung war für Organisations- und Planungsfragen verantwortlich, der 2. Abteilung unterstand die Agenturaufklärung, während die 3. Abteilung die Verwendung der Spezialeinsatzkräfte der Marine für Diversionseinsätze im Hinterland des angenommenen Gegners vorbereitete. Über wichtige Ereignisse – wie die Erhöhung der Gefechtsbereitschaft der Flotten der NATO oder das Eindringen von Schiffen oder Flugzeugen in die sowjetischen Hoheitsgewässer – hatte der Nachrichtendienst die Marineführung sofort zu informieren. Jeden Morgen um 08:00 Uhr war dem Hauptstab der Flotte sowie seiner operativen Verwaltung zudem ein Lagebericht mit den neuesten nachrichtendienstlichen Erkenntnissen vorzulegen. Dienstags trug der Chef der Aufklärungsverwaltung dem Oberkommandierenden der sowjetischen Seestreitkräfte die wichtigsten Informationen seines Dienstes der vergangenen Woche vor und gab eine Prognose zu der weiteren Entwicklung der militärischen Situation auf See ab. Mitte der

1980er-Jahre unternahmen zur Gewinnung der hierfür benötigten Daten jährlich 45 Spionageschiffe der sowjetischen Marine umfangreiche Seetörns mit einer Dauer von bis zu neunzig Tagen, ferner flogen die Marineaufklärer pro Jahr bis zu 1500 Einsätze, davon rund 400 von Flugplätzen, die außerhalb der Sowjetunion lagen. 1988 setzten die sowjetischen Seestreitkräfte für den Nachrichtendienst u. a. 15 an den Küsten stationierte Einheiten, 100 Überwasserschiffe sowie 75 U-Boote ein[370].

Zwischen 1979 und 1987 leitete Vizeadmiral Iwan K. Churs den Marinenachrichtendienst. Der 1922 in Weißrussland geborene Seeoffizier war 1939 in die sowjetische Flotte eingetreten und diente während des Zweiten Weltkrieges bei der Schwarzmeerflotte. 1950 trat er einen zwölfmonatigen Kurs für Nachrichtendienstoffiziere beim Generalstab der Sowjetarmee an, nach dessen Abschluss erfolgte sein Einsatz als Offizier bei der Marineaufklärung. Von 1960 bis 1964 leitete er dort eine Abteilung, dann wurde er zum stellvertretenden Chef des Marinenachrichtendienstes befördert. 1971 übernahm er die Führung der Aufklärungsabteilung beim Stab der Schwarzmeerflotte, 1973 wurde Chrus erneut auf den Posten des stellvertretenden Chefs des Marinenachrichtendienstes versetzt, dessen Führung er schließlich im Januar 1979 übernahm. Im Sommer 1987 wurde der Admiral in den Ruhestand versetzt.[371]

Die 6. Verwaltung zeichnete für die Funk- und funkelektronische Aufklärung verantwortlich. Sie gliederte sich Ende der 1970er-Jahre in die fünf Bereiche: Die strategische Funkaufklärung unterstand der 1. Direktion, sie verfolgte u. a. mithilfe des Systems »Krug« die Funksignale der luftgestützten Kernwaffenträger des westlichen Militärbündnisses und deren Kommandostellen. Der 2. Direktion unterstanden die sogenannten OSNAZ-Einheiten für die Funkaufklärung, die bei den Militärbezirken, Gruppen der Truppen und Armeen eingesetzt wurden. Hierfür standen der GRU Ende der 1970er-Jahre zehn Brigaden sowie 21 selbstständige Regimenter zur Verfügung. In der DDR erfüllten damals die 82. OSNAZ-Brigade in Torgau, die sich aus einem

Funkabhörbataillon, zwei funktechnischen Bataillonen, einer funkelektronischen Fliegereinheit, fünf Funkpeilzentren und fünf funktechnischen Zentren zusammensetzte, sowie vier OSNAZ-Funkbataillone die in Weimar, Stendal, Neustrelitz und Gera lagen, Aufträge der 2. Direktion der 6. GRU-Verwaltung. Für die funkelektronische Aufklärung auf See setzte die GRU bei der Flotte rund fünfzig entsprechende Aufklärungsschiffe ein. Die GRU-Angehörigen der 3. Direktion hörten in den sowjetischen Auslandsvertretungen den Funk- und Fernsprechverkehr der jeweiligen Gaststaaten ab. Die 4. Direktion wertete die gesammelten SIGINT-Informationen aus und legte der GRU-Führung täglich entsprechende Lagemeldungen über die Tätigkeit der Truppengruppierungen des angenommenen Gegners auf den einzelnen Kriegsschauplätzen vor. Der 5. Direktion oblag die elektronische Aufklärung. Sie überwachte Test-, Trainings- und Kontrollstarts von ballistischen Raketen und analysierte die so gewonnenen Daten. Ferner überwachte die Abteilung die strategischen Führungssysteme der NATO, um zu melden, wenn sich hier Änderungen im Status der Gefechts- und Einsatzbereitschaft ergaben. Zwischen 1971 und 1987 leitete Generalleutnant Pjotr S. Schmyrew die 6. Verwaltung, der damals zusammen mit den Funkaufklärungstruppen rund 65.000 Soldaten unterstanden. Er hatte seit dem Ende des Zweiten Weltkrieges bei den funktechnischen Truppen gedient und ab 1954 seine Karriere bei der Moskauer GRU-Zentrale fortgesetzt. Hier übernahm er von 1968 bis 1971 die Rolle des stellvertretenden Chefs der 6. Verwaltung, die er dann bis zu seinem Ruhestand im Jahr 1987 führte.

Die 1962 einsetzende Satellitenaufklärung sorgte dafür, dass es wenig später zur Bildung der 11. Verwaltung kam. Zehn bis zwölf Satelliten waren so im All gruppiert, dass täglich 100 bis 150 Zielobjekte aufgeklärt werden konnten. Sollten diese Standorte ständig überwacht werden, so konnte alle zwei bis drei Tage ein Überflug erfolgen. Setzte die GRU zur Aufklärung Satelliten ein, die über elektronische Beobachtungsmittel verfügten, so lagen die Ergebnisse nach rund zwei Stunden vor. Die Auswertung der Bilder von fotografischen

Aufklärungssatelliten dauerte erheblich länger, da die entsprechenden Filme erst per Fallschirm in einer Kapsel abgeworfen und geborgen werden mussten. Dieses komplizierte Verfahren nahm bis zu fünf Tage in Anspruch. An der Spitze der 11. Verwaltung stand von 1974 bis 1988 Generalleutnant Iwan E. Charitschew. Der 1923 geborene Offizier war 1941 in die Rote Armee eingetreten und diente während des Zweiten Weltkrieges bei der Artillerie. In den 1960er-Jahren ging er zum wissenschaftlichen Forschungsinstitut Nr. 4, das neue Raketenwaffen für die sowjetischen Streitkräfte entwickelte. 1972 wechselte er zur GRU, wo er die Leitung des 162. Zentrums für militärtechnische Information übernahm. Diese Einrichtung des militärischen Nachrichtendienstes verfolgte u. a. die Spionagesatelliten der NATO und versuchte, den Datenverkehr zwischen den Raumflugkörpern und ihren westlichen Leitstellen abzufangen und auszuwerten. Von 1973 bis 1974 leitete der General dann bereits die 11. Verwaltung als Stellvertreter, danach fungierte er über vierzehn Jahre als Chef der kosmischen Aufklärung des militärischen Nachrichtendienstes der Sowjetarmee.[372]

Die selbstständigen Direktionen und Abteilungen

Neben diesen Verwaltungen existierten noch einzelne selbstständige Direktionen, die eigenständige Spionageaufgaben erfüllten. Die 1. Direktion saß in Moskau und verfolgte den Auftrag, GRU-Offiziere bei sowjetischen Behörden und Organisationen wie die Akademie der Wissenschaften, das Staatskomitee für Wissenschaft und Technik oder die Fluggesellschaft Aeroflot einzuschleusen, damit sie über eine zusätzliche Tarnung verfügten. Die Mitarbeiter der 1. Direktion warben allerdings auch westliche Spezialisten, die in der Sowjetunion weilten, für eine Zusammenarbeit mit dem militärischen Nachrichtendienst an und versuchten, diese zum Geheimnisverrat zu bewegen. Zwischen 1974 und 1981 leitete der inzwischen zum Kapitän zur See beförderte Wiktor Ljubimow die 1. Direktion.

Die 2. Direktion der GRU hatte ihren Dienstsitz in Ostberlin und betrieb von dort aus nachrichtendienstliche Operationen gegen die Bundesrepublik und Westberlin.[373] Zwischen 1971 und 1974 führte Kapitän zur See Igor' A. Amosow die GRU-Vertretung in der Hauptstadt der DDR. Der 1922 geborene Offizier trat 1939 in die Flotte ein, nach dem Ende des Krieges nahm er ein Studium an der Militärdiplomatischen Akademie auf, das er 1951 abschloss. Amosow verfügte über ausgezeichnete Sprachkenntnisse, er sprach fließend Englisch, Französisch, Deutsch, Spanisch und Polnisch. Zwischen 1953 und 1954 erfolgte ein erster Auslandseinsatz als Gehilfe des sowjetischen Marineattachés in Washington, der allerdings wenig erfolgreich verlief, da der junge Offizier nach sechs Monaten wegen des Verdachts der Spionage aus den USA ausgewiesen wurde. Dafür sprechen auch die nachfolgende Verwendung als Militärberater bei den polnischen Seestreitkräften und als Ausbilder an der Militärpolitischen Akademie. Zwischen 1960 und 1966 leitete Amosow eine Abteilung in der Moskauer GRU-Zentrale, danach diente er fünf Jahre als Militär- und Marineattaché auf Kuba, es folgte der Einsatz in Ostberlin. Zwischen 1974 und 1978 war er als Marineattaché in Algerien tätig, 1979 erfolgte schließlich seine Verabschiedung in die Reserve. Der Offizier arbeitete fortan als wissenschaftlicher Mitarbeiter am Militärhistorischen Institut des sowjetischen Verteidigungsministeriums.[374]

Die Gründung der 3. Direktion erfolgte 1962, und diese sollte die zahlreichen Unabhängigkeitsbewegungen in Asien, Afrika und Südamerika mit nachrichtendienstlichen Mitteln unterstützen. Zwischen 1964 und 1974 stand Generalmajor Iwan F. Plachin an der Spitze des 3. Direktorats, der beispielsweise in Angola direkt vor Ort Einsätze der Befreiungsbewegung MPLA gegen die portugiesischen Streitkräfte koordinierte. Der 1917 in einem kleinen Dorf bei Orjol geborene Offizier trat 1938 in die Rote Armee ein. Im Zweiten Weltkrieg diente er als Nachrichtenoffizier. Später erfolgte dann sein Übertritt in die GRU, wo er in verschiedenen Bereichen Verwendung fand. Ende 1983 erfolgte schließlich seine Versetzung in den Ruhestand.[375]

Eine 4. Direktion leitete schließlich von Kuba aus Agenteneinsätze in Nord- und Südamerika.[376] Während die oben genannten Verwaltungen und Direktionen des Militärgeheimdienstes weitgehend im Bereich der Beschaffung agierten, sorgten weitere Verwaltungen für die Auswertung der in der Moskauer Zentrale eintreffenden Geheiminformationen. Diese unterstanden dem Chef Information, der gleichzeitig als einer der Stellvertreter des GRU-Chefs fungierte. Der im Kalten Krieg ständig zunehmende Nachrichtenstrom hatte dafür gesorgt, dass 1953 innerhalb des militärischen Geheimdienstes der Bereich Information zu einer eigenständigen Struktureinheit ausgebaut wurde. Ihr gehörten zunächst sieben Verwaltungen an, in deren Zuständigkeit folgende Arbeitsgebiete fielen: England-Amerika, Europa, Ferner Osten, Marinefliegerkräfte, Luftstreitkräfte, Bewaffnung und Militärtechnik, Rüstungsindustrie, Kriegsschauplätze. Im Zuge des weiteren Ausbaus der GRU kam es mehrmals zu Umbildungen innerhalb des Bereiches Information, sodass sich dessen Struktur Mitte der 1970er-Jahre wie folgt gliederte: Die aus sechs Abteilungen bestehende 7. Verwaltung bearbeitete militärische Informationen zu Staaten der NATO, die 8. Verwaltung wertete Nachrichtenmaterial zu politischen Fragen aus, die 9. Verwaltung analysierte Unterlagen zu Fragen der Rüstungsindustrie, während die 1972 auf Weisung des Politbüros geschaffene 10. Verwaltung allgemeine wirtschaftliche Daten sammelte und jährlich u. a. das »Kompendium der statistischen Bewertungsindikatoren der militärischen und wirtschaftlichen Kapazitäten der wichtigsten ausländischen Staaten« veröffentlichte. Ferner existierte eine 12. Verwaltung, die Informationen zu den nuklearen Streitkräften des Westens bewertete. Zum Bereich der Informationsauswertung gehörte zudem das Zentrale wissenschaftliche Forschungsinstitut für militärtechnische Information sowie das Anfang der 1970er-Jahre geschaffene Zentrum für die Automatisierung von Informationsprozessen. Bis 1979 unterstand dem Bereich Information noch der Kommandopunkt der GRU, der danach allerdings direkt dem Chef des militärischen Nachrichtendienstes unterstellt wurde.[377]

An der Spitze des Bereichs Information stand zwischen 1961 und 1972 Generaloberst Nikolaj A. Korenewskij. Der 1910 im Gouvernement Witebsk geborene Offizier trat 1929 in die Rote Armee ein, wo er 1931 eine Infanterieschule abschloss. Zunächst im Truppendienst eingesetzt, begann der Militär 1937 einen Kurs an der Sonderfakultät der Frunse-Militärakademie. Nachdem er diesen erfolgreich abgeschlossen hatte, wurde er als Aufklärungsoffizier bei verschiedenen Einheiten der Roten Armee eingesetzt. Nach dem deutschen Angriff auf die Sowjetunion übernahm er die Leitung der Agenturaufklärung der Nordwestfront, von 1943 bis 1945 war der Oberstleutnant für den Einsatz von Spionen verantwortlich, die im Auftrag der 3. Baltischen Front handelten. Nach dem Ende des Krieges befehligte er zunächst ein Schützenregiment, 1949 folgte ein zweijähriges Studium an der Woroschilow-Militärakademie. 1951 übernahm er die Leitung der Operationsabteilung der 13. Armee, 1954 wurde er deren Stabschef. 1961 versetzte die Militärführung den inzwischen zum Generalleutnant beförderten Offizier zur GRU, wo er den Bereich Information übernahm, den er bis zu seiner Versetzung in den Ruhestand im Jahr 1972 leitete.[378]

Darüber hinaus verfügte die GRU über eine ganze Reihe von weiteren Abteilungen und Verwaltungen für entsprechende Hilfsdienste. Die operativ-technische Verwaltung stellte dabei den Agenten und Geheimdienstmitarbeitern die nötige Spionageausrüstung zur Verfügung und entwickelte ständig neue Gadgets für nachrichtendienstliche Einsätze. Für Fragen der Konstruktion von Funk- und Kommunikationssystemen sowie der Verschlüsselung der Geheiminformationen war das der Verwaltung unterstellte 18. Zentrale wissenschaftliche Forschungsinstitut der Streitkräfte zuständig. Für die Verbindung mit den GRU-Agenten und die Kommunikation mit den zahlreichen Residenturen sorgte die Nachrichtenverwaltung des Militärgeheimdienstes. Ferner existierten noch weitere selbstständige Abteilungen. Die Ausfertigung von nötigen Ausweisen und anderen gefälschten Dokumenten übernahm beispielsweise die 1. Abteilung, die 8. Abteilung

sorgte für die Chiffrierung bzw. Entschlüsselung der ein- und ausgehenden Nachrichten. Natürlich fehlten auch nicht eine Verwaltungs- und Wirtschaftsverwaltung sowie eine Finanzabteilung und schließlich ein umfangreiches Archiv, das allerdings bis heute für die historische Forschung unzugänglich ist.[379]
Eine wichtige Rolle spielten zudem die politische Abteilung und die Kaderverwaltung. Während die Erstere für die ideologische Überwachung aller GRU-Angehörigen verantwortlich war, kontrollierte die Verwaltung Kader die Karriere aller Offiziere des militärischen Nachrichtendienstes. Entsprechend ihren Leistungen, aber auch ihren Verbindungen, entschied sie sowohl über das weitere Fortkommen der im Ausland eingesetzten Spione als auch über den Dienstweg der bei den anderen Organisationseinheiten des Militärgeheimdienstes eingesetzten Soldaten.[380]

Die Militärdiplomatische Akademie

Die Ausbildung der künftigen Offiziere der GRU erfolgte im Wesentlichen an der 1946 geschaffenen Militärdiplomatischen Akademie der Sowjetarmee, innerhalb des Nachrichtendienstes auch als »Konservatorium« bekannt. Das dortige Studium dauerte in der Regel drei Jahre und fand an einer ihrer drei Fakultäten statt. Die Fakultät Nr. 1 bildete Spezialisten für den Einsatz in der strategischen Agenturaufklärung aus, also Offiziere, die im Ausland unter der Tarnung sowjetischer Behörden spionierten. An der Fakultät Nr. 2 studierten die Militärangehörigen, die im Rahmen der operativen Aufklärung eingesetzt werden sollten oder für die eine Karriere im Bereich der Militärattachés geplant war. Künftige hohe Offiziere der Speznas-Truppen absolvierten ihre Spezialausbildung an der Fakultät Nr. 3. An der 4. Fakultät studierten schließlich angehende Nachrichtendienstoffiziere aus den Armeen der Staaten des Warschauer Vertrages sowie der sogenannten Volksdemokratien, die allerdings aus Geheimhaltungsgründen nicht in Kontakt mit ihren sowjetischen Kommilitonen kamen. Zudem gab es an der Akademie eine Fremdsprachenfakultät, an der die für die GRU nötigen Übersetzer und Sprachexperten ausgebildet wurden, sowie besondere Ausbildungskurse für höhere Stabsoffiziere.[381] Die Leitung der Akademie übernahmen ausgewiesene Spezialisten des militärischen Nachrichtendienstes der Sowjetarmee. Zwischen 1978 und 1988 führte Generaloberst Walentin I. Meschtscherjakow das »Konservatorium« der GRU. Der 1920 bei Moskau geborene Offizier trat 1938 in die Rote Armee ein und diente während des Zweiten Weltkrieges als Technikspezialist bei den Panzertruppen. Es folgte ein Studium an der Militärdiplomatischen Akademie und schließlich von 1957 bis 1959 ein erster Auslandseinsatz als Gehilfe des sowjetischen Militärattachés in London. Nach seiner Rückkehr nach Moskau wurde Meschtscherjakow erneut ins Ausland entsendet und fungierte zwischen 1961 und 1965 als Resident des militärischen Nachrichtendienstes in Havanna, wo er u. a. ein Abhörzentrum der Funküberwachung der GRU aufbaute. Von dort wechselte er dann auf den Posten des Militärattachés der UdSSR in Washington, zugleich übernahm er die Funktion des sowjetischen Vertreters beim Generalstabsausschuss des UN-Sicherheitsrates. Nach seiner Rückversetzung nach Moskau wurde er zum Chef der 3. Verwaltung ernannt, die für Spionage in Nord- und Südamerika verantwortlich zeichnete. Ab 1973 unterstand ihm dann als 1. Stellvertretender Chef des militärischen Nachrichtendienstes die gesamte strategische Aufklärung. 1978 erfolgte schließlich seine Berufung zum Leiter der Militärdiplomatischen Akademie. 1987 wurde der General schließlich in den Ruhestand versetzt.[382] Höchstwahrscheinlich geschah auch seine Entlassung im Zusammenhang mit der 1986 erfolgten Enttarnung des CIA-Spions Poljakow. Der Generalmajor der GRU spionierte wie erwähnt seit 1961 für die Amerikaner und leitete zwischen 1976 und 1979 sowie nach 1980 die Fakultät Nr. 3 der Militärdiplomatischen Akademie der Sowjetarmee.[383] Deshalb konnte er seinen Auftraggebern in Washington neben geheimen Nummern der Militärzeitschrift *Woennaya mysl* und Ausbildungsmaterial der GRU vor allem die Bilder ganzer Studiengänge von angehenden Nachrichtendienstoffizieren des sowjetischen Militärgeheimdienstes übergeben. Am 7. Juli 1986 erfolgte dann die Verhaftung des inzwischen pensionierten Generals durch eine Spezialeinheit des KGB. Mehr als ein Jahr später wurde der ehemalige CIA-Agent durch ein Militärgericht zum Tode verurteilt, das Urteil am 15. März 1988 durch einen Nahschuss in den Hinterkopf vollstreckt.[384]

Spannungen zwischen GRU und KGB

Obwohl Serow und Iwaschutin dem KGB entstammten, blieben die Beziehungen zwischen beiden Nachrichtendiensten schlecht. Der Austausch von Informationen erfolgte zumeist nur an der Spitze der beiden Geheimdienste. Auf den unteren Ebenen seien hingegen, so ein Agent des Bundesnachrichtendienstes 1961 »Anarchie und Eifersucht die Regel«. Zudem würden zwischen KGB und GRU Kompetenzstreitigkeiten herrschen und die nachrichtendienstlichen Operationen nach verschiedenen, »oft sich widersprechenden Konzeptionen durchgeführt«[385]. Weiterhin verfügte das KGB stets über größere Ressourcen für nachrichtendienstliche Operationen im Ausland als der Militärgeheimdienst. Dieser Unterschied zwischen der GRU und der 1. Hauptverwaltung des KGB wird beispielsweise in der Anzahl der an der sowjetischen Botschaft in Tokio eingesetzten Geheimdienstmitarbeiter deutlich. Während der militärische Nachrichtendienst dort zusammen mit dem Militär- bzw. Marineattaché und seinen Gehilfen über insgesamt zehn Mitarbeiter verfügte, konnte das KGB in der Botschaft auf mehr als 27 seiner Offiziere zurückgreifen.[386] In den nachfolgenden Jahren änderte sich dieses Verhältnis eher noch zuungunsten der GRU. So schätzte die französische Spionageabwehr 1980, dass von 531 akkreditierten sowjetischen Diplomaten und Mitarbeitern verschiedener Ministerien der UdSSR in Frankreich 131 dem KGB angehörten, während 36 von ihnen für den Militärgeheimdienst spionierten.[387]

Für das angespannte Verhältnis zwischen beiden Diensten hatte auch das Faktum gesorgt, dass das KGB Mitte der 1950er-Jahre seinen

Konkurrenten nicht über die gemeinsame Abhöraktion von CIA und MI6 »Operation Gold« informiert hatte, obwohl dessen Doppelagent George Blake das Unternehmen noch in der Planungsphase nach Moskau verraten hatte. Im Rahmen von »Gold« zapften beide westlichen Nachrichtendienste mithilfe eines unterirdischen Tunnels Kabel des Berliner Telefonnetzes an, über die Gespräche des Stabes der Gruppe der sowjetischen Truppen in Deutschland und anderer sowjetischer Behörden in der DDR liefen. Während das Komitee für Staatssicherheit angeblich zumeist Desinformation über die angezapften Kabel laufen ließ, tappte die GRU in die Falle von Amerikanern und Briten, da das KGB Blake schützen wollte und deshalb aus Geheimhaltungsgründen niemanden außerhalb der Behörde über das westliche Abhörunternehmen informierte. Bis zur »zufälligen« Entdeckung des Spionagetunnels und der Abhöranlagen am 22. April 1956 zeichneten CIA und MI6 auf 50.000 Tonbandspulen 22.000 Stunden Gespräche sowjetischer Soldaten, Offiziere und Beamter auf. Sämtliche 368.000 mitgeschnittenen Gespräche transkribierten mehr als 300 Mitarbeiter von CIA und MI6. Hinzu kamen täglich rund 300 laufende Meter abgefangener Fernschreiben. Aus der Masse dieser Daten extrahierten die Analysten u. a. die Namen von 350 sowjetischen Offizieren der GRU, die in der DDR eingesetzt waren, sowie weitere Offiziere des militärischen Nachrichtendienstes aus dessen Moskauer Zentrale. Hinzu kamen zahlreiche Angaben zu Strukturen und Standorten des Militärgeheimdienstes in Ostdeutschland sowie zu den funktechnischen Aufklärungseinheiten der GRU in der DDR. All das trug dazu bei, dass die sowjetische Militäraufklärung dem KGB ein gehöriges Maß an Misstrauen entgegenbrachte.[388]

Als die politische und militärische Führung der Sowjetunion 1979 die Invasion im benachbarten Afghanistan plante, soll sich Iwaschutin gegen einen Einmarsch der sowjetischen Truppen in das Land am Hindukusch ausgesprochen haben. Er sah die Gefahr, dass die UdSSR hier eine ähnliche Niederlage erleiden würde, wie die amerikanischen Truppen in den 1960er- und 1970er-Jahren in Vietnam. Allerdings fanden die Einwände des Leiters der Militäraufklärung keine Beachtung und am 25. Dezember 1979 marschierten Einheiten der Sowjetarmee in Afghanistan ein. Wie von Iwaschutin vorhergesagt, entwickelte sich aus der Invasion ein fast zehnjähriger Krieg, der aufseiten der sowjetischen Armee knapp 15.000 Tote und 54.000 Verwundete forderte und 1989 mit dem Abzug aus dem geschundenen Land endete. In Afghanistan selbst fielen den mit größter Härte und Brutalität geführten Kämpfen zwischen 600.000 und zwei Millionen Zivilisten zum Opfer, über fünf Millionen Afghanen flüchteten zumeist nach Pakistan, zwei Millionen irrten im Land als Vertriebene umher.[389]

Die GRU unter Wladen M. Michajlow bis zum Ende der Sowjetunion

Im Juli 1987 trat an die Stelle des langjährigen GRU-Chefs Iwaschutin Generaloberst Wladen M. Michajlow. Erstmals seit knapp dreißig Jahren wies der neue Leiter des militärischen Nachrichtendienstes keinen KGB-Hintergrund auf. Noch überraschender war, dass er seine bisherige Karriere außerhalb der GRU gemacht und bislang so gut wie keine Verbindung zu geheimdienstlichen Fragen gehabt hatte. Der neue Geheimdienstchef war vielmehr 1942 in die Rote Armee eingetreten und hatte weite Teile seiner Offizierslaufbahn als Truppenkommandeur verbracht. Nachdem er 1954 die Frunse-Militärakademie abgeschlossen hatte, diente er zunächst als Kommandeur eines Infanteriebataillons, zwischen 1964 und 1966 befehligte er bereits ein motorisiertes Schützenregiment, dann folgte ein zweijähriger Ausbildungskurs an der Militärakademie des Generalstabes der Sowjetarmee. Nach dessen Abschluss diente er für drei Jahre als Kommandeur der in Perleberg stationierten 21. Motorisierten Schützendivision der Gruppe der sowjetischen Streitkräfte in Deutschland. Von 1972 bis 1975 fungierte er als 1. Stellvertretender Kommandeur der im Fernen Osten stationierten 15. Armee, von 1975 bis 1979 versah er seinen Dienst als Mitglied des Militärrates des Militärbezirks Turkestan. Danach folgte ein kurzer Einsatz als Berater beim Generalstab der Volksarmee der Republik Vietnam. 1981 übernahm der inzwischen zum Generalleutnant beförderte Offizier die Leitung der 7. Verwaltung der operativen Hauptverwaltung beim Generalstab der Sowjetarmee. Bereits wenige Monate später führte er bereits die gesamte operative Hauptverwaltung. Ende 1983 erfolgte seine erneute Versetzung in den Fernen Osten der Sowjetunion, wo er nun den Posten des Stabschefs der dort stationierten Streitkräfte übernahm. Im Februar 1987 erhielt er dann seine Rückberufung nach Moskau, dort übernahm der General die Funktion des 1. Stellvertretenden Chefs der GRU, bevor ihm fünf Monate später die gesamte Leitung über den militärischen Nachrichtendienst der UdSSR anvertraut wurde.[390]

Unter seiner Führung sicherte die GRU nicht nur den Rückzug der sowjetischen Truppen aus Afghanistan, sondern informierte die politische und militärische Führung der UdSSR auch über die Hintergründe der zahlreichen Konflikte auf dem afrikanischen Kontinent sowie über die Operation »Wüstensturm«, mit der ab Februar 1991 eine von den USA angeführte Militärkoalition die irakischen Besatzer aus Kuweit vertrieb, das die Truppen Saddam Husseins im August 1990 besetzt hatten.[391] Gleichwohl war die Situation innerhalb des Dienstes dadurch gekennzeichnet, dass der neue GRU-Chef die ihm unterstehende Behörde trotz aller Bemühungen kaum durchdringen konnte. Wirkliches Interesse brachte der neue GRU-Chef – der seinen Untergebenen vor allem dadurch in Erinnerung blieb, dass er fluchte wie ein Droschkenkutscher – Fragen der strategischen Aufklärung nicht entgegen, mehr Aufmerksamkeit widmete der General der Bekleidungsordnung oder der strikten Einhaltung der Dienstvorschriften. Die tatsächliche operative Führung der Militäraufklärung lag deshalb in den Händen eines Triumvirats, dem der 1. Stellvertretende Chef der GRU, Vizeadmiral Igor' A. Bardeew, der Leiter der einflussreichen Politabteilung, Generalleutnant Wasilij I. Prochorow, sowie der Chef der Kaderverwaltung, Generalmajor Walerij A. Iwanow, angehörten.

Diese Machtverteilung führte zusammen mit den ausbleibenden wirtschaftlichen Erfolgen der Perestrojka Gorbatschows zu einer

Zunahme der Offiziere, die auf die Seite des ehemaligen Gegners überliefen und damit die Auslandsarbeit der GRU schwer erschütterten.[392] So setzte sich Anfang 1991 der 41-jährige Oberst Aleksandr Krapiwa von der Wiener Residentur des Militärgeheimdienstes zusammen mit seiner Familie in die Bundesrepublik ab. Von dort aus reiste er in die USA weiter, wo er um politisches Asyl ersuchte. Die CIA hatte ihn offensichtlich während seines ersten, von 1982 bis 1986 andauernden Aufenthaltes in Washington als Doppelagenten angeworben.[393] Im Mai 1991 nutzte dann der Resident und Generalssohn Oberst Sergej Dwyrnik einen Aufenthalt in den USA, um sich zur Gegenseite abzusetzen.[394] Am 10. August 1991 verübte schließlich der Oberst des Militärgeheimdienstes Sergej Pudin in Moskau Selbstmord, offenbar weil er damit gegen bestimmte Entscheidungen des Triumvirats protestieren wollte. Denn dieses blähte, um an knappe Devisen zu gelangen, das angebliche Agentennetz erheblich auf, sodass bei manchen Beteiligten der Eindruck entstand, bei bis zu neunzig Prozent der GRU-Spione handele es sich um »tote Seelen«, wie sie Nikolaj Gogol' in seinem gleichnamigen berühmten Roman geschildert hat. Zudem sorgten angeblich Absprachen zwischen der Beschaffung und der Auswertung dafür, dass sich – um zusätzliche Prämien zu erhalten – Informationen über neue Waffen aus Zeitschriftenveröffentlichungen in »streng geheime« Dokumente verwandelten und »abgeschnittene Teile von Wasserleitungen als Muster« von »neuer Bewaffnung« ausgegeben wurden.[395]

Die schwierige Lage innerhalb der GRU erwies sich wohl als ein Grund dafür, dass die Qualität der durch die Militäraufklärung beschafften Geheiminformationen insgesamt zurückging. 1990 musste Vizeadmiral Badeew zugeben, dass mehr als 97 Prozent aller durch die Agenten gelieferten Dokumente aus offenen Quellen – also aus Büchern, Zeitschriften oder Zeitungen – stammten, 2,7 Prozent waren als »nur für den Dienstgebrauch« eingestuft, verfügten also über die niedrigste Geheimhaltungsstufe, und nur ganze 0,3 Prozent trugen den Stempel »geheim«.[396] Es zeichnete sich ab, dass der Nachrichtendienst der Sowjetarmee vor einer entscheidenden Umstrukturierung stand, um seine Leistungsfähigkeit wiederzugewinnen. Dazu sollte es jedoch nicht mehr kommen, da spätestens seit dem Augustputsch von 1991 ein Ende der Sowjetunion absehbar war. Als am 25. Dezember 1991 die rote Fahne auf dem Kreml eingeholt wurde, neigte sich eine Ära dem Ende entgegen, die über 73 Jahre die Geschicke des militärischen Nachrichtendienstes bestimmt hatte. Würde es der GRU gelingen, den neuen Machthabern zu beweisen, dass sie für die Belange des neuen russischen Staates gleichfalls unverzichtbar war?

6. Handlanger der Macht – die GRU unter Putin

Nachdem im August 1991 der Putsch gegen den sowjetischen Staatspräsidenten und Generalsekretär der kommunistischen Partei, Michail S. Gorbatschow, gescheitert war, wurde die GRU verdächtigt, an dem von KGB-Chef Wladimir A. Krjutschkow geführten Staatsstreich beteiligt gewesen zu sein. Der Versuch, Gorbatschow abzusetzen und seine Reformen zurückzudrehen, musste fehlschlagen, weil es Krjutschkow und dem von ihm gebildeten »Staatskomitee für den Ausnahmezustand«, dem auch Verteidigungsminister Dmitrij T. Jasow angehörte, an Entschlusskraft fehlte. Als ehemaliger Diplomat im Lavieren und im Umgang mit Dokumenten versiert, beschränkte sich der KGB-Chef auch während des Umsturzversuches darauf, vorsichtig zu administrieren – selbst dann noch, als schnelle, hart durchgreifende oder gar blutige Entscheidungen nötig gewesen wären, um den Putsch zum Erfolg zu führen. Der Geheimdienstler, der nach den Worten seiner Ehefrau nie eine Waffe abgefeuert hatte, musste als Putschist versagen, da er sich trotz seiner formalen Machtfülle nie zum »grauen Kardinal« hatte aufschwingen können und im Grunde seines Geistes und Herzens immer eine »graue Maus« geblieben war.[397]

Die Ära Fjodor I. Ladygin – mit Geschick durch die postsowjetische Krisenzeit

Obgleich der damals amtierende GRU-Chef Michajlow jede Verwicklung in die Revolte abstritt, waren seine Tage als Leiter des Militärgeheimdienstes gezählt, weil im Zuge des Staatsstreiches der gesamte Sicherheitsbereich der Sowjetunion umfassenden Reformen unterworfen wurde. Da auch sein direkter Vorgesetzter zu den Putschisten gehörte, schienen die Aussagen eines seiner wichtigsten Stellvertreter wenig glaubhaft. An Michajlows Stelle trat im Herbst 1991 Generaloberst Ewgenij L. Timochin. Der 1938 geborene Offizier hatte bisher in keinerlei Beziehung zum Militärgeheimdienst gestanden, sondern Karriere in den Streitkräften der Heimatluftverteidigung gemacht und zuletzt deren Hauptstab geleitet. Zusammen mit dem Amtsantritt von Timochin erfolgte die formale Auflösung der GRU, die nunmehr als Hauptverwaltung des Generalstabes der Streitkräfte der UdSSR firmierte. Lange sollte der Außenseiter jedoch nicht an der Spitze des militärischen Nachrichtendienstes stehen, denn bereits im Mai 1992 ersetzte ihn der russische Präsident Jelzin durch Fjodor I. Ladygin. Timochin kehrte zu seiner alten Teilstreitkraft zurück und übernahm dort zunächst die Führung der funktechnischen Truppen, danach kommandierte er von 1993 bis zu seinem Ruhestand 1995 die Fla-Raketentruppen der Luftverteidigung.[398]

Ladygin erwies sich als der erste Leiter des Militärgeheimdienstes, der direkt aus der GRU stammte und große Teile seiner Dienstzeit beim Nachrichtendienst der Streitkräfte der UdSSR verbracht hatte. Der 1937 in einem Dorf der Region um Belgorod geborene Offizier schloss 1954 die zehnklassige Spezialschule der Luftstreitkräfte in Charkow ab, da er davon träumte, Pilot zu werden. Allerdings ließ seine Gesundheit keinen Einsatz als Flugzeugführer zu, sodass er ein Ingenieurstudium an der Shukowski-Akademie der Luftstreitkräfte aufnahm. Nach dessen Abschluss im Sommer 1959 wechselte er als Spezialist für Fernlenkwaffen zu den im Aufbau begriffenen Strategischen Raketentruppen der UdSSR. 1962 ging er dann als Ingenieur zum Wissenschaftlichen Forschungsinstitut des Verteidigungsministeriums. Hier kam er erstmals vermehrt mit Material des militärischen Nachrichtendienstes in Kontakt, war er doch mit der Auswertung von Geheiminformationen über Raketenwaffenentwicklungen im Westen beauftragt. In dieser Funktion stieg der junge Offizier bis zum Abteilungsleiter auf. Im Sommer 1973 wurde die GRU auf den talentierten Oberstleutnant aufmerksam und übernahm ihn in ihre Auswertungsabteilung. Gut ein

Jahr später war er dort bereits stellvertretender Referatsleiter, von 1979 bis 1987 Referatsleiter. Im Oktober 1987 übernahm er die Führung der Informationsabteilung, 1989 erfolgte seine Beförderung zum stellvertretenden Chef des Militärnachrichtendienstes, zugleich stand er dem gesamten Analyse- und Auswertedienst der GRU vor. Im April 1990 übernahm er die Leitung der Vertrags- und Rechtsabteilung des Verteidigungsministeriums, wenig später erhielt er den Rang eines Generalleutnants. Im August 1992 trat er schließlich seinen neuen Posten als Chef der russischen Militäraufklärung an.[399]

Ladygin, der im Gegensatz zu nicht wenigen seiner Generalskollegen als bescheiden, taktvoll und zurückhaltend galt, führte die GRU mit einigem Geschick durch eine Zeit, die von den Nachwirkungen des Zusammenbruchs des kommunistischen Systems in der Sowjetunion gekennzeichnet war. Russland erlebte schwere politische Krisen und taumelte während seiner überschnellen Transformation von der Plan- zur Marktwirtschaft von einer Wirtschaftsmisere zur nächsten. Das musste sich auch auf die unterfinanzierten Streitkräfte auswirken, die von radikalen Kürzungen der Truppenstärken und Budgets sowie von den Folgen des Abzugs der sowjetischen Streitkräfte aus Mittel- und Osteuropa betroffen waren. Mit mehr als zwei Millionen Mann erwies sich die neue russische Armee als überdimensioniert, das wirtschaftlich angeschlagene Land konnte kaum die Mittel für den Unterhalt und die moderne Bewaffnung dieser Streitkräfte aufbringen. Durch die radikale Verkleinerung von Einheiten wollte die russische Regierung nunmehr kampfbereite und mobile Truppen schaffen, die zudem eine hohe Einsatzbereitschaft vorweisen sollten. Diese Pläne mussten an den damaligen Realitäten scheitern. Tausende russische Offiziere, die ihren kärglichen Sold zumeist erst mit großer Verspätung ausgezahlt bekamen, verdingten sich in dieser ausweglosen Lage als Taxifahrer oder versuchten, durch den Verkauf von Ausrüstungsteilen auf dem Schwarzmarkt ihre Löhnung aufzubessern. Das hohe gesellschaftliche Ansehen des Offiziersberufs zu sowjetischen Zeiten hatte sich ins Gegenteil verkehrt und das Image der Armee sank förmlich ins Bodenlose.[400]

Zunächst gelang es Ladygin – der gleich nach seinem Amtsantritt den ursprünglichen Namen Hauptverwaltung Aufklärung wiederherstellen ließ –, Spionageaffären und Agentenenttarnungen, wie sie etwa die Konkurrenz des 1991 gegründeten Auslandsnachrichtendienstes der Russischen Föderation (SWR) erschütterten, weitgehend zu vermeiden. Zugleich entzog er den Dienst immer wieder geschickt verschiedenen Reformversuchen, von denen der ausgezeichnete Analyst wusste, dass sie unter den gegebenen Bedingungen zu kaum wiedergutzumachenden Schäden für die Arbeit der GRU führen würden. Zugleich scheute der GRU-Chef im Gegensatz zu seinen Vorgängern nicht den öffentlichen Auftritt, sodass das Renommee des militärischen Nachrichtendienstes spürbar stieg. Hierzu trugen auch die sachlichen und zutreffenden Analysen der Militäraufklärung während der verschiedenen internationalen Krisen Mitte der 1990er-Jahre bei. Zudem versuchte der General, endlich einen rechtlichen Rahmen für den Einsatz des Militärgeheimdienstes zu schaffen. Unter der Beteiligung Ladygins wurden deshalb u. a. das »Gesetz über die Auslandsaufklärung« und die »Verordnung über die Organe der Auslandsaufklärung des Verteidigungsministeriums – mit der Hauptverwaltung Aufklärung beim Generalstab der Streitkräfte der Russischen Föderation« ausgearbeitet, die den Platz und die Rolle der GRU innerhalb des Militärs wie auch des russischen Staatssystems erstmals juristisch verankerten. Ladygins größter Erfolg war allerdings, dass der Militärgeheimdienst nunmehr hinsichtlich der Zahl seiner Mitarbeiter mit dem Konkurrenten vom politischen Auslandsnachrichtendienst gleichziehen konnte – beide Dienste verfügten damals jeweils über rund 11.000 Personalstellen.[401]

Karger Sold und Nebeneinkünfte.
Die Affäre »Sowinformsputnik« 1995

Gleichwohl vermochte es auch der mächtige Militärgeheimdienst nicht, sich den Problemen der postsowjetischen Gesellschaft des neuen Russlands zu entziehen. So blieb die Frage einer ausreichenden Finanzierung zunächst ungelöst. Dies führte nicht nur zu einer Kürzung der Ausgaben für operative Aufgaben, was die Schließung von Residenturen in strategisch weniger wichtigen Ländern bedeutete, sondern immer wieder auch zu Schwierigkeiten bei der Auszahlung der Gehälter. Ladygin beschrieb die Situation später wie folgt: »[...] besonders schwer war es, sich seine Hilflosigkeit in Fragen der nicht rechtzeitigen Bezahlung der für das Land nötigen und nicht leichten Arbeit der Angehörigen der Streitkräfte und der Zivilangestellten eingestehen zu müssen. Der Staat kann selbst das ohnehin verschwindend niedrige Gehalt seiner Verteidiger nicht fristgerecht auszahlen! Das gab es nicht einmal zu den Zeiten des Großen Vaterländischen Krieges. Ein Oberst hat nicht einmal die Mittel, um in den Heimatort zu reisen, um dort seinen Vater zu beerdigen. Die GRU musste die letzten Rubel aus ihren Kassen zusammenklauben, um einen (!) Offizier zur Beerdigung seines Vaters schicken zu können. Ein Generalleutnant kann nicht in die Kantine zum Essen gehen, weil seine Frau ihre Rente noch nicht bekommen hat.«[402]

Aus diesem Grund erlaubte der GRU-Chef seinen Untergebenen, sich auch während der Arbeitszeit nach zusätzlichen Einnahmequellen umzusehen, wenn die Erfüllung des dienstlichen Auftrages nicht darunter leiden würde. In Verbindung damit tauchten vor allem in der russischen Presse immer wieder Artikel auf, die aktive Offiziere des Dienstes beschuldigten, mit Ausrüstungen und Waffen der GRU zu handeln oder die kriminellen Machenschaften der zahlreichen in den 1990er-Jahren operierenden Mafiabanden zu decken und diese mit klandestinem Know-how zu versorgen.[403]

Im Zusammenhang mit der Aufbesserung der kargen Soldzahlungen dürfte auch eine Affäre stehen, die Mitte der 1990er-Jahre die Satellitenaufklärung der GRU erschütterte. Dieser war 1992 erlaubt worden, nicht geheime Fotos ihrer Aufklärungskameras auf dem freien Markt anzubieten. Hierzu gründeten ehemalige GRU-Offiziere 1994 die Firma »Sowinformsputnik«, die 1995 allerdings geheime Satellitenaufnahmen von israelischen Städten für 300.000 Dollar an den Mossad verkaufte. Ein aktiver GRU-Oberstleutnant, der die Bilder illegal beschafft hatte, erhielt von dieser Summe 32.000 Dollar. Ende 1995 wurde die Gruppe von der Spionageabwehr des Föderalen Sicherheitsdienstes (FSB) wegen Geheimnisverrats festgenommen. Der aktive Offizier des Militärgeheimdienstes wurde zu einer dreijährigen Haftstrafe verurteilt, die übrigen Beteiligten kamen mit Bewährungsstrafen davon.[404]

Zu dem Problem des geringen Soldes kamen ernsthafte Schwierigkeiten bei der Beschaffung von Wohnungen für die Mitarbeiter des Dienstes. Die Frage musste dringend gelöst werden, machte sie doch die Geheimdienstmitarbeiter anfällig für Anwerbeversuche fremder Nachrichtendienste. Immer noch fehlte der GRU zudem der direkte Zutritt zum russischen Präsidenten, denn ein Vortragsrecht hatte weiterhin nur die Konkurrenz vom SWR. Der militärische Nachrichtendienst hingegen musste seine Analysen dem Verteidigungsminister und dem Generalstabschef der russischen Streitkräfte vorlegen, die dann wiederum dem Präsidenten, dem Oberkommandierenden der Truppen, vortrugen. Damit aber fehlte der Zugang zum Ohr der wichtigsten Entscheidungsinstanz im politischen System Russlands und folglich die Möglichkeit, den Präsidenten direkt in Fragen des Dienstes beeinflussen zu können.[405]

Walentin W. Korabel'nikow übernimmt die GRU

Als Ladygin mit sechzig Jahren das Pensionsalter erreichte, erfolgte im Mai 1997 seine Versetzung in den Ruhestand, der General trat nach seiner Entlassung die Stelle des Vizedirektors einer Firma an, die Zucker aus Kuba nach Russland exportierte. Er verstarb 2021 nach längerer Krankheit. An seine Stelle trat sein erster Stellvertreter, Generaloberst Walentin W. Korabel'nikow. Auch er konnte auf eine langjährige Karriere beim militärischen Nachrichtendienst zurückblicken, hatte jedoch im Gegensatz zu seinem Vorgänger fast ausschließlich im operativen Einsatz gestanden.[406] Der neue GRU-Chef war 1946 in einer Kleinstadt bei Tambow geboren worden. 1965 begann er ein Studium an der Minsker Ingenieurhochschule der Flugabwehr-Raketentruppen, das er 1969 erfolgreich abschloss. Danach leistete er zunächst seinen weiteren Dienst als stellvertretender Batteriechef, dann als Gehilfe des Stabschefs einer Fla-Raketenbrigade und schließlich als Offizier bei der Aufklärungsabteilung der 11. Luftverteidigungsarmee, die in Fernost stationiert war. Von dort aus kommandierten ihn seine Vorgesetzten an die Militärdiplomatische Akademie der GRU, die er mit Erfolg absolvierte und 1974 verließ. Spätestens in diesem Jahr dürfte er dann endgültig vom militärischen Nachrichtendienst übernommen worden sein, tauchte er doch wenig später in Baden-Baden als Gehilfe des Chefs der sowjetischen Militärverbindungsmission beim Oberkommandierenden der französischen Truppen in Deutschland auf.

Formell sollte dieser zusammen mit den Militärverbindungsmissionen der drei westlichen Alliierten die Demilitarisierung Deutschlands überwachen sowie nach Vermissten, Kriegsgefangenen und Überläufern der eigenen Streitkräfte suchen. Der Kalte Krieg sorgte jedoch dafür, dass die Militärverbindungsmissionen nahezu ausschließlich zur Aufklärung der Truppen der jeweiligen Gegenseite auf dem Territorium der Bundesrepublik bzw. DDR eingesetzt wurden. Hierfür betrieben die Verbindungsmissionen vor allem »Order-of-Battle«-Spionage, versuchten also, die Truppenstruktur der NATO in der Bundesrepublik bzw. des Warschauer Paktes in der DDR aufzuklären.[407]

Nach dem Ende seiner Dienstzeit in der Bundesrepublik trat Korabel'nikow 1977 einen neuen Posten beim Weißrussischen Militärbezirk an. Dieser war offensichtlich weiterhin mit der GRU verbunden, denn im April 1980 wurde der junge Offizier im Rang eines Oberstleutnants zum 797. Aufklärungszentrum des sowjetischen Militärgeheimdienstes für Agenturaufklärung in Kabul versetzt. Dort leitete er bis zum Herbst 1982 ein Referat, das für die Bespitzelung des afghanischen Widerstandes gegen die sowjetische Besatzung verantwortlich war. Danach folgte der Wechsel zum Zentralapparat der Militäraufklärung in Moskau, wo er sich vor allem mit Fragen der technischen und operativen Aufklärung beschäftigte, hier schloss er 1988 zudem die Militärakademie des Generalstabes ab. 1992 ernannte ihn

Boris Jelzin zum Leiter der operativen Verwaltung der GRU, in dieser Position stieg er gleichzeitig zum stellvertretenden Chef des militärischen Nachrichtendienstes auf. Während des Ersten Tschetschenienkrieges war er an mehreren Spezialeinsätzen von Kommandosoldaten der GRU beteiligt. Während einer dieser Aktionen wurde der General schwer verwundet. In dem von Ende 1994 bis 1996 andauernden Krieg setzte die GRU in Tschetschenien neben den Speznas-Kämpfern einen Großteil ihres weiteren Arsenals ein: Agenten, operative Aufklärungsdienste, die Funküberwachung und selbst ihre Aufklärungssatelliten. Im Mai 1997 erfolgte dann die Ernennung zum neuen Chef der Militäraufklärung. In dieser Funktion war Korabel'nikow unter anderem an der Regulierung des Kosovo-Konfliktes beteiligt, wofür ihn Präsident Jelzin 1999 mit dem Titel eines »Helden der Russischen Föderation« auszeichnete.[408]

Mit dem Machtantritt von Wladimir W. Putin als russischer Präsident Anfang 2000 lief die GRU Gefahr, vom Konkurrenten SWR »geschluckt« zu werden. 2001 übernahm Sergej B. Iwanow das Verteidigungsministerium. Es dürfte kaum verwundern, dass Iwanow, der 1976 in das Komitee für Staatssicherheit eingetreten war, von 1976 bis 1977 zusammen mit Putin bei der Kaderverwaltung des KGB in Leningrad zusammengearbeitet hatte. Danach begann er eine Ausbildung an der 101. Schule der für die Auslandsspionage zuständigen 1. Hauptverwaltung des KGB, die ihn dann ab 1981 bei ihrer Residentur in London einsetzte. Da seine dortige Tätigkeit spätestens 1985 durch den Überläufer und MI6-Agenten Oleg A. Gordiewskij enttarnt wurde, versetzte ihn die Führung des politischen Auslandsnachrichtendienstes nach Nairobi, wo Iwanow bis 1991 als dessen Resident fungierte. Bis 1998 arbeitete er dann in der Zentrale des SWR, wo er bis zum stellvertretenden Direktor der europäischen Abteilung aufstieg. Nachdem Putin 1998 zum Direktor des FSB ernannt worden war, berief er Iwanow zu einem seiner Stellvertreter. Ende 1999 übernahm der inzwischen zum Generaloberst beförderte Geheimdienstoffizier den Posten des Sekretärs des Sicherheitsrats der Russischen

Föderation. Im März 2001 ernannte ihn der mittlerweile zum Präsidenten gewählte Putin schließlich zum Verteidigungsminister.[409]

Verteidigungsminister Iwanow reorganisiert die GRU – Die neue Zentrale

Eine der Aufgaben Iwanows sollte die Restrukturierung der GRU sein. Im Zuge dessen tauschte er bald nach seinem Amtsantritt sechs der zwölf Verwaltungsleiter des Militärgeheimdienstes durch Offiziere von der Konkurrenz – dem SWR – aus. Der Militärnachrichtendienst der russischen Streitkräfte verfügte um die Jahrtausendwende über zwölf operative Verwaltungen. Der 1. Verwaltung unterstand die Aufklärung in Europa, die 2. Verwaltung führte Spionageaufträge in Großbritannien, Nord- und Südamerika sowie in Neuseeland und Australien aus. Die 3. Verwaltung zeichnete für Asien zuständig, die 4. für den afrikanischen Kontinent. Die 5. Verwaltung erledigte Aufträge der operativen Aufklärung, die 6. Verwaltung organisierte die funktechnische Aufklärung für den Geheimdienst der russischen Streitkräfte. Für die nachrichtendienstliche Beobachtung der NATO sorgte die 7. Verwaltung, während die Agenten der 8. Verwaltung ausgewählte Staaten bespitzelten. Die 9. Verwaltung betrieb Technikspionage, die 10. Verwaltung beschaffte Geheiminformationen über die Rüstungsindustrie verschiedener Länder. Die 11. Verwaltung wertete Informationen zu Militärdoktrinen und neuen Waffen aus, das genaue Tätigkeitsfeld der 12. Verwaltung ist bis heute unbekannt. Hinzu kamen die Verwaltung für Satellitenaufklärung, die operativ-technische Verwaltung, eine Verwaltungsabteilung, eine Kaderabteilung, die politische Verwaltung, die Finanzverwaltung, die Archivabteilung, der Informationsdienst, die Abteilung Informationsverbreitung, der Dechiffrierdienst und schließlich noch die Militärdiplomatische Akademie für die Spezialausbildung der GRU-Offiziere. Den Einsatz der zahlreichen Militärattachés koordinierte die Verwaltung für Außenbeziehungen. Operativ unterstanden dem Militärgeheimdienst damals zudem noch die 16. Speznas-Brigade in Rjasan und die 22. Speznas-Brigade in Moskau sowie weitere Spezialtruppen.[410]

Im Spätherbst 2006 bezog die GRU nach dreieinhalb Jahren Bauzeit endlich ein neues Stabsquartier, dessen Eröffnung Präsident Wladimir Putin persönlich vollzog. Seit den 1960er-Jahren hatte der Militärgeheimdienst im »Aquarium«, dem Gebäudekomplex an der Choroschewskoe Chaussee seinen Dienstsitz gehabt. Bereits Ende der 1980er-Jahre zeigte sich, dass die GRU, bedingt durch die zahlreichen neuen Verwaltungen und Mitarbeiter, dringend eine neue Unterkunft benötigte. Hierfür sollte im Südwesten Moskaus in Jassenowo, jenseits des die Stadt umgebenden Autobahnrings, ein neues Stabsquartier für den militärischen Nachrichtendienst gebaut werden. Als das Gebäude endlich fertiggestellt war, existierte die Sowjetunion nicht mehr und für den russischen Präsidenten Boris Jelzin hatte jetzt die politische Auslandsspionage Priorität, deshalb erhielt der aus der 1. Hauptverwaltung des KGB hervorgegangene SWR den Zuschlag für das neue Geheimdiensthauptquartier. Die GRU musste vorerst weiter mit ihren beengten Räumlichkeiten auskommen.

Nach dem Amtsantritt von Präsident Wladimir Putin fiel dann die Entscheidung, endlich auch für den militärischen Nachrichtendienst eine neue Zentrale zu bauen. Der neue Gebäudekomplex befindet sich in unmittelbarer Nähe des alten »Aquariums« und verfügt neben einem modern ausgestatteten Lagezentrum, einer Kommandozentrale und zahlreichen Arbeitsräumen über ein Schwimmbad, eine Sauna, Tennisplätze sowie weitere Annehmlichkeiten, für die in den alten Räumlichkeiten kein Platz vorhanden gewesen war. Ferner beherbergt der Komplex auch ein geheimes Museum für die Geschichte der GRU, das jedoch nur von ihren Mitarbeitern in Augenschein genommen werden kann. Für hohen Besuch wurden auf dem neunstöckigen Gebäude zwei Hubschrauberlandeplätze angelegt. Die Kosten für den Neubau betrugen rund 9,5 Milliarden Rubel, damals etwa 281 Millionen Euro. Sowohl das gesamte Baumaterial als auch die Inneneinrichtung und die Elektronik stammen angeblich ausschließlich aus russischer Produktion, um eventuelle Möglichkeiten für Spionageversuche fremder Nachrichtendienste auszuschalten. Aus Sicherheitsgründen unterteilte man das Gebäude zudem in einzelne elektronisch gesicherte Zonen, die nur von denjenigen Personen betreten werden können, die über eine entsprechende Berechtigung verfügen. Aus demselben Grund liegen die Arbeitsräume auf der Innenseite, während auf der Außenseite ein Korridor verläuft. Dies soll mögliche Abhörversuchen entgegenwirken.[411]

Neubau des GRU-Hauptquartiers am Chodynkafeld im Nordwesten Moskaus

Wladimir Putin und Verteidigungsminister Sergej Iwanow in der Eingangshalle des neuen GRU-Hauptquartiers, 8. November 2006))

Armeegeneral Abros'kin (links), Direktor der Agentur für Spezialbau, erläutert Präsident Putin und GRU-Chef Korabel'nikow (Mitte) anhand eines Modells das neue Hauptquartier des Militärgeheimdienstes

Am 24. April 2009 wurde der inzwischen zum Armeegeneral beförderte Korabel'nikow von seinem bisherigen Stellvertreter Generalleutnant Aleksandr W. Schljachturow als Leiter der GRU abgelöst, obwohl man wenige Monate zuvor seine Berufung für zwei weitere Jahre verlängert hatte. Der damals 63-jährige Offizier musste wohl vor allem deshalb seinen Hut nehmen, weil die Leistungen des Militärgeheimdienstes während des Georgienkrieges von 2008 nicht den Erwartungen der Militärführung entsprochen hatten und er zudem kein Befürworter der von Verteidigungsminister Anatolij E. Serdjukow vorgesehenen Militärreformen war. In der Beziehung zwischen beiden hatte es bereits zuvor Spannungen gegeben, offenbar vor allem, weil mit Serdjukow erstmals wirklich ein Zivilist auf diesem Posten saß. Der Konflikt zwischen dem GRU-Chef und seinem Minister schwelte wohl schon seit Frühjahr 2008 und der Leiter des Militärgeheimdienstes hatte seit diesem Zeitpunkt bereits mehrere Entlassungsgesuche geschrieben. Sein viertes wurde dann endlich bewilligt. Präsident Dmitrij A. Medwedew versüßte den Abschied seines bisherigen Geheimdienstchefs mit einem Orden »Für Verdienste um das Vaterland« III. Klasse.

Zwiespältige Bilanz der Ära Korabel'nikow – gewaltsames Vorgehen und Fehlschläge in den postsowjetischen Staaten

Korabel'nikow, der die Militäraufklärung seit 1997 leitete, konnte auf eine gemischte Bilanz seiner zwölfjährigen Amtszeit zurückblicken. So fand der Militärnachrichtendienst schneller zu seiner »gewohnten« Angriffslust zurück als sein ziviler Gegenspieler, der SWR. Damit gehörten aggressives, bewaffnetes und gewaltsames Vorgehen wieder zu den »Kernkompetenzen« des Militärgeheimdienstes. Beispielsweise wird die GRU von einigen Quellen mit der Ermordung des ehemaligen tschetschenischen Rebellenpräsidenten Selimchan Jandarbijew 2004 in Katar in Verbindung gebracht. Einer der Schwerpunkte ihrer nachrichtendienstlichen und militärischen Operationen lag gleichwohl in Tschetschenien selbst. Hier unterstützte die GRU den heutigen Präsidenten Ramsan A. Kadyrow massiv und wies ihm eine Schlüsselrolle bei der Bekämpfung der tschetschenischen Rebellen zu. Unter Einsatz von brachialer militärischer Gewalt und mit hohen zivilen Opfern – etwa 25.000 Einwohner Tschetscheniens starben im Zuge der Kämpfe – gelang schließlich eine »Befriedung« der Region. Doch auch die GRU hatte entsprechende Verluste zu verzeichnen, zwischen 1999 und 2009 fielen über 350 Mann der Speznas-Truppen bei Gefechten in Tschetschenien.[412]

Gleichzeitig versuchte die GRU zunehmend, neben nachrichtendienstlichen Operationen im Westen auch die postsowjetischen Staaten des sogenannten »nahen Auslands« zu durchdringen. Dies geschah sowohl mit verdeckten Unternehmungen als auch durch den Aufbau von offiziellen Beziehungen zu den entsprechenden Sicherheitsbehörden vor Ort. Obgleich der Mordanschlag gegen Jandarbijew in operativer Hinsicht ein Erfolg gewesen sein mag, trug er wohl mit dazu bei, das Image Russlands und seines militärischen Nachrichtendienstes als gefährlich und rücksichtslos zu zementieren. Dies führte unter anderem dazu, dass die Schuld für den Mord an dem russischen Überläufer und ehemaligen FSB-Offizier Aleksandr W. Litwinenko zunächst bei der GRU gesucht wurde, erst später stellte sich heraus, dass hier der FSB selbst die Hände im Spiel hatte. Der Aufstieg Kadyrows ist gleichfalls als zweischneidiges Schwert anzusehen, hat dieser doch ein autonomes und autokratisches Tschetschenien unter seiner persönlichen Kontrolle geschaffen und demonstriert jederzeit mit Selbstbewusstsein, wie sehr Moskau ihn braucht und daher gezwungen ist, auf seine Person zu setzen.[413]

Gleichzeitig machten die Fehlschläge während des georgischen Feldzugs von 2008 deutlich, dass die GRU in bestimmten Bereichen beträchtliche Schwächen aufwies. Der Krieg wurde zwar gewonnen, doch gerade die taktische Aufklärung des militärischen Nachrichtendienstes erwies sich während der Kampfhandlungen als mangelhaft, vor allem, weil es immer wieder zu Verzögerungen bei der Weitergabe von Aufklärungsdaten an die militärischen Einheiten an vorderster Front kam. Diese Fehlschläge nutzten Kritiker der GRU sowohl innerhalb des Militärs als auch des SWR. Erstere schlugen vor, die Spezialkräfte aus der Kontrolle des militärischen Nachrichtendienstes herauszulösen und diese der regulären Militärführung zu unterstellen. Der politische Auslandsnachrichtendienst wiederum argumentierte, die GRU könne sich besser auf ihre taktischen Aufklärungsoperationen konzentrieren, wenn sie die strategische Aufklärung endlich vollkommen dem SWR überlassen würde. Beide Vorschläge stellten eine direkte »Einmischung« in die Kernkompetenzen der Militäraufklärung dar und zeigten, wie sehr die damalige Position der GRU innerhalb des Systems der russischen Sicherheitsdienste geschwächt war. Eine namhafte Zeitung spekulierte sogar, dass der 1918 gegründete militärische Nachrichtendienst, der kurz zuvor sein neunzigjähriges Jubiläum gefeiert hatte, seinen hundertsten Jahrestag nicht mehr erleben, sondern in Kürze dessen Zusammenlegung mit dem SWR erfolgen werde.[414]

Dieses Szenario trat jedoch nicht ein, denn an die Stelle von Korabel'nikow setzte die politische Führung unter Präsident Medwedew seinen bisherigen ersten Stellvertreter Schljachturow, selbst ein langjähriger GRU-Offizier und zuletzt Chef der Verwaltung für strategische Aufklärung. Aufgabe des damals noch jüngeren und weitgehend unbekannten Geheimdienstoffiziers – der im Gegensatz zu seinem Vorgänger über gute Kontakte zu Verteidigungsminister Serdjukow verfügte – sollte es vermutlich sein, den Dienst endlich für eine substanzielle Militärreform zu öffnen. Schließlich hatte sich die GRU seit dem Ende der Sowjetunion weitgehenden Veränderungen ihrer Struktur und Organisation entzogen.[415] Dieser Aufgabe wurde der General gerecht. Bis zu seiner Verabschiedung Ende 2011, die angeblich aufgrund der Erreichung des Rentenalters erfolgte, hatte er dem Dienst schmerzhafte Reformen verordnet. So reduzierte er die Zahl der Mitarbeiter um mehr als tausend Mann. Für wenig Begeisterung dürfte zudem gesorgt haben, dass er die Zahl der Generalsposten bei der Militäraufklärung von hundert auf kaum mehr zwanzig kürzte. Ungleich härter für den Dienst war die Auflösung der 12. und der 67. Speznas-Brigade sowie die substanzielle Verringerung der Kräfte der 3. Speznas-Brigade. Bereits kurz zuvor hatte die Militärführung auf Drängen von Kadyrow die Speznas-Bataillone »Nord« und »West« in Tschetschenien aufgelöst. Damit verlor die GRU einen nicht geringen Teil der ihr unterstehenden Spezialeinsatzkräfte. In den Fluren des Verteidigungsministeriums ging sogar das Gerücht um, der Nachrichtendienst würde den Status einer Hauptverwaltung verlieren und zu einer gewöhnlichen Verwaltung herabgestuft.

All das dürfte dazu beigetragen haben, dass die Dienstzeit von Schljachturow nicht verlängert wurde. Der entlassene Geheimdienstchef trat kurz darauf einen Direktorenposten am Moskauer Institut für

Wärmetechnik an, dort sollte er im Auftrag von Serdjukow die Entwicklung der neuen strategischen Feststoffrakete des Typs »Bulawa« vorantreiben. Diesen Posten hatte der ehemalige Geheimdienstchef bis Ende 2020 inne. Von Mitte 2011 bis heute ist er zudem als unabhängiger Direktor im Vorstand der Aktienholding »Garnision« tätig, die zahlreiche Serviceleistungen für das russische Verteidigungsministerium ausführt und gleichfalls in enger Beziehung zu Serdjukow stand.[416]

Igor' D. Sergun tritt an – »grüne Männchen« und »nicht lineare Kriege«

Auf Schljachturow folgte der damals 54-jährige Generalmajor Igor' D. Sergun. Der in Podolsk bei Moskau geborene künftige Geheimdienstchef trat 1973 in die Streitkräfte der Sowjetunion ein und absolvierte zunächst die Allgemeine Militärhochschule in Moskau, es folgte die Verwendung in verschiedenen Kommando- und Stabspositionen bei den Landstreitkräften und den Truppen der Luftverteidigung. 1984 übernahm ihn die GRU, nachdem er im gleichen Jahr die Militärakademie der Streitkräfte abgeschlossen hatte. Der Dienst ließ ihn zunächst die Militärdiplomatische Akademie absolvieren, dann erfolgte sein Einsatz bei der 2. Verwaltung, die für die nachrichtendienstliche Bearbeitung Großbritanniens und Nordamerikas zuständig war. Von 1992 bis 1998 leitete er als stellvertretender Chef die 2. Verwaltung. Gleichzeitig absolvierte er eine weitere Ausbildung an der Akademie des Generalstabes. Zum Oberst befördert, wechselte er 1998 auf den Posten des russischen Militärattachés in Tirana. Da weite Teile seines Lebenslaufes immer noch der Geheimhaltung unterliegen, ist unklar, wann der Offizier in die Moskauer GRU-Zentrale zurückkehrte. Tatsache ist jedoch, dass dem damals relativ rangniedrigen General zugetraut wurde, die Führung des Dienstes zu übernehmen. Im Frühjahr 2012 geriet der publikumsscheue Geheimdienstmann erstmals in das Visier der Öffentlichkeit, als er während der Parade zum 9. Mai auf dem Roten Platz unglücklicherweise neben einer Dame stand, die sich als hochdekorierte Weltkriegsveteranin im Generalsrang ausgab und wenig später von der Presse als Hochstaplerin »enttarnt« wurde.[417] Um sein Gewicht bei der Führung der GRU, aber auch innerhalb des Generalstabes und des Verteidigungsministeriums zu erhöhen, erhob der kurz zuvor zum Präsidenten wiedergewählte Putin ihn Ende August 2012 in den Rang eines Generalleutnants.[418]

Unter der Führung von Sergun konnte der Dienst nicht nur die Angriffe anderer Behörden auf die Kernbereiche seiner nachrichtendienstlichen Tätigkeit abwehren, es gelang der GRU sogar, die »Einbußen« der vorangegangenen Reformen wieder wettzumachen. Hierzu trug zunächst vor allem der erfolgreiche Einsatz der sogenannten »Grünen Männchen« – in Russland auch als »Höfliche Menschen« bekannt – bei der völkerrechtswidrigen Besetzung der Krim bei. Hinter dem verharmlosenden Begriff verbargen sich in Wirklichkeit u. a. die Elitesoldaten der 3. Speznas-Brigade der GRU, die seit Anfang März 2014 auf der Halbinsel ukrainische Verwaltungsgebäude, Polizeieinrichtungen und Kasernen besetzten.

»Grüne Männchen« – Speznas-Soldaten der GRU ohne Hoheitsabzeichen auf der Krim im März 2014

Die in Kampfanzüge der russischen Streitkräfte gekleideten, aber ohne Hoheitsabzeichen ausgestatteten maskierten Kämpfer gaben sich zunächst als örtliche prorussische Selbstverteidigungskräfte aus. Die Spezialsoldaten fielen nicht nur durch ihr selbstbewusstes und bestimmtes, jedoch stets höflich bleibendes Auftreten auf, sondern beeindruckten die internationalen Beobachter der Krise auch durch ihre moderne Ausrüstung und Bewaffnung. Die GRU-Führung und die Militärspitze hatten offensichtlich ihre Lehren aus dem Krieg in Georgien gezogen und legten nun Wert auf den Einsatz von hochmobilen, leichten, allzeit einsatzbereiten Brigaden, an deren Spitze die Sondertruppen der Militäraufklärung standen.[419] Sergun spielte hierbei eine wichtige Rolle und festigte die Position des militärischen Nachrichtendienstes als entscheidendes Instrument der russischen Führung für die Durchsetzung des Konzepts der »nicht linearen Kriege«. Sergun wird es wahrscheinlich als Auszeichnung angesehen haben, dass er nach der Besetzung der Krim auf der Liste der Personen landete, die von der EU mit Sanktionen belegt wurden.[420]

Gleichfalls als Erfolg dürften die GRU und die russische Militärführung die Einsätze des Nachrichtendienstes im Donbass und in Syrien gedeutet haben. Im Donbass gelang mit offiziell immer wieder geleugneter russischer Hilfe die Errichtung der sogenannten Volksrepubliken von Lugansk und Donezk, die sich von Kiew abspalteten. Hierbei spielten die Spezialeinheiten der GRU eine entscheidende Rolle, da sie die Separatisten militärisch in die Lage versetzten, die Versuche der ukrainischen Streitkräfte, die Volksrepubliken wieder unter ihre Kontrolle zu bringen, abzuwehren. In Syrien wiederum stützen die Spezialkräfte der GRU seit 2015 die Regierung von Präsident Baschar al-Assad, der damals nur noch knapp zehn Prozent seines Landes kontrollierte. Während der Einsatz vor allem auf die Feuerkraft der russischen Luftstreitkräfte setzte, die bis heute dort in etwa ein gemischtes Geschwader umfassen und auf der Luftwaffenbasis Hmeimim an der syrischen Mittelmeerküste stationiert sind – von hier aus wurden während der Höhepunkte der Kämpfe täglich bis zu achtzig

Einsätze geflogen –, übernahmen die Spezialkräfte der GRU zunächst Sicherungsaufgaben. Sie klärten jedoch zunehmend auch Ziele für die Bomberkräfte auf und überwachten ihre Vernichtung aus der Luft. Mit fortschreitender Kriegsdauer erfolgten schließlich auch Bodeneinsätze der Speznas zur Ausschaltung von Führungspersönlichkeiten der syrischen Opposition und von islamischen Extremisten.[421]

Der GRU-Chef war offensichtlich auch dafür verantwortlich, dass viele neue Stellen im militärischen Nachrichtendienst vermehrt mit Offizieren besetzt wurden, die ihre Ausbildung nicht an der Militärpolitischen Akademie absolviert, sondern sich ihre »Sporen« bei Einsätzen der Speznas-Truppen verdient hatten. Diese Gruppe brachte ihren eigenen Korpsgeist in den militärischen Nachrichtendienst. Der lautlose Einsatz an der »unsichtbaren Front« trat fortan in den Hintergrund. Die Kader der Spezialeinheiten drängten nun – so, wie sie es gelernt hatten – auf die Erfüllung ihrer Aufträge ohne Rücksicht auf Verluste. So zeigt unter anderem der Giftanschlag auf den bulgarischen Waffenhändler Emilian Gebrew und seinen Sohn im Frühjahr 2015, mit dem die GRU in Verbindung gebracht wird, dass bei der Durchführung von Operationen Kollateralschäden im Gegensatz zu früher jetzt als vernachlässigbar angesehen werden.[422]

Die Früchte des Syrien-Einsatzes konnte Sergun jedoch nicht mehr sammeln, denn Anfang Januar 2016 verstarb der General plötzlich und unerwartet in einem Erholungsheim der russischen Streitkräfte in Podolsk bei Moskau. Als offizielle Todesursache wurde ein Herzinfarkt genannt. Zugleich wird jedoch auch von verschiedenen Quellen darüber spekuliert, dass der GRU-Chef während eines Einsatzes im Libanon ums Leben kam. Gleichwohl gibt es für diese Behauptung bis heute keine stichhaltigen Beweise. In seiner Beileidsbekundung charakterisierte Putin Sergun als »echten Offizier, einen erfahrenen und kompetenten Befehlshaber, einen Mann mit großem Mut, einen wahren Patrioten. Er wurde für seine Professionalität, Charakterstärke, Ehrlichkeit und Integrität respektiert«. Verteidigungsminister Sergej K. Schoigu würdigte überschwänglich »das leuchtende

Andenken eines wunderbaren Mannes, eines wahren Sohnes der russischen Patrioten des Mutterlandes«.[423]

Als einen der aussichtsreichsten Kandidaten für die Nachfolge von Sergun handelten Expertenkreise Generalleutnant Aleksej G. Djumin. Der 1972 geborene Offizier hatte mit 22 Jahren die Militärhochschule für Funkelektronik in Woronesch abgeschlossen, sich aber bald für eine Karriere beim Föderalen Schutzdienst der Russischen Föderation (FSO) entschieden, der 1991 aus der 9. Verwaltung des KGB hervorgegangen war und für den Personenschutz der politischen Führungsspitze Russlands verantwortlich ist. 1999 wechselte er dann zum Sicherheitsdienst des Präsidenten der Russischen Föderation, einer Sondertruppe des FSO, in deren Zuständigkeit die Bewachung des russischen Staatsoberhaupts liegt. Hier gehörte er von Anfang an zum Begleitschutz von Wladimir Putin, der seit Anfang August 1999 das Amt des russischen Ministerpräsidenten innehatte. Nach den ersten beiden Amtszeiten von Präsident Putin, als dieser 2008 in das Amt des russischen Premiers wechselte, stand ihm Djumin angeblich als persönlicher Adjutant zur Seite, was der Geheimdienstoffizier jedoch bis heute abstreitet. Faktum bleibt jedoch, dass er 2012 mit der Rückkehr Putins ins Präsidentenamt zum Stellvertretenden Leiter des Sicherheitsdienstes des Präsidenten ernannt wurde und zudem Torwart in der Eishockeymannschaft Putins ist.

Zwei Jahre später berief ihn der Präsident zu einem der Stellvertreter des amtierenden GRU-Chefs, dort übernahm er den Bereich der Speznas-Truppen. Mit seinem Namen sind also die Einsätze der Spezialtruppen des Militärgeheimdienstes auf der Krim auf das Engste verbunden. Angeblich soll er auch die GRU-Operation zur Extrahierung des am 22. Februar 2014 vom ukrainischen Parlament für abgesetzt erklärten Präsidenten Wiktor Janukowitsch nach Russland geleitet haben. Hierfür wurde er – obwohl ihm der entsprechende Abschluss der Akademie des Generalstabes fehlte – ein Jahr später auf Weisung Putins zum Chef des Hauptstabes der Landstreitkräfte und zu deren stellvertretendem Befehlshaber ernannt. Speznas-Angehörige der GRU werden zudem für zwei Sprengungen in einem

Munitionsdepot in Tschechien im Oktober und Dezember 2014 verantwortlich gemacht, bei der zwei Personen ums Leben kamen. Bei der Munition handelte es sich um Bestände, die ein bulgarischer Waffenhändler an die Ukraine liefern wollte. Auf den Händler selbst sollen ein Jahr später zwei Anschläge mit dem Nervenkampfstoff Nowitschok verübt worden sein. Die beiden GRU-Agenten, die die Anschläge auf das tschechische Waffenlager ausführten, tauchten vier Jahre später im Zusammenhang mit dem Attentat auf den ehemaligen GRU-Obersten Skripal erneut auf und sollen zur Elitetruppe des Militärgeheimdienstes mit der Feldpostnummer 29155 gehören. Ende 2015 erfolgte die Beförderung Djumins zum Generalleutnant und der Wechsel in die Führungsspitze des Verteidigungsministeriums, wo er unter Schoigu den Bereich des Bauwesens übernahm.[424]

Igor' W. Korobow: Cyberattacken, Putschversuch, Giftmorde

In diesem Moment verstarb GRU-Chef Sergun. Gleichwohl erfolgte nicht die Ernennung Djumins als Nachfolger – dessen rasanter Aufstieg im Verteidigungsministerium als Seiteneinsteiger für beträchtliche Unruhe gesorgt haben dürfte –, sondern die Nachfolge trat der langjährige GRU-Offizier Generalleutnant Igor' W. Korobow an, der zuletzt erster Stellvertreter von Sergun war.[425] Für Djumin sah Putin hingegen einen Wechsel in die Politik vor, er ernannte den Geheimdienstoffizier im Februar 2016 zum Gouverneur der wirtschaftlich bedeutenden Region Tula. Im Mai 2024 wurde der ehemalige General schließlich zum Berater des Präsidenten in rüstungswirtschaftlichen Fragen ernannt.

Der 1956 in Wjasma geborene Korobow strebte zunächst eine Karriere als Pilot der sowjetischen Luftstreitkräfte an und trat deshalb 1973 in die Fliegerhochschule der Luftverteidigung in Stawropol ein. 1977 schloss er dort seine Pilotenausbildung im Rang eines Leutnants ab und diente danach für drei Jahre im 518. Jagdfliegerregiment, das im Norden der Sowjetunion stationiert war. 1980 wurde die GRU auf den jungen Offizier aufmerksam und entsandte ihn zum Studium an die Militärakademie der Sowjetarmee. Nach deren Abschluss 1985 erfolgten mehrere Einsätze im Ausland, wobei jedoch bis heute nicht bekannt ist, in welchen Staaten er für den sowjetischen Militärgeheimdienst spionierte. Danach wechselte er in die Moskauer GRU-Zentrale, wo er 2011 zum Leiter der strategischen Aufklärung und zum stellvertretenden Chef des Nachrichtendienstes aufstieg. In dieser Funktion unterstanden ihm auch die Auslandsresidenturen der GRU.[426]

Seine Ernennung zum Nachfolger von Sergun hatte Korobow wohl seinen guten Kontakten zu Verteidigungsminister Schoigu und Generalstabschef Walerij W. Gerasimow zu verdanken. Der neue GRU-Chef verstärkte die Aktivitäten des Militärgeheimdienstes in Syrien, wo es gelang, die Herrschaft von Präsident Assad und damit den russischen Einfluss in der Region zu sichern.[427] Den »Kampf gegen den Terror« im Nahen Osten erörterte der General, der seit Dezember 2016 auf Sanktionslisten der Amerikaner und der Europäischen Union stand, im Februar 2018 zusammen mit dem Chef des SWR, Sergej I. Naryschkin, in Washington mit hochrangigen Vertretern der US-Nachrichtendienste. Unter seiner Führung weitete der Dienst zudem seine Cyberattacken in Westeuropa und den USA aus. Weiterhin gibt es Hinweise darauf, dass die GRU im Frühjahr 2016 an einem gescheiterten Putschversuch in Montenegro beteiligt war.[428] Die spektakulärste Operation der GRU unter der Führung von Korobow traf jedoch einen ehemaligen Offizier des Dienstes, der für Großbritannien spioniert hatte und dafür nach seinem Ausscheiden aus dem Militärgeheimdienst 2004 von der russischen Spionageabwehr verhaftet worden war. Nachfolgend wegen Hochverrats zu dreizehn Jahren Zwangsarbeitslager verurteilt, kam der ehemalige Oberst 2010 im Rahmen eines Agentenaustausches auf freien Fuß und lebte seither in Großbritannien. Dort fiel Sergej Skripal, so der Name des Doppelagenten, in der Kleinstadt Salisbury am 4. März 2018 zusammen mit seiner Tochter einem Mordanschlag mit dem Nervengift Nowitschok zum Opfer, den beide nur knapp überlebten.[429] Die entsprechenden Details zu diesem Fall lassen sich einem eigenen Kapitel in Teil III entnehmen.

Einen weiteren Tiefschlag musste der russische Militärgeheimdienst im April 2018 hinnehmen, als die niederländische Spionageabwehr gleich vier ihrer Computerspezialisten in deren Auto verhaftete, während diese versuchten, in Den Haag die Organisation für das Verbot chemischer Waffen (OPCW) auszukundschaften. Dort wurden zu dieser Zeit Giftproben des Anschlags gegen Skripal geprüft. Im Kofferraum ihres Mietwagens fand sich eine komplette Spionageausrüstung, hinzu kamen gefälschte Pässe, die eine fortlaufende Nummerierung aufwiesen.[430] Mehrere Beobachter betrachteten es deshalb nicht als Zufall, dass der Chef des Militärgeheimdienstes Korobow kurz nach der Enttarnung seiner Agenten einem Krebsleiden erlag.[431] Verstärkt wurden die Spekulationen über die Umstände seines Todes noch durch das Gerücht, Putin habe den General Mitte September 2018 bei einer Besprechung abgekanzelt und dem GRU-Chef sei auf der Rückfahrt nach Hause schlecht geworden. Zudem habe der Präsident mit dessen Ablösung gedroht und es ging das Gerücht um, er wolle an die Stelle von Korobow General Sergej A. Gisunow setzen. Der aus Leningrad stammende Speznas-Offizier wurde von Geheimdienstexperten auch als die »Augen und Ohren Putins beim Militärnachrichtendienst« bezeichnet.[432]

Igor' O. Kostjukow – Ausbau der Speznas-Einsatzkräfte und »militärische Spezialoperation«

Doch auch diesmal sollten die vermeintlichen Sachkenner falschliegen, an die Stelle von Korobow trat erstmals ein Marineoffizier – der 1961 geborene Vizeadmiral Igor' O. Kostjukow. Mit dessen Ernennung konnte der Militärnachrichtendienst der russischen Streitkräfte erneut alle Hypothesen zu seiner Kontrolle durch die Konkurrenz entkräften, gilt der Geheimdienstoffizier doch als reines »GRU-Gewächs«. Nach seinem Abschluss an der Militärpolitischen Akademie diente er sich beim militärischen Geheimdienst bis zu dessen 1. stellvertretenden Chef hoch. Unter seiner Führung erfolgten weitere Spezialeinsätze in Syrien, für die er bereits 2017 mit dem Titel eines »Helden der Russischen Föderation« ausgezeichnet wurde. Da er sowohl an den Cyberangriffen im Zusammenhang mit der US-Präsidentenwahl 2016 als auch an denen auf den Deutschen Bundestag beteiligt war, steht sein Name zudem auf westlichen Sanktionslisten.[433] 2019 erfolgte seine Beförderung zum Admiral.

Der neue Geheimdienstchef hielt sich nicht lange mit der Aufarbeitung der Fehler seines Vorgängers auf, denn die GRU stellt sich in ihrer Rolle als Auslandsnachrichtendienst gerne deutlich robuster dar als die Konkurrenz vom SWR. Während Letzterer auf die weitgehend »geräuschlose« Arbeit seiner als Botschaftsmitarbeiter getarnten oder als »Illegale« operierenden Agenten setzt, geht der Militärgeheimdienst mit deutlich mehr Risiko und Gewaltbereitschaft zu Werke. Dies dürfte zu einem Gutteil auf die militärische Herkunft seiner »Mitarbeiter« im Außeneinsatz zurückzuführen sein, die sich nicht selten ihre ersten Meriten im Geheimdienstmetier als Kommandosoldaten der Spezialeinsatzkräfte der GRU verdient haben. Zudem ist man hier weniger um die Außendarstellung – vor allem im Westen – besorgt als der SWR, der sich gerne als intellektuell geprägter Analyse- und Beschaffungsdienst inszeniert und der deshalb weitgehend auf jegliche James-Bond-Attitüde verzichtet.[434] Hinzu kommen die Erfahrung und das Gefühl, von der Konkurrenz in der eigenen Weiterexistenz bedroht zu sein. Folglich muss der Dienst aggressiver vorgehen, um seine Rolle im »Konzert« der russischen Geheimdienste weiterspielen zu können. Hieraus resultiert sein Auftreten als risikobereiter und waghalsiger Akteur an allen Brennpunkten der Außenpolitik Putins. Und schließlich dürfte die Vorbereitung der »militärischen Spezialoperation« den Admiral und seinen Dienst voll in Anspruch genommen haben.

Spätestens im Jahr 2002 erfolgte auf Weisung des Verteidigungsministeriums die Umbenennung der geschichtsträchtigen Hauptverwaltung Aufklärung beim Generalstab – unter dieser Bezeichnung hatte der Dienst seit 1942 existiert – in Hauptverwaltung beim Generalstab der Streitkräfte der Russischen Föderation. Die Gründe für diese »Umetikettierung« liegen bislang im Dunkeln. Unter den zahlreichen Mitarbeitern und Veteranen des Militärnachrichtendienstes löste der neue Name mindestens Unbehagen aus. Obgleich Putin auf der Festveranstaltung zum hundertjährigen Jubiläum der GRU am 2. November 2018 den Satz äußerte: »Es ist unklar, wohin das Wort ›Aufklärung‹ verschwunden ist – der Name Hauptverwaltung Aufklärung sollte wieder eingeführt werden«, ist bis heute keine offizielle Rückbenennung des Dienstes erfolgt.⁴³⁵ Gleichwohl hat sich der neue Name im Sprachgebrauch nicht durchgesetzt, in nahezu allen Veröffentlichungen wird immer noch von der GRU gesprochen.

Putins Ansprache zum 100-jährigen Bestehen des GRU am 2. November 2018

Seit Ende 2018 leitet Admiral Kostjukow nun die GRU.[436] Zum heutigen Militärnachrichtendienst der russischen Streitkräfte gehören gegenwärtig 6000–15.000 Geheimdienstoffiziere, die in dreizehn operativen Verwaltungen und acht weiteren Verwaltungsabteilungen sowie zahlreichen Sondereinrichtungen beschäftigt sind.[437] Der 1. Verwaltung untersteht wie bisher die Aufklärung in Europa, die 2. Verwaltung ist für die nachrichtendienstliche Bearbeitung Großbritanniens, Nord- und Südamerikas, Neuseelands und Australiens zuständig. Die Agenten und Spione der 3. Verwaltung werden in Asien eingesetzt, die der 4. auf dem afrikanischen Kontinent. Die 5. Verwaltung führt wie bisher die operative Aufklärung. Ihr sind alle Aufklärungseinheiten der Streitkräfte unterstellt. Der Nachrichtendienst der Marine wiederum untersteht der 2. Verwaltung des Hauptstabes der Flotte, die wiederum der 5. GRU-Verwaltung untergeordnet ist. Die 6. Verwaltung ist immer noch für die funktechnische Aufklärung verantwortlich, befasst sich inzwischen aber auch umfangreich mit Cyberaktivitäten, da sie hierfür von allen russischen Nachrichtendiensten über die besten technologischen und operativen Möglichkeiten verfügt. Für die nachrichtendienstliche Beobachtung der NATO sorgt weiter die 7. Verwaltung, die nunmehr in sechs geografische Abteilungen gegliedert ist. Der 8. Verwaltung unterstehen jetzt die Speznas-Truppen und Spezialeinsatzkräfte des Militärnachrichtendienstes. Die 9. Verwaltung betreibt Spionage im Bereich Rüstungstechnologie, während die 10. Verwaltung Geheiminformationen über die Wehrwirtschaft in verschiedenen Staaten beschafft. Die 11. Verwaltung wertet nach wie vor Informationen zu strategischen Militärdoktrinen und Nuklearwaffen aus, die 12. Verwaltung beschäftigt sich mit Fragen des sogenannten Informationskrieges, also mit Desinformation, Propaganda und Zersetzung. Ferner existieren eine Verwaltung für Satellitenaufklärung, eine Personalverwaltung, eine Verwaltung für operativ-technische Fragen, eine Verwaltungsabteilung, die Verwaltung für Außenbeziehungen, die Archivabteilung und der Informationsdienst.[438] Erheblich ausgebaut wurden die der GRU unterstehenden Spezialeinsatzkräfte, die mittlerweile wieder aus acht Speznas-Brigaden und einem Speznas-Regiment bestehen. Hinzu kommen Kampfschwimmereinheiten, die den vier Marineaufklärungspunkten bei der Nordmeer-, Pazifik-, Schwarzmeer- und Baltischen Flotte zugeordnet sind, sodass gegenwärtig von rund 10.000 Soldaten und Offizieren ausgegangen werden kann, die in den Sondereinheiten der GRU dienen.[439]

Der Leiter des militärischen Nachrichtendienstes ist wie bisher direkt dem Chef des Generalstabes der russischen Streitkräfte und dem Verteidigungsminister der Russischen Föderation unterstellt. Anders als der Direktor des politischen Auslandsnachrichtendienstes SWR, der dem russischen Präsidenten jeden Montag zu seinen Erkenntnissen über die weltpolitische Lage berichtet, hat der GRU-Chef auch weiterhin kein ständiges Vortragsrecht, sondern wird nur bei entsprechendem Beratungsbedarf zur Unterredung mit Putin vorgelassen. Durch das strenge System der Unterstellung des Dienstes unter die Befehlsgewalt von Generalstab und Verteidigungsminister wird allerdings sichergestellt, dass die Politik keinen direkten Zugriff auf nachrichtendienstliche Erkenntnisse des Militärgeheimdienstes hat.[440]

Während das Verhältnis zum SWR durchaus als eine Arbeitsbeziehung zwischen zwei Auslandsnachrichtendiensten angesehen werden kann, sind die Beziehungen zum FSB wohl angespannter. Dies ist vor allem dadurch begründet, dass der Föderale Sicherheitsdienst, der formell vor allem für die Spionageabwehr im Inland zuständig ist, danach strebt, auch im Ausland eine prominentere Rolle zu spielen. Aus diesem Grund führen FSB-Kommandos entsprechende Operationen, vor allem in den ehemaligen Republiken der Sowjetunion, aber auch in Europa durch.[441] So soll der Täter im Mordfall des Georgiers Selimchan Changoschwili, einem ehemaligen Kommandeur tschetschenischer Milizen, der im Zweiten Tschetschenienkrieg gegen Russland kämpfte und im Sommer 2019 auf offener Straße in Berlin faktisch hingerichtet wurde, Kontakte zum FSB gehabt haben. Im Dezember 2019 wurden daraufhin allerdings zwei russische

Botschaftsmitarbeiter, die deutsche Sicherheitsbehörden der Spionage für die GRU verdächtigten, aus der deutschen Hauptstadt ausgewiesen. Dieser Schritt dürfte das Verhältnis zwischen beiden Diensten nicht sonderlich verbessert haben.[442]

Die traditionelle Spionage mittels menschlicher Quellen bleibt auch weiterhin ein Kernbereich der Aktivität des russischen Militärnachrichtendienstes. In Italien flog 2018 eine wahrscheinliche GRU-Agentin auf, die versuchte, Offiziere und Mitarbeiter der US-Flottenbasis in Neapel abzuschöpfen.[443] Im Sommer 2022 nahmen die niederländischen Sicherheitsbehörden einen vermeintlichen Brasilianer fest, angeblich 33 Jahre alt, der als Praktikant am Internationalen Strafgerichtshof in Den Haag arbeiten wollte und sich als Viktor M. Ferreira ausgab. Tatsächlich handelte es sich jedoch um einen »illegalen« Agenten der GRU mit Namen Sergej W. Tscherkasow, geboren 1985 in Kaliningrad. 2010 tauchte der zu diesem Zeitpunkt schon bei der GRU aktive Offizier in Brasilien auf und gab vor, als in Irland geborener brasilianischer Staatsbürger auf der Suche nach seinem Vater zu sein. Zugleich wolle er nun Portugiesisch lernen, da seine Mutter kurz nach der Geburt verstorben sei und Ferreira angeblich in Armut bei einer Pflegefamilie aufwachsen musste. Ab 2011 arbeitete der Agent dann bei einer brasilianischen Tourismusagentur. Zwischen 2014 und 2018 studierte er Politikwissenschaften am Trinity College in Dublin, danach wechselte der Spion an die John Hopkins Universität in Baltimore, wo er 2020 einen Masterstudiengang mit dem Schwerpunkt US-Außenpolitik abschloss. Anschließend bewarb er sich um das Praktikum in Den Haag, wo er angeblich Kriegsverbrechen in der Ukraine und Syrien untersuchen wollte. Zudem sorgte der Spion auch dafür, im Internet seine Spuren zu hinterlassen. So verfügte er über einen Twitter-Account, auf dem er u. a. einen Tweet zu einem Text von Bellingcat zur Enttarnung von GRU-Agenten veröffentlichte. Der langfristig vorbereitete Einsatz, in den der russische Militärnachrichtendienst viel Zeit, Energie und Geld investiert hatte, endete jedoch mit der Enttarnung des Spions, noch bevor dieser sein eigentliches Ziel erreichen konnte. Tscherkasow wurde von den Niederländern zurück nach Brasilien geschickt, wo ihn ein Gericht wegen der Verwendung von gefälschten Dokumenten zu fünfzehn Jahren Haft verurteilte. Seit dem Sommer 2022 bemühen sich allerdings die russischen Behörden um seine Auslieferung, da der Verurteilte angeblich seit 2013 in Russland wegen Heroinschmuggels gesucht wird.[444]

Für die GRU dürfte sich seine Verhaftung als schwerer Schlag erwiesen haben, verfügen doch der militärische Nachrichtendienst und der SWR ob der aufwendigen Ausbildung und Legalisierung zusammen über kaum mehr als 70 »illegale« Agenten. Die Zahl der »legalen« – also mit diplomatischer Tarnung ausgestatteten – Spione dürfte bei der GRU rund 1000 betragen, während der SWR auf rund 3000 derart eingesetzte Nachrichtendienstoffiziere zurückgreifen kann. Diesen gelingt es immer wieder, Quellen für die Beschaffung von nachrichtendienstlich verwertbaren Informationen anzuwerben. Als Luftwaffenattaché an der Russischen Botschaft in Berlin suchte Oberst Michail J. Starow Kontakt zu einem ehemaligen Oberstleutnant der Reserve der Bundeswehr. In der Folge lieferte der dem GRU-Offizier seit 2014 Interna zum Reservistenwesen der deutschen Streitkräfte sowie interne Unterlagen und machte als »Tipper« auf Bundeswehroffiziere aufmerksam, bei denen sich eventuell eine Anbahnung lohnen könnte. 2018 wurde der Militärische Abschirmdienst auf den Agenten aufmerksam und ließ ihn schließlich 2020 verhaften. Im Herbst 2022 wurde der ehemalige Reserveoffizier, der für seine Informationen keinen Agentenlohn erhalten hatte, zu einer knapp zweijährigen Haftstrafe auf Bewährung verurteilt. Selbst wenn der Spion im dichten Agentennetz der GRU nur ein kleiner Fisch gewesen sein mag, so wird doch deutlich, mit welchem Aufwand der russische Militärgeheimdienst seinen nachrichtendienstlichen Aufgaben nachgeht.[445]

Der Angriff gegen die Ukraine zeigte jedoch rasch die Grenzen der GRU auf. Zunächst gelang es nicht, das mit zahlreichen finanziellen Mitteln aufgebaute Agentennetz des Militärgeheimdienstes in der Ukraine zu aktivieren, um die Invasionstruppen merklich zu unterstützen.

Im Gegenteil, nahezu überall stießen die russischen Truppen auf den erbitterten Widerstand der ukrainischen Verteidiger. Weder gelang dem militärischen Nachrichtendienst eine spürbare Zersetzung der ukrainischen Streitkräfte – die Zahl von Überläufern blieb erstaunlich gering – noch konnte die GRU der Öffentlichkeit eine politische Alternative zum rechtmäßigen Präsidenten der Ukraine, Wolodymyr Selenskyj, präsentieren. Die gefürchteten Cyberhacker des militärischen Nachrichtendienstes vermochten es zudem nicht, kritische Elemente der Infrastruktur des ukrainischen Staates und seiner Armee langfristig lahmzulegen.

Doch auch auf den Gebieten ihrer militärischen Kernkompetenzen musste die GRU empfindliche Niederlagen hinnehmen. Zu Beginn des russischen Angriffes schlugen nicht wenige Attacken der GRU-Sondertruppen zur Einnahme von wichtigen strategischen Objekten fehl. Danach fanden die Elitekrieger, deren umfangreiche Ausbildung genauso zeit- wie kostenintensiv ist, in zahlreichen Fällen als gewöhnliche Sturminfanterie Verwendung, was zu hohen blutigen Verlusten führte. Derartig an der unmittelbaren Frontlinie gebunden, stehen die Aufklärungsspezialisten nicht für die Aufgaben zur Verfügung, für die sie eigentlich gedacht und ausgebildet sind: das Ausfindigmachen von Zielen mit hoher Priorität im Hinterland des Gegners. Diese Mission wäre umso wichtiger, als es die russischen Luftstreitkräfte nicht vermögen, die Luftverteidigung der Ukrainer niederzuringen und die Luftherrschaft an sich zu reißen. Damit scheitern aber lange Zeit nicht nur fliegende Einsätze zur direkten Unterstützung der Bodentruppen, sondern auch die zur Luftaufklärung, was die russischen Truppen weitgehend blind für das machte, was nicht unmittelbar mit den Kampfhandlungen an der Frontlinie verbunden ist. Gelang es dennoch, strategisch wichtige Aufklärungsinformationen zu beschaffen, so vergingen – bedingt durch das zentralisierte Führungssystem der russischen Streitkräfte – nicht selten 48 bis 72 Stunden, bis diese Ziele endlich angegriffen werden konnten. Nicht wenige von ihnen hatte man zu diesem Zeitpunkt bereits wieder an einen anderen Ort verlegt. Dieses Faktum ist wohl auch einer der Gründe dafür, dass rund sechzig Prozent der von russischer Seite eingesetzten Marschflugkörper ihre eigentlichen Ziele verfehlten. Erst mit Ende des zweiten Kriegsjahres scheint es der GRU zu gelingen, zumindest in Einzelfällen operative Ziele - wie beispielsweise die Zerstörung von zwei Startsystemen für Flak-Raketen des Typs »Patriot« im März 2024 zeigte - entsprechend rasch aufzuspüren und zu vernichten.

Hinsichtlich der Diversionseinsätze gelangen nicht der GRU, sondern ihrem Gegenüber – der ukrainischen Militäraufklärung – spektakuläre Erfolge. Die Agenten der HUR – so die Abkürzung der Hauptverwaltung Aufklärung des Verteidigungsministeriums der Ukraine – beschädigten im Herbst 2022 nicht nur erheblich die strategisch wichtige und gut geschützte Krimbrücke, sie koordinierten im Dezember 2022 auch mehrere Drohnenangriffe auf zwei Basen der strategischen Bomberflotte der russischen Streitkräfte in Engels bei Saratow und Djagiljewo bei Rjasan, die mehr als 600 Kilometer von ukrainisch kontrollierten Gebiet entfernt liegen. Bei den Attacken wurden immerhin mindestens zwei strategische Bomber beschädigt.[446] Bereits Ende Oktober 2022 hatte zudem ein Spezialeinsatzkommando des ukrainischen Militärgeheimdienstes auf der Hubschrauberbasis Ostrow bei Pskow, die gleichfalls 500 Kilometer von der Grenze zur Ukraine entfernt liegt, zwei Kampfhubschrauber des Typs Ka-52 zerstört und zwei weitere schwer beschädigt.[447] Die GRU-Bilanz auf diesem Feld scheint hingegen bislang eher dürftig. Zwar konnten bisweilen durch Speznas-Einsätze ukrainische Diversionsgruppen ausgehoben werden, doch weder gelang die Ausschaltung von Objekten der kritischen Infrastruktur, beispielsweise auf dem Gebiet des Transportwesens, noch konnten operativ-taktisch wichtige Waffen der Ukrainer, wie die zielgenauen Raketenwerfer vom Typ HIMARS, in größerer Zahl durch Angriffe von Kommandokräften außer Gefecht gesetzt werden.

Als Teil der Streitkräfte ist die GRU bis heute für alle Ebenen der militärischen Aufklärung, von der taktischen bis zur strategischen, zuständig. Zudem befehligt der Geheimdienst zahlreiche Speznas-Brigaden, die Aufklärungs-, Diversions- und Sabotagemissionen auf dem Schlachtfeld durchführen und darüber hinaus lokale Stellvertreter- oder Söldnereinheiten ausbilden und beaufsichtigen. Ferner führt der militärische Geheimdienst traditionelle nachrichtendienstliche Aufgaben mittels Rekrutierung von Agenten, der Sammlung funktechnischer Signale und unter Einsatz weiterer Fernaufklärungsmittel aus. Neben ihren traditionellen nachrichtendienstlichen Aufgaben ist die GRU zudem in umfangreiche Cyber-, Desinformations- und Propagandaaktivitäten sowie in Mordanschläge verwickelt. Diese Operationen sind von Aggressivität, Rücksichtslosigkeit und Risikobereitschaft geprägt und führen neben öffentlicher Aufmerksamkeit nicht selten zur Enttarnung der eingesetzten GRU-Offiziere.[448]

Gleichwohl ist Putin weiter auf seinen militärischen Nachrichtendienst angewiesen, verfügt doch nur er innerhalb des russischen Geheimdienstsystems über die gesamte Palette an nachrichtendienstlichen Fähigkeiten. Die GRU kann sowohl auf Agenten und Spione (HUMINT) zurückgreifen als auch auf die Aufklärungsdaten von Satelliten, Drohnen und Flugzeugen (GEOINT), die technische Erfassung und wissenschaftliche Auswertung der Signaturen von Waffentests (MASINT), die Sammlung und Analyse von elektronischen Signalen zur nachrichtendienstlichen Auswertung (SIGINT), die sich in die Bereiche Fernmeldeaufklärung (COMINT), also das Abhören von Funksprüchen, Telefonaten, E-Mails, Messenger usw., und in die elektronische Aufklärung (ELINT) von Radarwellen gliedert. Hinzu kommen die Auswertung von offenen Quellen (OSINT) sowie die Technikspionage (TECHINT) in den Bereichen Bewaffnung und Ausrüstung. Eine immer wichtigere Rolle spielt weiterhin die CYBINT, die nachrichtendienstliche Informationen aus dem Cyberspace gewinnt. Zudem verfügt die GRU mit ihren Speznas-Brigaden über hochgerüstete und umfassend ausgebildete Spezialkräfte, die gleichfalls für die Erfüllung geheimdienstlicher Aufgaben bereitstehen. Es ist zu erwarten, dass auch im weiteren 21. Jahrhundert der russische

Militärgeheimdienst eine gefährliche Waffe der politischen und militärischen Spitzen Russlands bleibt, die immer dann zum Einsatz kommen wird, wenn die Führung ihre außenpolitischen Interessen mit Gewalt und klandestinen Instrumenten durchsetzen will.

II.

Die Arbeitsgebiete des Dienstes

7. HUMINT – von Agenten und Residenten

Die Geschichte ist zu Spionen nicht gerecht. Im Gedächtnis der Generationen bleiben nur zu oft die Namen der Agenten, die wenig oder kaum talentiert waren oder die spektakulär aufflogen. Ihre Biografien werden von Journalisten und Historikern immer wieder neu erzählt. Nahezu jeder kennt das Schicksal der mittelmäßigen Tänzerin Mata Hari, die als »Dilletantenspionin« 1917 in Frankreich erschossen wurde. Richard Sorge, seit 1929 Agent der sowjetischen Militäraufklärung, warnte Stalin seit dem Frühjahr 1941 eindringlich vor dem deutschen Angriff auf die Sowjetunion. Der Diktator schlug die Warnungen des deutschen Journalisten jedoch in den Wind und betitelte ihn als »Arschloch« und »Desinformanten«. Gezeichnet von inneren Kämpfen sprach Sorge immer häufiger dem Alkohol zu, sich selbst sah er »als verschlissenen Raubritter«. Als Stalin dem Agenten endlich wieder vertraute – Sorge hatte die Sowjetunion informiert, dass Japan im Osten nicht angreifen werde – war es bereits zu spät. Am 18. Oktober 1941 verhaftete ihn die japanische Spionageabwehr, am 7. November 1944 wurde er in Tokio hingerichtet. GRU-Oberst und Doppelagent Pen'kowskij erhielt den Titel des »Spions, der die Welt rettete«, obwohl er bereits lange vor der Kuba-Krise vom KGB überwacht wurde. Ein sowjetisches Militärgericht verurteilte ihn 1963 zum Tode. »Kanzleramtsspion« Günter Guillaume, vom Ministerium für Staatssicherheit der DDR zum Topspion stilisiert, lieferte neben Berichten über Partei- und Gewerkschaftsinterna der SPD vor allem Tratsch und Klatsch um Bundeskanzler Willy Brandt nach Ostberlin. Keine einzige seiner Meldungen erhielt von der Hauptverwaltung Aufklärung die Bestnote »sehr wertvoll«, allerdings führte seine Verhaftung 1974 zum Sturz eines deutschen Bundeskanzlers.[1]

Die wirklich erfolgreichen Spione bleiben uns zumeist für immer verborgen. Bis heute kennen wir zum Beispiel nicht den Namen des GRU-Agenten, der den sowjetischen Militärnachrichtendienst im Zweiten Weltkrieg mit Interna über das deutsche Atomwaffenprogramm versorgte. Alles, was wir über den Spion wissen, ist, dass er vom Geheimdienst der Roten Armee als »zuverlässige Quelle« charakterisiert wurde.[2] Wir dürfen jedoch mit einiger Sicherheit annehmen, dass es sich bei dem Agenten um keinen Kommunisten oder Widerstandskämpfer handelte, sondern wohl eher um einen NS-Funktionsträger, der durch den Handel seine eigene Haut rettete.

Schließlich gibt es noch die Gruppe von Spionen, die zwar verhaftet werden, sich aber weiteren Untersuchungen durch den Freitod entziehen, selbst wenn dieser, wie beispielsweise im Fall des Oberst Redl, nicht immer aus wirklich freien Stücken erfolgte. Der »freiwillige« Tod kommt dabei zumeist allen gelegen. Die eigene Spionageabwehr muss nicht zu sehr nach Fehlern suchen. Der Nachrichtendienst, der den Agenten anwarb, kann hingegen einen untadligen Helden präsentieren, der alle dunklen Geheimnisse mit ins Grab nimmt. Erst nach Jahren, wenn nicht nach Jahrzehnten, kommen dann die wirklichen Umstände der Spionageaffäre ans Licht.

Um genau einen solchen Fall soll es hier gehen. Er steht beispielhaft dafür, wie die GRU Agenten anwirbt, führt und sich ihrer wieder entledigt, wenn sie ihren Wert für die Militärspionage verloren haben.

Die Anwerbung der Quelle »Murat«

Am 8. August 1969 stürzte der pensionierte Oberst Charles de Jurquet de La Salle d'Anfreville unter mysteriösen Umständen aus einem Fenster seiner Wohnung im 10. Stock eines Hauses im Pariser Vorort Ivry. Zur selben Zeit durchsuchten Agenten des französischen Inlandsgeheimdienstes DST gerade die Räumlichkeiten des Offiziers. Die Spionageabwehr hatte den Oberst zwei Tage zuvor wegen des Verdachts der Agententätigkeit für Rumänien festgenommen, jetzt wollten die Mitarbeiter der Gegenspionage im Beisein von de La Salle Beweise finden. In einem unbeobachteten Moment – angeblich wollte er sich in der Küche ein Glas Wasser holen – soll es dem Verdächtigen dann gelungen sein, in den Tod zu springen.[3] Den hochdekorierten französischen Luftwaffenoffizier und Kommandanten der Ehrenlegion hatte, so vermutete der DST, seine Freundin 1965 für den Agenten der rumänischen Auslandsaufklärung Ion Iacobescu angeworben. Diesem übergab er, neben anderen Dokumenten, Material zu französischen Militärflugzeugen. Als Iacobescu 1969 nach Bukarest zurückbeordert wurde, lief er zu den Briten über, denen er u. a. die Zusammenarbeit mit de La Salle verriet. Der wurde daraufhin verhaftet und gab bei einem ersten Verhör die Spionage für Rumänien zu. Auf der Fahrt in seine Wohnung, aus der er eine Akte holen wollte, fragte ihn einer der begleitenden Geheimdienstmitarbeiter nach einer möglichen Verbindung in die Sowjetunion. In der Wohnung sprang de La Salle dann aus dem Fenster und landete angeblich genau auf dem Wagen des DST. Da sein Tod von den Behörden als Selbstmord eingestuft wurde, stellte die Spionageabwehr ihre Ermittlungen ein. In der Öffentlichkeit verbreitete man die Information, dass der Offizier bei einem tragischen Unfall ums Leben gekommen sei.[4]

Der französische Militärpilot und spätere Verbindungsoffizier im NATO-Hauptquartier Charles de Jurquet de La Salle d'Anfreville spionierte zwischen 1958 und 1965 unter dem Decknamen »Murat« für die GRU

Später begannen westliche Geheimdiensthistoriker eine Verbindung zwischen den Rumänen und der GRU herzustellen. Angeblich hätte der rumänische Geheimdienst die sowjetischen Agenten Wladimir Archipow und Wiktor Ljubimow mit der Quelle »Murat« – so der Deckname von de La Salle – zusammengebracht, und der habe dann dem sowjetischen Militärnachrichtendienst geheimes NATO-Material übergeben.[5] An dieser Information stimmen jedoch lediglich der Deckname »Murat« und der seines dritten Führungsoffiziers Ljubimow. Dass der französische Oberst de La Salle bereits seit 1958 für den sowjetischen Militärgeheimdienst spionierte und bis 1965 – dem Jahr seiner Abschaltung durch die GRU – mehr als 20.000 Blatt Geheimdokumente nach Moskau lieferte, die auch auf dem Tisch von Parteichef Chruschtschow landeten, ist bis heute im Westen weitgehend unbekannt. Der Sowjetunionhistoriker und Geheimdienstexperte Jonathan Haslam beispielsweise widmete in seinem knapp 400-seitigen Werk zur Geschichte der sowjetischen Nachrichtendienste Oberst de la Salle ganze sieben Zeilen.[6]

Wer war der Agent »Murat« und wie gelang es der GRU, den französischen Offizier für eine Zusammenarbeit zu gewinnen? Auskunft zu diesen Fragen können uns mittlerweile einige Dokumente des sowjetischen Militärnachrichtendienstes geben, die der russische Geheimdienstexperte Michail E. Boltunow in den Jahren 2003 und 2013 veröffentlichte.

Anfang 1958 lernte der sowjetische Militärattaché und GRU-Resident in Paris, Generalmajor Aleksej I. Lebedew, bei einem Empfang im Hause des in Frankreich lebenden belgischen Drehbuchautors Charles Spaak den französischen Oberstleutnant Charles de Jurquet de La Salle d'Anfreville kennen. Bei ihrem Gespräch stellten die beiden fest, dass sie viel gemeinsam hatten. Sowohl Lebedew als auch de La Salle hatten während des Krieges als Kampfflieger gedient. Der 1920 auf dem Gehöft Kulitschi im Gouvernement Kostroma geborene künftige sowjetische General nahm nach dem Schulabschluss 1937 eine Ausbildung am Technikum des Autowerks in Gorki auf.

Gleichzeitig trat der technisch interessierte Junge in einen nahe gelegenen Fliegerklub ein. 1940 erhielt er neben seinem Diplom auch seinen Pilotenschein. Im gleichen Jahr wurde Lebedew zur Roten Armee einberufen und zur weiteren Ausbildung an die Militärflugschule in Engels an der Wolga geschickt. Hier machte der Leutnant im Juli 1941 seinen Abschluss als Fluglehrer. Bis zum Herbst 1942 bildete er an der 15. Flugschule Piloten der Roten Armee aus, dann erfolgte seine Versetzung an die Front. Hier wurde er beim 784. Schlachtfliegerregiment Flugzeugführer eines »fliegenden Panzers« vom Typ Il-2 und Kommandeur einer Fliegerkette. Bereits im Februar 1943 erhielt der junge Offizier seinen ersten Orden, er hatte während eines Luftkampfs eine deutsche Maschine abgeschossen. Im Herbst 1943 verlieh ihm die Führung des Regiments seinen 1. Rotbannerorden. Im Dezember 1943 folgten dann der 2. Rotbannerorden und der Orden des Vaterländischen Krieges I. Klasse sowie die Beförderung zum Staffelführer. Der Aleksandr-Newski-Orden wurde dem jungen Piloten im Sommer 1944 überreicht. Am 25. Januar 1945 schlug der Kommandeur der 71. Garde-Schlachtfliegerdivision den inzwischen zum Gardehauptmann ernannten Offizier für den Titel eines Helden der Sowjetunion vor. Zu diesem Zeitpunkt hatte Lebedew bereits 82 Kampfeinsätze hinter sich, in denen er u. a. vier feindliche Maschinen in der Luft abschoss und zwei weitere am Boden vernichtete. Im Zuge seines Erdeinsatzes hatte er zudem 13 Geschütze, 48 Lkw, 31 Pferdegespanne, zwölf Flakgeschütze, vier Munitionslager, sechs MG-Stellungen, zwei Panzer und drei Schützenpanzer sowie zahlreiches weiteres Kriegsgerät zerstört. Am 17. März 1945 unterzeichnete der Oberkommandierende der 1. Belorussischen Front, Marschall Shukow, den Antrag und der junge Flieger wurde mit dem höchsten Orden der Sowjetunion ausgezeichnet.[7] Kurz vor Kriegsende begann er einen Lehrgang an der Militärakademie der Luftstreitkräfte, den er 1949 abschloss. Danach erfolgte seine Ernennung zum Kommandeur eines Fliegerregimentes im Fernen Osten. 1951 wählte ihn dann die GRU für ein Studium an der Militärdiplomatischen Akademie aus, wo er auf seine zukünftige

Tätigkeit als Militärattaché vorbereitet wurde. Bereits sein erster Einsatz führte ihn ab 1955 auf den Posten des GRU-Residenten in Frankreich, wo er beispielsweise 1957 den bei Fiat-France beschäftigten Redakteur Giovanni Ferrero (Deckname »Jean«) anwarb.[8]

Der französische Offizier, der ihm gegenüberstand, stammte aus Soulac-sur-Mer im Departement Gironde, wo er 1914 in eine Adelsfamilie hineingeboren wurde. Er besuchte die Militärschule Saint-Cyr, die er 1938 abschloss. Danach zunächst als Unterleutnant in einem Infanterieregiment eingesetzt, wechselte der junge Offizier 1939 zur Luftwaffe, wo er eine Ausbildung zum Jagdflieger absolvierte, die er im Herbst 1940 beendete. 1942 nach der vollständigen Besetzung Frankreichs durch deutsche Truppen demobilisiert, schloss er sich im Mai 1943 in der Region Toulouse dem französischen Widerstand gegen die Besatzer an. Für diesen beschaffte de La Salle vor allem Informationen über Flugplätze und Einheiten der deutschen Luftwaffe, wodurch er alsbald in das Visier der Besatzungsbehörden geriet. Im Herbst 1943 verließ der Pilot deshalb Frankreich, um sich dem Jagdfliegerregiment »Normandie-Neman« anzuschließen, in dem seit Ende 1942 französische Kampfflieger aufseiten der Roten Armee kämpften. Über Spanien – wo er kurzzeitig interniert war – und Casablanca erreichte er im Frühjahr 1944 die Sowjetunion und nahm Anfang Mai in Tula seinen Dienst in der 2. Staffel des Truppenteils auf. Rasch erfolgten die Beförderung zum Hauptmann und zum Kapitän der 3. Staffel »Cherbourg«. Bei insgesamt 110 Kampfeinsätzen errang er zwei Einzelluftsiege, zwei Gruppenluftsiege sowie einen wahrscheinlichen Abschuss. Hierfür zeichnete ihn die Sowjetunion mit dem Orden des Vaterländischen Krieges I. Klasse und der Medaille des Sieges über Deutschland aus.[9] Im Sommer 1945 kehrte de La Salle nach Frankreich zurück, zwischen 1947 und 1949 nahm er dann als Pilot des 3. Jagdgeschwaders am Indochinakrieg teil. Nach entsprechenden Lehrgängen diente er als Fluglehrer, Mitte 1954 übernahm der Offizier dann die Führung des Operationszentrums der Luftstreitkräfte in Romilly-sur-Seine. Nach einem kurzen Einsatz in Ägypten kommandierte er ab

Herbst 1955 die in Tunesien beheimatet Luftwaffenbasis 157. Wenig später ernannte man den inzwischen zum Oberstleutnant beförderten Piloten zum Chef der Territorialluftverteidigung des Raums Versailles. Nach einem Zwischenspiel bei einer NATO-Behörde in Metz erhielt de La Salle schließlich 1957 ein Kommando als Verbindungsoffizier beim Stab der 4. Taktischen Luftflotte der NATO auf dem Luftwaffenstützpunkt in Ramstein.[10]

Während des Gesprächs freundeten sich die beiden Weltkriegspiloten, die in der Sowjetunion gegen den Nationalsozialismus gekämpft hatten, an und tauschten ihre Kriegserinnerungen aus. Der GRU-Resident erkannte rasch die Möglichkeiten, die sich durch den Kontakt mit dem französischen Fliegeroffizier ergaben, zumal sich de La Salle während der folgenden Treffen als Patriot darstellte, der vor allem den Amerikanern wenig Respekt entgegenbrachte und deren Politik gegenüber der Sowjetunion er als aggressiv charakterisierte. Gleichwohl waren Lebedew die wirklichen Motive des Franzosen nicht klar und er vermutete vor allem finanzielle Gründe für die Kontakte des Oberstleutnants zum sowjetischen General: »Er setzt zunächst nur auf seinen Nationalismus. Dann aber werden geschäftliche Erwägungen und materielle Interessen in ihm erwachen […]«.[11] Bei den weiteren Begegnungen gab der Franzose – der wissen musste, das Lebedew als Militärattaché zur GRU gehörte – nur mündliche Informationen über die Luftstreitkräfte der USA in Europa wieder.

»Murats« Beginn der Lieferungen

Vorerst sprach nichts dafür, dass La Salle mehr als ein Kontakt war, der bei Gelegenheit abgeschöpft werden konnte. Nach sechs Monaten übergab der Offizier allerdings eine Kopie des streng geheimen Befehls für die NATO-Übung »Full Play«. Hier hatten Stabsoffiziere des westlichen Militärbündnisses geübt, den sogenannten »Atomic Strike Plan« des NATO-Oberbefehlshabers in Europa (SACEUR) zur Ausführung zur bringen. Der »Atomic Strike Plan« regelte die Zielplanung und die

Durchführung des Einsatzes von Kernwaffen der NATO gegen einen Angriff des Warschauer Paktes.[12] Die GRU-Führung zeigte sich von dem Dokument elektrisiert, die Geheimdienstoffiziere in der Moskauer Zentrale sahen jedoch vorerst nur geringe Chancen, den Franzosen tatsächlich als Agenten anzuwerben: »Die Quelle *Murat*[13] verfügt über ausgezeichnete Zugangsmöglichkeiten zur Gewinnung von geheimen Informationen. Zur Aufnahme in das Agentennetz ist er allerdings noch nicht ausgebildet. Die Beziehung zu ihm und die Verbindungen mit der Quelle sind noch nicht gefestigt und haben noch keinen stabilen Charakter. Bislang sind weder uns noch seinem operativen Führungsoffizier das Motiv seiner Zusammenarbeit klar.«[14]

Dann legte de La Salle binnen kurzer Zeit drei weitere streng geheime NATO-Dokumente auf den Schreibtisch des GRU-Residenten in Paris. Darunter auch der »Joint Atomic Plan 81/58« des NATO-Oberbefehlshabers in Europa, der eine umfassende Aufstellung von Nuklearwaffenzielen in der Sowjetunion enthielt.[15] Damit stand einer endgültigen Anwerbung nichts mehr im Wege. Der Agent gab dabei vor, mit der Übergabe der Unterlagen einen Krieg zwischen dem Westen und der Sowjetunion verhindern zu wollen. Im Herbst 1958 beschrieb Lebedew den neu gewonnenen Agenten und dessen Motive für eine Zusammenarbeit wie folgt: »*Murat* stammt aus einer reichen Adelsfamilie. Er ist stolz auf seinen Adelstitel. Alle in der Familie verehren die Mutter. Bei ihr handelte es sich um eine hochgebildete Frau, die hervorragende Kenntnisse in Geschichte, vor allem der russischen, hatte. Ihre besondere Wertschätzung galt Russland. Sie liebte die klassische russische Literatur sowie Musik und gab diese Liebe an ihren Sohn weiter. Dieser begann den Krieg als Zivilpilot. Evakuiert. Schulte auf Kampfflugzeuge um. Nahm an Kampfeinsätzen teil. Mit seinem jetzigen Dienst ist er nicht zufrieden. Im Team fällt er durch seine unabhängige Meinung, sein direktes und scharfes Urteil auf, was der Führung nicht gefällt. Er hat sich bewusst für eine Zusammenarbeit mit uns entschieden, da er glaubt, dass die NATO potenziell aggressiv sei und die Welt in einen neuen Krieg stürzen könnte. Zu dieser Überzeugung gelangte er bei der Lektüre von Führungsdokumenten der NATO, obgleich seine reaktionäre Verwandtschaft großen Einfluss auf ihn hat. Er hat Zugang zu Informationen der Geheimhaltungsstufen: *Cosmic. Top secret* und *NATO. Secret*. Von kommunistischen Ideen ist er weit entfernt, glaubt aber aufrichtig an die friedlichen Ziele unserer Politik. Vom Charakter her aufbrausend, direkt, prägnant in der Sprache und geistreich. Mutig und entschlossen. Krankhaftes Selbstwertgefühl. Vom Aussehen her, männlich sympathisch, schlank, hat bei Frauen Erfolg. Lebedew, Paris«[16]

Der Militärattaché hatte also bei seinen Gesprächen mit de La Salle gezielt dessen Ressentiments gegen die Amerikaner verstärkt, auf die gemeinsame »Kampfzeit« gegen Deutschland verwiesen und dessen Faible für die russische Kultur gefördert. Er machte dem französischen Offizier glauben, dass dieser durch den Geheimnisverrat dem »Weltfrieden« diene und als Patriot damit den Interessen Frankreichs nütze. Nach weiteren Materialübergaben stellte sich sogar heraus, dass de La Salle vorerst nicht aus finanziellen Gründen für den sowjetischen Militärnachrichtendienst arbeitete. Mehrmals wies er die von Lebedew in bar mitgeführten 6000 Dollar Agentenlohn zurück und verlangte lediglich einen Ausgleich seiner Reisekosten: »Agent *Murat* wird uns mit dem Material helfen, zu dem er Zugang besitzt. Er selber sieht seine Hilfe und bittet uns, dies ebenfalls so zu tun, als Sympathie gegenüber unserem Staat. Ich erkenne, dass ihn das Gespräch über Geld in Verlegenheit bringt und er sich dabei ausgesprochen unwohl fühlt. Es gibt vorerst keine Notwendigkeit, erneut zur finanziellen Frage zurückzukehren.«[17]

Stattdessen stimmte der GRU-Agent sogar zu, eine Minox-Kamera einzusetzen, um die Geheimdokumente abzufotografieren, mit denen er bei seiner Tätigkeit als NATO-Verbindungsoffizier in Ramstein zu tun hatte. Dabei kam es jedoch gleich bei seinem ersten Versuch zu einem Zwischenfall. Nachdem »Murat« Lebedew bei einem Treffen mehrere Filmkassetten mit angeblichen Bildern von wichtigen NATO-Unterlagen übergeben hatte, musste Moskau enttäuscht feststellen, dass sich in den Kassetten überhaupt keine Filme befanden. Wie sich später herausstellte, vergaß die Pariser Residentur vor der Übergabe der Kameraausrüstung, zu prüfen, ob sich diese überhaupt in den Minox-Kassetten befanden. Die GRU-Führung wertete den Zwischenfall als schweres Vorkommnis und verwarnte ihren Residenten in Frankreich, dass sich Derartiges nicht wiederholen dürfe. Der zweite Versuch mit dem Einsatz der Minox schlug jedoch auch fehl. Diesmal befanden sich zwar Filme in den Kassetten, doch hatte der Agent den Abstand zwischen Kameralinse und den abzufotografierenden Blättern nicht richtig gewählt, sodass sich die Aufnahmen als gänzlich unbrauchbar erwiesen.[18]

Der erste große Coup - der »Atomic Strike Plan« Nr. 110/59

Im Juni 1960 landete »Murat« dann seinen ersten wirklich großen Coup. Er übergab der GRU eine Kopie des »Atomic Strike Plans« des SACEUR Nr. 110/59 vom 16. November 1959. Der bestand aus drei sogenannten Programmen. Das Programm Scheduled richtete sich »gegen die feindlichen atomaren Trägermittel im Verantwortungsbereich von SACEUR«. Das Anti-Radar-Programm bestand »aus automatischen Angriffen gegen bestimmte Radar- und Kontrollzentren«. Das Interdiction-Programm wiederum umfasste »Ziele, deren Zerstörung wahrscheinlich einen großen Einfluss auf die Bewegungen der feindlichen Streitkräfte haben würde«. Hierfür standen dem NATO-Oberbefehlshaber in Europa 1959 insgesamt 2550 Kernwaffen zur Verfügung. Der überwiegende Teil der Ziele befand sich auf sowjetischem Territorium, 44 anzugreifende Objekte lagen jedoch auch in der DDR. Zu den Zielen in der Sowjetunion gehörten beispielsweise ein Kommandopunkt der Luftverteidigung, rund hundert Kilometer südwestlich von Kiew. Die Angriffsroute führte über Wien, dann sollte der für die Bekämpfung des Ziels vorgesehene Bomber auf eine Höhe von unter fünfzig Fuß sinken, um sein Ziel im Tiefstflug anzugreifen. Ein wichtiger sowjetischer Bunker bei Lwiw sollte sogar durch den Einsatz einer Atombombe mit einer Sprengkraft von 1,1 Megatonnen TNT ausgeschaltet werden.[19]

Dem sowjetischen Militärgeheimdienst war die Wichtigkeit des Dokuments sofort bewusst. Die Filme wurden in Paris einem Aeroflot-Piloten übergeben, der als Kurier fungierte. Der GRU-Offizier, der damals die Sendung in Empfang nahm, erinnerte sich noch nach fünfzig Jahren an deren Bedeutung: »Ich fuhr persönlich zum Flughafen und nahm von dem Piloten selbst das Paket mit den Filmen entgegen, das diesem in Paris übergeben worden war. Die Filme wurden entwickelt, zusammen mit den Analysten ausgewertet und wir schrieben einen kurzen Bericht. Über die Dokumente wurde sofort GRU-Chef Serow vorgetragen. Der nahm den Bericht und rannte zum Verteidigungsminister. Als er zurückkehrte, gab er Befehl, eine ausführliche Analyse anzufertigen. Allen war klar, der Minister wird nun dem Präsidium des Zentralkomitees der Kommunistischen Partei der Sowjetunion vortragen. Die GRU-Auswerter arbeiteten Tag und Nacht und fertigten den gewünschten Bericht an. Nikita Chruschtschow war von der Treulosigkeit seiner ehemaligen Verbündeten schockiert.«[20] Auch die russischen Geheimdienstexperten Michail Boltunow und Aleksandr Kolpakidi bewerten die von »Murat« im Sommer 1960 übergebenen Unterlagen als außerordentlich. Die GRU hätte 1941 selbst Stalin keine Originaldokumente über die deutschen Planungen für einen Angriff auf die Sowjetunion vorlegen können. Jetzt lagen auf dem Schreibtisch von Kremlchef Chruschtschow Listen mit Tausenden Zielen in der Sowjetunion, bei denen aufgeführt war, mit welchen Kernwaffen und mit welcher Sprengkraft diese vernichtet werden sollten. Beim »Atomic Strike Plan« des SACEUR Nr. 110/59 handelte es sich, wenn man so will, um eine Variante des »Barbarossa-Plans« aus dem Atomzeitalter, der Chruschtschow zeigte, wie verwundbar die Sowjetunion damals war. Die genaue Kenntnis der amerikanischen Planungen ließ ihn im weiteren Verlauf der Berlin- und Kuba-Krise deutlich weniger aggressiv werden. In den entscheidenden Momenten beider Krisen lenkte der sowjetische Parteichef immer wieder ein, um eine bewaffnete Auseinandersetzung mit den USA und deren westlichen Verbündeten zu vermeiden.[21]

Ende November 1960 schrieb GRU-Chef Serow an den 1. Stellvertretenden Verteidigungsminister der Sowjetunion und unterbreitete diesem einen Vorschlag des Agenten »Murat«, mit dem dieser die Wachsamkeit der Sowjetunion gegenüber der NATO erhöhen wollte, da er aufgrund seiner Beobachtungen glaubte, dass die Sowjetarmee die Amerikaner und ihre Verbündeten unterschätzen würde:

»Streng geheim
Exemplar Nr. 1

An den Marschall der Sowjetunion
Genossen A. A. Gretschko

Ich berichte:

Auf dem letzten Treffen mit unserem wertvollen Agenten wurden uns eine ganze Reihe von streng geheimen und geheimen Dokumenten zu Mobilmachungs- und operativ-taktischen Fragen der NATO übergeben. <u>Ihm stellten wir nun die Aufgabe, uns rechtzeitig über die Vorbereitung eines bewaffneten Angriffs der NATO-Streitkräfte auf die UdSSR zu informieren</u>. Die <u>Quelle</u> besitzt auf Grundlage ihrer Dienststellung <u>eine derartige Möglichkeit</u>.

Als mit dem Agenten Mittel und Wege erörtert wurden, wie wir über derartige Dinge rechtzeitig in Kenntnis gesetzt werden könnten, äußerte dieser einige Überlegungen, die unserer Meinung nach Beachtung verdienen:

1. Die diesjährigen Herbstmanöver der NATO zeigten, dass bei den westlichen Streitkräften bis zum jetzigen Zeitpunkt zahlreiche Unstimmigkeiten existieren und vor allem das Zusammenwirken schlecht organisiert ist. Zudem werden die existierenden Instruktionen und Vorschriften für die NATO-Streitkräfte in der Praxis nicht immer umgesetzt.
2. Die NATO-Truppen unternehmen viel, um die sowjetischen Streitkräfte an die zahlreichen Manöver zu gewöhnen, zudem erfolgen Flüge von NATO-Piloten entlang der Grenzen der Sowjetunion und der benachbarten Staaten. <u>Die Führung der NATO baut darauf, durch die zahlreichen Übungen die Wachsamkeit der sowjetischen Streitkräfte zu schwächen.</u>
3. Auf der Grundlage seiner Beobachtungen glaubt der Agent, dass sich die sowjetischen Streitkräfte durch die NATO-Truppen wesentlich weniger beunruhigt zeigen als früher.
4. Der Agent äußerte die Überlegung, dass es für eine Überprüfung der Gefechtsbereitschaft der NATO-Luftstreitkräfte wünschenswert wäre, Manöver der Fliegertruppen anzukündigen und durchzuführen, die in der DDR stationiert sind. Er sollte rechtzeitig über den Zeitpunkt und den Charakter der entsprechenden Übungen informiert werden, um die Reaktion der Luftstreitkräfte und Truppen der NATO nachzuverfolgen und ihre Handlungen zu bewerten.

Der Agent bat darum, diese Überlegungen unserer
militärischen Führung vorzutragen und ihm entsprechende Anweisungen zu geben.

Armeegeneral   I. Serow
28. November 1960
Nr. 83624«

Gretschko las das Schreiben des Chefs seines Nachrichtendienstes sorgfältig durch und notierte dann handschriftlich: »Im Blick behalten. GSSD vorwarnen. Was Manöver der Luftstreitkräfte der GSSD betrifft, mir vortragen. A. Gretschko. 1.12.60«[22] Offensichtlich verlief die Angelegenheit jedoch im Sande, da zu dem Vorgang bislang keine weiteren Unterlagen überliefert sind. Der Grund dafür dürfte wohl darin liegen, dass Oberst de La Salle am 7. März 1961 beim Start seines Flugzeuges in Ramstein in einen schweren Unfall verwickelt war, der seinen dienstlichen Ausfall bis zum Oktober 1961 bedingte.[23]

»Murats« neuer Führungsoffizier, die Pannen häufen sich

1961 verließ Lebedew seinen Posten des Militärattachés in Paris. Offenbar zeigte sich die Führung des Militärgeheimdienstes trotz der Lieferungen von »Murat« nicht besonders von den Leistungen ihres Residenten beeindruckt. Im Gegensatz zur üblichen Praxis wurde ihm ein Orden für seinen Auslandseinsatz verwehrt. Nach einem längeren Aufenthalt in der GRU-Zentrale erfolgte ab 1965 die Versetzung auf den Posten des sowjetischen Militärattachés in Vietnam. 1968 wechselte der General in der gleichen Funktion nach Algerien, danach wirkte Lebedew erneut in Frankreich, bevor ihn die sowjetische Militärführung 1975 zum Militärattaché in der DDR ernannte. 1978 nahm der General schließlich seinen Abschied aus den Streitkräften, er verstarb 1995 in Moskau.[24] Zu seinem Nachfolger in Paris ernannte die GRU-Führung Generalmajor Nikolaj I. Tscheredeew. Die Führung von »Murat« übernahm ab sofort Oberst Igor' A. Ananin, der getarnt als Mitarbeiter der Handelsvertretung, als Agentenführer in Paris eingesetzt war. Obgleich er während des Zweiten Weltkrieges in der Roten Armee als Flugzeugtechniker gedient hatte, stimmte die Chemie zwischen Agent und Verbindungsoffizier von Anfang an nicht. Die Zusammenarbeit zwischen »Murat« und »Astrow« – so der Deckname von Ananin – war zunehmend von Pannen geprägt. Zunächst wies de La Salle brüsk den Vorschlag zurück, die geheimen Treffen durch die Kommunikation über tote Briefkästen zu ersetzen. »Murat« bestand auf dem persönlichen Kontakt mit seinem Führungsoffizier. Im Februar 1962 kam es dann zu einem schweren Zwischenfall. Der Spion übergab bei einem Treffen Ananin neben zahlreichen Dokumenten auf Mikrofilm auch einige handgeschriebene Unterlagen. Der Agentenführer konnte das Material jedoch nicht dechiffrieren und bemerkte deshalb in seinem Begleitschreiben hierzu: »Die Informationen sehen aus wie eilig und unordentlich gemachte Notizen, ohne ausreichend genaue Bezeichnung, Angaben zum Charakter der Aufzeichnungen und Erläuterungen. Es sind Vermerke, die nur dem Autor verständlich sind. Offensichtlich tut *Murat* dies aus Sicherheitsgründen.«[25]

Damit lag Ananin jedoch vollkommen falsch. Nachdem die Analysten der GRU-Zentrale die Aufzeichnungen des Agenten hatten entziffern können, stellte sich heraus, dass »Murat« dem sowjetischen Militärgeheimdienst eine umfassende Aufstellung der Kernwaffen bei den NATO-Armeegruppen Nord (NORTHAG) und Mitte (CENTAG) übergeben hatte. Das Schriftstück enthielt jedoch nicht nur Angaben zur Zahl der einsatzbereiten Nuklearsprengköpfe – bei einer Herstellung der Einsatzbereitschaft von fünfzehn Minuten bzw. drei Stunden –, sondern führte auch auf, in welcher Tiefe die Atomschläge beider Heeresgruppen entlang der Linie Murmansk – Leningrad – Minsk – Orscha – Kiew geführt werden sollten. Ferner hatte de La Salle die konkreten Ziele angegeben, die im Rahmen von vier Prioritätslisten zu vernichten waren. Seine Notizen gaben auch Auskunft darüber, mit welcher Art von Kernwaffen und mit wie vielen Sprengköpfen diese Ziele im Ernstfall zerstört werden sollten.[26]

Die Moskauer GRU-Führung reagierte auf den Zwischenfall schwer verärgert und verlangte von der Residentur den möglichst baldigen Abzug des Verbindungsführers: »Wir halten das Verhalten von Astrow zu den schriftlichen Informationen des Agenten für nicht hinnehmbar. Er vermochte es nicht, die Angaben zu Nuklearschlägen richtig zu bewerten und verlangte von *Murat* keine mündliche Erläuterung beim nächsten Treffen. Dies weist auf ein formales Verhalten Astrows zur Arbeit hin. Falls sich Derartiges wiederholt, wird das Zentrum ihn austauschen.«[27]

Der »Atomic Strike Plan« Nr. 200/61

Allerdings konnte Ananin wenig später einen großen Erfolg verbuchen, als ihm de La Salle Mitte März 1962 den »Atomic Strike Plan« Nr. 200/61 des Obersten Hauptquartiers der Alliierten Streitkräfte in Europa übergab:

»Streng geheim
Exemplar Nr. 1 / Serie ›K‹

An Generalleutnant Gen. N.A. Korenewskij

Ich sende Ihnen das auf dem Agenturweg beschaffte Dokument SHAPE Atomic Strike Plan Nr. 200/61 vom 10.1.1962. Das Dokument hat die Geheimhaltungsstufe COSMIC. TOP SECRET. Ich bitte darum, die Bewertung bis zum 1. April 1962 mitzuteilen.

Anlage: Text, nur an Empfänger, 171 Fotokopien

Generalleutnant A. Konowalow
15. März 1962«[28]

Die Arbeitsgebiete des Dienstes

Deckblatt der GRU-Meldung vom 15.3.1962 zur Übermittlung des Atomic Strike Plan Nr. 200-61 des Oberkommandierenden der NATO in Europa vom 10.1.1962 durch den Agenten »Murat«

Damit erhielt die GRU erneut Zugriff auf eines der geheimsten Planungsdokumente der NATO, von dessen Inhalt selbst die engsten Verbündeten der USA »nur über sehr vage Kenntnisse« verfügten, denn über das, was in dem Schriftstück stand, wurden lediglich die NATO-Befehlshaber informiert.[29] Wie der NATO-Oberbefehlshaber in Europa, General Lauris Norstad, Ende 1959 gegenüber dem Bundesminister der Verteidigung Franz Josef Strauß betont hatte, trage er allein für die Atomplanung die militärische Verantwortung, »daher könne er den Atomplan (ASP) nicht an die nationalen Ministerien zur Kenntnis geben«. Eine von Strauß gewünschte Orientierung müsste deshalb allenfalls und ausschließlich »nur mündlich« erfolgen.[30] An dieser Stelle dürfte es deshalb kaum verwundern, dass die nunmehr fünfzig Jahre alten Atompläne des NATO-Oberbefehlshabers bis heute streng geheim sind.

Für Norstad hatte bei seinen nuklearen Planungen folgende Prämisse höchste Priorität: »Der Feind muss so rasch reduziert werden, dass er Europa nicht überrennen kann«. Folglich waren die Luftstreitkräfte der Sowjetarmee, ihre nuklearen Abschussbasen und Truppenansammlungen zu vernichten.[31] Diese Zielsetzung deckte sich mit den übrigen strategischen Nuklearplanungen der USA, in die auch der »Atomic Strike Plan« von SHAPE zum Teil integriert war. Der damals gültige sogenannte »Single Integrated Operational Plan« (SIOP-62) gegen die Sowjetunion sah vor, innerhalb von 72 Stunden durch den Einsatz von 3400 strategischen Kernwaffen 54 Prozent der Bevölkerung des größten Landes der Erde zu töten und 82 Prozent des dortigen Wohnraums zu vernichten. Ein solcher massiver Atomschlag hätte in der UdSSR mindestens 108 Millionen Menschenleben ausgelöscht.[32] Doch auch in Mitteleuropa wären die nuklearen Verwüstungen gewaltig gewesen. Bereits 1955 hatte der »Atomic Strike Plan« des NATO-Oberkommandierenden in Europa vorgesehen, auf dem Territorium Ostdeutschlands 46 Flugplätze mit Kernwaffen anzugreifen. Hinzu kamen 19 Eisenbahn-, 12 Straßenbrücken und 17 Eisenbahnknotenpunkte an der Elbe sowie weitere 13 Eisenbahn-, 11 Straßenbrücken und 7 Eisenbahnknotenpunkte an Oder und Neiße. Bei einem sowjetischen Überraschungsangriff auf die NATO sollten deren Kräfte 66 Ziele auf dem Territorium der DDR und teilweise sogar in den grenznahen Gebieten der Bundesrepublik mit Kernwaffen in einem Sprengkraftbereich von 2 bis 750 Kilotonnen TNT zerstören.[33]

Der entsprechende sowjetische Gegenschlag hätte in der Bundesrepublik zu verheerenden Verlusten und Zerstörungen geführt. Die Bundeswehr schätzte 1961, dass der Warschauer Pakt bei einem ersten strategischen Kernwaffenschlag innerhalb von dreißig Minuten insgesamt 1200 ortsfeste NATO-Ziele angreifen würde. Von diesen befanden sich 422 in der Bundesrepublik, hinzu kämen ungefähr 400 Kernwaffenangriffe auf bewegliche Objekte wie Truppenverbände und Atomwaffen. Das strukturelle Gefüge Westdeutschlands – so das Papier – löse sich in dieser Situation völlig auf, das zivile Leben erstarre oder münde in Panik und Flucht, jeder Verkehr wäre für zwei bis drei Wochen weitgehend lahmgelegt. Lediglich in inselförmigen Teilgebieten blieben Mindestfunktionen einer öffentlichen Ordnung erhalten. Der gewaltige Anfall von Toten, Verletzten und Strahlungskranken stelle das Sanitätswesen vor unlösbare Aufgaben. Die NATO-Streitkräfte selbst würden durch den ersten Atomschlag schwerste Verluste erleiden. 75 Prozent des in der Bundesrepublik stationierten Kernwaffenpotenzials wären sofort zerstört, ebenso 90 Prozent der Radarstellungen und der Flugplätze. Den Atomwaffen würden ferner 40 Prozent der Truppen zum Opfer fallen, die Verluste an Waffen, Technik und Gerät lägen bei bis zu 60 Prozent. Die NATO-Divisionen wären so nicht mehr zu einer aktiven Kampfführung fähig.[34]

Wie genau die Einsätze des »Atomic Strike Plan« ablaufen sollten, zeigte der GRU ein Operationsplan der 17. US-Luftflotte den »Murat« nur wenig später übergab. Zu dem Verband, der sein Hauptquartier in Ramstein hatte, gehörten damals 500 taktische Kampfflugzeuge sowie 150 Maschinen für Unterstützungsaufgaben, die von Flugplätzen in der Bundesrepublik, in den Niederlanden, Italien und Frankreich aus operierten:

»Streng geheim
Exemplar Nr. 1

An Generalleutnant Gen. N. A. Korenewskij

Ich sende Ihnen das auf dem Agenturweg beschaffte Dokument Operation Plan 17th Air Force Nr. 185/61 vom 30.12.1961. Das Dokument hat die Geheimhaltungsstufe NATO SECRET. Ich bitte darum, die Bewertung bis zum 10. April 1962 mitzuteilen.

Anlage: Text, nur an Empfänger, 96 Fotokopien

Generalleutnant A. Konowalow
19. März 1962«[35]

Kurze Zeit später übermittelte de La Salle an den sowjetischen Militärgeheimdienst noch vier Varianten von Einsatzplänen der 17. Luftflotte gegen den Warschauer Pakt. Der Plan »Kangaroo« sah vor, 32 Ziele mit Atomwaffen zu bekämpfen, in der Variante »Peacock« bereits 91 Ziele, während unter dem Kennwort »Wombat« 95 Ziele anzugreifen waren und bei »Dingo« schließlich 191.[36] Für die Lieferung der wichtigen Planungs- und Einsatzdokumente der NATO wurde »Murat« im Sommer 1962 in Paris während eines konspirativen Treffens mit dem Leninorden ausgezeichnet.[37]

Ljubimow und »Luisa« treten auf den Plan

Trotz des ständigen Stroms an Geheimdokumenten aus Paris zeigte sich die Moskauer GRU-Zentrale mit der Arbeit von Oberst Ananin weiterhin äußerst unzufrieden und erließ deshalb folgenden Befehl: »Mit *Murat* ist noch ein Instruktionstreffen zu organisieren und durchzuführen. Die Abwicklung des Agententreffs hat durch den Residenten Tscheredeew als Vertreter der Zentrale zu erfolgen. Dabei ist mit *Murat* die Frage des Austausches von Ananin gegen einen anderen Führungsoffizier zu erörtern. Die Arbeit mit *Murat* ist, vor allem hinsichtlich ihrer langfristigen Perspektive, in die Hände des jüngeren und doch erfahrenen Offiziers Ljubimow zu legen. Ananin ist hingegen als operative Reserve bereitzuhalten, bis sich die Beziehung zwischen *Murat* und seinem neuen Führungsoffizier gefestigt hat. Bei einer positiven Reaktion von *Murat* hat der Austausch nach dem Instruktionstreffen zu erfolgen. Ferner muss mit *Murat* die Frage der Einschaltung eines Kuriers entschieden werden. Es erscheint sinnvoll, zu diesem Zweck unsere erfahrene Agentin *Luisa* einzusetzen, die als Kurierin gut ausgebildet ist und die entsprechenden operativen Techniken beherrscht.«[38]

Bei Wiktor A. Ljubimow handelte es sich um einen 36 Jahre alten Korvettenkapitän, der seit Ende 1951 im Dienst der GRU stand. 1943 zur sowjetischen Marine einberufen, absolvierte er zunächst eine Ausbildung zum See-Artillerieoffizier, die er 1948 abschloss. Nach dem Kommando auf einem Zerstörer warb ihn die Militäraufklärung an, die den jungen Leutnant zu einem Spezialkurs des Generalstabes für Aufklärungsoffiziere schickte. Ende 1953 erfolgte in den USA sein erster Auslandseinsatz im Auftrag des Marinegeheimdienstes. Als Kurier des Marineattachés an der sowjetischen Botschaft in Washington getarnt, erledigte er für die GRU verschiedene Spionageaufträge.[39] Allerdings erhielt er von seinem Vorgesetzten, mit dem er wegen seiner Direktheit mehrmals aneinandergeraten war, eine Beurteilung, die seine weitere Karriere bei der Militäraufklärung mehr als infrage stellte: »Neigt zur Besserwisserei und ist eingebildet im Umgang mit seinen Kameraden, aber auch mit den Vorgesetzten. Wird immer wieder grob und unbeherrscht. Zudem nicht selten ausreichend zurückhaltend in der Einschätzung seiner Fähigkeiten, seiner Rolle im Kollektiv und seiner Verdienste. Leicht reizbar und beleidigt. Kritik trifft ihn mitunter schwer. Als Folge seiner mangelnden Bescheidenheit nur unzureichend taktvoll. Marineattaché an der Botschaft der UdSSR in den USA, Kapitän zur See F. Presnakow«.[40]

Ljubimow hatte jedoch das Glück, dass sein direkter Vorgesetzter dem Washingtoner Marineattaché bescheinigte, bislang lediglich seinem Fahrer eine gute Beurteilung ausgestellt zu haben, und beim Chef der 2. Verwaltung eine ergänzende Formulierung für die Ablage in der Personalakte erreichte: »Die Fehler des Gen. Ljubimow in seiner Beurteilung sind übertrieben. Tatsächlich ist Gen. Ljubimow weder besserwisserisch noch überheblich, in einigen Fällen lässt er es jedoch gegenüber Älteren an Taktgefühl mangeln. Der Chef der 2. Verwaltung der GRU Generalmajor W. Sokolow«.[41]

Die Moskauer Zentrale setzte den Offizier nunmehr bei der für Großbritannien und die Dominions zuständigen 3. Direktion der 2. Verwaltung ein. Wenig später erhielt er einen Studienplatz an der Militärpolitischen Akademie, die er im Sommer 1961 mit Auszeichnung abschloss. Da er neben Englisch nunmehr auch Französisch beherrschte, erfolgte wenige Monate später seine Versetzung an die Pariser GRU-Residentur, wobei er unter der Tarnung eines Vertreters des Ministeriums der Handelsflotte der UdSSR arbeitete.[42] Der Pariser Resident lobte Ljubimow als »perspektivreichen Offizier für den operativen Einsatz«, der sich »seit den ersten Tagen seiner Auslandskommandierung aktiv und mit dem starken Wunsch, Ergebnisse zu erzielen, in die operative Arbeit eingeschaltet habe«. Weiterhin fände er sich unter schwierigen Bedingungen schnell zurecht und würde die richtigen Entscheidungen treffen. Hierbei sei er in seinem Handeln flexibel und mutig, aber nicht zu draufgängerisch, um der Sache zu schaden. Er spreche gekonnt mit Ausländern, sei locker im Umgang und schaffe es, ihnen das Gefühl zu geben, willkommen zu sein.[43] Alles beste Voraussetzungen, um erfolgreich die Führung der wichtigen Quelle »Murat« übernehmen zu können.

Die für den Kuriereinsatz vorgesehene Französin mit dem Decknamen »Luisa« arbeitete bereits seit Ende der 1950er-Jahre für den sowjetischen Militärnachrichtendienst und wurde von diesem Ende 1964 wie folgt charakterisiert:

»Streng geheim
Einziges Exemplar

Auskunftsschreiben über die Arbeit der Agentin der GRU des Generalstabes in Frankreich:

Der Kurierin des Residenten

    1925 geboren, parteilos, unterstützt progressive Ansichten und ist der Sowjetunion tief ergeben. Sie wurde von der Militäraufklärung im Juli 1957 auf ideeller Grundlage angeworben.

Während der Zeit der Zusammenarbeit mit der sowjetischen Militäraufklärung hat sich _____ bei der praktischen Arbeit unter schwierigen Bedingungen hervorragend bewährt.

Seit Juni 1962 wird _____ zur Führung und Unterstützung der Verbindungen mit dem überaus wertvollen Agenten eingesetzt _____ [44], (der im Stab der NATO arbeitet). Bei dieser Arbeit zeigt sie stets Gelassenheit, Kaltblütigkeit, Ausdauer und persönliche Initiative. Dadurch erreichte _____ die regelmäßige Lieferung von wertvollen und besonders wichtigen Dokumenten über den Zustand der Vereinigten Streitkräfte der NATO in Europa. Bei der Führung der Arbeit von _____ übt sie auf die Quelle ständigen Einfluss aus und setzt darüber hinaus umfangreiche Ausbildungsmaßnahmen zur Steigerung der Sicherheit und zur Erhöhung der Konspiration bei der Erlangung von dokumentarisch bestätigten Informationen um. Dank dieser Schritte begann   selbstsicherer und aktiver zu arbeiten.

Unter schwierigen Lagebedingungen führt   persönlich die umfangreichen und intensiven Arbeiten des Abfotografierens der äußerst wichtigen und umfangreichen streng geheimen Dokumente über die NATO-Streitkräfte durch, wobei sie ihr persönliches Wohlergehen riskiert.

Schlussfolgerung: Für die äußerst gewissenhafte und selbstlose Zusammenarbeit mit der sowjetischen Militäraufklärung, die zur Stärkung der Verteidigungsbereitschaft der Sowjetunion beigetragen hat, ist   der Auszeichnung mit dem Rotbannerorden würdig.

Ingenieur-Konteradmiral   W. Solow'jow«[45]

Im Frühjahr 1962 traf sich Ljubimow – der im Schriftverkehr den Decknamen »Ljutow« trug – entsprechend den Weisungen der GRU-Zentrale mit »Murat« in einem Pariser Bistro. Über die Begegnung zwischen de La Salle und seinem neuen Agentenführer ging folgende Meldung an das Hauptquartier des Militärgeheimdienstes: »Moskau, Zentrale, an Wasil'ew. Bei dem ersten Treffen mit *Murat* konnte eine gemeinsame Sprache und Verständigung gefunden werden, es gelang, eine freundschaftliche und vertrauensvolle Beziehung herzustellen. Die Begegnung dauerte dreieinhalb Stunden. *Murat* schlug vor, sich gegenseitig beim Vornamen – »Charlie« und »Wik« zu nennen. *Murat* macht den Eindruck eines klugen, leicht sarkastischen Menschen, der sich sehr gut in der militär-politischen Situation auskennt. Uns gegenüber ist er sehr freundschaftlich eingestellt. Er verbindet Mut mit Vorsicht, verbale Prahlerei mit Wachsamkeit. In seinen Entscheidungen ist er kategorisch, stimmt aber gut begründeten Argumenten zu. *Murat* ist eine Person, die umsorgt werden will und Aufmerksamkeit benötigt. Er ist sehr verletzlich, wenn es um seinen Dienst geht. Fragen, die seine Offizierseher berühren, beunruhigen ihn sichtlich. Ihm sind die Wichtigkeit und der Wert seiner Tätigkeit für unsere Interessen bewusst, weshalb er streng auf dem Prinzip besteht, dass die moralische wie auch materielle Bewertung seiner Arbeit durch das Kommando der Streitkräfte der UdSSR erfolgen muss (und nicht vergessen werden darf). *Ljutow*. Paris«[46]

Aus der Einschätzung Ljubimows wird deutlich, dass de La Salle keine einfache Quelle war, sondern an seine Betreuung durch den sowjetischen Militärnachrichtendienst entsprechende Ansprüche stellte. Zudem zeigte »Murat«, dass er sich seines besonderen Werts für die GRU mehr als bewusst war, denn die von ihm beschafften Dokumente übergab er nicht mehr unentgeltlich, sondern der Spion erwartete nunmehr eine entsprechende Gratifikation seiner Agentenarbeit. Wohl auch aus diesem Grund übergab er Ende Mai 1962 Lujbimow erneut ein Konvolut von streng geheimen NATO-Dokumenten:

```
»Streng geheim
Exemplar Nr. 1

An Generalleutnant
Gen. N. A. Korenewskij

Ich sende Ihnen den auf dem Agenturweg beschaff-
ten »Plan für die Ziele von Nuklearschlägen auf
dem Zentraleuropäischen Kriegsschauplatz«, her-
ausgegeben vom Stab der NATO-Luftstreitkräfte in
Europa am 9.1.1962 mit der Geheimhaltungsstufe
COSMIC. TOP SECRET. Gleichzeitig sende ich Er-
läuterungen der Quelle zur »Leiste« für die De-
chiffrierung der Angaben dieses Dokumentes.
```

Sollte Bedarf an ergänzenden Angaben zum Zielplan bestehen, so bitte ich darum, die Sie interessierenden Fragen mir bis zum 31.5.1962 zu übermitteln. Ich bitte darum, die Bewertung des Dokumentes bis zum 25. Juni 1962 mitzuteilen und die Erläuterungen zur »Leiste« zur Dechiffrierung der Daten gleichfalls bis zu diesem Datum zurückzugeben.

Anlagen: Text, nur an Empfänger

- Ausgangsnummer 61/120 auf 414 Fotokopien
- Ausgangsnummer 61/119 auf 2 Blatt

Generalleutnant A. Konowalow
26. Mai 1962
Nr. 151830«[47]

Flut der Geheimdokumente

Die von »Murat« beschaffte Liste enthielt Angaben zu mehr als 696 Zielen, die die NATO im Fall eines Konfliktes mit der Sowjetunion durch den Einsatz von Atomwaffen auslöschen wollte.[48] Allerdings zeigte sich die GRU-Zentrale von der Masse der streng geheimen NATO-Dokumente, die bei ihr mittlerweile im Wochenrhythmus eingingen, zunehmend verwöhnt. Beispielsweise forderte die Führung des Militärgeheimdienstes von ihrem Agenten, er solle, bevor eine Kopie der Unterlagen erfolge, zunächst eine Übersicht über die Geheimdokumente mit kurzer Inhaltsangabe liefern, damit die Leitung dann entscheiden könne, was wirklich benötigt werde. Ljubimow verstand allerdings, dass dieses Ansinnen vollkommen weltfremd war, und leitete es daher erst gar nicht an de La Salle weiter: »Moskau wusste aus meinen Berichten genau, dass *Murat* teilweise nicht die Möglichkeit hatte, die Wichtigkeit, den Wert und die Zukunftschancen der beschafften Dokumente zu erkennen, da sie zum Teil nur sehr kurzzeitig in seinem Besitz waren. Gleichwohl schenkte die Zentrale meinen Einwänden keine Beachtung und drängte immer wieder darauf, von *Murat* den Titel und eine kurze Inhaltsangabe der Dokumente zu bekommen, damit Moskau die Entscheidung treffen konnte, ob das Papier benötigt würde oder nicht. Was von außen wie die Sorge um den Agenten aussah, erwies sich in der Realität als reine Zeitverschwendung. Denn nach Erstellung der entsprechenden Annotation und ihrer Absendung nach Moskau blieb ungewiss, ob das Dokument wirklich noch einmal in die Hände des Agenten gelangen würde. Ich kannte den Charakter von *Murat* und auch die schwierigen Umstände, unter denen er das Material beschaffte. Deshalb gab ich diesen Wunsch Moskaus gar nicht an den Agenten weiter, um ihn nicht zu beunruhigen und zu reizen.«[49]

Ljubimow, der den einmaligen Wert der Unterlagen, die »Murat« beschaffte, durchaus erkannte, drängte zusammen mit seinem Residenten vielmehr darauf, dem Agenten die höchste Auszeichnung der Sowjetunion zukommen zu lassen, die er in ihren Augen mehr als verdient hatte: »Dies ist die einzige Maßnahme, die *Murat* im vollen Umfang gerecht wird. Sie gibt ihm Kraft, die schwierige Situation auch in Zukunft bewältigen zu können. *Murat* versteht, dass seine gegenwärtigen Verdienste nicht geringer sind als die, für die Ausländer, die während des Krieges unseren Streitkräften halfen, die hohe Auszeichnung eines ›Helden der Sowjetunion‹ erhielten.«[50] Die GRU-Zentrale tat sich allerdings mehr als schwer mit dem Vorschlag, denn zu dieser Zeit hatte nicht einmal der Superagent Richard Sorge den hohen Orden erhalten. Selbst die Mitarbeiter des militärischen Nachrichtendienstes der Roten Armee Leopold Trepper und Sándor Radó – die während des Zweiten Weltkrieges wertvolle Informationen aus Westeuropa beschafft hatten – waren erst wenige Jahre zuvor aus dem Gefängnis entlassen worden, in das man sie nach ihrer Rückkehr in die Sowjetunion wegen vermeintlichen Verrats geworfen hatte. Für eine derartig hohe Auszeichnung sah die Moskauer Zentrale deshalb keine Grundlage und schickte folgende lakonische Antwort an die Pariser Residentur: »Danken Sie im Namen der GRU-Führung *Murat* für die umfangreiche Arbeit zum Abfotografieren der Zielliste. Schlagen Sie ihm die Zahlung von 15.000 Dollar zur Entscheidung der Frage der Anmietung eines Hauses vor. Im Fall von finanziellen Schwierigkeiten soll er nicht zögern, sich über *Luisa* an uns zu wenden. Einen Antrag für die Auszeichnung mit dem Titel »Held der Sowjetunion« halten wir für verfrüht.«[51] Selbst als der Agent Ende 1964 über die Pariser Residentur darum bat, ihm sechs Karten für ein Konzert des berühmten Alexandrow-Ensembles in der französischen Hauptstadt zu besorgen, lehnte die GRU-Führung in Moskau diese kleine Bitte wegen angeblicher Sicherheitsbedenken ab.[52]

Der Agent selbst beschaffte unterdessen ständig weitere Geheimdokumente für seine Auftraggeber aus dem sowjetischen Militärgeheimdienst:

```
»3. Direktion
Streng geheim


1. Verwaltung
Exemplar Nr. 1

Generalleutnant
Gen. N. A. Korenewskij


Ich sende ihnen den auf dem Agenturweg beschaff-
ten Emergency Defense Plan des Oberkommandieren-
den der Vereinigten Streitkräfte der NATO für
den Zentraleuropäischen Kriegsschauplatz, her-
ausgegeben am 18. Dezember 1962 mit der Geheim-
haltungsstufe: Cosmic. Top Secret, einschließ-
lich der dazugehörigen Anlagen.
```

Ich bitte darum, die Bewertung mitzuteilen.

Anlage: Text, Eingangsnummer 61/82 auf 180 Fotokopien, nur an Adressaten

Generalleutnant   A. Konowalow
8. März 1963
Nr. 200830«[53]

Der nun von »Murat« beschaffte Kriegsplan der NATO-Heeresgruppe Mitte (CENTAG) gab Auskunft darüber, wie sich die westliche Militärallianz, gerade unter dem Einsatz von Atomwaffen, entlang der Linie Rosenheim – Regensburg – Kassel – Bremen – Hamburg gegen einen Überraschungsangriff des Warschauer Paktes verteidigen wollte. Um diese Linie halten zu können, wäre allerdings der frühzeitige Einsatz von Kernwaffen und Atomsprengladungen zur Zerstörung wichtiger Infrastruktur auf dem Boden der Bundesrepublik erforderlich gewesen. Hierfür existierte ein entsprechender atomarer Feuerplan, der nach der Freigabe des Nuklearwaffeneinsatzes durch den US-Präsidenten zur Ausführung gekommen wäre. Er sah vor, auf Ebene der der Heeresgruppe unterstehenden Korps gegnerische Truppenmassierungen, Bereitstellungen und Artillerienester durch den Einsatz von Atomartillerie zu vernichten. Bei Bedarf sollten zudem sogenannte atomare Feuerfelder geschaffen werden, bei denen durch mehrere nukleare Zielpunkte ganze Regionen einem Nuklearschlag zu unterziehen waren. Dabei sollte die Atomartillerie weit nach vorne gezogen werden, um auch Truppengruppierungen östlich der deutsch-deutschen Grenze auszuschalten. Die Reserven des Warschauer Paktes in der zweiten und dritten Angriffsstaffel waren schließlich von den nuklearen Gefechtsköpfen der Kernwaffeneinsatzmittel auf der Armeeebene und den Abwurf von Atombomben durch die NATO-Luftstreitkräfte auszuschalten. Auch hier gilt, dass diese nuklearen Einsatzpläne bis heute noch strenger Geheimhaltung unterliegen.[54] Der sowjetische

Militärgeheimdienst konnte jedoch – dank der Tätigkeit von »Murat« und anderen Geheimagenten – auf Hunderte dieser Dokumente zugreifen, worüber er Anfang 1964 den sowjetischen Partei- und Staatschef Nikita Chruschtschow stolz in Kenntnis setzte:

»Streng geheim
Exemplar Nr. 1

Gen. N. S. Chruschtschow – persönlich

Wir berichten, dass Anfang 1963 von der Hauptverwaltung Aufklärung des Generalstabes operative Maßnahmen durchgeführt wurden, die die Möglichkeit eröffneten, Zugang zu einer großen Anzahl von streng geheimen Dokumenten _____[55] zu erhalten und eine große Anzahl von streng geheimen Dokumenten besonderer Wichtigkeit zu erbeuten.

Im Zeitraum vom 20.2.1963 bis zum 30.1.1964 wurden rund   in unseren Besitz   , die Informationen zu Fragen der Anlieferung, Lagerung und Übergabe von Nuklearsprengköpfen für die Stoßkräfte der USA und der NATO, die im europäischen Raum disloziert sind, enthalten; ferner Angaben über die Organisation und Standorte von Truppenteilen und Einheiten, die für die Sicherstellung der Nuklearwaffen zuständig sind, über die Dislokation einiger Einheiten und Stäbe der Streitkräfte der Mitgliedsstaaten der NATO und zur Tätigkeit der U. S. Navy.

Im Ergebnis der Auswertung dieser Unterlagen konnten sechs Atomwaffenlager auf dem Territorium der BRD, in den Niederlanden und Griechenland sowie das Vorhandensein von 27 Atombomben in der Türkei und von 16 Atombomben in Griechenland aufgedeckt werden. Gleichzeitig ergaben sich Hinweise auf Nuklearmunition bei 12 Flugplatzdepots der NATO (Großbritannien — 1, BRD — 5, Niederlande — 1, Griechenland — 2, Türkei — 3). Zudem gelangten wir teilweise in den Besitz eines Plans zum Antransport von Nuklearmunition zu elf Flugplatzdepots auf dem Territorium der BRD, Belgiens, Italiens und Griechenlands, beschafft wurden auch andere Informationen, die mit Atomwaffen in Verbindung stehen und eine ganze Reihe bei uns vorhandener Daten zu diesen Fragen bestätigen.

Insgesamt erlaubten es die innerhalb von weniger als einem Jahr erhaltenen Informationen, einige besonders wichtige Daten zur Frage der Vorbereitung der Streitkräfte der USA und der NATO zum Einsatz von Raketen-Kernwaffen auf dem Europäischen Kriegsschauplatz aufzuklären und zu bestätigen.

Die operativen Maßnahmen der GRU in dieser Richtung und die Arbeit unserer Dienste werden _____[56] fortgesetzt.

R. Malinowskij
S. Birjusow
25. Februar 1964
Ausgangsnummer 45049«[57]

Nur wenig später legte die GRU dem Stabschef der Sowjetarmee, Marschall Sergej S. Birjusow, eine weitere Erfolgsmeldung vor, die auf sechs weitere NATO-Dokumente verwies, die Oberst de La Salle, inzwischen zum Generalstab der Alliierten Luftstreitkräfte im NATO-Hauptquartier in Fontainebleau bei Paris versetzt, im Frühjahr 1964 für den sowjetischen Militärgeheimdienst beschafft hatte:

```
»Streng geheim
einziges Exemplar


An den Chef des Generalstabes der Streitkräfte
der UdSSR

Gen. Marschall Sergej S. Birjusow


Liste von Informationsdokumenten, die auf dem
Agenturweg beschafft worden sind:
```

1. Bericht über den Zustand der Landstreitkräfte der NATO im Jahr 1963, herausgegeben vom Stab der CENTAG der NATO, 17.2.1964 – Geheimhaltungsstufe: Cosmic. Top secret, 110 Fotokopien;
2. Protokoll der Beratung der Führung der CENTAG vom 22.10.1963 zu folgenden Fragen:
   - Meinungsaustausch über den möglichen Charakter eines zukünftigen Krieges (mit oder ohne den Einsatz von Kernwaffen);
   - über Schwierigkeiten, die sich aus der Art der gegenwärtig zur Verfügung stehenden Waffen für die NATO-Land- und Luftstreitkräfte ergeben, Entwicklungsrichtungen dieser Waffen;

- mögliche Strukturen der Entfaltung der Versorgungsdienste in Westeuropa unter den Bedingungen eines Atomkrieges im Rahmen der »Vorwärtsstrategie«;
- das Dokument wurde am 20.1.1964 herausgegeben — Geheimhaltungsstufe: Cosmic. Top secret, 54 Fotokopien;

3. Entwurf eines halb automatischen Systems zur Übermittlung von dringenden Informationen der Fernaufklärung an die operativen Führungszentren der NATO in Europa — 420 Fotokopien, Geheimhaltungsstufe: NATO secret;

4. Direktive von SHAPE Nr. 1840.3/20 vom 4.11.1963 an die Oberbefehlshaber des europäischen Kriegsschauplatzes zur Ausarbeitung eines Planes zur Zusammensetzung der Vereinigten NATO-Streitkräfte für 1970, 86 Blatt, Geheimhaltungsstufe: — NATO secret;

5. Unterlagen des Stabes der NATO-Landstreitkräfte der CENTAG, Anhänge zu einem unbekannten NATO-Dokument (drei Anhänge mit insgesamt 34 Seiten, zwei mit der Geheimhaltungsstufe: NATO confidential, einer mit der Geheimhaltungsstufe: NATO secret, alle Anhänge sind auf den 8.1.1964 datiert:
   - Anlage 3: Bewertung der Möglichkeiten der Pioniertechnik der Sowjetarmee durch den Stab der amerikanischen Streitkräfte;
   - Anlage 4: Über den Kampf gegen Handlungen von Übersetzmitteln bei der Überwindung von Wasserhindernissen nach Ansichten des Bundesministeriums der Verteidigung;

- Anlage 6: Über die Aufgaben und die Organisation der Pioniereinheiten bei Divisionen des Landcent-Types, nach einem Bericht des niederländischen Verteidigungsministers;

6. Ansichten der NATO-Führung zum operativen Einsatz von Senkrechtstartern bei Luftangriffen und bei der Aufklärung, herausgegeben am 10.10.1963 auf 41 Blatt, Geheimhaltungsstufe — NATO secret.

Ingenieur-Konteradmiral
W. Solow'jow
1.4.1964«[58]

Rund einen Monat später ging in der GRU-Zentrale eine erneute Sendung mit streng geheimen »Cosmic. Top secret«-Unterlagen der westlichen Militärallianz ein, die »Murat« abfotografiert hatte. Der Chef der 1. Hauptverwaltung, Konteradmiral Solow'jow, informierte umgehend GRU-Chef Pjotr I. Iwaschutin über die neue Lieferung des Agenten:

»Streng geheim
einziges Exemplar

Generaloberst
Gen. P. I. Iwaschutin

Ich berichte:

Im April 1964 wurden in Frankreich auf dem Agenturweg folgende Dokumente beschafft:

Die Arbeitsgebiete des Dienstes

1. Schreiben des Oberkommandierenden der Luftstreitkräfte der NATO im Bereich der CENTAG vom 3.4.1964 mit einer Einschätzung des Zustandes der Landstreitkräfte der NATO auf besagtem Kriegsschauplatz für 1963, fünf Blatt, Geheimhaltungsstufe: Cosmic. Top secret;
2. Direktive des Stabes der Vereinigten Streitkräfte der NATO in Europa zu den Melde- und Führungsverfahren der Streitkräfte der NATO in Europa vom 1.4.1964, 161 Blatt, in englischer Sprache, Geheimhaltungsstufe: Cosmic. Top secret;
3. Ausarbeitung des Stabes der Vereinigten Streitkräfte der NATO in Europa über die materiell-technische Sicherstellung des Bedarfs der Vereinigten Streitkräfte der NATO auf dem Zentraleuropäischen Kriegsschauplatz in den Jahren 1966–1970, 24 Blatt, Geheimhaltungsstufe: Cosmic. Top secret;
4. Protokoll der Sitzung des Stabes der CENTAG vom 27.1.1964 über die Organisation und Grundprobleme besagten Stabes, 12 Blatt, Geheimhaltungsstufe: Cosmic. Top secret;
5. Berichte des Oberkommandierenden der Vereinigten Streitkräfte der NATO und des Befehlshabers der Landstreitkräfte der NATO im Bereich der CENTAG über die Ergebnisse des Manövers »Green Lion« vom 31.1.1964, 80 Blatt, Geheimhaltungsstufe: Cosmic. Top secret.

Ingenieur-Konteradmiral
W. Solow'jow
6. Mai 1964«[59]

Iwaschutin vermerkte handschriftlich auf dem Schreiben, dass alle in dem Brief erwähnten NATO-Dokumente zu übersetzen seien und der Operativen Hauptverwaltung des Generalstabes der sowjetischen Streitkräfte übergeben werden sollten. Ferner gab er den Befehl, eine Kopie der Dokumentenübersicht an Generaloberst Anton W. Gerasimow zu senden, damals 1. Stellvertretender Chef des Generalstabes für Bewaffnung.

Auch in der nachfolgenden Zeit hielten die ständigen Lieferungen von Geheimdokumenten durch Oberst de La Salle weiter an: »Seit 1963 hat die GRU-Zentrale, ungeachtet der komplizierten Lage und strengen Kontrolle des Aktenverkehrs – Dank des Mutes, der Initiative, der Selbstbeherrschung und Schlagfertigkeit sowie der gut funktionierenden Verbindung mit der Kurierin, im großen Umfang Dokumente erhalten, die eine ganze Reihe von Fragen der Kriegsführung der NATO mit Einsatz von Nuklearwaffen beleuchten und Informationen zur zukünftigen Perspektive der Ausrüstung, Zusammensetzung und Ausbildung der NATO-Truppen enthielten. Allein von 1963 bis zum Juli 1965 wurden über *Murat* 40 von der Auswertung als »besonders wichtig« und 140 als ›wertvoll‹ eingestufte Dokumente beschafft.«[60]

Die ständig zunehmende Flut von NATO-Unterlagen, die über Oberst de La Salle den Weg nach Moskau fanden, beunruhigte die GRU-Führung allmählich. Schließlich war allen Beteiligten klar, dass der Agent bei seinen Beschaffungsaktionen ein großes Risiko einging und ständig in Gefahr schwebte, aufzufliegen. »Murat« nahm dieses offensichtlich in Kauf, da er um seine in Kürze bevorstehende Pensionierung wusste und noch davor mit dem Verkauf der NATO-Geheimdokumente seine finanzielle Lage aufbessern wollte. Schließlich sah sich Moskau gezwungen, einen seiner besten Agenten zu bremsen und ihm folgende Depesche zu übermitteln: »Dem Agenten *Murat* ist zu versichern, dass wir, ungeachtet der Menge der beschafften Dokumente, ihm die notwendige materielle Unterstützung nicht verweigern. Er soll sich in dieser Frage nicht beunruhigen und seine Sicherheit durch das Bemühen gefährden, Geld für den baldigen Ruhestand anzusparen.«[61]

Zudem forderte die GRU-Zentrale Ljubimow auf, die beabsichtigten konspirativen Treffen mit de La Salle zu verschieben, um die Flut an ständig neuen NATO-Dokumenten einzudämmen. Da der Agentenführer jedoch den aufbrausenden Charakter des französischen Obersts kannte, erteilte er diesem Ansinnen eine Absage: »Moskau, Zentrale, Konowalow. Eine Verlegung des Treffs auf ein späteres Datum halte ich für unzweckmäßig, da dies bei *Murat* eine starke negative Reaktion auslösen könnte. Es ist zudem der Umstand zu berücksichtigen, dass er – ungeachtet der Anweisung der Zentrale – weiter Dokumente in einer uns unzureichend bekannten Lage und ohne unseren konkreten Rat und Empfehlung zur Kopie entnimmt. Diese Situation ist offensichtlich nicht normal und birgt ein großes Risiko.«[62]

Zugleich erwies sich die gesamte Lage jedoch als weitaus verworrener, denn gleichzeitig drängte die Führung des militärischen Nachrichtendienstes darauf, ständig neue Dokumente zu beschaffen, bot de La Salle doch einen einmaligen Zugang zu den wichtigsten Geheimnissen des westlichen Militärbündnisses. Im Nachhinein bemängelte auch Agentenführer Ljubimow die sich widersprechenden Aufgabenstellungen der GRU-Führung: »Leider klang das alles nur auf dem Papier wunderschön. In der Wirklichkeit erwies sich die Sache als sehr viel komplizierter. Auf der einen Seite verlangte die Zentrale eine Verringerung des Informationsflusses, auf der anderen Seite gab sie noch vor meinem Dezember-Treffen mit ›Luisa‹ die Aufgabe, fünfzehn bestimmte NATO-Dokumente zu beschaffen, die Auskunft zu wichtigen Zukunftsprojekten der Allianz geben sollten. Es war also eine paradoxe Situation.«[63]

Ljubimow bleibt Führungsoffizier – die Dokumentenflut hält an

Ob es an den vielen Lieferungen von »Murat« oder den zahlreichen konspirativen Treffen mit weiteren Quellen lag, die Ljubimow mittlerweile in Paris führte, im Sommer 1963 bemerkte der sowjetische Geheimdienstoffizier, dass die französische Spionageabwehr offenbar ein gesteigertes Interesse an ihm zeigte. Dem erfahrenen Agentenführer entgingen bestimmte Anzeichen nicht, die dafürsprachen, dass er zumindest in eine Routineüberprüfung des Geheimdienstes DST geraten war. Hierüber wurde selbstverständlich sofort die Moskauer GRU-Zentrale informiert: »Fregattenkapitän Wiktor A. Ljubimow fungiert als Führungsoffizier der wertvollen Agenten: *Murat*, *Luisa*, *Hektor* und *Bernard*. Von der Anwerbung neuer Quellen ist er befreit. Die mögliche Aufmerksamkeit der Spionageabwehr ihm gegenüber mag darin begründet sein, dass sein Amtsvorgänger, Kapitän zur See, W. M. Swerlow, durch unbedachte Handlungen die Spionageabwehr auf sich aufmerksam gemacht hat. Genosse Ljubimow wurde im Verlaufe des Jahres zwei- bis dreimal von der Spionageabwehr überwacht und verfolgt. Ein besonderes Interesse der Abwehr an ihm ist nicht festzustellen.«[64] Obgleich sich die Pariser Residentur von den Ermittlungen der DST nicht sonderlich beunruhigt zeigte, drängte der Leiter der westeuropäischen Verwaltung des militärischen Nachrichtendienstes, Generalleutnant Aleksej A. Konowalow, auf höchste Achtsamkeit bei der weiteren Verwendung des Agentenführers: »Ljubimow ist bei der operativen Arbeit mit größter Vorsicht einzusetzen.«[65]

Der neue Chef der Pariser GRU-Residentur Nikita I. Samokisch (Deckname »Somow«) – seinen Vorgänger Tscheredeew hatte die Führung des militärischen Nachrichtendienstes Anfang 1963 wegen eines Zwischenfalls mit dem GRU-Offizier und CIA-Spion Pen'kowskij abgelöst, weil der General im Sommer 1961 den Verdacht eines französischen Agenten des Militärgeheimdienstes gegen den damals in Paris weilenden Oberst nicht nach Moskau weitergeleitet hatte[66] – machte deshalb den Vorschlag, Ljubimow allmählich von seinen Aufgaben als Führungsoffizier zu entbinden, um diesen ob seiner reichen operativen Erfahrung und Menschenkenntnis als sogenannten »Tipper« für die Anwerbung neuer Agenten einsetzen: »Gegenwärtig ist der erfahrenste und aktivste Mitarbeiter der Residentur Fregattenkapitän W. A. Ljubimow. Ljubimow unterhält die Verbindung zu besonders wertvollen Quellen, die Anwerbung von neuen Agenten ist ihm verboten. Ich halte eine derartige Situation für nicht normal, da sie die Möglichkeiten der Residentur erheblich verringert, perspektivische Bekanntschaften mit dem Ziel zu schließen, neue Anwerbungen durchzuführen. In Verbindung damit hielte ich es für angebracht, W. A. Ljubimow schrittweise von der Führung der wertvollen Agenten zu entbinden, um dessen Erfahrungen und persönliche Eigenschaften produktiver für die Herstellung von neuen Kontakten mit dem Ziel einer späteren Anwerbung zu nutzen. Bei prinzipieller Zustimmung des Zentrums zu dieser Frage werde ich konkretere Vorschläge in dieser Angelegenheit unterbreiten.«[67]

Die Führung der 1. Verwaltung erteilte diesem Ansinnen jedoch rasch eine Absage. Dem neuen Residenten – 1918 in einem Dorf bei Tschernigow geboren, 1941 in die Rote Armee eingetreten, dort zum Pionieroffizier ausgebildet und wahrscheinlich 1961 von der GRU übernommen, 1962 bis 1963 dort Leiter der für Frankreich zuständigen 1. Direktion der 3. Verwaltung, von 1963 bis 1967 Resident der GRU in Frankreich, 1969 in den Ruhestand[68] – wurde verboten, Ljubimow als Tipper einzusetzen: »An den Pariser GRU-Residenten Samokisch. Die Angaben berücksichtigend, dass der Gegner Ljubimow der Zugehörigkeit zum Nachrichtendienst verdächtigt und er bereits zwei wertvolle Anwerbungen durchgeführt hat, sind ihm keine Spezialaufgaben zum ›Tippen‹ von neuen Personen zu stellen. Ljubimow ist zur effektiven Führung der wertvollen und schwierig anzuleitenden Agenten *Bernard*, *Artur* und *Arman* einzusetzen. Konowalow«.[69]

Nunmehr hatte der Agentenführer neben »Murat« und »Hektor« noch drei weitere Quellen des militärischen Nachrichtendienstes der Sowjetarmee in Frankreich zu betreuen: »Bernard« war ein Ingenieur und angeblicher früherer Vizepräsident der französischen Filiale des US-Chemieriesen DuPont, der für die Sowjetunion Muster von Festtreibstoffen für Interkontinentalraketen beschaffte. Zum Agenten »Artur« findet sich im GRU-Archiv folgende Auskunft: »ist eine wertvolle Quelle für militärtechnische Informationen. Ausgewiesener Wissenschaftler, Ingenieur-Konstrukteur, Spezialist für wärmegelenkte

Geschosse und Funkelektronik. Leitender Konstrukteur eines großen Rüstungskonzerns. Verließ das Unternehmen wegen ernster Streitigkeiten mit der Firmenleitung, gründete ein eigenes Konstruktionsbüro. Nahm den Vorschlag an, verdeckt auf materieller Grundlage in unserem Auftrag zu arbeiten. Gegenüber der UdSSR ohne Liebe, aber wohlwollend. Politisch wenig interessiert. Verspürt Befriedigung, wenn er seine professionelle Kompetenz beweisen kann. In den persönlichen Beziehungen korrekt, zuvorkommend und respektvoll. Übergab zahlreiche wertvolle Informationen zur Raketentechnik und zu den Systemen *Nike*, *Sidewinder*, *Falcon* und *Safeguard*. Beschaffte auch Beschreibungen der Raketengeschosse *Bullpup* und *Hornet* sowie zum Infrarotsensor für die *Crusader*, Peilungsapparaturen und Anlagen für die Raketenabwehr auf Schiffen. Der wirtschaftliche Effekt der von *Artur* erhaltenen Informationen ist außerordentlich hoch. *Ljutow, Paris*.«[70] Von »Arman« ist bislang nur der Deckname bekannt.

Der Resident meldete, nachdem er die Weisung aus Moskau erhalten hatte, dass er mit dem Vorschlag einverstanden sei, den Agentenführer nicht als »Tipper« einzusetzen, sondern durch ihn weiter seine besten Quellen betreuen zu lassen: »Ljubimow ist der am meisten ausgelastete Führungsoffizier. Er unterhält Verbindungen mit wertvollen Agenten. Die letzten drei Monate alle Aspekte der Arbeit mit den Quellen analysierend, die sich unter der Führung von Ljubimow befinden, sind wir zu der Schlussfolgerung gekommen, dass es innerhalb der nächsten 8–10 Monate nicht sinnvoll sein wird, jemanden von diesen Agenten an einen anderen operativen Mitarbeiter zu übergeben. Zu dieser Frage sollte zu einem späteren Zeitpunkt zurückgekehrt werden.«[71]

Nur fünf Tage später schlug ein die Pariser GRU-Residentur kontrollierender Inspekteur des Militärgeheimdienstes vor, den Agentenführer sogar vorzeitig zu befördern: »Ljubimow führt in der Residentur vier wertvolle Agenten. Zwei von ihnen hat er persönlich angeworben. Bei der Arbeit mit diesen Agenten (*Murat*, *Luisa*, *Guron*, *Bernard*) zeigt er außerordentliche Initiative, Klugheit, Mut und Wendigkeit.

Die Arbeitsgebiete des Dienstes

Für die erreichten hervorragenden Ergebnisse bei der Führung der ihm unterstellten Agenten und der Gewinnung von geheimem Informationsmaterial, das im bedeutenden Maße die Verteidigungsfähigkeit unserer Heimat stärkt, verdient es W. A. Ljubimow, vorzeitig zum Kapitän zur See befördert zu werden.«[72] Die GRU-Führung stimmte diesem Vorschlag allerdings nicht zu, der Geheimdienstoffizier erhielt den Dienstgrad des Kapitän zur See, der dem eines Obersten entspricht, erst am 14. Juli 1969. Das hinderte Ljubimow jedoch nicht daran, weiteres umfangreiches Material von »Murat« nach Moskau weiterzuleiten. Dort wurde es u. a. dem Chef des Generalstabes der Sowjetarmee vorgelegt, der danach entschied, einen Großteil der Unterlagen für sich und andere Abteilungen des Führungsstabes der sowjetischen Streitkräfte übersetzen zu lassen:

»Streng geheim
einziges Exemplar

An Generalleutnant
Gen. N. A. Korenewskij

Am 30. Juli 1964 hat Generaloberst Gen. P. I. Iwaschutin dem Marschall der Sowjetunion Gen. S. S. Birjusow eine Liste mit außerordentlich wichtigen Informationsdokumenten vorgelegt, die von uns im Juli dieses Jahres beschafft worden sind.

Bei der Prüfung dieser Liste hat der Marschall der Sowjetunion Gen. S. S. Birjusow Anweisungen zu einigen Dokumenten gegeben, die ich Ihnen, entsprechend der erzielten Absprache, weiterleite:

a) Dokumente, die vollständig zu übersetzen und persönlich dem Marschall der Sowjetunion Gen. S. S. Birjusow vorzulegen sind:
1. Empfehlungen des Oberkommandierenden der NATO in Europa zur militärischen Planung für 1965, unsere Ausgangsnummer 46471 vom 7.7.1964 (Mappe 2);
2. Direktive des Stabes der Vereinigten Streitkräfte der NATO in Europa zu Fragen der Organisation von Sondernachrichtenverbindungen, unsere Ausgangsnummer 46471 vom 7.7.1964 (Mappe 3);
3. Das NATO Dokument AC/225-D/39 über das Zusammenwirken von Panzern und Infanterie im Gefecht unter den Bedingungen des Einsatzes von Atomwaffen, unsere Ausgangsnummer 46496 vom 10.7.1964;
4. Vorbefehl des Kommandeurs der taktischen Luftstreitkräfte in Belgien für die Übung »Fallex-64«, unsere Ausgangsnummer 46372 vom 29.6.1964.

b) Dokumente, über deren Schlussfolgerungen die Operative Hauptverwaltung des Generalstabes zu informieren ist:
1. Bericht des Stabes der CENTAG zur NATO-Übung »Nucleus-2«, unsere Ausgangsnummer 46471 vom 7.7.1964 (Mappe 4);
2. Direktive des Koordinierungskomitees der NATO für außerordentliche Planungen zu einer gemeinsamen Übung der Streitkräfte mit den nationalen Zivilverwaltungsorganen der Mitgliedsstaaten der NATO unter dem

Die Arbeitsgebiete des Dienstes

Codewort »Sivlog-65«, unsere Ausgangsnummer 46471 vom 7.7.1964 (Mappe 5);
3. Änderungen der Direktive zu Fragen von Militärtransporten in Kriegszeiten im Bereich der CENTAG, unsere Ausgangsnummer 46471 vom 7.7.1964 (Mappe 6);
4. Zwei Berichte von Vertretern des Stabes der NATO in Europa zu Besprechungen über den Zustand und die Entwicklungsperspektiven des Rohrleitungssystems der NATO auf dem Zentraleuropäischen Kriegsschauplatz, unsere Ausgangsnummer 46286 vom 19.6.1964 (Mappe 1);
5. Dokument der Führung der Allied Air Forces Central Europe sowie der französischen Luftstreitkräfte in der Bundesrepublik über die Ansichten zur Kriegsführung und zur Durchführung von Gefechtsoperationen, unsere Ausgangsnummer 46756 (Mappe 2);
6. Instruktion des Stabes der 2. Alliierten Taktischen Luftflotte für die Luftverteidigungsübung der NATO unter dem Codewort »Soop-64-2«, unsere Ausgangsnummer 46662 vom 23.7.1964;
7. Das NATO-Dokument AC/225-D/46 über die operativ-taktischen Prinzipien der Führung von Kampfhandlungen der NATO-Streitkräfte in Europa im Zeitraum 1970—1980, unsere Ausgangsnummer 46761 vom 29.7.1964;
8. Das NATO-Dokument AC/225-D/44 über die operativ-taktischen Prinzipien der Panzerabwehr der NATO, unsere Ausgangsnummer 46758 vom 29.7.1964;

9. Befehl des Stabes der NATO für das Manöver »Fallex-64« in der Bundesrepublik, unsere Ausgangsnummer 46770 vom 31.7.1964 (Mappe 1);
10. Ausgangslage für das Manöver »Fallex-64«, unsere Ausgangsnummer 46770 vom 31.7.1964 (Mappe 2);
11. Weisung über die Durchführung des Manövers, unsere Ausgangsnummer 46770 vom 31.7.1964 (Mappe 3)
12. Dokument aus dem Bundesministerium der Verteidigung über die Situation in den Staaten des Westens, unsere Ausgangsnummer 46769 vom 31.7.1964

c) Dokumente, deren Schlussfolgerungen dem wissenschaftlich-technischen Komitee des Generalstabes vorzulegen sind:
1. Technische Beschreibungen und Empfehlungen zur Nutzung von elektronischen Rechenmaschinen innerhalb des automatisierten Systems »Strida-2«[73], vorgesehen zur Führung der NATO-Kräfte für die Luftverteidigung, unsere Ausgangsnummer 46755 vom 30.7.1964 (Mappe 1);
2. Das NATO-Dokument AC/174-R/4 über die Perspektiven der Entwicklung der gepanzerten Technik bis 1975, unsere Ausgangsnummer 46496 vom 10.7.1964;
3. Das NATO-Dokument AC/174-D/26 über die taktisch-technischen Charakteristiken von Panzern, die zur Bewaffnung der NATO gehören, unsere Ausgangsnummer 46500 vom 10.7.1964;

4. Das NATO-Dokument AC/185 zu Mitteln der Infrarottechnik bei den Landstreitkräften; unsere Ausgangsnummer 46759 vom 29.7.1964;
5. Das Protokoll der Sitzung der Arbeitsgruppe »N« des Komitees FINABEL[74] zur Erprobung von Infrarot-Zielgeräten, unsere Ausgangsnummer 46760 vom 29.7.1964;
6. Einheitliche Instruktion des Stabes der 2. Alliierten Taktischen Luftflotte zur Feststellung der Einsatzbereitschaft von Flugabwehrsystemen »Nike«, unsere Ausgangsnummer 46372 vom 29.6.1964.

d) Dokument, dessen Schlussfolgerungen Generaloberst der Artillerie A. W. Gerasimow mitzuteilen sind: — Dokument des Militärkomitees der NATO, das technisch-taktische Anforderungen an Waffenmuster aller drei Teilstreitkräfte der NATO für den Zeitraum 1970—1975 enthält, unsere Ausgangsnummer 46563 vom 18.7.1964.

e) Dokument, dessen Schlussfolgerungen Generaloberst Gen. Boljatko mitzuteilen sind:

1. Bericht des Gesandtschaftsrates für Technik an der Botschaft Frankreichs in der Bundesrepublik an den französischen Verteidigungsminister über den Stand der Forschungen auf dem Gebiet der Atomenergie, unsere Ausgangsnummer 46755 vom 30.7.1964 (Mappe 3).

4. August 1964
Ingenieur-Konteradmiral
W. Solow'jow
Nr. 46804«[75]

Während die meisten Dokumente der NATO, die de La Salle an den sowjetischen Militärnachrichtendienst übergeben hat, bis heute geheim sind, lässt sich hier zumindest für drei Schriftstücke der genaue Inhalt der Informationen rekonstruieren, die »Murat« der GRU zur Verfügung stellte. Das NATO-Dokument AC/225-D/39 hatte die Geheimhaltungsstufe »NATO restricted«, was dem untersten Geheimhaltungsgrad des westlichen Militärbündnisses entsprach und mit dem deutschen Gegenstück »Verschlusssachen – Nur für den Dienstgebrauch« vergleichbar ist. Auf neun Seiten wurde hier dargestellt, wie sich die Bundeswehr am Beispiel der Struktur und Organisation eines Panzergrenadierbataillons das Zusammenwirken zwischen Panzergrenadieren und Panzern auf dem Gefechtsfeld unter den Bedingungen eines Atomkrieges vorstellte. Hieraus wurden dann die technischen und taktischen Anforderungen für eine neue Generation von Schützenpanzern abgeleitet. Das daraufhin entwickelte Fahrzeug, der SPW »Marder« steht bis heute im Einsatz der Bundeswehr.[76]

Das NATO-Schriftstück AC/225-D/44 hatte die Geheimhaltungsstufe »NATO confidential«, was dem deutschen »VS-Vertraulich« entsprach. Auf den elf Seiten dieser Ausarbeitung ging es um die Entwicklung einer neuen Generation von vier neuen Typen von raketengetriebenen Panzerabwehrwaffen. Sie sollten die Panzerbekämpfung sowohl im unmittelbaren Nahbereich als auch auf große Entfernung sicherstellen. Hierfür beschloss das westliche Militärbündnis u. a. die Entwicklung der Panzerabwehrlenkraketen TOW, MILAN und HOT, die bis heute in der NATO Verwendung finden.[77]

Das dritte Dokument des westlichen Militärbündnisses, das sich nachverfolgen lässt, trägt die Nummer AC/225-D/46 und den Geheimhaltungsgrad »NATO secret«, was dem deutschen »Geheim« gleichzusetzen ist. Es beschäftigte sich auf 27 Seiten mit den taktischen Konzepten der NATO für die 1970er-Jahre, um einen angenommenen sowjetischen Angriff aufzuhalten. Als wichtige Elemente galten hierbei das Verzögerungsgefecht, die Verteidigungsschlacht und die Offensive. Mit dem Verzögerungsgefecht, das durch die Aufklärungs- und Deckungskräfte zu führen war, sollten Informationen über die Stärke des Gegners und seine Absichten gewonnen werden. Gleichzeitig hatten diese Truppen den Vormarsch der Feindkräfte zu hemmen, wofür natürliche Hindernisse ausgenutzt werden sollten. Durch eine mobile Kampfführung sollte ferner verhindert werden, dass die sowjetischen Truppen die für diese Aufgaben eingesetzten NATO-Einheiten aufrieben. Während der Verteidigungsschlacht hatten die NATO-Truppen die Aufgabe, dem angreifenden Gegner massive Verluste zuzufügen und seine Streitkräfte zu zermürben. Auch hierbei spielte die Ausnutzung natürlicher und künstlicher Hindernisse eine entscheidende Rolle. Die anschließende Gegenoffensive war dann auf breiter Front zu führen. Sie sollte starke Verbände in den rückwärtigen Raum des Angreifers bringen, um die gegnerischen Operationen durch die Zerstörung der Kommando- und Führungsstruktur, der nuklearen Einsatzmittel und der Logistik maximal zu stören. Bei den Vorstößen eingeschlossene Kräfte des Feindes sollten dann vernichtet werden, zugleich trugen hochmobile Truppen tiefe Schläge gegen das gegnerische Territorium vor, um dort strategisch wichtige Objekte zu besetzen. Dann diskutierte das Papier, wie diese Operationen unter den Bedingungen eines Kernwaffenkrieges umgesetzt werden könnten: »Der Angriff unter nuklearen Bedingungen muss noch unerbittlicher geführt werden als bei nicht nuklearen Operationen. Die Befehlshaber werden sich bemühen, den Kampf flüssig zu halten, indem sie nukleare Angriffe schnell ausnutzen, unerwartete Widerstandsnester überrennen oder umgehen, Hindernisse schnell überwinden und die Dynamik des Angriffs Tag und Nacht aufrechterhalten. Alle verfügbaren Mittel müssen eingesetzt werden, um den Feind aus dem Gleichgewicht zu bringen und dessen Fähigkeit, seine nukleare Feuerkraft wirksam einzusetzen, zu beeinträchtigen.« Schließlich riss man noch die Frage an, welche Auswirkungen der Einsatz von chemischen und biologischen Kampfstoffen auf die Gefechtsführung hätte. Der zweite Teil des Papiers beschrieb dann, welche logistischen Konzepte entwickelt werden mussten, um eine ständige Versorgung der

Truppen unter den beschriebenen Bedingungen gewährleisten zu können. Der dritte Teil befasste sich mit den Arten von Truppengattungen und deren nötiger Ausrüstung, mit der die NATO eine Umsetzung ihres Verteidigungskonzeptes für die 1970er-Jahre gewährleisten wollte, während der vierte Abschnitt abschließend erörterte, welche operativen Anforderungen sich daraus für neue Waffen und Fähigkeiten ergaben.[78]

Vom NATO-Dokument AC/174-D/26 ist immerhin bekannt, dass es hier auch um die technisch-taktischen Anforderungen für künftige gepanzerte Fahrzeuge der NATO ging. Das Papier bestimmte u. a. die wichtigsten militärischen Parameter für das Projekt des Kampfpanzers 70, aus dem später der Leopard-2 sowie der M1 Abrams hervorgingen.[79] Allein diese kleine Auswahl von NATO-Dokumenten mit vergleichsweiser geringer Geheimhaltungsstufe zeigt, dass de La Salle dem sowjetischen Militärgeheimdienst tatsächlich zahlreiche Unterlagen übermitteln konnte, die für die GRU von hohem Wert waren, da sie sich nicht nur mit aktuellen Fragen beschäftigten, sondern auch zahlreiche Zukunftsprojekte der westlichen Allianz berührten.

In den nachfolgenden Monaten hielt der Strom von geheimen Schriftstücken aus dem NATO-Hauptquartier bei Paris weiter an: »Die Arbeit mit *Murat* war im Juli-August 1964 sehr intensiv. Während des genannten Zeitraums erhielten wir von ihm 31 Dokumente der höchsten Geheimhaltungsstufe mit rund 2300 Seiten Text. Allerdings besteht der Wert nicht in der Anzahl der Seiten, sondern im Informationsgehalt des Materials. Dieser ist außerordentlich hoch.«[80]

Zwischen 1963 und 1965 beschaffte »Murat« für die sowjetische Militäraufklärung im Monat durchschnittlich allein vier NATO-Dokumente mit der höchsten Geheimhaltungsstufe: Cosmic. Top secret. Jährlich landeten also rund fünfzig dieser Schriftstücke auf dem Schreibtisch des Chefs der 1. Verwaltung der GRU. Für die Übergabe der zahlreichen Geheimunterlagen sollte »Murat« Ende 1964 mit dem Rotbannerorden ausgezeichnet werden. Der Chef des Generalstabes und der Leiter der GRU bereiteten für den Verteidigungsminister ein entsprechendes Schreiben vor. Es wurde jedoch niemals unterzeichnet und landete schließlich im Archiv des Militärgeheimdienstes.[81]

Ljubimow kehrt nach Moskau zurück – System der toten Briefkästen

Anfang 1965 deutete sich an, dass der aktuelle Führungsoffizier von de La Salle nunmehr endgültig nach Moskau zurückversetzt werden sollte. Die Residentur lobte Ljubimow deshalb in höchsten Tönen und schlug vor, ihn auch künftig für konspirative Treffen in Frankreich einzusetzen: »Ljubimow ist der kompetenteste, erfahrenste und aktivste Mitarbeiter. In der Zeit, die bis zu seiner Ablösung verbleibt, werden wir ihn so weit wie möglich nutzen, um eine Reihe wichtiger operativer Tätigkeiten der Residentur zum Abschluss zu bringen. In Anbetracht seiner profunden und positiven Erfahrungen in der nachrichtendienstlichen Arbeit, die er in Frankreich gesammelt hat, seiner ausgezeichneten organisatorischen Fähigkeiten und seiner Zweisprachigkeit sollte Ljubimow für die operative Arbeit in unserer Verwaltung auf dem Posten des stellvertretenden Leiters einer Direktion eingesetzt werden, mit der Möglichkeit gelegentlicher Reisen nach Frankreich, um Instruktionstreffen mit *Murat, Luisa, Artur* und wahrscheinlich anderen Personen durchführen zu können. Resident Somow. Paris«.[82]

Nachweislich kehrte Ljubimow Ende Juli 1965 aus der französischen Hauptstadt in die Moskauer GRU-Zentrale zurück, wo man ihn als Oberoffizier bei der Frankreich-Abteilung der 1. Verwaltung des Militärgeheimdienstes einsetzte.[83] Gleichwohl lieferte »Murat« noch im September 1965 – allerdings diesmal unter Verwendung eines toten Briefkastens – erneut ein streng geheimes Dokument aus dem Obersten Hauptquartier der Alliierten Streitkräfte in Europa:

»Streng geheim
einziges Exemplar

An den Generalleutnant der Luftwaffe
Gen. S. G. Cholopzew

Ich übermittle die Kopie des Dokumentes aus dem
Stab des Oberkommandierenden der Streitkräfte der
NATO in Europa — SHAPE 132/65 vom 26.7.1965 — Programm der Nuklearschläge der Luftstreitkräfte der
NATO in Europa, Geheimhaltungsstufe: Cosmic. Top
Secret, auf 7 Blatt (davon 5 Blatt ausgeklappt).

Anhang: Text, nur an Adressat

Ingenieur-Konteradmiral
W. Solow'jow
9. September 1965
Nr. 121303«[84]

Auf dem Schreiben bemerkte der Stellvertretende GRU-Chef Hadschi-Umar Mamsurow: »Sofort übersetzen, sorgfältig analysieren und dem stellv. Verteidigungsminister und Chef des Generalstabes vorlegen.« 1965 übergab de La Salle noch zahlreiche weitere Geheimdokumente. Darunter befand sich beispielsweise ein im März 1965 unterschriebenes Dokument mit dem Titel »Berechnungen der Streitkräfte der NATO an Atomwaffen für alle Arten von Trägern für nukleare Gefechtsköpfe und nukleare Sprengladungen bis zum 1. Juli 1967«. Wenig später hinterließ der Agent dann in einem toten Briefkasten achtzehn Mikrofilme mit rund 1200 Aufnahmen von Geheimdokumenten der NATO und der US-Streitkräfte, darunter eine Dienstanweisung für Stabsoffiziere der US-Armee zur Verwendung von Kernwaffen. Den Einsatz dieses Kommunikationsmittels hatte im Mai 1965 der

Leiter der 1. (westeuropäischen) Verwaltung der GRU, Konteradmiral Wasilij I. Solow'jow, in Paris mit »Murat« besprochen.[85] Denn neben Ljubimow war nun auch die Kurierin »Luisa« ausgefallen. De La Salle hatte sich nämlich in die Frau verliebt und mit ihr eine kurzzeitige intime Beziehung begonnen. Diese war jedoch nicht von langer Dauer gewesen, da sich »Murat« als außerordentlich eifersüchtig entpuppte und es zwischen dem Paar wohl auch zu tätlichen Auseinandersetzungen kam. »Luisa« verweigerte danach selbstverständlich jede Zusammenarbeit mit dem Agenten, auch wenn der bei der GRU-Führung immer wieder um die Rückkehr der Kurierin bettelte.[86]

Für seinen Einsatz an der Pariser Residentur erhielt Fregattenkapitän Ljubimow am 22. März 1965 den Rotbannerorden. Im Sommer des gleichen Jahres erfolgte dann, wie erwähnt, seine Abberufung nach Moskau. Hier attestierte ihm sein ehemaliger Resident und inzwischen Leiter der 3. Direktion der 1. Verwaltung der GRU, Generalmajor Tscheredeew, dass er das Zeug habe, selbst eine GRU-Vertretung im Ausland zu führen. Zuvor sollte er jedoch, so sein früherer Chef, auf den Posten eines stellvertretenden Direktionsleiters befördert werden.[87] Doch aus diesem Karrieresprung wurde vorerst nichts, denn zunächst diente Ljubimow weiterhin in der französischen Abteilung des Militärnachrichtendienstes als Oberoffizier. Erst im Frühjahr 1969 erfolgte die langerwartete Beförderung zum stellvertretenden Leiter der für Spionage in Frankreich und den Beneluxstaaten verantwortlichen 3. Direktion sowie zum Kapitän zur See.[88] Ende 1969 trat er dann die Stelle des stellvertretenden Residenten der GRU an der sowjetischen Botschaft in Amsterdam an, deren Leitung er schließlich ab Juni 1971 übernahm. Für seine Spionageverdienste erhielt er im August 1972 den Orden des Roten Sterns.

Zwischen 1971 und 1974 beschaffte die niederländische GRU-Vertretung mehr als 300 Dokumente und Muster, die die Moskauer Zentrale als »wertvoll/besonders wichtig« bewertete, und Ljubimow warb dort persönlich die Agenten »Gamin« und »Dean« an, wobei Letzterer dem Geheimdienst Unterlagen und Muster von hochmodernen elektronischen Bauteilen übergab.[89] Obgleich die von Ljubimow geleitete Residentur »bedeutende Erfolge« verzeichnen konnte, blieb dem Offizier die Beförderung zu dem ihm in dieser Position eigentlich zustehenden Dienstgrad eines Admirals vorenthalten. Der Grund hierfür findet sich in seiner Beurteilung aus dieser Zeit: »Die Tätigkeit seiner politischen Erziehungsarbeit war im Allgemeinen ausreichend, doch entsprach bei einzelnen Fragen noch nicht vollständig den nötigen Anforderungen: Nicht alle operativen Offiziere arbeiten mit voller Kraft an der Erfüllung der gestellten Aufgaben, vonseiten einzelner Offiziere gab es Elemente der Verletzung der Disziplin und Ordnung.«[90] Offensichtlich konnte der kultivierte Offizier nicht so »nach unten treten«, wie von der Führung erwartet.

Als er im Mai 1974 in das Moskauer GRU-Hauptquartier zurückkehrte, erhielt er gleichwohl den lang erwarteten Posten des Chefs einer Direktion. Allerdings nicht bei der prestigereichen 1. Verwaltung, die für die Agenteneinsätze im Westen verantwortlich zeichnete, sondern bei der 1. Direktion, die nicht einmal einen Sitz in der Geheimdienstzentrale hatte. Die in Moskau sitzende Abteilung des Militärnachrichtendienstes hatte den Auftrag, GRU-Offiziere bei sowjetischen Behörden und Organisationen wie der Akademie der Wissenschaften, dem Staatskomitee für Wissenschaft und Technik oder der Fluggesellschaft Aeroflot einzuschleusen, damit diese über eine zusätzliche Tarnung verfügten. Die Mitarbeiter der 1. Direktion warben allerdings auch westliche Spezialisten, die in der Sowjetunion weilten, für eine Zusammenarbeit mit dem militärischen Nachrichtendienst an und versuchten, sie zum Geheimnisverrat zu bewegen. Selbst in dieser Dienststellung konnte sich Ljubimow nicht den lang gehegten Traum der Beförderung zum Admiral erfüllen. Der ersehnte Dienstgrad winkte ihm auch nicht bei seiner nächsten Aufgabe: Vom Juni 1981 bis zum Oktober 1986 wirkte er als Chefberater des sowjetischen Militärnachrichtendienstes bei der Verwaltung Aufklärung der Nationalen Volksarmee der DDR. Nach seiner Rückkehr in die Sowjetunion wurde Ljubimow nunmehr, wiederum ohne Beförderung, in den Ruhestand versetzt. Er arbeitete danach allerdings noch zehn weitere Jahre als Ingenieur in einer Moskauer Einheit der GRU. Im März 2003 verstarb der Seeoffizier und damit einer der erfolgreichsten Agentenführer des sowjetischen Militärgeheimdienstes während des Kalten Krieges.[91]

Die GRU trennt sich von »Murat«

Für Oberst de La Salle, der im August 1965 aus den französischen Streitkräften entlassen worden war, bedeutete der Verlust seiner Dienststellung bei der NATO unweigerlich die Einbuße seines Wertes für den sowjetischen Militärnachrichtendienst. Obgleich ihm die GRU-Führung bei einer im Herbst 1965 von Ljubimow organisierten Geheimreise in die Sowjetunion verkündete, einem ihrer bislang wichtigsten Agenten eine monatliche Unterstützung von 500 US-Dollar zu zahlen, muss »Murat« diese Summe eher wie ein Almosen vorgekommen sein, hatte er doch zuvor mit seinen Dokumentenlieferungen ein Vielfaches dieses Betrages »verdient«. Dass der Militärgeheimdienst zusätzliches Geld für den Kauf eines Autos und die medizinische Behandlung seiner Tochter versprach, dürfte an dieser Situation nichts geändert haben. Spätestens als bei der Rückreise über Wien der dortige GRU-Resident vergaß, für die Rückfahrt des Agenten nach Paris die Sitzplatzreservierung für die 1. Klasse zu bezahlen, dürfte es de La Salle gedämmert haben, dass sein Stern beim militärischen Nachrichtendienst der Sowjetarmee unweigerlich im Sinken begriffen war. Nach seiner Rückkehr in die französische Hauptstadt beklagte er sich deshalb gegenüber seinem neuen Führungsoffizier in einem Schreiben, das er in einem toten Briefkasten hinterließ: »Ich habe alles verloren. Für Euch arbeitend, ruinierte ich meine Karriere, verlor meine Stellung, opferte meine Zukunft. Ich bedaure dies nicht. Bedauern ist nutzlos. Aber dies ist Tatsache«.[92]

Erschwert wurde die Beziehung zwischen de La Salle und der GRU zudem durch den Umstand, dass der Agent nicht über die Trennung mit der Kurierin hinwegkam, in die er sich immer noch verliebt glaubte. Um die Situation nicht weiter zu gefährden, schlug Ljubimow schließlich vor, »Murat« abzuschalten, wie es im Jargon der Geheimdienste heißt, also den Kontakt zu ihm abzubrechen: »[…] Erstens. Die Situation ist äußerst ernst. *Murats* Handlungen – seine Unaufrichtigkeit, seine Drohungen, seine voreiligen Eskapaden – haben dazu geführt, dass das Zentrum keine Informationen erhält und eine wertvolle und effektive Geheimdienstgruppe am Rand des Zusammenbruchs steht. Zweitens. *Murat* allein trägt die Schuld an der Situation.

Drittens. Die gegenseitigen Beschuldigungen von *Murat* und *Luisa* dürfen nicht fortgesetzt werden. Sie haben sich unserer Arbeit unterzuordnen. Viertens. Wenn *Murat* seine nachrichtendienstlichen Aktivitäten weiterhin von seiner persönlichen Beziehung zu *Luisa* abhängig macht, muss die Zusammenarbeit mit ihm beendet werden. Fünftens. Das Gleiche gilt für *Luisa*. Sechstens. *Luisa* ist zu raten, ihre Wohnung zu wechseln und in eine andere Gegend zu ziehen, ohne *Murat* darüber zu informieren. Ihr ist mitzuteilen, dass wir nichts dagegen haben, dass sie einen alten Freund heiratet«.[93]

Damit beendete die GRU ihre Beziehung zu »Murat«. Der stand nun vor dem Scherbenhaufen seiner Agententätigkeit für den Militärgeheimdienst. Oder um es mit Schiller zu sagen: »Der Mohr hat seine Arbeit getan, der Mohr kann gehen.« Doch der Oberst hatte sich offenbar zu sehr an das Leben eines Agenten gewöhnt, sodass er aus der Falle der Spionage nicht mehr herauskam. Ob das Geldnot war oder weiter das Bedürfnis nach Umsorgung, Anerkennung, das Gefühl im Mittelpunkt zu stehen oder etwas anderes, auf jeden Fall bot de La Salle nun der rumänischen Securitate seine Dienste an und ließ sich von dieser dafür entlohnen. Durch seine zahlreichen Reisen nach Rumänien und möglicherweise auch durch das Überlaufen von Iacobescu geriet er ins Visier des DST, der ihn dann am 6. August 1969 verhaftete. Zwei Tage später stürzte sich de La Salle aus dem Fenster seiner Wohnung.[94] Für die GRU selbst schien dieser Tod ihres einstigen Superagenten durchaus eine Peinlichkeit zu sein. In offiziösen und halboffiziösen Darstellungen des Militärgeheimdienstes zum Agenten »Murat« wird jeder Zusammenhang mit Oberst de La Salle bislang verneint und vielmehr die Geschichte erzählt, der Spion sei im Sommer 1968 bei einem Autounfall auf tragische Art und Weise ums Leben gekommen.

Im Nachhinein bedauerte auch Agentenführer Ljubimow, dass der Geheimdienst beim Umgang mit »Murat« nur dessen Zugang zu nachrichtendienstlich interessanten Quellen gesehen hat: »Wir haben uns nicht besonders bemüht (vielleicht beflügelt durch die Ergebnisse der gemeinsamen Arbeit) in die Gedankenwelt von *Murat* einzudringen und mit seinen Augen das reale Leben und die gegenwärtige Lage zu sehen. Er fühlte sich sehr einsam. Er konnte mit niemandem seinen Schmerz und Zweifel teilen, kleinere oder größere Probleme erörtern oder sich zu bestimmten Fragen beraten.«[95] Darüber hinaus habe die ungeheuer große Zahl der von ihm beschafften Materialien ihm einen grausamen Streich gespielt, der ihn wohl letztlich auch das Leben kostete – an eine unübersehbare Fülle geheimster Dokumente gewöhnt, begann die GRU-Informationsabteilung gewollt oder ungewollt damit, ihren Wert zu unterschätzen, während sie ständig die Anforderungen an de La Salle verschärfte und erhöhte. Oft erhielt die Pariser Residentur vom Zentrum Anweisungen – so erinnert sich Ljubimow –, die, gelinde gesagt, darauf hindeuteten, dass die Auswerter in Moskau nur eine vage Vorstellung davon hatten, mit welchen Schwierigkeiten es verbunden war, an derartige Unterlagen zu gelangen. So verlangten sie zum Beispiel, das Blatt eines Anhangs eines bestimmten »Cosmic. Top secret«-Dokuments zu finden oder eine neuere Version des Schreibens aufzuspüren. Doch die allermeisten dieser Dokumente gingen nur einmal und mit größtem Risiko durch die Hände des Agenten. Es war unmöglich, sie nochmals zu beschaffen.[96]

Ljubimow verstand ausdrücklich den Wert der von »Murat« beschafften Informationen, der in der Geschichte der GRU bislang einmalig gewesen sein dürfte: »In den 1960er-Jahren, einer Zeit schwieriger internationaler Beziehungen und einer angespannten Lage, kann die Bedeutung der engagierten Arbeit von *Murat* nicht hoch genug eingeschätzt werden. Seine Tätigkeit und der Wert seiner Informationen lassen sich allenfalls mit den Aufklärungsergebnissen von [Richard] Sorge oder der Quelle *Lucy*[97] aus der Gruppe um Sándor Radó vergleichen. Vielleicht sogar noch höher, da *Murat* dem Zentrum zuverlässige, durch Dokumente belegte Informationen lieferte und nicht analytisches Material. Bei der Erfüllung dieser Aufgabe hat *Murat* sein eigenes Leben riskiert, das Wohlergehen der Familie und seine persönliche Stellung in der ihm vertrauten höheren bürgerlichen Gesellschaft geopfert, da er in der UdSSR seine zweite Heimat sah.«[98]

Verdrängt hatten allerdings beide – Agentenführer und Spion – eine Devise, die bis heute bei allen Nachrichtendiensten gilt: »Alle lieben den Verrat, aber niemand liebt den Verräter«. Der Agent ist, soviel ihn sein Führungsoffizier auch umschmeichelt und mit Geld überhäuft, immer nur Mittel zum Zweck. Hat er den Zugang zu seinen Quellen verloren, ist der Spion nutzlos und damit für den Dienst uninteressant. Sein weiteres Schicksal beunruhigt dort so gut wie niemanden. Wer keinen Zugang mehr zu benötigten Informationen hat, wird gnadenlos aussortiert und landet unweigerlich auf dem Abstellgleis. Der verschlissene Spion kann dann von Glück sagen, wenn er das Geheimnis seiner Agententätigkeit mit ins Grab nehmen darf.

8. SIGINT – die Fernmeldeaufklärung des russischen Militärgeheimdienstes

»Die Funk- und funktechnische Aufklärung ist eines der wichtigsten Mittel zur Beschaffung von Aufklärungsunterlagen. Sie ist ununterbrochen, unbemerkt und fast unabhängig von der Jahres- und Tageszeit sowie den Wetterverhältnissen tätig. Der umfassende Einsatz von funkelektronischen Mitteln in den Streitkräften bietet der Funk- und funktechnischen Aufklärung die Möglichkeit, den Standort von Land-, Luft- und Seestreitkräften und die von ihnen verwendeten Funkmittel festzustellen sowie die verschiedenartigsten Angaben zu erhalten, die offen oder verschlüsselt mithilfe von funkelektronischen Mitteln gesendet werden.«[99]

Die Aussage stammt von Marschall Wasilij D. Sokolowskij, der 1965 mit seinem Buch *Militär-Strategie* einen Klassiker zur Militärtheorie im Kalten Krieg vorlegte. Sie bezeugt eindrucksvoll, welche Bedeutung das sowjetische Militär der Funk- und funkelektronischen Aufklärung beimaß.

Funkaufklärung und Funksicherheit in der Zarenarmee – unterschätzt und versäumt

Dies war allerdings nicht immer so. Die Seeschlacht bei Tsushima hatte 1905 gezeigt, dass die Zarenarmee die Funkaufklärung und Funksicherheit zunächst für unbedeutend hielt und ihre Rolle bei der Austragung militärischer Konflikte unterschätzte. Dieses russische Versäumnis sorgte im Ersten Weltkrieg nicht nur dafür, dass Russland Ende August 1914 bei der Schlacht von Tannenberg eine schwere Niederlage erlitt, sondern auch im weiteren Verlauf des Krieges immer wieder empfindliche Schlappen hinnehmen musste. Bei Tannenberg wurde die Einkreisung und nachfolgende Niederlage der russischen 2. Armee unter General Aleksandr W. Samsonow vor allem dadurch erleichtert, dass die Russen viele wichtige Befehle im offenen, unverschlüsselten Funkverkehr übermittelten, den die Deutschen abfangen konnten. Die russischen Versäumnisse im Bereich der Funksicherheit waren vor allem auf eine Verwechslung bei der Ausgabe neuer Chiffren an die Zarenarmee bei Kriegsbeginn zurückzuführen. Die Bemühungen um größere Sicherheit in diesem Bereich wurden im weiteren Verlauf des Krieges erneut durch eine mangelhafte Organisation behindert, was dazu führte, dass die russischen Truppen alte und neue Verschlüsselungen gleichzeitig verwendeten. Dies erleichterte es den Deutschen und Österreichern, die neuen Codes zu knacken, da nun die mit den alten, bereits entschlüsselten Codes gegebenen Befehle mit den durch die neuen Schlüssel übermittelten Nachrichten verglichen werden konnten. Ein solcher Fall trat erneut 1916 ein, als die russischen Bestrebungen zur Einführung eines neuen, komplexeren Codesystems dadurch unterlaufen wurden, dass die Armeestäbe noch Wochen nach dessen Einführung die alten Verschlüsselungsmethoden weiterverwendeten. Die Deutschen fingen nicht nur den russischen Funkverkehr ab, sondern führten an der Ostfront auch Geräte ein, die in der Lage waren, Befehle abzuhören, die über russische Feldtelefone übermittelt wurden, eine Abhörmaßnahme, der die Russen erst im Herbst 1916 etwas entgegenstellen konnten, weil sie ihnen zuvor entgangen war.

Die russische Funkspionage des Außenministerium schien damals deutlich besser aufgestellt gewesen zu sein als die der Armee. Die Behörde hatte von Kriegsbeginn bis zum Sommer 1916 immerhin 588 österreichische, 60 deutsche, 606 bulgarische, 225 türkische und 457 italienische Telegramme abfangen und dechiffrieren können. Erst allmählich konnte das Heer des Zaren in diesem Bereich aufholen. 1915 begannen die russischen Streitkräfte mit der Aufstellung spezieller Funkaufklärungsabteilungen. Im September 1916 erhielt die Armee zum ersten Mal drei auf Kraftfahrzeuge montierte Funkabhörstationen mit jeweils sechzehn Mann Besatzung. Im selben Monat gingen auch neun feste Abhörstationen in Betrieb. Ende 1916 verfügte die russische Armee schließlich über fünf Funkabhörstationen sowie 24 Funkpeilstationen und begann endlich, die aus diesen Quellen gewonnenen Informationen zentral zu analysieren, um sich ein Gesamtbild von den Bewegungen und Absichten des Feindes zu machen. Die Niederlage der zaristischen Armee im Ersten Weltkrieg konnte so aber nicht mehr aufgehalten werden.[100]

Die russische Marine wiederum hatte aus der Lektion von Tsushima gelernt und ihre Kapazitäten für die Funkaufklärung erheblich ausgebaut. Dass es gelang, in das Verschlüsselungssystem der kaiserlich-deutschen Marine einzudringen, war allerdings dem Zufall zu verdanken. Am 26. August 1914 lief vor der estnischen Insel Odensholm der Kleine deutsche Kreuzer »Magdeburg« auf Grund. Alle Versuche, das Schiff wieder flottzumachen, scheiterten, nur wenig später tauchten von einer auf dem Eiland befindlichen russischen Signalstation herbeigerufene Kriegsschiffe der Marine des Zaren auf, die die »Magdeburg« unter Feuer nahmen. Da der Kreuzer gegen den überlegenen Feind keine Chance hatte, ordnete der Kommandant eine Sprengung des Schiffs an und befahl, das mit Blei beschwerte Signalbuch, das der Codierung des Flaggen- und Funkverkehrs diente, über Bord zu werfen. Wenig später wurde es allerdings von russischen Tauchern geborgen, die den Meeresboden rund um das Wrack gründlich abgesucht hatten. Es gelang der russischen Marine, diesen wichtigen Fund geheim zu halten. Eine Abschrift des Signalbuches übergaben die Russen im Herbst 1914 ihren britischen Verbündeten, die nunmehr gleichfalls in der Lage waren, den deutschen Funkverkehr zeitnah zu entschlüsseln. Erstmals konnte die Royal Navy die Erkenntnisse aus den decodierten Funksprüchen im Januar 1915 während des Seegefechts auf der Doggerbank nutzen, in dessen Folge der deutsche Kreuzer »Blücher« verloren ging. Die russische Marine richtete zum Mithören der kaiserlich-deutschen Funksprüche auf der Insel Dagö eine eigene Funkstation ein und klärte so die Flottenunternehmen der Deutschen in der Ostsee auf. Im November 1916 gelang es unter Anwendung der deutschen Codes sogar, die X. Torpedoboot-Flottille vor der Hafenstadt Baltischport in zwei Minenfelder zu locken, wo innerhalb weniger Stunden sieben der elf Torpedoboote der Flottille auf Minen liefen und sanken. Auch im weiteren Kriegsverlauf zeigte sich die russische Flotte sowohl in der Ostsee als auch im Schwarzen Meer durch den abgefangenen Funkverkehr gut über die Bewegungen ihrer Gegner informiert.[101]

Funkaufklärung nach dem Ersten Weltkrieg

Während des nach der Oktoberrevolution einsetzenden Bürgerkrieges nutzte die Rote Armee im Kampf gegen die Weißen Empfänger für die Funkaufklärung und Stationen zur Funkpeilung. 1920 wurden hiervon bereits achtzig bzw. acht eingesetzt. Die Führung dieser Trupps lag jedoch bei den Chefs der Nachrichtentruppen der jeweiligen Fronten und Armeen. Nach dem Ende des Bürgerkriegs erging 1921 der Befehl, beim militärischen Nachrichtendienst eine neue Organisationsstruktur für die Funkaufklärung der Roten Armee auszuarbeiten. 1924 kam es dann zur Aufstellung von zwölf Aufklärungs-Funkpeiltrupps, die aus jeweils 28 Mann bestanden. 1926 wurden diese Trupps schließlich zu Kompanien erweitert. 1930 richtete die Leningrader Militär-Nachrichtenschule dann noch einen Studiengang für die Ausbildung von Funkaufklärungsspezialisten ein.[102]

Anfang der 1930er-Jahre lag die Führung der Funkaufklärung beim Militärnachrichtendienst des Hauptstabes der Roten Armee. Entsprechende stationäre Empfangsstellen befanden sich in Moskau, Jaroslaw, Smolensk, Kiew und Odessa. Darüber hinaus existierten entlang der polnisch-sowjetischen Grenze eine ganze Reihe weiterer Stationen für die Funkaufklärung in Richtung Westens. Hierbei wurde in drei Bereichen gearbeitet. Die Funkbeobachtung analysierte den gegnerischen Funkverkehr und wertete diesen aus, ohne den Inhalt der übertragenen Meldungen zu kennen. Der Peilbetrieb versuchte die Standorte der jeweiligen Funksender ausfindig zu machen, während die Funkerfassung den Inhalt der Funkmeldungen dechiffrierte und analysierte. Die deutsche Reichswehr ging zu diesem Zeitpunkt davon aus, dass die Rote Armee über insgesamt sechs Funkaufklärungskompanien verfüge, die jeweils 85 Mann stark waren und sich in zwei Züge zu je drei Trupps gliederten. Für das Abfangen von Meldungen, die über Fernmeldekabel übertragen wurden, existierten weiterhin vier Spezialkompanien mit der gleichen Anzahl von Lauschtrupps. Im Kriegsfall sollten die Horchzüge der Funkaufklärung in technischer, wirtschaftlicher und organisatorischer Hinsicht den Fronten bzw. Armeen unterstehen, während sie ihre Aufträge vom militärischen Nachrichtendienst erhielten, in dem auch die entsprechende Berichterstattung erfolgte. Beim Oberkommando der Roten Armee war zudem ein festes Netz von Funkabhörstellen aufzubauen sowie ein besonderer Horchzug einzusetzen. Der Chef des Militärgeheimdienstes hatte die so gewonnenen Aufklärungsergebnisse dem Chef der Operationsabteilung des Generalstabes vorzutragen. Hierfür war das gesammelte und bearbeitete nachrichtendienstliche Material in Tagesmeldungen zusammenzufassen, die dem Generalstabschef bzw. dem Leiter der Operationsabteilung vorgelegt werden mussten. Bei den Stäben der Fronten und Armeen waren gleichfalls Horchzüge einzusetzen, die ihre Beobachtungen an die Chefs der Aufklärungsabteilungen der jeweiligen Kommandostellen weitergaben, über die dann die Chefs der Operationsabteilungen informiert wurden. In den Korps und Divisionen sollten die erwähnten Lauschtrupps agieren, die möglichst ausschließlich im Bereich ihrer Verbände zu operieren hatten.[103]

Bildung der OSNAZ-Funkabteilungen 1937

Ende 1937 reorganisierte der Generalstab der Roten Armee die Funkaufklärung, die nun die 6. Abteilung der Aufklärungsverwaltung bildete und aus vier Referaten bestand. Die hierfür eingesetzten Einheiten der Roten Armee wurden nunmehr zentral dem Militärgeheimdienst unterstellt und erhielten die Bezeichnung »selbstständige Funkabteilungen für besondere Aufgaben« (OSNAZ). Kurz vor Beginn des Zweiten Weltkrieges verfügte die GRU über sechzehn OSNAZ-Funkabteilungen, die jeweils einen Raum von tausend Kilometern Durchmesser funkelektronisch überwachten. Daneben unterstanden dem Militärgeheimdienst sechs weitere OSNAZ-Funkabteilungen und regimenter, die über eine Aufklärungsreichweite von mehr als tausend Kilometer verfügten.[104] Diese überwachten täglich mehr als 3500 Funkstationen in den wichtigsten europäischen Staaten. Zudem wurde ein zentrales Funkpeilnetz geschaffen, um die Standorte von Funkanlagen der Wehrmacht zu ermitteln.[105]

Bei der Flotte begann ab 1927 die Einrichtung von Funkaufklärungs- und Funkpeilpunkten entlang der wichtigsten Küstenabschnitte der Sowjetunion. Zunächst erfolgte die Einrichtung eines Funkaufklärungszentrums in Oranienbaum an der Ostsee. 1930 nahm ein ähnliches Zentrum seinen Dienst am Schwarzen Meer auf, 1932 dann in Wladiwostok bei der Pazifikflotte und schließlich 1934 bei der Nordmeerflotte. Bei Kriegsbeginn verfügte die sowjetische Marine über insgesamt sieben Funkaufklärungszentren und 25 Funkpeilstationen, von denen sich acht bei der Pazifikflotte, jeweils fünf bei der Baltischen bzw. Nordmeerflotte, vier bei der Schwarzmeerflotte, zwei bei der Amur-Flottille und eine bei der Kaspischen-Flottille befanden. In den Zentren und Stationen überwachten rund 600 Matrosen und Offiziere den Seefunkverkehr auf den Meeren und Ozeanen, die an die Sowjetunion grenzten.[106]

Im Frühjahr 1941 stellten die den westlichen Militärbezirken unterstellten OSNAZ-Funkaufklärungsabteilungen der Roten Armee mit ihren Aufklärungsmitteln eine Zunahme der deutschen Truppen in Ostpreußen und in Polen sowie deren Bewegung in Richtung der deutsch-sowjetischen Demarkationslinie fest. Zeitgleich traf die sowjetische Armeeführung Maßnahmen, um die Einsatzbereitschaft der Funkaufklärer zu erhöhen. An die Chefs der Aufklärungsabteilungen in den Militärbezirken erging deshalb der Befehl, die entsprechenden Einheiten auf Kriegsstärke zu bringen und mit dem nötigen Spezialgerät und Transportmitteln auszustatten.[107]

Funkaufklärung im Zweiten Weltkrieg

Mit Kriegsausbruch änderten sich die Arbeitsbedingungen für die Funkaufklärung dramatisch. Die Einheiten mussten ihre Garnisonsstandorte aufgeben und ihre Aufgaben nunmehr unter ständiger Bewegung erfüllen. Zur Verbesserung der SIGINT-Nachrichtenbeschaffung übermittelte die Aufklärungsverwaltung beim Generalstab im August 1941 dann an die Kommandeure der an der Front eingesetzten Funkaufklärungseinheiten Angaben über die Arten und Besonderheiten der deutschen Funknetze, zu den Frequenzen der Funkstellen, den Regeln des Funkverkehrs der Wehrmacht usw.[108]

Im Herbst 1941 vermochte es die Funkaufklärung der Roten Armee, wichtige Informationen über die Konzentration deutscher Kräfte zu gewinnen, die in Richtung Moskau vorstoßen wollten. Zu den hierfür eingesetzten Einheiten gehörte auch die 490. OSNAZ-Funkabteilung, die man im September 1941 aus Taschkent in das Gebiet um die sowjetische Hauptstadt verlegt hatte und die nunmehr direkt dem Oberkommando unterstand. Der Abteilung gelang es, die deutschen Bomberverbände um Moskau aufzuklären und festzustellen, von welchen Flugplätzen aus welche Flugzeugtypen in welcher Anzahl zum Angriff auf die sowjetische Hauptstadt starteten. Über eine Direktverbindung gingen dann entsprechende Warnungen an den Stab der Luftverteidigung, der sich nun mit einem Vorlauf von ein bis zwei Stunden auf die Abwehr der Bombardierungen vorbereiten konnte.[109]

Nach den in den ersten Kriegsmonaten gewonnenen Erfahrungen ergriff die Führung des Militärgeheimdienstes zusätzliche Maßnahmen, um die Fähigkeiten der Funkaufklärungseinheiten zu verbessern. Hierfür wurde u. a. im Juni 1942 das 1. selbstständige OSNAZ-Funkregiment des Oberkommandos aufgestellt. In seinem Bestand befand sich eine mobile Gruppe, die in der taktischen Tiefe des Gegners Funkaufklärung betreiben sollte. An den Fronten kam es zur Bildung von Spezialgruppen, die sieben bis zehn Kilometer hinter den feindlichen Stellungen die Fernsprechkabel der Deutschen anzapfen und abhören sollten, um an Informationen über die in dem jeweiligen Abschnitt eingesetzten Divisionen und Regimenter der Wehrmacht zu gelangen.[110]

Zu Beginn der deutschen Offensive auf Stalingrad im Sommer 1942 zeigte die Funkaufklärung der Roten Armee gleichwohl immer noch Schwächen. Bedingt durch den schnellen Rückzug der eigenen Truppen hinter den Don sah sie sich nicht in der Lage, genaue Informationen über die drei deutschen Angriffsgruppierungen im Süden der deutsch-sowjetischen Front und deren Stoßrichtungen zu geben. Dass nach den deutschen Planungen die 2. Armee und die 4. Panzerarmee auf Woronesch vorstoßen, die 6. Armee – verstärkt durch gepanzerte Kräfte – in Richtung Stalingrad vordringen und die 1. Panzerarmee mit der 17. Armee bis zum Nordkaukasus vorrücken sollte, blieb der sowjetischen SIGINT-Aufklärung vorerst verborgen.[111]

Mit dem Beginn der Kämpfe um Stalingrad kamen dann die 394. und die 561. Funkabteilung der Stalingrader Front zum Einsatz. Dadurch konnte der Funkverkehr der Heeresgruppe »B« und der ihr unterstehenden 6. Armee sowie der 4. Panzerarmee abgefangen und überwacht werden. Somit gelang es, wichtige Informationen über die Verlegung der Stäbe der 4. Panzerarmee und dem zu ihr gehörenden XXXXVIII. Panzerkorps, dem IV. Armeekorps und dem VI. rumänischen Korps aus dem Gebiet von Woronesch in den Raum Stalingrad zu gewinnen. Mittels Funküberwachung stellte der militärische Nachrichtendienst zudem fest, dass die 6. Armee durch das XIV. und das XXIV. Panzerkorps verstärkt worden war. Bis zum Beginn der sowjetischen Gegenoffensive Mitte November 1942 überwachte die Funkaufklärung der Front den größten Teil der Korpsstäbe der 6. Armee und der 4. Panzerarmee sowie die Führungsstellen der Hälfte der bei Stalingrad eingesetzten deutschen Divisionen. Für die sowjetischen Planungen des Gegenangriffs erwies sich zudem die von der Funkaufklärung gewonnene Information als überaus wertvoll, dass italienische und rumänische Truppen die deutschen Deckungsverbände am Donbogen ablösten, die nunmehr zum Teil in Richtung Stalingrad in Marsch gesetzt wurden. Erstmals zeigte sich, dass die Funkaufklärung der Roten Armee in der Lage war, schlachtentscheidende Informationen zu gewinnen und dass sie nunmehr eine wichtige Form der militärischen Aufklärung darstellte.[112]

Bei den nachfolgenden Kämpfen um den Kaukasus und die Krim erfolgte auch ein Einsatz der Funkaufklärungskräfte der Schwarzmeerflotte. Durch ihre Tätigkeit konnte festgestellt werden, dass sich die deutsche Luftaufklärung in diesem Raum auf neun Staffeln stützte, die über Maschinen des Typs Ju-88 und He-111 verfügten und auf Flugplätzen in Mariupol, Saki und Nikolajew stationiert waren. Allerdings überwachten die Funkaufklärer der Marine auch andere Stützpunkte der Wehrmacht an der Schwarzmeerküste. Aufgeklärt wurde zudem ein umfassendes Netz von Radarstationen, auf die sich die deutsche Luftverteidigung im Süden der Sowjetunion stützte. Auf der Krim wurden zwei Radarnetze identifiziert, die insgesamt elf Funkmessstationen umfassten. Die genaue Kenntnis ihrer Lage und Leistungsfähigkeit erlaubte es den sowjetischen Luftstreitkräften, bei der Planung von Operationen die Abwehrmöglichkeiten der Deutschen zu berücksichtigen, was zur Verringerung der Verluste beitrug. Während der Kämpfe um den Kaukasus und die Krim übermittelte allein das 3. Küstenfunkkommando der Schwarzmeerflotte an das Flottenhauptquartier 2000 Berichte über die Aktivitäten und den Einsatz von feindlichen Überwasserschiffen und U-Booten, mehr als 2000 Informationen zu Bewegungen deutscher und rumänischer Flugzeuge sowie rund 3000 Meldungen über das Aufspüren eigner Schiffe durch die deutsche Funk- und Radaraufklärung.[113] Die Anfang 1943 vorhandenen zwanzig OSNAZ-Funkaufklärungsabteilungen der Fronten hatten den Auftrag, offene und verschlüsselte Funksprüche des Gegners abzufangen, die Standorte seiner Funksender mittels Peilung zu ermitteln, den Funkverkehr der Wehrmacht zu stören und sich bei Bedarf an Funktäuschungsaktionen zur Desinformation der deutschen Aufklärung zu beteiligen. Hierfür verfügten sie jeweils über rund 200 Mannschaften und Offiziere und gliederten sich in einen Stab, eine Operationsabteilung, eine mit achtzehn bis zwanzig Empfängern ausgerüstete Funkaufklärungsstelle, eine Nachrichtenstelle sowie vier Funkpeilzüge. Die Versorgung organisierten eine materielltechnische Abteilung, eine Sanitäts- sowie eine Wirtschaftseinheit.[114]

Funkaufklärung, das Unternehmen »Zitadelle« und die sowjetische Gegenoffensive

Im Rahmen des Unternehmens »Zitadelle«, mit dem Hitler zumindest 1943 einen operativen Sieg an der Ostfront erreichen wollte, spielte die Funkaufklärung des Militärgeheimdienstes der Roten Armee gleichfalls eine entscheidende Rolle. Die Funkpeilabteilungen der Fronten im Bereich zwischen Kursk und Orjol klärten das Zusammenziehen umfangreicher gepanzerter deutscher Kräfte in diesem Gebiet auf. Im besagten Frontabschnitt konnten so zahlreiche Verbände der 2. und 4. Panzerarmee sowie der 2. und 9. Armee festgestellt werden. Das 1. OSNAZ-Funkregiment meldete Ende März 1943, ungeachtet der von der Wehrmacht ergriffenen Tarnmaßnahmen, die Verlegung des Stabes der 9. Armee aus dem Gebiet von Smolensk nach Süden in Richtung Brjansk. Hier stellte das Armeehauptquartier dann seinen Sendebetrieb ein. Gleichzeitig nahmen die Deutschen nun im Raum Brjansk ein neues großes Funknetz in Betrieb, dass auf die Tätigkeit eines Armeestabes hinzudeuten schien. Tatsächlich zog der Stab der 9. Armee jedoch in das rund hundert Kilometer südöstlich gelegene Orjol, um von dort aus die nördliche Zange des deutschen Umfassungsversuches am Kursker Bogen zu bilden. Allerdings erkannten die sowjetischen Funkexperten dieses Täuschungsmanöver und ermittelten den richtigen Standort der Führung der 9. Armee. Wertvolle Informationen zu den Truppenbewegungen der Wehrmacht bei Kursk lieferten auch die Funkexperten der 347. Funkabteilung der Brjansker

Front sowie der 394. Funkabteilung der Zentralfront. Sie bestätigten die Verstärkung der deutschen Truppen bei Orjol und beobachteten zudem die Bildung einer zweiten Angriffsgruppierung der Wehrmacht im südlichen Bereich des Kursker Bogens. Damit deckten sie den Plan eines Umfassungsangriffs gegen die Truppen der Roten Armee auf, die zwischen Orjol und Belgorod standen.[115]

Die 313. Funkabteilung der Woronescher Front empfing im März 1943 Funksignale, die auf eine Verlegung des II. SS-Panzerkorps, das sich zuvor in Frankreich befunden hatte, in die Region um Charkow hindeuteten. Zu diesem neu aufgestellten Korps gehörten die SS-Panzergrenadierdivisionen »Leibstandarte Adolf Hitler«, »Das Reich« und »Totenkopf«. Im Zeitraum April und Mai 1943 beobachteten die Funkaufklärer der Woronescher Front dann die Verlegung von vier weiteren Panzerdivisionen der Wehrmacht aus dem Donbass in die Gegend um Charkow, was auf den bevorstehenden Beginn des deutschen Angriffs hinwies. Zugleich gelang es, die bei Kursk eingesetzte Gruppierung der deutschen Luftwaffe vollständig aufzuklären, da sowohl die Einheitsnummern der einzelnen Geschwader als auch deren Einsatzflugplätze ermittelt werden konnten. In Zusammenarbeit mit der Luftaufklärung wurden die entsprechenden Flugplätze regelmäßig überwacht und die Anzahl der dort stationierten Flugzeuge der Luftwaffe festgestellt. Im Juli beobachteten die Funkaufklärer dann das Vorrücken der deutschen Panzer- und Infanterieverbände in ihre Ausgangsstellungen für das Unternehmen »Zitadelle«. Auch während der bis zum 16. Juli 1943 andauernden Schlacht, die mit einem Rückzug der Deutschen endete, lieferte die Funkaufklärung der Roten Armee fortlaufend Informationen über die eingesetzten Kräfte der Wehrmacht und deren Verluste. So meldeten die Funkaufklärer der Woronescher Front beispielsweise am 13. Juli 1943 das Vorhandensein von 860 Kampf- und Jagdflugzeugen der Luftwaffe auf Flugplätzen bei Poltawa, Kirowograd, Dnjepropetrowsk, Stalino, Charkow und Saporoschje.[116] Die 394. OSNAZ-Funkabteilung klärte nach Angriffsbeginn das Funknetz der im Norden des Kursker Bogen eingesetzten 2.

Panzerarmee auf und fing zudem zahlreiche Lagemeldungen der deutschen Truppen ab, die im Klartext abgesetzt worden waren und auf die Schwere der Kämpfe und die Stärke der sowjetischen Verteidigungsstellungen hinwiesen.[117]

Mit dem Beginn der nun einsetzenden sowjetischen Gegenoffensive intensivierte sich nochmals die Tätigkeit der Funkaufklärung des militärischen Nachrichtendienstes. Sie überwachte ständig die Bewegungen der gegnerischen Stäbe und ermittelte die Zusammensetzung der einzelnen Verbände. So registrierten die Funkaufklärer zum Beispiel das Herausziehen von drei deutschen Panzerdivisionen aus dem nördlichen Angriffskeil in den Raum östlich von Orjol, die dort gegen die angreifende Rote Armee eingesetzt werden sollten. Dem gleichen Zweck diente auch die am 16. Juli 1943 von der Funkaufklärung registrierte Ankunft der 8. Panzerdivision, die aus Witebsk zum gefährdeten Frontabschnitt transportiert worden war. Insgesamt stellten die sowjetischen Funkaufklärer zwischen dem 13. Juli und dem 30. Juli 1943 im Raum Kursk die Verlegung von sieben Panzerdivisionen, einer Panzergrenadierdivision und fünf Infanteriedivisionen zu Frontabschnitten fest, die Ziel der Offensive der Roten Armee waren. Die durch die Funkaufklärung gewonnenen und zeitnah an die übergeordneten Stäbe gemeldeten Informationen trugen dazu bei, die versuchten Gegenangriffe der Wehrmacht aufzufangen und den eigenen Angriff weiter voranzutragen. Das 1. OSNAZ-Funkregiment des Oberkommandos beobachtete zu diesem Zeitpunkt die Bewegungen der Stäbe der 2. und 4. Panzerarmee sowie der 2. und 9. Armee. Gleichzeitig überwachte es die deutschen Gruppierungen in den Räumen Smolensk und Charkow. Die OSNAZ-Abteilungen der Fronten hörten ständig die Funknetze der deutschen Korps und Divisionen ab, wodurch sie deren Bewegungen beim Rückzug nach Westen nachverfolgen konnten. Mobile Funkaufklärungstrupps versuchten ferner, offene Funkgespräche der deutschen Truppen auf taktischer Ebene abzufangen, um so Informationen über die Lage von Regiments- und Bataillonsgefechtsständen zu gewinnen.[118]

Allerdings vertrauten selbst zu dieser Zeit noch nicht alle sowjetischen Kommandeure den Erkenntnissen der Funkaufklärung. So hatte das 1. OSNAZ-Regiment immer wieder gemeldet, dass sich nach seinen Funkpeilergebnissen der Stab der Heeresgruppe Mitte in Smolensk befinde. Der Generalstab der Roten Armee lehnte diese Schlussfolgerung immer wieder ab, da die Stadt viel zu nah an der Front liege. Das Hauptquartier der Heeresgruppe Mitte müsse sich vielmehr, so die Generalstabsoffiziere, im westlicher gelegenen Orscha oder gar in Minsk befinden. Als Smolensk dann im September 1943 von der Roten Armee zurückerobert wurde, belegten erbeutete deutsche Dokumente, dass sich hier tatsächlich seit 1941 der Stab der Heeresgruppe Mitte befunden hatte. Ähnlich verhielt es sich auch mit dem Hauptquartier des Oberkommandos des Heeres in Zossen. Auch hier hatten die Auswertungen der Funkpeilungen des 1. OSNAZ-Regiments ergeben, dass sich in der Kleinstadt südlich von Berlin die Führungsstelle des deutschen Heeres befinde. Doch auch diese Analyse wurde von einigen Stellen des Generalstabes zurückgewiesen, die meinten, das Oberkommando des Heeres könne seinen Standort nur in Berlin haben.[119]

Die Operation »Bagration« – tiefgestaffelte Funkaufklärung

Im Rahmen der im Sommer 1944 gegen die Heeresgruppe Mitte durchgeführten Operation »Bagration« kam es gleichfalls zu einem verstärkten Einsatz der Funkaufklärungseinheiten der GRU. Zum ersten Mal sollten diese eine tiefgestaffelte Aufklärung der Truppen der Wehrmacht leisten. Hierfür wurden nicht nur den Frontstäben entsprechende Funkaufklärungstrupps unterstellt, sondern nunmehr auch den Armeen und Divisionen. Für deren Ausrüstung stellte der Militärgeheimdienst aus seinen Reserven vierzig UKW-Empfänger, fünfzig tragbare Funk-Empfangsgeräte und fünfzig drahtgebundene Telefonabhörgeräte bereit. Mithilfe dieser Geräte konnten insgesamt neunzehn Nah-Funkaufklärungsgruppen aufgestellt werden. Für die Funkaufklärungsabteilungen der Fronten hatte der Militärnachrichtendienst

Empfehlungen ausgearbeitet, wie die deutschen Funknetze der Ebenen »Armee-Korps-Division« am besten zu beobachten seien.[120]

Die Hauptlast der Funkaufklärung während der Offensive der Roten Armee in Weißrussland lag allerdings erneut bei den fünf OSNAZ-Abteilungen der vier angreifenden Fronten und dem 1. OSNAZ-Regiment des Oberkommandos. Sie belauschten die Funknetze der Wehrmacht und konnten durch den Einsatz ihrer Funkpeilgeräte die Standorte der wichtigsten Stäbe der Heeresgruppe Mitte ermitteln. Das 1. OSNAZ-Regiment überwachte zudem die Kurzwellenfunknetze, über die der Generalstab des Heeres seine Weisungen und Befehle an die Heeresgruppe Mitte und die ihr unterstellten Armeen und Panzerarmeen weitergab. Unter ständiger Beobachtung stand auch der Funkverkehr der Bodenstellen der Luftflotte 6 mit ihren fliegenden Verbänden und Einheiten. Die Abhörspezialisten der 545. OSNAZ-Funkabteilung der 1. Belorussischen Front erfuhren auf diesem Weg, dass die deutsche Luftaufklärung kurz vor dem geplanten Angriffsbeginn dreißig Feldflugplätze mit 600 Kampfflugzeugen der Roten Armee entdeckt hatte. Darüber informiert, befahl der Oberbefehlshaber der Front, Armeegeneral Rokossowski, die Maschinen sofort auf andere Flugfelder zu verlegen, um die Operation nicht vorzeitig auffliegen zu lassen.[121] Das Unternehmen glückte und rasch nach Angriffsbeginn am 22. Juni 1944 gerieten die ersten deutschen Verbände bei Witebsk in Kessel der vorrückenden Roten Armee. Die eingeschlossenen Divisionen des LIII. Armeekorps, zu dem die 4. und 6. Luftwaffen-Felddivision sowie die 197., 206. und 246. Infanteriedivision gehörten, riefen per Funk dringend um Hilfe und teilten ihre schweren Verluste an Personal und Material im Klartext an die übergeordneten deutschen Stäbe mit. Durch den Empfang und die Auswertung dieser Meldungen konnte die Funkaufklärung wesentlich zur vollständigen Niederlage und Gefangennahme der deutschen Truppengruppierung im Norden Weißrusslands beitragen. Ende August 1944 näherten sich die Angriffsverbände des Unternehmens »Bagration« westlich von Riga der Ostseeküste, in Weichselnähe standen die sowjetischen

Truppen kurz vor Warschau, wo die Funkaufklärung neue Gruppierungen der Wehrmacht aufklären konnte, die mithilfe hastig errichteter Verteidigungsanlagen den weiteren Vorstoß der Roten Armee aufhielten, der zunehmend von Versorgungsproblemen gezeichnet war.[122]

Während des Krieges erweiterte auch die sowjetische Marine ihre Funkaufklärungskräfte erheblich. 1944 existierten bereits neun Zentren für die Funkaufklärung und 37 Funkpeilstationen, die mit knapp 2000 Matrosen und Offizieren bemannt waren. Die Marinestationen fingen in der gesamten Kriegszeit im Monat durchschnittlich mehr als 25.600 Funksprüche ab. Rund die Hälfte aller Funkmeldungen – 13.300 – wurden im Bereich der Ostsee aufgezeichnet, etwa 5200 stammten aus den Gewässern des Nordmeers, gut 3700 von der Amur-Flottille, die die japanischen Seestreitkräfte überwachte, und rund 3400 von Schiffen und Flugzeugen, die im Schwarzen Meer operierten. Auf der Grundlage der abgefangenen Funksprüche registrierte die Marineaufklärung zwischen 1941 und 1945 insgesamt mehr als 34.300 Schiffskontakte, 6454 Kontakte mit U-Booten, 4500 Kontakte von Konvois sowie 72.500 Flugzeugkontakte. Durch dieses Nachrichtenaufkommen sahen sich die sowjetischen Seestreitkräfte in der Lage, die wichtigsten Operationen der Kriegsmarine auf dem deutsch-sowjetischen Kriegsschauplatz zu verfolgen und frühzeitig deren Absichten zu erkennen. Zugleich konnten während des Krieges durch die Meldungen der Funkaufklärung der Seekriegsflotte der Roten Armee 150 Transportschiffe, 27 Tanker, acht Zerstörer, 30 Fregatten und Korvetten, 27 Minensucher, 31 Schnellboote sowie 4 U-Boote des Feindes versenkt werden.[123]

Das riskante System des Agentenfunk

Einen weiteren Arbeitsbereich der Funkaufklärung stellte der Agentenfunk dar. Die Abteilung sollte den Funkkontakt zu den im Ausland eingesetzten Agenten halten, die nur unter großen Schwierigkeiten durch Kuriere erreicht werden konnten. Doch gerade in diesem

Bereich kam es immer wieder zu Problemen. Am 23. Oktober 1942 setzte die GRU den Infiltrationsagenten Heinrich Koenen, einen deutschen Ingenieur und Kommunisten, der 1933 in die Sowjetunion emigriert war, nach einer Ausbildung zum Agentenfunker in Ostpreußen per Fallschirm ab. Was der Agent jedoch nicht wusste, dass er mitten in ein Funkspiel sprang, das die Gestapo seit der Verhaftung des GRU-Funkers Johann Wenzel Ende Juli 1942 mit dem sowjetischen Militärgeheimdienst betrieb.[124] Mit einem Funkgerät ausgerüstet sollte sich Koenen zu Ilse Stöbe nach Berlin durchschlagen und deren Agentenberichte nach Moskau weiterleiten. Als Heimaturlauber getarnt erreichte der Funker Berlin, wo er unmittelbar nach seiner Ankunft die Wohnung von Stöbe aufsuchte. Da die GRU-Agentin zu diesem Zeitpunkt bereits von der Gestapo verhaftet worden war, wartete in deren Wohnung auf den Moskauer Fallschirmspringer eine Mitarbeiterin der deutschen Geheimpolizei. Der Spionageexperte des Reichssicherheitshauptamtes Friedrich Panzinger setzte Koenen daraufhin auf seine Funkführungsstelle in Moskau an. Das sich daraus entwickelnde Funkspiel dauerte von Dezember 1942 bis zum November 1943 und führte zur Verhaftung von drei weiteren Agenten der GRU in Deutschland, von denen zwei erschossen wurden. Koenen selbst wurde von der SS im Februar 1945 im KZ Sachsenhausen ermordet.[125]

Nur wenige Monate nach dem Ende des Zweiten Weltkrieges musste die GRU einen weiteren schweren Schlag für ihr Agentenfunksystem hinnehmen, als in Ottawa der Chiffrierbeamte Igor' S. Gusenko zur kanadischen Spionageabwehr überlief. Der junge Offizier diente seit 1941 im Rang eines Leutnants in der Chiffrierabteilung des Moskauer GRU-Hauptquartiers. Im Juni 1943 wurde er als Chiffrier-Offizier an die sowjetische Botschaft in Kanada versetzt, wo er im Herbst 1945 den Entschluss fasste, in den Westen überzulaufen.[126] Über seine Zeit in der GRU-Chiffrierabteilung in Moskau berichtete der Überläufer, dass damals dort rund 150 Offiziere und Unteroffiziere arbeiteten, von denen jeder pro Tag bis zu 3000 sogenannte Gruppen – die Nachrichten wurden in aus fünf Ziffern bestehende Gruppen verschlüsselt – bearbeitete. Gusenko schätzte, dass eine verschlüsselte Funknachricht im Durchschnitt 150 bis 200 Gruppen enthielt, sodass pro Tag in der Nachrichtenzentrale des Militärgeheimdienstes etwa 3000 ein- und ausgehende Nachrichten bearbeitet wurden. Aus den Seriennummern der Funknachrichten des GRU-Hauptquartiers an den Militärattaché und Residenten des Militärgeheimdienstes in Ottawa, Oberst Nikolaj I. Sabotin, die Gusenko der kanadischen Spionageabwehr übergeben hatte, ging zudem hervor, dass Moskau zwischen dem 30. Juli 1945 und dem 22. August 1945 rund 1500 Funksendungen an seine Residenturen im Ausland geschickt hatte. Aus Ottawa selbst übermittelte Gusenko zwischen dem 12. Juli 1945 und dem 30. August 1945 insgesamt 65 Meldungen nach Moskau. Diese Zahlen zeigen, wie eng die GRU-Zentrale in der sowjetischen Hauptstadt die Geheimdienstoperationen ihrer Agenten im Ausland durch verschlüsselten Funkverkehr überwachte.

Die GRU und der politische Auslandsnachrichtendienst des Ministeriums für Staatssicherheit der UdSSR verfügten jeweils über ein eigenes Code- und Chiffriersystem. Der Zugang zu diesem System war auf die Chiffrieroffiziere und die Chefs der jeweiligen Residenturen beschränkt. An der Botschaft in Kanada befand sich die Chiffrierabteilung von anderen Büros isoliert in einem besonderem Flügel der Auslandsvertretung. Es gab sieben Räume für die Verschlüsselungsbeamten und einen gesonderten Aktenraum, zu dem nur der Chef der Chiffrierabteilung Zutritt hatte. Fast jedes Ministerium verfügte an der sowjetischen Vertretung über eigenes Personal für die Verschlüsselung von Nachrichten der entsprechenden Behörde. Dem Botschafter unterstanden dabei die Chiffrierexperten des Außenministeriums, die des Handelsministeriums waren dem Botschaftssekretär für Wirtschaft untergeordnet, ein weiterer Chiffrieroffizier verschlüsselte Funkmeldungen der Partei, auch die Chefs des politischen und des militärischen Nachrichtendienstes hatten ihre eigenen Verschlüsselungskräfte. Jeder der Dienste und Behörden hatte nur Zutritt zu dem von ihm genutzten Raum. Dem Leiter der Chiffrierabteilung oblag die Verantwortung für deren Sicherheit, über ihn lief der gesamte verschlüsselte Verkehr der Botschaft. Er sortierte die Meldungen entsprechend ihrem Ursprung und leitete diese dann an die zuständigen Chiffrieroffiziere weiter. Weiterhin nahm er die Schlüsselunterlagen in Verwahrung, wenn sie nicht genutzt wurden. Hierfür wurden sie von dem Chiffrierbeamten in einen besonderen Beutel gelegt und versiegelt. Der Chef der Chiffrierabteilung legte diesen dann in den Safe, der sich im Aktenraum befand.

Gusenko hatte in seinem eigenen Chiffrierraum einen Safe für den Militärattaché, in dem er die Berichte über die Agentennetzwerke, die Notizen über Kontakte zu Quellen, das Diensttagebuch des Militärattachés und andere Geheimdokumente aufbewahrte. Die Klartexte der entschlüsselten Funksendungen zwischen Ottawa und der GRU-Zentrale wurden hingegen in einer besonderen Tasche aufbewahrt, die der GRU-Offizier im Safe des Aktenraum deponierte. In Ottawa fungierte Gusenko als einziger Chiffrieroffizier des Militärattachés. Der GRU-Resident in Washington beschäftigte hingegen zur gleichen Zeit fünf Chiffrierbeamte, um den bei ihm anfallenden Nachrichtenverkehr zu bearbeiten. Die benötigten Chiffrierblöcke wurden dabei in der Regel alle zwei Wochen per Kurier an die Botschaft geliefert. Jedes Blatt des Blocks war nur einmal zu benutzen und dann zu vernichten. Diese in der Geheimdienstsprache als »Einmal-Pads« bekannten Schlüssel sind, wenn sie tatsächlich nur einmal angewendet werden, für Außenstehende nicht zu entziffern. Die Zahlen auf dem Block waren in horizontalen Fünferreihen angeordnet, wobei man zehn Zeilen auf eine Seite druckte.[127]

Die Aussagen von Gusenko sollten vor allem für das Venona-Projekt der US-Spionageabwehr von Interesse sein, denn auch mit seinen Angaben gelang es, einen Teil der zwischen 1939 und 1945 von Amerikanern und Engländern aufgezeichneten Funksprüche sowjetischer Nachrichtendienste zu entschlüsseln. So konnten beispielsweise im Rahmen des Unternehmens fünfzig Prozent der 1943 vom sowjetischen Marineattaché in Washington, Kapitän zur See Iwan A. Egoritschew, nach Moskau abgesandten Nachrichten und der an ihn gehenden Weisungen der Zentrale entziffert werden. Bei der GRU-Kommunikation aus den Jahren 1939 bis 1941 wiederum gelang kein Einbruch in das Codesystem des militärischen Nachrichtendienstes. Allerdings konnte zumindest festgestellt werden, dass 1940 die New Yorker Residentur 992 Nachrichten an die Zentrale in Moskau geschickt hatte. Der Nachrichtenverkehr der Washingtoner GRU-Residentur blieb auch in den späteren Jahren kaum entzifferbar. Von mehreren Tausend Nachrichten konnten nur knapp fünfzig »geknackt« werden, die zumeist Routinematerial des sowjetischen Militärattachés enthielten. Immerhin lieferte dechiffriertes Material aus New York wertvolle Informationen zur Tätigkeit der GRU in den Vereinigten Staaten. Als wesentlich wertvoller erwies sich allerdings der mitgelesene Verkehr zwischen der GRU-Residentur in London und dem Moskauer Hautquartier des Militärgeheimdienstes. Hier konnten insgesamt 260 Nachrichten aus den Jahren 1940 bis 1941 und 1945 bis 1947 entschlüsselt werden, die umfangreiche Informationen zu Spionagebereichen, verwandten nachrichtendienstlichen Techniken und Agenten freigaben.[128] 1948 versiegte die Venona-Nachrichtenquelle jedoch, da die sowjetischen Nachrichtendienste einschließlich der GRU zu einer neuen Chiffriermethode übergingen und damit »in schneller Folge [...] alle diese Verschlüsselungssysteme unleserlich« wurden.[129] Erneut konnten die sowjetischen Agentenfunker und Chiffrierer wieder im Geheimen arbeiten.

Die Aufwertung der Funkaufklärung nach 1945

Der im Zweiten Weltkrieg verstärkt erfolgte Einsatz von Radargeräten und anderen funkelektronischen Anlagen führte dazu, dass ab 1947 beim Militärgeheimdienst Kapazitäten für die funktechnische Aufklärung geschaffen wurden. 1952 begann die GRU zudem mit der Ausbildung von Spezialisten für Funkstörungen. Allerdings traf die

Militärführung bereits zwei Jahre später die Entscheidung, diese Aufgabe an die Nachrichtentruppen der Sowjetarmee abzugeben.[130] Bereits ein Jahr zuvor hatte die GRU-Führung die Funkaufklärung aus der für die operative Aufklärung zuständigen 3. Verwaltung ausgegliedert. Als 7. Abteilung unterstand sie nunmehr direkt dem Chef des militärischen Nachrichtendienstes und vereinigte sowohl die Funk- wie auch die funkelektronische Aufklärung. Für die strategische Informationsgewinnung im Bereich des Funkwesens stand die aus dem 1. OSNAZ-Regiment hervorgegangene 1. OSNAZ-Brigade zur Verfügung, die zudem in verschiedenen Teilen der Sowjetunion über Peilstellen verfügte. Die Funk- bzw. funktechnische Aufklärung auf operativer Ebene übernahmen entsprechende OSNAZ-Regimenter bei den Militärbezirken sowie den im Ausland eingesetzten Gruppen der Truppen. Für operativ-taktische Aufgaben standen in den Armeen entsprechende Bataillone bereit, während in den Divisionen für den taktischen Einsatz die Verwendung von Kompanien für die Funk- und funktechnische Aufklärung vorgesehen war.[131]

Im Mai 1955 reorganisierte die GRU die 7. Abteilung zur 6. Verwaltung um. Dieser unterstanden nunmehr die Funkaufklärung, die funktechnische Aufklärung, die Aufklärung mit funktechnischen Mitteln, der Sonderfunkdienst sowie der Dienst für Sonderbeobachtungen.[132] Letzteren hatte die Militäraufklärung im Februar 1954 geschaffen, um Atombombenversuche der Amerikaner und Briten registrieren und auswerten zu können. Hierfür stellte der Militärgeheimdienst vier funktechnische Einheiten bereit, die alle im Fernen Osten der Sowjetunion stationiert waren. Die aus jeweils 25 Offizieren und 75 Soldaten bestehenden Trupps hatten ihre Standorte im hundert Kilometer von Wladiwostok gelegenen Woroschilow, heute Ussirijsk, in der Nähe von Petropawlowsk-Kamtschatski, auf der Insel Sachalin bei Juschno-Sachalinsk sowie im chinesischen Dailan, einer Hafenstadt am Gelben Meer. Allerdings schlug bereits im Frühjahr 1956 die GRU vor, diese Aufgabe, die nicht zu ihren Kernkompetenzen gehörte und umfangreiche neue technische Ausrüstung erforderte, an andere Bereiche des Verteidigungsministeriums abzugeben. Am 18. März 1957 erließ dann Verteidigungsminister Shukow den Befehl, den Dienst für Sonderbeobachtungen an die 6. Verwaltung des Verteidigungsministeriums zu übergeben, die für die Entwicklung und Lagerung von Kernwaffen verantwortlich zeichnete.[133]

Die 6. GRU-Verwaltung hatte nunmehr die Zuständigkeit für alle Operationen des militärischen Nachrichtendienstes im Bereich der Kommunikationsaufklärung (COMINT) und der elektronischen Aufklärung (ELINT), den zwei wichtigsten Arbeitsgebieten der SIGINT-Spionage. Ein primäres Abhörziel stellten dabei die strategischen Nuklearkräfte der Vereinigten Staaten, Großbritanniens und Frankreichs sowie später auch der Volksrepublik China dar. Hierfür fingen die Funkspezialisten der GRU sowohl verschlüsselte als auch Klartextnachrichten ab. Für die SIGINT nutzte der Militärgeheimdienst der Sowjetarmee drei Hauptquellen: die zentrale GRU-Station für die Kommunikationsaufklärung in Klimowsk, etwa 32 km südlich von Moskau, die OSNAZ-Truppen in den sowjetischen Militärbezirken und bei den Gruppen der sowjetischen Streitkräfte in den Ländern des Warschauer Pakts sowie im Ausland eingesetzte SIGINT-Einheiten.[134]

So konnte die 6. Verwaltung der GRU in der DDR 1956 beispielsweise auf die Kräfte des 46. selbstständigen OSNAZ-Regiments in Torgau sowie des 137. selbstständigen OSNAZ-Regiments in Gera zurückgreifen. Das Torgauer Regiment bestand aus einem funktechnischen Bataillon mit Sitz in Stendal sowie vier funktechnischen Kompanien, die in Stendal, Ludwigslust und Halberstadt stationiert waren. Zum 137. OSNAZ-Regiment gehörten gleichfalls ein funktechnisches Bataillon, das in Plauen lag, drei funktechnische Kompanien in Nordhausen, Plauen und Meiningen sowie drei Funkpeil-Kompanien, die in Schwerin, Meißen und Nordhausen stationiert waren. Für die Marine spionierte in Erfurt-Bindersleben der 99. Marine-Funkpeilpunkt, der gleichfalls der GRU unterstand.[135]

Die 6. Verwaltung selbst unterteilte sich in vier Abteilungen. Bei der 1. Abteilung lag die Verantwortung für die Funk- und COMINT-

Aufklärung. Deshalb koordinierte und leitete sie vor allem die Tätigkeit der OSNAZ-Regimenter. Weiterhin beaufsichtigte sie auch das GRU-eigene COMINT-Netz von Peil- und Abhöreinrichtungen, das aus der erwähnten Station in Klimowsk und elf weiteren Stationen in anderen Teilen der Sowjetunion bestand. Acht Peilstationen entlang der sowjetischen Grenze wurden später, um die Genauigkeit zu erhöhen, durch Posten auf Kuba, in Vietnam, in Birma sowie der Mongolei ergänzt. Zu diesem Überwachungsnetz gehörten etwa 300 GRU-Mitarbeiter und weitere 1500 militärische und zivile Kräfte, die nicht dem militärischen Nachrichtendienst unterstanden. Ihr wichtigstes Ziel war das Strategische Luftkommando der US Air Force, aber auch die Nuklearbomber der Royal Air Force und die taktischen Nuklear- und Raketeneinheiten der NATO in Westeuropa wurden durch dieses Netz, das die Bezeichnung »Krug« trug, überwacht.

Das seit Beginn der 1950er-Jahre entwickelte System hatte die Aufgabe, alle elektronischen Emissionen abzufangen, die westliche Kernwaffenträger aussandten, und diese so zu verfolgen. Zusätzlich wurden strategische Aufklärungsflugzeuge wie die AWACS, die SR-71 und die U-2 erfasst. Auf den Ziellisten standen aber auch die Tankflugzeuge, die die Atombomber in der Luft mit zusätzlichem Treibstoff für deren Langstreckeneinsätze versorgten. Die Peilstationen zeigten sich dabei in der Lage, den jeweiligen Standort der abgehörten Objekte über eine Entfernung von mehreren Tausend Kilometern zu ermitteln und auch die Richtung anzugeben, in der sich das entsprechende Flugzeug bewegte. Neben den Funkgesprächen der Piloten versuchte »Krug« auch die Satellitenkommunikation der Vereinigten Stabschefs der USA-Streitkräfte abzuhören. Die Station Klimowsk arbeitete im 24-Stunden-Rythmus und war direkt der Leitung der 6. Verwaltung unterstellt. Sie führte auch umfangreiche Abhöraktionen und Analysen der Kommunikation der wichtigsten ausländischen Nachrichtendienste sowie Presseagenturen durch.[136]

Der 2. Abteilung der 6. Verwaltung unterstand die elektronische Aufklärung (ELINT). Sie erfasste und wertete elektromagnetische

Strahlungen aus, die nicht für Kommunikationszwecke genutzt wurden, also Signale von Ortungs-, Leit-, Lenk- und Navigationssystemen. Für ihre Zwecke nutzte die 2. Abteilung zahlreiche Einrichtungen der 1. Abteilung und arbeitete eng mit ihr zusammen.[137] Zur funktechnischen Beobachtung militärischer Aufklärungssatelliten der USA entwickelte der Militärgeheimdienst der Sowjetarmee in Zusammenarbeit mit der für die Luftverteidigung verantwortlichen 4. Hauptverwaltung des Verteidigungsministeriums und dem KGB seit der Mitte der 1960er-Jahre das System »Zwesda«. Es sollte durch die Analyse der von den Raumflugkörpern ausgestrahlten Signale feststellen, um was für einen Typ von Aufklärungssatelliten es sich handelte, auf welcher Umlaufbahn er sich bewegte und welche Lebensdauer die Raumsonde hatte, außerdem die von dieser abgestrahlte Kommunikation mit ihren Bodenstellen abfangen. Hierfür baute die GRU im lettischen Ventspils und im zweihundert Kilometer nordöstlich von Wladiwostok gelegenen Jakowlewka zwei Satelliten-Abhörstationen, die Zentrale für die Auswertung der aufgefangenen Daten befand sich im bereits erwähnten Klimowsk, später kam eine weitere Station bei Odessa hinzu. 1975 konnten die Anlagen dann in Betrieb genommen werden. Nachfolgend um weitere Beobachtungsstationen in Sibirien und im Hohen Norden ergänzt, übernahm »Zwesda« zudem die Funktionen des Überwachungssystems »Krug«. Der Zusammenbruch der Sowjetunion 1991 schränkte die Leistungsfähigkeit der Überwachungsanlage allerdings stark ein, da nunmehr die Stationen in Litauen und der Ukraine dem Zugriff der GRU entzogen waren.[138]

Die 3. Abteilung der 6. Verwaltung war für die Abhörstationen des Militärgeheimdienstes in den sowjetischen Botschaften, Konsulaten und Handelsvertretungen in mehr als fünfzig Ländern der Welt sowie für Funkaufklärungsaktivitäten des Nachrichtendienstes auf Kuba, in der Mongolei, im damaligen Birma sowie an anderen Auslandsstandorten zuständig. Ihre Spezialisten überwachten den militärischen, nachrichtendienstlichen und zivilen Klartextfunkverkehr, Sprachübertragungen wie auch den verschlüsselten Funkverkehr in den entsprechenden Staaten, zeichneten ihn auf und werteten ihn aus. In Ländern, in denen für die Nachrichtenübermittlung bereits Richt- und Troposphärenfunk eingesetzt wurde, stellten die große Anzahl der so übermittelten ungesicherten Telefongespräche eine besonders lukrative Informationsquelle für die GRU dar. Ihre Offiziere überwachten den Betrieb dieser Übertragungssysteme, identifizierten die interessanten und wichtigen Kanäle und zeichneten dann die nötigen Gespräche auf. Falls es den Kräften vor Ort nicht gelang, abgefangene Nachrichten zu analysieren oder zu entziffern, wurden die entsprechenden Bänder zur weiteren Bearbeitung an die Zentrale der 6. Verwaltung in Moskau weitergeleitet.[139]

Die Beobachtung von AUTOVON

Besondere Beachtung schenkte die GRU beispielsweise dem weltweiten militärischen Telefonnetz der USA mit dem Kurznahmen AUTOVON (Automatic Voice Network). Dessen Aufbau startete 1963, im Juni 1966 wurde es als einsatzbereit gemeldet. Die GRU interessierte sich umgehend für das System, bot es doch Zugang zu lukrativen Geheiminformationen und zeigte sich zugleich verwundbar, weil es für die Sprachübertragung auch zivile Vermittlungsanlagen, beispielsweise der deutschen Bundespost, nutzte. Tausende von AUTOVON-Anrufen wurden täglich allein von den US-Streitkräften in Europa getätigt. Obwohl an allen Militärtelefonen Hinweise angebracht sind, die vor Gesprächen über Geheiminformationen warnen, wurden immer wieder Verschlusssachenangelegenheiten oder klandestine Informationen offen über die AUTOVON-Telefonleitungen besprochen. So konnte die GRU an für sie wertvolle und sensible Daten gelangen. Aus diesem Grund überwachten Offiziere des militärischen Nachrichtendienstes an der sowjetischen Handelsvertretung in Brüssel, den sowjetischen Botschaften in Luxemburg und Bonn, aber auch der sowjetischen Handelsvertretung in Köln die AUTOVON-Kanäle des Oberkommandierenden der NATO in Europa, über die auch Emergency Action Messages – chiffrierte Kurznachrichten für den Einsatz von Kernwaffen – weitergeleitet wurden.

Als interessant für die GRU erwiesen sich aber auch die zahlreichen Telefongespräche zwischen dem US-Militärpersonal in Europa und den USA. Von der Vertretung der Sowjetischen Militärverbindungsmission beim Oberbefehlshaber der US-Truppen in Frankfurt/Main aus hörte die GRU mit zwei Yagi-UHF/VHF-Antennen die AUTOVON-Verteilerzentren auf dem Donnersberg im Nordpfälzer Bergland – hier befand sich die größte Funkstation der US Army in Westeuropa – sowie die Troposcatter-Kommunikationsstation der NATO auf dem Feldberg im Taunus ab. Das Abfangen der von diesen Standorten ausgehenden Nachrichtensendungen ermöglichte den Zugriff auf eine große Menge unverschlüsselter AUTOVON-Schaltungen. Doch auch auf mobile Abhörtrupps setzte die GRU. So tauchte am 10. März 1977 während eines Manövers des V. US-Korps ein Fahrzeug der Frankfurter Militärverbindungsmission der Sowjetarmee weniger als hundert Meter entfernt von dem mobilen taktischen Gefechtsstand des Manövers auf. Die Spionageabwehr der US-Truppen nahm daraufhin an, dass die GRU den Standort des Stabes durch die Überwachung von AUTOVON im Voraus in Erfahrung gebracht hatte.

Abhörstationen für den Richtfunkverkehr befanden sich entlang der deutsch-deutschen Grenze sowie an der Grenze zwischen der Tschechoslowakei und der Bundesrepublik. Vom Brocken aus überwachte das 664. Funktechnische Zentrum der 82. SIGINT-Brigade der GRU die Richtfunkverbindungen der Bundespost und des AUTOVON-Telefonsystems. Der Standort auf dem 1142 Meter hohen Berg im Harz eignete sich perfekt für das Abhören von Telefongesprächen, die über Richtfunkverbindungen innerhalb der Bundesrepublik übertragen wurden. Zugleich setzte die GRU hier auch zahlreiche Anlagen für die ELINT-Aufklärung ein. Doch auch die Satellitenverbindungen von AUTOVON »zapfte« der sowjetische Militärgeheimdienst an. Zu diesem Zweck diente u. a. die bereits genannte Satellitenabhöranlage in Ventspils, wo eine 16,5 Meter große Parabolantenne die Signale des

Defense Satellite Communication Systems der US-Streitkräfte abfing. Für das Abhören von Signalen dieser Satelliten setzte die GRU wahrscheinlich auch ihren SIGINT-Komplex in Lourdes auf Kuba ein.[140]

Die 4. Abteilung analysierte die eintreffenden Daten der Funk- und funktechnischen Aufklärung und fertigte für die Leitung der 6. Verwaltung zahllose Lageberichte an. Hierfür unterhielt sie einen rund um die Uhr besetzten Stab, der eng mit dem GRU-Gefechtsstand zusammenarbeitete. Ihre Hauptaufgabe lag in der Beobachtung der globalen militärischen SIGINT-Situation, insbesondere im Hinblick auf wesentliche Veränderungen bei den westlichen Streitkräften. Die Offiziere der Abteilung spezialisierten sich dabei jeweils auf besondere Bereiche des US-Militärs wie z. B. das Strategic Air Command, das Tactical Air Command oder die NATO. Auf der Grundlage der Analysen und Berichte der 4. Abteilung erstellte der diensthabende Offizier der 6. Verwaltung täglich eine SIGINT-Meldung, die die wichtigsten Beobachtungen und Erkenntnisse zusammenfasste.[141]

Diese Informationen übergab die 6. Verwaltung dem Gefechtsstand im GRU-Hauptquartier, der diese wiederum für die Erstellung seines täglichen Lagebildes nutzte, das im Wesentlichen auf den SIGINT-Analysen der 3. und 4. Abteilung der 6. Verwaltung basierte. Zusammen mit dem täglichen Lagebericht des KGB wurde das GRU-Lagebild jeden Morgen an das Politbüro, den Ministerrat, den Verteidigungsrat und die Allgemeine Abteilung des Zentralkomitees übermittelt. Hier wurden die vom Militärgeheimdienst beschafften Informationen nicht nur ausgewertet, sondern auch die Leistung der GRU im Vergleich zum KGB bewertet.[142]

Zusätzlich gab der militärische Nachrichtendienst, wie auch das KGB, wöchentliche Berichte über seine nachrichtendienstlichen Erkenntnisse heraus. Diese Bulletins gingen an die Mitglieder des Sekretariats des Zentralkomitees der KPdSU und des Politbüros sowie an das Außenministerium, das Ministerium für Außenhandel, das Verteidigungsministerium, den Verteidigungsrat, den Generalstab und bei Bedarf an weitere Empfänger. Besondere analytische Geheimdienstberichte und nachrichtendienstliche Einschätzungen, die nicht in den wöchentlichen Nachrichtenbulletins enthalten waren, konnten zudem auf Weisung des GRU-Chefs an hohe Partei- und Regierungsbeamte sowie ausgewählte Personen verteilt werden. Die Informationsverwaltung der GRU erstellte zudem regelmäßig Berichte und Spezialanalysen, die auf SIGINT-Material und weiteren Geheimdienstunterlagen basierten, für den Chef des Generalstabs, den Verteidigungsminister und andere militärische Stellen.[143] In Krisensituationen gingen aber auch entsprechende Sofortmeldungen an die militärische und politische Führung der Sowjetunion. So informierte GRU-Chef Generalleutnant Sergej M. Schtemenko am 30. Oktober 1956, zu Beginn der Suezkrise, den sowjetischen Verteidigungsminister Shukow über Erkenntnisse der Funkaufklärung, denen zufolge israelische Truppen am Abend des 29. Oktober die Grenze zur Ägypten überschritten hatten, die Sinai-Halbinsel besetzten und sich rasch dem Suezkanal näherten. Shukow wies an, den Bericht sofort an die Mitglieder und Kandidaten des Präsidiums des Zentralkomitees der KPdSU sowie dessen Sekretäre weiterzuleiten.[144]

Der größte Teil des SIGINT-Materials wurde von den verschiedenen OSNAZ-Einheiten des sowjetischen Militärs abgefangen, die administrativ den fünfzehn Militärbezirken und den vier Gruppen der sowjetischen Streitkräfte in der DDR, Polen, Ungarn sowie der Tschechoslowakei unterstanden. Die GRU koordinierte allerdings deren Tätigkeit und unterstützte sie mit Technik sowie Personal. Bei den Stäben der Militärbezirke und der Gruppen der sowjetischen Streitkräfte sammelte die 2. (Aufklärungs-)Verwaltung nachrichtendienstliche Informationen und wertete diese aus. In der Regel verfügte sie hierfür über fünf Abteilungen, von denen die 1. Abteilung für taktische Aufklärung verantwortlich war, die 2. Abteilung rekrutierte und führte eigene Agenten, die Speznas-Einheiten für Spezialaufklärungseinsätze unterstanden der 3. Abteilung, die 4. Abteilung wertete schließlich die beschafften Geheiminformationen aus, während die Funk- und funktechnische Aufklärung in der Zuständigkeit der 5. Abteilung lag.[145]

Die höchste operative Einheit der sowjetischen Streitkräfte stellte die Front dar. Die meisten der Militärbezirke sowie die Gruppen der Truppen würden in Kriegszeiten wahrscheinlich zu Fronten reorganisiert. Für die SIGINT-Aufklärung hatten die Fronten dann eine ihnen unterstehende OSNAZ-Brigade sowie ein weiteres Funkaufklärungs- und ein selbstständiges funktechnisches Regiment bereitzustellen. Um diese Kräfte zumindest bereits schon zum Teil vorzuhalten, besaßen die Gruppe der sowjetischen Streitkräfte in Deutschland sowie die neun Militärbezirke, die an den Grenzen der Sowjetunion lagen, eigene OSNAZ-Brigaden der GRU.[146] Die den Fronten unterstehenden Armeen sollten im Ernstfall möglichst ein Funkaufklärungsbataillon und ein funktechnisches Aufklärungsbataillon einsetzen können, eine Panzerarmee hatte dann ein Funkaufklärungsbataillon in ihrem Bestand.[147]

OSNAZ-Truppen in Deutschland

In der Gruppe der sowjetischen Streitkräfte in Deutschland verfügten, wie ein Blick auf deren Gliederung im Jahr 1982 zeigt, die beiden Panzerarmeen und die an der deutsch-deutschen Grenze eingesetzte 8. Gardearmee sowie die 3. Stoßarmee bereits zu Friedenszeiten über entsprechend von der GRU zugeteilte OSNAZ-Truppen, deren Kräfte allerdings weit über die eigentlichen Strukturpläne der Sowjetarmee hinausgingen. Dem Stab der Gruppe unterstand zudem die 82. selbstständige OSNAZ-Brigade in Torgau, die 1975 aus dem 194. OSNAZ-Regiment hervorgegangen war. Diese verfügte über das 435. Funkabfangbataillon, das gleichfalls in der Stadt an der Elbe saß, das 443. Funktechnische Bataillon mit Stab in Quedlinburg und das 542. Funktechnische Bataillon, das seinen Standort in Ohrdruf hatte. Von hier aus wurde auch eine Abhöranlage auf dem 978 Meter hohen Schneekopf betreut, die dort seit Ende 1956 bestand. Für Aufklärungseinsätze aus der Luft stand in Sperenberg bei Berlin die 39. selbstständige Flugaufklärungseinheit der Brigade bereit, die über zwei Spezial-Aufklärungsflugzeuge des Typs Il-20 »Coot« verfügte. In Schwerin und dem tschechoslowakischen Boletice befanden sich das 662. bzw. 663. Funkpeilzentrum. Auf dem strategisch wichtigen Brocken hatte – wie bereits erwähnt – das 664. Funktechnische Zentrum Stellung bezogen, von hier aus betrieb die GRU bereits seit 1947 Funkaufklärung. Die Kaserne des 665. funktechnischen Zentrums lag in Neu Döberitz, das 666. Funktechnische Zentrum hatte seinen Sitz in Gera, das 667. Funktechnische Zentrum in Plauen, das 668. Funktechnische Zentrum spionierte von Ludwiglust aus, das 669. Funktechnische Zentrum arbeitete von Stendal aus, in Nordhausen wiederum war das 670. Funktechnische Zentrum stationiert. Das 194. Selbstständige OSNAZ-Regiment der GRU war verwaltungsmäßig der 8. Gardearmee zugeteilt und hatte deshalb seinen Stabssitz in Weimar. Seine zwei Funkpeilpunkte befanden sich in Nordhausen und Neundorf bei Plauen. Eine mobile Gruppe für Funkpeilung und das Abfangen von Funkmeldungen arbeitete vom Großen Gleichberg aus, der sich unmittelbar an der deutsch-deutschen Grenze in der Nähe von Coburg befand. In Weimar lag zudem das 908. Funktechnische Zentrum des Regiments, dessen 910. Funktechnische Zentrum nutzte Kasernen in Seehausen bei Magdeburg. In Eigenrieden bei Mühlhausen war schließlich das 199. Funktechnische Bataillon des Truppenteils stationiert. Hier hatte die GRU Anfang der 1980er-Jahre einen 71 Meter hohen Turm für die Funkaufklärung errichtet. Auf drei Etagen hörten dort Soldaten des Militärgeheimdienstes Funk- und Telefongespräche der NATO sowie von Behörden der Bundesrepublik ab. Ferner unterstand der 8. Gardearmee noch das neu aufgestellte 678. Bataillon für funkelektronischen Kampf, das in Jena stationiert war. Das 250. OSNAZ-Regiment gehörte administrativ zur 2. Gardepanzerarmee und hatte seinen Stabssitz in Stendal. Ihm unterstanden das 383. Funktechnische Bataillon in Diesdorf bei Salzwedel – hier hatte die GRU seit Anfang der 1970er-Jahre gleichfalls einen 71 Meter hohen Funkaufklärungsturm gebaut – sowie das 611. Funktechnische Zentrum bei Wustrow und das 618. Funktechnische Zentrum in Ludwiglust. Die Funkaufklärungsaufgaben der 3. Stoßarmee übernahm das in Kochstedt liegende 614. OSNAZ-Funkbataillon, das zudem bei Rerik an der Ostsee sowie in Rathenow über zwei Punkte für die Funkpeilung und Kurzwellenüberwachung verfügte. Der 20. Armee war das 1649. OSNAZ-Funkbataillon zugeteilt, sein Standort befand sich bei Neu Döberitz. Der 1. Gardepanzerarmee wiederum unterstand das 253. OSNAZ-Regiment in Merseburg. Ein Funkpeilzug des Truppenteils lag in Zerbst, ein weiterer Funkpeilzug hatte im Vogtländischen Schöneck Quartier bezogen. Zum Regiment gehörten ferner das 963. Funktechnische Zentrum in Seehausen, das 965. Funktechnische Zentrum beobachtete vom 750 Meter hohen Gebaberg in der Rhön aus dem Funkverkehr westlicher Streitkräfte in Bayern, während das 967. Funktechnische Zentrum seinen Standort bei Plauen hatte. Die Tätigkeit der Funkaufklärungseinheiten der GRU koordinierte unter anderem eine Operativgruppe des Militärgeheimdienstes, deren Dienstsitz sich in Berlin-Karlshorst befand. Diese umfangreiche Aufstellung belegt nochmals, welchen hohen Stellenwert die DDR für die Abhörtätigkeit des Geheimdienstes der Sowjetarmee besaß.[148]

Funkaufklärung der sowjetischen Marine

Der sowjetische Marinenachrichtendienst der GRU sammelte ebenfalls zahlreiche SIGINT-Daten, sowohl für strategische als auch für operative oder taktische Zwecke. An Land verfügte er hierfür in der Nähe von Kaluga, etwa 130 Kilometer südwestlich von Moskau, über eine große Anlage für die Überwachung von Kommunikationssatelliten der westlichen Seestreitkräfte.

Die vier Flotten der sowjetischen Marine besaßen selbst eigene SIGINT-Kräfte, die den Funkverkehr ausländischer Kriegsschiffe überwachten und ihre Peilgeräte dazu nutzten, um die Schiffsbewegungen in ihrem Erfassungsbereich zu verfolgen. Das Hauptquartier der Pazifikflotte betrieb hierfür zum Beispiel eine große Station in Wladiwostok, die die Erfassung von funkelektronischen Signalen in ganz Nordostasien abdeckte, sich aber vor allem auf die Überwachung Japans und der dort befindlichen Anlagen der US-Streitkräfte konzentrierte. Von Kaliningrad aus überwachte die Baltische Flotte den westdeutschen und skandinavischen Fernmeldeverkehr. Zusätzlich zu den landgestützten Funkaufklärungsstationen setzte die GRU bei der sowjetischen Marine aber auch eine umfangreiche Flotte von SIGINT-Schiffen ein.[149]

Am 3. September 1951 befahl der Minister der Seekriegsflotte der UdSSR und Oberkommandierende der Seestreitkräfte Admiral Nikolaj G. Kusnezow die Aufstellung von schwimmenden Einheiten für die Funkaufklärung bei der Baltischen Flotte. Dies war die Geburtsstunde der funkelektronischen Aufklärung der GRU auf See. Da die hierfür nötigen Spezialschiffe fehlten, wurden zunächst dreizehn aus Reparationslieferungen der DDR stammende Fischlogger und -trawler umgebaut. Hinzu kamen erbeutete Boote der japanischen Marine und kleine U-Jäger, die aus amerikanischen Lend-Lease-Lieferungen des Zweiten Weltkriegs stammten. Die Größe dieser Schiffe und Boote lag maximal bei 480 Tonnen Wasserverdrängung, die Seeausdauer betrug im besten Fall dreißig Tage, die Reichweite lag bei 6900 Seemeilen, die Stärke der Besatzung ging nicht über 38 Mann hinaus. Die Ausrüstung für die funkelektronische Aufklärung war zumeist improvisiert, die Arbeitsbedingungen an Bord entsprechend schlecht. Die zunehmende Konfrontation im Kalten Krieg machte es erforderlich, die Zeit für den Einsatz auf See zu erhöhen, da allein die Anfahrt zur amerikanischen West- bzw. Ostküste fünfzehn bis zwanzig Tage in Anspruch nahm. Da entsprechende Schiffe vorerst nicht zur Verfügung standen, wurde die Entscheidung getroffen, auf den Loggern und Trawlern jeden Freiraum für das Verstauen von Proviant zu nutzen. Zugleich rationierte man das Trinkwasser an Bord, um Treibstoff zu sparen, sollte ferner ein Großteil der Strecke in Drift zurückgelegt werden. So konnte die Dauer des Einsatzes ohne zusätzliche Betankung auf 100 bis 200 Tage verlängert werden.

Für die weitere Steigerung der Leistungsfähigkeit ihrer Aufklärungsschiffe beschaffte die sowjetische Marine zwischen 1959 und 1962 in der DDR fünfzehn umgebaute Mitteltrawler des Typs »Okean«. Die

Schiffe hatten eine Länge von fünfzig Metern und wiesen eine Wasserverdrängung von 680 Tonnen auf. Bei einer Marschgeschwindigkeit von neun Knoten konnte eine Strecke von 9500 Seemeilen zurückgelegt werden, die Autonomie der 65 Mann Besatzung war bis zu 45 Tage sichergestellt. An Bord befanden sich zahlreiche Geräte für die Funkaufklärung, aber auch Tonband-, Verschlüsselungs-, Fernschreib- und Bildübertragungsgeräte, sodass bis zu fünfzehn verschiedene Aufklärungsposten zum Einsatz kommen konnten. Da das Schiff gleichwohl von außen immer noch einem Fischtrawler glich, eignete es sich hervorragend für alle Arten von Aufklärungseinsätzen. Allerdings hatte der Typ auch seine Schwächen, so gingen bei der Pazifikflotte insgesamt vier »Okean«-Schiffe wegen starker Vereisung verloren. Dank des ständigen Zulaufs neuer Schiffe bestand die Aufklärungsflotte der sowjetischen Marine Mitte der 1960er-Jahre aus 33 Einheiten, von denen jeweils zehn bei der Nordmeer-, Pazifik- und Ostseeflotte im Einsatz standen, während die Schwarzmeerflotte drei Schiffe für entsprechende SIGINT-Einsätze verwendete.[150] Im Sommer 1960 überwachten beispielsweise mehrere sowjetische Trawler mit Spezialausrüstung im Indischen Ozean und im Südpazifik erwartete britische Atombombenversuche auf australischem Gebiet. Bereits im Frühjahr 1960 hatte das Spionageschiff der GRU »Vega« versucht, Übungen des US-Raketen-Atom-U-Bootes »George Washington« an der amerikanischen Küste aufzuklären.[151]

Zum weiteren Ausbau der Aufklärungskapazitäten der sowjetischen Flotte wurden dann zwischen 1969 und 1971 vier große Aufklärungsschiffe des Typs 394B in Dienst gestellt. Bei den 85 Meter langen Schiffen mit einer Wasserverdrängung von rund 3000 Tonnen handelte es sich erneut um den überarbeiteten Entwurf eines Fischtrawlers. Je zwei Schiffe des Typs kamen bei der Schwarzmeerflotte und der Pazifikflotte zum Einsatz. 1972 erhielt dann die Nordmeerflotte zwei modernisierte Schiffe, die nun die Bezeichnung Typ 994 trugen. Die funkelektronische Ausrüstung bestand aus einem Rundblickradar »Don« mit einer Reichweite von fünfzig Seemeilen sowie sechs verschiedenen Systemen für Funk- und funktechnische Aufklärung. Zur Besatzung gehörten 110 Mann, die Schiffe konnten bis zu 100 Tage auf See bleiben und hatten eine Reichweite von 15.600 Seemeilen. Der gesamte Bau und die Ausrüstung der Schiffe wurden von der GRU streng überwacht. An Bord befanden sich nicht nur Geräte und Anlagen für die Erfassung von funktechnischen Signalen, sondern auch für die erste Analyse und Bearbeitung der gesammelten Informationen. Die Schiffe kamen zumeist im Mittelmeer bzw. im Pazifik zum Einsatz, wo sie beispielsweise Gebiete überwachten, die von der US-Marine zum Testen von Raketen genutzt wurden.

Zwischen 1976 und 1989 erhielt die sowjetische Flotte zudem vier kleine Aufklärungsschiffe des Projekts 1824B. Sie verfügten über eine dreißigköpfige Besatzung, hatten eine Wasserverdrängung von 912 Tonnen und eine Seeausdauer von sechzehn Tagen, wobei eine Strecke von bis zu 8600 Seemeilen zurückgelegt werden konnte. Die Schiffe bewährten sich jedoch bei den Funkaufklärungsmissionen nicht besonders, sodass sie wenig später zu Einsatzbasen für Marinetaucher der GRU umgebaut wurden. Zwei der Schiffe befinden sich bis heute im Einsatz.[152] An ihre Stelle traten zwischen 1980 und 1986 vier Einheiten des Projekts 1826. Die 105 Meter langen Schiffe verdrängen knapp 5000 Tonnen Wasser und haben damit Platz für rund 200 Mann Besatzung, die sich bis zu 60 Tage autonom versorgen können. Die Maschinenanlage stellte eine Höchstgeschwindigkeit von 20 Knoten sicher, die Reichweite des Schiffs liegt bei 10.000 Seemeilen. Mit ihren zahlreichen Antennen können die Einheiten des Projekts 1826 umfangreiche SIGINT-Aufgaben übernehmen. Die gewonnenen Daten werden dabei über zwei Parabolantennen, die durch Radome geschützt sind und dem Schiff sein charakteristisches Aussehen geben, zu Empfangsstationen an Land weitergeleitet. Erstmals verfügten die Aufklärungsschiffe auch über Waffen für die Nahbereichsverteidigung. Zwei von ihnen, die »Pribaltika« und die »Belomorje«, stehen heute noch im Einsatz. Von 1985 bis 1988 ließ die sowjetische Marine in Polen sieben Schiffe des Projektes 864 bauen. Der Typ war mit 95 Metern etwas kleiner als die Baureihe 1826, hatte eine Wasserverdrängung von 3500 Tonnen und knapp 150 Mann Besatzung. Die Seeausdauer betrug 45 Tage, die maximale Reichweite lag bei 7900 Seemeilen. An Bord befanden sich mehr als zehn verschiedene Systeme für die Funk- und funkelektronische Aufklärung. Bis heute finden alle Exemplare der Baureihe 864, die in allen vier Flotten eingesetzt werden, Verwendung bei SIGINT-Missionen der GRU.

1989 erhielt die sowjetische Marine schließlich noch ein Unikat für ihre Funkaufklärungseinsätze. Die 265 Meter lange »Ural« verdrängte 36.500 Tonnen Wasser und verfügte über einen Nuklearantrieb. Mit ihren 66.500 PS erreichte das größte jemals in der Sowjetunion gebaute Schiff mit seinen zwei Atomreaktoren eine Geschwindigkeit von knapp 22 Knoten. Der Platz an Bord reichte aus, um 950 Mann Besatzung unterzubringen. Die Seeausdauer betrug, da auf Treibstoff weitgehend verzichtet werden konnte, 180 Tage. Die GRU war dringend an dem Bau eines zweiten Schiffes dieser Klasse interessiert, die Marineführung lehnte dieses kostenintensive Ansinnen jedoch strikt ab, da sie den Bau ihrer Atom-Raketenkreuzer der »Kirow«-Klasse gefährdet sah. 1989 verlegte man die in Leningrad gebaute »Ural« in die Abrekbucht des Japanischen Meeres. Eine Stationierung im Heimathafen der Pazifikflotte – Wladiwostok – erwies sich als unmöglich, da dort keine entsprechend lange Pier vorhanden war. Wegen ständiger Probleme mit der Maschinenanlage und häufigen Havarien verließ das Schiff kaum seinen Ankerplatz, konnte aber auch von dort aus weite Teile des nördlichen Pazifik überwachen und vor allem den Funkverkehr der dort operierenden Schiffe der US Navy aufzeichnen und mit seinen Supercomputern vom Typ ES-1046 und »Elbrus 2« analysieren. Beim ES-1046 handelte es sich um einen 32-Bit-Rechner der 1,3 Millionen Rechenoperationen pro Sekunde ausführen konnte. Er benötigte eine Fläche von achtzig Quadratmetern und hatte einen Stromverbrauch von 32 Kilowatt. Der »Elbrus 2«-Rechner verfügte mit seinen zehn Prozessoren bereits über eine Rechenleistung von 125 Millionen Operationen in der Sekunde. Er sollte vor allem zur Auswertung von aufgefangenen Telemetrie- und Funksignalen von US-Raketentests im südlichen Pazifik dienen. 1992 fuhr die Besatzung wegen mangelnder Finanzierung die an Bord befindlichen Atomreaktoren herunter, 2001 wurde das Schiff, das mit seiner Fahrt in den Pazifik lediglich eine SIGINT-Mission auf See ausgeführt hatte, aus den Bestandslisten der Flotte gestrichen und 2017 schließlich endgültig abgewrackt.[153]

Während des Kalten Krieges stellte die sowjetische Marine insgesamt 71 SIGINT-Aufklärungsschiffe verschiedener Typen in Dienst. Auf dem Höhepunkt der Auseinandersetzung zwischen den Supermächten Ende der 1970er-, Anfang der 1980er-Jahre befanden sich täglich zehn bis fünfzehn davon im Einsatz. Bei Großmanövern der Seestreitkräfte der NATO konnte diese Zahl bis auf 25 steigen. Nahezu ständig beobachteten die sowjetischen Aufklärungsschiffe die Einsatzbasen der Raketen-U-Schiffe der US Navy im schottischen Holy Loch, spanischen Rota und Apra Harbor auf Guam. Überwacht wurde auch die Tätigkeit der 3., 6. und 7. US-Flotte an den Küsten der USA sowie die Raketentestgelände am Cape Canaveral und auf dem Kawajalein-Atoll. Zwischen 1961 und 1974 beschatteten die sowjetischen Aufklärungsschiffe zudem die Einsätze der US Navy im Vietnamkrieg. Auf insgesamt mehr als 1800 SIGINT-Missionen sammelten die Besatzungen der eingesetzten Schiffe bis 1991 wichtige nachrichtendienstliche Angaben zu den beobachteten Schiffsgruppen, ihrer Gefechtsbereitschaft, dem taktischen Einsatz ihrer Waffen, ihren Kommunikationsmustern sowie zur Erprobung neuer Waffensysteme.[154]

Satellitenaufklärung – SIGINT aus dem All

Kurz vor dem Start des Erdsatelliten »Sputnik« am 4. Oktober 1957 stand die Weltraumforschung in der Sowjetunion vor der Frage: Wie lässt sich die Flugbahn künftiger Satelliten bestimmen und verfolgen, zudem, wenn diese sich außerhalb des Territoriums der UdSSR befinden? Nach entsprechenden Prüfungen stellte sich heraus, dass nur die Funkaufklärung der GRU hierfür über die nötigen technischen Möglichkeiten verfügte. Sie übernahm deshalb die Bahnverfolgung des ersten künstlichen Erdtrabanten. Die nachfolgenden Raumflüge von Hunden sowie der Flug des ersten Menschen im All, Jurij A. Gagarin, standen gleichfalls unter Beobachtung der Funkaufklärung des militärischen Nachrichtendienstes. Mit der Zunahme der Zahl von Satelliten im All, die zunehmend für Aufgaben der Aufklärung eingesetzt wurden, stieg die Notwendigkeit für die Sowjetunion, eigene Spionagesatelliten zu entwickeln und gleichzeitig in Erfahrung zu bringen, auf welchen Umlaufbahnen die entsprechenden Aufklärungsobjekte der Amerikaner arbeiteten.[155]

Für die Verfolgung der funkelektronischen Signale von Satelliten richtete die GRU deshalb seit Anfang der 1960er-Jahre im Westen und im Fernen Osten der Sowjetunion »Punkte für die Aufklärung der Funkstrahlungen von kosmischen Objekten« ein. Am 15. April 1966 übernahm schließlich das nördlich von Moskau gelegene »Hauptzentrum des Spezialdienstes« die zentrale Koordinierung der Satellitenverfolgung durch den Militärgeheimdienst. Es setzt bis heute seine Tätigkeit als 99. Zentrum des Spezialdienstes fort.[156]

Die satellitengestützte Funkaufklärung der GRU begann Anfang der 1960er-Jahre mit der »Kust-12«-Station, die auf einem 12-Kanal-Direktverstärkungsempfänger basierte und in Aufklärungssatelliten des Typs »Zenit-2« eingebaut wurde. Mit seiner Hilfe konnten die Emissionen von Radarstationen mittels eines Tonbandgerätes aufgezeichnet werden. Die Bänder mit den entsprechenden Daten wurden dann mit einer Kapsel, die auch Bilder der an Bord befindlichen Aufklärungskameras enthielten, abgeworfen und am Boden von Spezialeinheiten geborgen. Beim nächsten SIGINT-Empfänger für Satelliten, der »Kust-40«, wurden die gesammelten Informationen bereits über einen Funkkanal an die Bodenstelle übertragen. Wie beim »Kust-12«-Gerät konnten jedoch nur die wichtigsten Parameter des Funksignals selbst bestimmt werden, den Standort der Radarstationen schätzten die GRU-Funkaufklärungsexperten anhand der Koordinaten des Satelliten.[157]

Seit Mitte der 1960er-Jahre arbeiteten die sowjetischen Konstrukteure zudem an Satelliten der Baureihen »Celina« und »US«. Während »Celina« in einem breiten Bereich funkelektronische Signale, vor allem zur Aufklärung von Radarstationen, auffangen sollte, arbeitete das System »US« nur in einem Frequenzbereich, den die Seestreitkräfte der NATO nutzten. Diese Aufteilung führte schließlich dazu, dass sich die Marineaufklärung für eine Nutzung der »US«-Satelliten entschied, während die GRU nunmehr auf den Einsatz der »Celina«-Raumflugkörper zurückgriff. Für »Celina« wurden unter Federführung des Konstruktionsbüros OKB-586 zwei Untervarianten entwickelt. »Celina-O« diente der großräumigen funkelektronischen Überwachung und kam seit 1971 bei den Streitkräften zum Einsatz. Der 430 Kilogramm schwere Satellit flog in 530 Kilometer Höhe, wo er die empfangenen funkelektronischen Emissionen registrierte und analysierte. Ein spezieller Sender an Bord übermittelte dann die Informationen an eine Bodenempfangsstation in der Sowjetunion. Dort verarbeitete ein Computerkomplex die Daten, codierte sie und sendete sie an das GRU-Kontrollzentrum für das System bei Moskau. Im Laufe des Tages wurden diese Informationen immer wieder aktualisiert. Der Standort der Strahlungsquellen konnte jedoch stets noch nur annähernd geschätzt werden.

Das System »Celina-D« wiederum diente der Aufklärung von Einzelobjekten. Der neue Satellit ermittelte zusätzlich zu den Funkaufklärungsinformationen die genaue Richtung zur Strahlungsquelle. Zu diesem Zweck verwendete er ein mehrstufiges Peilgerät. Die Fehlerabweichung betrug ein bis zwei Kilometer, die Aktualisierungsrate der Informationen zwei Stunden. Bei der Entwicklung des 1750 Kilogramm schweren »Celina-D«-Satelliten waren zahlreiche technische Schwierigkeiten zu überwinden, sodass die GRU diese Variante erst 1976 in ihre Bewaffnung aufnahm. Danach stand das System über fünfzehn Jahre im Einsatz beim militärischen Geheimdienst, insgesamt absolvierten die Satelliten dieses Typs rund siebzig Missionen. Die erfolgten in der Regel in einer Höhe von 600 bis 700 Kilometern, während die Einsatzdauer bei sechs Monaten lag. Ab 1982 konnten schließlich alle Einsatzaufgaben mit Satelliten des Typs »Celina-D« durchgeführt werden, sodass man die A-Variante nach 39 Missionen nunmehr ausmusterte.[158] Das Aufklärungssystem »Celina-D« wurde von Ende der 1970er- bis zur Mitte der 1980er-Jahre modernisiert und nahm unter dem Namen »Celina-2« im Jahr 1988 den Betrieb auf. Der mittlerweile drei Tonnen schwere Satellit hatte eine Nutzlast von 1120 Kilogramm, was die Erfassung und Analyse zahlreicher Radarsignaturen ermöglichte. Die an Bord befindlichen Sendersysteme konnten die gesammelten Informationen nun nicht nur an die Bodenstation, sondern auch an Relais-Satelliten weitergeben. Das erhöhte die Geschwindigkeit der Nachrichtenübermittlung nochmals spürbar. Die Einsatzhöhe lag nunmehr bei 870 Kilometer, die Einsatzdauer konnte auf rund ein Jahr ausgedehnt werden. Zwischen 1984 und 2007 erfolgten insgesamt siebzehn Aufklärungsmissionen mit der »Celina-2«, von denen die letzte insgesamt achteinhalb Jahre dauerte. 2015 wurde der Satellitentyp dann von der GRU außer Dienst gestellt. An seine Stelle trat das System »Liana«, mit dem zwei Satellitentypen für die funktechnische Aufklärung aus dem Kosmos eingesetzt werden. Neben dem Aufspüren von Radarstellungen, sollte »Liana« nunmehr auch die Aufgaben des »US«-Systems der Marine übernehmen und vornehmlich die Positionen amerikanischer Flugzeugträgerkampfgruppen ermitteln. Satelliten des Typs »Lotos-S« werden dabei für die passive Funkaufklärung eingesetzt, während der mit einem Radar ausgerüstete Typ »Pion« in der aktiven Funkaufklärung Verwendung findet. Seit Ende 2022 ist das System, das nunmehr über sechs »Lotos-S«- und einen »Pion«-Flugkörper im All verfügt, zumindest teilweise einsatzbereit.[159]

Abhörstationen der GRU im Ausland

Gegen Ende der Sowjetunion unterhielt die GRU mehr als 500 SIGINT-Bodenstationen – fast doppelt so viele wie die USA und Großbritannien zusammen – zudem betrieben rund hundert diplomatische Einrichtungen der UdSSR in etwa 62 Ländern Funkspionage für den militärischen Nachrichtendienst. Für die Funkaufklärung setzte der Militärgeheimdienst, wie gezeigt, zudem zahlreiche Satelliten, Flugzeuge und Schiffe ein.[160] Eine wichtige Rolle spielten ferner die Abhörstationen der GRU im Ausland, von denen sich die größte in Lourdes auf Kuba befand. Seit Mitte der 1960er-Jahre beschaffte der sowjetische Militärgeheimdienst von hier aus Informationen über die US-Streitkräfte für sein strategisches Frühwarnsystem. Darüber hinaus war der Komplex in der Lage, Telemetriedaten sowjetischer und US-amerikanischer Satelliten zu verfolgen und zu sammeln. Seine elektronischen Lauschangriffe richteten sich zudem gegen den National Emergency Airborne Command Post, das Strategic Air Command, das North American Aerospace Defense Command sowie die Kommunikationsaktivitäten der US-Marine und NATO-Seestreitkräfte im Atlantik. Darüber hinaus zielten die SIGINT-Angriffe auf US-Einrichtungen auf den Philippinen, in Alaska und in der Bundesrepublik. Die Ausrüstung in Lourdes umfasste deshalb zahlreiche Antennen- und Auswertesysteme für die Funk- und funkelektronische Aufklärung. Gegen Ende des Kalten Krieges arbeiteten auf der Station mehr als 1500 Funkspionageexperten von GRU und KGB. Nach dem Ende der Sowjetunion wurde Lourdes zunächst weiterbetrieben, bevor man 2002 den Betrieb endgültig einstellte. 2014 gab es dann von russischer Seite Versuche, die dortigen Abhöranlagen zu reaktivieren, die bislang aber offenbar zu keinem Ergebnis führten.[161] Neben der Funküberwachungsanlage auf Kuba unterhielt die GRU noch eine weitere große Abhörstation an der Bucht von Cam Ranh in Vietnam. Von Aden aus überwachte eine weitere Station des Militärgeheimdienstes den Indischen Ozean. Andere Auslandsstandorte der Funküberwachung des Nachrichtendienstes der sowjetischen Streitkräfte befanden sich in Mosambik, Laos, Nordkorea, Libyen, Syrien, Nicaragua sowie auf Madagaskar.[162]

Mit dem Ende der Sowjetunion musste sich die GRU aus diesen Ländern zurückziehen. Auch die Lauschstellen im wiedervereinten

Deutschland stellten ihren Betrieb ein. Dass dies allerdings erst 1994 in den letzten Tagen des Rückzugs aus der Bundesrepublik geschah, beweist, welchen Wert der Militärgeheimdienst diesen Anlagen und ihren Informationen beimaß. Bis heute hat die Funk- und funkelektronische Aufklärung nichts von ihrer Bedeutung verloren. Zahlreiche OSNAZ-Einheiten der GRU lauschen gegenwärtig 24 Stunden am Tag im Äther und versuchen, dort nachrichtendienstlich verwertbare Informationen aufzuspüren. Seit der dritten Amtszeit von Präsident Putin kann zudem der Versuch des Wiederaufbaus der nach 1991 verlorenen Kapazitäten beobachtet werden. Die russische Marine erhielt 2015 erstmals nach dem Zusammenbruch der Sowjetunion wieder ein neues Aufklärungsschiff. Das 95 Meter lange Seefahrzeug unter der Bezeichnung »Projekt 18280« hat eine Wasserverdrängung von 4000 Tonnen. Seine 120 Mann starke Besatzung kann sich auf See 45 Tage autonom versorgen und dabei eine Strecke von 8000 Seemeilen zurücklegen. Die umfangreiche SIGINT-Ausrüstung des Schiffes erlaubt die Überwachung und Analyse nahezu aller bei den westlichen Marinen eingesetzten Funk- und funkelektronischen Systeme. Derzeit befindet sich je eine Einheit bei der Nordmeer- und der Schwarzmeerflotte in Dienst, wobei die »Iwan Chrus« im Verlauf des Ukraine-Krieges bereits zweimal beschädigt wurde. Zwei weitere Schiffe sollen in den kommenden Jahren gebaut werden und Anfang der 2030er-Jahre bei der Pazifik- und Baltischen Flotte zum Einsatz kommen.[163]

Internetspionage

Völlig neu ist der Bereich der Internetspionage, mit dem sich auch die 6. Verwaltung der GRU befasst. Das 85. Hauptzentrum für Spezialdienste, die Einheiten Nr. 26165 – im Westen besser als »Fancy Bear« bekannt – und Nr. 74455, von westlichen Nachrichtendiensten auch mit »Sandworm« bezeichnet, aber auch andere führen für die GRU Cyberangriffe auf zahlreiche Server in Westeuropa und den USA aus. In Deutschland machte 2015 vor allem der Angriff von »Fancy

Bear« auf fünfzehn Computer des Bundestages Schlagzeilen, wobei die Gruppe rund sechzehn Gigabyte Daten erbeutete. Während des Präsidentenwahlkampfs in den USA 2016 kopierte wahrscheinlich ein Hacker des Teams Daten von den Servern der Demokratischen Partei, die dann Wikileaks zugespielt wurden. Bis heute halten die Attacken an, da sie im 21. Jahrhundert zu einem unverzichtbaren Element der elektronischen Spionage geworden sind und ihre Bedeutung künftig immer mehr zunehmen wird.[164] Gleichzeitig hat der Ukrainekonflikt jedoch auch gezeigt, dass es möglich ist, sich selbst gegen umfangreiche Cyberangriffe zu schützen. Die Masse der Internetattacken der GRU zu Beginn des russischen Angriffs auf die Ukraine führte allenfalls nur zu kurzen Ausfällen der betroffenen Infrastruktur und hatte nicht die von den Planern erwünschte kriegsentscheidende Wirkung.

9. TECHINT – die Atom- und Technikspionage des militärischen Nachrichtendienstes der UdSSR

Wie bereits beschrieben, bestand die Aufgabe des Auslandsnachrichtendienstes der Roten Armee vor allem darin, Pläne für eine mögliche Intervention gegen die Sowjetunion und geheime militärisch-politische Übereinkommen ihrer Gegner sowie Verträge zwischen ihnen aufzudecken. Im Zusammenhang mit der beschleunigten Industrialisierung Stalins wurden die sowjetischen Geheimdienste ab den 1920er-Jahren aber auch mit der Beschaffung von wissenschaftlich-technischen Erfindungen, technischen Zeichnungen und Hochtechnologien, insbesondere für die Rüstungsindustrie, beauftragt. Innerhalb des politischen Auslandsnachrichtendienstes INO schuf dessen Führung für derartige Zwecke die 8. Abteilung. Deren erste Residenturen für wissenschaftlich-technische Aufklärung wurden nachfolgend in den USA, der Tschechoslowakei und England eingerichtet.

Die 1920er-Jahre: Wostwag, KPD und andere als Beschaffer

Bereits 1921 hatten die Brüder Bronislaw B. Janowskij und Sigismund B. Janowskij im Rahmen des militärischen Nachrichtendienstes ein Netz von Handelsunternehmen der GRU geschaffen, die unter dem Dach des Unternehmens »Wostwag« firmierten und deren Tätigkeit auch unter den Bedingungen eines möglichen Krieges fortgesetzt werden sollte. Die zentrale Auslandsvertretung dieser Handelsgesellschaft befand sich seit ihrer Gründung im Jahr 1922 in Berlin. Die Hauptaufgaben der Wostwag bestanden in der militärisch-wirtschaftlichen Aufklärung, der Unterstützung der sowjetischen Rüstungsindustrie, einschließlich der Beschaffung nötiger strategischer Rohstoffe sowie verschiedener moderner militärischer Güter und Waffen. Nach der Machtergreifung Hitlers 1933 verlegte die Firma ihren Hauptsitz nach Paris, gleichwohl blieb in Deutschland eine Außenstelle des Unternehmens weiter bestehen. Filialen fanden sich ferner in der Mongolei, in China, in Persien, im Irak, in Polen, Rumänien sowie in den USA.

Als Direktor der Wostwag fungierte nunmehr Stefan I. Mrotschkowskij. Der 1935 zum Korpskommissar und damit faktisch zum Generalleutnant beförderte GRU-Offizier leitete das Unternehmen seit 1929. Mitte der 1930er-Jahre kaufte die Wostwag u. a. in den USA Geräte für die Flugzeugnavigation, Flugzeuginstrumente für die Kursbestimmung usw. Ferner sollten in Großbritannien für 450.000 Goldrubel zwei Schiffe beschafft werden, um diese bei der Flotte als schwimmende U-Boot-Stützpunkte nutzen zu können. Für 90.000 Goldrubel waren ferner in den USA Kraftfahrzeuge zu erwerben, während weitere 50.000 Goldrubel für den Ankauf von Geräten aus dem Bereich der Telemetrie, des Fernsehens und der Optik eingesetzt werden sollten.[165] Darüber hinaus nutzte die Militäraufklärung immer wieder Firmengelder für die Finanzierung ihrer Agenten im Ausland. Nach Ausbruch des Zweiten Weltkrieges erwies sich das weitverzweigte Netz der Wostwag allerdings als verwundbar. Mrotschkowskij wurde in Paris von den französischen Behörden interniert und ging nach seiner Freilassung 1942 in die USA, wo er die noch verbliebenen Reste der Firma liquidierte. Ende 1942 erfolgte der Rückruf nach Moskau, wo ihn das NKWD Mitte Januar 1943 verhaftete. Erst im Sommer 1952 verurteilte ihn dann ein Sondergericht wegen angeblicher antisowjetischer Tätigkeit zu fünfzehn Jahren Haft. Bereits kurz nach Stalins Tod wurde der GRU-Offizier im August 1953 allerdings aus dem Gefängnis entlassen und wieder in die sowjetischen Streitkräfte versetzt. Die Haftbedingungen hatten jedoch seiner Gesundheit so weit zugesetzt, dass er zwei Monate später seinen Abschied nehmen musste.[166]

In Deutschland griff die Aufklärungsverwaltung der Roten Armee bei der Beschaffung westlicher Rüstungstechnologien und -erzeugnisse besonders auf den Militärapparat der KPD zurück. Eine Schlüsselrolle spielte hierbei Stefan W. Shbikowskij (Deckname »Alois«), ein Offizier des militärischen Nachrichtendienstes, der mehrere Jahre lang im Untergrund in Deutschland gearbeitet hatte.[167] 1929 richtete der Militärapparat der KPD schließlich sogar eine Sonderabteilung für Wirtschaftsspionage ein. Im Interesse der Sowjetunion beschafften deren Angehörige eine Vielzahl von technischen und wirtschaftlichen Informationen. Im März 1932 übergaben sie dem Militärgeheimdienst der Roten Armee beispielsweise Informationen über die Herstellung von hochbrisantem Sprengstoff, zur militärischen Raketenentwicklung sowie zum Flugzeugbau in den Dessauer Junkers-Werken. Ferner bekam die GRU von ihren Agenten in Deutschland Zeichnungen von Hochleistungsflugzeugmotoren der Firmen Siemens & Halske und MAN, die mehr als 600 PS leisteten.[168] Aus den USA gelangten die Fertigungsunterlagen des neuesten Kampfflugzeuges des Unternehmens Northrop – der A-17 – die bereits über ein einziehbares Fahrwerk verfügte, in die GRU-Zentrale nach Moskau. Dort übergab man sie dem bekannten Flugzeugkonstrukteur Andrej N. Tupolew, zugleich stellvertretender Leiter der Generaldirektion für Luftfahrtindustrie, der sich an dem Flugzeug besonders interessiert zeigte. Aus Italien trafen zudem Informationen über die Bomberentwicklungen der Firma Caproni ein, von der US-Firma Boeing nutzte man Konstruktionsunterlagen für die Entwicklung von Sauerstoffanlagen für Höhenbomber. Weitere Unterlagen wurden von der GRU an die Volkskommissariate der Schwer- und Luftfahrtindustrie übergeben.[169]

Weil sich Stalin auch persönlich außerordentlich für Rüstungsfragen im Bereich des Flugwesens interessierte, schickte die Konkurrenz von der INO ebenfalls ständig derartige Berichte an den Diktator. Als ihn Anfang 1935 der politische Nachrichtendienst über erfolgreiche Experimente der Deutschen informierte, die angeblich darauf ausgerichtet waren, die Zündung von Benzinmotoren lahmzulegen, verfasste er folgende Aktennotiz: »Alle überschüssigen Gelder des Volkskommissariats für Verteidigung sind dem Sonderfond beim

Rat der Volkskommissare zu übergeben, um a) schnellstmöglich Dieselmotoren beim Kfz- und Flugzeugbau einzuführen; b) in kürzester Zeit Anlagen zu entwickeln, mit denen Kraftfahrzeuge angehalten und Flugzeuge zur Landung gezwungen werden können.«[170] Nicht immer zeigten sich die Streitkräfte jedoch mit der Arbeit der GRU im Bereich der Technikspionage zufrieden. Im Februar 1930 beschwerte sich beispielsweise der für die Bewaffnung der Roten Armee zuständige General Jeronimas P. Uborewitsch beim Volkskommissar für Militärfragen Marschall Kliment J. Woroschilow darüber, dass der Militärnachrichtendienst weder eine entsprechend geplante Spionage in den Bereichen Rüstungstechnik und Waffenentwicklungen durchführe noch die dafür nötigen Aufklärungsprogramme vorhanden seien. Darüber hinaus fände zwischen der Verwaltung für Aufklärung der Roten Armee und der Industrie keine Abstimmung darüber statt, zu welchen konkreten technischen Fragen Unterlagen aus dem Ausland beschafft werden sollten. Um die wenig zufriedenstellende Situation für die sowjetischen Streitkräfte zu beheben, forderte der für die Bewaffnung zuständige Kommandeur, der GRU unverzüglich für die Technikspionage mindestens 100.000 Dollar zur Verfügung zu stellen. Weiterhin sollten zum Nachrichtendienst der Roten Armee drei bis vier Offiziere kommandiert werden, die über eine entsprechende militärtechnische Ausbildung verfügten und im Ausland eingesetzt werden konnten. Die GRU wiederum hatte einen konkreten Jahresplan auszuarbeiten, der entsprechende Aufgaben für die Technikspionage enthielt und darüber Auskunft gab, in welchen Ländern und bei welchen Firmen sich die nötigen Informationen beschaffen ließen. Die Industrie wiederum sollte mit Finanzen sowie entsprechendem Know-how aushelfen. Zudem forderten die Waffentechniker, dass das gewonnene Spionagematerial auch tatsächlich den Konstrukteuren und Ingenieuren zugänglich gemacht werden müsse, die in der Sowjetunion an ähnlichen Waffenentwicklungen arbeiteten.[171]

Das militärtechnische Büro

Um die Beschaffung von Rüstungsgütern und -technologien durch den Auslands- sowie den Militärnachrichtendienst besser koordinieren zu können, wurde Anfang 1936 beim Verteidigungskomitee der UdSSR ein militärtechnisches Büro eingerichtet, dessen Leitung Molotow übernahm. Die Wichtigkeit des Gremiums wird zudem durch das Faktum unterstrichen, dass dem Büro neben den Chefs der beiden Auslandsnachrichtendienste auch Stalin und Woroschilow sowie zahlreiche Minister der Rüstungsindustrie angehörten. Die GRU konnte dann zwischen dem 1. April 1936 und dem 1. März 1938 insgesamt 543 technische Dokumentationen und Muster für die sowjetische Rüstungsindustrie beschaffen, von denen das militärtechnische Büro 256 als »wertvoll« einstufte. Das meiste Spionagematerial stammte aus Flugzeugfabriken in den USA und wurde von der sowjetischen Luftfahrtindustrie als überaus »wichtig und brauchbar« eingeschätzt. Es zeigte sich jedoch, dass die Säuberungen Stalins auch bei der Technikspionage ihre Spuren hinterlassen hatten. Bewertete das militärtechnische Büro 1936 noch 48 Prozent des von der INO gelieferten Materials als »wertvoll«, so waren es 1938 nur noch 17 Prozent. Gleichwohl sorgte die Einrichtung des Büros für einen ständig zunehmenden Fluss an Rüstungstechnologie aus dem Ausland in die Sowjetunion. Zwischen 1939 und 1940 beschaffte allein die INO-Residentur in den USA 450 technische Dokumentationen mit mehr als 30.000 Blatt, 955 technische Zeichnungen und 163 Gerätemuster für die Auswerter im militärtechnischen Büro. Dadurch konnte die Rote Armee nicht nur beträchtliche Summen bei der Entwicklung und dem Bau entsprechender Geräte einsparen, sondern auch den Beschäftigten der eigenen Rüstungsindustrie zeigen, auf welchen Niveau die Waffenschmieden des Westens arbeiteten. Kurz vor Beginn des deutschen Angriffes auf die Sowjetunion wurde das militärtechnische Büro allerdings aufgelöst.[172]

Möglicherweise lag eine der Ursachen darin, dass die sowjetischen Agenten nicht selten Desinformationskampagnen der Gegner aufsaßen und so beispielsweise die Produktionskapazitäten der Luftfahrtindustrie des Deutschen Reiches maßlos überschätzten. Zudem wurden Prototypen als Kampfflugzeuge präsentiert, die in Wirklichkeit jedoch nie über das Erprobungsstadium hinauskamen. Bekanntes Beispiel hierfür ist die Heinkel-100, die die deutsche Propaganda ab 1940 unter der Bezeichnung Heinkel-113 als das neue Standardjagdflugzeug der Luftwaffe anpries. Tatsächlich wurde das Flugzeugmuster jedoch nur in 24 Exemplaren gebaut. Ebenso verhielt es sich mit der Messerschmitt Bf-162, die im Rahmen einer Desinformationskampagne unter dem Suggestivnamen »Jaguar« von der Presse als künftiger leichter Bomber der Wehrmacht beschrieben wurde. Obgleich die Führung der GRU versuchte, gegen die Übermittlung von eindeutigem »Spielmaterial« vorzugehen, verliefen diese Bemühungen weitgehend im Sande, da die Residenturen im Ausland nicht auf diese Aufmerksamkeit erzeugenden technischen Berichte verzichten wollten.[173]

1945: Das Atomwaffenprogramm der Alliierten und die deutschen Bemühungen um Kernwaffen

Während des Krieges trat dann die wissenschaftlich-technische Aufklärung hinter den Bedarf an strategischen, operativen und taktischen Informationen zurück. Zudem ergoss sich über das Lend-Lease-Programm der Westalliierten ein umfangreicher Strom an modernen Flugzeugen, Waffen und Ausrüstungen in die Sowjetunion. Allerdings bewirkten das Ende des Zweiten Weltkrieges und der heraufziehende Kalte Krieg erneut einen Paradigmenwechsel. Gerade in den Bereichen Nuklear-, Raketen- und Radartechnik spielte die Spionage spätestens seit 1945 wieder eine Schlüsselrolle. Zunächst war es den sowjetischen Nachrichtendiensten noch vor Kriegsende gelungen, wertvolle Informationen über das westalliierte Atomwaffenprogramm zu beschaffen. Doch auch die Bemühungen des Deutschen Reiches zur Entwicklung einer Kernwaffe blieben ihnen nicht verborgen. Hierbei spielte gerade der sowjetische Militärgeheimdienst eine besondere Rolle, verfügte er doch wohl als einziger alliierter Nachrichtendienst in diesem von der SS und Himmler streng abgeschirmten Bereich über hochkarätige Quellen. Am 23. März 1945 informierte der damalige Chef der Militäraufklärung, Generalleutnant Il'itschjow, Stalin, den Stabschef der Roten Armee Armeegeneral Aleksej I. Antonow sowie Außenminister Molotow sogar über zwei deutsche Tests mit nuklearen Sprengsätzen, die kurz zuvor auf einem Truppenübungsplatz in Thüringen durchgeführt worden waren. Wortwörtlich meldete »unsere zuverlässige Quelle aus Deutschland« – ein wichtiger Hinweis darauf, dass dieses nicht der erste Bericht des Agenten war –, »dass die Deutschen in letzter Zeit in Thüringen zwei Explosionen mit Bomben von hoher Sprengkraft durchgeführt haben. Die Explosionen ereigneten sich unter strengster Geheimhaltung in einem Waldgebiet. Vom Zentrum der Explosion aus wurden die Bäume in einer Entfernung von 500 bis 600 Metern gefällt. Speziell für die Versuche errichtete Befestigungen und Bauten sind zerstört. Im Explosionszentrum befindliche Kriegsgefangene kamen ums Leben, wobei teilweise von ihnen keine Spuren zurückblieben. Andere Kriegsgefangene, die sich in einigem Abstand zum Zentrum der Explosion aufhielten, erlitten Verbrennungen im Gesicht und an den Armen, deren Schwere von der Entfernung zum Explosionszentrum abhing.«

Dann beschrieb der Agent, der offensichtlich entsprechende technische Kenntnisse hatte, den Aufbau des getesteten Sprengsatzes: »Die Bombe enthält wahrscheinlich Uran-235 und hat ein Gewicht von zwei Tonnen. Sie wurde auf einem speziell dafür konstruierten Flachwagen zum Explosionsort gebracht. Mit ihr zusammen wurden Tanks mit flüssigem Sauerstoff angeliefert. Die Bombe wird ständig von 20 SS-Männern mit Hunden bewacht. Die Explosion der Bombe war von einer starken Druckwelle sowie der Entwicklung hoher Temperaturen begleitet. Außerdem konnte ein starker radioaktiver Effekt beobachtet werden. Die Bombe selbst besteht aus einer Kugel mit einem Durchmesser von 130 Zentimetern. Die Bombe setzt sich aus den folgenden Elementen zusammen. 1. Hochspannungsentladungsröhre, die ihre Energie aus besonderen Generatoren bezieht; 2. einer Kugel aus metallischem Uran; 3. einer Verzögerungsschicht; 4. einer Schutzummantelung; 5. Sprengstoff; 6. der Zündvorrichtung; 7. einem Stahlmantel. Alle Bestandteile der Bombe sind ineinander gesetzt.«

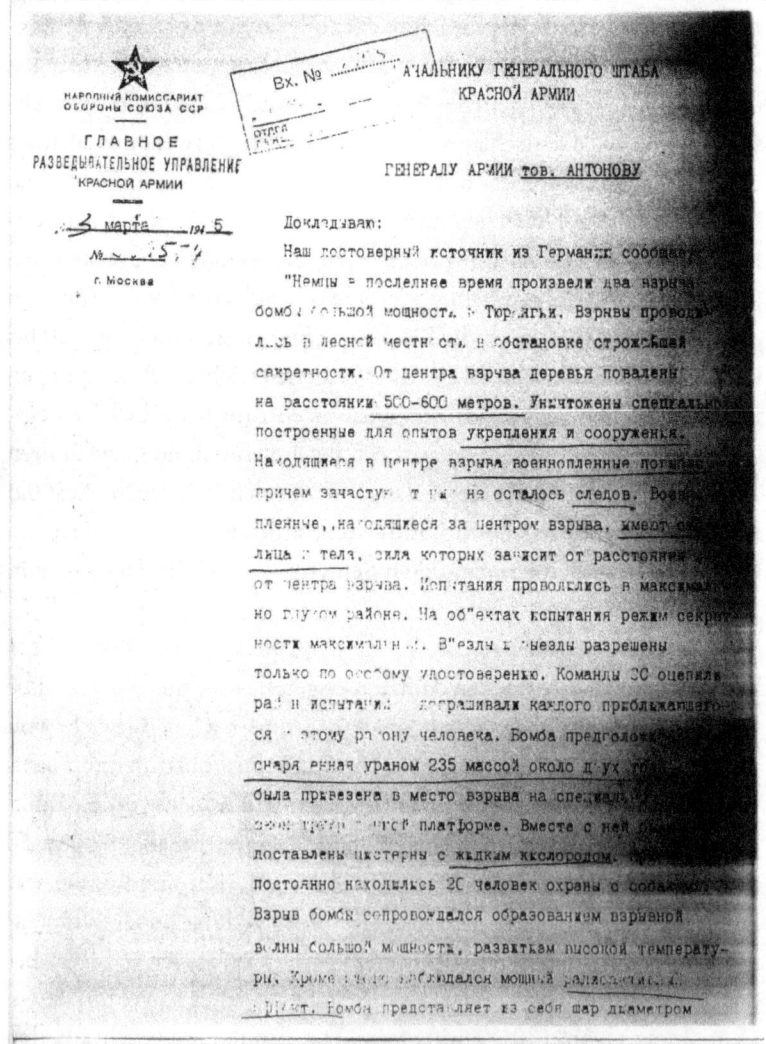

GRU-Meldung vom 23.3.1945 über Tests der Deutschen mit nuklearen Vorrichtungen

Dann folgten einzelne Erläuterungen zu den jeweiligen Bestandteilen des Sprengsatzes, die nochmals belegen, dass die Quelle zumindest Grundkenntnisse in Atomphysik hatte: »Der Initiator [...] besteht aus einer speziellen Röhre, die schnelle Elektronen enthält. Sie wird von speziellen Generatoren versorgt, die in der Röhre eine Hochspannung erzeugen, in deren Ergebnis die schnellen Neutronen das aktive Material beschießen.« Das aktive Material bestand aus einer Urankugel, über die in entsprechende Öffnungen dann der oben beschriebene Initiator eingebracht worden war. Den aus Aluminium hergestellten Schutzmantel, hatte man mit einer Kadmiumschicht überzogen, die offensichtlich einen Teil der U-235 Neutronen abbremsen sollte, um eine vorzeitige Kettenreaktion zu verhindern. Die Zündanlage wiederum enthielt Stücke aus geschäumtem TNT, die zudem mit Flüssigsauerstoff getränkt waren. Jedes TNT-Stück verfügte über eine Detonationsvorrichtung mit zwei Elektrozündern. Die Sprengstoffschicht wiederum wurde durch eine besondere Aluminiumlegierung abgedeckt, die gesamte Vorrichtung war abschließend von einem Stahlmantel umgeben. Offenbar planten die deutschen Bombenkonstrukteure, den Sprengsatz später auf eine Rakete des Typs V-2 zu setzen. Abschließend beschrieb die Quelle nochmals genau den Zündvorgang des nuklearen Sprengsatzes. In seiner Zusammenfassung kam GRU-Chef Il'itschjow zu folgender Einschätzung: »Ohne Zweifel führen die Deutschen Tests mit Bomben durch, die eine hohe Zerstörungskraft haben. Im Fall einer erfolgreichen Beendigung und der Produktion solcher Bomben in ausreichender Menge werden sie über eine Waffe verfügen, die unsere Angriffe verlangsamen kann.«[174]

Um die immer noch bestehenden Auswertungsprobleme zu überwinden, entschlossen sich die Geheimdienste – in Abkehr von der bisher gepflegten strikten Abschottung gegeneinander – nicht nur zur Bildung einer interministeriellen Arbeitsgruppe, der Nachrichtendienstspezialisten aus NKGB, Außenministerium, Armee und Seekriegsflotte angehörten. Auch außenstehende Personen erhielten Zugang zu Geheimdienstinformationen, um diese zu bewerten. Folglich gelangte das oben erwähnte GRU-Schreiben in die Hände von Igor' W. Kurtschatow, der die Informationen über einen möglichen deutschen Test mit einem nuklearen Sprengsatz analysieren sollte. Der führende sowjetische Atomwissenschaftler hielt das Material »für außerordentlich interessant« und stellte fest, die »Konstruktionsdetails sind sehr glaubwürdig«. Allerdings hätte nach seinen Erwartungen die Brisanz der Bombe wesentlich höher sein müssen.[175] Stimmen die Angaben des Agenten, so entsprach die Sprengkraft der Testvorrichtung in etwa dem Äquivalent mehreren hundert Tonnen TNT,[176] was einen rein konventionellen Sprengsatz ausschließt. Gleichwohl nahm der sowjetische Atomwissenschaftler vor allem auf Grundlage des aus den USA ständig eintreffenden Spionagematerials über das amerikanische Nuklearwaffenprogramm an, dass die deutsche Konstruktion auf ihm bislang nicht vollständig bekannten Prinzipien beruhe, deshalb zeigte er sich abschließend in seiner Einschätzung nicht völlig davon überzeugt, dass die Deutschen tatsächlich einen erfolgreichen Kernwaffentests durchgeführt hatten.[177]

Gleichwohl war der GRU-Bericht vom 23. März 1945 nicht die erste Information des Militärgeheimdienstes der Roten Armee über die Bestrebungen der Deutschen gewesen, an eine Kernwaffe zu gelangen. Bereits am 15. November 1944 hatte GRU-Chef Il'itschjow Stalin, Molotow und Antonow eine Meldung der »zuverlässigen Quelle« aus Deutschland vorgelegt. In dem Schreiben berichtete der sowjetische Agent über die Vorbereitungen der Deutschen, »Tests einer neuen Geheimwaffe durchzuführen, die eine große Zerstörungskraft besitzt«. Hierfür bereite die SS in Thüringen unter strengster Geheimhaltung entsprechende Versuchsexplosionen vor. Die Bevölkerung des betroffenen Gebietes würde ausgesiedelt, die Erprobungen selbst in einem abgelegenen Waldgebiet durchgeführt. Die Bombe habe, so die Angaben des Spions, eine Kugelform und einen Durchmesser von anderthalb Metern. Sie setze sich aus mehreren Hohlkugeln zusammen, ein speziell konstruierter Transportwagen würde die Vorrichtung zum Versuchsgelände bringen. Die entsprechenden Vorbereitungen schritten in maximalem Tempo voran. Der Agentenmeldung schloss sich folgende Lageeinschätzung des GRU-Chefs an: »In den letzten Monaten berichten unsere Quellen immer öfter von den fieberhaften Versuchen der Deutschen, immer stärkere Waffen und Mittel zu deren Transport zum Ziel zu testen. Möglicherweise stellen gerade diese Tests den Versuch der Deutschen dar, die reale Erprobung einer Atombombe durchzuführen, über deren Existenz wir bislang keine vollständigen, sondern nur lückenhafte Angaben haben.«[178] Obgleich sich selbst Marschall Shukow im Herbst 1945 in einem Bericht an Stalin überzeugt zeigte, »dass die Wissenschaftler in Deutschland auf den Gebieten der theoretischen sowie auch der praktischen Forschung und Anwendung der Kernenergie gute Resultate bis hin zur Schaffung einer Atombombe erzielt haben«,[179] blieben die Kenntnisse der GRU über das deutsche Kernwaffenprogramm nur bruchstückhaft. Hinsichtlich der deutschen Atombombenforschung konnten die sowjetischen Nachrichtendienste also nur auf fragmentarische Informationen zurückgreifen. Umso detaillierter war allerdings ihr Wissen über das Kernwaffenprogramm der verbündeten USA. Vom hohen Kenntnisstand zeugt, dass es der Sowjetunion bis zum August 1949 gelang, den über Nagasaki zum Einsatz gebrachten US-Atombombentyp »Fat Man« im Wesentlichen eins zu eins zu kopieren.[180]

Hieran hatte auch der Militärgeheimdienst der Roten Armee seinen entsprechenden Anteil. Wie so oft kam dieses Geheimnis durch den Seitenwechsel eines Nachrichtendienstmitarbeiters an das Tageslicht. Am 5. September 1945 flüchtete wie bereits erwähnt der 26-jährige Chiffrierexperte der GRU, Igor' S. Gusenko, aus der sowjetischen Botschaft in Ottawa. Unter seinem Hemd trug er rund hundert Geheimdokumente des Militärnachrichtendienstes. Doch das Überlaufen zu einem westlichen Geheimdienst stellte sich als schwieriger heraus, als Gusenko angenommen hatte. Weder das Justizministerium Kanadas noch die Redaktion des *Ottawa Journal*, die der Überläufer in seiner Verzweiflung aufsuchte, reagierten auf seine Geschichte vom Seitenwechsel in den Westen und die geheimen Unterlagen, die Gusenko vorlegte. Unverrichteter Dinge musste der Geheimdienstoffizier zunächst das Feld räumen und versteckte sich nun mit seiner Familie bei seinem Nachbarn. Von dort aus konnte er beobachten, wie sowjetische Agenten, die inzwischen nach ihm fahndeten, die Tür zu seiner Wohnung aufbrachen und seine Sachen bei der Suche nach den verschwundenen Geheimunterlagen durchwühlten. Nach diesem Zwischenfall wurde Gusenko endlich Polizeischutz gewährt und zusammen mit seiner Familie von den kanadischen Behörden in Sicherheit gebracht.[181]

Als der GRU-Überläufer schließlich gegenüber kanadischen und englischen Geheimdienstexperten auspackte, lösten seine Aussagen in Ottawa und London eine Schockwelle aus. Erstmals wurde deutlich, dass der sowjetische Militärgeheimdienst in Kanada einen umfangreichen Spionagering unterhielt, der fast ausschließlich Atomspionage betrieb. Als wichtiges Glied dieses Rings – der vom sowjetischen Militärattaché in Kanada, Oberst Sabotin, geführt wurde – erwies sich der britische Atomphysiker Alan Nunn May, der seit 1942 für die GRU unter dem Decknamen »ALEK« das Kernwaffenprogramm der Westalliierten ausforschte und 1945 sogar Proben von angereichertem Uran an die sowjetische Militäraufklärung übergeben hatte. Nach Gusenkos Seitenwechsel wurde »ALEK«, obwohl ihn der sowjetische Doppelagent Kim Philby noch gewarnt hatte, im Frühjahr 1946 in London verhaftet und zu zehn Jahren Haft verurteilt, allerdings kam er bereits 1953 wieder auf freien Fuß. Die GRU-Führung rief Sabotin nach dem Verrat nach Moskau zurück, wo man ihn aus dem Militärgeheimdienst warf und zunächst verhaftete. Allerdings kam der Offizier kurze Zeit später frei, im Juni 1954 erfolgte dann dessen Abschied aus den Streitkräften.[182]

Der emigrierte deutsche Atomphysiker Klaus Fuchs gehörte ebenfalls zu den Quellen, die die GRU über das deutsche, wie auch amerikanische, Kernwaffenprogramm informierten. Angeworben hatten ihn im Frühjahr 1941 Semjon D. Kremer, der Sekretär des sowjetischen Militärattachés in London, und Ursula Kuczynski, die unter dem Decknamen »Sonja« seit 1931 für die GRU arbeitete. Zwischen

1941 und 1943 übergab Fuchs der Militäraufklärung der Roten Armee mehr als 570 Blatt Geheimmaterial zur Atomwaffenforschung, die vor allem theoretische Berechnungen zur Spaltung von Uran sowie zur Schaffung von Atombomben enthielten. Im Frühjahr 1944 musste die GRU ihren wertvollen Agenten allerdings an die Konkurrenz von der politischen Aufklärung übergeben, angeblich »zur effektiveren Koordination und Konzentration der Aufklärungsarbeiten zur Atombombe«. Obgleich der Spionagedienst des NKGB die sowjetische Militäraufklärung damit weitgehend aus der Atomspionage gedrängt hatte, beschafften die Agenten und Spione der GRU zwischen 1941 und 1949 insgesamt 5785 Blatt mit Geheiminformationen zu Atomwaffenprojekten in den USA, Großbritannien, Deutschland sowie Japan. Damit lieferten sie einen wichtigen Beitrag dazu, dass es der Sowjetunion bis zum 29. August 1949 gelang – an diesem Tag detonierte über dem Testgelände bei Semiplatinsk die RDS-1, eine Kopie der »Fat Man«-Atombombe der USA –, das Kernwaffenmonopol der Vereinigten Staaten zu brechen und die Sowjetunion endgültig zur militärischen Supermacht zu machen.[183]

Rüstungstechnologische Aufholjagd, die 1950er- und 1960er-Jahre

Gerade durch die Atombombenentwicklung erkannten Politiker, Wissenschaftler, Rüstungsmanager und Militärs im Verlauf des Zweiten Weltkriegs, dass Militärwissenschaft und Rüstungstechnologie in künftigen Konflikten eine entscheidende Rolle spielen würden. Wer sich in Technologiebereichen wie Nuklear-, Raketen-, Radar- und Computertechnik einen Vorsprung verschaffen konnte, war nicht nur auf das taktische Geplänkel mit künftigen Gegnern gut vorbereitet, sondern verbesserte auch seine strategische Position. Dabei verfügte die UdSSR gerade in diesen Bereichen über einen technologischen Rückstand, der dringend aufgeholt werden musste. Beim Schließen dieser wichtigen technologischen Lücken spielte die GRU im Kalten Krieg eine entscheidende Rolle.

Vor allem auf dem Gebiet der westlichen Raketentechnik versuchte der Militärgeheimdienst der Sowjetarmee an Spionageinformationen zu gelangen. Lange stand dabei u. a. die Luft-Luft-Rakete »Sidewinder« im Zentrum der Bemühungen der GRU-Agenten. Ende September 1958 erbeuteten die Streitkräfte der Volksrepublik China während eines Gefechts mit der taiwanesischen Luftwaffe, die hier zum ersten Mal die Luft-Luft-Raketen einsetzte, mehrere dieser »Sidewinder«-Lenkflugkörper. Teile der Raketen wurden nach Moskau gebracht und dort von sowjetischen Spezialisten untersucht. Das Ergebnis beeindruckte den militärisch-industriellen Komplex so sehr, dass das Zentralkomitee der KPdSU am 13. November 1958 den Erlass verabschiedete, innerhalb von vier Monaten mindestens fünfzig »Sidewinder«-Raketen nachzubauen. Die Sowjetunion verfügte allerdings nicht über die benötigten elektronischen Bauteile, die deshalb Anfang 1959 aus dem Westen beschafft werden sollten. Diese Aufgabe übertrug die Parteiführung an GRU und KGB, die auch liefern konnten.[184] Gleichwohl gab es erhebliche Schwierigkeiten bei der Herstellung der Fotodetektoren für die Abstandszünder des Flugkörpers. Erst nach einer gemeinsamen Anstrengung von vier Forschungsinstituten gelang es schließlich, diese in Serie zu produzieren. Gleichzeitig erhielt der militärisch-industrielle Komplex der Sowjetunion von GRU-Quellen ständig zusätzliche Informationen und notwendige technische Daten der Rakete. Eine Schlüsselrolle spielte hierbei der schwedische Oberst Stig Wennerström, der seit 1948 bis zu seiner Enttarnung im Jahr 1963 unter dem Decknamen »Adler« für die GRU spionierte und dieser u. a. detaillierte Zeichnungen des Flugkörpers übergab.[185]

Dank der Hilfe des Militärgeheimdienstes konnten bereits im Herbst 1959 die ersten Tests mit dem neuen Flugkörper durchgeführt werden. Ende 1959 absolvierte er bereits erfolgreich die staatlichen Prüfungen. Im Januar 1960 begann schließlich die Serienproduktion der sowjetischen Version der »Sidewinder«, die vom Militär den Index R-3S erhielt. 1962 wurden in der Sowjetunion bereits 6000 dieser Luft-Luft-Raketen produziert, 1963 schon mehr als 10.000

Flugkörper. Zwischen 1960 und 1964 lieferte die Rüstungsindustrie der UdSSR insgesamt fast 30.000 Stück an die Sowjetarmee, die Streitkräfte des Warschauer Paktes und befreundeter Länder in Asien und im Nahen Osten. Die R-3S wurde damit zur Standardwaffe der Luftstreitkräfte des Ostblocks.

Die GRU begleitete auch nachfolgend die Weiterentwicklungen dieser Luft-Luft-Rakete. Ende 1961 wandte sich der Minister für Luftfahrtindustrie Pjotr W. Dement'ew persönlich an GRU-Chef Serow, weil er nähere Informationen über die neuste Version der »Sidewinder« – die AIM-9/Ic – benötigte. Diese seit Ende der 1950er-Jahre eingesetzte Version des Flugkörpers verfügte über einen halbaktiven Radarsuchkopf und eine größere Reichweite als die Vorgängermodelle. Da ihr sowjetisches Gegenstück, die R-3S, im Wesentlichen auf der Technologie der »Sidewinder« beruhte, brauchte die sowjetische Luftfahrtindustrie nun zur Modernisierung des Musters vom Militärgeheimdienst »technische Zeichnungen, Beschreibungen und Instruktionen« der US-Rakete sowie einzelne Bauteile wie »den Zielsuchlenkkopf, Turbogenerator, Rudermaschine, Gefechtskopf, Zünder« usw.[186] Die GRU versuchte natürlich, diese Wünsche zu befriedigen. So informierte die bereits erwähnte GRU-Quelle »Artur« zum Beispiel detailliert über die Verwendung von Stickstoff zur Kühlung des Infrarot-Suchkopfes der Rakete.[187]

Doch auch auf anderen Gebieten sammelten die Agenten des sowjetischen Militärgeheimdienstes im Westen fleißig Material und Unterlagen über dessen neuste Rüstungstechnologien. 1959 gingen allein beim Ministerium für Flugzeugbau mehr als 750 »ausländische Materialien« ein, die GRU und KGB beschafft hatten. Dazu gehörten auch Bauteile des PTL-Triebwerkes Allison T-56, das seit 1954 bis heute in über 18.000 Exemplaren gebaut wurde und schwere Transportmaschinen wie die C-130 »Herkules« antreibt und die für die sowjetischen Konstrukteure von großem Nutzen waren. Nicht immer allerdings zeigten sich die Rüstungsexperten mit der Arbeit des sowjetischen Militärgeheimdienstes zufrieden. So wurde bemängelt, dass die schlechte Qualität der zumeist mit Minox-Kameras aufgenommen Dokumente deren Auswertung mitunter unmöglich mache. Zudem erschwerte die strikte Geheimhaltung die Koordination der Auswertung und verursachte nicht selten zeit- und kostspielige Doppelarbeit. Das Luftfahrtministerium ließ beispielsweise umfangreiche Wartungsvorschriften für den strategischen US-Bomber B-52 und die Cruise Missile »Mace« mühevoll übersetzen, um dann festzustellen, dass beim Generalstab der Sowjetarmee und dem Forschungsinstitut der Luftstreitkräfte bereits russische Fassungen dieser Instruktionen vorhanden waren.[188]

Um die Tätigkeit der sowjetischen Geheimdienste bei der Rüstungsspionage besser koordinieren zu können, wurde im Frühjahr 1959 bei der Kommission für militärtechnische Fragen eine besondere 15. Abteilung geschaffen, die sowohl für die Organisation der Untersuchung und Auswertung der »Materialien und Muster ausländischer Militärtechnik« als auch für »die Kontrolle von deren Verwendung in der Rüstungsindustrie« verantwortlich zeichnete. Zudem sollte sie die Führung der Kommission über »Neuentwicklungen und Errungenschaften der ausländischen Militärtechnik« informieren. Ferner oblag ihr die Abstimmung, welche Geräte und Anlagen von GRU und KGB im Ausland konspirativ beschafft werden sollten. Hierzu hatten die zuständigen Rüstungsministerien zweimal im Jahr, jeweils am 1. Mai und am 1. Oktober, entsprechende Listen einzureichen.[189] Das Staatskomitee für Rüstungsindustrie wünschte sich u.a. eine komplette Panzerabwehrrakete SS-11 der französischen Streitkräfte, die auch bei zahlreichen anderen Armeen der NATO eingesetzt wurde und drahtgelenkt gegnerische Tanks in einer Entfernung von bis zu 3000 Meter bekämpfen konnte. Von Interesse für die sowjetischen Konstrukteure war allerdings auch der von MBB und Oerlikon-Bührle entwickelte Flugkörper zur Panzerabwehr COBRA, der in großen Zahlen von der Bundeswehr eingesetzt wurde. Weiterhin wünschte sich die Rüstungsindustrie der UdSSR selbstlenkende Radarsuchköpfe sowie Funkzünder für die Gefechtsköpfe der Flugabwehrraketen »Nike-Hercules«,

»Hawk«, »Bloodhound« und »Bomarc«. Auf dem Wunschzettel der Konstrukteure und Wissenschaftler standen zudem Festtreibstoffe für die Mittelstreckenrakete »Polaris«, mit der die Atom-Raketen-U-Boote der George-Washington-Klasse der US Navy bewaffnet waren, sowie eine ganze Anzahl von Navigationsgeräten für die Raumfahrt und zahlreiches weiteres Gerät. Ferner bestand dringender Bedarf an technischen Unterlagen zu nahezu allen ballistischen Raketen der USA, an Rezepturen für Raketentreibstoffe, aber auch an Material zum neuen »Standardpanzer« der Bundeswehr, dem späteren »Leopard-1«, der gerade an den Reißbrettern deutscher Rüstungsschmieden entstand.[190]

Die Erfüllung dieser Wünsche gelang der GRU allerdings nicht immer. So erkundigte sich das Staatskomitee für Verteidigungstechnik im Frühjahr 1963 beim Nachrichtendienst der Sowjetarmee, ob Unterlagen zum Feststoffantrieb der SS-11 vorhanden seien, was darauf schließen lässt, dass der Militärgeheimdienst bis dahin kein entsprechendes Material nach Moskau hatte bringen können. Vor allem wollten die Rüstungsexperten nun endlich Details zum Antrieb und zur Steuerung der französischen Panzerabwehrlenkrakete erfahren, die inzwischen bei zahlreichen Armeen der NATO im Einsatz stand. Weiterhin interessierte die sowjetischen Ingenieure, wie die Franzosen die Düsen des Flugkörpers zur Steuerung des Lenkgeschosses einsetzten und aus welchen chemischen Stoffen sich der Raketentreibsatz zusammensetzte.[191]

Etwas günstiger standen die Dinge bei den Recherchen zum neuen Standardpanzer der Bundeswehr. Anfang März 1963 hatte die GRU dem Staatskomitee für Verteidigungstechnik endlich erste Angaben zum »Leopard-1« zukommen lassen. Doch damit ließ sich der Wissensdurst der sowjetischen Konstrukteure und Panzerbauingenieure nicht stillen. Jetzt wollten sie von der GRU weitere Informationen zu dem noch in der Entwicklung befindlichen Panzer der Bundeswehr erhalten. Besonders interessierte man sich für die genauen Abmaße des »Leopard-1« sowie dafür, ob das gepanzerte Fahrzeug über Nachtsichtgeräte verfüge, welche technisch-taktische Daten diese hätten und wie der Schutz des Panzers gegen die Wirkungen von Kernwaffen und chemisch-bakteriologische Kampfstoffen gewährleistet sei.[192] Im Herbst 1963 sollte GRU-Chef Iwaschutin dann weitere Dokumente zu den Kampfpanzern der NATO und Japans an das Staatskomitee übergeben, »die nicht in offenen Quellen« zu finden waren.[193] Zwei Monate später wurden schließlich vom Militärnachrichtendienst Unterlagen erwünscht, welche zu »angewandten Methoden und Materialien« Auskunft geben sollten, »die beim Auftragen der Panzerplatten auf die Panzerwanne zum Einsatz kamen«. Ferner hatte die GRU Angaben zum Entfernungsmesser des Panzers zu machen, den die Firma Zeiss herstellte.[194]

Die sowjetischen Nachrichtendienste und damit auch die GRU konnten eine Vielzahl der Wünsche der sowjetischen Rüstungsexperten und Waffenkonstrukteure befriedigen. Im Frühjahr 1960 ergab eine erste Sichtung des gelieferten Materials, dass der militärische Nachrichtendienst und das KGB seit April 1959 der Rüstungsindustrie »179 Muster von Erzeugnissen übergeben hatten, die bei der Militärtechnik verwendet werden«. Bei 111 von ihnen handelte es sich um Halbleitertechnik, Elektronikröhren sowie andere Elemente von funkelektronischen Anlagen, 38 von ihnen waren chemische Halbprodukte und Proben von festen bzw. flüssigen Raketentreibstoffen, fünfzehn betrafen spezielle Werkstoffe aus Plastik und Keramik. Insgesamt erhielten 122 der untersuchten Materialien und Muster »eine positive Bewertung, da sie über bessere Eigenschaften als analoge eigene Erzeugnisse« verfügten und es damit erlauben würden, diese zu verbessern. 54 der untersuchten Proben seien hingegen für die Rüstungsindustrie nicht von Interesse. Im gleichen Zeitraum übergaben die militärische sowie die politische Auslandsaufklärung zudem 600 schriftliche Informationen zu Militärtechnik des Westens, von denen 100 »teilweise oder vollständige Anwendung bei der Umsetzung von Entwicklungs- und Forschungsarbeiten in den eigenen Konstruktionsbüros und wissenschaftlichen Einrichtungen fanden«. 400 der Agentenberichte erwiesen sich von allgemeinem Interesse, da sich mit ihrer Hilfe abschätzen ließ, wie weit der Westen in bestimmten Bereichen der Waffenentwicklung war, 120 behandelten veraltetes Gerät oder enthielten Angaben aus bereits publizierten, öffentlich zugänglichen Quellen.[195]

Auch in den nachfolgenden Jahren ergoss sich ein immer breiterer Strom von Informationen über Rüstungsprojekte und Waffen des Westens in Richtung Moskau. Im ersten Halbjahr 1961 trafen beim Ministerium für Luftfahrtindustrie »527 ausländische Materialien und 78 Muster ein«, nach einer ersten Auswertung stand allerdings fest, »dass von diesen Unterlagen ungefähr 10 Prozent von praktischem Interesse sind«. Dazu gehörte u. a. ein NATO-Dokument über die Gefechtseigenschaften des Jagdbombers F-105D »Thunderchief«, den die US Air Force seit diesem Jahr auch in der Bundesrepublik stationierte. Das wenige zu den Flugabwehr-Raketen »Nike-Herkules« und »Hawk« übergebene Material erwies sich hingegen als weitgehend unbrauchbar, da es nur Hinweise zur Instandhaltung einzelner Baugruppen sowie allgemeine Beschreibungen der Systeme enthielt. Größeres Interesse brachte die Rüstungsindustrie hingegen den übergebenen Werkstoffmustern, Spezialklebstoffen usw. entgegen, die zeigten, welche Technologien im Flugzeugbau künftig wegweisend sein würden. Erneut bemängelte das Ministerium die kaum nutzbare Qualität der Fotoaufnahmen der Agenten und dass ein Großteil seiner »Bestellwünsche« immer noch nicht erfüllt sei.[196]

Immerhin gelang es der wissenschaftlich-technischen Spionage der GRU, wichtiges Material zum US-Strahltriebwerk J79 zu beschaffen, von dem zwischen 1955 und 1982 über 18.000 Exemplare gebaut wurden. Es galt als eine der erfolgreichsten und leistungsfähigsten westlichen Flugzeugturbinen und gehörte in den 1960er-Jahren zur Standardausrüstung fast aller amerikanischen Kampfflugzeuge. Der F-104 »Starfighter« und die F-4 »Phantom«, aber auch der strategischen Überschallbomber B-58 »Hustler« erhielten das J79. Es lag also auf der Hand, dass die sowjetische Luftfahrtindustrie ein großes Interesse an diesem Triebwerk »sowohl in struktureller als auch in technologischer Hinsicht hat. Für den Strömungsteil des Triebwerks wurde eine grundlegend neue Konstruktionslösung gewählt, die sich von den im einheimischen Triebwerksbau üblichen Schemata grundlegend unterscheidet: 17 Axialverdichter sowie sieben drehbar gelagerte Verdichter-Leitschaufelstufen, eine Vielzahl weiterer Konstruktionsentwicklungen sowie der Einsatz fortschrittlicher Technologien für die Herstellung von Teilen und Komponenten, die für den Bau einheimischer Triebwerke verwendet werden könnten. Von besonderem Interesse sind zudem die Kraftstoffanlage des J79-Triebwerks, sein automatisches Steuersystem sowie andere Einheiten und Geräte«.[197]

Daher wurde das KGB im Sommer 1959 angewiesen, über seine verdeckten Kanäle eine zivile Version des J79 zu kaufen. Der sowjetische Geheimdienst führte diese Aufgaben aus, und wenig später meldete der KGB-Vorsitzende Schelepin dem Vorsitzenden der Kommission des Ministerrats der UdSSR für militärisch-industrielle Fragen: »Wir haben eine solche Gelegenheit gefunden. Es hat sich herausgestellt, dass das Triebwerk 226 Tsd. Dollar kosten wird und die Lieferzeit 4–5 Monate beträgt. Die übliche Lieferfrist der Firma liegt bei 14 Monaten«.[198]

Aber auch aus Quellen der GRU erhielt die Sowjetunion Informationen und technische Details über das J79. Auf der Grundlage des übergebenen Spionagematerials wurde im April 1963 beim Zentralinstitut für Flugzeugmotorenbau der UdSSR eine Konferenz über den Einsatz des J79 in der sowjetischen Luftfahrt durchgeführt, an der zahlreiche Experten aus dem militärisch-industriellen Komplex und den Luftstreitkräften teilnahmen. Im Ergebnis der Tagung erhielten leitende Mitarbeiter des Flugzeugbaus und der sowjetischen Luftwaffe zahlreiche Empfehlungen, welche Elemente des J79 in die eigenen Neuentwicklungen einfließen sollten. So verwendete das für das Überschall-Passagierflugzeug Tu-144 entwickelte Triebwerk u. a. das Steuerungssystem des amerikanischen Modells. Diese und weitere Maßnahmen trugen dazu bei, die Leistungsreserven der Strahlturbine zu erhöhen und ihre Lebensdauer zu verlängern. Die Technologie des

J79 wurde auch für das PTL-Triebwerk der Transportflugzeuge An-12 und IL-18 verwendet. Die Turbinenschaufelverriegelungen nach dem Vorbild der J79 reduzierten hier drastisch die bislang auftretenden Vibrationen und trugen dazu bei, die Lebensdauer und Zuverlässigkeit der sowjetischen Turbine zu erhöhen. Für das Rekordjagdflugzeug MiG-25 erhielt das sowjetische Triebwerk R-15-300 sogar eine Kopie der Schubdüse des J79, die einen hohen Wirkungsgrad bei allen Fluggeschwindigkeiten gewährleistete.[199]

1964 kam das Ministerium für Flugzeugbau insgesamt zu folgender Bewertung: »Eine ungefähre Schätzung der Zeit- und Kosteneinsparungen, die sich aus der Umsetzung der positiven Erfahrungen der Untersuchung der amerikanischen Materialien für das J79 Triebwerk ergeben, zeigt, dass unsere Entwicklungsbüros ohne die Beschaffung dieser Werkstoffe sehr umfangreiche experimentelle Konstruktionsarbeiten hätten durchführen müssen, die 1–2 Jahre Zeit in Anspruch genommen und die Kosten für neue Prototyp-Triebwerke um 30–50 % erhöht hätten.«[200]

Zwischen Juli 1963 und Juni 1964 hatten dann GRU und KGB der sowjetischen Rüstungsindustrie weitere 613 Muster von Rüstungserzeugnissen des Westens sowie 4156 Unterlagen zu westlichen Waffen, Ausrüstung und Munition übergeben. Wie bisher schätzten die sowjetischen Experten zehn Prozent der Lieferungen als so wertvoll ein, dass die entsprechenden Geräte von der einheimischen Industrie nachgebaut werden sollten. Knapp die Hälfte der beschafften Unterlagen und des Materials erwies sich zumindest als interessant, da es Einblick in den technologischen Stand der Bewaffnung der NATO gab. Der verbleibende Rest der von den Agenten erbeuteten Dokumente war für die sowjetische Rüstungsindustrie ohne besonderen Wert. Zudem standen die Rüstungsministerien jetzt vor dem Problem, dass sie mit der Auswertung des Materials von GRU und KGB kaum nachkamen und von der Flut der Geheimunterlagen geradezu überschwemmt wurden. Gleichzeitig zeigte sich immer deutlicher, dass die sowjetische Industrie große Schwierigkeiten hatte, die beschafften Geräte und Anlagen nachzubauen, und zumeist zwei bis drei Jahre vergingen, bevor diese in Serie hergestellt werden konnten. Infolgedessen erwiesen sich viele Nachbauten der mühevoll im Westen beschafften Muster bei ihrer Einführung in die sowjetische Waffenproduktion bereits wieder als veraltet.[201] Ein Problem, für das auch das heutige Russland offensichtlich noch keine Lösung gefunden hat.

Doch auch in umgekehrter Richtung konnte die Kooperation zwischen dem sowjetischen Militärgeheimdienst und der Rüstungsindustrie der UdSSR verlaufen. So bewertete im Herbst 1963 das Staatskomitee für Verteidigungstechnik einen Film der GRU über die »amerikanischen strategischen Raketenwaffen«, der offenbar für die höchste Partei- und Staatsführung aufgenommen worden war und die wichtigsten Entwicklungen der Amerikaner auf diesem Gebiet visuell skizzierte. Der Film, so die Experten, »sei zwar gewiss interessant und enthalte nützliches Dokumentarmaterial«, doch wirke er durch die zahlreiche Verwendung von Ausschnitten aus Wochenschauen und Werbefilmen wie Reklame für die US-Raketen. Weiterhin bemängelten die Spezialisten, dass die GRU nicht zeige, welch großer Aufwand der Amerikaner nötig war, um die entsprechenden Erfolge bei der Entwicklung von strategischen Raketen wie der »Minuteman« oder der »Polaris« zu erreichen. Nach der Beseitigung dieser »Schwachstellen« könne der Streifen gleichwohl Generalen, Admiralen und hohen Offizieren der Sowjetarmee sowie herausragenden Spezialisten entsprechender sowjetischer Forschungsinstitute gezeigt werden.[202]

In regelmäßigen Abständen gab der Militärgeheimdienst für die Rüstungsindustrie zudem Informationsberichte zu militärtechnischen Fragen im westlichen Ausland heraus. Für die Konstruktionsbüros und Forschungsinstitute des militärisch-industriell-akademischen Komplexes der Sowjetunion galten diese Bulletins, die aus Geheimhaltungsgründen drei bis vier Monate nach Posteingang vernichtet werden mussten, bei der Entwicklung von neuen Waffen für die sowjetischen Streitkräfte als unverzichtbar. Deshalb beschwerten sich die Industriemanager beim Generalstabschef der Sowjetarmee im

April 1963 darüber, dass der Militärgeheimdienst der Rüstungsindustrie nur noch zwanzig statt bisher vierzig Exemplare der Informationsberichte zur Verfügung stelle, was vollkommen unzureichend sei. Der Generalstab solle deshalb die GRU anweisen, unverzüglich erneut von jeder Ausgabe vierzig Stück an die Rüstungsindustrie zu verteilen.[203]

Selbst über wissenschaftlich-technische Behörden des Westens lieferte der sowjetische Militärgeheimdienst der heimischen Rüstungsindustrie Informationen Angaben. Am 24. September 1958 unterrichtete die GRU Minister Dement'ew über die zwei Monate zuvor gegründete NASA. In dem Schreiben schilderte sie zunächst die Arbeit des National Advisory Committee for Aeronautics (NACA), das mit mehr als 7900 Mitarbeitern und zahlreichen Forschungseinrichtungen Grundlagenforschung im Bereich der Flugzeugentwicklung durchführte sowie Investitionen im Flugzeug- und Triebwerksbau koordinierte. Das Budget der Behörde umfasste jährlich zwischen siebzig und achtzig Millionen Dollar. Durch einen Erlass von Präsident Dwight D. Eisenhower wurde die NACA dann Ende Juli 1958 zur NASA umgebildet. Die weiteren Angaben der GRU zum Budget und zum Aufgabenbereich der neuen Behörde beeindruckten den sowjetischen Minister nicht sonderlich. Für bemerkenswert hielt der allerdings, dass die NASA 200 Wissenschaftler mit einem Jahresgehalt von 19.000 Dollar einstellen würde, was in etwa den zweifachen Bezügen des Ministers entsprach.[204]

Immer wieder sorgten die GRU-Berichte zu technischen Entwicklungen des Westens für hektische Betriebsamkeit bei der sowjetischen Parteiführung und Rüstungsindustrie. Anfang 1961 erhielt der sowjetische Rüstungsminister Ustinow einen Bericht des Nachrichtendienstes der sowjetischen Streitkräfte zum britischen Flugzeug »Hawker P.1127«, einem Versuchs- und Erprobungsträger für einen militärisch einsetzbaren Senkrechtstarter. Dieses Konzept war für die Luftstreitkräfte im Kalten Krieg vor allem deshalb interessant, weil es möglich machte, auf lange und damit verwundbare Start- und Landebahnen zu verzichten. Noch am gleichen Tag landete das Schreiben auf dem Tisch von Dement'ew, der die Weisung erhielt, bis zum 15. Januar 1961 die Vorlage für einen Beschluss des Ministerrats der UdSSR zur Entwicklung eines entsprechenden sowjetischen Flugzeuges auszuarbeiten.[205] Noch im Februar 1961 gab der Ministerrat dann die Anweisung, Vorschläge für einen Senkrechtstarter für die Luftstreitkräfte der UdSSR einzureichen. Ende Juni des selben Jahres legten Rüstungsminister Ustinow, Verteidigungsminister Malinowskij, Luftfahrtminister Dement'ew und der Oberbefehlshaber der Luftstreitkräfte, Hauptmarschall der Flieger Konstantin A. Werschinin, dem Zentralkomitee der Kommunistischen Partei schließlich das Projekt der Entwicklung eines senkrecht startenden und landenden Jagdbombers vom Typ Jak-36 vor, der in der Sowjetunion als Erprobungsträger für diese verheißungsvolle Technologie dienen sollte.[206] Ende Oktober 1961 beschloss der Ministerrat der UdSSR den Bau eines entsprechenden Flugzeugmusters, dessen Flugerprobung im 4. Quartal 1963 zu beginnen hatte und das die Fähigkeit, senkrecht zu starten und zu landen, eine Geschwindigkeit von mindestens 1000 Stundenkilometern sowie eine Reichweite von 500 bis 600 Kilometern haben sollte.[207] Obgleich der erste Versuchsstart termingerecht erfolgte, brauchte es drei weitere Jahre, bis das Flugzeug erstmals selbstständig startete, flog und dann wieder problemlos landete.

Aus dem Muster wurde 1967 die Jak-38 entwickelt, die erstmals 1970 flog und ab 1976 in die Bewaffnung der sowjetischen Marine aufgenommen wurde. Dort fand das Flugzeug auf den vier Flugdeckkreuzern der Kiew-Klasse Verwendung, während das Interesse der Luftstreitkräfte an Maschinen dieses Typs ob der hohen Kosten und zahlreichen technischen Schwierigkeiten erloschen war. Doch auch die Marine zeigte sich mit der Jak-38 wenig zufrieden, da Reichweite, Nutzlast und Fluggeschwindigkeit hinter ihrem westlichen Gegenstück, der Hawker »Harrier«, zurückblieben. Maschinen dieses Typs flogen seit 1967 bei der britischen Royal Navy und wurden von dieser erfolgreich im Falklandkrieg eingesetzt, später übernahmen auch das US Marine Corps, die spanische Marine sowie Thailand, Indien und

Italien die »Harrier«. Ihre Weiterentwicklung, die McDonnell Douglas AV-8, wird heute noch in den USA, Italien und Spanien betrieben. Während von beiden Mustern mehr als 700 Flugzeuge gebaut wurden, blieb die Jak-38 mit fünfzig ausgelieferten Exemplaren eine Episode im sowjetischen Flugzeugbau, der die zahlreichen technologischen und technischen Probleme dieser Technik nie wirklich bewältigen konnte.

Auch der Serow nachfolgende GRU-Chef Iwaschutin ließ es sich nicht nehmen, die sowjetische Rüstungsindustrie mit einem ständigen Strom an Nachrichten zu Waffenentwicklungen im Westen zu versorgen. Nur wenige Wochen nach seinem Dienstantritt informierte er die Minister des militärisch-industriellen-akademischen Komplexes der UdSSR über die Gefechts- und Einsatzmöglichkeiten des Flugabwehrraketensystems »Hawk«, das die US Army ab 1960 in Dienst stellte. Später wurde der Flugkörper zum Rückgrat der Luftverteidigung der NATO in Westeuropa und in großen Stückzahlen auch bei der deutschen Luftwaffe eingeführt. Die GRU-Ausarbeitung zum »Hawk«-System umfasste mehr als hundert Seiten und beruhte, so Iwaschutin, auf »dokumentarischen Material«, also Originalakten, die Agenten des sowjetischen Militärnachrichtendienstes in den USA beschafft hatten.[208]

Im Sommer 1964 übergab die GRU an die Entscheidungsträger in der sowjetischen Rüstungsindustrie schließlich ein Dossier zur Anti-U-Boot-Waffe UUM-»Sabroc«, die von amerikanischen Atom-U-Booten aus abgefeuert werden konnte. Das Raketensystem hatte die Form und Größe eines Torpedos und konnte deshalb von den an Bord befindlichen Torpedorohren ausgestoßen werden. Dann trieb ein Raketenmotor das Geschoss über die Wasseroberfläche und brachte den Flugkörper in ein bis zu 55 Kilometer entferntes Zielgebiet. Die Steuerung zum vorprogrammierbaren Zielraum übernahm ein Gerät mit Trägheitsnavigation. Dort wurde eine atomare Wasserbombe abgeworfen, die mit einer Sprengkraft von bis zu 250 Kilotonnen TNT – dem Zehnfachen der Hiroshimabombe – im Durchmesser

Die Arbeitsgebiete des Dienstes

von achtzehn Kilometern jedes Unterwasserziel vernichten konnte. Obwohl die Zerstörungswahrscheinlichkeit bei lediglich sechzig Prozent lag, wurde das »Sabroc«-System als das bislang wohl effektivste Mittel der NATO zur Bekämpfung sowjetischer U-Boote eingeschätzt.[209] Dies war jedoch nicht die einzige GRU-Information zu U-Boot-Abwehrsystemen der NATO. Bereits zwei Jahre zuvor hatte der Militärnachrichtendienst über das französische Raketensystem »Malafon« informiert, das sich seit Mitte der 1950er-Jahre in der Entwicklung befand und 1966 in die Bewaffnung der Seestreitkräfte Frankreichs aufgenommen wurde.[210]

Den Raketenwaffen der NATO-Landstreitkräfte widmete der sowjetische Militärgeheimdienst gleichfalls seine Aufmerksamkeit. Am 22. Juni 1961 – also kurz vor dem Höhepunkt der seit Ende 1958 schwelenden Berlin-Krise – übermittelte die GRU dem Zentralkomitee der Kommunistischen Partei ein umfangreiches Schreiben in alarmierendem Ton, das über den vom westlichen Militärbündnis vorangetriebenen Ausbau des Arsenals an Atomraketen mit kurzer und mittlerer Reichweite informierte. Der Geheimbericht gab der sowjetischen Führungsriege einen detaillierten Überblick über die Ausstattung der US-Landstreitkräfte mit taktischen Nuklearraketen.[211]

Durch sie wären die US-Streitkräfte in der Lage, die atomaren Feueraufgaben ihrer Feldarmeen auf der gesamten Breite und Tiefe des Gefechtsfeldes ohne Änderung der Startpositionen zu gewährleisten. Damit avancierten die Atomraketen zur wichtigsten Schlagkraft der Landstreitkräfte und zum entscheidenden Faktor des westlichen Militärbündnisses bei der Organisation und Führung des Gefechtes. Mit diesem Bericht machte die GRU der Kremlführung gleichzeitig deutlich, wie sehr sich binnen kurzer Zeit das atomare Kräfteverhältnis in Europa geändert hatte. Die Folgen für die sowjetische Strategie erwiesen sich als enorm. In Zukunft, so die GRU, würden sich diese noch verstärken, da die Amerikaner mit hohem Tempo und Aufwand an der Modernisierung und Weiterentwicklung der Kurz- und Mittelstreckenraketen arbeiteten.[212]

Die Sowjetunion selbst versuchte, der neu entstandenen Lage durch die zunehmende Ausstattung ihrer eigenen Landstreitkräfte mit taktischen Kernwaffen zu begegnen.[213] Durch deren Einsatz sollten im Kriegsfall, so die ab 1960 gültige sowjetische Militärdoktrin, »bedeutende strategische Kernwaffeneinsatzmittel des Gegners vernichtet, den Gruppierungen seiner Truppen ernste Verluste zugefügt« werden. Zudem »können in der Tiefe umfangreiche Zerstörungszonen und aktivierte Gelände geschaffen werden, was dem Gegner das Manöver mit seinen Truppen erschwert. All dies schafft günstige Bedingungen dafür, dass die Fronttruppen ihre Operationsziele schnell erreichen«.[214]

Ende 1962 sandte der Chef der Informationsverwaltung der GRU, Generalleutnant Korenewskij, an die Führung der sowjetischen Rüstungsindustrie einen streng geheimen Bericht über einen Prüf- und Testkomplex für faktisch alle Raketenwaffen der US Army unter feldmäßigen Bedingungen. Mithilfe dieses Systems sollten sowohl Panzerabwehr-, Boden-Boden- sowie Boden-Luftraketen der verschiedensten Typen im Feld gewartet und instandgesetzt werden können. Das entsprechende Gerät wurde von der Firma RCA Defense Electronic Products entwickelt, die Geheiminformation der GRU stammten wahrscheinlich auch von dort. Für das sowjetische Militär war ein solches System von größtem Interesse, »ermöglichte es doch, den Aufwand an Mitteln und Kräften bei der Fertigung und Verwendung von Kontroll- und Prüfgeräten beträchtlich zu senken und die Organisation der technischen Betreuung der Raketen-Einheiten und -Truppenteile unter feldmäßigen Bedingungen zu vereinfachen«.[215]

Im Sommer 1963 informierte die GRU die sowjetische Rüstungsindustrie über den Raketenwerfer M91 der US Army. Das Gerät war für die UdSSR vor allem deshalb von Interesse, weil es 45 Raketen des Typs M55 verschießen konnte. Der ungelenkte Flugkörper verfügte über einen chemischen Gefechtskopf, der mit 4,6 Kilogramm des Nervengiftes VX oder mit 5,17 Kilogramm des Kampfstoffs Sarin befüllt werden konnte. Seine Reichweite lag zwischen 2 und 11 Kilometern, die gesamte Salve von 45 Geschossen konnte in 15 Sekunden abgefeuert werden und ein großflächiges Gebiet kontaminieren, reichten doch beispielsweise wenige Milligramm Sarin, um einen Menschen zu töten.[216]

Mitte Juli 1964 erhielt schließlich der neue Leiter des Staatskomitees für Verteidigungstechnik Sergej A. Swerew von der Führung des Militärnachrichtendienstes eine 42-seitige Ausarbeitung über die Entwicklung neuer Kurz- und Mittelstreckenraketen der NATO. In seinem Begleitschreiben wies GRU-Chef Iwaschutin darauf hin, dass die neue NATO-Strategie der Flexible Response dazu führe, dass diesen Raketenwaffen bei den Landstreitkräften eine entscheidende Rolle zukomme. Aus diesem Grund hätten die Vereinigten Staaten bereits die »Pershing I«, die »Lance« und die »Sergeant«-Raketen entwickelt und würden derzeit bereits an entsprechenden Nachfolgemodellen arbeiten, über die er nun informiere.[217]

Im Herbst 1964 übermittelte Iwaschutin dann an das Ministerium für Luftfahrtindustrie »ergänzende Informationsmaterialien« zur kosmischen Trägerrakete »Titan-3«. Damit sollte wohl eine bereits zuvor erfolgte Lieferung von Geheimunterlagen des sowjetischen Militärnachrichtendienstes ergänzt werden. Die Unterlagen umfassten Angaben zum Kontroll- und Prüfkomplex, die Bodentests für die Weltraumrakete vor dem Start betreffend sowie Anlagen zum Lenksystem des Flugkörpers.[218]

Ein Großteil der Unterlagen zu den Raketenwaffen der USA dürfte wohl von einem Agenten stammen, der bis heute nur unter seinem Decknamen »Bernard« bekannt ist. Der angeblich 1909 geborene Chemiker mit französischen Wurzeln hatte den Posten des Vizepräsidenten einer großen US-Firma inne, die mit zahlreichen Rüstungsunternehmen in den Vereinigten Staaten kooperierte und deren Spezialität die Herstellung besonderer Kunststoffharze war. Zu seinen Kunden zählten Schwergewichte der Luft- und Raumfahrttechnik wie Aerojet und Thiokol, aber auch der Chemieriese DuPont. Anfang 1962 warb der GRU-Offizier Ljubimow den künftigen Agenten für eine Zusammenarbeit mit dem sowjetischen Militärgeheimdienst an.

TECHINT – die Atom- und Technikspionage

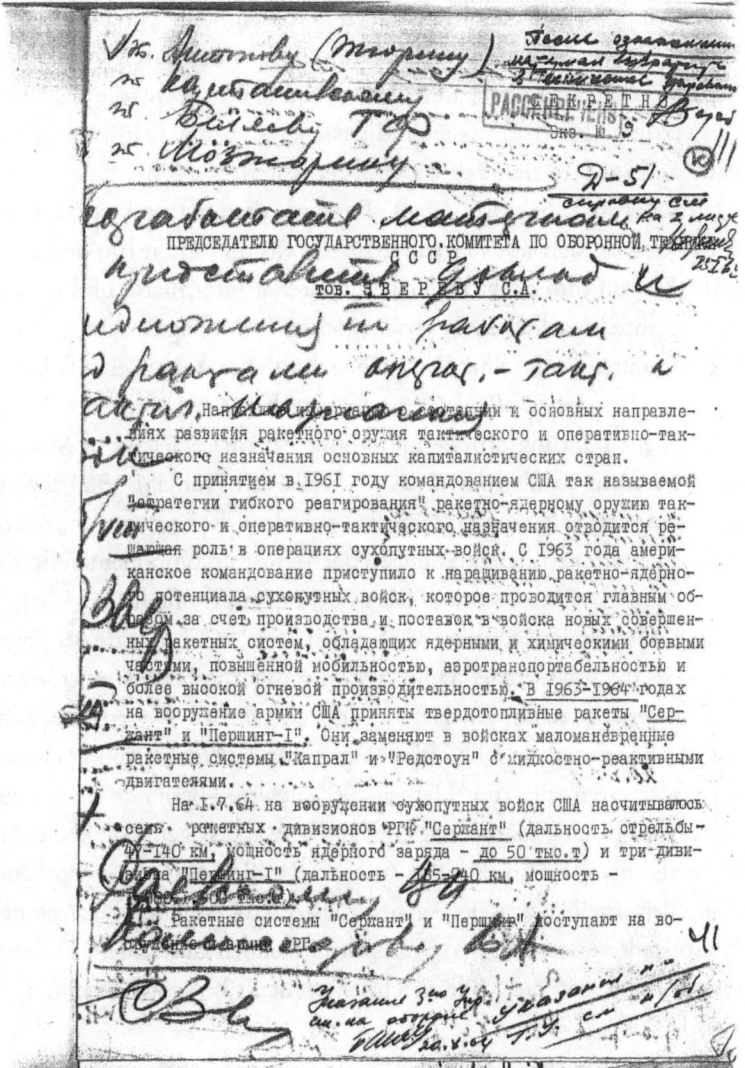

GRU-Informationen zu den Raketen »Pershing« und »Sergeant«

Da »Bernard« selbst kaum Zugang zu Geheimmaterial hatte, das für die GRU von Interesse war, sollte er vor allem seine amerikanischen Kollegen »abschöpfen«, um an die begehrten Unterlagen und Materialien zu den US-Feststoffraketen zu kommen. Diese Strategie schien aufzugehen, denn zwischen 1962 und 1963 übermittelte der Spion Moskau 24 Dokumente und drei chemische Proben, die nach der Auswertung durch die Geheimdienstanalysten die Prädikate »wertvoll« und »außerordentlich wertvoll« erhielten.[219]

Im Herbst 1962 reiste Agent »Bernard« dann selbst nach Moskau, wo er Spezialisten aus der sowjetischen Rüstungsindustrie detailliert über das von ihm gelieferte Geheimmaterial informierte und bislang unbekannte Einzelheiten zu verschiedenen Technologien und Materialien mitteilte. Nach seiner Rückkehr schöpfte er weiter seine Bekannten, vor allem bei DuPont, ab und übergab das entsprechende Material seinem Führungsoffizier Ljubimow. Erneut erhielt es in Moskau die Bewertung »außerordentlich wertvoll«. Im Frühjahr 1963 lieferte der Agent dann an seine Auftraggeber von der GRU neben technischen Dokumentationen Beschreibungen der Treibstoffkomponenten für die »Minuteman«-Rakete sowie Muster der Ausgangsstoffe für die Herstellung der Treibmittel für die »Polaris«. Im Mai 1964 besuchte der Spion abermals die sowjetische Hauptstadt, um mit Spezialisten zu erörtern, wie weiteres Material zu den Feststoffraketen des Westens beschafft werden könne und welche Technologien für die UdSSR von höchstem Interesse waren. Bis zum Herbst 1965 lieferte »Bernard« noch neue Unterlagen, wenig später erlag er einer kurzen, heftigen Krankheit. Am 2. November 1965 musste die Pariser GRU-Residentur der Moskauer Zentrale mitteilen, dass der Agent am 24. Oktober in der französischen Hauptstadt verstorben war. Wer sich tatsächlich hinter dem Decknamen verbarg, hält der Militärnachrichtendienst bis heute geheim.[220]

Raketendiebstahl in Neuburg.
Eine »Sidewinder«-Rakete verschwindet

Die Luft-Luft-Rakete AIM-9 »Sidewinder« ließ die GRU auch Ende der 1960er-Jahre nicht ruhen. Ende Oktober 1967 »verschwand« einer dieser Flugkörper auf dem Luftwaffenstützpunkt des Jagdgeschwaders

74 bei Neuburg an der Donau, wo mit der siebzig Kilogramm schweren und rund drei Meter langen Rakete die dort stationierten »Starfighter«-Düsenjäger der Bundeswehr bewaffnet waren. Den Verlust bemerkte ein Oberfeldwebel, der in seinem Kräutergarten in der militärischen Sperrzone des Flugplatzes Petersilie erntete und dabei ein Loch in dem Zaun entdeckte, der das Flugfeld umgab. Wenig später sah er zudem eine eingeschlagene Fensterscheibe in der Baracke, in der die Raketen gelagert wurden. Als der Unteroffizier Alarm schlug, war es jedoch bereits zu spät. Von der fehlenden Rakete blieb nur eine gelbe Karte zurück, auf dem der technische Zustand der Waffe vermerkt worden war.

Die Diebe wiederum hatten – wie die nachfolgenden Ermittlungen ergaben – die »Sidewinder« durch das Barackenfenster gehievt, auf einer Sackkarre bis zum Fluchtwagen außerhalb des Militärgeländes gebracht und dort in einen Kombi verfrachtet. Dessen Heckscheibe musste jedoch eingeschlagen werden, da sich das von der GRU begehrte Objekt als zu lang erwies.[221]

Erst ein Jahr später konnten die Täter ermittelt werden. Es handelte sich um den »Starfighter«-Piloten Hauptfeldwebel Wolf-Diethard Knoppe, den Schlossermeister Josef Linowski und den Architekten Manfred Ramminger. Letzterer entpuppte sich als Kopf der Bande und GRU-Agent. Der 1930 in Ostpreußen geborene Ramminger gelangte nach 1945 nach Krefeld, wo er, der ein Architekturstudium absolviert hatte, eine Baufirma übernahm und zunächst so erfolgreich führte, dass er sich das aufwendige Hobby eines Rennfahrers leisten konnte. Als Mitte der 1960er-Jahre seine Einnahmen wegbrachen, musste sich der Playboy und Lebemann nach neuen Finanzierungsquellen umsehen. Aus diesem Grund schickte er am 26. August 1966 Linowski in Rom in die sowjetische Botschaft, um den entsprechenden Behörden in der UdSSR vorzuschlagen, unter die Exportbeschränkungen des COCOM fallende sensible Güter zu beschaffen. Hinter dieser kryptischen Abkürzung verbarg sich eine Arbeitsgruppe der NATO, das Coordinating Committee on Multilateral Export

Controls. Es legte fest, welche westlichen Technologien und darauf beruhende Maschinen sowie Ausrüstungen der Sowjetunion und ihren Verbündeten aus Sicherheitserwägungen nicht zugänglich gemacht werden sollten. Diese Güter landeten dann auf speziellen Listen, womit deren Export in den Ostblock unmöglich gemacht werden sollte. Der diensthabende GRU-Mitarbeiter der Botschaft, natürlich als Diplomat getarnt, wimmelte Linowski erst einmal ab. Die Geheimdienstzentrale in Moskau fand an dem Vorschlag jedoch rasch Gefallen und stellte nun direkten Kontakt zu Ramminger her, der daraufhin Ende März 1967 nach Moskau reiste. Hier erhielt er zunächst den Auftrag, Navigationsgeräte des »Starfighter« zu beschaffen. Diesen Auftrag erledigte der Agent mithilfe von Knoppe, den er seit längerer Zeit kannte. Der Luftwaffenunteroffizier hatte den Werbeversuchen Rammingers zunächst kritisch gegenübergestanden, letztlich siegte jedoch die Habgier über moralische Bedenken. Knoppe schleuste daraufhin Linowski im Kofferraum seines Wagens auf das Kasernengelände, wo beide die gewünschten Teile entwendeten und für Ramminger außerhalb des Sperrzaunes ablegten. Der schaffte die Beute dann im Handgepäck nach Moskau und kassierte dort von seinen Auftraggebern 90.000 DM, die er zur Hälfte an seine Komplizen weitergab.

In der GRU-Zentrale zeigten sich seine Auftraggeber begeistert und schlugen nun vor, auf ähnlichem Weg eine Fla-Rakete des Typs »Hawk« zu beschaffen, die erst kurz zuvor bei der Bundesluftwaffe eingeführt worden war. Nachdem erste Erkundigungen ergaben, dass die entsprechenden Startplätze des »Hawk«-Systems schwer bewacht waren und der fünf Meter lange und 500 Kilogramm schwere Flugkörper nicht einfach außer Landes geschafft werden konnte, schlug Ramminger der GRU vor, die »Sidewinder« zu »organisieren«. Die gestohlene Rakete zerlegte er dann in ihre Einzelteile und schickte diese, beim Zoll als technische Ersatzteile und Maschinenmuster deklariert, per Luftfracht in die sowjetische Hauptstadt. Der kaum vorstellbare Coup funktionierte, weil die Zollbehörden damals Pakete mit einem Wert von weniger als 1000 DM nicht öffneten und auch keine Adressüberprüfung durchführten. Den Infrarotsuchkopf samt Zünder brachte Ramminger dann erneut persönlich zur GRU. Die Offiziere des Militärgeheimdienstes zahlten dem dreisten Spion nun 92.000 DM und 8500 Dollar, andere Quellen sprechen sogar von bis zu 300.000 DM. Gleichzeitig gaben sie ihm den dringenden Rat, bei künftigen Aktionen weniger spektakulär und vorsichtiger ans Werk zu gehen. Ramminger orientierte sich jedoch eher an James Bond als an der mausgrauen Wirklichkeit der Spionagewelt. Im Frühjahr 1968 übermittelte er seinen russischen Auftraggebern unter anderem Unterlagen für Flugsteuerungsgeräte der bundesdeutschen Firma Teldix GmbH, die auch bei der »Hawk«-Rakete verbaut wurden. Anfang Mai 1968 »verschwand« dann auf der Deutschen Industrie-Messe in Hannover ein Trägheitsnavigationsgerät vom Typ THP-601 im Wert von 350.000 DM. Da erneut Ramminger hinter dem Raub stand, verwundert es nicht, dass auch dieses seinen Weg nach Moskau fand. Am 13. Juli 1968 übergab es der Spion persönlich seinen Auftraggebern. Diese verwarnten ihn erneut, doch nun war es bereits zu spät. Kurz nach seiner Rückkehr wurde der GRU-Agent zusammen mit seinen Komplizen nach Ermittlungen des Militärischen Abschirmdienstes, des Bundeskriminalamtes und der Bundesanwaltschaft verhaftet. Im Oktober 1970 verurteilte ihn das Oberlandesgericht in Düsseldorf zu einer Haftstrafe von vier Jahren, im Zuge eines Agentenaustausches kam der Verurteilte jedoch bereits ein Jahr später auf freien Fuß. 1976 versuchte Ramminger angeblich erneut, mit der GRU in Kontakt zu treten, wobei er dem sowjetischen Militärgeheimdienst diesmal Speicherplatten des Bordcomputers für den »Tornado«-Jagdbomber der Bundesluftwaffe anbot. Der Geheimdienst soll jedoch den Vorschlag des abenteuerdurstigen Agenten dankend abgelehnt haben.[222]

In den 1970er- und 1980er-Jahren setzte die GRU verstärkt auf ausgedehnte Umgehungsoperationen, um die Handelsbeschränkungen des COCOM-Abkommens zu unterlaufen. Hierfür gründete der Geheimdienst entsprechende Handelsgesellschaften in den USA oder

der Bundesrepublik, um die gewünschten Embargogüter für die Sowjetunion und den Ostblock zu beschaffen. Zeitgenössische Studien nahmen damals an, dass im Bereich der Hochtechnologie bis zu siebzig Prozent der neuen militärischen Waffenentwicklungen des Warschauer Paktes von dessen Geheimdiensten im Westen »organisiert« wurden. Navigationsanlagen für sowjetische U-Boote, Laserspiegel für Satellitenwaffen, Kugellager für Gyroskope der SS-20, all das kam von Rüstungsunternehmen aus NATO-Staaten. In Japan beschaffte Moskau sogar computergesteuerte Werkzeugmaschinen von Toshiba, um endlich geräuscharme Propeller für seine U-Boote bauen zu können. In der Bundesrepublik besorgten derartige Geschäfte für die GRU Werner Bruchhausen und Richard Müller. Angeleitet wurden sie dabei von ihrem GRU-Führungsoffizier Wiktor N. Kedrow. Bruchhausen und Müller spezialisierten sich auf den Erwerb von Hochleistungscomputern und der dazugehörigen Software in den USA, die Sendungen gelangten dann über Umwege und als harmloses Handelsgut deklariert bis in die Sowjetunion. Die Gewinnspannen bei diesem »Handel« erwiesen sich als beträchtlich und lagen zwischen 100 und 300 Prozent. Erst mit dem Amtsantritt von US-Präsident Ronald Reagan gestaltete sich das Geschäft zunehmend schwieriger. Müller tauchte 1983 unter, als sein Vorhaben platzte, zwei westliche Hochleistungsrechner in den Ostblock zu schaffen. Bruchhausen wurde schließlich 1985 in London verhaftet, ein Jahr später an die USA ausgeliefert und am 1. Mai 1987 in Los Angeles wegen Verstoßes gegen die amerikanischen Embargobestimmungen zu einer fünfzehnjährigen Haftstrafe verurteilt.[223]

Die CIA ging 1985 davon aus, dass allein zwischen 1976 und 1980 etwa 30.000 technische Beschreibungen und rund 400.000 Blatt Konstruktionszeichnungen ihren Weg aus den USA in die Sowjetunion geschafft hatten. Im gleichen Zeitraum hätten GRU und KGB über 3500 Aufträge für Wirtschafts- und Technikspionage erhalten, von denen die sowjetischen Nachrichtendienste rund fünfzig Prozent erfolgreich erfüllen konnten. Die hierfür benötigte Summe veranschlagte der US-Geheimdienst auf ca. 1,4 Milliarden Dollar. Dank des Einsatzes dieser Mittel verringerte sich der rüstungstechnologische Vorsprung der Amerikaner gegenüber der Sowjetunion von zehn bis zwölf Jahren auf etwa fünf Jahre. Musste die US-Verteidigungsindustrie für ihre Waffenentwicklungen in der zweiten Hälfte der 1970er-Jahre rund 500 Milliarden Dollar aufwenden, so konnten GRU und KGB im gleichen Zeitraum Rüstungstechnologie im Wert von 250 Milliarden Dollar erbeuten, was rein finanziell einen Gewinn von fast 18.000 Prozent bedeutete.[224]

Nach dem Ende des Kalten Krieges

Das Ende des Kalten Krieges bedeutete nicht, dass die GRU die Jagd nach den militärtechnischen Geheimnissen des Westens aufgab. 1999 wurde schließlich sogar wieder eine »russische« Version der bereits bekannten Kommission für militär-technische Fragen gebildet, um die Rüstungsspionage erneut besser zu koordinieren. Im gleichen Jahr ließ die Bundesstaatsanwaltschaft den Diplomingenieur Peter Sommer und dessen Komplizen Michael Koch festnehmen, die wohl seit 1997 im Auftrag der GRU bei der Rüstungsfirma Lenkflugkörpersysteme GmbH, einem Tochterunternehmen der DASA, Geheimmaterial zu Panzerabwehrwaffen, Kampfhubschraubern und Raketen für den Eurofighter beschafft und es anschließend nach Moskau transportiert hatten.[225] Wenig später stellte sich allerdings heraus, dass einer der Agenten, nämlich Koch, gleichzeitig unter dem Decknamen »Grabbe« auch noch im Sold des BND stand[226].

Ende 2004 musste Aleksandr Kusmin, seit 2000 offiziell Mitarbeiter am russischen Generalkonsulat in Hamburg, tatsächlich jedoch Offizier des russischen Militärnachrichtendienstes, Deutschland fluchtartig verlassen, nachdem er versucht hatte, einen Angestellten der Bundeswehr als Quelle anzuwerben. Der offenbarte sich jedoch dem Militärischen Abschirmdienst, der dann bei rund zwanzig Treffen zwischen Agent und Führungsoffizier der GRU, die von Agenten des Bundesamtes für Verfassungsschutz beobachtet wurden, zahlreiche »Verschlusssachen« als Spielmaterial übergeben ließ. Als Agentenlohn erhielt der Bundeswehrangehörige rund 10.000 Euro. Der Versuch, den GRU-Mitarbeiter schließlich durch eine Honigfalle als Doppelagenten zu gewinnen, scheiterte jedoch. Allerdings zog Moskau nun seinen enttarnten Spion aus Hamburg zurück.[227] Wenige Monate später traf es dann den Gehilfen des Militärattachés an der russischen Botschaft in Berlin, Aleksandr I. Parfentiew. Der wollte einen Offizier der Bundeswehr anwerben, um über ihn an geheime Rüstungsunterlagen zu gelangen, doch auch dieser offenbarte sich dem Militärischen Abschirmdienst. Die GRU sah sich daraufhin gezwungen, Parfentiew aus der Bundesrepublik abzuziehen. Mitte Juni 2007 verhaftete die österreichische Spionageabwehr in Salzburg dann den GRU-Agenten Wladimir Woshshow. Der frühere Handelsattaché an der russischen Botschaft in Wien hatte u. a. einen deutschen Ingenieur und Hubschrauberpiloten angeworben, der beim Luft- und Raumfahrtkonzern EADS arbeitete und für dessen Firma Eurocopter Testflüge durchführte. Er lieferte der russischen Militäraufklärung über mehrere Jahre sensible Dokumente über die deutsch-französischen Hightech-Hubschrauber des Unternehmens. 2003 kamen dann Verfassungsschützer auf die Spur des Informanten, der im Frühjahr 2007 mit dem Belastungsmaterial konfrontiert wurde und die Spionage für die GRU zugab. Um die zu erwartende Strafe zu mindern, lockte er seinen Führungsoffizier sowie den Kurier, einen Unteroffizier des österreichischen Bundesheeres, in die in Salzburg gestellte Falle. Der Plan, den Agentenführer nach Deutschland ausliefern zu lassen, scheiterte jedoch. Moskau drängte auf dessen Freilassung und die Österreicher übergaben ihn schließlich nach zehn Tagen Haft in die Obhut der russischen Botschaft.[228]

Im 21. Jahrhundert wird die Technikspionage allerdings vor allem mit dem Computer betrieben. Von den Hackergruppen der GRU dürfte »Fancy Bear« die bekannteste sein. 2014 griffen die Computerexperten des russischen Militärgeheimdienstes u. a. mehrere Rüstungsmessen an und versuchten dort an Unterlagen über neue westliche Waffen und Technologien zu gelangen.[229]

Nachdem infolge der Krimbesetzung erneute Beschränkungen Russland den Erwerb westlicher Hochtechnologien erschwerten, gehört die Technikspionage weiter zu den »Kernkompetenzen« der GRU. Umso mehr, als zahlreiche Waffensysteme der russischen Streitkräfte immer noch westliche Komponenten enthalten. Im Herbst 2022 kam eine Studie der belgischen Conflict Armament Research-Gruppe zu dem Ergebnis, dass sich in den im Ukrainekrieg eingesetzten russischen Waffen mindestens 640 Baugruppen finden, die von 144 Firmen außerhalb der Russischen Föderation hergestellt wurden und werden. Während einige davon bereits 2014 produziert wurden, also unmittelbar nach Beginn der Sanktionen, fanden sich auch Bauteile, die erst 2021, also kurz vor dem offiziellen Ausbruch des Konfliktes zwischen der Ukraine und Russland, ihre Fertigungsstätten verließen. Es dürfte kein Zweifel daran bestehen, dass ein Teil des wichtigen Materials vom russischen Militärgeheimdienst beschafft wurde. Allerdings steht auch fest, dass nicht wenige der illegal beschafften Bauteile dem Niveau der Computertechnik Anfang der 2000er-Jahre entsprechen. Ein Teil der Lenkanlagen von heutigen russischen Raketen verfügt in etwa über die Rechenkapazität einer Spielkonsole Xbox 360, die 2005 auf dem Markt kam.[230] Dies dürfte allerdings darin begründet liegen, dass die russische Rüstungsindustrie gegenwärtig nicht in der Lage ist, entsprechende westliche Hightech-Produkte zu kopieren und nachzubauen. Die GRU hingegen wird durchaus weiter über das Know-how verfügen, Russland im Westen klandestinen Zugang zu dessen neusten technologischen und rüstungstechnischen Errungenschaften zu ermöglichen.

10. IMINT – die Bild-Aufklärung der GRU

Die Geschichte der Luftaufklärung ist unmittelbar mit der Entwicklung des Flugwesens verbunden. Seit dem Beginn des 20. Jahrhunderts erwiesen sich die ersten Flugzeuge als so zuverlässig und leistungsfähig, dass sie für die Aufklärung aus der Luft eingesetzt werden konnten. Im Zarenreich verwendete das Militär erstmals 1911 bei Manövern in den Militärbezirken Sankt Petersburg, Warschau und Kiew Flugzeuge für Zwecke der Luftaufklärung. Während des Ersten Balkankrieges, der von 1912 bis 1913 andauerte, war auf der Seite Bulgariens eine russische Fliegerstaffel unter dem Kommando von Hauptmann Sergej S. Schtschetinin aktiv, die hauptsächlich mithilfe von Kameras Aufklärung betrieb und vor allem türkische Stellungen und Festungen aus der Luft fotografierte. Im Ersten Weltkrieg entstanden schließlich spezielle Fliegereinheiten, die ausschließlich für Aufgaben der Luftaufklärung eingesetzt wurden. Während des Bürgerkrieges nutzte die Rote Armee dann fast siebzig Prozent ihres gesamten Flugzeugbestandes zur Luftaufklärung. Bis zum Beginn des Zweiten Weltkriegs sank der Bestand an Aufklärungsflugzeugen innerhalb der sowjetischen Luftstreitkräfte allerdings auf 9,5 Prozent. Der hierfür eingesetzte Flugzeugpark erwies sich als hoffnungslos veraltet und stammte zum Großteil noch aus den 1920er-Jahren. Erst allmählich begann der Zulauf modernerer Typen wie der zweimotorigen SB oder der Jak-4, die gleichfalls mit zwei Motoren ausgestattet war.[231]

Zu Beginn des deutschen Angriffs auf die Sowjetunion schien die Luftaufklärung der Roten Armee auf den ersten Blick gut aufgestellt. Auf dem Papier verfügte jede Armee über ein selbstständiges Aufklärungsfliegerregiment, das sich in vier Staffeln gliederte, die mit jeweils zwölf Flugzeugen ausgerüstet sein sollten. Weiterhin unterstand dem

Regiment noch eine Staffel mit Verbindungsfliegern, wobei hier der Doppeldecker U-2 zum Einsatz kam. Die Armeekorps hatten eine aus neun Flugzeugen sowie sechs Verbindungsfliegern bestehende selbstständige Aufklärungsstaffel zu ihrer Verfügung. Im Sommer 1941 standen deshalb bei den Luftstreitkräften der Roten Armee zehn Aufklärungsfliegerregimenter sowie 63 Aufklärungsfliegerstaffeln im Dienst bzw. befanden sich im Stadium der Aufstellung. Allerdings verfügten diese nur über 38 Prozent des vorgesehenen Personals sowie 60 Prozent der nötigen Luftbildausrüstung. Die Piloten der Luftaufklärung besaßen zumeist nur eine geringe fliegerische Qualifikation, da den Bomber- und Jagdfliegerkräften bevorzugt gut ausgebildetes Personal zugeteilt wurde. Wer von den Flugzeugführern über »eine schlechte Steuertechnik und schwache Allgemeinbildung verfügte«, landete hingegen bei den Aufklärungsfliegern. All das sowie der Einsatz von veralteten Flugzeugen führte dazu, dass die Aufklärungsregimenter und -staffeln in den ersten Monaten des Krieges schwerste Verluste hinnehmen mussten. Am 1. Januar 1942 flogen bei den Luftstreitkräften der Roten Armee noch ganze 94 Aufklärungsflugzeuge, was in etwa 0,5 Prozent des gesamten Flugzeugparks entsprach. Aus ihnen wurden nachfolgend drei Regimenter für die Luftaufklärung aufgestellt, die ausschließlich Aufträge des Generalstabes bzw. der Führung der Luftstreitkräfte ausführen sollten. Die Bildung eines selbstständigen Ersatz-Aufklärungsfliegerregiments sollte eine verbesserte Pilotenausbildung gewährleisten. Dank dieser und anderer Maßnahmen konnten bis Kriegsende insgesamt 16 selbstständige Aufklärungsfliegerregimenter geschaffen werden, in denen 459 Flugzeuge bzw. 5,2 Prozent des Gesamtbestandes der sowjetischen Luftstreitkräfte im Einsatz standen.[232] Bei den verwendeten Flugzeugmodellen musste im Wesentlichen auf die Maschinen zurückgegriffen werden, die vorhanden waren. Dabei handelte es sich zumeist um umgebaute Bomber der Typen Pe-2 und Tu-2. Zum Einsatz kamen aber auch Jagd- und Schlachtflugzeuge. Speziell konstruierte Versionen für die Luftaufklärung trafen erst bei Kriegsende und zudem nur in geringer Stückzahl bei der Truppe ein.[233]

Mit zunehmender Kriegsdauer verstärkte sich die Rolle der Luftaufklärung. Während der Schlacht um Stalingrad flog der stellvertretende Kommandeur einer Staffel des 8. selbstständigen Aufklärungsfliegerregiments, Hauptmann Wasilij D. Balaschow, insgesamt 45 Einsätze hinter der Frontlinie und fotografierte dabei über 14.500 Quadratkilometer. Für diese Leistung wurde er mit dem Titel eines Helden der Sowjetunion ausgezeichnet.[234] Im Rahmen der Kämpfe am Kursker Bogen im Sommer 1943 lichtete das 511. selbstständige Aufklärungsfliegerregiment mehr als 108.000 Quadratkilometer aus der Luft ab. Auf den Luftbildern und durch visuelle Beobachtungen konnten während der Kämpfe 40 Flugplätze, 4400 Flugzeuge, 250 Panzer, 169 Züge sowie 191.100 Kraftfahrzeuge ausgemacht werden. Im Verlauf des Krieges klärte der Truppenteil bei 2400 Einsätzen aus der Luft insgesamt 901 Panzer, 1886 Geschütze, 19.871 Flugzeuge sowie 1563 Truppentransporte, 716.893 Eisenbahnwaggons und mehr als eine Million Kraftfahrzeuge auf. Gleichzeitig fotografierten seine Piloten eine Fläche von knapp 439.000 Quadratkilometern. Bei den Aufklärungseinsätzen des Regiments gingen während des Krieges 45 Maschinen verloren, 62 Mann des fliegenden Personals kamen dabei ums Leben.[235] Während der Vorbereitung des Angriffs auf die Reichshauptstadt im Frühjahr 1945 dienten dann sogar 2600 Flüge der 16. Luftarmee Zwecken der Luftaufklärung, was fast der Hälfte aller geflogenen Einsätze entsprach.[236]

Im Zweiten Weltkrieg griff die Luftaufklärung der Roten Armee im Wesentlichen auf zwei Methoden zurück: Da war zunächst der Einsatz von Beobachtern, die Bewegungen bzw. Stellungen des Gegners aus der Luft visuell registrierten und ihre Aufklärungsergebnisse per Funk an die Aufklärungsabteilungen der Korps, Armeen und Fronten übermittelten. Mit zunehmender Kriegsdauer wurde jedoch die Fotoaufklärung immer wichtiger. Hatten ihr 1941 lediglich zehn Prozent der Aufklärungseinsätze aus der Luft gedient, so waren es 1945 bereits mehr als 87 Prozent. Während dieses Zeitraums fotografierten die Luftaufklärer eine Fläche von mehr als 6,5 Millionen Quadratkilometern.²³⁷ Diese Entwicklung wird auch anhand anderer Kennziffern deutlich. 1941 fertigten die Luftaufklärer der Roten Armee 20.000 Luftbildaufnahmen an, die eine Fläche von 140.000 Quadratkilometern abdeckten. 1944 waren es bereits 37,7 Millionen Luftbilder, die ein Gebiet in einer Größe von 2,5 Millionen Quadratkilometern erfassten. Während des gesamten Krieges belichteten die Piloten der sowjetischen Luftstreitkräfte 169.227 Luftbildfilme, aus denen 8,9 Millionen Abzüge sowie knapp 300.000 Fotoschemata für die Stäbe der Land- und Luftstreitkräfte angefertigt wurden.²³⁸

Im Rahmen der sogenannten Berliner Operation fotografierten die Aufklärer der 16. Luftarmee im April 1945 beispielsweise das gesamte Territorium des Angriffsstreifens der 1. Belorussischen Front zwischen Oder und Elbe. Von den Angriffsachsen und Berlin selbst fertigten sie nochmals Detailfotos an, wobei die entsprechenden Räume insgesamt sechs- bis achtmal hintereinander fotografiert wurden. Auf Grundlage dieser Informationen erstellte die Fotoabteilung der 1. Belorussischen Front dann für alle beim Angriff auf die Reichshauptstadt eingesetzten Truppenteile entsprechende Spezialkarten. Sie zeigten u. a., dass die Deutschen zwischen Lebus und Ratzdorf auf der westlichen Seite der Oder 46 Artillerie-, 20 Granatwerfer- und 26 Flakbatterien in Stellung gebracht hatten.²³⁹

Die Aufbereitung und Auswertung der gemachten Aufnahmen lief ungefähr wie folgt ab: Nachdem die Aufklärungsmaschinen ihre Luftbilder »geschossen« hatten und gelandet waren, wurden von einem Technikertrupp die belichteten Filme aus den Kassetten der Luftbildkameras entnommen und zum Fotolabor der Einheit geschafft. Dort entwickelten Soldaten zunächst die Negative und zogen von diesen dann positive Abzüge. Anschließend setzte ein Spezialist die einzelnen Aufnahmen zu sogenannten Foto-Planchettes zusammen, die einen größeren Ausschnitt des von der Luftaufklärung erfassten Gebiets zeigten. Die Planchettes wurden von den Luftbildspezialisten ausgewertet, die anschließend entsprechende Aufklärungsberichte zusammenstellten. Diese Berichte wurden per Funk oder Kurier an die

vorgesetzten Stäbe weitergeleitet, wo sie in der Regel rund 4,5 Stunden nach der Landung des Aufklärungsflugzeuges eintrafen.[240]
Bei der Luftaufklärung selbst wurde zwischen strategischer, operativer und taktischer Aufklärung unterschieden. Im Rahmen der strategischen Aufklärung, die in der Regel aus rund zehn Kilometern Höhe erfolgte, klärten die Flugzeuge im Interesse der Hauptverwaltung Aufklärung des Generalstabes ein Gebiet auf, dass bis zu 600 Kilometer von der Frontlinie entfernt liegen konnte. Die Ergebnisse nutzte der Generalstab der Roten Armee für die Planung neuer Offensiven sowie für Luftangriffe auf strategisch wichtige Objekte. Die operative Aufklärung erfasste aus der Luft im Auftrag der jeweiligen Front einen bis zu 350 Kilometer von der Hauptkampflinie entfernten Streifen, um Reserven des Gegners, Verteidigungsstellungen, wichtige Eisenbahnlinien, Straßen und Depots auszumachen. Die taktischen Luftaufklärer wurden für die Gefechtshandlungen der Armeen eingesetzt und hatten den Auftrag, vor allem das Stellungssystem des Gegners zu erkunden, Standorte seiner Artillerie und schweren Waffen zu ermitteln sowie andere wichtige Objekte ausfindig zu machen. In der Regel wurde dafür ein bis zu sechzig Kilometer von der Front entferntes Gebiet aufgeklärt. Die taktische Aufklärung machte mit rund siebzig Prozent aller Missionen den Schwerpunkt der Einsätze der Luftaufklärung aus.[241]

Mit dem Ende des Zweiten Weltkrieges ging das Interesse der GRU an der strategischen Luftaufklärung zurück. Zahlreiche der selbstständigen Aufklärungsfliegerregimenter, die zumeist im Auftrag der Hauptverwaltung Aufklärung eingesetzt worden waren, löste die sowjetische Militärführung deshalb nach 1945 auf. Die Aufgaben der Aufklärung aus der Luft wurden nun erneut nahezu ausschließlich den Fliegerkräften der Roten Armee bzw. der Sowjetarmee übertragen.[242] Das scheinbare Desinteresse der GRU an strategischer Luftaufklärung lag vor allem darin begründet, dass sich die sowjetische Luftfahrtindustrie nicht in der Lage zeigte, hierfür geeignete Flugzeugmodelle zu entwickeln, die – wie beispielsweise die amerikanische U-2 – eine

Luftaufklärung in so großer Höhe ermöglichten, in der sie für konventionelle Flugabwehrmittel unerreichbar waren. Deshalb kann es nicht verwundern, dass der sowjetische Parteichef Chruschtschow nach dem Abschuss eines Flugzeuges dieses Typs über Swerdlowsk am 1. Mai 1960 in über 21 Kilometer Höhe befahl, den amerikanischen Aufklärer für die sowjetischen Streitkräfte unter der Chiffre S-13 zu kopieren. Obwohl der Abschuss der U-2 durch Flugabwehrraketen eindeutig die Verwundbarkeit eines solchen Flugzeuges gegenüber modernen Waffen demonstriert hatte, wollte die UdSSR nicht darauf verzichten. Mit dem Nachbau der U-2 wurde das Konstruktionsbüro Beriew in Taganrog beauftragt. Aus diesem Grund hatten die Luftstreitkräfte der Sowjetarmee die Überreste der U-2 dorthin zu übergeben. Doch auch andere Rüstungsbetriebe der Sowjetunion erhielten Teile des Wracks, um beispielsweise dessen Triebwerk und Kameras zu kopieren.[243] Das ambitionierte Vorhaben scheiterte allerdings nach dem Bau von fünf Vorserienmaschinen an zahlreichen technischen Problemen und auch an der Einsicht, dass der Einsatz eines solchen Flugzeugtyps mit hohen Risiken verbunden war und nicht mehr dem technologischen Stand der Zeit entsprach. Gleichwohl wurden einzelne Bauteile und Gerätegruppen der U-2, wie beispielsweise Elemente des Druckanzuges des Piloten sowie des Triebwerkes, für sowjetische Eigenentwicklungen genutzt.[244] Für Spezialmissionen zur Fotoaufklärung konnte die GRU bei Bedarf auf Höhenaufklärer wie die MiG-25RB zurückgreifen. Einsätze von Maschinen dieses Typs, die in 21 Kilometern Höhe Geschwindigkeiten von bis zu Mach 3 erreichen konnten, erfolgten beispielsweise im Oktober 1973 während des Jom-Kippur-Krieges, wobei die sowjetischen Piloten auch über israelisches Territorium flogen.[245]

Die sowjetische Marine hingegen setzte ihre Luftaufklärungskräfte fast täglich über den Weltmeeren ein. Dabei kamen vor allem Flugzeuge der Typen Tu-16R und Tu-95RZ zur Verwendung, die insbesondere Schiffsbewegungen und Seemanöver der Flotten der NATO beobachteten. So absolvierte beispielsweise das bei der Nordmeerflotte eingesetzte 967. Selbstständige Aufklärungsfliegerregiment der Marine während des Kalten Krieges mehr als 5000 Aufklärungseinsätze, bei denen mehr als 40.000 Schiffsbewegungen verfolgt wurden. Um entsprechende Missionen auch in großer Entfernung fliegen zu können, erfolgte 1963, gleichfalls bei der Nordmeerflotte, die Aufstellung des 392. selbstständigen Fernaufklärungsfliegerregimentes, dessen Hauptbewaffnung aus dreißig Maschinen des Typs TU-95RZ bestand, die eine Reichweite von mehr als 13.500 Kilometern erreichen konnten. Die bis zu zwanzigstündigen Aufklärungseinsätze dieser Flugzeuge dienten vor allem dem Aufspüren von Flugzeugträgerkampfgruppen der US Navy. Seit 1970 flog der Truppenteil auch Einsätze von Kuba aus. Insgesamt wurde die Insel bis zum Ende des Kalten Krieges von den Piloten der Nordmeerflotte 556-mal angeflogen, zudem erfolgten seit 1976 insgesamt 132 Verlegungen nach Guinea und 328 nach Angola, um auch auf der südlichen Erdhalbkugel Präsenz zeigen zu können. Bis zu seiner Reorganisation im Jahr 1993 absolvierte das 392. Regiment mehr als 3600 Einsätze, bei denen 199.800 Ziele, darunter 12.000-mal Kriegsschiffe sowie 290-mal Flugzeugträger ausgemacht werden konnten.

Bei der Pazifikflotte stand für Langstreckenaufklärungsflüge das 304. selbstständige Fernaufklärungsfliegerregiment im Einsatz, das u. a. die chinesische Küste überwachte und Flottenbewegungen der Amerikaner im Südchinesischen Meer aufklärte. Seit 1972 erfolgten zudem von Somalia aus Flüge über dem Indischen Ozean, später kamen als Einsatzbasen Flugplätze in Vietnam und Äthiopien hinzu. Von Mitte der 1970er-Jahre bis zum Ende des Kalten Krieges flogen die Aufklärungsmaschinen der Pazifikflotte jährlich zwischen 300 und 770 Einsätze. Diese hohe Frequenz forderte ihre Opfer. Von 1967 bis 1986 verloren die Nord- und die Pazifikflotte infolge von Abstürzen und Havarien zehn Maschinen des Typs Tu-95RZ, bei denen 69 Marineangehörige ums Leben kamen. Am 25. Mai 1968 stürzte beispielsweise eine Tu-16R der Seestreitkräfte ab, die im Nordmeer den US-Flugzeugträger »Essex« viermal in 15 bis 20 Meter Höhe überflogen hatte. Als die Maschine zu einem fünften Anflug wendete, berührten ihre Tragflächen die Wasseroberfläche und zerschellte. Für die sechs Mann der Besatzung gab es keine Überlebenschance.

Die Aufklärungsflieger der Baltischen Flotte setzten vor allem die Il-38 ein, die mit ihrer Ausrüstung auch U-Boote aufspüren konnte. Seit dem Beginn der 1980er-Jahre operierten diese Maschinen auch von Aden aus über dem Arabischen Meer, später kamen Einsätze von Libyen und Äthiopien aus hinzu. Die Schwarzmeerflotte flog mit ihren Maschinen vor allem Aufklärungsmissionen über dem Mittelmeer. Hierbei wurden in der zweiten Hälfte der 1960er-Jahre auch Flugplätze in Ägypten genutzt. In der Mitte der 1970er-Jahre erfolgten jährlich bis zu 330 Einsätze, bei denen mehr als 2000 Ziele aufgespürt wurden. Nach dem Zerfall der Sowjetunion formierten die nunmehr russischen Seestreitkräfte aus den Aufklärungsfliegerregimentern Staffeln, zugleich wurde eine Vielzahl der inzwischen veralteten Maschinen außer Dienst gestellt. Die Intensität der Aufklärungseinsätze über See nahm entsprechend stark ab. Flog die Pazifikflotte beispielsweise 1991 noch 140 Missionen zur Seeaufklärung, so waren es um die Jahrtausendwende kaum mehr als ein Dutzend.[246]

Auch mehr als dreißig Jahre nach dem Ende der Sowjetunion bleibt die strategische Luftaufklärung einer der Schwachpunkte der GRU. Bei lokalen Konflikten, an denen die Russische Föderation beteiligt war, machte sich dieser Umstand nicht besonders bemerkbar, da bei fehlender oder unzureichender Luftabwehr des Gegners Aufklärungsmissionen ohne besondere Schwierigkeiten geflogen werden konnten. So führten während des Beginns des Ersten Tschetschenienkrieges im Dezember 1994 Maschinen des 47. Fernaufklärungsfliegerregiments 24 Einsätze über der abtrünnigen Republik durch, wobei sie knapp 7000 Luftbilder anfertigten. Die Flugzeuge erhielten lediglich einige Treffer aus Handfeuerwaffen der tschetschenischen Rebellen. Um gleichwohl Verluste zu verhindern, kam dann erneut die MiG-25RB zum Einsatz. Zwischen Mai und Oktober 1995 erfolgten mit drei Maschinen dieses Typs 88 Aufklärungsmissionen über Tschetschenien, bei denen 13.360 Meter Luftbildfilm sowie 570 Luftbilder angefertigt wurden. Im Zweiten Tschetschenienkrieg wurde der Truppenteil zwischen September 1999 und Februar 2000 erneut eingesetzt, wobei er 108 Aufklärungsmissionen absolvierte, die die Grundlage für 536 Meldungen an vorgesetzte Stäbe waren.[247]

Den Konflikt in Syrien nutzte die GRU seit dem Herbst 2015 vor allem als Testgebiet für Neuerungen im Bereich der taktischen militärischen Aufklärung. Gleichzeitig setzte Russland zur Aufklärung und Überwachung von Zielen in dem Land immer wieder auch seine Spionagesatelliten ein. Die in Syrien aktiven Spezialeinheiten des Militärgeheimdienstes nutzten zudem erstmals gleichzeitig und großflächig fünfzig bis siebzig Drohnen zur Aufklärung, Überwachung und Zielerfassung. Die von den Drohnen gesammelten Bilder sowie das von ihnen aufgenommene Videomaterial wurde Berichten zufolge gleichzeitig an den russischen Kommandostab im syrischen Hmeimim sowie an den Generalstab in Moskau übermittelt. Weiterhin entwickelten die russischen Streitkräfte ihre Waffen des sogenannten »Aufklärungs-Angriffs-Komplex« weiter. Dieser soll mittels luftgestützter Aufklärungssensoren Ziele aufspüren und anschließend in Echtzeit durch präzisionsgelenkte Munition vernichten.[248]

Da auch während der anderen asymmetrischen Konflikte, an denen Russland beteiligt war, die Luftaufklärung auf den Einsatz von Flugzeugen und leichten Drohnen beschränkt werden konnte und keine Bereitschaft der Militärführung zu erkennen war, entsprechende finanzielle Mittel bereitzustellen, fehlt der GRU bis heute ein unbemanntes Fluggerät für die strategische Luftaufklärung, das beispielsweise mit der »Global Hawk« vergleichbar wäre. Zwar beschaffte Russland ab 2010 rund dreißig Exemplare der israelischen Aufklärungsdrohne IAI »Searcher«, die bei den Streitkräften unter der Bezeichnung »Forpost« eingesetzt wird, doch kann diese mit einer Geschwindigkeit von knapp 200 Kilometern pro Stunde und einer Reichweite von 220 Kilometern allenfalls für die taktische Aufklärung eingesetzt werden. Zu dieser Klasse gehört auch die seit 2018 im Einsatz stehende »Orion«-Drohne. Zudem musste die GRU feststellen, dass bei hochintensiven

Konflikten wie dem Ukrainekrieg, in dem es bisher nicht gelang, die Luftherrschaft über dem gesamten Territorium des Landes zu erringen, ausgesprochen schwierig ist, Luftfahrzeuge zur Sammlung von Aufklärungsinformationen über dem Gebiet des Gegners einzusetzen. Dieser Umstand dürfte eine der wichtigsten Begründungen dafür sein, dass der russische Militärgeheimdienst gegenwärtig nur unter großen Schwierigkeiten in der Lage ist, operativ verwertbare Informationen darüber zu beschaffen, was sich im tiefen Hinterland der Frontlinie abspielt.

Bereits seit den 1950er-Jahren deutete sich an, dass das All für die Aufklärung aus dem Kosmos völlig neue Möglichkeiten bietet. Für die Weltraumaufklärung zeichneten sich damals zwei künftige Arbeitsgebiete ab: die Fotoaufklärung mithilfe von Satelliten und die funkelektronische Erfassung von militärischen Signalen aus dem All. Zur Prüfung der künftigen Möglichkeiten der Spionage aus dem Weltall wurde im Dezember 1959 bei der 6. Verwaltung der GRU das Wissenschaftliche Forschungsinstitut und Datenverarbeitungszentrum für Sonderaufgaben geschaffen. Das Zentrum verfügte über zwei Abteilungen, ein Fotolabor und 42 Planstellen, seine Leitung übernahm Oberst Aleksandr N. Schtschepotin. Im Mittelpunkt der Arbeit des neuen Forschungsinstituts stand zunächst das Problem der Fotoaufklärung aus dem All. Hierfür musste geprüft werden, ob es möglich war, brauchbare Fotos aus großer Höhe aufzunehmen, welche technischen Geräte hierfür erforderlich waren und wie die belichteten Filme zur Erde zurückgelangen würden. Um alle diese Fragen zu klären, experimentierten die GRU-Offiziere zunächst mit driftenden Höhenballons, die sie mit 35-mm-Kameras ausgestattet hatten. Zur Herstellung von Aufnahmen aus dem Weltall befanden sich an Bord der Satelliten, mit denen die Sowjetunion seit Ende 1957 Hunde zu Testzwecken in den Kosmos schoss, auch Luftbildkameras.[249] Am 10. Dezember 1959 beschlossen das Zentralkomitee der KPdSU und der Ministerrat der UdSSR, neben anderen künstlichen Raumflugkörpern nunmehr auch Satelliten für die Foto- und funkelektronische Aufklärung zu entwickeln.[250]

Im Zusammenhang mit der erheblichen Ausweitung der Weltraumaktivitäten der Sowjetarmee arbeitete der Generalstab seit Anfang 1960 mehrere Richtlinien aus, die innerhalb der Streitkräfte die Zuständigkeiten für die militärischen Aktivitäten im Kosmos regeln sollten. Die Armeeführung drängte dabei auf eine maximale Zentralisierung der Arbeiten und Entwicklungen im Zusammenhang mit dem Einsatz von militärischer Technik im All. Zwischen den verschiedenen Teilstreitkräften der Sowjetarmee entwickelte sich jedoch ein heftiger Streit darum, welche Waffengattung die Federführung hierbei übernehmen sollte. So schlugen die Luftstreitkräfte vor, ihnen die Zuständigkeiten für die Beobachtung von Satelliten sowie für den Empfang und die Auswertung von mit deren Hilfe gesammelter Daten zu übertragen. Dieses Ansinnen wurde von den 1959 geschaffenen Strategischen Raketentruppen mit großer Vehemenz zurückgewiesen, da in erster Linie der Generalstab und die Raketentruppen daran interessiert seien, Aufklärung vom Weltraum aus zu betreiben, um die wichtigsten gegnerischen Ziele für eigene nukleare Raketenangriffe zu identifizieren und eine zuverlässige »Kontrolle« der Raketenschläge zu gewährleisten. Diese Art der Aufklärung unterscheide sich in ihren Methoden und Mitteln zudem grundlegend von der Luftaufklärung, weshalb sie in enger Zusammenarbeit von der GRU und dem Hauptstab der Strategischen Raketentruppen durchgeführt werden müsse. Eine Zuständigkeit der Luftstreitkräfte führe weiterhin zu zahlreichen Parallelentwicklungen bei Weltraumwaffen sowie zu einer Zersplitterung der Kräfte und Mittel des Verteidigungsministeriums, was zusätzliche Kosten bedeuten würde. Die strategischen Raketentruppen schlugen stattdessen vor, ihnen die Zuständigkeit in der Entwicklung von militärischer Technik für den Einsatz im Weltraum zu übertragen und kündigten an, sich dabei eng mit den Hauptverwaltungen des Generalstabes, also vor allem mit der GRU, und den interessierten Teilstreitkräften abstimmen zu wollen. Zudem verwiesen die Raketentruppen darauf, dass sie bereits über die entsprechende Technik zum Empfang von Aufklärungsdaten aus dem Weltraum verfügten und die GRU mit ihrem neu geschaffenen Zentrum die Bearbeitung, Dechiffrierung und Analyse der so gewonnenen Informationen übernehme.[251]

Für die Aufnahmen von Luftbildern aus dem Weltall sollte das System »Zenit-2« entwickelt werden, mit dem die Sowjetunion nicht nur einen einfachen Spionagesatelliten bauen wollte. Der aus dem »Wostok«-Projekt abgeleitete Satellit – ein Raumschiff dieses Typs hatte im April 1961 mit Juri Gagarin den ersten Menschen ins All gebracht – sollte auch in der Lage sein, seine fotografischen Bildsignale »fast in Echtzeit« an entsprechende Empfangsstellen in der Sowjetunion zu senden, um schnell auf sich verändernde strategische Bedrohungen reagieren zu können.[252]

1960 schien den sowjetischen Konstrukteuren allerdings noch völlig unklar, ob es überhaupt gelingen würde, aus dem Weltall für die militärische Aufklärung brauchbare Bilder zu erhalten. Im Zweiten Weltkrieg verwendete die sowjetische Luftaufklärung für die Anfertigung von Luftbildern von Industrieobjekten, Flugplätzen, Häfen und anderen operativ wichtigen Objekten Kameras mit einer Brennweite von vierzig Zentimetern, die ihre Aufnahmen aus zehn Kilometern Höhe schossen. Wollte man die gleichen Aufnahmen aus einer Höhe von 300 Kilometern machen, so musste die Brennweite der Kamera bereits zwölf Meter betragen. Einen derartigen Apparat zu bauen und ins All zu befördern, erwies sich mit den damaligen technischen Möglichkeiten als nicht realisierbar. Versuche, Kameras mit entsprechend großer Brennweite durch Optiken mit geringerer Brennweite, aber höherer Auflösung zu ersetzen, schlugen fehl. Versuchsweise mit Höhenraketen gemachte Aufnahmen erwiesen sich wegen ihrer niedrigen Qualität als unbrauchbar. Nicht wenige Experten bezweifelten sogar, dass es überhaupt möglich sei, vom Weltraum aus Fotoaufklärung zu betreiben. Im Herbst 1960 untersuchte deshalb eine Gruppe aus Optikspezialisten und Offizieren der Luftbildabteilung der GRU nochmals das Problem und legte dann dem Generalstab Lösungsvorschläge vor.[253]

Bereits Anfang Juni 1960 hatte das Zentralkomitee der Kommunistischen Partei die Weiterentwicklung des »Zenit-2« Aufklärungssatelliten zum »Zenit-4« beschlossen.[254] Im Sommer 1961 fanden dann von den Raketenstartplätzen Kapustin Jar und Baikonur aus erste Testflüge mit Satelliten der Typen »Zenit-2« und 63S1 statt, die vor allem dazu dienten, Telemetriedaten über das Verhalten der Flugkörper im All zu gewinnen.[255] Dabei zeigte sich jedoch, dass die sowjetische Industrie nur unter größten Schwierigkeiten in der Lage war, die hierfür benötigten Geräte in entsprechender Zahl und Qualität herzustellen, sodass sich die Tests immer mehr verzögerten.[256] Zugleich erteilte das Staatskomitee für Verteidigungstechnik dem Raketenkonstrukteur Sergej P. Koroljow den Auftrag, für die »Zenit«-Satelliten eine Infrarotapparatur zur Aufklärung von Raketenstarts und Atomexplosionen zu entwickeln.[257] Die Arbeiten im Rahmen des Programms »Zenit-2« sollten schließlich bis Ende 1962 zum Abschluss gebracht werden, 1962 hatten zudem erste Testflüge des Nachfolgemodells »Zenit-4« stattzufinden. Mit den Kleinsatelliten der Serie 63S1 wollte die GRU Informationen über die funktechnische Aufklärung, die Beobachtung von Nuklearwaffentests sowie den Einsatz von Infrarottechnik für nachrichtendienstliche Zwecke gewinnen.[258]

Ende 1962 wurde schließlich auf Basis des Wissenschaftlichen Forschungsinstituts und Datenverarbeitungszentrum für Sonderaufgaben das Zentrum für militärtechnische Information der GRU geschaffen. Es bildete auch die Grundlage für die Einrichtung der 11. Verwaltung, die nunmehr mit den Fragen der kosmischen Aufklärung betraut wurde. Zum Chef der neuen Verwaltung wurde Generalmajor Pjotr T. Kostin ernannt, den Posten seines Stellvertreters erhielt Oberst Aleksandr Schtschepotin.

Der erste erfolgreiche Testflug eines »Zenit-2«-Satelliten fand am 26. April 1962 statt. An Bord befanden sich drei Kameras des Systems »Ftor-2«, von denen eine für topografische Aufnahmen und zwei für großflächige Aufnahmen vorgesehen waren. Die Kamera für topografische Bilder hatte eine Brennweite von 20 Zentimetern und fertigte Aufnahmen mit den Maßen 180 x 180 Millimeter an. Aus einer Höhe von 250 Kilometern deckte die Kamera einen 225 Kilometer breiten Streifen ab. Die zwei Kameras für Aufnahmen im großen Maßstab hatten eine Brennweite von 100 Zentimetern und erzeugten 300 x 300 Millimeter große Bilder. Die Bodenabdeckung lag in 250 Kilometer Höhe bei 150 Kilometern, die Auflösung betrug rund 10 Meter. An Bord des Satelliten befanden sich 1500 Bilder, was ausreichte, um eine Fläche von 5,4 Millionen Quadratkilometern abzudecken. Ferner verfügte der Satellit über eine Videokamera, die ihre Aufnahmen über einen Fernsehkanal direkt an eine Bodenstation weiterleitete, sowie eine Apparatur zur funktechnischen Aufklärung mit der Bezeichnung »Kust-12«. Der dreitägige Flug lieferte 288 Fotoaufnahmen und zwölf Filme von insgesamt sechzig Objekten, deren Qualität allerdings zu wünschen übrig ließ, da das System zur Lageorientierung des Sputniks fehlerhaft arbeitete. Gleichwohl wertete die 11. Verwaltung den Testflug als großen Erfolg und präsentierte die Aufnahmen GRU-Chef Serow, dem Chef des Generalstabes, Marschall Sacharow, Verteidigungsminister Malinowskij und schließlich auch noch Partei- und Staatschef Chruschtschow, die sich ob der neuen Aufklärungsmöglichkeiten sehr beeindruckt zeigten. Schließlich folgten zwischen 1962 und 1963 neun weitere Testflüge.[259]

Ende 1963 stand die Entwicklung des »Zenit-2« allerdings immer noch nicht vor ihrem Abschluss und auch das »Zenit-4«-Programm hinkte weit hinter dem ursprünglichen Zeitplan hinterher.[260] Immerhin konnte die sowjetische Rüstungsindustrie Anfang 1964 endlich vermelden, dass die Entwicklung des Aufklärungssatelliten »Zenit-2« nach dreizehn Teststarts nunmehr so weit fortgeschritten sei, dass dem Verteidigungsministerium dessen Aufnahme in die Bewaffnung vorgeschlagen werden solle. Im November 1963 erfolgte zudem der erste erfolgreiche Test des Nachfolgers »Zenit-4«, von dem inzwischen sechs Exemplare gebaut worden waren.[261] Am 10. März 1964 wurde der Fotoaufklärungssatellit »Zenit-2« dann endlich in die Bewaffnung der sowjetischen Streitkräfte aufgenommen. Knapp einen Monat später absolvierte er, mit vier Kameras und einem Gerät für die funkelektronische Aufklärung ausgestattet, seinen ersten erfolgreichen Flug im

Die Arbeitsgebiete des Dienstes

Auftrag der GRU.[262] Allerdings erwies sich die Technik noch nicht als besonders ausgereift, denn gut zwei Wochen später schlug ein erneuter Start eines Satelliten vom Typ »Zenit-2« fehl, weil die dritte Stufe der Trägerrakete versagte und deshalb der Flugkörper zusammen mit dem Satelliten nördlich von Nowosibirsk abstürzte.[263] Bis zum Herbst 1964 konnte schließlich eine solche Zuverlässigkeit erreicht werden, dass das Verteidigungsministerium der Führungsriege der Sowjetunion, mit Chruschtschow an der Spitze, zusammen mit dem Abschuss von verschiedenen Typen von Interkontinentalraketen den Start des Aufklärungssatelliten in Baikonur präsentierte.[264] Doch auch nach der erfolgreichen Vorführung hielten die Probleme mit dem »Zenit-2« weiter an. Am 5. November 1964 verglühte nach einem achttägigen Flug ein Exemplar des Aufklärungssatelliten über dem Stillen Ozean, weil das System zum Abbremsen des Satelliten versagt hatte.[265]

Deshalb dürfte es nicht verwundern, dass der Chef des Staatskomitees für Verteidigungstechnik bereits Ende April 1963 dem Ministerrat der UdSSR eine ganze Liste von Neuentwicklungen für Aufklärungssatelliten vorgelegt hatte. Im ukrainischen Dnjepropetrowsk sollte das OKB-586 mit der Entwicklung von Fotosatelliten der Serie »Jantar«, die russische Bezeichnung für Bernstein, beginnen. Während die Baureihe »Jantar-1« für die großräumige Fotoüberwachung und kartografische Aufgaben vorgesehen war, sollte »Jantar-2« hochauflösende Bilder ausgewählter Zielobjekte liefern. Gleichzeitig wollte das OKB-586, das unter der Leitung des Raketenkonstrukteurs Michail K. Jangel' stand, zwei Satelliten für die funkelektronische Aufklärung entwickeln, die jeweils mit den Systemen »K-40 Kust« bzw. »Bars« auszurüsten waren. Letzteres sollte den Standort von Radaranlagen aufklären, die im Frequenzbereich zwischen 100 und 10.000 Megahertz arbeiteten, während »Kust« auf zahlreichen Kanälen funkelektronische Signale empfing und aufzeichnete. Für die Aufklärung von Raketenstarts wollte das Konstruktionsbüro Jangel weiterhin einen Satelliten mit einem Infrarotsystem vom Typ »Wolna« ausstatten, während Nuklearwaffentests mit Raumflugkörpern aufzuspüren waren, die über das System »Kama« verfügten. Für die Bestimmung einzelner Parameter von Kernwaffenexplosionen sollten wiederum Satelliten des Typs DS-A3 eingesetzt werden. Da zu dieser Zeit jedoch die Entwicklung von Interkontinentalraketen für das OKB-586 höchste Priorität hatte, wurden die genannten Programme zunächst nicht weiter verfolgt.[266] Ungefähr zur gleichen Zeit schlug das OKB-52 des Lenkwaffen- und Raketenkonstrukteurs Wladimir N. Tschelomej zudem vor, innerhalb von fünf bis sechs Jahren eine Raumstation für die globale Fernsehaufklärung zur Einsatzreife zu bringen. Der zehn Tonnen schwere Satellit sollte in der Lage sein, Objekte aus einer Höhe von 50 bis 400 Kilometern mit einer Auflösung von 1,5 bis 2,5 Metern bzw. 5 Metern aufzuklären und rund ein Jahr im All verbringen können. Das Vorhaben kam allerdings nicht zur Ausführung, da es nach der Entmachtung von Staats- und Parteichef Chruschtschow eingestellt wurde.[267]

Inzwischen versah die Serienversion der »Zenit-2« bereits ihren Dienst bei der GRU. Bei der in die Bewaffnung aufgenommenen Variante hatte man auf das komplizierte TV-Videosystem verzichtet, da es kaum brauchbare Bilder lieferte, stattdessen wurde eine weitere Kamera installiert und die Anzahl der möglichen Aufnahmen erhöht. Die Auflösung lag mit fünf bis sieben Metern nunmehr so hoch, dass es für Spezialisten möglich war, die Zahl von Autos auf einem Parkplatz zu bestimmen. Der Einsatz von Kameras mit noch höherer Auflösung wurde allerdings dadurch behindert, dass sich die sowjetischen Fotofilme als nicht so feinkörnig erwiesen wie beispielsweise die amerikanischen. Ein Problem, das die GRU jedoch durch ihre Technikspionage löste. Beim Einsatz des Satelliten konnte innerhalb von vier Tagen das gesamte Territorium der USA fotografiert werden. Für gewöhnlich lag die Aufenthaltsdauer des Satelliten im All jedoch bei zehn bis zwölf Tagen, dann wurden die Filme mit einer Kapsel abgeworfen und auf dem Territorium der Sowjetunion von Spezialeinheiten geborgen, während der Raumflugkörper selbst in den dichteren Schichten der Atmosphäre verglühte. Alles in allem führte die »Zenit-2«, zusammen mit den Testflügen zwischen 1962 und 1970 insgesamt 81 Missionen durch, von denen 58 als erfolgreich und elf zumindest als teilweise erfolgreich gewertet wurden.[268]

Die Entscheidung der Sowjetunion, Spionagesatelliten zu bauen, stand vor allem im Zusammenhang mit dem Plan von US-Präsident Eisenhower, die strategischen Nuklearstreitkräfte der Vereinigten Staaten zu modernisieren. Ziel dieses Vorhabens war der Aufbau einer strategisch einsetzbaren nuklearen Triade, die über Atombomber, Interkontinentalraketen und Atom-Raketen-U-Boote verfügen sollte. Zur Aufklärung und Überwachung dieser Nuklearstreitkräfte erwies sich für die UdSSR der Einsatz von Aufklärungssatelliten als unverzichtbar. Das sowjetische Programm für Spionagesatelliten wies mehrere Parallelen zum »Corona/Discoverer«-Programm der USA auf. Beide Supermächte nutzten ein wissenschaftliches Programm als Deckmantel für den Bau ihrer Aufklärungssatelliten. Die sowjetische »Wostok«-Satellitenserie diente, wie bereits erwähnt, als Ausgangspunkt für die Entwicklung des »Zenit-2«. Zudem ermöglichte das »Wostok«-Programm der UdSSR, den Start jedes »Zenit«-Satelliten öffentlich anzukündigen und gleichzeitig dessen Nutzung als Spionagesatelliten zu tarnen. Dies brachte der Sowjetunion zwei entscheidende Vorteile. Erstens konnte sie so ihren Vorsprung im Wettlauf um das All aufrechterhalten und zweitens der Weltöffentlichkeit ihre wissenschaftlichen und technischen Fähigkeiten präsentieren. Da sich zudem die Trägerraketen und Satelliten beider Programme sehr ähnelten, gelang eine effektive Verschleierung der Fotoaufklärung aus dem Weltraum durch die GRU. Es existierten jedoch auch Unterschiede zum amerikanischen »Corona«-Programm. Das sowjetische Spionagesatellitenvorhaben erwies sich als Projekt, das nahezu vollständig vom Militär finanziert, entwickelt und durchgeführt wurde. In den USA hingegen wurde das knapp eine Milliarde US-Dollar teure »Corona«-Unternehmen von der US Air Force und der CIA zusammen finanziert und realisiert. Der Hauptempfänger der sowjetischen Aufklärungsinformationen aus dem All war die 11. Verwaltung der GRU. Die durch die »Zenit-2«-Missionen gesammelten Informationen lieferten ihr nicht nur wichtige geheime Daten, sondern ermöglichten es dem militärischen Nachrichtendienst auch, erstmals genaue Unterlagen zu den Zielen der strategischen Nuklearstreitkräfte der Sowjetunion zu erstellen.[269] Die GRU und hier vor allem das ihr unterstehende 162. Zentrum für militärtechnische Information drängten nicht nur auf die Entwicklung von Aufklärungssatelliten, sondern auch auf den Bau von Nachrichtensatelliten und Flugkörpern für die Sammlung von Wetterdaten.[270] Gleichzeitig begann in diesem Bereich ab Mitte der 1960er-Jahre der Einsatz von Großrechnern, um die gesammelten Aufklärungsdaten effizient auswerten und analysieren zu können. Neben sowjetischen Rechnern der Typen M-220, M-222A und M-222 kam hierbei auch ein programmgesteuerter elektronischer Rechner Z25 der Zuse KG aus Bad Hersfeld zum Einsatz, den die GRU offenbar auf Umwegen in die Sowjetunion geschafft hatte. Mithilfe der Computertechnik wurden nun Zieldatenbanken angelegt, mit denen sowohl Aufklärungsmissionen geplant als auch im Anschluss die entsprechenden Ergebnisse erfasst werden konnten.[271] Um die Fotos aus dem Weltraum zu sammeln und zu bearbeiten, richtete die 11. Verwaltung eine Abteilung für Satellitenfotografie ein sowie eine weitere, die für die Interpretation und Analyse der gemachten Aufnahmen zuständig war.[272]

Wie »Zenit-2« litt auch das Programm »Zenit-4« unter Schwierigkeiten bei der Zulieferung von bestimmten Geräten und Anlagen, was immer wieder zu erheblichen Terminverzögerungen führte.[273] 1965 konnte der »Zenit-4«-Aufklärungssatellit schließlich in die Bewaffnung der Sowjetarmee aufgenommen werden. Da die an Bord befindlichen Kameras nunmehr eine Brennweite von drei Metern hatten, war es möglich, Bilder mit einer Auflösung von rund einem Meter zu erhalten. Zwischen 1963 und 1970, bis zur Ausmusterung des Satelliten, erfolgten insgesamt 74 Flüge mit dem »Zenit-4«.[274] Infolge der geringen Einsatzdauer von »Zenit-2« und »Zenit-4« im All, die in der Regel zwölf Tage nicht überschritt, blieb in dieser Phase des Kalten Krieges der Bedarf der GRU an Aufklärungssatelliten beider Typen so hoch, dass sich die sowjetische Militärführung im Sommer 1967 gezwungen sah, um eine Erhöhung der jährlichen Produktionsrate von jeweils vierzehn Stück auf siebzehn Stück zu drängen, auch wenn dafür die Auslieferung von Satelliten für Nachrichtenzwecke und die Sammlung von Wetterdaten zurückstehen musste.[275]

Die nunmehr vorhandenen Aufklärungssatelliten erlaubten es der GRU, die politische und militärische Führung umfassend, effektiv und schnell über Krisensituationen und lokale Konflikte zu informieren. Das galt insbesondere für die arabisch-israelischen Konflikte in den Jahren 1967 und 1973. Hieraus leitete der sowjetische Militärgeheimdienst dann Forderungen für die weitere Entwicklung der Aufklärungssatelliten ab. Diese bezogen sich sowohl auf die Schaffung von Raumflugkörpern zur optoelektronischen Aufklärung wie auch von automatisierten Systemen zur Auswertung und Verarbeitung der Bildaufnahmen aus dem Kosmos. 1974 übernahm Generalmajor Iwan E. Charitschew die Leitung der 11. Verwaltung der GRU, die er bis zum Jahr 1988 innehatte.[276]

Ende der 1960er-Jahre entschloss man sich schließlich zur Modernisierung der Satelliten der »Zenit«-Serie. Der »Zenit-2« erhielt eine verbesserte Kameraausrüstung sowie neue Solarbatterien und trug nunmehr die Bezeichnung »Zenit-2M«. Er wurde 1970 in die Bewaffnung aufgenommen und von der GRU bis 1978 eingesetzt. Mit neuen Kameras war auch das Nachfolgemodell des »Zenit-4«, der »Zenit-4M« ausgestattet worden. Diese erreichten nunmehr eine Auflösung von 2,4 bis 5,0 Metern. Zudem erhielt der Satellit neue Sonnensegel und modifizierte Triebwerke für die Positionsänderung der Sonde, die nun während einer Mission mehrmals erfolgen konnte. Zugleich gelang es, die Verweildauer im Kosmos um einen Tag auf nunmehr dreizehn Tage zu verlängern. Der 1971 in die Bewaffnung aufgenommene Raumflugkörper wurde allerdings bereits 1974 wieder ausgemustert. An seine Stelle trat das Muster »Zenit-4MK«, das eine Auflösung von 1,8 bis 2,0 Metern erreichte. Zwischen 1969 und 1977 wurden insgesamt achtzig dieser Satelliten im Auftrag der GRU gestartet. Danach löste das

Modell »Zenit-4MKM« den bisher eingesetzten Aufklärungssatelliten ab. Die nochmals verbesserte Kamera ermöglichte nun eine Auflösung von 1,1 bis 1,5 Metern. Zwischen 1977 und 1980 kamen insgesamt 39 Satelliten dieses Typs zum Einsatz. Zur gleichen Zeit verwendete die GRU auch noch das Nachfolgemodell »Zenit-6«, das sowohl zur fotografischen Überwachung größerer Regionen als auch zur Anfertigung von Detailaufnahmen verwendet werden konnte. Hierfür wurde der Satellit mit einem zusätzlichen Marschtriebwerk ausgestattet, sodass er in Höhen zwischen 270 und 400 Kilometern operierte. Die Kamera, die zusammen mit dem belichteten Film abgeworfen wurde und damit wiederzuverwenden war, ermöglichte eine Auflösung von 2,5 Metern. Zwischen 1976 und 1984 schoss die Sowjetunion insgesamt 97 Satelliten dieses Typs ins All. Als letzte Variante der »Zenit«-Reihe kam es ab 1984 zur Einführung des »Zenit-8«, der die Technik der »Zenit-4MKM« und »Zenit-6« in einem Modell vereinte. Zudem vermochten es die sowjetischen Konstrukteure, seine Nutzungsdauer auf bis zu 25 Tage auszudehnen. Im Zeitraum von 1984 bis 1994 kamen insgesamt 102 »Zenit-8« zum Einsatz.[277]

Seit dem Beginn der 1970er-Jahre nahm das Konstruktionsbüro Jangel' das Programm »Jantar« wieder auf. Unter der Bezeichnung »Jantar-2K Feniks« entwickelten die Ingenieure am Dnjepr nunmehr einen Fotoaufklärungssatelliten, der im Gegensatz zu den »Zenit«-Modellen rund einem Monat im All eingesetzt werden konnte. Zur schnelleren Bearbeitung der geschossenen Aufnahmen befanden sich nun drei Filmkapseln an Bord, die jeweils über einen separaten Abwurfmechanismus verfügten. Dank seiner Steuerungstriebwerke konnte der Satellit bei Bedarf seine 350 Kilometer hohe Umlaufbahn verlassen und sich ausgewählten Zielen bis zu einer Höhe von 160 Kilometern nähern. Die Aufnahmen seiner Kameras erreichten inzwischen bereits eine Auflösung von 50 Zentimetern und erfassten einen 27 Kilometer breiten Geländestreifen. An Bord befand sich Filmmaterial, um rund 2,7 Millionen Quadratkilometer zu fotografieren. Zwischen 1978 und 1983 absolvierte der »Jantar-2K« insgesamt

30 Missionen, von denen 23 als erfolgreich und 3 als zumindest teilweise erfolgreich eingeschätzt wurden.[278] Als modernisierte Variante entwickelte das Konstruktionsbüro Jangel aus der »Jantar-2K« die »Jantar-4K1 Oktan«. Sie verfügte über eine weiter verbesserte Kameraausrüstung und konnte nunmehr sechzig Tage eingesetzt werden. Obgleich dieser Typ zwischen 1979 und 1983 zwölf Missionen absolvierte, setzte er sich nicht durch und wurde 1983 zusammen mit seinem Vorgängermodell ausgemustert. An ihre Stelle trat das Modell »Jantar-4K2 Kobalt«. Der 6,5 Tonnen schwere Flugkörper operierte in einem Höhenbereich von 180 bis 330 Kilometern und hatte eine Einsatzdauer von fast drei Monaten. Der Aufklärungssatellit wurde im Zeitraum von 1981 bis 2002 bei insgesamt 82 Missionen eingesetzt.[279]

Die 11. Verwaltung baute inzwischen die Datenverarbeitung der aus dem Weltall gelieferten Aufklärungsfotos weiter aus, die nunmehr nahezu vollständig elektronisch bearbeitet wurden. Zugleich investierte die GRU in den Ausbau der Bodenstationen zur Beobachtung und Lenkung der eigenen Aufklärungssatelliten sowie zum Empfang und zur Dechiffrierung der von ihnen gesendeten Daten. Verfügte der Militärgeheimdienst 1968 nur über eine experimentelle Station für diese Aufgaben, so standen Anfang der 1980er-Jahre bereits sechs Anlagen zum Empfang von Satelliteninformationen zur Verfügung. Zugleich wurden die Kamerasysteme der Fotosatelliten so weit verbessert, dass sie inzwischen eine Auflösung von dreißig bis fünfzig Zentimetern erreichten. Das ermöglichte es den Analysten, die Anzahl und Art der Militärtechnik, die auf den Aufnahmen zu sehen war, eindeutig zu bestimmen und ihre wichtigsten taktisch-technischen Daten zu ermitteln. Gleichzeitig schränkte jedoch die erhebliche Zeitverzögerung bei der Übermittlung der belichteten Filme – die wie bisher zumeist abgeworfen wurden – die operativen Möglichkeiten der Satellitengruppierung der GRU ein. Nicht immer war es deshalb möglich, die sowjetischen Streitkräfte mit aktuellen Aufklärungsinformationen zu versorgen, weshalb die 11. Verwaltung in der Folge verstärkt auf den Einsatz von optoelektronischen Kamerasystemen drängte.[280]

Um schneller an die im All gemachten Aufnahmen zu gelangen, entwickelte das Konstruktionsbüro Progress in Samara seit Anfang der 1980er-Jahre einen Aufklärungssatelliten, der über eine drehbare Trommel mit acht Filmkapseln verfügte, die einzeln abgeworfen werden konnten. Die verwendete Kamera ermöglichte eine Auflösung von rund einem Meter, die Einsatzdauer im All sollte mindestens sechzig Tage betragen. Die Entwicklungs- und Testphase des Satelliten, der die Bezeichnung »Orlez-1 Don« erhielt, war offenbar von zahlreichen Problemen begleitet, da der erste Testflug erst im Sommer 1989 erfolgte. Drei Jahre später wurde das System in die Bewaffnung der nunmehr russischen Streitkräfte aufgenommen. Wegen der finanziellen Schwierigkeiten der im Umbau befindlichen Armee wurden zwischen 1992 und 2006 jedoch nur fünf Exemplare des »Don«-Satelliten gestartet. Dem Nachfolgemodell »Orlez-2 Jenissei«, das bereits über 22 abwurfbare Filmkapseln verfügte, war gleichfalls kein Erfolg beschieden. Nach zwei Testmissionen im Sommer 1994 und im Herbst 2000 wurde auch dieses Vorhaben eingestellt. Die finanziellen Schwierigkeiten und Probleme mit der Einsatzfähigkeit der Aufklärungssatelliten führten dazu, dass die GRU zwischen Oktober 1996 und Mai 1997 erstmals seit 1964 über keinen einzigen Fotosatelliten im All verfügte.[281] Das wird auch durch die allgemeine Zahl der Raketenstarts der kosmischen Truppen deutlich, die für die GRU u. a. die Aufklärungssatelliten ins All schossen. Erfolgten beispielsweise vom im Norden Russlands befindlichen Raketenstartplatz Plessezk Ende der 1980er-Jahre jährlich bis zu vierzig Starts, so sank deren Zahl bis zur Mitte der 1990er-Jahre auf fünfzehn bis zwanzig.[282]

Erst mit Beginn des neuen Jahrtausends folgte mit dem »Jantar-4K2M Kobalt-M« ein Ablösemuster der bisherigen »Jantar«-Baureihe. Zwischen 2004 und 2014 wurden insgesamt neun Aufklärungssatelliten dieses rund eine Milliarde Rubel teuren Musters auf eine Erdumlaufbahn gebracht. Das Kamerasystem erlaubte nunmehr eine Auflösung von dreißig bis vierzig Zentimetern, allerdings wurden die Filme wie bisher in Kapseln abgelegt, die dann zu einem festgelegten

Zeitpunkt abgeworfen werden konnten. Obgleich sich diese bewährte Vorgehensweise als vergleichsweise zuverlässig erwies, hatte sie doch den Nachteil, dass es nur schwer möglich war, rasch auf veränderte operative Lagen zu reagieren. Gleichwohl versetzte der neue Satellit die GRU bei seinem ersten Start 2004 nach einer erneuten knapp einjährigen Pause wieder in die Lage, Fotoaufklärung aus dem Weltraum zu betreiben.[283]

Für die schnellere Übertragung der Bilder wurde 1991, im letzten Jahr der Sowjetunion, das Modell »Jantar-4KS1M Neman« in Dienst gestellt. Erstmals verwendeten die Ingenieure nun ein optoelektronisches Kamerasystem, was es ermöglichte, die Bilder sofort nach der Aufnahme per Funk an den Boden zu übertragen. Gleichzeitig konnte die Einsatzdauer im All auf bis zu ein Jahr gesteigert werden. Aufklärungssatelliten dieses Typs standen bis zum Jahr 2000 im Einsatz und absolvierten insgesamt neun Missionen. Das gleichzeitig vom Konstruktionsbüro Lawotschkin entwickelte Konkurrenzmuster »Arkas« verfügte über Kameras, die Infrarot- und Schwarz-Weiß-Aufnahmen mit einer Auflösung von zwei bis zehn Metern anfertigen konnten. Diese wurden dann gleichfalls funkelektronisch über einen Relaissatelliten zur Erde übertragen. Das System, das mit rund 100 Millionen Rubel fünfmal so viel kostete wie ein Satellit vom Typ »Neman«, bewährte sich jedoch wegen technischer Probleme nicht, und das Programm wurde schließlich nach nur zwei Missionen eingestellt. Zwischen 2002 und 2003 war der »Arkas«-Raumflugkörper jedoch der einzige einsatzbereite optische Aufklärungssatellit, über den die GRU verfügte, er kam beispielsweise im Frühjahr 2003 beim Dritten Golfkrieg zum Einsatz.[284]

Um schneller auf sich verändernde militärpolitische Situationen reagieren zu können, bestellte die GRU um die Jahrtausendwende eine neue Generation von optischen Aufklärungssatelliten. Aus dem Modell »Jantar-4KS1M« wurde die Baureihe »Persona« entwickelt. Ihr Kamerasystem erlaubt es, Objekte aus bis zu 750 Kilometern Höhe mit einer Auflösung von dreißig bis fünfzig Zentimetern zu fotografieren.

Zum Vergleich: Es wird angenommen, dass der US-Aufklärungssatellit KH-11 gegenwärtig eine Auflösung von fünf Zentimetern erreichen kann. Die Übertragung der Aufnahmen erfolgt über eine gesonderte Funklinie an eine Bodenstation. Insgesamt wurden bislang drei dieser Satelliten ins All geschossen, von denen zwei noch in Betrieb sind. Beide – rund zehn Milliarden Rubel teure – Flugkörper werden bis heute bei der GRU für die Fotoaufklärung, vor allem über Syrien und der Ukraine eingesetzt. Bilder des Satelliten wurden vom russischen Militär im Sommer 2014 u. a. dafür genutzt, die Ukraine zu beschuldigen, verantwortlich für den Abschuss einer Boeing 777-200ER des Fluges MH17 über dem Ort Tores bei Donezk zu sein, der alle 298 Menschen an Bord das Leben kostete. Tatsächlich wurde die Maschine durch eine von prorussischen Rebellen abgefeuerte Buk-Flugabwehrrakete getroffen. Weiterhin verfügt der russische Militärgeheimdienst gegenwärtig über drei optische Aufklärungssatelliten des Typs »Bars-M«. Der Flugkörper hat eine Masse von vier Tonnen, sein optoelektronisches Kamerasystem arbeitet mit einer angenommenen Auflösung von bis zu einem Meter. Die Stationierung dieses Typs im Weltall begann 2015, 2016 erfolgte ein weiterer Start, der dritte und vorerst letzte fand im Mai 2022 statt. Versuche, 250 Kilogramm schwere Kleinsatelliten des Typs »EMKA« mit einer geschätzten Auflösung von 90 Zentimetern für die Fotoaufklärung zu nutzen, scheiterten bislang weitgehend an erheblichen technischen Problemen.[285] Zur Ablösung der »Persona«-Baureihe entwickelt Russland gegenwärtig den Bildaufklärungssatelliten 15F156-»Razdan«, der – so die gegenwärtigen Planungen – ab der zweiten Hälfte der 2020er-Jahre in mindestens zwei Exemplaren zum Einsatz kommen soll und in seinen Leistungsparametern in etwa an den amerikanischen KH-11 heranreicht.[286]

Für die hochauflösende Fotoaufklärung hat der russische Militärgeheimdienst im Moment lediglich zwei eigene »Persona«-Satelliten zur Verfügung, die allerdings ihren ursprünglich vorgesehen Einsatzzeitraum bereits weit überschritten haben. Hinzu kommen die vier »Bars-M« sowie ein »Neitron«-Satellit, der dank seines empfindlichen

Radars für die Fernerkundung eingesetzt werden kann. Zusätzlich greift die GRU im Bedarfsfall auf zwei zivile Erderkundungssatelliten des Musters »Resurs-P« zurück. Hierbei handelt es sich um eine kommerzielle Version des »Persona«.[287] Diese Zahlen lassen erkennen, dass die heutige GRU bei der Satellitenaufklärung – im Gegensatz zum Westen und auch zur ehemaligen Sowjetunion – vergleichsweise bescheiden aufgestellt ist. Ihre Fähigkeiten in diesem Bereich liegen weit hinter denen des Westens zurück, der beispielsweise gegenwärtig der ukrainischen Militäraufklärung täglich zahlreiche Aufnahmen seiner Satelliten zur Verfügung stellt. Der russische Militärgeheimdienst hingegen muss sich in der Ukraine ob seiner begrenzten kosmischen Kapazitäten auf die unregelmäßige Beobachtung ausgewählter Ziele beschränken. Dies führt dazu, dass Russland im Moment weder fähig zu sein scheint, die westliche Militärhilfe für die ukrainischen Streitkräfte wirksam zu unterbinden, noch die strategischen Reserven der Ukrainer zu zerschlagen. Aktuelle Informationen über derartige Ziele liegen zumeist nur lückenhaft vor, weil diese weder aus der Luft noch aus dem Kosmos schnell und zuverlässig beschafft werden können. Damit aber fehlt ein wesentliches Element zur strategisch erfolgreichen Führung von Gefechtsoperationen am Boden.[288]

11. »Speznas« – die russischen Spezialeinheiten für den Einsatz an der »unsichtbaren« Front

Nach dem Ende des Zweiten Weltkrieges wertete die GRU die Erfahrungen des Einsatzes von Diversionsgruppen im Rücken der deutsch-sowjetischen Front sorgfältig aus. Im Ergebnis wurde beschlossen, bereits zu Friedenszeiten entsprechende Kader für derartige Einsätze auszubilden. Die Hauptaufgabe der Spezialeinheiten sollte zunächst in der Aufklärung und nachfolgenden Vernichtung der atomaren Trägermittel der US-Streitkräfte liegen. Den im Aufbau befindlichen strategischen nuklearen Kräften der Amerikaner gedachte Moskau – da andere wirksame Mittel zu deren Bekämpfung fehlten – zunächst durch Diversion und Sabotage zu begegnen.

Die am 7. September 1950 erfolgte Bildung des beim Ministerium für Staatssicherheit der UdSSR angesiedelten Büros Nr. 1 stand folglich im Zusammenhang mit den amerikanischen Planungen für den Fall eines militärischen Konfliktes mit der Sowjetunion. Der Auftrag der für verdeckte Operationen zuständigen Geheimdiensttruppe lautete im Kriegsfall: »Diversion von wichtigen militärstrategischen Objekten und Infrastruktur auf dem Territorium der [...] Hauptaggressoren« – USA und England. Unterstützt werden sollten die Agenten des Büros Nr. 1 durch die sowjetischen Militärgeheimdienste, denn auch die GRU und der Marinenachrichtendienst stellten ab Herbst 1950 erste Einheiten für Sabotage- und Diversionseinsätze im Hinterland des Gegners auf.[289]

Auf Ersuchen des damaligen Chefs der GRU, Armeegeneral Matwej W. Sacharow, und des Chefs des Generalstabes der Sowjetarmee, Armeegeneral Sergej M. Schtemenko erließ Verteidigungsminister

Marschall Aleksandr M. Wasilewskij am 24. Oktober 1950 die Direktive Nr. Org/2/395832. Diese sah vor, bei jeder Armee der sowjetischen Streitkräfte jeweils eine Kompanie aus Spezialkräften aufzustellen. Die entsprechenden Einheiten sollten sich aus zehn Offizieren sowie 110 Unteroffizieren und Soldaten zusammensetzen. Diese Kräfte waren bevorzugt in acht bis zehnköpfigen Aufklärungs- und Diversionsgruppen zum Einsatz zu bringen. Jede Kompanie verfügte neben zwei Einsatzzügen über einen Nachrichtenzug sowie einen Ausbildungszug. Bereits Anfang 1951 standen insgesamt 46 Spezialkompanien mit etwas mehr als 5500 Mann bereit. Für deren Führung wurde bei der 2. Abteilung der 3. Verwaltung der 2. Hauptverwaltung des Generalstabes der sowjetischen Streitkräfte das Referat 3 geschaffen. Für das Kommando über die Speznas-Einheiten war dann ab Ende der 1950er-Jahre nunmehr die 3. Abteilung der 5. Verwaltung (operative Aufklärung) der GRU verantwortlich. Der Plan, Einsatzgruppen aus Geheimdienstleuten zum Angriff gegen zentrale Militärobjekte der USA und ihrer NATO-Verbündeten einzusetzen, ist allerdings als Eingeständnis der eigenen strategischen Schwäche durch die sowjetische Führung zu werten. Er war der untaugliche Versuch, das bestehende Ungleichgewicht bei den strategischen Atomwaffen mit Mitteln der Nachrichtendienste wenigstens teilweise zu durchbrechen.[290]

Aus diesem Grund dürfte es wenig verwunderlich sein, dass nach Stalins Tod im Rahmen der Verringerung der sowjetischen Streitkräfte die Zahl der Speznas-Kompanien auf insgesamt elf reduziert wurde. Die Zahl der einsatzbereiten Kommandosoldaten sank damit auf 1320 Mann. Zwei der Spezialeinheiten waren auf dem Territorium der DDR in Güsen bzw. Halle/Saale stationiert, die weiteren neun Kompanien gehörten zu den westlichen und östlichen Militärbezirken der Sowjetunion. Ursprünglich gab es den Gedanken, diese Sondereinheiten aus der GRU auszugliedern und dem Hauptstab der Landstreitkräfte zu unterstellen. Der Militärgeheimdienst protestierte allerdings energisch gegen dieses Vorhaben und verwies darauf, dass nur er über die für die Truppe nötige Spionageausrüstung und Funktechnik verfüge. Die Führung der Spezialeinsatzkräfte übernahm ab dem Sommer 1953 GRU-Oberst Iwan N. Banow. Der 1916 geborene Offizier hatte im Zweiten Weltkrieg mehrere Partisanenverbände geführt und sich an zahlreichen Kommandounternehmen gegen Wehrmachtseinheiten im Rücken der deutsch-sowjetischen Front beteiligt.[291]

In den Jahren 1955 und 1956 wurden dann auch bei den Flotten der sowjetischen Kriegsmarine entsprechende Kampfschwimmereinheiten für die operative und strategische Aufklärung sowie für die Durchführung von Kommandounternehmen aufgestellt. Über derartige Spezialtruppen hatten die sowjetischen Seestreitkräfte bereits während des Zweiten Weltkrieges verfügt, 1946 kam die Marineführung jedoch zu dem Schluss, dass die Existenz dieser Trupps bei der Flotte »unzweckmäßig« sei, deren Erfahrungen sollten allenfalls an Diversionseinheiten der Landstreitkräfte weitergegeben werden, um Brücken, Dämme, Talsperren usw. zerstören zu können.[292] Infolgedessen unterblieb bei der Marine der Aufbau von strukturmäßigen Spezialverbänden für längere Zeit.

Das Flottenbauprogramm und Kampfschwimmereinheiten

Vielmehr setzte die sowjetische Marineführung auf den Ausbau der klassischen Seestreitkräfte. Im November 1945 startete deshalb das bis dahin größte Flottenbauprogramm in der Geschichte der sowjetischen Flotte. Nach den Wünschen der Marineführung sollten bis 1955 insgesamt 8 Flugzeugträger, 9 Schlachtschiffe, 12 schwere Kreuzer, 30 Kreuzer, 60 leichte Kreuzer, 188 Zerstörerführer, 222 Zerstörer, 546 Fregatten und 489 U-Boote sowie mehrere Hundert weitere Kampf und Hilfsschiffe gebaut werden.[293] Ziel des Programms war nicht nur der Aufbau einer Flotte, die in der Lage sein sollte, »a) die Versorgungslinien des Gegners im Atlantik und in den europäischen Gewässern zu zerstören, b) mit der Roten Armee an den Flanken zusammen zu handeln und c) Landungsoperationen durchzuführen«.[294] Zugleich strebte die Sowjetunion an, nach den USA über die zweitgrößte Kriegsmarine der Welt zu verfügen und den Amerikanern hinsichtlich U-Booten sogar überlegen zu sein. Da in dem schwer kriegszerstörten Land für ein derartiges Bauprogramm jedoch kaum Ressourcen vorhanden waren und zeitgleich mit Nachdruck an der Atombombe gearbeitet werden musste, befahl Stalin eine Kürzung der vorgesehenen Flottenbauten. Als der Rat der Volkskommissare am 27. November 1945 den Beschluss »Über den Zehnjahresplan für den Kriegsschiffbau von 1946–1955« verabschiedete, wurde dennoch ein maritimes Beschaffungsprogramm beschlossen, das alle bisherigen Vorstellungen in der Sowjetunion übertraf. Bis 1955 sollte die Marine 4 schwere Kreuzer, 30 leichte Kreuzer, 188 Zerstörer, 177 Fregatten, 367 U-Boote, 36 Kanonenboote, 345 Korvetten, 600 U-Boot-Jäger, 736 Minensucher, 828 Torpedoboote und 195 Landungsschiffe erhalten. Mit den insgesamt 3506 neu zu bauenden Kampfschiffen und -booten wollte die politische und militärische Führung der Sowjetunion den endgültigen Übergang von einer unbedeutenden Küstenmarine zu einer kampfstarken Hochseeflotte erreichen. Gleichwohl war der Marineführung bewusst, dass mit dem Verzicht auf Flugzeugträger nur begrenzte Operationen außerhalb der sowjetischen Küstengewässer durchgeführt werden konnten.[295]

Als Ende der 1940er- und Anfang der 1950er-Jahre die westliche Presse zunehmend über die Erfolge von Kampfschwimmern und maritimen Kleinkampfverbänden während des Zweiten Weltkrieges berichtete, wandten sich hohe Flottenoffiziere mit Unterstützung der GRU an den Hauptstab der Seestreitkräfte mit der Bitte, bei der sowjetischen Marine »selbstständige Seeaufklärungsabteilungen« aufzustellen. Innerhalb der sechs Flotten – im Januar 1947 hatte die sowjetische Marineführung auf Anweisung Stalins die Pazifikflotte in einen südlichen und nördlichen Bereich aufgeteilt und in 5. beziehungsweise 7. Flotte umbenannt, Gleiches geschah auch mit der Baltischen Flotte, sie wurde in die 4. und 8. Flotte unterteilt – und der Kaspischen Flottille sollten bis 1955 insgesamt sieben dieser Einheiten gebildet werden. Durch diese Maßnahmen, so die Autoren des Papiers, »würden die Flotten über eine ausgebildete Reserve an Kampfschwimmern verfügen, die in den ersten Tagen des Krieges Aufgaben der Aufklärung ausführen und in Häfen, Flottenstützpunkten und an der Küste des Gegners Sabotageakte verüben«.[296] Der Hauptstab der sowjetischen Seestreitkräfte beschloss daraufhin, die Zweckmäßigkeit solcher Einheiten durch entsprechende Manöver und Übungen zu prüfen. Bereits jetzt ging die Marineführung allerdings dazu über, entsprechende Spezialwaffen und Einsatzmittel, wie Torpedoreiter, zu entwickeln. Gleichzeitig folgte die Ausarbeitung einer provisorischen Dienstvorschrift für die Spezialaufklärungskräfte der Marine. Am 25. Mai 1953 gab das Marinekommando dann schließlich Befehl, bei den einzelnen Flotten Marineaufklärungspunkte zu schaffen. Bis 1957 sollte deren Aufstellung abgeschlossen sein und 1958 umfassten die Kräfte jedes Aufklärungspunktes der nunmehr vier vorhandenen Flotten – Nordmeer-, Pazifik-, Schwarzmeer- und Baltischen Flotte – 13 Marineoffiziere, 33 Maate und 76 Matrosen. Für diese Entscheidung hatte wohl auch der spektakuläre Untergang des Schlachtschiffes »Noworossijsk« gesorgt, das in den frühen Morgenstunden des 29. Oktober 1955 von einer schweren Explosion erschüttert worden war und danach mit 608 Seeleuten der über 1100 Mann starken Besatzung auf der Reede von Sewastopol im Meer versank. Das 1914 als »Giulio Cesare« in Dienst gestellte Kriegsschiff hatten die Italiener 1945 als Beute an die Sowjetunion abgeben müssen und deshalb hält sich bis heute die Vermutung, dass italienische Kampfschwimmer der Spezialeinheit »Decima Flottiglia MAS« für den Verlust des Schlachtschiffes verantwortlich waren. Als ein gutes halbes Jahr später der sowjetische Kreuzer »Ordshonikidse« den sowjetischen Parteichef Chruschtschow zu seinem ersten Staatsbesuch nach Großbritannien brachte, verschwand der vom britischen Geheimdienst MI6 beauftragte Taucher Lionel Crabb, als er die Unterwasserseite des Kriegsschiffs inspizierte, das im Hafen von Portsmouth lag. Auch dieser Zwischenfall dürfte dazu beigetragen haben, die Aufstellung von Kampfschwimmereinheiten der sowjetischen Marine voranzutreiben.

Anfang 1960 gerieten die neu geschaffenen Spezialkräfte der Flotte allerdings in den Sog der von Chruschtschow befohlenen Streitkräftereduzierung. Es bestand die Gefahr, dass bis zu siebzig Prozent des Personals entlassen werden sollte. Die Aufklärungsabteilung bei der Marineführung konnte allerdings durchsetzen, dass lediglich der Marineaufklärungspunkt der Nordmeerflotte aufgelöst wurde. Seine Aufgaben übernahmen die 71 Mann des 561. Marineaufklärungspunktes der Baltischen Flotte. Freilich fühlte sich im Flottenkommando zunächst niemand für die Spezialeinheiten zuständig. Erst nach Intervention der GRU wurde in der Aufklärungsabteilung der Kriegsmarine eine vierköpfige Gruppe geschaffen, die für die Kampfschwimmereinheiten entsprechende Ausbildungsprogramme und Einsatzpläne ausarbeitete. Es dauerte jedoch noch bis 1967, bis die ersten ausgebildeten Spezialkräfte der Marine einsatzbereit waren.[297] Große Probleme bereitete zudem die Beschaffung der für die Kampfschwimmer nötigen Ausrüstung. Der beabsichtigte Ankauf entsprechender Taucheranzüge und Atemgeräte in Großbritannien und Frankreich wurde – ob der hohen Kosten von rund einer halben Millionen Dollar – von der Militärführung abgelehnt. Schließlich besorgte man über entsprechende Kanäle Einzelstücke westlicher Tauchausrüstung, die dann als Ausgangsmuster für sowjetische Eigenentwicklungen dienten.[298]

Das Ausbildungszentrum für Spezialtruppen und Shukows Entlassung

Doch auch bei der GRU verlief der Prozess des Ausbaus der Speznas-Einheiten nicht ohne Zwischenfälle. Im Herbst 1957 wurde der sowjetische Verteidigungsminister und Kriegsheld Marschall Shukow unter anderem deshalb aus dem Dienst entlassen, weil er ein gesondertes Ausbildungszentrum für mehr als 2000 Speznas-Soldaten geschaffen hatte. Die entsprechenden Kandidaten sollten bereits ihren Wehrdienst abgeleistet haben und bereit sein, einen sechs bis sieben Jahre dauernden Spezialkurs zu absolvieren. Als Leiter der Speznas-

Schule war Generalleutnant Hadschi-Umar Mamsurow vorgesehen, der kurz zuvor als Oberbefehlshaber der 38. Armee an der blutigen Niederschlagung des Volksaufstands in Ungarn beteiligt gewesen war. Bereits 1935 hatte der 1903 geborene Offizier einen Kurs beim militärischen Nachrichtendienst der Roten Armee absolviert und nahm dann vom Oktober 1936 bis September 1937 unter dem Pseudonym Oberst Ksanti am Spanischen Bürgerkrieg teil, wo er u. a. eine Diversanteneinheit kommandierte. Nach seiner Rückkehr in die Sowjetunion übernahm er 1938 das Spezialreferat A der GRU, das für die sogenannte aktive Aufklärung zuständig war, also Kommandoaktionen im Hinterland des angenommenen Gegners ausführen sollte. 1938 wurde das Referat schließlich zur Spezialabteilung des Militärgeheimdienstes aufgewertet. Während des sowjetisch-finnischen Winterkrieges kommandierte Mamsurow als Chef der operativen Gruppe der Aufklärungsverwaltung der Nordwestfront mehrere Ski-Raids im Rücken der finnischen Front, danach kehrte er auf seinen alten Posten bei der GRU zurück. Nach dem deutschen Angriff auf die Sowjetunion blieb er zunächst beim Militärgeheimdienst, später übernahm er verschiedene Truppenkommandos. Nach Kriegsende stieg er schließlich bis zum Oberbefehlshaber der in den Transkarpaten stationierten 38. Armee auf, bevor ihn 1957 Verteidigungsminister Shukow zum Chef der neu zu gründenden Speznas-Schule berief. Von der Existenz der neuen Ausbildungseinrichtung für Spezialeinsatzkräfte wussten angeblich nur Mamsurow, der amtierende GRU-Chef Schtemenko und Verteidigungsminister Shukow.

Letzterer hatte bei der Gründung des Ausbildungszentrums für die Speznas der GRU über die Köpfe der politischen Entscheidungsträger hinweg gehandelt und das Zentralkomitee der Kommunistischen Partei nicht in seine Pläne eingeweiht. Ein fataler Fehler, der Shukow das Amt kosten sollte. Denn als sich Mamsurow bei der zuständigen Parteistelle darüber beschwerte, dass seine Kaderstelle immer noch nicht bestätigt sei, kam der Vorgang auf den Tisch des Ersten Sekretärs der KPdSU, Nikita Chruschtschow, der die Angelegenheit nutzte, um sich des bei ihm unbeliebten Marschalls zu entledigen. Als Erstes wurde GRU-Chef Schtemenko vom Zentralkomitee vorgeladen, wenig später folgte dann am 26. Oktober 1957 der Verteidigungsminister. Dieser musste sich von Chruschtschow u. a. vorhalten lassen, dass für die Ausbildung der Spezialkräfte sieben Jahre vorgesehen waren, während selbst das Studium an einer der Militärakademien maximal vier Jahre dauerte. In dieser Zeit könne man ja wohl – so der Parteichef – sogar einem Hasen beibringen, ein Streichholz anzuzünden. Als Shukow die lange Ausbildungsdauer mit der perfekten Beherrschung der Sprache der jeweiligen vorgesehenen Einsatzländer der Speznas-Soldaten begründete, lästerte Chruschtschow, dass ja niemand den Dialekt seiner Herkunft wirklich verbergen könne. Gleichzeitig konstruierte er gegen den Verteidigungsminister den schwerwiegenden Vorwurf, er wolle die Spezialkräfte für einen möglichen militärischen Staatsstreich gegen die Führungsspitze der Sowjetunion bereithalten. Als Folge des Skandals wurde zunächst Schtemenko entlassen und durch seinen Vorgänger Michail A. Schalin ersetzt. Verteidigungsminister Shukow verlor gleichfalls seinen Posten und musste den Abschied aus den Streitkräften nehmen. Lediglich Mamsurow überstand die Affäre unbeschadet und wurde wie vorgesehen Chef des Speznas-Ausbildungszentrums. Zugleich beförderte man ihn zum 1. Stellvertretenden Leiter des Militärgeheimdienstes. In diesen Funktionen verblieb der General bis zu seinem Tod 1968.[299]

1957 bis 1968 – Neustrukturierung der Speznas-Kompanien

Dass die Gründung der Spezialschule für die Speznas-Ausbildung ohne vorherige Absegnung des Zentralkomitees der Kommunistischen Partei nur als Vorwand diente, den missliebigen Shukow auszuschalten, da sich dieser der von Parteichef Chruschtschow angestrebten Reduzierung der sowjetischen Streitkräfte widersetzte, zeigt auch die weitere Entwicklung der Spezialtruppen der GRU. Bereits im August 1957 waren acht der noch verbliebenen elf Speznas-Kompanien in fünf Bataillone umgebildet worden, die sich jetzt aus jeweils vier Kompanien und entsprechenden Unterstützungstrupps zusammensetzten. Die neu gebildeten Einheiten verfügten in der Regel über rund 375 Mann und waren bei der Nordgruppe der Truppen in Polen sowie in den Militärbezirken Transkarpaten, Transkaukasus sowie Turkmenistan stationiert. Lediglich das in der DDR stationierte 26. Selbstständige Speznas-Bataillon besaß mit fast 500 Soldaten bereits die vorgesehene Einsatzstärke für den Ernstfall. Die bei der Südgruppe der Truppen in Ungarn sowie in den Militärbezirken Odessa und Baltikum noch befindlichen drei Speznas-Kompanien erhielten gleichfalls eine neue Struktur. Bis 1961 wurden in den verbliebenden acht Militärbezirken der Sowjetunion gleichfalls Speznas-Kompanien aufgestellt.[300]

Das 26. Selbstständige Speznas-Bataillon lag in Werder bei Potsdam und bildete seine Angehörigen für Spezialeinsätze in den westeuropäischen NATO-Ländern aus. Hierzu gehörten neben dem Erwerb entsprechender Sprachkenntnisse auch das Studium der militärischen Ausrüstung und Waffen der Mitgliedsstaaten des westlichen Militärbündnisses. Die Einsatzgruppen der Spezialeinheit verfügten zudem über die nötige Bewaffnung und Ausstattung, um jederzeit im Hinterland des angenommenen Gegners eingesetzt zu werden. Hierfür absolvierten die Soldaten des Bataillons während ihrer dreijährigen Dienstzeit eine umfangreiche Fallschirmsprungausbildung und trainierten bei verschiedenen Manövern auf Divisions- und Armeeebene ihre Fähigkeiten zum Anlegen von Hinterhalten, zum Ausheben »feindlicher« Stäbe und zur »Vernichtung« von Kernwaffeneinsatzmitteln – das Hauptziel des Einsatzes der Speznas-Gruppen. Die nötigen Angaben zu den im Ernstfall anzugreifenden NATO-Einrichtungen auf dem Gebiet der Bundesrepublik Deutschland erhielten die Elitekämpfer durch die Angehörigen der militärischen Verbindungsmissionen der Sowjetunion bei den westlichen Siegermächten des Zweiten Weltkrieges, die ihre Standorte in Bünde/Westfalen (Verbindungsmission bei der britischen Rheinarmee), Frankfurt/Main

(Verbindungsmission beim Befehlshaber der US-Truppen in Europa) und in Baden-Baden (Verbindungsmission bei den französischen Streitkräften in der Bundesrepublik) hatten. Von dort aus spionierten die sowjetischen Offiziere, die faktisch Diplomatenstatus besaßen, legal die NATO-Truppen auf dem Gebiet der Bundesrepublik aus. Das Gleiche taten allerdings auch ihre westlichen Pendants auf dem Territorium der DDR.[301]

Auch die Angehörigen der sowjetischen Verbindungsmissionen standen, nicht überraschend, im Sold der GRU. So war der bereits erwähnte Banow von 1960 bis 1964 Chef der Verbindungsmission der sowjetischen Truppen bei den US-Streitkräften und dann zwischen 1967 und 1971 in gleicher Funktion bei der britischen Rheinarmee akkreditiert. Der Oberst trat 1935 in die Rote Armee ein und hatte zwischen 1940 und 1941 einen Übersetzerkurs an der Frunse-Militärakademie absolviert. Mit Beginn des deutschen Angriffes auf die Sowjetunion wurde er zur operativen Gruppe der Militäraufklärung an der Westfront versetzt, wo der Offizier zunächst Kandidaten für Diversionstrupps im Hinterland der deutsch-sowjetischen Front auswählte. Im Herbst 1941 übernahm er die Ausbildung von Fallschirmagenten in Kursk, dann formierte Banow Ende 1941 eine eigene Diversantengruppe, mit der er bis zum Sommer 1942 im Auftrag der Brjansker Front handelte. Im August 1942 sprang der GRU-Mann unter dem Pseudonym Iwan Tschernyj per Fallschirm im Raum Gomel im Westen Weißrusslands ab, um dort eine Partisanengruppe aufzubauen, deren Führung er von Januar 1943 bis Juli 1944 übernahm. Unter seinem Kommando sollen u. a. mehr als 500 Eisenbahnwaggons und 20 Brücken vernichtet worden sein, weshalb er im Februar 1944 mit dem Titel eines »Helden der Sowjetunion« ausgezeichnet wurde. Zudem sammelten die ihm unterstehenden Partisanen zahlreiche wertvolle taktische Informationen zu den in ihrem Raum befindlichen Einheiten der Wehrmacht. Nach Kriegsende fungierte Banow zunächst als Gehilfe des Chefs der Aufklärungsabteilung der in Polen stationierten Nordgruppe der Truppen, anschließend absolvierte er zwischen

1946 und 1949 einen Generalstabskurs. 1950 wechselte der Offizier erneut zur GRU, wo er zunächst als stellvertretender Abteilungschef arbeitete, bevor er von 1953 bis 1960 als Oberoffizier die Führung der Speznas-Kompanien des militärischen Nachrichtendienstes übernahm. Sein Anfang bis Mitte der 1960er-Jahre in der sowjetischen Militärverbindungsmission bei den US-Truppen in Europa erworbenes Wissen gab er anschließend als stellvertretender Leiter des bei Moskau befindlichen Ausbildungszentrum Nr. 161 für Spezialkräfte der GRU an dort auszubildende Diversanten weiter. Von 1967 bis 1971 spionierte er als Chef der Verbindungsmission der sowjetischen Streitkräfte bei der britischen Rheinarmee. Zwischen 1971 und 1977 leitete Banow schließlich die Fakultät für operative Aufklärung an der Militärdiplomatischen Akademie, der Kaderschmiede der GRU. 1982 verstarb der 1969 zum Generalmajor beförderte GRU-Offizier in Moskau.[302]

Die in der DDR eingesetzten Angehörigen des 26. Speznas-Bataillons wurden von der sowjetischen Militärverbindungsmission nicht nur über die genaue Lage ihrer Ziele, die vorgesehenen Absetzgebiete und Anmarschwege, sondern auch über die Lebensumstände und die Verhaltensweisen der dort lebenden Bevölkerung sowie die vorhandene Infrastruktur informiert. Für die Kommandosoldaten waren dies unschätzbare Hinweise, die sie ja aus eigener Erfahrung nicht gewinnen konnten.[303]

Im Sommer 1961 – auf dem Höhepunkt der zweiten Berlin-Krise – fasste dann das Zentralkomitee der KPdSU mit der Verfügung Nr. 331 den Entschluss, Kader und Spezialtechnik für »die Organisation und die Ausrüstung von Partisaneneinheiten« auszubilden bzw. bereitzustellen. Die entsprechenden Spezialkräfte waren für »Handlungen auf dem Territorium kapitalistischer Staaten« vorgesehen und sollten für den Kriegsfall mit »speziellen Kampfmitteln für das Führen von aktiven Handlungen im Hinterland des Gegners« ausgerüstet werden. Das Verteidigungsministerium organisierte daraufhin im Frühjahr 1962 in jedem Militärbezirk der Sowjetunion Manöver, bei denen aus Reservisten bestehende, 1700 Mann starke Spezialeinheiten aufgestellt wurden, die dann von erfahrenen Ausbildern in die Techniken der Diversion und Sabotage eingewiesen wurden.[304]

In Auswertung der Übungen traf das Verteidigungsministerium Anfang 1963 die Entscheidung, in den zehn Militärbezirken der Sowjetunion mit der Aufstellung von selbstständigen Speznas-Brigaden zu beginnen, die allerdings mit einer Stärke von jeweils 151 Mann nur als sogenannte Rahmenverbände fungierten, die im Kriegsfall entsprechend aufgefüllt werden sollten. Die Brigaden verfügten folglich über einen rund dreißigköpfigen Stab, drei bis fünf Einsatzgruppen, von denen aber nur eine voll entfaltet war, eine Kompanie für den Einsatz von Atomminen, eine Gruppe für Spezialbewaffnung, welche die Einsatzgruppen mit schweren Waffen wie Granatwerfern und Panzerabwehrlenkraketen unterstützen konnte, eine Kommunikationsabteilung sowie eine Versorgungskompanie.[305] Zum 1. Januar 1964 besaßen die sowjetischen Streitkräfte nunmehr insgesamt zehn Brigaden (kadriert), fünf Bataillone und zwölf Kompanien mit Speznas-Soldaten der GRU. Insgesamt dienten in diesen Einheiten rund 7250 Mann. Für die Führung der Kräfte war weiterhin die 5. Verwaltung des sowjetischen Militärnachrichtendienstes zuständig.[306]

Die neu aufgestellten Speznas-Brigaden hatten im Kriegsfall die Aufgabe, gegnerische Einsatzmittel für Kernwaffen aufzuklären und wenn möglich gleich an Ort und Stelle zu vernichten, Lager für Atomwaffen und Punkte zur Herstellung von deren Einsatzbereitschaft anzugreifen sowie Navigationsmittel, Radaranlagen, Nachrichtenzentren und Stäbe der gegnerischen Truppen außer Gefecht zu setzen. Ferner sollten sie die Arbeit der gegnerischen Versorgungsdienste desorganisieren, wenn möglich eine Partisanenbewegung im Hinterland initiieren und durch aktive Gefechtshandlungen nötige Aufklärungsinformationen sammeln sowie durch die Zuweisung von entsprechenden Zielen eigene Luft- und Artillerieangriffe koordinieren.[307]

Dass es durchaus möglich war, diesen anspruchsvollen Zielen gerecht zu werden, zeigten verschiedene Übungen in den 1960er-Jahren.

Eine siebenköpfige Einsatzgruppe von Speznas-Soldaten der GRU konnte demnach innerhalb von 24 Stunden ein Gebiet einer Größe von 300 Quadratkilometern aufklären. Bei dem Manöver eines Militärbezirkes gelang es zehn Teams der Spezialkräfte der GRU, in zwölf Stunden elf Ziele, darunter sechs Raketenstartplätze, auszumachen. Da damals weder das GPS noch das GLONASS-Navigationssatellitensystem existierten, gestaltete sich die Ermittlung der Zielkoordinaten allerdings als entsprechend aufwendig. Hierfür wurden in der Regel von den Spezialkräften acht bis zehn Minuten benötigt, wobei der Fehler bei der Standortbestimmung zwischen 100 und 200 Meter betrug. Weitere drei bis sechs Minuten erforderte die Verschlüsselung der entsprechenden Funkmeldung an die vorgesetzten Stellen, das Absetzen der Meldung selbst nahm drei bis vier Minuten in Anspruch. Während die Nachricht im Stab entschlüsselt und der ausgemachte Standort auf der Karte eingetragen wurde, vergingen weitere drei bis sechs Minuten, sodass die Standortinformation einer startfertigen Rakete die zuständigen Kommandostellen selten schneller als innerhalb einer halben Stunde erreichte. Wenn die Einsatzgruppen nicht über die Mittel verfügten, die aufgeklärte Technik des Gegners selbst zu vernichten, mussten in der Regel eigene Nuklearschläge angefordert werden, um die Kernwaffeneinsatzmittel der feindlichen Seite auszuschalten. Hierfür war es allerdings nötig, die Aufklärungseinheiten aus den Zielgebieten rechtzeitig abzuziehen, um sie nicht den Folgen des atomaren Angriffes auszusetzen. Weiterhin forderten die Militärs in Auswertung der Manöver die Entwicklung zuverlässiger Mittel zur geografischen Standortbestimmung und leistungsfähiger transportabler Funkgeräte, um die ständige Kommunikation mit den vorgesetzten Stellen gewährleisten zu können.[308]

Am 5. Juli 1966 wurde dann durch die Direktive Nr. 111560 das 26. Selbstständige Speznas-Bataillon der GRU in Werder bei Potsdam zur 3. Speznas-Brigade ausgebaut und gleichzeitig aus dem direkten Umland von Berlin nach Neuthymen bei Fürstenberg/Havel verlegt. Zur Aufstellung des Truppenteils wurden auch die zwei selbstständigen

Aufklärungsbataillone der beiden Panzerarmeen der Gruppe der sowjetischen Streitkräfte in Deutschland aus Strelitz bzw. Dresden sowie das 27. Selbstständige Speznas-Bataillon von der Nordgruppe der Truppen herangezogen.[309]

Einsätze außerhalb der Sowjetunion – Tschechoslowakei, Angola, Afghanistan

Ihren ersten realen Einsatz absolvierten die Speznas-Angehörigen der GRU allerdings nicht gegen die NATO. Im August 1968 bildeten Soldaten der 8. Speznas-Brigade vielmehr die Speerspitze des Unternehmens »Donau«, mit dem mehr als 500.000 Soldaten des Warschauer Paktes das Experiment eines »Sozialismus mit menschlichem Antlitz« des Reformers Aleksandr Dubček beendeten. Die Spezialkräfte der aus der Ukrainischen SSR stammenden Einheit hatten den Auftrag, noch vor dem Eintreffen der Hauptkräfte besonders wichtige Punkte in der tschechoslowakischen Hauptstadt zu besetzen. Knapp drei Wochen nach Beginn der Invasion verlegte die sowjetische Militärführung die Brigade dann wieder in ihren Heimatstandort.[310]

Die Anforderungen an die Soldaten der Spezialeinheiten erwiesen sich als außerordentlich hoch. Sie mussten nicht nur geistig und körperlich fit sein, zugleich verlangte die Führung des Geheimdienstes »hohe moralische und politische Qualitäten«. Die Offiziere hatten unbedingt der kommunistischen Partei anzugehören, bei den Soldaten und Unteroffizieren, die nicht älter als 35 Jahre sein durften, war eine Parteimitgliedschaft wünschenswert. Angestrebt wurde zudem eine Hochschulausbildung bei den Offizieren der Spezialtruppen, die Mannschaften mussten mindestens eine achtklassige Schulausbildung vorweisen. Seit Anfang der 1970er-Jahre erhielt die Truppe zudem eine Sprachausbildung. Bis zu diesem Zeitpunkt hatte es in den Einheiten nur zwei Stunden in der Woche Sprachunterricht gegeben, was lediglich ausreichte, den Soldaten die wichtigsten Grundbegriffe der Sprachen in den vorgesehenen Einsatzländern beizubringen. Allerdings konnten auch die vorgesehenen vierzig Stunden des neuen Sprachprogramms allenfalls rudimentäre Sprachkenntnisse vermitteln, sodass die Führung des Militärgeheimdienstes versuchte, dieses Defizit durch die Einberufung von Angehörigen zahlreicher Nationalitäten des sowjetischen Staates auszugleichen. So sprachen beispielsweise die Tadschiken einen Dialekt des Farsi, das in West- und Zentralasien von mehr als 110 Millionen Menschen beherrscht wird, während die aserbaidschanische Sprache der türkischen sehr ähnlich ist.[311] Die Ausbildung selbst erwies sich als ausgesprochen hart und anspruchsvoll. Der übervolle Trainingskalender führte immer wieder zu schweren Unfällen, wobei häufig allerdings auch Sicherheitsbestimmungen verletzt wurden. Bei einer Übung der 3. Speznas-Brigade in Neuthymen kamen beispielsweise 1976 mehrere Angehörige der Kompanie für Spezialminen ums Leben, als deren Kommandeur, Hauptmann Makrelow, unter Alkoholeinfluss mit einer neu entwickelten Minenfalle des Typs MS-4 hantierte und diese in seinen Händen explodierte. Dem neben ihm stehenden Politoffizier der Kompanie riss es dabei den Kopf ab.[312]

Mitte der 1970er-Jahre erfolgte dann im mittelasiatischen Militärbezirk sowie im Militärbezirk Transbajkal die Aufstellung der 22. bzw. 24. Speznas-Brigade, sodass die Zahl der nun zur Verfügung stehenden Truppenteile auf insgesamt dreizehn stieg. Die Zahl der hier eingesetzten Soldaten und Offiziere betrug Mitte 1977 insgesamt 8039 Mann. Für den Kriegsfall war vorgesehen, die Anzahl der Spezialkräfte auf fast 45.000 Mann zu erhöhen, die dann bei mehr als 66 Einheiten der Speznas der GRU eingesetzt werden sollten.[313]

Seit den 1970er-Jahren gelangten Angehörige der Speznas-Einheiten außerhalb der Sowjetunion zum Einsatz. Die Kommandosoldaten wurden dabei zumeist auf dem afrikanischen Kontinent verwendet, um sogenannte junge Nationalstaaten im Kampf gegen die »Konterrevolution« zu unterstützen. Am 24. November 1977 fiel mit Major W. D. Sokolow der erste sowjetische Speznas-Offizier im Auslandseinsatz, als in Äthiopien sein Hubschrauber von somalischen Soldaten abgeschossen wurde. Sokolow war in dem nordostafrikanischen

Staat als Berater beim Aufklärungschef der äthiopischen Spezialkräfte tätig gewesen.[314] Auch im Südwesten Afrikas, in Angola, kämpften seit 1976 sowjetische Speznas-Soldaten auf der Seite der kommunistischen MPLA gegen die vor allen von den USA und Südafrika unterstützte UNITA. 1983 gelang es dabei den Kommandosoldaten, zusammen mit kubanischen und angolanischen Spezialkräften mehrere der neustens US-»Stinger« Luftabwehrraketen zu erbeuten, die dann umgehend zur Auswertung in die Sowjetunion geschafft wurden.[315]

In der Nacht vom 25. zum 26. Dezember 1979 war die Luft über dem Kabuler Flughafen erfüllt vom Triebwerkslärm schwerer Transportmaschinen, Geruch von verbranntem Gummi lastete über der Landebahn, ununterbrochen landeten und starteten neue Maschinen der sowjetischen Luftwaffe. Aus den Rümpfen der über 150 Militärtransporter quollen mehrere Tausend Speznas-Soldaten und Fallschirmjäger, die als Eliteeinheiten der Sowjetarmee gefürchtet wurden. Die sich rasch formierenden Kolonnen nahmen am Abend des 27. Dezember 1979 Kurs Richtung Kabul, mit der Aufgabe, wichtige strategische Punkte der Hauptstadt Afghanistans zu besetzen. Eine Spezialeinheit der GRU und des KGB eilte in Richtung des Kabuler Regierungspalastes, um den amtierenden Präsidenten der Demokratischen Republik Afghanistan Hafizullah Amin zu beseitigen und an seine Stelle den Moskau treu ergebenen Babrak Karmal zu setzen.

Der den sowjetischen Spezialkräften entgegengebrachte Widerstand wurde rasch mit großer Brutalität und unter hohen Opfern gebrochen. Bei der handstreichartigen Besetzung Kabuls starben mehr als 80 sowjetische Soldaten und über 200 von ihnen wurden verletzt, die afghanische Zivilbevölkerung hatte mehr als tausend Opfer zu beklagen. Wenig später überschritten drei Divisionen der sowjetischen Armee mit mehr als 45.000 Mann, ausgestattet mit schweren Waffen wie Panzern, Schützenpanzern, Raketen und Artilleriegeschützen, unterstützt von zahlreichen Flugzeugen und Kampfhubschraubern, die Grenzen des afghanischen Staates. Sie sollten die 5000 in Kabul gelandeten Elitekämpfer entsetzen und weitere wichtige strategische

Punkte des Landes unter ihre Kontrolle bringen. Über diese Blitzaktion, die nicht nur das sowjetische Volk, sondern auch die gesamte Weltöffentlichkeit überraschte, war in den Zeitungen der UdSSR kein einziges Wort zu lesen. Erst am 29. Dezember 1979 veröffentlichte die sowjetische Nachrichtenagentur Tass eine dürre Pressemeldung über die Invasion in Afghanistan.

Damit begann die Sowjetunion am Hindukusch einen Krieg, der sich bereits seit dem Beginn der 1970er-Jahre abzeichnete: Am 17. Juli 1973 hatte Prinz Mohammed Daoud Khan die Monarchie unter König Mohammed Zahir Schah gestürzt und sich zum ersten Präsidenten der neu proklamierten Demokratischen Republik Afghanistan ernannt. Die reformorientierte, konservativ-neutralistisch ausgerichtete Regierung Daoud wurde im April 1978 durch einen Putsch von Kommunisten und linksgerichteten Teilen der Armee mithilfe des KGB und der GRU gewaltsam beseitigt. An die Stelle Daouds plante der sowjetische Geheimdienst, den Führer der Parcham-Fraktion innerhalb der afghanischen kommunistischen Partei, Babrak Karmal, zu setzen. Er war ein langjähriger Agent des KGB und deshalb dessen Favorit. Doch gelang es dem sowjetischen Geheimdienst nicht, sich gegen Leonid I. Breschnew durchzusetzen. Der sowjetische Partei- und Staatschef favorisierte den Generalsekretär der afghanischen kommunistischen Partei und Chef der Khalq-Fraktion Mohammed Taraki. Der Versuch der Kommunisten, eine rasche soziale Umwälzung des afghanischen Gesellschaftsgefüges durchzuführen, musste aufgrund der inneren Gegebenheiten des Landes fehlschlagen. Die traditionell geprägten Stammes- und Clanstrukturen sowie die feudal geprägte Wirtschaftsordnung des Landes standen allen raschen Modernisierungsversuchen im Wege.

Die kommunistische Führung des Landes, untereinander zerstritten, erwies sich als unfähig, die anstehenden politischen Aufgaben zu lösen. Indessen förderte die verfehlte Politik der Regierung die Kräfte der muslimischen Opposition, sodass eine Ablösung des kommunistischen Regimes immer wahrscheinlicher schien. Deshalb erörterte das Politbüro der KPdSU seit dem Frühjahr 1979 die Möglichkeiten einer militärischen Invasion in Afghanistan, um dessen kommunistische Regierung weiter an der Macht zu halten. Am 17. März 1979 trafen sich Außenminister Gromyko, der Sekretär des ZK der KPdSU Andrej P. Kirilenko, KGB-Chef Jurij W. Andropow, der Vorsitzende des Ministerrats Aleksej N. Kosygin und der inzwischen zum Verteidigungsminister ernannte Ustinow, um über die prekäre Lage in Afghanistan zu beraten. Auf der Sitzung wurden schließlich zwei Pläne zur militärischen Lösung der Krise diskutiert. Der erste Plan sah die Besetzung Kabuls durch Fallschirmjäger der 105. Luftlandedivision und Soldaten eines motorisierten Schützenregimentes, das auf dem Luftweg dorthin verbracht werden sollte, innerhalb von 24 Stunden vor. Gleichzeitig sollten zwei motorisierte Schützendivision über die Landesgrenze in Afghanistan einfallen. Einen Zeitraum von drei Tagen betrachtete Ustinow für die Vorbereitung der Invasion als ausreichend. Der zweite Plan sah die Entsendung von nur zwei sowjetischen Divisionen nach Afghanistan vor.

Im September 1979 stürzte Vizepremier Hafizullah Amin seinen bisherigen Lehrer Taraki und ließ ihn ermorden. Die Führungsriege der GRU und des KGB war sich jedoch über das baldige Ende Amins im Klaren. Ihre Quellen aus Kabul berichteten über eine wachsende islamische Opposition gegen Amin, eine drohende Rebellion innerhalb der Armee und einen unvermeidbaren wirtschaftlichen Zusammenbruch des Landes. Vor allem der nach der Machtergreifung Amins nach Moskau geflohene radikale Kommunist Babrak Karmal drängte deshalb auf dessen Beseitigung. Als Amin die sowjetischen Militärberater ausweisen wollte, war für Moskau das Fass zum Überlaufen gebracht.[316]

Spätestens am 26. November 1979 fällte das Politbüro der KPdSU unter der Regie Breschnews die endgültige Entscheidung, Amin militärisch zu beseitigen und gewaltsam die bestehende politische Lage in Afghanistan zugunsten der UdSSR zu ändern. Bereits am 29. November erfolgte die Verlegung von Einheiten des 345. Garde-Luftlanderegiments nach Bagram, einen in der Nähe von Kabul gelegenen

Flughafen. Die dorthin entsandten Soldaten sollten das sogenannte Muslim-Bataillon der GRU verstärken, das sich seit Juli 1979 auf dem Militärstützpunkt befand. Es war bereits im April 1979 auf Weisung des Chefs des Militärnachrichtendienstes, Pjotr I. Iwaschutin, aufgestellt worden und setzte sich ausschließlich aus Usbeken, Tadschiken und Turkmenen zusammen, die man bei ihrer Verlegung an den Hindukusch in Uniformen der afghanischen Armee gesteckt hatte. Am 12. Dezember bezog die Einheit, später auch als 154. selbstständige Speznas-Abteilung bekannt, in unmittelbarer Nähe des Tajbeg-Palastes zehn Kilometer südlich von Kabul Position – nur 800 Meter vom Präsidentenpalast in Darulaman entfernt.

Am 17. Dezember 1979 wurde schließlich auf Präsident Amin ein Anschlag verübt, bei dem dieser am Bein verwundet wurde. Bei dem Attentat, hinter dem das KGB als Drahtzieher stand, wurde der Chef des afghanischen Sicherheitsdienstes schwer verletzt. Damit war der afghanische Präsident zwar der aufmerksamen Augen und Ohren seines obersten Leibwächters weitestgehend beraubt, doch der sowjetische Geheimdienst hatte sein beabsichtigtes Ziel, die Beseitigung Amins, nicht erreichen können. Deshalb nahmen nun die sowjetischen Militärs endgültig das Heft des Handelns in die Hand. Amin selbst zog sich nach dem Attentat am 19. Dezember in den Palastkomplex von Darulaman zurück. Dorthin begleitete ihn seine Leibwache, während acht Panzer und einige gepanzerte Mannschaftstransporter den dürftigen Schutz des Areals übernahmen. Zu spät erkannte Amin, in welche aussichtslose Lage er sich manövriert hatte. Das abgelegene Gelände von Darulaman bot einem eventuellen sowjetischen Kommandounternehmen beste Operationsmöglichkeiten.

Die sowjetische Armee beendete bis zum 23. Dezember alle logistischen Vorbereitungen zur Durchführung des Unternehmens »Sturm-333«, so der Codename für die Besetzung Afghanistans. Am 25. Dezember 1979 um 23:00 Uhr landeten die ersten Einheiten der 103. Luftlandedivision auf dem Kabuler Flughafen. Bis zum Morgen des 27. Dezembers waren allein in Kabul über 7000 Soldaten samt

Ausrüstung eingetroffen. Die nach Afghanistan verbrachten sowjetischen Einheiten hatte die Militärführung zunächst in dem Glauben gelassen, bei der gesamten Aktion handle es sich um eine Übung. Am 27. Dezember 1979 wurde Kabul um 19:00 Uhr durch eine gewaltige Detonation erschüttert. Sowjetische Speznas-Einheiten hatten durch die Sprengung des zentralen Nachrichtenkomplexes der Regierung das gesamte Kabuler Telefonsystem lahmgelegt, um so organisierten Widerstand durch Präsident Amin erfolgreich zu verhindern. Wenig später, um 19:15 Uhr, kündeten rote Leuchtkugeln von der Einnahme des Innenministeriums, damals Hauptquartier der afghanischen Polizei.

Zur gleichen Stunde, als Nachrichtenzentrale und Innenministerium gestürmt wurden, nahm eine bewaffnete Kolonne vom Kabuler Flughafen aus Kurs auf den Regierungspalast. Sie wurde angeführt von einer KGB-Spezialeinheit, die unter der Befehlsgewalt von Geheimdienstoberst Grigorij I. Bojarinow stand. Der Großteil der 650 Mann starken Sondereinheit gehörte allerdings der bereits erwähnten 154. Speznas-Abteilung der GRU an. Alle Kommandosoldaten trugen afghanische Uniformen und ihre Fahrzeuge waren mit Hoheitszeichen der Demokratischen Republik Afghanistan versehen. Den Plan für das Unternehmen hatte der GRU-Oberst Wasilij W. Kolesnik ausgearbeitet, ehemaliger Kommandeur der in Usbekistan stationierten 15. Speznas-Brigade und Oberoffizier der GRU beim Generalstab der Sowjetarmee. Als afghanische Soldaten die Kolonne vor dem Regierungspalast stoppten und kontrollieren wollten, eröffneten die GRU- und KGB-Einheiten sofort das Feuer. Den anschließenden Sturm auf den Präsidentenpalast leitete Oberstleutnant Borjarinow persönlich. In der im zweiten Stock des Palastes gelegenen Bar erschossen die Spezialeinheiten schließlich Präsident Amin und dessen Geliebte. Bojarinow selbst fiel bei dem Gefecht einer MG-Salve der Verteidiger zum Opfer. Neben dem Oberst verloren weitere fünf KGB-Angehörige und sieben Soldaten des Militärgeheimdienstes GRU ihr Leben. Fünf der Speznas-Soldaten waren allerdings während eines späteren Feuerwechsels mit sowjetischen Fallschirmjägern gefallen, die die Kommandosoldaten für

Angehörige der afghanischen Armee hielten. Über 200 Angehörige der Leibwache Amins kamen bei den Kämpfen um, weitere 1700 Mann wurden von den Sowjets inhaftiert.[317]

Nachdem die Hauptstadt des Landes unter die Kontrolle der sowjetischen Speznas-Truppen und Fallschirmjäger gebracht worden war und die Verbindungswege im Land dürftig gesichert schienen, überquerten am Morgen des 28. Dezember 1979 die 5. sowie die 108. motorisierte Schützendivision auf Pontonbrücken den Grenzfluss Amu-Darja. Die 201. Motorisierte Schützendivision sowie mehrere selbstständige Brigaden und Regimenter folgten wenig später nach. Die eingesetzten Truppen waren in aller Eile durch die Mobilmachung von Reservisten auf Kriegsstärke gebracht worden und zum großen Teil mit veraltetem Kriegsgerät ausgerüstet. Für die Invasion Afghanistans hatte die UdSSR keine erstklassigen Verbände aus dem Zentrum Europas abziehen wollen. Deshalb wiesen die an der Invasion beteiligten sowjetischen Truppen einen hohen Anteil von muslimischen Usbeken, Tadschiken und Turkmenen auf – ein Fehler, der später durch den verstärkten Einsatz russischer Einheiten behoben wurde. Die Muslime der asiatischen Sowjetrepubliken hatten sich für die Agitation der Widerstandskämpfer als überaus empfänglich gezeigt. Am 1. Januar 1980 standen bereits 30.000 bis 40.000 sowjetische Soldaten in Afghanistan, bis zum 20. Januar stieg ihre Zahl auf rund 80.000 Mann. Damit hatte die Sowjetunion das Hauptziel ihrer militärischen Intervention erreicht: Die drohende Beseitigung des kommunistischen Regimes in Afghanistan war verhindert und mit Karmal eine Marionette Moskaus installiert worden. Gleichzeitig konnte das Überschwappen der islamischen Revolution auf die muslimischen Teile der UdSSR gestoppt werden. Denn wie 1978 Unruhen in Duschanbe zeigten, fielen die fundamentalistischen Parolen aus dem Iran bei den sowjetischen Muslimen durchaus auf fruchtbaren Boden. Für die Erreichung dieser Ziele sollte die UdSSR allerdings im weiteren Verlauf des Krieges einen hohen Preis zahlen.[318]

Als die Sowjetarmee in Afghanistan einfiel, führte sie Kriegstechnik mit sich, die eher zur Bekämpfung eines »äußeren Gegners« geeignet schien als zum Kampf gegen Rebellen. So waren Luftabwehrraketen und taktische Raketen für deren Niederringung vollkommen nutzlos, und auch die zahlreichen Panzer konnten zwar die Städte schützen, doch im Gebirge, wo die Hauptstützpunkte der Rebellen lagen, erwiesen sie sich als wenig brauchbar. Ebenso wie die Militärtechnik zeigte sich die Taktik der sowjetischen Truppen im Kampf gegen die afghanische Widerstandsbewegung zunächst äußerst konventionell. Starke, an die wenigen Straßen gebundene gepanzerte Kräfte griffen, unterstützt von Jagdbombern und Kampfhubschraubern, Widerstandsnester der Mudschahedin an. Die Rebellen, wohl wissend, dass sie dieser Militärmaschinerie keine vergleichbaren Kräfte entgegensetzen konnten, zogen sich in die Berge zurück und verlegten sich auf blitzartige Überfälle und das Anlegen von Hinterhalten. Damit musste die sowjetische Armee lernen, was auch die US-Streitkräfte zuvor in Vietnam erfahren hatten; hochgerüstete Truppen mit starker Luftunterstützung können jederzeit ein von Rebellen gehaltenes Gebiet besetzen, aber schon bald nach dem Rückzug sind die Aufständischen in gleicher Stärke wie zuvor vorhanden.[319]

Die wenig befriedigenden Ergebnisse, die die konventionellen Truppenverbände bei der Bekämpfung der Mudschahedin erzielten, veranlassten die sowjetische Armeeführung dazu, verstärkt ihre Speznas-Elitetruppen in den Kampf zu werfen. Die hohe Mobilität der Spezialverbände und ihr hervorragender Ausbildungsstand ließen sie zum gefährlichsten Gegner für die Opposition werden. An allen größeren Operationen zur Bekämpfung der Widerstandskämpfer waren die Speznas-Soldaten an exponierter Stelle beteiligt.[320]

Zwar hatte GRU-Chef Iwanschutin bereits Anfang 1980 zwei Speznas-Abteilungen mit zusammen rund 1200 Mann »für die Erfüllung von Sonderaufgaben in Krisensituationen« nach Afghanistan verlegen lassen, doch erst ab 1985 wurde die Präsenz der Spezialtruppen der GRU am Hindukusch massiv ausgebaut. Seit diesem Zeitpunkt waren dort die 15. (Standort Dschalalabad) und die 22. Speznas-Brigade (Standort Laschkargach) sowie neun selbstständige Speznas-Bataillone mit insgesamt mindestens 3000 Mann im Einsatz. Da deren Mannschaften ständig abgelöst wurden, durchliefen mehrere Zehntausend GRU-Soldaten eine Kommandierung nach Afghanistan. Von ihnen kehrten über 800 als sogenannte »Fracht 200« im Zinksarg nach Hause zurück.[321]

Ab Mitte der 1980er-Jahre übernahmen die Speznas-Einheiten in Afghanistan immer weniger die klassischen Aufgaben von Aufklärung und Sabotage hinter den feindlichen Linien, sondern die Militärführung der Sowjetarmee setzte sie verstärkt als Elitebodentruppen ein, um die Mudschahedin zu bekämpfen.[322] In Afghanistan, so die CIA 1985 in einem Bericht, würde die Sowjetunion durch den Einsatz ihrer Spezialtruppen gegen die Mudschahedin die Erfahrungen ehemaliger Kolonialkriege und des Vietnamkrieges der USA anwenden. Auf die Durchführung traditioneller, groß angelegter Militäroperationen mit starren Kommando- und Kontrollstrukturen verzichteten die sowjetischen Streitkräfte am Hindukusch zunehmend. Stattdessen griffen die Kommandeure vor Ort bei der Bekämpfung der Aufständischen auf die Verwendung von hochmobilen Speznas-Trupps zurück, die Transporthubschrauber an ihre Einsatzorte brachten, wo sie dann von Kampfhubschraubern des Typs Mi-24 und von Erdkampfflugzeugen des Typs SU-25 sowie von Artillerie und Geschosswerfern unterstützt wurden. Die Speznas-Soldaten hatten vor allem die Stellungen der islamischen Widerstandskämpfer aufzuklären, die dann durch die überwältigende Feuerkraft der sowjetischen Besatzer vernichtet wurden.

Zudem versuchten die Spezialkräfte durch entsprechende Raids und Angriffe auf Schmugglerkolonnen, die Insurgenten von ihrem Nachschub aus Pakistan abzuschneiden. Während die Mudschahedin die Kampfkraft der regulären Einheiten der Sowjetarmee gering schätzten, hatten sie vor den Spezialkräften hohen Respekt. Ihre in Afghanistan erlernten Taktiken und Techniken zur Bekämpfung von Aufständischen wandten die Speznas-Truppen dann auch bei ihren Einsätzen in Angola, Äthiopien und Nicaragua an.[323] Trotz aller Anstrengungen und ungeachtet einzelner Erfolge gelang es den Speznas-Einheiten in

Afghanistan nicht, den muslimischen Widerstand auf Dauer einzudämmen. Mit fortschreitender Kriegsdauer zeichnete sich ein militärisches Patt ab und rückte eine gewaltsame Lösung des Konfliktes in immer weitere Ferne. Die Sowjetunion sah sich nun endgültig im afghanischen »Sumpf« gefangen und musste erleben, wie es ihrer hochgerüsteten Armee nicht gelang, eine Rebellenstreitmacht zu vernichten, die schlecht ausgerüstet und bewaffnet war, sich jedoch von der »heiligen« Aufgabe überzeugt zeigte, ihr Land von den Invasoren zu befreien. Die Sowjetunion hatte sich im Spinnennetz eines Abnutzungskrieges verfangen, aus dem es ihr nicht gelingen konnte, ohne Gesichtsverlust herauszukommen. Doch das Leben von mehr als 15.000 sowjetischen Soldaten und unzähligen Afghanen war nötig, bis die UdSSR 1989 bereit war, sich ihre Niederlage im afghanischen Krieg einzugestehen.

Einsatzpläne in Europa

In Europa wurden die sowjetischen Spezialeinheiten der GRU von den Nachrichtendiensten des Westens genauso intensiv beobachtet wie am Hindukusch. Im Januar 1985 ging die CIA davon aus, dass die in der DDR stationierten Speznas-Einheiten vor allem für die Flugplätze der NATO in Europa eine große Gefahr darstellen würden. Der US-Geheimdienst nahm an, dass durch die Spezialkräfte der GRU vor allem Flugfelder, nukleare Trägermittel, Atomwaffendepots, Stäbe, Kommunikationseinrichtungen und Führungsstellen des westlichen Militärbündnisses bedroht seien. Die Friedensstärke der Speznas-Einheiten schätzte die CIA auf 11.000 bis 13.000 Mann, im Ernstfall würden dann bis zu 25.000 Soldaten des sowjetischen Militärnachrichtendienstes für den Einsatz hinter den Frontlinien bereitstehen. Bereits vor Ausbruch der Feindseligkeiten bezögen die Einsatzteams in den vorgesehenen Räumen Stellung, um die Aufklärung der vorgesehenen Ziele zu erleichtern. Verdeckte Agenten, die sich bereits im Zielgebiet befanden, würden die Teams zudem mit Informationen versorgen und logistische Unterstützung bereitstellen. Im

Kriegsfall erhielten die Einsatzgruppen dann ihre Aufgaben von der Kommandoführung der Fronten oder dem Moskauer Generalstab. Sie sollten ihre Ziele weiter aufklären und im Notfall selbst vernichten, falls beispielsweise der Abschuss von Raketen unmittelbar bevorstehe und keine anderen Kräfte zur Bekämpfung des ausgekundschafteten Objekts verfügbar wären. Im Ernstfall rechnete die NATO in Mitteleuropa mit dem Einsatz von bis zu 500 Speznas-Einsatzgruppen, bestehend aus jeweils fünf bis zwölf Mann. Es müsse davon ausgegangen werden, dass ein kleiner Teil dieser Kräfte dann bereits vor Ort sei, die Masse der Spezialtruppen würde die Front aber wohl erst nach Ausbruch der Feindseligkeiten überqueren. NATO-Flugplätze würden die Speznas-Einheiten wohl mindestens in Zugstärke, also mit bis zu dreißig Mann angreifen, die zuvor in der Nacht aus der Luft in der Nähe des entsprechenden Objektes abzusetzen waren. Diese Einheit würde sich dann in bis zu sechs einzelne Teams aufspalten, um einzelne Ziele auszuschalten bzw. die Start- und Landebahn zu verminen. In den frühen Morgenstunden erfolge dann ein Überraschungsangriff einzelner Teams auf Flugzeuge, Piloten, Bodenpersonal und Spezialfahrzeuge. Für den Fall, dass die auf dem Flugplatz stationierten Maschinen versuchten, sich der Attacke durch einen Alarmstart zu entziehen, sollten die Kommandosoldaten die zuvor auf der Startpiste platzierten Minen zünden. Nach dem Überfall zögen sich die Speznas-Kräfte zurück, um sich neu zu gruppieren und aufzumunitionieren, um dann in der nachfolgenden Nacht erneut angreifen zu können. Bedroht seien aber auch Treibstoff- und Munitionsdepots, Nachrichtenlinien usw. Nach Erfüllung der Aufgaben hätten die Trupps den Befehl, sich kämpfend zu den eigenen Truppen durchzuschlagen.[324]

Im Zuge der ersten Auswertungen der Einsätze der Speznas-Verbände in Afghanistan und vor allem durch die Verschärfung des Kalten Krieges kam es ab Anfang 1982 bei einzelnen Armeen der sowjetischen Streitkräfte zur Aufstellung von selbstständigen Speznas-Kompanien. In der DDR betraf diese Maßnahme die vier Armeen der Gruppe der sowjetischen Streitkräfte in Deutschland, die mit ihren Verbänden direkt an der Grenze zur Bundesrepublik standen und im Ernstfall unverzüglich zur Offensive gegen die dort stationierten NATO-Truppen übergehen sollten. Dazu gehörten die 3. Stoßarmee (792. Selbstständige Speznas-Kompanie in Kochstedt bei Dessau), die 8. Gardearmee (794. Selbstständige Speznas-Kompanie in Nohra bei Weimar), 1. Gardepanzerarmee (803. Selbstständige Speznas-Kompanie in Hellerau bei Dresden) sowie die 2. Gardepanzerarmee (527. Selbstständige Speznas-Kompanie in Ravensbrück).[325] Durch diese Maßnahmen sollten vor allen die Fähigkeiten der operativen Gruppierungen der Sowjetarmee zur effektiven und rascheren Aufklärung von gegnerischen Einheiten verbessert werden.

Die Spezialkompanien setzten sich aus jeweils acht bis zwölf Sonderaufklärungsgruppen zusammen, denen fünf bis zwölf Kommandosoldaten angehörten. Auch diese Aufklärungskräfte des sowjetischen Militärgeheimdienstes hatten im Kriegsfall wichtige Schlüsselziele der NATO auszuspionieren und bei Bedarf zu vernichten oder auszuschalten. Dazu gehörten, wie bereits erwähnt, Waffen für den Einsatz von Nuklearsprengköpfen, Atomdepots, hochrangige Truppen- und Führungsstäbe, Anlagen der Luftverteidigung des westlichen Militärbündnisses, Munitions- und Treibstofflager sowie kritische Infrastruktur – Brücken, Straßenkreuzungen, Telefonzentralen usw. Der Schwerpunkt der Einsatzgebiete der Speznas-Kompanien der Armeen sollte dabei in einem Bereich von 50 bis 300 Kilometer vor der entsprechenden Front liegen. Absolute Priorität hatte das Aufspüren von Nuklearraketen, die im Rahmen des NATO-Doppelbeschlusses seit 1983 in der Bundesrepublik stationiert wurden. Dazu gehörten die »Pershing II«-Raketen und Marschflugkörper des Typs »Tomahawk«, die jeweils einen Atomsprengkopf mit einer Sprengkraft von bis zu 150 Kilotonnen, also dem Achtfachen der Hiroshima-Bombe, von ihren Startplätzen aus bis in den Raum Moskau bzw. bis zum Ural verschießen konnten. Sollte die Rakete unmittelbar zum Start bereit sein, so bestand für die Spezialkräfte die Weisung, diese mit den ihnen zur Verfügung stehenden Mitteln zu zerstören. Im Regelfall waren aber die Koordinaten der ausgemachten Stellungen an die Armeeführung zu übermitteln, die die Ziele dann mit Raketen oder durch den Einsatz von Flugzeugen bekämpfen sollte. Zudem nahmen die westlichen Nachrichtendienste an, dass sich die Spezialkräfte bei diesen Aktionen durch Verwendung von Uniformen der NATO-Staaten tarnen würden. Da die Masse der bei den Einheiten eingesetzten Soldaten allerdings aus Wehrpflichtigen bestand, die ihren zweijährigen Militärdienst ableisteten, ging man davon aus, dass nur die Offiziere und länger dienende Unteroffiziere die Fähigkeit hätten, auch in der Sprache der jeweiligen Einsatzländer zu kommunizieren. Zudem würde es die relativ kurze Dienstzeit der Soldaten nicht erlauben, die für Spezialkräfte notwendigen Fähigkeiten in einem wirklich ausreichenden Maß zu entwickeln. Allerdings sei es so möglich, in kurzer Zeit eine große Zahl an ausgebildeten Spezialkräften zu erreichen. Insgesamt, so eine Einschätzung des US-Militärgeheimdienstes DIA, gäbe der Einsatz der Speznas-Kompanien den Armeekommandeuren bessere Möglichkeiten, um das Gefechtsfeld in seiner gesamten Tiefe zu erfassen und aufzuklären. Die entsprechenden Ziele könnten dann durch den Einsatz von neuen hochpräzisen Waffen, wie der Rakete SS-23, in einer Entfernung von bis zu 500 Kilometern bekämpft werden.[326] Im Ergebnis der Auswertungen der Erfahrungen in Ostdeutschland ging die Sowjetarmee ab der Mitte der 1980er-Jahre dazu über, auch bei den anderen Armeen und Armeekorps der sowjetischen Streitkräfte entsprechende selbstständige Speznas-Kompanien aufzustellen.

Ausbau der Kampfschwimmereinheiten seit 1970 bis zu ihrer Reorganisation 1992

Der umfassende Ausbau der Speznas-Kräfte ab den 1970er-Jahren sollte sich auch auf die Kampfschwimmereinheiten der GRU bei den sowjetischen Seestreitkräften auswirken. Seit Ende der 1960er-Jahre wurden die Marineaufklärungspunkte bei den Flotten erneut schrittweise ausgebaut. Anfang 1967 gehörten den Kampfschwimmereinheiten der GRU 39 Offiziere sowie 253 Maate und Matrosen an, die sich in neun Aufklärungsgruppen und vier Diversionsgruppen gliederten. Auf Grundlage des 6. Marineaufklärungspunktes der Schwarzmeerflotte wurde hier nun die 17. Selbstständige Speznas-Brigade der sowjetischen Kriegsmarine gebildet, zudem bei der Kaspischen Flottille zusätzlich der 137. Marineaufklärungspunkt eingerichtet. Zugleich verbesserte sich zunehmend die technische Ausrüstung. Sauerstoffkreislaufgeräte, Torpedoreiter, Tauchscooter und Kleinst-U-Boote wie die »Triton-1«, »Triton-2« oder die »Piranha« versetzten die Kampfschwimmer in die Lage, »bereits in Friedenszeiten Aufklärer und Agenten in zu beobachtende Länder abzusetzen, ohne dass Schiffe staatlicher Behörden oder U-Boote in die Territorialgewässer der entsprechenden Staaten eindringen müssen«. Im Kriegsfall konnten die Spezialkräfte dann gleichfalls unbemerkt an der feindlichen Küste angelandet werden, um mit Funk- und Radartechnik feindliche Ziele aufzuklären und diese durch Flugzeuge oder Raketen bekämpfen zu lassen. Auch die persönliche Ausrüstung der sowjetischen Kampfschwimmer umfasste zahlreiche Spezialwaffen. Das Unterwassergewehr APS, in den 1970er-Jahren auf Grundlage der bekannten Kalaschnikow entwickelt, verschoss dabei in zehn Meter Wassertiefe tödliche Pfeile über eine Distanz von bis zu dreißig Metern. Zudem wurden die Kampfschwimmer noch mit einer Unterwasserpistole ausgerüstet, die vier Spezialgeschosse abfeuern konnte.

Seit Ende der 1960er-Jahre erhielten die Kampfschwimmereinheiten der GRU dann Unterstützung von besonders ausgebildeten Tieren. Hierfür hatte das Labor für Spezialbewaffnung des Zentralen Forschungsinstituts Nr. 6 der GRU in Sewastopol ein Forschungszentrum aufgebaut, das mehr als siebzig Delfine und einige Seelöwen entsprechend abrichtete. Zunächst wurden die Tiere darauf trainiert, verschiedene Unterwasserobjekte aufzuspüren, dann wurden sie gelehrt, Gegenstände vom Meeresboden an die Wasseroberfläche zu bringen und wichtige Objekte wie Schiffe, U-Boote und Hafenanlagen vor möglichen Diversanten zu schützen. In einem weiteren Schritt brachten ihnen die »Tiertrainer« bei, feindliche Kampfschwimmer durch auf der Nase befestigte Bajonette zu töten. Ab 1975 wurden die sogenannten Kampfdelfine dann zunächst bei der Schwarzmeerflotte und wenig später auch bei der Pazifikflotte eingesetzt.[327]

Anfang 1980 verfügten Marine und GRU über zwei Marineaufklärungspunkte bei den Flotten im Pazifik und in der Ostsee, eine 148 Mann starke Kampfschwimmer-Speznas-Brigade bei der Schwarzmeerflotte sowie 42 Kampfschwimmer bei der Kaspischen Flottille. Hinzu kamen zwei Speziallabors in Leningrad, die die entsprechende Ausrüstung und Bewaffnung für die Unterwasserkämpfer entwickelten. Insgesamt umfassten die Spezialkräfte der Marine damit knapp 400 Mann.[328] Ende 1983 registrierte endlich auch die US-Satellitenaufklärung erstmals das Training von Speznas-Einheiten der sowjetischen Kriegsmarine mit U-Booten des Typs »Foxtrot«. Offensichtlich übten die maritimen Spezialeinheiten das Infiltrieren feindlichen Territoriums durch das Absetzen von U-Booten in Küstennähe. Die Manöver fanden im Bereich des Flottenstützpunktes Wladiwostok statt.[329]

Nachdem bei der Nordmeerflotte seit den 1970er-Jahren immer mehr moderne sowjetische Atom-Raketen-U-Boote stationiert wurden, stand die Marineführung vor der Frage, wie das leistungsfähige Unterwasser-Sonar-Überwachungssystem SOSUS der Amerikaner zu überwinden wäre, um den U-Booten das unbemerkte Eindringen in den Atlantik zu erleichtern. Als Achillesferse des Systems machte die Militärführung der UdSSR die Küstenstationen aus, bei denen die Daten der Unterwassermikrofone zusammenliefen und ausgewertet wurden. Diese sollten nun – so die Vorstellungen der sowjetischen Kriegsmarine – im Ernstfall durch spezielle Kampfschwimmereinheiten der Nordmeerflotte ausgeschaltet werden. 1985 wurde deshalb dort der 420. Speznas-Aufklärungspunkt formiert, dem 185 Soldaten angehörten. Das kalte Wasser des Nordmeers und die schwierigen klimatischen Bedingungen stellten an die Truppe und die Ausrüstung höchste Ansprüche. Bis zum Ende der Sowjetunion wuchs die Spezialeinheit der Nordmeerflotte auf über 300 Mann an und entwickelte sich damit zur kampfstärksten Speznas-Einheit der Spezialverbände der sowjetischen Marine, die nunmehr rund 550 Mann umfassten.[330] Die Kampfschwimmer der GRU kamen zwischen 1967 und 1991 unter anderem in Angola, Äthiopien, Mosambik, Vietnam, Nordkorea, Ägypten und Kuba zum Einsatz. Zudem sicherten sie Staatsbesuche der sowjetischen Partei- und Staatsführung ab. Als beispielsweise Michail S. Gorbatschow im Dezember 1989 vor Malta an Bord des Passagierschiffes »Maxim Gorki« mit US-Präsident George Bush verhandelte, schützten sechzehn Kampfschwimmer, sich gegenseitig ablösend, über drei Tage lang ununterbrochen den umgebenden Unterwasserbereich, wobei sie Befehl hatten, jeden, der sich dem zu bewachenden Objekt auf weniger als 200 Meter nähere, zu töten.[331] Aufgrund der schwierigen wirtschaftlichen Lage der Sowjetunion wandelte die Marineführung im Herbst 1990 die 17. Selbstständige Speznas-Brigade der Schwarzmeerflotte zum 1464. Marineaufklärungspunkt um. Im Zuge des Zerfalls der Sowjetunion wurde diese Einheit schließlich Anfang April 1992 aufgelöst, da die Masse des Personalbestandes nun ihren Eid auf die neu geschaffene Ukraine ableistete. Die Kampfschwimmereinheiten des Geheimdienstes der sowjetischen Armee im Schwarzen Meer hörten damit faktisch auf zu existieren.[332]

Erneuter Aufbau unter Putin seit 2014 – Syrien und Ukraine

Mit dem Ende des Afghanistankrieges erreichte der Ausbau der Spezialkräfte des Militärnachrichtendienstes der UdSSR seinen Höhepunkt. Zwischen 1989 und 1991 verfügte die GRU über nunmehr insgesamt vierzehn Speznas-Brigaden, zwei Ausbildungsregimenter für die Spezialkräfte sowie 29 selbstständige Speznas-Kompanien, die den Armeen und Armeekorps der sowjetischen Streitkräfte zugeteilt waren.[333] Mit dem Ende der Sowjetunion im Dezember 1991 zerfiel diese Streitmacht mit einem Schlag. Allein fünf Brigaden befanden sich nicht mehr auf dem Territorium Russlands und gingen damit an die Nachfolgestaaten der Sowjetunion. Eine weitere Brigade musste aufgrund der wirtschaftlichen Schwäche Russlands nachfolgend aufgelöst werden, sodass in den neuen russischen Streitkräften zunächst nur noch acht der Spezialeinheiten der GRU verblieben. Damit verfügte der Militärnachrichtendienst Mitte der 1990er-Jahre noch über die 2., 3., 12., 14., 16., 22., 24. sowie die 67. Speznas-Brigade. Einheiten dieser Truppenteile kamen sowohl im Ersten, wie auch im Zweiten Tschetschenienkrieg, aber auch während des russisch-georgischen Konfliktes 2008 zum Einsatz.[334] Da die Ergebnisse der Verwendung der Spezialtruppen im Krieg mit Georgien die Militärführung nicht zufriedenstellten, erfolgte im Zusammenhang mit den Militärreformen unter Verteidigungsminister Serdjukow 2009 die Auflösung der 12. und 67. Speznas-Brigade, zugleich sollte die 3. Speznas-Brigade erheblich verkleinert werden.[335] Zugleich begann man – nach westlichem Vorbild – mit der Bildung eines Kommandos der Sondereinsatzkräfte der Streitkräfte der Russischen Föderation, das nunmehr direkt dem Generalstab unterstand und unabhängig von der GRU agierte. Gegenwärtig sind ihm rund 14.000 Mann unterstellt, von denen rund 12.000 ehemalige Speznas-Soldaten des Militärgeheimdienstes sein sollen.[336]

Mit dem erneuten Machtantritt von Präsident Wladimir Putin 2012 und bedingt durch die neuen Konflikte in der Ukraine und in Syrien erfolgte seit 2014 ein erneuter Ausbau der Spezialkräfte der GRU, denen mittlerweile wieder acht Speznas-Brigaden und ein Speznas-Regiment unterstehen. Hinzu kommen entsprechende Kampfschimmereinheiten, die den vier Marineaufklärungspunkten bei der Nordmeer-, Pazifik, Schwarzmeer- und Baltischen Flotte zugeordnet sind, sodass gegenwärtig von rund 10.000 Mann ausgegangen werden kann, die bei den Sondertruppen des russischen Militärnachrichtendienstes dienen. Mit der Besetzung der Krim wurden ab 2016 auch die »Kampfdelfine« wieder reaktiviert. Immer wieder schickte die russische Führung die Speznas-Verbände im In- und Ausland in Kampfeinsätze, die teilweise zu beträchtlichen Verlusten führten. Allein zwischen 1999 und 2009 fielen über 350 Mann der Speznas-Truppen der GRU bei den Kämpfen in Tschetschenien.[337]

Die Besetzung der Krim, seitdem die GRU-Speznas-Einheiten auch als sogenannte »Höfliche Menschen« oder »Grüne Männchen« bezeichnet werden, verlief für die Elitetruppe des russischen Geheimdienstes medienwirksam und ohne erkennbare Verluste.[338] In Syrien erfolgte seit Herbst 2015 der Einsatz der Sondereinheiten des russischen Militärgeheimdienstes fast unter idealen Bedingungen für die Verwendung von Spezialkräften. Der asymmetrische Konflikt ermöglichte es den Speznas-Soldaten ihre überlegene Ausbildung und Bewaffnung voll auszuspielen. Gleichwohl gab es trotz aller Erfolge gegen islamistische Extremisten spürbare Verluste und auch ernsthafte Probleme mit der Ausrüstung, die – sollte sie modern und zweckmäßig sein – von den Elitekämpfern nicht selten aus eigenen Mitteln beschafft werden musste. Auch die Kommunikationsmittel erwiesen sich als veraltet, waren nicht abhörsicher und mussten nicht selten durch gewöhnliche Mobiltelefone ersetzt werden.[339]

Der gegenwärtige Krieg in der Ukraine belegt deutlich die Grenzen der Spezialeinheiten der GRU. Sie sind zwar fähig, Überraschungserfolge zu erzielen, als leichte Infanterie eingesetzt zeigen sie sich jedoch in konventionellen Kriegen, die mit dem massiven Einsatz von gepanzerten Kräften, Raketenwerfern und schwerer Artillerie geführt werden, entsprechend verwundbar. Bis Ende Mai 2024 verloren nachweislich mindestens 608 Soldaten und Offiziere der Speznas-Einheiten der GRU in der Ukraine ihr Leben. Besonders schwer wiegt dabei der Verlust mehr als hundert Offizieren, deren Spezialausbildung viel Zeit und Kosten in Anspruch nimmt. Wenn davon auszugehen ist, dass die Zahl der Verwundeten nach vorsichtigen Schätzungen dreimal höher sein dürfte, hat der russische Militärnachrichtendienst bei dem von russischer Seite euphemistisch als »militärische Spezialoperation« bezeichneten Kampfeinsatz wohl bereits mindestens eine seiner Brigaden eingebüßt.[340] Auf der Grundlage von geleakten

US-Geheimunterlagen ist tatsächlich davon auszugehen, dass die Anzahl der toten Speznas-Soldaten wesentlich höher liegt. Allein die 346. Speznas-Brigade soll während der Kämpfe in der Ukraine im Laufe eines Jahres 775 ihrer 900 Soldaten verloren haben. Weitere Brigaden büßten 90 bis 95 Prozent ihres Fahrzeugbestandes ein, was gleichfalls auf große Verluste hinweist. US-Geheimdienstanalysten gehen gegenwärtig davon aus, dass es bis zu einem Jahrzehnt dauern könnte, die Kampfkraft der Sondertruppen der GRU wiederherzustellen.[341] Die hohen Verluste sind vor allem durch den infanteristischen Einsatz der Spezialeinheiten bedingt, für den sie eigentlich nicht primär ausgebildet sind. Allerdings zwang die Personalnot die russische Militärführung dazu, ihre mühsam und kostenintensiv ausgebildeten Elitekämpfer an der Front statt im Hinterland des Gegners einzusetzen. Hier sind sie, bedingt durch ihre leichte Bewaffnung und weitgehend fehlende Panzerung, verwundbarer als die konventionellen Einheiten der Landstreitkräfte.

Zugleich wurde deutlich, dass selbst wenn die Spezialeinheiten Ziele im Hinterland der Front ausmachten, die russische Luftwaffe nur selten in der Lage war, diese effektiv anzugreifen, da sie über den Himmel der Ukraine keine vollständige Luftherrschaft hat. Der Einsatz des Drohnensystems »Lancet« sowie von gesteuerten Gleitbomben hat hier eine gewisse Abhilfe geschaffen, ermöglicht jedoch immer noch keine Schläge in der operativen Tiefe des Gefechtsfeldes. Weiter bleibt es schwierig, Aufklärungstrupps der Speznas in einiger Entfernung von der Frontlinie abzusetzen. Diese liefern sich deshalb zumeist an der Frontlinie Scharmützel mit Sondereinheiten der ukrainischen Streitkräfte und kommen folglich nicht – wie eigentlich vorgesehen – für die operative und strategische Aufklärung zum Einsatz.[342] Diese Tatsachen dürften wohl dazu führen, dass in absehbarer Zukunft zumindest ein Teil der zahlreichen und überaus kostenintensiven Speznas-Einheiten der GRU aufgelöst werden dürfte, obwohl sie zu den prestigeträchtigsten Truppen der russischen Streitkräfte gehören. Gleichwohl werden die Spezialeinheiten des russischen

Militärgeheimdienstes auch in Zukunft ein unverzichtbares Mittel zur Durchsetzung seiner Aufgaben und Interessen innerhalb und außerhalb der Grenzen Russlands bleiben.

Übersicht der Speznas-Einheiten der GRU – Stand 2023

lf. Nummer	Bezeichnung	Standort	Wann aufgestellt
1	2. Selbstständige Garde-Speznas-Brigade	Pskow	1950
2	3. Selbstständige Garde-Speznas-Brigade	Toljatti	1966
3	10. Selbstständige Garde-Speznas-Brigade	Molkino	2003
4	14. Selbstständige Garde-Speznas-Brigade	Chabarowsk	1963
5	16. Selbstständige Garde-Speznas-Brigade	Tambow	1963
6	22. Selbstständige Garde-Speznas-Brigade	Batajsk	1976
7	24. Selbstständige Garde-Speznas-Brigade	Nowosibrisk	1977
8	346. Selbstständige Garde-Speznas-Brigade	Prochladnyj	2012
9	25. Selbstständiges Garde-Speznas-Regiment	Stawropol	2012
10	42. Selbstständiger Spezial-Seeaufklärungspunkt	Wladiwostok	1958
11	420. Selbstständiger Spezial-Seeaufklärungspunkt	Koly	1985
12	388. Selbstständiger Spezial-Seeaufklärungspunkt	Sewastopol	1958
13	561. Selbstständiger Spezial-Seeaufklärungspunkt	Baltisk	1958

III.

Tod dem »Verräter« – Überläufer und Doppelagenten

12. Tod dem Verräter – die Ermordung von Überläufern des Militärgeheimdienstes der Roten Armee in den 1920er- und 1930er-Jahren

Alle lieben den Verrat, aber niemand liebt den Verräter. Dieser Leitsatz der Nachrichtendienste der Welt trifft auch für die GRU zu. Nichts fürchten Geheimdienste mehr als einen »Maulwurf« in den eigenen Reihen, der an den Gegner die intimsten Kenntnisse und Geheimnisse verrät. Gerade aus diesem Grund versuchte der Militärgeheimdienst der sowjetischen und russischen Streitkräfte den Preis für ein Überlaufen so hoch wie möglich zu halten, um die Angehörigen und Agenten des Dienstes von einem Seitenwechsel abzuschrecken. Die wichtigste Überlegung war hierbei, dass, wer sich der Strafe eines sicheren Todes gegenübersah, es sich mindestens dreimal überlegen würde, zum Doppelagenten zu werden.

Bereits 1922 stellte das Strafgesetzbuch der Russischen Sozialistischen Sowjetrepublik in seinem Artikel 66 »Die Beteiligung an Spionage jeglicher Art durch Übermittlung, Weitergabe oder Entwendung oder Sammlung von Informationen mit dem Charakter eines Staatsgeheimnisses, insbesondere militärischer Informationen, an ausländische Mächte oder konterrevolutionäre Organisationen« unter Strafe. Vergehen dieser Art wurden mit dem Tod und dem Einzug des Vermögens bestraft. Das gleiche Strafmaß wurde im Artikel 213 auch für militärische Spionage verhängt.[1] Ab 1934 verlangte ein entsprechender Beschluss der Bolschewiki bei »Landesverrat, d. h. Handlungen, die von Bürgern der Union der SSR zum Nachteil der militärischen Macht der Union der SSR, ihrer staatlichen Unabhängigkeit oder der

Unverletzlichkeit ihres Territoriums begangen werden, wie z. B. Spionage, Verrat von Militär- oder Staatsgeheimnissen, Überlaufen zum Feind, Flucht oder Fliehen ins Ausland«, die Todesstrafe bei Konfiskation des gesamten Vermögens. Lediglich bei mildernden Umständen, konnte eine Freiheitsstrafe von mindestens zehn Jahren mit Beschlagnahme des Besitzes erfolgen.[2]

In einer erneuten Überarbeitung des sowjetischen Strafgesetzbuches von 1960, die im Wesentlichen bis zur Auflösung der UdSSR in Kraft blieb, galt Landesverrat nun laut Artikel 64 »als eine Handlung, die ein Bürger der UdSSR vorsätzlich zum Nachteil der Souveränität, der territorialen Integrität oder der nationalen Sicherheit und Verteidigungsfähigkeit der UdSSR begeht: Überlaufen zum Feind, Spionage, Weitergabe von Staats- oder Militärgeheimnissen an einen fremden Staat, Flucht ins Ausland oder Weigerung, aus dem Ausland in die UdSSR zurückzukehren, Unterstützung eines fremden Staates bei der Durchführung feindseliger Handlungen gegen die UdSSR sowie eine Verschwörung zur Machtergreifung«. Für entsprechende Vergehen verlangte das Gesetz nunmehr Freiheitsstrafen von zehn bis fünfzehn Jahren bei gleichzeitigem Vermögenseinzug, danach sollte der Betroffene noch für weitere zwei bis fünf Jahre verbannt werden. Ausdrücklich behielt sich der Staat allerdings immer auch noch die Verhängung der Todesstrafe bei schweren Fällen von Landesverrat vor.[3]

Nach dem Ende der Sowjetunion wurde 1996 mit dem Straftatbestand des Hochverrats eine neue Form der Bestrafung für die geheimdienstliche Zusammenarbeit mit einer fremden Macht eingeführt. Bis 2012 bezeichnete der Artikel 275 dieses Verbrechen als »Spionage, Verrat von Staatsgeheimnissen oder sonstige Unterstützung eines ausländischen Staates, einer ausländischen Organisation oder ihrer Vertreter bei der Durchführung feindseliger Handlungen zum Nachteil der äußeren Sicherheit der Russischen Föderation«.[4]

2012 erweiterte die russische Staatsduma den Begriff des Hochverrats zur »von einem Bürger der Russischen Föderation begangenen Spionage, der Weitergabe von Informationen an einen ausländischen

Staat, eine internationale oder ausländische Organisation oder deren Vertreter, die ein Staatsgeheimnis darstellen und die einer Person anvertraut wurden oder die ihr durch Dienst, Arbeit, Studium oder in anderen von der Gesetzgebung der Russischen Föderation vorgesehenen Fällen bekannt geworden sind, oder die finanzielle, logistische, beratende oder sonstige Unterstützung eines ausländischen Staates, einer internationalen oder ausländischen Organisation oder ihrer Vertreter bei Aktivitäten, die gegen die Sicherheit der Russischen Föderation gerichtet sind.« Als Strafe hierfür sind zwölf bis zwanzig Jahre Gefängnis vorgesehen, seit April 2023 können Hoch- und Landesverrat auch wieder mit einer lebenslänglichen Freiheitsstrafe belegt werden.[5]

Damit war und ist die juristische Möglichkeit gegeben, Verräter aus den Reihen der GRU mit höchsten Strafen zu belegen. Hinzu kam die Ächtung durch den Dienst selbst, der Verräter verfemte. Wer die Entscheidung zum »Überlaufen« traf, stand folglich vor einer schweren Gewissensprüfung. Eine entsprechende Warnung schrieb 1985 sogar der Offizier aus dem Nachrichtendienst der sowjetischen Streitkräfte Wladimir Resun, der 1978 zu den Briten überlief und nun seine Kenntnisse zur GRU unter dem Pseudonym Viktor Suworow veröffentlichte. Er riet seinen ehemaligen Kameraden, die sich gleichfalls mit den Gedanken trugen, die Seiten zu wechseln, Folgendes: »Wenn irgendein GRU-Offizier heute das gleiche Dilemma hat – zu gehen oder bleiben –, empfehle ich ihm seine Entscheidung hundertmal zu überdenken und dann noch einmal. Wenn er ernsthaft erwägt, in den Westen zu fliehen, rate ich ihm: Tu es nicht. […] Wenn ihr ein leichtes Leben wollt: Tut es nicht. Wenn ihr große Luxuslimousinen liebt: Tut es nicht, für ein Auto wäre der Preis zu hoch. Wenn ihr westliche Frauen mögt: Tut es nicht, sie sind wirklich nicht besser als unsere. Wenn ihr glaubt, im Westen sei alles gut und in Russland alles schlecht, dann irrt ihr euch – Russland ist ein wundervolles Land. Geht nicht für fremde Reize und Herrlichkeiten. Nur wenn ihr wisst, dass es keinen anderen Weg für euch gibt, wenn ihr eure Führer als Kriminelle betrachtet, wenn ihr selbst keine Kriminellen sein wollt – dann solltet

Tod dem Verräter – die Ermordung von Überläufern

ihr gehen. Wenn ihr bereit seid, euer Leben für eine Minute Freiheit aufs Spiel zu setzen – dann solltet ihr gehen. Wenn ihr euch nicht als Verräter vorkommt, weil ihr geht – dann geht.«[6]

Der heutige russische Präsident Wladimir Putin erklärte mehrmals, dass er alles verzeihen könne, außer den Verrat. Ende 2010 antwortete er – damals in seiner Rolle als Ministerpräsident – bei seiner jährlich im Fernsehen übertragenen Fragestunde auf die von einer Journalistin verlesene Frage, ob er als Staatschef schon die Entscheidung über die Liquidierung eines Verräters habe treffen müssen, wie folgt: »Ich glaube nicht, dass ausgerechnet Staatsoberhäupter in der Vergangenheit solche Befehle unterzeichnet haben. Dies ist eine Angelegenheit für die Geheimdienste. Und zu Sowjetzeiten, in der Stalinzeit – das ist kein Geheimnis – gab es spezielle Einheiten, die unter anderem (es waren Kampfeinheiten, sie taten nicht nur das), wenn nötig, auch solche Aufgaben durchführten: Liquidierung von Verrätern. Diese Einheiten wurden schon vor langer Zeit aufgelöst. Es ist bekannt, dass viele, z. B. israelische Sicherheitsdienste, solche Methoden angewandt haben, und selbst heute sieht es so aus, dass nicht alle davon Abstand genommen haben. Die russischen Geheimdienste wenden solche Mittel nicht an.

Was die Verräter angeht, so werden sie von selbst sterben, das kann ich Ihnen versichern, denn […] hier ist unser letzter Fall von Verrat, als eine Gruppe unserer illegalen Agenten verraten wurde. Das sind Offiziere, verstehen Sie, Offiziere. Ein Mann hat seine Freunde, seine Mitstreiter verraten – das sind Menschen, die ihr ganzes Leben auf den Altar des Vaterlandes gelegt haben. Das bedeutet, eine Sprache auf dem Niveau seiner Muttersprache zu lernen, seinen Verwandten abzuschwören, keine Möglichkeit zu reisen, um seine Lieben zu beerdigen! Denken Sie einfach darüber nach! Der Mensch hat sein ganzes Leben dem Dienst an seinem Vaterland gewidmet, und dann gibt es einen Bastard, der solche Menschen verrät. Wie soll er damit für den Rest seines Lebens leben?! Wie will er seinen Kindern in die Augen sehen, das Schwein?!

Was auch immer es ist und was auch immer diese Leute für 30 Silberlinge bekommen, es wird ihnen im Hals stecken bleiben, das versichere ich Ihnen. Sich sein ganzes Leben lang zu verstecken, nicht mit seinen Lieben kommunizieren zu können – wer sich für ein solches Schicksal entscheidet, wird es tausendfach bereuen.«[7]

Der Fall Andrej Smirnow

Gleichwohl zeigte sich, dass trotz derartiger Drohungen immer wieder Angehörige der GRU die Entscheidung trafen, mit einem als feindlich angesehenen Nachrichtendienst zu kooperieren, selbst wenn dabei Gefahr für Leib und Leben bestand. Der erste Überläufer der Militäraufklärung, der in der Sowjetunion zum Tode verurteilt wurde, war Andrej P. Smirnow. Der 1895 geborene Offizier diente während des Ersten Weltkrieges als Hauptmann in einem Pionierbataillon der russischen Armee in Finnland. Nach der Oktoberrevolution tauchte er in Moskau auf, wo ihn die Tscheka 1920 wegen des Verdachts der konterrevolutionären Tätigkeit festnahm. Im Gefängnis warb ihn die Militäraufklärung der Roten Armee an, die ihn wenig später, zusammen mit einer Agentin der Tscheka, die als seine Frau getarnt war, nach Helsinki schickte. Als russischer Emigrant aus der Türkei legendiert, erledigte er seinen ersten Agentenauftrag erfolgreich, indem er 211 von den Bolschewiki konfiszierte Brillanten für fast eine Million Finnmark verkaufte. Das Geld sollte dann zur Finanzierung weiterer Spionageaufträge von Tscheka und GRU eingesetzt werden. Mit seiner Arbeit zeigten sich die Auftraggeber in der Militäraufklärung so zufrieden, dass sie Smirnow rasch zum illegalen Residenten in Finnland ernannten. Zu seinen Aufgaben gehörte vor allem die Sammlung von Informationen über die finnische Armee, deren Ausrüstung und Bewaffnung. Ende 1924 geriet der Agent schließlich in das Blickfeld der finnischen Spionageabwehr, die ihn im März 1925 festnahm. Zu dieser Zeit wusste Smirnow bereits, dass die Bolschewiki seinen jüngeren Bruder als »wirtschaftlichen Schädling« erschossen hatten. Seiner Mutter und dem älteren Bruder war es jedoch gelungen, sich über Rumänien nach Brasilien abzusetzen. Aus diesem Grund zögerte er nicht, mit den Finnen zusammenzuarbeiten und ihnen alle ihm bekannten Mitarbeiter und Spione der Militäraufklärung in Finnland sowie in anderen Staaten zu verraten. Dank seiner umfangreichen Aussagen erhielt Smirnow von der finnischen Justiz einen beträchtlichen Strafnachlass, er wurde wegen Spionage zu zwei Jahren Haft verurteilt. Nachdem er seine Strafe verbüßt hatte, setzte sich der ehemalige Mitarbeiter der GRU nach Brasilien ab, wo er schließlich untertauchte. Obwohl Smirnow in der Sowjetunion in Abwesenheit wegen Geheimnisverrats zum Tode verurteilt worden war, gelang es weder dem Militärgeheimdienst noch der Tscheka und ihren Nachfolgeorganisationen, den »Verräter« aufzuspüren, um das Urteil vollstrecken zu können.[8]

Wladimir S. Nesterowitsch

Bei dem ersten GRU-Mitarbeiter, den die Häscher der sowjetischen Geheimdienste wegen des Überlaufens zum Klassenfeind töteten, handelte es sich um Wladimir S. Nesterowitsch. Nesterowitsch wurde 1895 in Weißrussland geboren. Bis zum Ausbruch des Ersten Weltkrieges arbeitete er im Eisenbahndepot in Gomel als Schlosser. In den Schützengräben der deutsch-russischen Front zeigte er persönlichen Mut und militärische Fähigkeiten, weshalb der Soldat 1915 eine verkürzte Offiziersausbildung begann, die er 1916 abschloss. Seinen Dienst in der Armee des Zaren beendete er im Rang eines Stabskapitäns. 1917 trat er in die Partei der Bolschewiki ein, Anfang 1918 übernahm er die Führung der 1. Moskauer Revolutionsabteilung der Roten Armee, die im September des gleichen Jahres zum Regiment ausgeweitet wurde. Bereits als Brigadekommandeur kämpfte der Offizier 1919/20 im Süden Russlands gegen die Truppen von General Anton I. Denikin, wofür ihn die Militärführung mit dem Rotbannerorden auszeichnete.

Zum Kommandeur der 42. Schützendivision befördert, war Nesterowitsch wenig später am Feldzug gegen die Freiwilligenarmee unter dem Kommando von General Pjotr N. Wrangel' beteiligt. Nach dem Ende des Bürgerkrieges folgte ein Kurs an der Militärakademie der Roten Armee, den er 1922 erfolgreich beendete. Danach übernahm Nesterowitsch die 31. Brigade der 11. Kavalleriedivision, dieses Kommando behielt er bis zum August 1924.[9]

Im Sommer 1924 trat der Sowjetoffizier zur Aufklärungsabteilung des Stabes der Roten Armee über. Sein Auftrag: In Bulgarien sollte beschleunigt eine revolutionäre Situation herbeigebombt werden. Der Plan sah vor, durch ein groß angelegtes Attentat die politische und militärische Führungsspitze des Balkanstaates zu enthaupten und so eine Machtübernahme durch die bulgarischen Kommunisten vorzubereiten. Als Anschlagsort wählte der sowjetische Militärgeheimdienst die Kathedrale Sweta Nedelja in Sofia aus. Um dort genügend hochrangige Persönlichkeiten aus Staat und Militär zu versammeln, war im Vorfeld eine angesehene Person des öffentlichen Lebens zu beseitigen, während der eigentliche Hauptanschlag dann auf dessen Trauerfeier zur Durchführung gebracht werden sollte. Die Koordination der Anschlagsvorbereitungen hatte Nesterowitsch zu übernehmen. Dieser richtete in Wien zu diesem Zweck als Metschislaw Jaroslawski eine illegale Residentur der GRU ein, um die Verschwörer mit Waffen, Sprengstoff und Geld zu unterstützen. Im Schriftverkehr mit der Zentrale fungierte der Geheimdienstmann als »Ibrahim«.

Im Dezember 1924 konnte schließlich der Küster der Kathedrale zur Mitarbeit an dem perfiden Plan überredet werden. Die von Nesterowitsch beschafften 25 Kilogramm TNT platzierte der Kirchendiener schließlich unter der Hauptkuppel der Kathedrale. Zunächst hatten die kommunistischen Revolutionäre geplant, als »Lockopfer« den Polizeichef von Sofia zu ermorden, doch als dieser – beunruhigt durch zahlreiche weitere Anschläge der Kommunisten – die Zahl seiner Leibwächter erhöhte, fiel die Wahl schließlich auf den General und Parlamentsabgeordneten Konstantin Georgiew. Am Dienstag der Karwoche, dem 14. April 1925, wurde dieser vor einer Kirche in der bulgarischen Hauptstadt erschossen, als er die Abendmesse besuchen wollte. Seine

Beerdigung fand zwei Tage später, am Gründonnerstag, statt. Die Attentäter hatten sich bereits am Morgen dieses Tages im Dachgeschoss der Kirche versteckt und warteten auf den Beginn der Trauerfeier. Ihr wohnten der bulgarische Ministerpräsident, mehrere Minister sowie zahlreiche Abgeordnete und hochrangige Offiziere bei. Zar Boris III. von Bulgarien fehlte allerdings unter den Trauergästen, da er an diesem Tag einen persönlichen Freund begrub, der ihm kurz zuvor bei einem Mordanschlag mit dem eignen Körper das Leben gerettet hatte und nun erneut den Monarchen vor einem Attentat schützte.

Als am Nachmittag der Gottesdienst für den Toten begann, setzten die versteckten Verschwörer die Zündschüre der Sprengladungen in Brand und ergriffen die Flucht. Wenig später brachte eine gewaltige Explosion Teile der Kuppeln und des Daches zum Einsturz. Die herabstürzenden Trümmer kosteten mindestens 134 Menschen sofort das Leben, unter den Toten befanden sich 12 Generale, 15 Obristen sowie 3 Abgeordnete, aber auch 25 Frauen und Kinder. Zahlreiche Personen wurden schwer verletzt aus dem Schutt der Kathedrale geborgen, 79 von ihnen überlebten trotz medizinischer Betreuung nicht. Der Ministerpräsident, der Innenminister, der stellvertretende Parlamentspräsident sowie der Metropolit kamen zumindest mit dem Leben davon, zusammen mit 500 weiteren Personen, wurden sie bei dem Anschlag verletzt, der als das schwerste europäische Bombenattentat des 20. Jahrhunderts gilt. Ihr Ziel erreichten die Verschwörer nicht. Die bulgarische Regierung erklärte sofort den Ausnahmezustand und übte blutige Rache an den Kommunisten. Mehrere Hundert von ihnen richtete man ohne Gerichtsurteil hin.

Entsetzt über das Ausmaß des Attentats setzte sich Nesterowitsch, alias Jaroslawski, im Juli 1925 nach Deutschland ab. Hier versuchte er, mit dem britischen Geheimdienstagenten Sidney Reilly in Kontakt zu treten, dessen Organisation erwies sich allerdings als von der Auslandsaufklärung der OGPU hoffnungslos unterwandert. Als die Information der Kontaktaufnahme die sowjetische Hauptstadt erreichte, erging an den Chef des politischen Auslandsnachrichtendienstes,

Trilisser, der Befehl, den Überläufer des Militärnachrichtendienstes umgehend zu beseitigen. Am 6. August 1925 fiel Nesterowitsch in einem Mainzer Kaffeehaus einem Anschlag der INO zum Opfer, als ihm die Brüder Gustav und Marc Golke, Angehörige der Militärorganisation der KPD, Gift ins Bier mischten. Um in der sowjetischen Hauptstadt einen Beweis für den Mord zu haben, fotografierten die Brüder die Leiche des Opfers und lieferten das Bild wenig später in der Geheimdienstzentrale an der Lubjanka ab.[10] Ironie der Geschichte: Gustav Golke, der sich nach der Tat in Richtung Moskau abgesetzt und dann eine Anstellung bei der Komintern gefunden hatte, wurde Ende April 1937 von der sowjetischen Geheimpolizei NKWD verhaftet. Am 2. November desselben Jahres verurteilte ihn ein Militärgericht wegen Spionage und der Mitgliedschaft in einer trotzkistischen Organisation zum Tode. Das Urteil wurde noch am gleichen Tag vollstreckt, sein Leichnam auf dem Donskoi-Friedhof im Südwesten Moskaus verbrannt und die Asche in einem Massengrab verscharrt.[11]

Witold Szturm de Sztrem

Im Jahre 1933 traf die tödliche Vergeltung schließlich erstmals einen illegalen Agenten der GRU. Witold Szturm de Sztrem wurde 1888 als Sohn eines polnischen Angestellten in Nischni Nowgorod geboren. In seiner Jugend trat er der Polnischen Sozialistischen Partei bei. 1919 wechselte er zu den polnischen Kommunisten, dort stieg er rasch zu einem Kandidaten des Zentralkomitees und zum führenden Funktionär des Militärapparates der Partei auf. Da die bewaffneten Umsturzversuche der Kommunisten in Polen jedoch fehlschlugen, musste sich Szturm de Sztrem 1922 nach Moskau absetzen. Hier trat er in den Dienst der Aufklärungsverwaltung der Roten Armee und erfüllte für den Militärgeheimdienst die verschiedensten Agenten- und Spionageaufträge. Anfang 1933 geriet der geheime Mitarbeiter der GRU in den Mahlstrom der ersten stalinistischen Säuberungen, die sich unter anderem gegen ehemalige Anhänger von Marschall Józef Piłsudski unter den polnischen Kommunisten richteten. Sie wurden von Stalin verdächtigt, eingeschleuste Spione des polnischen Staatschefs zu sein. Szturm de Sztrem konnte seinen Häschern in Moskau entkommen und ihm gelang die Flucht nach Österreich. In Wien beseitigten ihn jedoch zwei seiner ehemaligen Kollegen, die hochrangigen Mitarbeiter der GRU, Walter G. Kriwizki und Ignaz S. Reiss. Die beiden sollten jedoch mehrere Jahre später gleichfalls die Seiten wechseln und wurden deshalb erbarmungslos von den Mordkommandos des sowjetischen Geheimdienstes gejagt.[12]

Julius Trossin

Im Sommer 1933 enttarnte die sowjetische Spionageabwehr schließlich den GRU-Mitarbeiter und deutschen Kommunisten Julius Trossin, den die Gestapo wenige Wochen zuvor als Doppelagenten in die Sowjetunion geschickt hatte. Trossin war 1896 in Stettin geboren worden und arbeitete nach dem Ende des Ersten Weltkrieges in Hamburg als Docker. Zugleich trat er in die neu gegründete KPD ein. Ende der 1920er-Jahre warb die Militäraufklärung der Roten Armee den Hafenarbeiter an, in der Folge fungierte er für sie als Kurier und sogenannter »Tipper« zwischen der Sowjetunion und der Hansestadt. Weiterhin übermittelte er Agentenmeldungen und neue Aufträge der Moskauer RU-Zentrale an Spione im Baltikum, in Frankreich, Rumänien, England und Finnland. Obwohl die Führung des Geheimdienstes der Roten Armee die Gefahr sah, die sich aus der Konzentration zahlreicher wichtiger Verbindungslinien in den Händen von Trossin ergab, und deshalb anwies, auf andere Kuriere zurückzugreifen, wurde der deutsche Kommunist weiter mit dem Kontakt zu diversen GRU-Spionen beauftragt. Als ihn die Gestapo am 6. Juli 1933 in Hamburg verhaftete, gab Trossin nach kurzem Verhör seine Agentenkontakte preis. Die Aussagen des Kuriers gegenüber der deutschen Geheimpolizei führten nicht nur zum Zusammenbruch des GRU-Netzes in Estland, auch die Verbindungen zu den Residenturen der sowjetischen

Militäraufklärung in den USA, Rumänien und England waren merklich gestört.

Der Gestapo gelang es unterdessen, Trossin für ein Doppelspiel mit dem Nachrichtendienst der Roten Armee zu gewinnen, das allerdings nicht lange andauerte. Von seinen neuen Auftraggebern zurück in die Sowjetunion gesandt, enttarnte ihn dort die Spionageabwehr der OPGU, die den Doppelagenten bereits am 4. August 1933 verhaftete. Im November 1933 verurteilte schließlich ein Sondertribunal des Geheimdienstes OGPU Trossin zu zehn Jahren Haft, die er im Gefängnis von Orjol absitzen sollte. Als sich Anfang September 1941 deutsche Truppen der 350 Kilometer südwestlich von Moskau gelegenen Stadt näherten, wies ein persönlicher Befehl Stalins an, ihn zusammen mit weiteren 160 prominenten Gefangenen »wegen Fluchtgefahr [...] sowie fortgesetzter terroristischer Spionage- und Diversionstätig- sowie anderer konterrevolutionärer Tätigkeit« hinzurichten. Am 11. September 1941 knebelte ein Sonderkommando des NKWD Trossin und verlas das gegen ihn erlassene Todesurteil. Dann wurde der Gefangene in einen gepanzerten Personenkraftwagen verfrachtet und zu einem nahe gelegenen Waldstück gebracht, wo bereits der Henker auf ihn wartete. Offiziere der Geheimpolizei verscharrten die Leiche und die weiterer Hingerichteter in einer zuvor ausgehobenen Grube. Erst 1990, kurz vor dem Zusammenbruch der Sowjetunion, wurde Trossin rehabilitiert.[13]

Ignaz Reiss

Im Zuge der stalinistischen Säuberungen, die auch die Geheimdienste des Diktators nicht verschonten, häuften sich in der zweiten Hälfte der 1930er-Jahre die Fluchten von GRU-Mitarbeitern in den Westen. Zur Bestrafung der »Verräter«, aber auch zur Verhinderung weiterer Seitenwechsel, griff die sowjetische Geheimpolizei hart durch und versuchte, der Flüchtigen habhaft zu werden oder sie zu ermorden.

Bei einem der ersten GRU-Mitarbeiter, den dieses Schicksal ereilte, handelte es sich um den bereits aus dem Fall Szturm de Sztrem bekannten Agenten der sowjetischen Militäraufklärung Ignaz Reiss. Als Natan Porezki war Reiss 1899 in der zur K.-u.-k.-Monarchie gehörenden galizischen Kleinstadt Pidwolotschysk geboren worden. Im damaligen Lemberg nahm er eine Ausbildung zum Rechtsanwalt auf, während des Ersten Weltkrieges setzte er seine Studien in Leipzig und Wien fort. 1918 kehrte er in seine Heimatstadt zurück und arbeitete dort illegal für die Kommunistische Partei Polens, in die er 1919 eingetreten war. 1921 reiste er nach Moskau, wo ihn die sowjetische Militäraufklärung anwarb. Wenig später begab er sich über Warschau nach Berlin, dort wirkte er als Instrukteur und Verbindungsoffizier im Militärapparat der KPD. Hierfür kassierte der Unter den Linden residierende Agent ein stattliches Monatsgehalt in Höhe von 150 Dollar. 1923 am sogenannten Deutschen Oktober beteiligt, musste er nach den letzten bewaffneten Kämpfen der Kommunisten Deutschland Anfang 1925 schließlich verlassen.[14] Er wechselte zur GRU-Residentur nach Wien, wo der Agent wahrscheinlich auch in die Ermordung von Nesterowitsch verwickelt war. 1927 rief die Führung des Militärgeheimdienstes Reiss nach Moskau, um ihn dort für seine Verdienste an der unsichtbaren Front mit dem Rotbannerorden auszuzeichnen. In seiner Einschätzung für die Ordensverleihung charakterisierte ihn GRU-Chef Bersin wie folgt: »Es ist darauf hinzuweisen, dass Gen. Ludwig [Deckname von Reiss; d. V.] in den letzten Jahren als Mitarbeiter außerordentlich gewachsen ist und ihm verantwortungsvolle Angelegenheiten übertragen wurden. Er kam in die UdSSR auf unsere Anweisung, da ihm in Wien eine erneute Verhaftung drohte. Jetzt wird Gen. Ludwig von uns für eine verantwortungsvolle selbstständige Arbeit nach Westen geschickt«.[15]

Als nächstes Einsatzland folgte die Tschechoslowakei, wo der Agent erneut im Militärapparat der dortigen kommunistischen Partei tätig war und zudem Spione in wichtige Rüstungswerke der ČSR einschleuste. Wenig später erreichte Reiss der Befehl zum Wechsel in die Niederlande, wo er die Stelle des illegalen Residenten der GRU antrat. Die Niederlande erwiesen sich für den sowjetischen Militärgeheimdienst seit dem 1927 erfolgten Bruch der diplomatischen Beziehungen zwischen Moskau und London als besonders wichtig, diente das Land doch nun als Ausgangsbasis für die nachrichtendienstlichen Operationen der GRU gegen Großbritannien. Als einer seiner größten Erfolge sollte sich dort die Anwerbung des niederländischen Künstlers Henri Christiaan Pieck erweisen. Dem Antifaschisten, der während des Zweiten Weltkrieges von der Gestapo verhaftet und in das Konzentrationslager Buchenwald deportiert wurde, gelang Mitte der 1930er-Jahre die Anwerbung des Chiffrieroffiziers im Londoner Foreign Office, John H. King, der Moskau mit umfangreichem Geheimmaterial aus dem britischen Außenministerium versorgte.[16]

1929 kehrte der GRU-Offizier nach Moskau zurück, um dort in der Zentrale die Leitung des Archivs zu übernehmen. Zugleich dürfte der im Ausland erfahrene Agent auch für die Ausbildung von neuen Spionen der Militäraufklärung eingesetzt worden sein. Im Sommer 1931 erhielt die GRU die Weisung, zur Verstärkung des politischen Auslandsnachrichtendienstes der Sowjetunion mehrere erfahrene Agenten und Geheimdienstoffiziere an die INO zu übergeben. Zu den abkommandierten Angehörigen des Militärnachrichtendienstes gehörte auch Reiss. Noch im gleichen Jahr wurde er, als tschechoslowakischer Staatsbürger getarnt, nach Berlin geschickt. Als Hitler 1933 Reichskanzler wurde, verlegte der nunmehrige INO-Agent den Sitz seiner Residentur nach Paris. Von der französischen Hauptstadt aus leitete Reiss die Sammlung von Geheiminformationen aus Deutschland. Seine Quellen arbeiteten u. a. im Truppenamt der Reichswehr, in der Reichskanzlei und bei der Geheimen Staatspolizei. Zudem führte der Resident Agenten in der Schweiz und beim Völkerbund. Anfang 1937 wurde Reiss' Glaube an die antifaschistische Politik der Sowjetunion schwer erschüttert, als ihm seine Spione über die Geheimverhandlungen des Leiters der sowjetischen Handelsvertretung in der Reichshauptstadt, Dawit W. Kandelaki, berichteten. Der versuchte in Berlin die Möglichkeiten einer Übereinkunft zwischen Hitler und Stalin auszuloten. Zugleich gingen aus Moskau immer alarmierendere

Nachrichten über die Säuberungen in der Auslandsaufklärung und die Verhaftung sowie das nachfolgende Verschwinden ihrer Kader ein. Es häuften sich Fälle, in denen Mitarbeiter der INO-Residenturen im Ausland in die Sowjetunion befohlen wurden und dann von dort aus nicht mehr an ihre Einsatzorte zurückkehrten. Die Geheimdienstzentrale selbst forderte Reiss mehrfach zur Reise in die sowjetische Hauptstadt auf, um ihn dort angeblich zum Residenten für die USA zu ernennen. Seine im Frühjahr 1937 nach Paris reisende Ehefrau hatte ihm jedoch den dringenden Rat seiner Freunde übermittelt, unter keinen Umständen in die Sowjetunion zurückzukehren. Am 17. Juli 1937 übergab er der Frau seines geheimen Verbindungsoffiziers ein Paket zur Übermittlung in die UdSSR, das seinen Ausweis der Polnischen Kommunistischen Partei, den 1927 verliehenen Rotbannerorden sowie einen Brief an das Zentralkomitee der Partei der Bolschewiki enthielt. In diesem Schreiben rechnete der ehemalige Agent schonungslos mit Stalin und dessen Verbrechen ab. Seinen Bruch mit dem stalinistischen System machte er durch seine Ankündigung, für Trotzkis IV. Internationale eintreten zu wollen, endgültig.[17]

Reiss ging bei seiner Flucht davon aus, dass sein Paket erst in Moskau geöffnet werde. Doch der Brief wurde schon von der Pariser INO-Residentur gelesen und nur wenig später traf in der französischen Hauptstadt der stellvertretende Chef der sowjetischen Auslandsaufklärung, Sergej M. Schpigel'glas, mit einem Mordkommando ein, um den abtrünnigen Agenten so schnell wie möglich zu beseitigen. Angeblich befürchtete Stalin, Reiss könne über die Geheimkontakte des sowjetischen Diktators zu Hitlers Stellvertreter Rudolf Hess plaudern und habe aus diesem Grund NKWD-Chef Nikolaj I. Jeschow angeschrien: »Tötet ihn, oder ich töte den, der meine Befehle nicht befolgt!« Für die Suche nach dem Renegaten schaltete Schpigel'glas sein geheimes Netzwerk unter den russischen Emigranten ein, die den Flüchtigen schließlich in der Schweiz aufspürten. Als Lockvogel für ein Treffen mit Reiss setze das NKWD eine gute Bekannte der Familie, die deutsche Kommunistin und sowjetische Geheimagentin Gertrud Schildbach ein. Der ursprüngliche Mordplan sah vor, dass sie der Ehefrau von Reiss bei einem Treffen in einem Lausanner Café mit Strychnin vergiftete Pralinen übergeben sollte. Allerdings bekam Schildbach offenbar Gewissensbisse, und so musste auf einen Plan B zurückgegriffen werden. Ihn führten am Abend des 4. September 1937 die NKWD-Agenten Boris M. Afanas'ew und Wladimir S. Prawdin aus. Beide fingen Reiss in einem Restaurant in einem Lausanner Vorort ab, wo sie sich als bulgarische Geschäftsleute ausgaben. Nach mehreren Bieren mit dem geflohenen Agenten inszenierten sie einen handfesten Streit mit Reiss, zerrten ihn aus dem Lokal und stießen ihn in ein bereitstehendes Auto. Nach drei Kilometern Fahrt erschossen die Mörder des sowjetischen Geheimdienstes den Abtrünnigen und ließen seine von Kugeln durchsiebte Leiche am Straßenrand liegen.[18]

Für die erfolgreiche Tötung von Reiss erhielt Schpigel'glas mit einem Geheimerlass des Zentralen Exekutivkomitees der UdSSR am 13. November 1937 den Lenin-Orden, während Afanas'ew und Prawdin sowie weitere an der Aktion beteiligte Geheimdienstagenten mit dem Rotbannerorden ausgezeichnet wurden.[19] Demgegenüber hatte die schweizerische und später eingeschaltete französische Polizei das Nachsehen. Trotz umfangreicher Ermittlungen im Fall des aufsehenerregenden politischen Mordes gelang es den Strafverfolgern nur, einige Verbindungsleute und Kuriere des NKWD-Mordkommandos festzunehmen, die jedoch mit geringen Strafen davonkamen.[20] Weitere Mordanschläge auf abtrünnige Angehörige der sowjetischen Geheimdienste im Ausland konnten so nicht verhindert werden. Als Nächstes sollte es einen engen Freund von Reiss, den ehemaligen GRU-Angehörigen Walter Kriwitzki treffen.

Walter Kriwitzki

Kriwitzki stammte, wie der ermordete Reiss, aus Galizien und wuchs unter dem Namen Samuel Ginsberg als Sohn eines zu Wohlstand gekommenen jüdischen Händlers gleichfalls in der fünfzig Kilometer östlich von Ternopol gelegenen Kleinstadt Pidwolotschysk auf. Der sprachbegabte Junge, der 1914 mit seinen Eltern vor den anrückenden russischen Truppen nach Wien geflüchtet war, sprach bald fließend Polnisch, Russisch, Deutsch, Französisch, Italienisch und Holländisch. Nach Ende des Ersten Weltkrieges tauchte der junge Mann in Kiew auf, um dort in die kommunistische Partei einzutreten. Hier nahm er auch seinen neuen Kampfnamen als Revolutionär an. Fortan sollte er als Walter Kriwitzki die Weltrevolution vorantreiben. Sein erster Auftrag führte ihn nach Wien, von wo aus er verbotene marxistische Schriften nach Polen schmuggeln ließ. 1920 heuerte der junge Mann beim Militärgeheimdienst der Roten Armee an, der ihn im polnisch-sowjetischen Krieg einsetzte. Im Hinterland der Streitkräfte Polens sollte er Diversion- und Sabotageakte verüben. Mit Ende des Krieges reiste der Revolutionär 1921 nach Moskau, wo er nun auch offizieller Mitarbeiter der GRU wurde und eine entsprechende Spionageausbildung erhielt. Rasch benötigte der Militärgeheimdienst den angehenden Agenten jedoch in Deutschland, wo die sowjetischen Kommunisten zusammen mit ihren deutschen Genossen im Herbst 1923 den bewaffneten Zusammenbruch der Weimarer Republik herbeiführen sollten. Der Aufstandsversuch scheiterte jedoch kläglich. In Moskau sorgte die krachende Niederlage für die Entmachtung Trotzkis, der immer noch der Idee der permanenten Revolution anhing, und für den Aufstieg Stalins als neuer starker Mann, der für die Sowjetunion die These des Aufbaus des Sozialismus in einem Land propagierte.[21]

Kriwitzki tauchte nach dem gescheiterten Umsturzversuch zunächst in Deutschland unter, im Zuge der Reorganisation des sowjetischen Agentennetzes in der Weimarer Republik wurde er 1925 zurück nach Moskau befohlen. Zwischen 1925 und 1927 setzte ihn die Zentrale des Militärgeheimdienstes dann als Gehilfen des Chefs des Referats 3 der 3. Abteilung der GRU ein, die für die Auswertung des in der sowjetischen Hauptstadt eintreffenden Agentenmaterials verantwortlich zeichnete. Zugleich lehrte er offenbar an der Schule der Militäraufklärung und bildete neue Agenten aus. In dieser Stellung nahm der GRU-Offizier angeblich den Rang eines Brigadekommandeurs ein, was im Westen dem Dienstgrad eines Brigadegenerals entsprechen würde. 1927 erfolgte schließlich eine erneute Kommandierung nach Westeuropa. Noch vor der Abreise heiratete Kriwitzki die GRU-Mitarbeiterin Antonina Porfirewa, mit der er später einen Sohn zeugte. Als Einsatzorte finden sich Berlin, Paris, Rom und Wien. Zum 10. Jahrestag der Gründung der Roten Armee zeichnete die Führung des Militärgeheimdienstes den Nachrichtendienstoffizier mit einer signierten persönlichen Waffe aus. Anfang 1931 erhielt er sogar für seinen Einsatz bei der GRU den Rotbannerorden.[22]

Ende 1932, Anfang 1933 kehrte Kriwitzki vorerst von seiner letzten Auslandskommandierung in die sowjetische Hauptstadt zurück. Von GRU-Chef Bersin als Agent charakterisiert, der »akkurat« jeden Auftrag erledige, »selbst wenn es sich um gefährliche Anweisungen« handele, erhielt der Geheimdienstoffizier nun als weitere Auszeichnung die Teilnahme an einem Kurs für Marxismus-Leninismus des Zentralkomitees der bolschewistischen Partei. Nach dessen Abschluss setzte man ihn auf den Posten des stellvertretenden Direktors des Instituts für Rüstungsindustrie der UdSSR. 1935 wechselte Walter Kriwitzki schließlich von der Militäraufklärung zur Auslandsaufklärung des NKWD. Im Oktober des gleichen Jahres wurde der Offizier schließlich zu deren illegalem Residenten in den Niederlanden ernannt. Anfang 1936 gelang es Kriwitzki, von Den Haag aus einen V-Mann im Forschungsamt des Reichsluftfahrtministeriums anzuwerben, der Zugang zu den abgefangenen und von den Deutschen entschlüsselten Telegrammen des japanischen Militärattachés in Berlin, Hiroshi Ōshima, hatte. Dadurch erhielt Moskau genaueste Kenntnis über die Verhandlungen zwischen dem Deutschen Reich und Japan über den Anti-Komintern-Pakt.[23]

In Den Haag bekam Kriwitzki im Spätsommer 1936 von seinem direkten Vorgesetzten – dem Chef der INO Abram A. Sluzkij – schließlich den Befehl, zwei Deutsch sprechende Agenten abzuordnen, die einen gefährlichen Spezialauftrag ausführen sollten. Als er wenig später von der Verschleppung des Kommandanten der Russischen All-Militärischen Union – der wichtigsten Organisation der ehemaligen Offiziere der Zarenarmee in der Emigration – Generalleutnant Jewgenij K. Miller nach Moskau erfuhr, konnte sich Kriwitzki mühelos zusammenreimen, wem der Sondereinsatz seiner Agenten gegolten hatte. Ursprünglich plante der sowjetische Geheimdienst, nach Millers »Beseitigung« den NKDW-Spitzel Generalmajor Nikolaj W. Skoblin an die Spitze der russischen Emigrantenorganisation zu setzen. Doch dieser Versuch schlug fehl, weil der Generalleutnant seine Vertrauten über das konspirative Treffen mit Skoblin informiert hatte, das der NKWD nutzte, um Miller »verschwinden« zu lassen. Unter dem Namen Petr Iwanow hielt ihn der NKWD fast zwei Jahre in der berüchtigten Lubjanka gefangen. Da der General jede Zusammenarbeit mit der sowjetischen Geheimpolizei verweigerte, wurde er vom Militärkollegium des Obersten Gerichts zum Tode verurteilt und am 11. Mai 1939 in den Kellern der NKWD-Zentrale erschossen.[24]

Ende 1936 bekam Kriwitzki in den Niederlanden schließlich die Weisung aus Moskau, sofort alle Geheimoperationen seiner Agenten gegen das Deutsche Reich einzustellen. Wenig später erhielt der Geheimdienstoffizier den Befehl, für weitere Instruktionen umgehend nach Moskau zu reisen. Hier erfuhr er vom gleichfalls in der sowjetischen Hauptstadt befindlichen illegalen INO-Residenten für Deutschland, Wasilij M. Sarubin, weitere Einzelheiten der bereits erwähnten Kandelaki-Mission, über die Kriwitzki von seinen Agenten in den Niederlanden schon erste Informationen erhalten hatte. Nicht weniger als die Versuche Stalins, mit Hitler in Kontakt zu treten, verunsicherten den Geheimdienstoffizier die zahlreichen Verhaftungen seiner ehemaligen Kollegen aus der Militäraufklärung und seiner neuen Genossen aus der INO. Noch schien Kriwitzki allerdings unverdächtig zu sein, denn im Mai 1937 durfte er in die Niederlande zurückkehren. Unmittelbar nach dem Seitenwechsel seines Freundes Reiss, tauchte in der niederländischen Hauptstadt Schpigel'glas auf und forderte von ihm zwei seiner Agenten, um nach dem Überläufer zu fahnden und diesen zu ermorden. Kriwitzki gelang es noch, seinen Vertrauten zu warnen, sodass Reiss von Frankreich aus in die Schweiz flüchten konnte. Doch nur wenig später musste er über dessen Tod in der Zeitung lesen. Kurz danach erreichte ihn der Befehl, erneut in die sowjetische Hauptstadt zu reisen, zuvor sollte er jedoch noch die Frau von Reiss beseitigen.

Da Kriwitzki klar war, dass die Ausführung dieser Weisungen seinen sicheren Tod bedeuten würde, entschloss er sich, in die Fußstapfen seines Freundes zu treten und gleichfalls die Seiten zu wechseln. Von Den Haag aus reiste der Geheimdienstoffizier nach Südfrankreich und hielt sich dort über einen Monat versteckt. Anfang November 1937 begab er sich dann nach Paris, wo er Kontakt mit Trotzkis ältestem Sohn, Lew L. Sedow, aufnahm. Ihm übergab er einen Brief für die Presse, in dem Kriwitzki seinen Bruch mit dem sowjetischen Geheimdienst verkündete. Nach dessen Veröffentlichung gab es kein Zurück mehr. NKWD-Chef Jeschow ließ erneut ein Mordkommando in die französische Hauptstadt entsenden. Doch das musste alsbald unverrichteter Dinge wieder abreisen, da die Pariser Regierung dem Überläufer eine bewaffnete Eskorte beigab. Zudem bestellte der französische Außenminister den sowjetischen Botschafter ein und machte diesem unmissverständlich klar, dass Frankreich im Falle eines weiteren Attentates des sowjetischen Geheimdienstes auf seinem Boden die diplomatischen Beziehungen mit Moskau abbrechen werde.[25]

Über die Kontakte Kriwitzkis mit westlichen Nachrichtendiensten nach seiner Flucht ist bis heute kaum etwas bekannt. Im Laufe der Jahre 1938, 1939 und Anfang 1940 hatte der ehemalige Geheimdienstoffizier allerdings in London mehrere Treffen mit einer Gruppe von Mitarbeitern der britischen Spionageabwehr, die von Jane Archer – der ersten weiblichen Offizierin des Geheimdienstes – angeführt wurde. Für den MI5 identifizierte er u. a. die NKWD-Agentenführer Arnold Deutsch und Theodor Maly. Dem britischen Geheimdienst gelang es allerdings erst 25 Jahre später, Deutsch als Chefanwerber der berühmten Cambridge Five und Maly als einen ihrer Führungsoffiziere zu enttarnen. Zudem gab Kriwitzki erste Hinweise auf den sowjetischen Superspion und Maulwurf im MI6, Kim Philby, die die Briten jedoch zunächst nicht deuten konnten. Seine Informationen führten allerdings bereits im Herbst 1939 zur Enttarnung des bereits erwähnten John H. King, den Reiss für den sowjetischen Nachrichtendienst angeworben hatte. Der Spion wurde von einem britischen Gericht zu zehn Jahren Haft verurteilt. Insgesamt soll der GRU-Offizier für den MI5 mehr als hundert sowjetische Agenten enttarnt haben.[26] Das amerikanische FBI erhielt von Kriwitzki zahlreiche wertvolle Informationen darüber, auf welchen Wegen sowjetische Agenten in die USA gelangten und wie sie versuchten, sich dort zu legalisieren. Ferner klärte der Überläufer die US-Spionageabwehr erstmals umfassend darüber auf, wie die Spione mit der Moskauer Geheimdienstzentrale und ihren Führungsoffizieren kommunizierten.[27]

Im Herbst 1938 setzte sich Kriwitzki schließlich zusammen mit seiner Ehefrau und seinem Sohn in die Vereinigten Staaten ab. Im Mai 1939 erschien dort seine Autobiografie mit dem Titel »I was Stalin's Agent«, die sich rasch zum Weltbestseller entwickelte und 1940 auch in deutscher Sprache in Amsterdam veröffentlicht wurde.[28] Zugleich gab der ehemalige Agent dem State Department sowie der amerikanischen Spionageabwehr weitere Informationen über seine geheimdienstliche Tätigkeit für die Sowjetunion. Anfang 1941 sollte Kriwitzki schließlich für erneute Gespräche mit dem MI5 nach London reisen. Wenige Tage vor seiner Abfahrt, am 10. Februar 1941, fand ihn schließlich eine Reinigungskraft des Washingtoner Bellevue-Hotel mit einer Kugel im Kopf auf dem Bett seines angemieteten Zimmers. Neben dem toten GRU-Offizier lag eine Pistole, auf dem benachbarten Tisch befanden sich gleich drei Abschiedsbriefe, wohl um sein Ableben als Selbsttötung aussehen zu lassen. Obwohl die Washingtoner Polizei von einem Selbstmord Kriwitzkis ausging, gibt es bis heute zahlreiche Zweifel am »selbst verschuldeten« Ableben des ehemaligen GRU-Offiziers. Die Tatsache, dass der Revolver, mit dem er sich erschossen haben soll, keine Fingerabdrücke des Toten aufwies und auch die Kugel, die seinen Schädel durchschlagen hatte, nie gefunden wurde, geben Raum für die Vermutung, dass Kriwitzki einem Mordkommando des NKWD zum Opfer fiel.[29]

Das blutige Vorgehen Stalins gegen Verräter aus den Reihen des militärischen Nachrichtendienstes der Roten Armee und der Zweite Weltkrieg sorgten dafür, dass es nach dem Fall Kriwitzki zunächst keine weiteren Angehörigen der GRU gab, die ihr Leben für eine Zusammenarbeit mit einem der Sowjetunion feindlich gesinnten Geheimdienst riskierten. Der nach dem Ende des Zweiten Weltkrieges zwischen Ost und West einsetzende Kalte Krieg schaffte allerdings die Bedingungen dafür, dass erneut Offiziere des Militärgeheimdienstes vor die Wahl gestellt wurden, ihr Vaterland zu verraten und trotz der existierenden Todesstrafe mit »Feinden« der Sowjetunion zusammenzuarbeiten.

13. Der Fluch der drei »P« – die Fälle der GRU-Offiziere Popow, Pen'kowskij, Poljakow und deren Spionage für die CIA

Am Neujahrsmorgen 1953 fand ein Mitarbeiter des State Department in Wien in seinem Wagen einen Brief, in dem ein sowjetischer Offizier gegen Geld nachrichtendienstliche Informationen anbot. Angeblich brauche er finanzielle Hilfe, um eine Abtreibung für seine Freundin zu bezahlen. Das Schreiben wurde umgehend an die CIA-Mission in der österreichischen Hauptstadt weitergeleitet, die kurzfristig ein Treffen mit dem Selbstanbieter arrangierte.

Pjotr Popow – der erste GRU-Offizier im Sold der CIA

Schnell stellte sich heraus, dass der amerikanische Nachrichtendienst hier seinen ersten »dicken« Fisch aus der GRU an Land gezogen hatte. Pjotr S. Popow, so der Name des sowjetischen Offiziers, diente offiziell bei der Zentralgruppe der Truppen im sowjetisch besetzten Teil Österreichs. Tatsächlich beschaffte der frischgebackene Nachrichtendienstoffizier, er hatte 1951 die Militärdiplomatische Akademie abgeschlossen, dort geheime Informationen für den militärischen Geheimdienst der Sowjetarmee. In der Alpenrepublik sollte er Agenten für den Einsatz in Jugoslawien anwerben und nachrichtendienstlich gegen den Tito-Staat tätig werden.[30]

Popow war jedoch nicht der erste Offizier der sowjetischen Militäraufklärung, der sich in Österreich zur Zusammenarbeit mit US-Diensten entschlossen hatte. Bereits im Frühjahr 1949 war in Wien der junge GRU-Leutnant Wadim I. Schelaputin zu den Amerikanern übergelaufen. Der 1927 geborene Offizier hatte 1948 das Militärinstitut der Roten Armee für Fremdsprachen abgeschlossen und trat danach sogleich seinen Dienst bei der GRU an. Die setzte ihn – da er auf Kenntnisse in deutscher und tschechischer Sprache verweisen konnte – in der österreichischen Hauptstadt als Dolmetscher bei der Aufklärungsverwaltung der Zentralgruppe der Truppen ein. Dort übersetzte er vor allem Berichte tschechoslowakischer Agenten des Militärgeheimdienstes und erstellte Übersichten zu Presseveröffentlichungen in der Tschechoslowakei. In seiner freien Zeit genoss er das Leben in Wien und kam rasch zu dem Entschluss, dass er nicht wieder in die Sowjetunion zurückkehren werde. Am 20. März 1949 stellte Schelaputin deshalb Kontakt zum Counter Intelligence Corps der US-Armee in der österreichischen Hauptstadt her und ersuchte dort um politisches Asyl. Die Amerikaner brachten den Überläufer rasch in die Bundesrepublik und befragten ihn in Oberursel ausführlich zu seinem Studium am Militärinstitut für Fremdsprachen und zur Aufklärungsabteilung der Zentralgruppe der Truppen. Unterdessen hatte ihn ein Militärgericht in Moskau des Landesverrates angeklagt und in Abwesenheit zum Tode verurteilt. Bis 1953 arbeitete der Überläufer für den US-Militärgeheimdienst, dann reiste er nach England aus, wo er für die BBC tätig wurde. 1972 kehrte er in die Bundesrepublik zurück, um in München Mitarbeiter von Radio Free Europe zu werden. Einer seiner Untergebenen dort, Oleg A. Tumanow, trug allerdings auf zwei Schultern und spionierte bei dem US-Sender als Geheimagent des KGB. 1986 musste sich Tumanow, der kurz davorstand, enttarnt zu werden, nach Moskau absetzen. Wenig später versuchte der Spion, Schelaputin für das KGB anzuwerben, wobei ihm Straffreiheit für seine Desertation zugesichert wurde. Der ehemalige GRU-Offizier ließ das Angebot aus der Lubjanka jedoch unbeantwortet. 1990 setzte er sich schließlich in Irland zur Ruhe.[31]

Damit hätte die GRU-Residentur in Wien eigentlich gewarnt sein müssen, doch sie konnte nicht verhindern, dass dort mit Popow erneut ein junger Nachrichtendienstoffizier des sowjetischen Militärgeheimdienstes den Verlockungen des Westens und der Wiener Damenwelt erlag. Der verheiratete Militär, der seine Frau und zwei Kinder in Twer bei Moskau hatte zurücklassen müssen, begann alsbald eine Affäre mit der attraktiven Wienerin Gretchen Ritzler. Er war allerdings nicht zufällig an die Dame geraten, vielmehr hatte die CIA sie auf den Offizier angesetzt. Der junge Major, der unter seinen Kollegen wenig beliebt war und als nicht sonderlich begabt galt, war zuvor dem an der sowjetischen Botschaft in Wien beschäftigten Gärtner aufgefallen, der zugleich unter dem Decknamen »Hans« als sogenannter Tipper für die CIA-Operationszentrale in der österreichischen Hauptstadt arbeitete.[32]

»Hans« hatte sich unter den sowjetischen Diplomaten und Militärs nach Personen umzuschauen, die dadurch auffielen, dass sie unter dem Botschaftspersonal kaum enge Freundschaften pflegten, beziehungsweise weitgehend isoliert waren, die sich von ihren Vorgesetzten diskriminiert und zurückgesetzt fühlten, sich mit ihrer Karriere unzufrieden zeigten, zu übermäßigem Alkoholkonsum neigten, wenig Sport trieben oder häufig Familienstreitigkeiten hatten. Sobald die Zielperson sich dann noch als selbstsicher, impulsiv, sich selbst überschätzend und überempfindlich gegen Kritik erwies, passte sie genau in das Anwerbungsschema der CIA-Operation REDCAP.[33] Mithilfe von REDCAP wollte der US-Geheimdienst »durch ein systematisches und konzentriertes Programm« in sowjetische Einrichtungen in Österreich und in der DDR eindringen, um entweder Überläufer anzuwerben oder im günstigsten Fall sogar Penetrationsagenten zu gewinnen. Aus diesem Grund sollten die Anwerber »die Eigenschaften, Gewohnheiten und Schwächen (Sex oder Alkohol)« der Kandidaten kennen und in Erfahrung bringen, »wo sie wohnen, welche Restaurants sie aufsuchen, welche Geschäfte sie bevorzugen, ebenso die Adressen ihrer Sekretärinnen und Geliebten«. Weiterhin forderte die CIA: »Wir sollten schließlich in der Lage sein, diejenigen ausfindig zu machen, die in wirklichen Schwierigkeiten stecken und Angst haben, in die Sowjetunion abberufen zu werden. Sobald wir diese ausfindig gemacht haben, können wir rechtzeitig auf sie zugehen und ihr Vertrauen gewinnen. Wir müssen die entdecken, denen Ärger bevorsteht, egal, ob sie in der Botschaft oder einem Konsulat beschäftigt sind oder ob sie sich auf einer Beschaffungsmission befinden. Jeder muss dabei nach seinen eigenen Verdiensten behandelt werden, in Übereinstimmung mit seinem Charakter, Temperament, seinen mentalen Fähigkeiten und seinem persönlichen Hintergrund. Diese Personen müssen individuell von unseren am besten ausgebildeten Männern angesprochen werden, die über die Vorstellungskraft, die Persönlichkeit, den Einfallsreichtum und die sprachlichen Fähigkeiten verfügen, um mit diesen Männern Kontakt aufzunehmen, nachdem wir sie gefunden haben.«[34]

Genau in das Fadenkreuz dieser Operation war Popow geraten, der gleichwohl davon ausging, mit einer österreichischen Zufallsbekanntschaft anzubandeln. Doch nachdem »Hans« den sowjetischen Major »getippt« hatte, geriet der in eine Honigfalle der CIA. Einmal am Haken, verstrickte sich der GRU-Offizier immer tiefer in der Spionageoperation der CIA. Die Ausgaben für seine Affäre überstiegen recht bald die spärlichen Einkünfte eines sowjetischen Geheimdienstmitarbeiters, sodass er am Neujahrsmorgen 1953 dem US-Nachrichtendienst aus scheinbar eigenen Stücken den Austausch von Informationen gegen Geld anbot. Dass er bereits lange zuvor das Zielobjekt einer Geheimdienstoperation gewesen war, ahnte Popow nicht. Für eine Tabelle zur neuen Gliederung der Panzerdivisionen der Sowjetarmee verlangte er 3000 Schilling, was damals knapp 500 DM entsprach. Damit hatte die CIA ihr Ziel erreicht und kurze Zeit später übernahm George Kisevalter, ein Exilrusse im Sold der CIA, die Führung von ATTIC, so der Deckname von Popow. Alsbald identifizierte dieser für den US-Geheimdienst nicht nur die GRU-Mitarbeiter in Österreich, sondern lieferte an die Amerikaner auch Unterlagen zu Taktik und Waffen der sowjetischen Streitkräfte, darunter zum Beispiel die Felddienstvorschrift der Sowjetarmee aus dem Jahr 1951. Während seines Sommerurlaubs in der Sowjetunion 1954 beschaffte ATTIC sogar Informationen zu den Plänen der sowjetischen Marine für den Bau eines ersten Atom-U-Bootes und zur Entwicklung von raketengetriebenen Fernlenkwaffen.[35]

Als die sowjetischen Besatzungstruppen 1955 Österreich verließen, wurde Popow zunächst nach Moskau versetzt. Obgleich der Doppelagent von der CIA instruiert worden war, wie er in Moskau Kontakt zum amerikanischen Geheimdienst herstellen könne, schien lange Zeit nicht klar, ob der Agent erneut die Chance bekommen würde, mit seinen amerikanischen Führungsoffizieren Verbindung aufzunehmen. Ungeachtet dessen, dass seit 1953 der CIA-Agent Edward Smith verdeckt an der US-Botschaft in Moskau arbeitete, scheute der GRU-Offizier jede Kontaktaufnahme. Denn als er während seines Sommerurlaubes 1954 die von Smith eingerichteten toten Briefkästen inspizierte, musste er feststellen, dass diese für die Ablage von Agentennachrichten völlig ungeeignet waren, worüber er sich dann bei Kisevalter mit den Worten beschwerte: »Sie sind lausig angelegt. Versucht ihr mich ans Messer zu liefern?«[36]

Im Herbst 1955 erfolgte Popows Versetzung in die DDR. Zunächst beim Aufklärungspunkt der GRU in Rostock eingesetzt, gelang es ihm im Januar 1956, in Stralsund Kontakt mit der dort gelegentlich tätigen britischen Militärverbindungsmission aufzunehmen, deren Angehörigen Popow ein Schreiben an die CIA sowie ein Notizbuch übergab. Wenig später informierten die Briten das CIA-Büro in Westberlin, das wiederum Langley von der Kontaktaufnahme ATTICS in Kenntnis setzte. Kurz darauf befand sich Kisevalter bereits im Flieger in die geteilte ehemalige deutsche Hauptstadt.[37] Die dortige Operationsbasis der CIA befand sich im Föhrenweg 19 in Berlin-Dahlem. Im Rhumeweg 26 in Berlin-Zehlendorf verfügte der US-Geheimdienst zudem über ein sogenanntes sicheres Haus, das von der CIA für geheime Treffen genutzt wurde.[38] Für den US-Geheimdienst erwies sich Westberlin damals als »unser bestes Fenster im Eisernen Vorhang«.[39] Von dort aus übernahm nun Kisevalter, der in der Berliner Operationsbasis der CIA ein kleines Büro bezogen hatte, die Führung von ATTIC. Für die konspirativen Treffen reiste der Agent regelmäßig nach Westberlin, da die amerikanischen Geheimdienstmitarbeiter keine Fahrten in den Ostteil der Stadt riskieren wollten. Das Gleiche galt übrigens auch für die Gegenseite. Offiziere der sowjetischen Spionageabwehr mieden jeglichen Einsatz im Westteil Berlins, da ein solcher als zu riskant galt.

Dem KGB präsentierte Popow nach seiner Verhaftung allerdings eine andere Geschichte. Angeblich habe er versucht, vor der CIA seine Entsendung nach Deutschland zu verbergen, der amerikanische Geheimdienst hätte ihn dort jedoch aufgespürt und darauf gedrängt, den Kontakt wiederaufzunehmen. Zudem beschwerte sich der festgenommene Agent bei den KGB-Ermittlern darüber, dass die CIA seine blonde Kontaktperson mit dem Namen Inga, mit der er sogar ein Schäferstündchen verbracht haben wollte, wenig später durch eine 75-jährige, wenig attraktive, doch dafür umso unauffälligere Verbindungsagentin ersetzt hätte.[40]

Tatsächlich handelte es sich bei dem Kurier um einen älteren Mann, der bis zu Popows Versetzung in die örtliche GRU-Zentrale in Ostberlin den Kontakt mit den Agenten aufrecht hielt und einmal pro Monat vom sowjetischen Offizier beschaffte Geheimdokumente an die CIA weiterleitete. Durch sie gelangte der US-Geheimdienst an bestätigte Informationen zur geheimen Abrechnung des neuen sowjetischen Ersten Sekretärs Nikita S. Chruschtschow mit Stalin auf dem XX. Parteitag der kommunistischen Partei der UdSSR sowie zum Agentennetz des Militärgeheimdienstes der Sowjetarmee in der DDR und der Bundesrepublik.

Im Frühjahr 1957 konnte der GRU-Offizier seinen bis dahin größten Coup landen. Zwischen dem 12. und 16. März hatte der sowjetische Verteidigungsminister Shukow die DDR besucht und dabei vor hohen Offizieren der Gruppe der sowjetischen Truppen in Deutschland eine streng geheime Rede gehalten. In ihr ging der Marschall nicht nur auf die angespannte internationale Situation ein, sondern äußerte sich auch breit über die neue Militärstrategie der Sowjetarmee unter Einsatz von Atomwaffen. Vor allem wollte er seine Truppen angriffsfreudiger sehen und forderte deshalb von den sowjetischen Einheiten in der DDR, sie hätten im Kriegsfall bereits innerhalb von nur zwei Tagen die Atlantikküste zu erreichen. Im Falle eines Überraschungsangriffs der NATO sollte die Gruppe der sowjetischen Streitkräfte in Deutschland den Gegner maximal 46 Stunden aufhalten, dann spätestens würden aus der Sowjetunion eilig herangeschaffte Einheiten in die Kämpfe eingreifen.[41]

Obgleich sich der Verteilerkreis dieser wichtigen Agentenmeldung Popows innerhalb der CIA als außerordentlich klein erwies, verfügte das KGB bereits kurze Zeit später über eine Kopie des Agentenberichtes zur Shukow-Rede in Ostberlin. Nur rund eine Woche nach dessen Verteilung innerhalb des US-Nachrichtendienstes landete das Papier auf dem Schreibtisch des Chefs des Komitees für Staatssicherheit beim Ministerrat der UdSSR, Iwan Serow. Möglicherweise war der KGB-Agent in der Berliner Vertretung des britischen Secret Intelligence Service, George Blake, die Quelle für den Verrat. Der KGB-Chef befahl natürlich sofort, sich auf die Suche nach dem Spion in der Gruppe der sowjetischen Streitkräfte in Deutschland zu machen. Die Spezialisten der sowjetischen Spionageabwehr gingen nach ersten Untersuchungen davon aus, dass der amerikanische Agent persönlich bei dem Vortrag des Marschalls anwesend gewesen war, weshalb sie die Teilnehmerlisten überprüften. Dabei stießen sie auf Popows Namen, der bereits auch in einem alten KGB-Bericht aus Wien aufgetaucht war. Aufgrund dieser Erkenntnisse wurde die Spionageabwehrabteilung der sowjetischen Geheimpolizei in Ostberlin damit beauftragt, sich den GRU-Offizier näher anzusehen.[42]

Neue Forschungen legen den Verdacht nahe, dass dessen im April 1957 erfolgte Versetzung in die Ostberliner GRU-Zentrale, die sich in Berlin-Karlshorst befand, in Zusammenhang mit den Ermittlungen des KGB gegen den CIA-Agenten standen. Offenbar sollte der Verdächtige so besser durch die sowjetische Spionageabwehr kontrolliert werden können. Dessen »Bearbeitung« in Berlin übernahm KGB-Oberst Walentin W. Swesdenkow. Als stellvertretender Chef der 8. Abteilung beim Bevollmächtigten des KGB im Ministerium für Staatssicherheit der DDR oblag ihm seit dem 18. April 1955 die geheimpolizeiliche Überwachung der »sowjetischen Kolonie« in Ostberlin, zu der selbstverständlich auch Popow gehörte. Um den Verdächtigen unter noch schärfere Beobachtung stellen zu können, wurde Swesdenkow am 2. September 1957 schließlich zum neuen Leiter der 7. Abteilung ernannt, die den Einsatz der »Illegalen« im Westen koordinierte. In dieser Funktion ergab sich die Gelegenheit, eng mit Popow zusammenzuarbeiten, da dieser in Ostberlin die gleichen Aufgaben für die GRU erledigte.[43]

Im Herbst 1957 verstärkte sich schließlich der Verdacht gegen Popow, da die von ihm betreute illegale GRU-Agentin Margarita Tairowa kurz nach ihrer Ankunft in den USA vom FBI derart plump beschattet worden war, dass sie sich kurz entschlossen wieder in die Sowjetunion absetzte. Die Spionin musste annehmen, dass ihr Einsatz verraten worden sei. Damit bewies die Frau das richtige Gespür, denn Popow hatte die Informationen zu ihrem Einsatz an die CIA weitergeleitet, die wiederum das FBI in Kenntnis setzte. Gleichwohl fehlten dem KGB immer noch handfeste Beweise für die Zusammenarbeit von Popow mit den Amerikanern, weshalb man den Offizier vorerst unbehelligt ließ und weiterermittelte. Der traf sich weiter in Westberlin mit seinen amerikanischen Führungsoffizieren und übergab diesen wichtige Informationen. Gleichzeitig zog sich die Schlinge um den CIA-Agenten in sowjetischer Uniform unbemerkt immer enger. Dem KGB gelang es, jeglichen Verdacht von Swesdenkow abzulenken und den GRU-Offizier in Sicherheit zu wiegen. So zeigten sich weder Popow noch seine amerikanischen Führungsoffiziere besonders besorgt, als der Doppelagent im Spätherbst 1958 zur Berichterstattung nach Moskau befohlen wurde. Zu Weihnachten 1958 traf schließlich bei einer Deckadresse des US-Geheimdienstes in Ostdeutschland ein Brief mit einer verschlüsselten Nachricht ein, in der ATTIC um ein baldiges Treffen in Moskau bat.[44]

Es dürfte wohl kein Zufall gewesen sein, dass im gleichen Moment Swesdenkow ebenfalls in die sowjetische Hauptstadt reiste. Dort übernahm der Geheimdienstoffizier am 25. Dezember 1958 die stellvertretende Leitung des Referats 2 bei der 1. Abteilung der 2. Hauptverwaltung des KGB. Dieser Abteilung unterstand die Spionageabwehr gegenüber den USA.[45] Von nun an erfolgte die Fortsetzung der Spionageabwehroperation gegen Popow folglich von Moskau aus. Am 4. und 21. Januar 1959 fixierte die KGB-Überwachung des Attachés für Wirtschafts- und Verwaltungsfragen an der US-Botschaft in Moskau, Russell Langelle, dessen »zufälliges« Zusammentreffen mit einem Oberstleutnant der Sowjetarmee. Der Offizier, der nach dem kurzen Kontakt mit dem amerikanischen Diplomaten im Hotel »Ostankino« im Nordwesten der sowjetischen Hauptstadt abstieg, stellte sich wenig später als Pjotr Popow heraus. Eine sofort einsetzende Überprüfung durch das KGB ergab, dass dieser im rund 180 Kilometer westlich von Moskau gelegenen Twer, damals Kalinin, wohnte und für die GRU arbeitete. Die nun mit dem Fall befassten Ermittler der militärischen Spionageabwehr fanden zudem heraus, dass Popow angeblich wegen seiner Liebschaft zu einer Österreicherin kurzfristig von seinem Einsatz in der DDR zurückbefohlen worden war, aber immer noch für die Zentrale des sowjetischen Militärgeheimdienstes in Moskau arbeitete.[46]

Die weiterhin von Swesdenkow geleiteten Ermittlungen erhielten von der Spionageabwehr des KGB nun den Decknamen »Judas«. Die Agenten der Geheimpolizei beschatteten den GRU-Offizier ab jetzt auf Schritt und Tritt, lasen dessen Post, hörten sein Telefon ab und schalteten sogar die Funkaufklärung des KGB ein. Das dicht geknüpfte Überwachungsnetz der Geheimpolizei zeigte rasch Ergebnisse. Als Erstes fing das KGB einen von der CIA mit Geheimtinte geschriebenen Brief an Popow ab, der direkt an seine Heimatadresse in Kalinin gerichtet war. Um die US-Diplomaten in Moskau besser überwachen zu können, spritzte ihnen das KGB regelmäßig eine chemische Substanz auf deren Schuhe, die es möglich machte, die Wege der Botschaftsangehörigen ohne engmaschige Überwachung nachzuverfolgen. Nachdem die Spionageabwehr so feststellte, dass der US-Attaché George Winters einen Briefkasten in Botschaftsnähe aufgesucht hatte, wurde dieser unverzüglich geleert und dabei das Schreiben an den GRU-Offizier in Kalinin entdeckt.

Für die sowjetische Militärspionageabwehr erwies sich dieser fatale Fehler des US-Geheimdienstes als willkommenes Geschenk, denn den KGB-Spezialisten gelang es nicht nur, das Schreiben abzufangen, sondern sie konnten auch dessen Inhalt entziffern. Zudem verbarg der Text auch noch den Codeschlüssel für den einseitigen Funkverkehr mit der deutschen Nachrichtenzentrale der CIA bei Frankfurt/Main, die ankündigte, künftig zweimal die Woche verschlüsselte Nachrichten an den Agenten zu senden. Wenig später schickte die CIA sogar noch einen zweiten direkten Brief an Popow, obwohl Kisevalter ja seit dem Spätherbst 1958 ahnen musste, dass dem Agenten das KGB auf den Fersen war. In dem mit Geheimtinte geschriebenen Text dankte Langley Popow für dessen Informationen zu sowjetischen Atom-U-Booten und lobte seinen Bericht zu Interna aus dem GRU-Hauptquartier in Moskau. Weiterhin vergab die CIA neue Spionageaufträge an den Agenten und teilte die Termine für weitere Funksendungen aus Deutschland mit. Nachdem die Beobachtung von ATTIC durch die Gegenspionage feststellen musste, dass der Nachrichtendienstoffizier rastlos weiter Geheimmaterial für die CIA sammelte, trafen KGB- und GRU-Führung den Entschluss, Popow aus dem Verkehr zu ziehen und zu verhaften. Am 18. Februar 1959 wurde der Agent schließlich beim Kauf einer Rückfahrkarte nach Kalinin am Leningrader Bahnhof in Moskau festgenommen.[47]

Nicht ausgeschlossen werden kann jedoch noch eine weitere Möglichkeit, wie Popow in das Visier des KGB geriet. Es dürfte als ziemlich wahrscheinlich gelten, dass der erste CIA-Mitarbeiter an der US-Botschaft in Moskau, Edward Smith, seit 1953 ein Doppelagent war, da er seit diesem Zeitpunkt auch für die sowjetischen Geheimdienstoffiziere in der Lubjanka spitzelte. Smith war offenbar in eine »Honigfalle« des KGB geraten und von diesem zur Zusammenarbeit erpresst worden. Der CIA-Agent landete eines Tages im Bett einer attraktiven Russin und genau in diesem Moment trat der »gehörnte« Ehemann auf den Plan, der sich als KGB-Offizier entpuppte und ihm eine Zusammenarbeit mit dem sowjetischen Geheimdienst anbot, um die Affäre nicht auffliegen zu lassen. Eben dieser Smith war es, der seit 1954 in der sowjetischen Hauptstadt tote Briefkästen für Popow anlegte, über deren gefährliche Lage sich der GRU-Offizier dann bei Kisevalter beschwert hatte.[48]

Da Swesdenkow und das KGB auch weiter auf die nicht besonders professionelle Vorgehensweise der CIA in der Zusammenarbeit mit ATTIC setzten, trafen die sowjetischen Spionageabwehrexperten die Entscheidung, den inhaftierten Popow für ein Doppelspiel mit seinen amerikanischen Führungsoffizieren einzusetzen.[49] Zudem wollte die GRU so Zeit gewinnen, um die durch Popow enttarnten Geheimagenten des Militärspionagedienstes sicher zurück in die Sowjetunion zu bringen. Genau einen Monat nach seiner Verhaftung übergab Popow deshalb, nunmehr in der Uniform eines Oberstleutnants der rückwärtigen Dienste, Langelle im Moskauer Restaurant »Astoria« einen Notizblock mit Geheiminformationen und kündigte an, in Kürze als Bataillonskommandeur nach Swerdlowsk am Ural versetzt zu werden. Diese Vorgehensweise hatte das KGB bewusst gewählt, um längere Pausen im Kontakt zwischen Popow und der CIA besser begründen zu können und so den Verdacht einer Enttarnung nicht aufkommen zu lassen. Von seinem Führungsoffizier erhielt der ehemalige GRU-Angehörige 20.000 Rubel und neue Spionageanweisungen. Die von Popow professionell verwendeten Warnzeichen, die anzeigten, dass er unter KGB-Überwachung stand – so hatte er seinen Text im Notizbuch nicht statt wie bisher nummeriert und auch nicht wie sonst die Eintragungen am Ende der Kladde begonnen –, wurden von der CIA wohl bewusst oder unbewusst übersehen. Zu stark schien Langley wohl immer noch daran interessiert, von Popow geheime Informationen über die sowjetischen Streitkräfte zu erhalten. Möglicherweise wollte sich der US-Geheimdienst aber auch mit der Spionageabwehr des KGB messen. Ende Juli 1959 erfolgte schließlich ein weiteres Treffen im »Astoria«, bei dem Popow den Amerikanern neues Agentenmaterial übergab und gleichzeitig von der CIA den Auftrag erhielt, Raketenstützpunkte der sowjetischen Streitkräfte im Ural auszuspionieren. Von Popows »Geheiminformationen«, in Wirklichkeit Spielmaterial des KGB, zeigte sich der US-Nachrichtendienst allerdings zusehends enttäuscht, hatten sie doch bei Weitem nicht mehr das Kaliber der Informationen, die der GRU-Offizier noch in Berlin an die CIA übermittelt hatte.

Ein drittes Treffen zwischen Popow und Langelle erfolgte schließlich am 18. September 1959. Hierbei gelang es dem unter KGB-Überwachung stehendem CIA-Agenten, auf der Toilette des im Zentrum Moskaus gelegenen Restaurants »Aragwi« in einem scheinbar unbeobachteten Moment eine Nachricht an seinen Führungsoffizier von der CIA zu übergeben. Auf acht kleinen Papierfetzen teilte ATTIC den Amerikanern mit, dass ihn das KGB aufgrund der Briefüberwachung festgenommen habe und der sowjetische Geheimdienst seine Person nunmehr für ein Doppelspiel mit der CIA einsetze. Wenn er kooperiere, würde seine Strafe auf fünfzehn Jahre Lagerhaft begrenzt werden. Deshalb bat er die amerikanischen Geheimdienstler, weiter so zu tun, als würden sie nichts von der Falle bemerken. Popow schrieb ferner, dass er, wenn sich das Agentenspiel positiv entwickeln würde, das Vertrauen des KGB gewinnen könne und dann vielleicht sogar in Berlin eingesetzt werde. Dort wolle der GRU-Offizier dann versuchen, zu den Amerikanern überzulaufen.[50]

Offensichtlich blieb die geheime Übergabe jedoch vom KGB nicht unentdeckt, denn der hatte das Restaurant verwanzt und zusätzlich unter Einsatz von Foto- und Filmtechnik überwacht: Das nächste »Geheimtreffen« zwischen Popow und Langelle in einem Bus der Linie 107 am Morgen des 16. Oktober 1959 endete jedenfalls mit der Festnahme des CIA-Mitarbeiters. Der US-Diplomat wurde drei Tage später aus der Sowjetunion ausgewiesen. Für Popow ging die Agentenaffäre weniger glimpflich aus. Ein Militärgericht der Sowjetarmee klagte den Offizier wegen Spionage an und verurteilte ihn in geheimer Verhandlung am 7. Januar 1960 zum Tode. Im Juni 1960 erfolgte schließlich die Hinrichtung des ersten CIA-Maulwurfes in der GRU.[51]

Der hatte den bislang streng geheimen sowjetischen Militärnachrichtendienst für die Amerikaner in ein offenes Buch verwandelt. Angeblich soll er für den US-Geheimdienst mehr als 650 GRU-Offiziere enttarnt und weitere Hinweise auf Hunderte Agenten der sowjetischen Militäraufklärung gegeben haben. Zudem lieferte Popow an seine Auftraggeber umfangreiche Informationen zur Bewaffnung und Struktur der Roten Armee sowie zahlreiches Material zu Strategie und Taktik der sowjetischen Streitkräfte. Durch die daraus folgende entsprechende Anpassung ihrer Rüstungsanstrengungen habe die USA allein in den Bereichen Forschung und Entwicklung bis zu 500 Millionen Dollar eingespart. Die Schadenseinschätzung der russischen Seite fällt natürlich bescheidener aus. Die militärische Spionageabwehr des KGB ging davon aus, dass Popow rund achtzig im Ausland eingesetzte Offiziere der GRU kompromittiert hatte, sodass diese nur noch für einen Einsatz in der Moskauer Zentrale taugten. Außerdem habe er der CIA die Namen von vier illegalen Agentenführern und siebzehn GRU-Quellen mitgeteilt. Ferner übergab er den Amerikanern Informationen über die Organisation des sowjetischen Militärgeheimdienstes und seine Arbeitsmethoden. Gleichwohl sei es gelungen, den Schaden durch Popow zu begrenzen, da wichtige Quellen noch rechtzeitig gewarnt oder in Sicherheit gebracht werden konnten.[52]

Der Spion der die Welt rettete? Oberst Oleg W. Pen'kowskij im Dienst von CIA und MI6

Am 20. November 1999 zitierte der damalige CIA-Direktor George Tenet einen in seinen Augen »außergewöhnlichen Helden« des Kalten Krieges: »Ich bin der Ansicht, dass mein Platz in diesen unruhigen Zeiten an der Frontlinie ist. Ich muss an der Frontlinie bleiben, um Ihre Augen und Ohren zu sein. Gott gebe nur, dass meine bescheidenen Bemühungen im Kampf für unsere hohen Ideale der Menschheit nützlich sind. Bitte glauben Sie, dass Ihr Soldat einen würdigen Platz unter seinen Kameraden einnehmen wird, die für die Gerechtigkeit kämpfen.«[53]

Diese Worte wurden von Oleg Pen'kowskij geschrieben, einem Oberst der Hauptverwaltung Aufklärung beim Generalstab der Sowjetarmee. Folgen wir der offiziellen Geschichte der CIA, so fungierte der amerikanische Spion in der GRU nicht nur während der Berlin-Krise, sondern auch während des Konfliktes um die Stationierung sowjetischer Mittelstreckenraketen auf Kuba als die zuverlässigste und hochrangigste Quelle der USA in Moskau: »Die Geheimdienstinformationen, die Pen'kowskij lieferte [...], gaben Präsident Kennedy das Vertrauen, das er brauchte, um Nikita Chruschtschow Auge in Auge gegenüberzutreten und ihn zum Blinzeln zu bringen.«[54]

Im heutigen Russland existiert hingegen eine völlig andere Version des Spionagefalls Pen'kowskij. Der GRU-Oberst spielte demnach die Schlüsselrolle in einem brillanten Doppelspiel der sowjetischen Geheimdienste gegen die CIA und den britischen Auslandsnachrichtendienst MI6. Zusammen mit der GRU setzte das KGB den hochrangigen Offizier als Agent Provocateur gegen die wichtigsten Geheimdienste der westlichen Welt ein. An seine Führungsoffiziere bei der CIA und beim MI6 habe der Agent nur für Moskau nützliche Desinformationen geliefert.[55]

Oleg W. Pen'kowskij kam am 23. April 1919 in Wladikawkas im Nordkaukasus zur Welt. Sein Vater war ein adliger Offizier der Weißgardisten, ein Faktum, dass der zukünftige GRU-Offizier lange verheimlichen konnte. Er fiel noch vor der Geburt des Jungen bei den Kämpfen um Rostow während des Bürgerkrieges, sodass die Mutter die Erziehung ihres Sohnes allein übernahm. Nach seinem Schulabschluss 1937 begann Pen'kowskij an der Kiewer Artillerieschule ein Studium, das er 1939 abschloss. Unmittelbar danach nahm der Berufssoldat, inzwischen in die kommunistische Partei eingetreten, als Politoffizier einer Artilleriebatterie an der Besetzung der östlichen Gebiete Polens durch die Rote Armee teil, die ab Mitte September 1939 erfolgte. Mit dem Ende August 1939 unterzeichneten Hitler-Stalin-Pakt hatten das Deutsche Reich und die Sowjetunion die »vierte Teilung Polens« vereinbart. Von 1940 bis 1941 leitete der junge Offizier dann die Arbeit des kommunistischen Jugendverbandes Komsomol an der Moskauer Artillerieschule. Zwischen 1941 und 1943 folgte ein Einsatz bei der Politverwaltung des Moskauer Militärbezirkes. 1943 ließ sich der inzwischen zum Major beförderte Pen'kowskij an die Front versetzen. Dort zunächst als Ausbildungsoffizier tätig, übernahm er wenig später das Kommando über das 323. Garde-Panzerjäger-Artillerieregiment. Anfang 1944 wurde er schwer am Kopf verletzt und kam zur Genesung in ein Moskauer Lazarett. Dort wurde er im Juli 1944 zum Adjutanten von Marschall Sergej S. Warenzow, dem Artilleriekommandeur der 1. Ukrainischen Front, ernannt. Dieses Zusammentreffen sollte sich der weiteren Karriere des aufstrebenden Offiziers als überaus förderlich erweisen, denn bald entwickelte sich zwischen beiden ein enges Verhältnis, das rasch über dienstliche Belange hinausging.

Am letzten Tag der Kämpfe des Zweiten Weltkrieges in Deutschland wurde Pen'kowskij nach erneuten Verwundungen schließlich als Kommandeur des 51. Garde-Panzerjäger-Artillerieregiments mit dem Aleksandr-Newski-Orden ausgezeichnet. Der hohe Orden, während des Krieges insgesamt nur 40.000-mal verliehen, war für Offiziere vorgesehen, die sich während der Kämpfe durch persönlichen Mut ausgezeichnet und militärische Erfolge bei geringen eigenen Verlusten erzielt hatten. Der Major erhielt die Auszeichnung, weil seine Einheit während der Kämpfe um die niederschlesische Stadt Jauer, heute Jawor, binnen weniger Tage fünf Panzerabwehrgeschütze, zwanzig MG und fünf Granatwerfer zerstört sowie mehr als 200 Soldaten der Wehrmacht getötet hatte.[56]

Unmittelbar nach Kriegsende konnte der hochdekorierte Offizier, immerhin mit vier Orden und drei Medaillen ausgezeichnet, noch im Herbst 1945 ein Studium an der renommierten Frunse-Militärakademie, der Kaderschmiede der Roten Armee, antreten. Im gleichen Jahr heiratete er die gerade siebzehnjährige Vera, Tochter von General Dmitrij A. Gapanowitsch, dem einflussreichen Leiter der Politverwaltung des Militärbezirks Moskau. 1948 schloss Pen'kowskij sein

Studium an der Akademie erfolgreich ab, wurde ein Jahr später mit nur dreißig Jahren zum Oberst befördert und trat eine Dienststelle beim Hauptstab der Landstreitkräfte der Sowjetarmee an. Der neue Posten sollte sich jedoch nur als kurze Zwischenstation erweisen, denn noch im selben Jahr begann der frischgebackene Generalstabsoffizier eine vierjährige Ausbildung an der Militärdiplomatischen Akademie der sowjetischen Streitkräfte. 1953 wurde der Oberst schließlich in die 4. Verwaltung der GRU übernommen, die für die geheimdienstliche Überwachung des Nahen Ostens verantwortlich zeichnete. Hier sollte Pen'kowskij auf seine zukünftige Rolle als Militärattaché und Resident der Militäraufklärung in der Türkei vorbereitet werden.[57]

Zwei Jahre später trat der Oberst endlich seinen ersten Auslandsposten an. In Ankara fungierte er seit Juli 1955 als Chefgehilfe des dortigen sowjetischen Militärattachés. Da dessen Stelle gerade unbesetzt war, erfüllte Pen'kowskij zunächst sowohl die Pflichten des Militärattachés als auch des Leiters der GRU-Residentur in der Türkei. Als im Februar 1956 die Position des Militärdiplomaten endlich durch Generalmajor Nikolaj P. Sawtschenko neu besetzt wurde, musste Pen'kowskij wieder ins zweite Glied zurücktreten, was ihm offensichtlich außerordentlich schwerfiel. Hinzukam, dass sich der auf sein persönliches Fortkommen bedachte Oberst seinem neuen Chef nicht unterordnen wollte und versuchte, gegen ihn bei der GRU-Führung zu intrigieren. Entsprechend harsch fiel seine Beurteilung durch den Vorgesetzten aus: »Eine rachsüchtige und gehässige Person, beispielloser Karrierist, wegen seines Aufstieges zu jeder Gemeinheit fähig.«[58]

Der Konflikt weitete sich schließlich auch noch auf einen weiteren Mitarbeiter der GRU-Residentur in Ankara aus. Oberstleutnant Nikolaj W. Iontschenko, in der türkischen Hauptstadt verantwortlich für die Betreuung verschiedener Spione, wurde von Pen'kowskij beschuldigt, seiner Rolle als Führungsoffizier nicht gerecht zu werden. Als seine Denunziationen in Moskau ohne Folgen blieben, rief der Oberst sogar anonym beim türkischen Geheimdienst an und informierte diesen über die nachrichtendienstlichen Aktivitäten von Inotschenko.

Der nahm ihn schließlich im Mai 1956 bei einem Agententreff fest und ließ den Geheimdienstoffizier zur *persona non grata* erklären. Noch mehr untergrub Pen'kowskij allerdings seine Position beim militärischen Nachrichtendienst der Sowjetarmee dadurch, dass er nun auch noch das KGB in seine Intrigen einschaltete. Dessen Chef, Armeegeneral Iwan A. Serow, später selbst Leiter der GRU, informierte unverzüglich Parteichef Chruschtschow über den Zwischenfall, der daraufhin eine entsprechende Untersuchung befahl. In deren Folge wurden sowohl Militärattaché Sawtschenko als auch Pen'kowskij von ihren Posten abgesetzt und zurück nach Moskau befohlen. Während der General jedoch seinen Abschied bei der GRU nehmen musste und in den Ruhestand versetzt wurde, konnte der Oberst seinen Dienst bei der Militäraufklärung weiter fortsetzen.[59]

Allerdings hatte sein bislang kometenhafter Aufstieg nun ein Ende genommen, der langersehnte Generalsrang blieb ihm infolge seines Verhaltens in Ankara verwehrt, stattdessen arbeitete er nunmehr als Oberoffizier in der für den Nahen Osten zuständigen 4. Verwaltung der GRU. Im November 1958 konnte Pen'kowskij schließlich, wohl nicht ohne die Protektion seines Gönners Marschall Warenzow, inzwischen zum Oberkommandierenden der Artillerie der Sowjetarmee aufgestiegen, einen sechsmonatigen Generalstabslehrgang an der Dsershinskij-Militärakademie zur Ausrüstung der sowjetischen Streitkräfte mit Raketenwaffen besuchen. Damit erlangte der GRU-Oberst einen Wissensschatz, der ihm später bei der Spionage für die CIA und den MI6 von großem Nutzen sein sollte, denn in der Sowjetarmee war der Kreis der Offiziere, die Zugang zu Informationen über ballistische Fernlenkwaffen hatten, aus Gründen der strengen Geheimhaltung denkbar kleingehalten worden.

Nachdem Ende 1958 der bisherige Vorsitzende des KGB, Iwan Serow, zum Chef der Militäraufklärung ernannt worden war, schienen sich die Chancen für das weitere Fortkommen Pen'kowskijs wieder aufzuhellen, versprach ihm der General bei einem persönlichen Treffen doch nichts weniger als den Einsatz als Militärattaché und

GRU-Resident in Indien. Den in Aussicht gestellten Posten sollte der Oberst jedoch nie antreten. Am 5. Januar 1960 warf ihm der stellvertretende Chef der Personalabteilung des Militärgeheimdienstes, Generalmajor Aleksandr A. Schumskij, vor, bislang verheimlicht zu haben, dass sein Vater als Offizier während des Bürgerkrieges gegen die Rote Armee gekämpft hatte. Die Information kam offenbar aus dem KGB, das nach dem Ende des Zweiten Weltkrieges in Europa zahlreiche Archive der russischen Emigration in seinen Besitz gebracht hatte und diese nun in großem Umfang systematisch auswertete. Als Folge der »Entdeckung« wurde Pen'kowskijs geplante Ernennung zum Militärattaché umgehend rückgängig gemacht und der Oberst in die GRU-Reserve versetzt.[60]

Im Sommer 1960 beriefen seine Kommandeure Pen'kowskij schließlich zum Mitglied der Berufungskommission für die Militärdiplomatische Akademie. Nach seinem Sommerurlaub erhielt der Oberst das Angebot, entweder eine Lehrtätigkeit an der GRU-Kaderschmiede aufzunehmen oder in die Auswertungsabteilung des Militärgeheimdienstes versetzt zu werden. Beides lehnte Pen'kowskij ab, weshalb Schumskij ihm deutlich machte, dass er spätestens in zwei Jahren, nach dem Erreichen seiner 25-jährigen Dienstzeit aus der Armee entlassen werde, ohne vorher nochmals ins Ausland versetzt zu werden.

In den späten Abendstunden des 12. August 1960 näherte sich auf der Großen Moskwa-Brücke in der Nähe des Kremls ein Passant zwei amerikanischen Touristen und bat diese in passablem Englisch um Feuer. Nur wenig später händigte der Unbekannte den beiden ein Päckchen aus und ersuchte darum, die darin enthaltenen Schreiben dem US-Militärattaché an der amerikanischen Botschaft in Moskau zu übergeben. Zugleich teilte er ihnen mit, dass dem am 1. Mai 1960 über Swerdlowsk mit seiner U-2 abgeschossenen CIA-Piloten Francis Gary Powers in vier Tagen in der sowjetischen Hauptstadt der Prozess gemacht werde. Weiterhin informierte er seine Gesprächspartner darüber, dass auf dessen Spionageflugzeug vierzehn Luft-Boden-Raketen des Typs SAM-2 abgefeuert worden waren, die nicht nur die Maschine von Powers trafen, sondern auch einen sowjetischen Abfangjäger abschossen, der gleichfalls den Befehl hatte, das US-Flugzeug abzufangen. Der Pilot der MiG-19, Oberleutnant Sergej I. Safronow, kam dabei ums Leben.

Von der Geschichte beeindruckt, machte sich einer der beiden, Eldon Ray Cox, sofort auf dem Weg zur US-Vertretung, wo er das Schreiben dem Sicherheitsoffizier John Abidian übergab. Der nahm die Unterlagen scheinbar desinteressiert an sich und entließ Cox. Noch in der gleichen Nacht ging allerdings ein entsprechender Bericht an die CIA-Zentrale in Langley. Hier landeten die Aktennotiz sowie die Briefe auf dem Schreibtisch von Joseph J. Bulik, dem Chef der Abteilung für Sonderoperationen in der Sowjetunion. Der konnte als Verfasser relativ schnell Pen'kowskij ausmachen, hatte der doch ein Bild beigelegt, das einen sowjetischen und amerikanischen Offizier zeigte, wobei der Kopf des Militärs der Sowjetarmee herausgeschnitten worden war. Nach kurzer Prüfung ergab sich, dass es sich bei dem US-Offizier um Oberst Charles M. Peeke bei einem Empfang in Ankara handelte. Der identifizierte nur wenig später Pen'kowskij als Autor des Schreibens. Um in Kontakt mit der CIA zu treten, hatte der GRU-Oberst zudem den Plan für einen toten Briefkasten beigelegt, über den der US-Geheimdienst mit ihm Verbindung aufnehmen sollte.[61]

Es zeigte sich jedoch rasch, dass es so gut wie unmöglich war, dieses Vorhaben umzusetzen. Zwar gelang es, nach heftigen Streitigkeiten mit dem US State Department, Anfang Oktober 1960 einen CIA-Mitarbeiter nach Moskau zu schicken, der als Hausmeister des dortigen Amerikahauses getarnt Kontakt zu Pen'kowskij aufnehmen sollte. COMPASS, so dessen Deckname, sah sich jedoch aufgrund der engmaschigen Überwachung durch das KGB außerstande, den vom GRU-Offizier bezeichneten toten Briefkasten zu bestücken. Ein Anruf bei dem Selbstanbieter scheiterte dann an den geringen Russischkenntnissen des CIA-Agenten. Pen'kowskij war inzwischen am 15. November 1960 zur Internationalen Abteilung des Staatskomitees für die Koordinierung wissenschaftlich-technischer Arbeiten versetzt worden, wo er im Auftrag des Militärgeheimdienstes Industrie- und Wirtschaftsspionage betreiben sollte.[62] Da seit dem ersten Versuch der Kontaktaufnahme mit dem US-Geheimdienst mehr als vier Monate ohne eine Antwort der CIA vergangen waren, wurde Pen'kowskij immer ungeduldiger und sprach in seiner Funktion als Vertreter des Staatskomitees mehrmals verschiedene westliche Geschäftsleute an, die entweder Schreiben oder Nachrichten des GRU-Obersten an westliche Geheimdienste übergeben sollten. Obwohl sich die Angesprochenen geweigert hatten, entsprechende Lieferungen entgegenzunehmen, informierten sie doch den britischen Auslandsnachrichtendienst MI6 von diesen Vorfällen. Der setzte daraufhin in Absprache mit der CIA den britischen Ingenieur Greville Wynne als Verbindungsmann zu Pen'kowskij ein. Wynne war dem MI6 aufgefallen, weil er häufig geschäftlich nach Osteuropa reiste und dort offenbar gezielt nach Wirtschaftskontakten suchte. In dieser Rolle sollte der Engländer Ende 1960 mit einer britischen Delegation nach Moskau fliegen und dort endlich Kontakt zu Pen'kowskij herstellen. Anfang April 1961 glückte schließlich die Verbindungsaufnahme und Wynne erhielt während einer weiteren Reise nach Moskau von Pen'kowskij erneut Unterlagen sowie mehrere Mikrofilme mit Geheimdokumenten. Zugleich informierte der Geheimdienstoffizier Wynne darüber, dass er am 20. April 1961 an der Spitze einer sowjetischen Delegation zu einem Gegenbesuch nach London reisen werde.

Eine Gruppe von vier Experten der CIA und des MI6, zu der neben dem bereits bekannten Kisevalter auch Bulik, Harald Shergold – Agentenführer des MI6 – sowie Michael Stokes – ein russisch sprechender Offizier des britischen Auslandsnachrichtendienstes – gehörten, bereitete daraufhin in aller Eile zahlreiche Treffen mit Pen'kowskij in London vor, bei denen dieser bis zum 6. Mai 1961 insgesamt siebzehnmal über seine Tätigkeit beim sowjetischen Militärnachrichtendienst sowie über wichtige politische und militärische Entwicklungen in der UdSSR berichtete. Die Treffen fanden zumeist in einem Zimmer des Hotels statt, in dem Wynne die sowjetische Delegation untergebracht hatte. Zugleich versorgten ihn CIA und MI6 mit Unterlagen, die Pen'kowskij bei seinen Vorgesetzten als »Beweis« für seine erfolgreiche Spionagearbeit im Westen nutzen konnte.[63]

In die sowjetische Hauptstadt zurückgekehrt, gab der GRU-Offizier vor, für eine militärische Zeitschrift einen Beitrag über die Strategie des Nuklearkrieges schreiben zu wollen. Hierfür erhielt er mit der Erlaubnis seines Förderers Warenzow Zugang zur Sonderbibliothek des militärischen Nachrichtendienstes. Hier konnte Pen'kowskij nun mit seiner Minox-Agentenkamera zahlreiche geheime und streng geheime Unterlagen des sowjetischen Militärs abfotografieren. Die von ihm abgelichteten Dokumente zu den sowjetischen Nuklear- und Raketenbauprogrammen erhielten zusammen mit den Kopien von hochgeheimen Aufsätzen aus den Sondernummern der Zeitschrift *Woennaya mysl*, die nur für Divisionskommandeure und höhere Dienstränge bestimmt war, bei der CIA den Decknamen IRONBARK. Mindestens die Hälfte der insgesamt rund 5000 abfotografierten Seiten, die Pen'kowskij dem US-Geheimdienst und dem MI6 übergab, stammte aus der GRU-Sonderbibliothek. Das restliche Agentenmaterial kam aus dem Hauptquartier des inzwischen zum Hauptmarschall beförderten Warenzow, der nun als Oberkommandierender der Raketentruppen und Artillerie fungierte, sowie aus der Dserschinski-Militärakademie und dem Staatskomitee für die Koordinierung wissenschaftlich-technischer Arbeiten.[64] Pen'kowskijs Informationen aus mündlichen Zusammenkünften und Abschriften von sowjetischen Geheimdokumenten wiederum erhielten die Tarnbezeichnung CHICKADEE.

In Moskau begann Pen'kowskij also sofort mit der Ablichtung zahlloser Geheimdokumente, und als Wynne am 25. Mai 1961 zu einem Gegenbesuch in der sowjetischen Hauptstadt eintraf, erhielt er von dem Agenten die ersten drei Filme seiner Minox-Kamera, die insgesamt 150 Aufnahmen enthielten. Wenig später bekam er von dem Engländer hierfür 3000 Rubel überreicht. Zugleich zeigte der Kurier dem GRU-Obersten Fotos der britischen Botschaftsangestellten Janet

Anne Chisholm und ihrer Kinder. Die Frau des in Moskau eingesetzten MI6-Offiziers Ruari Chisholm sollte in Wynnes Abwesenheit als Kurierin für Pen'kowskijs Dokumentenlieferungen fungieren. Anfang Juli 1961 glückte die erste unbemerkte Übergabe des Agentenmaterials zwischen den beiden. Pen'kowskij überreichte Chisholm in einem Park sieben in einer Pralinenschachtel verpackte Mikrofilme und einen zweiseitigen mit Schreibmaschine verfassten Text, der wichtige Bemerkungen von Warenzow zu den Plänen des sowjetischen Militärs im Rahmen der sich immer mehr verschärfenden Krise um Berlin enthielt. Am 4. Juli 1961 wurde Pen'kowskij schließlich zum stellvertretenden Leiter der Auslandsabteilung des Staatskomitees befördert, was seine Position als Spion nur stärken konnte.

Am 18. Juli 1961 reiste der Agent erneut nach London. Hier unterrichtete er seine Agentenführer bis zu seiner Abreise am 7. August 1961 über geheime Operationen der GRU, über die sowjetischen Raketenstreitkräfte sowie die Positionen Chruschtschows und seiner Generäle in der Berlin-Frage. Bei einem der Treffen durfte Pen'kowskij sowohl in der Uniform eines amerikanischen als auch britischen Obersten posieren. Sie sollten den sowjetischen Offizier darüber hinwegtrösten, dass er entgegen seinen Wünschen bislang weder der Queen noch hochrangigen Regierungsvertretern vorgestellt worden war. Diese kleine Episode zeigt, dass sogar seine Führungsoffiziere die Motive des Selbstanbieters für die Zusammenarbeit kaum verstanden, sonst hätten sie ihrer wertvollen Quelle sicherlich den lang gehegten Traum einer Generalsuniform erfüllt. Am 23. August 1961 begab sich Wynne abermals nach Moskau, wo er weiteres Material sowie sechs Filmkassetten von Pen'kowskij erhielt. Nur wenig später trafen die beiden dann erneut in Paris zusammen, als der Oberst mit einer Delegation die dortige sowjetische Handelsmesse besuchte. Wiederum waren die Tage und Nächte des Agenten von zahlreichen Treffen mit seinen Führungsoffizieren bestimmt.[65]

In der französischen Hauptstadt gab es allerdings auch erstmals einen Zwischenfall, der den Verdacht säte, dass der GRU-Offizier mit westlichen Geheimdiensten zusammenarbeitete. Im August 1961 erhielt der Mitarbeiter der Residentur des Militärgeheimdienstes in Paris, Wadim G. Il'in, von einer seiner Quellen im französischen Verteidigungsministerium den Hinweis, dass es bei den sowjetischen Geheimdiensten einen »Maulwurf« gäbe. Im September – während des Aufenthaltes von Pen'kowskij in der Metropole an der Seine – bestätigte die Quelle erneut die Existenz eines Doppelagenten in der GRU und nannte sogar dessen Namen. Nachdem der Agent von Il'in erfahren hatte, dass sich genau dieser Pen'kowskij gerade in Paris aufhalte, brach er sofort alle Kontakte zur sowjetischen Militäraufklärung ab. Als Il'in daraufhin Moskau über die Mutmaßungen informieren wollte, verbot der Chef der GRU-Residentur, Militärattaché Nikolaj I. Tscheredeew, eine entsprechende Meldung an die Zentrale mit dem Hinweis, die Nachricht der Quelle sei unbestätigt.[66]

Gleichwohl deutete sich an, dass es möglicherweise bei der CIA oder dem MI6 eine undichte Stelle geben könnte, welche das KGB über die Existenz eines »Maulwurfes« beim militärischen Nachrichtendienst informierte. Wie dem auch sei, am 30. Dezember 1961 registrierten die KGB-Überwacher von Janet Chisholm, dass sich diese für rund eine halbe Minute in einem fremden Hauseingang am Moskauer Gartenring aufhielt. Nach weiteren dreißig Sekunden trat aus dem Gebäude ein Mann, der der Britin nachsah und dann für etwa zwanzig Minuten erneut in dem Gebäude verschwand. Anschließend bewegte sich der Unbekannte gleichfalls in Richtung Gartenring, wobei er es vermochte, seine Verfolger abzuschütteln. Diese ließen allerdings eine Phantomzeichnung anfertigen und verteilten das Bild dann an weitere Überwachungsteams der Spionageabwehr des KGB in Moskau.

Bereits am Mittag des 19. Januar 1962 tauchte der Unbekannte erneut auf, als er Chisholm in einen Hausaufgang in der Arbatgasse folgte. Wie bereits im ersten Fall kam er eine halbe Minute nach der Diplomatenfrau aus dem Gebäude und schlenderte danach rund eine halbe Stunde durch Moskau. Auf der Twerskaja-Straße betrat die

Person dann das Gebäude des Staatskomitees für die Koordinierung wissenschaftlich-technischer Arbeiten, das sie am Ende des Arbeitstages verließ. Mit öffentlichen Verkehrsmitteln fuhr der Verdächtige anschließend zur Maxim-Gorki-Straße 36. Für das KGB bereitete es keine Schwierigkeiten festzustellen, dass es sich bei dem Verdächtigen um den 43-jährigen Oleg Pen'kowskij handelte.[67]

Die nachfolgende engmaschige Überwachung Pen'kowskij durch die Staatssicherheit verstärkte den Anfangsverdacht der Spionage, vor allem das Abhören seiner Wohnung sowie entsprechende Foto- und Filmaufnahmen überzeugten die Ermittler, hier einen Doppelagenten vor sich zu haben, der für westliche Nachrichtendienste arbeitete. So wurde der GRU-Offizier beispielsweise nicht nur beim Abfotografieren von Geheimdokumenten beobachtet, sondern auch beim Abhören von Agentenfunksendungen. Durch die Auswertung archivierter Funksendungen gelang es den Abwehrspezialisten des KGB festzustellen, dass die Funkmeldungen aus dem Nachrichtenzentrum der CIA in Frankfurt/Main stammten und seit Oktober 1961 regelmäßig zwischen 0.00 bis 0.30 Uhr erfolgten.

Nachfolgend sorgte das KGB zunächst dafür, dass der Zugang Pen'kowskijs zu Geheimmaterial eingeschränkt wurde. Bei der reichen Erfahrung des Dienstes in Doppelspielen ist nicht auszuschließen, dass die Agententätigkeit des GRU-Obersten nun dafür genutzt wurde, um seinen Auftraggebern im Westen Desinformationsmaterial zuzuspielen. Im April 1962 erhielt angeblich auch endlich GRU-Chef Serow während einer Sitzung von Militärs im Kreml die Information, dass die militärische Spionageabwehr des KGB Pen'kowskij für einen Doppelagenten halte. Dass der Oberst allerdings erst am 22. Oktober 1962, also auf dem Höhepunkt der Kuba-Krise, verhaftet wurde, verwundert auf den ersten Blick. Vielleicht wollte das KGB zuvor alle seine Kontakte und Verbindung mit westlichen Geheimdiensten feststellen, wahrscheinlicher scheint jedoch, dass man diesen Kanal so lange wie möglich nutzen wollte, um CIA und MI6 mit frisierten Dokumenten zu »versorgen«. Um eine bereits vom Zentralkomitee der

Kommunistischen Partei genehmigte Reise Pen'kowskijs ins westliche Ausland zu verhindern, griff das KGB sogar auf den Einsatz von Gift zurück. Sein Schreibtisch im Staatskomitee wurde mit einem Kontaktmittel präpariert, das bei dem Agenten eine schmerzhafte Hautentzündung hervorrief und zur Einweisung in ein Krankenhaus zwang. Zugleich ergab sich so die Gelegenheit, ungestört seine Wohnung zu durchsuchen. Hierbei stießen die Abwehroffiziere des KGB auf mehrere Minox-Kameras, Filmkassetten, Chiffriertabellen, Funkempfänger und andere Spionageausrüstung. Dass auch ein mit Pen'kowskijs Bild versehener falscher Reisepass entdeckt wurde, sorgte wohl mit dafür, dass der GRU-Oberst endlich festgenommen wurde. In KGB-Haft gab der Agent sofort seine Spionagetätigkeit zu und kündigte an, mit den Ermittlern zusammenarbeiten zu wollen. Infolgedessen verhaftete das KGB am 2. November 1962 den als Archivar an der Moskauer US-Botschaft getarnten CIA-Mitarbeiter Richard Jacobs, als der einen scheinbar von Pen'kowskij beschickten toten Briefkasten leeren wollte. Am gleichen Tag nahm die ungarische Staatssicherheit in Budapest Wynne fest und überstellte ihn umgehend nach Moskau an das KGB. Damit versiegten die Quellen CHICKADEE und IRONBARK endgültig.[68]

Selbst heute, mehr als sechzig Jahre nach der Festnahme Pen'kowskijs, fällt es immer noch schwer, darüber zu urteilen, welches Geheimmaterial der Agent tatsächlich an den Westen weitergab und wie seine Informationen die Sicht der amerikanischen und britischen Geheimdienste auf die Sowjetunion veränderten. Nahezu die gesamten von Pen'kowskij gemachten Fotokopien der russischsprachigen Originale des an die CIA und den MI6 übergebenen Materials sind immer noch geheim. Zugänglich sind allenfalls die englischen Übersetzungen der CIA von Beiträgen aus der Zeitschrift *Woennaya mysl* sowie verschiedener Veröffentlichungen der Strategischen Raketentruppen der UdSSR. Weiterhin lässt sich zumindest auf einen Teil der Transkripte der Treffen mit seinen westlichen Führungsoffizieren in London und Paris aus dem Jahr 1961 zurückgreifen, während ein beträchtlicher

Teil dieser Tonbandabschriften immer noch gesperrt ist. Lange Zeit hatten deshalb nur die Analysten der CIA und des MI6 die Möglichkeit, zu überprüfen, was Pen'kowskij bei diesen Besprechungen den westlichen Geheimdiensten erzählte. Aus diesem Grund erscheint es sinnvoll, anhand der heute auch verfügbaren sowjetischen Archivquellen hier kurz darzustellen, über welches Wissen der GRU-Oberst tatsächlich zu den wichtigsten Waffen der Sowjetarmee – ihre Atomsprengköpfe und Interkontinentalraketen – verfügte.

Zunächst sollten wir uns vor Augen halten, dass fast alle sowjetischen Dokumente, die sich auf strategische Raketen und die nuklearen Gefechtsköpfe für diese Waffen bezogen, die Klassifizierung »streng geheim/besondere Wichtigkeit« trugen – was die höchste sowjetische Geheimhaltungsstufe bedeutete. Wie wir aus den jetzt zugänglichen CIA-Dokumenten wissen, hatte Pen'kowskij allerdings zumeist nur Zugang zu streng geheimen Dokumenten. Deshalb konnte er den Westen gar nicht mit den neuesten Ergebnissen der sowjetischen Fernraketenentwicklung versorgen. Lediglich im Stab von Hauptmarschall Warenzow hatte der GRU-Offizier die Gelegenheit, Unterlagen mit der höchsten Geheimhaltungsstufe einzusehen und wohl auch zu kopieren. Doch als Oberkommandierender der Raketen- und Artillerietruppen der Sowjetarmee besaß der Marschall lediglich die Zuständigkeit für taktische und operativ-taktische Fernlenkwaffen mit einer Reichweite von bis zu 300 Kilometern und verfügte deshalb über keinen Zugriff auf Akten zu strategischen Interkontinentalraketen.

Das wird schon in einer der ersten Dokumentensendungen Pen'kowskijs an die CIA deutlich, die er Wynne im April 1961 auf dem Londoner Flughafen Heathrow übergeben hatte. Hiermit lieferte der Agent dem US-Geheimdienst nur Angaben zu Fernlenkraketen, die – wie die R-1 (eine sowjetische Kopie der deutschen V-2), R-2 und R-11 – bereits veraltet und längst aus dem Inventar der Sowjetarmee ausgemustert waren.[69] Ferner übergab er den Amerikanern und Briten Beschreibungen zu taktischen Atomraketen, die zwar über die höchste sowjetische Geheimhaltungsstufe verfügten, sich jedoch bei näherem Hinsehen als Handreichungen für »Propagandawaffen« erwiesen. Immerhin hatte der sowjetische Partei- und Staatschef Chruschtschow diese Waffensysteme »Filin« (FROG-1) und »Mars« (FROG-2) bereits am 7. November 1957 bei der jährlichen Parade der Sowjetarmee auf dem Roten Platz der Weltöffentlichkeit präsentiert und damit für entsprechendes Aufsehen gesorgt.[70] Die Raketen, so westliche Experten nach der Moskauer Waffenschau, seien »für den beweglichen Einsatz als autonome Kampfelemente konzipiert worden […] und könnten – mit Stoßverbänden, also gemischten Panzer- und Infanterieeinheiten – tief in das Gebiet des Gegners eindringen«.[71] Die bei der Parade gezeigte taktische Atomrakete »Filin« wurde allerdings nie offiziell in die Bewaffnung der Sowjetarmee aufgenommen, sondern lediglich als Erprobungsträger verwendet. Demgegenüber fand das Waffensystem »Mars« zwar Eingang in die Bewaffnung der Streitkräfte der UdSSR, da dessen Leistungen jedoch nicht den Erwartungen des Militärs entsprachen, wurde die Produktion bereits 1959 nach dem Bau von 300 Raketen und 25 Startrampen wieder eingestellt.[72] Das gleiche Schicksal ereilte auch ein weiteres taktisches Raketensystem, dessen Beschreibung Pen'kowskij ebenfalls an die CIA und den MI6 weitergeleitet hatte. Bei der flüssigkeitsgetriebenen taktischen Rakete »Korschun«, die einen konventionellen Sprengkopf mit einem Gewicht von 100 Kilogramm über eine Reichweite von bis zu 55 Kilometern verschießen konnte, erfolgte das Ende der Fertigung nach der Herstellung von 600 Geschossen und 30 Geschosswerfern im August 1959.[73]

Seine Informationen über die für die sowjetischen Landstreitkräfte bestimmten Raketen und Flugkörper bezog Pen'kowskij aus seinem Studium an der Dsershinskij-Akademie und von seinem »Schutzengel« Marschall Warenzow. Aber selbst einer der höchstrangigen Militärs der Sowjetarmee konnte Pen'kowskij keine brauchbaren Details über deren strategische Raketen geben, wie die Gespräche des GRU-Oberst mit seinen westlichen Führungsoffizieren belegen. So musste er am 23. April 1961 zugeben, dass »ich nie persönlich eine solche Rakete oder ihre Installation gesehen habe.«[74]

Aber Pen'kowskij konnte immerhin erzählen, dass der damalige Oberbefehlshaber der strategischen Raketentruppen, Marschall Mitrofan I. Nedelin, im Herbst 1960 bei der Erprobung einer neuen Interkontinentalrakete mit nuklearem Triebwerk tödlich verunglückt sei.[75] Das stimmt zwar, aber doch nur zum Teil. Der Marschall kam in der Tat am 24. Oktober 1960 während eines Raketentests ums Leben. Allerdings war die Fernlenkwaffe nicht atomar angetrieben, sondern es handelte sich um das erste Modell der neuen sowjetischen Interkontinental-Rakete »SS-7 Saddler«, bei der ein lagerfähiger, allerdings zugleich hochgiftiger Flüssigkeitstreibstoff für die Beschleunigung und ständige Einsatzbereitschaft des Geschosses sorgte. Eine halbe Stunde vor dem angesetzten Start explodierte der Flugkörper aufgrund eines Fehlers im Elektrosystem, den die Techniker bei betankter Rakete zu beheben versuchten. 78 Personen, unter ihnen der Chef der erst kurz zuvor gegründeten strategischen Raketentruppen, verloren ihr Leben. Vor der sowjetischen Öffentlichkeit wurde die Katastrophe in Bajkonur allerdings geheim gehalten, die staatlichen Medien meldeten, der Marschall sei während eines Flugzeugabsturzes zu Tode gekommen.[76]

Für die CIA-Analysten erwiesen sich derartige Informationen Pen'kowskij als sehr gefährlich. Denn der Agent kombinierte recht geschickt wahre Informationen mit Gerüchten und selbst erfundenen Fabeln, um seine Relevanz und Glaubwürdigkeit gegenüber den westlichen Nachrichtendiensten zu erhöhen. Deshalb wäre es äußerst interessant, nicht nur die Protokolle der Treffen Pen'kowskijs mit seinen Führungsoffizieren auswerten zu können, sondern auch endlich umfassenden Zugang zur Bewertung der gelieferten Informationen durch Langley und London zu erhalten. Dass die Auswerter der CIA – im Gegensatz zu den Agenten im Außeneinsatz – zumindest die Grenzen von Pen'kowskijs Mitteilungen über das sowjetische Interkontinentalwaffenprogramm deutlich sahen, zeigte beispielsweise ein Memorandum des US-Geheimdienstes vom 7. Juni 1961. Für das neue »National Intelligence Estimate« zur Stärke und Entwicklung der Strategischen Raketentruppen der UdSSR, das die US-Sicht auf die sowjetische Raketenentwicklung grundlegend veränderte, verwendeten die Experten der CIA ausdrücklich kein Material von Pen'kowskij, weil dessen Ageninformationen zu den strategischen Raketenwaffen der Sowjetunion von keinem der amerikanischen Geheimdienstanalysten für glaubwürdig befunden wurden.[77]

Dass dies die richtige Entscheidung war, zeigt u. a. das Protokoll der Sitzung Nr. 7 am 27. April 1961 in Birmingham, in der Pen'kowskij aussagte, die Interkontinentalraketen R-7 und R-9 würden nicht in Serie produziert.[78] Folglich – so der Oberst bereits am 23. April 1961 – würden die sowjetischen Streitkräfte über keine einsatzbereiten Fernlenkwaffen interkontinentaler Reichweite verfügen.[79] Dass die Sowjetarmee 1961 für ihre Arsenale allein 35 R-7, 10 R-9 sowie weitere 47 R-16 Raketen bekam, beweist einmal mehr, dass das Wissen des Agenten über das sowjetische Raketenbauprogramm mehr als gering war. Keine Kenntnis besaß Pen'kowskij auch von einer Weisung des Chefs des Generalstabes der sowjetischen Streitkräfte, wonach die Strategischen Raketentruppen bis Ende 1961 über 16 Divisionen mit insgesamt 197 Startrampen für Interkontinentalraketen sowie 76 Regimenter mit 608 Startanlagen für Mittelstreckenraketen verfügen sollten.[80]

Schließlich belegt das Protokoll des Treffens Nr. 40 vom 10. Oktober 1961, dass der ehemalige GRU-Offizier auch knapp ein Jahr nach dem Beginn seiner Spionagetätigkeit für den Westen selten wirklichen Zugang zu wichtigen Informationen hatte. Als er von seinen Führungsoffizieren gefragt wurde, ob es möglich sei, dass die Sowjetunion eine Atombombe mit einer Sprengkraft von hundert Megatonnen TNT besitzen könnte, gab er die Antwort: »Nein, das ist reine Fantasie.«[81] Dass zwanzig Tage später ein Flugzeug der sowjetischen Luftstreitkräfte über der Insel Nowaja Semlja genau eine solche Bombe abwarf, deren Sprengkraft die Ingenieure allerdings um die Hälfte gedrosselt hatten, zeigte deutlich, warum CHICKADEE bei der CIA zunächst nur den Status einer »F«-Quelle hatte, was in der Sprache der Geheimdienste bedeutet: »Zuverlässigkeit des Agenten kann nicht beurteilt werden«.

Deshalb ist es auch nicht sehr wahrscheinlich, dass Pen'kowskij tatsächlich der »Spion, der die Welt rettete«, war, wie der bereits erwähnte Buchtitel behauptet. Wichtiger als die Informationen des GRU-Obersten erwiesen sich für den Durchbruch der westlichen Geheimdienste bei der nachrichtendienstlichen Überwachung der Sowjetunion die CIA-Programme »Keyhole« (Aufklärungssatelliten), »Talent« (U-2 Spionageflüge) und die elektronische Funkaufklärung der sowjetischen Raketentests und Kommunikationssysteme.[82] Gleichwohl hatten seine Berichte und Erzählungen sowie vor allem die Ablichtungen der sowjetischen Militärzeitschriften – die in Übersetzung mehr als 8000 Blatt umfassten – für die CIA unschätzbaren Wert, ermöglichten sie doch eine langfristige Analyse in den Bereichen: Doktrin und Strategie der Sowjetarmee, Organisation der sowjetischen Streitkräfte, langfristige Waffenentwicklungen sowie Bürokratie und Spannungen innerhalb der politischen und militärischen Führungsebenen der UdSSR.[83] Für den vergleichsweise geringen Preis von 40.000 Dollar an reinen Operationskosten hatten CIA und MI6 allerdings nicht nur rund 10.000 Blatt abfotografierter sowjetischer Geheimdokumente bekommen, an deren Auswertung gleichzeitig bis zu zwanzig Analysten der CIA und zehn des MI6 arbeiteten.[84] Pen'kowskij identifizierte zudem mehr als 600 Mitarbeiter von GRU und KGB, die zum Großteil im Ausland spionierten. Bei fast jedem Treffen legten ihm seine Führungsoffiziere Dutzende, gelegentlich sogar Hunderte Fotos von Verdächtigen vor, zu denen der Agent entsprechende Angaben machen sollte.[85] Damit ging fast eine ganze Generation des KGB wie auch des militärischen Nachrichtendienstes der Sowjetunion für weitere Agenteneinsätze verloren. Ein Verlust, der wohl nicht weniger schwer wiegen dürfte als die von Pen'kowskij übergebenen Geheimdokumente.

In der Sowjetunion selbst führte die Verhaftung des ehemaligen Obersten zum Sturz des in den Streitkräften wenig beliebten GRU-Chefs Iwan Serow. Der Armeegeneral wurde wegen »mangelnder Wachsamkeit« am 12. Februar 1963 auf den Rang eines Generalmajors degradiert, gleichzeitig verlor er den prestigeträchtigen Titel eines »Helden der Sowjetunion«. Binnen 24 Stunden hatte sich der ehemalige KGB-Vorsitzende und Chef des militärischen Nachrichtendienstes auf seinem neuen Posten als Ausbildungsoffizier in Taschkent zu melden.[86] Hauptmarschall Warenzow erfuhr gleichfalls die Degradierung zum Generalmajor, ging seiner Orden sowie Auszeichnungen verlustig und musste sich in den Ruhestand abmelden. Anders als unter Stalin kamen die beiden Generale jedoch mit dem Leben davon.

Blick in den Gerichtssaal. Der Spionageprozess gegen Oleg Pen'kowskij (auf der Anklagebank rechts) und Greville Wynne am 7. Mai 1963

Pen'kowskij selbst endete nach einem kurzen öffentlichen Prozess in den frühen Morgenstunden des 16. Mai 1963 im berühmt-berüchtigten Butyrka-Gefängnis durch einen unerwarteten Schuss des Henkers in den Hinterkopf. Seinen Kurier Greville Wynne verurteilte das Gericht zu einer achtjährigen Gefängnisstrafe. Nach siebzehn Monaten Haft konnte er schließlich auf der Glienicker Brücke gegen den sowjetischen KGB-Agenten Konon T. Molodyj, im Westen auch als Gordon

Lonsdale bekannt, ausgetauscht werden. Obwohl Wynne 1966 von der CIA insgesamt 213.700 Dollar als »Übersiedlungshilfe« erhalten hatte, plagten den Geschäftsmann ständig finanzielle Sorgen, die Haft hatte zudem seine Gesundheit zerrüttet und seine Alkoholkrankheit sorgte bis zu seinem Tod 1990 für wiederkehrende Depressionen.[87]

Pen'kowskij wird nach dem Ende der Gerichtsverhandlung abgeführt

Dass Pen'kowskij nicht der Spion war, der während der Kuba-Krise den Frieden rettete, dürfte inzwischen außer Frage stehen. Da spätestens seit April 1962 GRU und KGB von seiner Spionagetätigkeit für den Westen wussten, konnte er an CIA und MI6 gar kein Material übergeben, das auf eine Stationierung sowjetischer Raketen auf Kuba hinwies, umso mehr als diese Entscheidung von Chruschtschow und der sowjetischen Militärführung erst Ende Mai 1962 getroffen wurde und die Ausarbeitung der entsprechenden Einsatzbefehle unter allerstrengster Geheimhaltung ab Juni erfolgte. Allerdings halfen seine Kopien aus den Informationsbulletins der Strategischen Raketentruppen aus dem Jahr 1961, die u. a. Beiträge zur Tarnung von mit Mittelstreckenwaffen ausgerüsteten Raketenregimentern, zur Herstellung von deren Gefechtsbereitschaft, zur Berechnung und Eingabe der Flugdaten sowie zur Struktur und Organisation der entsprechenden Einheiten enthielten, bei der korrekten Einschätzung der militärischen Gefahr für die USA, die sich aus der sowjetischen Raketenstationierung auf Kuba ergab.[88]

Als nicht weniger wichtig für den Westen erwiesen sich allerdings die Informationen Pen'kowskijs zur sowjetischen Strategie nach dem Mauerbau. Vor allem machte er deutlich, dass die Sowjetunion durch umfangreiche Herbstmanöver militärischen Druck auf den Westen ausüben wolle, um den Friedensvertrag mit der DDR zu unterschreiben und damit den freien Zugang der westlichen Alliierten nach Westberlin zu unterbinden.[89] Eine Einschätzung, die damals auch vom Bundesnachrichtendienst geteilt wurde: »Die Ankündigung der Manöver und die voraussichtliche Durchführung in der Zeit der beginnenden Ost/West-Verhandlungen sind nicht nur als spektakuläres Schauspiel militärischer Macht zu werten. Sie sind auch im Rahmen der psychologischen Kriegsführung der Sowjets von besonderem Wert. Sie müssen im Westen echte Besorgnis erregen, da angebliche Manövervorbereitungen auch eine hervorragende Tarnung für Mobilisierungs- und Aufmarschmaßnahmen sein können.«[90]

Letztendlich scheiterte das Vorhaben nicht nur an den Fehlern und Mängeln der sowjetischen Streitkräfte und ihrer Verbündeten, die sich bei den Großübungen herausstellten, sondern auch an der eindeutigen Bereitschaft der vorgewarnten USA und ihrer militärischen Partner, Westberlin auf keinen Fall preiszugeben, selbst wenn hierfür der Einsatz von Nuklearwaffen erforderlich sein würde. Dank der Warnungen des CIA-Agenten konnten die hierfür erforderlichen militärischen Mittel bereitgestellt werden, was die GRU wiederum genau beobachtete und an die politischen Entscheidungsträger in Moskau meldete.

Dies dürfte mit dazu beigetragen haben, dass sich Chruschtschow dazu entschied, die Konfrontation in der Berliner Friedrichstraße mit dem Rückzug seiner Panzer beizulegen. Die Bereitschaft des Westens, selbst bis zur nuklearen Eskalation zu gehen, zwang den sowjetischen Staatschef zum Einlenken und zur Aufgabe seines politischen Hauptzieles Westberlin als »Freie Stadt« unter die Kontrolle des sowjetischen Machtbereichs zu zwingen. In diesem Sinne hat Pen'kowskij zwar nur wenig zur Beilegung der Kuba-Krise beigetragen, er brachte den Westen allerdings bei dem Konflikt um Berlin in die Vorhand. CIA und MI6 selbst zeigten sich – wie bereits im Fall Popow – nicht fähig, über längere Zeit einen Agenten im Herzen der Sowjetunion ohne Gefahr für dessen Leib und Leben zu führen und opferten so ohne große Skrupel Pen'kowskij im blutigen Wettlauf des Kalten Krieges um nachrichtendienstliches Wissen, das die jeweilige Position der eigenen Seite verbessern sollte.

GRU-General Dmitrij F. Poljakow – das »Kronjuwel« der CIA im sowjetischen Militärnachrichtendienst

Dmitrij F. Poljakow wurde 1921 in der ostukrainischen Kleinstadt Starobelsk als Sohn eines Buchhalters geboren. 1939 schloss der Junge die zehnklassige Mittelschule ab und trat im September desselben Jahres als Offiziersanwärter in die Rote Armee ein. Er begann eine Ausbildung an der Artillerieschule in Kiew, die allerdings im Sommer 1941 durch den Angriff der Wehrmacht auf die Sowjetunion unterbrochen wurde. Da, bedingt durch Stalins blutige Säuberungen in den 1930er-Jahren, in der Armee ein großer Mangel an Offizieren herrschte, wurde der junge Mann vorzeitig zum Leutnant befördert und kommandierte zunächst den Feuerzug einer Batterie. Nur wenig später stieg er selbst zum Batteriechef auf. 1943 wurde der junge Offizier zum Aufklärungschef des 245. Haubitzen-Artillerieregiments und in den Rang eines Majors befördert. Ende April 1943 erhielt er zudem von der 69. Marine-Schützenbrigade seine erste höhere Kriegsauszeichnung, den Orden des Roten Sterns.[91] Insgesamt wurde diese Auszeichnung während des Zweiten Weltkrieges drei Millionen Mal unter den mehr als achtzehn Millionen Soldaten der Roten Armee verliehen. Anfang März 1945 bekam Poljakow, jetzt Stabsoffizier beim Chef Artillerieaufklärung der 26. Armee, den Orden des Vaterländischen Krieges II. Klasse zugesprochen. Diese hohe Auszeichnung erhielten Artilleristen in der Regel, wenn sie mit dem Feuer ihrer Geschütze mindestens zwei Panzer vernichtet oder das Feuer von nicht weniger als drei gegnerischen Batterien unterdrückt hatten.[92] Nach dem erfolgreichen Abschluss der Frunse-Akademie folgte ein Generalstabskurs beim Generalstab der Streitkräfte der UdSSR. Danach versetzte ihn die Kaderverwaltung des Verteidigungsministeriums zur Hauptverwaltung Aufklärung des Generalstabes der UdSSR.[93]

1951 erfolgte Poljakows erste Kommandierung ins Ausland. In New York trat er offiziell den Posten eines Mitarbeiters der sowjetischen Vertretung des Generalstabsausschusses beim UNO-Sicherheitsrat an. Seine Dienststelle bei den Vereinten Nationen nutzte der Geheimdienstmitarbeiter, um die Tätigkeit von illegalen Agenten der GRU in den USA sicherzustellen, also bestückte und leerte er vor allem tote Briefkästen und tauschte bei kurzen »zufälligen« persönlichen Treffen mit den Spionen Informationen sowie Instruktionen aus. Da natürlich das FBI seine Tätigkeit überwachte, geriet er hier zum ersten Mal ins Visier der amerikanischen Spionageabwehr auf. Gewissenhaft vermerkten deren Mitarbeiter, dass sich Poljakow – im Gegensatz zu zahlreichen anderen in die USA abkommandierten sowjetischen Offizieren – für das Leben der Amerikaner ausgesprochen interessierte und häufig »Stammgast« in Angel- und Jagdgeschäften war. Ferner hatte er offenbar ein bemerkenswertes Faible für Heimwerkertechnik.

1956 kehrte der Offizier zunächst in die Sowjetunion zurück, wo er bis zum Herbst 1959 in der USA-Abteilung des Geheimdienstes für die Ausbildung neuer Agenten eingesetzt wurde. Im Oktober 1959 reiste er erneut nach New York, diesmal allerdings bereits im Rang eines Oberstleutnants und nunmehr als Sekretär der sowjetischen Vertretung des Generalstabsausschusses beim UNO-Sicherheitsrat. Doch auch diesmal diente diese Position nur der Tarnung seiner Tätigkeit als stellvertretender Chef der Hauptresidentur der GRU in den USA. Erneut gehörte zu seiner nachrichtendienstlichen Tätigkeit die Betreuung der illegalen GRU-Agenten in den Vereinigten Staaten. Hier sollte sich schließlich angeblich auch ein Vorfall ereignen, der dafür sorgte, dass Poljakow alsbald die Seiten wechseln würde. Während des Aufenthaltes erkrankte sein kleiner Sohn Igor' an einer schweren, jedoch behandelbaren Krankheit. Für die notwendige Operation waren 400 Dollar aufzutreiben, ein Betrag, über den der Offizier nicht verfügte, hatte er doch von den 10.000 Dollar seines Jahresgehaltes bei der UNO 9000 Dollar an die GRU abzutreten. Poljakow bat deshalb den GRU-Residenten in den USA um einen entsprechenden Vorschuss. Der musste die Bitte an die Zentrale nach Moskau weiterleiten, die sich jedoch weigerte, das Geld zur Verfügung zu stellen. Kurz darauf verstarb der Junge. Dieser schmerzliche Zwischenfall habe den Offizier schließlich dazu bewogen, sich in den Dienst der Amerikaner zu stellen.[94]

Diese Geschichte ist allerdings doch zu schön, um wahr zu sein. Sie wurde offensichtlich nach der Verhaftung Poljakows von der sowjetischen Spionageabwehr gestreut, um einen präsentierbaren Grund für den Seitenwechsel des GRU-Offiziers zu finden. Tatsächlich hatte Poljakow einen Sohn mit dem Namen Igor', der war jedoch bereits während des ersten US-Aufenthaltes in New York im Sommer 1951 schwer an Kinderlähmung erkrankt, gegen die Krankheit existierte damals noch keine Impfung. Obwohl der Junge in den USA alle erdenkliche medizinische Hilfe erhielt, erlitt sein Körper schwere Folgeschäden, an denen er vierzehn Jahre später in Moskau verstarb.[95]

Der Grund für Poljakows Seitenwechsel dürfte vielmehr darin zu suchen sein, dass das FBI einen der illegalen Agenten, die Poljakow von New York aus führte, 1961 enttarnt hatte. Dabei handelte es sich um Kaarlo Tuomi, den 1916 in Michigan geborenen Sohn eines finnischen US-Einwanderers, der während der Weltwirtschaftskrise versuchte, sein Glück in der Sowjetunion zu finden. Tuomi arbeitete zunächst als Forstarbeiter, wurde 1939 zur Roten Armee eingezogen und nahm nach dem Ende des Zweiten Weltkrieges ein Studium als Englischlehrer auf. Da er noch seinen US-Pass besaß und fließend Englisch sprach, warb ihn 1954 die GRU an, wo ihn u. a. Poljakow als illegalen Agenten ausbildete. 1958 schickte die sowjetische Militärspionage den Finnen nach New York, um im Hafen von Brooklyn Militär- und Rüstungstransporte zu überwachen. Hierfür heuerte Tuomi als Buchhalter bei der Reederei A. L. Burbank & Company Ltd. an. Doch noch vor seiner Anreise war bereits das FBI auf ihn aufmerksam geworden. Während seiner Ausbildung in Moskau hatte Tuomi seinen Onkel in den USA um eine Kopie seiner Geburtsurkunde gebeten. Der war jedoch mit dem verdächtigen Schreiben sofort zur US-Spionageabwehr gegangen, die nun geduldig auf den angehenden Agenten wartete. Im März 1959 wurde der Spion schließlich festgenommen und zur Zusammenarbeit mit dem FBI überredet. Von diesem Zeitpunkt an übermittelte er der GRU Spielmaterial der Amerikaner.

Ein Jahr später gelang es ihm, auf einem seiner Agentenberichte die Warnung an den inzwischen in New York als sein Führungsoffizier tätigen Poljakow unterzubringen, dass er ein Doppelagent sei. Der GRU-Offizier leitete die Nachricht jedoch nicht nach Moskau weiter, da ihm klar war, ein solch gravierender Zwischenfall würde unweigerlich das Ende seiner Karriere bedeuten. Also tat er gegenüber seinen Vorgesetzten so, als wäre nichts passiert und der Agent Tuomi liefere immer noch geheime Top-Informationen. Als erfahrenem Nachrichtendienstoffizier muss Poljakow allerdings klar gewesen sein, dass er sich nun in den Augen des FBI erpressbar machte. Doch statt auf eine Anwerbung des US-Dienstes zu warten, drehte der GRU-Offizier den Spieß einfach um. Am 9. August 1961 bat der Agentenführer während eines für ihn organisierten Empfangs den US-Vertreter im Militärischen Stabsausschuss der Vereinten Nationen, Generalleutnant Edward O'Neill, um ein Treffen mit einem Mitarbeiter der CIA.

Das FBI wollte sich diesen Fang jedoch nicht entgehen lassen und informierte Langley nicht über die Bitte des sowjetischen Offiziers, sodass sich bei einem zweiten Treffen in der Residenz des US-Generals am 16. November 1961 der FBI-Agent John Mabey als CIA-Angehöriger ausgab. Beide vereinbarten für den gleichen Abend ein Rendezvous am Columbus Circle. Dort gab sich Poljakow als GRU-Offizier zu erkennen, woraufhin der Amerikaner von ihm eine Liste der Kryptografen der New Yorker Residentur des Militärnachrichtendienstes verlangte, um die Bereitschaft des Russen zur Zusammenarbeit zu testen. Eine Woche später legte der neue Doppelagent die gewünschte Liste mit sechs Namen vor. Als »Morgengabe« teilte er der amerikanischen Spionageabwehr zudem die Namen der bei der UNO getarnt eingesetzten GRU-Offiziere mit. Als Nächstes lieferte Poljakow Angaben zu »illegalen« Agenten des sowjetischen Militärnachrichtendienstes in den USA. Zwar nannte er keine Namen, sondern wies lediglich auf Treffpunkte, tote Briefkästen sowie Signale für die Kommunikation mit ihren Führungsoffizieren hin, doch für die Experten des FBI stellte so die nachfolgende Enttarnung keine besondere Schwierigkeit mehr dar.[96]

GRU-Hauptmann Marija D. Dobrowa sollte diesen Verrat mit dem Leben bezahlen. Die 1907 in Minsk geborene Weißrussin arbeitete nach einem Studium der französischen und englischen Sprache zunächst in Leningrad. Nach dem Tod ihres Mannes und ihres Sohnes ging sie 1937 als Übersetzerin für die Rote Armee nach Spanien. Für ihre Tätigkeit bei der republikanischen Armee während des Bürgerkrieges wurde die junge Frau Anfang März 1938 mit dem Orden des Roten Sterns ausgezeichnet. Im Zweiten Weltkrieg arbeitete sie als Krankenschwester in einem Leningrader Lazarett, bis sie schließlich von 1944 bis 1948 für das sowjetische Außenministerium als Übersetzerin in Kolumbien tätig war. Nach ihrer Rückkehr in die Sowjetunion ging sie an ein Institut der Akademie der Wissenschaften, wo Dobrowa 1951 von der GRU angeworben wurde, die die Frau zur illegalen Agentin ausbildete. Danach folgte ein erster Einsatz in Europa, in Paris erlernte sie schließlich als zusätzliche Tarnung den Beruf einer Kosmetikerin. Im Mai 1954 reiste Dobrowa als Glen M. Podtseski in die USA ein, hier gab sich die Spionin als Tochter eines Amerikaners mit kubanischen Wurzeln und einer Französin aus, die lange in Ausland gelebt hatte.

Zunächst als Gehilfin eines GRU-Residenten tätig, eröffnete sie 1957 in New York einen Schönheits- und Fitnesssalon, in dem bald zahlreiche Gattinnen von einflussreichen Politikern und Geschäftsleuten verkehrten. Aus den Gesprächen mit ihnen schnappte die Agentin erste nachrichtendienstliche Informationen auf, die ihren Weg nach Moskau fanden. Im Frühjahr 1961 übernahm die GRU-Offizierin im Range eines Hauptmanns schließlich die Führung des Agenten »Dion«, eines hochrangigen Mitarbeiters der Administration von US-Präsident Kennedy. Von ihm bekam sie u. a. den Hinweis, dass der neue US-Präsident im März der CIA grünes Licht für die Landung von Exilkubanern in der Schweinebucht gegeben hatte. Wohl auch dank dieser Warnung brach das Mitte April 1961 durchgeführte Unternehmen bereits nach wenigen Stunden zusammen. Ende 1961 erfolgte schließlich die Entsendung von »Dion« auf einen hohen diplomatischen Posten in Westafrika, sodass die GRU-Offizierin die Verbindung mit dem Agenten abbrechen musste. Doch zu diesem Zeitpunkt soll sie bereits über weitere von ihr angeworbene Quellen verfügt haben.

Im Sommer 1962 konnte das FBI dann schließlich aufgrund der Hinweise von Poljakow ihren Verbindungsmann, Oberst Maslow, festnehmen. Da dieser diplomatischen Status besaß, erzwangen die Amerikaner lediglich die Ausweisung des enttarnten Offiziers der sowjetischen Militäraufklärung. Dobrowa alias Podtseski erhielt daraufhin eine Warnung, dass ihr das FBI auf den Fersen sei, und setzte sich nach Chicago ab, um von dort aus nach Kanada zu gelangen. Von hier aus sollte sie sich dann nach Amsterdam begeben. Allerdings hatte die US-Spionageabwehr bereits die Verfolgung aufgenommen und überwachte die Offizierin mit zahlreichen Agenten. Schließlich erfolgte Anfang 1963 ihre Festnahme in einem Hotel. Für das Angebot einer möglichen Zusammenarbeit mit dem Gegenspionagedienst der Amerikaner erbat sich Dobrowa kurze Bedenkzeit. Einen

Moment der Unaufmerksamkeit ihrer Bewacher nutzte sie, um vom Balkon ihres Zimmers in den Tod zu springen. Bis 1967 wusste die GRU nichts Genaueres über das Verschwinden ihrer Agentin. In den offiziellen Akten des Militärgeheimdienstes wurde sie lediglich als »vermisst« geführt. In der 1979 veröffentlichten Biografie des stellvertretenden FBI-Direktors William Sullivan fand sich schließlich die Version, dass Dobrowa noch zwei Jahre nach ihrer Verhaftung mit der amerikanischen Spionageabwehr kooperiert habe. Dann jedoch sei die Zusammenarbeit durch den Selbstmord der Agentin beendet worden. Erst nach der 1986 erfolgten Festnahme Poljakows kam schließlich die ganze tragische Geschichte der GRU-Offizierin ans Tageslicht.[97]

1962 kehrte Poljakow, der vom FBI den Decknamen TOPHAT erhalten hatte, aus New York nach Moskau zurück. Hier übernahm ihn die für die USA zuständige 1. Abteilung der 3. Verwaltung der GRU als Agentenausbilder. Bei dem letzten Treffen mit seinem FBI-Führungsoffizier in den Vereinigten Staaten hatte die US-Spionageabwehr den Agenten zudem an die für Auslandseinsätze zuständige CIA übergeben, die ihm den Decknamen BOURBON verlieh. In der sowjetischen Hauptstadt verzichtete Poljakow jedoch, bedingt durch die Erfahrungen in den Fällen Popow und Pen'kowskij, auf jeden direkten Kontakt mit den Amerikanern und beschränkte seine Kommunikation mit dem US-Nachrichtendienst auf tote Briefkästen, deren Ort er zudem jedes Mal wechselte. Zwischen 1962 und 1965 benutzte der Spion diese Möglichkeit der Nachrichtenübermittlung allerdings nur sechs Mal, da er das dichte Überwachungsnetz des KGB in der sowjetischen Hauptstadt fürchtete. Seine Überlegung erwies sich als richtig, denn in Moskau geriet der Geheimdienstoffizier dank seiner Vorsicht nicht in das Visier der Spionageabwehr, die intensiv die westlichen Diplomaten beschattete. Allerdings drängte der GRU-Offizier bei seinen Vorgesetzten auf einen neuen Auslandseinsatz, um unter dem Radar der sowjetischen Gegenspionage hindurchzuschlüpfen. Ende 1965 zeigten seine Bemühungen endlich Erfolg, er trat den Posten des sowjetischen Militärattachés im damaligen Burma, heute Myanmar, an.[98]

Bereits zuvor hatte Poljakow von Moskau aus für das FBI den im Ruhestand befindlichen US-Oberstleutnant William H. Whalen enttarnt. Dieser war im Frühjahr 1959 von GRU-Oberst Sergej A. Edemskij, seit 1955 Gehilfe des sowjetischen Militärattachés in Washington, angeworben worden. Whalen – ab 1940 in der US-Army und dort hauptsächlich als Spezialist für Chiffrierfragen und Kommunikationstätigkeit tätig, arbeitete damals als stellvertretender Leiter des nachrichtendienstlichen Büros bei den Vereinigten Stabschef der US-Teilstreitkräfte, wenige Monate später beförderte man ihn sogar zum Chef der kleinen Behörde. Aus diesem Grund konnte er für den militärischen Nachrichtendienst der Sowjetunion nicht nur Unterlagen über Stationierungs- und Lagerorte sowie Anzahl und Spezifikation der in und außerhalb der USA lagernden Nuklearwaffen beschaffen. Für insgesamt mehr als 400.000 Dollar übergab der US-Offizier der GRU auch Ziellisten der US-Streitkräfte, die zeigten, welche mit Atomwaffen ausgerüsteten US-Einheiten welche Ziele in der Sowjetunion mit welchen Kernwaffen vernichten sollten. Die GRU erhielt von ihm außerdem siebzehn Handbücher der US-Streitkräfte über taktische Nuklearwaffen und Flugabwehrraketen. Als Edemsi im Frühjahr 1960 die USA verließ, übernahm der als 1. Botschaftssekretär getarnte GRU-Offizier Michail A. Schumajew die Führung des Agenten. Whalen erlitt am 4. Juli 1960 einen Herzinfarkt und musste 1961 die US-Armee verlassen. Alle seine Versuche, wieder reaktiviert zu werden, scheiterten, sodass er dem Nachrichtendienst der sowjetischen Streitkräfte keine geheimen Akten mehr zukommen lassen konnte. 1963 stellte er schließlich die Zusammenarbeit mit der GRU ein. Poljakow sah in Whalen einen Agenten, dessen Informationen es im Kriegsfall der Sowjetunion erlaubt hätten, die Amerikaner zu besiegen. Dank seiner Hilfe konnte das FBI, das den Spion bereits seit 1959 überwacht hatte, jedoch keine gerichtsfesten Beweise für dessen Spionagetätigkeit sammeln konnte, den Oberstleutnant im Ruhestand am 12. Juli 1966 verhaften. Zu fünfzehn Jahren Gefängnis verurteilt, starb der bislang ranghöchste US-Offizier, der für die Sowjetunion bzw. Russland spioniert hatte, in der Haft.[99]

Ferner übergab der GRU-Offizier der US-Spionageabwehr Hinweise, die zur Verhaftung von Nelson Drummond und Herbert Boeckenhaupt führten. Drummond, ein Oberbootsmann bei der Marineverwaltung, lieferte seit Mitte der 1950er-Jahre umfangreiche Daten zu Waffensystemen der US-Navy sowie zu deren Elektronikausrüstung. 1962 erfolgte seine Festnahme, er wurde zu einer lebenslangen Haftstrafe verurteilt. Vier Jahre später verhafteten FBI-Agenten den Sergeanten der Air Force Boeckenhaupt, der als Chiffrier- und Funkexperte im Pentagon streng geheime Unterlagen für seine sowjetischen Führungsoffiziere beschafft hatte. Hierfür verurteilte ihm ein US-Gericht zu einer Haftstrafe von dreißig Jahren. Ein weiterer Verdächtiger, der bei der NSA beschäftigte Unteroffizier Jack Dunlap, entzog sich 1963 seiner bevorstehenden Verhaftung durch Selbsttötung. Zudem gab Poljakow entscheidende Hinweise für die Enttarnung des britischen GRU-Agenten Frank Bossard, der dem sowjetischen Militärgeheimdienst seit 1961 Informationen zur Raketen- und Radarforschung in Großbritannien verkauft hatte. Bossard wurde schließlich 1965 vom MI5 verhaftet und zu 21 Jahren Gefängnis verurteilt.[100]

In Burma selbst stellte Poljakow rasch Kontakt zu zwei dort stationierten CIA-Mitarbeitern her, von denen einer Alvin Kapusta hieß. Gegenüber der GRU gab er an, einen von ihnen anwerben zu wollen, was ihm nun offiziell erlaubte, sich mit seinen Agentenführern zu treffen. Allein im Kinosaal der US-Botschaft tauschte der Geheimdienstoffizier bis zum Ende seiner Dienstzeit in Burma mehr als dreißigmal geheime Unterlagen gegen Dollarnoten. Im Sommer 1969 kehrte der GRU-Oberst nach Moskau zurück, um dort Ende des Jahres in der 2. Verwaltung der GRU, die für Asien zuständig war, die Leitung der China-Abteilung zu übernehmen. Hierher hatte die Führung des sowjetischen Militärgeheimdienstes ihren US-Experten versetzt, weil dieser für weitere Einsätze in Amerika und Westeuropa »verbrannt« war, nachdem in einem Ende September 1964 in der *New York Times* erschienenen Beitrag über den Finnen Tuomi auch der Name Poljakow Erwähnung gefunden hatte.

Der Fluch der drei »P«

Wieder in Moskau, setzte der GRU-Offizier seine Spionagetätigkeit für die Amerikaner weiter fort. Angeblich überzeugten seine Informationen zum sowjetisch-chinesischen Schisma US-Präsident Richard Nixon und seine Administration davon, dass sich der Konflikt zwischen den beiden kommunistischen Großmächten zu einer tiefgreifenden und unüberbrückbaren Feindschaft gewandelt hatte, was den US-Präsidenten bewog, 1972 diplomatische Beziehungen mit Peking aufzunehmen. Mit diesem Schritt konnten die USA ein wichtiges Kapitel in der Entspannungspolitik zwischen Ost und West aufschlagen.

In der sowjetischen Hauptstadt jedoch ging Poljakow erneut allen direkten Kontakten mit US-Diplomaten aus dem Weg. Aus diesem Grund erhielt der Agent seine Anweisungen von der CIA über deren Funkzentrale in Frankfurt/Main. Allerdings landete sein Name nun erstmals auf einer Beobachtungsliste der militärischen Spionageabwehr des KGB. Denn die hatte bemerkt, dass kurz nach Poljakow auch der US-Diplomat Kapusta Burma verlassen hatte. Von diesem war in der Lubjanka bekannt, dass er für die CIA als Sowjetunionspezialist arbeitete, der zudem fließend Russisch sprach. Auch wenn sich daraus noch kein direkter Verdacht ableiten ließ, geriet Poljakow nun in den Kreis verdächtiger GRU-Offiziere, die möglicherweise mit dem Westen zusammenarbeiten könnten. Unter dem Decknamen DIPLOMAT wurde beim KGB erstmals ein Aktenvorgang zu dem GRU-Offizier angelegt, in dem alle ihn belastenden Details gesammelt wurden.

Da er jedoch bis zum Sommer 1972 jedes direkte Zusammentreffen mit Amerikanern in Moskau vermieden hatte, gelang es ihm, die Befürchtungen der Spionageabwehr zu zerstreuen. Dann musste er jedoch auf Anweisung von GRU-Chef Iwaschutin an einem offiziellen Empfang in der US-Botschaft teilnehmen, wo ihm bei der Verabschiedung ein getarnter CIA-Offizier einen kleinen Metallzylinder mit Instruktionen für die Verbindungsaufnahme sowie ein Lesegerät für Mikropunkte überreichte. Verärgert über das gefährliche Vorgehen der CIA, warf er das kompromittierende Paket ungeöffnet in die Moskwa. Anfang 1973 verließ der Oberst erneut die sowjetische Hauptstadt.

Diesmal in Richtung Neu-Delhi, um dort seine Stelle als Militärattaché und Chefresident der GRU in Indien anzutreten.[101]

In der indischen Hauptstadt nahm Poljakow alsbald Kontakt zu seinem zweiten Agentenführer aus Burma, Paul L. Dillon, auf. Der CIA-Offizier hatte Anfang der 1950er-Jahre zunächst in Kempten für den US-Geheimdienst unter Flüchtlingen aus Osteuropa Kandidaten für einen Spionageeinsatz per Fallschirm hinter dem Eisernen Vorhang ausgespäht, bevor er Ende des Jahrzehnts von der CIA nach Berlin geschickt wurde. Hier sollte er Informationen über sowjetische Militär- und Geheimdiensteinrichtungen im Ostteil der Stadt beschaffen. Nach der Schließung der Grenzen am 13. August 1961 wurde Dillon Anfang 1962 zur CIA-Zentrale nach Langley versetzt, 1965 übernahm er die Leitung der sowjetischen Abteilung des amerikanischen Auslandsgeheimdienstes an der US-Botschaft in Mexico City. Diese Stadt glich zumindest im Bereich der Geheimdienste dem Westberlin der 1950er-Jahre und war ein Tummelplatz für Agenten aus Ost und West. Von Mexico City aus reiste er immer wieder nach Rangun, um Treffs mit Poljakow zu organisieren. Nachdem BOURBON Burma verlassen hatte, ging es für Dillon 1969 von Mexiko aus in Richtung Italien. Dort blieb der CIA-Offizier allerdings nur ein Jahr, dann wurde er erneut in die CIA-Zentrale abkommandiert. Hier setzte ihn die Geheimdienstführung als Chef der Spionageabwehr innerhalb der Sowjetabteilung ein. 1973 zog man Dillon erneut aus Langley ab, um ihn in Indien als Agentenführer für Poljakow zu verwenden.[102]

An der Botschaft offiziell als erster Botschaftssekretär und Wirtschaftsexperte beschäftigt, inoffiziell Leiter der Abteilung Sowjetunion und Operationschef der dortigen CIA-Residentur, bestand seine einzige Aufgabe darin, Verbindung mit TOPHAT zu halten und dessen Spionagematerial entgegenzunehmen. Um seinen Kontakt zu schützen und die zahlreichen Treffen mit dem Amerikaner zu »legalisieren«, gab Poljakow gegenüber der GRU vor, Dillon unter dem Decknamen PLAID für die sowjetische Militärspionage anwerben zu wollen. Der inzwischen zum Generalmajor beförderte Agent übergab der CIA in Indien alles Material, dessen er habhaft werden konnte. Ende Mai 1975 fand die Zusammenarbeit von Dillon und Poljakow allerdings ein abruptes Ende. Der ehemalige CIA-Mitarbeiter Philip Agee hatte zu diesem Zeitpunkt sein Buch *Inside the Company. CIA Diary* veröffentlicht und darin Dillon als ehemaligen Chef der CIA-Sowjetabteilung in Mexico City enttarnt. Der so »verbrannte« Agent musste nun Hals über Kopf Indien verlassen, ihn ersetzte erneut Kapusta.[103]

Für seine Rückkehr nach Moskau, die im Oktober 1976 erfolgten sollte, stattete der US-Geheimdienst Poljakow mit einem elektronischen Übertragungssystem für Kurznachrichten aus. Das Gerät in der Größe einer Streichholzschachtel konnte bis zu vier Seiten russischen Text über eine Tastatur aufnehmen, diese verschlüsseln und dann per Funk in binnen weniger als drei Sekunden aus einer Entfernung von bis zu 300 Metern an die Sende- und Empfangsstelle in der Moskauer US-Botschaft schicken. Auf dem gleichen Weg erhielt Poljakow in der Folge auch seine neuen Agenteninstruktionen. Zwischen 1976 und 1979 tauschten der Agent und der US-Nachrichtendienst auf diesem Weg in der sowjetischen Hauptstadt mindestens 25-mal Nachrichten aus. Zugleich beschickte er, seit seiner Rückkehr aus Indien Leiter der Fakultät Nr. 3 an der Militärdiplomatischen Akademie der Sowjetarmee, auch immer wieder tote Briefkästen mit Mikrofilmkassetten.[104] Sie enthielten neben geheimen Nummern der Militärzeitschrift *Woennaya mysl* und Lehrmaterial der GRU vor allem die Bilder ganzer Studiengänge von angehenden Nachrichtendienstoffizieren des sowjetischen Militärs, leitete Poljakow doch die Ausbildung von Angehörigen des Geheimdienstes der Streitkräfte für den Agenteneinsatz im Ausland. Gleichwohl drängte der General immer wieder auf eine neue Auslandsverwendung, von der er annehmen musste, dass diese aufgrund seines Alters wohl die letzte sein werde. Ende 1979 hatte er mit sein Bemühungen Erfolg, erneut trat er die Stelle des sowjetischen Militärattachés in Indien an. Als sein CIA-Führungsoffizier vor Ort fungierte nun der achtzehn Jahre jüngere Wladimir »Scotty« Skotzko, der mit Poljakow in Neu-Delhi mindesten zehn konspirative

Treffen durchführte. Im Sommer 1980 erhielt der General allerdings den Befehl, sich umgehend in Moskau zu melden. Der US-Geheimdienst befürchtete das Schlimmste und bot seinem Topagenten an, ihn zusammen mit seiner Frau in die Vereinigten Staaten zu bringen. BOURBON lehnte dieses Angebot dankend mit den Worten ab, er sei Russe und wolle auch als Russe sterben. Als Skotzko nachfragte, was ihn denn bei einer Enttarnung erwarte, antwortete der General trocken: ein anonymes Massengrab.[105]

In der sowjetischen Hauptstadt angekommen, eröffnete ihm eine medizinische Kommission, dass sein weiterer Einsatz in den Tropen aus Gesundheitsgründen nicht mehr infrage käme. Nach einem kurzen Zwischenspiel an der bereits bekannten Militärdiplomatischen Akademie nahm der General am 25. Juli 1981 seinen offiziellen Abschied von den sowjetischen Streitkräften, übernahm aber einen Zivilposten bei der Kaderverwaltung der GRU. Noch 1985 erhielt Poljakow den Orden des Vaterländischen Krieges I. Klasse.

Der ehemalige GRU-General Poljakow im Herbst 1987 beim Geheimprozess gegen ihn, der mit der Todesstrafe endete

Der Fluch der drei »P«

Am 7. Juli 1986 erfolgte dann jedoch die Verhaftung des Ruheständlers durch eine Spezialeinheit des KGB. Mehr als ein Jahr später wurde der ehemalige CIA-Agent durch ein Militärgericht zum Tode verurteilt, das Urteil am 15. März 1988 durch einen Nahschuss in den Hinterkopf vollstreckt. Der Spion endete, wie er es 1980 vorhergesehen hatte, in einem anonymen Massengrab.[106]

Zur Enttarnung von TOPHAT/BOURBON kursieren gegenwärtig drei Versionen. Die des KGB besagt, der Dienst habe Ende Februar 1978 durch eine Veröffentlichung des Journalisten Edward J. Epstein im *New York Magazin* zum sowjetischen FBI-Spion mit dem Decknamen FEDORA, hinter dem sich der KGB-Oberst Aleksej I. Kulak verbarg, erneut Hinweise auf Poljakow als möglichen Zuträger für einen US-Geheimdienst gefunden. Zwei Monate später war in dem Magazin sogar Poljakows Deckname TOPHAT zu lesen, zusammen mit der Information, dass der Agent aus der diplomatischen Vertretung der UdSSR in New York kommen würde.[107] Als Poljakow dann wenig später nach Indien geschickt wurde, habe das KGB in dessen Abwesenheit seine Wohnung durchsucht und dabei Tabletten gefunden, die sich für die Herstellung von Geheimtinte nutzen ließen. KGB-Chef Andropow informierte daraufhin die GRU, die Poljakow schließlich aufs Abstellgleis beförderte. Diese Geschichte lässt allerdings die Frage unbeantwortet, warum der Agent dann erst 1986 verhaftet wurde. Klar ist jedoch, dass beim KGB lange Verdachtsmomente gegen Poljakow bestanden und die Spionageabwehr von höheren Dienststellen in dieser Angelegenheit immer wieder »zurückgepfiffen« wurde. Selbst der Chef der militärischen Spionageabwehr des KGB, Armeegeneral Georgij K. Sinew, beschied seinen Ermittlern, als sie ihm den Fall DIPLOMAT vortrugen: »Ein General der Aufklärung kann kein Verräter sein!«[108] Zudem genoss der Generalmajor die Protektion des langjährigen Chefs der Politabteilung der GRU Generalleutnant Grigorij I. Dolin sowie des Leiters der Kaderverwaltung Generalleutnant Sergej I. Isotow, die er beide immer wieder mit teuren Geschenken aus dem westlichen Ausland bestochen hatte. Letzterer nahm auch von anderen

GRU-Mitarbeitern »Geschenke« an und verkaufte für den Preis von 25.000 Rubel sogar Generalsdienstposten.[109]

Wahrscheinlicher dürfte deshalb wohl sein, dass der FBI-Mitarbeiter Robert Hanssen, der sich 1979 in New York der GRU als Zuträger angeboten hatte, die sowjetische Militäraufklärung über den Spion in den eigenen Reihen informierte. Damit wollte er wohl auch seine mögliche Enttarnung durch den Maulwurf vermeiden.[110] Da nur die GRU Kenntnis von dieser Meldung besaß, zog sie, um einen Skandal zu vermeiden, wenig später Poljakow weitgehend geräuschlos aus dem Verkehr und ließ ihn bis zu seiner Verhaftung durch das KGB unbehelligt. Für diese Version spricht auch, dass im Rahmen der Poljakow-Affäre im Sommer 1986 zahlreiche hochrangige Offiziere des Militärnachrichtendienstes der Streitkräfte ihren Hut nehmen mussten. Das KGB konnte Poljakow schließlich nur verhaften, weil der CIA-Mitarbeiter Aldrich Ames, Leiter der Abteilung Gegenspionage UdSSR, den GRU-Offizier 1985 an das Komitee für Staatssicherheit verriet.[111]

Der Schaden, den der General der Militäraufklärung und der Sowjetunion zugefügt hatte, war immens. Seine Agentenberichte umfassen allein bei der CIA 25 Aktenordner, deren Inhalt bis heute allerdings geheim ist. Während seiner langjährigen Agententätigkeit verriet er etwa 150 bis 170 Personen, die im Westen für das KGB und die GRU spionierten. Nicht minder schmerzlich für den militärischen Nachrichtendienst der Sowjetunion war die Enttarnung von zehn Illegalen, also sowjetischen Staatsbürgern, die unter fremder Identität für die Militärspionage arbeiteten und die zum Geheimsten des Geheimen eines Nachrichtendienstes gehören. Doch damit nicht genug. Poljakow lieferte der CIA und dem FBI darüber hinaus die Identitäten von mehr als 1300 Geheimdienstmitarbeitern von KGB und GRU.[112]

Ferner übergab er den Amerikanern zahlreiche technische Details zu sowjetischen Waffen, wie beispielsweise Panzerabwehrlenkraketen. Das US-Militär konnte dieses Wissen auch noch nach dem Tod des Agenten im Zweiten Golfkrieg 1991 siegbringend einsetzen, als sich seine Panzerverbände als nahezu unverwundbar erwiesen und damit einen schnellen Sieg über Saddam Hussein garantierten. Als nicht weniger wichtig erwies sich die Übergabe von mehr als hundert geheimen Nummern der bereits aus dem Fall Pen'kowskij bekannten Militärzeitschrift *Woennaya mysl*, die den CIA-Analysten einmalige Einblicke in das Denken der Führungselite der sowjetischen Streitkräfte bot. Schon 1974 hatte Poljakow der CIA zudem eine Liste der GRU übergeben, die eine umfangreiche Aufstellung der Technologien enthielt, die der Nachrichtendienst des sowjetischen Militärs im Westen beschaffen sollte. Der US-Geheimdienst konnte so nicht nur nachvollziehen, auf welchen rüstungstechnischen Gebieten die Sowjetunion im Wettlauf mit dem Westen ins Hintertreffen geraten war. Nach Auskunft des stellvertretenden US-Verteidigungsministers Richard Perle ergaben sich später aus dem Dokument zudem Hinweise auf mehr als 5000 sowjetische Forschungs- und Entwicklungsprogramme, die westliches Know-how zur Verbesserung der militärischen Fähigkeiten der UdSSR nutzten. Sie sollen US-Präsident Ronald Reagan bewogen haben, die Kontrolle des Exports von sensibler Hard- und Software in den Ostblock durch das Koordinierungskomitee für Ost-West-Handelspolitik, besser als COCOM bekannt, wesentlich zu verschärfen. Damit errangen die USA einen der entscheidenden Siege in der Konfrontation zwischen Ost und West.[113]

Nicht umsonst charakterisierte die CIA-Mitarbeiterin Sandy Grimes – die zahlreiche Informationen von TOPHAT/BOURBON auswerte – den Doppelagenten als »Kronjuwel« des US-Auslandsnachrichtendienstes: »Poljakow war [...] die beste Quelle, die der amerikanische Geheimdienst meines Wissens je hatte, und ich würde behaupten, obwohl ich mir nicht sicher sein kann, dass er die beste Quelle war, die je ein Geheimdienst hatte. Es gab wirklich niemanden, mit dem man ihn vergleichen konnte, denn er hat so viele Jahre für uns gearbeitet und einen solchen Rang erreicht, dass wir seine Organisation nicht nur mit den Augen einer unserer Quellen von unten nach oben betrachten konnten, sondern mit Poljakow waren wir schließlich in der Lage, diese Behörde, die GRU, ihre Struktur, von oben nach unten zu betrachten, ebenso wie das KGB und das sowjetische Außenministerium und den Apparat der Kommunistischen Partei, wiederum mit Poljakows Augen, von der Spitze bis zu den Spitzen der anderen Organisationen, und das ist wirklich einzigartig.«[114] Bis zum heutigen Tage ist kein Agent eines Nachrichtendienstes weiter in den Militärgeheimdienst Moskaus eingedrungen als BOURBON, der die GRU für ihre Gegner in ein offenes Buch verwandelte.

14. Giftanschlag aus Rache? – Die versuchte Ermordung von GRU-Oberst Sergej W. Skripal

Am Nachmittag des 4. März 2018 fanden Passanten in der britischen Kleinstadt Salisbury einen Rentner und eine Frau mittleren Alters bewusstlos auf einer Parkbank in der Nähe eines Einkaufszentrums. Schnell stellte sich heraus, dass es sich bei dem rund sechzig Jahre alten Mann um Sergej W. Skripal, einen ehemaligen Oberst des russischen Militärgeheimdienstes GRU, handelte. Die Frau war seine Tochter Julia. Da sowohl Sergej als auch Julia S. Skripal die gleichen schweren Vergiftungssymptome aufwiesen, kam rasch der Verdacht auf, die beiden seien einem gezielten Giftanschlag mit einer bislang unbekannten Substanz zum Opfer gefallen. Gewarnt durch die 2006 erfolgte Ermordung des ehemaligen FSB-Agenten und Kremlgegners Aleksandr W. Litwinenko durch mit radioaktivem Polonium versetzten Tee, schlossen die britischen Ermittler einen Mordversuch durch russische Geheimdienste nicht aus.[115]

Bereits die ersten Ermittlungen der britischen Antiterrorpolizei, die den Fall am 6. März 2018 übernommen hatte, schien diesen Verdacht zu bestätigen. Nur einen Tag später glaubten die Antiterrorspezialisten Beweise dafür gefunden zu haben, dass die beiden Skripals Opfer eines Nervengiftes geworden waren, dessen Spuren sich gleichfalls in einem nahe gelegenen Pub sowie in einer Pizzeria nachweisen ließen. Nachdem zusätzliche Chemiewaffenexperten der britischen Streitkräfte zu dem Fall hinzugezogen wurden, beschuldigte die britische Premierministerin Theresa May am 12. März 2018 Russland, »höchstwahrscheinlich« für den Giftanschlag verantwortlich zu sein, da es sich bei der verwendeten Substanz um ein Mittel gehandelt haben soll, das zur

Gruppe der Nervengifte vom Typ »Nowitschok« gehört. Diese Nervengifte wurden bis zum Ende des Kalten Krieges von der Sowjetarmee entwickelt und nach 1991 soll auch Russland entsprechende Forschungen auf diesem Gebiet fortgesetzt haben.

Nur einen Tag später wiesen zahlreiche russische Stellen jeden Verdacht an einer Beteiligung des »Zwischenfalls« in Salisbury weit von sich. Gleichwohl antwortete London am 14. März mit der Ausweisung von 23 russischen Diplomaten. Eine Maßnahme, auf die Moskau einen Tag später *quid pro quo* reagierte und seinerseits 23 Mitarbeiter der britischen Botschaft in Moskau zu *persona non grata* erklärte. Schließlich schlossen sich auch die USA und zahlreiche EU-Staaten dem britischen Vorgehen an und wiesen insgesamt mehr als 150 russische Diplomaten aus, worauf die Russen mit entsprechenden Ausweisungen antworteten. Ende März 2018 konnten die britischen Polizisten Ermittlungsergebnisse vorlegen, die darauf hindeuteten, dass die Skripals wohl an der Türklinke des Wohnhauses mit dem Kampfstoff Nowitschok in Berührung gekommen waren.[116]

Ermittler in Schutzanzügen in der Nähe des Tatorts in Salisbury, an dem Sergej Skripal und seine Tochter bewusstlos aufgefunden wurden

Die mutmaßlichen Attentäter

Es dauerte allerdings bis zum Herbst 2018, bis die britischen Ermittler die mutmaßlichen Attentäter identifiziert hatten. Bis zu diesem Zeitpunkt stützten sich die Hinweise auf eine mögliche Spur nach Russland, abgesehen von der Verwendung von Nowitschok, wohl vor allem auf eine von der englischen Spionageabwehr abgefangene Nachricht an einen Moskauer Offiziellen mit dem Inhalt »Das Paket ist abgeliefert«.[117] Als Kuriere des »Paketes« benannten die Antiterrorspezialisten – die hierfür mehr als 11.000 Stunden Videoaufnahmen von Überwachungskameras ausgewertet hatten – einen gewissen Ruslan Boschirow sowie einen Aleksandr Petrow. Laut Theresa May sollten die beiden für den russischen Militärgeheimdienst GRU arbeiten. Das russische Außenministerium wies die Vorwürfe jedoch umgehend zurück. Dessen Sprecherin Marija W. Sacharowa erklärte: »Die in den Medien veröffentlichten Namen und Bilder sagen uns nichts«.[118] Da die britischen Erkenntnisse zu den beiden Verdächtigen insgesamt nur spärlich waren, bat das inzwischen in die Ermittlung eingeschaltete Scotland Yard um weitere entsprechende Hinweise.

Am 12. September 2018 äußerte plötzlich der russische Präsident Wladimir Putin auf dem Östlichen Wirtschaftsforum in Wladiwostok, bei den Gesuchten würde es sich um ganz »normale« russische Zivilisten handeln und rief die beiden Unbekannten auf, sich doch in den Medien zu dem Vorfall zu erklären.[119] So war es denn auch nicht besonders verwunderlich, dass die Aufgeforderten nur einen Tag später der Chefredakteurin des russischen staatlichen Auslandsnachrichtensenders RT, Margarita S. Simonjan, ein 25-minütiges Interview gaben. Hier stellten sich Boschirow und Petrow als Touristen dar, die während ihrer Reise nach Großbritannien auf Empfehlung von Freunden endlich einmal den berühmten Vierungsturm der Kathedrale von Salisbury besichtigen wollten. Der Turm ist in der Tat mit 123 Metern der höchste noch stehende Kirchturm Großbritanniens und zudem schlägt in ihm die wohl älteste Kirchturmuhr der Welt. Die reichlich seltsame »Coverstory« wurde jedoch noch absonderlicher, als die Befragten erklärten, einen ersten Besuch in der Stadt am 3. März 2018 hätten sie wegen starken Schneefalls nach rund sechzig Minuten abgebrochen. Gerade für Russen eigentlich ja sonst keinesfalls ein Grund, auf touristische Unternehmungen zu verzichten. Am 4. März besuchten sie dann doch noch die Kirche und schlenderten ein wenig durch das Städtchen. Natürlich verneinten sie, den Namen Skripal bis zu den Ereignissen gekannt zu haben, und auf die Nachfrage von Simonjan, ob beide denn Nowitschok bei sich gehabt hätten, antworteten Boschirow und Petrow gleichfalls selbstverständlich mit »nein«. Zugleich weigerten sie sich, auf alle persönlichen Fragen zu antworten, auch auf Nachfragen zu ihrer beruflichen Tätigkeit reagierten beide ausweichend, gaben allenfalls zu, in der Fitnessbranche zu arbeiten. Entschieden wiesen sie zudem eine Zugehörigkeit zur GRU zurück und baten am Ende des Interviews, ja flehten förmlich darum, endlich von der Presse in Ruhe gelassen zu werden.[120]

GRU-Oberstleutnant Aleksandr Mischkin, alias Aleksandr Petrow (re.) und GRU-Oberst Anatolij Tschepiga, alias Ruslan Boschirow (li.), die beiden Verdächtigen im Fall Skripal

Giftanschlag aus Rache?

In Russland und nicht nur dort sorgte das Interview für jede Menge Spott. So äußerte ein russischer Zuschauer in einem Kommentar zu dem Video: »Bis heute habe ich angenommen, diese Skripal-Geschichte ist eine britische Provokation. Als ich aber diese zwei Idioten gesehen habe, hat sich meine Ansicht geändert.«[121]

Völlig zusammen brach die russische Verteidigungslinie, als am 26. September 2018 die unabhängige Recherchegruppe Bellingcat Ruslan Boschirow als den GRU-Obersten Anatolij W. Tschepiga identifizierte. Nur wenig später wurde dann auch Aleksandr Petrow als Aleksandr E. Mischkin enttarnt. Im Rang eines Oberstleutnants arbeitete er als Mediziner für den Militärgeheimdienst der russischen Streitkräfte.

Der am 5. April 1979 geborene Tschepiga stammt aus dem Dorf Nikolajewka am Amur, 300 Kilometer von der russisch-chinesischen Grenze entfernt. Wenig später siedelte die Familie in die nahe gelegene Kleinstadt Beresowka über, wo der Junge 1996 die Mittelschule abschloss. Da der Vater nach dem gescheiterten Versuch, ein Unternehmen aufzubauen, bei den Streitkräften arbeitete, schien es offenbar selbstverständlich, dass auch der Sohn eine Karriere beim Militär anstreben würde. Mit achtzehn Jahren trat der junge Mann also in die Fernöstliche Höhere Allgemeinmilitärische Führungsschule der russischen Streitkräfte ein, die er 2001 mit Auszeichnung abschloss. Nach Beendigung seiner Ausbildung wurde der junge Offizier von der 14. Speznas-Brigade der GRU in Ussurijsk, rund hundert Kilometer nördlich von Wladiwostok, übernommen. Da zu dieser Zeit der Zweite Tschetschenienkrieg tobte, absolvierte Tschepiga bis 2003 insgesamt drei sogenannte Antiterroreinsätze in der Kaukasusrepublik. Hier schien sich der Soldat in den Augen seiner militärischen Führer »bewährt« zu haben, denn er wurde während seiner Dienstzeit mit insgesamt zwanzig Orden und Medaillen ausgezeichnet.

Zwischen 2003 und 2010 verliert sich seine Spur, dann tauchte er mit einem Pass auf den bereits bekannten Namen Ruslan Boschirow in Moskau auf. Nach den Recherchen von Bellingcat ist es mehr als wahrscheinlich, dass Tschepiga während dieser Zeit ein Studium an der Militärdiplomatischen Akademie, absolvierte. Im Dezember 2014 soll der inzwischen zum Oberst beförderte Offizier aus den Händen von Präsident Putin die hohe Auszeichnung eines »Helden Russlands« erhalten haben. Wofür er den Orden verliehen bekam, liegt allerdings bisher im Dunkeln. Spekuliert wird, dass er im Februar 2014 an der Evakuierung des ukrainischen Präsidenten Wiktor Janukowitsch nach Russland beteiligt gewesen sein soll. Auf einem Hinweis im russischen Internet findet sich aus Geheimhaltungsgründen allerdings nur die Formulierung, dass die Auszeichnung für seine Beteiligung an einer »friedenserhaltenden Mission« verliehen wurde. Hinter dieser Chiffre verbarg sich damals nicht selten ein Kampfeinsatz im umstrittenen ukrainischen Donbass.[122]

Aleksandr Mischkin wurde am 13. Juli 1979 in dem Dorf Lojga im Gebiet Archangelsk geboren. Der rund tausend Einwohner zählende Ort liegt im Nordosten Russlands und ist nur über eine Eisenbahnanbindung erreichbar. Hier besuchte Mischkin bis zum Alter von sechzehn Jahren die Schule, für seine Erziehung war im Wesentlichen seine Großmutter verantwortlich, die als einzige Medizinerin in Lojga arbeitete. Nach dem Schulabschluss zog Mischkin nach Sankt Petersburg um, wo er spätestens seit 2001 an der dortigen Militärmedizinischen Akademie studierte. Da er wohl eine Karriere bei der russischen Marine anstrebte, gehörte der angehende Mediziner der 4. Fakultät an und legte seinen Studienschwerpunkt auf die Fächer Unterwassermedizin und Sauerstofftherapie. Nach dem Abschluss seines Studiums, der zwischen 2005 und 2006 erfolgte, wurde Mischkin zum Oberleutnant befördert. Da ihn die GRU wohl noch während seines Studiums angeworben hatte, wechselte der junge Offizier 2007 nach Moskau, wo ihn der Militärgeheimdienst u. a. mit der Identität von Aleksandr Petrow ausstattete.

Mit seinem Alias hatte Mischkin den gleichen Vornamen und Vatersnamen, auch das Geburtsdatum stimmte mit seinem tatsächlichen überein. Der angebliche Geburtsort war jedoch in die hundert Kilometer von Lojga entfernte Kleinstadt Kotlas verlegt worden. In

Moskau lebte der frischgebackene Geheimdienstmitarbeiter zusammen mit seiner Frau und zwei Kindern. Zwischen 2010 und 2013 erfolgten dann zahlreiche Reisen unter der Identität Petrow in die Ukraine, zugleich erfüllte der GRU-Offizier mehrere Geheimaufträge in Transnistrien, einem international nicht anerkannten und von Russland geschützten Territorium, das sich 1992 von der Republik Moldau abspaltete. Im Jahr 2014 gab Mischkin schließlich bei der Registrierung seiner Meldeadresse in Moskau den Sitz des Hauptquartiers der GRU in der Choroschewskoe Chaussee 76B an. Im gleichen Jahr soll Mischkin für seine Teilnahme an der Krim-Operation angeblich auch den prestigeträchtigen Titel eines »Helden Russlands« verliehen bekommen haben. Nachdem der GRU-Offizier 2016 einen neuen Reisepass erhielt, folgten in den Jahren bis 2018 Reisen in die Niederlande, nach Israel, Großbritannien, Frankreich und in die Schweiz.[123]

Die Recherchen von Bellingcat zeigten eines der offensichtlichsten Probleme der Geheimdienstrealität im 21. Jahrhundert auf, dem sich auch die GRU nicht entziehen kann. In einer zunehmend digitalen Welt wird es zunehmend schwieriger, den Einsatz eigener Agenten geheim zu halten. Allgegenwärtige Überwachungskameras und Smartphones sowie die Unmenge persönlicher Daten im Netz erlauben es den Spionen immer weniger, dauerhaft unentdeckt zu bleiben. Für Nachrichtendienste ist es deshalb ungemein schwieriger geworden, ihre Agenten und Spione mit glaubwürdigen und vor allem nachprüfbaren Legenden zu versorgen, da entsprechende Tarnfirmen und geheime Objekte heute viel leichter zu ermitteln sind, als in der Zeit vor dem Internet. Besonders problematisch sind vor allem die mittlerweile von den Behörden überall auf der Welt geforderten biometrischen Passfotos, die in der Regel – wie gerade auch die Fälle Tschepiga und Mischkin belegen – Geheimdienstmitarbeiter und deren wahre Identität verraten können.[124] Als besonders fatal erwies es sich jedoch, dass Mitarbeiter russischer Sicherheitsbehörden seit Jahren, wenn nicht Jahrzehnten, geheime Datenbanken mit Angaben zu Pässen, Meldeeinträgen, der Registrierung von Immobilien und Autos, zu Flug- und

Bahnreisen sowie Telefonverbindungen verkaufen. Diese gelangten über den Schwarzmarkt auch in die Hände von Journalisten und Rechercheorganisationen, die die darin enthaltenen Informationen dann für ihre Arbeit nutzen konnten. So gelang es schließlich in mühevoller Kleinarbeit, große Teile der bisher geheimen Lebensläufe sowie der erfolgten Einsätze der beiden GRU-Offiziere zu rekonstruieren.

Dabei stellte sich heraus, dass Tschepiga und Mischkin offensichtlich nicht nur im Fall Skripal zusammengearbeitet hatten. Im April 2021 teilte die Regierung Tschechiens mit, dass die beiden im Herbst 2014 höchstwahrscheinlich auch für die Explosion in einem Munitionslager der tschechischen Streitkräfte verantwortlich waren, in dem der Abtransport einer umfangreichen Menge an Artilleriegranaten für die Ukraine vorbereitet wurde. Bei dem Sprengstoffanschlag kamen damals zwei Wachleute ums Leben, zahlreiche Dörfer in der Umgebung mussten wegen der ständigen Detonationen und umherfliegenden Blindgänger evakuiert werden.[125] Wenig später erhielten sie dann wohl den Befehl, in Großbritannien einen Anschlag auf das Leben des ehemaligen GRU-Oberst Skripal zu verüben.

Skripals Werdegang

Sergej W. Skripal war am 23. Juni 1951 in Osjorsk im Gebiet Kaliningrad geboren worden. Sein Vater, Wiktor F. Skripal, stammte aus einem Dorf bei Woronesch und diente in der Roten Armee seit dem Sommer 1942 als Artillerieoffizier. Als Angehöriger eines Garde-Geschosswerferregiments nahm er mit den gefürchteten Katajuscha-Raketen, von den Angehörigen der Wehrmacht zumeist wegen ihres ohrenbetäubenden Lärms als Stalinorgeln bezeichnet, an zahlreichen Schlachten des Zweiten Weltkrieges teil. Den Krieg beendete er im Rang eines Majors. Wenig später wurde der junge Offizier nach Ostpreußen versetzt. Der nordöstliche Teil dieser ehemaligen deutschen Provinz ging als Ergebnis des Zweiten Weltkrieges im Zuge des Potsdamer Abkommens als Region Kaliningrad in den Besitz der Sow-

Giftanschlag aus Rache?

jetunion über, während Polen den südwestlichen Teil zugesprochen kam. Wiktor Skripal verschlug es also in die 120 Kilometer südöstlich von Kaliningrad (bis 1946 Königsberg) gelegene Kleinstadt Osjorsk, die zwischen 1938 und 1946 den Namen Angerapp getragen hatte. Hier übernahm der Offizier eine Artillerieeinheit, die später mit Raketen ausgestattet wurde. Die Mutter, Elena J. Skripal, fungierte in der kleinen Kreisstadt, die kaum mehr 4000 Einwohner hatte, als 1. Sekretärin der Kommunistischen Partei der Sowjetunion. Als der Sohn dreizehn Jahre alt war, quittierte der Vater, wohl auch aus der Perspektivlosigkeit einer weiteren militärischen Karriere, seinen Dienst in den Streitkräften und übernahm die Leitung der Zivilverteidigung des Kreises Osjorsk, zugleich lehrte er an der örtlichen Berufsschule. Um der Tristesse des Provinznestes an der polnisch-sowjetischen Grenze zu entfliehen, wählte Sergej, der sich als überdurchschnittlicher und vor allem sportlicher Schüler erwies, gleichfalls den Weg über die sowjetischen Streitkräfte.[126]

1968 trat er als Offiziersanwärter in die Militärpionierschule in Borisowo bei Kaliningrad ein, wobei er sich in der Fachrichtung Luftlandepionier spezialisierte. Als er 1972 die Offiziersschule im Rang eines Leutnants abschloss, heiratete er in seiner Heimatstadt seine Jugendliebe Ljudmila A. Koschel'nik. Zwei Jahre später wurde ihr Sohn Aleksandr geboren. Um seine militärische Karriere erfolgreich fortsetzen zu können, nahm er – nachdem der junge Offizier zunächst in der Aufklärungskompanie einer Luftlandeeinheit gedient hatte – ein Studium an der Militärakademie der Pioniertruppen in Moskau auf. Nach deren Abschluss wurde er beim 345. Garde-Luftlanderegiment eingesetzt, das in Ferghana in der Usbekischen Sowjetrepublik stationiert war. Während dieser Zeit absolvierte er offenbar zusammen mit Angehörigen des Militärnachrichtendienstes GRU mehrere geheime Einsätze im sowjetisch-chinesischen Grenzgebiet. So berichtete er dem britischen Journalisten Mark Urban, dass er Mitte der 1970er-Jahre dreimal in China zur Aufklärung von strategischen Objekten gewesen sei, und zwar »immer ohne Visa, aber nie ohne Kalaschnikow«.

Tod dem »Verräter« – Überläufer und Doppelagenten

Seit 1978 beteiligte sich der junge Offizier, inzwischen zum Hauptmann befördert, im Rahmen eines kleinen Trupp von Speznas an den Vorbereitungen des sowjetischen Einmarsches in Afghanistan, der sich schließlich Ende Dezember 1979 ereignen sollte. Der Auftrag des Teams der Spezialkräfte war offenbar die Beseitigung von Piloten der afghanischen Armee, die in den 1970er-Jahren in den USA ihre Ausbildung erhalten hatten und deshalb bei einer möglichen Invasion als Bedrohung angesehen wurden. Als die sowjetischen Truppen schließlich in das Land am Hindukusch einmarschierten, diente Skripal allerdings bereits nicht mehr bei den Luftlandetruppen. Die GRU hielt den Offizier nach seinem Spezialeinsatz dafür geeignet, im Ausland als Agent zu arbeiten, und beorderte ihn deshalb im Sommer 1979 nach Moskau.[127]

1979, in dem Jahr, in dem Skripal in den sowjetischen Militärgeheimdienst eintrat, zählte die GRU rund 35.000 Mann, von denen der größte Teil allerdings zu den Kräften für Spezialoperationen gehörte. In einzelne Speznas-Brigaden untergliedert, unterstand jeweils einer dieser knapp 400 Mann starken Truppenteile für Zwecke der operativen Aufklärung einem der fünfzehn Militärbezirke der Sowjetarmee bzw. der Gruppen der Streitkräfte in der DDR, Polen, Ungarn sowie der ČSSR. Ein weiterer großer Teil der GRU-Offiziere diente ferner in der strategischen Funkaufklärung oder zeichnete für die Überwachung des Westens mithilfe von Spionagesatelliten verantwortlich. Zur Crème de la Crème des Nachrichtendienstes der sowjetischen Streitkräfte gehörten allerdings die im Ausland eingesetzten offiziellen und inoffiziellen Spione, die die Militärführung mit Geheiminformationen aller Art versorgen sollten. Um diese anspruchsvolle Aufgabe erfüllen zu können, erhielt Skripal zunächst eine vierjährige Agentenausbildung an der Militärdiplomatischen Akademie. Für die Familie bedeutete die Versetzung in die sowjetische Hauptstadt einen beträchtlichen gesellschaftlichen Aufstieg. Nach Jahren in den für die Sowjetunion typischen Kommunalkas – Gemeinschaftswohnungen, in denen sich mehrere Mietparteien eine

Wohnung teilen und Küche sowie Toilette gemeinsam nutzen – bekamen die Skripals endlich eine eigene Wohnung im Moskauer Neubaugebiet Krylatskoe zugesprochen, für zahlreiche sowjetische Familien damals ein nahezu unerfüllbarer Traum. 1984 kam hier schließlich seine Tochter Julija zur Welt.

Nach Abschluss seines Studiums sah die GRU Skripal zunächst für einen Einsatz in Mosambik vor. Das bedeutete weitere Monate des Lernens der portugiesischen Sprache sowie der Besonderheiten des südostafrikanischen Landes. Wie bei Geheimdiensten nicht unüblich, wurde der Einsatz jedoch kurzfristig abgesagt und nun Malta als neues Operationsziel ausgewählt. Hier spionierte Skripal seit 1984 unter diplomatischer Tarnung als angeblicher Sport- und Kulturattaché für den Militärgeheimdienst der sowjetischen Armee insgesamt fünf Jahre überaus erfolgreich. Da die kleine Inselgruppe im Mittelmeer allerdings als recht überschaubar gelten muss, kann davon ausgegangen werden, dass der GRU-Offizier bereits damals in das Visier westlicher Nachrichtendienste wie der CIA und dem MI6 geriet.[128]

Als Skripal 1989 nach Moskau zurückkehrte, zeigte er sich dort zunehmend von der Arbeit bei der GRU enttäuscht und dachte Anfang der 1990er-Jahre sogar über ein Ausscheiden aus dem Dienst nach. Dazu dürfte auch die schwierige wirtschaftliche Situation beigetragen haben, in der sich die Sowjetunion in der Endphase der Reformversuche von Staatspräsident Michail Gorbatschow und dem Zusammenbruch des Ostblocks befand. Nach dem westlichen »Luxusleben« sahen sich die Skripals erneut der sowjetischen Tristesse und den leeren Regalen in Moskau gegenüber. Mit großer Erleichterung nahm deshalb Skripal die Entscheidung seiner direkten Vorgesetzten auf, ihn als Residenten des Militärgeheimdienstes nach Paris zu senden. Allerdings konnte der inzwischen zum Oberst beförderte Offizier diesen Posten nicht antreten, da man auf die Stelle des Chefs des Militärgeheimdienstes in Frankreich kurz entschlossen einen Günstling der GRU-Führung hievte. Wenige Monate später erhielt Skripal allerdings das Angebot, als Resident nach Madrid zu gehen. Im September 1993 trat er in der spanischen Hauptstadt seinen offiziellen Posten als Attaché für Wissenschaft und Technik bei der nunmehrigen Botschaft der Russischen Föderation an.

Hier »erspähte« schließlich auch der britische MI6 seinen »alten Bekannten« aus Malta. Da dem Auslandsnachrichtendienst Großbritanniens durch spektakuläre Erfolge beim Ausspähen des KGB – 1992 gelang es ihm beispielsweise, den Chefarchivar der Auslandsaufklärung des sowjetischen Geheimdienstes samt seines Privatarchivs mit zahllosen Abschriften von Geheimdokumenten des Komitees für Staatssicherheit nach Großbritannien zu bringen[129] – nicht entgangen war, für wen der neue »Diplomat« in Spanien tatsächlich arbeitete, versuchte er sich in dessen Anwerbung. Ab 1995 willigte Skripal schließlich ein, unter dem Decknamen FORTHWITH gegen Geld vertrauliche Informationen aus der GRU an die Briten zu übergeben.[130]

Enttarnte Doppelagenten: Anatolij Filatow

Eigentlich hätte Skripal jedoch vor einer Zusammenarbeit mit dem »Gegner« gewarnt sein müssen, denn nicht wenige Angehörige des sowjetischen Militärnachrichtendienstes bezahlten ihre Kooperation mit westlichen Nachrichtendiensten mit dem Leben. Gleichwohl fanden sich trotz der Hinrichtungen von Popow, Pen'kowskij und Poljakow auch in den 1970er- und 1980er-Jahren immer wieder Offiziere der GRU, die versuchten, ihre Kenntnisse über den Militärnachrichtendienst der Sowjetunion an den Westen zu verraten. So verhaftete das KGB 1977 den GRU-Major Anatolij Filatow. Der 1940 bei Saratow geborene Bauernsohn absolvierte zunächst eine Ausbildung zum Zootechniker, entschied sich aber nach seiner Einberufung in die Sowjetarmee für eine Karriere in den Streitkräften. Hier machte er sich als Übersetzer nützlich und stieg schnell auf, ja der Soldat ergatterte sogar einen Studienplatz an der begehrten Militärdiplomatischen Akademie. Nach deren Abschluss wurde der junge Offizier von der GRU übernommen und zu einem ersten Auslandseinsatz nach Laos geschickt, den er zwischen 1965 bis 1968 zur Zufriedenheit seiner Vorgesetzten absolvierte. Im Sommer 1973 erfolgte schließlich eine längere Kommandierung nach Algier, wo er – als Presseattaché der sowjetischen Botschaft getarnt – verschiedene Geheimaufgaben für den Militärnachrichtendienst erfüllte. Ein Jahr später tappte er angeblich in eine von der CIA gestellte »Honigfalle« und wurde so zur Zusammenarbeit mit dem US-Geheimdienst gezwungen, von dem er den Decknamen ETIENNE erhielt. Gleichzeitig ist allerdings auch die Version im Umlauf, dass der GRU-Agent sich selbst der CIA als Spion anbot. Auf jeden Fall hatte Filatow bis zum Ende seines Einsatzes in Algerien 1976 mindestens zwanzig konspirative Treffen mit seinem CIA-Führungsoffizier Edward Cane, dem er gegen Geld u. a. Informationen über Operationen des sowjetischen Militärgeheimdienstes in dem nordafrikanischen Land sowie in Frankreich übergab, aber auch sein Wissen über Waffen der Sowjetarmee und die militärische Unterstützung der UdSSR für Guerillagruppen in der Dritten Welt mitteilte. Für seine Dienste in Algerien erhielt er vom US-Geheimdienst 10.000 Dinar sowie 40.000 Rubel. Ferner sicherte ihm die CIA zu, monatlich eine festgelegte Dollarsumme auf ein US-Konto zu überweisen. In Moskau übernahm schließlich ein CIA-Offizier der US-Botschaft die Führung von ETIENNE, der seine Spionageaufträge durch den bereits bekannten Funksender des US-Geheimdienstes bei Frankfurt/Main erhielt. Insgesamt achtzehn Funksprüche in Form von endlosen Zahlenkolonnen empfing Filatow nach eigener Auskunft in der sowjetischen Hauptstadt.

Wie schon in den Fällen Popow und Pen'kowskij glaubte die CIA, die Spionageabwehr des KGB in Moskau austricksen zu können, was allerdings erneut nicht gelang. Anfang 1977 gingen deren Spezialisten davon aus, dass die CIA erneut von der Botschaft aus versuche, einen bislang unbekannten Agenten zu führen. Darauf deuteten sowohl die Funküberwachung als auch die Beschattung der US-Diplomaten hin. Zudem stieß die Postkontrolle des KGB Anfang Februar

1977 auf einen verdächtigen Brief eines angeblich in der Sowjetunion befindlichen englischen Touristen in die USA. Die genaue Untersuchung des Schreibens zeigte, dass sich zwischen den Zeilen 353 Fünfer-Gruppen einer Geheimchiffre befanden, die der Briefschreiber mit »unsichtbarer« Tinte eingetragen hatte. Die Machart der Sendung als auch die Adresse schienen auf den US-Geheimdienst hinzuweisen. Zudem wurde vermutet, dass der Agent das vorgefertigte Schreiben bereits im Ausland von der CIA bekommen hatte und dort auch entsprechend für diese Kommunikationsform trainiert worden war. Folglich überprüfte das KGB nun alle Sowjetbürger, die 1976 nach einem längeren Aufenthalt aus dem Ausland zurückgekehrt waren und sich in Reichweite des Agentensenders in Frankfurt/Main befanden.

Am 22. März 1977 ging der Postüberwachung eine weitere Nachricht des Agenten ins Netz, die diesmal 194 Zahlengruppen enthielt. Ein Abgleich zeigte, dass der »Autor« der gleiche wie der des ersten Schreibens war und sich wohl im Raum Moskau aufhielt. Die Auswertung von mehr als 2000 Handschriftenproben, Reisende ins Ausland mussten die entsprechenden Anträge damals immer in Schreibschrift ausfüllen, führte schließlich auf die Spur von Filatow. Die nachfolgende intensive Überwachung konnte schließlich nachweisen, dass er einseitige Funksendungen aus der Bundesrepublik abhörte und entsprechend dechiffrierte. Am 17. August 1977 wurde der GRU-Major schließlich im Rahmen einer Geheimoperation verhaftet. Nach den ersten Verhören stimmte Filatow schließlich zu, an einem Doppelspiel gegen die CIA teilzunehmen. Hierbei erwiesen sich abermals die toten Briefkästen als Achillesferse des US-Geheimdienstes. Bedingt durch die engmaschige KGB-Überwachung war es dem CIA-Offizier Vincent Crockett und seiner Frau Betty bereits ab Juni 1977 nicht mehr gelungen, die verabredeten toten Briefkästen zu leeren bzw. neu zu befüllen. Filatow sandte deshalb, diesmal allerdings bereits unter Aufsicht des KGB, erneut einen der zuvor ausgearbeiteten Tarnbriefe an eine Deckadresse des US-Nachrichtendienstes. Der wiederum teilte dem Agenten wenig später abermals per Funk mit, dass ein neuer toter

Briefkasten angelegt werde. Als beide versuchten, diesen zu befüllen, wurden sie am Abend des 2. September 1977 vom KGB verhaftet und wenig später außer Landes verwiesen. Am 14. Juli 1978 verurteilte das Militärkollegium des Obersten Gerichts der UdSSR Filatow wegen Landesverrat zum Tode. Das Urteil wurde jedoch durch dessen Zusammenarbeit mit dem KGB sowie auf der Grundlage einer Absprache zwischen dem Sicherheitsberater des US-Präsidenten Jimmy Carter, Zbigniew Brzeziński, und dem sowjetischen Botschafter in Washington, Anatolij F. Dobrynin, in eine fünfzehnjährige Haftstrafe umgewandelt, die der ehemalige GRU-Offizier im Lager Perm-35 absaß. Dank dieses Deals wurden dann noch 1978 zwei in den USA gefasste Spione des KGB gegen fünf Dissidenten aus der Sowjetunion ausgetauscht. Nach seiner Haftentlassung Anfang der 1990er-Jahre versuchte Filatow von der CIA noch seinen ausstehenden »Agentensold« zu erhalten. Die wies das Ansinnen allerdings mit der Bemerkung zurück, dass ein solcher nur US-Staatsbürgern zustehe. Damit stand der Geheimdienstoffizier nach seiner Haftentlassung buchstäblich mit leeren Händen da.[131]

Gennadij A. Smetanin und Wladimir Wasil'ew

Noch härter traf es in den 1980er-Jahren allerdings die GRU-Obersten Gennadij A. Smetanin und Wladimir Wasil'ew. Beide wurden von der Spionageabwehr als Agenten der CIA enttarnt und wegen Landesverrat erschossen. Smetanin war als achtes Kind einer Arbeiterfamilie 1949 in einer Kleinstadt in Tartastan geboren worden. Nach der achten Klasse wechselte er auf die Suworow-Militärschule in Kasan, die ihn auf eine Karriere als Offizier vorbereitete. Folgerichtig nahm er nach Abschluss der Kadettenschule ein Studium an der Kiewer Höheren Allgemeinmilitärischen Führungsschule auf, das er gleichfalls mit Erfolg abschloss. Wenig später interessierte sich die GRU für den jungen Offizier und bot ihm eine weitere Ausbildung an der Militärdiplomatischen Akademie an. Nach einem erneuten Studium mit dem Schwerpunkten Französisch und Portugiesisch schickte ihn der Nachrichtendienst der sowjetischen Streitkräfte im Sommer 1982, getarnt als Mitarbeiter des dortigen Militärattachés, zur GRU-Residentur in Lissabon. Diese Kommandierung überrascht im Nachhinein, da ihn nahezu alle seine Studienkollegen als außerordentlich egoistisch, karrieresüchtig und geldgierig charakterisierten. Der Geheimdienstoffizier bot denn auch Ende 1983 der CIA-Residentur in Portugal seine Dienste an. Für den Einsatz als Spion verlangte er zunächst die nicht unbeträchtliche Summe von einer Million Dollar, ließ sich jedoch dann von den Amerikanern auf einen Betrag in Höhe von 365.000 Dollar herunterhandeln und unterschrieb ihnen sogar einen entsprechenden Beleg über den Empfang des Geldes. Nach diesem Vorfall dürfte es kaum verwundern, dass er vom US-Geheimdienst den Decknamen MILLION erhielt. Zwischen Januar 1984 und August 1985 traf sich der Doppelagent mehr als dreißigmal mit CIA-Offizieren und übergab ihnen nicht nur die Namen von GRU-Spionen, sondern auch die Kopien von Geheimdokumenten, derer er habhaft werden konnte. Im Frühjahr 1984 weihte er in die klandestine Operation auch seine Frau Swetlana ein, die fortan als Sekretärin aus der sowjetischen Botschaft in Lissabon weitere Unterlagen für die CIA beschaffte. Die gingen dort wohl auch über den Schreibtisch von Aldrich Ames, im US-Geheimdienst Chef der Abteilung Gegenspionage UdSSR. Der wiederum verkaufte seit seinem Dienstantritt im Jahr 1962 seine Kenntnisse über sowjetische Spione im Sold der CIA an den KGB und erhielt dafür in der Tat eine Millionensumme. Bis zu seiner Enttarnung im Jahr 1994 zahlte ihm der sowjetische Geheimdienst für seine »Dienste« knapp 2,5 Millionen Dollar.

Ames informierte also im Sommer 1985 die Lubjanka über einen neuen Zuträger aus dem Militärnachrichtendienst der Sowjetarmee. Im August 1985 verhaftete das KGB Smetanin und dessen Frau, als diese zum Sommerurlaub in der Sowjetunion weilten und dessen Mutter in Kasan besuchen wollten. Vor der Abreise aus Lissabon hatte ihm sein Führungsoffizier noch eine Brille überreicht, die am Ende des

Tragebügels eine Ampulle mit einem schnellwirkenden Gift enthielt. In deren Lederfutteral nähte die CIA zudem Instruktionen für eine Verbindungsaufnahme für den Fall eines Verbleibens in der sowjetischen Hauptstadt ein. Beides diente im Prozess gegen den GRU-Offizier als Beweismaterial. Am 1. Juli 1986 wurde der Spion zum Tode verurteilt und noch am gleichen Tag durch einen Schuss in den Hinterkopf hingerichtet. Seine Frau Swetlana musste für fünf Jahre ins Gefängnis.[132]

Im gleichen Jahr verhaftete das KGB den GRU-Obersten Wladimir Wasil'ew. Über diesen Fall sind bislang allenfalls nur einzelne Bruchstücke bekannt. Der Offizier fungierte seit 1979 als Luftwaffenattaché an der sowjetischen Botschaft in Budapest. Der ehemalige Pilot der sowjetischen Luftstreitkräfte diente wohl seit Ende der 1960er-Jahre in der sowjetischen Militäraufklärung und hatte Anfang der 1970er-Jahre einen ersten Auslandseinsatz in Kanada. Er musste jedoch bald als enttarnter Spion das Land verlassen, was für ihn weitere Operationen im Westen unmöglich machte. Ende der 1970er-Jahre wurde der GRU-Mitarbeiter deshalb in das damals noch sozialistische Ungarn geschickt. Immerhin ein Auslandseinsatz, allerdings wenig prestigereich und vor allem ohne Aussicht, an die begehrten westlichen Devisen zu kommen. Das Offiziersgehalt reichte zudem nicht aus, um Wasil'ews lang gehegten Traum zu erfüllen: ein Auto und ein kleines Haus auf dem Land, in dem er seinen Ruhestand verbringen wollte. Hierfür fehlten ihm rund 5000 Rubel, mehr als das Jahresgehalt eines Obersten. Also nahm er wahrscheinlich Anfang 1983 Kontakt zum Militärattaché der US-Botschaft in Ungarn auf und bot sich als Doppelagent an. Bereits kurz darauf übergab er den Amerikanern verschiedene Geheimdokumente des sowjetischen Militärnachrichtendienstes und Hinweise zu dessen Agenten in Westeuropa. Der GRU-Oberst verriet unter dem Decknamen ACCORD u.a. das in der Bundesrepublik aktive Agentennetz des US-Army Sergeanten Clyde Conrad. Dadurch konnte die schwedische Sicherheitspolizei dessen Führungsoffizier Dr. Sandor Kercsik festnehmen und zudem den Spionagering des ehemaligen Warrant-Offiziers der US-Army Zoltan Szabo, der für den ungarischen

Militärgeheimdienst arbeitete, ausheben. Weiterhin lieferte der Spion Informationen zu den sowjetischen Streitkräften in Ungarn.

Als der GRU-Offizier im September 1985 nach Moskau zurückkehren sollte, übergab ihm die CIA Anweisungen für die weitere Kontaktaufnahme. Die entsprechenden Instruktionen hatte der US-Geheimdienst in Form von Mikrotext in einem Beitrag der Zeitschrift *National Geographic* vom Februar 1983 untergebracht. Diese Technik – bei dem der Inhalt einer A4-Seite fototechnisch so stark verkleinert wird, dass er auf einem ein Quadratmillimeter kleinen Punkt untergebracht und später mit einem handelsüblichen Mikroskop wieder gelesen werden kann – setzte der deutsche Geheimdienst bereits im Ersten und Zweiten Weltkrieg ein. Der Plan sah vor, dass ACCORD mindestens ein Jahr keine Verbindung zur CIA aufnehmen sollte, um die Spionageabwehr des KGB in Sicherheit zu wiegen. Der Oberst des Militärgeheimdienstes, in der Moskauer Zentrale bei der Abteilung für illegale Agenten eingesetzt, hielt sich jedoch nicht an die Weisung und nahm bereits einen Monat nach seiner Rückkehr in die Sowjetunion Kontakt mit den Amerikanern auf. Seine geheimen Informationen sprach er auf Tonbandkassetten, von denen er im Oktober 1985 fünfzehn der CIA über einen toten Briefkasten übergeben wollte. Ein erster Versuch scheiterte, Ende 1985 gelangte der US-Geheimdienst jedoch in den Besitz der Bänder und revanchierte sich bei Wasil'ew mit 30.000 Rubeln. Bis zum Mai 1986 folgten zahlreiche weitere Übergaben von Agentenmaterial.

Zu diesem Zeitpunkt war allerdings der KGB bereits auf ihn aufmerksam geworden und beschattete ihn intensiv. Die Überwachung ergab, dass der Oberst für den US-Nachrichtendienst u. a. Kopien von Geheimdokumenten der GRU anfertigte. Als er im August 1986 versuchte, diese in einem toten Briefkasten abzulegen, verhaftete die Spionageabwehr den Offizier. In der nachfolgenden Gerichtsverhandlung verurteilte das Militärkollegium des Obersten Gerichts der UdSSR den Doppelagenten wegen Landesverrats zum Tode. Bereits kurz darauf wurde das Urteil vollstreckt.[133]

Derart drastische Strafen trafen allerdings nicht nur Offiziere der GRU, sondern auch Angehörige des KGB, die Mitte der 1980er-Jahre versucht hatten, für westliche Nachrichtendienste zu arbeiten. Anfang 1984 wurde der Mitarbeiter der Abteilung T der Auslandsaufklärung des Komitees für Staatssicherheit der UdSSR, Wladimir I. Wetrow, hingerichtet, der seit 1980 für den französischen Geheimdienst DST spionierte und diesen über seine Tätigkeit bei der wissenschaftlich-technischen Aufklärung und deren Agenten informierte. Wenig später traf das gleiche Schicksal den KGB-Oberstleutnant Waleri F. Martynow. Den Offizier des sowjetischen Auslandsnachrichtendienstes hatte 1983 das FBI angeworben. Sein Doppelspiel mit den Amerikanern wurde 1985 enttarnt und der Spion Ende Mai 1987 erschossen. Im gleichen Jahr starb auch der KGB-Major Sergej M. Motorin, der gleichfalls geheime Informationen an das FBI übergeben hatte, durch ein Erschießungskommando. Bereits im Februar 1987 hatte den KGB-Offizier Gennadij G. Warenik das gleiche Schicksal ereilt. Er spionierte seit Anfang 1982 in Bonn unter der Tarnung eines Korrespondenten der sowjetischen Nachrichtenagentur TASS. Hier warb ihn 1985 die CIA an, an die er seine Kenntnisse über KGB-Operationen in der Bundesrepublik weitergab. Noch im gleichen Jahr informierte Ames allerdings seine Quellen im sowjetischen Geheimdienst über den Seitenwechsel von Warenik, der dann bereits im November 1985 verhaftet wurde.[134]

Skripals Zusammenarbeit mit dem MI6

Ende der 1980er- und Anfang der 1990er-Jahre deutete sich allerdings auch beim sowjetischen Militärnachrichtendienst eine Zeitenwende an, die möglicherweise mit der Politik von Perestrojka und Glasnost des Generalsekretärs der KPdSU, Michail Gorbatschow, in Verbindung stand. Auf Todesurteile gegen Verräter und Spione aus eigenen Reihen wurde nun verzichtet, vielmehr kamen die Gefassten mit vergleichsweise geringen Haftstrafen davon. Dieser Umstand sorgte wohl dafür, dass Skripal Mitte der 1990er-Jahre das Risiko einging, mit dem MI6 zusammenzuarbeiten. Der britische Geheimdienst hatte über die Zusammenarbeit mit dem GRU-Spion auch seinen spanischen Partnerdienst informiert, der nun im Gegenzug einen Teil der durch den Doppelagenten beschafften Informationen erhielt.

Zunächst übermittelte Skripal seinen neuen Auftraggebern Interna aus der rund zwanzigköpfigen Residentur der GRU in Spanien, an deren Spitze der russische Militärattaché, Konteradmiral Wladimir P. Kasatkin, stand, der als angenehm im Umgang, aber bei der Gewinnung von nachrichtendienstlichem Wissen als weitgehend ineffektiv galt. Zu deren Geheimoperationen auf spanischen Boden konnte FORTHWITH allerdings nur begrenzt Auskunft geben. Dies hatte vor allem mit seiner Sonderrolle als GRU-Offizier in Spanien zu tun, da er hier vor allem das sogenannte Schläfernetz des russischen Militärgeheimdienstes führen sollte. Die Aufgabe dieser illegalen Agenten lag in der Sammlung von Informationen, der Aufklärung militärischer Objekte sowie der Durchführung von Sabotageaktionen in Kriegszeiten. Bis zum Ausbruch möglicher Feindseligkeiten hatten sich die Schläfer allerdings wie ganz normale Spanier zu verhalten und jeden sichtbaren Kontakt zur russischen Botschaft zu meiden. Aus Gründen der Geheimhaltung besaß Skripal also zunächst, außer in seinem eigenen Bereich, wenig Material, das er dem MI6 übermitteln konnte.

Für die Briten wurde er jedoch zunehmend interessant, als sich 1996 seine Rückberufung nach Moskau näherte. Erneut träumte der MI6 von einem Agenten im GRU-Hauptquartier. Der Oberst der Militäraufklärung der russischen Armee lehnte dieses Ansinnen der weiteren Zusammenarbeit jedoch ab, da er um die Effizienz der Spionageabwehr des KGB Nachfolgers, des Föderalen Sicherheitsdienstes – kurz FSB – wusste. Das Risiko schien ihm einfach zu hoch. Nach Moskau zurückgekehrt wurde der GRU-Offizier nun als Chef der Personalabteilung der 1. Verwaltung eingesetzt. Diese unterstand dem 1. Stellvertretenden GRU-Chef, Generalleutnant Walentin W. Korabel'nikow, sie zeichnete für die Militärspionage gegen die europäischen Staaten

Giftanschlag aus Rache?

verantwortlich. Der General selbst, der Anfang der 1980er-Jahre bereits an Spezialoperationen der GRU in Afghanistan teilgenommen hatte, hielt sich jedoch zwischen 1994 und 1996 die meiste Zeit in Tschetschenien auf, als in der Kaukasusrepublik der Erste Tschetschenienkrieg tobte. Hier leitete er eine Spezialeinheit des Militärnachrichtendienstes, die Jagd auf die führenden Köpfe des tschetschenischen Widerstandes machte. Ende April 1996 tötete diese mit einem Luftschlag den damals flüchtigen Präsidenten der Tschetschenischen Republik, Dschochar Dudajew, als der rund dreißig Kilometer südwestlich von der Hauptstadt Grosny während eines Gesprächs über ein Satellitentelefon von der Funkaufklärung geortet werden konnte. Den ungefähren Standort Dudajews hatte einer seiner Vertrauten für die Summe von einer Million Dollar an die GRU verraten. Genau ein Jahr nach dem Luftangriff sollte der Generalleutnant schließlich zum Chef der Militäraufklärung ernannt werden.[135]

Als ehemaliger Fallschirmjäger, der mit Angehörigen von Spezialeinheiten der GRU zusammengearbeitet hatte, verfügte Skripal bei seinem neuen Chef über einen guten Stand und wurde deshalb schließlich auch in die Personalkommission der Militäraufklärung aufgenommen, die bei allen Kaderfragen konsultiert werden musste. 1997 stellten die Ehefrau und die Tochter Skripals erneut Kontakt zum MI6 her, als sie in Spanien im Urlaub weilten. Beide übergaben dabei seinem Führungsoffizier ein Buch, das sie aus der russischen Hauptstadt mitgebracht hatten. Der GRU-Oberst selbst durfte Russland nicht verlassen, da er ja nun in der Moskauer Zentrale des Geheimdienstes arbeitete. Das Geschenk enthielt eine mit Geheimtinte geschriebene Nachricht, in der sich der Agent zur erneuten Zusammenarbeit mit dem britischen Geheimdienst bereit erklärte. Zugleich lieferte Skripal auf diesem Weg umfangreiche Informationen aus dem Herzen des militärischen Nachrichtendienstes, die sich vor allem auf die zunehmende Rivalität zwischen GRU und FSB bezogen, aber auch Hinweise zu Agenten des Dienstes im Westen enthielten. 1998 erfolgte dann die erneute Übergabe eines »Buches« von Skripal an den MI6, als seine Frau zu einem erneuten Sommerurlaub in Malaga weilte. Der GRU-Offizier wählte offenbar diese ausgefallene Form der Verbindungsaufnahme, um der Notwendigkeit zu entgehen, in Moskau tote Briefkästen zur Ablage seiner Spionageinformationen aufsuchen zu müssen. Diese hatten sich schließlich in der Vergangenheit immer wieder als tödliche Falle bei der Kontaktaufnahme mit Doppelagenten erwiesen.

Inzwischen schwer an Diabetes erkrankt und bereits dreimal bei der eigentlich anstehenden Beförderung zum Generalmajor übergangen, quittierte der Oberst im September 1999 enttäuscht seinen Dienst bei der GRU. Zunächst fand er eine Anstellung in der Verwaltungsabteilung im russischen Außenministerium, wenig später wechselte der einstige Militär allerdings zur Kommunalverwaltung des Gebiets Moskau. Diese war damals im Wesentlichen mit Angehörigen des Stabs des ehemaligen Oberkommandierenden der sowjetischen Truppen in Afghanistan, Armeegeneral Boris W. Gromow, besetzt, der nun als Gouverneur des Moskauer Umlandes fungierte. Zusammen mit der Nebenbeschäftigung in einer Baufirma verschaffte sich Skripal so ein halbwegs auskömmliches Einkommen. Als größter Vorteil des Ausscheidens aus dem Militärdienst erwies sich allerdings die Möglichkeit, nun uneingeschränkt ins Ausland reisen zu können. Bereits im Frühjahr 2000 trat er deshalb zusammen mit seiner Frau eine Urlaubsreise nach Malaga an, um sich dort endlich wieder persönlich mit seinem Kontakt vom MI6 treffen zu können.[136]

Obwohl nun nicht mehr aktiver Offizier des Militärgeheimdienstes, konnte Skripal immer noch zahlreiche Interna aus der GRU melden, zumal er wohl auch noch eine Lehrtätigkeit an der Militärdiplomatischen Akademie aufgenommen hatte und so die Namen und Gesichter zukünftiger russischer Spione und Agenten kannte. Zugleich übergab der dem MI6 einige Unterlagen seines ehemaligen Arbeitgebers, darunter das gesamte Mitarbeiter- und Telefonverzeichnis des militärischen Nachrichtendienstes. Bis zum Jahresende 2004 fanden insgesamt acht konspirative Treffen statt, die jeweils als Familienurlaub oder als dienstliche Reisen ins Ausland legendiert waren.

Für seine Informationen soll der ehemalige GRU-Offizier vom MI6 insgesamt rund 100.000 Dollar erhalten haben.[137]

Die Enttarnung

Die zahlreichen kostspieligen Auslandsreisen fielen allerdings auch der militärischen Spionageabwehr des FSB auf. Verdächtig schien zudem, dass sich Skripal häufig mit ehemaligen oder auch noch aktiven Mitarbeiter der GRU traf und versuchte, so an geheime Informationen zu gelangen. Besonderes Misstrauen erregte weiterhin ein Konto bei einer spanischen Bank, auf das monatlich nicht deklarierte Zahlungen eingingen. Dass der in die Reserve versetzte GRU-Offizier 1999 für den Sohn in Moskau eine Dreizimmerwohnung gekauft hatte, seine eigenen vier Wände teuer renovierte und zudem noch eine für Russen obligatorische Datscha in der Nähe von Twer erwarb, bestärkte die Spionageabwehr in dem Glauben, es hier mit einem Agenten eines westlichen Nachrichtendienstes zu tun haben. Nachdem Skripal schließlich Ende 2004 bei einem Treffen mit Vertretern des britischen Geheimdienstes in Izmir beobachtet werden konnte, fiel die Entscheidung, ihn nach seiner Rückkehr nach Moskau festzunehmen. Am 15. Dezember 2004 wurde er von einer Spezialeinheit des FSB in der russischen Hauptstadt verhaftet. Während der Verhöre gab Skripal zu, rund 300 Mitarbeiter der GRU an den Westen verraten zu haben. Am 9. August 2006 verurteilte ihn das Gericht des Militärbezirks Moskau schließlich zu dreizehn Jahren Arbeitslager, weiterhin wurde der Oberst degradiert und ging seiner militärischen Orden verlustig.[138]

Agentenaustausch und Beratertätigkeit Skripals

An diesem Punkt hätte die Spionagegeschichte um Sergej Skripal eigentlich enden können, wäre dem FBI nicht Ende Juni 2010 ein zehnköpfiger Spionagering des russischen Auslandsnachrichtendienstes SWR ins Netz gegangen, ihm gehörte auch die attraktive Anna

Chapman an, die wenig später als »Mata Hari der Moderne« größere Bekanntheit erlangte. Da Moskau offenbar daran interessiert war, seine Agenten – von einem Oberst aus den eigenen Reihen an die Amerikaner verraten – möglichst schnell wieder auf russischen Boden zu bringen, wurde den US-Behörden ein Gefangenenaustausch vorgeschlagen. Vier Agenten des Westens, die in russischen Gefängnissen einsaßen, standen hierfür bereit: Der russische Physiker Igor' W. Sutjagin – 2004 wegen Atomspionage für den Nachrichtendienst des US-Militärs DIA zu fünfzehn Jahren Haft verurteilt; SWR-Oberst Aleksandr I. Saporoschskij – der ehemalige stellvertretende Leiter der Amerikaabteilung der Spionageabwehr des Dienstes erhielt 2003 wegen Zusammenarbeit mit der CIA achtzehn Jahren Haft; Gennadij S. Wasilenko, ein ehemaliger Oberst des FSB, der Ende der 1970er-Jahre Kontakt zur CIA gehabt hatte und nun wegen unerlaubten Waffenbesitzes eine mehrjährige Haftstrafe absaß, und eben Skripal. Der Austausch erfolgte schließlich am 9. Juli 2010 auf dem Flughafen Wien. Von hier aus wurde der ehemalige GRU-Offizier nach Großbritannien geflogen, wo er endlich wieder ein freier Mann war.[139]

Dort kaufte er sich von seinem Agentenlohn des MI6 ein Haus für 260.000 Pfund in der beschaulichen Kleinstadt Salisbury. Einen Teil seiner Lebenshaltungskosten bezahlte die britische Regierung, ansonsten musste sich Skripal nach weiteren Einkommensquellen umsehen, zumal er hier nun auch noch für seine Frau und seine Tochter sorgen musste, die ihm wenig später nach England folgten. 2012 hatte der ehemalige GRU-Offizier einen schweren Schicksalsschlag hinzunehmen, als seine erst 59-jährige Frau an einer Krebserkrankung verstarb. 2017 erlag sein Sohn im Alter von 43 Jahren während einer Reise nach Sankt Petersburg einem Leberversagen, offensichtlich die Folge eines langjährigen Alkoholmissbrauchs.[140]

Obgleich sich Skripal nach außen hin als harmloser Rentner gab, der sich zur Ruhe gesetzt hatte, hielt er immer noch Kontakt zum MI6, dem der ehemalige Spion nun als Berater zur Verfügung stand. Doch auch anderen Geheimdiensten der NATO bot er die Zusammenarbeit an. Hierbei profitierte der Pensionär wohl von seinem umfangreichen Erfahrungsschatz und intimen Kenntnissen als faktischer Personalchef der GRU. Im Sommer 2016 reiste er beispielsweise in die estnische Hauptstadt Tallin. Seine Hinweise auf dort tätige Agenten des russischen Militärgeheimdienstes erwiesen sich als so genau, dass wenig später drei GRU-Mitarbeiter enttarnt und verhaftet wurden. Bereits 2012 hatte sich Skripal zusammen mit Mitarbeitern des MI6 in Prag aufgehalten. Dort informierte er die örtlichen Sicherheitsdienste über aktive Spionagenetze der Russen in Tschechien. Einige der hier tätigen GRU-Mitarbeiter kannte er offenbar noch aus seiner aktiven Dienstzeit beim Militärgeheimdienst. Dem Geheimdienst der spanischen Regierung CNI lieferte er 2016 Informationen zur russischen Mafia auf der iberischen Halbinsel. 2017 beriet Skripal schweizerische Geheimdienstler, wie sie das dort beheimatete Internationale Olympische Komitee und die Welt-Anti-Doping-Agentur besser vor den Angriffen von Nachrichtendiensten aus Russland schützen könnten. Am schmerzlichsten für seinen ehemaligen Arbeitgeber dürfte sich jedoch Skripals Zusammenarbeit mit dem ukrainischen Geheimdienst SBU gewesen sein. In den seit 2014 besetzten Gebieten im Donbass spielte die GRU eine besondere Rolle bei der Auswahl des dort tätigen politischen und militärischen Personals der Separatisten in russischen Diensten. Es wird angenommen, dass Skripal den SBU beriet, wie deren Einfluss am besten zurückzudrängen sei. Aber nicht nur staatlichen Geheimdienststrukturen bot sich der ehemalige Offizier des sowjetisch-russischen Militärnachrichtendienstes an, sondern offensichtlich auch privaten klandestinen Akteuren. So tauchte sein Name immer wieder in Verbindung mit dem ehemaligen MI6-Offizier Christopher Steele und dessen Firma Orbis auf, die 2016 u. a. das berüchtigte »Trump-Dossier« erstellte.[141]

Der Anschlag und seine Botschaft

Wie dem auch sei, in den Augen der GRU brach Skripal nach seiner Freilassung und Begnadigung durch den damaligen russischen Präsidenten Dmitri Medwedew mit einem ehernen Gesetz der russischen Geheimdienste: »Rede nicht mit dem Gegner!« Wohl aus genau diesem Grund entschloss sich die Führung der GRU zu einer Operation zur Beseitigung Skripals. Augenscheinlich wurde die Entscheidung hierzu ohne besondere Konsultationen mit den Verwaltungen des Geheimdienstes getroffen, die für die Spionageeinsätze im Ausland verantwortlich sind, da diese wohl von dem Unternehmen abgeraten hätten. Es ging vielmehr darum, ein sichtbares Zeichen zu setzen. Deshalb wurden mit der Durchführung des Auftrages auch nicht besonders für den Auslandseinsatz geschulte Agenten, sondern Angehörige des Truppenteils Nr. 29155 beauftragt. Hinter dieser Feldpostnummer verbirgt sich das 161. Zentrum zur Ausbildung von Aufklärungsspezialisten, das seit 1962 Offiziere der Speznas-Truppen auf ihre Aufgaben vorbereitet. Offensichtlich wurden und werden dessen Angehörige aber auch für militärische Spezialeinsätze im Ausland herangezogen. Tschepiga und Mischkin erhielten als Angehörige dieser Einheit wohl den Befehl, auf Skripal einen Anschlag zu verüben. Auf das Verwischen eventueller Spuren legte die GRU-Führung sichtbar keinen besonderen Wert, sonst wären die beiden Attentäter wohl nicht als russische Staatsbürger mit einem Direktflug aus Moskau nach London gereist und auch ihre Reisepässe so leicht zum Militärnachrichtendienst zurückzuverfolgen gewesen. Insgesamt ging es bei dem Einsatz vermutlich auch darum, zu zeigen, dass die Führung des Geheimdienstes der russischen Streitkräfte keinen Verrat toleriert, schon gar nicht von ehemaligen Mitarbeitern. Mit dem Anschlag auf Skripal sollte für alle Angehörigen der GRU ein deutliches Signal gesetzt werden – wer zum Gegner überläuft, ist seines Lebens nicht mehr sicher. Vor diesem Hintergrund spielte es auch keine große Rolle, dass es dem russischen Militärgeheimdienst nicht gelang, den übergelaufenen ehemaligen Geheimdienstoberst zu töten – er überlebte das Attentat schwer verletzt und lebt angeblich heute unter einer neuen Identität in Neuseeland.

Weniger Glück hatte hingegen die Britin Dawn Sturgess, die am 30. Juni 2018 auf sonderbare Weise mit dem Gift in Kontakt kam und am 8. Juli verstarb. Der für ihren Tod verantwortliche Nowitschok-Kampfstoff, nach Angaben der Briten der gleiche wie im Fall Skripal, stammte aus einer Parfümflasche. Diese hatte ihr ihr Freund geschenkt, nachdem er den Flakon in einem Müllcontainer in der acht Kilometer von Salisbury entfernten Kleinstadt Amesbury gefunden hatte. Wie der Behälter, den die beiden GRU-Agenten offenbar für den Transport des Giftes verwendeten, dorthin gelangte, ist bislang allerdings noch ungeklärt.[142]

Unbestritten ist jedoch die Tatsache, dass der öffentlichkeitswirksame Tötungsversuch an Skripal sein eigentliches Ziel nicht verfehlt hat. Seit dem Frühjahr 2018 hat sich zumindest offiziell kein Offizier des russischen Militärgeheimdienstes in den Westen abgesetzt, zudem ist kein GRU-Mitarbeiter in Russland wegen Spionage für einen anderen Dienst verhaftet worden. Für Überläufer und Verräter existieren in den Reihen der russischen Geheimdienste angeblich nur Verachtung und Abscheu. So bezeichnete Präsident Putin bei seiner Rede auf dem Moskauer Energieforum am 3. Oktober 2018 Skripal als »Vaterlandsverräter« und sagte, er sei »einfach nur ein Spion«, »einfach ein Dreckskerl, und das ist alles«.[143] Die Geschichte zeigt jedoch, dass kein Geheimdienst der Welt wirklich gegen Verräter von Innen gefeit ist. Immer wieder werden sich unzufriedene, bei Beförderungen übergangene, von ihren Vorgesetzten enttäuschte, nach Geld dürstende oder mit Kompromaten erpresste Mitarbeiter von Nachrichtendiensten finden, die bereit sind, ihr Wissen an Dritte weiterzugeben. Diesem historischen Faktum kann sich auch die legendäre GRU – trotz des tödlichen Abschreckens der eigenen Offiziere und Agenten – nicht entziehen.

Auch in Zukunft effektiv, aggressiv und skrupellos

Der russische Militärgeheimdienst kann mittlerweile auf eine über 200-jährige Geschichte zurückblicken. Gerne stellt er sich dabei als erfolgreicher Nachrichtendienst dar, dessen Informationen in entscheidenden Situationen der russischen Geschichte den politischen und militärischen Führern halfen, die richtigen Entscheidungen zu treffen. Immer wieder gelang es ihm, hochkarätige Quellen anzuwerben, deren Geheimnisse es ermöglichten, ungeahnte Einblicke in die Pläne der Gegner zu nehmen. Gerade aus diesem Grund sieht sich der Dienst mindestens in einer Reihe mit den erfolgreichsten Nachrichtendiensten der Welt.

Genauso legendär wie seine Erfolge ist auch die Aura der Geheimhaltung, die den Nachrichtendienst des russischen Militärs umgibt. Während der SWR und der FSB ihre Archive zumindest in Teilen zugänglich machen und in der Öffentlichkeit mit groß angelegten Kampagnen versuchen, ihre Tätigkeit in ein positives Licht zu rücken, scheint der GRU ihre Außendarstellung weitgehend gleichgültig zu sein. Zwar gibt es bescheidene Versuche einer historischen Aufarbeitung der eigenen Geschichte, doch verhindern weitgehend geschlossene Akten und der Einsatz von Historikern aus dem eigenen Haus nahezu jede kritische Auseinandersetzung mit Fehlern und Fehlschlägen des militärischen Nachrichtendienstes der russischen Streitkräfte.

Hinzu kommt, dass seine Tätigkeit keiner parlamentarischen Kontrolle unterworfen ist. Außer gegenüber dem Verteidigungsminister und dem Präsidenten ist die GRU niemandem Rechenschaft schuldig. Ferner bleibt festzuhalten, dass die Erfahrung der Arbeit unter demokratischen Bedingungen weitestgehend fehlt. Nahezu die gesamte Zeit richtete sich die Tätigkeit des Militärgeheimdienstes nach den Vorgaben autokratischer oder diktatorischer Regime. Das führte dazu, dass sich über Jahrzehnte ein Klima entwickelte, welches immer wieder die Ausfertigung von wohlgefälligen Geheimdienstanalysen begünstigte, selbst wenn diese in keiner Weise den gegebenen Realitäten entsprachen. Wie an den Beispielen des Russisch-Japanischen Krieges von 1904/1905, dem deutschen Angriff auf die Sowjetunion 1941, der Berlin- und der Kuba-Krise 1961/1962 sowie dem Angriff gegen die Ukraine Ende Februar 2022 demonstriert, führten von der politischen und militärischen Führung gewünschte Lagebilder zu fatalen Fehleinschätzungen, weil sie die Selbstannahmen der Entscheidungsträger bedienten. Obgleich davon auszugehen ist, dass es im Dienst immer wieder kritische Stimmen gegen geschönte oder von oben gewünschte Berichte und Analysen gab und gibt, konnten sich diese Kräfte nur in den allerseltensten Fällen durchsetzen. Zu sehr bestimmten Geheimdienstoffiziere den Dienstbetrieb, die sich für den Fortgang der eigenen Karriere bereit zeigten, Quelleninformationen und klandestin beschaffte Dokumente so zu interpretieren, wie es in den Schaltzentralen der Macht gewünscht wurde.

Besonders dramatisch wirkten sich in dieser Hinsicht die stalinistischen Verfolgungen der 1930er-Jahre aus. Sie führten dazu, dass vermeintliches Fehlverhalten gegenüber der Führung nun nicht mehr nur mit einem Karriereende, sondern vielfach mit der persönlichen physischen Vernichtung verbunden war. Wer nicht den Vorgaben und Spielregeln des sowjetischen Diktators Stalin folgte, hatte sein Leben verwirkt oder landete für lange Zeit in den Lagern des GULag.

Zwar hatte die Entstalinisierung unter Stalins Nachfolger Chruschtschow dafür gesorgt, dass niemand mehr für bei der Führung wenig willkommene, weil den eigenen Plänen widersprechende Geheimdienstanalysen mit dem Tod bestraft wurde, doch brannten sich die kollektiven Erfahrungen der Stalinzeit so weit in das

Gruppengedächtnis der Angehörigen des militärischen Nachrichtendienstes ein, dass Widerspruch gegen Vorgaben von oben zumeist eine Ausnahme blieb. Dafür sorgte natürlich auch der in der GRU herrschende militärische Kastengeist. Offiziere, denen an einem eigenen Fortkommen lag, stellten die Weisungen ihrer Vorgesetzten nicht infrage und sorgten für die unbedingte Erfüllung der gegebenen Befehle. Die militärischen Hierarchien regelten zudem den täglichen Umgang im Dienst, aufgrund der Rangverhältnisse war immer sofort klar, wer Anweisungen gab und wer diese auszuführen hatte.

Zugleich sorgte die Leitung des Militärgeheimdienstes dafür, dass diese Machtstrukturen nicht von außen gestört wurden. Aus diesem Grund stellte die GRU zum Beispiel vom Auslandseinsatz heimkehrende illegale Agenten, die ein freies und weitgehend unabhängiges Arbeiten gewöhnt waren, nicht als hochrangige Offiziere wieder ein, sondern ausschließlich als Zivilbeschäftigte.[1] Dieses Schicksal betraf beispielsweise auch den illegalen GRU-Residenten in Kanada Jan P. Tschernjak. Der 1906 in Czernowitz geborene Deutsch-Ungar, hatte im Ersten Weltkrieg seine Eltern verloren und wuchs deshalb in einem Waisenhaus auf. Aufgrund seines Sprachtalents und seines Wissensdurstes konnte er 1927 ein Studium an der Technischen Hochschule in Prag beginnen. 1930 setzte der junge Mann seine Studien in Berlin fort, wo ihn die sowjetische Militäraufklärung als Agent anwarb. Von 1931 bis 1932 diente er im Stab eines rumänischen Kavallerieregiments und übermittelte die Geheimnisse, die durch seine Hände gingen, an die Aufklärungsverwaltung der Roten Armee. Nach der Ableistung des Militärdienstes kehrte er in die deutsche Hauptstadt zurück, wo er weiter für die Sowjetunion spionierte. Hier baute der Agent ein leistungsfähiges Spionagenetz auf, das vor allem Informationen über das Wehr- und Rüstungspotenzial des Deutschen Reiches lieferte.

1935 musste er wegen der drohenden Enttarnung einer seiner Quellen nach Moskau abgezogen werden, wo er nun im Verlauf von zwei Jahren eine umfangreiche Spionageausbildung erhielt. Nach deren Abschluss entsandte ihn die GRU, als Korrespondent der Nachrichtenagentur TASS getarnt, in die Schweiz. Von dort aus baute er binnen kurzer Zeit ein zwanzigköpfiges Agentennetzwerk in Deutschland auf, das auf dem Gebiet der Rüstungsspionage arbeitete. Zu seinen Quellen gehörte u. a. ein Bankier, der Sekretär eines Ministers, ein Abteilungsleiter eines Flugzeugkonstruktionsbüros, die Tochter eines Panzerkonstrukteurs und sogar Offiziere aus dem Führerhauptquartier. Folglich konnte Tschernjak bis 1944 nicht nur mehr als 12.500 Blatt technische Dokumentationen und sechzig Muster von Funk- und Radargeräten nach Moskau schicken, sondern die GRU-Zentrale auch über die Entwicklung von chemischen Kampfstoffen sowie den deutschen Angriffsplan für das Unternehmen »Zitadelle« informieren. Seit 1942 führte er zudem von Großbritannien aus den britischen Spion Alan Nunn May, der den GRU-Illegalen mit Material über das amerikanisch-englische Atomwaffenprogramm versorgte. 1945 wechselte Tschernjak schließlich in die USA, um dort weiter Atomspionage zu betreiben. Wenig später ging er nach Kanada, wo er als illegaler Resident des sowjetischen Militärgeheimdienstes fungierte.

Nachdem im Herbst 1945 der GRU-Chiffrieroffizier an der sowjetischen Botschaft in Kanada, Igor' S. Gusenko, überlief, musste der Resident das Land allerdings Hals über Kopf in Richtung Sowjetunion verlassen. Der Überläufer enttarnte das Netzwerk von Tschernjak, sein Spitzenagent May wurde nachfolgend zu zehn Jahren Haft verurteilt, kam aber bereits 1952 bereits wieder auf freien Fuß. Tschernjak hingegen wurde vorerst für den Dienst in der Moskauer GRU-Zentrale eingesetzt und als Zivilbeschäftigter auf den Posten eines Referenten abgeschoben. Seine reiche Einsatzerfahrung wollte beim Militärgeheimdienst offensichtlich niemand nutzen. Vier Jahre später wechselte der ehemalige Agentenführer, enttäuscht vom militärischen Nachrichtendienst, zu seiner früheren Tarnfirma, der Nachrichtenagentur TASS, wo er dann bis 1969 als Übersetzer arbeitete. Ursprünglich sollte Tschernjak bereits nach seiner Rückkehr in die Sowjetunion für seine Spionageerfolge mit dem Titel eines Helden der Sowjetunion ausgezeichnet werden, da der Resident jedoch noch kurz vor der Flucht von Gusenko, dessen direktem Vorgesetzten eine gute Beurteilung ausgestellt hatte, wurde dieses Vorhaben wieder fallen gelassen. Erst Ende 1994, der einstige Geheimdienstresident lag bereits schwer erkrankt im Koma, verlieh ihm Präsident Boris Jelzin mit der Ernennung zum Helden der Russischen Föderation den höchsten Orden, der in Russland vergeben werden kann. Eine viel zu späte Genugtuung für einen der erfolgreichsten Agenten der sowjetischen Militäraufklärung im Zweiten Weltkrieg.[2]

Im Gegensatz zum Bundesnachrichtendienst, der keine gezielten Tötungen durchführt, sondern bei Gefahr im Verzug allenfalls Informationen »zum Zwecke des Einsatzes tödlicher Gewalt« weitergibt[3], hatte und hat die GRU keine Bedenken, das ihr zur Verfügung stehende tödliche Potenzial zur Anwendung zu bringen. Hiervon zeugt beispielsweise die 1996 erfolgte gezielte Bombardierung des ersten Präsidenten der Republik Tschetschenien, Dschochar M. Dudajew, als dieser auf freiem Feld über sein Satellitentelefon mit einem Abgeordneten der russischen Duma sprach. Auch der Mordanschlag auf den ehemaligen GRU-Offizier Sergej W. Skripal 2018 in der englischen Kleinstadt Salisbury lässt sich in diese Reihe setzen. Gleichwohl stellt die Anwendung tödlicher Gewalt kein Alleinstellungsmerkmal des Geheimdienstes der russischen Streitkräfte dar. Amerikanische, israelische, saudi-arabische sowie zahlreiche andere Nachrichtendienste setzen gleichfalls auf die physische Beseitigung von wirklichen oder vermeintlichen Gefahrenquellen. Bedauerlicherweise muss an dieser Stelle festgestellt werden, dass geheimdienstliche Tötungen auch im 21. Jahrhundert offenbar ein probates Mittel staatlicher Nachrichtendienste sind und wohl auch bleiben werden.[4]

Was die GRU jedoch gegenüber den meisten anderen Nachrichtendiensten auszeichnet, ist die Tatsache, dass sie bedingt durch die Vielzahl der ihr zur Verfügung stehenden Mittel zu Beschaffung und Auswertung von klandestinen Informationen auf ein geheimdienstliches Instrumentarium zurückgreifen kann, von dem andere Dienste wohl nur träumen können. Ob es um das Abfangen von elektronischer

Kommunikation geht, den Einsatz von militärischen Spezialkräften wie den Speznas oder die Aufklärung aus dem Weltraum. Auf all diese Mittel vermag der russische Militärgeheimdienst bei der Planung und Durchführung seiner geheimen Operationen zurückgreifen, ohne hierfür andere »Partnerdienste« ins Boot holen zu müssen. In den USA hingegen sind insgesamt achtzehn Nachrichtendienste in der sogenannten Intelligence Community zusammengefasst, von denen sich ein Großteil auf den Einsatz bestimmter geheimdienstlicher Mittel spezialisiert hat. So fängt die National Security Agency weltweit elektronische Kommunikation ab und wertet diese aus. Der National Reconnaissance Office ist für die amerikanischen Spionagesatelliten verantwortlich, während die National Geospatial-Intelligence Agency den US-Nachrichtendiensten Karten- und Bildmaterial liefert. Die CIA wiederum betreibt die zivile Auslandsaufklärung, während das FBI für die Spionageabwehr verantwortlich zeichnet. Ist im Rahmen von nachrichtendienstlichen Operationen der Einsatz von Spezialkräften erforderlich, kann entweder auf die militärischen Einheiten der Delta Force oder der Naval Special Warfare Development Group – auch als SEAL-Team 6 – bekannt, aber auch auf die paramilitärische Special Activities Division der CIA zurückgegriffen werden. Spektakuläre Einsätze in der jüngeren Vergangenheit, wie die Tötung des al-Qaida Anführers Osama bin Laden am 2. Mai 2011 im Rahmen des Unternehmens »Neptune Spear«, zeigen, dass die Kooperation der zahlreichen amerikanischen Nachrichtendienste durchaus erfolgreich ist.[5]

Im Gegensatz dazu ist die Zusammenarbeit zwischen den verschiedenen russischen Geheimdiensten nur sporadisch. Aus Konkurrenz- und Geheimhaltungsgründen sind die Spionagebehörden Russlands zumeist auf strenge Abschottung voneinander bedacht. Nur beim Präsidenten, dem alle Dienste berichten, laufen die Fäden sämtlicher nachrichtendienstlichen Erkenntnisse und Operationen zusammen. Täglich liest Putin als erste Amtshandlung die für ihn aufbereiteten Lagemeldungen von SWR, FSB und GRU. Er allein bestimmt nachfolgend über die Durchführung von Operationen seiner Geheimdienste, deren Tätigkeit sich nicht nur auf das Sammeln von Information beschränkt, sondern die ihre Kenntnisse aktiv im Sinne der russischen Außen- und Sicherheitspolitik einsetzen sollen. Allen Diensten ist zudem gemeinsam, dass sie für Putin und seine inneren Kreis Instrumente zur Durchsetzung der russischen Vorstellungen eines modernen Krieges sind, der vor allem auf eine hybride Kampfführung setzt und sich dabei auf militärische und nichtmilitärische Mittel stützt.[6]

Obgleich seit dem Sommer 1992 ein Sicherheitsrat der Russischen Föderation existiert, der wichtige Fragen der Außen- und Sicherheitspolitik koordinieren soll, verfügt dieser über kein Organ, das die Arbeit der verschiedenen russischen Nachrichtendienste aufeinander abstimmt. Zudem ist der Sicherheitsrat, an dessen Spitze zwischen 2008 und 2024 der ehemalige FSB-Direktor Nikolaj P. Patruschew stand, stark von Generalen und Offizieren des Föderalen Sicherheitsdienstes dominiert, während der Einfluss der Streitkräfte und ihres Nachrichtendienstes in diesem Gremium als vergleichsweise gering eingeschätzt werden muss. Jeder Dienst bleibt also im Wesentlichen auf sich allein gestellt und somit können weder die verschiedenen geheimdienstlichen Kompetenzen noch die vorhandenen nachrichtendienstlichen Strukturen gebündelt und koordiniert zum Einsatz gebracht werden.

Es war wohl gerade auch die mangelnde Zusammenarbeit zwischen den Diensten, die im Februar 2022 zu der Entscheidung Putins führte, die Ukraine nicht mehr nur mit Mitteln der nicht linearen Kriegführung zu zermürben, sondern durch eine militärische Blitzoperation die rechtmäßige Regierung unter Präsident Wolodymyr Selenskyj zu stürzen und ein Moskau genehmes Regime zu installieren. Die verkrusteten Strukturen bei GRU, SWR und FSB führten zudem dazu, dass kritische Stimmen, die vor dem Unternehmen warnten, das angeblich in drei Tagen erfolgreich zum Abschluss gebracht werden sollte, nicht gehört wurden. Wir werden diese wohl lesen können, wenn sich zu einem späteren Zeitpunkt einmal die Archive des militärischen Nachrichtendienstes und seiner Konkurrenten öffnen werden. Stattdessen fanden Prognosen Gehör, die die Meinungen und Überzeugungen

Putins stützten, der ukrainische Staat würde beim Einmarsch der russischen Truppen zusammenfallen wie ein Kartenhaus. Offenbar fand sich an der Spitze der Nachrichtendienste niemand, der bereit war, ein realistisches Lagebild zu zeichnen: Dass die Streitkräfte Russlands auf den erbitterten Widerstand der Ukrainer treffen würden und trotz des Einsatzes enormer Geldsummen keine politische Opposition geschaffen werden könnte, die wirkungsvoll für die russischen Interessen einträte und sich als Alternative zu Selenskyj darstellte.[7]

Die zahlreichen Fehlannahmen der GRU bei Kriegsbeginn sorgten nachfolgend dafür, dass der Geheimdienst der Streitkräfte nicht den Erwartungen der militärischen und politischen Führung Russlands entsprechen konnte. Für einen langfristigen Konflikt fehlen ihm die Mittel, zum Teil auch die hierfür notwendigen Strukturen. Je länger der Konflikt dauert, umso mehr macht sich bemerkbar, dass gerade bei der Paradedisziplin des Militärgeheimdienstes, der strategischen Fernaufklärung, spürbare Lücken bestehen. Weder die Satellitenaufklärung, die nur auf ein dünnes Netz von Beobachtungsflugkörpern im All zurückgreifen kann, noch die gefürchteten Speznas-Einheiten zeigten und zeigen sich bislang wirklich in der Lage, das Gefechtsfeld in seiner gesamten Tiefe aufzuklären und damit die Reserven der ukrainischen Armee wirksam zu bekämpfen. So dürfte auch der seit Winter 2022/23 laufende russische Versuch, die Energieversorgung der Ukraine durch Raketenangriffe der Fernbomberwaffe nachhaltig zu zerstören, darauf zurückzuführen sein, dass verlässliche Informationen zu aktuellen Depots, Lagern und Garnisonen der ukrainischen Streitkräfte weitgehend fehlten. Stattdessen nutzte man wohl die Unterlagen zu seit Sowjetzeiten bekannten stationären Zielen, von deren Ausschaltung sich die russische Militärführung neben dem Zusammenbruch der landesweiten Energieerzeugung auch ein Absinken der Moral der ukrainischen Verteidiger verspricht.

Während die GRU seit langer Zeit umfangreiche Mittel in den Bereich des Cyberwar investierte, verschlief dessen Führung die Revolution des Einsatzes von Drohnen für militärische Zwecke nahezu vollkommen. Im Moment verfügen deshalb weder die russischen Streitkräfte noch ihr Nachrichtendienst über einsatzfähige Drohnenmodelle, mit denen erfolgreich operative bzw. strategische Aufklärung betrieben werden kann. Der Mangel an schlagkräftigen Infanterieeinheiten führte schließlich dazu, dass die Elite der GRU, ihre Speznas-Spezialeinheiten, bei blutigen Bodengefechten auf taktischer Ebene schwerste Verluste hinnehmen mussten. Immer wieder an die Brennpunkte der über tausend Kilometer langen Front geworfen, standen und stehen sie für ihre eigentliche Aufgabe, den Diversions- und Aufklärungseinsatz im tiefen Hinterland der russisch-ukrainischen Front kaum zur Verfügung. Nahezu hilflos und voller Neid muss die GRU-Führung deshalb auf die Spezialeinsätze ihres ukrainischen Gegenübers – der Hauptverwaltung Aufklärung des Verteidigungsministeriums der Ukraine – schauen, die in den Weiten Russland spektakuläre, aufsehenerregende und zugleich militärisch wirksame Operationen durchführte. Auf ihr Konto gehen nicht nur die Sprengungen 2022 und 2023 der Brücke, die die Krim mit dem russischen Festland verbindet, sondern auch Angriffe auf Einsatzbasen der Fernflieger- und Hubschrauberkräfte der russischen Streitkräfte sowie zahlreiche weitere Aktionen.

Gleichwohl ist mit größter Sicherheit davon auszugehen, dass der russische Militärgeheimdienst selbst eine empfindliche Niederlage im Ukrainekonflikt überleben dürfte. Zu wichtig ist seine Rolle als strategisches und operatives Aufklärungsinstrument des russischen Militärs, das zudem jederzeit für klandestine Spezialeinsätze bereitsteht. Weil die GRU hierfür auf eine höchst umfangreiche Palette von Techniken zur Gewinnung von nachrichtendienstlichen Erkenntnissen zurückgreifen kann, nimmt sie mittlerweile einen Platz als tragende Säule in der russischen Sicherheitsarchitektur ein. Obgleich außer Frage steht, dass sich der militärische Nachrichtendienst Russlands in naher Zukunft umfangreichen Reformen unterziehen muss, ist es als gesichert anzusehen, dass wir auch im weiteren Verlauf des 21. Jahrhunderts immer wieder mit Geheimdienstoperationen der GRU konfrontiert sein werden.

Anmerkungen

Einleitung

1 Vgl. Očerki istorii rossijskoj vnešnej razvedki, Bd. 1: Ot drevnejšich vremen do 1917 goda, Moskva 1995, S. 110–112.
2 Vgl. Ènciklopedija voennoj razvedki Rossii, Moskva 2004, S. 11.
3 Vgl. Kondrašov, V. V.: Istoria otečestvennoj voennoj razvedki, Moskva 2014, S. 38.
4 Vgl. Alekseev, Michail: Voennaja razvedka Rossii ot Rjurika do Nikolaja II., Bd. II, Moskva 1998, S. 23–24; Lur'e, Vjačeslav Michajlovič/Kočik, Valerij Jakovlevič: GRU: dela i ljudi, St. Petersburg/Moskva 2002, S. 100–103.
5 Vgl. Münkler, Herfried: Der Große Krieg. Die Welt 1914–1918, Reinbek bei Hamburg 2015, S. 139–153; Borodziej, Włodzimierz/Górny, Maciej: Der vergessene Weltkrieg. Imperien 1912–1916, Darmstadt 2018, S. 76–77; Ènciklopedija voennoj razvedki Rossii, S. 22.
6 Vgl. Marshall, Alex: Russian Military Intelligence, 1905–1917: The Untold Story behind Tsarist Russia in the First World War, in: War in History 11 (2004), Nr. 4, S. 402–403; Höbelt, Lothar: »So wie wir haben nicht einmal die Japaner angegriffen«. Österreich-Ungarns Nordfront 1914/15, in: Die vergessene Front. Der Osten 1914/15. Ereignis, Wirkung, Nachwirkung, hrsg. von Gerhard P. Groß, Paderborn/München/Wien/Zürich, 2006, S. 88–101; Otto, Helmut/Schmiedel, Karl: Der erste Weltkrieg. Militärhistorischer Abriß, Berlin 1983, S. 88–91.
7 Vgl. Marshall, Russian Military Intelligence, S. 404–406, 419–420; Alekseev, Michail: Voennaja razvedka Rossii. Pervaja mirovaja vojna, Bd. III, Teil 2, Moskva 2001, S. 439–400; Sergeev, Evgenij Ju.: Voennaja razvedka Rossii v gody Pervoj mirovoj vojny, in: Voenno-istoričeskij žurnal, 2012, Nr. 2, S. 52–61.
8 Vgl. Plan zur Errichtung von Agenturen in Deutschland, 1920, in: D'jakov, Ju. L./Bušueva. T. S.: Fašistskij meč kovalsja v SSSR. Krasnaja armija i rejchsver-tajnoe sotrudničestvo 1922–1933. Neizvestnye dokumenty, Moskva 1992, S. 36 f.; Kočik, Valerij Jakovlevič: Sovetskaja voennaja razvedka:

struktura i kadry. Stat'ja vtoraja 1918–1921, in: Svobodnaja mysl', 1998, Nr. 6, S. 88–103.

9   Vgl. Bezymenskij, Lev A.: Sovetskaja razvedka pered vojnoj, in: Voprosy istorii, 1996, Nr. 9, S. 79–80.

10 Vgl. Pavlov, A. G.: Sovetskaja voennaja razvedka nakanune Velikoj Otečstvennoj vojny, in: Novaja i novejšaja istorija, 1995, Nr. 1, S. 49–60.

11 Vgl. Garthoff, Raymond L.: Die sowjetischen Spionageorganisationen, in: Die Rote Armee, hrsg. von Basil Liddell-Hart, Bonn o. J., S. 284; Kočik, Valerij Jakovlevič: Nekotorye aspekty dejatel'nosti sovetskoj voennoj razvedki v predvoennyj period (1936–1941): Struktura, kadry, napravlenija raboty, operacii, in: Voenno-istoričeskij archiv, 2001, Nr. 1, S. 108–114.

12 Siehe hierzu: Glazami razvedki. SSSR i Evropa. 1918–1938 gody, hrsg. von Ul', M./Chaustov, V.N./Zacharov, V.V., Moskva 2015.

13 Vgl. Kolpakidi, Aleksandr Ivanovič/Prochorov, Dmitrij Petrovič: Imperija GRU: Očerki istorii rossijskoj voennoj razvedki, Bd. 1, Moskva 2001, S. 247. Zum gesamten Ausmaß der Säuberungen in der GRU siehe: Uhl, Matthias: »Und deshalb besteht die Aufgabe darin, die Aufklärung wieder auf die Füße zustellen« – Zu den Großen Säuberungen in der sowjetischen Militäraufklärung, in: Jahrbuch für Historische Kommunismusforschung 2004, Berlin 2004, S. 80–97.

14 Vgl. Kirpičenkov, V. A., Razvedka vychodit iz zony molčanija, in: Voenno-istoričeskij žurnal, 1995, Nr. 2, S. 83.

15 Vgl. Poznjakov, V. V.: Tajnaja vojna Iosifa Stalina: Sovetskie razvedyvatel'nye služby v SŠA nakanune i v nae cholodnoj vojny. 1943–1953 gg., in: Stalinskoe desjatiletie cholodnoj vojny: fakty in gipotezy, Moskva 1999, S. 190.

16 Vgl. Mel'tjuchov, Michail I.: Sovetskaja razvedka i problema vnezapnogo nadadenija, in: Otečestvennaja istorija, 1998, Nr. 3, S. 14 f.; Očerki istorii rossijskoj vnešnej razvedki. Bd. 4: 1941–1945 gody, Moskva 1999, S. 303–309.

17 Vgl. Gosudarstvennaja bezopasnost' Rossii: Istorija i sovremenost', pod. obšč. red. R. N. Bajguzina, Moskva 2004, S. 596 f.

18 Vgl. Uhl, Matthias: Krieg um Berlin? Die sowjetische Militär- und Sicherheitspolitik in der zweiten Berlin-Krise, München 2008, S. 81.

19 Zur sowjetischen Haltung in der Kuba-Krise und zu den geheimdienstlichen Kanälen bei der Beilegung der Spannungen siehe: Fursenko, Aleksandr A./Naftali, Timothy: »One Hell of a Gamble«. Khrushchev, Castro, and Kennedy, 1958–1964, New York u. a. 1997.

20 Vgl. Kolpakidi/Prochorov: Imperija GRU, Bd. 2, S. 89.

21 Vgl. Voennaja razvedka Rossii, Moskva 2012, S. 52.

22 Vgl. Galeotti, Mark: Korabelnikov leaves Russian military intelligence, In Moscow's Shadow, 26.4.2009, https://inmoscowsshadows.wordpress.

com/2009/04/26/korabelnikov-leaves-russian-military-intelligence/; Lur'e/Kočik: GRU: dela i ljudi, S. 117; GRU zaveršaet istoričeskij put', Nezavisimoe voennoe obozrenie, 20.3.2009, https://nvo.ng.ru/events-nvo/2009-03-20/2_gru.html.

23   Vgl. Adomeit, Hannes: Die Lehren der russischen Generäle, Neue Züricher Zeitung, 18.7.2014, https://www.nzz.ch/international/die-lehren-der-russischen-generaele-ld.848371.

24   Galeotti, Mark: Galeotti, Mark: The Unexpected Death of Russia's military intelligence (GRU) chief, Igor Sergun. In Moscow's shadows, 4.1.2016, https://inmoscowsshadows.wordpress.com/2016/01/04/the-unexpected-death-of-russias-military-intelligence-gru-chief-igor-sergun/.

25   Vgl. Urban, Mark: Russlands neuer Spionagekrieg. Putins langer Arm in den Westen, München 2020, S. 163–240.

26   Vgl. Ackeret, Markus: Russlands Militärgeheimdienst ist fürs Grobe zuständig, Neue Züricher Zeitung, 25.9.2018, https://www.nzz.ch/international/russlands-militaergeheimdienst-ist-fuers-grobe-zustaendig-ld.1422825?reduced=true; Nehring, Christoph: SWR – Die russische Auslandsaufklärung, dekoder, 19.5.2019, https://www.dekoder.org/de/gnose/swr-auslandsaufklaerung-geheimdienst-kgb. Zum Außenbild des SWR siehe die unlängst erschienene Publikation: Kolpakidi, Aleksandr I.: Vnešnjaja razvedka SSSR-Rossii. 1946–2020 gody. Istorija, struktura i kadry, Moskva 2021.

27   Vgl. Urban, Mark: Die Akte Skripal. Der neue Spionagekrieg und Russlands langer Arm in den Westen, München 2018, S. 11, 49.

28   Vgl. Suvorov, Viktor: Soviet Military Intelligence, London u. a. 1984.

29   Vgl. Suworow, Viktor: GRU – die Speerspitze. Was der KGB für die Politführung, ist die GRU für die Rote Armee. Spionage-Organisationen und Sicherheitsapparat der sowjetischen Militärs – Aufbau, Ziele, Strategie, Arbeitsweise und Führungskader, Bern/München/Wien 1985.

30   Vgl. Krivitskiy, Walter G.: I was Stalin's Agent, London 1939; ders.: In Stalin's Secret Service: An Expose of Russian's Secret Policies by the Former Chief of the Soviet Intelligence in Western Europe, New York 1939; ders.: Ich war in Stalins Dienst, Amsterdam 1940.

31   Siehe u. a. Krieger, Wolfgang: Die deutschen Geheimdienste. Vom Wiener Kongress bis zum Cyber War, München 2021; ders.: Geschichte der Geheimdienste. Von den Pharaonen bis zur CIA, München 2009; Geheimdienste in der Weltgeschichte. Spionage und verdeckte Aktionen von der Antike bis zur Gegenwart, hrsg. von Wolfgang Krieger, München 2003.

32   Vgl. Voennaja razvedka informiruet. Dokumenty Razvedupravlenija Krasnoj Armii. Janvar' 1939 – ijun' 1941, Moskva 2008; Glazami razvedki.

33   Vgl. Atomnyj proekt SSSR: Dokumenty i materialy: V 3-ch tomach, Bd. I, Teil 2: 1938–1945, Moskva 2002, S. 585.

34 Siehe zum Beispiel: Lota, Vladimir I.: Armaggedon otmenjaetsja. Karibskij krizis: ljudi, sobytija, dokumenty, Moskva 2014.

35 Siehe zum Beispiel die von der GRU herausgegebenen internen Schriften: Glavnoe upravlenie General'nogo štaba Vooružennych sil Rossijskoj Federacii: Operacija »Bagration« i voennaja razvedka, Moskva 2004; Glavnoe upravlenie General'nogo štaba Vooružennych sil Rossijskoj Federacii: Stalingradskaja ėpopeja voennoj razvedki, Moskva 2002.

36 Vgl. Voennaja Razvedka Rossii.

37 Vgl. Boltunov, Michail E.: Kroty GRU v NATO, Moskva 2013; ders.: »Zolotoe ucho« voennoj razvedki, Moskva 2011; ders.: Diversanty, Moskva 2009.

38 Vgl. Kolpakidi/Prochorov: Imperija GRU, Bd. 1 und Bd. 2.

39 Vgl. Ėnciklopedija voennoj razvedki Rossii.

40 Alekseev, M. A./Kolpakidi, A. I./Kočik, V. Ja.: Ėnciklopedija voennoj razvedki Rossii. 1918–1945 gg., Moskva 2012; Lur'e/Kočik, GRU: dela i ljudi.

41 Vgl. Fedorov, V. M.: Voenno-morskaja razvedka: istorija i sovremennost', Moskva 2008.

42 Vgl. Lur'e, V. M.: Voenno-morskaja razvedka SSSR (1918–1960-e gg.). Spravočnik, St. Peterburg 2009.

43 Vgl. Weiner, Tim: CIA. Die ganze Geschichte, Frankfurt a. M. 2009; Wilford, Hugh: The Agency. A History of the CIA, Chantilly 2019.

44 Vgl. Haslam, Jonathan: Near and Distant Neighbors. A New History of Soviet Intelligence, Oxford 2015.

45 Vgl. Dallin, David J.: Soviet Espionage, New York 1955.

46 Vgl. Pringle, Robert W.: Historical Dictionary of Russian and Soviet Intelligence, Lanham/Toronto/Oxford 2006; Bagley, Tennet H.: Spy Wars. Moles, Mysteries, and Deadly Games, New Haven/London 2007; Corera, Gordon: The Art of Betrayal. The Secret History of MI6, New York/London 2012; Hoffman, David E.: The Billion Dollar Spy. A True Story of Cold War Espionage and Betrayal, New York 2015; Kalic, Sean N.: Spies. The U. S. and Russian Espionage Game from the Cold War to the 21st Century, Santa Barbara/Denver 2019; West, Nigel: Historical Dictionary of Cold War Intelligence, New York/London 2021; Riehle, Kevin P.: Russian Intelligence. A Case-based Study of Russian Services and Missions Past and Present, Bethesda 2022.

47 Vgl. Schecter, Jerrold L./Deriabin, Peter S.: The Spy Who Saved the World. How a Soviet Colonel Changed the Course of the Cold War, New York u. a. 1992; Ashley, Clarence: CIA Spy Master. Kisevalter, the Agency's Top Case Officer, who handled Penkovsky and Popov, Gretna 2004; Dillon, Eva: Spies in the Family. An American Spymaster, his Russian Crown Jewel, and the Friendship that helped end the Cold War, Sydney 2017.

48 Vgl. Sergeev, Evgeny: Russian Military Intelligence in the War with Japan, 1904–05. Secret operations on land and at sea, London/New York 2007.

I. Die Organisationsgeschichte der russischen Militäraufklärung

1   Vgl. Kolpakidi/Prochorov: Imperija GRU, Bd. 1, S. 3–4.
2   Vgl. Alekseev: Voennaja razvedka Rossii ot Rjurika do Nikolaja II., Bd. I, S. 33–34.
3   Otečestvennaja vojna 1812 goda. Materialy voenno-učenogo archiva, Bd. 1, Teil 1, St. Peterburg 1900, S. 86.
4   Zit. nach Lota, Vladimir I.: Osobennaja kancelarija Rossijskoj imperii, Krasnaja Zvesda, 25.1.2012, http://old.redstar.ru/2012/01/25_01/6_01.html.
5   Vgl. Voennaja Razvedka Rossii, S. 81–84.
6   Vgl. Očerki istorii rossijskoj vnešnej razvedki: Bd. 1, S. 110–112.
7   Vgl. Kolpakidi/Prochorov: Imperija GRU, Bd. 1, S. 10–11.
8   Čujkevič, Petr A.: Patriotičeskie mysl I političeskie i voennye rassuždenija o predstojaščej vojne meždu Rossiej i Franciej I predloženie sredstv vozdvignuť v Germanii Insurekciju posredstvom vooružennoj Ekspedicii, 2.4.1812, in: Rossijskij Archiv: Istorija Otečestva v svidetel'stvach i dokumentach XVIII–XX vv.: Al'manach, Moskva 1996, S. 48.
9   Vgl. Lota, Vladimir I.: Osobennaja kancelarija Rossijskoj imperii, in: Rodina, 2012, Nr. 10, S. 6–7.
10 Vgl. Čuev, Sergej G.: Gosudarevo oko. Tajnaja diplomatija i razvedka na službe Rossii, Moskva 2002, S. 460–461.
11 Vgl. Kolpakidi/Prochorov: Imperija GRU, Bd. 1, S. 18–22.
12 Vgl. Lota: Osobennaja kancelarija Rossijskoj imperii, in: Rodina.
13 Vgl. Alekseev: Voennaja razvedka Rossii, Bd. I, S. 39–40.
14 Vgl. Ênciklopedija voennoj razvedki Rossii, S. 11.
15 Vgl. Figes, Orlando: Krimkrieg – Der letzte Kreuzzug, Berlin 2011, S. 485–486; Hildermeier, Manfred: Geschichte Russlands. Vom Mittelalter bis zur Oktoberrevolution, München 2013, S. 1116; Geyer, Dietrich: Der russische Imperialismus. Studien über den Zusammenhang von innerer und auswärtiger Politik 1860–1914, Göttingen 1977, S. 75–76.
16 Vgl. Alekseev: Voennaja razvedka Rossii, Bd. I, S. 56–59; Očerki istorii rossijskoj vnešnej razvedki, Bd. 1, S. 151–152; Fedorov: Voenno-morskaja razvedka, S. 12–13.
17 Vgl. Boltunov, Michail E.: Duša razvedčika pod frakom diplomata, Moskva 2012, S. 19–28.

18 Vgl. Kolpakidi/Prochorov: Imperija GRU, Bd. 1, S. 24–25; Rukovoditeli otečestvennoj razvedki, in: Rodina, 2012, Nr. 10, S. 10.

19 Zit. nach Simow, Michail: Die nachrichtendienstliche Tätigkeit der russischen Donauarmee am Vorabend des russisch-türkischen Befreiungskrieges, in: Bulgarian Historical Review, 2020, Nr. 1–2, S. 107; Sockov, Nikita G.: Rol' voennoj razvedki v obespečenii bezopasnosti Rossijskogo gosudarstva vo vtoroj polovine XIX veka, in: Nacional'naja bezopasnost' – materialy V mežvuzovskoj naučno-praktičeskoj konferencii, Moskva 2020, S. 35–36.

20 Voennaja Razvedka Rossii, S. 92.

21 Vgl. Alekseev: Voennaja razvedka Rossii, Bd. I, S. 68–69; Simow: Die nachrichtendienstliche Tätigkeit der russischen Donauarmee, S. 115–122.

22 Vinokurov, V. I.: Istorija voennoj diplomatii. Voennaja diplomatija ot Petra I do Pervoj mirovoj vojnoj, Bd. 1, Moskva 2009, S. 60–61.

23 Vgl. ebenda, S. 222–223.

24 Vgl. General'nyj štab Rossijskoj armii: istorija i svremennost', Moskva 2006, S. 71; Höhne, Heinz: Der Krieg im Dunkeln. Die deutsche und russische Spionage, Augsburg 1998, S. 59.

25 Vgl. Kondrašov: Istoria otečestvennoj voennoj razvedki, S. 38.

26 Vgl. Fedorov: Voenno-morskaja razvedka, S. 13–14; Glavnyj štab VMF: istorija i sovremennost'. 1696–1997, Moskva 1998, S. 42.

27 Sergeev: Russian Military Intelligence in the War with Japan, S. 36.

28 Ebenda, S. 37.

29 Vgl. Menning, Bruce W.: Miscalculating One's Enemies: Russian Military Intelligence before the Russo-Japanese War, in: War in History 13 (2006), Nr. 2, S. 145–154.

30 Vgl. Sergeev: Russian Military Intelligence in the War with Japan, S. 51–52.

31 Vgl. Pilster, Hans-Christian: Russland – Sowjetunion. Werden, Wesen und Wirken einer Militärmacht, Herford 1981, S. 57–58; Zolotarev, V. A./Saksonov, O. V./Tjzškevič, S. A.: Voennaja istorija Rossii, Moskva 2002, S. 436–477.

32 Vgl. Sergeev: Russian Military Intelligence in the War with Japan, S. 67–68.

33 Kal'mina, Lilija V./Malygina, Ol'ga A.: »Ukrepljaetsja soznanie, čto v okončatel'nom rezusl'tate Japonija budet pobeždena«. Donesenija voennogo agenta A.I. Pavlolva v Ministerstvo finansov vo vremja Russko-japonskoj vojny 1904–1905 gg., in: Vestnik archivista, 2022, Nr. 2, S. 471–472.

34 Vgl. Sergeev: Russian Military Intelligence in the War with Japan, S. 71–75, 148.

35 Vgl. Sergeev, Evgenij Ju.: Voennaja razvedka v bor'be s Japoniej, in: Rossija i ATP, 2014, Nr. 1, S. 189.

36 Vgl. Sergeev, Evgenij Ju.: Voennaja razvedka v bor'be s Japoniej, in: Otečestvennaja istorija, 2004, Nr. 3, S. 84.
37 Vgl. Sergeev: Russian Military Intelligence in the War with Japan, S. 133–135.
38 Vgl. Fedorov, Voenno-morskaja razvedka, S. 15–28; Pleshakov, Konstantin: The Tsar's last armada. The epic journey to the battle of Tsushima, New York 2002, S. 264–268.
39 Vgl. Alekseev: Voennaja razvedka Rossii ot Rjurika do Nikolaja II., Bd. II, S. 23–24; Lur'e/Kočik: GRU: dela i ljudi, S. 100–103.
40 Vgl. Lipatov, S.: Russkaja i germanskaja razvedka v gody Pervoj mirovoj vojny, in: Pervaja mirovaja vojna i učastie v nej Rossii, Teil 1, Moskva 1994, S. 43.
41 Vgl. Roewer, Heinz: Skrupellos. Die Machenschaften der Geheimdienste in Russland und Deutschland 1914–1941, Leipzig 2004, S. 75–76; Höhne: Der Krieg im Dunkeln, S. 68–111; Zvonarev, K. K.: Agenturnaja razvedka: Russkaja agenturnaja razvedka vsech vidov do i vo vremja vojnoj 1914–1918 gg. Germanskaja agenturnaja razvedka do i vo vremja vojny 1914–1918 gg., Kiev 2005, S. 164. Ein Übersicht der von Wölkerling an die Russen übergebenen Geheimsachen findet sich in: Schmidt, Jürgen W.: Der Perleberger Spion Gustav Wölkerling, in: Mitteilungen des Vereins für Geschichte der Prignitz (2005), S. 80–81.
42 Zit. nach Očerki istorii rossijskoj vnešnej razvedki, Bd. 1, S. 215.
43 Vgl. Moritz, Verena/Leidinger, Hannes: Oberst Redl. Der Spionagefall. Der Skandal. Die Fakten, St. Pölten/Salzburg/Wien 2012, S. 37–74.
44 Pethö, Albert: Oberst Redl, in: Geheimdienste in der Weltgeschichte. Spionage und verdeckte Aktionen von der Antike bis zur Gegenwart, hrsg. von Wolfgang Krieger, München 2003, S. 150.
45 Vgl. Höhne: Der Krieg im Dunkeln, S. 70–73; 127; Kondrašov: Istoria otečestvennoj voennoj razvedki, S. 76.
46 Vgl. Münkler: Der Große Krieg, S. 139–153; Borodziej/Górny: Der vergessene Weltkrieg, S. 76–77; Ènciklopedija voennoj razvedki Rossii, S. 22.
47 Vgl. Marshall: Russian Military Intelligence, 1905–1917, S. 402–403; Höbelt: »So wie wir haben nicht einmal die Japaner angegriffen«, S. 88–101; Otto/Schmiedel: Der erste Weltkrieg, S. 88–91.
48 Zit. nach Aptekar', Pavel: Agenty i rezidenty, in: Rodina, 1993, Nr. 8–9, S. 41.
49 Vgl. Marshall: Russian Military Intelligence, S. 404–406, 419–420; Alekseev: Voennaja razvedka Rossii, Bd. III, S. 439–400; Sergeev: Voennaja razvedka Rossii v gody Pervoj mirovoj vojny, S. 52–61.
50 Vgl. Mel'tjuchov: Sovetskaja razvedka, S. 3.

51 Vgl. Alekseev, Michail/Kolpakidi, Aleksandr/Kočik, Valerij: Sovetskaja voennaja razvedka 1917–1934 gg., Moskva 2020, S. 44.
52 Vgl. Plan zur Errichtung von Agenturen in Deutschland, 1920, in: D'jakov/Bušueva: Fašistskij meč kovalsja v SSSR, S. 36 f.
53 Zit. nach: Lur'e/Kočik: GRU: dela i ljudi, S. 34–35.
54 Vgl. Ènciklopedia voennoj razvedki Rossii, S. 45–46.
55 Vgl. Kolpakidi, Aleksandr/Mzareulov, Valentin: Sovetskaja vnešnjaja razvedka 1920–1945 gody. Istorija, struktury i kadry, Moskva 2021, S. 8.
56 Vgl. Glazami razvedki, S. 21–22.
57 Vgl. Agabekov, Georges: OGPU. The Russian Secret Terror, New York 1931, S. 274–275.
58 Vgl. Ebenda, S. 275.
59 Vgl. Mel'tjuchov: Sovetskaja razvedka, S. 3.
60 Vgl. u .a. Nachrichtenmaterial aus der japanischen Botschaft in Berlin, 17. August 1925; Bericht des amerikanischen Botschafters in Deutschland an den Außenminister der USA, 8. März 1933, in: D'jakov/Bušueva, Fašistskij meč, S. 67 f.; 303 f. und Očerki istorii rossijskoj vnešnej razvedki, Bd. 2: 1917–1933 gody, Moskva 1996, S. 176 f. Zahlreiche dieser Unterlagen finden sich auch in: Glazami razvedki.
61 Vgl. Boltunov: »Zolotoe ucho« voennoj razvedki, S. 29–31.
62 Siehe hierzu u. a. Zeidler, Manfred: Reichswehr und Rote Armee 1920–1933. Wege und Stationen einer ungewöhnlichen Zusammenarbeit, München 1993.
63 Vgl. Ènciklopedia voennoj razvedki Rossii, S. 201.
64 Alekseev/Kolpakidi/Kočik: Ènciklopedija voennoj razvedki 1918–1945, S. 644–645.
65 Vgl. Roewer: Skrupellos, S. 383–395.
66 Kolpakidi/Prochorov: Imperija GRU, Bd. 1, S. 144–145.
67 Vgl. Vinokurov, V. I.: Istoriaja voennoj diplomatii. Voennaja diplomatija meždu Pervoj i Vtoroj mirovymi vojnami, Bd. 2, Moskva 2010, S. 17–39; Alekseev/Kolpakidi/Kočik: Sovetskaja voennaja razvedka, S. 131.
68 Vgl. Schreiben von GRU-Chef Jan K. Bersin an den stellvertretenden Chef des Revolutionären Militärrates Josef S. Unschlicht, 17.6.1925, RGVA, 4/2/83, Bl. 59.
69 Vgl. Entscheidung des Politbüros zum Kostenvoranschlag der IV. Verwaltung der Roten Armee für 1928/29, 11.10.1928, RGASPI, 17/3/708, Bl. 4; Entscheidung des Politbüros zum Kostenvorschlag der Verwaltung der Roten Armee für 1931, 7.1.1931, RGASPI, 17/3/809, Bl. 18.
70 Vgl. Alekseev/Kolpakidi/Kočik: Sovetskaja voennaja razvedka, S. 172.

71 Vgl. Ènciklopedija sekretnych služb Rossii, Moskva 2004, S. 279; Kolpakidi/Prochorov: Imperija GRU, Bd. 2, S. 229.

72 Vgl. Bericht über die Arbeit der informationsstatistischen Abteilung der Aufklärungsverwaltung des Stabes der Roten Armee für 1924–1925, 7.10.1925, RGVA, 4/2/83, Bl. 1–25.

73 Vgl. Alekseev/Kolpakidi/Kočik: Sovetskaja voennaja razvedka, S. 123.

74 Vgl. Komintern i Vtoraja mirovaja voijna. V 2 č. Č 1. Do 22 ijunja 1941 g., Moskva 1994, S, 52–55.

75 Vgl. Beschluss des Politbüros des ZK der Bolschewiki »Über die Aufklärungsverwaltung«, 25.2.1925, RGASPI, 17/162/2, Bl. 78–81.

76 Vgl. Pavlov: Sovetskaja voennaja razvedka, S. 51. Zur Tätigkeit Treppers für den NKWD siehe: Piekalkiewicz, Janusz: Spione, Agenten, Soldaten. Geheime Kommandos im Zweiten Weltkrieg, München 1988, S. 168–183.

77 Vgl. Sokolov, Vladimir: Voennaja agenturnaja razvedka. Istorija vne ideologii i politiki, Moskva 2013, S. 351.

78 Vgl. Alekseev/Kolpakidi/Kočik: Sovetskaja voennaja razvedka, S. 160–161.

79 Vgl. Ebenda, S. 115–117, 138, 158.

80 Vgl. Ebenda, S. 133–135.

81 Vgl. Gorbunov, Evgenij: Stalin i GRU, Moskva 2010, S. 73–75.

82 Vgl. Glazami razvedki, S. 24.

83 Vgl. Bericht des Stellvertretenden Leiters der OGPU, Genrich G. Jagoda, über die Arbeit der IV. Verwaltung des Stabes der Roten Armee, April 1934, RGVA, 33987/3/599, Bl. 1–10; Murphy, William T.: Lydia Stahl: a secret life, 1885–?, in: Journal of Intelligence History 18 (2018), Nr. 1, S. 38–62.

84 Vgl. Sokolov: Voennaja agenturnaja razvedka, S. 379.

85 Vgl. Beschluss des Politbüros des ZK der Bolschewiki: Fragen der IV. Verwaltung der Roten Armee, 26.5.1934, RGASPI, 17/162/16, Bl. 64–66.

86 Vgl. ebenda.

87 Vgl. Sergutin, Sergej V.: Organizacionnye aspekty dejatel'nosti vnešnej razvedki NKVD-NKGB, in: Trudy Obščestv izučenija istorii otečestvennych specslužb, Bd. 3, Moskva 2007, S. 239–240.

88 Vgl. Vinokurov: Istoriaja voennoj diplomatii, Bd. 2, S. 477–478.

89 Vgl. Glazami ravdeki, S. 25.

90 Zit. nach Gorbunov: Stalin i GRU, S. 269.

91 Vgl. Glazami ravdeki, S. 26.

92 Vgl. Garthoff: Die sowjetischen Spionageorganisationen, S. 284; Bezymenskij: Sovetskaja razvedka pered vojnoj, S. 80.

93 Vgl. Bericht des sowjetischen Militärattaché in Berlin, Sergej W. Petrenko-Lunew, über die funktechnische Ausstattung der Reichswehr, 14.8.1925, in: D'jakov/Bušueva: Fašistskij meč, S. 66.

94 Vgl. Briefwechsel des stellvertretenden Militärattaché in Berlin Lew A. Schnitman mit Moskau, März bis April 1933, in: D'jakov/Bušueva: Fašistskij meč, S. 286–287.

95 Vgl. Verhörprotokoll von Bentivegni, Mai 1945, CA FSB, Untersuchungsakte N-21136, Bd. 1, Bl. 20.

96 Vgl. Glazami ravdeki, S. 28.

97 Vgl. Sudoplatow, Pawel A./Sudoplatow, Anatolij: Der Handlanger der Macht. Enthüllungen eines KGB-Generals, Düsseldorf/Wien/New York/Moskau 1994, S. 182.

98 Vgl. Parteistatistischer Erhebungsbogen der NSDAP von Willi Lehmann, 1.7.1939, BArch, R 9361-I/2016.

99 Vgl. Chavkin, Boris/Ul', Mattias: Villi Leman – sovetskij razvedčik iz gestapo, in: Forum novejšej vostočnoevropejskoj istorii i kultury, 2008, Nr. 2, S. 22–23.

100 Vgl. Uhl, Matthias: Stalins V-2. Der Technologietransfer der deutschen Fernlenkwaffentechnik in die UdSSR und der Aufbau der sowjetischen Raketenindustrie 1945 bis 1959, Bonn 2001, S. 32; Očerki istorii rossijskoj vnešnej razvedki, Bd. 3: 1933–1941 gody, Moskva 1998, S. 344.

101 Vgl. Befehlsblatt des Chefs der Sicherheitspolizei und des SD – Ausgabe A, Jg. 4, Nr. 4, 29.1.1943, S. 1.

102 Vgl. Velikaja Otečestvennaja vojna 1941–1945 godov. In 12 Bd. Bd. 6: Tajnaja vojna. Razvedka i kontrrazvedka v gody Velikoj Otečestvennoj vojny, Moskva 2013, S. 108.

103 Vgl. Lota, Vladimir I.: »Alt'ta« protiv »Barbarossa«. Kak byli doytysvedenija o podgotovke Germanii k napadeniju na SSSR, Moskva 2004, S. 177–184.

104 Zur INO-Agentin Martha Dodd siehe u. a. Weinstein, Allen/Vassiliev, Alexander: The Haunted Wood. Soviet Espionage in America – the Stalin Era, New York 2000, S. 50–71.

105 Vgl. Kolpakidi, Aleksandr: GRU v Velikoj Otečestvennoj vojne, Moskva 2010, S. 27–30; Wirsching, Andreas: »Man kann nur Boden germanisieren«. Eine neue Quelle zu Hitlers Rede vor den Spitzen der Reichswehr am 3. Februar 1933, in: Vierteljahrshefte für Zeitgeschichte 49 (2001), Nr. 3, S. 522–524.

106 Vgl. z. B. Bericht von GRU-Chef Jan K. Bersin an den Vorsitzenden des Revolutionären Kriegsrates, Michail W. Frunse, über Maßnahmen zur militärischen Desinformation gegenüber dem angenommenen Gegner, 21.1.1925, RGVA, 33987/3/99, Bl. 489–501.

Anmerkungen

107 Vgl. Arbeitsplan der Aufklärungsverwaltung der Roten Armee für das Jahr 1925/1926, 7.10.1925, RGVA, 4/2/83, Bl. 52–58; Schreiben von GRU-Chef Jan K. Bersin an den Volkskommissar für Verteidigung, Kliment J. Woroschilow über die Mobilmachungsplanungen der Reichswehr, 2.11.1934, RGVA, 33987/3/585, Bl. 50; Analytischer Bericht der Aufklärungsverwaltung der Roten Armee über die Bedeutung Südosteuropas und des Baltikums für den deutschen Imperialismus, 26.3.1936, RGVA, 33989/2/284, Bl. 45–56.

108 Vgl. Peščerskij, V. L.: »Vrag moego vraga ...«, in: Voenno-istoričeskij žurnal, 1998, Nr. 3, S. 59.

109 Vgl. Kolpakidi/Mzareulov: Sovetskaja vnešnjaja razvedka, S. 370.

110 Zu Bersin siehe: Gorčakov: Ovidij Karlovič: Jan Berzin – komandarm GRU, St. Petersburg 2004.

111 Vgl. Kurzangaben zu der Studie der Aufklärungsverwaltung der Roten Armee: »Über die Kriegsvorbereitungen des faschistischen Deutschlands«, Herbst 1934, RGVA, 33987/3/774, Bl. 231–234; Glazami razvedki, S. 32–33; General'nyj štab Rossijskoj armii, S. 170; Istorija voennoj strategii Rossii, Moskva 2000, S. 247–249.

112 Vgl. Sammelband Nr. 4 der Aufklärungsverwaltung der Roten Armee mit Informationsmaterial über die militärische Lage in Spanien, 31.12.1936, RGASPI, 558/11/318, Bl. 27–68; Auskunft der Aufklärungsverwaltung der Roten Armee zur Lage in Spanien, 7.8.1936, RGVA, 33987/3/845, Bl. 1–9; Mitteilung der Aufklärungsverwaltung der Roten Armee zu den Maßnahmen der französischen und italienischen Regierung in Verbindung mit den Ereignissen in Spanien, 4.11.1936, RGVA, 33987/3/845, Bl. 159–161; Information an Woroschilow, Molotow und Stalin über die politische und militärische Lage in Spanien, 11.3.1937, RGVA, 33987/3/996, Bl. 21–27; Sondermitteilung von Aleksandr G. Orlow an Woroschilow über die Verstärkung der deutschen Kräfte in Spanien, 29.1.1939, RGVA, 33987/3/1080, Bl. 5.

113 Siehe beispielsweise: Schreiben von Tuchatschewskij an Stalin über die wahrscheinliche Entwicklung der ausländischen Luftstreitkräfte bis zum Frühjahr 1936, 22.4.1934, RGASPI, 558/11/447, Bl. 97–123; Schreiben von Bersin an Woroschilow über die Ausbildung der japanischen Luftstreitkräfte und Luftabwehr, RGASPI 558/11/434, Bl. 14–15; Schreiben von Woroschilow an Stalin über einen Bericht des französischen Generalstabschef General Maxime Weygand über die französische Politik zum Schutz Polens im Fall eines Krieges mit der UdSSR, 28.4.1930, RGASPI, 558/11/429, Bl. 157–162.

114 Vgl. Randbemerk Stalins auf einer Agenturmitteilung der INO aus Berlin, 11.4.1934, RGASPI, 558/11/186, Bl. 131.

115 Vgl. Kolpakidi /Prochorov: Imperija GRU, Bd. 2, S. 233–235; Kolpakidi, Aleksandr Ivanovič: Sovetskaja voennaja razvedka nakanune vojny 1935–1938 gg., Moskva 2020, S. 17.

116 Vgl. Povestka dnja zasedanie Politbjuro CK VKP(b) ot 29 marta 1934 g., in: Politbjuro CK RKP(b) – VKP(b). Povestki dnja zasedanij. 1919–1952: Katalog / Bd. II. 1930–1939, Moskva 2001, S. 517; Gorbunov, Evgenij: Voennaja razvedka v 1934–1939 godach, in: Svobodnaja mysl', 1998, Nr. 2, S. 98–101.

117 Vgl. Postanovlenie Politbjuro CK VKP(b) »Voprosy IV upravlenija RKKA«, 26.5.1934, in: Lubjanka. Stalin i VČK-GPU-OGPU-NKVD. Archiv Stalina. Dokumenty vysšich organov partijnoj i gosudarstvennoj vlasti. Janvar' 1922–dekabr' 1936, Moskva 2003, S. 522f.; Kočik, Valerij Jakovlevič: Sovetskaja voennaja razvedka: struktura i kadry. Stat'ja četvertaja 1924–1936, in: Svobodnaja mysl', 1998, Nr. 8, S. 82.

118 Lur'e/Kočik: GRU: dela i ljudi, S. 58.

119 Zit. nach: Alekseev/Kolpakidi/Kočik: Sovetskaja voennaja razvedka 1917–1934 gg., S. 157.

120 Vgl. Gorbunov, Evgenij: Voennaja razvedka v 1934–1939 godach (II), in: Svobodnaja mysl', 1998, Nr. 3, S. 55.

121 Očerki istorii rossijskoj vnešnej razvedki. Bd. 2, S. 63.

122 Vgl. Zapiska N. I. Ežova I. V. Stalinu o Ja. K. Berzine, 5.7.1937, in: Lubjanka. Stalin i Glavnoe upravlenie gosbezopasnosti NKVD. Archiv Stalina. Dokumenty vysšich organov partijnoj i gosudarstvennoj vlasti. 1937–1938, Moskva 2004, S. 236 f. Auf diesem Schreiben vermerkte Stalin handschriftlich: »Man muss Bersin zum Baudienst versetzen.« Im März 1938 wies der Diktator persönlich Folterungen an, um GRU-Chef Urizkij als Mitglied einer Gruppe von linken Sozialrevolutionären zu überführen. Vgl. Ukazanija I. V. Stalina o doprosach, 13.3.1938, in: Ebenda, S. 499.

123 Zit. nach: Gorbunov: Voennaja razvedka (II), S. 57; Baberowski, Jörg: Der rote Terror. Die Geschichte des Stalinismus, München 2003, S. 11–13.

124 »Nevol'niki v rukach Germanskogo Rejsvera«. Reč' I.V. Stalina v Narkomate oborony, in: Istočnik, 1994, Nr. 3, S. 79.

125 Glazami razvedki, S. 31.

126 Vgl. Kolpakidi/Prochorov: Imperija GRU, Bd. 1, S. 234–241; Hedeler, Wladislaw: Chronik der Moskauer Schauprozesse 1936, 1937 und 1938: Planung, Inszenierung und Wirkung, Berlin 2003, S. 269–336.

127 Vgl. Lustiger, Arno: Rotbuch: Stalin und die Juden. Die tragische Geschichte des Jüdischen Antifaschistischen Komitees und der sowjetischen Juden. Berlin 1998, S. 70–86; Battenberg, Friedrich: Das europäische Zeitalter der Juden. Zur Entwicklung einer Minderheit in der nichtjüdischen Umwelt Europas. Bd. II: Von 1650 bis 1945, 2. Auflage, Darmstadt 2000, S. 250–

256; Kappeler, Andreas: Rußland als Vielvölkerreich: Entstehung – Geschichte – Zerfall, München 1993, S. 303–308; Hildermeier, Manfred: Geschichte der Sowjetunion 1917–1991. Entstehung und Niedergang des ersten sozialistischen Staates, München 1998, S. 207 f., 476–480; Vsesojuznaja perepis' naselenija 1939 goda. Osnovnye itogi – Rossija, Moskva 1999, S. 112–127.

128 Vgl. Koenen, Gerd: Utopie der Säuberung. Was war der Kommunismus?, Berlin 1998, S. 292 f.; Bullock, Alan: Hitler und Stalin. Parallele Leben. Berlin 1991, S. 652–656; Baberowski: Der rote Terror, S. 160–171.

129 Kolpakidi /Prochorov: Imperija GRU, Bd. 1, S. 302–343.

130 Zit. nach: Pavlov: Sovetskaja voennaja razvedka, S. 51–52.

131 Zur Sammlung der statistischen Informationen über die Säuberungen in der GRU wurden folgende Quellen verwendet: CD: Žertvy političeskogo terrora v SSSR, Moskva 2002; CD: Stalinskie rasstrel'nye spiski, Moskva 2002; Suvenirov, Oleg Fedotovič: Tragedija RKKA 1937–1938, Moskva 1998; Lur'e/ Kočik: GRU; Razvedka i kontrrazvedka v licach. Ènciklopedičeskij slovar' rossijskich specslužb, Moskva 2002; Kolpakidi/Prochorov: Imperija GRU, Bd. 2; Kočik, Valerij Jakovlevič: Sovetskaja voennaja razvedka v stranach Vostočnoj Evropy (1939–1945), in: Voenno-istoričeskij archiv, 2002, Nr. 1, S. 112–120.

132 Vgl. Kolpakidi/Prochorov: Imperija GRU, Bd. 2, S. 349; Kuusinen, Aino: Der Gott stürzt seine Engel. Hrsg. und eingel. von Wolfgang Leonhard, Wien/München/Zürich 1972, S. 141–295.

133 Die vier verhaften und hingerichteten GRU-Chefs waren: Semjon P. Urizkij (Chef der GRU von April 1935 bis Juni 1937), Jan K. Bersin (Chef der GRU von März 1924 bis April 1935 und von Juni 1937 bis November 1937), Semjon G. Gendin (Chef der GRU von November 1937 bis Mai 1938) und Aleksandr G. Orlow (Chef der GRU von Mai 1938 bis April 1939).

134 Vgl. Muranov, A .I./Zvjagicev, R. E.: Sud nad sud'jami (osobaja papka Ul'richa), Kazan 1993, S. 68.

135 Vgl. Suvenirov: Tragedija RKKA, S. 302–306; Statistika antiarmejskogo terrora, in: Voenno-istoričeskij archiv, 1997, Nr. 2, S. 105–117.

136 Vgl. Baberowski, Jörg: Verbrannte Erde. Stalins Herrschaft der Gewalt, München 2012, S. 295–303; Chlewnjuk, Oleg: Stalin. Eine Biographie, München 2015, S. 257–262.

137 Vgl. Sondermitteilung von Jeschow an Stalin mit den Aussagen von Inhaftierten, 30.4.1938, in: Lubjanka. Stalin i Glavnoe upravlenie gosbezopasnosti, S. 527–537.

138 Vgl. Baberowski: Verbrannte Erde, S. 300 f.

139 Rede Stalins vor dem erweiterten Militärrat, 2.6.1937, in: Lubjanka. Stalin i Glavnoe upravlenie gosbezopasnosti, S. 205–207.

140 Vgl. Koenen: Utopie der Säuberung, S. 225.

141 Vgl. Velikaja Otečestvennaja vojna 1941–1945 godov. In 12 Bd. Bd. 11: Politika i strategija Pobedy: strategičeskoe rukovodstvo stranoj i Vooružennymi silami SSSR v gody vojny, Moskva 2015, S. 282.

142 Vgl. Kondrašov, V. V.: Znat' vse o protivnike: voennye razvedki SSSR i fašistkoj Germanii v gody Velikoj Otečestvennoj vojny (istoričeskaja chronika), Moskva 2010, S. 28.

143 Vgl. Kirpičenkov: Razvedka vychodit iz zony, S. 83; Sudoplatov, Pavel A.: Specoperacii. Lubjanka i Kreml' 1930–1950 gody, Moskva 1998, S.193.

144 Vgl. Mel'tjuchov: Sovetskaja razvedka, S. 14 f; Očerki istorii rossijskoj vnešnej razvedki. Bd. 4, S. 303–309.

145 Vgl. Bezymenskij: Sovetskaja razvedka, S. 84 f.; Lur'e/Kočik: GRU, S. 573–582.

146 Handschriftliche Bemerkung Stalins auf einem Schreiben des Volkskommissars für Staatssicherheit der UdSSR, Wsewolod N. Merkulow, mit Agenturberichten aus Berlin an Stalin, 17.6.1941, abgedruckt in: Rodina, 2005, Nr. 4, S. 2.

147 Vgl. Pavlov: Sovetskaja voennaja razvedka, S. 60.

148 Vgl. Peščerskij, V. L.: Dva dos'e »Krasnoj kapelly«, in: Voenno-istoričeskij žurnal, 1995, Nr. 6, S. 20; Kirpičenkov: Razvedka vychodit iz zony, S. 84.

149 Zit. nach Uhl, Krieg um Berlin, S. 74.

150 Vgl. Karimov, O. V./Pumpjanskja, O. V./Karimova, A. O.: Voennaja razvedka v Velikoj Otečestvennoj vojne (opyt reorganizacii), in: Narod i vlast'. Materialy Meždunarodnoj naužnoj konferencii molodych učenych. Sbornik trudov, Moskva 2021, S. 399.

151 Vgl. Velikaja Otečestvennaja vojna, Bd. 6, S. 96.

152 Vgl. Kondrašov, V. V.: Voennye razvedki vo Vtoroj mirovoj vojne, Moskva 2014, S. 255.

153 Vgl. Fedorov: Voenno-morskaja razvedka, S. 115–123.

154 Vgl. Vinokurov: Istorija voennoj diplomatii, Bd. 2, S. 480.

155 Vgl. Telegramm von »Ramsay« (Richard Sorge) an den Chef der Aufklärungsverwaltung des Generalstabes der Roten Armee, 20.6.1941, CAMO, 23/24127/2, Bl. 463.

156 Vgl. Telegramm von »Kosta« (Pawel Schatew) an den Chef der Aufklärungsverwaltung des Generalstabes der Roten Armee, 20.6.1941, CAMO, 23/24119/2, Bl. 83.

157 Vgl. Telegramm von »Arnold« (Wasilij Tupikow) an den Chef der Aufklärungsverwaltung des Generalstabes der Roten Armee, 16.6.1941, CAMO, 23/24119/3, Bl. 735.

Anmerkungen

158 Vgl. Gorodetsky, Gabriel: Die große Täuschung: Hitler, Stalin und das Unternehmen »Barbarossa«, Berlin 2001, S. 380–398; Ivašutin, Petr I.: Dokladyvala točno (vspominanija o minuvšej vojne), in: Voenno-istoričeskij žurnal, 1990, Nr. 5, S. 55–59.

159 Vgl. Kondrašov: Voennye razvedki, S. 298.

160 Vgl. Velikaja Otečestvennaja vojna, Bd. 6, S. 234.

161 Vgl. Kirpičenko: Razvedka vychodit iz zony, S. 84.

162 Vgl. Velikaja Otečestvennaja vojna, Bd. 11, S. 258.

163 Vgl. Ênciklopedija voennoj razvedki Rossii, S. 134.

164 Vgl. Beschluss Nr. 27/ss des Staatskomitees für Verteidigung der UdSSR, 5.7.1941, RGASPI, 644/1/1, Bl. 90; Rubcov, Jurij: Missija generala Golikova, in: Meždunarodnaja žizn', 2011, Nr. 6, https://interaffairs.ru/jauthor/material/482; Gould, Jonathan S.: German Anti-Nazi Espionage in the Second World War. The OSS and the Men of the TOOL Missions, London/New York 2019, S. 1–49.

165 Vgl. Bericht über die Arbeit der Aufklärungsabteilung der Südwestfront vom 22. Juni bis zum 1. August 1941, o. Datum, zit. nach Kondrašov: Znat' vse o protivnike, S. 118–123.

166 Vgl. Bericht des Aufklärungschefs der Westfront an den Chef der Aufklärungsverwaltung der Roten Armee, 4.8.1941, CAMO, 23/5894/2, Bl. 223–228, abgedruckt in: Kondrašov: Istorija otečestvennoj voennoj razvedki, S. 438–442.

167 Vgl. Fedorov: Voenno-morskaja razvedka, S. 117.

168 Vgl. Aktennotiz des Chefs der Aufklärungsverwaltung der Roten Armee an Stalin und Šapošnikov, 24.9.1941, zit. nach Kondrašov: Znat' vse o protivnike, S. 112–114.

169 Vgl. Lota, Vladimir I.: GRU na ostrie pobedy, Moskva 2020, S. 144–147.

170 Vgl. Protokoll der Aufklärungsverwaltung der Nordfront zum Verhörs des deutschen Fliegers, Hauptmann Alfred Lojewski, 6.7.1941, CAMO, 217/1221/169, Bl. 112–114; Protokoll eines zusätzlichen Verhörs von Hauptmann Alfred Lojewski, 7.7.1941, CAMO, 217/1221/169, Bl. 104–106. 1950 kehrte der Soldat aus sowjetischer Kriegsgefangenschaft nach Deutschland zurück.

171 So notierte der Chef der Aufklärungsabteilung der Leningrader Front hinter der Aussage des am 30.9.1941 über Leningrad abgeschossenen Kommandeurs der III. Gruppe des Jagdgeschwaders Hauptmann Arnold Lignitz zu dessen Angaben »bemüht sich die Unwahrheit zu sprechen«. Vgl. Protokoll des Verhörs von Hauptmann Arnold Lignitz, 30.9.1941, CAMO, 217/1221/170, Bl. 402–403.

172 Vgl. Kondrašov: Istorija otečestvennoj voennoj razvedki, S. 444–445.

173 Vgl. Voennaja razvedka Rossii, S. 22; Boltunov, Michail E.: Radiorazvedka: otvetnyj udar, Moskva 2020, S. 44.

174 Vgl. Entschlüsseltes Telegramm Nr. 18054 von »Inson« an den Chef der Aufklärungsverwaltung des Generalstabes der Roten Armee, 14.9.1941, in: Russkij archiv: Velikaja otečestvennaja, Bd. 18 (7-1): Sovetsko-japonskaja vojna 1945 goda, Moskva 1997, S. 192–193; entschlüsseltes Telegramm Nr. 18063 von »Inson« an den Chef der Aufklärungsverwaltung des Generalstabes der Roten Armee, 14.9.1941, in: Delo Richarda Sorge: Neizvestnye dokumenty, Moskva 2000, S. 132.

175 Zit. nach: Andrew, Christopher/Mitrochin, Wassili: Das Schwarzbuch des KGB. Moskaus Kampf gegen den Westen, München 2001, S. 139.

176 Vgl. Auszug aus dem Telegramm des japanischen Generalkonsuls in Wien an den Botschafter Japans in Moskau über die Position Japans hinsichtlich der Sowjetunion, 30.8.1939, abgedruckt in: Organy gosudarstvennoj bezopasnosti SSSR v Velikoj Otečestvennoj vojne. Sbornik dokumentov, Bd. 1/1: Nakanune, Moskva 1995, S. 63–65; Butyrskij, L. S./Larin, D. A./Šankin, G. P.: Kriptografičeskij front Velikoj Otečestvennoj, Moskva 2017, S. 355–357; Kahn, David: Soviet COMINT in the Cold War, in: Cryptologia XXII (1998), Nr. 1, S. 1–24; Babaš, A. V./Baranova, E. K./Larin, D. A.: Informacionnaja bezopasnost'. Istorija special'nych metodov, Moskva 2019, S. 100.

177 Vgl. Fedorov: Voenno-morskaja razvedka, S. 116; Lur'e: Voenno-morskaja razvedka SSSR (1918–1960-e gg.), S. 123.

178 Vgl. Kolpakidi/Prochorov: Imperija GRU, Bd. 1, S. 403–404; Lota, Vladimir I.: Sekretnyj front General'nogo štaba. Kniga o voennoj razvedke. 1940–1942, Moskva 2005, S. 252–254.

179 Vgl. Krieger: Geschichte der Geheimdienste, S. 212; Weinberg, Gerhard L.: Eine Welt in Waffen. Eine globale Geschichte des Zweiten Weltkriegs, Stuttgart 1995, 314.

180 Vgl. Hürter, Johannes: Hitlers Heerführer. Die deutschen Oberbefehlshaber im Krieg gegen die Sowjetunion 1941/42, München 2006, S. 318–320.

181 Vgl. Karimov, O. V./Kalinov, V. V./Pumpjanskja, O. V.: Razvedyvatel'noe obespečenie sovetskogo komandovanija v stalingradskoj bitve, in: Voenno-istoričeskie aspekty žizni Rossii XVII–XXI vv., Volgograd 2020, S. 45; Das Deutsche Reich und der Zweite Weltkrieg, Bd. 5/1: Organisation und Mobilmachung des deutschen Machtbereichs – Kriegsverwaltung, Wirtschaft und personelle Ressourcen, Stuttgart 1988, S. 885.

182 Vgl. Direktivschreiben Nr. 03 des Hauptquartiers des Oberkommandos, 10.1.1942, in: Russkij archiv: Velikaja otečestvennaja, Bd. 16 (5-2): Stavka VGK, 1942 g.: Dokumenty i materialy, Moskva 1996, S. 33.

183 Vgl. Roberts, Andrew: Feuersturm. Eine Geschichte des Zweiten Weltkrieges, München 2019, S. 417–418.

Anmerkungen

184 Vgl. Lota, Vladimir I.: GRU. Ispytanie vojnoj, Moskva 2010, S. 241; Lota: Sekretnyj front, S. 393.

185 Vgl. Befehl Nr. 0033/42 des Volkskommissariats für Verteidigung zur Reorganisation der Aufklärungsverwaltung (RU) in die GRU, 16.2.1942, RGVA, 4/11/67, Bl. 73–74.

186 Vgl. Jaruchin, Ju. M.: Velikaja Otečestvennaja. Načalniki razvedki frontov, armij, flotov i flotilij, Kiev 2013, S. 269–272.

187 Vgl. Fedorov: Voenno-morskaja razvedka, S. 123; Glavnyj štab VMF: istorija i sovremennost', S. 99–100.

188 Vgl. Schreiben der Aufklärungsverwaltung beim Generalstab der Roten Armee an Generalstabschef Marschall Schaposchnikow, Mitte Dezember 1941, in: Kondrašov: Istorija otečestvennoj vennoj razvedki, S. 456–458.

189 Vgl. Istorija vtoroj mirovoj vojny 1939–1945 gg. V dvenadcati tomach. Bd. 5: Proval agressivnych planov fašistskogo bloka, Moskva 1975, S. 112.

190 Vgl. Mitteilung des NKWD Nr. 476/B an das Staatliche Verteidigungskomitee der UdSSR, 23.3.1942, in: Organy gosudarstvennoj bezopasnosti SSSR v Velikoj Otečestvennoj vojne. Sbornik dokumentov, Bd. 3/1: Krušenie »Blitckriga«. 1 janvarja–30 ijunja 1942 goda, Moskva 2003, S. 292–293.

191 Fedorov: Voenno-morskaja razvedka, S. 116.

192 Befehl der Heeresgruppe Mitte für den Angriff auf Moskau, 29.5.1942, CAMO, 500/12454/392, Bl. 32.

193 Vgl. Weisung des Chefs des Generalstabes der Heeresgruppe Mitte für das Unternehmen »Kreml«, 16.6.1942, CAMO, 500/12454/392, Bl. 19.

194 Vgl. Biggs, Barton M.: Wealth, war, and wisdom, Hoboken 2008, S. 234; Beevor, Antony: Stalingrad, München 2001, S. 96.

195 Vgl. Bullock: Hitler und Stalin, S. 1010–1011. Zahlreiche der GRU-Warnungen sind abgedruckt in: Lota: Sekretnyj front, S. 473–493.

196 Vasilevskij, Aleksandr M.: Delo vsej žisni, Minsk 1984, S. 182.

197 Zur Operation »Blau« bis zu den Kämpfen um Stalingrad siehe Glantz, David M./House, Jonathan M.: To the gates of Stalingrad. Soviet-German combat operations, April–August 1942, Lawrence 2009. Zu Hitlers Überlegungen zur Eroberung des Kaukasus siehe u. a. Hürter, Johannes/Uhl, Matthias: Hitler in Vinnica. Ein neues Dokument zur Krise im September 1942, in: Vierteljahrshefte für Zeitgeschichte 63 (2015), H. 4, S. 581–639.

198 Vgl. Glantz, David M. House, Jonathan M.: Armageddon in Stalingrad, September–November 1942, Lawrence 2009, S. 464.

199 Vgl. Rossija i SSSR v vojnach XX veka: Statističeskoe issledovanie, Moskva 2001, S. 279–280.

200 Vgl. Velikaja Otečestvennaja vojna, Bd. 11, S. 292.

201 Vgl. Lota: GRU na ostrie pobedy, S. 252–256; Haslam: Near and Distant Neighbors, S. 119. Zu »Dolly«: MacGibbon, Hamish: Maverick Spy. Stalin's Super-Agent in World War II, London/New York 2017.

202 Vgl. Bericht des Chefs der Sicherheitspolizei und des SD zur Roten Kapelle, 22.12.1942, BArch, R-58/3192a, Bl. 1–25; Lur'e/Kočik: GRU. Dela i ljudi, S. 379.

203 Für genauere Informationen zu den Funkagenten der GRU siehe: Blank, Alexander S./Mader, Julius: Rote Kapelle gegen Hitler, Berlin 1979, S. 258–267. Das Buch ist sehr ideologisch gefärbt und spricht in Bezug auf die Führung der Spionagetätigkeit immer nur nebulös von einem »Moskauer Zentrum«. Es versucht den Eindruck zu erwecken, die Mitglieder der Roten Kapelle hätten in Deutschland eigenständig gearbeitet und aus internationalistischer Pflicht der UdSSR ihre Informationen überlassen. Der angebliche Überläufer Barth wurde nach dem Zweiten Weltkrieg von den Amerikanern gefangengenommen und 1945 an die Sowjetunion ausgeliefert. Dort wurde er wegen Verrats verurteilt und hingerichtet. Barth wurde für seinen vermeintlichen Seitenwechsel von der DDR-Historiografie mit Nichtachtung bestraft.

204 Vgl. Peščerskij, V. L.: »Štirlic« služil pod načalom … Mjullera, in: Voenno-istoričeskij žurnal, 1997, Nr. 1, S. 23; Pronin, Aleksandr: Agent A-201. Kak Moskva »Štrilica« provalila, in: Rodina, 2000, Nr. 12, 55–63; Coppi, Hans: Der tödliche Kontakt mit Moskau – Berliner Funkspiele des RSHA, in: Krieg im Äther. Widerstand und Spionage im Zweiten Weltkrieg, hrsg. von Hans Schafranek und Johannes Tuchel, Wien 2004, S. 33–49. Die Gestapo vertuschte offenbar den Fall Lehmann. Vgl. Schellenberg, Walter: Hitlers letzter Geheimdienst-Chef, Rastatt 1986, S. 159–161.

205 Vgl. Befehl Nr. 00222/42 des Volkskommissariats für Verteidigung zur Reorganisation der GRU, 23.10.1942, RGASPI, 558/11/468, Bl. 1; Struktur der GRU, https://shieldandsword.mozohin.ru/mi/gru4247/structure.htm.

206 Vgl. Lota, Vladimir I.: Stalingradskaja bitva voennoj razvedki, in: Rodina, 2013, Nr. 1, S. 36.

207 Velikaja Otečestvennaja vojna, Bd. 6, S. 254.

208 Vgl. Larin, D. A.: Zašita informacii i kriptoanaliz v SSSR vo vremja Stalingradskoj bitvy, in: Vestnik RGGU. Seria Dokumentovedenie i archivovedenie, 2012, Nr. 14, S. 21–22; Korabel'nikov, V.: Rol' i mesto voennoj razvedki v dostiženija pobedy v Velikoj Otečestvennoj vojne 1941–1945 gg., https://web.archive.org/web/20220204042614/http://vybory.org/articles/479.html.

209 Vgl. Schreiben von Iwan I. Il'itschjow an Stalin, 29.11.1942, CAMO, 23/7567/1, Bl. 48–49, abgedruckt in: Voennaja razvedka Rossii, S. 555.

210 Vgl. Nacistskaja Germanija protiv Sovetskogo Sojuza: planirovanie vojny, Moskva 2015, S. 220–221; Fedorov, Evgenij: »Bitvy šivroval'ščikov«

pri oborne Moskvy, Voyennoe obozrenie, 11.3.2019, https://topwar. ru/155091-bitvy-shifrovalschikov-pri-oborone-moskvy.html.

211 Vgl. Lota: GRU na ostrie pobedy, S. 239–242.

212 Vgl. Befehl Nr. 0071/43 des Volkskommissariats für Verteidigung zur Reorganisation der Verwaltung Truppenaufklärung zur Verwaltung Aufklärung beim Generalstab der Roten Armee, 18.4.1943, abgedruckt in: Voennaja razvedka Rossii, S. 558; Anhang zum Befehl Nr. 0071/43, 18.4.1945, abgedruckt in: Jaruchin: Velikaja Otečestvennaja, S. 677–678. Zu Kusnezow siehe: Oni rukovodili GRU. Sbornik biografičeskich očerkov, Moskva 2005, S. 197–200.

213 Vgl. Nr. 0072/43 des Volkskommissariats für Verteidigung zur Reorganisation der Verwaltung Truppenaufklärung zur Verwaltung Aufklärung beim Generalstab der Roten Armee, 19.4.1943, abgedruckt in: Kondrašov: Istorija otečestvennoj vennoj razvedki, S. 485–486.

214 Nr. 0072/43 des Volkskommissariats für Verteidigung zur Reorganisation der Verwaltung Truppenaufklärung zur Verwaltung Aufklärung beim Generalstab der Roten Armee, 19.4.1943, abgedruckt in: Kondrašov: Istorija otečestvennoj vennoj razvedki, S. 486–487.

215 Vgl. Overy, Richard: Russlands Krieg 1941–1945, Reinbek bei Hamburg 2003, S. 300.

216 Vgl. Ullrich, Volker: Adolf Hitler. Biografie: Die Jahre des Untergangs 1939–1945, Frankfurt a. M. 2018, S. 419; Töppel, Roman: Kursk – Mythen und Wirklichkeit einer Schlacht, in: Vierteljahrshefte für Zeitgeschichte 57 (2009), Nr. 3, S. 350–351.

217 Vgl. Kondrašov: Istorija otečestvennoj vennoj razvedki, S. 493; Chochlov, L. M.: Voennaja razvedka Krasnoj Armii i ee rol' v razgrome nemeckich vojsk v Kurskoj bitve, in: 1943 god. Ot Kurska do Dnepra, Moskva 2018, S. 140–141.

218 Vgl. Lota: Sekretnyj front, S. 19; Roewer, Helmut: Die Rote Kapelle und andere Geheimdienstmythen, Spionage zwischen Deutschland und Russland im Zweiten Weltkrieg 1941–1945, Graz 2010, S. 287–292.

219 Vgl. Haslam: Near and Distant Neighbors, S. 125–126; Lota, Vladimir I.: Sekretnyj faktor pobedy, in: Rodina, 2012, Nr. 10, S. 43.

220 Vgl. Das Deutsche Reich und der Zweite Weltkrieg, Bd. 8: Die Ostfront 1943/44. Der Krieg im Osten und an den Nebenfronten, München 2007, S. 70–79.

221 Vgl. Töppel, Roman: Kursk 1943. Die größte Schlacht des Weltkrieges, Paderborn 2017, S. 90–92; Boltunov, »Zolotoe ucho« voennoj razvedki, S. 110–118; Chazanov, Dmirtij B./Gorbač, Vitalij G.: Aviacija v bitve nad Orlovsko-Kurskoj dugoj. Obronitel'nyj period, Moskva 2004, S. 33–42; Piekalkiewicz: Spione, Agenten, Soldaten, S. 208–218; Mulligan, Timo-

thy P.: Spies, Ciphers and »Zitadelle«: Intelligence and the Battle of Kursk, 1943, in: Journal of Contemporary History 22 (1987), Nr. 2, 248–250.

222 Vgl. Ausarbeitung des Ic/AO der Heeresgruppe Mitte zum Unternehmen »Zitadelle«, 31.5.1943, CAMO, 500/12454/657, Bl. 1–2; Schreiben von Kluge an das OKH, 18.6.1943, CAMO, 500/12454/657, Bl. 3–7; Ausarbeitung des Ic/AO der Heeresgruppe Mitte zum Unternehmen »Zitadelle«, 18.6.1943, CAMO, 500/12454/657, Bl. 8–9.

223 Vgl. Overy: Russlands Krieg, S. 322–325; Deutschland im Zweiten Weltkrieg, Bd. 3: Der grundlegende Umschwung im Kriegsverlauf (November 1942 bis September 1943), hrsg. von Wolfgang Bleyer u. a., Berlin 1979, S. 588–590.

224 Vgl. Roewer, Helmut/Schäfer, Stefan/Uhl, Matthias: Lexikon der Geheimdienste im 20. Jahrhundert, München 2003, S. 365; Höhne: Der Krieg im Dunkeln, S. 421–423.

225 Vgl. Zusammenstellungen des militärischen Inhalts der auf der Linie »Eiffel« gewechselten Funksprüche, Februar–Mai 1943, BArch, RW 5/501, Bl. 1–7; 16–21; Aktenvermerk zum Gespräch von Major Brand von der Abwehr IIID mit Kriminalkommissar Amplitzer zum Funk-GV-Spiel »Rote Kapelle«, 2.7.1943, RW 5/501, Bl. 38; Trepper, Leopold: Die Wahrheit. München 1975, S. 155–245.

226 Vgl. Schriftverkehr zum Funkspiel »Sima« zwischen dem Abwehrtrupp 304 und dem Aufklärungsstab der Südfront, 6.5.1943 – 18.12.1943, BArch, RW 5/501, Bl. 44–55. Zu sowjetischen Funkspielen mit deutschen Nachrichtendiensten siehe: Makarov, Vladimir/Tjurin, Andrej: Smerš: Vojna v éfire, 1942–1945, Moskva 2018.

227 Vgl. OKH-Abteilung FHO: Zusammenfassende Beurteilung der Feindlage vor der deutschen Ostfront im großen, 10.2.1944, abgedruckt in: Zusammenstellung der in der Zeit vom April 1942 – Dezember 1944 in der Abteilung Fremde Heere Ost abgefassten Beurteilungen der Feindlage vor der deutschen Ostfront im großen mit Anlagenband und Kartenband, Teil A, CAMO, 500/12451/335, Bl. 111–114; Karte: Vermutete sowjet-russ. Operationsrichtungen und derzeitiger feindlicher Kräfteansatz, 7.2.1944, CAMO, 500/12451/909, Bl. 40.

228 Vgl. Müller, Rolf-Dieter: Reinhard Gehlen. Geheimdienstchef im Hintergrund der Bonner Republik. Die Biografie. Teil 1: 1902–1950, Berlin 2017, S. 337.

229 OKH-Abteilung FHO: Zusammenfassende Beurteilung der Feindlage vor der deutschen Ostfront im großen, 30.3.1944, abgedruckt in: Zusammenstellung der in der Zeit vom April 1942 – Dezember 1944 in der Abteilung Fremde Heere Ost abgefassten Beurteilungen der Feindlage vor der deutschen Ostfront im großen mit Anlagenband und Kartenband, Teil A, CAMO, 500/12451/335, Bl. 124.

Anmerkungen

230 Vgl. OKH-Abteilung FHO: Wichtige Abwehrmeldungen der letzten Zeit über sowjetrussische Operationsabsichten, 30.3.1944, abgedruckt in: Anlagenband zur Zusammenstellung der in der Zeit vom April 1942 – Dezember 1944 in der Abteilung Fremde Heere Ost abgefassten Beurteilungen der Feindlage vor der deutschen Ostfront im großen, CAMO, 500/12451/334, Bl. 51.

231 Vgl. Meyer, Winfried: Klatt. Hitlers jüdischer Meisteragent gegen Stalin: Überlebenskunst in Holocaust und Geheimdienstkrieg, Berlin 2015, S. 571–584, 672.

232 Vgl. Chaustov, Vladimir N./Chmel'nikov, V. S.: Razvedyvatel'noe obespečenie operacii »Bagration«, in: Operacii »Bagration«. Materialy meždunarodnoj naučnoj konferencii, Moskva 2019, S. 96–98; OKH-Abteilung FHO: Panzerlage vor deutscher Ostfront, 3.5.1944, abgedruckt in: Anlagenband zur Zusammenstellung der in der Zeit vom April 1942 – Dezember 1944 in der Abteilung Fremde Heere Ost abgefassten Beurteilungen der Feindlage vor der deutschen Ostfront im großen, CAMO, 500/12451/334, Bl. 55–56.

233 OKH-Abteilung FHO: Zusammenfassende Beurteilung der Feindlage vor der deutschen Ostfront im großen, 3.5.1944, abgedruckt in: Zusammenstellung der in der Zeit vom April 1942 – Dezember 1944 in der Abteilung Fremde Heere Ost abgefassten Beurteilungen der Feindlage vor der deutschen Ostfront im großen mit Anlagenband und Kartenband, Teil A, CAMO, 500/12451/335, Bl. 135R.

234 Vgl. OKH-Abteilung FHO: Kurze Beurteilung der Feindlage, 5.6.1944, abgedruckt in: Zusammenstellung der in der Zeit vom April 1942 – Dezember 1944 in der Abteilung Fremde Heere Ost abgefassten Beurteilungen der Feindlage vor der deutschen Ostfront im großen mit Anlagenband und Kartenband, Teil A, CAMO, 500/12451/335, Bl. 139R.

235 Vgl. Das Deutsche Reich und der Zweite Weltkrieg, Bd. 8, S. 510.

236 Vgl. OKH-Abteilung FHO: Kurze Beurteilung der Feindlage, 21.6.1944, abgedruckt in: Zusammenstellung der in der Zeit vom April 1942 – Dezember 1944 in der Abteilung Fremde Heere Ost abgefassten Beurteilungen der Feindlage vor der deutschen Ostfront im großen mit Anlagenband und Kartenband, Teil A, CAMO, 500/12451/335, Bl. 147; Thomas, David: Foreign Armies East and German Military Intelligence in Russia 1941–1945, in: Journal of Contemporary History 22 (1987), Nr. 2, S. 288.

237 Müller: Reinhard Gehlen, S. 347f.

238 Vgl. Velikaja Otečestvennaja vojna, Bd. 6, S. 289.

239 Vgl. Lota, Vladimir I.: Tajnye operacii Vtoroj mirovoj; Kniga o voennoj razvedke.1944, Moskva 2006, S. 382–383.

240 Vgl. Velikaja Otečestvennaja vojna, Bd. 6, S. 302–304.

241 Vgl. Gefechtsmeldungen zu Sondereinsätzen des 4. Garde-Bomberkorps im Interesse der sowjetischen Nachrichtendienste, 17.3. und 24.3.1945, CAMO, 480/7106/122, Bl. 8; 12; KTB des 4. Garde-Bomberkorps, 6.4.1945, CAMO, 20516/1/34, Bl. 74; Karlsch, Rainer: Hitlers Bombe. Die geheime Geschichte der deutschen Kernwaffenversuche, München 2005, S. 209–237.

242 Vgl. GRU-Meldung Nr. 11/368200 an Stalin, 31.7.1944, RGASPI, 558/2/151, Bl. 2–5.

243 Vgl. Velikaja Otečestvennaja vojna, Bd. 6, S. 302–304.

244 Vgl. Schreiben der GRU an den Generalstabschef der Roten Armee, 24.4.1945, CAMO, 40/11549/248, Bl. 18.

245 Vgl. Velikaja Otečestvennaja vojna, Bd. 6, S. 307–308; Beevor, Anthony: Der Zweite Weltkrieg, München 2014, S. 868–872.

246 Vgl. Kolpakidi, Aleksandr I./Prochorov, Dmitrij P.: Vnešnjaja razvedka Rossii, Moskva 2001, S. 52; Prochorov, Dmitrij P.: Razvedka ot Stalina do Putina, St. Peterburg 2004, S. 350–352; Lur'e/Kočik: GRU: dela i ljudi, S. 121.

247 Vgl. Bezymenskij: Sovetskaja razvedka pered vojnoj, S. 79 f.

248 Vgl. Befehl Nr. 0014 über die Ausbildung von Offizierskadern für die Hauptverwaltung Aufklärung der Roten Armee, 30.6.1945, RGVA, 4/11/83, Bl. 49–51.

249 Vgl. Befehl Nr. 0131 über die Auswahl von Politoffizieren, die Fremdsprachen beherrschen, für die Militäraufklärung der Roten Armee, 2.7.1945, RGVA, 4/11/80, Bl. 153–154.

250 Vgl. Gosudarstvennaja bezopasnost' Rossii, S. 596 f.; Lubjanka. VČK – OGPU – NKVD – NKGB – MGB – MVD – KGB 1917–1960 Spravočnik, Moskva 1997, S. 37.

251 Vgl. Kolpakidi: Vnešnjaja razvedki SSSR-Rossii, S. 8–10.

252 Vgl. Pavlov, Vitalij G.: Operacija »sneg«. Polveka vo vnejšnej razvedke KGB, Moskva 1996, S. 96; Gladkov, Teodor K.: Lift v razvedku. »Korol nelegalov« Aleksandr Korotkov, Moskva 2002, S. 430 ff.; Sudoplatow/Sudoplatow: Der Handlanger der Macht, S. 270 ff.

253 Zit. nach Prochorov: Razvedka ot Stalina do Putina, S. 248.

254 Vgl. Očerki istorii rossijskoj vnešnej razvedki: Bd. 5: 1945–1965 gody, Moskva 2003, S. 36–39; Sibirskij, B. N.: Jadernyj blickrig SŠA, in: VIŽ, 2003, Nr. 5, S. 36–38; Stöver, Bernd: Die Befreiung vom Kommunismus. Amerikanische Liberation Policy im Kalten Krieg 1947–1991, Köln/Weimar/Wien 2002, S. 380–389.

255 Nach Kriegsende verringerten die USA ihre Streitkräfte von 11,8 Mio. Mann bis 1947 auf 1,7 Mio., zugleich sanken die Militärausgaben im genannten Zeitraum von 75,9 Mrd. Dollar auf 11,4 Mrd. Dollar. 1948 ver-

fügten die USA über 59 Kernwaffen, erst ab 1950 stieg deren Zahl massiv an – 1957, dem fiktiven Zeitpunkt für »Dropshot«, waren es bereits 5828. Auch die Zahl der in Europa stationierten US-Truppen sank drastisch. Am 8. Mai 1945 befanden sich auf dem europäischen Kontinent 3 Mio. US-Soldaten, am 1. Juli 1947 waren es noch 135.000, während des Korekrieges stieg ihre Zahl auf rund 256.000.

256 Vgl. Steininger, Rolf: Der vergessene Krieg: Korea 1950–1953, München 2006, S. 33 f.; Poznjakov, V.V.: Razvedka, razvedyvatel'naja informacija i process prinjatija rešenij: povorotnye punkty rannego peridoa cholodnoj vojny (1944–1953 gg.), in: Cholodnaja vojna. 1945–1963 gg. Istoričeskaja retrospetiva, Moskva 2003, S. 341–346; Subok, Wladislaw/Pleschakow, Konstantin: Der Kreml im Kalten Krieg. Von 1945 bis zur Kubakrise, Hildesheim 1997, S. 100.

257 Damaskin, Igor' A.: Stalin i razvedka, Moskva 2004, S. 335.

258 Vgl. Sudoplatov, Pavel A.: Razvedka i Kreml' 1930–1950 gody, Mosvka 1998, S. 286–292; Stepakov, Viktor: Specnaz Rossii, Moskva 2003, S. 181–184; Zavermbovskij, V. L./Kolesnikov, Ju. I.: Morskoj specnaz. Istorija (1938–1938 gg.), St. Peterburg 2001, S. 40–48.

259 Vgl. CIA Special Estimate-10: Soviet Capabilities for a Surprise Attack on the Continental United States before July 1952, 15.9.1951; FBI Office Memorandum form Belmont to Boardman, 26.11.1957, https://vault.fbi.gov/Venona/Venona%20Part%201%20of%201/view; Venona: Soviet Espionage and the American Response 1939–1957, hrsg. von Robert L. Benson und Michael Warner, Washington, D.C. 1996, S. VII–XXXI.

260 Vgl: Weinstein/Vassiliev: The Haunted Wood, S. 297–300; Gosudarstvennaja bezopasnost' Rossi, S. 609; Enciklopedija voennoj razvedki Rossii, S. 398–402.

261 Zit nach: Šerbašin, Leonid: Ruka Moskvy, Moskva 2002, S. 189 f.

262 Vgl. Semirjaga, M. I.: Kak my upravljali Germaniej, Moskva 1995, S. 169; Naimark, Norman M., The Russians in Germany. A History of the Soviet Zone of Occupation, 1945–1949, Cambridge/London 1995, S. 379–381.

263 Vgl. Beschluss der Rehabilitierungskommission der Russischen Föderation zu Jürgen S., 15.2.1996, Dokument im Besitz des Autors. S. wurde am 24.4.1948 zu zehn Jahren Zwangsarbeit in der UdSSR verurteilt, weil er als Informant des MGB »nicht die ihm gestellten Aufgaben« erfüllt, »provokatives Material« übergeben und »gegenüber den Organen der Staatssicherheit Desinformation« verübt hatte.

264 Vgl. Petrov, Nikita V.: Pervyj predsedatel' KGB Ivan Serov, Moskva 2005, S. 73–78; Parrish, Michael, The Last Relic: Army General I. E. Serov, 1905–90, in: The Journal of Slavic Military Studies 10 (1997), Nr. 3, S. 109–129.

265 Vgl. Aktennotiz von Serow an Kruglow über den Umfang der Streitkräfte der Verbündeten und deutsche Formationen in den westlichen Besatzungs-

zonen Deutschlands, zu den von ihnen durchgeführten Manövern und Gerüchte über einen möglichen Krieg, 3.7.1946, GARF, 9401/2/138, Bl. 119–129.

266 Zit. nach: Bailey, George/Kondraschow, Sergej A./Murphy, David: Die unsichtbare Front. Der Krieg der Geheimdienste im geteilten Berlin, Berlin 2000, S. 84.

267 Vgl. Uhl, Matthias: Po dannyjm razvedki ... Pervyj Berlinskij krizis i specslužby SŠA i SSSR, in: Rodina, 2009, Nr. 3, S. 20–22.

268 Siehe hierzu beispielsweise: Tsarev, Oleg: Soviet Intelligence on British Defense Plans 1945–1950, in: Intelligence in the Cold War: Organisation, Role and International Cooperation, hrsg. von Lars Christian Jenssen and Olav Riste, Oslo 2001, S. 53–63.

269 Vgl. Prokof'ev, Valerij I.: Aleksandr Sacharovskij. Načal'nik vnejšnej, Moskva 2005, S. 83 f. So wurde Anfang 1953 die für Auswertung zuständige Informationsverwaltung der PGU, die 170 Mitarbeiter hatte, zur Abteilung herabgestuft und der Personalstellenplan auf 12 Mitarbeiter sowie 12 Übersetzer gekürzt.

270 Vgl. Posetiteli kremlevskogo kabineta I. V. Stalina, in: Istoričeskij archiv, 1998, Nr. 4, S. 4–203; Posetiteli kremlevskogo kabineta N. S. Chruščeva. 1958–1964 gg., in: Istočnik, 2003, Nr. 4, S. 56–112.

271 Vgl. Befehl des MGB Nr. 005 über die Schaffung einer Hauptverwaltung für Aufklärung des MGB, 5.1.1953, abgedruckt in: Lubjanka. Organy VČK – OGPU – NKVD – NKGB – MGB – MVD – KGB 1917–1991. Spravočnik, Moskva 2003, S. 680.

272 Vgl. Gosudarstvennaja bezopasnost' Rossii, S. 635–640.

273 Vgl. Befehl Nr. 0057 des Verteidigungsministers der UdSSR, 23.4.1953, in: Golikov, I. V./Kalašnikov, K. A./Slugin, S. A./Fes'kov, V. I.: Vooružennye sily SSSR posle Vtoroj Mirovoj vojny: ot Kransnoj armii k Sovetskoj, Tomsk 2013, S. 64–67.

274 Vgl. https://shieldandsword.mozohin.ru/mi/gru4992/index.htm.

275 Protokoll Nr. 50 der Sitzung des Präsidiums des ZK der KPdSU, 8.2.1954, abgedruckt in: Prezidium CK KPSS 1954–1964. Černovye protokol'nye zapisi zasedanij. Stenogrammy. Postanovlenija, Bd. 1: Černovye protokol'nye zapisi zasedanij. Stenogrammy, Moskva 2003, S. 23.

276 Kolpakidi, Vnešnjaja razvedki SSSR-Rossii, S. 161; Očerki istorii rossijskoj vnešnej razvedki, Bd. 5, S. 9.

277 Prochorov: Razvedka ot Stalina do Putina, S. 92.

278 Vgl. Memorandum Nr. 511501 des stellv. GRU-Chefs, Generalleutant Fedor A. Fedenko, »Die Verteidigung eines britischen Armeekorps mit der Anwendung von Atomwaffen« an Nikita S. Chruschtschow, 31.12.1954, RGANI, 5/30/127, Bl. 41–43.

279 Memorandum Nr. 511603 des Stellv. GRU-Chefs, Generalleutant Fedor A. Fedenko, »Allgemeiner Plan zur Verteidigung des amerikanischen Kontinents (S019)« an Chruschtschow, 31.12.1954, RGANI, 5/30/127, Bl. 45.

280 Vgl. Simonov, Nikolaj S.: Voenno-promyšlennyj kompleks SSSR v 1920–1950-e gody: tempy ekonomičeskogo rosta, struktura, organizaija proizvodstva i upravlenie, Moskva 1996, S. 206–210; 294–305; Schreiben von Georgij K. Shukow über die Verringerung der Streitkräfte, 12.8.1955, abgedruckt in: Georgij Žukov. Stenogramma oktjabr'skogo (1957 g.) plenuma CK KPSS i drugie dokumenty, Moskva 2001, S. 52–54. Ende 1954 hatte das ZK der KPdSU u. a. beschlossen, zusätzlich acht strategische Fernbomberdivisionen und elf Fernbomberdivisionen aufzustellen.

281 Vgl. Information Nr. 511532 des stellv. GRU-Chefs, Generalleutnant Fedor A. Fedenko, an Chruschtschow über die Umrüstung von US-Kreuzern des Typs »Baltimore« mit Fernlenkwaffen, 17.1.1955, RGANI, 5/30/127, Bl. 31–34.

282 Vgl. Bericht Nr. 65917 von GRU-Chef Schalin Verteidigungsminister Malinowskij über die Entwicklung des amerikanischen Experimentalflugzeuges X-15, 31.10.1958, RGANI, 5/30/276, Bl. 131–134. Auf dem Dokument befindet sich der handschriftliche Vermerk von Malinowskij »An Gen. Chruschtschow N.S. senden«.

283 Vgl. Bericht Nr. 61261 von GRU-Chef Schalin an Verteidigungsminister Malinowskij über amerikanische Bestrebungen gegenüber Syrien, 14.1.1958, RGANI, 5/30/276, Bl. 2–4.

284 Vgl. Bericht von Verteidigungsminister Malinowskij an Chruschtschow über die Situation im Raum Taiwan, 28.9.1958, RGANI, 5/30/276, Bl. 47–53.

285 Vgl. Schreiben von Serow an Chruschtschow über an Instanzen abgesandte KGB-Dokumente, 22.7.1957, abgedruckt in: Petrov: Pervyj predsedatel' KGB, S. 316–317.

286 Schreiben von Serow an das ZK der KPdSU über die Arbeit des KGB, Juni 1957, abgedruckt in: Lubjanka. Spravočnik, S. 692.

287 Falin, Valentin: Politische Erinnerungen, München 1993, S. 26–27.

288 Zit. nach Orlov: Aleksandr Semenovič: Tajnaja bitva sverchdažav, Moskva 2000, S. 415.

289 Zit. nach Zubok, Vladislav: Der sowjetische Geheimdienst in Deutschland und die Berlinkrise 1958–1961, in: Spionage für den Frieden? Nachrichtendienste in Deutschland während des Kalten Krieges, hrsg. von Wolfgang Krieger und Jürgen Weber, München 1997, S. 128.

290 Vgl. ebenda.

291 Vgl. Protokoll Nr. 194 des Präsidiums des ZK der KPdSU, 3.12.1958, abgedruckt in: Prezidium CK KPSS 1954–1964. Černovye protokol'nye za-

pisi zasedanij. Stenogrammy. Postanovlenija, Bd. 2: Postanovlenija 1954–1958, Moskva 2006, S. 896, 1040 f.

292 Vgl. Petrov: Prevyj predsedatel' KGB, S. 179–190; BND-Meldung Nr. 930915: »Reorganisationspläne Schelepins für den sowjetischen Sicherheitsdienst, 30.1.1959, BArch, B-206/3346.

293 Vgl. Bittschreiben von Serow an das Präsidium des ZK der KPdSU, 19.11.1964, RGANI, 5/30/454, Bl. 59.

294 Vgl. Schreiben von Serow an das Präsidium des ZK der KPdSU, 10.3.1960, RGANI, 5/30/318, Bl. 25–26; Kolpakidi/Prochorov: Imperija GRU, Bd. 2, S. 18–38. Zum Fall des 1960 hingerichteten Popow siehe Kapitel III.2.

295 Vgl. Auskunftsschreiben über das rüstungswirtschaftliche Potenzial der Länder des Warschauer Vertrages und der NATO, 3.4.1961, RGAE, 4372/79/792, Bl. 132.

296 Vgl. GRU-Informationsmitteilung Nr. 119 an das ZK der KPdSU, 30.9.1959, RGANI, 5/30/311, Bl. 132–134.

297 Vgl. Schreiben von Chruschtschow an das ZK der KPdSU über eine weitere Reduzierung der Streitkräfte der UdSSR, 8.12.1959, RGANI, 2/1/416, Bl. 3–11.

298 Vgl. Auskunftsschreiben über die ungefähre Verringerung des Planes der Lieferungen von Rüstungsgütern an das Verteidigungsministerium der UdSSR für 1960, 8.1.1960, RGAE, 4372/79/264, Bl. 27; Schreiben des Chefs der Verwaltung für Mob-Bewaffnung und materiell-technische Sicherstellung des Generalstabes, Generalleutnant Michajlow, an den GOSPLAN der UdSSR, 7.1.1960; RGAE, 4372/79/271, Bl. 79–87.

299 Vgl. Schreiben von Malinowskij an der ZK der KPdSU, 24.5.1960, RGANI, 5/30/341, Bl. 48–56.

300 Vgl. Ènciklopedija voennoj razvedki Rossii, S. 246–247; Piekalkiewicz, Janusz: Weltgeschichte der Spionage, München 1988, S. 444–448.

301 Vgl. USAREUR-Periodic Intelligence Report 159 (U), 1.4.1959, S. 106–110, https://www.php.isn.ethz.ch/lory1.ethz.ch/collections/colltopic4ffb.html?lng=en&id=18455&navinfo=14968.

302 Vgl. Berichte des Verteidigungsministeriums der UdSSR an das ZK der KPdSU über die Situation in Berlin, der DDR und Westeuropa, 27.–28.10.1961, RGANI, 5/30/367, Bl. 174–182.

303 Vgl. USAREUR Intelligence Estimate1961 (U), 1.1.1961, S. 271–280, https://www.php.isn.ethz.ch/lory1.ethz.ch/collections/colltopic1445.html?lng=en&id=18700&navinfo=14968. Auch die westliche Seite und hier vor allem der BND bedienten sich in großem Umfang des Mittels der Standortüberwachung. Hierzu: Wagner, Armin/Uhl, Matthias: BND contra Sowjetarmee. Westdeutsche Militärspionage in der DDR, Berlin 2008.

304 Vgl. USAREUR Intelligence Estimate1961 (U), 1.1.1961, S. 287–291; USAREUR Intelligence Estimate1965 (U), 15.2.1965, S. 354f., https://www.php.isn.ethz.ch/lory1.ethz.ch/collections/colltopic4895.html?lng=en&id=18593&navinfo=14968; CIA-Summery: The Soviet Establishment in Karlshorst, 7.5.1959, in: On the Front Lines of the Cold War: Documents on the Intelligence War in Berlin, 1946 to 1961, hrsg. von Donald P. Steury, Washington, D.C. 1999, S. 255–258; Golicyn, Pavel A.: Zapiski načal'nika voennoj razvedki, Moskva 2002, S. 118–125.

305 Vgl. Gosudarstvennaja bezopasnost' Rossii, S. 648–649; Prokof'ev: Aleksandr Sacharovskij, S. 104–106.

306 Vgl. Bailey/Kondraschow/Murphy: Die unsichtbare Front, S. 386; Jochum, Michael, Eisenhower und Chruschtschow. Gipfelpolitik im Kalten Krieg 1955–1960, Paderborn u. a. 1996, S. 147–162.

307 Vgl. Zubok, Vladislav M.: Spy vs. Spy: The KGB vs. the CIA 1960–1962, in: Cold War International History Project Bulletin, 1994, Nr. 4, S. 23; Roewer/Schäfer /Uhl: Lexikon der Geheimdienste im 20. Jahrhundert, S. 65–66, 189, 340; Andrew/Mitrochin: Das Schwarzbuch des KGB, S. 240–241.

308 Vgl. Zusammenstellung Nr. 99699 der GRU über die rüstungswirtschaftlichen Maßnahmen der BRD 1960, 22.4.1961, RGANI, 5/30/372, Bl. 37–58; Ènciklopedija voennoj razvedki Rossii, S. 459–460.

309 Vgl. ebenda, Bl. 37. Wie diese Zahlen berechnet wurden, ist unklar. Fest steht, sie entstammen keiner öffentlichen Quelle.

310 Vgl. ebenda, Bl. 44–45. Das Waffensystem Matador wurde Ende der 1950er-Jahre von der Bundeswehr in nur vier Versuchsexemplaren nebst 24 Flugkörpern, die »keinen Einsatzwert« hatten, eingeführt und rasch durch das Raketensystem Pershing I ersetzt. Vom Waffensystem Mace plante die Bundesrepublik insgesamt 96 Flugkörper zu beschaffen. Auf das Vorhaben wurde jedoch zugunsten der Pershing I verzichtet. Gleichwohl befanden sich auf dem Territorium der Bundesrepublik 1965 bis zu 113 Mace-Flugkörper, die der US Air Force unterstanden.

311 Vgl. ebenda, Bl. 56–58.

312 Vgl. Schreiben Nr. 100212 von Matwej W. Sacharow und Iwan A. Serow an das ZK der KPdSU, 5.6.1961, RGANI, 5/30/372, Bl. 75–83.

313 Ebenda, Bl. 77.

314 Vgl. ebenda, Bl. 75 (handschriftliche Bemerkung Malinowskij); Schreiben von Dmitrij f. Ustinow an Georgij N. Paschkow und Georgij A. Titow, 17.6.1961, RGANI, 5/30/372, Bl. 74.

315 Vgl. Auskunftsschreiben des NII-88 über Vergleichsdaten einheimischer und amerikanischer strategischer Raketen, 10.2.1962, RGAE, 298/1/2748, Bl. 72–76; Auskunftsschreiben zu sowjetischen Interkontinentalraketen,

die sich in der Produktion und Entwicklung befinden, 17.2.1962, RGAE, 298/1/2749, Bl. 102–103.

316 Schreiben Nr. 100428 von Generalstabschef Matwej W. Sacharow und GRU-Chef Iwan A. Serow an das ZK der KPdSU, 22.6.1961, RGANI, 5/30/372, Bl. 124–125.

317 Notiz von Oberst i. G. Hans Hinrichs an den Oberbefehlshaber über eine SACEUR-Konferenz der Befehlshaber der Landstreitkräfte, 4.12.1961, BArch, BW-2/2440, o. Bl.

318 Vgl. Schreiben Nr. 100428 von Generalstabschef Matwej W. Sacharow und GRU-Chef Iwan A. Serow an das ZK der KPdSU, 22.6.1961, RGANI, 5/30/372, Bl. 127–128.

319 Vgl. Grundlegende taktisch-technische Daten von operativ-taktischen Raketen der Klasse »Boden-Boden«, 20.7.1961, RGAE, 298/1/2374, Bl. 16–22.

320 Vgl. Schreiben Nr. 100396 von Generalstabschef Matwej W. Sacharow und GRU-Chef Iwan A. Serow an das ZK der KPdSU, 23.6.1961, RGANI, 5/30/372, Bl. 99–122.

321 Vgl. Protokoll Nr. 30 der Sitzung des Präsidiums des ZK der KPdSU, 11.5.1962, in: Prezidium CK KPSS 1954–1964, Bd. 1, S. 555; Raketnyj ščit otečestva, Moskva 1999, S. 68.

322 Vgl. Taubman, Philip: Secret Empire. Eisenhower, the CIA, and the Hidden Story of America's Space Espionage, New York u. a. 2003, S. 169–324; Eye in the Sky. The Story of the Corona Spy Satellites, hrsg. von Dwayne A. Day, John M. Logsdon und Brian Latelli, Washington, D.C. 1998, S. 215–228; Thoß, Bruno: NATO-Strategie und nationale Verteidigungsplanung. Planung und Aufbau der Bundeswehr unter den Bedingungen einer massiven atomaren Vergeltungsstrategie 1952 bis 1960, München 2006, S. 32–326; Kaplan, Fred: JFK's First-Strike Plan, in: The Atlantic Monthly 288, Nr. 3 (Oktober 2001), S. 81–86.

323 Vgl. Fursenko, Aleksandr A.: Kak byla postroena berlinskaja stena, in: Istoričeskie zapiski, 2001, Nr. 4, S. 73; Taubman, William: Khrushchev. The Man and his Era, New York/London 2003, S. 504–505; Uhl: Krieg um Berlin?, S. 225.

324 Vgl. Kolpakidi/Prochorov: Vnešnjaja razvedka Rossii, S. 66–67; Ėnciklopedija sekretnych služb Rossii, S. 293–294. Zu Live Oak siehe u. a. Maloney, Sean M.: Notfallplanung für Berlin. Vorläufer der Flexible Response 1958–1963, in: Militärgeschichte 7 (1997), Nr. 1, S. 3–15.

325 Noch Ende Mai 1961 hatte Chruschtschow auf einer Sitzung des ZK erwogen, westalliierte Flugzeuge während einer Luftblockade Westberlins abzuschießen: »Unsere Position ist sehr stark, aber wir müssen natürlich hier auch tatsächlich zur Einschüchterung greifen. Wenn da zum Beispiel Flüge durchgeführt werden, werden wir die Flugzeuge abschießen müssen. Können sie zu der Provokation übergehen? Sie können. Wenn wir das Flugzeug

nicht abschießen, heißt das, wir kapitulieren.« Aussagen Chruschtschow auf der Sitzung des Präsidiums des ZK der KPdSU zur Frage des Meinungsaustausches mit Kennedy in Wien, 26.5.1961, in: Chruschtschows Westpolitik 1955 bis 1964, Bd. 3: Die Kulmination der Berlin-Krise, hrsg. von Gerhard Wettig, München 2011, S. 158. Zur geplanten Sperrung des Luftraumes siehe: Bernštejn, A. I.: S čego načinalas' »berlinskaja stena«, in: Voenno-istoričeskij archiv, 2003, Nr. 12, S. 39–43.

326 Vgl. Očerki istorii rossijskoj vnešnej razvedki, Bd. 5, S. 116; United States Air Force in Europe – Annual Historical Report 1961, 21.2.1962, National Security Archive (Washington, D.C.), Berlin crisis, box 34.

327 Vgl. BND-Meldung 932578 zu »Zentrale des sowjetischen-militärischen Nachrichtendienstes in Italien«, 6.10.1961, BArch, B 206/3346, o. Bl.

328 Schreiben von KGB-Chef Aleksandr N. Schelepin an Chruschtschow, 20.7.1961, in: Očerki istorii rossijskoj vnešnej razvedki, Bd. 5, S. 704.

329 Vgl. ebenda, S. 704–705.

330 Vgl. Harrison, Hope M., Driving the Soviets up the Wall. Soviet-East German Relations, 1953–1961, Princeton/Oxford 2003, S. 190–207; Ulbricht, Chruschtschow und die Mauer. Eine Dokumentation, hrsg. von Matthias Uhl und Armin Wagner, München 2003, S. 35–38, 89–94.

331 Vgl. Schreiben Nr. 101212 des stellv. GRU-Chefs, Generalleutnant Aleksandr S. Rogow, an Verteidigungsminister Malinowskij, 24.8.1961, RGANI, 5/30/365, Bl. 145.

332 Ebenda, Bl. 148.

333 Vgl. Bericht des Verteidigungsministeriums der UdSSR an das ZK der KPdSU über die Situation in Berlin, der DDR und Westeuropa, 26.8.1961, RGANI, 5/30/367, Bl. 25–28; Menning, Bruce W.: The Berlin Crisis from the Perspective of the Soviet General Staff, in: International Cold War Military Records and History. Proceedings of the International Conference on Cold War Military Records and History held in Washington, D.C., 21–26 March 1994, hrsg. von William W. Epley, Washington, D.C. 1996, S. 49–62.

334 Vgl. Archiv GRU, Beurteilung von Korvettenkapitän Wiktor A. Ljubimow durch den Chef des 1. Referats (Frankreich und Benelux) der 3. Verwaltung (Westeuropa) der GRU, Oberst Nikita I. Samokisch, 3.12.1962. Ich danke Herrn Michail Boltunow für die Überlassung des Dokuments.

335 Vgl. Lota, Vladimir I.: Gorizonty Viktora Ljubimova, in: Krasnaja Zvezda, 1.8.2001; Boltunov, Michail E.: Agenturoj GRU ustanovleno …, Moskva 2003, S. 160–166; Krüger, Dieter: Schlachtfeld Bundesrepublik? Europa, die deutsche Luftwaffe und der Strategiewechsel der NATO 1958 bis 1968, in: Vierteljahrshefte für Zeitgeschichte 56 (2008), H. 2, S. 176–190.

336 Vgl. Archiv GRU, Schreiben des Chefs der 3. Verwaltung (Westeuropa) der GRU, Generalleutnant Aleksej A. Konowalow, an Generalleutnant Niko-

laj A. Korenewskij, 15.3.1962. Ich danke Herrn Michail Boltunow für die Überlassung des Dokuments.

337 Vgl. Archiv GRU, Schreiben des Chefs der 3. Verwaltung (Westeuropa) der GRU, Generalleutnant Aleksej A. Konowalow, an Generalleutnant Nikolaj A. Korenewskij,25.5.1962. Ich danke Herrn Michael Boltunow für die Überlassung des Dokuments.

338 Vgl. Brauburger, Stefan: Die Nervenprobe. Schauplatz Kuba: Als die Welt am Abgrund stand, Frankfurt a. M./New York 2002, S. 85–186.

339 Vgl. Schreiben Nr. 78920 von Verteidigungsminister Malinowskij an das ZK der KPdSU, 22.4.1961, RGANI, 5/30/372, Bl. 35–36.

340 Vgl. Ladygin, Fedor I./Lota, Vladimir I.: GRU i Karibskij krizis. Sekretnaja chronika opasnoj konfrontacii, Moskva 2012, S. 14–18.

341 Vgl. Fursenko/Naftali: »One Hell of a Gamble«, S. 112–114.

342 Vgl. Brauburger: Die Nervenprobe, S. 85 f.; Fursenko, Aleksandr A.: Rossija i meždunarodnye krizisy: seredeina XX veka, Moskva 2006, S. 243–245.

343 Vgl. Subok/Pleschakow: Der Kreml im Kalten Krieg, S. 370–371; Ladygin/Lota: GRU i Karibskij krizis, S. 42–63.

344 Vgl. Lota: Armaggedon otmenjaetsja, S. 251–252; Greiner, Bernd: Die Kuba-Krise. Die Welt an der Schwelle zum Atomkrieg, München 2010, S. 92–101.

345 Vgl. Chiffretelegramm Nr. 26416 der funktechnischen Aufklärung der GRU an Serow u. a., 26.10.1962, abgedruckt in: Ladygin/Lota: GRU i Karibskij krizis, S. 64b; Bericht des Kommandeurs der 51. Raketendivision über die Operation »Anadyr«, 18.12.1962, abgedruckt in: Vor dem Abgrund. Die Streitkräfte der USA und der UdSSR sowie ihrer deutschen Bündnispartner in der Kubakrise, hrsg. von Dimitrij N. Filippovych und Matthias Uhl, München 2005, S. 171.

346 Vgl. Chiffretelegramm Nr. 26464 der GRU-Residentur in Washington an Serow u. a., 27.10.1962, https://function.mil.ru/news_page/country/more.htm?id=11415875@cmsArticle.

347 Vgl. Fursenko, Aleksandr A./Naftali, Timothy: Der Umgang mit KGB-Dokumenten: Der Scali-Feklisov-Kanal in der Kuba-Krise, in: Die Kubakrise 1962. Zwischen Mäusen und Moskitos, Katastrophen und Tricks, Mongoose und Anadyr, hrsg. von Heiner Timmermann, Hamburg/London 2003, S. 76–85; Služba vnešnej razvedki Rossijskoj Federacii 100 let. Dokumenty i svidetel'skva, Moskva 2021, S. 280–291.

348 Vgl. Petrov, Nikita V.: Kto rukovodil organami gosbezopasnosti, 1941–1954: Spravočnik, Moskva 2010, S. 415–416.

349 Vgl. CIA-Memorandum: Staffing the Intelligence Services in the Soviet Union, 1.5.1963, S. 7, https://www.cia.gov/readingroom/docs/CIA-RDP79T01049A002700040001-7.pdf.

Anmerkungen

350 Vgl. Ljubimov, Viktor A.: Voennaja razvedka i karibskij krizis, in Voennyj parad, 1998, Nr. 2, S. 118.

351 Archiv GRU, Schreiben von Verteidigungsminister Malinowskij und Generalstabschef Birjusow an Chruschtschow, 25.2.1964; Archiv GRU, Schreiben von GRU-Chef Iwaschutin an Generalstabschef Birjusow, 16.6.1964. Ich danke Herrn Michail Boltunow für die Überlassung der Dokumente.

352 Vgl. Hauptverwaltung Aufklärung des Generalstabes der Streitkräfte der UdSSR: Informations-Bulletin Nr. 4 – Das operativ-taktische Raketensystem Phersing-1 und Phersing-1A der USA, Moskva 1968.

353 Vgl. Archiv GRU, Schreiben von Ingenieur-Konteradmiral Wasilij I. Solow'jow an GRU-Chef Iwaschutin, 6.5.1964. Ich danke Herrn Michail Boltunow für die Überlassung des Dokuments.

354 Vgl. Schreiben von Iwaschutin an die 1. Abteilung des Gosplan der UdSSR, 4.6.1966, RGAE, 4372/81/2025, Bl. 154–155.

355 Vgl. Boltunov: Kroty GRU v NATO, S. 300–301; Clair, Jean-François/Guérin, Michel/Nart, Raymond: La DST sur le front de la guerre froide, Paris 2022, S. 127–128.

356 Vgl. Boltunov, Michail E.: Gorjačaja rabota na cholodnoj vojne, Moskva 2021, S. 11.

357 Vgl. Grimes, Sandra/Vertefeuille, Jeanne: Circle of Treason. A CIA Account of Traitor Aldrich Ames and the Men He Betrayed, Annapolis 2012, S. 76–77; Prochorov, Dmitrij P./Lemechov, Oleg I.: Perebežčiki: Zaočno rasstreljany, Moskva 2001, S. 256–262; West, Nigel: At Her Majesty's Secret Service, Annapolis, Maryland 2009, S. 33; West, Nigel: The Circus. MI 5 Operations 1945–1972, New York 1984, S. 293.

358 Vgl. Handschriftliche Notizen Breschnews, Mai 1966, in: Leonid Brežnev. Rabočie i denvnikove zapisi, Bd. 1: Leonid Brežnev. Rabočie i denvnikove zapisi 1964–1982 gg., Moskva 2016, S. 136.

359 Vgl. Andrew, Christopher: MI 5. Die wahre Geschichte des britischen Geheimdienstes, Berlin 2010, S. 513–540; CIA-Memorandum: The Technology Acquisition Efforts of the Soviet Intelligence Services, June 1982, S. 16–18, https://www.cia.gov/readingroom/docs/DOC_0000261337.pdf.

360 Vgl. Roewer, Helmut: Im Visier der Geheimdienste. Deutschland und Russland im Kalten Krieg, Bergisch-Gladbach 2008, S. 395–396; Operation Exodus, in: Der Spiegel, 1987, Nr. 30, S. 101–103; Melvern, Linda/Anning, Nick/Hebditch, David: Techno-Bandits, in: Datamation, 15.9.1984, S. 120.

361 Vgl. Roewer/Schäfer/Uhl: Lexikon der Geheimdienste im 20. Jahrhundert, S. 287; CIA-Memorandum zur Ausweisung von Nachrichtendienstoffizieren des Ostblocks, 1.2.1971, https://www.cia.gov/readingroom/document/cia-rdp79-01194a000300140001-8.

362 Vgl. Befehl Nr. 0057 des Verteidigungsministers der UdSSR, 23.4.1953, in: Golikov/Kalašnikov/Slugin/Fes'kov: Vooružennye sily SSSR, S. 64–67; DIA-Memorandum: Strength assessment of the command and general support portion of the Soviet Armed Forces, 5.10.1974, S. 1, https://www.cia.gov/readingroom/docs/CIA-RDP80B01500R000100040005-5.pdf.

363 Vgl. Notizen des Besucherbuches von Breschnew, 1966–1974, in: Leonid Brežnev. Rabočie i denvnikove zapisi, Bd. 2: Zapisi sekretariej Priemnoj L.I. Brežneva. 1965-1982 gg., Moskva 2016, S. 132–681.

364 Vgl. Kolpakidi/Prochorov: Imperija GRU, Bd. 2, S. 49–50; Rukovodstvo GRU, https://shieldandsword.mozohin.ru/mi/gru4992/chef.htm.

365 Vgl. https://shieldandsword.mozohin.ru/personnel/2018/elagin_a_i.htm.

366 Vgl. Suvorov: Soviet Military Intelligence, S. 78–80; https://shieldandsword.mozohin.ru/mi/gru4992/structure.htm.

367 Vgl. Enciklopedija voennoj razvedki Rossii, S. 100.

368 Vgl. Nikolaev, Andrej: Pomnit', nel'zja zabyt'. Konstantin Niktorovič Tkačenko, oficer-frontovik, 24 goda rukovodil Upravleniem operativnoj razvedki Glavnogo upravlenija General'nogo štaba, Krasnaja Zvedzda, 15.6.2020, http://redstar.ru/pomnit-nelzya-zabyt-2/.

369 Vgl. Fedorov: Voenno-morskaja razvedka, S. 278–290.

370 Vgl. ebenda, S. 294–308.

371 Vgl. Lur'e: Voenno-morskaja razvedka SSSR (1918–1960-e gg.), S. 210.

372 Vgl. Boltunov:»Zolotoe ucho« voennoj razvedki, S. 237–250, 349–365; Voennja Razvedka Rossii, S. 243–248, 480–484; Golikov/Kalašnikov/Slugin/Fes'kov, Vooružennye sily SSSR, S. 260–268; Stationierungsübersicht der Gruppe der sowjetischen Streitkräfte in Deutschland, 1.1.1980, CAMO, Bl. 212–217; Devjatov, A.: Nebopolitika. Put' pravdy – razvedka: Teorija i praktika »mjagkoj sily«, Moskva 2013, S. 232–240; HQ Electronic Security Command: Operations Security Update, April 1985, Bl. 28–30, https://www.cia.gov/readingroom/docs/CIA-RDP87M00539R000400540016-9.pdf.

373 Vgl. Suvorov: Soviet Military Intelligence, S. 78–80; Boltunov: Agenturoj GRU ustanovleno, S. 260–261; Devjatov: Nebopolitika, S. 232–240.

374 Vgl. Alekseev/Kolpakidi/Kočik: Ėnciklopedija voennoj razvedki Rossii, S. 51.

375 Vgl. Registrierungskarteikarte Iwan F. Plachin, CAMO, Schrank 161, Karteikasten 10.

376 Vgl. Kolpakidi/Prochorov: Imperija GRU, Bd. 2, S. 52.

377 Vgl. Suvorov: Soviet Military Intelligence, S. 85–93; Voennaja Razvedka Rossii, S. 523–524; Kondrašov, Vjačeslav: Analitičeskie organy voennoj razvedki, in: Rodina, 2012, Nr. 10, S. 105.

378 Vgl. Alekseev/Kolpakidi/Kočik: Ėnciklopedija voennoj razvedki Rossii, S. 427–428.

379 Vgl. Kolpakidi/Prochorov: Imperija GRU, Bd. 2, S. 56.
380 Vgl. Suvorov: Soviet Military Intelligence, S. 94–95.
381 Vgl. Kolpakidi/Prochorov: Imperija GRU, Bd. 2, S. 58–59.
382 Vgl. Alekseev/Kolpakidi/Kočik: Ėnciklopedija voennoj razvedki Rossii, S. 526.
383 Vgl. Grimes/Vertefeuille: Circle of Treason, S. 62–65.
384 Vgl. Dillon: Spies in the Family, S. 216–222; Schmidt, Jürgen: Leben und Tod des GRU-Generalmajors Dmitri Poljakov (1921–1988), in: Spionage, Doppelagenten und Islamistische Bedrohung. Aufsätze zu 130 Jahren Geheimdienstgeschichte, hrsg. von Jürgen W. Schmidt, Ludwigsfelde 2017, S. 226–228.
385 Vgl. BND-Meldung Nr. 932170: »Die einzelnen sowjetischen Nachrichtendienste«, 6.4.1961, BArch, B 206/3346.
386 Vgl. BND-Meldung 911744 »Angehörige sowjetischer Missionen in Japan, von denen eine nachrichtendienstliche Tätigkeit vermutet wird«, 13.7.1961, BArch, B 206/3346, o. Bl.
387 Vgl. Borcke, Astrid von: Die Sowjetspionage. Die Dunkeldimension der Außen- und Sicherheitspolitik unseres Jahrhunderts, Köln 1992, S. 24.
388 Vgl. CSHP History of Berlin Tunnel, in: On the Front Lines of the Cold War, S. 395–405; Bailey/Kondraschow/Murphy: Die unsichtbare Front, S. 268–269; Kellerhoff, Sven Felix/Kostka, Bernd von: Hauptstadt der Spione. Geheimdienste in Berlin im Kalten Krieg, Berlin 2009, S. 61–86.
389 Vgl. Dobrovol'skij, Aleksandr: »Fakty massogo sabotaža«: Veteran GRU vspomnil tajny afganskoj vojny, Moskovskij Komzomolec, 19.12.2019, https://www.mk.ru/social/2019/12/19/veteran-gru-vspomnil-tayny-afganskoy-voyny.html.
390 Vgl. Kolpakidi, Aleksandr/Sever, Aleksandr: GRU: Unikal'naja ėnciklopedia, Moskva 2009, S. 697–698.
391 Vgl. Oni rukovodili GRU, S. 263.
392 Vgl. Ėnciklopedia voennoj razvedki Rossii, S. 106–107; Koval, A./Petrov, B.: V akvariume pora menjat' rybu, a ne vodu i mal'jakov, in: Nezavisimaja gazeta, 17.12.1991.
393 Vgl. Prochorov/Lemechov: Perebežčiki, S. 395–396; Report senior Soviet double-agent defected to the West, 12.5.1991, https://www.upi.com/Archives/1991/05/12/Report-senior-Soviet-double-agent-defected-to-West/1750674020800/.
394 Vgl. Prochorov, Dmitrij P.: Skol'ko stoit prodat' Rodinu. Predateli v otečestvennych specslužbach 1918–2000, Moskva 2005, S. 468; Riehle: Russian Intelligence, S. 168.
395 Vgl. Koval/Petrov: V akvariume pora menjat' rybu.

Anmerkungen

396 Vgl. Kolpakidi/Prochorov: Imperija GRU, Bd. 2, S. 89.

397 Vgl. Uhl, Matthias: Das Komitee für Staatssicherheit während des Zerfalls der Sowjetunion, in: Der Zerfall der Sowjetunion: Ursachen – Begleiterscheinungen – Hintergründe, hrsg. von Martin Malek und Anna Schor-Tschudnowskaja, Baden-Baden 2013, S. 215–217.

398 Vgl. Oni rukovodili GRU, S. 267–268; Voennja razvedka Rossii, S. 48–49.

399 Vgl. Kolpakidi /Prochorov: Imperija GRU, Bd. 2, S. 91–92; Kolpakidi/Sever: GRU: Unikal'naja ènciklopedia, S. 689–690; Byt' istinnym patriotom svoej strany, in: Rodina, 2012, Nr. 10, S. 95.

400 Vgl. Hackett, James: Die Modernisierung der russischen Streitkräfte, in: SIRIUS – Zeitschrift für strategische Analysen 5 (2021), H. 2, S. 125–129.

401 Vgl. Kolpakidi/Prochorov: Imperija GRU, Bd. 2, S. 92–93; Voennja razvedka Rossii, S. 52.

402 Zit. nach: Oni rukovodili GRU, S. 277.

403 Vgl. Ènciklopedija voennoj razvedki Rossii, S. 108–109.

404 Vgl. Stepenin, M.: Oficery GRU prodali »Mossad« gosudarstvennye sekrety, Kommersant, 21.3.1998, https://www.kommersant.ru/doc/194946.

405 Vgl. Kolpakidi/Prochorov: Imperija GRU, Bd. 2, S. 94.

406 Vgl. Puškarev, Nikolaj f.: GRU: dela i sudby. Voennaja razvedka: stanovlenie, dejatel'nost', rezul'taty i sudby ee sotrudnikov, Moskva 2013, S. 48.

407 Vgl. Wagner/Uhl: BND contra Sowjetarmee, S. 57–59.

408 Vgl. Ènciklopedija voennoj razvedki Rossii, S. 109; Kozlov, S. V. u. a.: Speznas GRU: Očerki istorii, Bd. 4: Bezvremen'e. 1989–1999 gg., Moskva 2010, S. 215; Kozlov, S. V. u. a.: Speznas GRU: Očerki istorii, Bd. 5: Novejšaja istorija. 1999–2010 gg., Moskva 2010, S. 12.

409 Vgl. Roewer/Schäfer/Uhl, Lexikon der Geheimdienste im 20. Jahrhundert, S. 220; Ščegolev, K. A.: Kto est' kto v Rossii. Isponitel'naja vlast'. Kto pravid sovremennoj Rossiiej, Moskva 2007, S. 167–169; Kolpakidi: Vnešnjaja razvedka SSSR-Rossii, S. 309.

410 Vgl. Lekarev, Stanislav: Dva vida rossijskij razvedki unificirujutsja, Nezavisimoe voennoe obozrenie, 31.8.2001, https://nvo.ng.ru/spforces/2001-08-31/7_unification.html.

411 Vgl. Gavrilov, Jurij/Ptičkin, Sergej: Vladimir Putin otkryl novoe zdanie štab-kvatiry GRU, RG.RU, 10.11.2006, https://rg.ru/2006/11/10/gru.html; Štab-kvatira GRU, https://agentura.ru/profile/glavnoe-razvedyvatelnoe-upravlenie-gsh-vs/shtab-kvartira-gru/.

412 Vgl. Kozlov: Speznas GRU, Bd. 5, S. 335–337, 492–495.

413 Vgl. Galeotti: Korabelnikov leaves Russian military intelligence/; Lur'e/ Kočik: GRU: dela i ljudi, S. 117.

414 Vgl. Galeotti, Korabelnikov leaves Russian military intelligence; Lur'e/Kočik: GRU: dela i ljudi, S. 117; GRU zaveršaet istoričeskij put', Nezavisimoe voennoe obozrenie, 20.3.2009, https://nvo.ng.ru/eventsnvo/2009-03-20/2_gru.html.

415 Vgl. Artem'ev, Aleksandr/Rumjancev, Fedor: Minoborony potopilo Korabel'nikova. Načalnik GRU ušel s skandalom, gaseta.ru, 24.4.2009, https://www.gazeta.ru/politics/2009/04/24_a_2978667.shtml?updated; Bundesministerium des Innern: Verfassungsschutzbericht 2009, 2. Auflage, Berlin 2013, S. 330–331.

416 Vgl. Galeotti, Mark: Spetsnaz: Russia's Special Forces, Oxford 2015, S. 44; Razvedka razyskala glavu. Igor' Sergun vozglavil GRU vmesto Aleksandra Šljaturova, Kommersant, 26.12.2011, https://www.kommersant.ru/doc/1846346.

417 Vgl. Arsjuchin, Evgenij: U Mavzoleja zasekli fal'šivogo generala, Komsomol'skaja pravda, 14.5.2012, https://www.kp.ru/daily/25881.5/2844529/.

418 Vgl. Erlass des Präsidenten der Russischen Föderation Nr. 1240 »Über die Verleihung von Dienstgraden für höhere Offizier der Streitkräfte der Russischen Föderation, 31.8.2012, https://npalib.ru/2012/08/31/ukaz-1240-id248397/.

419 Vgl. Adomeit: Die Lehren der russischen Generäle.

420 Galeotti: The Unexpected Death of Russia's military intelligence (GRU) chief.

421 Vgl. Fazit des Feldzuges der Russischen Armee in Syrien (2015–2017). »Wir brachen den Stoßkräften des Terrorismus das Rückgrat«. Interview der *Komsomolkaja Prawda* mit dem Chef des Generalstabes der Streitkräfte Russlands am 26.12.2017, E-Book-Ausgabe, Dresden 2018, https://slub.qucosa.de/api/qucosa%3A21084/attachment/ATT-0/.

422 Vgl. Soldatov, Andrej: Razvedka Rossii posle goda vojny, agentura.ru, 9.5.2023, https://agentura.ru/investigations/razvedsluzhby-rossii-posle-goda-vojny; Rüesch, Andreas: Drei russische Agenten wegen versuchten Giftmords angeklagt, Neue Züricher Zeitung, 21.2.2021, https://www.nzz.ch/international/bulgarien-russische-agenten-wegen-versuchten-giftmords-angeklagt-ld.1542040.

423 Galeotti: The Unexpected Death of Russia's military intelligence (GRU) chief.

424 Vgl. in: Voenno-promyšlennyj kur'er, 2017, Nr. 47, S. 3; Vot Tula priletela, Kommersant, 3.2.2016, https://www.kommersant.ru/doc/2906839; Bigalke, Silke/Großmann, Vikoria: Zwei Explosionen zu viel, Süddeutsche Zeitung, 19.4.2021, https://www.sueddeutsche.de/politik/tschechien-russland-prag-moskau-geheimdienst-munitionslager-gru-anschlaege-waffenhaendler-1.5269408; Dobrokhotov, Roman u. a.: Explosion in Munitionsdepot war wohl Operation des russischen Geheimdienstes, Spiegel-Online,

20.4.2021, https://www.spiegel.de/ausland/tschechien-explosion-in-munitionsdepot-war-wohl-operation-des-russischen-geheimdienstes-a-ca5b-db8e-d125-4013-a47c-74e615b589dc.

425 Vgl. Belov, Sergej: Glavoj GRU naznačen general Igor' Korobov, RG.RU, 2.2.2016, https://rg.ru/2016/02/02/glavoj-gru-naznachen-general-igor-korobov.html.

426 Vgl. Novokshonov, Dmitry: Čto izvestno o novom načal'nike GRU Igore Korobove, Delovoj Peterburg, 3.2.2016, https://www.dp.ru/a/2016/02/02/Novij_hozjain_Akvariuma.

427 Vgl. Toržestvennoe meroprijatie po slučaju 100-letija GRU, kremlin.ru, 2.11.2018, http://kremlin.ru/events/president/news/59032; Fainberg, Sarah: Russian Spetsnaz, Contractors and Volunteers in the Syrian Conflict, Brussels 2017, S. 15.

428 Vgl. Baumgärtner, Maik u. a.: Die Schattenkrieger des Kreml, in: Der Spiegel, 2019, Nr. 50, S. 40–45.

429 Vgl. Urban: Russlands neuer Spionagekrieg, S. 163–240.

430 Vgl. Nehring, Christoph: GRU – russischer Militärgeheimdienst, dekoder, 26.10.2018, https://www.dekoder.org/de/gnose/gru-militaergeheimdienst-hacker-skripal.

431 Vgl. Turovskij, Danil/Gorbačev, Aleksandr: Umer vtoroj glava GRU za tri goda, Meduza, 22.11.2018, https://meduza.io/feature/2018/11/22/umer-vtoroy-glava-gru-za-tri-goda-v-sentyabre-ego-yakoby-vyzyvali-na-kover-k-putinu.

432 Vgl. Kanev, Sergej: V GRU našli vinovnogo v provalach: im okazalsja bliskij drug Čepigi-Boširova-polkovnik Konstantin Bachtin, Centr »Dos'e«, 8.10.2018, https://web.archive.org/web/20181122030405/https://zen.yandex.ru/media/mbkhmedia/v-gru-nashli-vinovnogo-v-provalah-im-okazalsia-blizkii-drug-chepigiboshirova--polkovnik-konstantin-bahtin--5bbb892701a1a700ad44de7d.

433 Vgl. Safronov, Ivan/Džordževič, Aleksandr: Voennaja razvedka lišilas' glavnogo, Kommersant', 22.11.2018, https://www.kommersant.ru/doc/3807317.

434 Vgl. Ackeret: Russlands Militärgeheimdienst ist fürs Grobe zuständig; Nehring: SWR – Die russische Auslandsaufklärung. Zum Außenbild des SWR siehe die unlängst erschienene Publikation: Kolpakidi: Vnešnjaja razvedka SSSR-Rossii.

435 Vgl. Putin predložil vosstanovit' nazvanie GRU dlja voennoj razvedki Rossii, Tass, 2.11.2018, https://tass.ru/politika/5752016.

436 Vgl. Vize-admiral Igor' Kostjukov naznačen načal'nikom GRU, Interfax, 10.12.2018, https://www.interfax.ru/russia/641549.

437 Vgl. GRU – Budget and Personnel, globalsecurity.org, https://www.globalsecurity.org/intell/world/russia/gru-staff.htm.

438 Vgl. Losik, A. V./Alekseev, E. P./Prjachin, Ju. D: O rabote otečestvennoj diplomatii irazvedki v interesach razvitija oboronnoj industrii, in: Geopolitika i bezopasnost', 2014, Nr. 1, S. 81–82; Estonian Foreign Intelligence Service: International Security and Estonia 2018, o. O. 2018, S. 52–57.

439 Vgl. Kozlov: Speznas GRU, Bd. 5, S. 335–337, 492–495; Struktura GRU, http://sdrvdv.ru/soedineniya-i-chasti-gru/; Seite der 346. Speznas-Brigade der GRU im russischen Netzwerk Vkontakte: https://vk.com/club68235561; Überblick zu Spezialeinheiten der GRU, https://spec-naz.org/dossier/GRU_special_forces/.

440 Vgl. Struktura GRU, https://agentura.ru/profile/glavnoe-razvedyvatelnoe-upravlenie-gsh-vs/struktura-gru/.

441 Vgl. Bowen, Andrew S.: Russian Military Intelligence: Background and Issues for Congress, Congressional Research Service, Report 46616, Washington, D.C. 2021, https://crsreports.congress.gov/product/details?prodcode=R46616, S. 5.

442 Vgl. Gebauer, Matthias u. a.: Mord im Kleinen Tiergarten – Deutschland weist russische Botschaftsmitarbeiter aus, Spiegel online, 4.12.2019, https://www.spiegel.de/politik/deutschland/tiergarten-mord-deutschland-weist-russische-botschaftsmitarbeiter-aus-a-1299633.html; Salzen, Claudia von: Urteil im Prozess um Tiergartenmord in Berlin, Tagesspiegel, 15.12.2021, https://www.tagesspiegel.de/politik/bundesregierung-weist-zwei-russische-diplomaten-aus-8016907.html.

443 Vgl. Baumgärtner, Maik u. a.: Putins Schattenkrieger, in: Der Spiegel, 2022, Nr. 35, S. 9.

444 Vgl. Stöber, Silvia: Russischer Agent wolle Gericht ausspionieren, 17.6.2022, https://www.tagesschau.de/investigativ/russland-spion-gru-101.html; The Brazilians. Kak GRU prevatilo svoego agenta iz »brazil'ca« v »narkodilera«, čtoby vytaščit' iz tjurmy, The Insider, 28.11.2022, https://theins.ru/politika/257337.

445 Vgl. Baumgärtner: Putins Schattenkrieger, S. 11–12; Hoffer, Rewert: Verurteilt wegen Spionage für Moskau: Der »extrem russlandfreundliche« Oberstleutnant der Bundeswehr, Neue Züricher Zeitung, 18.11.2022, https://www.nzz.ch/international/spionage-fuer-russland-reserveoffizier-der-bundeswehr-verurteilt-ld.1712907.

446 Vgl. Rüesch, Andreas: Die Ukrainer verblüffen mit Luftangriffen tief im russischen Hinterland, Neue Züricher Zeitung, 6.12.202, https://www.nzz.ch/international/ukraine-drohnen-angriff-im-hinterland-ueberrumpelt-russland-ld.1715701; Schwirtz, Michael, u. a.: Putin's War, New York Times, 16.12.2022, https://www.nytimes.com/interactive/2022/12/16/world/europe/russia-putin-war-failures-ukraine.html.

447 Vgl. Malyasov, Dylan: Saboteurs blew up Russian Ka-52 helicopters, Defence Blog, 1.11.2022, https://defence-blog.com/saboteurs-blew-up-russian-ka-52-helicopters/.
448 Vgl. Bowen: Russian Military Intelligence, S. 6–8.

II. Die Arbeitsgebiete des Dienstes

1 Siehe hierzu beispielsweise: Die Macht der Geheimdienste. Agenten, Spione und Spitzel vom Mittelalter bis zum Cyberwar, hrsg. von Uwe Klußmann und Eva-Maria Schnurr, München 2020; Geheimdienste in der Weltgeschichte, hrsg. von Wolfgang Krieger.
2 Schreiben von GRU-Chef Il'itschjow an Armeegeneral Antonow, 23.3.1945. Der Autor dankt Rainer Karlsch für die Überlassung des Dokumentes, das Original befindet sich im AP RF, 93/81. Karlsch: Hitlers Bombe, S. 219–221.
3 Vgl. Clair/Guérin/Nart: La DST sur le front de la guerre froide, S. 83.
4 Vgl. Wise, David: Molehunt. The Secret Search for Traitors that Shattered the CIA, New York 1992, S. 109–110.
5 Vgl. West: Historical Dictionary of Cold War Intelligence, S. 279.
6 Vgl. Haslam: Near and Distant Neighbors, S. 199–200.
7 Vgl. Antrag auf die Verleihung des Titels eines Helden der Sowjetunion für Garde-Hauptmann A. I. Lebedew, 25.1.1945, CAMO, 33/793756/27, Bl. 246–247.
8 Vgl. Angaben zur Biografie von Lebedew: http://starina44.ru/lebedev-aleksey-ivanovich.
9 Vgl. Akt des Kommandeurs der Luftstreitkräfte der Roten Armee zur Auszeichnung von Piloten des Fliegerregiments Normandie-Neman, 5.6.1945, CAMO, 33/44677/607, Bl. 254–255; Personalangaben zu Charles de La Salle, CAMO, 21890/660659/2; Angaben zu Charles de La Salle auf: http://www.cieldegloire.fr/004_de_la_salle.php.
10 Vgl. Guiraud, Claude R.: Mémoire à la gloire de Normandie-Niémen. Essai, Paris 2022, S. 343–344; Un Héros de chez nous, Le Petit Journal, 29.8.2017: https://www.lepetitjournal.net/09-ariege/2017/08/29/un-heros-de-chez-nous/#gsc.tab=0.
11 Archiv GRU, Operationsakte »Murat«, Einschätzung des Agenten durch den GRU-Residenten in Paris, Generalmajor Lebedew, Herbst 1958, abgedruckt in: Boltunov, Michail E.: Agenturoj GRU ustanovleno, S. 154–155.
12 Vgl. Uhl, Matthias: The professionalization of Soviet military intelligence and its influence on the Berlin Crisis under Khrushchev, in: East German Foreign Intelligence. Myth, reality and controversy, hrsg. von Thomas Wegener Friis, Kristie Macrakis and Helmut Müller-Ensbergs, London/New York 2010, S. 213; SHAPE-History-1958, August 1967, S. 94,

https://www.nato.int/nato_static/assets/pdf/pdf_archives/20121126_SHAPE_HISTORY_-_1958.pdf.

13   Vgl. Die kursiv gesetzten Worte wurden aus Sicherheitsgründen handschriftlich eingetragen.

14   Archiv GRU, Operationsakte »Murat«, Einschätzung der 3. Direktion der 3. Verwaltung der GRU zum Agenten »Murat«, 1958, abgedruckt in: Boltunov: Kroty GRU v NATO, S. 170–171.

15   Vgl. Lota, Vladimir I.: Ključi ot ada: Atomnaja epopeja tajnogo protivoborstva razvedok velikich deržav, Moskva 2009, S. 410.

16   Archiv GRU, Operationsakte »Murat«, Einschätzung des Agenten durch den GRU-Residenten in Paris, Generalmajor Lebedew, Herbst 1958, abgedruckt in: Boltunov, Michail E.: »Superstar« sovetskoj razvedki, Moskau 2010 (unveröffentlichtes Manuskript), S. 134–135.

17   Archiv GRU, Operationsakte »Murat«, Bericht des GRU-Residenten in Paris, Generalmajor Lebedew, über Treffen mit Agent »Murat«, 1959, in: Boltunov, Agenturoj GRU ustanovleno, S. 156.

18   Vgl. Boltunov, Kroty GRU v NATO, S. 171.

19   Vgl. SACEUR's Emergency Defence Plan – 1958. Report by the Joint Planning Staff, 8.11.1957, https://www.php.isn.ethz.ch/kms2.isn.ethz.ch/serviceengine/Files/PHP/18472/ipublicationdocument_singledocument/bde9cddd-7c02-43af-817d-2c4add1b24e4/en/571108_SACEUR.pdf; Maloney, Sean M.: Emergency War Plan: The American Doomsday Machine, 1945–1960, Lincoln, NE 2021, S. 295–300; Krüger: Schlachtfeld Bundesrepublik?, S. 186–187.

20   Gespräch von Michail E. Boltunow mit GRU-Oberst Iwan Lasarew, 2010. Ich danke für die Überlassung der Information.

21   Siehe Interviews von Michail E. Boltunow und Aleksandr I. Kolpakidi in der TV-Dokumentation: GRU. Tajny voennoj razvedki, Teil 9: V šage ot apokalipsisa. GRU i tret'ja mirovaja, Moskva 2011.

22   Vgl. Archiv GRU, Schreiben Nr. 83624 von GRU-Chef Serow an den Oberkommandierenden der Vereinigten Streitkräfte des Warschauer Vertrages, Marschall A. Gretschko, 28.11.1960. Ich danke Michail E. Boltunow für die Überlassung des Dokuments.

23   Vgl. Guiraud: Mémoire à la gloire de Normandie-Niémen, S. 344.

24   Vgl. Biografische Angaben zu Lebedew, https://warheroes.ru/hero/hero.asp?Hero_id=4496.

25   Vgl. Archiv GRU, Operationsakte »Murat«, Treffbericht von Führungsoffizier Ananin (Deckname: Astrov) mit dem Agenten, Februar 1962, in: Boltunov: Kroty GRU v NATO, S. 182–183.

26   Vgl. Boltunov: Agenturoj GRU ustanovleno, S. 170.

Anmerkungen

27 Vgl. Archiv GRU, Operationsakte »Murat«, Schreiben der GRU-Zentrale in Moskau an die Pariser GRU-Residentur, März 1962, in: Boltunov: Kroty GRU v NATO, S. 183.
28 Vgl. Archiv GRU, Schreiben Nr. 150857 des Chef der 3. (westeuropäischen) Verwaltung der GRU, Generalleutnant Konowalow, an den Chef der Informationsverwaltung der GRU, Generalleutnant Korenewskij, 15.3.1962. Ich danke Michael E. Boltunow für die Überlassung des Dokuments.
29 Vgl. Sprechzettel für Unterredung von Verteidigungsminister Franz Josef Strauß mit dem Alliierten Oberkommandierenden in Europa, General Lauris Norstad, o.D., BArch, BW-2/1799, Bl. 8; Krüger, Schlachtfeld Bundesrepublik?, S. 186.
30 Entwurf für ein Gedächtnis-Protokoll der Besprechung des Herrn Ministers mit General Nordstad bei SHAPE, 23.11.1959, BArch, BW-2/1799, Bl. 24–25.
31 Vgl. Konzeption der NATO-Politik, 25.5.1961, BArch, BW-2/2526, o. Bl.
32 Vgl. Memo von General Maxwell D. Taylor für General Lyman L. Lemnitzer, 6.9.1961, https://nsarchive2.gwu.edu/NSAEBB/NSAEBB56/BerlinC1.pdf.
33 Vgl. Krüger, Schlachtfeld Bundesrepublik?, S. 176–177.
34 Vgl. Studie des Führungsstabes der Bundeswehr III 6: Kriegsbild – Fall A, 15.12.1961, ebenda, BArchc, BW-2/2228, Bl. 415.
35 Vgl. Archiv GRU, Schreiben des Chef der 3. (westeuropäischen) Verwaltung der GRU, Generalleutnant Konowalow, an den Chef der Informationsverwaltung der GRU, Generalleutnant Korenewskij, 19.3.1962, in: Boltunov, Kroty GRU v NATO, S. 198.
36 Vgl. Boltunov, Kroty GRU v NATO, S. 218.
37 Vgl. Ènciklopedija voennoj razvedki Rossii, S. 460.
38 Vgl. Archiv GRU, Operationsakte »Murat«, Schreiben der GRU-Zentrale in Moskau an die Pariser GRU-Residentur, März 1962, in: Boltunov, Agenturoj GRU ustanovleno, S. 171–172.
39 Vgl. Lur'e: Voenno-morskaja razvedka SSSR (1918–1960-e gg.), S. 117–118
40 Archiv GRU, Personalakte Ljubimow, Zeugnis des Marineattachés, Kapitän zur See Fedor Presnakow, 30.1.1957, in: Boltunov: Agenturoj GRU ustanovleno, S. 45–46.
41 Archiv GRU, Personalakte Ljubimow, Ergänzung zum Zeugnis vom 30.1.1957, 27.4.1957, in: Boltunov: Agenturoj GRU ustanovleno, S. 46–47.
42 Vgl. Biografische Angaben zu Ljubimow, auf: https://shieldandsword.mozohin.ru/personnel/2018/lyubimov_v_a.htm.

Anmerkungen

43 Vgl. Archiv GRU, dienstliche Beurteilung von Korvettenkapitän W. Ljubimow durch den Pariser GRU-Residenten, Generalmajor Nikolaj I. Tscherdeew, 3.12.1962. Ich danke Michail E. Boltunow für die Überlassung des Dokuments.

44 An dieser Stelle sollte handschriftlich der Deckname des Agenten eingetragen werden, was jedoch offensichtlich nicht erfolgt ist.

45 Archiv GRU, Akte des Agenten »Luisa«, Auskunftsschreiben des Chefs der 1. (westeuropäischen) Verwaltung der GRU, Ingenieur-Konteradmiral W. Solow'jow, zur Arbeit der Agentin »Luisa«, 18.12.1964. Ich danke Michail E. Boltunow für die Überlassung des Dokuments.

46 Archiv GRU, Operationsakte »Murat«, Bericht von Führungsoffizier Ljubimow über sein erstes Treffen mit »Murat«, Frühjahr 1962, abgedruckt in: Boltunov: Kroty GRU v NATO, S. 154–155.

47 Vgl. Archiv GRU, Schreiben Nr. 151830 des Chef der 3. (westeuropäischen) Verwaltung der GRU, Generalleutnant Konowalow, an den Chef der Informationsverwaltung der GRU, Generalleutnant Korenewskij, 26.5.1962. Ich danke Michail E. Boltunow für die Überlassung des Dokuments.

48 Ljubimov: Voennaja razvedka i Karibskij krizis, S. 118.

49 Boltunov: Kroty GRU v NATO, S. 193.

50 Archiv GRU, Akte des Agenten »Murat«, Schreiben des GRU-Residenten in Paris, Nikolaj I. Tscherdeew, an die Moskauer GRU-Zentrale, Oktober 1962, in: Boltunov: Kroty GRU v NATO, S. 218.

51 Archiv GRU, Akte des Agenten »Murat«, Schreiben der Moskauer GRU-Zentrale an den GRU-Residenten in Paris, Nikolaj I. Tscherdeew, November 1962, in: Boltunov: Agenturoj GRU ustanovleno, S. 188.

52 Vgl. Boltunov: Kroty GRU v NATO, S. 229.

53 Archiv GRU, Schreiben Nr. 200830 des Chefs der 1. (westeuropäischen) Verwaltung der GRU, Generalleutnant A, Konowalow, an den Chef der Informationsverwaltung der GRU, Generalleutnant N. Koronewskij, 8.3.1963. Ich danke Michail E. Boltunow für die Überlassung des Dokuments.

54 Vgl. Hammerich, Helmut R.: Süddeutschland als Eckpfeiler der Verteidigung Europas. Zu den NATO-Operationsplanungen während des Kalten Krieges, in: Military Power Revue der Schweizer Armee, 2011, Nr. 2, S. 34–40.

55 Hier ist in dem Dokument aus Geheimhaltungsgründen der Teil des Satzes unkenntlich gemacht worden, aus welcher NATO-Einrichtung die Unterlagen stammen.

56 Auch hier ist im Dokument aus Geheimhaltungsgründen der Teil des Satzes unkenntlich gemacht worden.

Anmerkungen

57 Archiv GRU, Schreiben Nr. 45049 von Verteidigungsminister Malinowskij und Generalstabschef Birjusow an Chruschtschow, 25.2.1964. Ich danke Michail E. Boltunow für die Überlassung des Dokuments.

58 Archiv GRU, Schreiben des Chefs der 1. (westeuropäischen) Verwaltung der GRU, Ingenieur-Konteradmiral W. Solow'jow, an Generalstabschef Birjusow, 1.4.1964, in: Boltunov: Kroty GRU v NATO, S. 233–234. Birjusow hinterließ auf dem Schreiben folgende handschriftliche Notiz: »Sehr gut. Das Material muss umfassend untersucht werden, Schlussfolgerungen vortragen, 3.4.1962«.

59 Archiv GRU, Schreiben des Chefs der 1. (westeuropäischen) Verwaltung der GRU, Ingenieur-Konteradmiral W. Solow'jow, an GRU-Chef, Generaloberst P. Iwaschutin, 6.5.1964. Ich danke Michail E. Boltunow für die Überlassung des Dokuments.

60 Archiv GRU, Akte des Agenten »Murat«, Schreiben der Pariser GRU-Residentur zur Arbeit des Agenten »Murat«, August 1965, in: Boltunov: Agenturoj GRU ustanovleno, S. 189–190.

61 Archiv GRU, Schreiben der 1. (westeuropäischen) Verwaltung der GRU zum Treffbericht von Kurierin »Luisa« mit »Murat«, Janura 1964, in: Boltunov: Kroty GRU v NATO, S. 232.

62 Archiv GRU, Akte des Agenten »Murat«, Schreiben von Führungsoffizier Ljubimow an den Chef der 1. Verwaltung der GRU, 15.3.1964, in: Boltunov: Kroty GRU v NATO, S. 236.

63 Boltunov: Agenturoj GRU ustanovleno, S. 204–205.

64 Archiv GRU, Auskunftsschreiben über Fälle der Überwachung von Mitarbeitern der Pariser GRU-Residentur durch die französische Spionageabwehr, 31.7.1963, in: Boltunov: Kroty GRU v NATO, S. 223–224.

65 Boltunov: Agenturoj GRU ustanovleno, S. 194.

66 Vgl. Prochorov/Lemechov: Perebežčiki, S. 200.

67 Archiv GRU, Schreiben des Pariser GRU-Residenten, Oberst N. Samokisch, an dem Chef der 1. (westeuropäischen) Verwaltung der GRU, Generalleutnant A. Konowalow, über die Arbeit der Residentur im 4. Quartal 1963, 15.2.1964, in: Boltunov: Agenturoj GRU ustanovleno, S. 197.

68 Vgl. Karteikarte zu Oberst N. Samokisch, CAMO, Schrank 181, Karteikasten 28 und biografische Angaben zu Oberst N. Samokisch auf: https://shieldandsword.mozohin.ru/mi/gru4992/resident/paris.htm.

69 Archiv GRU, Schreiben des Chef der 1. (westeuropäischen) Verwaltung der GRU, Generalleutnant A. Konowalow, an den Pariser GRU-Residenten, Oberst N. Samokisch, 28.4.1964, in: Boltunov: Kroty GRU v NATO, S. 226–227.

Anmerkungen

70 Vgl. Archiv GRU, Akte des Agenten »Artur«, Bericht von Führungsoffizier Ljubimow zur Einschätzung der Quelle »Artur«, August 1964, in: Boltunov: Agenturoj GRU ustanovleno, S. 215.
71 Archiv GRU, Bericht des Pariser GRU-Residenten, Oberst N. Samokisch, an den Chef der 1. (westeuropäischen) Verwaltung der GRU, Ingenieur-Konteradmiral W. Solow'jow, über die Arbeit der Residentur im 1. Quartal 1964, 2.5.1964, in: Boltunov: Agenturoj GRU ustanovleno, S. 198–199.
72 Archiv GRU, Bericht des Vertreters der GRU-Zentrale, Wladimir Jaroschenko, über die Überprüfung der Pariser GRU-Residentur, 8.5.1964, in: Boltunov: Agenturoj GRU ustanovleno, S. 208.
73 Strida-2 – Rechner, der hohen Führungsstäben farbige Kartenprojektionen von Freund- und Feindstandorten lieferte.
74 1953 gegründetes Komitee für die europäische Zusammenarbeit bei Rüstungsprogrammen.
75 Archiv GRU, Schreiben Nr. 46804 des Chefs der 1. (westeuropäischen) Verwaltung der GRU, Ingenieur-Konteradmiral W. Solow'jow, an den Chef der Informationsverwaltung der GRU, Generalleutnant N. Korenewskkij, 4.8.1964. Ich danke Michail E. Boltunow für die Überlassung des Dokuments.
76 Vgl. NATO Army Advisory Group – Document AC/225-D39 – Armoured Infantry – German Army Principles for Combined Combat Tanks and Armoured Infantry, 4.5.1964, NATO-Archive.
77 Vgl. NATO Army Advisory Group – Document AC/225-D44 – Report to the NATO Army Advisory Group by the Chairman of the Ad hoc Mixed Working Group of Anti-Tank Defence, 14.5.1964, NATO-Archive.
78 Vgl. NATO Army Advisory Group – Document AC/225-D46 – Standard Presentation of the ABC Armies Operational Concept 1971–1980, 22.5.1964, NATO-Archive.
79 Vgl. VIII–Defense Production and Logistics, 1959–1967, https://www.nato.int/archives/tools/98-viiid.pdf.
80 Archiv GRU, Akte des Agenten »Murat«, Bericht von Führungsoffizier Ljubimow über die Arbeit mit dem Agenten im Juli und August 1964, September 1964, in: Boltunov: Kroty GRU v NATO, S. 243.
81 Vgl. Boltunov: Agenturoj GRU ustanovleno, S. 228.
82 Vgl. Archiv GRU, Auszug aus dem Bericht des Leiters der Pariser GRU-Residentur, Oberst N. Samokisch, an den Chef der 1. (westeuropäischen) Verwaltung der GRU, Ingenieur-Konteradmiral W. Solow'jow, über die Arbeit der Residentur im Jahr 1964, 29.1.1965, in: Boltunov: Agenturoj GRU ustanovleno, S. 219–220.
83 Vgl. Archiv GRU, dienstliche Beurteilung von Fregattenkapitän V. Ljubimow durch den Chef der 3. Direktion der 1. Verwaltung der GRU, Gene-

ralmajor Nikolaj I. Tscherdeew, 8.12.1965. Ich danke Michail E. Boltunow für die Überlassung des Dokuments.

84 Archiv GRU, Schreiben Nr. 121303 des Chefs der 1. (westeuropäischen) Verwaltung der GRU, Ingenieur-Konteradmiral W. Solow'jow, an den stellvertretenden Chef der Informationsverwaltung der GRU, Generalleutnant Sergej G. Cholopzew, 4.8.1964. Ich danke Michail E. Boltunow für die Überlassung des Dokuments.

85 Vgl. Boltunov: Agenturoj GRU ustanovleno, S. 226.

86 Interview von Michail E. Boltunow in der TV-Dokumentation: GRU. Tajny voennoj razvedki, Teil 9: V šage ot apokalipsisa. GRU i tret'ja mirovaja, Moskva 2011.

87 Archiv GRU, dienstliche Beurteilung von Fregattenkapitän V. Ljubimow durch den Chef der 3. Direktion der 1. Verwaltung der GRU, Generalmajor Nikolaj I. Tscherdeew, 8.12.1965. Ich danke Michail E. Boltunow für die Überlassung des Dokuments.

88 Vgl. Biografische Angaben zu Wiktor Ljubimow auf: https://shieldandsword.mozohin.ru/personnel/2018/lyubimov_v_a.htm.

89 Vgl. Boltunov: Agenturoj GRU ustanovleno, S. 251–259.

90 Vgl. Archiv GRU, dienstliche Beurteilung von Kapitän zur See V. Ljubimow durch den Chef der 1. Verwaltung der GRU, Ingenieur-Vizeadmiral W. Solow'jow, 31.5.1974. Ich danke Michail E. Boltunow für die Überlassung des Dokuments.

91 Vgl. Lur'e/Kočik: GRU: dela i ljudi, S. 426.

92 Vgl. Vgl. Boltunov: Agenturoj GRU ustanovleno, S. 228–237.

93 Vgl. Boltunov: Kroty GRU v NATO, S. 272.

94 Vgl. Broussard, Philippe/Pontaut, Jean-Marie: Espionnage – Les grandes affaires: de 1945 à nos jours, Paris 2014, S. 112–115; Clair/Guérin /Nart: La DST sur le front de la guerre froide, S. 82–84.

95 Boltunov : Kroty GRU v NATO, S. 219.

96 Vgl. ebenda, S. 250.

97 Rudolf Rössler.

98 Archiv GRU, Einschätzung des Agenten »Murat« durch Kapitän zur See Ljubimow, 1966, in: Boltunov: Agenturoj GRU ustanovleno, S. 145–146.

99 Militär-Strategie. Hrsg. unter der Redaktion von Marschall der Sowjetunion W. D. Sokolowski, Köln 1965, S. 468.

100 Vgl. Marshall: Russian Military Intelligence, 1905–1917, S. 407–408.

101 Vgl. Fedorov: Voenno-morskaja razvedka, S. 48–52; Gilardoni, Günter: Legenden um den Kreuzer »Magdeburg«, in: Marine-Kalender der DDR 1984, Berlin 1983, S. 64–66.

Anmerkungen

102 Vgl. Voennaja razvedka Rossii, S. 300–301.
103 Vgl. Ausarbeitung der Abwehrabteilung der Reichswehr »Der Horch-Dienst in der Sowjetunion«, 1.10.1930, CAMO, 500/12451/209, Bl. 60–77.
104 Mel'tjuchov: Sovetskaja razvedka, S. 4.
105 Vgl. Kondrašov: Znat' vse o protivnike, S. 36.
106 Vgl. Fedorov: Voenno-morskaja razvedka, S. 459. Siehe hierzu auch umfassend Kiknadze, V. G.: Nevidimyj front vojny na more. Morskaja radioelektronnaja razvedka v pervoj polovine XX veka, Moskva 2011.
107 Vgl. Kondrašov: Znat' vse o protivnike, S. 97.
108 Vgl. Velikaja Otečestvennaja vojna, Bd. 6, S. 235.
109 Vgl. Kondrašov: Znat' vse o protivnike, S. 158.
110 Vgl. Velikaja Otečestvennaja vojna, Bd. 6, S. 246.
111 Vgl. Lota: Sekretnyj front General'nogo štaba, S. 400.
112 Vgl. Šmyrev, P./Dobrodij, P.: Po dannym razvedki. Stalingradskaja ėpopeja voennoj razvedki, Moskva 2002, S. 118.
113 Vgl. Velikaja Otečestvennaja vojna, Bd. 6, S. 258–259.
114 Vgl. Larin: Zašita informacii i kriptoanaliz v SSSR vo vremja Stalingradskoj bitvy, S. 21; Korovin: »Sredstvami radiorazvedki ustanovit'...« (394-j otedel'nyj radiodivizion osobogo naznačenija na severnom fase Kurskoj dugi), in: Kurskij voenno-istoričeskij sbornik, 2020, Nr. 20, S. 55.
115 Vgl. Velikaja Otečestvennaja vojna, Bd. 6, S. 266–267.
116 Vgl. Auskunftsschreiben der Aufklärungsabteilung der Woronescher Front über die gegnerischen Kräfte im Raum Belgorod, 20.7.1943, CAMO, 203/2843/470, Bl. 1–11; Organisationsschema der 4. Panzerarmee der Wehrmacht nach den Angaben der Funkaufklärung, 13.7.1943, ebenda, Bl. 13; Organisationsschema der Luftflotte 4 der Wehrmacht nach Angaben der Funkaufklärung, 15.7.1943, ebenda, Bl. 12.
117 Vgl. Korovin: »Sredstvami radiorazvedki ustanovit'...«, S. 61.
118 Vgl. Velikaja Otečestvennaja vojna, Bd. 6, S. 269–270.
119 Vgl. Boltunov: »Zolotoe ucho« voennoj razvedki, S. 175.
120 Vgl. Velikaja Otečestvennaja vojna, Bd. 6, S. 290.
121 Vgl. Boltunov: Radiorazvedka: otvetnyj udar, S. 90–92.
122 Vgl. Glavnoe upravlenie General'nogo štaba Vooružennych sil Rossijskoj Federacii: Operacija »Bagration« i voennaja razvedka, S. 124–140.
123 Vgl. Kiknadze: Nevidimyj front vojny na more, S. 615–685.
124 Vgl. Roewer/Schäfer/Uhl: Lexikon der Geheimdienste im 20. Jahrhundert, S. 242–243; Sälter, Gerhard: Phantome des Kalten Krieges. Die Organisati-

on Gehlen und die Wiederbelebung des Gestapo-Feindbildes »Rote Kapelle«, Berlin 2016, S. 106–109.
125 Vgl. Coppi: Der tödliche Kontakt mit Moskau, S. 44–47.
126 Vgl. Alekseev/Kolpakidi/Kočik: Ėnciklopedija voennoj razvedki Rossii, S. 256.
127 Vgl. FBI-Soviet Intelligence Communications, September 1952, https://www.cia.gov/readingroom/docs/CIA-RDP65-00756R000400090001-8.pdf. Für eine genauere Beschreibung des Schlüsselverfahrens: Müller, Armin: Wellenkrieg. Agentenfunk und Funkaufklärung des Bundesnachrichtendienstes 1945–1968, Berlin 2017, S. 105–109.
128 Vgl. Benson, Robert L.: The Venona Story, Fort Meade, MD 2001, S. 43–46; O'Sullivan, Donal: Das amerikanische Venona-Projekt. Die Enttarnung der sowjetischen Auslandsspionage in den vierziger Jahren, in: Vierteljahrshefte für Zeitgeschichte 48 (2000), Nr. 4, S. 607–613.
129 Vgl. Bamford, James: NSA. Die Anatomie des mächtigsten Geheimdienstes der Welt, München 2002, S. 39; Aldrich, Richard J.: GCHQ. The Uncensored Story of Britian's Most Secret Intelligence Agency, London 2010, S. 75–88.
130 Vgl. Gorbačev, Ju. E.: Organisacija i razvitie služby radioėlekronoj borby vooružennych sil SSSR v 1950–1960 gg., in: Voenno-istoričeskij žurnal, 2014, Nr. 8, S. 72.
131 Vgl. Voennaja razvedka Rossii, S. 307–308.
132 Vgl. Golikov/Kalašnikov/Slugin/Fes'kov: Vooružennye sily SSSR, S. 264.
133 Voennyj atom. Chraniteli jadernogo moguščestva deržavy, Moskva 2017, S. 113; Boltunov: Radiorazvedka, S. 144–146.
134 Vgl. Ball, Desmond/Windrem, Robert: Soviet Signals Intelligence (Sigint): Organization and Management, in: Intelligence and National Security 4 (1989), Nr. 4, S. 629–635.
135 Vgl. Stationierungsübersicht der Gruppe der sowjetischen Streitkräfte in Deutschland, 1.1.1956, CAMO, Bl. 158–160.
136 Vgl. Boltunov: »Zolotoe ucho«, S. 248–249; Voennaja razvedka Rossii, S. 308–309.
137 Vgl. Ball/Windrem: Soviet Signals Intelligence, S. 634.
138 Vgl. Boltunov: Radiorazvedka, S. 173–176.
139 Vgl. Ball/Windrem: Soviet Signals Intelligence, S. 634.
140 Vgl. HQ Electronic Security Command: Operations Security Update, April 1985, Bl. 28–30, https://www.cia.gov/readingroom/docs/CIA-RDP87M00539R000400540016-9.pdf.
141 Vgl. Ball/Windrem: Soviet Signals Intelligence, Nr. 4, S. 629–635.

142 Vgl. Moss, Robert: Spies of Soviet General Staff, in: Kingston Gleaner, 9.8.1981, S. 13.
143 Vgl. Ball/Windrem: Soviet Signals Intelligence, S. 654–655; Auskunft der GRU an das ZK der KPdSU über die innenpolitische und wirtschaftliche Lage in Israel, 5.1.1968, teilweise abgedruckt in: Tajnye vojny SSSR ot Stalina do Gorbačeva, Moskva 2021, S. 300–301.
144 Vgl. Schreiben Nr. 114572 von GRU-Chef Schtemenko an Verteidigungsminister Shukow zur Entwicklung der Suez-Krise, 30.10.1956, abgedruckt in: Tajnye vojny SSSR ot Stalina do Gorbačeva, Moskva 2021, S. 278.
145 Vgl. Suvorov, Viktor: Spetsnaz: The Inside Story of Soviet Special Forces, New York/London 1987, S. 194.
146 Vgl. Golikov/Kalašnikov/Slugin/Fes'kov: Vooružennye sily SSSR, S. 268; Field Manual No. 100-2-3: The Soviet Army: Troops, Organization and Equipment, Washington, DC 1991, S. 4–130.
147 Vgl. Ball/Windrem: Soviet Signals Intelligence, S. 646.
148 Vgl. Stationierungsübersicht der Gruppe der sowjetischen Streitkräfte in Deutschland, 1.1.1982, CAMO, Bl. 216–222; Boltunov: »Zolotoe ucho«, S. 328–331.
149 Ball/Windrem: Soviet Signals Intelligence, S. 648.
150 Vgl. Šel', V. V.: Sozdanie klassa razvedyvatel'nych korablej v otečesvennom voenn-morskom flote. Istoričeskij opyt razvitija i primenenija otečestvennych razvedyvatel'nych korablej (1950–1960 gg.), in: Voenno-istoričeskij žurnal, 2018, Nr. 2, S. 44–48.
151 Vgl. BND-Meldung Nr. 931738: »Sowjetische Spionagetätigkeit im Indischen Ozean und im Süd-Pazifik, 3.8.1960, BArch, B-206/3346.
152 Vgl. Šel', V. V.: Sozdanie klassa razvedyvatel'nych korablej v otečesvennom voenn-morskom flote. Istoričeskij opyt razvitija i primenenija otečestvennych razvedyvatel'nych korablej (1970–1980 gg.), in: Voenno-istoričeskij žurnal, 2018, Nr. 4, S. 56–59.
153 Vgl. Istorija otečestvennogo sudostroenija. V pjati tomach. Bd. 5: Sudostroenie v poslevoennych period (1946–1991 gg.), St. Peterburg 1996, S. 392–395; Drogovoz, Igor': Bol'šoj flot Strany Sovetov, Moskva 2003, S. 539; Demljuga, G. P.: Razvedyvatel'nye korabli, in: Problemy razvitija korabel'nogo vooruženija i sudnogo radioelektronnogo oborudovanija, 2012, Nr. 1, 83–84; Korolkov, Alexander: The rise and fall of SSV-33 Ural, Russia beyond, 18.3.2014, https://www.rbth.com/economics/2014/03/18/the_rise_and_fall_of_ssv-33_ural_33805.
154 Vgl. Fedorov: Voenno-morskaja razvedka, S. 487–490.
155 Vgl. Boltunov, Michail E.: Uslyšať sobaku na orbite i kosmonavtov v tajge. Kak radiorazvedka GRU obespečivala pervye kosmičeskie polity, in: Nezavisimoe vo-

ennoe obozrenie, 6.10.2022, https://nvo.ng.ru/spforces/2022-10-06/1_1209_orbit.html.
156 Vgl. Voennaja razvedka Rossii, S. 308–309.
157 Vgl. Vysokaja slava Rossii, Nižnij Novgorod 2016, S. 26.
158 Vgl. Voenno-kosmičeskie sily (voenno-istoričeskij trud), Bd. 1: Kosmonavtika i vooružennye sily, Moskva 1997, S. 120–122.
159 Vgl. Vysokaja slava Rossii, S. 28; Rjabov, Kirill: Pervyj »Pion-NKS« v ėksplutacii: uspechi stroitel'stva sistemy MKRZ »Liana«, Voennoe obozrenie, 14.11.2022, https://topwar.ru/204942-pervyj-pion-nks-v-jekspluatacii-uspehi-stroitelstva-sistemy-mkrc-liana.html; The Military Balance 2024: The Annual Assessment of Global Military Capabilities and Defence Economics, London 2024, S. 192.
160 Vgl. Ball, Desmond: Soviet Signals Intelligence: Vehicular Systems and Operations, in: Intelligence and National Security 4 (1989), Nr. 1, S. 5.
161 Vgl. DIA-Intelligence Appraisal – Cuba: Soviet Military Activities (U), 26.9.1978, https://www.cia.gov/readingroom/docs/CIA-RDP06T01849R000100030037-2.pdf.
162 Vgl. CIA-NIE-11-6-84/S: Soviet Global Military Reach, 1.4.1985, Bl. 19–20, https://www.cia.gov/readingroom/docs/CIA-RDP87T00126R000400510003-7.pdf.
163 Vgl. Šel', V. V.: K voprosu o suščnosti i soderžanii termina »razvedyvatel'nyj korabl'«, in: Voennaja mysl', 2019, Nr. 4, S. 143; Novyj korabl' GRU prosledit za amerikanskoj PRO, Lenta.ru, 1.4.2013, https://lenta.ru/news/2013/04/01/ivanov/; VMF Rossii planiruet polučit' četyre fregata proekta 22350 do 2025 goda, RIA Novosti, 16.5.2017, https://ria.ru/20170516/1494385507.html; Russian Navy commissions 2nd Project 18280 ship Ivan Khurs, Naval Today, 26.6.2018, https://www.navaltoday.com/2018/06/26/russian-navy-commissions-2nd-project-18280-ship/.
164 Vgl. Soldatov, Andrei/Borogan, Irina: Russian Cyberwarfare: Unpacking the Kremlin's Capabilities, Center for European Policy Analysis, 8.9.2022, https://cepa.org/comprehensive-reports/russian-cyberwarfare-unpacking-the-kremlins-capabilities/.
165 Vgl. Auskunftsschreiben des Volkskommissars für Verteidigung, Kliment J. Woroschilow, über die Tätigkeit der »Wostwag« an Josef W. Stalin, 15.1.1935, RGVA, 33987/3/599, Bl. 46–50.
166 Vgl. Alekseev/Kolpakidi/Kočik: Ėnciklopedia voennoj razvedki 1918–1945, S. 543–544.
167 Vgl. Glazami razvedki, S. 26–27.
168 Vgl. Kaufmann, Bernd u. a.: Der Nachrichtendienst der KPD, 1919–1937, Berlin 1993, S. 194–202.

Anmerkungen

169 Vgl. Glazami razvedki, S. 27.
170 Vermerk Stalins auf einer Agenturmeldung der INO des NKVD über die militärischen Vorbereitungen Deutschlands, 9.1.1935, RGASPI, 558/11/188, Bl. 54.
171 Vgl. Schreiben des Chefs für Bewaffnung der Roten Armee an Kliment J. Woroschilow, 7.2.1930, RGVA, 33987/3/279, Bl. 27 f.
172 Vgl. Vasil'ev, V. V.: Sodzdanie i rabota voenno-techničeskogo bjuro pri Komitete oborony SNK SSSR v predvoennye gody, in: Voenno-istoričeskij žurnal, 2013, Nr. 8, S. 44–48; Velikaja Otečestvennaja vojna, Bd. 6, S. 95–129; Očerki istorii rossijskoj razvedki, Bd. 3, S. 179.
173 Vgl. Vasil'ev, V. V.: »Vedenie dezinformacionnoj raboty našimi protivnikami značitel'no zatrudnjaet ... rabotu našej razvedki, in: Voenno-istoričeskij žurnal, 2014, Nr. 11, S. 43–46.
174 Vgl. Schreiben von GRU-Chef Il'itschjow an Armeegeneral Antonow, 23.3.1945. Kopien des Schreibens gingen an Stalin und Molotow. Bemerkenswert ist, dass Berija und der NKWD/NKGB keine Einsicht in das GRU-Dokument erhielten. Der Autor dankt Rainer Karlsch für die Überlassung des Dokumentes, das Original befindet sich im AP RF, 93/81. Karlsch: Hitlers Bombe, S. 219–221.
175 Schreiben von Igor' W. Kurtschatow an Il'itschjow, 30.3.1945, abgedruckt in: Karlsch: Hitlers Bombe, S. 336–343.
176 Vgl. Tabelle zur Berechnung der Sprengkraft von Nuklearexplosionen auf der Grundlage der Zerstörungszonen von Wald, in: Jadernoe oružie. Posobie dlja oficerov, Moskva 1987, S. 149.
177 Vgl. Einschätzung Igor' W. Kurtschatow: Über das Material mit dem Titel »Über eine deutsche Atombombe«, übermittelt von der GRU, 30.3.1945, abgedruckt in: Atomnyj proekt SSSR, Bd. I, Teil 2, S. 260 f.; Lota, Vladimir I.: GRU i atomnaja bomba, Moskva 2002, S. 183–186; Botev, B. M.: Nemeckaja atomnaja bomba. Istorija i real'nost, in: Atom, 2018, Nr. 80, S. 2–9.
178 Vgl. Schreiben von Il'itschjow an Stalin, Molotow und Antonow, 15.11.1944, Archiv des Präsidenten der Russischen Föderation. Ich danke Rainer Karlsch für die Überlassung des Dokuments.
179 Aktennotiz von Marschall Shukow über die Arbeiten der Deutschen auf dem Gebiet der Schaffung einer Atombombe an Stalin, 2.10.1945, abgedruckt in: Atomnyj proekt SSSR: Dokumenty i materialy: V 3-ch tomach, Bd. II, Teil 6: 1945–1954, Moskva 2006, S. 64.
180 Vgl. Strategičeskoe jadernoe vooruženie Rossii, Moskva 1998, S. 62; Staroverov, V. A.: Rol' specslužb vobezpečenii sovetskogo atomnogo proekta, in: Trudy Obščestva izučenija istorii otečestvennych specslužb. Bd. 1, Moskva

2006, S. 169–175; Sudoplatov, Pavel A.: Pobeda v tajnoj vojne. 1941–1945 gody, Moskva 2018, S. 362–430.

181 Vgl. Piekalkiewicz: Weltgeschichte der Spionage, S. 424–426.

182 Vgl. Andrew: MI 5, S. 334–343; Lota: Ključi ot ada, S. 134–140, 251–263; Vgl. Registierungskarte von Nikolaj I. Zabotin, CAMO, Schrank 67, Kasten 30.

183 Vgl. Vinokurov: Istorii voennoj diplomatii, Bd. 2, S. 351–353; Čertoprud, Sergej: Naučno-techničeskaja razvedka ot Lenina do Gorbačeva, Moskva 2002, S. 74–75. Zur sowjetischen Atombombenentwicklung siehe: Holloway, David: Stalin and the Bomb. The Soviet Union and Atomic Energy 1939–1956, New Haven/London 1994.

184 Vgl. Entwurf für einen Beschluss des Ministerrats der UdSSR »Über die Herstellung der Rakete Sidewinder«, 13.11.1958, RGAE, 29/1/19, Bl. 175–177.

185 Vgl. Kolpakidi/Prochorov: Imperija GRU, Bd. 2, S. 22–23; Voennaja razvedka Rossii, S. 155; Poroskov, Nikolaj N.: Uspechi i proval »Vikinga«, Nezavisimoe voennoe obrozrenie, 5.6.2015, https://nvo.ng.ru/spforces/2015-06-05/10_viking.html.

186 Vgl. Schreiben des Ministers für Luftfahrtindustrie, Dement'ew, an GRU-Chef, Armeegeneral Iwan A. Serow, 27.11.1961, RGAE, 29/1/1755, Bl. 67.

187 Zit. nach Boltunov: Agenturoj GRU ustanovleno, S. 215.

188 Vgl. Schreiben des Staatskomitees für Luftfahrtindustrie an die Kommission für militärtechnische Fragen, 29.12.1959, RGAE, 29/1/578, Bl. 112–114.

189 Vgl. Entscheidung Nr. 33 der Kommission für Fragen der Rüstungsindustrie beim Ministerrat der UdSSR, 21.4.1959, RGAE, 29/1/579, Bl. 145–148.

190 Vgl. Entscheidung Nr. 12 Kommission für Fragen der Rüstungsindustrie beim Ministerrat der UdSSR und Liste von ausländischen Rüstungsgütern, die für das Staatskomitee für Verteidigungstechnik zu beschaffen sind, 12.8.1959, RGAE, 298/1/700, Bl. 71–105.

191 Vgl. Schreiben des Staatskomitees für Verteidigungstechnik an Informationschef der GRU, Generalleutnant Nikolaj Korenewskij, 19.3.1963, RGAE, 298/1/3463, Bl. 235.

192 Schreiben des Staatskomitees für Verteidigungstechnik an den Informationschef der GRU, Generalleutnant Nikolaj A. Korenewskij, 22.3.1963, RGAE, 298/1/3463, Bl. 238.

193 Vgl. Schreiben des stellvertretenden Leiters des Staatskomitees für Verteidigungsindustrie, Sergej N. Machonin, an GRU Chef, Pjotr Iwaschutin, 28.9.1963, RGAE, 298/1/3467, Bl. 31–32.

194 Vgl. Schreiben des stellvertretenden Leiters des Staatskomitees für Verteidigungsindustrie, Sergej N. Machonin, an GRU Chef, Pjotr Iwaschutin, 28.9.1963, RGAE, 298/1/3467, Bl. 199.

Anmerkungen

195 Vgl. Entscheidung Nr. 25 der Kommission für Fragen der Rüstungsindustrie beim Ministerrat der UdSSR, 15.2.1960, RGAE, 29/1/1173, Bl. 149–158.

196 Vgl. Schreiben des Staatskomitees für Luftfahrtindustrie an die Kommission für Fragen der Rüstungsindustrie beim Ministerrat der UdSSR, 15.7.1961, RGAE, 29/1/1718, Bl. 9–13.

197 Vgl. Schreiben des Staatskomitees für Luftfahrtindustrie an den stellvertretenden Vorsitzenden des Ministerrats der UdSSR, Dmitrij F. Ustinow, 3.7.1959, RGAE, 29/1/593, Bl. 237.

198 Vgl. Schreiben des KGB Vorsitzenden, Aleksandr N. Schelepin an Dmitrij F. Ustinow, 9.6.1959, RGAE, 29/1/593, Bl. 238.

199 Vgl. Schreiben des Ministers für Luftfahrtindustrie, Dement'ew, an das ZK der KPdSU, 2.7.1964, RGAE, 29/1/3445, Bl. 96–99.

200 Ebenda, Bl. 97.

201 Vgl. Entscheidung Nr. 108 der Kommission für Fragen der Rüstungsindustrie beim Ministerrat der UdSSR, 6.5.1964, RGAE, 298/1/4141, Bl. 269–272; Entscheidung Nr. 263 der Kommission für Fragen der Rüstungsindustrie beim Ministerrat der UdSSR, 21.10.1964, RGAE, 298/1/4144, Bl. 185–197.

202 Vgl. Auskunftsschreiben des Staatskomitees für Verteidigungsindustrie zu einem Film der GRU über die Entwicklung von strategischen Raketen in den USA, 18.9.1963, RGAE, 298/1/3443, Bl. 90–94.

203 Vgl. Schreiben des Staatskomitees für Verteidigungstechnik an den Generalstabschef der Sowjetarmee, Marschall Sergej S. Burjusow, 10.4.1963, RGAE, 298/1/3464, Bl. 32.

204 Vgl. Schreiben des 1. Stellvertretenden Chefs der GRU, Generalleutnant Mamsurow, an den Minister für Luftfahrtindustrie, Dement'ew, 24.9.1958, RGAE, 29/1/108, Bl. 54–58.

205 Vgl. Kopie eines Schreibens von GRU-Chef Serow an Rüstungsminister Ustinow, 1.1.1961, RGAE, 29/1/1800, Bl. 69–70; Informationen des Leiters der Informationsverwaltung der GRU, Generalmajor Nikolaj A. Korenewskij, und des Leiters der Verwaltung für militär-technische Information, Generalmajor Pawel N. Wysozkij, zum britischen Versuchsflugzeug Hawker P.1127, 31.12.1960, RGAE, 29/1/1800, Bl. 71–73.

206 Vgl. Schreiben von Ustinow, Malinowskij, Dement'ew und Werschinin an das ZK der KPdSU, 28.6.1961, RGAE, 29/1/1713, Bl. 112–116.

207 Vgl. Befehl Nr. 371 des Ministers für Luftfahrtindustrie, 4.11.1961, RGAE, 29/1/1731, Bl. 159–162.

208 Vgl. Schreiben von GRU-Chef, Generaloberst Iwaschutin, an den Minister für Luftfahrtindustrie, Dement'ew, 10.8.1963, RGAE, 29/1/2864, Bl. 180–181.

209 Vgl. Schreiben von GRU-Chef, Generaloberst Iwaschutin, an den Minister für Luftfahrtindustrie, Dement'ew, 20.7.1964, RGAE, 29/1/3461, Bl. 233; Informationen des Leiters der Informationsverwaltung der GRU, Generalmajor Nikolaj A. Korenewskij, und des Leiters der Abteilung für marinetechnische Information, Kapitän zur See Andreew, zum Anti-U-Boot-System Sabroc, 21.7.1964, RGAE, 29/1/3461, Bl. 234–253.

210 Vgl. Schreiben von GRU-Chef, Iwan A. Serow, an den Leiter des Staatskomitees für Verteidigungstechnik, Leonid W. Smirnow, 16.2.1962, RGAE, 298/1/3101, Bl. 17–18.

211 Schreiben von Generalstabschef, Marschall Matwej W. Sacharow, und GRU-Chef, Armeegeneral Iwan A. Serow, an das ZK der KPdSU, 22.6.1961, RGANI, 5/30/372, Bl. 124–125.

212 Vgl. Ausarbeitung des Leiters der Informationsverwaltung der GRU, Generalmajor Nikolaj A. Korenewskij, und des Leiters der Verwaltung für militärtechnische Information, Generalmajor Pawel N. Wysozkij, »Der gegenwärtige Stand und die Entwicklungsperspektiven der Raketenbewaffnung der US-Landstreitkräfte, 21.6.1961, RGANI, 5/30/372, Bl. 127–141.

213 Vgl. Grundlegende taktisch-technische Daten von operativ-taktischen Raketen der Klasse »Boden-Boden«, 20.7.1961, RGAE, 298/1/2374, Bl. 16–22.

214 Nichtautorisierte Übersetzung des russischsprachigen Handbuches für die Befehlshaber der sowjetischen Militärbezirke: Die Strategie des Kernwaffenkrieges, hrsg. von Rodion Ja. Malinowskij, Moskau 1964, BArch, DVL-3/29942, Bl. 53.

215 Vgl. Schreiben des Informationschefs der GRU, Generalleutnant Nikolaj A. Korenewskij, an das Staatskomitee für Verteidigungstechnik, 29.12.1962, RGAE, 298/1/3789, Bl. 33; Angaben des Leiters der Verwaltung für militärtechnische Information, Generalmajor Pawel N. Wysozkij, zum universellen Prüf- und Kontrollsystem für Raketen der US Army, 29.12.1962, RGAE, 298/1/3789, Bl. 34–37.

216 Vgl. Schreiben des Informationschefs der GRU, Generalleutnant Nikolaj A. Korenewskij, zum Raketenwerfer M91 an das Staatskomitee für Verteidigungstechnik, 31.8.1963, RGAE, 298/1/3788, Bl. 126–131.

217 Vgl. Schreiben von GRU-Chef, Generaloberst Pjotr I. Iwaschutin, an den Leiter des Staatskomitees für Verteidigungstechnik, Sergej A. Swerew, 30.7.1964, RGAE, 298/1/4672, Bl. 111–113.

218 Vgl. Schreiben von GRU-Chef, Generaloberst Pjotr I. Iwaschutin, an den Minister für Luftfahrtindustrie, Dement'ew, 31.10.1964, RGAE, 29/1/3462, Bl. 95; Information des Leiters der Informationsverwaltung der GRU, Generalmajor Nikolaj A. Korenewskij, und des Leiters der Verwaltung für militär-technische Information, Generalmajor Pawel N. Wysozkij, über den Kontroll- und Prüfkomplex für die Bodentests der »Titan-3«, 31.10.1964, ebenda, Bl. 96–107; Information des Leiters der Informations-

verwaltung der GRU, Generalmajor Nikolaj A. Korenewskij, und des Leiters der Verwaltung für militär-technische Information, Generalmajor Pawel N. Wysozkij, über das Fluglenksystem der »Titan-3«, 31.10.1964, ebenda, Bl. 108–121.

219 Vgl. Schreiben des Leiters der 1. Abteilung (Frankreich) der 1. Verwaltung der GRU, Generalmajor Nikolaj I. Tscheredeew, an den Chef der 1. Verwaltung der GRU, Ingenieur-Konteradmiral Wasilij I. Solow'jow, Februar 1964, zit. nach: Boltunov: Agenturoj GRU ustanovleno, S. 69.

220 Vgl. Boltunov, Michail E.: Neistovyj francuz, in: Eženedelnik »Zvezda«, 3.10.2021, https://zvezdaweekly.ru/news/2021841316-dgYvd.html.

221 Vgl. Blaue Dragoner, in: Der Spiegel, 1968, Nr. 45, S. 38; Hammerich, Helmut R.: »Stets am Feind!« Der Militärische Abschirmdienst (MAD) 1956–1990, Göttingen 2019, S. 410–413.

222 Vgl. Schwarz, Patrik: Der Amateur-Agent. Manfred Rammiger, in: Taz, 1.12.1997, S. 13; Čertoprud: Naučno-techničeskaja razvedka, S. 283–285.

223 Vgl. Roewer: Im Visier der Geheimdienste, S. 395–396; Operation Exodus, in: Der Spiegel, 1987, Nr. 30, S. 101–103.

224 Vgl. Meier, Richard: Geheimdienste ohne Maske. Der ehemalige Präsident des Bundesverfassungsschutzes über Agenten, Spione und einen gewissen Herrn Wolf, Bergisch Gladbach 1992, S. 66–67.

225 Vgl. Krach, Wolfgang/Mascolo, Georg: »Ganz dicker Fisch«, in: Der Spiegel, 1999, Nr. 33, S. 27–29.

226 Mascolo, Georg: Doppelter Fisch, in: Der Spiegel, 2000, Nr. 4, S. 42.

227 Vgl. Nehmzow, Ralf: Spionage-Verdacht: Russischer Konsul aus Hamburg abgezogen, in: Hamburger Abendblatt, 18.4.2005.

228 Vgl. Stark, Holger: Auge um Auge, in: Der Spiegel, 2007, Nr. 26, S. 47; Schröm, Oliver: Staatsbesuch: Friede, Freude, Spionage, Stern, 5.6.2008, https://www.stern.de/politik/ausland/staatsbesuch-friede--freude--spionage-3859804.html.

229 Vgl. Paganini, Pierluigi, ATP28 Russian hackers exploited two zero-day flaws in the wild, Security Affairs, 19.4.2015, http://securityaffairs.co/wordpress/36105/cyber-crime/apt28-russian-hackers.html.

230 Vgl. Danylov, Oleg: Russian high-precision weapons use the same and slightly outdated import components, Mezha, 5.9.2022, auf: https://mezha.media/en/2022/09/05/russian-high-precision-weapons-use-the-same-and-slightly-outdated-imported-components/.

231 Vgl. Voennaja razvedka Rossii, Moskva 2012, S. 363.

232 Vgl. Velikaja Otečestvennaja vojna, Bd. 6, S. 244–246.

233 Vgl. Bobrov, M. A.: Organizacija i vedenie vozdušnoj razveki v period Velikoj Otečestvennoj vojny 1941–1945 gg., in: Voenno-istoričeskij žurnal, 2006, Nr. 2, S. 7–9.
234 Vgl. Velikaja Otečestvennaja vojna, Bd. 6, S. 244–246.
235 Vgl. Gefechtsweg des 511. selbstständigen Aufklärungsfliegerregiments von 1941–1945, Mai 1945, CAMO, 22741/215827/5, Bl. 20–31.
236 Vgl. 16-ja Vozdušnaja. Voenno-istoričeskij očerk o beovom puti 16-j vozdušnoj armii (1942–1945), Moskva 1973, S. 324–325.
237 Vgl. Voennaja razvedka Rossii, S. 366.
238 Vgl. Bobrov: Organizacija i vedenie vozdušnoj razveki, S. 9–10.
239 Vgl. Bericht über die Gefechtstätigkeit der 16. Luftarmee im Rahmen der Berliner Operation, 19.5.1945, CAMO, 233/2356/776, Bl. 412–417; 16-ja Vozdušnaja, S. 324–325.
240 Vgl. Gefechtsweg des 511. selbstständigen Aufklärungsfliegerregiments von 1941–1945, Mai 1945, CAMO, 22741/215827/5, Bl. 34–36.
241 Vgl. Bobrov: Organizacija i vedenie vozdušnoj razveki, S. 9–10.
242 Vgl. Lezžok, Ivan I.: Dal'nij razvedčik, Moskva 2005, S. 133–138.
243 Vgl. Befehl Nr. 414/60 des Staatskomitees für Verteidigungstechnik über den Nachbau der U-2, 2.9.1960, RGAE, 298/1/1433, Bl. 66–68; Schreiben von Dement'ew an Ponomarew, 2.7.1960, RGAE, 29/1/1212, Bl. 256; Liste von Ausrüstungsteilen der U-2 die an Rüstungsbetriebe übergeben wurden, 25.7.1960, RGAE, 29/1/1175, Bl. 45–57; Schreiben von Dement'ew an das ZK der KPdSU über den Nachbau des Triebwerk J-75 durch das OKB-16, 24.5.1960, RGAE, 29/1/1195, Bl. 39–41.
244 Vgl. Befehl Nr. 166/62 des Staatskomitees für Flugzeugtechnik über die Einstellung des Vorhabens S-13, 24.5.1962, RGAE, 29/1/2221, Bl. 142–143; Bericht an den Ministerrat der UdSSR über die Ergebnisse der Untersuchung der U-2 und deren Nachbau, 17.9.1963, RGAE, 29/1/2834, Bl. 10–26.
245 Vgl. Pasynitsch, Sergej/Zwetkow, Sergej/Büttner, Stefan/Mückler, Jörg: Fernaufklärer mit rotem Stern – die Chronik des 47. Fliegerregiments, in: Flieger Revue Extra Nr. 30, 2010, S. 85.
246 Vgl. Fedorov: Voenno-morskaja razvedka, S. 534–551; Artem'ev, Anatolij M.: Kryla nad morem. Poslevoennaja istorija razvitija otečestvennoj morskoj aviacii, Moskva 2011. S. 212–213.
247 Vgl. Pasynitsch/Zwetkow/Büttner/Mückler: Fernaufklärer mit rotem Stern, S. 88–89.
248 Vgl. Riehle: Russian Intelligence, S. 173.
249 Vgl. Voennaja razvedka Rossii, S. 477–478.

Anmerkungen

250 Vgl. Šokin, A. A.: Očerki istorii rossijskoj ėlektroniki, vypusk 6, Moskva 2014, S. 475–476.

251 Vgl. Aktennotiz des Oberkommandierenden der Strategischen Raketentruppen, Marschall Moskalenko, an Verteidigungsminister Malinowskij zur Regelung der Zuständigkeiten bei der Entwicklung von militärischen Satelliten, 25.11.1961, in: Stanovlenie raketnoj mošči strany. Iz istorii sozdanija raketno-jadernogo oružija i raketnych vojsk strategičeskogo naznačenija (1960–1964), sostoviteli V. I. Ivkin, G. A. Suchina, M. Ul', Bd. 1 (1960–1961 gg.), Moskva 2019, S. 667–670.

252 Vgl. Kalic: Spies, S. 95.

253 Vgl. Voennaja razvedka Rossii, S. 478–479.

254 Vgl. Schreiben des Oberkommandierenden der Strategischen Raketentruppen, Marschall Moskalenko, an den Vorsitzenden des Ministerrats der RSFSR, Poljanskij, 13.7.1961, in: Stanovlenie raketnoj mošči strany, Bd. 1, S. 564–565.

255 Vgl. Schreiben von Marschall Tolubko an den Vorsitzenden des Staatskomitees für Verteidigungstechnik, Smirnow, 18.8.1961, in: ebenda, S. 600.

256 Vgl. Schreiben des Oberkommandierenden der Strategischen Raketentruppen, Marschall Moskalenko, an den stellv. Vorsitzenden des Ministerrats der UdSSR, Ustinow, über den Stand der Arbeiten bei Telemetrie-Systemen, 31.3.1962, in: Stanovlenie raketnoj mošči strany. Iz istorii sozdanija raketno-jadernogo oružija i raketnych vojsk strategičeskogo naznačenija (1960–1964), hrsg. von V. I. Ivkin, G. A. Suchina, M. Ul', Bd. 2 (1962–1963 gg.), Moskva 2019, S. 86–88.

257 Vgl. Befehl Nr. 415/1961 des Staatlichen Komitees für Verteidigungstechnik, 22.8.1961, RGAE, 298/1/2032, Bl. 153.

258 Vgl. Aktennotiz des Oberkommandierenden der Strategischen Raketentruppen, Marschall Moskalenko, an Verteidigungsminister Malinowskij zur Regelung der Zuständigkeiten bei der Entwicklung von militärischen Satelliten, 25.11.1961, in: Stanovlenie raketnoj mošči strany, Bd. 1, S. 667–670.

259 Vgl. Voennaja razvedka Rossii, S. 481; Raketno-kosmičeskaja korporacija »Ėnergija« imeni S. P. Koroleva: 1946–1996, Moskva 1996, S. 98–102; Čertok, Boris E.: Rakety i ljudi. Bd. 3: Gorjačie dni cholodnoj vojny, Moskva 1999, S. 50–51.

260 Vgl. Schreiben von Smirnow u. a. an das ZK der KPdSU über den Start von Satelliten im Jahr 1963, 4.12.1963, in: Stanovlenie raketnoj mošči strany, Bd. 2, S. 507–508.

261 Vgl. Bericht des Staatskomitees für Verteidigungstechnik über dessen Arbeitsergebnisse 1963, 17.3.1964, RGAE, 298/1/3553, Bl. 1–40.

262 Vgl. Meldung des stellv. Chefs der Strategischen Raketentruppen, Generaloberst Tolubko, an den stellv. Verteidigungsminister, Marschall Gretschko,

zum Start des Satelliten vom Typ »Zenit-2«, 4.4.1964, in: Stanovlenie raketnoj mošči strany. Iz istorii sozdanija raketno-jadernogo oružija i raketnych vojsk strategičeskogo naznačenija (1960–1964), hrsg. von V. I. Ivkin, G.A. Suchina, M. Ul', Bd. 3 (1964 g.), Moskva 2019, S. 68–69; Befehl Nr. 496a/1964 des Staatskomitees für Verteidigungstechnik, 4.8.1964, RGAE, 298/1/4071, Bl. 214–215.

263 Vgl. Meldung von Generalleutnant Lowkow an den stellv. Verteidigungsminister, Marschall Gretschko, zum fehlgeschlagenen Start des Satelliten vom Typ »Zenit-2«, 20.4.1964, in: Stanovlenie raketnoj mošči strany, Bd. 3, S. 76–77.

264 Vgl. Weisung des Generalstabes der Sowjetarmee für die Vorbereitung einer Vorführung von Raketentechnik auf dem Testgelände von Baikonur, 8.9.1964, in: ebenda, S. 138–142.

265 Vgl. Meldung des Oberkommandierenden der Strategischen Raketentruppen, Marschall Krylov, an den stellv. Verteidigungsminister, Marschall Gretschko, über den Absturz eines Satelliten vom Typ »Zenit-2«, 6.11.1964, in: ebenda, S. 162–163.

266 Vgl. Schreiben des Vorsitzenden des Staatskomitees für Verteidigungstechnik, Swerew, an den stellv. Vorsitzenden des Ministerrats der UdSSR, Smirnow, über die Entwicklung von kosmischen Waffen, 25.4.1963, RGAE, 298/1/3443, Bl. 1–7.

267 Vgl. Schreiben des Chefs des Staatskomitees für Flugzeugtechnik, Dement'ew, an den stellv. Vorsitzenden des Ministerrats der UdSSR mit dem Vorschlag zu Entwicklung des Aufklärungssystems TGR, Smirnow, 5.4.1963, RGAE, 29/1/2841, Bl. 3–7.

268 Vgl. Čertok, Rakety i ljudi. Kn. 3, S. 61–63; Norris, Pat: Spies in the Sky: Surveillance Satellites in War in Peace, Chichester 2008, S. 82.

269 Vgl. Kalic, Spies, S. 95–96. Zum »Corona«-Programm siehe: Taubman: Secret Empire.

270 Vgl. Befehl Nr. 641/1961 des Staatskomitees für Verteidigungstechnik, 29.11.1961, RGAE, 298/1/2051, Bl. 32–48.

271 Vgl. Voennaja razvedka Rossii, S. 482.

272 Vgl. Ball/Windrem: Soviet Signals Intelligence (Sigint), S. 635–636.

273 Vgl. Schreiben des Oberkommandierenden der Strategischen Raketentruppen, Marschall Krylow, an den Vorsitzenden der Rüstungskommission beim Präsidium des Ministerrats der UdSSR, Smirnow, 27.2.1966, RGAE, 4372/81/1945, Bl. 34.

274 Vgl. Voenno-kosmičeskie sily (voenno-istoričeskij trud), Bd. 1, S. 80.

275 Vgl. Schreiben von Rjabakow und Tjulin an das ZK der KPdSU zur Erhöhung der jährlichen Produktionsrate von Satelliten der Typen Zenit-2 und Zenit-4, 24.8.1967, RGAE, 4372/81/2519, Bl. 83–84.

276 Vgl. Voennaja razvedka Rossii, S. 482–483.
277 Vgl. Voenno-kosmičeskie sily, Bd. 1, S. 119; Oružie i technologii Rossii. Ėnciklopedia. XXI vek. Bd. V: Kosmičeskie sredstva vooruženija, Moskva 2002, S. 243.
278 Vgl. Norris: Spies in the Sky, S. 82; Oružie i technologii Rossii, Bd. V, S. 244.
279 Vgl. Voenno-kosmičeskie sily (voenno-istoričeskij trud), Bd. 2: Stanovlenie voenno-kosmičeskich sil, Moskva 1998, S. 16–17, 128–129; Norris: Spies in the Sky, S. 173.
280 Vgl. Voennaja razvedka Rossii, S. 483–484.
281 Vgl. Clark, P.: Russia has no reconnaissance satellites in Orbit, in: Jane's Defence Weekly, 8. Mai 2001, https://web.archive.org/web/20020213154404/https://www.janes.com/aerospace/military/news/jdw/jdw010508_1_n.shtml; Orlets-1 (Don, 17F12), https://space.skyrocket.de/doc_sdat/orlets-1.htm; Orlets-2 (Yenisey, 17F113), https://space.skyrocket.de/doc_sdat/orlets-2.htm.
282 Vgl. Severnyj kosmodrom Rossii, Bd. 1, pod. obščej red. A. A. Bašlakova, Mirnyj 2007, S. 124.
283 Vgl. Safronov, Ivan: GRU ždet kadrov iz kosmosa. Rossija snova zajmetsja optičeskoj razvedkoj, Kommersant', 27.9.2004, https://www.kommersant.ru/doc/508764; Saforonov, Ivan: »Kobalt'« vnedrilsja v kosmičeskuju gruppirovku, Kommersant', 18.5.2012, https://kommersant.ru/doc/1936372; Norris: Spies in the Sky, S. 173.
284 Vgl. Safronov, Ivan: Minoborony zaslalo eščo odnogo špiona na kosmičeskuju orbitu, Kommersant', 13.8.2003, https://www.kommersant.ru/doc/403572; Norris: Spies in the Sky, S. 173.
285 Vgl. Safronov, Ivan/Gorjaško, Sergej: Rossija v Sirii: Vid sverchu, Kommersant', 26.10.2015, https://www.kommersant.ru/doc/2836487; Hendrickx, Bart: Upgrading Russia's fleet of optical reconnaissance satellites, The Space Review, 10.8.2020, https://www.thespacereview.com/article/4006/1; Persona spy satellite, https://www.russianspaceweb.com/persona.html.
286 Vgl. Safronov, Ivan: Na protivnika posmotrjat c dvuchmetrovoj ob'ektivnost'ju, Kommersant', 28.7.2016, https://www.kommersant.ru/doc/3049019; Hendrickx, Upgrading Russia's fleet of optical reconnaissance satellites.
287 Vgl. The Military Balance 2024, S. 192.
288 Vgl. Dobrynin, Sergej: Slepaja Rossija. Armija Putina proigryvaet sputnikovuju vojnu, Radio Svoboda, 8.4.2022, https://www.svoboda.org/a/slepaya-rossiya-armiya-putina-proigryvaet-sputnikovuyu-voynu/31793090.html; Hegmann, Gerhard: »Geheime« Waffenlieferungen? Russlands Spionen im All dürften sie kaum entgehen, Welt, 11.4.2022, https://www.welt.de/wirtschaft/plus238096171/Satellitenaufklaerung-Russland-sieht-geheime-Waffenlieferungen.html.

289 Vgl. Sudoplatov: Razvedka i Kreml', S. 286–292; Stepakov: Specnaz Rossii, S. 181–184; Zavermbovskij/Kolesnikov: Morskoj specnaz, S. 40–48.

290 Vgl. Kozlov, S. V. u. a.: Speznas GRU: Očerki istorii, Bd. 2: Istorija sozdanija: ot rot k brigadam. 1950–1979 gg., Moskva 2009, S. 18–21; https://shieldandsword.mozohin.ru/mi/gru4992/structure/5.htm.

291 Vgl. Alekseev/Kolpakidi/Kočik: Ènciklopedija voennoj razvedki, S. 83–84; Kolpakidi, Aleksandr/Prochorov: Imperija GRU, Bd. 2, S. 248.

292 Vgl. Fedorov: Voenno-morskaja razvedka, S. 580; Zabrembovskij/Kolesnikov: Morskoj specnaz, S. 34–36.

293 Vgl. Drogovoz: Bol'šoj flot Strany Sovetov, S. 147–154; Tri veka Rossijskogo flota v trech tomach, pod. Redakciej I. V. Kastonova, Bd. 3, St. Peterburg 1996, S. 215–218; Usenko, N. V./Kotov, P. G.: Kak sozdavalsja atomnyj podvodnyj flot Sovetskogo Sojuza, Moskva 2004, S. 20.

294 Gribovskij, V. Ju.: Pervaja polsevoennaja korablestroitel'naja programma VMF SSSR (1946–1955 gody), in: Gangut, 1997, Nr. 12, S. 12.

295 Vgl. Schreiben von Admiral Nikolaj G. Kusnezow an Chruschtschow, 8.11.1957, RGANI, 5/30/231, Bl. 78 f.; Istorija otečestvennogo sudostroenija, Bd. 5, S. 7–11. Für das Flottenrüstungsprogramm entband Stalin das Volkskommissariat für Schiffbau von allen zivilen Bauvorhaben: »Diese Frage würde gesondert entschieden.« Der sowjetische Partei- und Staatschef löste das Problem vor allem durch Reparationslieferungen aus der SBZ/DDR. Bis 1953 lieferte der ostdeutsche Staat mehr als 1000 Schiffe an die UdSSR. Vgl. Karlsch, Rainer: Allein bezahlt? Die Reparationsleistungen der SBZ/DDR 1945–1953, Berlin 1993, S. 183–185.

296 Vgl. Zarembovskij/Kolesnikov: Morskoj Speznas, S. 42.

297 Vgl. Fedorov: Voenno-morskaja razvedka, S. 583; Kolpakidi/Prochorov: Imperija GRU, Bd. 2, S. 149.

298 Vgl. Kolesnikov, Jurij: Morskoj speznaz, Moskva 2004, S. 158–159.

299 Vgl. Georgij Žukov. Stenogramma Oktjabr'skogo (1957) plenuma CK KPSS i drugie dokumenty, Moskva 2001, S. 217–218, 391, 488; Alekseev/Kolpakidi/Kočik: Ènciklopedija voennoj razvedki, S. 507–508.

300 Vgl. Kolpakidi, Aleksandr/Sever, Aleksandr: Speznas GRU: samaja polnaja ènciklopedija, Moskva 2012, S. 387.

301 Vgl. Stationierungsübersicht der Gruppe der sowjetischen Streitkräfte in Deutschland, 1.1.1958, CAMO, Bl. 159; Kozlov: Speznas GRU, Bd. 2, S. 84–85; 90–94.

302 Vgl. Alekseev/Kolpakidi/Kočik: Ènciklopedija voennoj razvedki, S. 83–84.

303 Vgl. Kozlov: Speznas GRU, Bd. 2, S. 93–94.

304 Vgl. Kak v rossijskoj armii vojavilsja Speznas i kakie zadači on sejčas rešaet, in: Orlovskij Voennyj Vestnik, 2019, Nr. 10 (91), S. 78–80.

305 Vgl. Sever, Aleksandr: Voennyj Speznas Rossii: vežlivye ljudi iz GRU, Moskva 2014, S. 18–22.
306 Vgl. https://shieldandsword.mozohin.ru/mi/gru4992/specnaz.htm.
307 Vgl. Voennaja razvedka Rossii, S. 255; Kozlov: Speznas GRU, Bd. 2, S. 132.
308 Vgl. Ivanov, M.: The Capabilities of Reconnaissance Forces and Means of a Front and Their Employment: https://www.cia.gov/readingroom/docs/CIA-RDP10-00105R000302380001-0.pdf. Es handelt sich dabei um die englischsprachige Übersetzung eines Aufsatzes aus der geheimen Ausgabe der sowjetischen Militärzeitschrift »Voennaja mysl« Nr. 2, 1967, die wahrscheinlich der GRU-Offizier Dmitrij Poljakow an die CIA übergeben hatte.
309 Vgl. Stationierungsübersicht der Gruppe der sowjetischen Streitkräfte in Deutschland, 1.1.1966, CAMO, Bl. 157, 185.
310 Vgl. Alechin, Roman V.: Vozdušno-desantnye vojska: istorija rossijskogo desanta, Moskva 2009, S. 246; Suncev, V. P.: Operacija »Dunaj«, http://dunay1968.com/list.html.
311 Vgl. Golizyn, Pavel A.: Zapiski načalnika voennoj razvedki, Moskva 2002, S. 149–150; Suvorov, Victor: Spetsnaz. The Inside Story of the Soviet Special Forces, London 1988, S. 50–53.
312 Kozlov: Speznas GRU, Bd. 2, S. 176.
313 Vgl. https://shieldandsword.mozohin.ru/mi/gru4992/specnaz.htm; Boger, Jan: Elite- und Spezialeinheiten international. Entwicklung, Ausrüstung, Einsatz, Stuttgart 1995, S. 152.
314 Vgl. Rossija (SSSR) v lokal'nych vojnach i vooružennych konfliktach vtoroj polovinyj XXveka, pod redakciej V. A. Zolotareva, Moskva 2000, S. 111.
315 Vgl. Abdullaev, Emin: »Takogo ada my ne videli daze v Afganistane«: kak SSSR sekretno učastvocala v graždanskoj vojne v Angole, Discours, 30.5.2016, https://discours.io/articles/social/angolskaya-narodnaya-respublika.
316 Vgl. Uhl, Matthias: Der sowjetische Einmarsch in Afghanistan 1979, in: Militärgeschichte, 2004, Nr. 3, S. 16–18.
317 Vgl. Galeotti, Mark: Storm-333. KGB and Spetsnaz seize Kabul, Soviet-Afghan War 1979, London 2021, S. 22–61.
318 Vgl. Kozlov, S. V. u. a.: Speznas GRU: Očerki istorii, Bd. 3: Afganistan – zvezdnyj čas Speznasa. 1979–1989 gg., Moskva 2013, S. 34–58; Afghanistan: A year of occupation, United Department of State, Bureau of Public Affairs, Nr. 79, Washington, D.C. 1981, S. 2.
319 Vgl. Bradsher, Henry S.: Afghanistan and the Soviet Union, Druham, North Carolina 1985, S. 210.
320 Vgl. Gromov, Boris V.: Ograničennyj kontingent, Moskva 1994, S. 273–275.
321 Vgl. Sucholesskij, A. V: Speznas GRU v Afganistane, 1979–1989 gg., Korolev 2009, S. 8–9.

322 Vgl. CIA-Memorandum: Afghanistan Situation Report, 18.6.1985, https:// www.cia.gov/readingroom/docs/CIA-RDP85T01058R000406500001-1. pdf.

323 Vgl. CIA-Memorandum: Soviet Counterinsurgency Tactics in Afghanistan: Trickling Down to the Client States?, 13.2.1985, https://www.cia.gov/readingroom/docs/CIA-RDP87M00539R001702570040-3.pdf.

324 Vgl. CIA-National Intelligence Estimate 11/20-6-84/DS: Warsaw Pact Nonnuclear Threat to NATO Airbases in Central Europe, Januar 1985, S. 23–25, https:// www.cia.gov/readingroom/docs/CIA-RDP87T00126R000700800007-8.pdf.

325 Vgl. Stationierungsübersicht der Gruppe der sowjetischen Streitkräfte in Deutschland, 1.1.1982, CAMO, Bl. 215.

326 Vgl. DIA-Memorandum: Soviet Army-level Special Purpose Companies (U). A Defense Research Assessment, Mai 1987, https://www.cia.gov/readingroom/docs/CIA-RDP90T00155R000800020003-1.pdf.

327 Vgl. Kozlov: Speznas GRU, Bd. 2, S. 192–195; Kolpakidi /Prochorov, Imperija GRU, Bd. 2, S. 151–153; Gusev, Avenir V.: Podvodnye lodki special'nogo naznačenija. Postroennye korabli i nerealizovannye proekty, Moskva 2013, S. 151–154.

328 Vgl. Kozlov: Speznas GRU, Bd. 2, S. 227.

329 Vgl. CIA-Memorandum: Naval Spetsnaz Exercise – Ostrov Russkij, 9.12.1983, https://www.cia.gov/readingroom/docs/CIA-RDP84T00171R000300730001-9. pdf.

330 Vgl. Kozlov: Speznas GRU, Bd. 2, S. 236–264.

331 Vgl. Naumov, Jurij J.: Ènciklopedia Speznasa ctran mira, Belgorod 2011, S. 229.

332 Vgl. Fedorov: Voenno-morskaja razvedka, S. 586.

333 Vgl. Kozlov, S. V. u. a.: Speznas GRU, Bd. 4, S. 31–32; Alechin, Roman V.: Časti i podrazdelenija special'nogo naznačenija GRU, http://www.desantura.de/ru/%D0%B0%D1%80%D0%BC%D0%B8%D1%8F/%D1%81%D0%BF%D0%B5%D1%86%D0%BD%D0%B0%D0%B7-%D1%81%D1%81%D1%81%D1%80.html.

334 Vgl. Kolpakidi/Prochorov, Imperija GRU, Bd. 2, S. 153–159.

335 Kozlov: Speznas GRU, Bd. 5, S. 308–335.

336 Vgl. Marsh, Christopher: Developments in Russian Special Operations. Russia's Spetsnaz, SOF and Special Operations Forces Command, Ottawa 2017, S. 15–20.

337 Vgl. Kozlov: Speznas GRU, Bd. 5, S. 335–337; 492–495; Minoborony RF sobralos' kupit' pjat' del'finov, 9.3.2016, https://meduza.io/news/2016/03/09/minoborony-rf-sobralos-kupit-pyat-delfinov; Baranec, Viktor: Steregut li

boevye del'finy na samom dele Svastopol' in Krymskij most, Komsomol'skaja pravda, 27.7.2022, https://www.kp.ru/daily/27424.3/4623186/.
338 Vgl. Sever: Voennyj Speznas Rossii, S. 80–82.
339 Vgl. Speznas GRU v Sirii, Sojuz veteranov specnaza GRU, 19.4.2021, https://svs-gru.ru/spetsnaz-gru-v-sirii/.
340 Vgl. Atlamazoglou, Stavros: The Russian Military's Elite Units Are Dying A Slow Death in Ukraine, 1945, 26.5.2022, https://www.19fortyfive.com/2022/05/the-russian-militarys-elite-units-are-dying-a-slow-death-in-ukraine/; Poteri Rossii v vojne s Ukrainoj. Svodka »Mediazony«, https://zona.media/casualties.
341 Vgl. Horton, Alex: Russian's commando units gutted by Ukraine war, U.S. leak shows, Washington Post, 14.4.2023, https://www.washingtonpost.com/national-security/2023/04/14/leaked-documents-russian-spetsnaz/; Poteri Rossii v vojne s Ukrainoj. Svodka »Mediazony«, auf: https://zona.media/casualties.
342 Vgl. Skorobogatyj, Petr: Ukraine: gladiatorskie boi, 4.8.2022, https://web.archive.org/web/20230606070809/http://www.prisp.ru/analitics/11005-skorobogatiy-ukraina-gladiatorskie-boi-0408.

III. Tod dem »Verräter« – Überläufer und Doppelagenten

1 Ugolovnyj kodeks Rossijskoj Socialističeskoj Federativoj Sovetskoj Respubliki, Moskva 1922, S. 7 f.; 27.
2 Ugolovnyj kodeks Rossijskoj Socialističeskoj Federativoj Sovetskoj Respubliki. Redakcii 1926, Moskva 1938, S. 26 f.
3 Vgl. Kommentarii k ugolovnomu kodeksu RSFSR 1960, Leningrad 1962, S. 144–147.
4 Vgl. Bol'šoj juridičeskij slovar', Moskva 2010, S. 127
5 Vgl. Kommentarij k ugolovnomu kodeksu Rossijskoj Federacii, Moskva 2019, S. 713–175; Užestočeno nakasanie za gosudarstvennuju izmenu, 18.4.2023, http://duma.gov.ru/news/56910/.
6 Vgl. Suworow: GRU – die Speerspitze, S. 256.
7 Auszug aus den Statements Putins während der jährlichen Fragestunde am 16.12.2010, http://svr.gov.ru/smi/2010/12/spp20101216.htm.
8 Vgl. Prochorov: Skol'ko stoit prodat' rodinu, S. 10–16. Gleichwohl behauptet der russische Geheimdiensthistoriker Nikolaj Dolgopolow in dem 2012 veröffentlichten Dokumentarfilm »Najti i obezvredit' Kroty«, dass die Tscheka Smirnow in Brasilien ermordet hätte.
9 Vgl. Lur'e/Kočik.: GRU. Dela i ljudi, S. 442–443.

10   Vgl. Kolpakidi, Aleksandr/Prochorov, Dmitrij: KGB: Prikazano likvidirovat', Moskva 2004, S. 119–122; Kolpakidi/Prochorov: Imperija GRU, Bd. 1, S. 125–126; Rower, Helmut: Skrupellos, S. 407–408.
11   Vgl. Biographisches Handbuch zur Geschichte der Kommunistischen Internationale. Ein deutsch-russisches Forschungsprojekt, hrsg. von Michael Buckmiller und Klaus Meschkat, Berlin 2007, S. 410.
12   Vgl. Prochov/Lemechov: Perebežčiki, S. 35.
13   Vgl. Gorbunov: Stalin i GRU, S. 248; Alekseev/Kolpakidi/Kočik: Ėnciklopedia voennoj razvedki. 1918–1945, S. 765; Beschluss des Staatlichen Verteidigungskomitees der UdSSR Nr. 634, RGASPI, 644/2/16, Bl. 160–161; Eintrag zu Trossin auf: http://www.helmut-roewer.de/we_demo_2/news/504.php.
14   Vgl. Deutschland, Russland, Komintern. Bd. II: Dokumente (1918–1943), hrsg. von Hermann Weber, Jakov Drabkin und Bernhard H. Bayerlein, München/Berlin/Boston 2015, S. 409.
15   Vgl. Alekseev, Michail/Kolpakidi, Aleksandr/Kočik, Valerij: Sovetskaja voennaja razvedka nakanunie vojny 1935–1938, Moskva 2019, S. 186.
16   Vgl. Kolpakidi/Mzareulov: Sovetskaja vnešnaja razvedka, S. 407; Andrew/Mitrochin: Das Schwarzbuch des KGB, S. 74–75 f.; Andrew: MI 5, S. 205.
17   Vgl. Kolpakidi/Prochorov: KGB: Prikazano likvidirovat', S. 310–313. Zur Mission von Kandelaki siehe: Bezymenski, Lew: Geheimmission in Stalins Auftrag? David Kandelaki und die sowjetisch-deutschen Beziehungen Mitte der dreißiger Jahre, in: Vierteljahrshefte für Zeitgeschichte 40 (1992), H. 3, S. 339–357.
18   Vgl. Sudoplatov: Specoperacii, S. 79–80; Kolpakidi/Mzareulov: Sovetskaja vnešnaja razvedka, S. 203; 320; Das Schwarzbuch des Kommunismus. Unterdrückung, Verbrechen und Terror, hrsg. von Stéphane Courtois u. a., München/Zürich 2004, S. 336; Roewer: Skrupellos, S. 567.
19   Vgl. Beschluss des Zentralen Exekutivkomitees der Union der SSR, 13.11.1937, https://nkvd.memo.ru/index.php/%D0%94%D0%BE%D0%BA%D1%83 %D0%BC%D0%B5%D0%BD%D1%82:%D0%9F%D0%BE%D1%81% D1%82%D0%B0%D0%BD%D0%BE%D0%B2%D0%BB%D0%B5%D0 %BD%D0%B8%D0%B5_%D0%A6%D0%98%D0%9A_%D0%A1%D0 %A1%D0%A1%D0%A0_%D0%BE%D1%82_13.11.1937_(I).
20   Vgl. Prochov/Lemechov: Perebežčiki, S. 47–48.
21   Vgl. Kern, Gary: A Death in Washington. Walter G. Krivitsky and the Stalin Terror, New York 2004, S. 39–44. Zum sogenannten Deutschen Oktober von 1923 und der maßgeblichen Rolle der Sowjetunion bei dem Aufstandsversuch: Deutscher Oktober 1923. Ein Revolutionsplan und sein Scheitern, hrsg. von Bernhard H. Bayerlein u. a., Berlin 2003.

22 Vgl. Starkov, Boris A.: Sud'ba Val'tera Krivickogo, in: Voprosy istorii, 1991, Nr. 11, S. 83–84; Alekseev/Kolpakidi/Kočik: Ėnciklopedija voennoj razvedki, S. 447.

23 Vgl. Sommer, Theo: Deutschland und Japan zwischen den Mächten, 1935–1940: Vom Antikominternpakt zum Dreimächtepakt, eine Studie zur diplomatischen Vorgeschichte des Zweiten Weltkriegs, Tübingen 1962, S. 29–39.

24 Vgl. Höhne: Der Krieg im Dunkeln, S. 289–290; Roewer/Schäfer/Uhl: Lexikon der Geheimdienste im 20. Jahrhundert, S. 301.

25 Vgl. Kolpakidi/Prochorov: KGB: Prikazano likvidirovat', S. 422–425; Der Fall Noel Field. Schlüsselfigur der Schauprozesse in Osteuropa. Gefängnisjahre 1949–1954, hrsg. von Bernd-Rainer Barth und Werner Schweizer, Berlin 2005, S. 399–402.

26 Vgl. Andrew: MI 5, S. 214; Interview mit Aleksandr Kolpakidi im Dokumentarfilm »Najti i obezvredit' Kroty«, Russland 2012.

27 Vgl. FBI-Report: Soviet intelligence travel and entry techniques, Washington D.C. 1953, https://www.cia.gov/readingroom/docs/CIA-RDP65-00756R000400080001-9.pdf; FBI-Report: Soviet intelligence communications, Washington D.C. 1952, https://www.cia.gov/readingroom/document/cia-rdp65-00756r000400090001-8.

28 Vgl. Krivitskiy, Walter G.: I was Stalin's Agent, London 1939; ders.: In Stalin's Secret Service. An Expose of Russian's Secret Policies by the Former Chief of the Soviet Intelligence in Western Europe, New York 1939; ders.: Ich war in Stalins Dienst, Amsterdam 1940.

29 Vgl. Prochov/Lemechov: Perebežčiki, S. 58–59.

30 Vgl. Alekseev/Kolpakidi/Kočik: Ėnciklopedia voennoj razvedki 1918–1945, S. 621.

31 Vgl. Prochov/Lemechov: Perebežčiki, S. 146–151; Roewer: Im Visier der Geheimdienste, S. 280–283.

32 Vgl. Haslam: Near and Distant Neighbors, S. 184.

33 Vgl. Brabourne, Martin L.: More on Recruitment of Soviets, in: Studies in Intelligence 9 (1965), Nr. 1, S. 43 f.

34 Vgl. CIA Draft Working Paper, More than the Usual Affinity for Opposite Sex, S. 1 f., https://www.cia.gov/readingroom/docs/CIA%20AND%20NAZI%20WAR%20CRIM.%20AND%20COL.%20CHAP.%2011-21%2C%20DRAFT%20WORKING%20PAPER_0003.pdf.

35 Vgl. Richelson, Jeffrey T.: A Century of Spies. Intelligence in the Twentieth Century, Oxford/New York 1995, S. 258; Hart, John L: Pyotr Semyonovich Popov. The Tribulations of Faith, in: Intelligence and National Security 12 (1997), H. 4, S. 44–60.

36 Kolpakidi/Prochorov: Imperija GRU, Bd. 2, S. 164; Smith, Richard H.: The First Moscow Station. An Espionage Footnote to Cold War History, in: International Journal of Intelligence and Counterintelligence 3 (1989), Nr. 3, S. 338–343.
37 Vgl. Bailey/Kondraschow/Murphy: Die unsichtbare Front, S. 324 f.
38 Vgl. Boghardt, Thomas: Covert Legions. U.S. Army Intelligence in Germany, 1944–1949, Washington, D.C. 2022, S. 121.
39 CIA Staff Conference minutes, 26.10.1951, in: On the Front Lines of the Cold War, S. 117 f., https://www.cia.gov/static/04312517a1c094beb4e00f-68b65a9d2f/On-the-Front-Lines-of-the-Cold-War-1-Preface-Intro-Part1-web.pdf.
40 Vgl. Neotvratimnoe vozmezdie. Po materialam sudebnych processov nad izmennikami rodiny, fačistskimi palačami i agentami imperialističeskich ravedok, Moskva 1987, S. 353.
41 Vgl. CIA Meldung zur Rede Shukows, 29.3.1957, https://www.php.isn.ethz.ch/kms2.isn.ethz.ch/serviceengine/Files/PHP/16599/ipublicationdocument_singledocument/98b5d7b2-8493-476c-af18-384824cdb251/en/570329a.pdf.
42 Vgl. Serov: Zapiski iz čemodana, S. 550 f.
43 Vgl. Kovacevic, Filip: A New Twist in the Old Case: A Document from the Lithuanian KGB Archive and the Cold War Espionage of GRU Officer Pyotr Popov, Sources and Methods, 28.4.2022, https://www.wilsoncenter.org/blog-post/new-twist-old-case-document-lithuanian-kgb-archive-and-cold-war-espionage-gru-officer.
44 Vgl. Bailey /Kondraschow/Murphy: Die unsichtbare Front, S. 331–333.
45 Vgl. Kovacevic: A New Twist in the Old Case.
46 Vgl. Voennaja kontrrazvedka. Istorija, sobytija, ljudi, Moskva 2008, S. 179 f.
47 Vgl. Prochov/Lemechov: Perebežiki, S. 156.
48 Vgl. Kolpakidi/Prochorov: Vnešnjaja razvedka Rossii, S. 70; Bagley: Spy Wars, S. 69–71.
49 Vgl. Razvedka SŠA. Učebnaja posobie, pod. redakciej General-majora A. M. Gorbatenko, Moskva 1969, S. 91.
50 Vgl. Bagley: Spy Wars, S. 73–75.
51 Vgl. Lubjanka 2, S. 268–272.
52 Vgl. Lur'e/Kočik: GRU. Dela i ljudi, S. 535; Voennaja kontrrazvedka, S. 181.
53 Transcript US-Intelligence and the End of the Cold, Texas A&M University, Memorial Ceremony, 20.11.1999, in: Preparing of Martial Law: Through the Eyes of Col. Ryszard Kuklinski, Washington D.C. 2009, S. 31.

54 Ebenda, S. 31.
55 Siehe z. B. Maksimov, A. B.: Glavnaja tajna GRU, Moskva 2010.
56 Vgl. Ordenverleihungsblatt für Oleg Penkowski, 18.5.1945, CAMO, 33/690306/2070, Bl. 123.
57 Vgl. Čertoprud, Sergej: Voprosy vokrug dela Penkovskogo, in: Nezavisimoe voennoe obozrenie, 9.6.2000.
58 Sudebnyj process pj ugolovnomy delu anglijskoj i amerikanskoj razvedok graždanina SSSR Pen'kovskogo O. V. i špiona-svjaznika poddannogo Velikobritannii Vinna G. M., Moskva 1963, S. 251–252.
59 Vgl. Schecter/Deriabin: Die Penkowskij-Akte, S. 74–78;
60 Vgl. Prochov/Lemechov: Perebežiki, S. 193 f.
61 Vgl. Schecter/Deriabin: Die Penkowskij-Akte, S. 10–27.
62 Vgl. Duns, Jeremy: Dead Drop. The True Story of Oleg Penkovsky and the Cold War's Most Dangerous Operation, London u. a. 2013, S. 32 f.
63 Vgl. Corera: The Art of Betrayal, S. 142–160.
64 Vgl. CIA-Memorandum: Essential Facts of the Penkovskiy Case, 31.5.1963, https://www.cia.gov/readingroom/docs/1963-05-31-A.pdf; A reply to the members of Congress for peace through law »Intelligence and Policy«, 4.11.1970, https://www.cia.gov/readingroom/document/cia-rdp73b00296r000200210002-5.
65 Vgl. Prochov/Lemechov: Perebežiki, S. 197–199.
66 Vgl. Sokolov, Genadij E.: Špion nomer ras, St. Peterburg 2013, S. 255 f.
67 Vgl. Voennaja kontrrazvedka, S. 191 f.
68 Vgl. Lubjanka 2, S. 273–283; Zapiski iz tschemodana, S. 592–629.
69 Vgl. Liste in russischer Sprache mit von Penkowski übergebenen Unterlagen zu sowjetischen Raketensystemen, o. Datum, https://www.cia.gov/readingroom/docs/DOC_0000012385.pdf; CIA-Information report: Chickadee – Ground Support Equipment and Technical Preparation of Guided Missiles for Launching (R-2 and R-11), 27.2.1963; https://www.cia.gov/readingroom/docs/CIA-RDP80T00246A030100270001-7.pdf.
70 Vgl. Schreiben an das ZK der KPdSU zur Parade von Raketentechnik am 40. Jahrestag der Oktoberrevolution, 1.8.1957, RGAE, 4372/76/320, Bl. 80 f; CIA-Information report: Chickadee – Rocket Launching Mount 2P5 and Rockets 3R2 and 3R3, 4.3.1963; https://www.cia.gov/readingroom/docs/CIA-RDP80T00246A030100310001-2.pdf.
71 Zit. nach Eyermann, Karl-Heinz: Raketen. Schild und Schwert, Berlin 1967, S. 124 f.
72 Vgl. Befehl zur Aufnahme des Raketensystems »Mars« in die Bewaffnung der Streitkräfte, 20.3.1958, RGAE, 298/1/77, Bl. 60–63; Befehl zur Weiter-

entwicklung von Raketenwaffen sowie der Einstellung der Arbeiten zu verschiedenen Waffensystemen, 13.1.1959, RGAE, 298/1/676, Bl. 32–37.

73 Vgl. CIA-Information report: Chickadee – Rocket Launching Mount »2P6« and Liquid Fuel Rocket »3R7« (Korshun), 5.3.1963, https://www.cia.gov/readingroom/docs/CIA-RDP80T00246A030100320001-1.pdf; Befehl Nr. 320 zur Einstellung der Fertigung des Systems »Korschun«, 31.8.1959, RGAE, 298/1/668, Bl. 167.

74 Penkovsky-Case, Meeting Nr. 7, 27.4.1961, https://www.cia.gov/readingroom/docs/DOC_0000012397.pdf.

75 Vgl. Penkovsky-Case, Meeting Nr. 1, 20.4.1961, https://www.cia.gov/readingroom/docs/DOC_0000012392.pdf; Oleg Penkowskij: Geheime Aufzeichnungen, München/Zürich 1966, S. 264.

76 Vgl. Stanovlenie raketnoj mošči strany, Bd. 1, S. 351–414.

77 CIA Memorandum zur Besprechung zwischen Ed Proctor und Jack Smith zur Verwendung von CHICKADEE-Material im NIE-11-8-61, 7.6.1961, https://www.cia.gov/readingroom/docs/1961-06-07.pdf.

78 Penkovsky-Case, Meeting Nr. 7, 27.4.1961, https://www.cia.gov/readingroom/docs/DOC_0000012397.pdf.

79 Vgl. Penkovsky-Case, Meeting Nr. 4, 23.4.1961, https://www.cia.gov/readingroom/docs/DOC_0000012394.pdf.

80 Vgl. Auskunftsschreiben über die Fertigung von Raketen in den Jahren 1961–1963, 24.9.1962, RGAE, 4372/80/185, Bl. 282; Bemerkung des Generalstabes zum Plan der Aufstellung von Raketenverbänden und -einheiten 1960/61. 23.4.1960, in: Stanovlenie raketnoj mošči strany, Bd. 1, S. 141–143.

81 Penkovsky-Case, Meeting Nr. 40, 10.10.1961, https://www.cia.gov/readingroom/docs/DOC_0000012419.pdf.

82 Vgl. Stöver, Bernd: Der Kalte Krieg 1947–1991. Geschichte eines radikalen Zeitalters, München 2010, S. 165–176; Parkinson, Leonard f./Potter, Logan H.: Closing the Missile Gap, 28.5.1975, https://www.cia.gov/readingroom/docs/1975-05-28-A.pdf.

83 Vgl. Air Force Intelligence Center – Addendum 1 to Review of »CSBD Reports«, 23.8.1962, https://www.cia.gov/readingroom/docs/1962-08-23.pdf; Parkinson, Len: Penkovskiy's Legacy and Strategic Research, in: Studies in Intelligence 16 (1972), Nr. 2, S. 1–19.

84 Vgl. A reply to the members of Congress for peace through law »Intelligence and Policy«, 4.11.1970, https://www.cia.gov/readingroom/document/cia-rdp73b00296r000200210002-5; Andrew, Christopher/Gordievsky, Oleg: KGB. The Inside Story of its Foreign Operations from Lenin to Gorbachev, New York 1991, S. 470. Immer noch scheint unklar, wie viele Dokumen-

tenkopien Penkowski tatsächlich dem Westen übergeben hat. Die Zahlen schwanken zwischen 5000 bis 10.000 Blatt.
85 Vgl. Dokumentation des russischen Fernsehkanals »Zvezda« – Verräter: Oleg Penkowski; Penkovsky-Case, Meeting Nr. 13, 3.5.1961, https://www.cia.gov/readingroom/docs/DOC_0000012401.pdf; Penkovsky-Case, Meeting Nr. 14, 4.5.1961, https://www.cia.gov/readingroom/docs/DOC_0000012402.pdf; Penkovsky-Case, Meeting Nr. 16, 5.5.1961, https://www.cia.gov/readingroom/docs/DOC_0000012404.pdf; Penkovsky-Case, Meeting Nr. 36, 30.9.1961, https://www.cia.gov/readingroom/docs/DOC_0000012416.pdf.
86 Vgl. Stenogramm der 5. Sitzung des Plenums des ZK der KPdSU, 18.4.1963, RGANI, 2/1/642; Petrov, Nikita: Pervyj predsedtel KGB. Iwan Serow, Moskva 2005, S. 194–197.
87 Vgl. Duns: Dead Drop, S. 153–161; 204; West, Nigel: The Friends. Britain's Post-War Secret Intelligence Operations, London 1988, S. 130.
88 Vgl. Strategic Missile Bulletin: Introductory, Remarks and Table of Contents, 19.2.1962, https://www.cia.gov/readingroom/docs/CIA-RDP80T00246A029400670001-2.pdf; Strategic Missile Bulletin: The Preparation for Combat Operations of a Regiment Armed with R-12 Missiles, 1.3.1962, https://www.cia.gov/readingroom/document/cia-rdp10-00105r000403560001-8 u. a. In Russland sind die russischen Orginalausgaben der Informationsschrift der Stratgischen Raketentruppen bis heute noch geheim: https://rvsn.ruzhany.info/0_2018/cia_penjkovski_00.html.
89 Vgl. Penkovsky-Case, Meeting Nr. 31, 20.9.1961, https://www.cia.gov/readingroom/docs/DOC_0000012412.pdf.
90 BND-Monatsbericht September, BArch, B 206/181, o. Bl.,
91 Vgl. Auszeichnungskartei der Roten Armee, Dokument 18/n, 30.4.1943, CAMO, Schrank 69, Karteikasten 15.
92 Vgl. Befehl Nr. 11 des Militärrates der 26. Armee, 18.4.1945, CAMO, 33/690306/1984, Bl. 2.
93 Vgl. Kolpakidi/Prochorov: Imperija GRU, Bd. 2, S. 170.
94 Vgl. Ènciklopedija voennoj razvedki Rossii, S. 402–403; Barova, Ekaterina: Sudba špionov. Počemu uspešnye ljudi s chrošej kareroj idut v predateli?, in: Argumenty i faky, 2018, Nr. 39.
95 Vgl. Dillon: Spies in the Family, S. 6–7.
96 Vgl. Tuomi, Kaarlo/Haynes, John E.: Spy Lost. Caught Between the KGB and the FBI, New York 2014; Bagley: Spy Wars, S. 171–172; 286; Dillon: Spies in the Family, S. 28–61.
97 Vgl. Boltunow: Kroty GRU v NATO, S. 279–297; West, Nigel: Historical Dictionary of Sexspionage, Maryland/Plymouth 2009, S. 71; Bojko, Aleksandr: Tajna »Mejsi«: Kak chozjaka damskogo salona v N'ju-Jorke spasla mir

v dni Karibskogo krizisa. Ona prosto byla kapitanom GRU, Komsomol'skaja pravda, 5.11.2022, https://www.kp.ru/daily/27467.5/4672599/.

98 Vgl. Schmidt: Leben und Tod des GRU-Generalmajors Dmitri Poljakov, S. 216–217; Tereščko, Anatolij S.: Rokovaja točka »burbona«, Moskva 2015, S. 178–179.

99 Vgl. Hastedt, Glenn P.: Spies, Wiretaps, and Secret Operations. An Encyclopedia of American Espionage, Santa Barbara/Denver/Oxford 2011, Bd. 2, S. 809; Richelson: A Century of Spies, S.279–282; A Counterintelligence Reader, Vol. III: Post-World War to Closing the 20th Century, hrsg. von Frank J. Rafalko, Washington, D.C. 2004, S. 191–192.

100 Vgl. West: Historical Dictionary of Cold War Counterintelligence, S. 36–37, 91, 93; Roewer/Schäfer/Uhl: Lexikon der Geheimdienste im 20. Jahrhundert, S. 75; Dillon: Spies in the Family, S. 105.

101 Vgl. Tereščenko, Anatolij S.: Nasledniki SMERŠa. Ochota na amerikanskich »krotov« v GRU, Moskva 2010, S. 443–450; Dillon: Spies in the Family, S. 112–113.

102 Vgl. Dillon: Spies in the Family, S. 100–155.

103 Vgl. Agee, Philip: Inside the Company. CIA Diary, New York 1975, S. 528–530.

104 Vgl. Grimes/Vertefeuille: Circle of Treason, S. 62–65.

105 Vgl. Dillon: Spies in the Family, S. 216–222; Schmidt: Leben und Tod des GRU-Generalmajors Dmitri Poljakov, S. 226–228.

106 Vgl. Personalunterlagen Poljakow, CAMO, Schrank 69, Karteikasten 15; Lur'e/Kočik: GRU. Dela i ljudi, S. 535; Poroskov, Nikolaj N.: »Krot« iz devjatogo kruga ada, in: Nezavisimoe voennoe obozrenie, 3.10.2014, https://nvo.ng.ru/notes/2014-10-03/16_krot.html.

107 Vgl. The War of the Moles. An interview with Edward Jay Epstein by Susana Duncan, in: New York Magazin 11 (1978), Nr. 9, S. 28–38; New York Intelligencer, in: New York Magazin 11 (1978), Nr. 17, S. 9.

108 Vgl. Voennaja kontrrazvedka, S. 212–214.

109 Vgl. Koval, A./Petrov, B.: V akvariume pora menjat' rybu, a ne vodu i mal'jakov, in: Nezavisimaja gazeta, 17.12.1991.

110 Vgl. Wise, David: Spy. The Inside Story of How the FBI's Robert Hanssen Betrayed America, New York 2002, S. 21–24.

111 Vgl. Earley, Peter: Confession of a Spy. The Real Story of Aldrich Ames, New York 1997, S. 144; 231–235; Grimes/Vertefeuille: Circle of Treason, S. 66.

112 Vgl. Schmidt: Leben und Tod des GRU-Generalmajors Dmitri Poljakov, S. 203.

113 Vgl. Krieger: Geschichte der Geheimdienste, S. 313 f.; Tereščenko: Rokovaja točka »burbona«, S. 203.
114 Interview mit Sandy Grimes, The National Security Archive, 3.1.1998, https://nsarchive2.gwu.edu/coldwar/interviews/episode-21/grimes1.html.
115 Vgl. Hebel, Christina/Holscher, Max: Der mysteriöse Fall des russischen Meisterspions, Spiegel online, 6.3.2018, https://www.spiegel.de/politik/ausland/sergei-skripal-russischer-ex-spion-offenbar-vergiftet-a-1196669.html.
116 Vgl. Trapp, Ralf: Novičok, die Skripal Affäre und das Chemiewaffenübereinkommen, in: SIRIUS 2 (2018), H. 3, S. 219–220.
117 Russian message intercepted after Skripal attack, The Times, 9.4.2018.
118 Verdächtige im Fall Skripal sind laut May russische Agenten, Spiegel online, 5.9.2018, https://www.spiegel.de/politik/ausland/theresa-may-attentaeter-von-sergei-skripal-sind-russische-agenten-a-1226665.html.
119 Vgl. Ackeret, Markus: Der Kreml kennt die Verdächtigen im Fall Skripal. Und Putin hat eine rührende Empfehlung an die beiden, Neue Züricher Zeitung, 12.9.2018, https://www.nzz.ch/international/fall-skripal-putin-stellt-verdaechtige-als-harmlose-buerger-dar-ld.1419406.
120 Vgl. Interview von RT mit Petrow und Boschirow, 13.9.2018: https://www.youtube.com/watch?v=2pbNKvm_vtY.
121 Tolz, Vera u. a.: Mediatization and journalistic agency: Russian television coverage of the Skripal poisonings, in: Journalism 22 (2021), Nr. 12, S. 2982–2983.
122 Vgl. Skripal Suspect Boshirov Identified as GRU Colonel Anatoliy Tschepiga.
123 Vgl. Full report: Skripal Poisoning Suspect Dr. Alexander Mishkin, Hero of Russia; Skripal Suspects Confirmed as GRU Operatives: Prior European Operation Disclosed, Bellingcat, 20.9.2018, https://www.bellingcat.com/news/uk-and-europe/2018/09/20/skripal-suspects-confirmed-gru-operatives-prior-european-operations-disclosed/.
124 Vgl. Rosenbach: Überwachte Überwacher, S. 203.
125 Vgl. Rüesch, Andreas: Sabotage, Giftattacken und Umsturzpläne: 13 aufsehenerregende Operationen des russischen Militärgeheimdienstes, Neue Züricher Zeitung, 3.5.2021, https://www.nzz.ch/international/russlands-geheimdienst-gru-sabotage-gift-und-umsturzplaene-ld.1422839?reduced=true.
126 Vgl. Karteikarte mit Angaben zum militärischen Werdegang von Wiktor Fedorowitsch Skripal, CAMO, Schrank 190, Karteikasten 32; Kostoglodov, Denis: »Zadolgo do Solsberi«: reportaž iz Ozerska – goroda detstva Sergeia Skripalja, 16.3.2018, https://kgd.ru/news/society/item/71309-reportazh-iz-goroda-detstva-shpiona-razvedchika-sergeya-skripalya.

127 Vgl. Urban: Die Akte Skripal, S. 14–21.

128 Vgl. Urban, Mark: »I wanted a life outside Russia«: Sergei Skripal tells how he was turned by MI6 into sharing his secrets before being snatched by Putin's thugs in a stunning interview given a year before Salisbury, Mail online, 30.9.2018, https://www.dailymail.co.uk/news/article-6220481/Sergei-Skripal-tells-turned-MI6-sharing-secrets.html.

129 Siehe hierzu beispielsweise: Andrew/Mitrochin: Das Schwarzbuch des KGB.

130 Vgl. Esch, Christian/Gebauer, Matthias u. a.: Der Giftangriff, in: Der Spiegel, 2018, Nr. 12, S. 13.

131 Vgl. Kolpakidi/Prochorov: Imperija GRU, Bd. 2, S. 186–191; Goldmains, Māris: How to Catch a Spy who Uses Number Stations? The KGB Experience, Numbers Stations, https://www.numbers-stations.com/how-to-catch-a-spy-who-uses-numbers-stations-the-kgb-experience.

132 Vgl. Prochov/Lemechov: Perebežčiki: Zaočno rasstreljany, S. 368–371; Lubjanka 2, S. 312–313; Bearden, Milt/Risen, James: The Main Enemy – The Inside Story of the CIAs Final Showdown with the KGB, New York 2003, S. 105–108.

133 Vgl. Tereščenko, Anatolij S.: »Oborotni« iz voennoj razvedki, Moskva 2004, S. 177–202; Pringle, Robert W.: Historical Dictionary of Russian and Soviet Intelligence, Maryland 2015, S. 70.

134 Vgl. Prochov/Lemechov: Perebežčiki, S. 345–372.

135 Vgl. Evdokimov, Pavel: General-prezident Dudaev, in: Specnaz Rossii, 2016, Nr. 4; Baranec, Viktor: Čečenskij osvedomitel' sdal Dudaeva za million dollarov, in: Komsomol'skaja pravda, 20.4.2011.

136 Vgl. Ivšina, Ol'ga/Gorjaško, Sergej: »Sergej vsegda byl načeku«: kak žil Skripal' v Rossii i Britanii, BBC News, 8.3.2018, https://www.bbc.com/russian/features-43294559.

137 Vgl. Urban, Die Akte Skripal, S. 70–89; Leimbach, Alina: Wer ist Sergei Skripal, Welt, 6.3.2018, https://www.welt.de/politik/ausland/article174250005/Angegriffener-Ex-Spion-Wer-ist-Sergei-Skripal.html.

138 Vgl. Voennaja kontrrazvedka. Istorija, sobytija, ljudi, Moskva 2008, S. 237 f.

139 Vgl. Krjažev, Roman: Razvedčika vydal aktiv, Kommersant', 15.7.2010; Vorsamer, Barbara: Mata Hari der Moderne, in: Süddeutsche Zeitung, 8.7.2010.

140 Vgl. Urban, Die Akte Skripal, S. 155–159.

141 Vgl. Hufelschulte, Josef: Vergifteter Doppelagent Skripal war bis 2017 für vier Geheimdienste tätig, Focus online, 28.9.2018, https://www.focus.de/politik/ausland/er-enttarnte-russische-agenten-bericht-vergifteter-doppelagent-skripal-war-bis-2017-fuer-vier-geheimdienste-taetig_id_9672094.html; Karcev, Dmitrij: Machrovyj nacionalist, kotoromu, vozmožno, msti-

Anmerkungen

li za proval Anny Čapman, Meduza, 5.10.2018, https://meduza.io/feature/2018/10/05/mahrovyy-natsionalist-kotoromu-vozmozhno-mstili-za-proval-anny-chapman.

142 Vgl. Demmer, Anne: Salisbury ist Nowitschok-frei, aber die Ermittlungen dauern an, Deutschlandfunk, 4.3.2019, https://www.deutschlandfunk.de/ein-jahr-nach-giftanschlag-salisbury-ist-nowitschok-frei-100.html.

143 Rede Putins auf dem Moskauer Energieforum, 3.10.2018, auf: https://www.youtube.com/watch?v=UhNtWqxaeTw.

Auch in Zukunft effektiv, aggressiv und skrupellos

1 Vgl. Glavnoe upravlenie General'nogo štaba Vooružennych sil Rossijskoj Federacii: Operacija »Bagration« i voennaja razvedka, S. 171.

2 Vgl. Roewer/Schäfer/Uhl, Lexikon der Geheimdienste im 20. Jahrhundert, S. 466; Voennaja Razvedka Rossii, S. 134–137; Alekseev, M. A./Kolpakidi, A. I./Kočik, V. Ja.: Ènciklopedija voennoj razvedki Rossii. 1918–1945 gg., Moskva 2012, S. 828.

3 Vgl. Die Bundeswehr war offenbar an gezielten Tötungen beteiligt, Deutschlandfunk, 30.12.2014, https://www.deutschlandfunk.de/afghanistan-die-bundeswehr-war-offenbar-an-gezielten-100.html.

4 Vgl. Bergman, Ronen: Der Schattenkrieg. Israel und die geheimen Tötungskommandos des Mossad, München 2018; Nehring, Christopher: Geheimdienst-Morde. Wenn Staaten töten – Hintergründe, Motive, Methoden, München 2022.

5 Vgl. Bergen, Peter L.: Die Jagd auf Osama bin Laden. Eine Enthüllungsgeschichte, München 2012; Wasdin, Howard E./Templin, Stephen: Navy Seals Team 6. Ein Elitekämpfer enthüllt die Geheimnisse seiner Einheit, München 2011.

6 Vgl. Galeotti, Mark: Putin's Wars. From Chechnya to Ukraine, Oxford 2022, S. 313–316.

7 Vgl. »Putin geht gegen Leute aus dem Apparat vor, die er persönlich kennt«, Interview von Christian Esch mit dem Geheimdienstexperten Andrej Soldatow.

Quellen- und Literaturverzeichnis

Ungedruckte Quellen

Archiv GRU – Moskau
Personalakte Korvettenkapitän Wiktor A. Ljubimov
Unterlagen des Chefs der 3. Verwaltung (Westeuropa) der GRU
Unterlagen der GRU-Führung
Auszüge aus der Operationsakte des Agenten »Murat«

Bundesarchiv (BArch) – Berlin, Freiburg
B 206 – Bundesnachrichtendienst
BW 2 – Bundesministerium der Verteidigung
DVL 3 – Luftstreitkräfte der NVA der DDR
R 58 – Reichssicherheitshauptamt
R 9361-I/2016 – Akte Willi Lehmann
RW 5 – Amt Ausland/Abwehr im OKW

National Security Archive – Washington, D.C.
Berlin Crisis boxes

NATO Archive – Brüssel
VIII–Defense Production and Logistics, 1959–1967
NATO Army Advisory Group – Document AC/225-D39
NATO Army Advisory Group – Document AC/225-D44
NATO Army Advisory Group – Document AC/225-D46
SHAPE-History-1958, August 1967

Ungedruckte Quellen

Russisches Staatsarchiv für Neuere Geschichte (RGANI) – Moskau
Bestand 2, Findbuch 1 – Plenen des ZK der KPdSU, 1941–1966
Bestand 5, Findbuch 30 – Allgemeine Abteilung des ZK der KPdSU, 1953–1966

Russisches Staatsarchiv für sozialpolitische Geschichte (RGASPI) – Moskau
Bestand 17, Findbuch 3 – Zentralkomitee der Kommunistischen Partei Russlands (Bolschewiki) / der Kommunistischen Allunions-Partei (Bolschewiki), Protokolle der Sitzungen des Politbüros, 1919–1952
Bestand 17, Findbuch 162 – Zentralkomitee der Kommunistischen Partei der Sowjetunion, Protokolle der Sitzungen des Politbüros des Zentralkomitees Kommunistischen Allunions-Partei (Bolschewiki), Sondermappe, 1923–1952
Bestand 558, Findbuch 2 – Josef W. Stalin, Dokumente, 1889–1952
Bestand 558, Findbuch 11 – Josef W. Stalin, Dokumentensammlung, 1888–1975

Russisches Staatsarchiv für Wirtschaft (RGAE) – Moskau
Bestand 29, Findbuch 1 – Staatskomitee für Luftfahrtindustrie der UdSSR
Bestand 298, Findbuch 1 – Staatskomitee für Verteidigungstechnik der UdSSR
Bestand 4372, Findbücher 79, 80, 81 – Staatliche Plankommission der UdSSR

Russisches Staatliches Militärarchiv (RGVA) – Moskau
Bestand 4, Findbuch 2 – Administrative Verwaltung beim Volkskommissar für Verteidigung der UdSSR
Bestand 4, Findbuch 11 – Administrative Verwaltung beim Volkskommissar für Verteidigung der UdSSR
Bestand 33987, Findbuch 3 – Sekretariat des Vorsitzenden des Revolutionären Kriegsrates der UdSSR, 1918–1953
Bestand 33989, Findbuch 2 – Sekretariat des 2. Stellvertretenden Vorsitzenden des Revolutionären Kriegsrates der UdSSR, 1923–1940

Staatsarchiv der Russischen Föderation (GARF) – Moskau
Bestand 9401, Findbuch 2 – Sondermappen des NKWD/MWD für Stalin, 1944–1953

Quellen- und Literaturverzeichnis

Zentralarchiv des Sicherheitsdienstes der Russischen Föderation (CA FSB) – Moskau

N-21136 – Untersuchungsakte des Ministeriums für Staatssicherheit der UdSSR gegen Generalleutnant Franz Eccard von Bentivegni

Zentralarchiv des Verteidigungsministeriums der Russischen Föderation (CAMO) – Podolsk

Bestand 23 – Hauptverwaltung Aufklärung des Generalstabes der Roten Armee

Bestand 33 – Hauptverwaltung Kader des Volkskommissariats für Verteidigung der UdSSR

Bestand 40 – Generalstab der Roten Armee

Bestand 203 – Woronescher Front, 1942–1943

Bestand 217 – Leningrader Front, 1941–1945

Bestand 233 – 1. Belorussische Front, 1944–1945

Bestand 480 – 18. Luftarmee, 1944–1946

Bestand 500, Findbuch 12451 – Beutedokumente des Oberkommandos des Heeres, 1935–1945

Bestand 500, Findbuch 12454 – Beutedokumente der Heeresgruppe Mitte der Wehrmacht, 1920–1945

Bestand 20516 – 4. Garde-Bomberkorps, 1944–1949

Bestand 21890 – 1. selbstständiges Jagdfliegerregiment »Normandie-Neman«

Bestand 22741 – 511. selbstständiges Aufklärungsfliegerregiment

Stationierungsübersichten der Gruppe der Sowjetischen Streitkräfte in Deutschland, 1945–1983

Personalunterlagen

Gedruckte Quellen

Atomnyj proekt SSSR: Dokumenty i materialy: V 3-ch tomach, Bd. I, Teil 2: 1938–1945, Moskva 2002.

Atomnyj proekt SSSR: Dokumenty i materialy: V 3-ch tomach, Bd. II, Teil 6: 1945–1954, Moskva 2006.

Chruschtschows Westpolitik 1955 bis 1964, Bd. 3: Die Kulmination der Berlin-Krise, hrsg. von Gerhard Wettig, München 2011.

Delo Richarda Sorge: Neizvestnye dokumenty, Moskva 2000.

D'jakov, Ju. L./Bušueva. T. S.: Fašistskij meč kovalsja v SSSR. Krasnaja armija i rejchsver-tajnoe sotrudničestvo 1922–1933. Neizvestnye dokumenty, Moskva 1992.

Erlass des Präsidenten der Russischen Föderation Nr. 1240 »Über die Verleihung von Dienstgraden für höhere Offizier der Streitkräfte der Russischen Föderation, 31.8.2012, https://npalib.ru/2012/08/31/ukaz-1240-id248397/.

Field Manual No. 100-2-3: The Soviet Army: Troops, Organization and Equipment, Washington, D.C. 1991.

Georgij Žukov. Stenogramma oktjabr'skogo (1957 g.) plenuma CK KPSS i drugie dokumenty, Moskva 2001.

Hauptverwaltung Aufklärung des Generalstabes der Streitkräfte der UdSSR: Informations-Bulletin Nr. 4 – Das operativ-taktische Raketensystem Phersing-1 und Phersing-1A der USA, Moskva 1968.

Hürter, Johannes/Uhl, Matthias: Hitler in Vinnica. Ein neues Dokument zur Krise im September 1942, in: Vierteljahrshefte für Zeitgeschichte 63 (2015), H. 4, S. 581–639.

Kal'mina, Lilija V./Malygina, Ol'ga A.: »Ukrepljaetsja soznanie, čto v okončatel'nom rezusl'tate Japonija budet pobeždena«. Donesenija voennogo agenta A. I. Pavlolva v Ministerstvo finansov vo vremja Russko-japonskoj vojny 1904–1905 gg., in: Vestnik archivista, 2022, Nr. 2, S. 464–477.

Komintern i Vtoraja mirovaja voijna. V 2 č. Č 1. Do 22 ijunja 1941 g., Moskva 1994.

Leonid Brežnev. Rabočie i denvnikove zapisi, Bd. 1: Leonid Brežnev. Rabočie i denvnikove zapisi 1964–1982 gg., Moskva 2016.

Leonid Brežnev. Rabočie i denvnikove zapisi, Bd. 2: Zapisi sekretariej Priemnoj L.I. Brežneva. 1965–1982 gg., Moskva 2016.

Lubjanka. Organy VČK – OGPU – NKVD – NKGB – MGB – MVD – KGB 1917–1991. Spravočnik, Moskva 2003.

Lubjanka. Stalin i Glavnoe upravlenie gosbezopasnosti NKVD. Archiv Stalina. Dokumenty vysšich organov partijnoj i gosudarstvennoj vlasti. 1937–1938, Moskva 2004.

Lubjanka. Stalin i VČK-GPU-OGPU-NKVD. Archiv Stalina. Dokumenty vysšich organov partijnoj i gosudarstvennoj vlasti. Janvar' 1922 – dekabr' 1936, Moskva 2003.

Muranov, A. I./Zvjagicev, R. E.: Sud nad sud'jami (osobaja papka Ul'richa), Kazan 1993.

Neotvratimnoe vozmezdie. Po materialam sudebnych processov nad izmennikami rodiny, fačistskimi palačami i agentami imperialističeskich ravedok, Moskva 1987.

»Nevol'niki v rukach Germanskogo Rejsvera«. Reč' I. V. Stalina v Narkomate oborony, in: Istočnik, 1994, Nr. 3, S. 72–88.

On the Front Lines of the Cold War: Documents on the Intelligence War in Berlin, 1946 to 1961, ed. by Donald P. Steury, Washington, D.C. 1999.

Organy gosudarstvennoj bezopasnosti SSSR v Velikoj Otečestvennoj vojne. Sbornik dokumentov, Bd. 1/1: Nakanune, Moskva 1995.

Organy gosudarstvennoj bezopasnosti SSSR v Velikoj Otečestvennoj vojne. Sbornik dokumentov, Bd. 3/1: Krušenie »Blitckriga«. 1 janvarja – 30 ijunja 1942 goda, Moskva 2003.

Otečestvennaja vojna 1812 goda. Materialy voenno-učenogo archiva, Bd. 1, Teil 1, St. Peterburg 1900.

Politbjuro CK RKP(b) – VKP(b). Povestki dnja zasedanij. 1919–1952: Katalog/Bd. II. 1930–1939, Moskva 2001.

Posetiteli kremlevskogo kabineta I. V. Stalina, in: Istoričeskij archiv, 1998, Nr. 4, S. 4–203.

Posetiteli kremlevskogo kabineta N. S. Chruščeva. 1958–1964 gg., in: Istočnik, 2003, Nr. 4, S. 56–112.

Povestka dnja zasedanie Politbjuro CK VKP(b) ot 29 marta 1934 g., in: Politbjuro CK RKP(b) – VKP(b). Povestki dnja zasedanij. 1919–1952: Katalog / Bd. II. 1930–1939, Moskva 2001

Prezidium CK KPSS 1954–1964. Černovye protokol'nye zapisi zasedanij. Stenogrammy. Postanovlenija, Bd. 1: Černovye protokol'nye zapisi zasedanij. Stenogrammy, Moskva 2003.

Prezidium CK KPSS 1954–1964. Černovye protokol'nye zapisi zasedanij. Stenogrammy. Postanovlenija, Bd. 2: Postanovlenija 1954–1958, Moskva 2006.

Rossijskij Archiv: Istorija Otečestva v svidetel'stvach i dokumentach XVIII–XX vv.: Al'manach, Moskva 1996.

Russkij archiv: Velikaja otečestvennaja, Bd. 16 (5-2): Stavka VGK, 1942 g.: Dokumenty i materialy, Moskva 1996.

Russkij archiv: Velikaja otečestvennaja, Bd. 18 (7-1): Sovetsko-japonskaja vojna 1945 goda, Moskva 1997.

Stanovlenie raketnoj mošči strany. Iz istorii sozdanija raketno-jadernogo oružija i raketnych vojsk strategičeskogo naznačenija (1960–1964), hrsg. von V. I. Ivkin, G-A. Suchina, M. Ul', Bd. 1 (1960–1961 gg.), Moskva 2019.

Stanovlenie raketnoj mošči strany. Iz istorii sozdanija raketno-jadernogo oružija i raketnych vojsk strategičeskogo naznačenija (1960–1964), hrsg. von V. I. Ivkin, G-A. Suchina, M. Ul', Bd. 2 (1962–1963 gg.), Moskva 2019.

Stanovlenie raketnoj mošči strany. Iz istorii sozdanija raketno-jadernogo oružija i raketnych vojsk strategičeskogo naznačenija (1960–1964), hrsg. von V. I. Ivkin, G. A. Suchina, M. Ul', Bd. 3 (1964 g.), Moskva 2019.

Sudebnyj process pj ugolovnomy delu anglijskoj i amerikanskoj razvedok graždanina SSSP Pen'kovskogo O. V. i špiona-svjaznika poddannogo Velikobritannii Vinna G. M., Moskva 1963.

Ugolovnyj kodeks Rossijskoj Socialističeskoj Federativoj Sovetskoj Respubliki, Moskva 1922.

Ugolovnyj kodeks Rossijskoj Socialističeskoj Federativoj Sovetskoj Respubliki. Redakcii 1926, Moskva 1938.

Glazami razvedki. SSSR i Evropa. 1918–1938 gody, hrsg. von Ul', M./Chaustov, V. N./Zacharov, V. V., Moskva 2015.

Ulbricht, Chruschtschow und die Mauer. Eine Dokumentation, hrsg. von Matthias Uhl und Armin Wagner, München 2003.

Voennaja razvedka informiruet. Dokumenty Razvedupravlenija Krasnoj Armii. Janvar' 1939 – ijun' 1941, Moskva 2008.

Vsesojuznaja perepis' naselenija 1939 goda. Osnovnye itogi – Rossija, Moskva 1999.

Wirsching, Andreas: »Man kann nur Boden germanisieren«. Eine neue Quelle zu Hitlers Rede vor den Spitzen der Reichswehr am 3. Februar 1933, in: Vierteljahrshefte für Zeitgeschichte 49 (2001), Nr. 3, S. 517–550.

Literatur

16-ja Vozdušnaja. Voenno-istoričeskij očerk o beovom puti 16-j vozdušnoj armii (1942–1945), Moskva 1973.

A Counterintelligence Reader, Bd. III: Post-World War to Closing the 20th Century, hrsg. von Frank J. Rafalko, Washington, D.C. 2004.

Abdullaev, Emin: »Takogo ada my ne videli daze v Afganistane«: kak SSSR sekretno učastvocala v graždanskoj vojne v Angole, Discours, 30.5.2016, https://discours.io/articles/social/angolskaya-narodnaya-respublika.

Ackeret, Markus: Der Kreml kennt die Verdächtigen im Fall Skripal. Und Putin hat eine rührende Empfehlung an die beiden, Neue Züricher Zeitung, 12.9.2018, https://www.nzz.ch/international/fall-skripal-putin-stellt-verdaechtige-als-harmlose-buerger-dar-ld.1419406

Ackeret, Markus: Russlands Militärgeheimdienst ist fürs Grobe zuständig, Neue Züricher Zeitung, 25.9.2018, https://www.nzz.ch/international/russlands-militaergeheimdienst-ist-fuers-grobe-zustaendig-ld.1422825?reduced=true.

Adomeit, Hannes: Die Lehren der russischen Generäle, Neue Züricher Zeitung, 18.7.2014, https://www.nzz.ch/international/die-lehren-der-russischen-generaele-ld.848371.

Afghanistan: A year of occupation, United Department of State, Bureau of Public Affairs, Nr. 79, Washington, D.C. 1981.

Agabekov, Georges: OGPU. The Russian Secret Terror, New York 1931.

Agee, Philip: Inside the Company. CIA Diary, New York 1975.

Aldrich, Richard J.: GCHQ. The Uncensored Story of Britian's Most Secret Intelligence Agency, London 2010.

Alechin, Roman V.: Časti i podrazdelenija special'nogo naznačenija GRU, Desant, http://www.desantura.de/ru/армия/спецназ-СССР.html.

Alechin, Roman V.: Vozdušno-desantnye vojska. Istorija rossijskogo desanta, Moskva 2009.

Alekseev, Michail: Voennaja razvedka Rossii ot Rjurika do Nikolaja II., Bd. I, Moskva 1998.

Alekseev, Michail: Voennaja razvedka Rossii ot Rjurika do Nikolaja II., Bd. II, Moskva 1998.

Alekseev, Michail: Voennaja razvedka Rossii. Pervaja mirovaja vojna, Bd. III, Teil 2, Moskva 2001.

Literatur

Alekseev, Michael/Kolpakidi, Aleksandr./Kočik, Valerij: Ėnciklopedija voennoj razvedki Rossii. 1918–1945 gg., Moskva 2012.

Alekseev, Michail/Kolpakidi, Aleksandr/Kočik, Valerij: Sovetskaja voennaja razvedka 1917–1934 gg., Moskva 2020.

Alekseev, Michail/Kolpakidi, Aleksandr/Kočik, Valerij: Sovetskaja voennaja razvedka nakanunie vojny 1935–1938, Moskva 2019.

Andrew, Christopher: MI 5. Die wahre Geschichte des britischen Geheimdienstes, Berlin 2010.

Andrew, Christopher/Mitrochin, Wassili: Das Schwarzbuch des KGB. Moskaus Kampf gegen den Westen, München 2001.

Andrew, Christopher/Gordievsky, Oleg: KGB. The Inside Story of its Foreign Operations from Lenin to Gorbachev, New York 1991.

Aptekar', Pavel: Agenty i rezidenty, in: Rodina, 1993, Nr. 8–9, S. 40–43.

Arsjuchin, Evgenij: U Mavzoleja zasekli fal'šivogo generala, Komsomol'skaja pravda, 14.5.2012, https://www.kp.ru/daily/25881.5/2844529/.

Artem'ev, Aleksandr/Rumjancev, Fedor: Minoborony potopilo Korabel'nikova. Načalnik GRU ušel s skandalom, gaseta.ru, 24.4.2009, https://www.gazeta.ru/politics/2009/04/24_a_2978667.shtml?updated.

Artem'ev, Anatolij M.: Kryla nad morem. Poslevoennaja istorija razvitija otečestvennoj morskoj aviacii, Moskva 2011.

Ashley, Clarence: CIA Spy Master. Kisevalter, the Agency's Top Case Officer, who handled Penkovsky and Popov, Gretna 2004.

Atlamazoglou, Stavros: The Russian Military's Elite Units Are Dying A Slow Death in Ukraine, 1945, 26.5.2022, https://www.19fortyfive.com/2022/05/the-russian-militarys-elite-units-are-dying-a-slow-death-in-ukraine/.

Babaš, A.V./Baranova, E. K./Larin, D. A.: Informacionnaja bezopasnost'. Istorija special'nych metodov, Moskva 2019.

Baberowski, Jörg: Der rote Terror. Die Geschichte des Stalinismus, München 2003.

Baberowski, Jörg: Verbrannte Erde. Stalins Herrschaft der Gewalt, München 2012.

Bagley, Tennet H.: Spy Wars. Moles, Mysteries, and Deadly Games, New Haven/London 2007.

Bailey, George/Kondraschow, Sergej A./Murphy, David: Die unsichtbare Front. Der Krieg der Geheimdienste im geteilten Berlin, Berlin 2000.

Ball, Desmond: Soviet Signals Intelligence: Vehicular Systems and Operations, in: Intelligence and National Security 4 (1989), Nr. 1, S. 5–27.

Ball, Desmond/Windrem, Robert: Soviet Signals Intelligence (Sigint): Organization and Management, in: Intelligence and National Security 4 (1989), Nr. 4, S. 621–659.

Bamford, James: NSA. Die Anatomie des mächtigsten Geheimdienstes der Welt, München 2002.

Baranec, Viktor: Čečenskij osvedomitel' sdal Dudaeva za million dollarov, Komsomol'skaja pravda, 20.4.2011.

Baranec, Viktor: Steregut li boevye del'finy na samom dele Svastopol' in Krymskij most, Komsomol'skaja pravda, 27.7.2022, https://www.kp.ru/daily/27424.3/4623186/.

Barova, Ekaterina: Sudba špionov. Počemu uspešnye ljudi s chrošej kareroj idut v predateli?, in: Argumenty i faky, 2018, Nr. 39, S. 42.

Battenberg, Friedrich: Das europäische Zeitalter der Juden. Zur Entwicklung einer Minderheit in der nichtjüdischen Umwelt Europas. Bd. II: Von 1650 bis 1945, 2. Auflage, Darmstadt 2000.

Baumgärtner, Maik u. a.: Die Schattenkrieger des Kreml, in: Der Spiegel, 2019, Nr. 50, S. 40–45.

Baumgärtner, Maik u. a.: Putins Schattenkrieger, in: Der Spiegel, 2022, Nr. 35, S. 8–16.

Bearden, Milt/Risen, James: The Main Enemy – The Inside Story of the CIAs Final Showdown with the KGB, New York 2003.

Beevor, Antony: Der Zweite Weltkrieg, München 2014.

Beevor, Antony: Stalingrad, München 2001.

Belov, Sergej: Glavoj GRU naznačen general Igor' Korobov, RG.RU, 2.2.2016, https://rg.ru/2016/02/02/glavoj-gru-naznachen-general-igor-korobov.html.

Benson, Robert L.: The Venona Story, Fort Meade, MD 2001.

Bergen, Peter L.: Die Jagd auf Osama bin Laden. Eine Enthüllungsgeschichte, München 2012.

Bergman, Ronen: Der Schattenkrieg. Israel und die geheimen Tötungskommandos des Mossad, München 2018.

Bernštejn, A. I.: S čego načinalas' »berlinskaja stena«, in: Voenno-istoričeskij archiv, 2003, Nr. 12, S. 39–43.

Bezymenski, Lew: Geheimmission in Stalins Auftrag? David Kandelaki und die sowjetisch-deutschen Beziehungen Mitte der dreißiger Jahre, in: Vierteljahrshefte für Zeitgeschichte 40 (1992), H. 3, S. 339–357.

Bezymenskij, Lev A.: Sovetskaja razvedka pered vojnoj, in: Voprosy istorii, 1996, Nr. 9, S. 78–90.

Bigalke, Silke/Großmann, Vikoria: Zwei Explosionen zu viel, Süddeutsche Zeitung, 19.4.2021, https://www.sueddeutsche.de/politik/tschechien-russland-prag-moskau-geheimdienst-munitionslager-gru-anschlaege-waffenhaendler-1.5269408.

Biggs, Barton M.: Wealth, war, and wisdom, Hoboken 2008.

Biographisches Handbuch zur Geschichte der Kommunistischen Internationale. Ein deutsch-russisches Forschungsprojekt, hrsg. von Michael Buckmiller und Klaus Meschkat, Berlin 2007.

Blank, Aleksandr S./Mader, Julius: Rote Kapelle gegen Hitler, Berlin 1979.

Blaue Dragoner, in: Der Spiegel, 1968, Nr. 45, S. 38–41.

Bobrov, M. A.: Organizacija i vedenie vozdušnoj razveki v period Velikoj Otečestvennoj vojny 1941–1945 gg., in: Voenno-istoričeskij žurnal, 2006, Nr. 2, S. 7–11.

Boger, Jan: Elite- und Spezialeinheiten international. Entwicklung, Ausrüstung, Einsatz, Stuttgart 1995.

Boghardt, Thomas: Covert Legions. U.S. Army Intelligence in Germany, 1944–1949, Washington, D.C. 2022.

Bojko, Aleksandr: Tajna »Mejsi«: Kak chozjaka damskogo salona v N'ju-Jorke spasla mir v dni Karibskogo krizisa. Ona prosto byla kapitanom GRU, Komsomol'skaja pravda, 5.11.2022, https://www.kp.ru/daily/27467.5/4672599/.

Bol'šoj juridičeskij slovar', Moskva 2010.

Boltunov, Michail E.: Agenturoj GRU ustanovleno …, Moskva 2003.

Boltunov, Michail E.: Diversanty, Moskva 2009.

Boltunov, Michail E.: Duša razvedčika pod frakom diplomata, Moskva 2012.

Boltunov, Michail E.: Gorjačaja rabota na cholodnoj vojne, Moskva 2021.

Boltunov, Michail E.: Kroty GRU v NATO, Moskva 2013.

Boltunov, Michail E.: Neistovyj francuz, in: Eženedelnik »Zvezda«, Zvezda weekly, 3.10.2021, https://zvezdaweekly.ru/news/2021841316-dgYvd.html.

Boltunov, Michail E.: Radiorazvedka: otvetnyj udar, Moskva 2020.

Boltunov, Michail E.: »Superstar« sovetskoj razvedki, Moskau 2010 (unveröffentlichtes Manuskript).

Boltunov, Michail E.: Uslyšat' sobaku na orbite i kosmonavtov v tajge. Kak radiorazvedka GRU obespečivala pervye kosmičeskie polity, Nezavisimoe voennoe obozrenie, 6.10.2022, https://nvo.ng.ru/spforces/2022-10-06/1_1209_orbit.html.

Boltunov, Michail E.: »Zolotoe ucho« voennoj razvedki, Moskva 2011.

Borcke, Astrid von: Die Sowjetspionage. Die Dunkeldimension der Außen- und Sicherheitspolitik unseres Jahrhunderts, Köln 1992.

Borodziej, Włodzimierz/Górny, Maciej: Der vergessene Weltkrieg. Imperien 1912–1916, Darmstadt 2018.

Botev, B. M.: Nemeckaja atomnaja bomba. Istorija i real'nost, in: Atom, 2018, Nr. 80, S. 2–9.

Bowen, Andrew S.: Russian Military Intelligence: Background and Issues for Congress, Congressional Research Service, Report 46616, Washington, D.C. 2021, https://crsreports.congress.gov/product/details?prodcode=R46616.

Brabourne, Martin L.: More on Recruitment of Soviets, in: Studies in Intelligence 9 (1965), Nr. 1, S. 39–60.

Bradsher, Henry S.: Afghanistan and the Soviet Union, Druham, North Carolina 1985.

Brauburger, Stefan: Die Nervenprobe. Schauplatz Kuba: Als die Welt am Abgrund stand, Frankfurt a. M./New York 2002.

Broussard, Philippe/Pontaut, Jean-Marie: Espionnage – Les grandes affaires: de 1945 à nos jours, Paris 2014.

Bullock, Alan: Hitler und Stalin. Parallele Leben. Berlin 1991.

Bundesministerium des Innern: Verfassungsschutzbericht 2009, 2. Auflage, Berlin 2013.

Butyrskij, L. S./Larin, D. A./Šankin, G. P.: Kriptografičeskij front Velikoj Otečestvennoj, Moskva 2017.

Byt' istinnym patriotom svoej strany, in: Rodina, 2012, Nr. 10, S. 95–97.

Čertok, Boris E.: Rakety i ljudi. Bd. 3: Gorjačie dni cholodnoj vojny, Moskva 1999.

Čertoprud, Sergej: Naučno-techničeskaja razvedka ot Lenina do Gorbačeva, Moskva 2002.

Čertoprud, Sergej: Voprosy vokrug dela Penkovskogo, in: Nezavisimoe voennoe obozrenie, 9.6.2000.

Chaustov, Vladimir N./Chmel'nikov, V. S.: Razvedyvatel'noe obespečenie operacii »Bagration«, in: Operacii »Bagration«. Materialy meždunarodnoj naučnoj konferencii, Moskva 2019, S. 94–104.

Chavkin, Boris/Ul', Mattias: Villi Leman – sovetskij razvedčik iz gestapo, in: Forum novejšej vostočnoevropejskoj istorii i kultury, 2008, Nr. 2, S. 15–31.

Chazanov, Dmirtij B./Gorbač, Vitalij G.: Aviacija v bitve nad Orlovsko-Kurskoj dugoj. Obronitel'nyj period, Moskva 2004.

Chlewnjuk, Oleg: Stalin. Eine Biographie, München 2015.

Chochlov, L. M.: Voennaja razvedka Krasnoj Armii i ee rol' v razgrome nemeckich vojsk v Kurskoj bitve, in: 1943 god. Ot Kurska do Dnepra, Moskva 2018, S. 139–156.

Clair, Jean-François/Guérin, Michel/Nart, Raymond: La DST sur le front de la guerre froide, Paris 2022.

Clark, P.: Russia has no reconnaissance satellites in Orbit, in: Jane's Defence Weekly, 8. Mai 2001.

Coppi, Hans: Der tödliche Kontakt mit Moskau – Berliner Funkspiele des RSHA, in: Krieg im Äther. Widerstand und Spionage im Zweiten Weltkrieg, hrsg. von Hans Schafranek und Johannes Tuchel, Wien 2004, S. 33–49.

Corera, Gordon: The Art of Betrayal. The Secret History of MI6, New York/London 2012.

Čuev, Sergej G.: Gosudarevo oko. Tajnaja diplomatija i razvedka na službe Rossii, Moskva 2002.

Dallin, David J.: Soviet Espionage, New York 1955.

Damaskin, Igor' A.: Stalin i razvedka, Moskva 2004.

Danylov, Oleg: Russian high-percision weapons use the same and slightly outdated import components, Mezha, 5.9.2022, https://mezha.media/en/2022/09/05/russian-high-precision-weapons-use-the-same-and-slightly-outdated-imported-components/.

Das Deutsche Reich und der Zweite Weltkrieg, Bd. 5/1: Organisation und Mobilmachung des deutschen Machtbereichs – Kriegsverwaltung, Wirtschaft und personelle Ressourcen, Stuttgart 1988.

Das Deutsche Reich und der Zweite Weltkrieg, Bd. 8: Die Ostfront 1943/44. Der Krieg im Osten und an den Nebenfronten, München 2007.

Das Schwarzbuch des Kommunismus. Unterdrückung, Verbrechen und Terror, hrsg. von Stéphane Courtois u. a., München/Zürich 2004.

Demljuga, G. P.: Razvedyvatel'nye korabli, in: Problemy razvitija korabel'nogo vooruženija i sudnogo radioelektronnogo oborudovanija, 2012, Nr. 1, 82–89.

Demmer, Anne: Salisbury ist Nowitschok-frei, aber die Ermittlungen dauern an, Deutschlandfunk, 4.3.2019, https://www.deutschlandfunk.de/ein-jahr-nach-giftanschlag-salisbury-ist-nowitschok-frei-100.html.

Der Fall Noel Field. Schlüsselfigur der Schauprozesse in Osteuropa. Gefängnisjahre 1949–1954, hrsg. von Bernd-Rainer Barth und Werner Schweizer, Berlin 2005.

Deutscher Oktober 1923. Ein Revolutionsplan und sein Scheitern, hrsg. von Bernhard H. Bayerlein u. a., Berlin 2003.

Deutschland im Zweiten Weltkrieg, Bd. 3: Der grundlegende Umschwung im Kriegsverlauf (November 1942 bis September 1943), hrsg. von Wolfgang Bleyer u. a., Berlin 1979.

Deutschland, Russland, Komintern. Bd. II: Dokumente (1918–1943), hrsg. von Hermann Weber, Jakov Drabkin und Bernhard H. Bayerlein, München/Berlin/Boston 2015.

Devjatov, A.: Nebopolitika. Put' pravdy – razvedka. Teorija i praktika »mjagkoj sily«, Moskva 2013.

Die Bundeswehr war offenbar an gezielten Tötungen beteiligt, Deutschlandfunk, 30.12.2014, https://www.deutschlandfunk.de/afghanistan-die-bundeswehr-war-offenbar-an-gezielten-100.html.

Die Macht der Geheimdienste. Agenten, Spione und Spitzel vom Mittelalter bis zum Cyberwar, hrsg. von Uwe Klußmann und Eva-Maria Schnurr, München 2020.

Dillon, Eva: Spies in the Family. An American Spymaster, his Russian Crown Jewel and the Friendship that helped end the Cold War, Sydney 2017.

Dobrokhotov, Roman u. a.: Explosion in Munitionsdepot war wohl Operation des russischen Geheimdienstes, Spiegel-online, 20.4.2021, https://www.spiegel.de/ausland/tschechien-explosion-in-munitionsdepot-war-wohl-operation-des-russischen-geheimdienstes-a-ca5bdb8e-d125-4013-a47c-74e615b589dc.

Dobrovol'skij, Aleksandr: »Fakty massogo sabotaža«: Veteran GRU vspomnil tajny afganskoj vojny, Moskovskij Komzomolec, 19.12.2019, https://www.mk.ru/social/2019/12/19/veteran-gru-vspomnil-tayny-afganskoy-voyny.html.

Dobrynin, Sergej: Slepaja Rossija. Armija Putina proigryvaet sputnikovuju vojnu, Radio Svoboda, 8.4.2022, https://www.svoboda.org/a/slepaya-rossiya-armiya-putina-proigryvaet-sputnikovuyu-voynu/31793090.html.

Drogovoz, Igor': Bol'šoj flot Strany Sovetov, Moskva 2003.

Duns, Jeremy: Dead Drop. The True Story of Oleg Penkovsky and the Cold War's Most Dangerous Operation, London u. a. 2013.

Earley, Peter: Confession of a Spy. The Real Story of Aldrich Ames, New York 1997.

Ènciklopedija sekretnych služb Rossii, Moskva 2004.

Ènciklopedija voennoj razvedki Rossii, Moskva 2004.

Esch, Christian/Gebauer, Matthias u. a.: Der Giftangriff, in: Der Spiegel, 2018, Nr. 12, S. 10–19.

Estonian Foreign Intelligence Service: International Security and Estonia 2018, o. O. 2018.

Evdokimov, Pavel: General-prezident Dudaev, in: Specnaz Rossii, 2016, Nr. 4.

Eye in the Sky. The Story of the Corona Spy Satellites, hrsg. von Dwayne A. Day, John M. Logsdon und Brian Latelli, Washington, D.C. 1998.

Eyermann, Karl-Heinz: Raketen. Schild und Schwert, Berlin 1967.

Fainberg, Sarah: Russian Spetsnaz, Contractors and Volunteers in the Syrian Conflict, Brussels 2017.

Falin, Valentin: Politische Erinnerungen, München 1993.

Fazit des Feldzuges der Russischen Armee in Syrien (2015–2017). »Wir brachen den Stoßkräften des Terrorismus das Rückgrat«. Interview der *Komsomolkaja Prawda* mit dem Chef des Generalstabes der Streitkräfte Russlands am 26. Dez. 2017, E-Book-Ausgabe, Dresden 2018, https://slub.qucosa.de/api/qucosa%3A21084/attachment/ATT-0/.

Fedorov, Evgenij: »Bitvy šivroval'ščikov« pri oborne Moskvy, Voyennoe obozrenie, 11.3.2019, https://topwar.ru/155091-bitvy-shifrovalschikov-pri-oborone-moskvy.html.

Fedorov, V. M.: Voenno-morskaja razvedka: istorija i sovremennost', Moskva 2008.

Figes, Orlando: Krimkrieg – Der letzte Kreuzzug, Berlin 2011.

Full report: Skripal Poisoning Suspect Dr. Aleksandr Mishkin, Hero of Russia, Bellingcat, 9.10.2018, https://www.bellingcat.com/news/uk-and-europe/2018/10/09/full-report-skripal-poisoning-suspect-dr-Aleksandr-mishkin-hero-russia/.

Fursenko, Aleksandr A.: Kak byla postroena berlinskaja stena, in: Istoričeskie zapiski, 2001, Nr. 4, S. 73–90.

Fursenko, Aleksandr A.: Rossija i meždunarodnye krizisy: seredeina XX veka, Moskva 2006.

Fursenko, Aleksandr A./Naftali, Timothy: Der Umgang mit KGB-Dokumenten: Der Scali-Feklisov-Kanal in der Kuba-Krise, in: Die Kubakrise 1962. Zwischen Mäusen und Moskitos, Katastrophen und Tricks, Mongoose und Anadyr, hrsg. von Heiner Timmermann, Hamburg/London 2003, S. 76–85.

Fursenko, Aleksandr A./Naftali, Timothy: »One Hell of a Gamble«. Khrushchev, Castro, and Kennedy, 1958–1964, New York u. a. 1997.

Galeotti, Mark: Korabelnikov leaves Russian military intelligence, In Moscow's Shadow, 26.4.2009, https://inmoscowsshadows.wordpress.com/2009/04/26/korabelnikov-leaves-russian-military-intelligence/.

Galeotti, Mark: Putin's Wars. From Chechnya to Ukraine, Oxford 2022.

Galeotti, Mark: Storm-333. KGB and Spetsnaz seize Kabul, Soviet-Afghan War 1979, London 2021.

Galeotti, Mark: The Unexpected Death of Russia's military intelligence (GRU) chief, Igor Sergun. In Moscow's shadows, 4.1.2016, https://inmoscowsshadows.wordpress.com/2016/01/04/the-unexpected-death-of-russias-military-intelligence-gru-chief-igor-sergun/.

Garthoff, Raymond L.: Die sowjetischen Spionageorganisationen, in: Die Rote Armee, hrsg, von Basil Liddell-Hart, Bonn o. J., S. 280–289.

Gavrilov, Jurij/Ptičkin, Sergej: Vladimir Putin otkryl novoe zdanie štabkvatiry GRU, Rossijskaya Gazeta, 10.11.2006, https://rg.ru/2006/11/10/gru.html.

Gebauer, Matthias u. a.: Mord im Kleinen Tiergarten – Deutschland weist russische Botschaftsmitarbeiter aus, Spiegel online, 4.12.2019, https://www.spiegel.de/politik/deutschland/tiergarten-mord-deutschland-weist-russische-botschaftsmitarbeiter-aus-a-1299633.html.

Geheimdienste in der Weltgeschichte. Spionage und verdeckte Aktionen von der Antike bis zur Gegenwart, hrsg. von Wolfgang Krieger, München 2003.

General'nyj štab Rossijskoj armii: istorija i svremennost', Moskva 2006.

Geyer, Dietrich: Der russische Imperialismus. Studien über den Zusammenhang von innerer und auswärtiger Politik 1860–1914, Göttingen 1977.

Gilardoni, Günter: Legenden um den Kreuzer »Magdeburg«, in: Marine-Kalender der DDR 1984, Berlin 1983, S. 64–66.

Gladkov, Teodor K.: Lift v razvedku. »Korol nelegalov« Aleksandr Korotkov, Moskva 2002.

Glantz, David M./House, Jonathan M.: Armageddon in Stalingrad, September–November 1942, Lawrence 2009.

Glantz, David M./House, Jonathan M.: To the gates of Stalingrad. Soviet-German combat operations, April–August 1942, Lawrence 2009.

Glavnoe upravlenie General'nogo štaba Vooružennych sil Rossijskoj Federacii: Operacija »Bagration« i voennaja razvedka, Moskva 2004.

Glavnoe upravlenie General'nogo štaba Vooružennych sil Rossijskoj Federacii: Stalingradskaja ėpopeja voennoj razvedki, Moskva 2002.

Glavnyj štab VMF: istorija i sovremennost'. 1696–1997, Moskva 1998.

Goldmains, Māris: How to Catch a Spy who Uses Number Stations? The KGB Experience, https://www.numbers-stations.com/how-to-catch-a-spy-who-uses-numbers-stations-the-kgb-experience/

Golicyn, Pavel A.: Zapiski načal'nika voennoj razvedki, Moskva 2002.

Golikov, I. V./Kalašnikov, K. A./Slugin, S. A./Fes'kov, V. I.: Vooružennye sily SSSR posle Vtoroj Mirovoj vojny: ot Kransnoj armii k Sovetskoj, Tomsk 2013.

Gorbačev, Ju. E.: Organisacija i razvitie služby radioėlekronoj borby vooružennych sil SSSR v 1950–1960 gg., in: Voenno-istoričeskij žurnal, 2014, Nr. 8, S. 71–75.

Gorbunov, Evgenij: Stalin i GRU, Moskva 2010.

Gorbunov, Evgenij: Voennaja razvedka v 1934–1939 godach, in: Svobodnaja mysl', 1998, Nr. 2, S. 98–109.

Gorbunov, Evgenij: Voennaja razvedka v 1934–1939 godach (II), in: Svobodnaja mysl', 1998, Nr. 3, S. 54–61.

Gorčakov, Ovidij Karlovič: Jan Berzin – komandarm GRU, St. Petersburg 2004.

Gorodetsky, Gabriel: Die große Täuschung: Hitler, Stalin und das Unternehmen »Barbarossa«, Berlin 2001.

Gosudarstvennaja bezopasnost' Rossii. Istorija i sovremenost', pod. obšč. red. R. N. Bajguzina, Moskva 2004.

Gould, Jonathan S.: German Anti-Nazi Espionage in the Second World War. The OSS and the Men of the TOOL Missions, London/New York 2019.

Greiner, Bernd: Die Kuba-Krise. Die Welt an der Schwelle zum Atomkrieg, München 2010.

Gribovskij, V. Ju.: Pervaja polsevoennaja korablestroitel'naja programma VMF SSSR (1946–1955 gody), in: Gangut, 1997, Nr. 12, S. 2–24.

Grimes, Sandra/Vertefeuille, Jeanne: Circle of Treason. A CIA Account of Traitor Aldrich Ames and the Men He Betrayed, Annapolis 2012.

Gromov, Boris V.: Ograničennyj kontingent, Moskva 1994.

GRU zaveršaet istoričeskij put', Nezavisimoe voennoe obozrenie, 20.3.2009, https://nvo.ng.ru/eventsnvo/2009-03-20/2_gru.html.

Guiraud, Claude R.: Mémoire à la gloire de Normandie-Niémen. Essai, Paris 2022.

Gusev, Avenir V.: Podvodnye lodki special'nogo naznačenija. Postroennye korabli i nerealizovannye proekty, Moskva 2013.

Hackett, James: Die Modernisierung der russischen Streitkräfte, in: SIRIUS – Zeitschrift für strategische Analysen 5 (2021), H. 2, S. 125–139.

Hammerich, Helmut R.: »Stets am Feind!« Der Militärische Abschirmdienst (MAD) 1956–1990, Göttingen 2019.

Hammerich, Helmut R.: Süddeutschland als Eckpfeiler der Verteidigung Europas. Zu den NATO-Operationsplanungen während des Kalten Krieges, in: Military Power Revue der Schweizer Armee, 2011, Nr. 2, S. 34–45.

Harrison, Hope M., Driving the Soviets up the Wall. Soviet-East German Relations, 1953–1961, Princeton/Oxford 2003.

Hart, John L: Pyotr Semyonovich Popov. The Tribulations of Faith, in: Intelligence and National Security 12 (1997), H. 4, S. 44–74.

Haslam, Jonathan: Near and Distant Neighbours. A New History of Soviet Intelligence, Oxford 2015.

Hastedt, Glenn P.: Spies, Wiretaps, and Secret Operations. An Encyclopedia of American Espionage, 2 Bde., Santa Barbara/Denver/Oxford 2011.

Hebel, Christina/Holscher, Max: Der mysteriöse Fall des russischen Meisterspions, Spiegel online, 6.3.2018, https://www.spiegel.de/politik/ausland/Sergej-skripal-russischer-ex-spion-offenbar-vergiftet-a-1196669.html.

Hedeler, Wladislaw: Chronik der Moskauer Schauprozesse 1936, 1937 und 1938: Planung, Inszenierung und Wirkung, Berlin 2003.

Hegmann, Gerhard: »Geheime« Waffenlieferungen? Russlands Spionen im All dürften sie kaum entgehen, Welt, 11.4.2022, https://www.welt.de/wirtschaft/plus238096171/Satellitenaufklaerung-Russland-sieht-geheime-Waffenlieferungen.html.

Hendrickx, Bart: Upgrading Russia's fleet of optical reconnaissance satellites, The Space Review, 10.8.2020, https://www.thespacereview.com/article/4006/1.

Hildermeier, Manfred: Geschichte der Sowjetunion 1917–1991. Entstehung und Niedergang des ersten sozialistischen Staates, München 1998.

Hildermeier, Manfred: Geschichte Russlands. Vom Mittelalter bis zur Oktoberrevolution, München 2013.

Höbelt, Lothar: »So wie wir haben nicht einmal die Japaner angegriffen«. Österreich-Ungarns Nordfront 1914/15, in: Die vergessene Front. Der Osten 1914/15. Ereignis, Wirkung, Nachwirkung, hrsg. von Gerhard P. Groß, Paderborn/München/Wien/Zürich, 2006, S. 87–119.

Hoffer, Rewert: Verurteilt wegen Spionage für Moskau: Der »extrem russlandfreundliche« Oberstleutnant der Bundeswehr, Neue Züricher Zeitung, 18.11.2022, https://www.nzz.ch/international/spionage-fuer-russland-reserveoffizier-der-bundeswehr-verurteilt-ld.1712907.

Hoffman, David E.: The Billion Dollar Spy. A True Story of Cold War Espionage and Betrayal, New York 2015.

Höhne, Heinz: Der Krieg im Dunkeln. Die deutsche und russische Spionage, Augsburg 1998.

Holloway, David: Stalin and the Bomb. The Soviet Union and Atomic Energy 1939–1956, New Haven/London 1994.

Horton, Alex: Russian's commando units gutted by Ukraine war, U.S. leak shows, Washington Post, 14.4.2023, https://www.washingtonpost.com/national-security/2023/04/14/leaked-documents-russian-spetsnaz/.

Literatur

Hufelschulte, Josef: Vergifteter Doppelagent Skripal war bis 2017 für vier Geheimdienste tätig, Focus online, 28.9.2018, https://www.focus.de/politik/ausland/er-enttarnte-russische-agenten-bericht-vergifteter-doppelagent-skripal-war-bis-2017-fuer-vier-geheimdienste-taetig_id_9672094.html.

Hürter, Johannes: Hitlers Heerführer. Die deutschen Oberbefehlshaber im Krieg gegen die Sowjetunion 1941/42, München 2006.

Istorija otečestvennogo sudostroenija. V pjati tomach. Bd. 5: Sudostroenie v poslevoennych period (1946–1991 gg.), St. Petersburg 1996.

Istorija voennoj strategii Rossii, Moskva 2000.

Istorija vtoroj mirovoj vojny 1939–1945 gg. V dvenadcati tomach. Bd. 5: Proval agressivnych planov fašistskogo bloka, Moskva 1975.

Ivašutin, Petr I.: Dokladyvala točno (vspominanija o minuvšej vojne), in: Voenno-istoričeskij žurnal, 1990, Nr. 5, S. 55–59.

Ivšina, Ol'ga/Gorjaško, Sergej: »Sergej vsegda byl načeku«: kak žil Skripal' v Rossii i Britanii, BBC News, 8.3.2018, https://www.bbc.com/russian/features-43294559.

Jadernoe oružie. Posobie dlja oficerov, Moskva 1987.

Jaruchin, Ju. M.: Velikaja Otečestvennaja. Načalniki razvedki frontov, armij, flotov i flotilij, Kiev 2013.

Jochum, Michael, Eisenhower und Chruschtschow. Gipfelpolitik im Kalten Krieg 1955–1960, Paderborn u. a. 1996.

Kahn, David: Soviet COMINT in the Cold War, in: Cryptologia XXII (1998), Nr. 1, S. 1–24.

Kak v rossijskoj armii vojavilsja Speznas i kakie zadači on sejčas rešaet, in: Orlovskij Voennyj Vestnik, 2019, Nr. 10 (91), S. 78–80.

Kalic, Sean N.: Spies. The U. S. and Russian Espionage Game from the Cold War to the 21st Century, Santa Barbara/Denver 2019.

Kanev, Sergej: V GRU našli vinovnogo v provalach: im okazalsja bliskij drug Čepigi-Boširova-polkovnik Konstantin Bachtin, Centr »Dos'e«, 8.10.2018, https://web.archive.org/web/20181122030405/https://zen.yandex.ru/media/mbkhmedia/v-gru-nashli-vinovnogo-v-provalah-im-okazalsia-blizkii-drug-chepigiboshirova--polkovnik-konstantin-bahtin--5bbb892701a1a700ad44de7d.

Kaplan, Fred: JFK's First-Strike Plan, in: The Atlantic Monthly 288, Nr. 3 (Oktober 2001), S. 81–86.

Kappeler, Andreas: Rußland als Vielvölkerreich: Entstehung – Geschichte – Zerfall, München 1993.

Karcev, Dmitrij: Machrovyj nacionalist, kotoromu, vozmožno, mstili za proval Anny Čapman, Meduza, 5.10.2018, https://meduza.io/feature/2018/10/05/mahrovyy-natsionalist-kotoromu-vozmozhno-mstili-za-proval-anny-chapman.

Karimov, O. V./Kalinov, V. V./Pumpjanskja, O. V.: Razvedyvatel'noe obespečenie sovetskogo komandovanija v stalingradskoj bitve, in: Voenno-istoričeskie aspekty žizni Rossii XVII–XXI vv., Volgograd 2020, S. 44–49.

Karimov, O. V./Pumpjanskja, O. V./Karimova, A. O.: Voennaja razvedka v Velikoj Otečestvennoj vojne (opyt reorganizacii), in: Narod i vlast'. Materialy Meždunarodnoj naužnoj konferencii molodych učenych. Sbornik trudov, Moskva 2021, S. 399–403.

Karlsch, Rainer: Allein bezahlt? Die Reparationsleistungen der SBZ/DDR 1945–1953, Berlin 1993.

Karlsch, Rainer: Hitlers Bombe. Die geheime Geschichte der deutschen Kernwaffenversuche, München 2005.

Kaufmann, Bernd u. a.: Der Nachrichtendienst der KPD, 1919–1937, Berlin 1993.

Kellerhoff, Sven Felix/Kostka, Bernd von: Hauptstadt der Spione. Geheimdienste in Berlin im Kalten Krieg, Berlin 2009.

Kern, Gary: A Death in Washington. Walter G. Krivitsky and the Stalin Terror, New York 2004.

Kiknadze, V. G.: Nevidimyj front vojny na more. Morskaja radioelektronnaja razvedka v pervoj polovine XX veka, Moskva 2011.

Kirpičenkov, V. A., Razvedka vychodit iz zony molčanija, in: Voenno-istoričeskij žurnal, 1995, Nr. 2, S. 80–87.

Kočik, Valerij Jakovlevič: Nekotorye aspekty dejatel'nosti sovetskoj voennoj razvedki v predvoennyj period (1936–1941): Struktura, kadry, napravlenija raboty, operacii, in: Voenno-istoričeskij archiv, 2001, Nr. 1, S. 108–132.

Kočik, Valerij Jakovlevič: Sovetskaja voennaja razvedka: struktura i kadry. Stat'ja vtoraja 1918–1921, in: Svobodnaja mysl', 1998, Nr. 6, S. 88–103.

Kočik, Valerij Jakovlevič: Sovetskaja voennaja razvedka: struktura i kadry. Stat'ja četvertaja 1924–1936, in: Svobodnaja mysl', 1998, Nr. 8, S. 68–94.

Kočik, Valerij Jakovlevič: Sovetskaja voennaja razvedka v stranach Vostočnoj Evropy (1939–1945), in: Voenno-istoričeskij archiv, 2002, Nr. 1, S. 112–120.

Koenen, Gerd: Utopie der Säuberung. Was war der Kommunismus?, Berlin 1998.

Kolesnikov, Jurij: Morskoj spesnaz, Moskva 2004.

Kolpakidi, Aleksandr Ivanovič: GRU v Velikoj Otečestvennoj vojne, Moskva 2010.

Kolpakidi, Aleksandr Ivanovič: Sovetskaja voennaja razvedka nakanune vojny 1935–1938 gg., Moskva 2020.

Kolpakidi, Aleksandr Ivanovič: Vnešnjaja razvedka SSSR-Rossii. 1946–2020 gody. Istorija, struktura i kadry, Moskva 2021.

Kolpakidi, Aleksandr I./Mzareulov, Valentin: Sovetskaja vnešnjaja razvedka 1920–1945 gody. Istorija, struktury i kadry, Moskva 2021.

Kolpakidi, Aleksandr I./Prochorov, Dmitrij P.: Imperija GRU: Očerki istorii rossijskoj voennoj razvedki, 2 Bde., Moskva 2001.

Kolpakidi, Aleksandr I./Prochorov, Dmitrij P.: KGB: Prikazano likvidirovat', Moskva 2004.

Kolpakidi, Aleksandr I./Prochorov, Dmitrij P.: Vnešnjaja razvedka Rossii, Moskva 2001.

Kolpakidi, Aleksandr/Sever, Aleksandr: GRU: Unikal'naja ènciklopedia, Moskva 2009.

Kolpakidi, Aleksandr/Sever, Aleksandr: Speznas GRU: samaja polnaja ènciklopedija, Moskva 2012.

Kommentarii k ugolovnomu kodeksu RSFSR 1960, Leningrad 1962.

Kommentarij k ugolovnomu kodeksu Rossijskoj Federacii, Moskva 2019.

Kondrašov, V. V.: Istoria otečestvennoj voennoj razvedki, Moskva 2014.

Kondrašov, V. V.: Voennye razvedki vo Vtoroj mirovoj vojne, Moskva 2014.

Kondrašov, V. V.: Znat' vse o protivnike: voennye razvedki SSSR i fašistkoj Germanii v gody Velikoj Otečestvennoj vojny (istoričeskaja chronika), Moskva 2010.

Kondrašov, Vjačeslav: Analitičeskie organy voennoj razvedki, in: Rodina, 2012, Nr. 10, S. 98–105.

Korabel'nikov, V.: Rol' i mesto voennoj razvedki v dostiženija pobedy v Velikoj Otečestvennoj vojne 1941–1945 gg., https://web.archive.org/web/20220204042614/http://vybory.org/articles/479.html.

Korolkov, Aleksandr: The rise and fall of SSV-33 Ural, Russia beyond, 18.3.2014, https://www.rbth.com/economics/2014/03/18/the_rise_and_fall_of_ssv-33_ural_33805.

Korovin, V. V.: »Sredstvami radiorazvedki ustanovit«…« (394-j otedel'nyj radiodivizion osobogo naznačenija na severnom fase Kurskoj dugi), in: Kurskij voenno-istoričeskij sbornik, 2020, Nr. 20, S. 55–64.

Kostoglodov, Denis: »Zadolgo do Solsberi«: reportaž iz Ozerska – goroda detstva Sergeja Skripalja, 16.3.2018, https://kgd.ru/news/society/item/71309-reportazh-iz-goroda-detstva-shpiona-razvedchika-sergeya-skripalya.

Kovacevic, Filip: A New Twist in the Old Case: A Document from the Lithuanian KGB Archive and the Cold War Espionage of GRU Officer Pyotr Popov, Sources and Methods, 28.4.2022, https://www.wilsoncenter.org/blog-post/new-twist-old-case-document-lithuanian-kgb-archive-and-cold-war-espionage-gru-officer.

Koval, A./Petrov, B.: V akvariume pora menjat' rybu, a ne vodu i mal'jakov, in: Nezavisimaja gazeta, 17.12.1991.

Kozlov, S. V. u. a.: Speznas GRU: Očerki istorii, Bd. 2: Istorija sozdanija: ot rot k brigadam. 1950–1979 gg., Moskva 2009.

Kozlov, S. V. u. a.: Speznas GRU: Očerki istorii, Bd. 3: Afganistan – zvezdnyj čas Speznasa. 1979–1989 gg., Moskva 2013.

Kozlov, S. V. u. a.: Speznas GRU: Očerki istorii, Bd. 4: Bezvremen'e. 1989–1999 gg., Moskva 2010.

Kozlov, S. V. u. a.: Speznas GRU: Očerki istorii, Bd. 5: Novejšaja istorija. 1999–2010 gg., Moskva 2010.

Krach, Wolfgang/Mascolo, Georg: »Ganz dicker Fisch«, in: Der Spiegel, 1999, Nr. 33, S. 27–29.

Krieger, Wolfgang: Die deutschen Geheimdienste. Vom Wiener Kongress bis zum Cyber War, München 2021.

Krieger, Wolfgang: Geschichte der Geheimdienste. Von den Pharaonen bis zur CIA, München 2009.

Krivitskiy, Walter G.: I was Stalin's Agent, London 1939.

Krivitskiy, Walter G.: Ich war in Stalins Dienst, Amsterdam 1940.

Krivitskiy, Walter G.: In Stalin's Secret Service: An Expose of Russian's Secret Policies by the Former Chief of the Soviet Intelligence in Western Europe, New York 1939.

Krjažev, Roman: Razvedčika vydal aktiv, in: Kommersant', 15.7.2010.

Krüger, Dieter: Schlachtfeld Bundesrepublik? Europa, die deutsche Luftwaffe und der Strategiewechsel der NATO 1958 bis 1968, in: Vierteljahrshefte für Zeitgeschichte 56 (2008), H. 2, S. 171–225.

Kuusinen, Aino: Der Gott stürzt seine Engel. Hrsg. und eingel. von Wolfgang Leonhard, Wien/München/Zürich 1972.

Ladygin, Fedor I./Lota, Vladimir I.: GRU i Karibskij krizis. Sekretnaja chronika opasnoj konfrontacii, Moskva 2012.

Larin, D. A.: Zašita informacii i kriptoanaliz v SSSR vo vremja Stalingradskoj bitvy, in: Vestnik RGGU. Seria Dokumentovedenie i archivovedenie, 2012, Nr. 14, S. 11–28.

Leimbach, Alina: Wer ist Sergej Skripal, Welt online, 6.3.2018, https://www.welt.de/politik/ausland/article174250005/Angegriffener-Ex-Spion-Wer-ist-Sergej-Skripal.html.

Lekarev, Stanislav: Dva vida rossijskij razvedki unificirujutsja, in: Nezavisimoe voennoe obozrenie, 31.8.2001, https://nvo.ng.ru/spforces/2001-08-31/7_unification.html.

Lezžok, Ivan I.: Dal'nij razvedčik, Moskva 2005.

Lipatov, S.: Russkaja i germanskaja razvedka v gody Pervoj mirovoj vojny, in: Pervaja mirovaja vojna i učastie v nej Rossii, Teil 1, Moskva 1994, S. 40–50.

Ljubimov, Viktor A.: Voennaja razvedka i karibskij krizis, in Voennyj parad, 1998, Nr. 2, S. 118–121.

Losik, A. V./Alekseev, E. P./Prjachin, Ju. D: O rabote otečestvennoj diplomatii i razvedki v interesach razvitija oboronnoj industrii, in: Geopolitika i bezopasnosť, 2014, Nr. 1, S. 78–83.

Lota, Vladimir I.: »Alt'ta« protiv »Barbarossa«. Kak byli doytysvedenija o podgotovke Germanii k napadeniju na SSSR, Moskva 2004.

Lota, Vladimir I.: Armaggedon otmenjaetsja. Karibskij krizis: ljudi, sobytija, dokumenty, Moskva 2014.

Lota, Vladimir I.: Gorizonty Viktora Ljubimova, in: Krasnaja Zvezda, 1.8.2001.

Lota, Vladimir I.: GRU i atomnaja bomba, Moskva 2002.

Lota, Vladimir I.: GRU. Ispytanie vojnoj, Moskva 2010.

Lota, Vladimir I.: GRU na ostrie pobedy, Moskva 2020.

Lota, Vladimir I.: Ključi ot ada: Atomnaja epopeja tajnogo protivoborstva razvedok velikich deržav, Moskva 2009.

Lota, Vladimir I.: Osobennaja kancelarija Rossijskoj imperii, in: Rodina, 2012, Nr. 10, S. 6–9.

Lota, Vladimir I.: Osobennaja kancelarija Rossijskoj imperii, in: Krasnaja Zvesda, 25.1.2012, http://old.redstar.ru/2012/01/25_01/6_01.html.

Lota, Vladimir I.: Sekretnyj faktor pobedy, in: Rodina, 2012, Nr. 10, S. 41–43.

Lota, Vladimir I.: Sekretnyj front General'nogo štaba. Kniga o voennoj razvedke. 1940–1942, Moskva 2005.

Lota, Vladimir I.: Stalingradskaja bitva voennoj razvedki, in: Rodina, 2013, Nr. 1, S. 34–37.

Lota, Vladimir I.: Tajnye operacii Vtoroj mirovoj; Kniga o voennoj razvedke.1944, Moskva 2006.

Lubjanka 2. Iz istorii otečestvennoj kontrrazvedki, Moskva 1999.

Lubjanka. VČK – OGPU – NKVD – NKGB – MGB – MVD – KGB 1917–1960 Spravočnik, Moskva 1997.

Lur'e, V. M.: Voenno-morskaja razvedka SSSR (1918–1960-e gg.). Spravočnik, St. Peterburg 2009.

Lur'e, Vjačeslav Michajlovič/Kočik, Valerij Jakovlevič: GRU: dela i ljudi, St. Petersburg/Moskva 2002.

Lustiger, Arno: Rotbuch: Stalin und die Juden. Die tragische Geschichte des Jüdischen Antifaschistischen Komitees und der sowjetischen Juden. Berlin 1998.

MacGibbon, Hamish: Maverick Spy: Stalin's Super-Agent in World War II, London/New York 2017.

Makarov, Vladimir/Tjurin, Andrej: Smerš: Vojna v ėfire, 1942–1945, Moskva 2018.

Maksimov, A. B.: Glavnaja tajna GRU, Moskva 2010.

Maloney, Sean M.: Emergency Defence Plan. The American Doomsday Machine, 1945–1960, Lincoln, NE 2021.

Maloney, Sean M.: Notfallplanung für Berlin. Vorläufer der Flexible Response 1958–1963, in: Militärgeschichte 7 (1997), Nr. 1, S. 3–15.

Malyasov, Dylan: Saboteurs blew up Russian Ka-52 helicopters, Defence Blog, 1.11.2022, https://defence-blog.com/saboteurs-blew-up-russian-ka-52-helicopters/.

Marsh, Christopher: Developments in Russian Special Operations. Russia's Spetsnaz, SOF and Special Operations Forces Command, Ottawa 2017.

Marshall, Alex: Russian Military Intelligence, 1905–1917: The Untold Story behind Tsarist Russia in the First World War, in: War in History 11 (2004), Nr. 4, S. 393–423.

Mascolo, Georg: Doppelter Fisch, in: Der Spiegel, 2000, Nr. 4, S. 42.

Meier, Richard: Geheimdienste ohne Maske. Der ehemalige Präsident des Bundesverfassungsschutzes über Agenten, Spione und einen gewissen Herrn Wolf, Bergisch Gladbach 1992.

Mel'tjuchov, Michail I.: Sovetskaja razvedka i problema vnezapnogo nadadenija, in: Otečestvennaja istorija, 1998, Nr. 3, S. 3–20.

Melvern, Linda/Anning, Nick/Hebditch, David: Techno-Bandits, in: Datamation, 15.9.1984, S. 120. http://www.bitsavers.org/magazines/Datamation/19840915.pdf.

Menning, Bruce W., The Berlin Crisis from the Perspective of the Soviet General Staff, in: International Cold War Military Records and History. Proceedings of the International Conference on Cold War Military Records and History held in Washington, D.C., 21–26 March 1994, hrsg. von William W. Epley, Washington, D.C. 1996, S. 49–62.

Menning, Bruce W.: Miscalculating One's Enemies: Russian Military Intelligence before the Russo-Japanese War, in: War in History 13 (2006), Nr. 2, S. 141–170.

Meyer, Winfried: Klatt. Hitlers jüdischer Meisteragent gegen Stalin. Überlebenskunst in Holocaust und Geheimdienstkrieg, Berlin 2015.

Militär-Strategie. Hrsg. unter der Redaktion von Marschall der Sowjetunion W. D. Sokolowski, Köln 1965.

Minoborony RF sobralos' kupit' pjat' del'finov, 9.3.2016, https://meduza.io/news/2016/03/09/minoborony-rf-sobralos-kupit-pyat-delfinov.

Moritz, Verena/Leidinger, Hannes: Oberst Redl. Der Spionagefall. Der Skandal. Die Fakten, St. Pölten/Salzburg/Wien 2012.

Moss, Robert: Spies of Soviet General Staff, in: Kingston Gleaner, 9. 8.1981, S. 13.

Müller, Armin: Wellenkrieg. Agentenfunk und Funkaufklärung des Bundesnachrichtendienstes 1945–1968, Berlin 2017.

Müller, Rolf-Dieter: Reinhard Gehlen. Geheimdienstchef im Hintergrund der Bonner Republik. Die Biografie. Teil 1: 1902–1950, Berlin 2017.

Mulligan, Timothy P.: Spies, Ciphers and »Zitadelle«: Intelligence and the Battle of Kursk, 1943, in: Journal of Contemporary History 22 (1987), Nr. 2, 235–260.

Münkler, Herfried: Der Große Krieg. Die Welt 1914–1918, Reinbek bei Hamburg 2015.

Murphy, William T.: Lydia Stahl: a secret life, 1885–?, in: Journal of Intelligence History 18 (2018), Nr. 1, S. 38–62.

Nacistskaja Germanija protiv Sovetskogo Sojuza: planirovanie vojny, Moskva 2015.

Naimark, Norman M., The Russians in Germany. A History of the Soviet Zone of Occupation, 1945–1949, Cambridge/London 1995.

Naumov, Jurij J.: Ėnciklopedia Speznasa ctran mira, Belgorod 2011.

Nehmzow, Ralf: Spionage-Verdacht: Russischer Konsul aus Hamburg abgezogen, in: Hamburger Abendblatt, 18.4.2005.

Nehring, Christopher: Geheimdienst-Morde. Wenn Staaten töten – Hintergründe, Motive, Methoden, München 2022.

Nehring, Christopher: GRU – russischer Militärgeheimdienst, dekoder, 26.10.2018, https://www.dekoder.org/de/gnose/gru-militaergeheimdienst-hacker-skripal.

Nehring, Christopher: SWR – Die russische Auslandsaufklärung, dekoder, 19.5.2019, https://www.dekoder.org/de/gnose/swr-auslandsaufklaerung-geheimdienst-kgb.

Nikolaev, Andrej: Pomnit', nel'zja zabyt'. Konstantin Niktorovič Tkačenko, oficer-frontovik, 24 goda rukovodil Upravleniem operativnoj razvedki Glavnogo upravlenija General'nogo štaba, in: Krasnaja Zvedzda, 15.6.2020, http://redstar.ru/pomnit-nelzya-zabyt-2/.

Norris, Pat: Spies in the Sky: Surveillance Satellites in War in Peace, Chichester 2008.

Novokshonov, Dmitry: Čto izvestno o novom načal'nike GRU Igore Korobove, Delovoj Peterburg, 3.2.2016, https://www.dp.ru/a/2016/02/02/Novij_hozjain_Akvariuma.

Novyj korabl' GRU prosledit za amerikanskoj PRO, Lenta.ru, 1.4.2013, https://lenta.ru/news/2013/04/01/ivanov/.

O'Sullivan, Donal: Das amerikanische Venona-Projekt. Die Enttarnung der sowjetischen Auslandsspionage in den vierziger Jahren, in: Vierteljahrshefte für Zeitgeschichte 48 (2000), H. 4, S. 603–629.

Očerki istorii rossijskoj vnešnej razvedki: Bd. 1: Ot drevnejšich vremen do 1917 goda, Moskva 1995.

Očerki istorii rossijskoj vnešnej razvedki, Bd. 2: 1917–1933 gody, Moskva 1996.

Očerki istorii rossijskoj vnešnej razvedki, Bd. 3: 1933–1941 gody, Moskva 1998.

Očerki istorii rossijskoj vnešnej razvedki, Bd. 4: 1941–1945 gody, Moskva 1999.

Očerki istorii rossijskoj vnešnej razvedki: Bd. 5: 1945–1965 gody, Moskva 2003.

Oni rukovodili GRU. Sbornik biografičeskich očerkov, Moskva 2005.

Operation Exodus, in: Der Spiegel, 1987, Nr. 30, S. 101–103.

Orlov, Aleksandr Semenovič: Tajnaja bitva sverchdažav, Moskva 2000.

Oružie i technologii Rossii. Ènciklopedija. XXI vek. Bd. V: Kosmičeskie sredstva vooruženija, Moskva 2002.

Otto, Helmut/Schmiedel, Karl: Der erste Weltkrieg. Militärhistorischer Abriß, Berlin 1983.

Overy, Richard: Russlands Krieg 1941–1945, Reinbek bei Hamburg 2003.

Paganini, Pierluigi, ATP28 Russian hackers exploited two zero-day flaws in the wild, security affairs, 19.4.2015, http://securityaffairs.co/wordpress/36105/cyber-crime/apt28-russian-hackers.html.

Parkinson, Len: Penkovskiy's Legacy and Strategic Research, in: Studies in Intelligence, 16 (1972), Nr. 2, S. 1–19.

Parrish, Michael, The Last Relic: Army General I. E. Serov, 1905–90, in: The Journal of Slavic Military Studies 10 (1997), Nr. 3, S. 109–129.

Pasynitsch, Sergej/Zwetkow, Sergej/Büttner, Stefan/Mückler, Jörg: Fernaufklärer mit rotem Stern – die Chronik des 47. Fliegerregiments, in: Flieger Revue Extra Nr. 30, 2010, S. 54–95.

Pavlov, A. G.: Sovetskaja voennaja razvedka nakanune Velikoj Otečstvennoj vojny, in: Novaja i novejšaja istorija, 1995, Nr. 1, S. 49–60.

Pavlov, Vitalij G.: Operacija »sneg«. Polveka vo vnejšnej razvedke KGB, Moskva 1996.

Penkowskij, Oleg: Geheime Aufzeichnungen, München/Zürich 1966.

Peščerskij, V. L.: Dva dos'e »Krasnoj kapelly«, in: Voenno-istoričeskij žurnal, 1995, Nr. 6, S. 18–30.

Peščerskij, V. L.: »Štirlic« služil pod načalom … Mjullera, in: Voenno-istoričeskij žurnal, 1997, Nr. 1, S. 22–31.

Peščerskij, V. L.: »Vrag moego vraga …«, in: Voenno-istoričeskij žurnal, 1998, Nr, 3, S. 59–71.

Pethö, Albert: Oberst Redl, in: Geheimdienste in der Weltgeschichte. Spionage und verdeckte Aktionen von der Antike bis zur Gegenwart, hrsg. von Wolfgang Krieger, München 2003, S. 138–150.

Petrov, Nikita V.: Kto rukovodil organami gosbezopasnosti, 1941–1954: Spravočnik, Moskva 2010.

Petrov, Nikita V.: Pervyj predsedatel' KGB Ivan Serov, Moskva 2005.

Piekalkiewicz, Janusz: Spione, Agenten, Soldaten. Geheime Kommandos im Zweiten Weltkrieg, München 1988.

Piekalkiewicz, Janusz: Weltgeschichte der Spionage, München 1988.

Pilster, Hans-Christian: Russland – Sowjetunion. Werden, Wesen und Wirken einer Militärmacht, Herford 1981.

Pleshakov, Konstantin: The Tsar's last armada. The epic journey to the battle of Tsushima, New York 2002.

Poroskov, Nikolaj N.: »Krot« iz devjatogo kruga ada, Nezavisimoe voennoe obozrenie, 3.10.2014, https://nvo.ng.ru/notes/2014-10-03/16_krot.html.

Poroskov, Nikolaj N.: Uspechi i proval »Vikinga«, Nezavisimoe voennoe obrozrenie, 5.6.2015, https://nvo.ng.ru/spforces/2015-06-05/10_viking.html.

Poznjakov, V. V.: Razvedka, razvedyvatel'naja informacija i process prinjatija rešenij: povorotnye punkty rannego peridoa cholodnoj vojny (1944–1953 gg.), in: Cholodnaja vojna. 1945–1963 gg. Istoričeskaja retrospetiva, Moskva 2003, S. 321–368.

Poznjakov, V. V.: Tajnaja vojna Iosifa Stalina: Sovetskie razvedyvateľnye služby v SŠA nakanune i v nae cholodnoj vojny. 1943–1953 gg., in: Stalinskoe desjatiletie cholodnoj vojny: fakty in gipotezy, Moskva 1999, S. 188–208.

Pringle, Robert W.: Historical Dictionary of Russian and Soviet Intelligence, Lanham/Toronto/Oxford 2006.

Pringle, Robert W.: Historical Dictionary of Russian and Soviet Intelligence, Maryland 2015.

Prochorov, Dmitrij P.: Razvedka ot Stalina do Putina, St. Peterburg 2004.

Prochorov, Dmitrij P.: Skoľko stoit prodať Rodinu. Predateli v otečestvennych specslužbach 1918–2000, Moskva 2005.

Prochorov, Dmitrij P./Lemechov, Oleg I.: Perebežčiki: Zaočno rasstreljany, Moskva 2001.

Prokof'ev, Valerij I.: Aleksandr Sacharovskij. Načaľnik vnejšnej, Moskva 2005.

Pronin, Aleksandr: Agent A-201. Kak Moskva »Štrilica« provalila, in: Rodina, 2000, Nr. 12, 55–63.

Puškarev, Nikolaj F.: GRU: dela i sudby. Voennaja razvedka: stanovlenie, dejateľnosť, rezuľtaty i sudby ee sotrudnikov, Moskva 2013.

»Putin geht gegen Leute aus dem Apparat vor, die er persönlich kennt«, Interview von Christian Esch mit dem Geheimdienstexperten Andrej Soldatow, Spiegel online, 21.3.2022, https://www.spiegel.de/ausland/wladimir-putin-und-seine-geheimdienste-er-stellte-sich-diesen-krieg-wie-eine-polizeioperation-vor-a-c77f461a-5ea7-4499-b2e4-ef6bb56e93a8.

Raketno-kosmičeskaja korporacija »Ėnergija« imeni S. P. Koroleva: 1946–1996, Moskva 1996.

Raketnyj ščit otečestva, Moskva 1999.

Razvedka i kontrrazvedka v licach. Ėnciklopedičeskij slovaŕ rossijskich specslužb, Moskva 2002.

Razvedka razyskala glavu. Igoŕ Sergun vozglavil GRU vmesto Aleksandra Šljaturova, Kommersat, 26.12.2011, https://www.kommersant.ru/doc/1846346.

Razvedka SŠA. Učebnaja posobie, pod. redakciej General-majora A. M. Gorbatenko, Moskva 1969.

Richelson, Jeffrey T.: A Century of Spies. Intelligence in the Twentieth Century, Oxford/New York 1995.

Riehle, Kevin P.: Russian Intelligence. A Case–based Study of Russian Services and Missions Past and Present, Bethesda 2022.

Rjabov, Kirill: Pervyj »Pion-NKS« v ėksplutacii: uspechi stroiteľstva sistemy MKRZ »Liana«, Voennoe obozrenie, 14.11.2022, https://topwar.ru/204942-pervyj-pion-nks-v-jekspluatacii-uspehi-stroitelstva-sistemy-mkrc-liana.html.

Roberts, Andrew: Feuersturm. Eine Geschichte des Zweiten Weltkrieges, München 2019.

Roewer, Helmut: Die Rote Kapelle und andere Geheimdienstmythen, Spionage zwischen Deutschland und Russland im Zweiten Weltkrieg 1941–1945, Graz 2010.

Roewer, Helmut: Im Visier der Geheimdienste. Deutschland und Russland im Kalten Krieg, Bergisch-Gladbach 2008.

Roewer, Heinz: Skrupellos. Die Machenschaften der Geheimdienste in Russland und Deutschland 1914–1941, Leipzig 2004.

Roewer, Helmut/Schäfer, Stefan/Uhl, Matthias: Lexikon der Geheimdienste im 20. Jahrhundert, München 2003.

Rosenbach, Marcel: Überwachte Überwacher, in: Die Macht der Geheimdienste. Agenten, Spione und Spitzel vom Mittelalter bis zum Cyberwar, hrsg. von Uwe Klußmann und Eva-Maria Schnurr, München 2020, S. 201–211.

Rossija (SSSR) v lokal'nych vojnach i vooruženych konfliktach vtoroj polovinyj XXveka, pod redakciej V. A. Zolotareva, Moskva 2000.

Rossija i SSSR v vojnach XX veka: Statističeskoe issledovanie, Moskva 2001.

Rubcov, Jurij: Missija generala Golikova, Meždunarodnaja žizn', 2011, Nr. 6, https://interaffairs.ru/jauthor/material/482.

Rüesch, Andreas: Die Ukrainer verblüffen mit Luftangriffen tief im russischen Hinterland, Neue Züricher Zeitung, 6.12.2022, https://www.nzz.ch/international/ukraine-drohnen-angriff-im-hinterland-ueberrumpelt-russland-ld.1715701.

Rüesch, Andreas: Drei russische Agenten wegen versuchten Giftmords angeklagt, Neue Züricher Zeitung, 21.2.2021, auf: https://www.nzz.ch/international/bulgarien-russische-agenten-wegen-versuchten-giftmords-angeklagt-ld.1542040.

Rüesch, Andreas: Sabotage, Giftattacken und Umsturzpläne: 13 aufsehenerregende Operationen des russischen Militärgeheimdienstes, Neue Züricher Zeitung, 3.5.2021, https://www.nzz.ch/international/russlands-geheimdienst-gru-sabotage-gift-und-umsturzplaene-ld.1422839?reduced=true.

Rukovoditeli otečestvennoj razvedki, in: Rodina, 2012, Nr. 10, S. 10–20.

Russian message intercepted after Skripal attack, The Times, 9.4.2018.

Russian Navy commissions 2nd Project 18280 ship Ivan Khurs, Naval Today, 26.6.2018, https://www.navaltoday.com/2018/06/26/russian-navy-commissions-2nd-project-18280-ship/.

Safronov, Ivan: GRU ždet kadrov iz kosmosa. Rossija snova zajmetsja optičeskoj razvedkoj, Kommersant', 27.9.2004, https://www.kommersant.ru/doc/508764.

Saforonov, Ivan: »Kobalt'« vnedrilsja v kosmičeskuju gruppirovku, in: Kommersant', 18.5.2012, https://web.archive.org/web/20121103074331/http://kommersant.ru/doc/1936372.

Safronov, Ivan: Minoborony zaslalo eščo odnogo špiona na kosmičeskuju orbitu, Kommersant', 13.8.2003, https://www.kommersant.ru/doc/403572.

Safronov, Ivan: Na protivnika posmotrjat c dvuchmetrovoj ob'ektivnost'ju, Kommersant', 28.7.2016, https://www.kommersant.ru/doc/3049019.

Safronov, Ivan/Džordževič, Aleksandr: Voennaja razvedka lišilas' glavnogo, Kommersant', 22.11.2018, https://www.kommersant.ru/doc/3807317.

Safronov, Ivan/Gorjaško, Sergej: Rossija v Sirii : Vid sverchu, Kommersant', 26.10.2015, https://www.kommersant.ru/doc/2836487.

Sälter, Gerhard: Phantome des Kalten Krieges. Die Organisation Gehlen und die Wiederbelebung des Gestapo-Feindbildes »Rote Kapelle«, Berlin 2016.

Salzen, Claudia von: Urteil im Prozess um Tiergartenmord in Berlin, Tagesspiegel, 15.12.2021, https://www.tagesspiegel.de/politik/bundesregierung-weist-zwei-russische-diplomaten-aus-8016907.html.

Ščegolev, K. A.: Kto est' kto v Rossii. Isponitel'naja vlast'. Kto pravid sovremennoj Rossiiej, Moskva 2007.

Schecter, Jerrold L./Deriabin, Peter S.: Die Penkowskij Akte. Der Spion, der den Frieden rettete, Frankfurt a. M. 1993.

Schecter, Jerrold L./Deriabin, Peter S.: The Spy Who Saved the World. How a Soviet Colonel Changed the Course of the Cold War, New York u. a. 1992.

Schellenberg, Walter: Hitlers letzter Geheimdienst-Chef, Rastatt 1986.

Schmidt, Jürgen W.: Der Perleberger Spion Gustav Wölkerling, in: Mitteilungen des Vereins für Geschichte der Prignitz 5 (2005), S. 62–82.

Schmidt, Jürgen: Leben und Tod des GRU-Generalmajors Dmitri Poljakov (1921–1988), in: Spionage, Doppelagenten und Islamistische Bedrohung. Aufsätze zu 130 Jahren Geheimdienstgeschichte, hrsg. von Jürgen W. Schmidt, Ludwigsfelde 2017, S. 197–243.

Schröm, Oliver: Staatsbesuch: Friede, Freude, Spionage, Stern online, 5.6.2008, https://www.stern.de/politik/ausland/staatsbesuch-friede--freude--spionage-3859804.html.

Schwarz, Patrik: Der Amateur-Agent. Manfred Ramminger, in: Taz, 1.12.1997, S. 13.

Schwirtz, Michael, u. a.: Putin's War, New York Times, 16.12.2022, https://www.nytimes.com/interactive/2022/12/16/world/europe/russia-putin-war-failures-ukraine.html.

Šel', V. V.: K voprosu o suščnosti i soderžanii termina »razvedyvatel'nyj korabl'«, in: Voennaja mysl', 2019, Nr. 4, S. 130–144.

Šel', V. V.: Sozdanie klassa razvedyvatel'nych korablej v otečesvennom voenn-morskom flote. Istoričeskij opyt razvitija i primenenija otečestvennych razvedyvatel'nych korablej (1950–1960 gg.), in: Voenno-istoričeskij žurnal, 2018, Nr. 2, S. 44–48.

Šel', V. V.: Sozdanie klassa razvedyvatel'nych korablej v otečesvennom voenn-morskom flote. Istoričeskij opyt razvitija i primenenija otečestvennych razvedyvatel'nych korablej (1970–1980 gg.), in: Voenno-istoričeskij žurnal, 2018, Nr. 4, S. 56–59.

Semirjaga, M. I.: Kak my upravljali Germaniej, Moskva 1995.

Šerbašin, Leonid: Ruka Moskvy, Moskva 2002.

Sergeev, Evgenij Ju.: Voennaja razvedka Rossii v gody Pervoj mirovoj vojny, in: Voenno-istoričeskij žurnal, 2012, Nr. 2, S. 52–61.

Sergeev, Evgenij Ju.: Voennaja razvedka v bor'be s Japoniej, in: Otečestvennaja istorija, 2004, Nr. 3, S. 78–92.

Sergeev, Evgenij Ju.: Voennaja razvedka v bor'be s Japoniej, in: Rossija i ATP, 2014, Nr. 1, S. 184–198.

Sergeev, Evgeny: Russian Military Intelligence in the War with Japan, 1904–05. Secret operations on land and at sea, London/New York 2007.

Sergutin, Sergej V.: Organizacionnye aspekty dejatel'nosti vnešnej razvedki NKVD-NKGB, in: Trudy Obščestv izučenija istorii otečestvennych specslužb, Bd. 3, Moskva 2007, S. 234–253.

Serov, Ivan A.: Zapiski iz čemodana. Tajnye dnevniki pervogo presedatelja KGB, najdennye čerez 25 let posle ego smerti, pod. red. Aleksandra Chinštejna, Moskva 2016.

Sever, Aleksandr: Voennyj Speznas Rossii: vežlivye ljudi iz GRU, Moskva 2014.

Severnyj kosmodrom Rossii, Bd. 1, pod. obščej red. A.A. Bašlakova, Mirnyj 2007.

Sibirskij, B. N.: Jadernyj blickrig SŠA, in: Voenno-istoričeskij žurnal, 2003, Nr. 5, S. 34–39.

Simonov, Nikolaj S., Voenno-promyšlennyj kompleks SSSR v 1920–1950-e gody: tempy ekonomičeskogo rosta, struktura, organizaija proizvodstva i upravlenie, Moskva 1996.

Simow, Michail: Die nachrichtendienstliche Tätigkeit der russischen Donauarmee am Vorabend des russisch-türkischen Befreiungskrieges, in: Bulgarian Historical Review, 2020, Nr. 1–2, S. 94–121.

Skorobogatyj, Petr: Ukraine: gladiatorskie boi, 4.8.2022, https://web.archive.org/web/20230606070809/http://www.prisp.ru/analitics/11005-skorobogatiy-ukraina-gladiatorskie-boi-0408.

Skripal Suspect Boshirov Identified as GRU Colonel Anatolijy Tschepiga, Bellingcat, 26.9.2018, https://www.bellingcat.com/news/uk-and-europe/2018/09/26/skripal-suspect-boshirov-identified-gru-colonel-Anatolijy-Tschepiga/.

Skripal Suspects Confirmed as GRU Operatives: Prior European Operation Disclosed, Bellingcat, 20.9.2018, https://www.bellingcat.com/news/uk-and-europe/2018/09/20/skripal-suspects-confirmed-gru-operatives-prior-european-operations-disclosed/.

Služba vnešnej razvedki Rossijskoj Federacii 100 let. Dokumenty i svidetel'skva, Moskva 2021.

Smith, Richard H.: The First Moscow Station. An Espionage Footnote to Cold War History, in: International Journal of Intelligence and Counterintelligence 3 (1989), Nr. 3, S. 333–346.

Šmyrev, P./Dobrodij, P.: Po dannym razvedki. Stalingradskaja ėpopeja voennoj razvedki, Moskva 2002.

Sockov, Nikita G.: Rol' voennoj razvedki v obespečenii bezopasnosti Rossijskogo gosudarstva vo vtoroj polovine XIX veka, in: Nacional'naja bezopasnost' – materialy V mežvuzovskoj naučno-praktičeskoj konferencii, Moskva 2020, S. 33–38.

Šokin, A. A.: Očerki istorii rossijskoj ėlektroniki, vypusk 6, Moskva 2014.

Sokolov, Genadij E.: Špion nomer ras, St. Peterburg 2013.

Sokolov, Vladimir: Voennaja agenturnaja razvedka. Istorija vne ideologii i politiki, Moskva 2013.

Soldatov, Andrej: Razvedka Rossii posle goda vojny, agentura.ru, 9.5.2023, https://agentura.ru/investigations/razvedsluzhby-rossii-posle-goda-vojny.

Soldatov, Andrei/Borogan, Irina: Russian Cyberwarfare: Unpacking the Kremlin's Capabilities, Center for European Policy Analysis, 8.9.2022, https://cepa.org/comprehensive-reports/russian-cyberwarfare-unpacking-the-kremlins-capabilities/.

Sommer, Theo: Deutschland und Japan zwischen den Mächten, 1935–1940: Vom Antikominternpakt zum Dreimächtepakt, eine Studie zur diplomatischen Vorgeschichte des Zweiten Weltkriegs, Tübingen 1962.

Speznas GRU v Sirii, Sojuz veteranov specnaza GRU, 19.4.2021, https://svs-gru.ru/spetsnaz-gru-v-sirii/.

Štab-kvatira GRU, https://agentura.ru/profile/glavnoe-razvedyvatelnoe-upravlenie-gsh-vs/shtab-kvartira-gru/.

Stark, Holger: Auge um Auge, in: Der Spiegel, 2007, Nr. 26, S. 47.

Starkov, Boris A.: Sud'ba Val'tera Krivickogo, in: Voprosy istorii, 1991, Nr. 11, S. 82–93.

Staroverov, V. A.: Rol' specslužb vobezpečenii sovetskogo atomnogo proekta, in: Trudy Obščestva izučenija istorii otečestvennych specslužb. Bd. 1, Moskva 2006, S. 168–177.

Statistika antiarmejskogo terrora, in: Voenno-istoričeskij archiv, 1997, Nr. 2, S. 105–117.

Steininger, Rolf: Der vergessene Krieg: Korea 1950–1953, München 2006.

Stepakov, Viktor: Specnaz Rossii, Moskva 2003.

Stepenin, M.: Oficery GRU prodali »Mossad« gosudarstvennye sekrety, Kommersant, 21.3.1998, https://www.kommersant.ru/doc/194946.

Stöber, Silvia: Russischer Agent wolle Gericht ausspionieren, tagesschau. de, 17.6.2022, https://www.tagesschau.de/investigativ/russland-spion-gru-101.html.

Stöver, Bernd: Der Kalte Krieg 1947–1991. Geschichte eines radikalen Zeitalters, München 2010.

Stöver, Bernd: Die Befreiung vom Kommunismus. Amerikanische Liberation Policy im Kalten Krieg 1947–1991, Köln/Weimar/Wien 2002.

Strategičeskoe jadernoe vooruženie Rossii, Moskva 1998.

Subok, Wladislaw/Pleschakow, Konstantin: Der Kreml im Kalten Krieg. Von 1945 bis zur Kubakrise, Hildesheim 1997.

Sucholesskij, A. V: Speznas GRU v Afganistane, 1979–1989 gg., Korolev 2009.

Sudoplatov, Pavel A.: Pobeda v tajnoj vojne. 1941–1945 gody, Moskva 2018.

Sudoplatov, Pavel A.: Razvedka i Kreml' 1930–1950 gody, Mosvka 1998.

Sudoplatov, Pavel A.: Specoperacii. Lubjanka i Kreml' 1930–1950 gody, Moskva 1998.

Sudoplatow, Pawel A./Sudoplatow, Anatolij: Der Handlanger der Macht. Enthüllungen eines KGB-Generals, Düsseldorf u. a. 1994.

Suncev, V. P.: Operacija »Dunaj«, auf: http://dunay1968.com/list.html.

Suvenirov, Oleg Fedotovič: Tragedija RKKA 1937–1938, Moskva 1998.

Suvorov, Viktor: Soviet Military Intelligence, London u. a. 1984.

Suvorov, Viktor: Spetznaz: The Inside Story of Soviet Special Forces, New York/London 1987.

Suworow, Viktor: GRU – die Speerspitze. Was der KGB für die Politführung, ist die GRU für die Rote Armee. Spionage-Organisationen und Sicherheitsapparat der sowjetischen Militärs – Aufbau, Ziele, Strategie, Arbeitsweise und Führungskader, Bern u. a. 1985.

Tajnye vojny SSSR ot Stalina do Gorbačeva, Moskva 2021.

Taubman, Philip: Secret Empire. Eisenhower, the CIA, and the Hidden Story of America's Space Espionage, New York u. a. 2003.

Taubman, William: Khrushchev. The Man and his Era, New York/London 2003.

Tereščenko, Anatolij S.: Nasledniki SMERŠa. Ochota na amerikanskich »krotov« v GRU, Moskva 2010.

Tereščenko, Anatolij S.: »Oborotni« iz voennoj razvedki, Moskva 2004.

Tereščko, Anatolij S.: Rokovaja točka »burbona«, Moskva 2015.

The Brazilians. Kak GRU prevatilo svoego agenta iz »brazil'ca« v »narkodilera«, čtoby vytaščit' iz tjurmy, The Insider, 28.11.2022, https://theins.ru/politika/257337.

The Military Balance 2024: The Annual Assessment of Global Military Capabilities and Defence Economics, London 2024.

The War of the Moles. An interview with Edward Jay Epstein by Susana Duncan, in: New York Magazin 11 (1978), Nr. 9, S. 28–38.

Thomas, David: Foreign Armies East and German Military Intelligence in Russia 1941–1945, in: Journal of Contemporary History 22 (1987), Nr. 2, S. 261–301.

Thoß, Bruno: NATO-Strategie und nationale Verteidigungsplanung. Planung und Aufbau der Bundeswehr unter den Bedingungen einer massiven atomaren Vergeltungsstrategie 1952 bis 1960, München 2006.

Tolz, Vera u. a.: Mediatization and journalistic agency: Russian television coverage of the Skripal poisonings, in: Journalism 22 (2021), Nr. 12, S. 2971–2990 .

Töppel, Roman: Kursk – Mythen und Wirklichkeit einer Schlacht, in: Vierteljahrshefte für Zeitgeschichte 57 (2009), Nr. 3, S. 349–384.

Töppel, Roman: Kursk 1943. Die größte Schlacht des Weltkrieges, Paderborn 2017.

Trapp, Ralf: Novičok, die Skripal Affäre und das Chemiewaffenübereinkommen, in: SIRIUS 2 (2018), H. 3, S. 219–238.

Trepper, Leopold: Die Wahrheit. München 1975.

Tri veka Rossijskogo flota v trech tomach, pod. Redakciej I. V. Kastonova, Bd. 3, St. Peterburg 1996.

Tsarev, Oleg: Soviet Intelligence on British Defense Plans 1945–1950, in: Intelligence in the Cold War: Organisation, Role and International Cooperation, hrsg. von Lars Christian Jenssen and Olav Riste, Oslo 2001, S. 53–63.

Tuomi, Kaarlo/Haynes, John E.: Spy Lost. Caught Between the KGB and the FBI, New York 2014.

Turovskij, Danil/Gorbačev, Aleksandr: Umer vtoroj glava GRU za tri goda, Meduza, 22.11.2018, https://meduza.io/feature/2018/11/22/umer-vtoroy-glava-gru-za-tri-goda-v-sentyabre-ego-yakoby-vyzyvali-na-kover-k-putinu.

Uhl, Matthias: Das Komitee für Staatssicherheit während des Zerfalls der Sowjetunion, in: Der Zerfall der Sowjetunion: Ursachen – Begleiterscheinungen – Hintergründe, hrsg. von Martin Malek und Anna Schor-Tschudnowskaja, Baden-Baden 2013, S. 214–233.

Uhl, Matthias: Der sowjetische Einmarsch in Afghanistan 1979, in: Militärgeschichte, 2004, Nr. 3, S. 16–21.

Uhl, Matthias: Krieg um Berlin? Die sowjetische Militär- und Sicherheitspolitik in der zweiten Berlin-Krise, München 2008.

Uhl, Matthias: Po dannyjm razvedki ... Pervyj Berlinskij krizis i specslužby SŠA i SSSR, in: Rodina, 2009, Nr. 3, S. 20–22.

Uhl, Matthias: Stalins V-2. Der Technologietransfer der deutschen Fernlenkwaffentechnik in die UdSSR und der Aufbau der sowjetischen Raketenindustrie 1945 bis 1959, Bonn 2001.

Uhl, Matthias: The professionalization of Soviet military intelligence and its influence on the Berlin Crisis under Khrushchev, in: East German Foreign Intelligence. Myth, reality and controversy, hrsg. von Thomas Wegener Friis, Kristie Macrakis and Helmut Müller-Ensbergs, London/New York 2010, S. 204–217.

Uhl, Matthias: »Und deshalb besteht die Aufgabe darin, die Aufklärung wieder auf die Füße zustellen« – Zu den Großen Säuberungen in der sowjetischen Militäraufklärung, in: Jahrbuch für Historische Kommunismusforschung 2004, Berlin 2004, S. 80–97.

Ullrich, Volker: Adolf Hitler. Biografie: Die Jahre des Untergangs 1939–1945, Frankfurt a. M. 2018.

Un Héros de chez nous, Le Petit Journal, 29.8.2017, https://www.lepetitjournal.net/09-ariege/2017/08/29/un-heros-de-chez-nous/#gsc.tab=0.

Urban, Mark: Die Akte Skripal. Der neue Spionagekrieg und Russlands langer Arm in den Westen, München 2018.

Urban, Mark: »I wanted a life outside Russia": Sergej Skripal tells how he was turned by MI6 into sharing his secrets before being snatched by Putin's thugs in a stunning interview given a year before Salisbury, Mail online, 30.9.2018, https://www.dailymail.co.uk/news/article-6220481/Sergej-Skripal-tells-turned-MI6-sharing-secrets.html.

Urban, Mark: Russlands neuer Spionagekrieg. Putins langer Arm in den Westen, München 2020.

Usenko, N. V./Kotov, P. G., Kak sozdavalsja atomnyj podvodnyj flot Sovetskogo Sojuza, Moskva 2004.

Užestočeno nakasanie za gosudarstvennuju izmenu, Gosudarstvennaja duma, 18.4.2023, http://duma.gov.ru/news/56910/.

Vasil'ev, V. V.: Sodzdanie i rabota voenno-techničeskogo bjuro pri Komitete oborony SNK SSSR v predvoennye gody, in: Voenno-istoričeskij žurnal, 2013, Nr. 8, S. 44–48.

Vasil'ev, V. V.: »Vedenie dezinformacionnoj raboty našimi protivnikami značitel'no zatrudnjaet ... rabotu našej razvedki, in: Voenno-istoričeskij žurnal, 2014, Nr. 11, S. 43–46.

Vasilevskij, Aleksandr M.: Delo vsej žisni, Minsk 1984.

Velikaja Otečestvennaja vojna 1941–1945 godov. In 12 Bd., Bd. 11: Politika i strategija Pobedy: strategičeskoe rukovodstvo stranoj i Vooružennymi silami SSSR v gody vojny, Moskva 2015.

Velikaja Otečestvennaja vojna 1941–1945 godov. In 12 Bd., Bd. 6: Tajnaja vojna. Razvedka i kontrrazvedka v gody Velikoj Otečestvennoj vojny, Moskva 2013.

Venona: Soviet Espionage and the American Response 1939–1957, hrsg. von Robert L. Benson and Michael Warner, Washington, D.C. 1996.

Verdächtige im Fall Skripal sind laut May russische Agenten, Spiegel online, 5.9.2018, https://www.spiegel.de/politik/ausland/theresa-may-attentaeter-von-Sergej-skripal-sind-russische-agenten-a-1226665.html.

Vinokurov, V. I.: Istoriaja voennoj diplomatii. Voennaja diplomatija meždu Pervoj i Vtoroj mirovymi vojnami, Bd. 2, Moskva 2010.

Vinokurov, V. I.: Istorija voennoj diplomatii. Voennaja diplomatija ot Petra I do Pervoj mirovoj vojnoj, Bd. 1, Moskva 2009.

VMF Rossii planiruet polučit' četyre fregata proekta 22350 do 2025 goda, RIA Novosti, 16.5.2017, https://ria.ru/20170516/1494385507.html.

Voennaja kontrrazvedka. Istorija, sobytija, ljudi, Moskva 2008.

Voennaja razvedka Rossii, Moskva 2012.

Voenno-kosmičeskie sily (voenno-istoričeskij trud), Bd. 1: Kosmonavtika i vooružennye sily, Moskva 1997.

Voenno-kosmičeskie sily (voenno-istoričeskij trud), Bd.: Stanovlenie voenno-kosmičeskich sil, Moskva 1998.

Voennyj atom. Chraniteli jadernogo moguščestva deržavy, Moskva 2017.

Vor dem Abgrund. Die Streitkräfte der USA und der UdSSR sowie ihrer deutschen Bündnispartner in der Kubakrise, hrsg. von Dimitrij N. Filippovych und Matthias Uhl, München 2005.

Vorsamer, Barbara: Mata Hari der Moderne, in: Süddeutsche Zeitung, 8.7.2010.

Vysokaja slava Rossii, Nižnij Novgorod 2016.

Wagner, Armin/Uhl, Matthias: BND contra Sowjetarmee. Westdeutsche Militärspionage in der DDR, Berlin 2008.

Wasdin, Howard E./Templin, Stephen: Navy Seals Team 6. Ein Elitekämpfer enthüllt die Geheimnisse seiner Einheit, München 2011.

Weinberg, Gerhard L.: Eine Welt in Waffen. Eine globale Geschichte des Zweiten Weltkriegs, Stuttgart 1995.

Weiner, Tim: CIA. Die ganze Geschichte, Frankfurt a. M. 2009.

Weinstein, Allen/Vassiliev, Aleksandr: The Haunted Wood. Soviet Espionage in America – the Stalin Era, New York 2000.

West, Nigel: At Her Majesty's Secret Service, Annapolis, Maryland 2009.

West, Nigel: Historical Dictionary of Cold War Counterintelligence, Plymouth u. a. 2007.

West, Nigel: Historical Dictionary of Cold War Intelligence, New York/London 2021.

West, Nigel: Historical Dictionary of Sexspionage, Maryland/Plymouth 2009.

West, Nigel: The Circus. MI 5 Operations 1945–1972, New York 1984.

West, Nigel: The Friends. Britain's Post-War Secret Intelligence Operations, London 1988.

Wilford, Hugh: The Agency. A History of the CIA, Chantilly 2019.

Wise, David: Molehunt. The Secret Search for Traitors that Shattered the CIA, New York 1992.

Wise, David: Spy. The Inside Story of How the FBI's Robert Hanssen Betrayed America, New York 2002.

Zavermbovskij, V. L./Kolesnikov, Ju. I.: Morskoj specnaz. Istorija (1938–1938 gg.), St. Peterburg 2001.

Zeidler, Manfred: Reichswehr und Rote Armee 1920–1933. Wege und Stationen einer ungewöhnlichen Zusammenarbeit, München 1993.

Zolotarev, V. A./Saksonov, O. V./Tjzškevič, S. A.: Voennaja istorija Rossii.

Zubok, Vladislav: Der sowjetische Geheimdienst in Deutschland und die Berlinkrise 1958–1961, in: Spionage für den Frieden? Nachrichtendienste in Deutschland während des Kalten Krieges, hrsg. von Wolfgang Krieger und Jürgen Weber, München 1997, S. 121–143.

Zubok, Vladislav M.: Spy vs. Spy: The KGB vs. the CIA 1960–1962, in: Cold War International History Project Bulletin, 1994, Nr. 4, S. 22–33.

Zvonarev, K. K.: Agenturnaja razvedka: Russkaja agenturnaja razvedka vsech vidov do i vo vremja vojnoj 1914–1918 gg. Germanskaja agenturnaja razvedka do i vo vremja vojny 1914–1918 gg., Kiev 2005.

Internetquellen:

https://www.cia.gov/readingroom/home

https://www.php.isn.ethz.ch

https://www.russianspaceweb.com

https://shieldandsword.mozohin.ru

https://space.skyrocket.de

Personenregister

»37« – Quelle der GRU in der Reichswehr in den 1930er Jahren, Reserve-Offizier 85 f.

»Arman« – Quelle der GRU in Frankreich in den 1960er Jahren, bei der Technikspionage eingesetzt 306 f.

»Artur« – Quelle der GRU in Frankreich in den 1960er Jahren, leitender Konstrukteur in einem großen Rüstungskonzern 306 f., 316, 379

»Bernard« – (1909–1965) französischer Chemiker, Quelle der GRU in Frankreich in den 1960er Jahren, im Bereich der Technikspionage eingesetzt 305 ff., 392 ff.

»COMPASS« – Deckname eines CIA-Mitarbeiters in Moskau, der 1961 Kontakt mit Oleg W. Pen`kowskij aufnehmen sollte, die Mission scheitert 501

»Dean« – Quelle der GRU in den Niederlanden in den 1970er Jahren 318

»Dion« – hochrangige Quelle der GRU im Regierungsapparat von US-Präsident Kennedy, von der GRU-Offizierin Marija D. Dobrowa geführt 521

»Gamin« – Quelle der GRU in den Niederlanden in den 1970er Jahren 318

»Hans« – zu Beginn der 1950er Jahre Gärtner an der sowjetischen Botschaft in Wien, zugleich Agent und »Tipper« der CIA 485 f.,

»Luisa« – (1925–?) Französin, seit 1957 für die GRU-Kurierin und Verbindungsagentin in Paris, hielt u. a. Kontakt zum Agenten »Murat« 288–291, 295, 304 f., 307, 316, 318, 321

A

Abidian, John – (1925–2010) Sicherheitsspezialist im US-Außenministerium, 1960–1962 Sicherheitsoffizier an der US-Botschaft in Moskau 501

Abros'kin, Nikolaj P. – (*1951) sowjetischer und russischer Militär, Armeegeneral (2003), 1999–2011 Leiter der Agentur für Spezialbau, 2011–2014 Berater des Verteidigungsministers, 2015–2020 1. Stellv. der Verwaltungsabteilung des Präsidenten der Russischen Föderation 245

Adabasch, Michail A. – (1864–1924) russischer Militär, Generalmajor, ab 1900 bei der russischen Militäraufklärung, 1906–1907 deren Chef 54

Adlerberg, Nikolaj W. Graf – (1819–1892) russischer Militär und Beamter, General der Infanterie, 1856–1866 Militäragent des Zaren in Berlin, 1866–1881 Generalgouverneur von Finnland 45

Adshubej, Aleksej I. – (1924–1993) sowjetischer Journalist und Politiker, 1949 Heirat mit der Tochter Chruschtschows, 1957–1959 Chefredakteur der *Komsomolskja Prawda*, 1959–1964 Chefredakteur der *Iswestija*, nach der Machtablösung seines Schwiegervaters kaltgestellt 202

Afanas'ew, Boris M. – (1902–1981) sowjetischer Geheimdienstoffizier, Oberst, seit 1932 bei der INO der OGPU, leitet dort ab 1936 in Paris eine Agentengruppe, ermordet 1937 u. a. den Überläufer Ignaz S. Reiss, 1938 nach Moskau zurückberufen, ab 1941 bei der INO des NKGB, 1947 aus dieser wegen »Vertrauensverlust« entlassen und als Journalist tätig, 1953 kurzzeitig durch Berija reaktiviert, nach dessen Sturz erneute journalistische Tätigkeit 476

Agabekow, Grigorij S. – (1896–1937) sowjetischer Geheimdienstmitarbeiter, seit 1922 bei der Tscheka, ab 1924 bei der INO der OGPU, u. a. Einsätze in Afghanistan und der Türkei, setzt sich 1930 nach Frankreich ab, dort 1937 von einem Kommando des sowjetischen Geheimdienstes NKWD ermordet 67

Agee, Philip – (1935–2008) CIA-Offizier, 1957 Eintritt in den US-Geheimdienst, Agentenführer in Südamerika, 1967 Ausscheiden vom Dienst wegen Differenzen mit dessen Operationsführung, veröffentlicht 1975 ein Buch, in dem er CIA-Praktiken kritisiert und ihm bekanntes Personal seines früheren Arbeitgebers enttarnt 527

al-Assad, Baschar (*1965) – syrischer Politiker, seit 2000 Präsident Syriens 251, 255

Aleksandr I. – (1777–1825) 1801–1825 Kaiser von Russland 12, 26, 35 ff., 52

Aleksandr II. – (1818–1881) 1855–1881 Kaiser von Russland, führt zahlreiche Reformen durch und schafft 1861 die Leibeigenschaft ab, fällt 1881 in St. Peterburg einem Anschlag der Untergrundgruppe »Volkswille« zum Opfer 12, 41–45

Aleksandrowskij, Michail K. – (1896–1937) sowjetischer Geheimdienstoffizier, seit 1920 Mitarbeiter der Tscheka, dann der OGPU bzw. des NKWD, vor allem im Bereich der Spionageabwehr eingesetzt, Anfang 1937 zum stellv. Chef der Militäraufklärung ernannt, im Sommer des gleichen Jahres als »Volksfeind« verhaftet und auf Weisung Stalins erschossen, 1957 rehabilitiert 106

Aleksej I. – (1629–1676) 1645–1676 Zar und Großfürst von Russland 34

Ames, Aldrich – (*1941) CIA-Offizier, 1962 Eintritt in den Dienst, ab 1985 Chef der CIA-Abteilung Gegenspionage UdSSR, spätestens seit dieser Zeit Selbstanbieter beim KGB, seine Informationen enttarnen zahlreiche Agenten und Operationen der CIA in der Sowjetunion und Russland, erhielt hierfür vom KGB und seinem Nachfolger FSB mehr als 2,5 Millionen Dollar, 1994 vom FBI enttarnt und zu lebenslanger Haft verurteilt 530, 548, 551

Amin, Hafizullah – (1929–1979) afghanischer Politiker, Kommunist, putscht 1978 zusammen mit Muhammad Taraki gegen Daoud Khan, wird zunächst Geheimdienstchef, ab März 1979 Premierminister der Demokratischen Republik Afghanistan, nach der Ermordung Tarakis ab September Staatschef, Ende 1979 im Zuge der sowjetischen Invasion Afghanistans von einem Spezialkommando aus GRU- und KGB-Einheiten erschossen 442, 444–447

Amosow, Igor' A. – (1922–2008) GRU-Offizier, Kapitän zur See (1962), 1953–1954 Gehilfe des sowjetischen Marine-Attachés in den USA, 1954–1956 Militärberater in Polen, 1956–1957 Ausbilder an der Militärdiplomatischen Akademie, 1957–1960 Vertreter beim Generalstab der sowjetischen Streitkräfte, 1960–1966 Gruppenleiter bei der GRU, 1966–1971 Marine-Attaché in Kuba, 1971–1974 Chef der 2. Verwaltung der GRU, 1974–1978 Marine-Attaché in Algerien, 1979 Abschied aus dem Dienst, anschließend Mitarbeiter am Institut für Militärgeschichte des Verteidigungsministeriums der UdSSR 223

Ampletzer, Thomas (1913–1945) – Gestapobeamter und SS-Führer, 1933 Eintritt in NSDAP und SS, seit 1936 bei der Geheimen Staatspolizei, 1941 Versetzung in das Reichssicherheitshauptamt, dort im Bereich Spionageabwehr eingesetzt, 1942 an der Zerschlagung der »Roten Kapelle« beteiligt, bei Kriegsende in Berlin ums Leben gekommen 143

Ananin, Igor' A. (»Astrow«) – (1917–?) GRU-Offizier, Oberst, 1942 Eintritt in die Rote Armee als Infanterieoffizier, 1943 als Hauptmann Aufklärungschef der 180. Schützendivision, 1945 als Major bei der Höheren Aufklärungsschule des Generalstabes, die 1946 in die Militärdiplomatische Akademie aufging, ab 1961 Einsatz in Paris, dort u. a. Verbindungsoffizier zu »Murat«, 1972 in den Ruhestand 282 f., 287 f.

Andropow, Jurij W. – (1914–1984) sowjetischer Geheimdienstfunktionär und Politiker, seit 1953 im diplomatischen Dienst, 1954–1957 Botschafter in Ungarn, 1957–1967 Leiter der ZK-Abteilung für die Zusammenarbeit mit den kommunistischen Parteien, 1967–1982 Vorsitzender des KGB, 1982–1984 Generalsekretär des ZK der KPdSU und ab 1983 auch formal sowjetischer Staatschef 444, 529

Antonow, Aleksej I. – (1896–1962) sowjetischer Militär, Armeegeneral (1943), 1941–1942 Stabschef verschiedener Fronten der Roten Armee, 1942 Wechsel zur Operationsabteilung des Generalstabes, 1945–1946 Generalstabschef, 1946–1948 1. Stellv. Generalstabschef, 1949–1954 Chef des Militärbezirks

Transkaukasus, 1954–1955 1. Stellv. Generalstabschef, 1955–1962 Stabschef der Streitkräfte des Warschauer Paktes 371, 374

Aralow, Semjon I. – (1880–1969) sowjetischer Militär und Beamter, 1918–1919 erster Leiter der Registraturverwaltung des Feldstabes der Roten Armee, die für die Militärspionage verantwortlich zeichnete, 1921 Wechsel in den diplomatischen Dienst, ab 1927 Wirtschaftsfunktionär, 1936–1939 als »Volksfeind« inhaftiert, 1939–1941 stellv. Direktor eines Literaturmuseums, 1941 Kriegsfreiwilliger, 1945 Kommandeur einer Trophäen-Brigade der Roten Armee, 1946 demobilisiert, dann bis zu seiner Pensionierung 1957 Parteiarbeiter 64

Archer, Jane (1898–1982) MI5–Offizierin, 1916 Eintritt in den MI5, 1929 erste Frau im Rang eines Offiziers beim MI5, untersucht vor allem Spionagefälle mit sowjetischen Hintergrund, 1940 Abschied aus dem Dienst 480

Archipow, Wladimir – (?-?) GRU-Offizier, Ende der 1960er Jahre in Frankreich eingesetzt, von dort 1969 ausgewiesen 271

Arps, Theodor – (1884–1947) deutscher Marineoffizier, vor dem 1. Weltkrieg Seeoffizier, 1914–1918 in französischer Kriegsgefangenschaft, 1920 Abschied aus der Marine, 1933 reaktiviert, 1934–1939 Leiter des Marinenachrichtendienstes, 1940–1945 Richter am Reichskriegsgericht in Berlin, 1945 in amerikanische Kriegsgefangenschaft, dort 1947 verstorben 76

Artusow, Artur Ch. – (1891–1937) sowjetischer Geheimdienstoffizier, seit 1919 bei der Spionageabwehr der Tscheka, 1922–1927 Chef der Spionageabwehr der OGPU, 1930 Wechsel zur Auslandaufklärung INO, 1931–1934 deren Chef, 1934 gleichzeitig zum stellv. Chef der Militäraufklärung ernannt, 1935 vollständiger Wechsel zur Aufklärungsverwaltung der Roten Armee, 1937 verhaftet und hingerichtet, 1956 rehabilitiert 82 ff., 87, 93 f., 97, 99

B

Baberowski, Jörg – (*1961) deutscher Osteuropa-Historiker, seit 2002 Professor für Osteuropäische Geschichte an der Humboldt-Universität in Berlin 109

Balaschow, Wasilij D. – (1921–1985) sowjetischer Militärpilot, Oberstleutnant, 1938 Eintritt in die Rote Armee, 1940 Anschluss der Pilotenausbildung, im 2. Weltkrieg stellv. Staffelkommandeur beim 8. Aufklärungsfliegerregiment, 1943 mit dem Titel »Held der Sowjetunion ausgezeichnet, 1967 aus den Streitkräften entlassen 404

Banow, Iwan N. (»Iwan Tschernyj«, 1916–1982) GRU-Offizier, Generalmajor (1969), 1935 Eintritt in die Rote Armee, 1940–1941 Kurs an der Höheren Spezialschule des Generalstabes, 1941–1944 Einsätze im Rücken der deutsch-sowjetischen Front, ab 1950 bei der GRU für die Aufstellung von Speznas-Einheiten verantwortlich, 1960–1962 stellv. Chef der sowjetischen Militärverbindungsmission beim Oberkommandierenden der US-Truppen in Europa, 1962–1964 deren Chef, 1964–1967 Leiter des 161. Ausbildungszentrums der GRU, 1967–1971 Chef der sowjetischen Militärverbindungsmission bei der britischen Rheinarmee, 1971–1977 Leiter der Fakultät Nr. 3 (operative Aufklärung) an der Militärdiplomatischen Akademie 429, 436 f.

Barclay de Tolly, Michael A. – (1761–1818) russischer Militärführer mit deutschbaltisch-schottischen Wurzeln, mit 15 Jahren Eintritt in die russische Armee, 1810–1812 Kriegsminister, 1812 Oberbefehlshaber der 1. Westarmee, 1813 Oberbefehlshaber der russischen Truppen, 1814–1818 Oberbefehlshaber der 1. Armee 11, 35 ff., 39

Bardeew, Igor' A. – (1935–2023) – GRU-Offizier, Vizeadmiral (1990), seit Seeoffizier, 1967–1970 Ausbildung an der Militärdiplomatischen Akademie, anschließend u. a. Einsatz in Kanada, dort 1980 als Militärattaché wegen Spionage ausgewiesen, anschließend Militärattaché in Äthiopien, 1988 bis Anfang der 1990er Jahre 1. Stellv. Chef der GRU, ab 1995 bei »Rosobronexport« tätig, eine staatliche Firma, die Waffen ins Ausland exportiert 231

Barth, Robert (»Beck«) – (1910–1945) deutscher Widerstandskämpfer und NKWD-Agent, Schriftsetzer, 1933–1934 in Haft, 1939 zur Wehrmacht einberufen, im März 1942 Übertritt zur Roten Armee, vom NKWD zum Agentenfunker ausgebildet, im August 1942 über Ostpreußen abgesetzt, schlägt er sich nach Berlin durch, dort von der Gestapo verhaftet und zum Funkspiel gegen die »Rote Kapelle« gezwungen, anschließend von der Gestapo zum Einsatz an der Westfront ausgebildet, gibt sich Ende März 1945 US-Truppen zu erkennen, die ihn nach Paris überstellen dort an den NKWD übergeben, der ihn nach Moskau schafft und ihn dort am 23. November 1945 als Verräter hinrichten lässt 143

Bartlett, Charles – (1921–2017) US-Journalist, erhielt 1956 den Pulitzer Preis, Vertrauter von US-Präsident Kennedy.. 204

Basarow, Pawel A. – (1871–1948) russischer Geheimdienstoffizier, Generalmajor (1917), 1891 Eintritt in die Armee des Zaren, 1906–1911 Gehilfe beim Chef der Raswedka, 1908 Sprachaufenthalt in Kassel 1911–1914 russischer Militärattaché in Berlin, im 1. Weltkrieg in verschiedenen Stabspositionen eingesetzt u. a. Offizier bei der Militäraufklärung, 1919 Emigration nach Frankreich 55, 58

Batjuschin, Nikolaj S. – (1874–1957) russischer Geheimdienstoffizier, Generalmajor (1915), 1905–1914 Chef der Aufklärungsabteilung des Militärbezirks Warschau, 1914–1915 Leiter des Nachrichtendienstes und der Spionageabwehr der Nordwestfront, 1917 Leiter der Kommission für Spionageabwehr bei der Nordfront, 1918 bei den Streitkräften Südrusslands, ging nach deren Niederlage in die Emigration 56

Bentivegni, Franz Eccard von – (1986–1958) deutscher Geheimdienstoffizier, Generalleutnant (1945), im 1. Weltkrieg Artillerieoffizier, dann in die Reichswehr übernommen, 1939–1943 Chef der Spionageabwehr im Amt Ausland/Abwehr des OKW, dann Truppenoffizier, zuletzt Divisionskommandeur, 1945 in sowjetische Kriegsgefangenschaft, dort 1950 als Kriegsverbrecher zu 25 Jahren Haft verurteilt, 1955 in die Bundesrepublik entlassen 86

Berija, Lawrentij P. – (1899–1953) sowjetischer Politiker und Geheimdienstfunktionär, 1920 Eintritt in die Tscheka, 1931–1938 kommunistischer Parteichef in der Republik Georgien, 1938–1946 NKWD-Chef, 1946–1953 1. Stellv. Vorsitzender des Ministerrats der UdSSR, verantwortlich für das Atom- und Raketenbauprogramm des Landes, nach Stalins Tod Innen- und Staatssicherheitsminister, 1953 als »Volksfeind« verhaftet hingerichtet 116, 136, 148

Berkowitsch, Benjamin – (?-?) GRU-Offizier, Anfang der 1930er Jahre illegaler Resident des Militärgeheimdienstes in Frankreich, gab sich als kanadischer Geschäftsmann aus, 1933 verhaftet und zu drei Jahren Haft verurteilt 79

Berkowitsch, Clara – (?-?) Frau von Benjamin Berkowitsch, GRU-Mitarbeiterin, fertigt u. a. gefälschte Dokumente an 79

Bersin, Jan K. – (1889–1938) GRU-Chef, Armeekommissar II. Ranges (1937) seit 1920 bei der Militäraufklärung, 1921–1924 deren stellv. Chef, 1924–1935 Leiter der Aufklärungsverwaltung der Roten Armee, 1936–1937 Militärberater in der Spanischen Republik, ab Juni 1937 erneut Chef des militärischen Nachrichtendienstes, im Zuge der Säuberungen Stalins verhaftet und im Sommer 1938 hingerichtet, 1956 rehabilitiert 93, 102 f., 106, 198, 110, 473, 478

Berthier, Louis-Alexandre – (1753–1815) – französischer Militär, 1805–1807 Generalstabschef der Großen Armee, 1809 deren Oberbefehlshaber, 1812–1814 erneut Generalstabschef der Großen Armee, dann Seitenwechsel zu Ludwig XVIII., stürzte sich in Bamberg aus dem Fenster, als dort russische Truppen einmarschieren 41

bin Laden, Osama – (1957/58–2011) – Terrorführer, entstammt einer saudischen Unternehmerfamilie, unterstützte in den 1980er Jahren die Mudschaheddin in Afghanistan, gründet 1988 die islamitische Terrororganisation al-Qaida, die später für zahlreiche Anschläge verantwortlich zeichnet, initiiert und plant die Terroranschläge vom 11. September 2001 in den USA, danach auf der Flucht, 2011 von US-Spezialkräften in Pakistan erschossen 566

Birjusow, Sergej S. – (1904–1964) sowjetischer Militär, Marschall der Sowjetunion (1955), 1955–1962 Oberbefehlshaber der Luftverteidigung und stellv. Verteidigungsminister, 1962–1963 Oberbefehlshaber der Strategischen Raketentruppen, 1963–1964 Generalstabschef und 1. Stellv. Verteidigungsminister, kommt bei einem Flugzeugabsturz in der Nähe von Belgrad ums Leben 298 f., 308 f.

Blake, George – (1922–2020) MI6–Offizier und KGB-Agent, im 2. Weltkrieg im niederländischen Widerstand aktiv, nach 1945 beim MI6, gerät 1950 in Korea in nordkoreanische Gefangenschaft, dort 1951 vom sowjetischen Geheimdienst angeworben, ab 1955 vom MI6 in West-Berlin eingesetzt, verrät dort u. a. die Operation »Gold«, mit der Telefonleitungen der Sowjets in der geteilten Stadt abgehört werden, 1959 von einem polnischen Überläufer enttarnt und 1961 zu 42 Jahren Haft verurteilt, floh 1966 spektakulär aus dem Gefängnis und konnte sich über die DDR nach Moskau absetzen, wo ihn der KGB zum Obersten beförderte 229, 489

Bljucher, Wasilij K. (1889–1938) – sowjetischer Militär, Marschall der Sowjetunion (1935), 1917 Kommissar der Roten Garde, ab 1918 in der Roten Armee, 1922–1924 Befehlshaber des Verteidigungsbezirks Petrograd, 1924–1927 Militärberater in China, 1929–1938 Befehlshaber im Militärbezirk Fernost, im Herbst 1938 verhaftet und vom NKWD zu Tode gefoltert, 1956 rehabilitiert 110

Boeckenhaupt, Herbert – (*1943) US-Soldat, Sergeant bei der US Air Force, Chiffrier-Experte, 1962 von der GRU angeworben, der er geheime Codes verkaufte, 1966 verhaftet und 1967 zu 30 Jahren Gefängnis verurteilt, lebt nach seiner Freilassung in North Carolina 524

Bogowoj, Wasilij G. – (1893–1937) GRU-Offizier, Brigadekommandeur (1936), seit 1918 bei der Roten Armee, seit 1928 bei der Militäraufklärung, 1928–1931 zunächst Gehilfe, dann Militärattaché in Polen, ausgewiesen, 1931–1935 Referatsleiter bei der Abteilung Militärtechnik, 1935–1936 Leiter der 4. Abteilung (Marineaufklärung), 1936–1937 Leiter der Abteilung taktische Aufklärung bei den Armeen und Flotten des Militärnachrichtendienstes, im Zuge der stalinistischen Säuberungen verhaftet und hingerichtet, 1956 rehabilitiert 82

Bojarinow, Grigorij I. – (1922–1979) KGB-Offizier, Oberst (1954), 1939 Soldat in der Roten Armee, 1942 Wechsel zu den Grenztruppen des NKWD, 1961–1969 Lehrer an der KGB-Hochschule, ab 1969 Ausbildungschef der KGB-Spezialeinsatztruppen, leitet im Dezember 1979 die Sondereinheit »Zenit«, die Amin beseitigen soll, beim Sturm auf den Präsidentenpalast bei Kabul getötet 446

Bojko, Wladimir I. (»Wladimir Lota«) – (1941–2017) GRU-Offizier, Oberst, 1961–1963 Dienst in der Sowjetarmee, dann Journalistik-Studium und Ausbildung an der Militärdiplomatischen Akademie, danach mehrere Auslandseinsätze, nach seiner Versetzung in die Reserve ab 1996 Chefhistoriker der GRU, Autor zahlreicher Publikationen 25

Bol'schakow, Georgij N. (»Mark") – (1922–1989) GRU-Offizier, Oberst, 1943–1945 Ausbildung an der Höheren Aufklärungsschule des Generalstabes, 1946–1950 Studium an der Militärdiplomatischen Akademie, 1951–1955 getarnt als *TASS*-Reporter Spionageeinsatz in New York und Washington, 1955–1957 Sonderoffizier von Verteidigungsminister Shukow, 1957–1958 Einsatz in der GRU-Zentrale, 1959–1962 erneuter Einsatz in den USA, stellt dort einen geheimen Kanal zu den Kennedy-Brüdern her, der hilft, die Kuba-Krise friedlich beizulegen, 1970 Abschied aus dem Militärgeheimdienst, danach Arbeit als Journalist 202 ff.

Boljatko, Wiktor A. – (1904–1965) sowjetischer Militär, Generaloberst (1959), seit 1928 bei der Roten Armee, 1947–1949 Chef der Sonderabteilung des Generalstabes, die für Kernwaffen zuständig ist, 1949–1959 Leiter der 6. Verwaltung des Generalstabes, gleichfalls für Atomwaffen verantwortlich; als diese 1959 zur 12. Hauptverwaltung erweitert wird, bleibt Boljatko deren Chef, kommt 1965 bei einem Autounfall ums Leben 312

Boltunow, Michail E. – (*1952) russischer Militär-Journalist und Geheimdienstexperte, Studium an der Fakultät für Militär-Journalistik, Redakteur verschiedener Militärzeitungen und -zeitschriften, Autor 25 f., 271, 278

Borghese, Pauline – (1780–1825) Schwester von Napoleon I., 1803 Heirat mit Camillo Borghese, künftiger Herzog von Guastalla und Generalgouverneur des Piemont 36

Boris III. – (1894–1943) 1918–1943 Zar von Bulgarien 469

Borowinskij, Pjotr f. – (1925–?) GRU-Offizier, Oberst, ab 1968 Auslandseinsatz in der Bundesrepublik, Erster Sekretär der politischen Abteilung an der Botschaft in Bonn und legaler Resident des Militärgeheimdienstes, Ende 1970 vom MAD enttarnt und ausgewiesen 212

Bossard, Frank – (1912–2001) – britischer Geheimdienstoffizier und GRU-Spion, 1939 Eintritt in die Royal Air Force, 1956 zum MI6, Einsatz an der Botschaft in Bonn, 1961 von der GRU angeworben, der er Material zu Lenkwaffen des Königreichs verkauft, 1965 vom MI5 enttarnt und zu 21 Jahren Gefängnis verurteilt, 1975 auf freien Fuß gesetzt 210, 524

Boström, Ingrid – (?-?) GRU-Agentin, finnische Masseurin, gehörte zum Netzwerk von Lidija Stahl, 1933 von der französischen Spionageabwehr festgenommen 79

Brandt, Willy – (1913–1992) deutscher Politiker, 1930 Eintritt in die SPD, 1931 Wechsel zur SAPD, 1933–1945 im Widerstand und Exil, 1945 Rückkehr nach Deutschland als Journalist, 1957–1966 Regierender Bürgermeister von Berlin, 1964–1987 Vorsitzender der SPD, 1966–1969 Vizekanzler und deutscher Außenminister, 1969–1974 Bundeskanzler, musste wegen der sogenannten Guillaume-Affäre zurücktreten 268

Braun, Wernher von – (1912–1977) deutscher Raketenkonstrukteur, seit 1932 Zivilangestellter im Heereswaffenamt, 1937–1945 technischer Direktor der

Heeresversuchsanstalt Peenemünde, die die Rakete A-4/V-2 entwickelt, trug in dieser Funktion Mitverantwortung vom Tod von 20.000 KZ-Häftlingen, stellt sich bei Kriegsende US-Truppen, von diesen in die USA gebracht, wo er für das US-Militär seine Arbeiten an Raketen fortsetzt, 1959–1972 bei der NASA 89

Breschnew, Leonid I. – (1906–1982) sowjetischer Politiker, 1964–1982 Generalsekretär der KPdSU, 1960–1964 und 1977–1982 sowjetisches Staatsoberhaupt 211, 214, 443 f.

Brzeziński, Zbigniew – (1928–2017) US-Politikwissenschaftler mit polnischen Wurzeln, 1966–1968 Wahlkampfberater von Lyndon B. Johnson, 1977–1981 Sicherheitsberater von US-Präsident Jimmy Carter 547

Brosin, Pawel I. – (1783–1845) russischer Geheimdienst-Offizier, Generalmajor (1817), 1810–1812 Militäragent in Spanien, dann Soldat in den Befreiungskriegen, 1826 Abschied aus der Armee des Zaren 35

Bruchhausen, Werner – (*1939) GRU-Agent, deutscher Unternehmer, in den 1970er Jahren vom sowjetischen Militärgeheimdienst angeworben, beschafft für diese vor allem Computer- und Rechentechnik, muss 1981 untertauchen, 1985 in Großbritannien verhaftet und in die USA überstellt, dort 1987 zu 15 Jahren Haft verurteilt 212, 398

Brussilow, Aleksej A. – (1853–1926) russischer Militär, General der Kavallerie (1912), im 1. Weltkrieg zunächst Oberbefehlshaber der 8. Armee, 1916–1917 Oberbefehlshaber der Südwestfront, 1917 Oberbefehlshaber der russischen Streitkräfte, 1920 Eintritt in die Rote Armee 61

Bulganin; Nikolaj A. – (1895–1975) sowjetischer Politiker, ab 1931 Mitglied des Zentralkomitees, 1944–1947 stellv. Verteidigungsminister, 1947–1949 Verteidigungsminister, 1953–1955 erneut Verteidigungsminister, 1955–1958 Vorsitzender des Ministerrates der UdSSR, 1958 entmachtet und auf den Posten des Präsidenten der Staatsbank abgeschoben, 1960 pensioniert 180

Bulik, Joseph J. – (1916–1999) CIA-Offizier, 1940–1942 Abteilungsleiter beim Amt für Volkszählung, 1942 Wechsel zum Landwirtschaftsministerium, dort als Verbindungsoffizier zur Sowjetunion eingesetzt, 1944–1948 zunächst Wirtschaftsexperte, dann Landwirtschaftsattaché an der US-Botschaft in Moskau, nachfolgend Wechsel zur CIA, Anfang der 1960er Jahre Chef der Abteilung für Sonderoperationen in der UdSSR, u. a. Führungsoffizier von Pen`kowskij 501 f.

Busch, Ernst – (1885–1945) deutscher Militär, Generalfeldmarschall (1943), im 1. Weltkrieg Kompanieführer, dann in der Reichswehr, 1940–1943 Oberbefehlshaber der 16. Armee, 1943–1944 Oberbefehlshaber der Heeresgruppe Mitte, im Zuge der sowjetische Sommeroffensive von Hitler entlassen, 1945 Oberbefehlshaber der Heeresgruppe Nordwest, in britischer Gefangenschaft verstorben 161 f.

Bush, George – (1924–2018) US-Politiker, 1971–1973 Botschafter bei den Vereinten Nationen, 1974–1975 Leiter des US-Verbindungsbüros in China, 1976–1977 CIA-Direktor, 1981–1989 US-Vizepräsident, 1989–2003 Präsident der Vereinigten Staaten 456

Butakow, Grigorij I. – (1820–1882) russischer Marineoffizier, Admiral (1878), 1863–1867 Marineagent in Großbritannien, Frankreich und Italien, 1867–1877 Chef der Panzerschiffe in der Ostsee, 1878–1881 Befehlshaber der See- und Küstenverteidigung des Raumes Helsinki, 1881–1882 Hauptkommandeur des Hafens von St. Peterburg 44

Butikow, Fjodor – (?-1943) Geheimdienstoffizier der Roten Armee, Anfang 1943 im Rang eines Hauptmanns von der Aufklärungsverwaltung des Generalstabes im Hinterland der Front abgesetzt, dort von der Abwehr festgenommen und umgedreht, zur sowjetischen Seite zurückgeschickt, hier überworben und an die Abwehr zurückgespielt, im September 1943 vom SD verhaftet und hingerichtet 156

C

Cane, Edward – (?-?) CIA-Offizier, Ende der 1970er Jahre Führungsoffizier des Doppelagenten und GRU-Offiziers Anatolij Filatow 545

Carter, Jimmy – (*1924) US-Politiker, 1971–1975 Gouverneur von Georgia, 1977–1981 US-Präsident 547

Cassels, James – (1907–1996) britischer Militär, Feldmarschall (1968), seit 1926 Offizier in der britischen Armee, 1960–1963 Oberkommandierender der Rheinarmee und Oberkommandierender der NORTHAG, 1963–1964 Generaladjutant der Streitkräfte, 1965–1968 Generalstabschef 194

Castro, Fidel (1926–2016) kubanischer Politiker, seit 1953 im bewaffneten Widerstand gegen das Regime von Batista, 1959–2006 kubanischer Staatschef 201

Changoschwili, Selimchan – (1979–2019) Tschetschene aus Georgien, schloss sich 2001 tschetschenischen Separatisten an, stieg dort bis zum Feldkommandanten auf, 2004 Rückkehr nach Georgien, dort u. a. Zusammenarbeit mit US-Geheimdiensten, von Russland als Terrorverdächtiger zur Fahndung ausgeschrieben, nach mehreren Anschlagsversuchen auf ihn Flucht in die Ukraine, ersucht 2017 um Asyl in Deutschland, 2019 im Berliner Tiergarten erschossen, der Täter soll Verbindungen zum FSB gehabt haben 260

Chapman, Anna – (*1982), SWR-Agentin, Tochter eines KGB-Offiziers, 2002 Heirat mit einem britischen Staatsbürger, die Ehe wird 2006 geschieden, Rückkehr nach Russland, dort u. a. als Immobilienmaklerin tätig, zugleich Ausbildung für den Einsatz als illegale Agentin des SWR, 2009 Übersiedlung in die USA, dort 2010 verhaftet und wenig später ausgetauscht, nach ihrer Rückkehr nach Russland TV-Moderatorin 556

Charitschew, Iwan E. – (1923–2003) GRU-Offizier, Generalleutnant (1984), nach Kriegsende Mitarbeiter des für Raketentechnik zuständigen Wissenschaftlichen Forschungsinstituts Nr. 4 des Verteidigungsministeriums, 1972 Wechsel zur GRU, dort bis 1973 Chef des 162. Zentrums für militärtechnische Information, 1973–1974 stellv. Chef der 11. Hauptverwaltung der GRU, 1974–1988 deren Chef 222, 420

Chaustow, Wladimir N. – (1948–2023) russischer Geheimdiensthistoriker, Mitarbeiter des Lenin-Museums in Moskau, 1973–1974 Wehrdienst in der DDR, nach Rückkehr Assistent am Lehrstuhl für Geschichte der KPdSU an der Hochschule des KGB, 1992–1999 stellv. Leiter des Lehrstuhls für Geschichte der Vaterländischen Nachrichtendienste an der Akademie des FSB, 1999–2016 dort Lehrstuhlleiter, 2016–2023 wissenschaftlicher Mitarbeiter am Zentrum für militärhistorische Probleme der Militäruniversität Moskau 31

Chisholm, Janet Anne (1929–2004) Agentin des MI6, kommt in den 1950er Jahren zum britischen Geheimdienst, da ihr Mann dort arbeitet, Kurierin zum Doppelagent Pen'kowskij in Moskau, nach dessen Enttarnung ausgewiesen, später in Singapur und Südafrika eingesetzt 504f.

Chisholm, Ruari – (1915–?) MI6–Offizier, 1954–1955 vom britischen Geheimdienst in West-Berlin eingesetzt, wird er bereits dort von Blake an den KGB verraten, 1955–1960 in der MI6–Zentrale in London tätig, ab 1960 als Visabeamter getarnt MI6–Resident in Moskau, 1962 zusammen mit seiner Ehefrau nach der Verhaftung Pen'kowskijs ausgewiesen, es schlossen sich Einsätze in Singapur und Südafrika an, arbeitet nach seinem Abschied aus dem MI6 als Autor 504

Chlopow, Wasilij E. – (1900–1975) GRU-Offizier, Generalleutnant (1957), in den 1930er Jahren Panzeroffizier, 1939 Wechsel zur Militäraufklärung, 1940–1941 Gehilfe des Militärattachés in Deutschland, 1941–1942 stellv. Leiter der Abteilung Außenbeziehungen des Militärnachrichtendienstes, 1942 zunächst Leiter der Deutschlandabteilung der 2. Verwaltung der RU, ab November 1942 deren Chef, 1943–1945 stellv. GRU-Chef, 1945–1946 Chef der 1. Verwaltung der GRU, 1946–1948 Kurs an der Woroschilow-Militärakademie, 1948–1950 dort Leiter des Lehrstuhls für ausländische Streitkräfte, 1950–1955 stellv. Leiter der Militärdiplomatischen Akademie, 1955–1959 Chef der Informationsverwaltung der GRU, 1959–1967 Leiter der Militärdiplomatischen Akademie 135

Cholopzew, Sergej G. – (1906–1974) GRU-Offizier, Generalleutnant (1961), Luftwaffenoffizier, 1944 Kommandeur der 2. Reserve-Flieger-Brigade, 1961–1963 stellv. Chef der Informationsverwaltung der GRU 317

Chruschtschow, Nikita S. – (1894–1971) sowjetischer Politiker, 1938–1949 Erster Sekretär der kommunistischen Parteiorganisation der Ukrainischen SSR, 1949–1953 Erster Sekretär der Parteiorganisation des Moskauer Gebiets, 1953–1964 Erster Sekretär der KPdSU, 1958–1964 gleichzeitig noch Vorsitzender des

Ministerrats der UdSSR, 1964 von Breschnew gestürzt, 1966 aus dem ZK ausgeschlossen 407, 415 ff., 431–434, 488, 496, 499, 504, 509, 514 f., 562

Churchill, Winston – (1874–1965) britischer Politiker, 1911–1915 Erster Lord der Admiralität, 1917–1918 Rüstungsminister, nach dem 1. Weltkrieg verschiedene Ministerämter, 1940–1945 und 1951–1955 Premierminister 164 f.

Churs, Iwan K. – (1922–2002) GRU-Offizier, 1939 Eintritt in die Seestreitkräfte, ab 1951 bei der Marineaufklärung, dort 1960–1964 Abteilungsleiter, 1964–1971 stellv. Chef der Marineaufklärung, 1971–1987 Chef des Marinenachrichtendienstes 220

Conrad, Clyde – (1947–1998) Agent des ungarischen Nachrichtendienstes, Sergeant der US Army, in die er 1965 eintritt, ab 1966 in der Bundesrepublik eingesetzt, 1975 angeworben, ab 1978 Verschlusssachen-Beauftragter der 8. Infanterie-Division, dadurch Zugang zu zahlreichen Geheimunterlagen, 1985 Abschied aus dem Dienst, 1988 in der Bundesrepublik festgenommen und 1990 zu einer lebenslangen Haftstrafe verurteilt 549

Coplon, Judith – (1921–2011) sowjetische Agentin, arbeitet ab 1944 beim US-Justizministerium, im gleichen Jahr vom NKGB angeworben, 1949 vom FBI verhaftet, zu zehn Jahren Gefängnis verurteilt, das Urteil musste später aus juristischen Gründen aufgehoben werden, 1967 wurden die Ermittlungen gegen sie endgültig eingestellt 171

Cox, Eldon Ray – (*1933) US-Geheimdienstmitarbeiter, Studium an der Lubbock Christian University, erlernt gleichzeitig Russisch an der Syracuse University, als Agent vorgesehen, stellt 1960 den Kontakt der CIA zu Pen'kowskij her, später folgen u. a. Einsätze in Japan 501

Crabb, Lionel – (1909–1956) britischer Marinetaucher, 1941 Eintritt in die US Navy, 1955 Abschied aus den Streitkräften, 1956 vom MI6 angeworben, unternimmt in deren Auftrag im April in Portsmouth mehrere Tauchgänge in der Nähe sowjetischer Kriegsschiffe, mit denen Chruschtschow zum Staatsbesuch nach Großbritannien reiste, seit diesem Zeitpunkt vermisst 431

Crockett, Betty – (?-?) CIA-Agentin, Ehefrau von Vincent Crockett, 1977 in Moskau Kurierin für den GRU-Doppelagenten Filatow, im September 1977 ausgewiesen 546

Crockett, Vincent – (?-?) CIA-Offizier, ab Ende 1976/Anfang 1977 »Archivar« an der US-Botschaft in Moskau, soll dort Verbindung zum GRU-Doppelagenten Filatow halten, im September 1977 ausgewiesen 546

D

Dallin, David J. – (1889–1962) russischer Politiker, Journalist und Schriftsteller, 1911 Flucht nach Deutschland, dort 1913 promoviert, 1917 Rückkehr nach Russland, 1918–1920 Abgeordneter der SDAPR im Moskauer Stadtsowjet, dann von den Bolschewiki verfolgt, 1922 erneute Flucht nach Deutschland, 1935 Exil in Polen, lebte ab 1939 in den USA 27

Daoud Khan, Mohammed – (1909–1978) afghanischer Militär und Politiker, 1953–1963 Ministerpräsident, 1973–1978 1. Präsident Afghanistans, während der Saurrevolution erschossen 443

Dement'ew, Pjotr W. – (1907–1977) sowjetischer Staatsfunktionär, Generaloberst, Luftfahrtingenieur, 1941–1953 stellv. Minister für Luftfahrtindustrie, 1953–1957 Minister für Luftfahrtindustrie, 1957–1965 Vorsitzender des Staatskomitees für Luftfahrttechnik, 1965–1977 erneut Minister für Luftfahrtindustrie 379, 387 f.

Demkowski, Piotr – (1895–1931) polnischer Offizier und GRU-Agent, Major (1931), 1925–1927 Lehrgang an der Kriegsschule Warschau, ab 1928 im Generalstab eingesetzt, 1931 von der GRU angeworben, im Sommer des gleichen Jahres enttarnt und hingerichtet 82

Denikin, Anton I. – (1872–1947) russischer Militär (1916), Generalleutnant, 1899 Abschluss an der Generalstabsakademie, im 1. Weltkrieg zunächst Frontkommandeur, 1917 u. a. Oberbefehlshaber der Westfront, im gleichen Jahr am Kornilowputsch beteiligt, 1917–1920 Kommandeur der weißen Freiwilligenarmee, nach deren Niederlage ins Exil 467

Deutsch, Arnold – (1904–1942) INO-Agent, seit 1932 bei dem politischen Auslandsnachrichtendienst des NKWD, zahlreiche Auslandseinsätze, 1934–1937 Mitarbeiter der illegalen INO-Residentur in London, wirbt u. a. die Cambridge Five an, 1937 Rückruf in die Sowjetunion und bis 1941 Mitarbeiter am Institut für Weltwirtschaft, ab 1941 erneut bei der INO, das Schiff, das ihn Ende 1942 zu einem Agenteneinsatz nach Südamerika bringen soll, wird im Nordmeer torpediert, Deutsch kommt dabei ums Leben 88, 480

Dillon, Paul L. (»PLAID«) – (1926–1980) CIA-Offizier, ab 1951 beim US-Geheimdienst, in den 1950er Jahren in der Bundesrepublik für die Anwerbung von Agenten gegen die UdSSR eingesetzt, 1965–1969 Leiter der Abteilung Sowjetunion an der CIA-Residentur in Mexiko-City, 1969–1970 Einsatz in Italien, 1970–1973 in der CIA-Zentrale in Langley, dort Chef der Spionageabwehr der Sowjetabteilung, 1973–1975 in Neu Delhi Verbindungsführer zu GRU-Doppelagent Poljakow, enttarnt und Rückkehr nach Langley, dort u. a. zur Betreuung des 1976 nach Japan mit seiner MiG-25 übergelaufenen Piloten Wiktor Belenko eingesetzt 526 f.

Djumin, Aleksej G. – (*1972) russischer Geheimdienstoffizier und Politiker, Generaloberst (2021), 1994 Abschluss als Nachrichtenoffizier der russischen Armee, 1995 Wechsel zum FSO, dort ab 1999 bei Sicherheitsdienst des Präsidenten, 2012–2014 dessen stellv. Leiter, 2014–2015 stellv. GRU-Chef, 2015

Chef des Hauptstabes der Landstreitkräfte, 2015–2016 stellv. Verteidigungsminister, 2016–2024 Gouverneur des Gebiets Tula, seit 2024 Präsidentenberaten für Fragen des militärisch-industriellen Komplexes 253 f.

Dobrowa, Marija D. (»Glen M. Podtseski«) – (1907–1963) GRU-Offizierin, Hauptmann, im 2. Weltkrieg Krankenschwester, 1944–1948 Übersetzerin des Außenministeriums in Kolumbien, 1951 Anwerbung durch die GRU, erster Einsatz in Frankreich, ab 1954 als Gehilfe des illegalen GRU-Residenten in die USA, dort u. a. mit der Führung von »Dion« betraut, 1962 durch Poljakow enttarnt, 1963 Selbsttötung bei der Festnahme durch das FBI 520 ff.

Dobrynin, Anatolij f. – (1919–2010) sowjetischer Diplomat, 1957–1960 im UN-Sekretariat tätig, 1960–1962 Leiter der USA-Abteilung im Außenministerium, 1962–1986 Botschafter in den USA, 1986–1988 Leiter der ZK-Abteilung für internationale Beziehungen 547

Dodd, Martha – (1909–1990) US-Schriftstellerin und NKWD-Agentin, Tochter des US-Diplomaten William E. Dodd, 1934 in Berlin für die INO des NKWD angeworben, seit 1948 Überwachung durch das FBI, 1949 letzter Kontakt zum sowjetischen Geheimdienst, 1953 Ausreise aus den USA nach Mexiko, 1957 in den USA wegen Spionage für die UdSSR verurteilt, Exil in Prag, 1963–1970 in Kuba, dann erneut nach Prag, wo sie 1990 verstirbt 90

Dodd, William Edward – (1869–1940) US-Historiker und Diplomat, studierte u. a. in Deutschland, 1900 Promotion in Leipzig, 1908–1933 Professor an der Universität Chicago, 1933–1937 US-Botschafter in Berlin 90

Dolin, Grigorij I. – (1918–2011) GRU-Offizier, 1939 Eintritt in die Rote Armee, seit 1946 beim militärischen Nachrichtendienst, 1947–1950 Gehilfe des Militärattachés in Teheran, dann in der Zentrale eingesetzt, ab 1953 erneut im Iran, seit 1955 dort Militärattaché, 1958–1960 Leiter des Referats Türkei in der 4. Verwaltung der GRU, 1960–1964 stellv. Chef der 4. Verwaltung, 1964–1967 Sekretär des Parteikomitees der GRU, 1967–1986 stellv. GRU-Chef und Leiter der Politabteilung des Dienstes 214 f., 529

Drummond, Nelson – (?-?) US-Soldat und GRU-Agent, Angehöriger der US Navy, 1958 von der GRU angeworben, 1962 vom FBI festgenommen und zu einer lebenslangen Haftstrafe verurteilt 524

Dsherschinskij, Feliks E. – (1877–1926) russischer Revolutionär und sowjetischer Geheimdienstfunktionär, gründet 1917 die Tscheka, aus der 1922 die GPU hervorgeht, die er gleichfalls leitet, 1923 wird aus der GPU die OGPU, als deren Vorsitzender D. bis zu seinem Tod fungiert 103

Dubček, Aleksandr – (1921–1992) tschechoslowakischer Politiker und Reformer, 1963–1968 Erster Sekretär der Kommunistischen Partei der Slowakei, 1968 Parteichef der Kommunistischen Partei der Tschechoslowakei, Verfechter von Reformen, sein Kurs führt im August 1968 zur sowjetischen Invasion,

1969 Rücktritt und 1970 Parteiausschluss, arbeitet danach in der Forstverwaltung, 1989 rehabilitiert 440

Dübendorfer, Rachel – (1900–1973) deutsche Kommunistin und GRU-Agentin, 1918 Gründungsmitglied der KPD, 1927 von der GRU angeworben, 1940–1944 Residentin eines sowjetischen Agentennetzes in der Schweiz, 1944 festgenommen, kann sich während der Untersuchungshaft nach Frankreich absetzen und in die Sowjetunion fliehen, dort 1946–1956 inhaftiert, lebt nach ihrer Freilassung in der DDR, erst 1969 von der UdSSR rehabilitiert 87

Dubowik, Wladimir A. – (1903–1987) GRU-Offizier, Generalleutnant (1959), ab 1931 bei der Militäraufklärung, 1934–1938 Auslandseinsatz, dann als politisch unzuverlässig aus dem Nachrichtendienst entfernt, im 2. Weltkrieg Truppenkommandeur, 1957 Rückkehr zur GRU, 1957–1958 1. Stellv. Leiter der 1. Verwaltung, 1958–1960 sowjetischer Vertreter beim Generalstabsausschuss des Sicherheitsrates der UNO, 1960–1961 Chef der Spezialeinheit »FPN 21601« der GRU, 1961–1964 Militärattaché in Washington und GRU-Resident in den USA, 1964–1966 Gehilfe beim Chef des Militärbezirks Weißrussland, 1966–1968 stellv. Leiter der Militärdiplomatischen Akademie 205

Dubowitsch, Boris N. – (1918–1993) GRU-Offizier, Generalleutnant (1984), seit 1937 in der Roten Armee, ab 1941 im Bereich Funkaufklärung eingesetzt, 1948 Abschluss an der Militärdiplomatischen Akademie, 1948–1954 Gehilfe des Militärattachés in Finnland, 1954–1957 in der GRU-Zentrale, ab 1957 Einsatz in der DDR, 1967–1970 GRU-Resident in Paris, 1970–1975 stellv. Chef der 1. Verwaltung, 1975–1985 deren Chef 216

Dudajew, Dschochar – (1944–1996) sowjetischer Offizier und tschetschenischer Politiker, Generalmajor (1989), 1962 Eintritt in die Sowjetarmee, dort Ausbildung zum Piloten, 1987–1991 Kommandeur eines strategischen Bomberregiments, 1991 Abschied aus den Streitkräften und Wahl zum Präsidenten der Tschetschenischen Republik, die aus der Russischen Föderation ausscheiden will, der Konflikt für 1994 zum ersten Tschetschenienkrieg, in dessen Verlauf D. einer Spezialoperation der GRU zum Opfer fiel 553,

Dunlap, Jack (1927–1963) US-Geheimdienstmitarbeiter und GRU-Agent, 1952 Eintritt in die US Army, 1958 Wechsel zur NSA, im gleichen Jahr von der GRU angeworben, entzog sich 1963 seiner Verhaftung durch Selbsttötung 524

Dwyrnik, Sergej – (*?) GRU-Offizier, Oberst, 1991 Resident in den USA, setzte sich dort zur Gegenseite ab 232

E

Edemskij, Sergej A. – (1914–1987) GRU-Offizier, Generalmajor, Artillerieoffizier, 1944–1948 Gehilfe des Militärattachés in London, 1955–1960 Gehilfe des Militärattachés in den USA, 1963–1966 Militärattaché in Großbritannien 523

Eisenhower, Dwight D. – (1890–1969) US-Militär und Politiker, 1911 Eintritt in die Militärakademie West Point, 1943–1945 Oberbefehlshaber der alliierten Streitkräfte in Nordwesteuropa, 1945–1948 Stabschef der US Army, 1953–1961 US-Präsident 387, 418

Elagin, Aleksej I. – (1923–2016) GRU-Offizier, Generalmajor (1972), 1952–1954 Ausbildung an der Militärdiplomatischen Akademie, 1956–1961 Einsatz an der GRU-Residentur in Wien, 1961–1963 Offizier in der GRU-Zentrale, 1963–1967 GRU-Resident in Wien, 1967–1971 Chef der 5. Direktion der 1. Verwaltung, 1971–1976 GRU-Resident in Bonn, 1976–1987 Leiter des Zentralen wissenschaftlichen Forschungsinstituts der GRU 216

Enckell, Oscar Paul (1878–1960) russischer und finnischer Militär, Generalleutnant (1917), 1895 Eintritt in die Zarenarmee, 1903 Abschluss an der Akademie des Generalstabes, seit 1913 bei der Militäraufklärung, 1914–1917 Militäragent in Rom, 1917 Übertritt zu den finnischen Streitkräften, 1919–1924 deren Generalstabschef, 1924 in den Ruhestand, 1940 reaktiviert und bis 1944 Sondervertreter Mannerheims in Paris und London 54

Epstein, Edward J. – (1935–2024) US-Journalist und Politikwissenschaftler 529

F

Fabiew, Serge (»Fuko«) – (1923–2016) Unternehmer und GRU-Agent, in Jugoslawien geborener Sohn russischer Emigranten, nach dem 2. Weltkrieg Unternehmer in Frankreich, 1962 von der GRU angeworben, vor allem im Bereich Technikspionage eingesetzt, 1977 von der französischen Spionageabwehr festgenommen und zu 20 Jahren Haft verurteilt 208–210

Falin, Walentin M. – (1926–2018) sowjetischer Diplomat und Deutschlandexperte, 1952–1958 beim Komitee für Information des Außenministeriums, 1958–1959 Referent der Informationsabteilung des ZK der KPdSU, dann erneut beim Außenministerium, 1965–1968 Berater von Außenminister Gromyko, 1968–1971 Leiter der 2. Europäischen Abteilung, 1971–1978 Botschafter in der Bundesrepublik, 1978–1983 Leiter der Internationalen Abteilung im ZK, 1988–1991 erneut deren Leiter. 1992–2000 Mitarbeiter des Hamburger Instituts für Friedensforschung und Sicherheitspolitik 181

Fedotow, Petr W. – (1901–1963) sowjetischer Geheimdienstoffizier, Generalleutnant (1945), ab 1921 bei der Tscheka, 1941–1946 Chef der Spionageabwehr des NKWD/NKGB, 1947–1952 stellv. Chef des Komitee für Information, 1952 in die Reserve versetzt, 1953 reaktiviert, 1954–1956 Chef der Spionageabwehr des KGB, 1956 abgelöst und zu stellv. Leiter der Publikationsabteilung der Hochschule des KGB ernannt, 1959 degradiert 164

Fel'dman, Fjodor A. – (1835–1902) russischer Militär, General der Infanterie (1901), 1865–1876 Offizier der Militäraufklärung des Zaren, 1876–1881 Militäragent in Wien, 1881–1896 im Generalstab u. a. für Mobilmachungsfragen verantwortlich 45

Ferrero, Giovanni (»Jean«) – (1924–?) italienischer Unternehmer und GRU-Agent, Angestellt bei der FIAT-Vertretung in Paris, spioniert für den sowjetischen Militärgeheimdienst, 1977 enttarnt und verhaftet 209, 273

Feuchtinger, Edgar – (1894–1960) deutscher Militär und GRU-Agent, Generalleutnant, 1914 Eintritt in die Preußische Armee, 1919 Übernahme in die Wehrmacht, im 2. Weltkrieg u. a. Divisionskommandeur, 1945 vom Reichskriegsgericht zum Tode verurteilt, wenig später von Hitler begnadigt, setzte er sich von der Truppe ab, in den 1950er Jahren vom GRU angeworben, verstarb bei einem Agententreff in West-Berlin 186

Filatow, Anatolij (»ETIENNE«) – (*1940) GRU-Offizier und Doppelagent, Major, 1973–1976 Gehilfe des Militärattachés in Algerien, dort vom CIA angeworben, 1976 Rückkehr nach Moskau, setzt dort seine Zusammenarbeit mit dem US-Geheimdienst fort, 1977 vom KGB enttarnt, 1978 zum Tode verurteilt, 1979 zu 15 Jahren Haft begnadigt, 1987 auf freien Fuß gesetzt 544–547

Frankini, Wiktor A. – (1820–1892) russischer Militär, Generalleutnant, Artillerist, 1857–1870 Militäragent in Konstantinopel, dann im Kaukasus eingesetzt, 1877–1878 in Sondermission in Persien, 1878–1881 Militärgouverneur des Gebiets Kars 45

Fuchs, Klaus – (1911–1988) deutsch-britischer Physiker und GRU-Agent, 1941–1943 am britischen Kernwaffenprojekt beteiligt, 1941 Anwerbung durch die GRU, die ihn 1943 an die Konkurrenz vom NKGB abgeben muss, 1943–1946 Mitarbeiter des Manhattan-Projekts in den USA, 1950 in Großbritannien verhaftet und zu 15 Jahren Haft verurteilt, 1959 begnadigt und Übersiedlung in die DDR 376 f.

Furman, Ernst Ja. – (1898–1939) sowjetischer Geheimdienstoffizier, Hauptmann der Staatssicherheit (1936), seit 1920 bei der Tscheka, 1922–1925 Auslandseinsatz in Berlin, 1926–1930 beim Staatlichen Plankomitee, dann Wechsel zur INO, 1937–1938 dort Abteilungsleiter, 1938 als Volksfeind verhaftet und 1939 wegen Spionage hingerichtet, 1957 rehabilitiert 86

G

Gagarin, Jurij A. – (1934–1968) sowjetischer Militär und Kosmonaut, Oberst (1963), 1957 Eintritt in die Luftstreitkräfte, dort Jagdfliegerpilot, 1960 Auswahl als Kosmonaut, im April 1961 erster Mensch im All, kam 1968 bei einem Flugunfall ums Leben 359, 413

Gapanowitsch, Dmitrij A. – (1896–1952) sowjetischer Militär, Generalleutnant (1944), ab 1929 Politoffizier in der Roten Armee, 1942–1947 Leiter der Politverwaltung des Militärbezirks Moskau, seit 1947 dort Chef der Hauptverwaltung Ausbildung, 1945 heiratete seine Tochter Vera Pen'kowskij 497

Gapanowitscha, Vera D. – (1928–?) Redakteurin, Tochter von General Gapanowitsch, heiratete 1945 Pen'kowskij, nach der Aburteilung ihres Mannes nimmt sie wieder ihren Mädchennamen an, bis 1989 Mitarbeiterin beim Verlag für ausländische Literatur 497

Gasfort, Wsewolod G. – (1822–1892) russischer Militär, Generalmajor (1862), 1854–1855 Kommandeur eines Kosaken-Regiments, 1855–1868 Militäragent des Zaren in Italien 45

Gebrew, Emilian – (*?) bulgarischer Waffenhändler, gegen den die GRU mehrere Anschläge verübt, die dieser jedoch überlebte 252

Gehlen, Reinhard – (1902–1979) deutscher Militär und Nachrichtendienstchef, Ausbildung zum Generalstabsoffizier, Generalmajor (1944), 1942–1945 Chef der OKH-Abteilung »Fremde Heere Ost«, 1946–1956 Leiter der »Organisation Gehlen«, die im Auftrag der CIA Spionage betreibt, 1956–1968 1. Präsident des BND 157–161

Gendin, Semjon G. – (1902–1939) GRU-Chef, Obermajor der Staatssicherheit (1936), seit 1921 bei der Tscheka, hier zumeist im Bereich Spionageabwehr eingesetzt, 1936–1937 stellv. Abteilungsleiter im NKWD, 1937–1938 kommissarischer Chef der GRU, im Mai 1938 verhaftet Anfang 1939 zum Tode verurteilt und hingerichtet, 1957 rehabilitiert 106

Georgiew, Konstantin – (1873–1925) bulgarischer Militär, Generalmajor, nach dem 1. Weltkrieg Austritt aus den Streitkräften und Abgeordneter, fiel einem gezielten Mordanschlag zum Opfer, seine Trauerfeier führte zum Bombenattentat auf die Kathedrale Sweta Nedelija in Sofia 468

Gerasimow, Anton W. – (1900–1978) sowjetischer Militär, Generalleutnant (1956), 1957–1964 stellv. Verteidigungsminister der UdSSR für Funkelektronik, 1964–1970 1. Stellv. Generalstabschef für Bewaffnung, 1970–1978 Generalinspekteur des Verteidigungsministeriums 303, 312

Gerasimow, Walerij W. – (*1955) russischer Militär, Armeegeneral, 1984–1987 an der Akademie der Panzertruppen, dann Truppenkommandeur, 1995–1997 Akademie des Generalstabes, dann Verwendung in hohen Kommandofunktionen, 2010–2012 stellv. Generalstabschef, seit 2012 Chef des Generalstabes der Streitkräfte Russlands 255

Gisunow, Sergej A. – (*1956) GRU-Offizier, Fernmeldespezialist, in den 2000er Jahren Leiter des 85. Hautzentrums für Spezialdienste (Verschlüsselung), seit 2015 stellv. GRU-Chef 256

Gogol', Nikolaj W. – (1809–1952) russischer Schriftsteller und Publizist ukrainischer Herkunft 232

Golikow, Filipp I. – (1900–1980) GRU-Chef, Marschall der Sowjetunion (1961), in den 1920er Jahren Politoffizier, in den 1930er Jahren Truppenkommandeur, 1940–1941 GRU-Chef, danach weitere Spitzenverwendungen in der Roten Armee, 1956–1962 Leiter der Akademie der Panzertruppen, dann zu den Generalinspekteuren versetzt 125, 127, 134, 150

Golke, Gustav – (1889–1937) deutscher Kommunist und sowjetischer Geheimagent, 1920 Eintritt in die KPD, 1927 Ausreise nach Moskau, dort u. a. Leiter der Kaderabteilung des Verbindungsdienstes der Komintern, führt im Auftrag der OGPU Mordanschläge aus, 1937 in Moskau verhaftet und hingerichtet, 1956 rehabilitiert 470

Golke, Marc – (?-?) deutscher Kommunist und sowjetischer Geheimagent, Bruder von Gustav Golke, führt im Auftrag der OGPU Mordanschläge aus 470

Gorbatschow, Michail S. – (1931–2022) sowjetischer Politiker, 1985–1991 Generalsekretär des ZK der KPdSU, leitet die Reformen von Glasnost und Perestrojka ein, 1990–1991 sowjetischer Staatspräsident 231, 234, 456, 543, 551

Gordiewskij, Oleg A. – (*1938) KGB-Offizier und Doppelagent, Oberst, 1963 Eintritt in das KGB, 1966–1970 Auslandseinsatz in Dänemark, 1972–1978 erneut in Dänemark, ab 1976 als Resident, 1974 vom MI6 als Doppelagent angeworben, 1978–1982 in der Zentrale der Auslandaufklärung des KGB in Moskau, ab 1982 stellv. Resident in London, 1985 durch Aldrich Ames enttarnt, 1985 nach Moskau abberufen, kann sich dort im Sommer 1985 nach Großbritannien absetzen, dort als Autor und Berater tätig 241

Grabbe, Paul – (1789–1875) russischer Militär, General der Kavallerie (1855), 1810–1812 Militäragent in München, 1812 in geheimer Mission in Berlin, dann an weiteren Aufklärungsmissionen beteiligt, 1817–1822 Kommandeur einer Husarenregiments, 1838–1839 Kommandeur der 2. Dragoner-Division,1862–1868 Oberbefehlshaber der Donkosaken-Armee 35

Gretschko, Andrej A. – (1903–1976) sowjetischer Militär, Marschall der Sowjetunion (1955), im 2. Weltkrieg Oberbefehlshaber verschiedener Armeen, 1945–1953 Befehlshaber des Militärbezirks Kiew, 1953–1957 Oberkommandierender der GSSD, 1957–1960 Oberbefehlshaber der Landstreitkräfte, 1960–1967 Oberkommandierender der Streitkräfte des Warschauer Paktes, 1967–1976 Verteidigungsminister der UdSSR 279, 281

Grimes, Sandy – (*1945) CIA-Offizierin, Russisch-Studium in Seattle, 1966 Eintritt in den Geheimdienst, zunächst im operativen Einsatz der Sowjetabteilung tätig, seit 1970 Analystin, vor allem mit Aufgaben der Spionageabwehr betraut, 1981–1983 bei der Personalverwaltung, ab 1984–1987 stellv. Leiterin für Operationen in Afrika, dann Einsatz in einer Task Force, die den Abfluss von vertraulichen Informationen aus der Moskauer US-Botschaft untersuchte, 1991–1993 untersucht sie die Enttarnung von Poljakow als CIA-Agent, das Ergebnis ist die Verhaftung von Ames, 1993 Abschied aus dem Dienst 531

Gromow, Boris W. – (*1943) sowjetisch-russischer Militär und Politiker, Generaloberst (1989), 1982–1984 Akademie des Generalstabes, 1986–1987 Oberbefehlshaber der 28. Armee, 1987–1989 Oberbefehlshaber der in Afghanistan stationierten 40. Armee, deren Abzug er leitet, 1991 stellv. Oberbefehlshaber der Landstreitkräfte, 1992–1995 stellv. russischer Verteidigungsminister, 1996–1999 Duma-Abgeordneter, 2000–2012 Gouverneur des Gebiets Moskau 554

Gromyko, Andrej A. – (1909–1989) sowjetischer Außenpolitiker und Diplomat, seit 1939 im Auswärtigen Dienst, 1943–1946 Botschafter in den USA, 1946–1948 sowjetischer Vertreter bei der UNO, 1949–1952 1. Stellv. Außenminister, 1952–1953 Botschafter in London, 1953–1957 erneut 1. Stellv. Außenminister, 1957–1985 Außenminister, 1985–1988 Vorsitzender des Obersten Sowjets 189, 444

Guderian, Heinz – (1888–1954) deutscher Militär, Generaloberst (1940), im 1. Weltkrieg Nachrichtenoffizier, 1919 Übernahme in die Reichswehr, baut hier geheim die zukünftigen Panzertruppen auf, 1939–1940 Kommandierender General des XIX. Armeekorps, 1940–1941 Oberbefehlshaber der 2. Panzerarmee, dann seines Postens enthoben, 1943 als Generalinspekteur der Panzertruppen reaktiviert, 1944–1945 Generalstabschef, 1945–1948 in US-Kriegsgefangenschaft, dann Berater für das Amt Blank 129

Guillaume, Günter – (1927–1995) MfS-Offizier, im Auftrag des MfS 1956 Übersiedlung in die Bundesrepublik, dort seit 1964 hauptamtlich bei der SPD, ab 1970 Referent im Kanzleramt, seit 1973 beim Büro von Bundeskanzler Willy Brandt, 1974 enttarnt und festgenommen, in der Folge muss Brandt zurücktreten, G. wird 1975 zu 15 Jahren Haft verurteilt, 1981 in die DDR freigetauscht, dann Ausbilder beim MfS in Potsdam-Eiche 268

Gul'jew, Leonid A. – (1929–2002) GRU-Offizier, Generalleutnant (1980) zunächst bei den Inneren Truppen des NKWD, 1953 Wechsel zur GRU, Ende der 1950er Jahre erster Auslandseinsatz in den USA, getarnt als Austauschstudent, 1961–1966 Mitarbeiter der New Yorker GRU-Residentur, 1968–1973 an der GRU-Residentur in Brasilien, 1976–1981 Chef der 3. Verwaltung, 1981–1985 GRU-Resident in Washington 217

Gurewitsch, Anatolij M. – (»Kent«, 1913–2009) GRU-Offizier, 1938 Einsatz als Freiwilliger in Spanien und von der GRU angeworben, soll nachfolgend in Westeuropa Trepper beim Aufbau eines umfassenden Agentennetzes unterstützen, 1942 in Marseille verhaftet und zu einem Funkspiel gezwungen, 1945 als Landesverräter an die UdSSR ausgeliefert, dort bis 1955 in Haft, 1958–1960 erneut in Haft, nach Freilassung ohne Bürgerrechte, erst 1991 rehabilitiert 124, 142

Gurko, Dmitrij I. – (1872–1945) russischer Raswedka-Offizier, Generalmajor, Absolvent der Militärakademie, 1908–1914 Militäragent in der Schweiz, im 1. Weltkrieg Truppenkommandeur, im Bürgerkrieg Offizier der Streitkräfte Südrusslands, nach deren Niederlage ins Exil nach Frankreich 55

Gusenko, Igor' S. – (1919–1982) GRU-Offizier und Überläufer, Leutnant (1943), 1942–1943 Chiffrier-Offizier in der GRU-Zentrale, 1943 in dieser Funktion an die GRU-Residentur in Ottawa entsandt, läuft im Herbst 1945 über, später als Autor und Maler tätig 339 ff., 375 f., 564 f.

H

Hammerstein-Equord, Helga von – (1913–2005) – GRU-Agentin und Chemikerin, Tochter von Kurt von Hammerstein-Equord, Arbeit am KWI für Chemie, KPD-Mitglied, wurde in den 1930er Jahren von der GRU-Agentin Ruth von Meyenburg abgeschöpft, zugleich für den Nachrichtendienst der KPD und wahrscheinlich auch die GRU tätig 91

Hammerstein-Equord, Kurt von – (1878–1943) deutscher Militär, Generaloberst (1934), 1898 Leutnant, im 1. Weltkrieg Generalstabsoffizier, 1919 Übernahme in die Reichswehr, auch dort zumeist in Stabspositionen, 1929–1930 Chef des Truppenamtes, 1930–1933 Chef der Heeresleitung, nach 1933 kaltgestellt, engagiert sich im militärischen Widerstand gegen Hitler 91

Hammerstein-Equord, Maria-Luise von – (1908–1999) GRU-Agentin und Rechtsanwältin, Tochter von Kurt von Hammerstein-Equord, seit 1928 Mitglied der KPD, wurde in den 1930er Jahren von der GRU-Agentin Ruth von Meyenburg abgeschöpft, zugleich Angehörige des M-Apparats der KPD, in den 1950er-1960er Jahren erneut »inoffiziell für sowjetische Sicherheitsorgane« tätig 91

Hanssen, Robert – (1944–2023) FBI-Mitarbeiter und Doppelagent, ab 1976 beim FBI, hier im Bereich Spionageabwehr eingesetzt, 1979 als Selbstanbieter von der GRU angeworben, verkaufte über 6000 Geheimdokumente nach Moskau und enttarnte zahlreiche Doppelagenten, 2001 verhaftet und zu lebenslanger Gefängnisstrafe verurteilt 530

Harnack, Arvid (»Korse«) – (1901–1942) Wirtschaftswissenschaftler und INO-Agent, ab 1933 beim Reichswirtschaftsministerium, etwa zur gleichen Zeit von der INO angeworben, 1937 zur Tarnung Eintritt in die NSDAP, zugleich stark im Widerstand gegen Hitler engagiert, ab 1940 enge Kontakte zu Schulze-Boysen, 1942 im Rahmen der Operationen gegen die »Rote Kapelle« verhaftet und hingerichtet 143

Haslam, Jonathan – (*1951) – US-Historiker, Professor für internationale Beziehungen in Cambridge mit Schwerpunkt Sowjetunion 27, 271

Helmich, Joseph G. (»Hektor«/»Guron«) – (1937–2002) US-Unteroffizier, Verschlüsselungsspezialist beim NATO-Hauptquartier, 1963 in Paris von der GRU angeworben, Führungsoffizier Ljubimow, übergibt ihm u. a. eine Verschlüsselungsmaschine des Typs KL-7, 1966 Abschied aus den Streitkräften, hält jedoch weiter Kontakt zum Militärgeheimdienst, 1980 wird das FBI auf ihn aufmerksam, das ihn wegen Spionage festnimmt, 1981 zu lebenslanger Haft verurteilt 207

Herrnstadt, Rudolf – (1903–1966) deutscher Journalist und GRU-Agent, seit 1928 Auslandskorrespondent beim Berliner Tageblatt, ab 1929 Agent der GRU, 1930 Eintritt in die KPD, baut bis zum 2. Weltkrieg mehrere Agentenringe in Europa auf, 1945 Rückkehr nach Deutschland, dort bis 1949 Chefredakteur der *Berliner Zeitung*, dann des *Neuen Deutschland*, 1953 als »Abweichler« seines Postens enthoben und ein Jahr später aus der SED ausgeschlossen, 1989 rehabilitiert 90

Hess, Rudolf – (1894–1987) NS-Funktionär, ab 1925 Hitlers Privatsekretär, 1933 Reichsminister ohne Geschäftsbereich und »Stellvertreter des Führers«, flog im Mai 1941 nach Großbritannien, um dort Friedensverhandlungen aufzunehmen, hier interniert, 1946 im Nürnberger Prozess zu lebenslanger Haft verurteilt, verübt 1987 Selbsttötung im Spandauer Kriegsverbrecher-Gefängnis 475

Himmler, Heinrich – (1900–1945) NS-Führer, 1923 Eintritt in die NSDAP, 1927–1929 stellv. Reichsführer SS, 1929–1945 Reichsführer SS, ab 21. Juli 1944 Befehlshaber bzw. Oberbefehlshaber des Ersatzheeres, von Januar 1945 bis zum 20. März 1945 Oberbefehlshaber der Heeresgruppe Weichsel, nach von Hitler nicht gebilligten Friedensverhandlungen am 29. April 1945 aller Kommandos, Ämter und Funktionen enthoben und aus der NSDAP ausgeschlossen, nach Kriegsende unter falschem Namen untergetaucht, am 23. Mai 1945 verhaftet, wenig später Selbsttötung durch Gift 89, 371

Hitler, Adolf – (1889–1945) – deutscher Diktator, im 1. Weltkrieg Gefreiter, dann Mitbegründer der NSDAP, 1933–1945 Reichskanzler, ab 1938 auch Oberbefehlshaber der Wehrmacht, im April 1945 Selbsttötung 29, 87, 91, 94, 122 f., 124, 134, 136, 138 f., 142, 152 f., 157, 161 ff., 333 f., 366, 474 f., 479, 496

Hoepner, Erich – (1886–1944) deutscher Militär, Generaloberst (1940), im 1. Weltkrieg Truppenoffizier, 1919 Übernahme in die Reichswehr, 1935 Stabschef im Gruppenkommando 1, erste Kontakte zum militärischen Widerstand, 1941 Oberbefehlshaber der 4. Panzerarmee, nach der Niederlage vor Moskau von Hitler unehrenhaft entlassen, danach intensive Kontakte zum Widerstand, Ende Juli 1944 verhaftet und vom Volksgerichtshof zum Tode verurteilt 129 f.

Holeman, Frank – (1920–?) US-Journalist, 1942–1964 Reporter im Washingtoner Büro der New York Daily News, stellt 1961 den Kontakt zwischen Bolschakow und Robert Kennedy her 202

Hößler, Albrecht (»Franz«) – (1910–1942) Widerstandskämpfer und NKWD-Agent, 1929 Eintritt in die KPD, 1933 Haft, dann illegale Tätigkeit in Deutschland, 1937 Soldat im Spanischen Bürgerkrieg, 1939 in die Sowjetunion, dort ab 1941 vom NKWD als Agent ausgebildet, im August 1942 in Ostpreußen abgesetzt, sollte Kontakt zur »Roten Kapelle« herstellen, Ende September von der Gestapo verhaftet und, da er sich weigerte als Doppelagent eingesetzt zu werden, ermordet 143

Hötzendorf, Conrad von – (1852–1925) österreichisch-ungarischer Militär, Generalfeldmarschall (1916), 1906–1917 Generalstabschef der k.u.k-Armee 57

Hussein, Saddam – (1937–2006) irakischer Politiker und Diktator, 1979–2003 Staatspräsident des Irak, 1979–1991 und 1994–2003 gleichzeitig irakischer Premierminister, 2003 gestürzt und Ende des Jahres von US-Truppen festgenommen, wegen Massakern an Kurden und Schiiten zum Tode hingerichtet 231, 531

I

Iacobescu, Ion – (?-?) rumänischer Geheimdienstoffizier, Hauptmann, Mitarbeiter der Auslandsspionage, 1969 stellv. Resident in Paris, getarnt als Mitarbeiter der UNESCO, dort u. a. Führungsoffizier von La Salle, als er zurück nach Bukarest beordert wurde, lief er zu den Briten über und gibt seine Kenntnisse zu Spionagenetzen preis, später Asyl in den USA 270, 321

Ignat'ew, Nikolaj P. – (1832–1908) russischer Geheimdienstoffizier, Diplomat und Politiker, General der Infanterie (1878), 1856–1858 Militäragent in Paris und London, 1858 Sondermission in Chiwa und Buchara, 1859–1860 Botschafter in Peking, 1864–1877 Botschafter in Konstantinopel, 1881–1882 Innenminister 43

Ignat'ew, Pawel A. – (1878–1930) russischer Geheimdienstoffizier, Oberst (1916), 1909 Abschluss an Akademie des Generalstabes, dann Verwendung als Stabsoffizier, 1915–1917 Agentenführer in der Schweiz und in Frankreich, nach der Oktoberrevolution Exil in Frankreich 61

Ignatow, Nikolaj G. – (1901–1966) sowjetischer Politiker, 1921–1932 Mitarbeiter der Tscheka/OGPU, 1924 Eintritt in die kommunistische Partei, dann in verschiedenen Parteifunktionen tätig, 1957–1961 Mitglied des Präsidiums des ZK der KPdSU, 1960–1962 stellv. Vorsitzender des Ministerrats der UdSSR, 1962–1966 Vorsitzender des Obersten Sowjets 182

Il'in, Wadim G. – (?-?) GRU-Offizier, 1958–1962 Mitarbeiter der GRU-Residentur in Paris, getarnt als Sekretär des Militärattachés, 1962 Aufnahme eines Studiums an der Militärakademie, zum Abschied aus dem Militärgeheimdienst gezwungen, danach Mitarbeiter der französischen Abteilung des Verlages »Woentechisdat« 505

Il'itschjow, Iwan I. – (1905–1983) GRU-Chef und Diplomat, Generalleutnant (1943), 1924–1929 Funktionär des Komsomol, 1929 Eintritt in die Rote Armee, seit 1938 Parteisekretär bei der GRU, 1942–1945 GRU-Chef, nach der Flucht von Gusenko abgesetzt, 1948 Wechsel in das Außenministerium, 1949–1952 stellvertretender Politberater bei der SKK, 1952–1953 Chef der diplomatischen Mission in der DDR, 1953–1956 Botschafter in Österreich, 1956–1966 Leiter der 3. Europäischen Abteilung, 1966–1968 Botschafter in Dänemark, dann bis zu seiner Versetzung in den Ruhestand 1975 in der Moskauer Zentrale des Außenministeriums tätig 134f., 146, 163ff., 174, 371, 373f.

Ilinitsch, Wikentij – (1892–1937) GRU-Offizier, seit 1924 in der Roten Armee, 1924–1925 im Auslandseinsatz des Militärgeheimdienstes, 1925 in Polen festgenommen, 1929 freigetauscht, dann aus der GRU entlassen, 1931/1936 bei der INO des NKWD, 1936 verhaftet und wenig später hingerichtet, 1957 teilrehabilitiert 87

Iontschenko, Nikolaj W. – (1922–?) GRU-Offizier, Oberst, 1940 Eintritt in die Rote Armee, im 2. Weltkrieg Ausbilder, 1955 Führungsoffizier an der GRU-Residentur in Ankara, dort 1956 festgenommen und wenig später ausgewiesen, 1962 aus dem Militärgeheimdienst entlassen, diente noch bis 1987 in den Streitkräften 498

Isotow, Sergej I. – (1920–2005) GRU-Offizier, Generalleutnant (1975), 1939 Eintritt in die Rote Armee, dort als Politkommissar eingesetzt, nach dem 2. Weltkrieg für Militärfragen im Apparat des ZK der KPdSU tätig, 1970–1985 Leiter der Kaderverwaltung der GRU, nach der Enttarnung Poljakows entlassen 214f., 529

Iwan IV. (Grosny) – (1530–1584) 1547–1584 Zar von Russland 34

Iwanow, Sergej B. – (*1953) russischer Geheimdienstoffizier und Politiker, Generaloberst, 1975 zum KGB, dort Bekanntschaft mit Putin, ab 1981 bei der Auslandsaufklärung, u. a. Einsätze in Finnland und Kenia, 1991 Übernahme in den SWR, 1998 dort 1. Stellv. Direktor des Europäischen Departments, 1998–1999 stellv. Direktor des FSB, 1999–2001 Sekretär des Sicherheitsrates, 2001–2007 Verteidigungsminister, 2007–2011 1. Stellv. Ministerpräsident, 2011–2016 Leiter der Präsidentenadministration, seit 2016 Sondervertreter des Präsidenten für Fragen des Naturschutzes, der Ökologie und des Transports 241f., 244

Iwanow, Walerij A. – (*1941) GRU-Offizier, Generaloberst, 1979 Abschluss an der Funktechnischen Akademie der Heimatluftverteidigung, später Wechsel zur GRU, 1990–1992 dort Chef der Kaderverwaltung, 1992–1999 Chef der Militärdiplomatischen Akademie 231

Iwaschutin, Pjotr I. – (1909–2005) GRU-Chef, Armeegeneral (1975), 1931 Eintritt in die Rote Armee, dort Pilotenausbildung, 1941 Wechsel zum NKWD,

1954–1963 1. Stellv. KGB-Chef, 1963–1987 GRU-Chef, 1987–1992 bei der Gruppe der Generalinspekteure des Verteidigungsministeriums 206, 208, 211, 213f., 228ff., 301, 303, 308, 382, 389, 392, 445

J

Jacobs, Richard – (1936–?) CIA-Offizier, Russischstudium, Militärdienst, dann zum US-Geheimdienst, seit 1961 an der US-Botschaft in Moskau stationiert, getarnt als Archivar, dort u. a. Kurier zu Pen'kowskij, 1962 ausgewiesen 507

Jagoda, Genrich G. – (1891–1938) NKWD-Chef, Generalkommissar der Staatssicherheit (1935), seit 1920 bei der Tscheka, 1923–1934 1. Stellv. Leiter der OGPU, 1934–1936 NKWD-Chef, 1936–1937 Volkskommissar für das Fernmeldewesen, 1937 verhaftet und 1938 hingerichtet, nicht rehabilitiert 86

Jakowlew, Aleksandr A. – (1901–1943) GRU-Offizier, Major, 1918 Eintritt in die Rote Armee, 1926–1929 Studium an der Frunse-Militärakademie, 1932–1933 Militärattaché in Finnland, dort nach Spionagezwischenfall ausgewiesen, später Kommissar eines Schützenregiments, 1937 verhaftet und zu Lagerhaft verurteilt 78

Jandarbijew, Selimchan – (1952–2004) tschetschenischer Separatistenführer, 1996–1997 kommissarischer Präsident der Tschetschenischen Republik Itschkerien, 2004 in Katar wahrscheinlich von der GRU durch eine Autobombe ermordet 246 f.

Jangel', Michail K. (1911–1971) sowjetischer Raketenkonstrukteur, 1954–1971 Chefkonstrukteur des OKB-586 in Dnejpropetrowsk 416, 421

Janowskij, Bronislaw B. – (1898–1938) GRU-Offizier, Bataillonskommissar (1936), 1920–1924 bei der GRU-Residentur in Deutschland, gründet dort die Tarnfirma »Wostwag«, 1924–1925 Leiter der Finanzabteilung der Agenturaufklärung der GRU, 1925–1937 erneute Auslandseinsätze u. a. in Polen, Österreich und China, Ende 1937 verhaftet und wenig später hingerichtet, 1956 rehabilitiert 365

Janowskij, Sigismund B. – (1897–1937) GRU-Offizier, Bataillonskommissar (1936), 1922–1925 bei der GRU-Residentur in Deutschland, gründet dort zusammen mit seinem Bruder Bronislaw die Tarnfirma »Wostwag«, 1925–1926 Leiter der Finanzabteilung der Agenturaufklärung der GRU, 1926–1937 erneute Auslandseinsätze u. a. in der Mongolei, im Herbst 1937 verhaftet und erschossen, 1957 rehabilitiert 365

Janukowitsch, Wiktor f. – (*1950) ukrainischer Politiker, 2002–2005 und 2006–2007 ukrainischer Ministerpräsident, 2010–2014 Präsident der Ukraine, vom Parlament für abgesetzt erklärt, daraufhin Flucht ins Exil nach Russland 253, 538

Jasow, Dmitrij T. – (1924–2020) sowjetischer Militär, Marschall (1990), 1987–1991 Verteidigungsminister der UdSSR, nach dem gescheiterten August-Putsch gegen Gorbatschow abgelöst 234

Jeanmarie, Jean-Louis – (1910–1992) Schweizer Militär und GRU-Agent, Brigadier (1969), seit 1940 in der Armee, dort u. a. Chef des Bundesamts für Luftschutztruppen, zu Beginn der 1960er vom sowjetischen Militärattaché in Bern für die GRU angeworben, übergibt dieser zahlreiche geheime Unterlagen, 1976 verhaftet, 1977 zu einer 18jährigen Haftstrafe verurteilt, 1988 vorzeitig entlassen 210

Jelzin, Boris N. – (1931–2007) sowjetischer und russischer Politiker, 1991–1999 1. Präsident der Russischen Föderation 211, 235, 241, 243, 565

Jermolow, Nikolaj S. – (1853–1924) russischer Raswedka-Offizier, Generalleutnant (1909), 1876 Eintritt in die Armee, 1883 Abschluss an der Akademie des Generalstabes, 1891–1905 sowie 1907–1917 Militäragent in Großbritannien, bleibt dort nach der Oktoberrevolution im Exil 48

Jeschow, Nikolaj I. – (1895–1940) NKWD-Chef, 1917 Eintritt in die bolschewistische Partei, ab 1930 Mitarbeiter der Kaderabteilung des ZK, seit 1934 ZK-Mitglied, 1936–1938 NKWD-Chef, in dieser Funktion für die Durchführung des »Großen Terrors« mitverantwortlich, 1939 zum Volkskommissar für Binnenschifffahrt ernannt, wenig später verhaftet und Anfang 1940 zum Tode verurteilt und hingerichtet, nicht rehabilitiert 31, 99 f., 108, 110, 475, 480

K

Kadyrow, Ramsan A. – (*1976) tschetschenischer Politiker und Militär, Generaloberst (2022), seit 2007 ‚Oberhaupt' der zu Russland gehörenden Tschetschenischen Republik 246 ff.

Kapusta, Alvin – (1930–1987) CIA-Offizier und Diplomat, Sohn ukrainischer Emigranten, 1951 Studienabschluss in slawischer Literatur, Wehrdienst in Korea, befragt dort für den Militärgeheimdienst Kriegsgefangene, ab 1956 bei der CIA, 1959–1964 in Luxemburg und ab 1968 im State Department, 1968–1970 in Burma, wo er u. a. als Führungsoffizier für Poljakow agiert, 1971–1974 an der US-Botschaft in Kabul eingesetzt, 1975–1976 in Indien erneut Verbindungsmann zu Poljakow, 1982–1985 Spezialist des State Departments für sowjetische Nationalitäten 524 ff.

Karin, Fjodor Ja. – (1896–1937), GRU-Offizier, Korpskommissar, seit 1919 Angehöriger der Tscheka, ab 1922 bei der INO, Agenteneinsätze in Österreich, Rumänien und Bulgarien, 1927–33 Agenteneinsatz in den USA, dann illegaler Resident in Deutschland und Frankreich, 1934 zusammen mit Artusow zur GRU, dort seit 1935 Chef der 2. (östlichen) Abteilung, im Mai 1937 verhaftet und wenig später erschossen 82

Karmal, Babrak (1929–1996) afghanischer Politiker, 1978 stellv. Ministerpräsident, dann Botschafter in Prag, im Herbst 1978 für abgesetzt erklärt, daraufhin Exil in der ČSSR und Moskau, 1979–1986 nach der sowjetischen Invasion Präsident der Demokratischen Republik Afghanistan, später Exil in Moskau 442 ff., 447

Kasatkin, Wladimir P. – (1938–2019) GRU-Offizier, Konteradmiral (1985), 1956 Eintritt in die Sowjetarmee, später Wechsel zur GRU, 1985 Militärattaché in China, in den 1990er Jahren Militärattaché und GRU-Resident in Spanien 552

Kauder, Richard (»Max«) – (1900–1960) Abwehr-Agent, vor dem Zweiten Weltkrieg kaufmännische Vertretertätigkeit in Österreich, emigriert 1938 nach Ungarn, 1940 nach Österreich abgeschoben und vom Amt Ausland/Abwehr angeworben, ab 1941 dessen Agent in Budapest, auch in Zagreb und Sofia tätig; übernimmt 1941 die Funkverbindungen des weißrussischen Ex-Generals Turkul in die Sowjetunion, wird hierdurch zu einem der ergiebigsten deutschen Sowjetunion-Agenten, wegen der Entfernung von Juden aus der Abwehr verlegt K. 1943 seinen Sitz nach Budapest, im Sommer 1944 Übernahme durch das Amt VI des RSHA, Verhaftung im Februar 1945, Verhöre in Wien wegen des Verdachts der Spionagetätigkeit für die Sowjetunion, im Mai 1945 in amerikanische Gefangenschaft, vom CIC und MI6 jahrelang verdächtigt, sowjetischer Doppelagent zu sein 158, 160

Kedrow, Wiktor N. – (?-?) GRU-Offizier, Oberst, getarnt als Vize-Direktor eines sowjetischen Elektronikunternehmens, in den 1970er und 1980er Jahren u. a. Führungsoffizier von Bruchhausen 212, 398

Kegel, Gerhard (»XWZ«) – (1907–1989) deutscher Journalist, Diplomat und GRU-Agent, seit 1931 Mitglied der KPD, im gleichen Jahr auch Agent der GRU, ab 1934 im Warschauer Netz von Herrnstadt tätig, dort 1935–1939 Anstellung an der deutschen Botschaft, 1940–1941 in der deutschen Botschaft in Moskau, übermittelt dort angeblich u. a. den deutschen Angriffstermin, nach der Rückkehr nach Berlin Versuch des Anschlusses an das Netz Stöbe, 1943 zur Wehrmacht eingezogen, im Januar 1945 zur Roten Armee übergelaufen, nach Kriegsende Redakteur bei der *Berliner Zeitung*, in den 1960er Jahren SED-Funktionär, zuletzt Botschafter der DDR bei der UN in Genf 90

Kennedy, John f. – (1917–1963) US-Politiker, 1961–1963 Präsident der USA, fiel einem Attentat zum Opfer 496, 521

Kercsik, Sandor – (*1940) ungarischer Geheimdienstagent, Mediziner, seit dem Ende der 1960er Jahren in Schweden im illegalen Einsatz, wo er Kurier für mehrere Spionageringe ist, 1988 verhaftet und zu 18 Monaten Gefängnis verurteilt, nach der Haft erneut als Arzt in Schweden tätig 549

King, John H. – (?-?) britischer Chiffrierexperte und GRU-Agent, 1934 Chiffrier-Offizier bei der britischen Vertretung des Völkerbundes, dort vom sowjetischen Militärnachrichtendienst angeworben, 1935 Rückkehr nach London, 1937 Ausschied aus dem Forgein Office, 1939 durch Kriwitzki enttarnt und zu 10 Jahren Haft verurteilt 474, 481

Kirilenko, Andrej P. – (1906–1990) sowjetischer Parteifunktionär, 1966–1982 Sekretär des ZK der KPdSU, verantwortlich für die Bereiche Industrie, Bau, Verkehr und Nachrichtenwesen, 1982 Rücktritt von seinen Ämtern aus Krankheitsgründen 444

Kisevalter, George – (1910–1997) CIA-Offizier, geboren in St. Petersburg, seit 1915 in den USA, im 2. Weltkrieg beim Militärgeheimdienst, nach Kriegsende Wechsel zur CIA, seit 1953 Leiter der russischen Abteilung im Direktorat Operationen, u. a. Agentenführer von Popow und Pen'kowskij, später Agentenausbilder 486f., 492f., 502

Kislenko, Aleksej P. – (1901–1982) GRU-Offizier, Generalmajor (1943), seit 1936 beim Militärgeheimdienst, 1938–1941 dort Leiter verschiedener Abteilungen, 1941–1942 Leiter der 4. Abteilung der Militäraufklärung, 1943 stellv. Chef der 1. Verwaltung der GRU, 1944–1945 sowjetischer Vertreter beim alliierten Oberkommando in Italien, 1946–1949 Sondereinsatz in Japan, 1949–1950 Leiter einer Verwaltung der GRU, 1950–1952 erneuter Einsatz in Japan, 1953–1956 Leiter der 4. Verwaltung der GRU, 1956–1959 Berater bei der bulgarischen Militäraufklärung, dann in den Ruhestand versetzt 165

Knoppe, Wolf-Diethard – (*1935) deutscher Militär und GRU-Agent, Hauptfeldwebel, seit 1956 bei der Bundesluftwaffe, dort Starfighter-Pilot, stiehlt 1966–1968 zusammen mit Ramminger und dessen Angestellten Linowski Rüstungsgüter der Bundesluftwaffe, u. a. eine Sidewinder-Rakete, die sie an die GRU verkaufen, Ende 1968 festgenommen, 1970 zu drei Jahren Haft verurteilt 395f.

Koch, Michael (»Grabbe«) – (*1960) deutscher Kaufmann und Doppelagent, 1991 vom BND angeworben, bot ab 1997 der GRU Informationen zu deutschen Rüstungsgütern an, 1999 verhaftet, kurze Zeit später jedoch wieder auf freien Fuß gesetzt 399

Koenen, Heinrich – (1910–1945) deutscher Ingenieur, Widerstandskämpfer und GRU-Agent, Studium an der TU Berlin, 1933 relegiert und Emigration über Dänemark und Schweden in die Sowjetunion, dort beim Militärgeheimdienst 1941 Agentenausbildung, im Herbst 1942 über Deutschland abgesprungen, beim Versuch der Kontaktaufnahme zu Stöbe Ende Oktober 1942 festgenommen, nimmt dann an Funkspielen der Gestapo teil, vermutlich vor Kriegsende im KZ Sachsenhausen ermordet 399

Kolesnik, Wasilij W. – (1935–2002) GRU-Offizier, Generalmajor (1987), Einsatz bei den Speznas, 1963–1966 Frunse-Militärakademie, 1975–1977 Kommandeur der 15. Speznas-Brigade, 1977–1980 Oberoffizier bei der Speznas-Abteilung der GRU, 1980–1982 Lehrgang an der Generalstabsakademie, 1982–1992 Leiter der 3. Direktion (Spezialaufklärung) der 5. Verwaltung 446

Kolpakidi, Aleksandr I. – (*1962) russischer Historiker für Geschichte der Nachrichtendienste und Autor 26, 278

Koltschak, Aleksandr W. – (1874–1920) russischer Militär, Admiral (1918), im 1. Weltkrieg zunächst Chef der Operationsstabes der Baltischen Flotte, 1916–1917 Oberbefehlshaber der Schwarzmeerflotte, ab Februar 1917 zunächst Exil in den USA, 1918 Kriegs- und Marineminister der Sibirischen Regierung in Omsk, wenig später bis 1920 Reichsverweser des zaristischen Russlands, im Februar 1920 von den Bolschewiki in Irkutsk hingerichtet 75

Konowalow, Aleksej A. – (1901–1975) GRU-Offizier, Generalleutnant (1954), seit 1919 in der Roten Armee, 1935 Übernahme in die GRU, 1939–1942 dort Abteilungsleiter, 1942–1945 Fronteinsatz, 1945 erneut zur GRU, 1953–1962 Chef der 3. Verwaltung (Spionage in Westeuropa) 283, 287, 293, 296, 304 ff.

Korabel'nikow, Walentin W. – (*1946) GRU-Chef, Armeegeneral (2003), 1974–1977 Gehilfe des Chefs der sowjetischen Militärmission beim Oberkommandierender der französischen Truppen in Deutschland, 1980–1982 Chef des 797. Aufklärungszentrums in Kabul, ab 1982 im Moskauer Zentralapparat der GRU, 1992–1997 1. Stellv. Chef der GRU, in dieser Funktion an mehreren Spezialoperationen in Tschetschenien beteiligt, wobei er schwer verwundet wird, 1997–2009 GRU-Chef, dann in die Reserve versetzt 239 ff., 245–248, 552

Korenewskij, Nikolaj A. – (1910–1978) GRU-Offizier, Generaloberst (1968), seit 1929 in der Roten Armee, ab 1940 beim Militärgeheimdienst, nach dem 2. Weltkrieg zunächst Verwendung als Truppen- und Stabsoffizier, 1957 erneut zur GRU, dort 1961–1972 Chef der Informationsverwaltung 201, 225, 283, 287, 292, 295, 308, 391

Korobow, Igor' W. – (1956–2018) GRU-Chef, Generaloberst (2017), 1973 Eintritt in die Sowjetarmee, 1977 Abschluss seiner Pilotenausbildung, 1980 Wechsel zur GRU, 1985 Abschluss der Militärpolitischen Akademie, mehrere Auslandseinsätze, dann in die GRU-Zentrale versetzt, 2011–2016 Leiter der strategischen Aufklärung und stellv. GRU-Chef, 2016–2018 GRU-Chef, erlag einem Krebsleiden 254 ff.

Koroljow, Sergej P. – (1907–1966) sowjetischer Raketenkonstrukteur, in den 1930er Jahren Ingenieur am GIRD, 1938–1944 in NKWD-Haft, 1945–1946 in der SBZ Chefkonstrukteur des »Instituts Nordhausen«, wo die V-2 nachgebaut wurde, 1946–1966 Chefkonstrukteur des OKB-1, entwickelte u. a. die

Raumfahrrakete R-7, zahlreiche Raumschiffe und verschiedene Interkontinentalraketen 414

Kostin, Pjotr T. – (1917–1986) GRU-Offizier, Generaloberst (1984), 1938 Eintritt in die Rote Armee, seit 1941 bei der Funkaufklärung, zu Beginn der 1950er Jahre Referatsleiter bei der 2. Abteilung der GRU, 1955–1961 Chef der Direktion Funkaufklärung der 6. Verwaltung, 1961–1974 Chef der 11. Verwaltung, 1974–1986 stellv. GRU-Chef, verantwortlich für Bewaffnung und Ausrüstung 215, 414

Kostjukow, Igor' O. – (*1961) GRU-Chef, Admiral (2019), Marineausbildung, dann Studium an der Militärpolitischen Akademie, danach Einsatz im Attachébereich, u. a. bis 2005 Militärattaché in Athen, dann in der GRU-Zentrale tätig, dort Aufstieg bis zum 1. Stellv. GRU-Chef, seit 2018 GRU-Chef Kostjukow.. 256–259

Kosygin, Aleksej N. – (1904–1980) sowjetischer Politiker, 1948–1952 und 1960–1980 Mitglied des Politbüros der KPdSU, 1964–1980 Ministerpräsident der UdSSR 444

Krapiwa, Aleksandr – (*1950) GRU-Offizier und Doppelagent, Oberst, 1982–1986 an der GRU-Residentur in Washington, dort von der CIA angeworben, 1991 in Wien eingesetzt, flüchtete er in die Bundesrepublik und erhielt in den USA Asyl 232

Kremer, Semjon D. – (1900–1991) GRU-Offizier, Generalmajor (1944), 1918 Eintritt in die Rote Armee, 1934 Abschluss an der Frunse-Militärakademie, 1936 Wechsel zum Militärgeheimdienst, 1937–1942 Sekretär des Militärattachés in London, warb dort zahlreiche Quellen an, ab 1943 Fronteinsatz als Truppenkommandeur, nach dem Krieg Divisions- und Korpskommandeur, 1956 in den Ruhestand 376

Krieger, Wolfgang – (*1947) deutscher Historiker, 1996–2013 Professor für Neuere Geschichte in Marburg, später Leiter eines Projektes zur Geschichte des BND, Spezialist für Geschichte der Nachrichtendienste und die transatlantischen Beziehungen 24, 31

Kriwitzki, Walter G. – (1899–1941) sowjetischer Agent und Überläufer, seit 1921 Angehöriger der GRU, 1923 am Deutschen Oktober beteiligt, 1925 Rückkehr in die Sowjetunion, 1926 erneut für die GRU im Agenteneinsatz, 1928–31 illegaler GRU-Resident in Den Haag, 1931 von der INO, in den 1930er Jahren deren illegaler Resident in den Niederlanden, im März 1937 Rückruf nach Moskau, kehrt im Mai 1937 jedoch nach Holland zurück, flieht von dort Ende 1937 über Frankreich in die USA, im Februar 1941 in einem Washingtoner Hotelzimmer erschossen aufgefunden worden 476–482

Krjutschkow, Wladimir A. – (1924–2007) KGB-Chef, Armeegeneral (1988), 1946–50 Untersuchungsrichter in Stalingrad, gleichzeitig Abschluss seines Jurastudiums, 1950–51 Staatsanwalt in Stalingrad, ab 1951 Ausbildung an der Höheren Diplomatenschule, 1954–1959 Presseattaché und 3. Botschaftssekretär in Ungarn, wo er Andropow kennen lernt, nach dessen Versetzung ins ZK ab 1959 dessen Referent, später sein persönlicher Sekretär, als Andropow zum KGB wechselt, begleitet er ihn, 1971 Ernennung zum 1. Stellv. Chef der sowjetischen Auslandsaufklärung, ab 1974 deren Chef, zugleich seit 1978 stellv. Vorsitzender des KGB, 1988–1991 Vorsitzender des KGB, 1991 am Putsch gegen Gorbatschow beteiligt, verhaftet, 1994 amnestiert und in Pension geschickt 234

Kuckhoff, Adam (»Starik«) – (1887–1943) deutscher Schriftsteller und sowjetischer Agent, vor 1933 nationalistischer Schriftsteller, nach 1933 aktiver Nazi-Gegner, seit 1941 Agent der INO, im Herbst 1942 im Zusammenhang mit der Fahndung nach der »Roten Kapelle« verhaftet, zum Tode verurteilt und in Berlin-Plötzensee hingerichtet 143

Kuczynski, Ursula (»Sonja«) – (1907–2000) deutsche Kommunistin und GRU-Offizierin, Oberst, als Agentin der GRU in den frühen 1930er Jahren in Shanghai/China, 1933 Agentenausbildung in Moskau, erneuter Einsatz in China bis 1935, Rückruf nach Moskau wegen Gefahr der Enttarnung, dann über England nach Polen; dort bis 1938 Leiterin eines Spionagenetzes, 1938–1940 Einsatz als GRU-Residentin in der Schweiz, ab 1940 in England, dort erneuter Aufbau eines Spionagenetzes, führt u. a. den Atomspion Klaus Fuchs, 1946 bricht die Verbindung mit der GRU ab, einen neuerlichen Einsatz für den Militärgeheimdienst der UdSSR lehnt sie 1950 ab, im gleichen Jahr als Ruth Werner Abteilungsleiterin im Amt für Information der DDR, seit 1956 freie Schriftstellerin 376

Kudaschew, Nikolaj D. – (1784–1813) russischer Militär, Generalmajor (1812), 1812 im Stab von Kutusow, dann Kommandeur einer Partisanen-Einheit, später eines Kavallerie-Verbandes, 1813 in der Völkerschlacht bei Leipzig gefallen 41

Kudrjawzew, Iwan – (?-?) GRU-Offizier, in den 1960er Jahren bei der Residentur in Paris eingesetzt, wirbt dort u. a. Serge Fabiew an 209

Kuhr, Ernst (»A/70«) – (?-?) deutscher Polizist und sowjetischer Agent, Angehöriger der Berliner Polizei, 1927 wegen Dienstvergehen entlassen, bietet sich daraufhin der INO an, schöpft für seine Berichte vor allem Willy Lehmann ab, den er später für die INO anwirbt, wandert 1933 nach Schweden aus, wo er eine Nachrichtenzentrale einrichtet 88

Kulak, Aleksej I. (»FEDORA«) – (1923–1984) KGB-Offizier und Doppelagent, Oberst, während des Krieges mit dem Orden »Held der Sowjetunion« ausgezeichnet, nach Kriegsende Chemiestudium, 1960 Eintritt in den KGB, dort bei der Auslandsaufklärung im Bereich Technikspionage eingesetzt, 1962 Selbstanbieter gegenüber dem FBI, arbeitet mit diesem bis 1977 zusammen, wird nach seiner Rückkehr in die UdSSR 1977 vom CIA übernommen, dem er gleichfalls Geheiminformationen liefert, 1978 stellt die Agency den Kontakt zu ihm ein, im gleichen Jahr durch einen US-Presseartikel kompromittiert, Untersuchungen des KGB, das er inzwischen verlassen hat, laufen jedoch ins Leere, verstirbt 1984 an einer Krebserkrankung, 1985 von Ames endgültig enttarnt 529

Kulikow, Michail D. – (1906–1987) GRU-Offizier, Konteradmiral (1949), Seeoffizier, 1940 Wechsel zum Marinegeheimdienst, 1941–1944 Marineattaché in Japan, 1945–1946 Chef des Aufklärungsstabes der Flotte, 1947–1949 Chef der Verwaltung Hydrografie der Seestreitkräfte, 1949–1952 Chef der Fakultät Aufklärung an der Marienakademie, 1953–1956 Ausbildungsleiter für Sonder-Offiziersklassen, 1956–1960 Leiter der Gruppe der wissenschaftlichen Mitarbeiter der Marine 132

Kummerow, Hansheinrich – (1903–1944) deutscher Ingenieur und Mehrfach-Agent, in den 1920er Jahren Spion für diverse westliche Geheimdienste; ab 1932 Agent der INO, betreibt vor allem wissenschaftlich-technische Spionage, da u. a. Entwicklungsingenieur bei der Loewe Radio AG, bei der Fahndung nach der »Roten Kapelle« 1942 verhaftet und am Ende des Jahres zum Tode verurteilt, 1944 hingerichtet 143

Kurtschatow, Igor' W. – (1903–1960) sowjetischer Physiker, 1943–1960 Leiter des Nuklearwaffen-Programms der UdSSR 374

Kusmin, Aleksandr – (*1960) GRU-Offizier, 2000–2004 getarnt als Mitarbeiter des Hamburger Generalkonsulats als Agentenführer vor allem im Bereich Technikspionage tätig, 2004 enttarnt und abgezogen 399

Kusnezow, Fjodor f. – (1904–1979) GRU-Chef, Generaloberst, 1938–1942 stellv. Chef der Politischen Hauptverwaltung (PHV), in dieser Funktion maßgeblich an den Säuberungen unter dem Militär beteiligt, 1943–1945 Chef der RU, 1945–1947 GRU-Chef, 1947–1949 stellv. Vorsitzender des KI, 1950–1953 Chef PHV der Sowjetarmee, 1953–1957 Leiter der Hauptverwaltung Kader im Verteidigungsministerium, 1957–1959 Leiter der Militärpolitischen Akademie. 1959–69 Mitglied des Militärrats und Chef der Politischen Verwaltung der sowjetischen Truppen in Polen 150

Kusnezow, Nikolaj G. – (1904–1974) sowjetischer Militär, Flottenadmiral (1955), 1939–1951 Oberkommandierender der Seestreitkräfte, 1951–1953 Seekriegsminister, 1953–1955 erneut Oberbefehlshaber der Seestreitkräfte, wegen Differenzen mit Chruschtschow und Shukow in den Ruhestand versetzt 354

Kutusow, Michail I. – (1745–1813) russischer Militär, Feldmarschall (1812), 1812–1813 Oberbefehlshaber der russischen Truppen im Kampf gegen Napoleon, im Frühjahr 1813 verwundet und an den Folgen der Verletzung verstorben 40 f.

Kuusinen, Aino – (1893–1970) finnische Kommunistin und GRU-Agentin, Ehefrau von Otto Kuusinen, 1924–1933 Mitarbeiterin im Apparat der Komintern, ab 1931 deren Agentin in den USA, Ende 1933 Übernahme durch die GRU, für diese nach Japan, dort u. a. Mitarbeiterin von Richard Sorge, Ende 1937 Rückruf nach Moskau, dort festgenommen, bis 1955 in Haft, danach Ausreise nach Finnland 105

Kuusinen, Otto – (1881–1964) finnisch-sowjetischer Journalist und Politiker, 1904 Mitglied der Sozialdemokratischen Partei Finnlands, 1908–1917 Mitglied des finnischen Reichstags, 1918 Mitglied der finnischen Regierung, nach der Niederlage Flucht nach Moskau und Teilnahme an der Gründung der finnischen KP, 1921–3199 Sekretär des Exekutivkomitees der Komintern, 1940–1956 Vorsitzender des Obersten Sowjets in Karelien, 1957–1964 Mitglied des Präsidiums der KPdSU 79, 105

L

La Salle d'Anfreville, Charles de Jurquet de (»Murat«) – (1914–1969) französischer Militär und GRU-Agent, Oberst (1961),1936 Eintritt in die französischer Armee, 1939–1940 Pilotenausbildung, 1942 demobilisiert, danach im Widerstand tätig, 1944–1945 Jagdfliegerpilot im Regiment »Normandie-Neman« der Roten Armee, 1947–1949 Teilnahme am Indochinakrieg, 1955 Chef einer Luftwaffenbasis in Tunesien, 1957–1961 Verbindungsoffizier auf dem NATO-Luftwaffenstützpunkt Ramstein, 1958 von der GRU angeworben, wird einer ihrer wichtigsten Agenten, 1961 Flugunfall, 1963 zum NATO-Stab nach Fontainebleau versetzt, 1965 in den Ruhestand, im gleichen Jahr von der GRU abgeschaltet, spioniert daraufhin für den rumänischen Geheimdienst weiter, 1969 von einem Überläufer verraten und festgenommen, begeht kurz darauf Selbstmord 25, 200, 269 ff., 274–293, 295 ff., 301, 303–308, 313, 315 f., 318, 320–323

Ladygin, Fjodor I. – (1937–2021) GRU-Chef, Generaloberst (1993), 1959 Abschluss an der Luftfahrttechnischen-Akademie der Streitkräfte, ab 1973 in der GRU, dort als Analyst tätig, keine Auslandseinsätze, 1974–1979 stellv. Leiter einer Direktion der Informationsverwaltung, 1979–1987 dort Leiter einer Direktion, 1987–1989 Leiter der GRU-Verwaltung Information, 1989–1990 stellv. Chef der GRU und Chef Information, 1990–92 Leiter der Vertrags- und Rechtsverwaltung des Generalstabes, 1992–1997 GRU-Chef, im April 1997 wird er nach der formellen Erreichung des Diensthöchstalters als Chef der GRU entlassen 234–239

Langelle, Russell – (1922–?) CIA-Offizier, Korvettenkapitän, 1942–1950 beim Marinenachrichtendienst, ab 1950 bei der CIA, aus Tarnungsgründen seit 1956 beim State Department beschäftigt, Einsatzorte u. a. Wien und Moskau, da Kontaktmann zu Popow, 1959 enttarnt und aus Moskau ausgewiesen, ab 1960 Sicherheitsbeamter im State Department 491, 493 f.

Laval, Roger (»Rex«) – (1904–?) französischer Luftfahrtingenieur und GRU-Agent, pensionierter Kontrolleur im Generalsekretariat für Zivilluftfahrt, 1966 von der GRU angeworben, Mitglied des Spionageringes von Fabiew, 1977 verhaftet 209

Lebedew, Aleksej I. – (1920–1995) GRU-Offizier, Generalmajor, im 2. Weltkrieg hochdekorierter Pilot eines Schlachtflugzeuges, 1949 Abschluss der Akademie der Luftstreitkräfte, 1951 Aufnahme eines Studiums an der Militärdiplomatischen Akademie, 1955–1961 Militärattaché und GRU-Resident in Frankreich, 1965–1968 in gleicher Funktion in Vietnam, 1968–1970 Militärattaché und GRU-Resident in Algerien, dann erneuter Einsatz in Frankreich, 1972–1975 Leiter der Fakultät Agenturaufklärung an der Militärdiplomatischen Akademie, 1975–1979 Militärattaché in der DDR, dann in den Ruhestand 271 f., 274 ff., 281

Lefebvre, Marc (»Max«) – (1927–?) französischer Luftfahrtingenieur und GRU-Agent, 1962 von der GRU angeworben, Mitarbeiter der Firma C.I.I.-Honeywell-Bull, Mitglied des Spionageringes von Fabiew, 1977 verhaftet 209

Lehmann, Willi (»A/201«/»Breitenbach«) – (1884–1942) Gestapo-Beamter und INO-Agent, Kriminalinspektor, mit 17 Jahren Eintritt in die Kaiserliche Kriegsmarine, 1911 demobilisiert und in den Berliner Polizeidienst übernommen, hier zur Abteilung Spionageabwehr versetzt, 1920 stellv. Dezernatsleiter, 1929 von Kuhr für die INO angeworben, 1934 Übernahme in die Gestapo und Eintritt in die SS, im Dezember 1942 im Rahmen der Operationen gegen die »Rote Kapelle« enttarnt und verhaftet, wenig später auf Befehl von Himmler erschossen, um den Fall zu vertuschen 87 ff., 143

Lieven, Christoph Heinrich Graf von – (1774–1839) russischer Militär und Diplomat, General der Infanterie (1819), 1809–1812 Gesandter in Berlin, 1812–1834 Gesandter des Zaren in London 36

Linowski, Josef – (1921–?) Mechaniker und GRU-Agent, polnischer Soldat, 1940–1945 KZ-Haft, nach Kriegsende Schlosser und Fahrer in Westdeutschland, gehört zur Spionagegruppe um Ramminger, 1968 verhaftet und 1970 zu vier Jahren Haft verurteilt 395 f.

Litwinenko, Aleksandr W. – (1962–2006) KGB/FSB-Offizier und Überläufer, Oberstleutnant, 1988 Abschluss eines Höheren Lehrgangs für militärische Spionageabwehr, 1988–1991 Mitarbeiter der militärischen Spionageabwehr des KGB, ab 1991 beim FSB im Bereich Terrorabwehr und organisierte Kriminalität eingesetzt, 1999 verhaftet, ein Jahr später freigesprochen, kurz darauf erneut verhaftet und wieder auf freien Fuß gesetzt, Ende 2000 Flucht nach Großbritannien, dort u. a. für den MI6 tätig, gleichzeitig erklärter Gegner von Präsident Putin, fällt 2006 einem Giftanschlag des FSB mit Polonium zum Opfer 247, 553

Ljachterew, Nikolaj G. – (1905–1998) GRU-Offizier, Generalmajor, 1922 Eintritt in die Rote Armee, Truppenoffizier, 1936 Wechsel zum Militärgeheimdienst, steigt dort bis zum stellv. Abteilungsleiter auf, 1940–1941 Militärattaché und Resident in Budapest, 1941 Leiter der 6. Abteilung der Aufklärungsverwaltung, 1941–1945 Militärattaché und Resident in der Türkei, 1946–1956 stellv. Leiter der Militärpolitischen Akademie, 1956–1959 Leiter der 4. Verwaltung der GRU, 1959–1963 erneut stellv. Leiter der Militärpolitischen Akademie 123

Ljubimow, Wiktor A. (»Ljutow«) – (1926–2003) GRU-Offizier, Kapitän zur See (1969), 1943 Eintritt in die Kriegsmarine, 1951–1952 Kurs für Aufklärungsoffiziere des Generalstabes, 1953 zur GRU, 1953–1957 Einsatz in den USA, 1957–1958 Offizier der 3. Direktion der 2. Verwaltung, 1958–1961 Studium an der Militärpolitischen Akademie, 1961–1965 Einsatz an der Pariser GRU-Residentur, führt dort mehrere hochrangige Quellen, 1965–1968 Oberoffizier der 3. Direktion der 1. Verwaltung, 1969–1974 GRU-Resident in den Niederlanden, 1974–1981 Leiter der 1. Direktion, 1981–1986 Chefberater beim Militärnachrichtendienst der DDR, 1987 in den Ruhestand 25, 200, 207, 222, 271, 287 ff., 291, 291–294, 304–308, 316, 318–322, 392, 394

Lloyd George, David – (1863–1945) britischer Politiker, 1916–1922 Premierminister von Großbritannien 94

Lojewski, Alfred von – (1910–1986) deutscher Militär, Hauptmann (1939), Polizist, 1936 Eintritt in die Luftwaffe, Einsatz bei der Legion Condor im Spanischen Bürgerkrieg, seit 1941 Staffelkapitän im JG 77, wenige Tage nach Beginn des Angriffs auf die Sowjetunion über Murmansk abgeschossen, verhört, bis 1950 in sowjetischer Kriegsgefangenschaft 129

M

Mabey, John – (1923–2011) FBI-Offizier, 1948 Abschluss an der Universität Notre Dame, Indiana, dann Ausbildung beim FBI, 1953 Versetzung nach New York, hier im Bereich Spionageabwehr eingesetzt, wirbt 1961 Poljakow für das FBI an, bis 1967 in New York, dann bis zu seiner Pensionierung 1977 in Washington Teamleiter bei der Spionageabwehr Sowjetunion 520

MacGibbon, James (»Dolly«) – (1912–2000) britischer Militär und Verleger, im 2. Weltkrieg Leutnant beim militärischen Nachrichtendienst, zugleich seit 1940 Agent der GRU, der er u. a. im Rahmen von ULTRA entschlüsselte deutsche Funksprüche übergibt, ab 1948 Verleger in Schottland 141

Makrelow – (?–1976), GRU-Offizier, Hauptmann, in den 1970er Jahren Kompaniechef in der 3. Speznas-Brigade, die in Neuthymen stationiert ist, kommt bei einem Unfall ums Leben 441

Malenkow, Georgij M. – (1901–1988) sowjetischer Politiker, 1941–1946 Kandidat des Politbüros des ZK, 1941–1945 Mitglied des Staatlichen Verteidigungskomitees, dort verantwortlich für Technologievorhaben, 1946–1957 Mitglied des Politbüros, 1953–1955 Vorsitzender des Ministerrats der UdSSR, 1955 gestürzt und zum Minister für Kraftwerke degradiert, 1957 endgültig entmachtet und aus dem Politbüro ausgeschlossen, 1961 Parteiausschluss, 1968 als Direktor eines Kraftwerkes pensioniert 117, 148, 177, 180

Malinowskij, Rodion J. – (1898–1967) sowjetischer Militär, Marschall der Sowjetunion (1944), kämpfte im 1. Weltkrieg im russischen Expeditionskorps in Frankreich, 1919 Aufnahme in die Rote Armee, im 2. Weltkrieg Kommandeur verschiedener Armeen und Fronten, nach Kriegsende Oberbefehlshaber verschiedener Militärbezirke, 1956–1957 Oberbefehlshaber der Landstreitkräfte, 1957–1967 Verteidigungsminister 179, 192, 198, 298, 388, 415

Maly, Theodor – (1894–1938) NKWD-Offizier, Major der Staatssicherheit (1936), k.uk.-Soldat, in russischer Kriegsgefangenschaft, 1919 Eintritt in die Rote Armee, 1921 Wechsel zur Tscheka, seit Beginn der 1930er Jahre bei der INO, leitet u. a. die illegale Residentur in London, 1937 Rückruf nach Moskau, dort 1938 verhaftet und nachfolgend hingerichtet, 1956 rehabilitiert 480

Mamsurow, Hadschi-Umar – (1903–1968) GRU-Offizier, Generaloberst (1962), seit 1935 beim Militärgeheimdienst, dort im Bereich Spezialoperationen eingesetzt, 1943 stellv. Chef der 2. Verwaltung der GRU, 1943–1957 Truppenkommandeur, 1957 Leiter des Spezialzentrums der GRU, 1957–1968 1. Stellv. GRU-Chef 317, 433 f.

Manstein, Erich von – (1887–1973) deutscher Militär, Generalfeldmarschall (1942), 1906 Eintritt in die preußische Armee, im 1. Weltkrieg Generalstabsoffizier, 1919 Übernahme in die Reichswehr, 1939 Chef des Generalstabs der Heeresgruppe Süd, dann Oberbefehlshaber verschiedener Korps und Armeen, 1942–1943 Oberbefehlshaber der Heeresgruppe Don, 1943–1944 der Heeresgruppe Süd, 1944 entlassen, 1945 interniert, 1949 als Kriegsverbrecher zu 18 Jahren Haft verurteilt, 1953 freigelassen, bis 1960 Berater beim Aufbau der Bundeswehr 152

Martin, Louis Pierre – (1890–1964) französischer Chiffrierexperte, Reserveoffizier und Universitätsprofessor, Chiffrierexperte im Marineministerium, seit 1923 Liebhaber von Lidija Stahl, von dieser für die GRU zumindest abgeschöpft, 1933 von der Spionageabwehr festgenommen, 1943 vor Gericht freigesprochen 79 f.

Martschenko, Mitrofan K. – (1866–1932) russischer Geheimdienstoffizier, Generalmajor (1912), 1896 Abschluss der Akademie des Generalstabes, 1905–1910 Militäragent in Österreich-Ungarn, führt dort mehrere Agentenringe, 1912–1917 Leiter der Kavallerieschule in St. Petersburg, 1917 aus dem Militärdienst entlassen, 1919 Emigration nach Frankreich 56

Martschenko, Wiktor I. – (*1937) GRU-Offizier, Oberst, 1969–1972 Offizier bei der Sowjetischen Militärverbindungsmission in Frankfurt/Main, 1980–

1983 in Bonn Luftwaffenattaché, zugleich Führungsoffizier der GRU, 1983 enttarnt und ausgewiesen 212

Martynow, Waleri f. – (1946–1986) KGB-Offizier und Doppelagent, Oberstleutnant, bei der Auslandsaufklärung, seit 1980 bei der technischen Aufklärung in Washington, getarnt als Kulturattaché, 1982 zugleich Agent des FBI, von Ames verraten, 1985 verhaftet und 1986 hingerichtet 551

Maslow – (?-?) GRU-Offizier, Oberst, zu Beginn der 1960er Jahre Resident in den USA und u. a. Verbindungsoffizier zu Marija D. Dobrowa, 1962 festgenommen und ausgewiesen 521

May, Alan Nunn (»ALEK«) – (1911–2003) britischer Atomwissenschaftler und GRU-Agent, seit 1942 Mitarbeit am britischen Atombombenprojekt, im gleichen Jahr von der GRU angeworben, 1943 am Atomforschungszentrum in Ottawa, ab 1944 im Manhattan-Projekt und übergibt u. a. zwei Plutoniumproben, 1946 nach Hinweisen von Gusenko verhaftet und zu 10 Jahren Haft verurteilt, der 1953 freigelassene May gilt als einer der effektivsten sowjetischen Atomspione 376, 564

May, Theresa – (*1956) britische Politikerin, 2016–2019 Premierministerin des Vereinigten Königreiches 533, 535

Mayenburg, Ruth von (»Lena«) – (1907–1993) österreichische Autorin und GRU-Offizierin, Oberst, Architekturstudium in Dresden, seit 1930 Bekanntschaft mit General Kurt von Hammerstein, 1934 Flucht in die UdSSR, spätestens dort von der GRU angeworben, steigt nach Einsätzen in Deutschland rasch auf, im Zuge der Säuberungen aus dem Militärgeheimdienst entfernt und zur Komintern versetzt, seit 1943 Propagandaarbeit unter österreichischen Kriegsgefangenen, 1945 Rückkehr nach Österreich, 1966 Austritt aus der KPÖ 91

Medwedew, Dmitrij A. – (*1965) russischer Politiker, seit 1990 mit Putin bekannt, 2003–2005 Leiter der Präsidentenadministration, 2005–2008 1. Stellv. Ministerpräsident, 2008–2012 Präsident der Russischen Föderation, 2012–2020 Ministerpräsident, seit 2020 stellv. Leiter des Sicherheitsrates der Russischen Föderation 19, 246, 248,

Merkulow, Wsewolod N. – (1895–1953) NKGB-Chef, Armeegeneral (1945), seit 1921 in der OGPU, 1931–34 Mitarbeiter von Berija, 1938–1941 Chef der Hauptverwaltung Staatssicherheit im NKWD, zugleich Stellvertreter Berijas als Chef des NKWD, 1941–1946 Chef des NKGB, 1947–1950 Leiter der Hauptverwaltung für sowjetische Vermögen im Ausland, 1950–1953 Minister für Staatskontrolle, September 1935 verhaftet und am Jahresende zum Tode verurteilt und erschossen 117

Meschtscherjakow, Walentin I. – (1920–1989) GRU-Offizier, Generaloberst (1980), seit 1957 bei der GRU, 1957–159 Gehilfe des Militärattachés in Großbritannien, 1961–1965 Militärattaché in Kuba, 1965–1968 Militärattaché in den USA, 1968–1973 Chef der 3. Verwaltung der GRU, 1973–1978 1. Stellv. GRU-Chef, 1978–1988 Leiter der Militärdiplomatischen Akademie 227

Michajlow, Georgij A. – (1923–2023) GRU-Offizier, Generaloberst (1983), 1941 Eintritt in die Rote Armee, seit 1943 bei der Militäraufklärung, ab 1967 Leiter der 7. Verwaltung der GRU, 1976–1979 Militärattaché in den USA, 1979–1989 stellv. GRU-Chef – Chef Information 214

Michajlow, Wladen M. – (1925–2005) GRU-Chef, Armeegeneral (1990), 1942 zur Roten Armee eingezogen, 1951–1954 Frunse-Militärakademie, danach u. a. Dienst in der GSSD, 1966–1968 Akademie des Generalstabes, danach Kommandeur einer Division und Verwendungen im Generalstab, 1987 stellv. GRU-Chef, 1987–1991 GRU-Chef, im Herbst 1991 abgesetzt, 1992 aus den Streitkräften entlassen 230, 234 f.

Michel'son, Aleksandr A. – (1864–1919) russischer Geheimdienstoffizier, Generalleutnant (1917), seit 1901 bei der Militäraufklärung, 1906–1911 Militärattaché in Berlin, unterhält dort einen Agentenring, im Frühjahr 1911 ausgewiesen, in den Truppendienst zurückversetzt, 1917 Chef der Hauptverwaltung beim Generalstab für Ausrüstung aus dem Ausland, 1918 nach Finnland, 1919 bei der Rückkehr nach Russland verhaftet und im Gefängnis verstorben 55

Mikojan, Anastas I. – (1895–1978) sowjetischer Politiker, 1935–1966 Mitglied des Politbüros des ZK, 1937–1955 stellv. Ministerpräsident, 1955–1966 1. Stellv. Ministerpräsident 117

Miller, Jewgenij K. (»Petr Iwanow«) – (1867–1939) russischer Geheimdienstoffizier, Generalleutnant (1914), 1892 Abschluss an der Akademie des Generalstabes, 1898–1901 Militäragent in den Niederlanden und Belgien, 1901–1907 Militäragent in Italien, 1909–1910 2. Oberquartiermeister im Generalstab, im 1. Weltkrieg Truppenkommandeur, nach Kriegsende führender Funktionär der russischen Emigration, 1930–37 Leiter des Allgemeinen Russischen Militärverbands, im Herbst 1937 durch Mitarbeiter des NKWD aus Paris in die Sowjetunion entführt und dort hingerichtet 479

Miroschnikow, Pawel L. – (1915–1988) GRU-Offizier, Kapitän zur See (1956), seit 1935 bei der Marine, 1938 Wechsel zur Militäraufklärung, 1939–1946 illegaler GRU-Resident in Japan, 1946–1948 Militärdiplomatische Akademie, 1949–1952 Gehilfe des Marineattachés in den USA, 1953–1955 Lehrkraft an der Woroschilow-Militärakademie, 1955–1970 Lehrer an der Militärdiplomatische Akademie 132

Mischkin, Aleksandr E. (»Aleksandr Petrow«) – (*1979) GRU-Offizier, Oberst, ab 2001 Studium an der Akademie für Militärmedizin in St. Peterburg, 2007 Wechsel zur GRU, beim 161. Zentrum für Ausbildung von Aufklärungsspezialisten eingesetzt, dort u. a. an den Operationen gegen Waffenlager in Tschechien und dem Anschlag auf Skripal beteiligt 536–540, 558

Model, Walter – (1891–1945) deutscher Militär, Generalfeldmarschall (1944), im 1. Weltkrieg Truppen- und Stabsoffizier, 1919 Übernahme in die Reichswehr, im 2. Weltkrieg Divisionskommandeur, Kommandierender General und Oberbefehlshaber verschiedener Armeen und Heeresgruppen, 1944–1945 Oberbefehlshaber West, Selbsttötung bei Kriegsende 162

Molodyj, Konon T. (»Gordon Lonsdale«) – (1922–1970) KGB-Offizier, Oberst, Ukrainer, 1932–1938 bei seiner Tante in den USA, 1951 von der Auslandsaufklärung des KGB übernommen, 1954 nach Kanada geschickt, um sich dort zu legalisieren, ab 1955 als Gordon Lonsdale nach England, baut dort ein Spionagenetz auf, 1961 Verhaftung durch das Scotland Yard, zu 25 Jahren Haft verurteilt, 1964 gegen Greville Wynn ausgetauscht, nach seiner Rückkehr in der Moskauer PGU-Zentrale tätig 513

Molotow, Wjatscheslaw M. – (1890–1986) sowjetischer Politiker und Diplomat, einer der engsten Mitarbeiter Stalins, 1921–1957 Mitglied des ZK der KPdSU, seit 1926 auch Angehöriger des Politbüros, 1930–1941 Vorsitzender des Rats der Volkskommissare, 1939–1952 und 1953–1956 Außenminister der UdSSR, 1956 Konflikt mit Chruschtschow im Zuge der Entstalinisierung, 1957 als Mitglied der Anti-Partei-Gruppe aus allen Staats- und Parteiämtern entfernt und auf den Botschafterposten in der Mongolei abgeschoben, 1960–62 Vertreter der UdSSR bei der Internationalen Agentur für Atomenergie, dann Parteiausschluss und Ruhestand 17, 110, 116, 148, 164, 168, 369, 371, 374

Monkewitz, Nikolaj A. – (1869–1926) russischer Geheimdienstoffizier, Generalleutnant (1916), seit 1906 Mitarbeiter der Raswedka, 1910–1914 deren Chef, im 1. Weltkrieg Truppenkommandeur, 1918 Emigration nach Frankreich, 1919–1920 dort Vertreter von Denikin, leitet in den 1920er Jahren Sabotageakte gegen die Sowjetunion, 1926 in Folge einer OGPU-Operation aus Paris verschwunden und später erschossen aufgefunden 54, 58

Motorin, Sergej M. – (1952–1987) KGB-Offizier und Doppelagent, Oberstleutnant, Abschluss der Hochschule des KGB, dann in der USA-Abteilung der Auslandsaufklärung tätig, ab 1980 Auslandseinsatz in den USA, dort 1983 vom FBI angeworben, 1984 nach Moskau abberufen, 1985 durch Ames enttarnt und verhaftet, 1987 zum Tode verurteilt und erschossen 551

Mrotschkowskij, Stefan I. – (1885–1967) GRU-Offizier, Korpskommissar (1935), erfüllt bereits ab 1927 Spezialaufträge der GRU vor allem im Bereich Industriespionage, 1939–1940 Chef der »Wostwag«, dann in den USA, 1942 von dort zurückgerufen und 1943 verhaftet, 1952 zu 15 Jahren Haft verurteilt, 1953 Aufhebung des Urteils und reaktiviert, noch im gleichen Jahr in den Ruhestand verabschiedet 366

Müller, Richard (*1942) bundesdeutscher Geschäftsmann, beschafft seit den 1970er Jahren verbotene Hochtechnologie für die GRU, von US-Behörden verfolgt, setzte er sich 1984 in die DDR ab, im Frühjahr 1989 Rückkehr in die

Bundesrepublik, dort zu einer Bewährungsstrafe verurteilt, 1995 erneute Festnahme 212, 398

N

Napoleon I. – (1769–1821) 1799–1804 Erster Konsul der Französischen Republik, 1804–1814 und 1815 Kaiser der Franzosen 11 f., 35–41

Naryschkin, Sergej I. – (*1954) russischer Politiker und Geheimdienstchef, seit den 1990er Jahren mit Putin bekannt, 2008–2011 Leiter der Präsidentenverwaltung, 2011–2016 Vorsitzender der Staatsduma, seit 2016 Chef des Auslandsnachrichtendienstes SWR 255

Nedelin, Mitrofan I. – (1902–1960) sowjetischer Militär, Hauptmarschall der Artillerie (1959), 1937–1939 Teilnehmer am Spanischen Bürgerkrieg, im 2. Weltkrieg Artilleriekommandeur, 1950–1952 Befehlshaber der Artillerie, 1952–1953 stellv. Verteidigungsminister für Bewaffnung, 1953–1955 erneut Befehlshaber der Artillerie, 1955–1959 stellv. Verteidigungsminister für Spezialbewaffnung und Reaktivtechnik, 1959–1960 Oberkommandierender der strategischen Raketentruppen, kommt beim fehlgeschlagenen Test einer Interkontinentalrakete ums Leben 510

Nesselrode, Karl Robert von – (1780–1862) russischer Diplomat und Minister, 1816–1856 russischer Außenminister, 1845–1862 Kanzler des Zarenreiches 42

Nesterowitsch, Wladimir S. – (1895–1925) GRU-Offizier und Überläufer, ab 1917 Bolschewik, aktiver Teilnehmer des Bürgerkrieges, 1922 Abschluss an der Militärakademie, 1923–1925 illegaler Resident der GRU in Österreich, koordiniert von dort militärische Aktionen der KP Bulgariens, nach Anschlag in der Sophienkathedrale in Sofia, bei dem am 16.4.1925 über 200 Menschen sterben, Flucht nach Deutschland, im gleichen Jahr in einem Mainzer Kaffee von Mitarbeitern der INO vergiftet 467 ff., 473

Nikolaus II. – (1868–1918) 1894–1917 Kaiser von Russland, zur Abdankung gezwungen, im Sommer 1918 zusammen mit seiner Familie von den Bolschewiki ermordet 51

Nikonow, Aleksandr M. – (1893–1937) GRU-Offizier, Divisionskommandeur (1935), seit 1921 bei der Militäraufklärung der Roten Armee, 1924–1929 dort Chef der 3. Abteilung, 1929–1931 Kommandeur eines Regiments, 1931–1934 erneut Chef der 3. Abteilung des Militärnachrichtendienstes, 1934–1937 stellv. Chef der GRU, im Sommer 1937 verhaftet und wenig später hingerichtet, 1956 rehabilitiert 83

Nixon, Richard – (1913–1994) US-Politiker, 1969–1974 US-Präsident, 1974 Rücktritt wegen der Watergate-Affäre 525

Personenregister

Norstad, Lauris – (1907–1980) US-Militär, General (1952), 1930 Abschluss an der Militärakademie in Westpoint, seit 1931 bei den Luftstreitkräften, 1944–1945 Stabschef der 20. US-Luftflotte, ab 1950 Kommandeur der United States Air Forces in Europe, 1953–1956 stellv. SACEUR der NATO, 1956–1963 SACEUR 194, 285

Nowizkij, Nikolaj A. – (1825–1893) russischer Geheimdienstoffizier, Generalleutnant (1881), 1860–1871 Militäragent in London, seit 1871 Militäragent in Rom 45

O

O'Neill, Edward – (1902–1979) US-Militär, Generalleutnant, 1924 Eintritt in die US Army, im 2. Weltkrieg Stabsoffizier, 1954–1957 und 1959–1960 Stabschef der US-Landstreitkräfte in Europa, 1960–1962 Kommandeur der 1. US-Armee, zugleich Vertreter der USA im Militärischen Stabsausschuss der Vereinten Nationen, 1962–1970 Berater des US-Unternehmens Aerojet 519

Obrutschew, Nikolaj N. – (1830–1904) Raswedka-Chef, General der Infanterie (1887), 1854 Abschluss an der Akademie des Generalstabes, 1876–1881 Chef des Militärstatistischen Komitees, 1881–1897 Chef des Generalstabes 45 ff.

Oshima, Hiroshi – (1886–1975) japanischer Militär und Diplomat, Generalleutnant, 1934–1938 japanischer Militärattaché in Berlin, 1938–1939 und 1941–1945 Botschafter Japans im Deutschen Reich, 1948 in Tokio zu lebenslanger Haft verurteilt, 1955 Freilassung 142, 478

P

Panfilow, Aleksej P. – (1898–1966), GRU-Chef, Generalleutnant (1944), 1925–1926 Offizierslehrgang, dann Militärstaatsanwalt, 1937 Abschluss an der Stalin-Militärakademie der mechanisierten Truppen, 1938 Befehlshaber der 2. Panzerbrigade, 1940 Wechsel zur GRU, dort stellv. Chef, 1941–1942 GRU-Chef, nach seiner Ablösung erneute Verwendung als Panzeroffizier, 1944 Befehlshaber der 3. Gardepanzerarmee, nach dem Krieg Lehrtätigkeit an der Akademie der Panzertruppen sowie der Akademie des Generalstabes 129, 135

Panzinger, Friedrich – (1903–1959) Gestapo-Offizier, SS-Standartenführer (1943), ab 1934 bei der Politischen Polizei in Bayern, 1937 Regierungsrat bei der Stapoleitstelle Berlin, Eintritt in die NSDAP, 1939 in die SS, 1941– 1944 Gruppenleiter IV A (Gegner, Sabotage, Schutzdienst) im RSHA; zugleich 1943– 1944 Befehlshaber der Sipo in Riga, 1944–1945 Leiter des Amtes V im RSHA, dann in sowjetischer Kriegsgefangenschaft, dort zu 25 Jahren Haft verurteilt, 1955 Rückkehr in die Bundesrepublik, vom BND für ein Doppelspiel mit dem KGB eingesetzt, ab 1958 strafrechtliches Ermittlungsverfahren wegen der Massentötung von russischen Kriegsgefangenen, im August 1959 Selbstmord bei Festnahme 339

Parensow, Pjotr D. (»Paul Paulson«) – (1843–1914) russischer Militär, General der Infanterie (1901), 1867 Abschluss an der Akademie des Generalstabes, klärte während des Russisch-Türkischen Krieges 1877/78 auf dem Balkan die militärische und politische Lage auf, später Kommandeur verschiedener Kavallerie-Einheiten, 1898–1902 Kommandeur der Festung Warschau 46 f.

Parfentiew, Aleksandr I. – (?-?) GRU-Offizier, 2005 Mitarbeiter des russischen Militärattachés in Berlin, zugleich Agentenführer, vom Verfassungsschutz enttarnt und ausgewiesen 400

Paschkow, Georgij N. – (1909–1993) sowjetischer Wirtschaftsfunktionär, ab 1939 Leiter der 2. Abteilung des GOSPLAN der UdSSR, seit 1945 dort verantwortlich für das Raketen- und Kernwaffenprogramm der Sowjetunion, 1955–1971 stellv. Vorsitzender der rüstungswirtschaftlichen Kommission beim Ministerrat der UdSSR 192

Patruschew, Nikolaj P. – (*1951) FSB-Direktor, 1974 Abschluss eines Studiums für Schiffbau in Leningrad, dann vom KGB übernommen, 1992–1994 Minister für Sicherheit in der Republik Karelien, 1994–1998 in leitenden Funktionen beim FSB, 1998 stellv. Chef der Präsidentenverwaltung, 1998–1999 stellv. Direktor des FSB, Leiter der Abteilung Wirtschaftsschutz, 1999 Beförderung zum 1. Stellv. Direktor des FSB, 1999–2008 Direktor des FSB, 2008–2024 Sekretär des Sicherheitsrates der Russischen Föderation, ab 2024 Berater des russischen Präsidenten für Fragen des Schiffbaus 567

Paulus, Friedrich – (1890–1957) deutscher Militär, Generalfeldmarschall (1943), 1910 Eintritt in die preußische Armee, im 1. Weltkrieg Truppenoffizier, 1919 Übernahme in die Wehrmacht, 1939–1940 Generalstabschef der 6. Armee, 1940–1942 Oberquartiermeister I beim Generalstab des Heeres, 1942–1943 Oberbefehlshaber der 6. Armee, 1943–1953 sowjetische Kriegsgefangenschaft, 1953 in die DDR, dort bis zu seinem Tod eng durch das MfS überwacht 139 f., 145

Pawlow, Aleksandr I. – (1860–1923) russischer Diplomat, 1897–1898 Geschäftsträger in China, 1898–1904 Leiter der russischen Auslandsvertretung in Seoul, 1910 Entlassung aus dem Auswärtigen Dienst aus Gesundheitsgründen, 1917 ins Exil nach Frankreich 52

Pawlow, Anatolij G. – (1920–2007) GRU-Offizier, Generaloberst (1978), 1938 Eintritt in die Rote Armee, seit 1946 bei der GRU, 1948–1952 Studium an der Militärdiplomatischen Akademie, dann Oberoffizier bei der USA-Abteilung der 2. Verwaltung, 1960–1962 stellv. Resident in London, 1962–1963 dort Resident, nach 1963 Chef des NII-17 der GRU, 1973–1975 Chef der 4. Verwaltung, 1975–1978 Leiter der Militärdiplomatischen Akademie, 1978–1989 1. Stellv. Chef der GRU 214

Peeke, Charles M. – (1913–1994) US-Militär, Oberst, im 2. Weltkrieg Logistikoffizier, 1946–1949 Verbindungsoffizier in Panama, dann Einsatz im Koreakrieg, 1955–1957 Militärattaché in der Türkei, dort Bekanntschaft mit Pen'kowskij, den er 1960 für die CIA identifiziert, 1959–1963 im Iran Verbindungsoffizier zur Gendarmerie, 1965 in den Ruhestand 501

Pen'kowskij, Oleg W. (»IRONBARK/CHICKADEE«) – (1919–1963) GRU-Offizier und Doppelagent, Oberst (1949), während des 2. Weltkriegs Offizier in einem Artillerieregiment, 1948 Abschluss an der Frunse-Militärakademie, dann Studium an der Militärdiplomatischen Akademie, 1953 von der 4. Verwaltung der GRU übernommen, 1955–1956 Chefgehilfe des Militärattachés in der Türkei, 1957–1958 Oberoffizier in der 5. Verwaltung, 1958–1959 Spezialkurs für Raketentechnik, 1959–1960 Oberoffizier der 4. Verwaltung, Anfang 1960 als Militärattaché in Indien vorgesehen, doch wegen der bisher verheimlichten Tätigkeit seines Vaters in die Reserve der GRU versetzt, daraufhin 1960 Selbstanbieter bei der CIA, die den MI6 mit einschaltet, im November 1960 Ernennung zum Berater des Staatskomitees für die Koordinierung wissenschaftlich-technischer Arbeiten, liefert dem Westen umfangreiches Spionagematerial, ab Januar 1962 Überwachung durch das KGB, Verhaftung Oktober1962, 1963 zum Tode verurteilt und erschossen 268, 305, 483, 495–516, 522, 531, 544f.

Perkon, Ernst K. – (1897–1938) GRU-Offizier, Brigadekommissar (1934), seit 1920 bei der Militäraufklärung, zahlreiche Auslandseinsätze, 1936–1937 stellv. Leiter der 10. Abteilung, zum Jahresende verhaftet und im Frühjahr 1938 hingerichtet, 1957 rehabilitiert 110

Perle, Richard – (*1941) US-Politiker, 1981–1987 Staatssekretär im Verteidigungsministerium, 1987–2004 für das Defense Policy Board Advisory Committee tätig 531

Peter I. – (1672–1725) 1682–1721 Zar und Großfürst von Russland, 1721–1725 Kaiser von Russland 34

Petrenko-Lunew, Sergej W. – (1890–1937) GRU-Offizier, Korpskommandeur (1935), 1918 Eintritt in die Rote Armee, 1925–1928 Militärattaché in Deutschland, danach bis 1931 stellv. Chef ZAGI, 1931–34 Mitarbeiter beim Technischen Stab der Roten Armee, 1934–1936 Militärattaché in Italien, dann Militärberater beim Vorsitzenden des Rates der Volkskommissare, im Mai 1937 ver85haftet und im Dezember des gleichen Jahres erschossen, 1956 rehabilitiert 85

Petrow, Wladimir f. (»Diplomat«/»401«) – (1896–?) russischer Emigrant und GRU-Agent, geboren in Irkutsk, nach Revolution und Bürgerkrieg Emigration nach Deutschland, dort Mitarbeiter in der japanischen Botschaft, 1923 von der GRU angeworben, ab Mitte der 1920er Jahre wirbt er dann unter falscher Flagge auch den Chef der deutschen Marineaufklärung an, 1935 stellt die GRU den Kontakt zu Petrow ein, da sie glaubt, er liefere Desinformationsmaterial, spätere Versuche, die Verbindung wiederherzustellen, scheitern, sein weiteres Schicksal ist ungeklärt 75 f.

Philby, Kim – (1912–1988) MI6–Offizier und Doppelagent, bis 1933 Studium in Cambridge, 1933–1934 Aufenthalt in Österreich, 1934 Rückkehr nach Großbritannien, dort durch die INO des NKWD angeworben, 1937–1939 als Kriegsberichterstatter im Spanischen Bürgerkrieg, 1939–1940 als Korrespondent auf dem französischen Kriegsschauplatz, ab 1940 beim MI 6, 1941 gelang ihm die Versetzung zur Sektion V (Gegenspionage), 1944/45 Leiter der Sektion IX (antisowjetische und antikommunistische Gegenspionage und Spionage) des MI6, 1947–1949 dessen Resident in Istanbul, ab August 1949 Resident in Washington, 1951 führen erste Ermittlungen des MI5 zur Entlassung aus dem MI 6, 1956 erneuter Anschluss an den MI6, als Agent in Beirut tätig, 1962 endgültig durch den sowjetischen Überläufer Anatolij Golitsyn enttarnt, eine erste Vernehmung Anfang 1963 führt zur Flucht in die Sowjetunion, Philby lebt bis zu seinem Tode in Moskau, die Folgen des Falls paralysieren die Tätigkeit des MI6 auf viele Jahre hinaus 376, 481

Pieck, Henri Christiaan – (1895–1972) niederländischer Grafiker und GRU-Agent, zu Beginn der 1930er Jahre für den sowjetischen Militärgeheimdienst angeworben, stellt u. a. den Kontakt zu John H. King her, nach der deutschen Besatzung 1940 im Widerstand, im gleichen Jahr festgenommen und bis 1945 in Haft, u. a. im KZ Buchenwald 474

Piłsudski, Józef – (1867–1935) polnischer Militär und Politiker, 1918–1922 Staatschef und Oberbefehlshaber der polnischen Truppen, 1923 Rückzug von allen Ämtern, 1926 Staatsstreich, 1926–1935 Kriegsminister und Generalinspekteur der Streitkräfte Polens, defacto autoritär regierender Herrscher Polens 470

Plachin, Iwan f. – (1917–2007) GRU-Offizier, Generalmajor (1970), im 2. Weltkrieg Nachrichtenoffizier, später zur GRU, 1964–1974 dort Chef des 3. Direktorats, 1983 in den Ruhestand versetzt 223

Poljakow, Dmitrij f. (»TOPHAT«/»BOURBON«/»DIPLOMAT«) – (1921–1988) GRU-Offizier und Doppelagent, Generalmajor (1973), im 2. Weltkrieg Artillerieoffizier, nach Kriegsende Studium an der Militärdiplomatischen Akademie, 1951–1956 erster Auslandseinsatz in den USA, 1959–1962 stellv. Resident der Hauptresidentur in den USA, 1961 vom FBI angeworben, übergibt zunächst Namen von sowjetischen Agenten in den USA. 1962 Rückkehr nach Moskau, hier Oberoffizier der 1. Direktion der 3. Verwaltung, steht nun über tote Briefkästen in Kontakt mit der CIA, 1966–1969 Resident der GRU in Birma, 1969–1973 Leiter der China-Direktion der 2. Verwaltung, 1973–1976 GRU-Resident und Militärattaché in Indien, 1976–1979 Chef der Fakultät Nr. 3 an der Militärdiplomatischen Akademie, 1979–1980 erneuter Einsatz in Indien, wo ihm die CIA anbietet, in die USA auszureisen, was er jedoch ablehnt, 1980 kurzzeitig erneut Chef der Fakultät Nr. 3 an der Militärdiplomatischen Akademie, Ende 1985 durch Ames enttarnt, Ende 1986 verhaftet und 1988 zum Tode verurteilt; seine Agentenberichte für die CIA füllten mehr als 25 Aktenordner und enttarnte mehr als 1500 GRU- und KGB-Mitarbeiter 516–532, 544

Popow, Pjotr S. (»ATTIC«) – (1916–1960) GRU-Offizier und Doppelagent, Oberstleutnant, 1941 Eintritt in die Rote Armee, im 2. Weltkrieg enger Mitarbeiter von Iwan Serow, auf dessen Betreiben zur GRU versetzt, 1951–1955 an der dessen Residentur in Wien, dort Liebesaffäre mit einer Schauspielerin, 1953 Selbstanbieter bei der CIA, 1955 in der GRU-Zentrale in Moskau, 1955–1958 bei der Aufklärungsverwaltung der GSSD eingesetzt, weiterhin Agent der CIA, 1958 in die Sowjetunion zurückbeordert, dort vom KGB zu einem Doppelspiel veranlasst, das er hintertreibt, im Oktober 1959 festgenommen, 1960 zum Tode verurteilt und hingerichtet 27, 30, 184, 483–495, 516, 522, 544f.

Porfirewa, Antonina – (1902–1996) GRU-Offizierin, 1925 an der Botschaft in Wien eingesetzt, heiratete 1926 Kriwitzki, setzte sich zusammen mit ihm 1937 in Europa vom militärischen Nachrichtendienst der Sowjetunion ab, schlug sich nach dem Tod ihres Mannes als Antonina Thomas in New York als Näherin durch 478

Powers, Francis Gary – (1929–1977) US-Militär- und CIA-Pilot, Oberleutnant, 1950 Eintritt in die US Air Force, Jägerfliegerpilot, 1956 von der CIA für das Spionagegeschwaders 10-10 rekrutiert, flog dort die U-2, am 1. Mai 1960 in der Nähe von Swerdlowsk abgeschossen, nach Prozess im August 1960 in Moskau zu drei Jahren Zuchthaus und sieben Jahren Arbeitslager verurteilt, Anfang 1962 gegen den KGB-Agenten Rudolf Abel ausgetauscht, später als Pilot tätig, stirbt bei einem Hubschrauberabsturz 500f.

Prawdin, Wladimir S. – (1904–1970) sowjetischer Geheimdienstoffizier, Hauptmann der Staatssicherheit, Monegasse, in England geboren, hält sich bis Anfang der 1930er Jahre in Europa und den USA auf, 1932 von der OGPU angeworben, an zahlreichen Operationen u. a. an der Ermordung von Reiss beteiligt, 1938 Übersiedlung in die UdSSR, dort sowjetische Staatsbürgerschaft, 1941–1946 Resident der INO in New York, dann Rückruf nach Moskau, 1948–1951 Redakteur im Verlag *Ausländische Literatur*, 1953 noch einmal kurzer Geheimdiensteinsatz, dann endgültig pensioniert 476

Prendel, Victor von – (1766–1852) österreichisch-russischer Militär, Generalmajor (1831), 1788 Eintritt in das österreichische Heer, 1804 Übertritt zur Kaiserlich-Russischen Armee, 1810–1812 Militäragent in Dresden, 1812–1813 Führer einer Kosaken-Partisaneneinheit, nach der Völkerschlacht Stadtkommandant von Leipzig, organisiert ab 1816 den Abzug des russischen Heeres aus Europa, 1820–1830 beim Hauptquartier der 1. Armee in Kiew, 1831 nochmaliger Agenteneinsatz in Galizien 35

Presnakow, Fedor F. – (1911–1989) GRU-Offizier, Kapitän zur See (1952), 1933 Eintritt in die sowjetische Marine, 1936–1938 dort Artillerieoffizier, 1939–1943 Militärvertreter in einem Rüstungswerk, 1943–1944 Spezialkurs für Nachrichtendienstoffiziere, 1944–1946 Mitarbeiter der sowjetischen Kontrollkommission in Finnland, 1946–1951 Offizier in der GRU-Zentrale, 1951–1952 Marineattaché in Schweden, dann beim Marinenachrichtendienst, 1955–1958 Marineattaché in den USA, 1958–1960 in der GRU-Reserve, 1960 in den Ruhestand versetzt 289

Prochorow, Dmitrij P. – (*?) russischer Journalist und Historiker, ehemaliger Offizier der Sowjetarmee 26

Prochorow, Wasilij I. – (1937–2018) GRU-Offizier, Generalleutnant (1990), seit 1955 in der Sowjetarmee, 1957 Abschluss an der luftfahrttechnischer Schule Irkutsk, dann Dienst in einem Jagdfliegerregiment, seit 1968 bei der GRU, 1979–1986 Instrukteur des Sektors Landstreitkräfte und Raketentruppen im ZK der KPdSU, 1986–1992 Chef der Politabteilung der GRU, dann in den Ruhestand 231

Proskurow, Iwan I. – (1907–1941) GRU-Chef, Generalleutnant (1940), seit 1931 in der Roten Armee, Fliegerausbildung in Stalingrad, dann Fluglehrer in Moskau, 1936–1938 im Spanischen Bürgerkrieg Befehlshaber einer Schnellbomber-Brigade, 1939 Ernennung zum GRU-Chef, im Sommer wegen der schwachen Leistungen der GRU im sowjetisch-finnischen Winterkrieg von dieser Funktion entbunden, zum Luftwaffenchef des Militärbezirks Fernost ernannt, 1941 Kommandeur 7. Luftarmee, bereits wenige Tage nach Kriegsbeginn hörte sein Verband wegen hoher Verluste praktisch auf zu existieren, daraufhin vom NKWD verhaftet und im Oktober 1941 auf Anweisung Berijas ohne Gerichtsurteil erschossen, 1954 rehabilitiert 15, 103

Pudin, Sergej – (*-1991), GRU-Offizier, Oberst, verübt Selbstmord, um gegen Entscheidungen der Führung des Militärgeheimdienstes zu protestieren 232

Putin, Wladimir W. – (*1952) KGB-Offizier und russischer Politiker, Oberst (1999), 1975 Abschluss als Jurist an der Universität Leningrad, dann Mitarbeiter beim KGB, 1985–1990 im Auftrag von dessen Auslandsnachrichtendienst Einsatz im Süden der DDR, ab 1991 Vorsitzender des Komitees für Außenbeziehungen beim Oberbürgermeister von St. Petersburg, 1994–1996 1. Stellv. Chef der Verwaltung von St. Petersburg, 1997–1998 stellv. Chef der Präsidentenadministration, 1998–1999 Direktor des FSB, 1999 Sekretär des Sicherheitsrates, ab August 1999 russischer Regierungschef, 2000–2008 und seit 2012 Präsident der Russischen Föderation 18–22, 29, 241–245, 250, 252–258, 260, 265, 363, 457, 465, 535, 538, 559, 566 ff.

Putjatin, Ewfimij W. – (1803–1883) russischer Militär und Diplomat, Admiral (1861), Marineoffizier, seit 1842 auch Verwendung im diplomatischen Dienst, 1852–1855 außenpolitische Mission in Japan, 1856–1857 Flottenagent in London und Paris, 1857–1858 Missionen in China und Japan, 1858–1861 erneut Flottenagent in London, dann kurzzeitig Minister für Volksbildung 44

R

Radek, Karl – (1885–1939) russischer Revolutionär und Mehrfachagent, vor dem 1. Weltkrieg Berufsrevolutionär in Russland, dann Zeitungsredakteur in Deutschland, während des Weltkriegs Emigration in die Schweiz, Kennenlernen von Lenin, spätestens ab 1917 Kontaktmann zum Nachrichtendienst des Auswärtigen Amtes, im April 1917 Begleiter Reise von Lenin nach Russland, Ende Dezember 1918 zusammen mit Ernst Reuter u. a. im Auftrag der sowjetischen Regierung konspirativ im Deutsche Reich, um dort die Bolschewistische Revolution auszulösen, Ende 1918 Mitbegründer der KPD, 1919 festgenommen, 1920 aus Deutschland ausgewiesen, Rückkehr nach Russland, seit 1921 Sekretär des EKKI der Komintern, 1923 erneute illegale Einreise nach Deutschland, um einen kommunistischen Aufstand anzuzetteln, 1924 Ausschluss aus dem ZK, Im Herbst 1936 verhaftet, Anfang 1937 im 2. Moskauer Schauprozess zu 10 Jahren Haft verurteilt, im Lager Nertschinsk im Auftrag des NKWD von Mithäftlingen ermordet 69

Radó, Sándor (»Dora«) – (1899–1981) ungarischer Kartograph und GRU-Agent, 1918/19 Teilnahme an der ungarischen Räterevolution, dann Flucht nach Österreich, dort Geographiestudium und 1920 Gründung der sowjetischen Nachrichtenagentur *Rosta-Wien*, 1922 Übersiedlung nach Deutschland, dort Mitglied im M-Apparat der KPD, nach dem Oktoberaufstand Festnahme, 1924 Flucht in die Sowjetunion, Mitte der 1920er Jahre Korrespondent der sowjetischen Nachrichtenagentur *TASS* in Berlin, Mitarbeiter der Komintern, 1935 Wechsel nach Frankreich, ab März 1936 Resident der GRU in der Schweiz, unterhält hier ein umfangreiches Agentennetz, taucht im Oktober 1943 nach der Enttarnung seiner Organisation unter, am Mai 1944 verhaftet, dann Flucht nach Frankreich, 1945 nach Moskau zurückgerufen, dort verhaftet und wegen Spionage zu einer langjährigen Freiheitsstrafe verurteilt, aus der er 1955 freigelassen wird, dann Übersiedlung nach Ungarn 87, 132, 145, 153, 155, 294, 323

Rakow, Werner G. (»Karl Felix Wolf«) – (1897–1937) GRU-Offizier, 1918/19 Mitglied der Gruppe um Radek, seit 1922 bei der Roten Armee, 1922–1928 zahlreiche Auslandseinsätze im Auftrag des Militärgeheimdienstes, zuletzt in den USA, Rückkehr in die Sowjetunion, nachfolgend als Trotzkist verfolgt, 1936 verhaftet und im Herbst 1937 hingerichtet, 1993 rehabilitiert 69f.

Ramminger, Manfred – (1930–1997) Architekt und GRU-Agent, geboren in Ostpreußen, seine Familie flieht 1945 nach Krefeld, dort später als Architekt und Rennfahrer tätig, 1966 Selbstanbieter bei der GRU, beschafft für diese militärische Geräte und Ausrüstung, u. a. eine Sidewinder-Rakete, 1968 verhaftet und 1970 zu vier Jahren Haft verurteilt, 1971 im Zuge eines Agentenaustausches vorzeitige Haftentlassung 395 ff.

Reagan, Ronald – (19011–2004) – Schauspieler und US-Politiker, 1967–1975 Gouverneur von Kalifornien, 1981–1989 Präsident der USA 398, 531

Redl, Alfred – (1864–1913) österreichisch-ungarischer Geheimdienstoffizier und Doppelagent, Oberst (1912), seit 1900 als Hauptmann in der russischen Gruppe des Evidenzbüros, 1903 Anwerbung durch den Militärgeheimdienst des Zaren, 1909 wird er im Evidenzbüro Chef der Kundschafterstelle, ab Oktober 1912 Generalstabschefs beim (Prager) VIII. Armeekorps, kann so die Aufmarschpläne der österreichisch-ungarischen Armee an Russland verraten, begeht nach seiner Enttarnung Selbstmord, die Vertuschung der Affäre misslingt 56–59, 269

Reed, John – (1887–1920) US-Journalist und 1919 Begründer der ersten kommunistischen Partei in den USA, danach über Finnland Flucht nach Sowjetrussland, dort an Typhus erkrankt und verstorben 79

Reichel, Joachim – (1908–1942) deutscher Militär, Major, 1942 Ia der 23. Panzer-Division, wenige Tage vor Beginn der Offensive »Blau« mit den Angriffsunterlagen bei einem Aufklärungsflug abgeschossen, die von der Roten Armee erbeuteten Befehle und Karten werden von Stalin fälschlicherweise als Täuschungsmanöver gedeutet 137

Reilly, Sidney – (1874–1925) Abenteurer, britischer Agent, 1895 Teilnahme an einer britischen Brasilienexpedition, hierdurch empfiehlt er sich dem britischen Marinegeheimdienst, in dessen Auftrag 1897 zur Erkundung der Ölquellen nach Baku, 1899–1902 zur Erkundung der finanziellen Hilfsquellen der Buren in die Niederlande, 1902 nach Persien, später Einsatz in Port Arthur, 1904 als Karl Hahn zu Erkundungen von Krupp nach Essen, weitere Aufträge in Frankreich, Deutschland und Russland, im Ersten Weltkrieg zunächst in Japan, ab 1917 wieder für den britischen Dienst tätig, 1918 Einsatz in Russland, versucht dort einen Staatsstreich gegen das ZK, muss nach dessen Scheitern fliehen, 1924 in die Sinowjew-Affäre involviert, gleichzeitig Erkundungsversuche gegen den »Trust«, eine von GPU betriebene, Exilantenorganisation, die lockt ihn im Herbst 1925 nach Sowjetrussland, bald danach von der GPU liquidiert 469

Reiss, Ignaz S. (»Ludwig«) – (1899–1937) GRU-Offizier und Überläufer, Hauptmann der Staatssicherheit (1935), geboren in Galizien, Jurastudium an der Universität Wien, Mitglied der kommunistischen Partei Österreichs, seit 1920 im Dienst der GRU, 1922–1926 Spionageeinsatz in Deutschland, danach bis 1928 in Wien tätig, Ende der 20er Jahre Einsätze in der Tschechoslowakei und in den Niederlanden, 1931 Wechsel zur INO, unterhält in Deutschland umfangreiches Agentennetz, setzt sich Juli 1937 von seiner Dienststelle in Frankreich ab, wird daraufhin in Lausanne von zwei Mitarbeitern der INO erschossen 471–476, 479 ff.

Rennie, Robert E. – (1768–1832) russischer Militär, Generalmajor (1813), seit 1786 in der Zarenarmee, ab 1808 Militäragent in Berlin, 1812–1813 Generalquartiermeister der 3. Westarmee 36

Resun, Wladimir B. (»Viktor Suworow«) – (*1947) GRU-Offizier und Überläufer, Major, ab 1958 an der Suworow-Kadettenschule der Sowjetarmee, dann Studium an der Kiewer Kommandeurshochschule, 1968 als Panzeroffizier an der Invasion in der ČSSR beteiligt, wenig später als Oberleutnant in der 2. Verwaltung (Aufklärung) beim Stab des Militärbezirks Transwolga, 1970 Abordnung zur Militärdiplomatischen Akademie, nach deren Abschluss bei der 9. Verwaltung, 1974 unter diplomatischer Tarnung in Genf Mitarbeiter der dortigen GRU-Residentur, nimmt 1978 Kontakt mit dem MI6 auf und setzt sich zusammen mit seiner Familie nach Großbritannien ab; Resun, der in der Sowjetunion in Abwesenheit zum Tod verurteilt wird, macht sich in Großbritannien unter dem Pseudonym Viktor Suworow vor allem als historischer Publizist einen Namen 23, 218, 464

Reuter, Ernst – (1889–1953) deutscher Politiker, 1912 Eintritt in die SPD, gerät im 1. Weltkrieg in russische Kriegsgefangenschaft, 1918 Volkskommissar bei den Wolgadeutschen, 1919–1922 Mitglied der KPD, dann der USPD, 1922 erneut in der SPD, 1926–1931 Berliner Stadtrat für Verkehrswesen, 1931–1933 Oberbürgermeister von Magdeburg, nach KZ-Haft 1935 ins Exil, 1946 Rückkehr nach Berlin, 1947–1953 Oberbürgermeister von West-Berlin 69

Ribbentrop, Joachim von – (1893–1946) Reichsaußenminister, 1914 Kriegsfreiwilliger, 1919 als Oberleutnant entlassen, 1920 Heirat mit Annelies Henkell, Import/Export Kaufmann, 1932 NSDAP, 1934 Außenpolitischer Berater der Reichsregierung, 1936–1938 Botschafter in London, seit 1938 Außenminister, verhandelte 1939 den Hitler-Stalin-Pakt, 1945 nach Nürnberg überstellt, angeklagt, verurteilt und hingerichtet 164

Ritzler, Gretchen – (?-?) Geliebte von Pjotr Popow während seiner Zeit in Wien, ‚Honigfalle' der CIA 485

Rjabikow, Pawel f. – (1875–1932) russischer Geheimdienstoffizier, Generalmajor, 1893 Eintritt in die Armee des Zaren, 1901 Abschluss an der Akademie des Generalstabes, 1906–1910 Stabsoffizier bei der Militäraufklärung, dann Ausbilder an der Akademie des Generalstabes, im 1. Weltkrieg bei der Truppenaufklärung, 1917–1918 Führer des Militärnachrichtendienstes, später nach China emigriert 54

Rokossowski, Konstanty K. – (1896–1968) sowjetischer Militär, Marschall der Sowjetunion (1944), 1914 Kriegsfreiwilliger in der Zarenarmee, 1918 Eintritt in die Rote Armee, 1920–1936 Truppenoffizier, 1937 festgenommen, 1940 aus der Haft entlassen und reaktiviert, im 2. Weltkrieg Korps- und Armeeführer, dann Oberbefehlshaber verschiedener Fronten, 1945–1949 Oberbefehlshaber der in Polen stationierten Nordgruppe der Truppen, 1949–1956 polnischer

Verteidigungsminister, 1956–1962 stellv. Verteidigungsminister der UdSSR, 1962–1968 Generalinspekteur in der Gruppe der Generalinspekteure 110, 337

Roshestwenskij; Sinowij P. – (1848–1909) russischer Militär, Vizeadmiral (1904), 1864 Eintritt in das Marine-Kadetten-Korps, bis 1898 Seeoffizier und Schiffskommandant, 1898–1903 bei der Baltischen Flotte, 1903–1904 Chef des Seehauptstabes, 1904–1905 Befehlshaber des 2. Pazifikgeschwaders, nach der Seeschlacht von Tsushima gefangengenommen, nach Freilassung Rückkehr nach Russland, 1906 Rücktritt von allen Ämtern 53

Rössler, Rudolf (»Lucy«) – (1897–1958) deutscher Verleger und GRU-Agent, in den 1920er Jahren Journalist, 1934 Emigration in die Schweiz, dort Gründung des *Vita Nova Verlages*, ab 1938/39 gegen Deutschland gerichtete Spionage für die Tschechoslowakei, im 2. Weltkrieg Spionage für die Schweiz, ab 1941 für die Sowjetunion, er gilt als eine der bestinformierten Militärquelle der GRU, nach Kriegsende spioniert er weiter für die Tschechoslowakei, 1953 Festnahme, zu 21 Monaten Haft wegen Spionage verurteilt, dann weiter in der Schweiz als Journalist tätig 323

Rumjanzew, Aleksander M. – (1906–1974) GRU-Offizier, Vizeadmiral (1951), seit 1927 bei der Kriegsmarine, bis zum 2. Weltkrieg See- und Stabsoffizier, 1941–1944 Chef der Operationsabteilung der Nordflotte, 1945–1946 Leiter der Aufklärungsverwaltung beim Hauptstab der Marine, dann weitere Stabspositionen und als Ausbilder, zuletzt 1957–1964 für Strategie und Operationskunst bei der Militärakademie des Generalstabes 166

Rusk, Dean – (1909–1994) US-Politiker, 1961–1969 Außenminister der USA 199

S

Sabotin, Nikolaj I. – (1904–1957) GRU-Offizier, Oberst, Artillerieoffizier, seit 1936 beim Militärgeheimdienst, 1937–1940 Militärberater in der Mongolei, 1940–1943 Offizier der 4. Abteilung der RU, 1943–1945 Militärattaché und GRU-Resident in Kanada, nach der Flucht von Gusenko abgezogen, in Moskau aus der Armee entlassen und in Haft genommen, später wieder auf freien Fuß gesetzt 340, 376

Sacharow, Matwej W. – (1898–1972) GRU-Chef, Marschall der Sowjetunion (1959), seit 1918 in der Roten Armee, in zahlreichen Stabspositionen eingesetzt, 1945–1949 Leiter der Militärakademie des Generalstabes, 1949–1952 GRU-Chef, dann zum Chefinspektor der Sowjetarmee ernannt, nach dem Tod Stalins setzt sich seine Karriere weiter fort, 1953–1957 Chef des Militärbezirks Leningrad, 1957–1960 Oberkommandierender der GSSD, 1960–63 Chef des Generalstabes, dann wegen der Kuba-Krise und der Pen'kowskij-Affäre kurzzeitig von diesem Posten entfernt und zum Leiter der Akademie des Generalstabes herabgestuft, nach dem Sturz Chruschtschows erneut Chef des Generalstabes und 1. Stellv. Verteidigungsminister der Sowjetunion 415, 427

Sacharow, Wladimir W. – (1953–2023) Historiker und sowjetischer Offizier, Oberst, 1974–1977 Dolmetscher bei der GSSD, 1979–1982 Studium an der Militärpolitischen Akademie, dann Dozent an einer Militärhochschule, 2000 Abschied aus dem Dienst, 2002–2010 Mitarbeiter des Staatsarchivs der Russischen Föderation, 2010–2023 Professor für Germanistik an der Moskauer Staatsuniversität 31

Sacharowa, Marija W. – (*1975) russische Diplomatin, 2005–2008 Pressereferentin der russischen UN-Vertretung, 2008–2011 Mitarbeiterin der Presseabteilung des Außenministeriums, 2011–20215 deren stellv. Leiterin, sein 2015 Leiterin der Presseabteilung und offizielle Pressesprecherin des Ministeriums 535

Sacharowskij, Aleksandr M. – (1909–1983) sowjetischer Geheimdienstoffizier, Generaloberst (1967), 1939 zum NKWD delegiert, ab 1941 Leiter der Aufklärungsabteilung der Leningrader NKWD-Verwaltung, nach Kriegsende Wechsel zur Auslandsaufklärung, 1947–48 Sondereinsatz in Finnland, dann bis 1950 Agenteneinsätze in Griechenland, der Türkei und Bulgarien, 1950–52 Berater beim rumänischen Ministerium für Staatssicherheit, ab 1953 wieder im Zentralapparat der Auslandsaufklärung tätig, 1954 Ernennung zum stellv. PGU-Chef, 1955–1971 Leiter der sowjetischen Auslandsausaufklärung des KGB, 1971 von seinem Posten abgelöst und zum Chefberater beim KGB-Vorsitzenden ernannt 175

Sachnowskaja, Mirra – (1897–1937) GRU-Offizierin, Divisionskommandeurin, seit 1918 Politkommissarin bei der Roten Armee, 1921–1924 Studium an der Akademie des Generalstabes, ab 1924 bei der Militäraufklärung, u. a. Einsätze in China, 1928–1929 kurzfristig als Trotzkistin inhaftiert, 1932–1934 Chefin der Sonderabteilung der GRU für die Ausbildung von Kadern des EKKI, 1937 verhaftet und hingerichtet, 1959 rehabilitiert 87

Safronow, Sergej I. – (1930–1960) sowjetischer Militär, Oberleutnant, 1952 Abschluss der Ausbildung als Pilot, Einsatz in einem Jagdflieger-Regiment, am 1. Mai 1960 von den eigenen Truppen abgeschossen, als er versuchte, mit seiner MiG-19 die U-2 von Powers abzufangen 501

Sakrewskij, Arsenij A. – (1783–1865) russischer Militär, General der Infanterie (1845), 1812 Chef des Militärnachrichtendienstes, dann Flügeladjutant des Zaren, 1815–1823 Leiter einer Generalstabsabteilung, 1823–1831 Generalgouverneur von Finnland, 1828–1831 russischer Innenminister, 1848–1859 Generalgouverneur von Moskau, dann ins Exil 38

Salesskaja, Sof'ja – (1903–1937) GRU-Offizierin, Politkommissarin, seit 1920 für den Militärgeheimdienst tätig, 1921–1922 deren Residentin in Krakau, dann bis 1924 Einsätze in Rumänien, Bulgarien und Frankreich, dann im Moskauer Zentralapparat der GRU tätig, 1937 verhaftet und hingerichtet, 1957 rehabilitiert 105

Samokisch, Nikita I. (»Somow«) – (1918–?) GRU-Offizier, Oberst, seit 1941 in der Roten Armee, dort Pionieroffizier, 1961 Übernahme in die GRU, 1963 Leiter der Frankreich-Abteilung der 1. Verwaltung, 1963–1967 Leiter der Residentur in Paris 305 f.

Samsonow, Aleksandr W. – (1859–1914) russischer Militär, General der Kavallerie (1910), 1877 Abschluss an der Kavallerieschule, 1884 Absolvent der Akademie des Generalstabes, 1905–1907 Stabschef des Militärbezirks Warschau, 1907–1909 Ataman der Donkosaken, 1909–1914 Generalgouverneur in Turkestan, Oberbefehlshaber der 2. Armee, die in der Schlacht bei Tannenberg vernichtet wird, begeht daraufhin Selbstmord 59, 325

Saporoschskij, Aleksandr I. (*1951) – SWR-Offizier und Doppelagent, Oberst, 1976 Wechsel von der GRU zur Auslandsaufklärung des KGB, 1988 während eines Einsatzes in Äthiopien von der CIA angeworben, später stellv. Leiter der Amerikaabteilung des SWR, 1997 in den Ruhestand, von der CIA in die USA verbracht, 2001 in Moskau bei einer Reise verhaftet und 2003 zur 13 Jahren Haft verurteilt, 2010 ausgetauscht 556

Sarubin, Wasilij M. – (1894–1972) sowjetischer Geheimdienstoffizier, Generalmajor (1945), 1921 Eintritt in die Tscheka, seit 1925 in der INO, 1925–1926 Resident in Finnland, 1927–1929 illegaler Einsatz in Dänemark, dann in der Zentrale eingesetzt, 1930–1933 illegaler OGPU-Resident in Frankreich, 1941–1944 INO-Resident in den USA, 1946–1947 Chef der illegalen Aufklärung des Auslandsnachrichtendienstes, dann in den Ruhestand versetzt, später Lehrtätigkeit für die Ausbildung von Auslandsagenten des KGB 479

Sawtschenko, Nikolaj P. – (1896–1970), GRU-Offizier, Generalmajor (1945), seit 1919 in der Roten Armee, ab 1927 bei der Militäraufklärung, 1934–1935 Gehilfe des Militärattachés in Afghanistan, 1937–1939 dort Militärattaché, im 2. Weltkrieg Chef der Aufklärungsabteilung der Zentralfront, dann stellv. Stabschef der 50. Armee, 1956–1957 Militärattaché in der Türkei, nach Konflikt mit Pen'kowskij abberufen und entlassen 498 f.

Sayn und Wittgenstein, Peter Fürst zu – (1831–1887) russischer Geheimdienstoffizier, Generalleutnant (1879), 1861–1876 Militäragent in Paris, danach weiter in der russischen Armee als Stabsoffizier beim Zaren eingesetzt 45

Schalin, Michail A. – (1897–1970) GRU-Chef, Generaloberst (1954), seit 1918 in der Roten Armee, ab 1936 beim Militärnachrichtendienst, dort 1937–1939 stellv. Leiter der 2. Abteilung, 1938–1939 Leiter der Zentralschule für die Ausbildung von Kadern der Aufklärung, 1939 stellv. RU-Chef, im 2. Weltkrieg Stabsoffizier, dann Rückkehr zur GRU, 1946–1949 Leiter der Militärdiplomatischen Akademie, 1949–1951 stellv. GRU-Chef, 1951–1952 1. Stellv. GRU-

Chef, 1952–1956 GRU-Chef, 1956–1957 erneut 1. Stellv. GRU-Chef, 1957–1958 wieder GRU-Chef 179, 182, 434

Schaposchnikow, Boris M. – (1882–1945) sowjetischer Militär, Marschall der Sowjetunion (1940), ab 1901 Offiziersausbildung in der Zarenarmee, 1917 Oberst, 1918 Eintritt in die Rote Armee, 1928–1931, 1937–1940 und 1941–1942 Chef des Generalstabes der Roten Armee 127, 148

Schebeko, Wadim N. – (1864–1943) russischer Geheimdienstoffizier, Generalmajor (1913), Kavallerieoffizier, 1896 zur Raswedka, 1896–1899 Gehilfe des Militäragenten in Konstantinopel, 1899–1901 Militäragent in den USA, 1901–1905 Militäragent im Deutschen Reich, 1905–1913 im Generalstab, ab 1913 Gouverneur verschiedener Gebiete, 1917 Emigration nach Frankreich 52

Schelaputin, Wadim I. – (1927–?) GRU-Offizier und Überläufer, Leutnant, 1948 Abschluss am Militärinstitut für Fremdsprachen, dann von der GRU übernommen, in Wien eingesetzt, 1949 Übertritt zum CIC und Exil in der Bundesrepublik, 1953–1972 bei der BBC in London, 1972–1990 Mitarbeiter von Radio Free Europe in München 483 f.

Schelepin, Aleksandr N. – (1918–1994), KGB-Chef, ab 1939 beim Komsomol, in den 1950er Jahren Leiter des Komsomol, 1959–1961 KGB-Chef, dann ZK-Sekretär, 1961–67 Vorsitzender der Partei-Staatskontrolle beim ZK der KPdSU, nach der Machtablösung von Chruschtschow kaltgestellt, 1975 aus dem Politbüro ausgeschlossen 183, 197, 384

Scheliha, Rudolf von (»Arier«) – (1897–1942) deutscher Diplomat und Agent, in den 1930er Jahren Botschaftsrat in Warschau, dort 1937 für die GRU angeworben, bei Kriegsbeginn zurück in die Zentrale des Auswärtigen Amts nach Berlin, dort Leiter des Referats XI der Nachrichtenabteilung, bei der Fahndung nach der »Roten Kapelle« im Herbst 1942 enttarnt und verhaftet, gegen Jahresende in Berlin-Plötzensee hingerichtet 90, 143

Schellenberg, Walter – (1910–1952) SD-Funktionär und Geheimdienstchef, SS-Brigadeführer (1944), Jura-Studium, 1933 Eintritt in die SS, seit 1934 beim SD, 1939–1942 Leiter der Spionageabwehr des RSHA, 1941 zunächst kommissarischer Leiter des Amtes VI (SD-Ausland), 1942–1945 dessen Chef, ab 1944 zusätzlich Leiter des Amtes Mil., also des nach dem Frühjahr 1944 in das RSHA überführten ehemaligen Amtes Ausland/Abwehr, gegen Kriegsende Geheimverhandlungen mit den Westalliierten, 1945 in amerikanischer Kriegsgefangenschaft, im Wilhelmstraßenprozess 1946 zu sechs Jahren verurteilt, später begnadigt und im Dezember 1950 entlassen 88

Schestakow, Iwan A. – (1820–1888) russischer Militär, Admiral (1888), ab 1836 bei der Marine als Offizier, 1850–1854 in Großbritannien, um den Bau von Kriegsschiffen für die russische Flotte zu überwachen, 1856–1859 in gleicher Funktion in den USA, 1872–1881 Flottenagent für Südeuropa, seit 1882 Beamter im Marineministerium 44

Schildbach, Gertrud – (1903–1941) deutsche Kommunistin und INO-Agentin, 1920–1933 Mitglied der KPD, dann Emigration in die Sowjetunion, später u. a. Gehilfin des NKWD-Residenten in Italien, soll 1937 helfen, Reiss zu beseitigen, den sie seit langem kennt, 1938 in Moskau verhaftet und 1939 zu fünf Jahren Haft verurteilt, verstirbt 1941 in einem Lager in Kasachstan 475 f.

Schilinskij, Jakow G. – (1853–1918) russischer Militär, General der Kavallerie (1910), 1873 Eintritt in die Zarenarmee, dort Kavallerieoffizier, 1900–1904 Generalquartiermeister im Generalstab, 1911–1914 russischer Generalstabschef, 1914 Befehlshaber des Militärbezirks Warschau, 1915–1916 Verbindungsoffizier in Frankreich, 1917 aus dem Dienst entlassen 51

Schljachturow, Aleksandr W. – (*1947) GRU-Chef, Generaloberst, Abschluss an der 1. und 2. Fakultät der Militärdiplomatischen Akademie, dann beim Devisen- und Finanzdepartement des Außenministeriums tätig, später zunächst 1. stellv. GRU-Chef, verantwortlich für strategische Aufklärung, 2009–2011 GRU-Chef, 2011 mit Erreichen des Pensionsalters aus den Streitkräften entlassen, dann in der Rüstungsindustrie tätig 19, 245, 248 f.

Schmyrew, Pjotr S. – (1919–2009) GRU-Offizier, Generalleutnant (1984), seit 1937 in der Roten Armee, ab 1941 bei der Funkaufklärung, 1949–1954 stellv. Kommandeur der 1. OSNAZ-Brigade der GRU, in den 1950er Jahren Chef der 1. Direktion der 6. Verwaltung, 1968–1971 stellv. Chef der 6. Verwaltung, 1971–1987 deren Chef 221

Schnitman, Lew A. – (1890–1938) GRU-Offizier, Oberst (1935), seit 1926 in der GRU, 1926–1930 Gehilfe des Militärattachés in Deutschland, dann Militärattaché in Finnland, 1931–1934 stellv. Militärattaché in Deutschland, 1936–1938 Militärattaché in der Tschechoslowakei, Anfang 1938 nach Moskau zurückgerufen, dort verhaftet und erschossen 86

Schoigu, Sergej K. – (*1955) russischer Politiker, Armeegeneral (2003), 1994–2012 Minister für Katastrophenschutz, 2012 Gouverneur des Gebiets Moskau, 2012–2024 russischer Verteidigungsminister, seit 2024 Sekretär des Sicherheitsrates der Russischen Föderation 252, 254 f.

Schpigel'glas, Sergej M. – (1897–1940) sowjetischer Geheimdienstfunktionär, Major der Staatssicherheit (1935), ab 1918 Angehöriger der Tscheka, 1922 Wechsel zur INO, hier in der Mongolei eingesetzt, 1926 Rückkehr nach Moskau, zum Gehilfen des Chefs der INO befördert, in dieser Funktion zahlreiche Geheimdienstoperationen in China, Deutschland und Frankreich, 1936 Ernennung zum stellv. Chef der INO, 1938 kurzzeitig kommissarischen Chef der INO, dann wieder stellv. Chef der INO, Ende 1938 Verhaftung, Anfang 1940 zum Tode verurteilt und erschossen 475 f., 479

Schriever, Bernard A. – (1910–2005) US-Militär, General (1961), geboren in Bremen, 1931 Eintritt in die US Army, im 2. Weltkrieg Bomberpilot, nach Kriegsende im Bereich Rüstungsforschung der US Air Force tätig, hier für die Entwicklung von Interkontinentalraketen verantwortlich, 1959–1961 Kommandeur des Air Research and Development Command, 1961–1966 Chef des Air Force System Commands 192

Schtemenko, Sergej M. – (1907–1976) GRU-Chef, Armeegeneral (1968), im 2. Weltkrieg zahlreiche Stabsverwendungen, 1953–1956 Stabschef des Militärbezirks Sibirien, 1956–1957 GRU-Chef, im Zuge des Sturzes von Shukow abgelöst, 1962 wird er Chef des Hauptstabes der sowjetischen Landstreitkräfte, nach dem Sturz Chruschtschows steigt er erneut zum stellv. Chef des Generalstabes auf, ab 1968 Stabschef der Vereinigten Streitkräfte des Warschauer Pakts 350, 427, 433f.

Schtschepotin, Aleksandr N. (1914–?) GRU-Offizier, Generalmajor, 1938 Eintritt in die Rote Armee, 1941 bei der beweglichen Sondergruppe der Funkaufklärung der RU, später Chef der zentralen Funkstelle der GRU, 1959 Chef des Wissenschaftlichen Forschungsinstituts und Datenverarbeitungszentrums der GRU, 1972 in den Ruhestand 411, 414

Schtschetinin, Sergej S. – (?-1935) russischer Unternehmer und Luftfahrtingenieur, Flugzeugbauer, organisierte 1912 während des Balkankrieges eine Aufklärungsstaffel, später Exil in Paraguay 402

Schul-Tilton („Maria') – (1886–1943) GRU-Offizierin, Oberleutnant (1936), Lettin, seit 1921 bei der Militäraufklärung, bis 1933 zahlreiche Einsätze im Ausland, 1931–1933 illegale Residentin in Finnland, dort 1933 verhaftet und 1934 zu acht Jahren Haft verurteilt, 1943 im KZ Auschwitz erschossen 78f.

Schulze-Boysen, Harro (»Starschina«) – (1909–1942) deutscher Militär und INO-Agent, Oberleutnant (1941), 1932/33 erste Kontakte zur sowjetischen Botschaft in Berlin, die Schulzes Zeitschrift *Der Gegner* finanziert, nach Misshandlung durch SA-Leute 1933 erbitterter Regimegegner, ab 1934 Tätigkeit im Reichsluftfahrtministerium, 1935 erste Begegnung mit Harnack, Informationsweitergabe an sowjetische Stellen, spätestens ab 1940 feste Zusammenarbeit mit der INO, 1942 im Zusammenhang mit der Fahndung nach der »Roten Kapelle« festgenommen; Ende 1942 in Berlin-Plötzensee hingerichtet 117, 143

Schumskij, Aleksandr A. – (1909–1989) GRU-Offizier, Generalmajor, seit 1939 in der Roten Armee, Anfang der 1960er Jahre stellv. Leiter der Kaderabteilung der GRU 500

Schwarz – (?-?) GRU-Offizier, Gehilfe von Berkowitsch, 1933 von der französischen Spionageabwehr festgenommen 79

Sedow, Lew L. – (1906–1938) ältester Sohn von Leo Trotzki und dessen politischer Weggefährte, 1938 in Paris vom NKWD ermordet 480

Selenskyj, Wolodymyr – (*1978) ukrainischer Schauspieler und Politiker, seit 2019 Präsident der Ukraine 263, 567 f.

Senftleben, Crolwin – (1882–?) deutscher Militär, Oberstleutnant (1924), im 1. Weltkrieg beim Garde-Fuß-Artillerie-Regiment, 1921 im Reichswehrministerium und Kommandeur von Breslau, 1924 bei der Abteilung Wa4 der Heeres-Zeugamtabteilung, 1925–1927 Chef des Stabes im Heereswaffenamt, 1927 aus dem Dienst ausgeschieden 85

Serdjukow, Anatolij E. – (*1962) russischer Politiker, 2004–2007 Leiter des Föderalen Steuerdienstes, 2007–2012 russischer Verteidigungsminister, danach bei staatlichen Wirtschaftsunternehmen tätig 245, 248, 457

Sergejew, Lew A. (»Moris«) – (1906–1994) GRU-Offizier, Oberst der Roten Armee, seit 1937 beim Militärgeheimdienst, 1940 in die USA, dort als Fahrer des Militärattachés getarnt, bis 1946 dort Chefresident der GRU, setzt nach 1946 seinen Dienst in der Moskauer Zentrale fort, scheidet 1960 aus der Sowjetarmee aus 132

Sergun, Igor' D. – (1957–2016) GRU-Chef, Generaloberst (2015), 1973 Eintritt in die Sowjetarmee, seit 1984 bei der GRU, 1984–1992 Chef der Spionageabwehr bei der 2. Verwaltung der GRU, 1992–1998 stellv. Chef der 2. Verwaltung, 1998–2011 Militärattaché in Albanien, 2011–2016 GRU-Chef 19, 249–255

Serow, Iwan A. – (1905–1990) KGB- und GRU-Chef, Armeegeneral (1955), seit 1939 beim NKWD, 1945–1947 dessen Beauftragter in der SBZ, 1947–1954 1. Stellv. MWD-Chef, 1954–1958 KGB-Chef, 1958–1963 GRU-Chef, im Rahmen der Spionageaffäre Pen'kowskij degradiert und 1963–1965 Gehilfe des Kommandierenden des Militärbezirks Transwolga für Hochschulen, 1965 in Pension geschickt 175, 182 ff., 206 f., 228, 278 f., 281, 379, 415, 489, 499, 506, 512

Shbikowskij, Stefan W. (»Alois«) – (1891–1937) GRU-Offizier, 1915 Abschluss an der Warschauer Universität, seit 1918 Mitglied der Bolschewiki, Im gleichen Jahr zur illegalen Arbeit nach Warschau entsandt, im April 1921 Rückkehr in die Sowjetunion, Tätigkeit bei der Komintern und der GRU, 1923 des M(ilitär)-Apparates der KPD, danach bis 1927 Agenteneinsätze in Großbritannien und China, 1927–1930 Teilnahme an einem Ausbildungskurs für den höheren Führungsstab der GRU, danach Studium an der Frunse-Militärakademie, ab 1934 erneut im Dienst der GRU, 1934–1937 Resident in China, Anfang 1937 zur Frunse-Akademie versetzt, wenig später verhaftet und erschossen 87, 367

Shenshin, Aleksej I. – (1890–?) Agent, in Moskau geboren, 1920 Evakuierung nach Ägypten, 1921 Übersiedlung nach Belgrad, dort ab 1924 Professor für Forstwirtschaft, 1939 Anschluss an die Organisation von General Turkul, im gleichen Jahr Wechsel nach Konstantinopel, dort gleichfalls Professor für Forstwirtschaft, hier für Turkul zudem als Kurier tätig 158 f.

Shergold, Harold – (1916–?) MI6–Offizier, seit 1940 beim britischen Auslandsnachrichtendienst, nach 1946 Mitarbeiter der Residenturen in Bad Salzufflen, Berlin und Köln, seit 1954 in der MI6–Zentrale in London, betreut dort u. a. Pen'kowskij und befragt Blake, ab 1966 Leiter der Abteilung Sowjetunion und Osteuropa des MI6 502

Shukow, Georgij K. – (1896–1974) sowjetischer Militär, Marschall der Sowjetunion, ab 1918 in der Roten Armee, 1941 Generalstabschef der Roten Armee, 1942–1945 1. Stellv. Volkskommissar für Verteidigung, zugleich Oberbefehlshaber verschiedener Fronten, 1945–1946 Oberkommandierender der Besatzungstruppen in Deutschland, 1946–1948 Befehlshaber des Militärbezirks Odessa, 1948–1953 in gleicher Funktion im Ural, 1955–1957 Verteidigungsminister der UdSSR, dann von Chruschtschow entmachtet 122, 148, 158, 182, 202, 272, 344, 350, 375, 432 ff., 488 f.

Sidorow, Jakow I. – (1920–2009) GRU-Offizier, Generaloberst (1977), 1937 Eintritt in die Rote Armee, bis 1968 Truppen- und Stabsoffizier, 1968 Wechsel zur GRU, dort 1968–1970 stellv. Chef Information, 1978–1985 1. Stellv. GRU-Chef 214

Simonjan, Margarita S. – (*1980) russische Journalistin, seit 2005 Chefredakteurin des Fernsehsenders *RT* und seit 2013 zudem Chefredakteurin von *Rossija Sewodnja* 535 f.

Sinew, Georgij K. – (1907–1996) sowjetischer Geheimdienstoffizier, Armeegeneral (1978), seit 1941 in der Roten Armee, 1953 Wechsel zur Staatssicherheit, 1954–1958 Chef der Spionageabwehr der GSSD, 1958–1960 Chef des Militärinstituts des KGB, 1961–1966 stellv. Chef der militärischen Spionageabwehr des KGB, 1966–1967 deren Chef, 1967–1970 Chef der Spionageabwehr des KGB, 1970–1982 stellv. KGB-Vorsitzender, 1982–1985 1. Stellv. KGB-Chef, 1985–1992 bei der Gruppe der Generalinspekteure des Verteidigungsministeriums 529

Sisow, Aleksandr f. (»Eduard«) – (1908–1962) GRU-Offizier, Generalmajor (1949), seit 1925 in der Roten Armee, ab 1938 beim Militärgeheimdienst, 1941–1945 Militärattaché und Resident in London, 1946–1949 in der Tschechoslowakei, 1950–1954 in den USA, 1955 Chef der Abteilung für Außenbeziehungen des Verteidigungsministeriums, im gleichen Jahr in den Ruhestand 137, 163

Skljarow, Iwan A. (»Brion«) – (1901–1971) GRU-Offizier, Generalmajor (1942), 1919 Eintritt in die Rote Armee, zunächst Truppenoffizier, 1939 Wechsel zur GRU, 1940–1946 Militärattaché und Resident in Großbritannien, 1946–1947 Chef der 6. Abteilung der 1. Verwaltung der GRU, 1947–

1949 Chef der 4. Abteilung der 1. Verwaltung der GRU, 1949–1952 Vertreter der UdSSR im Militärischen Stabsausschuss der Vereinten Nationen, zugleich GRU-Resident in New York 138

Skoblin, Nikolaj W. – (1893–1937/38) russischer Militär und NKWD-Agent, Generalmajor (1920), 1914 Eintritt in die Zarenarmee, steigt bis 1917 zum Stabskapitän auf, kämpft nach der Oktoberrevolution bei den Weißen, nach deren Niederlage ins Exil nach Frankreich, dort ab 1930 für den NKWD tätig, 1937 maßgeblich an der Entführung von Miller beteiligt, danach entledigen sich seine Auftraggeber des Agenten 479

Skokowskaja, Marija – (1898–1937) GRU-Offizierin, ab 1921 für die illegale RU-Residentur in Paris tätig, 1924–1926 illegale Residentin in Warschau, dort 1926 verhaftet und zu fünf Jahren Gefängnis verurteilt, 1931 Ausreise in die Sowjetunion, dort Abschied aus dem Militärgeheimdienst, während der Großen Säuberungen verhaftet und 1937 hingerichtet 87

Skotzko, Wladimir – (*1951) CIA-Offizier, 1979–1980 Führungsoffizier von Poljakow in Indien, dann Einsatz an der Botschaft in Algier, 1987–1989 Leiter der CIA-Station in Addis Abeba, später Einsätze zur Unterstützung von US-Militäroperationen in Somalia, im Irak, im Kosovo und Afghanistan 527 f.

Skripal, Aleksandr S. – (1974–2017) Sohn von Sergej Skripal, bei einem Russlandaufenthalt an akutem Leberversagen verstorben 556

Skripal, Elena J. – (1928–2021) Mutter von Sergej Skripal, in den 1950er und 1960er Jahren 1. Sekretärin der KPdSU in Osjorsk, 1978–1979 Direktorin der dortigen Abendschule 541

Skripal, Julia S. – (*1984) Tochter von Sergej Skripal, zusammen mit ihm 2018 eines Giftanschlags, den sie knapp überlebt 255, 533 f., 543, 556

Skripal, Sergej W. (»FORTHWITH«) – (*1951) GRU-Offizier und Doppelagent, Oberst, 1968 Eintritt in die Sowjetarmee, 1978 Spezialeinsätze als Fallschirmjäger in Afghanistan, 1979 Wechsel zur GRU, 1984–1989 GRU-Agent auf Malta, 1989–1993 in der Moskauer Geheimdienstzentrale, 1993–1996 Resident für Illegale in Spanien, dort 1995 vom MI6 angeworben, 1997–1999 erneut in Moskau, dort u. a. Mitglied der Personalkommission, 1999 Abschied aus dem Dienst, danach Tätigkeit in der Wirtschaft, 2004 Festnahme durch den FSB, zu 13 Jahren Arbeitslager verurteilt, 2010 ausgetauscht, lebt danach in England, wo er weiter den MI6 berät, hier 2018 durch seine ehemaligen ‚Kollegen' vergiftet, er überlebt den Anschlag und übersiedelt nach Neuseeland 20, 30 f., 254 f., 533 f., 536 f., 540–544, 551–559, 565

Skripal, Wiktor f. – (1924–2004) sowjetischer Militär, Major, 1942 Eintritt in die Rote Armee, im 2. Weltkrieg Artillerieoffizier, in den 1950er/1960er Jahren Kommandeur einer Raketenabteilung im Gebiet Kaliningrad, 1964 Abschied aus den Streitkräften, später Berufsschullehrer in Osjorsk 540 f.

Sluzkij, Abram A. – (1898–1938) sowjetischer Geheimdienstoffizier, Kommissar für Staatssicherheit 2. Ranges, seit 1920 Angehöriger der Tscheka, ab 1926 Mitarbeiter der Wirtschaftsverwaltung der OGPU, Anfang 1930 zur INO der OGPU versetzt, 1931 deren stellv. Chef, wenig später in Berlin europäischer Chefresident der INO, führt von hier aus Geheimdienstoperationen in Deutschland, Spanien, Frankreich und Schweden durch, ab 1935 stellv. Chef des NKWD, 1937 taucht er in dieser Funktion im Spanischen Bürgerkrieg auf, im Februar 1938 auf Anweisung von Berija durch Zyankali vergiftet 478

Smetanin, Gennadij A. (»MILLION«) – (1949–1986) GRU-Offizier, Oberst, Abschluss an der Militärdiplomatischen Akademie, seit 1983 Mitarbeiter der GRU-Residentur in Lissabon, dort 1983 von der CIA angeworben, 1985 durch Ames enttarnt, im Sommer des gleichen Jahres durch das KGB verhaftet und 1986 wegen Spionage hingerichtet 547

Smetanina, Swetlana – (?-?) Ehefrau von Gennadij Smetanin, gleichfalls Agentin der CIA, 1986 zu sechs Jahren Haft verurteilt 548

Smirnow, Andrej P. – (1895–?) GRU-Agent und Überläufer, im 1. Weltkrieg Hauptmann in einem Pionierbataillon der russischen Armee in Finnland, seit 1920 Agent für die GRU, 1920–1925 Einsatz in Finnland, dort festgenommen, sagt er umfassend über seine Tätigkeit für den Militärgeheimdienst aus, in Finnland zu zwei Jahren Haft verurteilt, setzt sich später nach Brasilien ab, obwohl in der Sowjetunion ein Todesurteil gegen ihn existiert, kann er seinen Häschern immer wieder entkommen 466 f.

Smith, Edward – (1921–1982) CIA-Offizier, Major, im 2. Weltkrieg Soldat, 1948–1950 Gehilfe des US-Militärattachés in Moskau, 1950–1953 bei einer Nachrichtendiensteinheit des Pentagons, 1954–1956 Sicherheitsoffizier des State Departments in Moskau, 1956 Wechsel zur CIA als Russlandspezialist, in Moskau als Verbindungsmann für Popow eingesetzt, 1962 Abschied aus dem Dienst, danach als Autor tätig 487, 492 f.

Sokolow, W. D. – (?-1977) GRU-Offizier, Major, Angehöriger der Speznas-Truppen, kommt 1977 bei einem Auslandseinsatz in Äthiopien ums Leben 441

Sokolow, Wsewolod S. – (1913–?) GRU-Offizier, Generalleutnant, 1941 Einsatz in den USA, 1942–1943 Resident des Militärgeheimdienstes in Ottawa, 1954–1965 Chef der 2. Verwaltung der GRU, 1972 Abschied aus dem Dienst 289

Sokolowskij, Wasilij D. – (1897–1968) sowjetischer Militär, Marschall der Sowjetunion (1946), 1944–1945 Stabschef der 1. Ukrainischen Front, 1945–1946 1. Stellv. Oberkommandierender der Besatzungstruppen in Deutschland und 1. Stellv. SMAD-Chef, 1946–1948 SMAD-Chef und Oberkommandierender der Besatzungstruppen, 1949–1960 stellv. Verteidigungsminister, 1952–1960 zudem Chef des Generalstabes, 1960 in die Gruppe der Generalinspekteure versetzt 324

Solow'jow, Wasilij I. – (1911–1999) GRU-Offizier, Vizeadmiral (1966), 1933 Eintritt in die sowjetische Marine, 1964–1972 Chef der 3. Verwaltung der GRU 324

Sommer, Peter – (*1957) deutscher Ingenieur und GRU-Agent, Vertriebsingenieur der LFK-Lenkflugkörper GmbH, ehemaliger Offizier, belieferte seit 1995 die GRU mit Material zu Rüstungsprojekten der DASA, 1999 festgenommen, gegen Jahresende aus der Untersuchungshaft entlassen 399

Sorge, Richard (»Ramsay«/»Inson«) – (1895–1944) Journalist und GRU-Agent, im Ersten Weltkrieg Freiwilliger, dreimal verwundet, gegen Ende des Krieges Studium der Staatswissenschaften, Promotion, 1919 Mitglied der KPD, 1925 Übersiedlung in die Sowjetunion, dort zunächst Funktionär der Komintern, erledigt zudem konspirative Auslandsaufträge, 1929 Wechsel zur GRU, für diese als Agent nach China entsandt, ab 1933 nach Japan, Sorge arbeitet zudem als Journalist, seine guten Nachrichtenzugänge verdankte er seinen engen Beziehungen zum Spitzenpersonal der deutschen Botschaft in Tokio, lieferte zahlreiche Berichte, sowohl an seine sowjetischen Auftraggeber als auch über die deutsche Botschaft, an der er ab Ende der 1930er Jahre angestellt wird, an den deutschen SD-Ausland, berichtet zudem über die deutschen Angriffsabsichten auf die Sowjetunion und das mögliche Nichteingreifen Japans in dem Krieg mit der Sowjetunion, im Oktober 1941 wird Sorge festgenommen, 1943 zum Tode verurteilt und ein Jahr später hingerichtet 75, 121, 130 ff., 141, 268, 294, 323

Spaak, Charles – (1903–1975) belgischer Drehbuchautor, macht 1958 de La Saale mit Generalmajor Lebedew bekannt 271

Stahl, Lidija G. – (1885–?) russische Aristokratin und GRU-Agentin, 1917 Flucht nach Finnland, dort 1921 für die GRU angeworben, 1923 Wechsel nach Paris, 1928–1931 in den USA Gehilfin des GRU-Residenten Alfred Tilton, 1931 Rückkehr nach Paris, baut dort neuen Spionagering auf, der 1933 zerschlagen wird, sie selbst verhaftet die französische Spionageabwehr, zu fünf Jahren Haft verurteilt, verliert sich ihre Spur in den 1940ern 79 f.

Stalin, Josef W. – (1878–1953) sowjetischer Diktator, in Tiflis als Josef Wissarionowitsch Dschugaschwili geboren, nimmt 1912 den Kampfnamen Stalin an, 1917–1923 Volkskommissar für Nationalitätenangelegenheiten, 1922–1934 Generalsekretär des ZK der Partei der Bolschewiki, 1934–1953 Sekretär des ZK der WKP(b)/KPdSU 365, 366 f., 369, 371, 374 f., 428, 430, 471 f., 474 f., 477, 479, 481 f., 488, 496, 513, 516, 562

Starow, Michail J. – (*?) GRU-Offizier, Oberst, 2010–2017 Verteidigungsattaché an der Russischen Botschaft in Berlin, zugleich Führungsoffizier verschiedener Agenten, u. a. eines Oberstleutnants der Reserve, der ihm vertrauliches Bundeswehr-Material übergab und 2019 aufflog 262

Steele, Christopher – (*1964) MI6–Agent und Autor, 1990–2009 beim MI6, u. a. Einsätze in Paris und Moskau, 2009 gründet er das Unternehmen »Orbius Business Intelligence Ltd.«, gab 2016 das sogenannte Steele Dossier heraus, das Anschuldigungen gegen Donald Trump enthielt, die sich, so 2020 die *New York Times,* z.T. als kaum belegt erwiesen 557

Steinbrück, Otto O. – (1892–1937) sowjetischer Geheimdienstoffizier und GRU-Offizier, Korpskommissar (1935), im 1. Weltkrieg Hauptmann in der k.u.k Armee, 1917 in russischer Kriegsgefangenschaft, ein Jahr später Mitglied der Bolschewiki und Kommandierung nach Ungarn, dort Militärberater der KP, 1920–1921 Agenteneinsatz in Deutschland, von dort nach Sowjetrussland ausgewiesen, seit 1921 in der Tscheka, Sonderbevollmächtigter für Auslandseinsätze der INO, 1923 erneut nach Deutschland, dort einer der Chefs des M(ilitär)-Apparats der KPD, 1924–1925 Resident der INO in Schweden, 1925–1928 Chef der 8. (Deutschland) Abteilung der Spionageabwehr der OGPU, 1931 erneuter Wechsel zur INO, dort bis 1935 Chef der 3. (USA und Westeuropa) Abteilung der INO, 1935 Wechsel zur GRU, dort Leiter der 1. Abteilung, Anfang 1937 von seiner Funktion entbunden, im April 1937 verhaftet, wenig später hingerichtet, 1957 rehabilitiert 82, 84, 93

Stigga, Oskar A. – (1894–1938) GRU-Offizier, Divisionskommandeur (1936), ab 1920 bei der Militäraufklärung, 1930–1934 Militärattaché in Österreich, 1935–1937 Leiter der 3. Abteilung der GRU, die für Rüstungsspionage zuständig ist, Ende 1937 Ausschluss aus der Roten Armee, 15 Tage später vom NKWD verhaftet und im Sommer 1938 hingerichtet, 1956 rehabilitiert 84, 103

Stöbe, Ilse (»Alta«) – (1911–1942) Journalistin und GRU-Agentin, in den 1930er Jahren Sekretärin beim *Berliner Tageblatt,* zudem eng liiert mit Herrnstadt, mit diesem 1932 nach Warschau, dort für die GRU angeworben, nach Kriegsausbruch Sekretärin im Auswärtigen Amt, nachgezogen von Scheliha, dessen Agentenführerin sie ist, 1941 reißt nach Abzug der sowjetischen Botschaft aus Berlin die Verbindung nach Moskau ab, durch die Wiederaufnahmebemühungen der GRU wird sie enttarnt, im September 1942 verhaftet und Mitte Dezember 1942 vom Reichskriegsgericht zum Tode verurteilt, in Berlin-Plötzensee hingerichtet 75, 90, 142 f., 339

Stokes, Michael – (1927–?) MI6–Offizier, u. a. Führungsoffizier von Pen'kowskij, da er fließend Russisch sprach 502

Strauß, Franz Josef – (1915–1988) deutscher Politiker, 1953–1955 Bundesminister für besondere Aufgaben, 1955–1956 Bundesminister für Atomfragen, 1956–1962 Bundesminister der Verteidigung, 1966–1969 Bundesminister der Finanzen, 1978–1988 bayerischer Ministerpräsident 285

Stukalow, Konstantin S. – (1906–2000) GRU-Offizier, Generalmajor (1944), seit 1926 in der Roten Armee, Ausbildung zum Piloten, 1938–1941 Kampfflieger bei der Marine, 1941–1945 Gehilfe des Marineattachés in London für Fragen der Luftwaffe, 1945–1946 Stabschef der Luftstreitkräfte der Nordflotte, 1954–1956 Chef des Luftverteidigungsstabes der Seekriegsflotte, danach bis zu seiner Pensionierung 1961 weiterer Einsatz in verschiedenen Stabspositionen 137

Sturgess, Dawn – (1974–2018) Einwohnerin von Salisbury die im Sommer 2018 verstirbt, nachdem sie mit einem Parfümfläschchen in Kontakt kam, das offensichtlich Spuren des Giftes enthielt, mit dem der Anschlag auf Skripal verübt wurde 558

Sudoplatow, Pawel A. – (1907–1996) sowjetischer Geheimdienstoffizier, Generalleutnant (1945), ab 1921 Angehöriger der Tscheka, 1927 Versetzung zur Statistikabteilung der OGPU, mehrere Auslandseinsätze in Deutschland, Griechenland und Bulgarien,1933 von der INO übernommen, Mitarbeiter der Abteilung für wissenschaftlich-technische Spionage, 1937–1938 als Agentenkurier auf einem sowjetischen Handelsschiff eingesetzt, im Sommer 1938 ermordet er im persönlichen Auftrag Stalins einen ukrainischen Nationalisten mit einer Sprengfalle, wenig später Leiter der Spanienabteilung der INO, Ende 1939 stellv. Chef der Auslandsaufklärung, leitet die Operation, die Ermordung von Trotzki zum Ziel hat, 1941 Ernennung zum Leiter der Sondergruppe des NKWD, ab Februar 1944 Chef der Abteilung S der INO, die Informationen über das amerikanische Atombombenprogramm beschafft, im Februar 1947 Ernennung zum Leiter der Abteilung DR, 1950–1953 Leiter des Büros Nr.1 der PGU, zuständig für Diversionseinsätze im Ausland, nach dem Tod Stalins Ernennung zum Chef der Spionageabwehr, nach Sturz Berijas im Sommer 1953 folgt seine Verhaftung, bis 1958 in Untersuchungshaft, dann zu 12 Jahren Gefängnis verurteilt, 1968 Freilassung 88, 170

Suikow, Nikolaj I. – (1900–1942) GRU-Offizier, Konteradmiral (1941), 1919 Eintritt in die Rote Armee, 1923 Wechsel zur Flotte, 1932–1938 im Generalstab Bearbeiter für Marinefragen, 1938–1941 Chef des Marinenachrichtendienstes, 1942 stellv. Stabschef der Baltischen Flotte, gefallen 121

Sullivan, William – (1912–1977) US-Geheimdienstmitarbeiter, 1961–1971 stellv. Direktor des FBI, dann aufgrund von Meinungsverschiedenheiten mit Direktor Edgar J. Hoover entlassen, 1972–1973 Leiter einer geheimdienstlichen Abteilung des Justizministeriums zur Drogenbekämpfung 522

Sutjagin, Igor' W. – (*1965) russischer Historiker, Spezialist für Fragen der Sicherheitspolitik, 1989–1999 Mitarbeiter des Instituts für USA und Kanada der Akademie der Wissenschaften, 1999 wegen Landesverrat verhaftet und 2004 zu 15 Jahren Haft verurteilt, da er angeblich vertrauliches Material an eine Tarnfirme der Defense Intelligence Agency übermittelt habe, 2010 ausgetauscht, Übersiedlung nach Großbritannien 556

Swerew, Sergej A. – (1912–1978) sowjetischer Wirtschaftsfunktionär, 1963–1965 Vorsitzender des Staatskomitees für Verteidigungstechnik, 1965–1978 Minister der Verteidigungsindustrie der UdSSR 392

Swerlow, W. M. – (?-?) GRU-Offizier, Kapitän zur See, vor 1961 Mitarbeiter der GRU-Residentur in Paris 305

Swesdenkow, Walentin W. – (1920–1996) sowjetischer Geheimdienstoffizier, Generalmajor (1980), seit 1938 bei der Staatssicherheit, 1956–1957 stellv. Abteilungsleiter beim Chefberater des KGB beim MfS, 1957–1958 Leiter dieser Abteilung, die u. a. den Verratsfall Popow bearbeitet, 1958–1959 stellv. Referatsleiter bei der 1. Abteilung (USA) der 2. Verwaltung (Spionageabwehr) des KGB, 1960–1963 dort Referatsleiter, 1964–1967 Mitarbeiter der KGB-Vertretung auf Kuba, 1967–1969 deren stellv. Leiter, 1969–1974 stellv. Abteilungsleiter bei der 5. Verwaltung (Terrorismusbekämpfung) des KGB 489 ff., 493

Szabo, Zoltan – (*) US-Offizier und Agent des ungarischen Geheimdienstes, Hauptmann/Oberst, 1956 Flucht aus Ungarn, Exil in den USA, dort Eintritt in die US Army, Einsatz in Vietnam, dann in der Bundesrepublik, dort Chiffrierexperte, 1967 vom ungarischen Nachrichtendienst angeworben, unterhält er ein dichtes Agentennetz, Ende der 1970er Jahre Abschied aus dem US-Militärdienst, liefert jedoch weiter Geheiminformationen, 1989 in Österreich zu zehn Monaten Haft verurteilt, von dort 1990 Ausreise nach Ungarn 549

Szturm de Sztrem, Witold – (1888–1933) polnischer Kommunist und GRU-Agent, 1919 Eintritt in die kommunistische Partei, 1922 Flucht nach Sowjetrussland, dort von der GRU rekrutiert, aus Furcht vor Verfolgung 1933 Flucht nach Wien, dort wenig später von einem GRU-Kommando ermordet 470 ff.

T

Tairowa, Margarita – (?-?) GRU-Offizierin, soll 1958 über Popow als illegale Agentin in die USA eingeschleust werden, der verrät sie an die US-Geheimdienste; bevor diese zugreifen können, reist die Offizierin nach Moskau zurück, wo sie den Dienst in der GRU-Zentrale fortsetzt 490

Talleyrand, Charles-Maurice de – (1754–1838) französischer Politiker und Diplomat, 1790 Vorsitzender der Nationalversammlung, 1797–1807 und 1814–1815 französischer Außenminister, 1830–1834 Botschafter in Großbritannien 37

Taraki, Mohammed – (1917–1979) afghanischer Journalist und Politiker, 1965 Gründungsmitglied der Demokratischen Volkspartei, nach deren Spaltung 1967 zum Khalq-Flügel gehörend, nach dem Putsch gegen Daoud 1978–1979

Vorsitzender des Revolutionsrates und Ministerpräsident, im September 1979 vom Amin entmachtet und wenig später auf dessen Befehl ermordet 443 f.

Tenet, George – (*1953) US-Geheimdienstbeamter, 1985–1988 Mitarbeiter des Senat Select Committee on Intelligence, 1988–1993 dessen Stabschef, 1993–1995 Direktor des Intelligence Programs beim Nationalen Sicherheitsrat, 1995–1997 stellv. CIA-Direktor, 1997–2004 CIA-Direktor 495

Tilton, Alfred – (1897–1942) GRU-Offizier, Brigadekommandeur (1935), seit 1918 in der Roten Armee, 1922 Wechsel zum Militärgeheimdienst, 1922–1926 dessen Resident in Frankreich, 1927–1930 Resident in den USA, 1930–1935 Offizier bei den mechanisierten Truppen, 1936–1937 für die GRU im Spanischen Bürgerkrieg, 1937 Rückruf in die Sowjetunion, dort verhaftet und 1940 wegen Spionage zu 15 Jahren Haft verurteilt, 1942 in einem Zwangsarbeitslager verstorben, 1957 rehabilitiert 79

Timochin, Ewgenij L. – (1938–2006) GRU-Chef, Generaloberst, Stabsoffizier bei der Heimatluftverteidigung, 1991 dort Chef des Hauptstabes, 1991–1992 GRU-Chef, 1992 abgelöst und Kommandeur der Funktechnischen Truppen, 1993–1995 Kommandeur der Fla-Raketentruppen der Luftverteidigung 235

Titow, Georgij A. – (1909–1980) sowjetischer Wirtschaftsfunktionär, 1955–1957 1. Stellv. Vorsitzender des Komitees für Raketenbewaffnung, 1957–1974 1. Stellv. des Vorsitzenden der Kommission für rüstungswirtschaftliche Fragen, 1974–1980 1. Stellv. Vorsitzender des GOSPLAN der UdSSR 192

Tkatschenko, Konstantin N. – (1918–1993) GRU-Offizier, Generalleutnant (1968), seit 1940 in der Roten Armee, seit 1942 beim Militärgeheimdienst, 1956–1961 stellv. Chef der Aufklärungsverwaltung beim Stab der GSSD, 1961–1963 deren Chef, 1963–1987 Chef der 5. Verwaltung der GRU 218

Tōgō, Heihachirō – (1848–1934) japanischer Militär, Marschall der Flotte des japanischen Imperiums (1913), 1904–1905 Oberkommandierender der Flotte im Russisch-Japanischen Krieg, fügt der russischen Pazifikflotte in der Seeschlacht von Tsushima eine entscheidende Niederlage zu 51

Tornau, Theodor Baron von – (1810–1890) russischer Offizier, Generalleutnant (1871), Deutschbalte, 1828 Eintritt in die Armee des Zaren, seit 1832 im Kaukasus eingesetzt, hier mehrere Erkundungsaufträge, 1836–1840 von Tscherkessen gefangen gehalten, 1856–1871 Militäragent in Wien 45

Trepper, Leopold (»Otto«) – (1904–1982) GRU-Agent, aus Galizien, 1924–1930 in Palästina, dann 1932 Flucht in die Sowjetunion, 1936 Eintritt in die GRU, ab März 1939 als Resident nach Westeuropa, unterhält nach dem deutschen Einmarsch in Frankreich weitgehende Kontakte zur Organisation Todt, Trepper wird nach längerer Fahndung Ende 1942 in Paris verhaftet, nimmt am Funkgegenspiel der Gestapo gegen die »Rote Kapelle« teil, kann im September 1943 in Paris fliehen und untertauchen, meldet sich 1944 bei der sowjetischen Militärmission in Paris, im Januar 1945 nach Moskau verbracht, dort kurze Zeit später verhaftet, 1947 Verurteilung zu 15 Jahren Haft, 1954 Freilassung, Übersiedlung nach Polen, erzwingt 1973 seine Ausreise nach Israel 75, 87, 142, 155, 294

Trilisser, Michail A. – (1883–1940) sowjetischer Geheimdienstoffizier, Revolutionär, im August 1921 Versetzung zur Auslandsaufklärung der Tscheka, 1922–1929 Chef der sowjetischen Auslandsaufklärung (INO), 1930 Ernennung zum stellv. Volkskommissar der Arbeiter- und Bauerninspektion der RSFSR, 1935–1938 Versetzung zur Komintern, soll dort den Nachrichtendienst reorganisieren, Ende 1938 vom NKWD verhaftet, Anfang 1940 zum Tode verurteilt und erschossen 73, 470

Trossin, Julius – (1896–1941) deutscher Kommunist, GRU- und Gestapo-Agent, Mitglied der KPD, Kurier für die GRU zwischen Hamburg und den USA sowie zwischen dem Baltikum und Frankreich, im Juli 1933 von der Gestapo verhaftet und als deren Doppelagent zurück in die Sowjetunion geschickt, dort enttarnt und verhaftet, im Herbst 1941 bei der Räumung seines Gefängnisses vom NKWD erschossen, 1990 rehabilitiert 78, 471 f.

Trotzki, Leo – (1879–1940) russischer Revolutionär und Kommunist, 1917–1918 Volkskommissar für Auswärtiges, 1917–1925 Volkskommissar für das Kriegswesen und Vorsitzender des Revolutionären Kriegsrates, nach 1925 schrittweise von Stalin entmachtet, 1929 von diesem ins Exil gezwungen, 1940 in dessen Auftrag in Mexiko ermordet 31, 70, 93, 170, 475, 477, 480

Tschelomej, Wladimir N. – (1914–1984) sowjetischer Raketen- und Lenkwaffenkonstrukteur, 1955–1983 Chefkonstrukteur des OKB-52 417

Tschepiga, Anatolij W. (»Rulan Boschirow«) – (*1979) GRU-Offizier, Oberst, ab 2001 Dienst in der 14. Speznas-Brigade der GRU, dann Dienst in weiteren Spezialeinheiten des Militärgeheimdienstes, 2014 an der Evakuierung von Janukowitsch aus der Ukraine beteiligt, soll 2018 den Anschlag auf Skripal verübt haben 535 ff., 539 f., 558

Tscheredeew, Nikolaj I. – (?-?) GRU-Offizier, Generalmajor, 1961–1963 GRU-Resident und Militärattaché in Frankreich, 1963–1965 Leiter der 3. Direktion (Frankreich) der 1. Verwaltung 281, 288, 305, 318, 505

Tscherkasow, Sergej W. (»Viktor M. Ferreira«) – (*1985) GRU-Agent, Ausbildung zum illegalen Agenten, ab 2010 zur Legalisation in Brasilien, 2014–2018 Studium der Politikwissenschaften in Dublin, 2018–2020 Masterstudiengang in Boston, versucht dann durch ein Praktikum in den Internationalen Strafgerichtshof in Den Haag vorzudringen, von der niederländischen Spionageabwehr festgenommen, an Brasilien ausgeliefert, dort zu 15 Jahren Haft verurteilt 261 f.

Tschernjak, Jan P. – (1909–1995) GRU-Agent, Ende der 1920er Jahre Eintritt in die KPD, seit 1930 Agent der GRU, 1935–1936 Agentenausbildung in

Moskau, 1936–1938 Einsatz in der Schweiz, ab 1938 in Paris, 1940–1945 in London, 1945 in die USA und Kanada, um das US-Atomprogramm auszuspionieren, nach der Flucht von Gusenko enttarnt, Absetzen in die Sowjetunion, 1946–1950 Referent in der GRU-Zentrale, dann Wechsel als Übersetzer zur Nachrichtenagentur *TASS* 563 f.

Tschernow, Nikolaj D. (»Nickmack«) – (1917–?) GRU-Offizier und Doppelagent, Anfang der 1960er Fototechniker an der GRU-Residentur in New York, dort vom FBI angeworben, ab 1964 in der GRU-Zentrale setzt er seine Lieferungen an die US-Spionageabwehr fort, 1972 übergibt er 3000 Blatt an das FBI, Ende 1972 in den Ruhestand versetzt, 1990 Festnahme durch das KGB und 1991 zu acht Jahren Gefängnis verurteilt, wenig später allerdings begnadigt 209 ff.

Tschernyschow, Aleksandr I. – (1786–1857) russischer Militär, General der Kavallerie (1827), 1804 Leutnant, 1810 Oberst, 1810–1811 Militäragent in Paris, 1812/1813 Kommandeur eines Kosakenverbandes, 1821–1835 Vorsitzender der Kommission zur Reform der Donkosaken, 1832–1852 russischer Kriegsminister 35 ff.

Tschujkewitsch, Pjotr A. – (1783–1831) russischer Geheimdienstoffizier, Generalmajor (1821), 1810–1815 Mitarbeiter der Geheimen Expedition bzw. Sonderkanzlei, den Vorläufern des russischen Militärgeheimdienstes, 1816 in den Ruhestand, 1820 reaktiviert, 1821 Teilnahme am Laibacher Kongress, 1829–1831 Stabschef des Korps in Orenburg 38–41

Tschujkow, Wasilij I. – (1900–1982) sowjetischer Militär, Marschall der Sowjetunion (1955), kommandierte während der Schlacht um Stalingrad die 62. Armee, die danach zur 8. Garde-Armee formiert wird, 1945–1946 Chef der sowjetischen Militäradministration in Thüringen, 1946–1949 stellv. SMAD-Chef, 1949 SMAD-Chef, 1949–1953 Chef der Sowjetischen Kontrollkommission und Oberkommandierender der sowjetischen Besatzungsstreitkräfte, 1953–1960 Befehlshaber des Militärbezirks Kiew, 1960–1964 Oberbefehlshaber der Landstreitkräfte, 1964–1972 Chef der Zivilverteidigung, danach bei der Gruppe der Generalinspekteure 139, 141

Tuchatschewskij, Michail N. – (1893–1937) sowjetischer Militär, Marschall der Sowjetunion (1835), 1912 Eintritt in die Zarenarmee, 1918 Rote Armee, 1925–1928 Chef des Stabes der Roten Armee, 1928–1931 Kommandeur des Militärbezirks Leningrad, 1931–1934 stellv. Vorsitzender des Revolutionären Militärrates, 1934–1936 stellv. Volkskommissar für Verteidigung, ab 1936 1. Stellv. Volkskommissar, im Mai 1937 wegen eines angeblichen Putschversuches des Militärs gegen Stalin verhaftet und im Juni nach einem Schauprozess hingerichtet, 1957 rehabilitiert 77, 89

Tumanow, Oleg A. – (1944–1997) sowjetischer Geheimdienstoffizier, Oberst, illegaler KGB-Agent, ‚flüchtet' 1965 von Bord eines sowjetischen Kriegsschiffes in den Westen, taucht später in München auf, wird dort Chefredakteur der russischen Abteilung von *Radio Free Europe*, hier als Einflussagent tätig, 1986 Flucht in die Sowjetunion, da von einem Überläufer enttarnt 484

Tuomi, Kaarlo – (1916–1995) GRU-Spion und Doppelagent, in den USA geborener Finne, seine Eltern wandern 1933 in die Sowjetunion aus, 1939–1946 Dienst in der Roten Armee, dann bis 1957 Englischlehrer, 1958 von der GRU angeworben, um in den USA zu spionieren, sein Führungsoffizier ist Poljakow, dort sofort vom FBI zu einem Doppelspiel verwendet, das bis 1963 andauert, nach der Enttarnung Pen'kowskijs soll er in die UdSSR zurückkehren, setzt sich jedoch endgültig ab 518 f., 524

Tupikow, Wasilij I. (»Arnold«) – (1901–1941) GRU-Offizier, Generalmajor (1940), 1934–37 Militärattaché in Estland, dann Verwendung als Stabsoffizier, 1940–1941 Militärattaché und GRU-Resident in Deutschland, im Juni 1941 Rückkehr in die Sowjetunion, wenig später Stabschef der Südwestfront, fällt im September 1941 122 f.

Tupolew, Andrej N. – (1888–1972) sowjetischer Flugzeugkonstrukteur, 1937 verhaftet, zu 15 Jahren Haft verurteilt, 1941 entlassen, 1955 rehabilitiert, nach Kriegsende Chef des Konstruktionsbüro Tupolew, dass in der Sowjetunion schwere Bomber und Passagierflugzeuge baut 367

Turkul, Anton W. – (1894–1957) russischer Offizier und Mehrfach-Agent, Generalmajor (1920), Offizier der Weißen im Bürgerkrieg, flieht nach der Niederlage 1920 nach Frankreich; baut dort einen anti-sowjetischen Nachrichtendienst auf, wird 1938 auf Ersuchen der Sowjetunion ausgewiesen und geht 1939 nach Italien, 1941 bietet er seinen Nachrichtendienst dem Amt Ausland/Abwehr an, bei Kriegsende schließt sich Turkul der Wlassow-Armee an, im Mai 1945 vom CIC festgenommen, später freigelassen und in München verstorben 158 f.

Tuyll van Serooskerken, Diederik Jacob van – (1772–1826) russischer Militär und Diplomat, Generalmajor (1813), bis 1803 in der niederländischen Armee, Ende des Jahres Eintritt in die Armee des Zaren, 1810–1812 Militäragent in Wien, dann Stabsoffizier bei der 3. Westarmee, 1814–1817 Gesandter einer Sondermission im Königreich Neapel, 1819–1821 Gesandter in Rio de Janeiro, 1822–1826 Gesandter in den USA 36

U

Uborewitsch, Jeronimas P. – (1896–1937) sowjetischer Militär, Armeekommandeur 1. Ranges (1935), 1924–1925 Stabschef des Militärbezirks Ukraine, 1927–1928 Ausbildung in Deutschland, 1928–1931 Chef Bewaffnung der Roten Armee, 1931–1937 Kommandeur des Militärbezirks Weißrussland, im Sommer 1937 verhaftet und nachfolgend erschossen, 1957 rehabilitiert 368

Urban, Mark – (*1961) britischer Journalist und Militärhistoriker 541

Urizkij, Semjon P. – (1873–1938) GRU-Chef, Korpskommissar (1935), 1915–17 einfacher Soldat in einem Dragonerregiment, nach der Oktoberrevolution Übertritt zur Roten Armee, dort Kommandeur einer Kavalleriebrigade, 1920–22 Studium an der Militärakademie der Roten Armee, 1922–1924 illegaler Agent der GRU in Deutschland, dann bis 1927 Leiter der Internationalen Infanterieschule in Moskau, 1930–1935 Truppen- und Generalstabsoffizier in verschiedenen Dienststellungen, 1935– 1937 GRU-Chef, ab Juli 1937 Kommandeur des Moskauer Militärbezirks, Anfang November 1937 verhaftet und im Sommer 1938 hingerichtet, 1956 rehabilitiert 84, 106, 174

Ustinow, Dmitrij f. – (1908–1984) sowjetischer Wirtschaftsfunktionär, Marschall der Sowjetunion (1976), 1941–1957 Minister für Verteidigungsindustrie, 1957–1963 stellv. Vorsitzender des Ministerrates, zugleich Vorsitzender der Kommission für rüstungstechnische Fragen, 1963–1965 1. Stellv. Vorsitzender des Ministerrates, 1965–1976 Sekretär des ZK der KPdSU, 1976–1984 Verteidigungsminister der UdSSR 192, 387 f., 444

W

Wannowskij, Gleb M. – (1862–1943) russischer Militär, Generalleutnant (1915), seit 1882 in der Armee des Zaren, 1891 Abschluss der Akademie des Generalstabes, 1896–1900 Mitarbeiter des Militärstatistischen Komitees beim Generalstab, 1900–1902 Militäragent in Japan, nachfolgend Kommandeur von Kavalleriverbänden, im 1. Weltkrieg Oberbefehlshaber der 1. Armee, 1918 in die Emigration 49

Warenik, Gennadij G. – (1953–1987) sowjetischer Geheimdienstoffizier und Doppelagent, Oberstleutnant, Abschluss an der Hochschule des KGB, dann 1975 zur Auslandsaufklärung, 1982 Einsatz in Bonn, getarnt als *TASS*-Korrespondent, 1985 dort von der CIA angeworben, bald darauf von Ames enttarnt, Ende 1985 in Ostberlin festgenommen und Anfang 1987 wegen Spionage hingerichtet 551

Warenzow, Sergej S. – (1901–1971) sowjetischer Militär, Hauptmarschall der Artillerie (1961), im 2. Weltkrieg Artilleriekommandeur verschiedener Fronten, 1944 wird Pen'kowskij sein Adjutant, er fördert ihn auch später, 1955–1961 Oberbefehlshaber der Artillerie, 1961–1963 Oberkommandierender der Raketentruppen und Artillerie der Sowjetarmee, Anfang 1963 im Zuge der Enttarnung Pen'kowskijs zum Generalmajor degradiert und entlassen 497, 499, 503 f., 508 f., 513

Waschtschenko, Wladimir N. – (1921–2013) GRU-Offizier, Vizeadmiral (1977), ab 1943 beim Marinenachrichtendienst und der GRU, 1953–1957 Gehilfe des Marineattachés in den USA, 1957–1960 Studium an der Militärdiplomatischen Akademie, 1960–1964 Gehilfe des Marineattachés in Kanada,

1967–1970 Marineattaché in den USA, 1970–1974 stellv. Chef einer GRU-Verwaltung, 1974–1975 Marineattaché in Japan, 1975–1987 stellv. GRU-Chef und Leiter des Marinenachrichtendienstes 215

Wasil'ew, Wladimir (»ACCORD«) – (*-1986) GRU-Offizier und Doppelagent, Oberst, seit Ende der 1960er bei der GRU, Anfang der 1970er Einsatz in Kanada, dort enttarnt und abgezogen, 1979–1986 Luftwaffenattaché an der Botschaft in Ungarn, dort 1983 von der CIA angeworben, 1986 festgenommen und wegen Spionage hingerichtet 291, 547–550

Wasilenko, Gennadij S. – (*1941) sowjetischer Geheimdienstoffizier und Doppelagent, Oberst, Mitarbeiter der Auslandsaufklärung des KGB, Anfang der 1970er Einsatz in den USA, dort Kontakt zur CIA, nach seiner Pensionierung stellv. Sicherheitschef des Senders NTW-Plus, 2006 wegen unerlaubten Waffenbesitzes verurteilt, 2010 freigetauscht und in die USA entlassen 556

Wasilewskij, Aleksandr M. – (1895–1977) sowjetischer Militär, Marschall der Sowjetunion (1943), 1942–1945 Generalstabschef der Roten Armee, 1945 Oberkommandierender der 3. Belorussischen Front, dann Oberkommandierender der Truppen in Fernost, 1946–1948 erneut Generalstabschef, 1948–1949 1. Stellv. Verteidigungsminister, 1949–1953 Verteidigungsminister, 1953–1956 erneut 1. Stellv. Verteidigungsminister 138, 148, 428

Wennerström, Stig (»Adler«) – (1906–2006) schwedischer Militär und GRU-Agent, Oberst (1951), 1931–1932 Pilotenausbildung, 1933–1934 an der schwedischen Gesandtschaft in Riga, 1938–1947 Adjutant von Gustav Adolf, zugleich 1940–1941 Luftwaffenattaché an der Botschaft in Moskau, 1948 für die GRU angeworben, 1949–1952 erneut Luftwaffenattaché in Moskau, dann von 1952–1957 in gleicher Funktion in den USA, 1957–1961 Chef der Sektion Luftstreitkräfte beim Verteidigungsministerium, 1961–1963 Berater des Ministeriums für Abrüstungsfragen, übergab der GRU zahlreiche Unterlagen zur Luftrüstung des Westens, 1963 verhaftet und wegen Landesverrat zu lebenslanger Haft verurteilt, 1974 Freilassung 378

Wenzel, Johann – (1902–1969) deutscher Kommunist und GRU-Agent, 1922 Eintritt in die KPD, geht 1932 in die Illegalität, ab 1934 Agent der GRU, 1937–1940 Leitung eines Spionagenetzes in Belgien, dann Cheffunker von Trepper, 1942 im Rahmen der Operationen gegen die »Rote Kapelle« verhaftet und zu einem Funkspiel gezwungen, Ende 1942 Flucht und Anschluss an den Widerstand in Belgien, im Herbst 1945 nach Moskau, 1946 wegen Spionage verurteilt, 1955 in die DDR entlassen 142 f., 339

Werschinin, Konstantin A. – (1900–1973) sowjetischer Militär, Hauptmarschall der Flieger (1959), 1942–1945 Oberbefehlshaber der 4. Luftarmee, 1945–1949 Oberbefehlshaber der Luftstreitkräfte, 1949–1957 Befehlshaber der Luftverteidigung von Baku, 1957–1969 erneut Oberbefehlshaber der Luftstreitkräfte, dann zur Gruppe der Generalinspekteure versetzt 388

Wetrow, Wladimir I. – (1932–1984) sowjetischer Geheimdienstoffizier und Doppelagent, Oberstleutnant, 1965 für die wissenschaftliche-technische Aufklärung des KGB in Frankreich, 1974 Einsatz in Kanada, nach einem Jahr abberufen und in der Zentrale als Auswerter eingesetzt, bietet sich 1981 dem DST an, dem er zahlreiche geheime Dokumente übergibt, Anfang 1982 wegen Mordes zu 15 Jahren Haft verurteilt, wenig später kommt seine Tätigkeit für den DST an Licht, 1983 in einem neuen Prozess wegen Spionage zum Tode verurteilt und hingerichtet 551

Whalen, William H. (»Drone«) – (1915–?) US-Militär und Doppelagent, Oberstleutnant, 1940 Eintritt in die US Army, bei Kriegsende an der Operation Paperclip beteiligt, ab 1951 bei der Army Security Agency, seit 1955 Agent der GRU, ab 1959 Leiter des nachrichtendienstlichen Büros bei den Vereinigten Staatschefs, 1961 wegen Krankheit Abschied aus den Streitkräften, 1966 von Poljakow enttarnt, verhaftet und 1967 zu 15 Jahren Haft verurteilt 523

Wilkow, Boris N. – (1921–1991) GRU-Offizier, Generalleutnant (1976), 1939 Eintritt in die Rote Armee, 1945 von der GRU übernommen, 1970–1974 GRU-Resident in Paris, 1975–1986 Chef der 4. Verwaltung der GRU, 1986–1988 Chef der 1. Verwaltung 217 f.

Winters, George – (?-?) Diplomat und CIA-Offizier, seit 1927 beim State Department, in den 1940er Jahren Diplomat in Mexiko, seit 1958 als stellv. Luftwaffenattaché an der Botschaft in Moskau eingesetzt, 1960 ausgewiesen, danach weiter im diplomatischen Dienst 491

Woejkow, Aleksej W. – (1778–1825) russischer Militär, Generalmajor, 1810–1812 Flügeladjutant des Zaren, 1812 Leiter der Sonderkanzlei des Kriegsministeriums, 1815 in den Ruhestand 37 f.

Wogak, Konstantin I. – (1859–1923) russischer Geheimdienstoffizier, General der Kavallerie (1910), 1889–1892 Mitarbeiter des Militärstatistischen Komitees beim Generalstab, 1892–1893 Militäragent in China, 1893–1896 Militäragent in China und Japan, 1896–1903 Militäragent in China, 1905–1907 Militäragent in Großbritannien, im 1. Weltkrieg Kommandeur des 1. Korps der Landwehr, nach 1917 Emigration nach Schweden 49

Wolff, Karl – (1900–1984) Polizei- und SS-Führer, Kriegsteilnahme als Leutnant, 1920 demobilisiert, danach Banklehre, 1931 Eintritt in NSDAP und SS, in verschiedenen Einheiten als Adjutant eingesetzt, 1933 Adjutant beim Reichsführer SS, 1934 1. Adjutant Himmlers, 1935 Übernahme der Leitung des persönlichen Stabes des RFSS und nunmehr zuständig für verschiedene SS-Ämter, ab 1943 HSSPF in Italien, im Februar 1945 Kontakt zum amerikanischen OSS, zunächst von den Alliierten inhaftiert und als Belastungszeuge gehört, 1964 wegen Beihilfe zum Mord zu 15 Jahren Haft verurteilt, 1969 entlassen 165

Personenregister

Wölkerling, Gustav – (1882–1954) deutscher Soldat und russischer Agent, Sergeant, seit 1903 als Unteroffizier 1. Schreiber der Festung Thorn und russischer Raswedka-Agent der Residentur von Batjuschin, 1911 Entlassung aus dem Militärdienst, wird im Februar 1913 verhaftet und zu 15 Jahren Zuchthaus verurteilt, bei der Durchsuchung seiner Wohnung stellt sich heraus, dass er auch für den französischen Nachrichtendienst spioniert hat 55, 58

Woronzow, Michail A. – (1900–1986) GRU-Offizier, Vizeadmiral (1951), seit 1939 beim Militärgeheimdienst, 1939–1941 Marineattaché an der Botschaft in Berlin, 1941–1945 Leiter des Marinenachrichtendienstes, 1947–1949 Leiter der 1. Verwaltung des KI, 1949–1950 Chef der 2. Verwaltung der GRU, 1950–1952 erneut Chef des Marinenachrichtendienstes, 1952–1959 Lehrtätigkeit an verschiedenen Akademien, 1959–1964 zur Verfügung des Chefs des Marinenachrichtendienstes, 1964 entlassen, 1964–1978 Mitarbeiter beim Staatskomitee für Hydrometeorologie 121

Woroschilow, Kliment E. – (1881–1969) sowjetischer Militär, Marschall der Sowjetunion (1935), 1925–1934 Volkskommissar für Kriegs- und Marineangelegenheiten, 1934–1940 Volkskommissar für Verteidigung, dann weitgehend entmachtet 83 f., 89, 93, 110, 368 f.

Woshshow, Wladimir – (*1957) GRU-Offizier, bis 2000 getarnt als Handelsattaché an der Botschaft in Wien, dann als Angestellter bei Roskosmos, warb um die Jahrtausendwende einen deutschen Ingenieur von EADS an, der ihm aus dem Unternehmen sensible Dokumente beschaffte, 2007 in Österreich kurzfristig festgenommen, nach zehn Tagen freigelassen 400

Wrangel', Pjotr N. – (1878–1928) russischer Militär, Generalleutnant, im 1. Weltkrieg Kavallerieoffizier, im Bürgerkrieg schließlich Oberkommandierender der Weißen auf der Krim, 1920 ins Exil 468

Wurtzbacher, Ludwig – (1870–1926) deutscher Offizier, Generalleutnant (1925), 1919–1925 Chef des Heereswaffenamtes 85

Wynne, Greville – (1919–1990) britischer Geschäftsmann und Geheimdienstkurier, im 2. Weltkrieg für den MI5 tätig, nach Kriegsende verkauft er Elektroartikel u. a. auch in den Ostblock, deshalb vom MI6 als Agentenführer angeworben, übernimmt ab 1961 die Betreuung von Pen'kowskij, 1962 in Budapest verhaftet und 1963 zu acht Jahren Gefängnis verurteilt, 1964 ausgetauscht 502 ff., 507 f., 513 f.

Z

Zahir Schah, Mohammed – (1914–2007) 1933–1973 Schah von Afghanistan, 2002 Rückkehr aus dem Exil 443

Zeitzler, Kurt – (1895–1963) deutscher Offizier, Generaloberst (1944), seit 1934 im Reichswehrministerium, 1937–1940 im Wehrmachtführungsstab,

1940 Stabschef der Panzergruppe Kleist, dann der 1. Panzerarmee bei der Heeresgruppe Süd, im September 1942–1944 Chef des Generalstabs des Heeres, 1944 Generaloberst, nach dem Zusammenbruch der Heeresgruppe Mitte erkrankt und entlassen, nach 1945 Zeuge der Verteidigung in den Nürnberger Prozessen 157

Zelebrowskij, Witalij P. – (1854–1908) russischer Militär, Generalleutnant (1907), 1882 Abschluss an der Akademie des Generalstabs, 1901–1905 Leiter des Militärgeheimdienstes, 1907 in Pension 49

Zelle, Margaretha G. (»Mata Hari«) – (1876–1917) niederländische Künstlerin und deutsche Spionin, vor und während des Krieges als exotische Tänzerin bekannt, seit 1915 für den deutschen Nachrichtendienst als Agentin »H 21« aktiv, beschafft allerdings kaum nachrichtendienstlich verwertbares Material, im Februar 1917 verhaftet und Mitte Oktober hingerichtet 268

Zimmermann, Daniel – (1966) Lektor, 1998–2023 Lektor für historische Sachbücher bei der WBG, seit 2024 Lektor beim Herder Verlag 31

Abbildungsnachweis

S. 131: M. Uhl; S. 183: © picture-alliance / dpa | Tass 367421; S. 213: M. Uhl; S. 244: © picture alliance/AP Photo | Pavel Golovkin; S. 244: © picture-alliance/ dpa | Dmitry_Astakhov_-_Pool; S. 245: © picture-alliance/ dpa | epa Tass Pool; S. 250: © picture alliance / AP Photo | Vadim Ghirda, S. 258: © picture alliance/dpa | Alexei Druzhinin; S. 270: public domain via wikimedia commons: https://fr.wikipedia.org/wiki/Charles_de_Jurquet_de_la_Salle#/media/Fichier:Charlesdelasalle.jpg; S. 284: M. Uhl; S. 372: M. Uhl; S. 393: M. Uhl; S. 513: © picture-alliance / dpa | Tass; S. 514: M. Uhl; S. 528: M. Uhl; S. 534: © picture alliance / empics | Andrew Matthews; S. 536: © picture alliance/ dpa | Tass